WEIN A bis Z

Hans Ambrosi

WEIN
A bis Z

Antwort auf alle Fragen in 5000 Stichwörtern.
Informativ – verständlich – umfassend.
Vollständig überarbeitete Neuausgabe
des Titels »Das große Lexikon vom Wein«.

Mitarbeiter:
Dr. Albert Paul, Dr. Michael Perscheid,
Karl Heinz Runck, Hans Seckler
und Susi Piroué

Ein Wort zuvor

Das Interesse am Wein wächst – und damit auch das Bedürfnis, sich eingehend über alles zu informieren, was mit Wein zusammenhängt. Der Weinliebhaber von heute ist anspruchsvoller geworden, er möchte mehr erfahren über die Weine, die er gerne trinkt oder die er auf Reisen kennenlernt, über die vielfältigen Aussagen der Etiketten, aber auch über das Wachsen der Reben, das Werden des Weines im Keller und all die vielen Wissensgebiete, die mit dem so erfreulichen und niemals unmodernen Thema Wein zusammenhängen. Er möchte Qualitätskriterien kennenlernen, möchte genau wissen, was er genießt, um imstande zu sein, selbst zu beurteilen und auszuwählen.

Das Wissen vom Wein zu erweitern und damit die Freude am Wein zu erhöhen, ist das Ziel dieses Buches. Der »Wein-Amateur« wird hier vieles entdecken, was ihm bisher nicht bekannt war, der Fachmann Wertvolles aus benachbarten Wissensgebieten erfahren. Das Wachsen der Reben, die Eigenarten der zahlreichen in- und ausländischen Rebsorten, die Arbeit des Winzers und des Kellermeisters, die Qualitätsaussagen von Etikettaufschriften, von Gütesiegeln und Banderolen, Weinnamen und -bezeichnungen aus aller Welt, Winke und Hinweise für den Genuß des einfachen Landweines wie der erlesensten Rarität und vieles andere mehr aus den verschiedensten Wissensgebieten wird über die übliche populäre Literatur hinausgehend fachlich anspruchsvoll und dabei doch leicht verständlich dargestellt. Die lexikalische Anordnung führt dabei schnell und sicher zu der gesuchten Information.

Doch will dieses Buch auch Leselexikon sein. Die Stichwörter sind ausführlich und umfassend erläutert, zahlreiche Hinweise regen zum Weiterlesen an. Bei der Auswahl der Stichwörter wurden der deutschsprachige und der EG-Raum besonders berücksichtigt, die Weinländer anderer Kontinente ihrer Bedeutung gemäß ebenfalls behandelt. Die reiche Bebilderung und eine Vielzahl von Karten und Übersichten sollen das im Text Beschriebene noch anschaulicher und verständlicher machen. Autoren und Verlag danken den vielen Weinliebhabern, die Anregungen und Hinweise bei der Zusammenstellung dieses Buches gaben und sind für weitere Anregungen und Hinweise jederzeit dankbar. Möge das solcherart vertiefte Wissen um den Wein zu einem bewußteren, verständnisvolleren Genuß dieses auf der Welt einzigartigen Getränkes beitragen.

Hinweise für den Benutzer des Lexikons

Redaktionsschluß für die Neuausgabe war August 1991. Die politischen Veränderungen in den osteuropäischen Ländern wurden bis zu diesem Zeitpunkt berücksichtigt.

Die statistischen Angaben im Vorspann zu den Länderbeschreibungen sind abgerundete Durchschnittswerte über 10 Jahre, herausgegeben vom Office International du Vin (OIV) in Paris. Entwicklungstendenzen wurden einbezogen.

Bei Gemeindezusammenschlüssen in Deutschland sind die bisherigen Ortsnamen (Gemarkungsnamen) in Verbindung mit dem Lagennamen (Flurnamen) unter der Bezeichnung »Ortsteil« beibehalten worden, denn mit ihnen verbinden sich als Bestandteile des Weinnamens Vertrauens- und Wertvorstellungen des Weinkonsumenten.

Für Rosee wurde – außer in Eigennamen – die deutsche Schreibweise gewählt, wie sie im Deutschen Weingesetz und in amtlichen Verfügungen verwendet wird.

Die Groß- und Kleinschreibung der Rebsortennamen (zum Beispiel Pinot Noir oder Pinot noir) war bisher uneinheitlich. Neuerdings wird in der englischen, italienischen und zunehmend in der französischen Literatur die Großschreibung bevorzugt. Diese Regelung haben wir auf Anraten der Bundesanstalt für Züchtungsforschung Geilweilerhof in Siebeldingen übernommen.

A

Aargau Weinbaulich zur →Ostschweiz gehörender Kanton mit Weinbau seit der Römerzeit. Die Rebfläche betrug 1881, vor der Reblausinvasion, noch 2.681 ha und ist heute auf 300 ha zusammengeschrumpft. Die Reben stehen meist an warmen Steilhängen des Aare-, Limmat-, Frick- und Schenkenbergertales. →Gutedel und →Elbling sind zurückgedrängt worden. Hauptrebsorten sind Blauer →Spätburgunder (150 ha) und →Müller-Thurgau (100 ha), der hier noch Riesling x Sylvaner genannt wird. Es gibt mehrere Winzergenossenschaften, private Abfüller und einen Weinbauverein, die sich zusammen mit dem Weinhandel für mustergültige Bearbeitung der Weinberge und sorgfältigen Ausbau der Weine einsetzen. Bekannte Lagen: *Goldwand* (in Ennetbaden), *Lägernhang* (oberhalb Wettingen), *Rütiberger* (bei Rüfenach), *Beugehalde* (bei Remigen) und *Hasenberger* (bei Küttigen).

Abbeeren (auch **Entrappen**) Abtrennen der Beeren von den Stielen (auch →Kämme oder Rappen genannt) vor dem Mahlen und Pressen mittels einer Maschine mit rotierendem Schlagwerk. Unverholzte, also unreife, grüne Stiele geben bei starkem Preßdruck oder bei angärender →Maische unerwünschte Bitterstoffe an den Most ab. Viele Weißweinkellereien entrappen nicht, wenn sie Sorten mit gut verholzenden Stielen (zum Beispiel →Riesling) verarbeiten. Das Entrappen kann auch unterbleiben, wenn mit schonendem Druck (aufblasbarem Gummibalg) gearbeitet wird. Maische aus nicht entrappten Beeren läßt sich besser abpressen. →Erdtrauben und stielkrankes, faules Lesegut werden ebenfalls besser nicht entrappt, da die mürben Stiele nur zerschlagen, jedoch nicht abgetrennt werden. Rotweintrauben müssen grundsätzlich abgebeert werden, da man sonst bei der →Maischegärung zu rauhe, unharmonische Rotweine erhält.

abbocato (it.) süß. Geschmack eines Weines, der noch viel unvergorenen Zucker enthält.

Abendmahlswein →Meßwein.

Abenheim Ortsteil von Worms. Weinort im Anbaugebiet →Rheinhessen, Bereich Wonnegau. Großlage: *Liebfrauenmorgen*. Einzellagen: *Goldpfad, Klausenberg, Kapellenstück, Bildstock.*

Abfüllen Kellertechnischer Ausdruck für das Umfüllen von Faßweinen auf Flaschen. Weißwein erreicht seine Abfüllreife etwa Mitte des auf die Lese folgenden Jahres, während Rotwein längeren Faßausbau braucht. Grundsätzlich ist zu unterscheiden zwischen der unsterilen Füllung durchgegorener, biologisch stabiler Weine und der Sterilfüllung von Weinen mit Restsüße. Diese können mittels Sterilfiltration oder Warmabfüllung (meist nur von großen Handelskellereien angewandt) keimfrei auf die Flasche gebracht werden. In allen Fällen ist darauf zu achten, daß der füllfertige Wein möglichst wenig mit Luft in Berührung kommt. Um →Oxidation zu vermeiden, ist die Füllhöhe besonders zu beachten: Der Flüssigkeitsspiegel soll vom inneren Korkenspiegel nicht mehr als etwa 0,5 cm entfernt sein. Die Abfüllung erfolgt im Handbetrieb, halbautomatisch oder in Großbetrieben auf vollautomatischen Füllstraßen mit einer Stundenleistung von bis zu 20.000 Flaschen.

Abbeermaschine

Abfüllerangabe Der Name des Abfüllers muß grundsätzlich auf dem →Etikett angegeben werden, wobei als Abfüller nur der Eigentümer und unmittelbare Besitzer genannt werden dürfen. Die Begriffe »Abfüller« oder »abgefüllt durch« oder bei Lohnabfüllung »abgefüllt für« sind durch den Namen oder die Firma des Abfüllers zu

Zum Bild links:
Die Stiele nach dem Abbeeren.

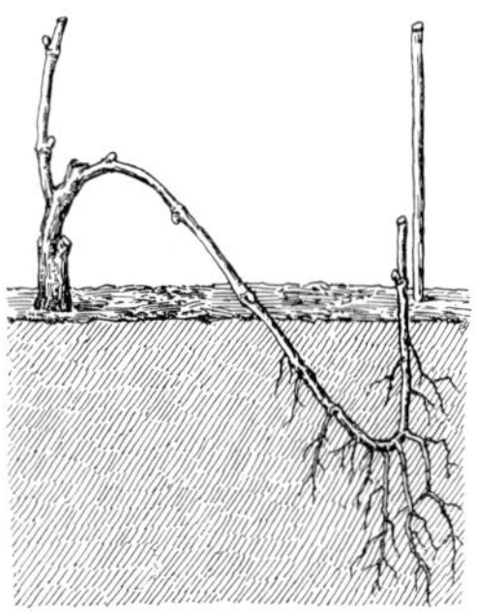

Ableger

ergänzen. Begriffe wie →Weingut, Burg, Schloß, →Château, Domäne (Domaine) dürfen nur angegeben werden, wenn der Wein ausschließlich aus Trauben des bezeichneten Betriebes hergestellt wurde.
Die Bezeichnung »Erzeugerabfüllung« darf nur für Wein gebraucht werden, der aus selbstgewonnenen Trauben des Erzeugers oder der Mitglieder des genannten Erzeugerzusammenschlusses im eigenen Betrieb hergestellt und abgefüllt worden ist. Die Angabe »aus eigenem Lesegut«, die früher zulässig war, sowie alle weiteren Leseguthinweise, wie zum Beispiel »aus dem Lesegut des Winzers X« oder »aus dem Lesegut unserer Mitglieder«, sind nicht mehr gestattet.
Der Begriff »Erzeugerabfüllung« gilt nur für Wein aus Deutschland und aus der Provinz Bozen, Südtirol. Er ersetzt auch die vor 1971 allgemein verbreitete Bezeichnung »Originalabfüllung«.
Der Erzeugerabfüllung entsprechen in Frankreich Begriffe wie »mise en bouteilles à la propriété«, »mise en bouteilles au domaine« (oder »mise du domaine«), »mise d'origine«, »mise en bouteilles au château«. Andere Begriffe wie »mise en bouteilles par le propriétaire« oder »mise en bouteilles dans nos chais« haben keine gesetzliche Grundlage.

Abgang Nachgeschmack, den ein Wein nach dem Hinunterschlucken hinterläßt; für die Wertung eines Weines von Bedeutung. Gehaltvolle, an Säure, Tannin und anderen Geschmacksstoffen reiche Weine sind nachhaltiger; kleine, arme Weine kürzer, das heißt, der auf dem Zungengrund zurückbleibende Geschmackseindruck verschwindet sehr schnell.

abgebaut (auch **abgelebt**) Kennzeichnung für den Entwicklungszustand eines Weines, der seinen Höhepunkt überschritten und seine Frische verloren hat: Die negativen Veränderungen machen sich deutlich bemerkbar. Abgebaute Weißweine sind nachgedunkelt, sattgelb, Rotweine bräunlich. Durch Farb- und Gerbstoffausscheidungen hat der Wein seinen Glanz eingebüßt, er ist stumpf oder gar trüb. Geruch und Geschmack werden holzig, matt, ausgezehrt, oft bitter.
Die Ursache vorzeitigen Abbaues ist auf Oxidation zurückzuführen und wird durch zu warme (16° C und mehr) und zu helle Keller, starke Temperaturschwankungen, Luftzutritt (eingetrocknete oder leckende Korken) beschleunigt. Auch kann unsachgemäßer →Ausbau des jungen Weines vor der Füllung zu einem vorzeitigen Abbau führen. Kleine, säurearme Weine bauen rascher ab als extrakt- oder körperreiche Weine höherer Qualitäten.

abgelagert Ausdruck für den »Lebensabschnitt« des Weines, der zwischen »reif« und »gealtert« liegt.

abgelebt →abgebaut.

abgerundet Bezeichnung für einen Wein, der keine Ecken und Kanten aufweist, gut ausgeglichen ist und keine wesentlichen Mängel zeigt. Ein abgerundeter Wein ist meist kein Spitzenwein, sondern gehört zur Durchschnittsklasse.

Ableger Einjährige Rebruten, die umgebogen und in den Boden gesteckt, Wurzeln schlagen und aus denen eine neue Pflanze wächst. Früher wurden auf diese Weise die Weinberge verjüngt und Fehlstellen geschlossen. Seit dem Auftreten der →Reblaus dürfen nur noch auf →Amerikanerreben gepfropfte Reben gepflanzt werden.

Abondant Blanc Stark wüchsige und reich tragende weiße Rebsorte. Züchtung von A. Wanner aus Steinschiller x Weißburgunder. In Deutschland wegen zu geringer Qualität zum Anbau nicht freigegeben, im Elsaß und in Lothringen dagegen zugelassen.

Abreißverschluß Selbsthaltender Flaschenverschluß aus Aluminium oder Kunststoff mit Abreißlasche; wird meist zum Verschließen von Kleinflaschen (0,2 l) verwendet. Im Gegensatz zum →Kronkorken läßt er sich ohne Hilfsmittel entfernen.

Abruzzen Weinregion in Mittelitalien. Die Weinberge liegen an der Adriaküste und in Gebirgstälern. DOC-Weine sind →*Montepulciano d'Abruzzo* und →*Trebbiano d'Abruzzo*.

Abstatt Weinort im Anbaugebiet →Württemberg, Bereich Württembergisch Unterland. Großlage: *Schozachtal*. Einzellagen: *Burgberg, Burg Wildeck, Sommerberg*.

Abstecken →Aufstecken.

Abstich Umfüllen eines Weines von einem Behälter in einen anderen unter gleichzeitiger Abtrennung des →Trubes. Die zeitgerechte Durchführung des Abstichs im Keller ist eine grundsätzliche Maßnahme zur Beeinflussung des →Ausbaues junger Weine. Bestimmte Entwicklungsvorgänge lassen sich dadurch abschließen, oder es werden neue eingeleitet.
Unter dem ersten Abstich versteht man das Abziehen des Weines von dem bei der Gärung entstandenen verderblichen Hefegeläger (→Drusen, Lager, Geläger), das sich auf dem Boden abgesetzt hat. Geschieht das nicht

rechtzeitig (Dezember bis Februar), so können durch den Zerfall des Hefetrubes übelriechende →Hefeböckser oder gar Bakterienkrankheiten auftreten. Aus einem Brief von Frau Rat Goethe um 1790 an ihren Sohn: »Wer von Jugend an auf seiner Hefen stillgelegen hat, nie aus einem Faß ins andere gekommen ist, aus dem wird nichts. Der Hefegeschmack bleibt ihm, es wird nie ein guter Wein.« (Troost)
Der zweite und dritte Abstich wird meist in Verbindung mit weiterem →Klären, Schönen, Lüften oder →Schwefeln durchgeführt.

Zum Bild links:
Abstich von Rotwein.

Abstimmung Fachausdruck der Sektbranche für das Beifügen von →Versanddosage zum →Rohschaumwein, um die Restsüße einzustellen. Die Abstimmungsstufen sind nach EG-Regelung:

extra brut, extra herb	0 – 6 g/l;
herb, brut	0 – 15 g/l;
extra trocken, extra dry, extra sec	12 – 20 g/l;
trocken, dry, sec	17 – 35 g/l;
halbtrocken, medium dry, demi-sec, demi-doux	33 – 50 g/l;
mild, süß, doux	über 50 g/l.

Die englischen und französischen Bezeichnungen haben sich durch den Export eingebürgert. Die EG hat für »Abstimmung« den alten Ausdruck »Versanddosage« (frz. liqueur d'expédition) wieder eingeführt. Das Wort »liqueur« hat nichts mit Likör zu tun, es stammt von liquor (lat. Flüssigkeit).

Abstinenzbewegung (Antialkohol- oder Enthaltsamkeitsbewegung) Eine radikale Richtung arbeitet auf ein völliges Alkoholverbot hin, die gemäßigtere hat die Bekämpfung des Alkoholmißbrauchs zum Ziel. Das in den Vereinigten Staaten von Nordamerika 1920 (Prohibition) erlassene völlige Alkoholverbot wurde 1933 aufgehoben, entsprechende Bestimmungen in skandinavischen Ländern und Kanada gelockert. In einigen ehemaligen britischen Kolonialländern ist es heute noch Frauen nicht erlaubt, Bars zu betreten, und Alkohol darf nur zu bestimmten Tageszeiten verkauft werden. Es bleibt umstritten, ob die vom Staat verordneten Antialkoholmaßnahmen den erhofften Erfolg gebracht haben; denn gerade in solchen Ländern ist der Mißbrauch oft größer als in den klassischen Weinbauländern.

Abstoppen Um den Zuckergehalt im Most zu bewahren, wird bei der Herstellung von →Dessertweinen die →Gärung unterbrochen oder abgestoppt. In Deutschland wird dieses Verfahren nicht mehr angewendet.

Weinabstich mit Blasebalg und Lederschlauch, um 1500.

Abtrunk Das letzte Glas bei einer Weinprobe. Der Abtrunk sollte nach der Spitzenqualität leicht und herb sein (→Weinfolge).

Abtswind Weinort im Anbaugebiet →Franken, Bereich Steigerwald. Großlage: *Schild*. Einzellage: *Altenberg*. Weinlehrpfad mit Lehrweingarten.

Abzug →Abstich.

AC →Appellation contrôlée.

acerbe (frz.) grün, unreif. Bezeichnung für einen herben Wein, der aus unausgereiften Beeren gekeltert, oder für einen Sekt, der zu früh →degorgiert wurde.

Achaia Griechisches Weinbaugebiet am Nordrand des Peloponnes, das neben trockenen, körperreichen Rot- und Weißweinen den bekannten →*Mavrodaphne* hervorbringt.

Achkarren Ortsteil von Vogtsburg im Kaiserstuhl. Weinort im Anbaugebiet →Baden, Bereich Kaiserstuhl. Großlage: *Vulkanfelsen*. Einzellagen: *Schloßberg, Castellberg*.

Adega (port.) Weinhandlung, Weinkeller.

Adega cooperativa (port.) Winzergenossenschaft.

Adel →edel.

Adelsberg Ortsteil von Gemünden. Weinort im Anbaugebiet →Franken, Bereich Maindreieck. Einzellage: *Wernleite*.

Adolzfurt Ortsteil von Bretzfeld. Weinort im Anbaugebiet →Württemberg, Bereich Württembergisch Unterland. Großlage: *Lindelberg*. Einzellage: *Schneckenhof*.

adstringierend Wenn die Trauben zu lange auf den →Trestern gelegen haben oder bei zu hohem Druck mit den noch grünen Stengeln

ausgepreßt wurden oder wenn der Wein in einem neuen Eichenfaß gelagert wurde, kann dieser Geschmackseindruck entstehen. Das →Tannin (Gerbsäure) wirkt auf die Schleimhäute zusammenziehend, gerbend, daher der bittere, harte Geschmack. Während in den deutschsprachigen Weinbauländern Weine mit geringerem Gerbsäuregehalt vorgezogen werden, fördert man hohen Gerbstoffgeschmack in anderen Weinbauländern bewußt, indem man den Jungwein in neue Eichenfässer einlagert und ihm sogar Eichenspäne beifügt. Gut abgelagerte und gealterte Weine mit einem hohen Tanningehalt wirken weniger stark adstringierend, sondern kräftig herb.

Affalterbach Weinort im Anbaugebiet →Württemberg. Bereich Württembergisch Unterland. Großlage: *Schalkstein*. Einzellage: *Neckarhälde*.

Affaltrach Ortsteil von Obersulm. Weinort im Anbaugebiet →Württemberg, Bereich Württembergisch Unterland. Großlage: *Salzberg*. Einzellage: *Dieblesberg*.

Affentaler Badischer →Herkunfts-Typenwein mit der genauen Bezeichnung *Affentaler Spätburgunder Rotwein*. Weine dieser Bezeichnung müssen aus Blauem →Spätburgunder hergestellt sein und laut Lagenverordnung aus den Gemarkungen der Gemeinden Bühlertal, Altschweier, Eisental-Affental und Neuweier (etwa 100 ha Rebfläche) stammen. *Affentaler* darf nur als Qualitätswein angeboten werden und wird hauptsächlich von den beiden örtlichen Winzergenossenschaften hergestellt. Der Affe auf der Flasche gilt als »Markenzeichen«, was aber der Herkunft des Namens nicht gerecht wird, da das Wort Affental auf »Ave-Tal« zurückzuführen ist. Der Überlieferung nach sollen im Jahr 1312 im Zisterzienserinnenkloster Lichtental in Baden-Baden erstmals Burgunderreben angepflanzt worden sein, und zwar so weit, als die Ave-Glocke des Klosters noch gehört werden konnte. Die vier Gemarkungen, in denen der *Affentaler* angebaut werden darf, entsprechen tatsächlich in ihrer Ausdehnung dem früheren Ave-Tal. Als →Weißherbst oder in Verbindung mit einer anderen Rebsorte als Spätburgunder darf das Wort »Affentaler« auf einem Etikett nur dann verwendet werden, wenn der Wein aus der Gemarkung Affental selbst (Ortsteil der Gemeinde Eisental) stammt; das ist aber eine Seltenheit.

Afghanistan 65.000 ha Rebfläche; 1,5 Millionen dz Tafeltrauben; 700.000 dz Rosinen.
In diesem mittelasiatischen Hochgebirgsland werden meist weiße Lokalsorten wie Hosseini, Abjouch, Kalili, Gholadan und rote wie Taifi, Saibi, Kandahari, Monoka bis zu Höhen von 2.000 m über NN angebaut. Die Hauptweinbauzentren sind Kandahar, Kabul und Herat. Im Norden des Landes liegen noch weitere verstreute Anbauinseln, meist von Mauern umgebene Weinberge. Der Großteil der Ernte dient dem Sofortverzehr oder der Rosinenbereitung. Weine aus Afghanistan sind so gut wie unbekannt.

Afrika Mit rund 400.000 ha Rebfläche (5% Anteil an der Weltrebfläche) erscheint dieser Erdteil weinbaulich weniger bedeutend. Weite Gebiete sind für die Rebkultur nicht geeignet, da in dem feuchtwarmen Klima die Gefährdung durch →Pilzkrankheiten zu groß wäre. Nur in der subtropischen Zone an der Nordküste in →Algerien, →Marokko, →Tunesien, →Ägypten und an der Südküste in →Südafrika wird Rebbau wirtschaftlich betrieben. Einzelne Anbauinseln, die hauptsächlich der Tafeltraubenproduktion dienen, findet man auch in Namibia und in Zimbabwe.

Zum Bild rechts:
Weinfeld in Südafrika

Ägäische Inseln Am bekanntesten ist der Wein von →Samos, aber auch auf →Santorin und →Limnos werden gute natürliche Dessertweine hergestellt.

Aglianico Rotweinsorte, die in Süditalien weit verbreitet ist. Gedeiht am besten auf vulkanischen Böden.

Aglianico del Vulture DOC-Wein aus der Region →Basilikata. Rubinroter Wein aus der Aglianico-Rebe mit delikater Blume, der im Alter besser wird. Frisch und trocken im Geschmack, manchmal auch lieblich.

Agraffe Bezeichnung für eine Verschlußkappe aus Draht oder Metallstreifen, die den Korken auf der Sektflasche festhält. Sie wird mit Spezialmaschinen angefertigt und aufgesetzt. Um das Einschnüren oder Durchscheuern des Korkens durch den Draht zu verhindern, werden auf den oberen →Spiegel kleine runde Blechstücke gelegt, die oft das Firmenzeichen tragen.

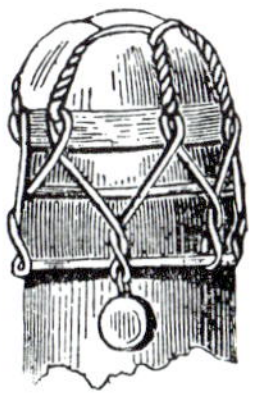

Agraffe

Ägypten 30.000 ha Rebfläche; 25.000 hl Wein; 500.000 hl Traubensaft; 1 Million dz Tafeltrauben.
Der Weinbau Ägyptens ist über 3.000 Jahre alt, wie sich aus zahlreichen Grabfunden nachweisen läßt. Die Inschrift auf einem Weinkrug aus dem Grab des Tut-Ench-Amun lautet: »Jahr 5. Wein vom Gute des Tut-Ench-Amun von dem westlichen Fluß. Vorsteher der Weinbauer C.H.A.«. Auch zur Zeit der Römer lieferte Ägypten erhebliche Mengen Wein. Da der Weingenuß den Mohammedanern untersagt ist, liegt das Schwergewicht heute auf dem Tafeltraubenanbau. Christen gewinnen etwas Wein aus der weißen Sorte Muscat d'Alexandrie. Als Folge der Bewässerung (die Regenfälle liegen unter 50 mm pro Jahr) des stark triebigen Klimas sind die dort gereiften Trauben weniger schmackhaft als die in den nördlichen Klimaten gewachsenen, die Weine breit und klotzig.

Ahr Das zweitkleinste, am nördlichsten gelegene deutsche bestimmte Anbaugebiet mit 428 ha bestockter Rebfläche, davon 309 ha rote und 119 ha weiße Rebsorten. Durchschnittliche Weinmosternte rund 35.000 hl.
Auf einer rund 25 km langen Strecke von Altenahr im mittleren bis nach Heimersheim im unteren Ahrtal wird Weinbau betrieben. Schroffe Felswände mit Terrassenbau wechseln mit gartenartiger Hügellandschaft ab. Anfänge der Rebkultur gehen auf die Römerzeit zurück; während der Franken- und Karolingerherrschaft war bereits eine zusammenhängende Rebfläche vorhanden. Bekannte Winzerorte werden zwischen 828 und 893 erstmals urkundlich genannt. Klöster und Domstifte förderten den Rebbau im Mittelalter. Empfindlicher Rückgang ist mit dem Einmarsch der französischen Revolutionsheere ins Rheinland 1794 und der darauffolgenden Säkularisation zu verzeichnen; 1868 kam es zur Gründung der ersten Winzergenossenschaft der Welt in Mayschoß; 1881 erster Befall durch die →Reblaus, darauf Rückgang der Rebfläche auf rund 200 ha. Heute wird wieder zunehmende Tendenz festgestellt, begünstigt durch die Absatzlage und den blühenden Tourismus. Geologisch gehört das Ahrtal zum Rheinischen Schiefergebirge (Devon), das mittlere Ahrtal hat, durchsetzt von harten und schwer verwitterbaren Rauflaserschichten, steinige, feinerdearme und flachgründige Weinbergsböden und das untere Ahrtal, dank der weicheren, leichter verwitternden Herdorfer Schichten tiefgründigere Lehm- und Grauwackenstücke. 75% Steillagen, 15% Hanglagen, 10% Flachlagen. Am günstigsten ist das Kleinklima in den geschützten Steillagen mit intensiver Sonneneinstrahlung und Wärmespeicherung durch den Schiefer. Ungünstige Lagen müssen durch Heizen und Räuchern gegen Spät- und Frühfröste geschützt werden. Im Augenblick sind Rationalisierungsmaßnahmen mit Hilfe des →Flurbereinigungsverfahrens im Gange, mit dem Ziel, die bisher in den Terrassen gebräuchliche Einzelstockerziehung am Pfahl durch →Drahtrahmenerziehung in den umgelegten Fluren zu ersetzen. Eine Zunahme der Spätburgunderrebe ist festzustellen.
Spezialität des Weinbaugebietes ist der Ahr-Rotwein. Der Blaue →Spätburgunder liefert die elegantesten Weine mit einer feinherben, samtigen Art und ausgeprägten Burgunderblume. Der →Portugieser zeigt sich hier dank der Schieferböden rassig, lebendig. Neuzüchtungen wie →Domina und →Rotberger nehmen im Anbau zu, wobei die Moste letzterer oft zu herzhaft frischen Roseeweinen verarbeitet werden. Die Weißweine sind außerhalb des Weinbaugebietes weniger bekannt, sie präsentieren sich kernig spritzig.

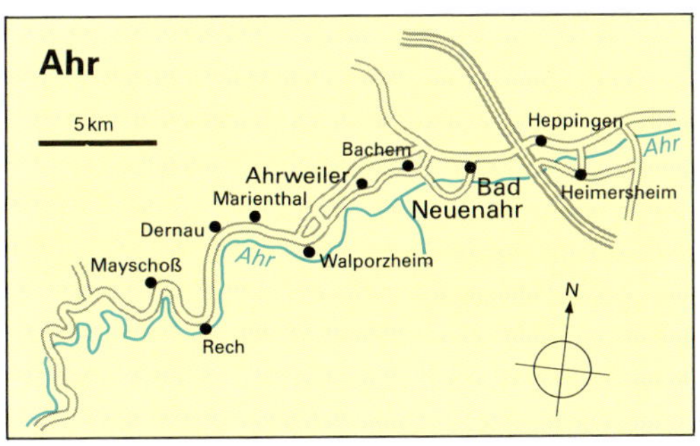

Die unmittelbare Nähe der industriellen Ballungsräume hat dazu geführt, daß zwei Drittel der Rebfläche von Zu- und Nebenerwerbswinzern mit einer durchschnittlichen Betriebsgröße von 0,5 ha bewirtschaftet werden. Der größte Weinbaubetrieb gehört der Staatlichen Weinbaudomäne Kloster Marienthal mit 19 ha bestockter Rebfläche. Gut entwickelt ist das Winzergenossenschaftswesen, das zusammen mit dem Handel hauptsächlich übergebietlich vermarktet.

Ahrbleichert →Bleichert.

Ahrtalstraße Zusammen mit dem →Rotweinwanderweg erschließt die Rotweinstraße dem Besucher das Weinbaugebiet →Ahr. Die Straße, die von Altenahr nach Heimersheim führt, ist als Weinstraße gut ausgeschildert.

Ahrweiler Ortsteil von Bad Neuenahr-Ahrweiler. Weinort im Anbaugebiet →Ahr, Bereich Walporzheim/Ahrtal. Großlage: *Klosterberg*. Einzellagen: *Daubhaus, Forstberg, Rosenthal, Silberberg, Riegelfeld, Ursulinengarten.*

Aichelberg Ortsteil von Aichwald. Weinort im Anbaugebiet →Württemberg, Bereich Remstal-Stuttgart. Großlage: *Wartbühl*. Einzellage: *Luginsland*.

Aigle Bedeutender Weinort der Weinbauregion →Chablais im Schweizer Kanton →Waadt, bekannt vor allem durch seinen →*Dorin*, der unter dem Ortsnamen verkauft wird.

aimable (frz.), **amabile** (it.) lieblich. Bezeichnung für milde ausgeglichene Weine, die sich angenehm verkosten, sowie für höher dosierte Schaumweine.

Aïn-Bessem-Bouira Weinbauregion in →Algerien, wo die Reben bis in 1.000 m Höhe wachsen. Die kräftigen, samtigen Rotweine und die fruchtigen Rosees haben Recht auf die Appellation d'Origine garantie.

Alambic Zwiebelförmige Brennblase bei der Cognacbrennerei (→Destillation).

Alambrado Von einem Drahtkorb umspannte spanische Weinflasche.

Albalonga Weißweinrebe; Neuzüchtung der Bayerischen Landesanstalt für Wein-, Obst- und Gartenbau, Würzburg. Kreuzung aus Rieslaner x Silvaner, Zuchtnummer Wü B-51-2-1; mit früher Reife und gutem Ertrag, darin mit →Müller-Thurgau vergleichbar, jedoch mit höheren Säurewerten und höheren Mostgewichten. Stellt mittlere bis hohe Ansprüche an Lage und Boden. Bestockte Rebfläche in Deutschland 34 ha. Die Weine präsentieren sich fruchtig und elegant.

Albana Italienische Weißweinrebe, die vornehmlich in der →Emilia-Romagna und im Gebiet von Bologna bis zur Adria angebaut wird.

Albana di Romagna Italienischer DOCG-Weißwein ausschließlich aus Albana-Trauben, aus der Umgebung von Forli, Ravenna und Bologna, in der →Emilia-Romagna. Der secco (trocken) ist hell strohfarben mit leichtem Gerbsäuregeschmack, der amabile (lieblich) ist stroh- bis goldgelb und weicher mit einer angenehmen Blume, der dolce goldgelb und süß und der passito aus teilgetrockneten Trauben bernsteinfarben und süß im Geschmack.

Albanien 12.000 ha Rebfläche; 200.000 hl Wein; davon 120.000 hl Export; 390.000 dz Tafeltrauben.
Der Weinbau Albaniens ähnelt, was Klima, Rebsorten und Weintypen anbetrifft, im wesentlichen dem im angrenzenden Mazedonien und in Montenegro. Während in niederen Lagen gehaltvolle Rot- und Dessertweine neben Tafeltrauben und Rosinen erzeugt werden, liegt das Schwergewicht in den höher gelegenen Zonen auf leichteren Rot- und Weißweinen, in den Hochlagen (bis 1.000 m) auf weißen Tafelweinen. Die Hauptrebsorten sind Debin, Katek, Serin, →Aligoté, →Barbera und →Mavrud.

Albariza Kalkhaltiger, weißer Boden in der Nähe von →Jerez in Spanien, von dem hervorragende Sherries stammen.

Alben Synonym für Weißer →Elbling.

Alberndorf Niederösterreichischer Weinort im Weinbaugebiet →Weinviertel mit Weinbau-Musteranlage. Rebfläche: rund 260 ha. Frische, spritzige Weißweine.

Albersweiler Weinort im Anbaugebiet →Rheinpfalz, Bereich Südliche Weinstraße mit Sankt Johann. Großlage: *Königsgarten*. Einzellage St. Johann: *Latt*.

Albig Weinort im Anbaugebiet →Rheinhessen, Bereich Nierstein. Großlage: *Petersberg*. Einzellagen: *Schloß Hammerstein, Hundskopf, Homberg*.

Albisheim Weinort im Anbaugebiet →Rheinpfalz, Bereich Mittelhaardt/Deutsche Weinstraße. Großlage: *Schnepfenflug vom Zellertal*. Einzellage: *Heiligenborn*.

Albsheim Weinort im Anbaugebiet →Rheinpfalz, Bereich Mittelhaardt/Deutsche Weinstraße. Großlage: *Grafenstück*. Einzellage: *Benn*.

Alcamo (oder **Bianco di Alcamo**) DOC-Weißwein aus →Sizilien. Strohgelber bis grünlicher, trockener, frischer Wein.

Aleatico Italienische Rotweinrebe, besonders in →Latium, der →Toskana und in →Apulien von Bedeutung. Synonyme: Liatica, Liatico.

Liefert liebliche bis süße Weine mit ausgeprägtem Muskatgeschmack.

Aleatico di Gradoli DOC-Rotwein aus →Latium, aus 4 Gemeinden in der Nähe des Bolsena-Sees. Granatroter, purpurn schimmernder Wein aus 100% →Aleatico mit aromatischem Bukett und fruchtigem, süßem, samtigem Geschmack. Aus leicht angetrockneten Beeren wird ein →Liquoroso gleichen Namens hergestellt.

Aleatico di Puglia DOC-Rotwein aus →Apulien, aus den Provinzen Bari, Brindisi, Foggia, Lecce und Taranto. Granatroter, violett schimmernder Wein, zu 85% aus →Aleatico mit vollem, leicht süßem Geschmack. Wenn älter als 3 Jahre, kann er die Bezeichnung Riserva erhalten. Unter dem gleichen Namen wird auch ein →Liquoroso hergestellt.

Alella Spanisches DO-Gebiet (1.300 ha) in Katalonien, nördlich von Barcelona. Erzeugt werden helle, verhältnismäßig trockene Weißweine, dunkle Rotweine, süße Muskatweine und Malvasia.

Alezio DOC-Rotwein aus →Apulien. Rubinroter Wein mit mandelähnlichem Nachgeschmack. Unter der gleichen Bezeichnung gibt es einen Rosee (Rosato).

Alf Weinort im Anbaugebiet →Mosel-Saar-Ruwer, Bereich Zell/Mosel. Großlage: *Grafschaft*. Einzellagen: *Kapellenberg, Katzenkopf, Herrenberg, Burggraf, Kronenberg, Arrasburg-Schloßberg, Hölle*.

Alföld Name der niederungarischen Tiefebene und des Weinbaugebietes zwischen Donau und Theiß, das etwa zwei Drittel der ungarischen Weinberge umfaßt. Die auf etwa 100.000 ha erzeugten leichten Weine sind meist nur im Erzeugergebiet erhältlich, jedoch werden neuerdings immer mehr exportiert.

Algarve Portugiesisches Weinbaugebiet, das seit 1978 als Região Demarcada anerkannt ist. Es werden trockene, alkoholreiche Rotweine und ebensolche Weißweine erzeugt.

Algerien 150.000 ha Rebfläche; 1 Million hl Wein, davon 500.000 hl Export; 2 Millionen dz Tafeltrauben; 20.000 dz Rosinen; jährlicher Pro-Kopf-Verbrauch 1,2 l.
Von 1830 bis 1962 hatten die Franzosen in Algerien eine blühende Weinindustrie betrieben. Vor allem nach der Zerstörung des französischen Weinbaues im Mutterland durch die →Reblaus wurden riesige Domänen plantagenmäßig angelegt. 1950 betrug die Rebfläche noch 400.000 ha. Das von der Demokratischen Volksrepublik Algerien 1970 neu herausgebrachte Weingesetz nennt 3 Zonen: Zone 1, die fruchtbare Küstenebene, wo mit Hilfe künstlicher Bewässerung Konsumweine erzeugt werden. Die sich ins Innere des Landes erstreckende Hügelkette wird als Zone 2 bezeichnet. Sie weist trockene Löß- und Sandböden auf, bringt aber feinere und etwas leichtere Getränke hervor. Zone 3 ist die eigentliche Gebirgszone, wo Reben bis in 1.500 m Höhe wachsen und eine vorzügliche Weinqualität ergeben. Das Ursprungsbezeichnungsrecht wurde geändert.
Die Weine der französischen Appellation d'Origine contrôlée wurden in Vins à Appellation d'Origine garantie (VAOG) umbenannt. Dazu gehören: Aïn-Bessem-Bouira, Coteaux de Tlemcen, Coteaux de Mascara, Coteaux de Zaccar, Dahra, Monts du Tessala, Médéa.
Als Appellations d'Origine simples werden vom Gesetz genannt: Alicante d'El-Melah, Dahroussa, Mekerra, Montagne des Lions. Die VDQS-Benennungen sind dem neuen Weingesetz nach teils aufgehoben, teils erhalten.
Es werden hauptsächlich südfranzösische Rotweinsorten wie →Carignan, →Cinsault, →Grenache und →Mourvèdre angebaut. Durch das heiße Klima reifen die Trauben früh, und die Weine zeichnen sich durch hohen Alkoholgehalt, intensive Farbe und Extraktreichtum aus. Die noch aus der französischen Zeit stammenden Großkellereien verarbeiten den Hauptteil der Weinernte für den Export, wobei die osteuropäischen Länder heute den früheren Hauptabnehmer Frankreich abgelöst haben. Der Verbrauch im Lande selbst ist gering, da die Bevölkerung überwiegend mohammedanisch ist. Nach Portugal und Spanien ist Algerien der drittgrößte Korkproduzent der Welt.

Alicante 1. Größtes spanisches DO-Weinbaugebiet mit 44.000 ha Rebfläche. Eine breite Palette von trockenen bis süßen Rot-, Weiß- und Roseeweinen.
2. Spanische Rotweinrebe aus der Provinz Aragonien, die in Frankreich, Italien, der Türkei, Israel, Tunesien, Algerien und Marokko verbreitet angebaut wird.

Aligoté In Frankreich in 50 Departements empfohlene Rebsorte. Hauptanbaugebiet: Burgund. Weiße Traube mit rötlichen Flecken oder rötlichem Schimmer, die rasch reifende, säurereiche, oft herbe Weine liefert. *Bourgogne Aligoté* wird mit schwarzem Johannisbeerlikör (Cassis) gemischt gern als Kir getrunken.

Blatt vom Aligoté.

Alken Weinort im Anbaugebiet →Mosel-Saar-Ruwer, Bereich Zell/Mosel. Großlage:

Weinhex. Einzellagen: *Bleidenberg, Burgberg, Hunnenstein.*

Alkohol (Äthanol, Weingeist, C_2H_5OH) Reiner Alkohol hat bei 10°C ein spezifisches Gewicht von 0,7942, er siedet bei 78,3° und erstarrt bei –131°C. Den Alkoholgehalt einer Flüssigkeit mißt man entweder in Vol.-%, Grad (°) oder g/l (8 g/l = 1 Vol.-% oder °). Alkohol entsteht bei der Vergärung des im →Most enthaltenen Zuckers durch →Hefen. Die Alkoholausbeute liegt bei 51%, der Rest ist Kohlendioxid (CO_2). Weine aus kühleren Klimazonen (in Europa nördlich der Alpen) weisen Alkoholgehalte von 8–13 Vol.-% auf, wobei →durchgegorene Weine stets einen höheren Alkoholgehalt haben als Weine mit →Restsüße. So liegt der Alkoholgehalt bei Auslesen meistens unter 10 Vol.-%, während er bei einem durchgegorenen Qualitätswein bis 12 Vol.-% betragen kann. Kleine Weine (Tafelweine) mit zu niedrigem Alkoholgehalt erscheinen flach und ausdruckslos. Zu hoher Alkoholgehalt läßt die Weine klotzig und brandig wirken. Ein Alkoholgehalt in Mittelbereichen unterstreicht die Frucht und Eleganz eines Weines optimal. Südländische →Dessertweine wie Sherry, Port, Málaga, Samos, Madeira werden mit rektifiziertem Alkohol (reinem Alkohol von 90 bis 96 Vol.-%) auf 16–23 Vol.-% →aufgespritet. Da die Hefe bei einem Alkoholgehalt von über 15 Vol.-% abstirbt, können diese Weine selbst bei einer hohen Restsüße biologisch stabil gehalten werden. Der Mindestalkoholgehalt von Wein ist je nach Anbaugebiet und Qualitätsstufe unterschiedlich. In der EG unterscheidet man folgende Arten von Alkoholgehalt:

1. *Vorhandener (tatsächlicher) Alkoholgehalt:* die Anzahl von Volumeneinheiten Alkohol, die in 100 Volumeneinheiten des betreffenden Erzeugnisses enthalten ist.
2. *Potentieller Alkoholgehalt:* die Anzahl von Volumeneinheiten Alkohol, die durch vollständige Gärung des in 100 Volumeneinheiten des betreffenden Erzeugnisses enthaltenen Zuckers gebildet werden kann.
3. *Gesamtalkoholgehalt:* die Summe aus vorhandenem und potentiellem Alkoholgehalt.
4. *Natürlicher Alkoholgehalt:* der Gesamtalkoholgehalt des betreffenden Erzeugnisses vor jeglicher Anreicherung.

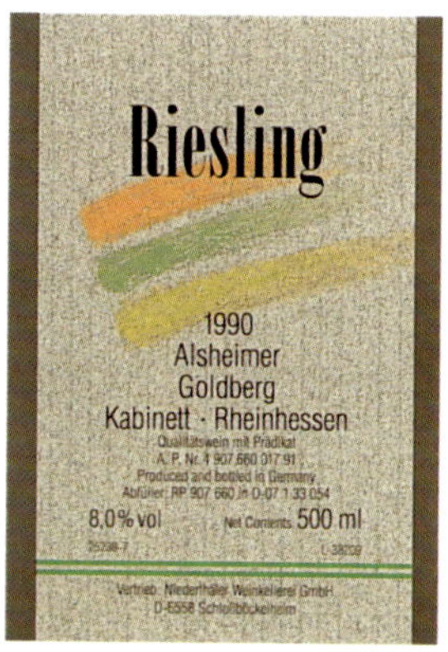

alkoholfreier Wein Wein, dem durch ein spezielles Verfahren der Alkohol bis auf weniger als 0,5 Vol.-% entzogen wurde. Höchster SO_2-Gehalt: 12 mg/l. Getränke dieser Art fallen nicht mehr unter das Weingesetz. Alkoholfreier Sekt ist ein angenehm erfrischendes Getränk. Steigende Nachfrage. Im österreichischen Weingesetz wird seit 1991 entalkoholisierter Wein als Rebenprodukt anerkannt.

Allemand Französische Bezeichnung für Weißer →Elbling.

Allmersbach Ortsteil von Aspach. Weinort im Anbaugebiet →Württemberg, Bereich Württembergisch Unterland. Großlage: *Schalkstein.* Einzellage: *Alter Berg.*

Almansa Kleinere DO-Region (15.000 ha) im Südosten Spaniens.

Almrich Weinort im Anbaugebiet →Saale-Unstrut mit der Lage *Steinmeister.*

Aloxe-Corton Berühmter Weinort in der →Côte d'Or in →Burgund mit etwa 300 ha Rebfläche, Herkunftsort ebenso großer Weiß- wie Rotweine: →*Corton,* →*Corton-Charlemagne* und →*Charlemagne.*

Alsace →Elsaß.

Alsbach Weinort im Anbaugebiet →Hessische Bergstraße. Großlage: *Rott.* Einzellage: *Schöntal.*

Alsenz Weinort im Anbaugebiet →Nahe, Bereich Schloß Böckelheim. Großlage: *Paradiesgarten.* Einzellagen: *Elkersberg, Pfaffenpfad, Falkenberg, Hölle.*

Alsheim Weinort im Anbaugebiet →Rheinhessen, Bereich Nierstein. Großlagen: *Krötenbrunnen, Rheinblick.* Einzellagen: *Goldberg, Fischerpfad, Frühmesse, Römerberg, Sonnenberg.*

Altdorf 1. Weinort im Anbaugebiet →Rheinpfalz, Bereich Südliche Weinstraße. Großlage: *Trappenberg.* Einzellagen: *Gottesacker, Hochgericht.*
2. Ortsteil von Ettenheim. Weinort im Anbaugebiet →Baden, Bereich Breisgau. Großlage: *Burg Lichteneck.* Einzellage: *Kaiserberg.*

Altenahr Weinort im Anbaugebiet →Ahr, Bereich Walporzheim/Ahrtal. Großlage: *Klosterberg.* Einzellagen: *Eck, Übigberg.*

Altenbamberg Weinort im Anbaugebiet →Nahe, Bereich Schloß Böckelheim. Großlage: *Burgweg.* Einzellagen: *Laurentiusberg, Treuenfels, Kehrenberg, Schloßberg, Rotenberg.*

Alter der Weinberge, Alter der Rebstöcke Hängt von Erziehungsart, Boden und Klima ab. Je stärker sich ein Stock entfalten kann, das heißt, je länger er angeschnitten wird und je mehr Lebensraum er hat, desto älter kann er werden. Es gibt Reben an Hauswänden von 100 und mehr Jahren. Veredelte Reben, wie sie zu über 90% im wirtschaftlichen Weinbau verwendet werden, haben eine normale Lebensdauer von 30 Jahren. Das Produktionsalter hängt hauptsächlich von der →Unterlage und Affinität (guten Pfropfverwandtschaft) der Unterlage zum →Edelreis ab. Mit 3 Jahren trägt der junge Weinstock zum ersten Mal. Der von der ersten Ernte gewonnene Wein wird »Jungfernwein« genannt. Zwischen 5 und 15 Jahren erreicht er seine maximale Ertragfähigkeit, nach dem 20. Jahr läßt diese meist stark nach, so daß in intensiv bearbeiteten Weinbergen Reben nicht länger als 25 Jahre genützt werden. Die Behauptung, daß Weine aus älteren Weinbergen qualitativ besser sind, ist wissenschaftlich nicht belegbar.

Altern der Weine Kleine Weine (→Tafelweine) müssen schon in jungem Alter getrunken werden. Sie verlieren bei längerem Lagern an Frische und Güte. Weine höherer Qualität erreichen ihr Optimum erst nach einer gewissen Reifeentwicklung. Diese ist weitgehend abhängig von Herkunft, Rebsorte, Jahrgang und Kellereiausbau, wobei die Intensität der Beeinflussung mit der obigen Reihenfolge übereinstimmt. Süße, Reife, hoher Extraktgehalt und hohe Säure sind die wichtigsten Voraussetzungen für lange Haltbarkeit. Weine mit hohem →Gerbstoffgehalt (Tannin), wie zum Beispiel Bordeauxweine mit einem hohen Anteil von →Cabernet-Sauvignon, verkosten sich am besten nach 10–20 Jahren Lagerungsdauer. Gehaltvolle Beeren- und Trockenbeerenauslesen sind auch nach 100 Jahren Lagerungsdauer noch gut trinkbar. Sie haben dann einen leichten →Sherryton (→Firne, nußartigen Geschmack), sind aber immer noch lebendig und ansprechend. Rotweine schmecken im Alter im allgemeinen besser als in ihrer Jugend; bei Überalterung verlieren sie aber rascher an Frische als Weißweine. Am besten altern →aufgespritete Dessertweine. Alkohol und Zucker bilden ein so stabiles Gerüst, daß ihnen ein paar Jahrzehnte Lagerung nichts anhaben können.

Altergeschmack, Alterston →Firne.

Altmannsdorf Ortsteil von Michelau. Weinort im Anbaugebiet →Franken, Bereich Steigerwald. Großlage: *Zabelstein*. Einzellage: *Sonnenwinkel*.

Alto Adige →Südtiroler.

Altschweier Ortsteil von Bühl. Weinort im Anbaugebiet →Baden, Bereich Ortenau. Großlage: *Schloß Rodeck*. Einzellage: *Sternenberg*.

Alzey Weinort im Anbaugebiet →Rheinhessen, Bereiche Nierstein und Wonnegau, mit Ortsteilen →Weinheim, →Heimersheim, →Schafhausen, →Dautenheim. Großlagen: *Petersberg, Sybillenstein*. Einzellagen: *Schloß Hammerstein, Kapellenberg, Römerberg, Wartberg, Rotenfels*.

amabile (it.) lieblich. Bezeichnung für süße Weine.

Amarone Feiner, tieffarbener, sehr alkoholreicher, trockener roter →Strohwein aus der italienischen Weinregion →Venetien.

Ambonnay Weinort in der →Champagne, dessen Gewächse für die Champagnerherstellung als Grands Crus eingestuft sind, das heißt mit 100% bewertet werden.

amer (frz.), **amaro** (it.) bitter. Geschmack von bakterienkrankem Rotwein oder rotem Schaumwein. In Italien auch Bezeichnung für den typischen Nachgeschmack von →*Amarone* und anderen Weinen.

Americano Amerikanische Rebsorten, die nach dem Reblausbefall im →Tessin angebaut wurden. Heute dienen sie lediglich der Erzeugung von Traubensaft (→Schweiz).

Amerika Von den rund 9 Millionen ha Weltrebfläche entfällt knapp 1 Million auf Amerika. Die größten Produzenten sind →Argentinien, die →Vereinigten Staaten und →Chile, auf die drei Viertel der Gesamtfläche entfallen. →Brasilien, →Mexiko, →Uruguay, →Peru und andere sind von geringerer Bedeutung.

Amerikaner-Muttergarten Geschlossene Pflanzung von Amerikanerreben, die für die →Pfropfreben geeignete Unterlagen liefern. Sie müssen klimatisch besonders günstige Standorte haben, damit sie die beste Holzausreife im Herbst erreichen. Unreife Unterlagsruten ergeben schlechtes Veredelungsmaterial. Muttergärten sind an der besonderen Erziehungsart ihrer Reben zu erkennen. Da Amerikanerreben keine Trauben tragen und eine möglichst hohe Holzausbeute erzielt werden soll, werden sie an langen Stangen oder →Drahtrahmen in Bündeln hochgezogen. Nördlich der Alpen gibt es seit Gründung der EG nur noch wenige Amerikaner-Muttergärten. Die nördlichen Weinbauländer beziehen ihr Unterlagenholz meist aus Südfrankreich und Italien, wo dank des günstigen Klimas eine optimale Holzausbeute garantiert wird.

Amerikanerreben Sammelbegriff für alle Rebarten amerikanischen Ursprungs (zum Bei-

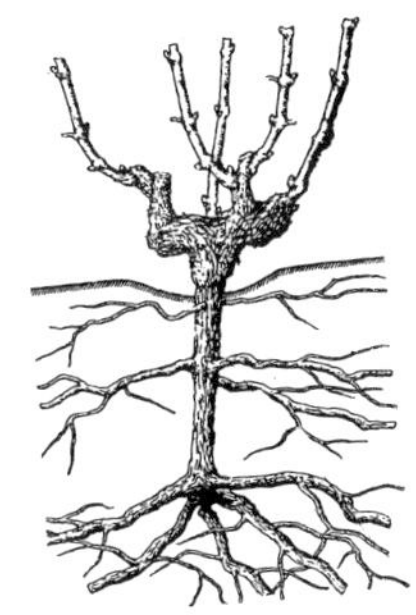

Alter Rebstock, stark verwurzelt.

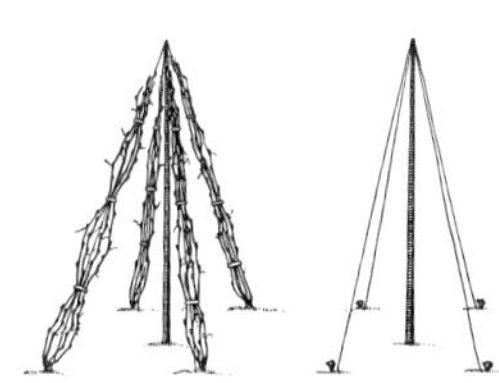

Zelt- oder Pyramidenerziehung in einem Amerikaner-Muttergarten.

spiel Vitis Riparia, Vitis Rupestris, Vitis Berlandieri, Vitis Labrusca) und für alle Bastardreben und künstlichen Kreuzungsprodukte (→Hybriden) dieser Reben untereinander oder mit europäischen. In der Weinbaupraxis spricht man allerdings nur von »Amerikanerreben«, wenn sie zur Gewinnung von Unterlagen für die →Rebveredelung verwandt werden. Traubentragende Amerikanerkreuzungen werden in der Schweiz als →Americano bezeichnet. In der Fachsprache heißen sie Hybriden.

Römische Amphore

Amigne Einheimische alte Weißweinrebe mit geringen Anbauflächen im →Wallis, hauptsächlich bei →Vétroz. Sie hat große behaarte Blätter und langstielige Trauben und ergibt feine, alkoholreiche, neutrale Weine, die unter dem Namen der Rebsorte verkauft werden.

Ammerschwihr Bekannter Weinort im →Elsaß mit der Lage →*Kaeferkopf.*

Amoltern Ortsteil von Endingen. Weinort im Anbaugebiet →Baden, Bereich Kaiserstuhl. Großlage: *Vulkanfelsen.* Einzellage: *Steinhalde.*

Amontillado →Sherry.

Amoroso →Sherry.

Ampelos Name eines Jünglings aus der griechischen Mythologie; er wurde zur Bezeichnung für den Weinstock, die Rebe. Der Sage nach hatte Zeus seinem Sohn Dionysos den Jüngling Ampelos als Spielgefährten zugesellt. Eines Tages wurde dieser von einem Stier entführt und zerfleischt. Um Dionysos zu trösten, ließ Zeus aus dem Leib des Ampelos eine Pflanze sprießen – die Rebe. Dionysos pflückte von den purpurnen Trauben, drückte sie mit den Händen aus und kostete weinend den göttlichen Saft (nach Christoffel).

Ampelographie Rebsortenkunde. Das Unterscheiden und Beschreiben der Traubensorten ist so alt wie die Weinkultur selbst. Die Bezeichnung findet sich erstmals in der von F.I. Sachs-Breslau in lateinischer Sprache verfaßten, 1661 in Leipzig erschienenen »Ampelographia«. Seither ist sie in der Fachsprache gebräuchlich. In der Ampelographie werden die charakteristischen Merkmale der Rebe unter einem bestimmten Schlüssel angegeben: Name, Synonyme, Heimat und Verbreitung, allgemeine Eigenschaften des Rebstocks, des Rebholzes, die Triebspitzen im tätigen Zustand, Eigenschaften der Blätter, Form, Bezahnung, Farbe und Behaarung, Blattstiel und Blattrippe, allgemeine Eigenschaften der Beere. Nachfolgend die bekanntesten ampelographischen Werke: Freiherr L. v. Babo (1884, 1851), V. Pulliat (1874, 1885), J.E. Planchon (1875), H.u.R. Goethe (1876, 1887), A. Millardet (1883), L. Ravaz (1902), P. Viala (1910).
Im Zusammenhang mit der staatlichen Förderung des Weinbaues in den osteuropäischen Ländern ist dort in den letzten Jahrzehnten auch eine Reihe umfangreicher ampelographischer Werke erschienen.

Ampelotherapie Traubenkur. Bekämpfung von Fettsucht, Nieren- und Leberleiden mit Hilfe von Traubensaft.

Amphore Im antiken Griechenland und im römischen Reich verwendetes zweihenkliges enghalsiges Tongefäß zur Aufbewahrung von Wein, Öl und anderen Flüssigkeiten.

Ampurdán–Costa Brava Spanisches DO-Weinanbaugebiet im Nordosten der Halbinsel mit rund 7.000 ha Rebfläche, wo hauptsächlich Roseewein erzeugt wird.

Amselfelder Milde Weiß-, Rosee- und Rotweine aus der Provinz →Kosovo in →Jugoslawien, die vor allem in Deutschland als preiswerte Tischweine beliebt sind.

amtliche Prüfung Der wichtigste Faktor des deutschen →Weingesetzes von 1971 ist die »geprüfte Qualität«. Sämtliche →Qualitätsweine b.A. und →Qualitätsweine mit Prädikat unterliegen ab Jahrgang 1971 einer amtlichen Qualitätsprüfung durch die zuständigen Prüfungsbehörden der weinbautreibenden Länder. Prüfungsstellen sind in Alzey, Bernkastel-Kues, Eltville, Freiburg, Koblenz, Neustadt, Stuttgart, Trier und Würzburg. Eine →amtliche Prüfungsnummer erhalten nur Weine, die folgende Drei-Stufen-Prüfung bestanden haben:
1. *Leseprüfung.* Sie wird im Herbst am Weinstock vorgenommen, nachdem der Winzer das Einbringen seiner Prädikatsweine auf dem Bürgermeisteramt angemeldet hat. Zur Feststellung der Reife und des Zustandes des Lesegutes entnehmen die Beauftragten des Staatlichen Chemischen Untersuchungsamtes und des Weinbauamtes in den Weinbergen und in den Kellereien Proben und untersuchen sie.
2. *Analysenprüfung.* Wenn der Wein im Keller ausgebaut und abgefüllt worden ist, erfolgt die Anmeldung zur amtlichen Qualitätsprüfung. Drei Probeflaschen sowie ein Analysenzeugnis von besonders zugelassenen Untersuchungslabors werden der Prüfungsbehörde vorgelegt.
3. *Sinnenprüfung.* Die Prüfer, die sich aus der Weinwirtschaft rekrutieren, verkosten unter Aufsicht einer Amtsperson der Prüfstelle den

Wein und bewerten ihn nach einem 5-Punkte-System (→Bewertungssysteme). Den Prüfern sind dabei nur Jahrgang, Anbaugebiet, Rebsorten und die beantragte Güteklasse bekannt. Der Abfüller des angestellten Weines bleibt anonym. Nur wenn der Wein die vorgeschriebene Mindestpunktzahl von 1,5 erreicht hat, darf er auf dem →Etikett die →Güteklasse führen und erhält als Bestätigung die →amtliche Prüfungsnummer (→Bewertungssysteme).

amtliche Prüfungsnummer (A.P.Nr.) Sie muß auf dem Etikett eines jeden deutschen →Qualitätsweines mit und ohne Prädikat ab Jahrgang 1971 aufgeführt werden. Sie besagt, daß der Wein die →amtliche Prüfung bestanden hat und den auf dem Etikett einzeln angegebenen gesetzlichen Anforderungen entspricht. Die mehrstellige Zahl (zum Beispiel 6 33 050 020 91) enthält folgende Angaben:

Prüfstelle	Ortskennzahl	Erzeugerbetrieb	geprüfte Partie	Jahr der Prüfung
6	33	050	020	91

Betriebsnummer (6 33 050)

Auch in Österreich gibt es eine amtliche Prüfnummer für Qualitäts- und Prädikatsweine.

Amyntheon In Nordgriechenland (Mazedonien) gelegenes AO-Gebiet. Die Weinberge reichen bis 800 m Höhe. Das Klima ist kühler als an der Küste, so daß der aus der Rebsorte Xynomavron gewonnene Rotwein dank seiner hohen Säure herzhaft kernig anmutet. Unter dem AO-Namen *Amyntheon* kommt auch ein spritziger roter Schaumwein auf den Markt.

Zum Bild links: Weinanalysen-Labor

Analyse Gesamtheit der Verfahren und Methoden, die zur chemischen Bestimmung der Bestandteile einer Substanz angewendet werden. Für die Betriebskontrolle beim Ausbau des Weines genügt dem Kellermeister die analytische Bestimmung der Gesamtsäure, des Zuckers und der freien und gesamten schwefeligen Säure. Für die Abfüllung und Vorlage bei der amtlichen Prüfstelle benötigt er außerdem den tatsächlichen Alkohol- und den zuckerfreien Extraktgehalt. Eine beträchtliche Zahl weiterer Bestandteile des Weines sind für wissenschaftliche Zwecke bestimmt worden, es ist bisher jedoch nicht gelungen, die geschmakkliche Eigenart des Weines chemisch voll zu erfassen und die →Sinnenprüfung zu ersetzen. Deshalb sollten sich auch Laien bei der Beurteilung eines Weines vor allem auf ihr eigenes Geschmackserlebnis verlassen und sich nicht von chemischen Analysewerten abhängig machen.

Analysenprüfung →amtliche Prüfung.

Anatolien Eines der Hauptanbaugebiete für Wein in der →Türkei. Aus Mittelanatolien stammen die Weißweine *Kalebağ beyaz sek, Narbağ beyaz sek* (halbtrocken) und *Cankaya Yildizi* (halbtrocken). Die Rotweine heißen *Kalebağ kirmizi sek* und *Yakut damlas* (trocken). In Süd- und Südostanatolien gibt es *Kulüp beyaz* (weiß) und *Kulüp kirmizi* (rot).

Anbaufläche →Rebgelände, →Weltrebfläche.

Anbaugebiete Die Herkunft eines Weines aus einem bestimmten Anbaugebiet wird dadurch geschützt, daß man das Ursprungsgebiet geographisch in seinen Umrissen durch Gesetz fixiert und den Namen des Gebietes sowie des Weines festlegt. Die Bestimmungen der EG-Weinbauländer sind in den EG-Verordnungen 816/70 und 817/70 vom 28. 4. 1977 unter der Bezeichnung VQPRD (Vins de Qualité produits dans des Régions déterminées – Qualitätsweine bestimmter Anbaugebiete) bekanntgegeben worden. Dem Vorbild der EG-Staaten folgend, bemühen sich auch andere weinbautreibende Länder, die Ursprungsbezeichnungen gesetzlich festzulegen und zu kontrollieren. Die älteste Umgrenzung eines Anbaugebietes wurde 1756 für Portwein geschaffen. Erste internationale Übereinkünfte über das Herkunftsrecht wurden mit der Pariser Konvention 1883, der von Madrid 1891 und der von Lissabon 1958 getroffen.

Anbaugrenze Auf der nördlichen Halbkugel liegt die nördliche Grenze für wirtschaftlichen Weinbau beim 50., die südliche bei 30°, auf der südlichen Halbkugel bei 30 beziehungsweise 40°.

Anbaustopp Durch EG-Verordnung ist eine Ausweitung der Rebflächen untersagt worden, um eine Überproduktion zu vermeiden.

Andel Ortsteil von Bernkastel-Kues. Weinort im Anbaugebiet →Mosel-Saar-Ruwer, Bereich

Bernkastel. Großlage: *Kurfürstlay*. Einzellage: *Schloßberg*.

Andreaswein →Oggau.

Anjou Französisches Weinbaugebiet zwischen der Touraine und der Bretagne an der Loire, mit den Unterregionen →Saumur, →Coteaux de la Loire, →Coteaux du Layon, →Coteaux de l'Aubance. Die AC-Bezeichnung *Anjou* erstreckt sich über das ganze Gebiet, wobei man vom Etikett her die verschiedenen Weintypen, die hier erzeugt werden, erkennen kann, zum Beispiel *Rosé d'Anjou* (frischer und fruchtiger Rosee), *Cabernet d'Anjou* (leichter bis kräftiger Rotwein), *Anjou-Mousseux* (Schaumwein), *Anjou-Pétillant* (Perlwein), *Rosé d'Anjou Pétillant, Anjou* (Weißwein). Neu ist die Bezeichnung *Anjou-Villages* für Rotweine höherer Qualität. Alle Weinnamen können den Zusatz *Val de Loire* tragen. Auf den Etiketten wird für Spitzengewächse auch die Lage angegeben, klassifiziert in: Grand Cru, Premier Cru, Deuxième Cru. Für AC-Weine zugelassen sind die Rebsorten →Pineau de la Loire für Weißweine, →Cabernet Franc und →Cabernet-Sauvignon für Rotweine, zusätzlich für Rosees →Cot und Groslot.

Anstichhahn oder -kranen

Anreichern (früher »Verbessern«) Nach dem deutschen Weingesetz von 1971 bedeutet es die Zugabe von Rohrzucker zum Most, um einen erhöhten Alkoholgehalt des Weines zu erreichen. Der zugegebene Rohrzucker wird in kurzer Zeit von der →Hefe in →Alkohol umgesetzt, wodurch der Wein ausdrucksvoller und geschmacklich allgemein verbessert wird. Zuckermenge und Zeit der Zugabe sind gesetzlich vorgeschrieben.

Die Anreicherungshöchstgrenze
ist wie folgt festgesetzt:

Zone	bei Tafelwein Vol.-%	bei Qualitätswein Vol.-%
A		
bei Rotwein	12	12,5
bei Weißwein	11,5	12
B		
bei Rotwein	12,5	13
bei anderen Weinen	12	12,5
C I a		12,5
C I b		12,5
C II		13
C III a/b		13,5

Die Anreicherung ist für Tafel- und Qualitätsweine erlaubt
in →Weinbauzone A um höchstens 3,5 Vol.-%
in →Weinbauzone B um höchstens 2,5 Vol.-%.

In den deutschsprachigen Weinbauländern dürfen nur →Tafelweine und →Qualitätsweine ohne Prädikat angereichert werden, wenn deren Moste zu wenig natürlichen Zuckergehalt aufweisen. →Qualitätsweine mit Prädikat dürfen nicht angereichert werden. In Frankreich dagegen dürfen nur die Qualitätsweine (→AC-Weine), nicht aber Vins ordinaires (→Landweine, →Tafelweine) mit Rohrzucker verbessert werden. Die »Chaptalisation«, wie das Anreichern in Frankreich genannt wird, ist zwar gesetzlich geregelt, aber nicht auf dem →Etikett anzeigepflichtig. In den südlichen EG-Ländern und einigen Balkanstaaten ist die Anreicherung mit Mostkonzentraten (→RTK) üblich. Die Bestimmungen sind unterschiedlich.

ansprechend Bezeichnung für einen süffigen, gefälligen, harmonischen und nicht zu schweren Wein ohne Besonderheiten.

Anstechen der Fässer (auch **Anzapfen**) Erfolgt mit einem Anstichhahn oder Kranen. Da das Zapfloch sich bei Weinfässern in Bodennähe befindet und daher bei vollen Fässern einem Druck ausgesetzt ist, erfordert das Anzapfen besondere Geschicklichkeit des Kellermeisters. Um Weinverluste zu vermeiden und den →Trub durch eintretende Luftblasen nicht unnötig aufzuwirbeln, muß das Auswechseln des Zapfens gegen den Kranen rasch vor sich gehen.

Anthocyane Farbstoffe, die in den Schalen von Rotweinbeeren auftreten und die Farbe des Weines bestimmen (→Beere).

Anzapfen →Anstechen der Fässer.

AOC →Appellation d'Origine contrôlée.

AOS →Appellation d'Origine simple.

Aostatal (it. Valle d'Aosta) Italienische Weinregion zwischen Piemont und der Schweizer und französischen Grenze im Bergland gelegen. Die DOC-Weine heißen: →*Valle d'Aosta* mit unterschiedlichen Zusatzbezeichnungen.

Aperitif Alkoholisches Getränk, das wegen des angenehmen Gefühls im Magen in kleinen Mengen vor dem Essen genossen wird. Weinhaltige Aperitifs sind verschiedene →Wermutweine, →Sherry, →Portwein und

→Madeira. Zum Aperitif genießt man meist →aufgespritete, aromatische Weine, geschmacklich ausdrucksvoll und uneingeschränkt haltbar. Diese Aperitifs serviert man in kleinen Gläsern. Zum Aperitif trinkt man aber auch trockenen Weißwein oder trockenen Schaumwein.

Apetlon Großer Weinort im Seewinkel des Neusiedlersees im österreichischen →Burgenland, Weinbaugebiet →Neusiedlersee. Bukettreiche Weißweine, darunter zahlreiche Prädikatsweine.

Apfelmost, Apfelwein Der aus gemahlenen Äpfeln abgepreßte Saft heißt Apfelsaft oder Apfelmost, der vergorene Most Apfelwein. In Süddeutschland, besonders in Württemberg, versteht man unter Apfelmost ein Getränk, das durch Vergärung von Apfelsaft mit Wasser und Zucker hergestellt wird. In der Bundesrepublik Deutschland ist Apfelwein kein Wein im Sinne des Weingesetzes. Eine Spezialität der Normandie ist der Cidre, der auch in Südengland zu den beliebtesten Getränken gehört (Cidre aus Äpfeln oder Birnen).

Äpfelsäure ($CO_2H \cdot CH_2 \cdot CHOH \cdot CO_2H$) Ist zu ungefähr gleichen Teilen mit der →Weinsäure in der Traube, also auch in Most und Wein enthalten. Je unreifer die Traube, um so mehr Äpfelsäure enthält sie. Im Wein wird sie häufig durch die sogenannte Äpfelmilchsäuregärung unter Einwirkung von Bakterien und CO_2-Abspaltung in Milchsäure übergeführt (→Säureabbau, biologischer).

Apiculatushefen Gehören zusammen mit den →Kahmhefen zu den »wilden« Hefen, die sich zu Anfang der →Gärung in der Überzahl befinden, später jedoch von den Saccharomyceten zurückgedrängt werden.

A.P. Nr. →amtliche Prüfungsnummer.

Appellation d'Origine contrôlée (AOC; auch **Appellation contrôlée**; AC) Bedeutet »kontrollierte Ursprungsbezeichnung«; diese Klassifizierungsgruppe entspricht ungefähr den deutschen →Qualitätsweinen bestimmter Anbaugebiete, mit Zusatz einer Lage den deutschen →Qualitätsweinen mit Prädikat. Doch es besteht ein grundlegender Unterschied zwischen beiden Einteilungen: Die AC wird kraft Gesetzes bestimmten Rebflächen zuerkannt, die deutschen Prädikate werden einzelnen Weinen verliehen.
Man zählt in Frankreich zur Zeit 392 AC-Herkünfte, die mit 492.000 ha rund die Hälfte der Gesamtrebfläche Frankreichs einnehmen. Seit 1979 hat sich die AC-Fläche um 35% vergrößert, während sich die Gesamtrebfläche um 10% verringert hat. Für jeden einzelnen AC-Namen sind bestimmte Bedingungen verbindlich, zum Beispiel abgegrenzter Anbaubezirk, genehmigte Rebsorten, genehmigter Maximalertrag pro Hektar (darüberliegende Mengen werden deklassiert), Mindestalkoholgehalt, Anbau- und Weingewinnungsverfahren und ähnliches mehr (→Anreichern). Bei den geringeren AC-Weinen wird nur das Herkunftsgebiet genannt, bei den höher klassifizierten auch Untergebiete, einzelne Lagen oder →Châteaux oder die →Cru-Bewertung wie zum Beispiel Premier, Grand Cru.

Appellation d'Origine simple (AOS) Bis 1974 Herkunftsbezeichnung für französische →Tafelweine. Heute in der Klasse der →Vins de Pays aufgegangen.

Appenheim Weinort im Anbaugebiet →Rheinhessen, Bereich Bingen. Großlage: *Abtey*. Einzellagen: *Daubhaus, Hundertgulden, Eselspfad, Drosselborn*.

âpre (frz.) rauh, →gerbstoffreich.

Aprilia DOC-Rot- und Weißweine aus Latium. Die Rotweine stammen aus →Sangiovese und →Merlot, der →Weißwein aus →Trebbiano.

Apulien (it. Puglia) Größte Weinregion Italiens im Südosten des Landes, mit warmen Wintern und sehr heißen Sommern. Die Weine haben meist einen hohen Alkoholgehalt und werden oft zu Verschnittzwecken benutzt. DOC-Weine sind →*Aleatico di Puglia*, →*Alezio*, →*Brindisi Rosso*, →*Cacc' e mmitte di Lucera*, →*Castel del Monte*, →*Copertino*, →*Gravina*, →*Leverano*, →*Locorotondo*, →*Martina (Martina Franca)*, →*Matino*, →*Moscato di Trani*, →*Orta Nova Rosso*, →*Ostuni*, →*Primitivo di Manduria*, →*Rosso Barletta*, →*Rosso Canosa*, →*Rosso di Cerignola*, →*Salice Salentino*, →*San Severo*, →*Squinzano*.

Aquileia DOC-Rot- und Weißweine aus der Region →Friaul – Julisch Venetien mit Zusatz der Rebsorte (Weiß: *Chardonnay* hell strohgelb, trocken, weich, auch in schäumender Version; *Tocai Friulano* strohgelb, angenehm; *Pinot Bianco* strohgelb, trocken, voll; *Pinot Grigio* goldgelb, trocken, voll, harmonisch; *Riesling Renano* hell strohgelb, trocken, körperreich, *Sauvignon* strohfarben, trocken, harmonisch; *Traminer Aromatico* ausdrucksvoll, aromatisch; *Verduzzo Friulano* intensiv strohfarben, kräftig, körperreich. Rot: *Merlot* rubinrot, trocken; *Cabernet*, *Cabernet Franc* und *Cabernet-Sauvignon* rubinrot, trocken, fruchtig, samtig; *Refosco* dunkelrubinrot bis violett, trocken,

voll, leicht bitter; *Rosato* kirschrot, trocken, voll). Die Weine stammen aus Aquileia und 17 umliegenden Gemeinden, ihr Alkoholgehalt liegt um 11 Vol.-%.

Aramon, Blauer Robuste Rotweinrebe des französischen Midi, von kräftigem Wuchs und hoher Ertragfähigkeit. Liefert anspruchslose, leichte Rotweine.

Aräometer Senkwaage zur Bestimmung des →spezifischen Gewichts von Flüssigkeiten. Zylindrisches Hohlgefäß, das am unteren Ende mit Blei oder Quecksilber beschwert ist. Sinkt in Flüssigkeiten von unterschiedlicher Dichte verschieden tief ein, so daß das spezifische Gewicht auf einer Skala abgelesen werden kann. Der →Zuckergehalt des Mostes, sowie →Alkoholgehalt und →Extrakt des Weines werden damit bestimmt. Je mehr Zucker der Most enthält, um so höher schwimmt die Spindel, und um so mehr Grade zeigt sie an. Verschiedene Gradeinteilungen haben die Mostwaagen nach →Oechsle, →Baumé, →Balling (Brix), Babo und →Klosterneuburg (KMW) (→Mostgewichts-Meßsysteme).

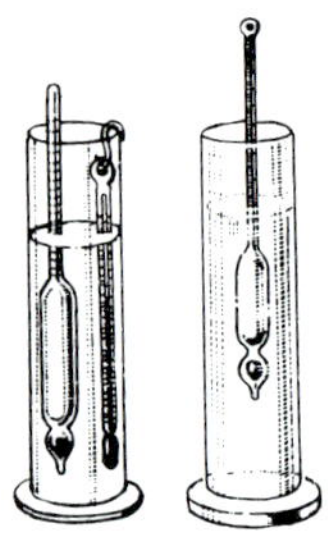

Aräometer oder Senkspindel.

Arbois Stadt und Weinhandelszentrum in den →Côtes du Jura in Ostfrankreich. Das AC-Gebiet von Arbois umfaßt 600 ha. Zusammen mit Château-Chalon Herkunft des gelben Weines (→Vin jaune), von Schaumwein in Weiß, Rot und Rosee (Arbois Mousseux), die nach der →Méthode Champenoise hergestellt werden, und einiger guter Rot- und Weißweine. Der fruchtige, trockene Rosee soll schon im 13. Jahrhundert auf der Tafel des Königs von Frankreich gestanden haben.

Arborea Erst kürzlich mit DOC versehene Rot-, Rosee- und Weißweine aus →Sardinien. Die Rotweine und Rosees werden aus →Sangiovese, die Weißweine aus →Trebbiano gekeltert.

Arbst, Blauer Ältere, im Rückgang befindliche Rotweinrebe, Spielart des Blauen →Spätburgunders. Hat heute kaum noch Bedeutung.

Arbst, Weißer Synonym für Weißer →Burgunder.

Archánes Griechische AO-Region im Zentrum der Insel →Kreta. Der Rotwein von den Sorten Kotsifali und Mantilari hat ein feines Bukett, eine tiefe rubinrote Farbe, viel Alkohol und Körper.

Argentinien 270.000 ha Rebfläche; 25 Millionen hl Wein, davon 120.000 hl Export; 300.000 dz Tafeltrauben; 70.000 dz Rosinen; jährlicher Pro-Kopf-Verbrauch 60 l.
Argentinien ist das größte weinproduzierende und weinkonsumierende Land des amerikanischen Kontinents. Bereits 1566 brachte der Jesuitenpater Cedron die ersten Weinreben in die Region von Cuyo. Doch erst seit ungefähr einem Jahrhundert erhielt der Rebbau durch italienische Einwanderer Auftrieb und wuchs zu der Größe, die er heute hat. Sie waren es, die die Schmelzwasser der Andengletscher zur Bewässerung der bis dahin dürr und brach liegenden Pampas nutzbar machten. Heute werden über 70% der argentinischen Weine im Staat Mendoza am Fuß der Anden auf ausgedehnten ebenen, von Kanälen durchzogenen Rebflächen produziert. Fast die Hälfte der gesamten landwirtschaftlichen Nutzfläche von Mendoza ist mit Reben bepflanzt, es gibt 40.000 kleinere bis mittlere Winzerbetriebe, aber nur 9 große Firmen, die sowohl Weinberge als auch riesige Abfüllkellereien besitzen. Die Kellereien sind auf dem modernsten Stand und zählen in ihrer Kapazität zu den größten der Welt. Allein in der Hauptstadt Mendoza gibt es über 200 Bodegas (Weinkellereien), die größte erreicht eine Umschlagkapazität von 1 Million hl ($^1/_8$ der deutschen Gesamternte). Der Großteil der argentinischen Weine sind rote Vins ordinaires, das heißt →Tafelweine. Sie sind sauber und dank der großen Verschnittmengen gleichmäßig im Charakter.
90% der argentinischen Rebfläche sind mit den Sorten →Malbec, →Cabernet-Sauvignon, →Sémillon, Pinot Noir (Blauer →Spätburgunder) und →Sauvignon Blanc bestockt. Von den Weinen sind 34% rot, 27% rosee, 20% weiß, und die restlichen 18% der Ernte werden als Tafeltrauben vermarktet. Der Anbau dieser qualitativ hochstehenden europäischen Sorten ist noch nicht alt. Drei Jahrhunderte lang kultivierte man Reben, die aus Kernen spanischer Weintrauben, den »Cepas Criollas«, wuchsen, bis es zur Einfuhr klassischer europäischer Rebsorten zunächst aus Chile, später aus Europa kam. Die jährliche Durchschnittstemperatur liegt bei 16°. Nordargentinien ist subtropisch, der südliche Teil gehört zur gemäßigten Zone. Die Niederschläge sind über das ganze Jahr verteilt und liegen im Durchschnitt bei 300 mm, in der Nähe der Anden höher. Pilzschädlinge treten daher nur wenig auf, künstliche Bewässerung ist notwendig. Die Rebplantagen steigen von 600 bis 1.300 m über NN an. In höheren Regionen muß mit Spät- und Frühfrösten gerechnet werden. Der Export von Weinen ist gering.

Arinto Portugiesische Weißweinrebe, ergibt den strohgelben, duftenden →*Bucelas*.

Aris Weißweinrebe aus der Reichsrebenzüchtung Müncheberg in der Mark Brandenburg. Sie wurde dort von Prof. B. Husfeld aus einer Kreuzungspopulation von Oberlin 716 (Riparia x Gamay) x Riesling Klon 91 selektioniert und nach dem Zweiten Weltkrieg am Geilweilerhof (Bundesforschungsanstalt für Rebenzüchtung) züchterisch weiterbearbeitet. Als →Hybride ist sie, trotz ihrer Resistenz gegen →Pilzkrankheiten, nur für den Export zugelassen. Die Bezeichnung Aris ist aus Riesling und Riparia zusammengezogen.
Das Blatt ist mittelgroß, derb, glänzend, langstielig, drei- bis fünflappig, das Holz glatt, braun, sehr gut ausreifend, daher sehr winterfest. Die Trauben sind klein mit runden, kleinen, grünen Beeren. Reife früh. Die Ansprüche an Lage und Boden sind gering, die bestockte Rebfläche beträgt 5 ha. Der Ertrag ist mittelmäßig, im Mostgewicht übertrifft sie den Weißen →Riesling um 20–30° Oe, im Säuregehalt liegt sie um 2–3‰ unter dem Riesling. Der Wein zeigt keinen Hybridenton, ist füllig, neutral und hat einen deutlichen Auslesecharakter. Obwohl zum Anbau nicht freigegeben, beachtenswert als pilzresistente Kreuzung.

arm Bezeichnung für einen kleinen, ausdruckslosen und mageren Wein.

Armagnac Französischer Weinbrand aus dem gleichnamigen AC-Gebiet. Er wird zum Teil noch in kleinen, handwerklich betriebenen Brennereien hergestellt. Er ist das Ergebnis einer kontinuierlichen →Destillation von speziellen Weißweinen aus Ugni Blanc, →Colombard und →Folle Blanche oder Picpoul. Die besten Weinbrände stammen aus Bas-Armagnac und Eauze. Armagnac, in Fässern aus der Steineiche der Gascogne herangereift, schmeckt rustikaler, kerniger und herber als Cognac. Nach 5 Jahren Lagerung darf er sich VO oder VSOP nennen, noch 1 Jahr später Vieille Réserve oder Extra Napoléon. Jahrgangs-Armagnac ist eine seltene Spezialität.

Armenien Republik der →Sowjetunion, zwischen Schwarzem und Kaspischem Meer an der türkischen Grenze gelegen. Weinbau auf 35.700 ha Rebfläche im Tal des Aras, auf gleicher geographischer Breite wie Neapel und Barcelona. In der Hochgebirgslandschaft gedeihen alkoholreiche Dessertweine aus meist einheimischen Traubensorten. In Eriwan werden mindere Qualitäten zu Weinbrand verarbeitet.

Armsheim Weinort im Anbaugebiet →Rheinhessen, Bereich Bingen, mit Ortsteil →Schimsheim. Großlage: *Adelberg*. Einzellagen: *Goldstückchen, Geiersberg*.

Arnaison Blanc Französische Bezeichnung für Weißer →Burgunder.

Arnsburger Weißweinrebe; Neuzüchtung der Forschungsanstalt in Geisenheim, Institut für Rebenzüchtung und Rebenveredelung. Kreuzung aus Riesling VI 88 Gm x Riesling VI 64 Gm. Zur Eintragung in die Sortenliste angemeldet.

Arnstein Weinort im Anbaugebiet →Franken, Bereich Maindreieck, mit den Ortsteilen Halsheim, Heugrumbach, Müdesheim, Reuchelheim. Großlage: *Roßtal*. Einzellage: *Bischofsberg*.

Aroma Gesamtheit der Geschmacks- und Dufteindrücke eines Weines. Unter →Bukett versteht man den Geruchseindruck. Man spricht von aromatischen Weinen nur, wenn sie eine stark betonte Fruchtnote aufweisen.

Aromastoffe Die im Wein in Spuren vorkommenden Aromastoffe sind chemisch Ester, Aldehyde und Lactone.

aromatisierte Weine Hierzu gehören die →Wermutweine, Marsala Chinato, Marsala Speciale und einige französische Apéritifs à base de vin (Aperitifs auf der Grundlage von Wein). Das Aromatisieren ist schon seit der Antike bekannt; die Griechen verwendeten aromatische Kräuter, im Mittelalter würzte man den Wein mit einer breiten Palette verschiedener Wurzeln, Kräuter und Gewürze.

arrondiert →Flurbereinigung.

Arrope Traubensaftkonzentrat, das man weniger guten →Sherrys zusetzt.

Art Ein Wein hat Art, wenn er die charakteristischen Eigenschaften von Jahrgang, Rebsorte und Standort nicht aufdringlich, aber harmonisch und deutlich wiedergibt. Man sagt, der Wein hat wenig Art, wenn sein Geschmacks- und Geruchseindruck indifferent ist. Fremde Art (zum Beispiel Bodenton) wird in der Weinansprache als »Unart« bezeichnet.

artbestimmende Faktoren Direkt wirkende Faktoren sind →Rebsorte, →Lage, →Boden, →Jahrgang, →Reifegrad des Lesegutes, →Ausbau. Indirekt wirken sich →Zeilenbreite, →Stockabstand, →Unterlage, →Anschnitt, Pflege, →Düngung, →Flaschenlager, Zeit sowie auch die Temperatur auf die Art eines Weines aus.

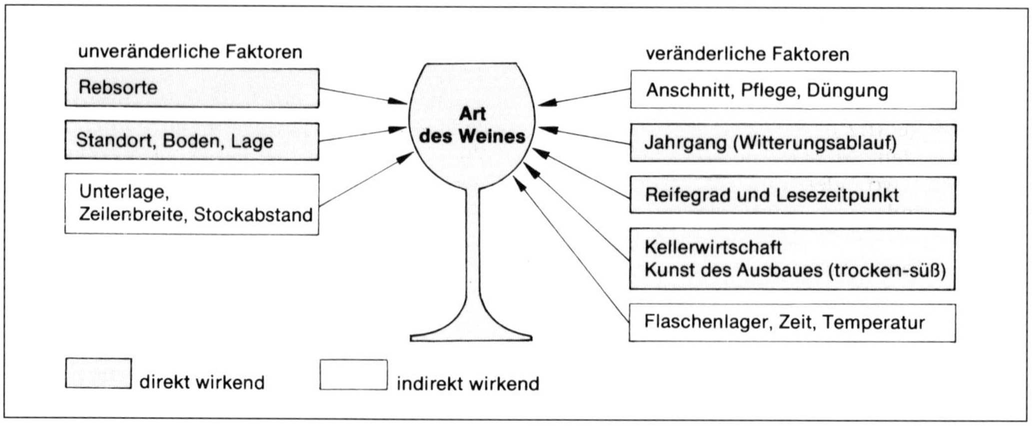

Die artbestimmenden Faktoren des Weines.

artig Bezeichnung für einen gefälligen, nicht besonders hervortretenden Wein.

Arvine Im gesamten →Wallis verbreitete einheimische alte Weißweinrebe, die bei guter Reife kräftige, feinblumige Weine von eigenartig »salzigem« Charakter liefert, die auch als Dessert- oder Aperitifweine geeignet sind. Die Sorte hat längliche, kompakte Trauben mit kleinen, runden Beeren.

Arzheim Ortsteil von Landau. Weinort im Anbaugebiet →Rheinpfalz, Bereich Südliche Weinstraße. Großlage: *Königsgarten*. Einzellagen: *Seligmacher, Rosenberg*.

Arzneiwein Weinhaltiges Getränk, das durch Zusätze von Pepsin, Chinin oder Kampfer stärkende oder heilende Wirkung hat.

Aschaffenburg Stadt und Weinbaugemeinde im Anbaugebiet →Franken, Bereich Mainviereck. Einzellagen: *Pompejaner, Godelsberg*.

Asche Gesamtheit aller im Wein enthaltenen →Mineralstoffe. Zur Ermittlung des Aschegehaltes wird eine genau abgemessene Menge Wein (meist 25 ml) in einer »Weinschale« aus Platin, Nickel oder Quarz eingedampft und der Rückstand bei 500–550°C geglüht. Je nach Sorte und Jahrgang schwankt der Aschegehalt eines Weines zwischen 1,5 und 3 g/l; er beträgt somit etwa ein Zehntel des »zuckerfreien« →Extraktes. In heißen, trockenen Sommern ist er infolge der geringen Wasser- und damit verbundenen Mineralsalzaufnahme aus dem Boden geringer als in nassen Jahren. Rotweine haben, bedingt durch die →Maischegärung, in der Regel einen höheren Aschegehalt als Weißweine. Auch Weine aus Mosten mit hohem →Mostgewicht (→Auslesen, →Eiswein) sind relativ aschereich, da der →Traubensaft auf natürliche Weise konzentriert wurde. Der Aschegehalt eines Weines kann ein Kriterium sein, ob der Verdacht einer Überstreckung (Wasserzusatz) vorliegt; durch die normale Kellerbehandlung wird der Aschegehalt nicht wesentlich beeinflußt.

Äscherich Andere Bezeichnung für echten Mehltau (→Oidium tuckeri).

Ascorbinsäure Vitamin C, das als Reduktionsmittel bei der Weinbehandlung gegen zu starke Sauerstoffaufnahme eingesetzt werden kann.

Aserbeidschan Republik der →Sowjetunion am Kaspischen Meer mit 88.500 ha Rebfläche. Das Klima ist mäßig warm bis heiß und kontinental. Aus meist heimischen Rebsorten wie Matrasa, Sadilly, Shemakha, Kara Chanakh und Akstafa werden Tafeltrauben, Sektgrundweine, Tafel- und Dessertweine erzeugt.

Asien Von den 9 Millionen ha Weltrebfläche entfallen 1,3 Millionen ha (14%) auf Asien, mit dem größten Anteil in der →Türkei, in →Zypern, →Afghanistan, im →Iran, in den asiatischen Republiken der →Sowjetunion, in →Syrien, →Indien, →China und →Japan. Asien ist ein altes Weinland, man sucht sogar den Ursprung des Weinbaues in den Genzentren des Kaukasus. In den meisten Ländern werden die Trauben allerdings aus religiösen Gründen als Tafeltrauben verzehrt oder zu Rosinen verarbeitet.

Asperg Weinort im Anbaugebiet →Württemberg, Bereich Württembergisch Unterland. Großlage: *Schalkstein*. Einzellage: *Berg*.

Aspisheim Weinort im Anbaugebiet →Rheinhessen, Bereich Bingen. Großlage: *Sankt Rochuskapelle*. Einzellagen: *Johannisberg, Sonnenberg*.

Asselheim Ortsteil von Grünstadt. Weinort im Anbaugebiet →Rheinpfalz, Bereich Mittelhaardt/Deutsche Weinstraße. Großlage: *Höllenpfad*. Einzellagen: *Goldberg, St. Stephan, Schloß*.

Assemblage (frz.) →Verschnitt. Findet vor allem in den →Champagner-Kellereien Anwendung, wo gleichmäßige Produkte erwünscht sind.

Assimilation (assimilare lat. angleichen, ähnlich machen) In der Botanik Ausdruck für die Umwandlung aufgenommener Nährstoffe in Pflanzensubstanz. Alle Kulturmaßnahmen im Weinberg sind darauf ausgerichtet, optimale Assimilationsverhältnisse zu schaffen. Licht, Wärme und gute Durchlüftung fördern die Assimilation und damit den Wuchs des Weinstockes und das Reifen der Trauben. Die Umwandlung von Kohlenstoff aus der Luft in Stärke und Zucker findet im grünen Blatt statt. Je größer die Blattfläche (Laubwand) und je gesünder und freistehender die Blätter, desto intensiver die Zuckerbildung. Schlechtwüchsige oder zu klein angeschnittene Rebstöcke sind in ihrer Assimilation gehemmt. Der Winzer muß also durch fachmännischen →Anschnitt dafür sorgen, daß die Anzahl der Trauben und die Größe der Gesamtblattfläche in optimalem Verhältnis stehen. Ein Stock mit zuviel Trauben und zuwenig Blättern kann keine reifen Beeren hervorbringen. Die Folge ist ein saurer, extraktarmer Wein.

Assmannshausen Rotweinort im →Rheingau, Ortsteil von Rüdesheim, Bereich Johannisberg. Großlagen: *Steil, Burgweg*. Einzellagen: *Berg Kaisersteinfels, Frankenthal, Hinterkirch, Höllenberg*. Der Ort ist namengebend für einen bestimmten →Spätburgunderweintyp. Im Vergleich zu dem fülligen, wuchtigen Pinot Noir der Côte d'Or in →Burgund sind die auf Phyllitschiefern des Assmannshäuser Höllenbergs gewachsenen Spätburgunder an Alkohol ärmer, aber zarter, delikater und in der Nase feinfruchtiger. Der Schiefer teilt ihnen Lebendigkeit und Frische mit, die sie für eine lange Lagerung besonders geeignet machen. Sitz des einzigen ausschließlichen Rotweinguts der Bundesrepublik, der staatlichen Weinbaudomäne.

Astheim Ortsteil von Volkach, Weinort im Anbaugebiet →Franken, Bereich Maindreieck. Großlage: *Kirchberg*. Einzellage: *Karthäuser*.

Asti-Methode →Méthode rurale.

Asti Spumante oder **Moscato d'Asti Spumante** Der bekannteste Schaumwein Italiens, der laut DOC-Bestimmungen nur aus Trauben des weißen →Muskatellers (Moscato Bianco) hergestellt werden darf und aus den drei Provinzen Asti, Cuneo und Alessandria (zusammen 52 Gemeinden) stammen muß, wo kalk- und tonhaltige Böden vorherrschen. Wie in der →Champagne verkaufen die Kleinwinzer ihre Ernte vom Stock an die großen Kellereien. Der Maximalertrag pro Hektar ist auf 75 hl begrenzt. Die *Asti*-Schaumweine unterscheiden sich von anderen dadurch, daß der Kohlensäuredruck und die Restsüße vom Most von nur einer →Gärung herrühren. Sie geschieht bei relativ niedrigen Temperaturen langsam und wird durch eine →Filtration unterbrochen. Die entstehende Kohlensäure wird dabei nicht abgelassen, sondern bleibt, da die Vergärung in Drucktanks oder in der Flasche geschieht, im Wein gelöst. Es darf nur Reinhefe zugegeben werden und kein Zucker, wie das bei den übrigen Versektungsverfahren der Fall ist. In ungünstigen Jahren ist ein Zuckerzusatz in festgelegten Grenzen gestattet. Neben dem *Asti Spumante* gibt es noch einen zweiten Typ, den *Moscato d'Asti Spumante*. Er soll laut Gesetz eine stärkere Perlfähigkeit haben, wird aus höherwertigen Mosten hergestellt und ist in der Farbe etwas heller. Beide haben ein stark betontes Muskatbukett und sind ausgesprochen süß mit einer Restsüße von 70–90 g/l. Ihr Alkoholgehalt ist – da sie ja nur eine Gärung durchmachen – niedriger als bei anderen Schaumweinen. Die Versektung darf nur innerhalb des DOC-Gebietes erfolgen.

Ászár-Neszmély Traditionsreiches ungarisches Weingebiet an den nördlichen und nordwestlichen Ausläufern des Transdanubischen Mittelgebirges. Es werden hauptsächlich Weißweine hergestellt.

Asztali bor (ung.) Tischwein (→Ungarn).

Aszú Bezeichnung für →Auslese oder Ausbruch vom →*Tokajer*. Es ist ein delikater, feinfruchtiger, im Geschmack an frische Brotkruste erinnernder, natürlicher, nicht aufgespriteter Süßwein mit einem Alkoholgehalt von etwa 12 Vol.-% und einem Zukkergehalt von 30–60–90–120–150 g/l, je nach Buttenzahl. Er wird aus den Rebsorten →Furmint und →Hárslevelü (Lindenblättriger) bereitet. Man läßt den *Tokaji-Aszú* im allgemeinen so viele Jahre im Keller reifen, wie er Butten Essenz enthält. Rosinenhaft eingetrocknete, edelfaule Beeren werden in Butten (30 l) gelesen, unter geringem Druck zerquetscht und mit normal geerntetem Most, angegorenem Jungwein oder aus einem früheren Jahrgang stammendem Wein im ortsüblichen Gönczer-Faß (136 l) zum Vergä-

ren zusammengegossen. Die Anzahl der beigefügten Butten der Trockenbeeren-Maische (Aszú-Teig, Zuckergehalt bis 60%) bestimmt die Qualität des Aszú und wird auf den Etiketten mit »3–6 Puttonyos« angegeben.

Äthiopien Auf einer Fläche von rund 200 ha werden Reben im Versuchsanbau kultiviert. Der Ausbau der Ernte zu Wein ist gering und unbedeutend.

Äthylalkohol →Alkohol.

Atmung →Dissimilation.

Ätna →Etna.

Attestierter Winzer-Wy Qualitätszeichen für →Ostschweizer Produzentenweine. Es wird für unverschnittene Erzeugerabfüllungen verliehen, deren Moste bei Blauburgunder (Blauem →Spätburgunder) mehr als 75° Oe, bei weißen Trauben 70° Oe gewogen haben und von einer Degustationskommission mit mindestens 18 von 20 möglichen Punkten bewertet wurden.

Attika Südöstliche Halbinsel →Griechenlands und AO-Gebiet. Aus der Rebsorte Savatiano werden bei Kantza goldfarbene trockene Weißweine hergestellt, die dank ihrer Säure einen frischen, kernigen Eindruck hinterlassen. Die Provinz Attika ist auch das Hauptproduktionsgebiet des aromatisierten, geharzten →Retsinaweines, der aber nicht unter die Bestimmungen des AO-Gesetzes fällt.

Au Weinort im Anbaugebiet →Baden, Bereich Markgräflerland. Großlage: *Lorettoberg*. Einzellage: *Altberg*.

Aub Weinort im Anbaugebiet →Franken, Bereich Maindreieck. Einzellage: *Lämmerberg*.

Auen Weinort im Anbaugebiet →Nahe, Bereich Schloß Böckelheim. Großlage: *Paradiesgarten*. Einzellagen: *Kaulenberg, Römerstich*.

Auenstein Ortsteil von Ilsfeld. Weinort im Anbaugebiet →Württemberg, Bereich Württembergisch Unterland. Großlage: *Schozachtal*. Einzellagen: *Burgberg, Schloßberg*.

Auerbach Ortsteil von Bensheim. Weinort im Anbaugebiet →Hessische Bergstraße, Bereich Starkenburg. Großlage: *Rott*. Einzellagen: *Höllberg, Fürstenlager*.

Auersthal Niederösterreichischer Weinort, Weinbaugebiet →Weinviertel, wo neben Erdölförderanlagen auf etwa 225 ha hauptsächlich Grüner →Veltliner angebaut wird. Sitz einer Rebveredelungsanstalt.

Aufbessern Österreichische Bezeichnung für →Anreichern.

Aufbinden (auch **Heften**) Wichtige Arbeit im Intensivweinbau, die drei- bis viermal in der Vegetationszeit durchgeführt werden muß. Die jungen Triebe werden, sobald sie länger als 30–50 cm lang sind, aufrecht gestellt und am →Drahtrahmen festgebunden oder in diesen hineingesteckt. Diese Maßnahme soll sie vor dem Abbrechen schützen, die Beschattung des Stockes und des Bodens verhindern und die Bodenbearbeitung erleichtern. Außerdem wird der Verlauf der Blüte gefördert, die Geiztriebbildung vermindert und eine sachgemäße Schädlingsbekämpfung erleichtert. Durch fachgerechtes Aufbinden können Licht und Luft gut in den Stock gelangen. Am rationellsten ist das Aufbinden mit mechanischen Heftvorrichtungen.

Auffüllen Fässer müssen ab und zu mit dem gleichen Wein aufgefüllt werden, damit der Verdunstungsschwund ausgeglichen wird und keine Luft an den Wein gelangt (→Luftton).

aufgespritet Bezeichnung für →Aperitifs und →Dessertweine (Likörweine) wie →Portwein, →Sherry, →Madeira, →Marsala, süßer →Muskateller, →Samos, die durch Hinzufügen von hochprozentigem, reinem Alkohol (Weingeist) oder Branntwein einen Alkoholgehalt von über 17 Vol.-% erhalten haben. Die →Hefe wird durch den Alkohol abgetötet, der Restzucker kann nicht weiter vergären. Diese Weine können im Anbruch oder offen stehen gelassen werden, ohne daß eine Nachgärung eintritt. Deutsche Weine dürfen nicht aufgespritet werden.

Aufpfropfen →Pfropfrebe.

Aufstecken Das Einlegen der Rohsektflaschen mit dem Hals nach unten in die →Rüttelpulte. Das Absetzen der Flaschen mit hellgerütteltem Rohsekt heißt abstecken.

Auge (auch **Knospe**) Die junge Sproßanlage der Rebe, die sich in den Achseln von Laubblättern oder schuppenförmigen Niederblättern am alten Holz bildet. Augen, die den Winter in ruhendem Zustand überdauern, bezeichnet man als Winterknospen oder Winteraugen. Schneidet man ein solches Auge im Spätsommer oder Herbst durch, so erkennt man die vollständig ausgebildete Sproßanlage mit den →Gescheinen (Blütenständen). Je sonniger und wärmer ein Spätsommer und

Herbst war, um so besser kann das Auge ausgebildet werden und ausreifen. Der potentielle Ertrag des folgenden Jahres steht demnach in seinen Grundzügen bereits im Herbst fest. Als Meßwert für die Höhe des zukünftigen Ertrages vom →Anschnitt des Stockes im Winter dient die Anzahl der Augen pro Quadratmeter. Beim →Riesling zum Beispiel ergeben unter normalen Verhältnissen 12 Augen/m^2 rund 60 hl/ha, das heißt pro Auge 0,5 kg Trauben. Die Knospen können bei winterharten Rebsorten Temperaturen bis zu – 15°C ertragen. In Weinbauländern, die mit tieferen Wintertemperaturen rechnen müssen (Osteuropa), werden die Rebstöcke zum Schutz vor dem Erfrieren nach dem Blattfall umgebogen und mit Erde bedeckt.

Zum Bild links:
Aus den Augen treiben im Frühjahr die Sprossen aus.

Auggen Weinort im Anbaugebiet →Baden, Bereich Markgräflerland. Großlage: *Burg Neuenfels.* Einzellagen: *Letten, Schäf.*

Augusta Luise Weißweinrebe; Neuzüchtung der Bayerischen Landesanstalt für Wein-, Obst- und Gartenbau, Würzburg, aus Zyperntraube x Siegerrebe, Zuchtnummer B 48–12–8; vor allem zur Tafeltraubenerzeugung geeignet; von sehr früher Reife; Trauben groß, Beeren gelbgrün mit Muskatgeschmack.

August-Klevner Synonym für Blauer →Frühburgunder.

Aulhausen Ortsteil von Rüdesheim. Weinort im Anbaugebiet →Rheingau, Bereich Johannisberg. Großlage: *Steil.* Einzellage: *Höllenberg.*

Ausbau Sammelbegriff für alle kellertechnischen Maßnahmen, die notwendig sind, um einen Wein konsumfertig und haltbar zu machen. Dazu gehören: schonende →Gärführung, →Abstich, →Schönung, →Klärung, →Schwefeln, →Verschnitt, Lagerung im Holzfaß oder in Stahlbehältern, →Abfüllung und Reifung auf der Flasche.

Ausbeeren →Ziselieren.

Ausbrechen Das Entfernen der direkt aus dem Stamm wachsenden →Triebe. Diese sogenannten Wasserschosse sitzen meist zu tief am Stock, um für die Stockerziehung brauchbar zu sein; außerdem sind sie weniger fruchtbar als die auf den einjährigen Fruchtruten wachsenden Triebe und nehmen diesen unnötig →Wasser und →Nährstoffe weg. Das Ausbrechen erfolgt etwa Mitte Mai. Die noch grünen, weichen Sprossen werden dabei mit der Hand oder maschinell vom Stamm abgestreift.

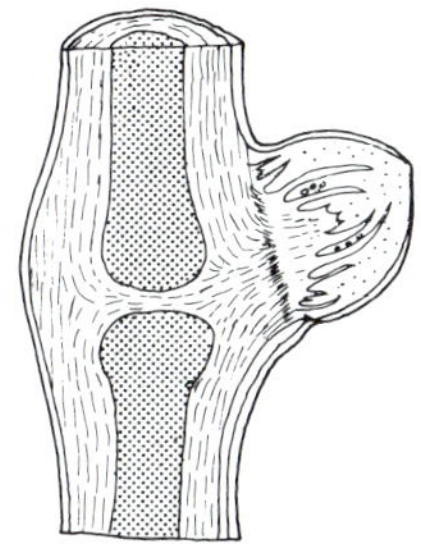

Schnitt durch das Auge der Rebe mit Knoten. In der Mitte gerastert das Mark, unterbrochen vom Diaphragma.

Ausbruch Nach dem österreichischen Weingesetz Bezeichnung für einen →Prädikatswein, der aus ausschließlich edelfaulen Beeren stammt und dessen Most mindestens 27° KMW (138° Oe) aufweist. Diese natursüßen, vollmundigen Weine werden vor allem im Gebiet von →Rust (Neusiedlersee) angebaut (→Auslese).

ausgebaut Ausdruck für entwickelte, trinkreife Weine.

ausgeglichen Bezeichnung für Weine, bei denen ein harmonisches Verhältnis von →Alkohol und →Restsüße herrscht.

Ausg'steckt Anzeige für Weinausschank in Österreich. Bei →Buschenschenken geschieht dies durch ein Bündel Zweige.

Ausheben Das Entfernen des beim →Rebschnitt vom Weinstock abgetrennten Holzes. Dieses Holz muß aus dem Drahtrahmen herausgeschnitten und -gezogen werden. Man kann es verbrennen oder auch in die →Zeilen werfen und hier mit Rebholzhäckslern oder Fräsen zerkleinern, was zur →Humusversorgung des Weinberges beiträgt.

Auslese Spitzenweine aus vollreifem, oft edelfaulem, ausgesuchtem Traubengut. Sie zeichnen sich durch Reife, Fülle des Buketts und elegante Art aus. Die in nördlicheren Breiten aus vollreifem Lesegut gewonnenen Auslesen sind feinfruchtiger und delikater als natursüße Weine oder gar →aufgespritete Dessertweine aus mediterranen Klimazonen. Bei der Lese wird meist so verfahren, daß eine Gruppe erfahrener Leser vorausgeschickt wird, um die Trauben mit Edelfäulebefall abzuschneiden. Wenn, wie in den meisten Fällen, nicht die ganze Traube in →Edelfäule übergegangen ist, schneidet man nur den Edelfäuleherd ins Auslesebüttchen. Für Beeren- und Trockenbeerenauslesen muß außerdem das Einschrumpfen der von →Botrytis cinerea befallenen Beeren abgewartet werden. Durch das Einschrumpfen tritt allerdings ein

Lesebüttchen mit Ausleseblech (links).

erheblicher Mengenverlust ein. Während man bei einer Normalernte im Durchschnitt mit 10.000 Flaschen (70 hl) pro Hektar rechnet, ergibt eine Ausleseernte in Deutschland selten mehr als 500 Flaschen. In den klimatisch günstigeren Gegenden wie →Tokaj, →Sauternes, →Rust und bei frühreifen Traubensorten liegt die Ausbeute höher. Für Auslesen geeignetes Lesegut ist von der Witterung abhängig und steht nur in beschränkter Menge zur Verfügung, außerdem ist das Einbringen mühevoll und das Hängenlassen der Trauben mit Risiko verbunden. Daher werden Auslesen hoch bezahlt.

Auslesen stellen ein Konzentrat der begehrenswertesten Geruchs- und Geschmacksstoffe eines reifen Weines dar. Sie sind leichtsüß bis honigsüß und hinterlassen beim Schwenken im Glase sogenannte Schlieren, →»Kirchenfenster«. Es sind edle Gewächse für besondere Gelegenheiten. Man sollte sie außerhalb der Mahlzeiten genießen und in kleinen Gläsern anbieten. Die ungarischen Auslesen, die →*Tokajer*, wurden früher sogar in Apotheken gehandelt und galten auch als Medizin. Auslesen eignen sich für eine lange Lagerung, sie gewinnen mit jedem Reifungsjahr an Geschmacksausdruck. Riesling-Auslesen zum Beispiel erreichen durchschnittlich erst mit 10 bis 50 Jahren ihr optimales Geschmacksbild, Beerenauslesen in der doppelten Zeit, und bei Trockenbeerenauslesen bewirkt ein Jahrzehnt Lagerung so viel wie ein Jahr bei normal gelesenen Weinen.

Auslese von überreifen und edelfaulen Beeren.

Deutschland: Am delikatesten sind die →Riesling-Auslesen, dank der auch bei voll- und überreifem Lesegut verhältnismäßig hohen Säure. Säurearme, neutrale Rebsorten sind weniger geeignet. Seit zunehmend frühreife →Neuzüchtungen mit hohen Oechslegraden angebaut werden, kommen mehr Auslesen als früher auf den Markt, vor allem aus den Rebsorten →Optima, →Scheurebe, →Kanzler, →Noblessa, →Albalonga. Die Mindestanforderungen an eine Auslese sind gesetzlich festgelegt (→Qualitätswein mit Prädikat Auslese).

Österreich: Hier wachsen die meisten Auslesen im →Burgenland in der warmfeuchten Uferzone des Neusiedlersees, wo das warme Herbstwetter am Rande der pannonischen Tiefebene es erlaubt, in den meisten Jahren mehr als 50% der Ernte als reife, süße Auslesen aus den Rebsorten Weißburgunder (Weißer →Burgunder), →Welschriesling und Grüner →Veltliner einzubringen. Die gesetzliche Mindestanforderung liegt bei 21° KMW (105° Oe). Die Burgenländer Auslesen werden →Ausbruch genannt, wenn sie aus Beeren gewonnen werden, die wie Rosinen eingetrocknet waren, dann in Most aufgeweicht und ausgepreßt wurden. Der Ausbruch steht zwischen der Beeren- und der Trockenbeerenauslese.

Schweiz: In den deutschsprachigen Landesteilen gibt es ebenfalls Auslesen. Dazu die Auskunft der Schweizerischen Obst- und Weinfachschule Wädenswil: »Die Bezeichnung Auslese wird in der Schweiz – ungleich der BRD – als qualitätsmäßig *unter* einer Spätlese betrachtet. Es handelt sich um Weine aus vollreifen Trauben, die in einem Keller deutlich über den Durchschnitt hinausragen.«

Frankreich: Die natursüßen →Sauternes-Weine werden als Auslesen gewonnen. In den kleinen Anbaugebieten von Sauternes und →Barsac (erscheint fast nur noch unter dem Namen *Sauternes*) in →Bordeaux läßt man die Trauben der Rebsorten →Sémillon, →Sauvignon Blanc und →Muskateller überreif werden. Sie werden in weißen Bordeauxflaschen verkauft.

Italien: Die Südtiroler Auslesen aus dem DOC-Gebiet →Trentino-Südtirol (Trentino/Alto Adige), vom →Kalterer See müssen aus vollreifen, ausgelesenen Trauben hergestellt sein und dürfen nicht mittels Mostkonzentraten aufgebessert werden.

Ungarn: Hier sind die →Tokajer-Auslesen weltbekannt und unterliegen genauen An- und Ausbaubestimmungen (→Aszú).

Rumänien: Laut Weingesetz von 1972 dürfen natursüße Spitzenweine als »Vin de călitate superioară cu denumire de origine şi trepte de călitate« (VSOC) (»hochwertiger Qualitätswein mit Herkunftsbezeichnung und Qualitätsstufe«) bezeichnet werden. »Cules la măturitatea de innobilare« (CMI) oder »Cules selectionat« bedeutet Edelreiflese oder Auslese, wobei die deutsche Bezeichnung nur für deutschsprachige Weinbaugebiete (→Siebenbürgen und →Banat) zulässig ist.

Auslesezüchtung Methoden der →Rebenzüchtung zur Erreichung höherwertigen Pflanzgutes. Die negative Massenauslese beruht auf der Eliminierung minderwertiger

Stöcke, die positive Massenauslese auf der Vermehrung der besten. Die wirksamste Methode ist die der Klonenauslese oder →Klonenselektion (→Rebenselektion).

Auspflanzen Das Pflanzen einjähriger Pfropfreben in den Weinberg. Ihre Wurzeln werden auf 2 bis 5 cm Länge zurückgeschnitten, der Trieb auf ein sichtbares Auge eingekürzt. Mit Spaten, Erdbohrer oder anderem Gerät wird das Pflanzloch ausgehoben und die Rebe so eingepflanzt, daß sie fest im Boden sitzt. Dieser Wurzelschluß ist für das An- und Weiterwachsen der Rebe wichtig. Auf steinigen, feinerdearmen Böden verwendet man auch Pflanzerde aus einem Torf-Erde-Gemisch, um die Bedingungen für die Wurzelneubildung zu verbessern. Bei trockenem Boden empfiehlt sich ein kräftiges Angießen der Wurzelzone. Veredelte Reben müssen so gepflanzt werden, daß nur die Unterlage im Boden steht, das Edelreis sich aber ungefähr 5 cm über dem Boden befindet, damit nicht vom Edelreis aus Wurzeln gebildet werden und die Unterlage abgestoßen wird.

Australien 57.000 ha Rebfläche; 4 Millionen hl Wein, davon 200.000 hl Export; 230.000 dz Tafeltrauben; 700.000 dz Rosinen; Import 72.000 hl; jährlicher Pro-Kopf-Verbrauch 20 l. Der Weinbau liegt zwischen dem 32. und 38. Breitengrad, was auf der nördlichen Hemisphäre Städten wie Alexandrien und Athen entspricht. Das Klima ist heiß. Durchschnittliche Temperaturen in Victoria im Sommer 22°C, im Winter 10°C. In Melbourne fallen jährlich 610 mm Regen, im Landesinneren bedeutend weniger. Der erste Weinberg wurde 1788 von Kapitän Arthur Phillip in Sydney (im heutigen Botanischen Garten) angelegt. Mehr als die Hälfte der australischen Weine stammen aus Südaustralien. Die Anbauzone →Barossa Valley spielt im Export von trockenen Weiß- und Rotweinen eine Rolle. Hier gibt es sogar ein Weinherbstfest nach dem Muster der deutschen Weinfeste. In der Murray Irrigation Area (Riverina) werden bei hohem Hektarertrag auch →aufgespritete →Dessertweine (Likörweine) und Sultaninen produziert. In Neu-Süd-Wales haben →Hunter River Valley und Murrumbidgee Irrigation Area übergebietliche Bedeutung erlangt. Im Staat Victoria ist das Mildura-Bewässerungssystem (Murray River) zu erwähnen, während in Westaustralien in jüngerer Zeit erst größere Plantagen angelegt werden und mit den vorher beschriebenen Gebieten noch nicht konkurrieren können. Alle klassischen europäischen Weintypen sind vertreten, wie Rheinwein, Burgunder, Bordeaux, Sherry, Port, Madeira. Die Kellertechnik ist von modernster Perfektion, was notwendig ist, um bei den heißen Sommertemperaturen das Lesegut so rasch wie möglich zu verarbeiten. Der Rebsortenspiegel ist groß und geht hauptsächlich auf französische und spanische Weiß- und Rotweintraubensorten zurück. Den weißen Rheinriesling findet man fast nur im Barossa Valley. Die bedeutende Sultaninen- und Rosinenproduktion beruht hauptsächlich auf der Rebsorte Thompson Seedless.
Bis zu einem Drittel der Ernte gelangt in die Brennblasen und wird zu Branntwein oder zu Alkohol zum →Aufspriten der Dessertweine verarbeitet. Nachdem die Exporte nach England und in die nördlichen Commonwealth-Länder zurückgegangen sind, macht sich im Lande eine starke Aktivität in der Weinwirtschaft bemerkbar. Mit qualitativ hochstehenden Gutsweinen, Weinbau und Touristik, Weinseminaren und recht kostspielig aufgemachten Weinbüchern betont man die Versuche, den australischen Weinbau auch für europäische Verhältnisse salonfähig zu machen. Vor allem die Rotweine und Dessertweine sind von erstaunlich hohem Niveau, während die Weißweine zwar sauber ausgebaut und ansprechend sind, in den Feinheiten aber kaum an die Weine aus kühlen Ländern heranreichen.

Austrieb Der Beginn des Austriebes zeigt sich durch das →Bluten der Reben an, das heißt, ein farbloser Saft tritt aus den Schnittstellen. Der Austrieb beginnt wahrscheinlich schon bei einer Lufttemperatur von 8 bis 10°C, noch vor dem Wachstum der Wurzeln.

Autrichien Französische Bezeichnung für Blauer →Portugieser.

Auvernet Französische Bezeichnung für Weißer →Burgunder.

Auvernier Weinort im Schweizer Kanton →Neuenburg, aus dem frische, prickelnde Weine aus der Sorte →Chasselas stammen.

Auxerrois Weißweinrebe, die vermutlich über Lothringen zur Steigerung der Weinqualität nach Deutschland gelangte; möglicherweise durch Mutation entstanden, mit dem Weißen →Burgunder nicht verwandt. Die Bezeichnung ist von der Grafschaft Auxerre (Nordburgund) abgeleitet.
Dem Burgunderblatt ähnliche, dreilappige Blattform mit offener Stielbucht und fast geradlinigem Verlauf der Hauptnerven, hellbraunes Holz mit guter Ausreife und somit auch guter Winterfrostfestigkeit. Der →Austrieb erfolgt spät. Die Ansprüche an die Lage

sind hoch; die Sorte gedeiht besonders gut auf mittleren bis tiefgründigen, frischen Böden. Bestockte Rebfläche in Deutschland: 69 ha. Der Ertrag ist bis jetzt unsicher und klein, obwohl neue, ertragreichere und ertragssicherere Klone existieren. Bei früherer Reife als →Silvaner liegen die durchschnittlichen Mostgewichte über diesem, die Säuregehalte jedoch niedriger. Die Sorte liefert körperreiche, dabei feine Weine mit angenehmem Bukett.

AVA Abkürzung für Approved Viticultural Area (am.) kontrolliertes Anbaugebiet. 1978 wurden in den USA die ersten Bestimmungen herausgegeben. Bis heute sind knapp 100 Anbauzonen anerkannt, die sich von anderen Gebieten positiv abheben.

Avize Weinort in der →Champagne, dessen Gewächse für die Champagnerherstellung als Grands Crus eingestuft sind, das heißt mit 100% bewertet werden.

Aÿ Weinort in der →Champagne, dessen Gewächse für die Champagnerherstellung als Grands Crus eingestuft sind, das heißt mit 100% bewertet werden.

Ayent Weinort im →Wallis, im Hauptanbaugebiet des →*Fendant*.

Ayl Weinort im Anbaugebiet →Mosel-Saar-Ruwer, Bereich Saar-Ruwer. Großlage: *Scharzberg*. Einzellagen: *Kupp, Herrenberger, Scheidterberg*.

B

b. A. Abkürzung für →bestimmtes Anbaugebiet.

Baach Ortsteil von Winnenden. Weinort im Anbaugebiet →Württemberg, Bereich Remstal-Stuttgart. Großlage: *Wartbühl*. Einzellage: *Himmelreich*.

Babo, August Wilhelm Freiherr von (*28. 1. 1827 in Weinheim, † 16.10.1894 in Weidling bei Klosterneuburg) Gründete 1860 die Staatliche Weinbauschule in →Klosterneuburg (Niederösterreich) und war bis 1893 ihr erster Direktor. Während der Katastrophenzeit des europäischen Weinbaues (→Reblaus) widmete er seine gesamten Versuche und Forschungen der Rettung der österreichischen Rebkultur. Von ihm stammt die Empfehlung, europäische Reben auf reblausfeste amerikanische →Unterlagsreben aufzupfropfen. 1869 konstruierte er die →Klosterneuburger Mostwaage, ein →Aräometer, mit dem noch heute in Österreich, Jugoslawien, Ungarn, zum Teil in der Tschechoslowakei und Italien (hier wird in »Babo-Graden« gemessen) der Zuckergehalt des Mostes bestimmt wird.

Bacchus 1. Weißweinrebe; Neuzüchtung der Bundesforschungsanstalt für Rebenzüchtung Geilweilerhof durch Peter Morio aus (Silvaner x Riesling) x Müller-Thurgau, Zuchtnummer Gf 33-29-133. Sortenschutz seit 1972. Die Bezeichnung Bacchus stammt von dem römischen Gott des Weines.
Die Blätter sind groß, rund bis schwach dreilappig; das Holz ist gelb- bis rotbraun, dunkelgestreift und reift gut aus. Die Trauben sind dichtbeerig, mittelgroß, reifen mittelfrüh, die Beeren oval bis rund, gelbgrün; der Wuchs ist mittel bis stark. Die Rebe stellt mittlere Ansprüche an Lage und Boden; sie bevorzugt tiefgründige, nährstoffreiche Böden und hat hohen Feuchtigkeitsbedarf. Bestockte Rebfläche in Deutschland: 3.573 ha. Hohe Zuwachsraten in den letzten Jahren bestätigen den Anbauwert. Der Ertrag ist hoch, übertrifft →Müller-Thurgau; die Sorte bringt höhere durchschnittliche Mostgewichte und ähnliche Säurewerte. Die fruchtigen Weine mit angenehmem Muskatbukett erinnern mitunter an die der Scheurebe. Sie entsprechen der traditionellen Geschmacksrichtung des deutschen Weines, die bei dieser Sorte je nach Jahrgang zwischen Rieslingart und Müller-Thurgau-Typ schwanken kann. Die Sorte ist als Tafeltraube geeignet.
2. Griechischer und römischer Gott des Weines, →Dionysos.

Bacchusknabe, 1544

Bacharach 1. Bereich des bestimmten Anbaugebietes →Mittelrhein.
2. Weinort im Anbaugebiet →Mittelrhein, Bereich Bacharach mit Ortsteilen →Breitscheid, →Steeg, →Medenscheid und →Neurath. Großlage: *Schloß Stahleck*. Einzellagen: *Hahn, Insel Heylesen, Werth, Wolfshöhle, Posten*.

Bacharacher Name des Mittelrhein-Weines, der vom 15. Jahrhundert bis ins 18. Jahrhundert großen Ruhm genoß.

Bachem Ortsteil von Bad Neuenahr-Ahrweiler. Weinort im Anbaugebiet →Ahr, Bereich Walporzheim/Ahrtal. Großlage: *Klosterberg*. Einzellagen: *Karlskopf, Sonnenschein, Steinkaul*.

Bachtobel Schloßgut mit bekannten Weinen in der Gemeinde Weinfelden im Schweizer Kanton →Thurgau. Zwei riesige Bauernpressen aus dem 16. Jahrhundert stehen heute noch in Gebrauch.

Baco Noir Nr. 1 Rote →Hybridensorte aus der Vitis Riparia, benannt nach ihrem französischen Züchter Baco. Wird in New York und →Kanada angebaut. Liefert Weine mit hohem Säuregehalt und geringem →Fuchsgeschmack. Wird zur Herstellung von Schaumweinen häufig verwendet.

Badacsony 438 m hoher Vulkanstumpf und zugleich Weinbaugemarkung am nordwestlichen Flachufer des →Plattensees (Balaton) in Ungarn. Die große Wasserfläche und die sandigen Basaltböden dieser Gegend sind ein vorzüglicher Wärmespeicher für die Reben. Produziert werden körperreiche Weißweine aus den Rebsorten Olasz-Riesling (→Welschriesling), Szürkebarát (→Ruländer), Kéknyelü (→Blaustengler). Der Kéknyelü wird zu einem trockenen Wein ausgebaut, die anderen Sorten zu Spät- und Auslesequalitäten mit viel Restsüße und auffälligem Honigbukett.

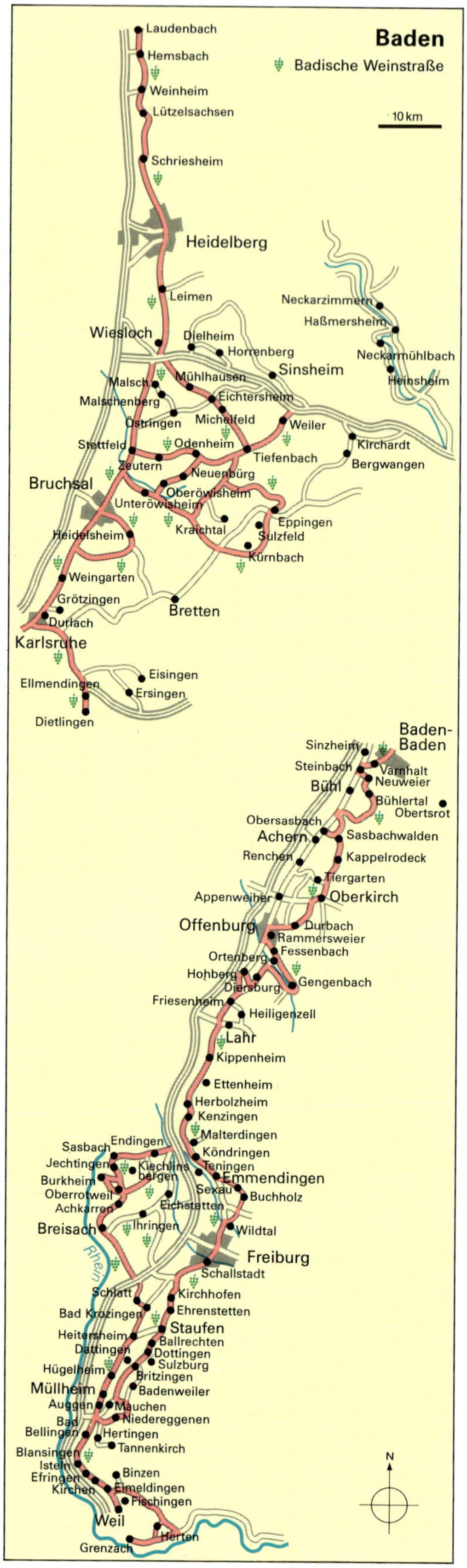

Baden 1. Deutsches bestimmtes Anbaugebiet mit 15.000 ha bestockter Rebfläche, davon 11.288 ha weiße und 3.712 ha rote Rebsorten. Durchschnittliche Weinmosternte rund 1 Million hl.
Auf einer Länge von rund 300 km erstreckt sich dieses Weinbaugebiet vom Bodensee im Süden entlang der Oberrheinischen Ebene nordwärts bis nach Tauberfranken.
Schon in urgeschichtlicher Zeit wuchsen in den Auwäldern des Oberrheins Wildreben (bei Ketsch heute noch). Von den Römern begonnen und von den alemannischen Siedlern übernommen, erreichte der Weinbau im Mittelalter seine Blütezeit. Um 900 sind bereits 84 Ortschaften mit Weinbau namentlich bekannt, und der erste schriftliche Beleg geht auf eine Schenkungsurkunde des Klosters Sankt Gallen aus dem Jahr 670 zurück. Die älteste deutsche Rebordnung entstand Anfang des 12. Jahrhunderts zur Bewirtschaftung klösterlicher Weinberge in Bellingen. Starker Rückgang dann nach dem 30jährigen Krieg,

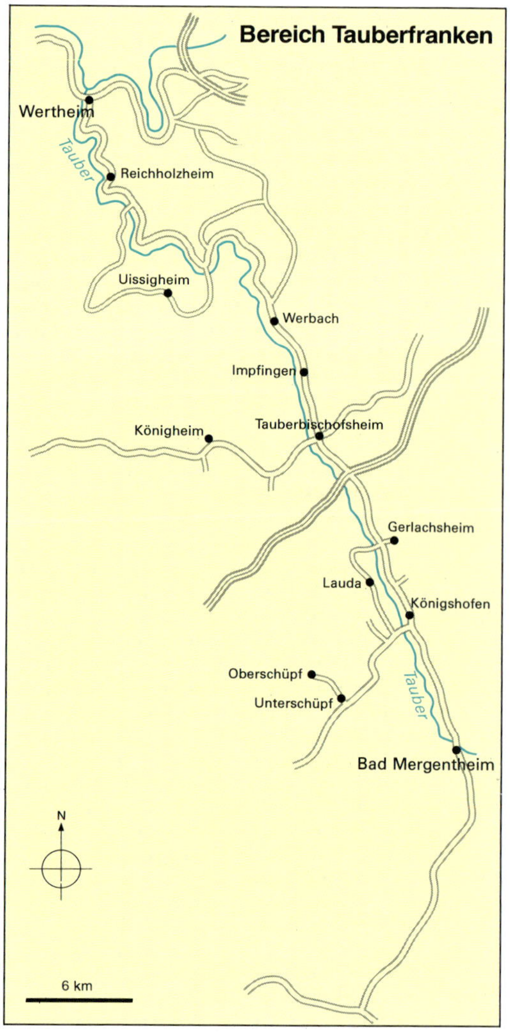

1823 aber noch 26.640 ha. 1913 erstmaliges Auftreten der →Reblaus und Rückgang der Fläche (auch durch wirtschaftliche Schwierigkeiten) bis auf 5.862 ha nach dem Zweiten Weltkrieg. Heute zählt der badische Weinbau zu den modernsten der Welt. Vorbildliche genossenschaftliche Organisation und moderne Flurbereinigung ließen den badischen Weinbau wieder gesunden. 15% liegen in Steillagen, entweder auf Terrassen unterschiedlicher Größe oder in leichter Hanglage. In der Ebene ist der Weinbau nicht gestattet. Das Klima ist besonders günstig. In dem weit auseinandergezogenen Gebiet treten die unterschiedlichsten Böden auf: vom hitzigen Moränenschotter am Bodensee (höchster Weinberg Deutschlands mit 500 m über NN am Hohentwiel) über Tertiärkalk, Ton und Mergelböden, sowie riesigen Lößablagerungen, in die vulkanische Gesteine eingestreut sind, bis zum Muschelkalk und Keuper in Kraichgau und Taubergrund. Es sind durchwegs warme, fruchtbare Böden, die bei günstigen Klimabedingungen wuchtige, körperreiche Weine hervorbringen. Charakteristisch für den badischen Weinbau ist seine Sortenvielfalt.

Die vor fünf Jahrzehnten hier noch kaum bekannte Sorte →Müller-Thurgau ist heute die meist angebaute, gefolgt von →Ruländer (hauptsächlich am Kaiserstuhl), →Gutedel (hauptsächlich im Markgräflerland) und →Riesling (Ortenau und Bühler Land), während →Silvaner, Weißer →Burgunder und →Traminer über das ganze Gebiet verstreut sind. Unter den Rotweinsorten führt der Blaue →Spätburgunder (90% davon in Südbaden). Neuzüchtungen gegenüber ist man noch zurückhaltend. Die durchschnittlichen Pflanzabstände in den Rebanlagen kann man mit 1,50 m als normal ansehen. Weitraumanlagen haben sich nicht durchsetzen können. Über 96% der Gesamtfläche haben →Drahterziehung. Angeschnitten wird auf 8–12 Augen je m^2.

Neben einer größeren Zahl selbstmarktender Winzer und Weingüter sind die 120 Winzergenossenschaften mit rund 23.000 Mitgliedern und der größten und wohl modernsten Kellerei Europas (Fassungsvermögen 120 Millionen hl), dem »Badischen Winzerkeller eG« (bis 1989 Zentralkellerei Badischer Winzergenossenschaften) in Breisach, vorbildlich organisiert. Die älteste badische Winzergenossenschaft wurde 1881 in Hagnau am Bodensee durch den Pfarrer und Schriftsteller Heinrich Hansjakob gegründet. Die badische Weinwirtschaft hat nach dem Krieg einen ungeheuren Aufschwung genommen. Es ist ein sehr gebietsbewußtes, aktives Weinbaugebiet mit geschickter Profilierung lokaler Besonderheiten, wie einem eigenen Weinsiegel (→Gütezeichen für badischen Qualitätswein), reger Weinwerbung, großen Weinmärkten (→Offenburg und →Müllheim) und den ländlich gediegenen Gasthäusern entlang der →Badischen Weinstraße. Bodenständige Gewächse werden da als Ausschankweine angeboten. Der badische →Weißherbst gilt als Spezialität. Die 8 Bereiche Bodensee, Markgräflerland, Kaiserstuhl, Tuniberg, Breisgau, Ortenau, Badische Bergstraße/Kraichgau und Tauberfranken bringen ihre eigenen Weintypen hervor.

Weinlese bei Auggen im Markgräflerland.

2. Größtes Kurbad Österreichs im Süden der Landeshauptstadt Wien, bekannt durch seine Traubenkuren, und Weinort im niederösterreichischen Weinbaugebiet →Thermenregion mit einer Rebfläche von insgesamt rund 360 ha.

Die bekanntesten Badener Weine liefern Grüner →Veltliner, →Weißburgunder, →Riesling, →Rotgipfler, →Neuburger und Blauer →Portugieser. Zahlreiche Buschenschenken.

Baden-Baden Kur- und Weinstadt im Anbaugebiet →Baden, Bereich Ortenau, mit den Ortsteilen →Neuweier, →Steinbach, →Varnhalt. Großlage: *Schloß Rodeck*. Einzellagen: *Eckberg, Sätzler*.

Baden-Durlachsche Wirtsordnung Diese Verordnung von 1541 enthält Bestimmungen über die Führung von Gassen- und Straußwirtschaften.

Badener Österreichische Bezeichnung für Blauer →Portugieser.

Badenheim Weinort im Anbaugebiet →Rheinhessen, Bereich Bingen. Großlage: *Sankt Rochuskapelle*. Einzellagen: *Galgenberg, Römerberg*.

Baden - trocken Deutscher →Typenwein, der die Vielfalt badischer Weine verbraucherfreundlich präsentieren soll. Es handelt sich um trockene QbA- oder Kabinettweine mit dem Gütezeichen des badischen Weinbauverbandes aus Weiß-, Grau- oder Spätburgunder (rot und Weißherbst), Silvaner, Gutedel oder Riesling. Erzeugerabfüllung in braunen Burgunder- oder Schlegelflaschen.

Badenweiler Weinort im Anbaugebiet →Baden, Bereich Markgräflerland, mit Ortsteil →Lipburg. Großlage: *Burg Neuenfels*. Einzellage: *Römerberg*.

Badische Bergstraße/Kraichgau Bereich des bestimmten Anbaugebietes →Baden, von Laudenbach nördlich Heidelberg bis Grötzingen südlich von Bruchsal, sowie am Neckar gelegen. Auf Lößlehm- und Keuperböden wachsen spritzige →Rieslinge und bukettreiche →Ruländer.

Badisches Frankenland Bisher nördlichster Bereich des bestimmten Anbaugebietes →Baden, 1991 in Tauberfranken umbenannt. Im Taubertal wachsen den Frankenweinen ähnliche Weine.

Badisches Gütezeichen →Gütezeichen für badischen Qualitätswein.

Badische Weinstraße Führt von Weil bei Basel bis nach Laudenbach, nördlich von Weinheim an der Bergstraße. Außer einigen Abzweigungen zu Kaiserstuhl und Tuniberg, verläuft sie in Nord-Süd-Richtung am Fuß der Weinberge zwischen den Schwarzwaldausläufern und entlang der Autobahn. Mitte der 50er Jahre wurde ihre Ausschilderung beendet. Das Traubensymbol ist gleichzeitig das →Gütezeichen für badische Qualitätsweine. In den Winzerorten, die sie berührt, besteht die Möglichkeit, Weinbaubetriebe zu besichtigen. In den Weinstuben ist ein reichhaltiges Schoppenweinangebot zu finden.

Badisch Rotgold Qualitätskennzeichnung der Weinart →Rotling (ähnlich dem Württemberger Schillerwein) für badische Qualitätsweine und Qualitätsweine mit Prädikat, gewonnen aus einer Trauben- oder Maischemischung von Grauburgunder (→Ruländer) und →Spätburgunder (kein Wein- oder Mostverschnitt). Wie beim badischen →Weißherbst, der heute auf die Verwendung von Trauben einer Rotweinsorte begrenzt ist, lieferten früher die im →gemischten Satz im Weinberg stehenden obigen Rebsorten das Lesegut für diesen Rotling.

Bahlingen Weinort im Anbaugebiet →Baden, Bereich Kaiserstuhl. Großlage: *Vulkanfelsen*. Einzellage: *Silberberg*.

Bahnbrücken Ortsteil von Kraichtal. Weinort im Anbaugebiet →Baden, Bereich Badische Bergstraße/Kraichgau. Großlage: *Stiftsberg*. Einzellage: *Lerchenberg*.

Bairrada Portugiesisches kontrolliertes Anbaugebiet, seit 1979 als Região Demarcada anerkannt. Der Weinbau geht bis ins 10. Jahrhundert zurück. Auf 18.000 ha Rebfläche werden fast ausschließlich Rotweine erzeugt. Hauptrebsorte ist die Baga-Traube.

Bakterien Einzellige Lebewesen, die sich in ihrer Form und Eigenart stark voneinander unterscheiden. Sie treten einzeln oder in Kolonien auf. Unter den Bakterien gibt es wenig »Weinfreunde«. Zum größten Teil gefährden sie den Wein. Doch hat dieser in seinem Alkoholgehalt und in den Fruchtsäuren einen natürlichen Schutz. So kann sich eine ganze Reihe von Bakterien im Wein nicht entwikkeln. Der am meisten gefürchtete Weinfeind unter den Bakterien ist das Essigbakterium, das seine Energie in der Hauptsache aus der Umwandlung von Alkohol in Essigsäure schöpft (→Essigstich). Durch Fernhalten von Sauerstoff und durch sauberes Arbeiten kann den Essigbakterien entgegengewirkt werden. Unter den weinfeindlichen sind noch die weinsäurezersetzenden, die mannitbildenden und die schleimbildenden Bakterien zu erwähnen. Um ihre Ausbreitung zu verhindern, bedarf es großer Sorgfalt und Sauberkeit bei allen Arbeiten in der Kellerwirtschaft. Erwähnt werden müssen noch die →Äpfelsäure abbauenden Bakterien, deren Auftreten sowohl positive als auch negative Folgen haben kann. Sie haben die Fähigkeit, Äpfelsäure unter Abspaltung von Kohlensäure in Milchsäure zu verwandeln. Hier spricht man von einem biologischen →Säureabbau.

Balaton →Plattensee.

Balatonfüred-Csopak Zwei benachbarte Weinbaugemeinden am Nordwestufer des Plattensees, in den flacheren Lagen mit roten Perm-Sandsteinverwitterungsböden. Die Weine, vorwiegend aus →Welschriesling, aber auch →Rheinriesling, sind weniger wuchtig als die von →Badacsony, dabei aromatischer, und sie trinken sich glatt und süffig.

Balling- und **Brix-Mostwaage** →Aräometer zum Messen des Zuckergehaltes im Most. Werden hauptsächlich in der Weinwirtschaft der englischsprachigen Länder verwendet. Die Skalen der Waagen geben unmittelbar die Zukker-Prozente (g/100 g) im Most an und sind auf Rohrzuckerlösung geeicht, ohne Berücksichtigung der Nichtzuckeranteile einer Lösung. Da Traubenmost aber keinen Rohrzucker, sondern Trauben- und Fruchtzucker und zusätzlich noch zuckerfreie Extraktstoffe enthält, sind die Zuckerwertangaben ungenau. Die Brix-Skala, eine Weiterentwicklung der Balling-Skala, weicht geringfügig von dieser ab. Sie berücksichtigt die bei der Auflösung von Zucker eintretende Kontraktion mit. Da Balling und Brix die Trockensubstanz erfassen und im Gegensatz zu den Oechsle-Graden linear mit der Konzentration ansteigen, werden sie in der Industrie für alkoholfreie Erfrischungsgetränke lieber verwendet als die Oechslewaage. (Zum Vergleich der verschiedenen Systeme →Mostgewichts-Meßsysteme).

Ballrechten-Dottingen Weinort im Anbaugebiet →Baden, Bereich Markgräflerland. Großlage: *Burg Neuenfels*. Einzellagen: *Castellberg, Altenberg*.

Bamberg Stadt und Weinort im Anbaugebiet →Franken. Großlage: *Kapellenberg*. Einzellage: *Alter Graben*.

Bambino →Bombino.

Bamlach Ortsteil von Bad Bellingen. Weinort im Anbaugebiet →Baden, Bereich Markgräflerland. Großlage: *Vogtei Rötteln*. Einzellage: *Kapellenberg*.

Banat Rumänisches Weinbaugebiet südlich des Flusses Mureş (Mieresch) zwischen Karpaten und jugoslawischer Grenze gelegen, mit den Weinbauzentren Teremia Mare (Marienfeld), Teremia Mică (Albrechtsflor) und Recaş (Rekasch). Es werden hauptsächlich leichte Weißweine mit zartem Bukett aus den Sorten Creata oder Riesling de Banat (Zackelweiß), Steinschiller, Pinot Gris oder Rulanda (→Ruländer), Feteasca (Mädchentraube, →Leányka) gewonnen sowie Rotweine aus Cadarca, →Cabernet und →Pinot Noir. Vor der Sozialisierung lag der Weinbau vor allem in den Händen der Banater Schwaben.

Banater Riesling (Riesling de Banat) Irreführende Bezeichnung für Zackelweiß.

Banderole Bei gewissen ausländischen Weinen, so zum Beispiel bei →Portwein, stellt die numerierte Banderole ein Gütezeichen dar. Bei deutschen Flaschenweinen gibt es eine schräg über das Etikett verlaufende oder über dem Etikett angebrachte Banderole, auf der die →Prämierungen verzeichnet sind. Hat der Wein zum Beispiel bei der Landesweinprämierung eine Goldmedaille erhalten, so ist die Farbe der Banderole in Gold gehalten, bei einer Silbermedaille in Silber.

Banderole als Gütezeichen für Portwein.

Bandol AC-Gebiet in der südfranzösischen →Provence, in der Nähe von Toulon. Die Rotweine aus →Mourvèdre, →Grenache und →Cinsault sind dunkelrot und kräftig, die Rosees fruchtig und frisch und die Weißweine aus →Clairette Blanche und →Ugni Blanc trokken und körperreich.

Bannwein Ausdruck aus der Feudalzeit, als die Lehnsknechte einen Teil ihrer →Traubenlese, den Bannwein, an den Grundherrn abliefern mußten.

Banyuls AC-Gebiet im südfranzösischen →Roussillon, das natursüße →aufgespritete Rotweine (Vins doux naturels) aus der →Grenache Noir hervorbringt, die als Aperitifs oder zum Dessert getrunken werden. Mit dem Alter erhalten diese Weine eine besondere Blume, die →Rancio genannt wird.

Barbaresco Kleiner Ort bei Alba, südlich von Turin im →Piemont, und gleichnamiger trokkener DOCG-Rotwein, einer der besten Italiens. Der Wein wird aus der →Nebbiolo-Traube gewonnen, die im benachbarten Anbaugebiet →*Barolo* den gleichnamigen Wein ergibt. Der *Barbaresco* ist ein schwerer, wuchtiger Wein, der mit zunehmendem Alter eine fast bräunliche Farbe annimmt. Wie der *Barolo* paßt er vorzüglich zu Wild und dunklem Fleisch. Nach 4 Jahren Lagerung kann er laut Gesetz als Riserva in den Handel gebracht werden.

Barbelroth Weinort im Anbaugebiet →Rheinpfalz, Bereich Südliche Weinstraße. Großlage: *Kloster Liebfrauenberg*. Einzellage: *Kirchberg*.

Barbera Wichtige italienische Rotweinrebe. Sie gehört in 35 weinbautreibenden Provinzen Italiens zu den empfohlenen Rebsorten. Hauptanbau in Piemont, in der Lombardei, in der Emilia-Romagna und auf Sardinien. Liefert rubin- bis dunkelrote Weine von herber, kräftiger Art mit Veilchenduft.

Barbera d'Alba Italienischer DOC-Rotwein aus der gleichnamigen Rebsorte aus dem Gebiet um Alba im →Piemont. Dieser Wein sollte 2–3 Jahre alt getrunken werden, da er sonst rauh schmeckt. Nach 2 Jahren Lagerzeit und bei 13 Vol.-% Alkohol darf er Superiore genannt werden.

Barbera d'Asti Italienischer DOC-Rotwein aus dem →Piemont, hergestellt aus der gleichnamigen Rebsorte. Der kräftige, dunkelrote Wein kommt trocken bis lieblich auf den Markt.

Barbera del Monferrato Italienischer hellroter DOC-Rotwein aus dem Gebiet des Monferrato in den Provinzen Alessandria und Asti im →Piemont. Wird zu 85–90% aus der gleichnamigen Rebsorte unter Zusatz von →Freisa, →Grignolino und →Dolcetto hergestellt. Er ist trocken bis halbtrocken im Geschmack und perlt manchmal etwas. Nach 2 Jahren Lagerzeit und bei mindestens 13 Vol.-% Alkohol darf er die Bezeichnung Superiore tragen.

Bardolino Ort am Ostufer des Gardasees (südlich von Garda) in →Venetien und gleichnamiger hellkirschfarbener DOC-Rotwein, der hauptsächlich aus den Rebsorten →Corvina (35–65%), →Molinara (10–20%), Rondinella (10–40%), →Negrara und anderen Sorten gewonnen wird und leicht bitter und süffig schmeckt. Ein vorzüglicher Begleiter zu den einheimischen Teigwaren-Gerichten. Das Gebiet um Bardolino, Garda und Lazise (6 Gemeinden) ist Bardolino-Classico-Gebiet, das gesamte DOC-Bardolino-Gebiet erstreckt sich auf 15 Gemeinden. Prädikate sind Classico und Superiore. *Bardolino Chiaretto* ist ein Roseewein aus dem gleichen Gebiet mit den gleichen Charakteristika wie der Rotwein.

Barolo Italienischer Weinort im →Piemont, südlich von Turin am rechten Ufer des Tanaro, und gleichnamiger DOCG-Rotwein, der vielfach für den besten italienischen Rotwein gehalten wird. Wie der →*Barbaresco* wird er aus der →Nebbiolo-Traube gewonnen und erinnert in seiner Samtigkeit an den französischen →*Châteauneuf-du-Pape*. Vorgeschrieben ist mindestens dreijährige Lagerung, davon 2 Jahre in Holzfässern. Das Prädikat Riserva erhält er nach 5 Jahren Lagerung.

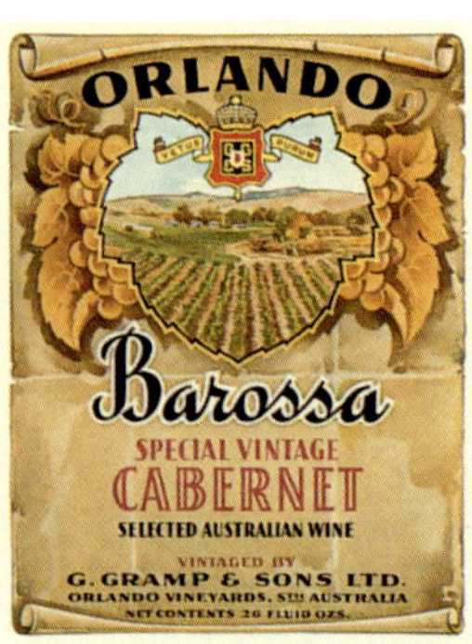

Barossa Valley Wichtigstes Weinbauzentrum von →Australien, wo auch von deutschen Siedlern gute Weißweine angebaut werden.

Barrique (frz.) Weinfaßgröße, die in den einzelnen Weinbaugebieten Frankreichs leicht variiert. In Bordeaux beträgt sie zum Beispiel 225 l (1/4 tonneau).

Barrique-Ausbau Lagerung von Wein, vorwiegend Rotwein, in Holzfässern (6 bis 18 Monate). Dabei geht Gerbstoff aus dem Holz in den Wein über, so daß sich geschmacklich der sogenannte »Holzfaßton« bemerkbar macht. Deutsche Weine, die diesen Geschmackston aufweisen, werden meist nicht als Qualitätsweine anerkannt, sondern müssen als Tafelweine deklariert werden, da der herbe Geschmack für deutsche Weine untypisch ist.

Barsac Stadt und AC-Gebiet in Bordeaux, im nördlichsten Teil des Sauternes-Gebietes, mit dem es eine Einheit bildet. Da die Produktion der Sauternes-Gemeinden zu gering war, nahm man die natursüßen Weine der Nachbarorte mit hinzu. Barsac behielt wegen seines bekannten Namens das Recht auf zwei Appellationen. Die Weine gleichen denen der Sauternes, sind jedoch nicht ganz so süß, sondern etwas fruchtiger. Die Châteaux von Barsac wurden zusammen mit denen von Sauternes 1855 klassifiziert (→Sauternes).

Basalt Dunkles Gestein, das zusammen mit anderen Mineralien »warme« Böden ergibt, die sich für den Weinbau gut eignen (→Boden).

Basel Kanton und Stadt in der deutschsprachigen →Schweiz mit 77 ha Rebfläche mit der bekannten Lage *Riehener Schlipf*.

Basilikata Weinregion im Süden →Italiens zwischen Apulien, Kampanien und Kalabrien gelegen. Einziger DOC-Wein ist der →*Aglianico del Vulture* aus dem Gebiet um den erloschenen Vulkan Monte Vulture.

Bas-Médoc Nördlicher Teil des Weinbaugebietes →Médoc, dessen Weine bisher nicht klassifiziert wurden. Dieser Name wird als offizielle Bezeichnung nicht mehr verwendet.

Bassermann-Jordan, Friedrich von (1872–1959) Pfälzer Weingutsbesitzer und Verfasser der bis heute als Standardwerk geltenden Geschichte des Weinbaues, zugleich dessen Förderer. Die nach ihm benannte Medaille wird an höchstens zehn Persönlichkeiten verliehen, die sich um den deutschen Weinbau verdient gemacht haben.

Bastardo Alte, auf der Iberischen Halbinsel und auf Madeira noch heute angebaute Rebsorte. Zur Zeit Elisabeths I. war sie in England sehr beliebt und wurde von Shakespeare erwähnt. Heute vor allem als Verschnittsorte gebraucht.

Bâtard-Montrachet Spitzenweißwein aus →Burgund von der →Côte de Beaune (→Montrachet) aus den Orten →Puligny-Montrachet und →Chassagne-Montrachet. Der aus der →Chardonnay-Rebe gewonnene Wein von blaßgoldener bis grünlicher Farbe ist trocken, rund, elegant und duftig.

Battenberg Weinort im Anbaugebiet →Rheinpfalz, Bereich Mittelhaardt/Deutsche Weinstraße. Großlage: *Höllenpfad*. Einzellage: *Schloßberg*.

Bauerbach Ortsteil von Bretten. Weinort im Anbaugebiet →Baden, Bereich Badische Bergstraße /Kraichgau. Großlage: *Stiftsberg*. Einzellage: *Lerchenberg*.

Baumé-Mostwaage Senkspindel zur Bestimmung des Zuckergehaltes im Most. Dieses alte Meßsystem nach Baumé, nach älteren Quellen auch Beaumé, hat eine auf der Dichte von Kochsalzlösungen beruhende Gradeinteilung und dient zur Bestimmung des Gehaltes von gelösten Substanzen in Flüssigkeiten. Durch Umrechnungsfaktoren konnte man die Dichte und daraus den Salz- oder Zuckergehalt der Flüssigkeit errechnen. Beispiel: Zucker-Prozente = (Bé x 1,8) –3; oder spezifisches Gewicht = 146,78 : (146,78 - Bé°). 10° Oe entsprechen etwa 1,2° Bé (→Mostgewichts-Meßsysteme). Baumé-Grade sind eine willkürliche Maßeinheit ohne feste Definition, und es gibt auch heute noch »wahre«, »alte«, »rationelle« und »neue« Baumé-Grade sowie unterschiedliche Bezugstemperaturen, darunter am häufigsten 12,5° und 15,5°C. Verwendet werden Baumé-Mostwaagen noch in Frankreich und vor allem in den Niederlanden.

Baumkelter (auch **Torkel, Torggel**) Wohl die ältesten →Keltern. Sie beanspruchen viel Raum und waren daher meist im Freien oder in besonderen Schuppen aufgestellt. Sie wurden bereits von den Römern mit Spindeln betrieben. In alter Zeit wurden die Trauben zunächst mit bloßen Füßen zerstampft oder mit Mosterkolben zerstoßen und kamen dann auf die Kelter, um ausgepreßt zu werden.

Bausendorf Weinort im Anbaugebiet →Mosel-Saar-Ruwer, Bereich Bernkastel, mit Ortsteil →Olkenbach. Großlage: *Schwarzlay*. Einzellagen: *Herzlay, Hubertuslay*.

Bayerfeld-Steckweiler Doppelgemeinde im Anbaugebiet →Nahe, Bereich Schloß Böckelheim. Großlage: *Paradiesgarten*. Einzellagen: *Adelsberg, Schloß Stolzenberg, Aspenberg, Mittelberg*.

Bayerischer Bodensee Bereich des bestimmten Anbaugebietes →Franken.

Bayern Deutsches Tafelweinbaugebiet mit den Untergebieten Main, Donau, Lindau.

Béarn Alte Provinz in Südwestfrankreich. Ihre AC-Weine heißen →*Irouléguy*,→*Jurançon*, →*Madiran* und →*Pacherenc-du-Vic-Bilh*.

Beaujolais Etwa die Hälfte der Burgunder AC-Fläche liegt im Beaujolais (22.000 ha), dem südlichen Teil Burgunds. Man trinkt den gleichnamigen hellen, harmonischen Rotwein jung und frisch. Das Weinbaugebiet umfaßt eine 70 km lange Bergkette mit altertümlichen Dörfern. Mehrere ausgeschilderte Weinstraßen (Routes du Vin). Die AC-Klassifizierung umfaßt *Beaujolais* (9 Vol.-% Alkohol) und *Beaujolais supérieur* (10 Vol.-%) im Süden; 60 Gemeinden dürfen diesen Namen tragen. Die Weine mit der Bezeichnung *Beaujolais-Villages* (10 Vol.-% Alkohol) stammen aus dem nördlichen Teil des Anbaugebietes; sie sind etwas kräftiger und farbstärker und in 35 ausgesuchten Gemeinden gewachsen. 10 Gemeinden dürfen zusätzlich unter dem Qualitätshinweis »Cru« ihren Namen nennen: →Brouilly, →Côte de Brouilly, →Chénas, →Chiroubles, →Fleurie, →Juliénas, →Morgon, →Moulin-à-Vent, →Régnié und → Saint-Amour. Eine Spezialität ist der *Beaujolais Primeur*, der 6 Wochen nach der Lese um 0 Uhr in den Handel gebracht wird.

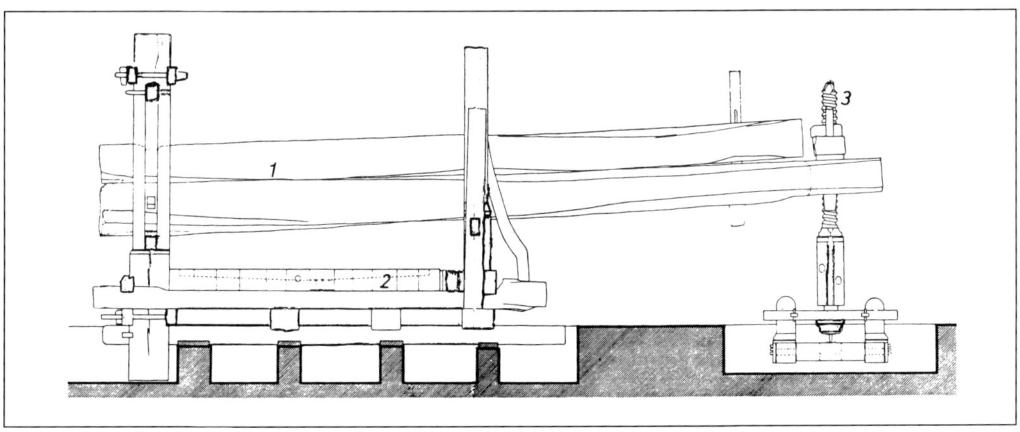

Baumkelter.
1. Kelterbaum;
2. Kelterbiet (zur Aufnahme der Trauben);
3. Spindel.

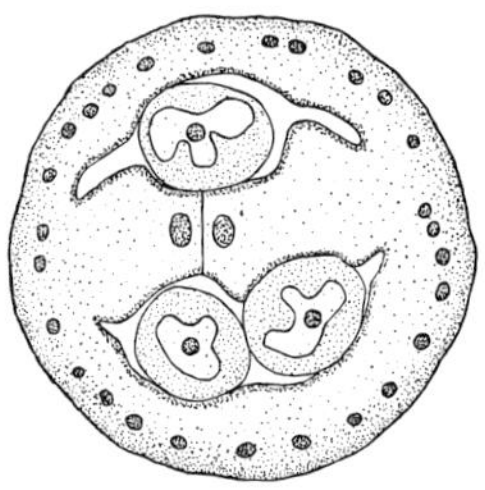

Querschnitt einer Weinbeere mit 3 Rebkernen.

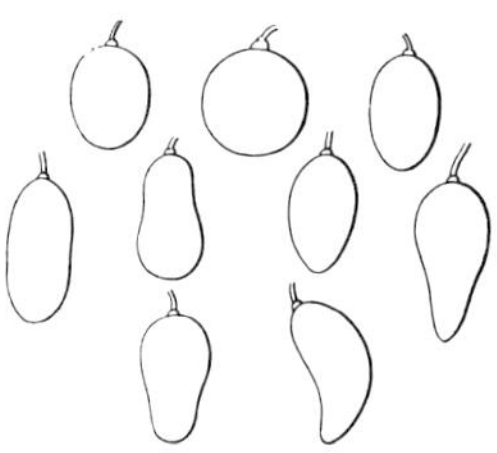

Verschiedene Formen der Weinbeere (nach R. Goethe).

Beaumes de Venise →*Muscat de Beaumes de Venise.*

Beaumont-sur-Vesle Weinort in der →Champagne, dessen Gewächse für die Champagnerherstellung als Grands Crus eingestuft sind, das heißt mit 100% bewertet werden.

Beaune Malerische Kleinstadt mit knapp 21.000 Einwohnern (38 km südlich von Dijon). Haupthandelszentrum für Wein aus Burgund, Anziehungspunkt nicht nur wegen ihrer weltberühmten Weine, sondern auch wegen ihrer historischen Baudenkmäler und Kunstwerke. Im Hôtel-Dieu (→Hospices de Beaune), einem prächtigen gotischen Krankenhausbau aus dem 15. Jahrhundert, stellt das berühmte Altarbild von Rogier van der Weyden (1443) eine besondere Sehenswürdigkeit dar. Neben der Basilika Notre Dame, in der sich die gesamte Geschichte der burgundischen Architektur vom 11. bis 16. Jahrhundert widerspiegelt, interessiert den Weinfreund insbesondere das Schloß der Burgunderkönige (Hôtel des Ducs de Bourgogne oder auch Logis du Roi) mit seinem historischen Weinmuseum. Die →Côte d'Or, deren Mittelpunkt Beaune ist, unterteilt sich in die Côte de Nuits (nördlich) und die Côte de Beaune (südlich). Die etwa 550 ha Weinberge von Beaune liegen fast ausnahmslos westlich der Stadt (Côte de Beaune), die hier gewonnenen Weine – fast ausschließlich Rotweine – tragen alle den Namen der Stadt in Verbindung mit dem Lagennamen. Ihre Spitzensorten sind von hervorragender Qualität, vollmundig und ausgeglichen. Trotz ihrer Erlesenheit und Samtigkeit sind sie jedoch nicht ganz so hervorragend wie die Rotweine der nördlich angrenzenden Côte de Nuits. Vom Syndicat d'Initiative werden alljährlich Weinseminare in französischer Sprache veranstaltet.

Bechenheim Weinort im Anbaugebiet →Rheinhessen, Bereich Wonnegau. Großlage: *Sybillenstein.* Einzellage: *Fröhlich.*

Bechtheim Weinort im Anbaugebiet →Rheinhessen, Bereich Wonnegau. Großlagen: *Pilgerpfad, Gotteshilfe.* Einzellagen: *Hasensprung, Heiligkreuz, Rosengarten, Geyersberg, Stein.*

Bechtolsheim Weinort im Anbaugebiet →Rheinhessen, Bereich Nierstein. Großlage: *Petersberg.* Einzellagen: *Wingertstor, Sonnenberg, Homberg, Klosterberg.*

Beckstein Ortsteil von Lauda-Königshofen. Weinort im Anbaugebiet →Baden, Bereich Tauberfranken. Großlage: *Tauberklinge.* Einzellagen: *Nonnenberg, Kirchberg.*

Beede Historischer Ausdruck für den Weinzins, den die Winzer zu entrichten hatten.

Beere Am Fruchtstand der Rebe, der →Traube, sitzen die einzelnen Früchte, die Traubenbeeren. Sie bestehen aus der Schale (Haut), dem Fruchtfleisch und dem Mark (Butzen), in dem meist 2–3 Kerne eingeschlossen sind. Die Beeren entwickeln sich nach der →Befruchtung des Fruchtknotens zunächst durch Zellteilung, bis ein gewisses Säuremaximum erreicht ist. Mit Beginn der Beerenreife beruht dann ihr Wachsen auf Safteinlagerung und Dehnung der einzelnen →Zellen; dabei werden auch Kohlenhydrate eingelagert und die Säure verdünnt. Die unreife Beere ist immer grün und verfärbt sich mit zunehmender Reife bei Weißweinsorten gelblich oder rötlich, bei Rotweinsorten tiefrot bis blau. Die reifen Beeren sind je nach Rebsorte rund, oval, eiförmig oder länglich und können locker oder dichtgepackt auf der Traube sitzen. Die Haut der Beeren weist Unterschiede in der Festigkeit auf; dünnhäutige Beeren neigen zu größerer Empfindlichkeit gegen Pilzbefall und Insektenfraß. In der Haut der roten Beeren befindet sich der rote oder blaue Farbstoff, das Önin aus der Gruppe der Anthocyane; bei manchen Rebsorten (Färbertraube) kann es auch im Fruchtfleisch vorhanden sein. Zur Rotweingewinnung wird es durch verschiedene Verfahren (→Maischeerhitzung, →Maischegärung) aus der Beerenhaut ausgelaugt. Der aus den Beeren ausgepreßte →Traubensaft enthält neben dem Hauptbestandteil Wasser Trauben- und Fruchtzucker, organische Säuren (→Weinsäure, →Äpfelsäure), Mineralstoffe, Geschmacks- und Geruchsstoffe. Die Zusammensetzung des Saftes schwankt je nach Sorte, Jahrgang und Reifegrad der Trauben und hat erheblichen Einfluß auf die Güte des daraus gewonnenen Weines.

Beerenauslese Teure, natursüße Weine aus überreifen, edelfaulen Beeren, die einzeln mit der Schere aus den Trauben geschnitten werden. Schon die Lohnkosten bedingen einen hohen Preis, da selektiv gelesen werden muß. Vollreifes Lesegut und günstiges Herbstwetter (warm und feucht) sind für ihre Gewinnung Voraussetzung. Beerenauslesen weisen reife Süße, Würze und Fülle auf und haben das unverkennbare Aroma der →Edelfäule. Sie sind meist bernsteinfarben, ihre Haltbarkeit liegt bei 100 Jahren und mehr. Auf →Versteigerungen erreichen alte Beerenauslesen nicht selten Preise von über mehreren tausend

DM pro Flasche. Beerenauslesen sollte man zum Dessert oder noch besser nach Tisch in kleinen Mengen genießen.
Deutschland: Dem deutschen Weingesetz nach sind die Mindestanforderungen genau festgelegt (→Qualitätswein mit Prädikat).
Österreich: Eine Beerenauslese muß mindestens 25° KMW (127° Oe) aufweisen. Zwischen Beeren- und Trockenbeerenauslese steht hier der burgenländische →Ausbruch (→Prädikatswein).
Schweiz: Den Begriff Beerenauslese kennt man in der deutschsprachigen Schweiz ebenfalls, im →Wallis den →Flétri.
Frankreich: →Sauternes.
Ungarn: →Tokajer, →Aszú.

Beerliwein Tiefroter Wein aus der →Schweiz und →Liechtenstein.

Beeth →Beede.

Befruchtung Die Kulturrebe Vitis Vinifera hat eine zwittrige →Blüte, die sich selbst befruchtet. Die Bestäubung erfolgt in dem Augenblick, in dem sich die Blüte öffnet, das Blütenkäppchen abwirft und die Staubbeutel freigibt. Dabei fallen Pollen (Blütenstaub) auf die Narbe der gleichen Blüte und vollziehen die Selbstbefruchtung. Die Narbe enthält ein Sekret, das die Pollen zur Bildung des Pollenschlauches anregt und diesen durch den Griffelkanal zum Fruchtknoten vordringen läßt. Dort wächst er durch den Keimmund in eine der Samenanlagen ein und erreicht den Embryosack mit der eingeschlossenen Eizelle.

Ein haploider Kern (Zellkern mit einfachem Chromosomensatz) des Pollens vereinigt sich mit dem haploiden Kern des Eies, womit die Befruchtung abgeschlossen ist. Das befruchtete Ei entwickelt sich nun durch Zellteilung zur →Beere. Wenn keine Befruchtung erfolgt, fallen die Blüten durch (→Durchrieseln), oder es wachsen nur kernlose Jungfernfrüchte.

Begrünung →Gründüngung.

Behälter Für die Weinlagerung kommen in Frage: →Betonbehälter mit Auskleidung (Glasplatten, Kunststoffe, Edelstahl); →Edelstahltanks; Glasflaschen (→Flaschen); Holzfässer (→Faß, →Barrique-Ausbau); →Kunststoffbehälter aus glasfaserverstärkten Kunststoffen; →Metallbehälter mit Auskleidung (Emaille, Kunststoffe).

Beihingen Ortsteil von Freiberg/Neckar. Weinort im Anbaugebiet →Württemberg. Bereich Württembergisch Unterland. Großlage: *Schalkstein.* Einzellage: *Neckarhälde.*

Beilstein 1. Weinort im Anbaugebiet →Mosel-Saar-Ruwer, Bereich Zell/Mosel. Großlage: *Rosenhang.* Einzellage: *Schloßberg.*
2. Weinort im Anbaugebiet →Württemberg, Bereich Württembergisch Unterland, mit Ortsteil →Hohenbeilstein. Großlage: *Wunnenstein.* Einzellagen: *Steinberg, Wartberg.*

Beinstein Ortsteil von Waiblingen. Weinort im Anbaugebiet →Württemberg, Bereich Remstal-Stuttgart. Großlage: *Kopf.* Einzellage: *Großmulde.*

Beizen von Fässern →Weingrünmachen.

Bekond Weinort im Anbaugebiet →Mosel-Saar-Ruwer, Bereich Bernkastel.
Großlage: *St. Michael.* Einzellagen: *Schloßberg, Brauneberg.*

Bela Dinka Ungarische Bezeichnung für Gelber →Muskateller.

Belgien 300 ha Unterglaskulturen, 10 ha Freilandweinberge; 80.000 dz Tafeltrauben, davon 40.000 dz Export; 2.000 hl Wein; 2,2 Millionen hl Import; jährlicher Pro-Kopf-Verbrauch 20 l.
Belgien war bis zum Beginn der Neuzeit ein Land mit ausgedehntem Weinbau. Durch Kriegswirren wurden schon Ende des Mittelalters die Rebgärten dezimiert, und 1659 brachte ein zwischen Frankreich und Spanien geschlossener Vertrag den Weinbau zum Erliegen.
1865 begann man, Tafeltrauben in Glashäusern zu kultivieren. Im Dreieck Brüssel-Louvin-Genval mit Zentrum Hoeilaart und Overijse wurden die Unterglastafeltrauben als Luxus- und Dessertfrüchteproduktion zu einem Begriff. Heute ist die Tafeltraubenproduktion rückläufig, im Ausdehnen begriffen ist dagegen der Freilandweinbau bei Coxyde, Torgny, Yvoir, Wépion, Zaventem (zusammen etwa 6 ha). Die einzige gewerblich genutzte Rebfläche liegt in der Nähe von Overijse (etwa 4 ha). Angebaut werden meist →Hybridenreben, wie Léon Millot, Maréchal Joffre, Oberlin und Seibel. Kellereien befinden sich in

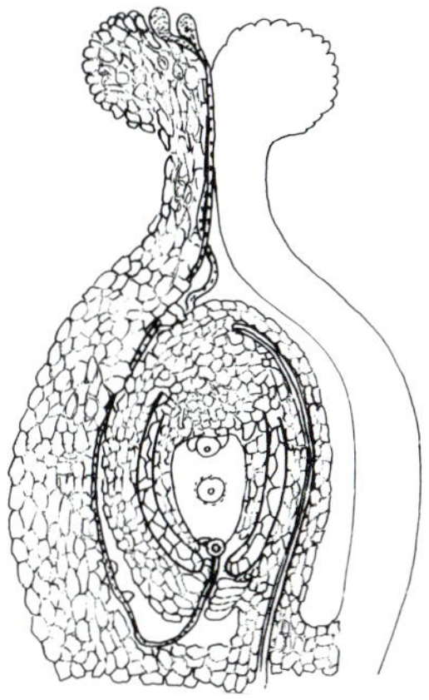

Fruchtknoten, aus dem sich nach der Befruchtung die Beere entwickelt. Oben die Pollenkerne, in der Mitte der Embryosack mit Eizelle (unten) und Embryosackkern.

Zum Bild links: Rebblüte nach der Befruchtung.

Hoeilaart und in Overijse; beide verarbeiten hauptsächlich die nicht als Tafeltrauben verwerteten Unterglastrauben (Royal, Gros Colmar, Muscat d'Alexandrie) zu Wein und Schaumwein.

Bellet Kleines AC-Gebiet in der →Provence, aus dem gleichnamige leichte Rot-, Rosee- und Weißweine stammen.

Bellheim Weinort im Anbaugebiet →Rheinpfalz, Bereich Südliche Weinstraße. Großlage: *Trappenberg*. Einzellage: *Gollenberg*.

Um die Reben vor strengem Frost zu schützen, werden sie künstlich beregnet.

Bellingen, Bad Weinbaugemeinde im Anbaugebiet →Baden, Bereich Markgräflerland, mit Ortsteilen →Bamlach, →Hertingen, →Rheinweiler. Großlage: *Burg Neuenfels*. Einzellage: *Sonnenstück*.

Bellinger Rebordnung Verordnung aus dem 12. Jahrhundert über →Traubenlese und Kellerwirtschaft in →Baden.

Belsenberg Ortsteil von Künzelsau. Weinort im Anbaugebiet →Württemberg, Bereich Kocher-Jagst-Tauber. Großlage: *Kocherberg*. Einzellage: *Heiligkreuz*.

Bengel →Springiersbach.

Benningen Weinort im Anbaugebiet →Württemberg, Bereich Württembergisch Unterland. Großlage: *Schalkstein*. Einzellage: *Neckarhälde*.

Bensheim Weinort im Anbaugebiet →Hessische Bergstraße, Bereich Starkenburg, mit Ortsteilen →Auersbach, →Schönberg. Großlage: *Wolfsmagen*. Einzellagen: *Kalkgasse, Kirchberg, Streichling, Hemsberg, Paulus*.

Bentonit (Geisenheimer Erde) Mineral, ähnlich der Spanischen Erde oder dem Kaolin. Enthält Montmorillonit, ein Mineral, das aus der Nähe der Stadt Montmorillon in Frankreich stammt. Bentonite werden bei der →Klärung des Weines verwendet. Sie sind in Deutschland zur →Schönung seit 1954 zugelassen. Wärmeunbeständige Weine können bei Temperaturerhöhungen durch Ausscheidung von Eiweißstoffen trüb werden. Bentonit absorbiert das Eiweiß im Wein und sinkt zu Boden. Durch den sogenannten Schönungsabstich wird der Bentonittrub aus dem Wein entfernt.

Beregnung Bei guter →Bodenbearbeitung und →Düngung reicht in den nördlichen Weinbaugebieten ein jährlicher →Niederschlag von 500 bis 700 mm für ein zufriedenstellendes Ergebnis des Weinbaues aus. Nur an der unteren Grenze dieses Wasserangebotes durch Niederschlag und in trockenen, steilen Lagen sind Beregnungsanlagen notwendig. Die Rebe wurzelt von Natur aus tief und kann sich Wasser sogar aus mehreren Metern Tiefe holen; wird sie durch Beregnung verwöhnt, geht sie zu einer flachen Bewurzelung über und kann sich dann bei Störungen der Wasserversorgung nur schwer wieder umstellen. Bei zu starker Bewässerung kühlt außerdem der Boden ab und verschlämmt. Da der Weinstock am Tag durch Beregnung einen Schock erleiden kann, ist es am günstigsten, abends oder nachts zu wässern, zumal dann auch die Verdunstung geringer ist. Den größten Wasserbedarf hat der Weinstock in der Zeit zwischen →Austrieb und →Blüte (April bis Juni) und in der Wachstumsphase der Beeren (Juli und August), während ein Zuviel während der Rebblüte leicht zum →Durchrieseln führen kann. Ein Vorteil der Beregnung: man kann mit ihr die Düngung, die Schädlingsbekämpfung und den Frostschutz koppeln.

Bereich Im deutschen →Weingesetz findet sich folgende Definition: Bereich ist eine Zusammenfassung mehrerer Lagen, aus deren Erträgen Weine gleichartiger Geschmacksprägung hergestellt werden und die in nahe beieinanderliegenden Gemeinden desselben →bestimmten Anbaugebietes gelegen sind. Die Namen der Bereiche können sowohl für →Tafelwein als auch für →Qualitätswein b.A. mit und ohne Prädikat verwendet werden. Die 11 bestimmten Anbaugebiete der alten Bundesländer sind in 35 Bereiche unterteilt. Bei Angabe des Bereiches von Qualitätsweinen müssen mindestens 85% der Trauben aus diesemRaum, der Rest aus dem bestimmten Anbaugebiet, zu dem der Bereich gehört, stammen. Bei Qualitätsweinen mit Prädikat müssen die Trauben zu 100% aus diesem Bereich stammen.

Bergerac Stadt und gleichnamiges 8.000 ha großes AC-Gebiet zu beiden Seiten des Oberlaufes der Dordogne mit 93 Weinbaugemeinden, die zusammen 250.000 hl Weißwein aus den Rebsorten →Sémillon, →Sauvignon Blanc, →Muscadelle, Ondenc und →Chenin Blanc und 50.000 hl Rotwein aus den Bordeaux-Rebsorten →Cabernet-Sauvignon, →Cabernet Franc, →Merlot, →Malbec und →Verdot erzeugen.
Es gibt 4 Herkunftsbezeichnungen: *Bergerac, Bergerac sec, Côtes-de-Bergerac*, die die höchste Qualitätsstufe darstellt, und *Bergerac moëlleux*. Die Rotweine sind bukettreich und dunkelfarbig, die Weißweine meist trocken. Aus dem Gebiet von Bergerac stammen noch die regionalen Herkunftsbezeichnungen →*Monbazillac*, →*Montravel*, →*Rosette*, →*Pécharmant* und *Saussignac*.

Berghaupten Weinort im Anbaugebiet →Baden, Bereich Ortenau. Großlage: *Fürsteneck*. Einzellage: *Kinzigtäler*.

Berghausen 1. Ortsteil von Pfinztal. Weinort im Anbaugebiet →Baden, Bereich Badische Bergstraße /Kraichgau. Großlage: *Hohenberg*. Einzellage: *Sonnenberg*.
2. Ortsteil von Römerberg. Weinort im Anbaugebiet →Rheinpfalz, Bereich Südliche Bergstraße. Großlage: *Trappenberg*. Einzellage: *Narrenberg*.

Bergstraße →Badische Bergstraße/Kraichgau, →Hessische Bergstraße.

Bergtheim Weinort im Anbaugebiet →Franken, Bereich Maindreieck. Einzellage: *Harfenspiel*.

Bergzabern, Bad Weinort im Anbaugebiet →Rheinpfalz, Bereich Südliche Weinstraße. Großlagen: *Kloster Liebfrauenberg, Guttenberg*. Einzellagen: *Altenberg, Wonneberg*.

Bermatingen Weinort im Anbaugebiet →Baden, Bereich Bodensee. Großlage: *Sonnenufer*. Einzellage: *Leopoldsberg*.

Bermersbach Ortsteil von Gengenbach. Weinort im Anbaugebiet →Baden, Bereich Ortenau. Großlage: *Fürsteneck*. Einzellage: *Kinzigtäler*.

Bermersheim 1. Weinort im Anbaugebiet →Rheinhessen, Bereich Wonnegau. Großlagen: *Bergkloster, Burg Rodenstein*. Einzellagen: *Hasenlauf, Seilgarten*.
2. Weinort im Anbaugebiet →Rheinhessen, Bereich Bingen. Großlage: *Adelberg*. Einzellagen: *Klosterberg, Hildegardisberg*.

Bern Schweizer Kanton und Bundeshauptstadt. 238 ha geschlossenes Rebareal am Bielersee, wo analog den Westschweizer Kantonen hauptsächlich spritzige →Gutedel- und einige Blauburgunder (Blauer →Spätburgunder)-Weine produziert werden. Die Anbauinseln Spiez und Oberhofen am Thunersee erzeugen aus →Müller-Thurgau (Riesling x Sylvaner) und Blauburgunder frische, spritzige Weine. Die wichtigsten Weinorte sind: →Schafis (Chavannes), Neuenstadt (La Neuveville), Ligerz (Gléresse), Tüscherz (Daucher), →Twann (Douanne), Vingelz (Vigneule).

Bernada Bezeichnung für die Rebsorte →Prie im Aostatal.

Berneck Größter Weinbauort im Schweizer Kanton →Sankt Gallen, wo an Steilhängen ausschließlich Blauburgunder (Blauer →Spätburgunder) angebaut wird.

Bernkastel 1. Ortsteil von Bernkastel-Kues. Weinort im Anbaugebiet →Mosel-Saar-Ruwer, Bereich Bernkastel, Großlagen: *Badstube, Kurfürstlay*. Einzellagen: *Lay, Matheisbildchen, Bratenhöfchen, Graben, Doctor, Alte Badstube am Doktorberg, Johannisbrünnchen, Schloßberg, Stephanus-Rosengärtchen*.
2. Bereich des bestimmten Anbaugebietes →Mosel-Saar-Ruwer, umfaßt die Mosel von Briedel bis Kenn sowie das Gebiet um Wittlich.

Bernsteinsäure Im Verlauf der Aufspaltung des Zuckers durch die Hefe (→Gärung) wird auch Bernsteinsäure gebildet. Deutsche Weine enthalten etwa 0,6–1,0 g/l Bernsteinsäure. Dieses Mehr an Säure kann den Säureverlust durch →Weinsteinausscheidung ausgleichen.

Berry Ehemalige Provinz in Mittelfrankreich, wo schon seit dem Mittelalter Wein angebaut wird. Gehört zur Weinbauregion Val-de-Loire und umfaßt folgende AC-Gebiete: →*Sancerre*, →*Menetou-Salon*, →*Quincy*, →*Reuilly*.
Ein Wein trägt die VDQS-Bezeichnung: *Châteaumeillant*.

Bertolar →Cataratto.

Berwangen Ortsteil von Kirchardt. Weinort im Anbaugebiet →Baden, Bereich Badische Bergstraße/Kraichgau. Großlage: *Stiftsberg*. Einzellage: *Vogelsang*.

Berzemino Synonym für →Marzemino.

Beschoff →Butte.

Besenwirtschaft →Buschenschenke, →Straußwirtschaft.

Besenwuchs Mißwuchs der Triebe, hervorgerufen durch die →Reisigkrankheit.

Besigheim Weinort im Anbaugebiet →Württemberg, Bereich Württembergisch Unterland. Großlage: *Schalkstein.* Einzellagen: *Felsengarten, Wurmberg.*

Bestandsklima Weinberge entwickeln je nach ihrer Pflanzdichte und →Erziehungsart ein sogenanntes Bestands- oder Mikroklima, das von dem der umliegenden Landschaft abweicht. Temperaturen und Luftfeuchtigkeit liegen bei dicht gepflanzten Weinbergen deutlich höher.

bestimmte Anbaugebiete Das deutsche →Weingesetz von 1971 unterscheidet zwischen 11 »bestimmten Anbaugebieten« für →Qualitätsweine mit und ohne Prädikat, »Gebieten für →Landwein« und »Weinbaugebieten für →Tafelwein«. Sie bilden aufgrund der klimatischen und geologischen Bedingungen naturgegebene Einheiten, in denen Weine gleicher Art wachsen. Die »bestimmten Anbaugebiete für Qualitätswein« sind historisch gewachsen und bestanden bereits vor 1971, im Mai 1990 kamen die beiden ostdeutschen dazu. Qualitätsweine müssen aus einem einzigen Gebiet stammen, das Gebiet muß auf dem Etikett angegeben werden. Es gibt folgende Gebiete: →Ahr, →Baden, →Elbe, →Franken, →Hessische Bergstraße, →Mittelrhein, →Mosel-Saar-Ruwer, →Nahe, →Rheingau, →Rheinhessen, →Rheinpfalz, →Saale-Unstrut und →Württemberg (→Deutschland).

Betonbehälter Großraumbehältnis zur Aufnahme von Wein. Seine Wandungen sind nicht wie die des →Fasses porös. Dadurch werden Verdunstungsverluste und Luftaufnahme von außen her weitgehend reduziert oder unmöglich gemacht. Ein Betonbehälter muß so geformt sein, daß man ihn »spundvoll« füllen, also die Luft völlig verdrängen kann. Obwohl seit Jahrzehnten Betontanks hergestellt werden, besteht noch keine übereinstimmende Meinung bezüglich der zweckmäßigsten Auskleidung. Während zum Beispiel in Italien, Frankreich, Spanien und Portugal die Betonwandungen oftmals nur mit einer Weinsäurelösung angestrichen sind, werden die Behälter in Deutschland mit Glasplatten, Kunststoffen und Edelstahl ausgekleidet. Betontanks gewährleisten optimale Raumausnutzung. Man verwendet sie daher vor allem in Großbetrieben.

Beuren 1. Weinort im Anbaugebiet →Mosel-Saar-Ruwer, Bereich Zell/Mosel. Großlage: *Grafschaft.* Einzellage: *Pelzerberger.*
2. Weinort im Anbaugebiet →Württemberg, Bereich Remstal-Stuttgart. Großlage: *Hohenneuffen.* Einzellage: *Schloßsteige.*

Beutelsbach Ortsteil von Weinstadt. Weinort im Anbaugebiet →Württemberg, Bereich Remstal-Stuttgart. Großlagen: *Sonnenbühl, Wartbühl.* Einzellagen: *Burghalde, Altenberg, Käppele, Sonnenberg.*

Bevaix Weinort im Schweizer Kanton →Neuenburg.

Bewertungssysteme Um Weinqualität in möglichst klar erfaßbaren Daten auszudrücken, hat man verschiedene Bewertungssysteme geschaffen, die auch zur Verleihung von →Prämierungen, →Weinsiegeln und →Gütezeichen herangezogen werden. Sie alle setzen eine Sinnenprüfung des einzelnen Weines voraus. International wird meist das 20-Punkte-Schema des →OIV (Office International du Vin) verwendet. In Deutschland gilt seit dem 1.1.1988 das System der →amtlichen Prüfung, das von der DLG geschaffen wurde. Diese Prüfung besteht aus zwei Teilen: Im ersten prüfen Fachleute die folgenden Kriterien:

Jahrgang	Ja	Nein
Rebsorte(n)	Ja	Nein
Qualitätsstufe	Ja	Nein
Anbaugebiet	Ja	Nein
Farbe	Ja	Nein
Klarheit	Ja	Nein

Nur wenn alle Punkte mit Ja beantwortet wurden, wird der Wein der zweiten Prüfung unterzogen. Jetzt werden Geruch, Geschmack und Harmonie beurteilt, wobei unter Harmonie das Zusammenspiel von Geruch und Geschmack sowie der Gebietsart, dem Rebsortentyp und der Qualitätsstufe zu verstehen ist. Die drei Merkmale werden getrennt voneinander beurteilt, die Ergebnisse addiert und die Summe durch 3 geteilt. Dabei ergibt sich ein Wert zwischen 0 und 5.
Ab 1,5 wird die →amtliche Prüfungsnummer erteilt, ab 2,5 erhält der Wein das Deutsche

Noten:	hervorragend		sehr gut		gut		zufriedenstellend		nicht zufriedenstellend		
Geruch	5	4,5	4	3,5	3	2,5	2	1,5	1	0	· ☐
Geschmack	5	4,5	4	3,5	3	2,5	2	1,5	1	0	· ☐
Harmonie	5	4,5	4	3,5	3	2,5	2	1,5	1	0	· ☐
										Summe:	☐
										geteilt durch 3 =	
										Qualitätszahl:	___ ___

Weinsiegel. Für die Bronzemedaille benötigt er mindestens 3,5, für die Silbermedaille 4 und für die Goldmedaille und den »Großen Preis« mindestens 4,5 Punkte (→Prämierungen).
In Frankreich, Italien, Spanien und anderen Ländern kennt man die Beurteilung einzelner Weine für eine amtliche, alle Qualitätsweine umfassende Prüfungsnummernzuteilung noch nicht.

Bewindung Ist ein Weinberg zu starker Durchlüftung ausgesetzt, kann man ihn durch geeignete Bepflanzung durch Hecken oder Baumreihen davor schützen. Eine gewisse Durchlüftung ist dagegen zur Vermeidung von Krankheiten und Schädlingen erwünscht (→Bestandsklima).

Bex Bedeutender Weinort im Schweizer Kanton →Waadt, Anbaugebiet Chablais. Es werden kräftige Weißweine (*Dorins*) und harmonische Rotweine (Blauer →Spätburgunder) hergestellt.

Biancame Italienische Weißweinrebe mit Hauptanbau in der Gegend von Pesaro. Synonym: Bianchello.

Bianchello del Metauro Italienischer DOC-Weißwein, zu 95% aus →Bianchello, zu höchstens 5% aus →Malvasia, aus der Region →Marken. Der strohgelbe Wein ist trocken und frisch, sollte jung getrunken werden.

Bianco (it.) weiß, Weißwein.

Bianco Capena Italienischer DOC-Weißwein aus →Latium, nördlich von Rom, aus verschiedenen Rebsorten (→Malvasia, →Trebbiano, Bellone und Bombiano) gewonnen. Der strohgelbe Wein schmeckt trocken oder auch halbtrocken.

Bianco dei Colli Maceratesi Italienischer DOC-Weißwein aus der Region →Marken, südlich von Ancona, gewonnen aus →Trebbiano und Maceratino, ein kleiner Zusatz von →Malvasia oder →Verdicchio ist erlaubt. Der blaßgelbe Wein schmeckt trocken und harmonisch.

Bianco della Valdinievole Italienischer DOC-Weißwein aus der Provinz Pistoia in der →Toskana. Der blaßgelbe Wein wird hauptsächlich aus →Trebbiano, →Malvasia, →Canaiolo Bianco und Vermentino bereitet und hat einen trockenen, vollen Geschmack.

Bianco di Custoza Italienischer DOC-Weißwein aus →Venetien, in der Nähe des Gardasees. Gewonnen aus →Trebbiano, →Garganega, →Tocai, →Cortese und anderen, schmeckt dieser strohgelbe, duftige Wein leicht nach Bittermandeln.

Bianco di Pitigliano Italienischer DOC-Weißwein aus der →Toskana, nahe dem Bolsena-See, gewonnen aus →Trebbiano, →Greco, →Malvasia und Verdello. Der grünlich schimmernde Wein schmeckt leicht nach Bittermandeln und hat ein delikates Bukett.

Bianco di Scandiano Italienischer DOC-Weißwein aus der →Emilia-Romagna in den Versionen süß, trocken und halbtrocken. Wird auch als Schaumwein hergestellt.

Bianco Latino →Cataratto.

Biancolella Italienische Weißweinrebe, die hauptsächlich auf der Insel Ischia angebaut wird.

Bianco Pisano di S. Torpè Italienischer DOC-Weißwein aus der →Toskana, aus dem Chianti-Gebiet, in den Provinzen Pisa und Livorno. Sehr heller Weißwein, trocken, delikat mit angenehmen Bitterton, zu 75% aus →Trebbiano gekeltert. Unter dem gleichen Namen gibt es einen goldgelben →Vin Santo, den man als Dessertwein trinkt.

Bianco Vergine Valdichiana Italienischer DOC-Weißwein aus dem Chiana-Tal in der →Toskana, in den Provinzen Arezzo und Siena. Er wird hauptsächlich aus der →Trebbiano unter geringen Zusätzen von →Malvasia gewonnen. Der strohgelbe Wein ist leicht süß und hinterläßt einen an bittere Mandeln erinnernden Nachgeschmack.

Bibliotheca subterranea Schloß →Johannisberg.

Bickensohl Ortsteil von Vogtsburg im Kaiserstuhl. Weinort im Anbaugebiet →Baden, Bereich Kaiserstuhl. Großlage: *Vulkanfelsen*. Einzellagen: *Steinfelsen, Herrenstück*.

Biebelnheim Weinort im Anbaugebiet →Rheinhessen, Bereich Nierstein. Großlage: *Petersberg*. Einzellagen: *Pilgerstein, Rosenberg*.

Biebelsheim Weinort im Anbaugebiet →Rheinhessen, Bereich Bingen. Großlage: *Sankt Rochuskapelle*. Einzellagen: *Honigberg, Kieselberg*.

Biegen (Gerten) Die beim Rückschnitt des Rebstockes belassenen →Ruten werden im zeitigen Frühjahr nach unten gebogen und am sogenannten Gertdraht angebunden. Der gün-

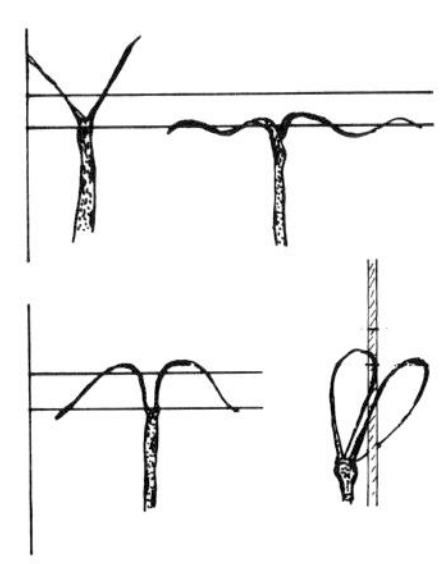

Formen des Biegens. Von links oben nach rechts unten: ungebogene Rute, Strecker, Flachbogen, geschlossener Bogen.

stigste Zeitpunkt für diese Arbeit liegt nach Beginn des →Blutens – die Ruten brechen nicht mehr – und vor dem Austreiben der Knospen, die im geöffneten Stadium beim Biegen der Ruten abplatzen würden. Ziel des Biegens und Anbindens ist, der Rute und den später auf ihr wachsenden →Trieben festen Halt zu geben und zu erreichen, daß diese Triebe im Laufe des Sommers sich gleichmäßig entwickeln und geordnet in den →Drahtrahmen einwachsen. Würde das Holz aufrecht belassen, stiege der Saft auf Grund der Kapillarkräfte in die höchsten Bereiche des Stockes, und die jungen Triebe entwickelten sich dort wesentlich stärker als unten; dies hätte zur Folge, daß im nächsten Jahr nur im oberen Bereich des Rebstockes geeignetes Holz für den →Rebschnitt zu finden wäre und der Stock Jahr für Jahr höher würde. Als Formen des Biegens kennt man Strecker, Flachbogen und bei Pfahlerziehung in sich geschlossene Bogen.

Biela Klevanjka Jugoslawische Bezeichnung für Weißer →Burgunder.

Biela Sladka Grasica Jugoslawische Bezeichnung für →Welschriesling.

Biela Srebrnina Jugoslawische Bezeichnung für Weißer →Elbling.

Bielersee Nach der Stadt Biel benannter See und Weinbauregion im Schweizer Kanton →Bern (→Schafis, →Twann).

Bieli Moslavac Synonym für Gelber →Furmint.

Bienenfraß →Insektenfraß.

Biengen Ortsteil von Bad Krozingen. Weinort im Anbaugebiet →Baden, Bereich Markgräflerland. Großlage: *Lorettoberg*. Einzellage: *Maltesergarten*.

Bieringen Ortsteil von Schöntal. Weinort im Anbaugebiet →Württemberg, Bereich Kocher-Jagst-Tauber. Großlage: *Kocherberg*. Einzellage: *Schlüsselberg*.

Bietigheim Ortsteil von Bietigheim-Bissingen. Weinort im Anbaugebiet →Württemberg, Bereich Württembergisch Unterland. Großlage: *Schalkstein*. Einzellage: *Wurmberg*.

Biewer Ortsteil von Trier. Weinort im Anbaugebiet →Mosel-Saar-Ruwer, Bereich Saar-Ruwer. Großlage: *Römerlay*. Einzellage: *Augenscheiner*.

Bigney Synonym für →Merlot.

Bilfingen Ortsteil von Kämpfelbach. Weinort im Anbaugebiet →Baden, Bereich Badische Bergstraße/Kraichgau. Großlage: *Hohenberg*. Einzellage: *Klepberg*.

Billigheim-Ingenheim. Doppelgemeinde im Anbaugebiet →Rheinpfalz, Bereich Südliche Weinstraße, mit Mühlhofen und Appenhofen. Großlage: *Kloster Liebfrauenberg*. Einzellagen Billigheim: *Venusbuckel, Sauschwänzel, Rosenberg, Mandelpfad*. Einzellage Appenhofen: *Steingebiß*. Einzellage Ingenheim: *Pfaffenberg*. Einzellage Mühlhofen: *Rosenberg*.

Binau Weinort im Anbaugebiet →Baden, Bereich Badische Bergstraße/Kraichgau. Großlage: *Stiftsberg*. Einzellage: *Herzogsberg*.

Binden der Reben →Aufbinden.

Bingen 1. Bereich des bestimmten Anbaugebietes →Rheinhessen.
2. Weinstadt im Anbaugebiet →Rheinhessen, Bereich Bingen, mit den Ortsteilen →Sponsheim, →Büdesheim, →Dietersheim, →Gaulsheim, →Kempten. Die Binger Lagen gehören zum Ortsteil Büdesheim.

Binger Bleistift →Korkenzieher.

Bingerbrück Ortsteil von Bingen. Weinort im Anbaugebiet →Nahe, Bereich Kreuznach. Großlage: *Schloßkapelle*. Einzellagen: *Hildegardisbrünnchen, Klostergarten, Abtei Ruppertsberg, Römerberg*.

Binzen Weinort im Anbaugebiet →Baden, Bereich Markgräflerland. Großlage: *Vogtei Rötteln*. Einzellage: *Sonnhohle*.

Birkweiler Weinort im Anbaugebiet →Rheinpfalz, Bereich Südliche Weinstraße. Großlage: *Königsgarten*. Einzellagen: *Rosenberg, Kastanienbusch, Mandelberg*.

Bischoffingen Ortsteil von Vogtsburg im Kaiserstuhl. Weinort im Anbaugebiet →Baden, Bereich Kaiserstuhl. Großlage: *Vulkanfelsen*. Einzellagen: *Enselberg, Rosenkranz, Steinbuck*.

Bischwind →Dingolshausen.

Biser (jug.) Schaumwein.

Bissersheim Weinort im Anbaugebiet →Rheinpfalz, Bereich Mittelhaardt/Deutsche Weinstraße. Großlage: *Schwarzerde*. Einzellagen: *Held, Steig, Orlenberg, Goldberg*.

bissig Bezeichnung für Weine mit stark hervorstechender Säure.

Bissingen Ortsteil von Bietigheim-Bissingen. Weinort im Anbaugebiet →Württemberg, Bereich Württembergisch Unterland. Großlage: *Schalkstein*. Einzellage: *Felsengarten*.

bitter (Bittergeschmack) Unangenehmer Geschmackston, der besonders am hinteren Teil der Zunge und am Gaumensegel wahrgenommen wird. Es gibt verschiedene Ursachen für sein Auftreten im Wein. Die →Kämme (Rappen) und Kerne der Trauben sowie die Beerenschalen enthalten relativ viel Bitter- oder →Gerbstoffe, die bei unsachgemäßer Verarbeitung des Lesegutes (→Abbeeren, →Mahlen, →Keltern) verstärkt in den Most und damit in den Wein gelangen können. Ursachen für Bittertöne können aber auch Pilze sein, zum Beispiel Penicillium glaucum oder Trichothecium, die bisweilen auf schimmeligen Trauben sitzen. Bei Rotweinen schwindet zunächst die feurige Farbe, der Geschmack wird eigentümlich fade und schließlich ausgesprochen bitter. Verbunden damit kann es zu Trübungen und zur Abscheidung eines braunen Bodensatzes kommen. Hierbei handelt es sich um eine Krankheit, die durch Mikroorganismen, vor allem durch verschiedene Bakterien, hervorgerufen wird.
Bittertöne lassen sich in der Regel durch →Schönung der Weine (mit →Gelatine, Eiweiß oder Aktivkohle) mildern.

Bittermandelgeschmack Geruchs- und auch Geschmackston, der nicht selten bei sehr guten, reifen und farbstoffkräftigen, säurearmen Rotweinen mit normalem →Gerbstoffgehalt festzustellen ist. Dieser, wenn dezent auftretend, angenehme, an Mandeln erinnernde Ton ist weitgehend sortenbedingt und tritt nach längerer Flaschenlagerung insbesondere bei →Limberger und Blauem →Spätburgunder auf. Er darf nicht verwechselt werden mit einem ihm ähnlichen, aber fehlerhaften Ton, der bei unsachgemäßer →Blauschönung auch manchmal bei Weißweinen vorkommen kann.

Bitterwein Traubenweine, die mit Auszügen bitterer Kräuter und Drogen hergestellt werden. Hierzu gehören zum Beispiel der in England bekannte Ingwerwein und der Campari. Bittere →Kräuterweine trinkt man als →Aperitifs oder verwendet sie zu Mixgetränken.

Bitzler Besonders in Baden und Württemberg gebräuchlicher Ausdruck für Most, der bereits weitgehend zu Wein vergoren ist und daher noch viel Kohlensäure enthält. Andernorts bekannt als Sauser, →Suser, →Süßkrätzer, →Rauscher und vor allem als →Federweißer. In Österreich →Sturm.

Black Hamburg Synonym für die Tafeltraube Blauer →Trollinger in Belgien und englischsprachigen Ländern.

Blagny Weinort in der →Côte d'Or (Côte de Beaune), dessen Weinberge teils zu →Puligny-Montrachet und teils zu →Meursault gehören. Die Weißweine auf der Seite von Meursault tragen die Bezeichnung *Blagny* oder *Montrachet-Blagny* und ähneln dem *Meursault*. Die Rotweine gleichen Namens kommen dem →*Volnay* nahe.

Blanc de Blancs Ausschließlich aus weißen Trauben gekelterter Weißwein. Der so bezeichnete weiße →Champagner wird aus der weißen →Chardonnay-Traube gewonnen. Dieser Schaumwein wird hauptsächlich an der Côte des Blancs südlich von Épernay hergestellt (→Blanc de Noirs).

Blanc de Champagne Französische Bezeichnung für Weißer →Burgunder.

Blanc de Noirs Ausschließlich aus blauen Trauben hell gekelterter Weißwein. Der →Champagner mit dieser Bezeichnung stammt aus Blauem →Spätburgunder (Pinot Noir) oder der →Müllerrebe (Pinot Meunier).

Blanc Doux Französische Bezeichnung für Gelber →Muskateller.

Blanc Fumé An der Loire gebräuchliches Synonym für →Sauvignon Blanc.

Blanc Fumé de Pouilly →Pouilly Fumé.

Blanc Meunier Französische Bezeichnung für →Müllerrebe.

blank In der →Klarheit nicht zu beanstandender Wein; Steigerung →glanzhell.

Blankenhornsberg. 1. Ortsteil von Ihringen. Weinort im Anbaugebiet →Baden, Bereich Kaiserstuhl. Großlage: *Vulkanfelsen*. Einzellage: *Doktorgarten*.
2. 25 ha großes Versuchs- und Lehrgut des Staatlichen Weinbauinstitutes Freiburg im Breisgau.

Blankette Etikett, auf dem Teile der Ausstattung vorgedruckt sind.

Blanquette de Limoux Weißer AC-Schaumwein aus Limoux und zwei weiteren Gebieten im →Languedoc. Der leichte, fruchtige Wein wird hauptsächlich aus den Rebsorten Mauzac (früher Blanquette) und →Clairette Blanche gewonnen.

Blansingen Ortsteil von Efringen-Kirchen. Weinort im Anbaugebiet →Baden, Bereich Markgräflerland. Großlage: *Vogtei Rötteln.* Einzellage: *Wolfer.*

blaß Dünner, kleiner Wein, dessen →Farbe zu hell ist; kann die Folge einer Überschwefelung sein.

Blatt Das Blatt hat drei wichtige Aufgaben zu erfüllen: die →Assimilation, die Atmung (→Dissimilation) und die Regulierung des Wasserhaushaltes der Pflanze. Man unterscheidet Blattgrund, -stiel und -spreite; der Blattgrund sitzt auf dem Rebknoten auf und geht in den Stiel über, der wiederum in der Stielbucht der Spreite endet. Die Blattspreite ist ein wesentliches ampelographisches Unterscheidungsmerkmal der einzelnen Rebsorten.

Austreibendes junges Weinblatt.

So kennt man 3- (Elbling), 5- (Riesling) und 7lappige (Müller-Thurgau) Blätter mit schwach (Burgunderarten) oder tief eingeschnittenen Seitenbuchten; auch der Stiel, die Stielbucht sowie der Blattrand, die Art, die Behaarung und die Farbe zeigen typische Unterscheidungsmerkmale. Durch anomale Verfärbungen signalisiert das Blatt aufgetretene Mängel an →Nährstoffen, zum Beispiel violette Verfärbung bei →Kali- und gelbe Verfärbung bei Magnesium- oder Eisenmangel. →Viruskrankheiten des Rebstockes rufen ebenfalls Veränderungen und Verformungen des Blattes hervor. Das Blatt ist außerdem das bevorzugte Angriffsziel verschiedener →Pilzarten wie des falschen Mehltaus (→Peronospora), des echten Mehltaus (→Oidium) oder des Roten →Brenners. Vor diesen Schädlingen muß das Laub geschützt werden (→Pflanzenschutz). Auch tierische Schädlinge wie →Reblaus, Schildlaus, Milben und Käferarten können Blätter angreifen und somit der ganzen Pflanze schaden. Die Blätter als die wichtigsten Organe für die Zuckererzeugung bedürfen besonderer Pflege. Die Gesamtblattfläche muß möglichst groß sein, damit genügend Zucker gebildet werden kann. Da in 1 m^3 Luft nur etwa 0,5–0,6 g Kohlendioxid enthalten sind, müssen große Mengen an Luft umgesetzt werden. Aus den Kohlenhydraten bildet die Rebe durch Stoffwechsel Stärke, Zellulose, Fett und andere organische Stoffe. Auch die lebensnotwendigen Eiweiße werden durch Assimilate und andere Elemente in den Blättern sowie auch in den Trieben und Wurzeln aufgebaut.
Die Blätter in der Traubenzone liefern ihre Assimilate (Zucker, Säuren und andere Stoffe) in die →Gescheine und heranwachsenden →Beeren. Daher dürfen während des Blühens und Beerenwachstums keine Triebe eingekürzt und keine Blätter entfernt werden. Das unterste Blatt entläßt seine Produkte vorwiegend in Richtung Wurzeln. Gegen Ende der Traubenreife versorgen vornehmlich die oberen Blätter und die →Geiztriebe die Trauben. Unfruchtbare Ruten exportieren ihre Assimilate sogar in die Trauben benachbarter Triebe. Ein Teil der Assimilate geht in das reifende Holz, um als Reservestoffe deponiert zu werden.

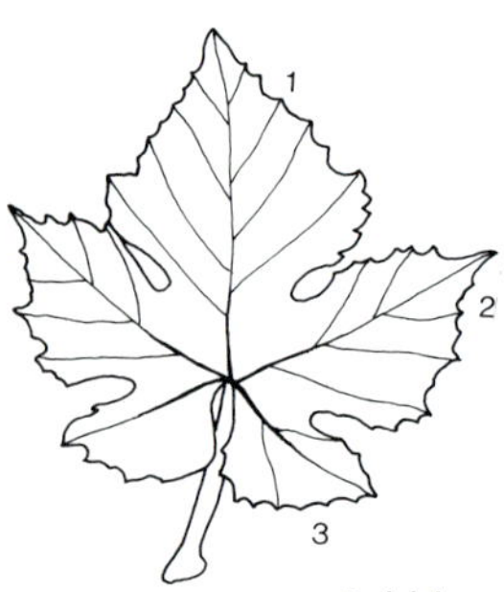

Rebblatt.
1. Mittellappen,
2. Seitenlappen,
3. Stielbuchtlappen

Blattfallkrankheit →Peronospora.

Blattgallmilbe →Schädlinge der Rebe.

Blattrollkrankheit →Rollkrankheit.

Blauburger Rotweinrebe; Neuzüchtung der Höheren Bundeslehr- und Versuchsanstalt für Wein- und Obstbau in Klosterneuburg, Kreuzung aus Blauer Portugieser x Limberger. Befindet sich noch im Versuchsanbau. Die Weine sind tiefrot, vollmundig, mild, ähnlich dem →Limberger, mit guter Haltbarkeit.

Blauer Silvaner →Mutante des Grünen →Silvaners.

Blaufränkisch Österreichische Bezeichnung für Blauer →Limberger.

Blauschönung Metalltrübungen haben dem Kellermeister früher viel Sorge bereitet. Wenn er sie vermeiden wollte, mußte er den Wein mehrmals abstechen (→Abstich) und dabei belüften. Die Leichtmetalle Kalium, Natrium und Kalzium werden während der Vegetationszeit durch die Rebwurzeln aufgenommen und den Trauben und damit dem Most zugeführt. Sie sind also natürliche Bestandteile eines Traubensaftes. Jedoch auch Eisen ist in Spuren in der Traubenbeere enthalten. Weiteres Eisen kann während des Ausbaues durch die Berührung mit eisernen Gegenständen in den Wein gelangen. Neuartige Werkstoffe wie Edelstahl und Kunststoff in der Kellerwirtschaft haben diese Gefahr weitgehend reduziert, aber nicht ganz ausgeschaltet, denkt man nur an die Eisenschrauben der Faßtürchen. Zwar sind alle Gerätschaften aus

Eisen durch Stoffe wie Kelterlack, Kunststoffe, Emaille geschützt, doch ist es unvermeidbar, daß durch schadhafte Stellen des Schutzüberzuges Eisen in den Wein gelangt. Der Weinchemiker Dr. Möslinger entdeckte 1903, daß man mit dem gelben Blutlaugensalz (Kaliumhexacyanoferrat II) die im Wein enthaltenen Schwermetallsalze ausfällen kann. Das Verfahren wurde 1923 gesetzlich zugelassen. Bei diesem Verfahren wird die im Most oder Wein enthaltene lösliche Eisenverbindung in eine unlösliche blaue Substanz verwandelt, auf die der Ausdruck »Blauschönung« zurückzuführen ist. Die blauen Stoffe werden rasch ausgefällt, deshalb ist auch die Klärwirkung sehr gut. Der Bedarf an Blauschönung muß exakt von einem Weinchemiker ermittelt werden, damit es dadurch nicht zu einer Überschönung kommt.

Blaustengler Eine der ältesten und besten ungarischen Weißweinreben, die in erster Linie am Nordufer des Plattensees angebaut wird. Die Reben sind von kräftigem Wuchs und haben mittelgroße, geschulterte Trauben mit dünnschaligen, gelben Beeren. Die Blätter sitzen an bläulich gefärbten Stielen, daher auch der Name. Synonyme: Kéknyelü, Balafant, Weißer Pikolit, Ranful. Die Weine sind von grüngelber Farbe, extrakt- und alkoholreich und von leicht bitterem Geschmack.

Blayais AC-Gebiet mit gleichnamiger Stadt nördlich von Bourg am rechten Ufer der Gironde gegenüber dem →Médoc im Gebiet →Bordeaux. Aus den drei Herkunftsbezeichnungen (AC) sind die Qualitätsstufen ersichtlich: →*Blaye* (oder *Blayais*), hauptsächlich Weißwein, ist die niedrigste; *Côtes de Blaye*, nur Weißwein, setzt höhere Qualitätsanforderungen voraus und *Premières Côtes de Blaye* (15% Weiß- und 85% Rotweine) die höchsten. Die Weißweine sind trocken oder halbsüß, die roten leichter als die des benachbarten →Bourgeais, dabei doch fruchtig und vollmundig.

Bleichert (auch **Bleichart**) Alte volkstümliche Bezeichnung für hellroten Wein (→Rosee) in Deutschland. Von roten Trauben wurden in früheren Jahrhunderten fast ausschließlich Bleichert-Weine ausgebaut.

Bleichheim Ortsteil von Herbolzheim. Weinort im Anbaugebiet →Baden, Bereich Breisgau. Großlage: *Burg Lichteneck*. Einzellage: *Kaiserberg*.

blenden Entfernen der →Augen von den →Unterlagsreben, damit diese nur Wurzeln und keine Triebe entwickeln.

blind Nicht völlig klarer Wein (→Klarheit); die nächste Stufe ist →trüb. Man sagt auch »der Wein hat einen Schleier«.

Blindprobe Weinprobe, bei der den Prüfern die Herkunft des Weines unbekannt ist.

Blindrebe 30 cm langes Stück eines Rebtriebes, der als Steckling (Setzling) verwendet wird und dessen →Augen (Knospen) bis auf das oberste ausgeschnitten wurden. Aus diesem Auge entwickelt sich dann die neue Pflanze. Der übrige Teil der Blindrebe formt sich zum Wurzelstock um.

Blume Positiver Gesamteindruck der flüchtigen Stoffe eines Weines auf die Geruchsnerven. Man spricht von edler, feiner, zarter Blume. Auch die Ausdrücke →Bukett, Duft und →Nase beschreiben den Geruchseindruck, während →Aroma sich auf beides, Geruch und Geschmack, bezieht.

Blüte Die Blüte der Rebe gleicht morphologisch dem Grundschema der höheren Pflanzen. Der Kelch ist fünfzählig. Die grün gefärbte Blumenkrone öffnet sich nicht nach oben, wie etwa bei der Tulpe, sondern löst sich an der Basis und wird als »Mützchen« (Käppchen) abgeworfen. In diesem Stadium ist die Bestäubung (→Befruchtung) der zwittrigen Blüten der Kulturrebe bereits erfolgt. Der flaschenförmige Stempel verjüngt sich zum Griffelhals und endet in einer rauhen Narbe. Die geöffnete Blüte zeigt fünf aufrecht stehende Staubblätter mit jeweils zwei Staubbeuteln. Zwischen den Staubblättern und dem Stempel befinden sich ringförmig fünf Nektardrüsen, die den Duft in den Weinbergen während der Blütezeit hervorrufen. Die Behauptung, Bienen würden die Bestäubung der Rebblüte vornehmen, trifft nicht zu. Im Gegensatz zu den Zwitterblüten der europäischen Kultursorten sind die Blüten von Wild- und Amerikanerreben getrenntgeschlechtlich und auf Fremdbestäubung, vornehmlich durch den Wind, weniger durch Insekten angewiesen. Es gibt Sorten mit nur weiblichen Blüten, die Trauben tragen, und andere, die in männlichen Blüten nur Pollen hervorbringen. Daneben gibt es Übergangsformen.

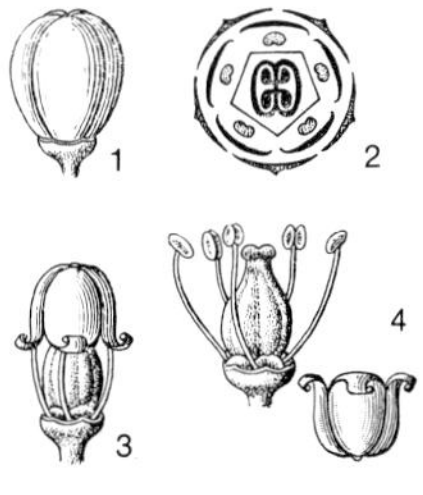

Zwitterblüte der Rebe.
1. Knospe.
2. Diagramm.
3. Halbgeöffnete Blüte.
4. Geöffnete Blüte mit abgeworfenem Mützchen.

Bluten Erstes Lebenszeichen der Rebe im Frühjahr ist das Ausscheiden von farblosem Saft an Schnittstellen, Bluten genannt. Es beginnt bei Temperaturen über 8°C und hört mit der Entfaltung der ersten Blättchen und nach dem →Austrieb auf. Der Wurzeldruck, der 1–2 Atmosphären erreicht, ist Ursache des Blutungsdruckes. Der Saft enthält Zucker, Stickstoffverbindungen und verschiedene Salze in verdünnter Lösung, ist also kein reines Wasser. Durch das Bluten kann ein Rebstock bis 2 l Flüssigkeit verlieren. Bei sehr großen Schnittflächen am →Stamm kann sich der Wasserverlust noch erhöhen, was dann für den Stock gefährlich wird, er kann »verbluten«. Ein früher Schnitt verringert die Gefahr, weil sich die Schnittstellen vor dem Bluten schließen.

Bocksbeutel aus Franken.

Blutlaugensalz, gelbes →Blauschönung.

Boal →Bual.

Bobal Spanische Rotweinrebe, die im Osten des Landes verbreitet ist. Liefert unter anderem die Weine aus Utiel-Requena. Synonym: Tinto de Requena.

Bobenheim am Berg Weinort im Anbaugebiet →Rheinpfalz, Bereich Mittelhaardt/ Deutsche Weinstraße. Großlage: *Feuerberg* (Bad Dürkheim). Einzellagen: *Ohligpfad, Kieselberg.*

Böbingen Weinort im Anbaugebiet → Rheinpfalz, Bereich Südliche Weinstraße. Großlage: *Trappenberg.* Einzellage: *Ortelberg.*

Boca Trockener, hellrubinroter italienischer DOC-Wein mit Granatapfel-Aroma aus dem →Piemont, östlich von Turin, der aus 45–70% →Nebbiolo, bis 20% →Bonarda und etwa 20–40% Vespolina hergestellt wird. Er muß mindestens 12 Vol.-% Alkohol enthalten und drei Jahre Lagerung, davon zwei in Holzfässern, hinter sich haben.

Böchingen Weinort im Anbaugebiet → Rheinpfalz, Bereich Südliche Weinstraße. Großlage: *Bischofskreuz.* Einzellage: *Rosenkranz.*

Bockenau Weinort im Anbaugebiet →Nahe, Bereich Schloß Böckelheim. Großlage: *Rosengarten.* Einzellagen: *Geisberg, Stromberg, Im Neuberg, Im Felseneck.*

Bockenauer Riesling Synonym für Früher gelber →Ortlieber.

Bockenheim/Weinstraße Weinort im Anbaugebiet → Rheinpfalz, Bereich Mittelhaardt/ Deutsche Weinstraße. Großlage: *Grafenstück.* Einzellagen: *Schloßberg, Vogelsang, Haßmannsberg, Burggarten, Klosterschaffnerei, Sonnenberg, Goldgrube, Heiligenkirche.*

Bockfließ Niederösterreichischer Weinort im Weinbaugebiet →Weinviertel, aus dem fruchtige Weißweine stammen.

Bocksauge Synonym für Blauer →Trollinger.

Bocksbeutel 1. Flachbauchige Kugelflasche, vornehmlich für Frankenwein. Fortentwicklung des plattgedrückten Kugelgefäßes mit flachem Stehboden und kurzem Röhrenhals. Die älteste bekannte Flachkugelflasche, ein keltisches Tongefäß um 1400 v. Chr., wurde auf fränkischem Boden gefunden und ist im Mainfränkischen Museum, Würzburg, zu besichtigen. Von jenem Urbocksbeutel, der seine typische flachgequetschte Form dem damaligen Bedürfnis verdankt, eine bequeme Tragflasche als Trinkgefäß außerhalb des Hauses zu haben, spannt sich ein weiter Bogen über vielerlei Abwandlungen bis zu dem modernen Glasbocksbeutel. Seit 1728 ist der Bocksbeutel die offizielle fränkische Flasche. Der Name ist nicht eindeutig zu erklären, soll entweder vom »Bug« (Bauch) oder vom Hodensack des Bocks stammen. Aufgrund des →Weingesetzes von 1971 darf in Bocksbeutelflaschen herkömmlicher Art nur Qualitäswein b.A. mit oder ohne Prädikat aus den bestimmten Anbaugebieten →Franken und →Baden, hier aus dem badischen Taubertal und dem Schüpfergrund sowie aus den Gemeinden Neuweier, Steinbach, Umweg und Varnhalt in den Verkehr gebracht werden. Zur Zeit ist es noch fraglich, ob es gelingen wird, diesen gesetzlichen Schutz in der bisherigen Form auch im Rahmen der Brüsseler Gemeinschaftsregelung durchzusetzen. Diese Flaschenform taucht auch vereinzelt im Ausland auf. Ein bekannter außerdeutscher Wein, der in Bocksbeuteln abgefüllt wird, ist der portugiesische →*Mateus Rosé.*
2. Synonym für Blauer →Trollinger.

Bocksbeutelstraße Auf Autokarten wird die Route entlang des Mains im fränkischen Weinbaugebiet oftmals als »Bocksbeutelstraße« angegeben. Sie ist noch nicht speziell ausgeschildert. Die fränkische Weinwerbung empfiehlt folgende Route: Aschaffenburg – Miltenberg – Wertheim – Hammelburg – Karlstadt – Würzburg – Sommerhausen – Sulzfeld – Kitzingen – Dettelbach – Volkach – Schweinfurt – Zeil.

Bockschnitt Heute nur noch vereinzelt an der Mittelmeerküste angewandte Form der →Erziehung von Reben. Im 19. Jahrhundert in Rheinhessen und der Unterhaardt von Bedeutung.

Böckser →Geruchs- und →Geschmacksfehler des Weines, der an faule Eier erinnert und besonders während der →Gärung und beim →Jungwein auftreten kann. Als Ursache für diesen unangenehmen Fremdton kann man Schwefelwasserstoff (H_2S) und ähnliche Substanzen annehmen. Diese werden vorwiegend während der Gärung gebildet, wenn die Hefen die Schwefelverbindungen im Most reduzieren. Wenn ein Böckser im Jungwein wahrgenommen wird, verschwindet er meistens schon beim ersten →Abstich von selbst. In besonders schwerwiegenden Fällen helfen das Einleiten von gasförmiger Kohlensäure oder Stickstoff oder besondere Schönungsmaßnahmen, so daß dieser Weinfehler für die Praxis kein Problem darstellt. Auch durch Belüften des Jungweines kann man einen Böckser »austreiben«. Wird jedoch versäumt, den Schwefelwasserstoffböckser rechtzeitig zu entfernen, so kann ein Lagerböckser entstehen, den man auch als Hefe- oder Mercaptanböckser bezeichnet. Mercaptane riechen und schmecken knoblauchartig.

Böddiger Ortsteil von Felsberg. Weinort im Anbaugebiet →Rheingau, Bereich Johannisberg. Einzellage: *Berg*.

Bodega (span.) Weinkeller oder ebenerdiger Lagerschuppen.

Bodega cooperativa (span.) Winzergenossenschaft.

Boden Beeinflußt Art und Charakter des Weines. Für den Weinbau sind folgende Bodenarten geeignet: Steinböden, die relativ warm, trocken und gut durchlüftet sind (stark verwittertes Gestein eignet sich besonders für den Rieslinganbau); trockene, wasserdurchlässige Sandböden, die weniger nachhaltige, leichte und säurearme Weine liefern; fruchtbare und wüchsige Lehm- und Lößböden, die körperreiche Weine gedeihen lassen, schwer zu bearbeitende Tonböden, die viel Nährstoffe und Wasser halten können und als Tonschieferböden für den Weinanbau besonders geeignet sind und elegante, nachhaltige Weine hervorbringen; aktive Kalk- und Mergelböden, auf denen wuchtige, jedoch säureärmere Weine wachsen.

Bodenatmung Unter Bodenatmung versteht man den Austritt von Kohlensäure aus dem Boden und den Eintritt von Sauerstoff aus der Luft in den Boden. Gute Bodenatmung ist für das Gedeihen der Reben wichtig. Durch geeignete →Bodenbearbeitung kann sie verbessert werden.

Bodenbearbeitung Besser wäre die Bezeichnung Bodenpflege, da sie keineswegs als Jagd nach dem letzten Unkraut verstanden werden darf. Ihre Ziele sind Lockerung, Verbesserung der Wasseraufnahme, Verdunstungsschutz, Einmischen von Düngemitteln, Ausformung der Oberfläche und →Unkrautbekämpfung. Dabei kennt man die mechanische Winterbearbeitung, die eine tiefe Lockerung und somit eine gute Frostgare bewirken soll und außerdem durch Abdecken von überwinternden Sporen zu einer indirekten Schädlingsbekämpfung beiträgt; vor allem aber ermöglicht sie bei richtiger Durchführung eine bessere Aufnahme der Winterfeuchtigkeit. Als Geräte dienen dabei Pflug, Risser oder Tiefenlockerer (Spatenmaschine oder Tiefenmeisel). Die Frühjahrsbearbeitung wird meist mit Gänsefußscharen oder mit der Fräse vollzogen und dient neben der Bodenlockerung dem Gasaustausch und der ersten Unkrautbekämpfung. Im Sommer darf dann nur noch flach bearbeitet werden, mit dem Ziel, entstandene Kapillare zu unterbinden und eine lockere Isolierschicht zu schaffen, die das Wasser aus tieferen Bereichen nicht zur Oberfläche durchläßt und damit der Verdunstung preisgibt. Ergänzt wird die mechanische Bodenbearbeitung durch die chemische Unkrautbekämpfung und durch die Bodenabdeckung mit →Gründüngung oder Stroh. Als Folge der immer teurer werdenden Handarbeit schreitet die Mechanisierung der Bodenbearbeitung ständig voran. Hacke und Karst werden nur noch zur Lockerung des Bodens unter den Stöcken verwendet, doch selbst hier von Stockräumgeräten und →Herbiziden verdrängt.

Der Pflug kann als Anbaugerät für die →Zugmaschine oder als →Sitzpflug in Verbindung mit der Seilwinde zum Einsatz kommen. Dabei richtet sich seine Größe und die Zahl seiner Schare nach der Breite der jeweiligen →Gasse und der Stärke der ziehenden Maschine. Der Pflug wendet, mischt und lockert das bearbeitete Erdreich und eignet sich deshalb zum Einarbeiten von Unkraut, zum Einmischen von →Dünger und

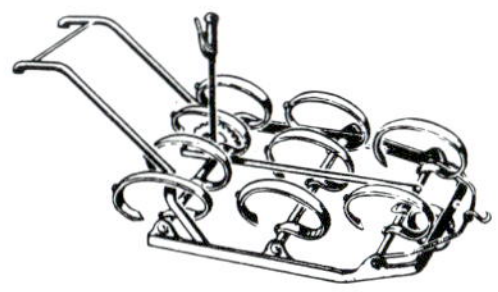

Risser zum Auflockern des Erdreichs.

Bodega mit Sherry-Fässern.

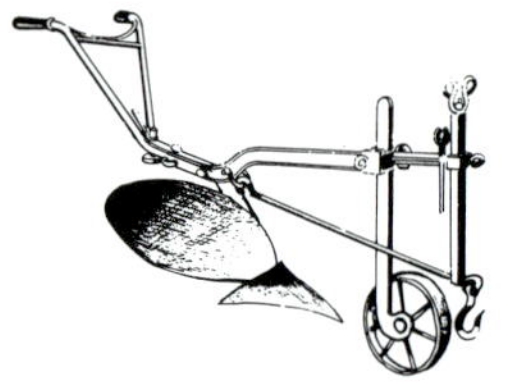

Weinbergspflug zum Rigolen und grobscholligen Lockern.

durch sein tiefes Eindringen zur grobscholligen Lockerung bei der Winterbearbeitung und beim →Rigolen. Die Spatenmaschine ahmt die Bewegung des Spatens bei der Handarbeit nach; sie hebt den Boden senkrecht aus und legt ihn gewendet wieder ab. Dabei sticht sie bis in 35 cm Tiefe und verhindert durch ihre Tiefenwirksamkeit die gefürchtete Pflugsohlenbildung. Ihr Nachteil ist die langsame Geschwindigkeit (1–1,5 km/h) und vor allem das Verletzen der Wurzeln, was eine Regenerationspause von jeweils 1–2 Jahren für den Einsatz der Maschine bedingt.
Als weitere Geräte für die Tiefenlockerung stehen noch die durch die Zapfwelle angetriebenen Kippschar- und Hubschwenklockerer bereit, die Arbeitstiefen bis 80 cm erreichen, aber auch hohe Leistungen von der Zugmaschine verlangen und somit zum Einsatz in Normalanlagen kaum in Frage kommen. Der Grubber ist neben dem Pflug das älteste Gerät zur mechanischen Bodenbearbeitung. An seinem in der Breite verstellbaren Rahmen können verschiedenartige Schare beliebiger Zahl und Anordnung montiert werden. Die Gänsefußschare eignen sich für eine flache Bearbeitung der Bodenoberfläche und dienen ausschließlich der Unkrautbekämpfung im Sommer. Mit Herz- und Risserscharen können auch verhärtete oder steinige Böden etwas tiefer aufgerissen werden, wobei der Unkrautbestand nicht sehr dicht sein darf. Bei starker Verunkrautung kommt die Fräse mit ihren rotierenden Hackmessern zum Einsatz; sie krümelt, mischt und lockert das Erdreich und kann auch Rebholz zerkleinern. Durch sie ist der Winzer bei seiner Arbeit wenig termingebunden, aber die hohe Reparaturanfälligkeit beim Einsatz in steinigen Böden begrenzt ihre Verwendungsfähigkeit.

Bodenbedeckung Den Weinbergsboden deckt der Winzer mit Stroh ab, um Sonnenstrahlen abzuhalten und der →Erosion vorzubeugen (→Gründüngung).

Bodengare Erdreich in gutem Zustand bezeichnet man als »gare« Böden. In ihnen finden die →Mikroorganismen günstige Bedingungen für ihre bodenverbessernde Tätigkeit, der Wasserhaushalt ist in Ordnung, die Durchlüftung gewährleistet – alles Voraussetzungen für eine nachhaltige Leistungsfähigkeit der Reben. Im Weinbau ist Bodengare nur unter erschwerten Bedingungen zu erreichen, da es sich um eine Monokultur handelt, bei der seit Jahrzehnten oder Jahrhunderten ohne abwechselnde Fruchtfolge nur Reben wachsen. Häufig befinden sich diese in Hang- oder Steillagen, die bei Starkregen einer erhöhten →Erosionsgefahr, bei schönem Wetter stärker der Sonneneinstrahlung ausgesetzt sind, beides hat nachteilige Folgen für die Bodengare. Oft sind es relativ steinige Böden, die wenig Humus enthalten und aus diesem Grund stärker austrocknen (→Bodenbearbeitung).

Bodengefüge Die Struktur der Bodenbestandteile ist ebenfalls für den Weinbau von Bedeutung. Ideal ist ein Porenvolumen von etwa 50%, wobei unterschiedlich große Poren vorhanden sein sollten, denn die größeren durchlüften den Boden und führen das Wasser ab, während die kleineren als Wasserspeicher dienen.

Bodengeschmack, Bodenton Charakteristischer Geschmack, der bei sämtlichen Weinen bestimmter Gemarkungen oder Weinbergsflächen vorkommt und nicht von der Rebsorte, sondern von der Bodenbeschaffenheit des Standortes verursacht wird. Bekannt sind Bodentöne, die durch Schieferböden (zum Beispiel an Mosel und Mittelrhein) hervorgerufen werden. Sie werden vermutlich nicht unmittelbar durch die Mineralstoffe erzeugt, sondern der Boden wirkt indirekt auf das Stoffwechselgeschehen der Rebe ein und beeinflußt sekundär die Bildung von typischen →Bukettstoffen. Ein ausgeprägter Bodenton kann als unsauberer Geschmack störend in Erscheinung treten. In solchen Fällen hilft meist eine →Schönung des Mostes oder der Maische (weniger des Weines!) mit Kohle oder →Gelatine. Ein leichter Bodengeschmack kann jedoch auch als angenehm empfunden werden.

Bodenheim Weinort im Anbaugebiet →Rheinhessen, Bereich Nierstein. Großlage: *Sankt Alban*. Einzellagen: *Mönchspfad, Burgweg, Ebersberg, Heitersbrünnchen, Reichsritterstift, Westrum, Hoch, Kapelle, Leidhecke, Silberberg, Kreuzberg.*

Bodenluft Luft zwischen den Bodenporen. Ihre Zusammensetzung hängt von der Bodenart und dem →Bodengefüge ab. Ausreichende Versorgung mit Sauerstoff ist für die Wurzeln der Pflanzen notwendig, um eine optimale Wasser- und Nährstoffaufnahme zu gewährleisten. Die Rebe braucht besonders viel Luft, daher sind schwere Böden auch keine geeigneten Standorte für sie. Durch geeignete →Bodenbearbeitung läßt sich die Luftkapazität verbessern.

Bodenporen →Bodengefüge.

Bodensatz →Niederschlag.

Bodensee 1. Größter Voralpensee, an dessen Ufer in 400 bis 500 m Höhe auf Moränenschotter rassige, kernige Seeweine (Müller-Thurgau und Spätburgunder-Weißherbste) wachsen. Sein Nordwestufer, vor allem bei Meersburg, und seine Inseln Reichenau und Mainau sind alte Weinbaugebiete. Sonnenreichtum und gleichmäßige Luftfeuchtigkeit begünstigen das Ausreifen der Beeren. Föhnwinde und die Wasserwärme des Sees mildern das Voralpenklima.
2. Bereiche der bestimmten Anbaugebiete →Baden und →Württemberg sowie →Franken (Bayerischer Bodensee).

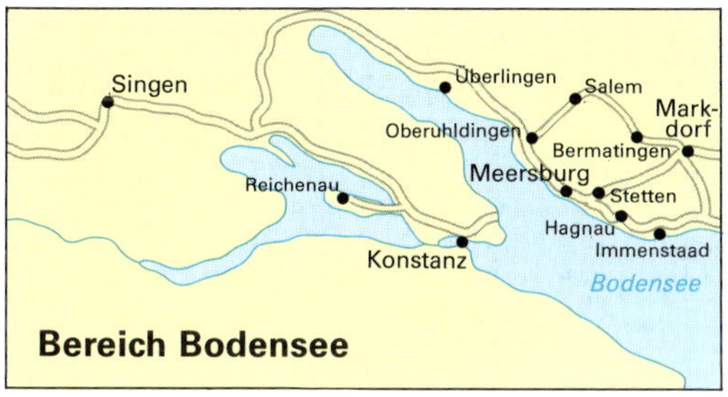

Bodenseeburgunder Synonym für Blauer →Silvaner.

Bodentrauben →Erdtrauben.

Bodenwärme In den nördlichen Weinbaugebieten spielt die optimale Ausnutzung der knappen Sonnenenergie eine ausschlaggebende Rolle. Eine Südlage mit 45° →Hangneigung wird in unseren Breiten von den meisten Sonnenstrahlen pro Fläche erreicht (→Sonneneinstrahlung). Helle Böden werfen einen Teil der Strahlen wieder zurück, während die dunklen Böden diese besser in Wärme umwandeln können. Bei lockeren, steinreichen Böden wird die Oberfläche besser erwärmt, und diese gibt dann vor allem in der Nacht wieder Wärme an den Rebbestand ab, was den Reifeverlauf begünstigt und auch in Frostnächten einen guten Schutz bietet (→Wärmebedarf der Rebe).

Bodenwasser Die speicherbare Wassermenge im Boden unterteilt man in nutzbare Wasserkapazität und Totwasser. Erstere kann von der Rebe aufgenommen werden; das Totwasser ist so fest an den Boden gebunden, daß es selbst durch die bis zu 16 atü betragende Saugspannung, mit der Rebwurzeln das Wasser aus dem Boden ziehen, nicht gelöst werden kann. Mit zunehmendem Wassergehalt (feste Tonböden) wird die Luft verdrängt und steht zur Wurzelatmung nicht mehr zur Verfügung; dann leidet die Rebe oft unter →Chlorose. Daher steht der Weinstock besser auf lockeren, warmen Gesteinsböden als auf kühlen, nassen Tonböden.

Bogenerziehung →Erziehung.

Böhmen Weinbauregion der →Tschechoslowakei mit etwa 500 ha Rebfläche im Hügelland von Mĕlnik, Litomerice (Leitmeritz) und Prag, also verhältnismäßig nördlich gelegen. Weiß- und Rotweine von leichter, gefälliger Art kommen unter Markennamen wie *Pražský Výbér* (Prager Auswahl), *Malostransky granát* (Kleinseiter Granat), *Staromĕstské červené* (Altstädter Rotwein) in den Handel.

Bois communs Die am niedrigsten bewertete Erzeugungszone für →Cognac.

Bois ordinaires Bereich des Erzeugergebietes für →Cognac, der einfache Qualitäten liefert.

Bolanden Weinort im Anbaugebiet →Rheinpfalz, Bereich Mittelhaardt/Deutsche Weinstraße. Großlage: *Schnepfenflug vom Zellertal.* Einzellage: *Schloßberg.*

Bolgheri Italienische DOC-Weiß- und -Roseeweine (*Bianco* und *Rosato*) aus der →Toskana, Provinz Livorno. Der Weißwein stammt hauptsächlich aus →Trebbiano Toscano, der Rosee aus →Sangiovese. Beide sind trocken, frisch und harmonisch im Geschmack.

Bolivien 4.000 ha Rebfläche; 20.000 hl Wein; 20.000 dz Tafeltrauben.
Unbedeutendes Weinbauland in Südamerika, wo wegen der gebirgigen Landschaft nur wenig Reben angebaut werden. Der bolivische Wein ist im Ausland so gut wie unbekannt.

Bollschweil Weinort im Anbaugebiet →Baden, Bereich Markgräflerland. Großlage: *Lorettoberg.* Einzellage: *Steinberg.*

Bombach Stadtteil von Kenzingen. Weinort im Anbaugebiet →Baden, Bereich Breisgau. Großlage: *Burg Lichteneck.* Einzellage: *Sommerhalde.*

Bombino Süditalienische Rebsorte in weißer und roter Version, die vor allem in Apulien angebaut wird. Die weiße Version hat die größere Bedeutung. Synonyme: Bambino, Buon Vino, Uva di Bitonto.

Bonarda Italienische Rotweinrebe, die hauptsächlich im →Piemont und in der →Lombardei angebaut wird. Synonym: Driola.

Bonbonne →Demijohn.

Bondola Alte, einheimische Rotweinrebe des Tessins mit nur noch lokaler Bedeutung. Ihr Anbau geht stark zurück.

Bonne Chauffe →Destillation.

Bonnes-Mares Grand Cru aus den burgundischen Weinorten →Chambolle-Musigny und Morey-Saint-Denis.

Bonnezeaux Herkunftsbezeichnung (AC) für einen, dem →*Quarts-de-Chaume* vergleichbaren, leicht süßen, fruchtigen Weißwein von den →Coteaux du Layon.

Bönnigheim Weinbaugemeinde im Anbaugebiet →Württemberg, Bereich Württembergisch Unterland, mit den Ortsteilen →Hofen, →Hohenstein. Großlage: *Stromberg*. Einzellagen: *Kirchberg, Sonnenberg*.

Bons Bois Bereich des Erzeugergebietes für →Cognac, der gute, feurige Qualitäten liefert.

Bonvillars Weinbaugebiet und Weinort im Norden des Schweizer Kantons →Waadt, südlich des Neuenburger Sees.

Boos Weinort im Anbaugebiet →Nahe, Bereich Schloß Böckelheim. Großlage: *Paradiesgarten*. Einzellagen: *Kastell, Herrenberg*.

Bopparder Hamm Ortsteil von Boppard. Weinort im Anbaugebiet →Mittelrhein, Bereich Rheinburgengau. Großlage: *Gedeonseck*. Einzellagen: *Engelstein, Ohlenberg, Feuerlay, Mandelstein, Weingrube, Fässerlay, Elfenley*.

Bor 1. →Spurenelement, das in der Ernährung der Rebpflanze wichtige Funktionen erfüllt: bei der Zellteilung an den Vegetationspunkten, den Trieb- und Wurzelspitzen und den Blütenständen; das Keimen und Wachsen der Pollenschläuche wird gefördert und eine schnelle →Befruchtung der →Blüte ermöglicht. Bormangel hat →Durchrieseln der Blüte zur Folge und kann sogar zu totaler Unfruchtbarkeit führen. Er ist erkennbar durch Absterben der Triebspitzen, starke →Geiztriebbildung und Abfallen der →Gescheine. Trockenheit, Auswaschung und saure Böden fördern den Bormangel, aber auch die Festlegung an Tonminerale hat die gleiche Wirkung. Da auch ein Borüberschuß Schäden hervorruft, muß die →Düngung gezielt, am besten aufgrund einer entsprechenden Bodenuntersuchung vorgenommen werden.
2. (ung.) Wein.

Bordeaux (Bordelais) Größtes Weinbaugebiet Frankreichs mit rund 100.000 ha Rebfläche, davon 94.000 ha AC-Fläche, im Departement Gironde an den Flüssen Garonne, Dordogne und Gironde gelegen. 4,6 Millionen hl AC-Weine werden jährlich erzeugt, davon zwei Drittel Rot- und ein Drittel Weißweine. Bordeauxweine sind Verschnitte aus mehreren Rebsorten, bei Rotweinen →Cabernet-Sauvignon mit meist kleineren Anteilen von →Cabernet Franc, →Merlot, →Verdot und →Malbec, bei Weißweinen →Sauvignon Blanc mit →Sémillon Blanc und →Muskateller. Die Spitzengewächse müssen mindestens 5–10 Jahre lagern. Trotz ihres hohen Extraktgehaltes sind die Weine nicht dick, sondern kräftig, geschliffen mit einem feinen, herben Kern. Den größten Ruhm unter den Bordeauxweinen genießen die Rotweine aus den Gebieten →Médoc, →Saint-Émilion, →Pomerol, →Blayais, →Bourgeais, →Graves sowie die süßen, goldgelben Weine von →Sauternes-Barsac. Die Rotweine werden zum Großteil im Nordwesten des Departements Gironde angebaut, die weißen mehr im Süden und Westen. Neben rund 25.000 Winzerbetrieben gibt es etwa 3.000 →Châteaux, von denen sich rund 300 in den Händen der Aristokratie, einige in englischem oder amerikanischem Besitz befinden. Klassifizierte Gewächse und Weine aus größeren Betrieben werden mit der Bezeichnung »Mise en bouteilles au château« oder »Mise du château« auf dem Weingut selbst in Flaschen gefüllt. Weine der kleineren Besitzer werden vom Handel und von Genossenschaften übernommen und gefüllt. Insgesamt gibt es 51 geschützte Herkunftsbezeichnungen (AC) teils allgemeiner Art, wie *Bordeaux, Bordeaux Supérieur, Bordeaux Rosé* und *Bordeaux Mousseux*, teils auf Gebiete und teils auf Gemeinden bezogen. Sie lauten: →*Barsac*, →*Blaye* oder *Blayais, Bordeaux, Bordeaux Clairet, Bordeaux Rosé*, →*Bordeaux-Côtes-de-Francs*, →*Bordeaux-Haut-Benauge*, →*Bordeaux Mousseux*, →*Bordeaux Supérieur, Bordeaux Supérieur Clairet, Bordeaux Supérieur Rosé*, →*Bourg* oder *Bourgeais*, →*Cadillac, Canon-Fronsac*, →*Cérons, Côtes-de-Blaye*, →*Côtes-de-Bordeaux Saint-Macaire, Côtes-de-Bourg, Crémant de Bordeaux*, →*Entre-Deux-Mers, Entre-Deux-Mers-Haut-Benauge*, →*Fronsac*,

Zum Bild rechts: Weinfelder bei Fronsac.

→*Graves, Graves Supérieures,* →*Graves-de-Vayres,* →*Haut-Médoc,* →*Lalande de Pomerol,* →*Listrac-Médoc,* →*Loupiac,* →*Lussac-Saint-Émilion,* →*Margaux,* →*Médoc,* →*Montagne-Saint-Émilion,* →*Moulis* oder *Moulis-en-Médoc,* →*Néac,* →*Parsac-Saint-Émilion,* →*Pauillac,* →*Pessac-Léognan,* →*Pomerol, Premières-Côtes-de-Blaye,* →*Premières-Côtes-de-Bordeaux, Premières-Côtes-de-Bordeaux* mit dem Namen der Weinbaugemeinde, →*Puisseguin-Saint-Émilion,* →*Sainte-Croix-du-Mont,* →*Saint-Émilion, Saint-Émilion Grand Cru,* →*Saint-Estèphe,* →*Sainte-Foy-Bordeaux,* →*Saint-Georges-Saint-Émilion,* →*Saint-Julien,* →*Sauternes.* Spitzenlagen sind zusätzlich mit Cru-Prädikaten ausgezeichnet (Classification officielle des Crus), die in den einzelnen Weinbaugebieten von Bordeaux unterschiedliche Bedeutung haben, wodurch die Übersicht erheblich kompliziert wird. Die Médoc-Weingüter wurden 1855 klassifiziert: Danach gibt es 1ers, 2èmes, 3èmes, 4èmes, 5èmes Crus. Es ist erstaunlich, daß diese 150 Jahre alte Klassifizierung, die den verschieden eingestuften Gütern erhebliche finanzielle Vor- oder Nachteile verschafft, immer noch beibehalten wird, obgleich heute bei der Weinbereitung die moderne Kellerwirtschaft einen starken Einfluß auf das Endprodukt ausübt und kleinklimatische Einflüsse oder gravierende Bodenunterschiede gerade in dieser weitläufigen Landschaft weniger stark auftreten.

Bordeaux-Côtes-de-Francs Nordöstlich an Saint-Émilion grenzendes AC-Gebiet im Anbaugebiet →Bordeaux. Im Umkreis von 4 Gemeinden werden hauptsächlich Rotweine erzeugt, die den Qualitätsanforderungen eines Bordeaux Supérieur genügen müssen. Die Weißweine sind trocken oder süß.

Bordeauxflasche →Flasche.

Bordeaux-Haut-Benauge AC-Gebiet von →Bordeaux, das hauptsächlich Weißwein hervorbringt.

Bordeaux Mousseux Allgemeine Herkunftsbezeichnung für Schaumweine aus dem Anbaugebiet →Bordeaux, die in der Mehrzahl weiß, manchmal auch rosee sind.

Bordeaux Supérieur Herkunftsbezeichnung für alle Weiß-, Rot- und Roseeweine aus dem Anbaugebiet →Bordeaux, die keine AC eines Untergebietes (wie zum Beispiel →Saint-Émilion) oder einer Gemeinde tragen dürfen, andererseits jedoch höheren Qualitätsanforderungen genügen müssen als Weine mit der AC *Bordeaux.* Eine Sinnenprüfung ist vorgeschrieben. Rote *Bordeaux Supérieurs* zeichnen sich unter anderem durch längere Haltbarkeit

aus. Das Verhältnis Rotwein zu Weißwein beträgt rund 550.000 zu 10.000 hl.

Bordelais →Bordeaux.

Bordelaiser Brühe Kupfervitriol-Kalk-Lösung zur Bekämpfung des falschen Mehltaus (→Peronospora).

Bornheim 1. Weinort im Anbaugebiet →Rheinpfalz, Bereich Südliche Weinstraße. Großlage: *Trappenberg.* Einzellage: *Neuberg.*
2. Weinort im Anbaugebiet →Rheinhessen, Bereich Bingen. Großlage: *Adelberg.* Einzellagen: *Hähnchen, Hütte-Terrassen, Kirchenstück, Schönberg.*

Bornich Weinort im Anbaugebiet →Mittelrhein, Bereich Rheinburgengau. Großlage: *Loreleyfelsen.* Einzellage: *Rothenack.*

Bosco Eliceo Italienischer DOC-Rotwein aus der →Emilia-Romagna. Der fruchtige, extraktreiche Wein erhielt erst kürzlich die kontrollierte Herkunftsbezeichnung.

Bosenheim Ortsteil von Bad Kreuznach. Weinort im Anbaugebiet →Nahe, Bereich Kreuznach. Großlage: *Kronenberg.* Einzellagen: *Höllenbrand, Galgenberg, Hirtenhain, Paradies.*

Botenheim Ortsteil von Brackenheim. Weinort im Anbaugebiet →Württemberg, Bereich Württembergisch Unterland. Großlage: *Heuchelberg*. Einzellage: *Ochsenberg*.

Botrytis cinerea (auch **Edelfäulepilz** oder **Grauschimmel;** cinereus lat. aschgrau) Parasitisch lebender Schlauchpilz, dessen Wirtspflanzenkreis groß ist und dessen Stämme sich durch eine ausgeprägte Variabilität auszeichnen. Im Weinbau kann sein Auftreten große wirtschaftliche Schäden verursachen. Auf unreifen Traubenbeeren ruft er die gefürchtete →Roh- oder Sauerfäule hervor. Befällt er die Traubenstiele, sterben diese ab, und die Trauben fallen schon vor der Reife vom Stock ab (→Erdtrauben). Man spricht daher auch von →Stielfäule oder Schwundfäule. Seines mausgrauen Belages wegen wird das Auftreten des Grauschimmels auch als Graufäule bezeichnet. Wenn er sich jedoch bei trockenem, warmem Herbstwetter auf voll ausgereiften Traubenbeeren mit optimalem Zuckergehalt entwickelt, wirkt er sich positiv aus. Er verbraucht für seinen Stoffwechsel neben Mineralstoffen zwar auch Zucker, aber etwa die doppelte Menge an Säuren, so daß der Zuckerverlust im Vergleich zur Säureabnahme relativ gering ist. Außerdem durchlöchert der Pilz die Beerenhaut, so daß durch die Verdunstung von Wasser vor allem der Zuckergehalt im Traubensaft steigt (→Edelfäule).

Von Botrytis befallene reife Trauben.

Bottenau Ortsteil von Oberkirch. Weinort im Anbaugebiet →Baden, Bereich Ortenau. Großlage: *Fürsteneck*. Einzellage: *Renchtäler*.

Botticino Rubinroter, tanninreicher italienischer DOC-Rotwein aus der →Lombardei aus der gleichnamigen Gemeinde und anderen Orten der Provinz Brescia, zu 30–40% aus →Barbera, 20–30% Schiava Gentile, 15–25% Marzemino und zu 10–20% aus →Sangiovese hergestellt.
Der rubinrote Wein ist trocken und darf erst ab dem 31. August nach der Lese verkauft werden.

Böttigheim Ortsteil von Neubrunn. Weinort im Anbaugebiet →Franken, Bereich Maindreieck. Einzellage: *Wurmberg*.

Bötzingen Weinort im Anbaugebiet →Baden, Bereich Kaiserstuhl. Großlage: *Vulkanfelsen*. Einzellagen: *Lasenberg, Eckberg*.

Bouchet, Gros Synonym für →Cabernet Franc.

Bouchet-Sauvignon Synonym für →Cabernet-Sauvignon.

Boudry Weinort im Schweizer Kanton →Neuenburg.

Bougros →Beaujolais.

Bouquet Royal Spritziger, frischer Weißwein aus der →Chasselas-Rebe aus dem Schweizer Kanton →Genf, zwischen Arve und Genfer See.

Bourg, Côtes de Bourg Weinbaugebiet am rechten Ufer der Dordogne in →Bordeaux. Der überwiegende Teil der Weine ist rot. Sie sollten erst nach 4–5 Jahren getrunken werden.

Bourgeois Französische Bezeichnung für Weißer →Elbling.

Bourgogne (frz.) →Burgund.

Bourgueil Französisches Rotwein-AC-Gebiet in der →Touraine. Es erstreckt sich auf etwa 20 km Länge nördlich der Loire. Die vorherrschende Rebsorte ist →Cabernet Franc. Sie gedeiht in Flußnähe auf kiesigen Böden, an den nördlichen Hügelhängen auf Kalktuff. Der Geschmack der Weine erinnert an fruchtige →*Beaujolais*.

Bourguignon Noir Französische Bezeichnung für Blauer →Spätburgunder.

Bourru (frz.) Junger Wein, dessen Gärung noch nicht abgeschlossen ist (→Federweißer, →Sauser).

Bouviertraube Österreichische Weißweinrebe, die von dem Weingutsbesitzer Clotar Bouvier sen. im Jahre 1900 auf dem Familienbesitz Herzogburg in Ober-Radkersburg zwischen anderen Reben entdeckt und dann in eigenen Rebschulen züchterisch bearbeitet wurde. Die Trauben reifen sehr früh und liefern Weine mit leichtem Muskataroma und hohem Extraktgehalt.

Bouzy Weinort in der →Champagne, dessen Gewächse für die Champagnerbereitung als

Grands Crus eingestuft sind, das heißt mit 100% bewertet werden. Eine Spezialität ist ein ausgezeichneter roter Stillwein.

Bowle Das englische Wort »bowl« Gefäß gibt dem erfrischenden Sommergetränk aus Wein und Früchten seinen Namen. Für alle Rezepte gilt, daß man vor dem Ausschenken Schaumwein zugibt, während der Ansatz mit stillem Wein erfolgt. Weitere Regeln: Jede Bowle ist so gut wie der Wein, den man dafür verwendet. Leichte, spritzige, alkoholarme Weine sind vorzuziehen, denn das Getränk soll erfrischen, der Genuß darf keinen schweren Kopf hinterlassen. Um eine Trübung der Bowle zu vermeiden, wird der Zucker (so wenig wie möglich) vorher aufgelöst, die Früchte werden nicht zerquetscht. Die richtige Bowlentemperatur liegt bei etwa 5–8°C, also etwas unter normaler Kellertemperatur. Eiswürfel soll man nicht direkt in die Bowle geben, davon wird sie wäßrig, besser: tiefgekühlte Plastikkügelchen ins Getränk legen! Die Bowlenschüssel nicht offen stehen lassen, damit sich das Aroma nicht verflüchtigt. Zum Servieren benutzt man kleine Gläser oder Schalen. Nachdem der Schaumwein (oder Mineralwasser) zugesetzt wurde, genügt ein vorsichtiges Durchfahren mit dem Bowlelöffel. Eine Sonderform der Bowle ist die →Kalte Ente.

Boxberg →Oberschüpf, →Unterschüpf.

Bozen Hauptstadt von Südtirol (Anbaugebiet →Trentino-Südtirol) und Zentrum des Weinhandels der Umgebung. Die →Bozner Weinkost hat internationale Bedeutung erlangt.

Bozner Leiten (*Colli di Bolzano*) DOC-Rotwein aus 6 Gemeinden um Bozen in der Region →Trentino-Südtirol aus mindestens 90% →Schiava und höchstens 10% →Lagrein und Blauer →Spätburgunder. Der rubin- bis granatrote Wein schmeckt weich und harmonisch, sein Alkoholgehalt muß mindestens 11 Vol.-% betragen.

Bozner Weinkost Südtiroler Weinmarkt, erstmals 1896 abgehalten. Anfang März jeden Jahres stellen über 100 Weingüter, Genossenschaften und Handelskellereien ein Sortiment von rund 500 Südtiroler Weinen aus. Der neue Jahrgang steht dabei im Mittelpunkt. Auch Verbraucher und Weinliebhaber erhalten zu bestimmten Zeiten Gelegenheit, die ausgestellten Weine zu probieren.

Brache Zeitspanne, in der ein Weinberg nicht mit Rebstöcken bepflanzt ist. Das Brachfeld regeneriert sich in dieser Zeit und wird dann für eine Neupflanzung vorbereitet. Reben-Ertragsanlagen erreichen heute eine durchschnittliche Nutzungsdauer von 25–30 Jahren; zur Wiederanpflanzung werden oft Flächen benutzt, die seit Jahrhunderten dem Weinbau dienen und somit ausschließlich in Monokultur bebaut sind. Auf solchen Böden kann sich →»Rebenmüdigkeit« einstellen, die sich im Nachlassen von Wachstum und Ertrag äußert. Ursache dieser Erscheinung ist nicht nur der fehlende Fruchtwechsel und eine Auslaugung des Bodens an →Nährstoffen, sondern auch häufig eine →Virusinfektion. Zur Gesundung schiebt man eine Brachzeit von 1–2 Jahren ein. Luzerne oder andere tiefwurzelnde Grünpflanzen werden eingesät, um dem Boden →Humus zuzuführen und um seine Struktur zu verbessern.

Brachetto Italienische Rotweinrebe von geringerer Bedeutung, deren Anbau vornehmlich im →Piemont betrieben wird.

Brachetto d'Acqui Lieblicher, zarter DOC-Rotwein aus der gleichnamigen Rebsorte aus dem italienischen →Piemont. Der Wein perlt leicht.

Brackenheim Weinbaugemeinde im Anbaugebiet →Württemberg, Bereich Württembergisch Unterland, mit den Ortsteilen →Botenheim, →Dürrenzimmern, →Haberschlacht, →Hausen, →Meimsheim, →Neipperg, →Stockheim. Großlage: *Heuchelberg*. Einzellagen: *Dachsberg, Mönchsberg, Schloßberg, Wolfsaugen, Zweifelberg*.

Bramaterra Italienischer DOC-Rotwein aus dem →Piemont, Provinz Vercelli. Der granatrote Wein wird aus 50–70% →Nebbiolo, 20–30% Croatina und 10–20% →Bonarda und/oder Vespolina gekeltert, schmeckt trocken, kräftig und etwas bitter im Abgang.

Branntwein →Weinbrand.

brandig Bezeichnung für Weine, bei denen der →Alkohol betont oder sogar unangenehm (brennend, →spritig) in Erscheinung tritt. Der hohe Alkoholgehalt solcher Weine, meist über 12 Vol.-%, überdeckt andere Bukettstoffe. Zum Brandigwerden neigen besonders Moste aus sehr reifen Jahrgängen mit hohem Zucker und niedriger Säure. In solchen Fällen hilft eine langsame Gärung, bei der Kohlensäure und Aroma reichlich erhalten bleiben. Bei durchgegorenen brandigen Weinen wirkt ein Zusatz von →Süßreserve harmonisierend, da hierdurch der Alkoholgehalt herabgesetzt und das Bukett voller wird. Obwohl Alkohol im allgemeinen einen stabilisierenden Einfluß auf Wein ausübt, altern brandige Weine meist schneller als Weine mit ausgeglichener Zusammensetzung.

Brasilien 60.000 ha Rebfläche, 3 Millionen hl Wein; Import 50.000 hl; 2,5 Millionen dz Tafeltrauben; Export 50.000 hl; jährlicher Pro-Kopf-Verbrauch 1,5 l.
In diesem größten Land Südamerikas wird nur in den südlichen Teilen, hauptsächlich in der Provinz Rio Grande do Sul, sowie in den angrenzenden Gliedstaaten Saõ Paolo, Rio de Janeiro und Minas Gerais Weinbau betrieben. Das Land war von den Portugiesen erobert worden, doch erst nach dem Ersten Weltkrieg entwickelten italienische Siedler den Weinbau. Wegen der hohen Luftfeuchtigkeit und der Gefahr von Pilzkrankheiten werden hauptsächlich amerikanische →Hybridenreben wie Niagara, Seibel, Delaware und Couderc angebaut. Die Rot- und Weißweine sind meist derb und alkoholreich. Höhere Rotweinqualitäten werden aus europäischen Sorten wie →Barbera, →Bonarda, →Cabernet und →Merlot, Weißweine aus der →Trebbiano und →Malvasia hergestellt. Die Schaumweine haben meist Muskataroma und werden aus der →Muskateller- und Malvasiarebsorte erzeugt. Für die nicht unbeträchtliche Tafeltraubengewinnung werden auch hauptsächlich Hybriden verwandt.
Brasilien hat bis jetzt noch kein Ursprungsbezeichnungsrecht. Da die Nachfrage die Eigenproduktion übersteigt, werden Weine eingeführt, während eine Ausfuhr so gut wie nicht stattfindet.

Braubach Weinort im Anbaugebiet →Mittelrhein, Bereich Rheinburgengau. Großlage: *Marksburg*. Einzellagen: *Koppelstein, Mühlberg, Marmorberg*.

Brauneberg Weinort im Anbaugebiet →Mosel-Saar-Ruwer, Bereich Bernkastel, mit Ortsteil →Filzen. Großlage: *Kurfürstlay*. Einzellagen: *Mandelgraben, Klostergarten, Juffer, Juffer-Sonnenuhr, Kammer*.

brauner Bruch →Bruch.

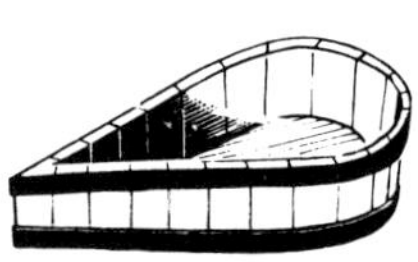

Holzbrenke

Braunweiler Weinort im Anbaugebiet →Nahe, Bereich Schloß Böckelheim. Großlage: *Rosengarten*. Einzellagen: *Michaeliskapelle, Wetterkreuz, Hellenpfad, Schloßberg*.

Braunwerden →Bruch.

Breganze Kleine italienische Stadt in →Venetien, nördlich von Vicenza. Die gleichnamige Herkunftsbezeichnung (DOC) wird für 7 Rot- und Weißweine verwendet: *Breganze Bianco, Breganze Rosso, Cabernet* (dunkelrot, trocken), *Pinot Nero* (rubinrot mit bitterem Nachgeschmack), *Pinot Bianco* (hellgelb, harmonisch), *Pinot Grigio* (goldgelb, harmonisch), *Vespaiolo* (stroh- bis goldgelb, fruchtig).

Breisach Weinort im Anbaugebiet →Baden, Bereich Kaiserstuhl, mit Ortsteilen →Niederrimsingen, →Oberrimsingen. Großlage: *Vulkanfelsen*. Einzellagen: *Augustinerberg, Eckartsberg*. Sitz des Badischen Winzerkellers eG, der zur Zeit größten und modernsten Weinkellerei Europas.

Breisgau Bereich des Weinbaugebietes →Baden, vom Dreisam- bis zum Kinzigtal; bekannt durch vollblumige Qualitätsweine verschiedener Rebsorten. Wie das →Markgräflerland ist auch der Breisgau ein Gebiet der »Viertelesschlotzer«, das heißt, der meiste Wein wird offen in Schoppen ausgeschenkt.

Breisgauer Riesling Irreführende Bezeichnung für →Ortlieber.

breit Bezeichnung für meist alkoholreiche, aber weniger säure- oder kohlensäurehaltige, teilweise auch überreife oder oxidierte Weine. Sie sind besonders im →Abgang nicht ausgeglichen und wirken etwas →plump. Auch füllige Weine ohne Feinheiten (Struktur) werden oftmals als breit bezeichnet.

Breitbach →Kammerforst.

Breitenbrunn Großer Weinort im österreichischen Weinbaugebiet →Neusiedlersee-Hügelland im Burgenland, wo fruchtige Weiß- und Rotweine gedeihen. Rebfläche 300 ha.

Breitscheid Ortsteil von Bacharach. Weinort im Anbaugebiet →Mittelrhein, Bereich Bacharach. Großlage: *Schloß Stahleck*. Einzellage: *Schloß Stahlberg*.

Bremm Weinort im Anbaugebiet →Mosel-Saar-Ruwer, Bereich Zell/Mosel. Großlagen: *Rosenhang, Grafschaft*. Einzellagen: *Abtei Kloster Stuben, Calmont, Schlemmertröpfchen, Laurentiusberg, Frauenberg*.

Brenke Holzgefäß (Büttchen) mit niedrigem Rand und zwei Griffen, das im Keller verwendet wird. Beim Anstechen eines Fasses dient es zur Aufnahme des beim Losschlagen des Zapfens herausfließenden Weines. Brenken finden auch Verwendung beim Überleeren von Fässern, die beim Abstechen vollständig entleert werden müssen. Früher wurden sie aus Eichenholz angefertigt, heute verwendet man jedoch immer häufiger Kunststoff. Diese

Brenken sind allein vom Gewicht her besser zu handhaben und bedürfen nicht so großer Pflege wie Holzbrenken. Wegen der Schwere des Holzfasses sind Kunststoffbrenken allerdings zum Überleeren von Holzfässern nicht geeignet. Doch da die Anzahl der Holzfässer, die noch überleert werden müssen, zurückgeht, wird wohl auch die Holzbrenke bald nicht mehr verwendet werden.

Brenner, Roter (Pseudopeziza tracheiphila) Pilzkrankheit der Rebe, die meist nur Blätter befällt. Diese zeigen braune bis rostrote Flecken und sterben nach und nach ab, wodurch die →Assimilationsleistung und die →Reife der Beeren gehemmt werden. Der Rote Brenner wird mit den gleichen Mitteln (→Fungizide) bekämpft wie die →Peronospora; er wirkt sich wirtschaftlich weniger aus als diese.

Brennwein Zur Gewinnung von →Weinbrand dienender Wein, der in erster Linie aus Frankreich, aber auch aus Italien, Spanien, Griechenland und anderen Weinbauländern stammt. Sein Alkoholgehalt muß zwischen 18 und 24 Vol.-% liegen, der Gehalt an flüchtiger Säure (→Essigsäure) darf 2,5 g/l nicht übersteigen. Er wird gewonnen, indem man einem Wein ohne →Restsüße ein Weindestillat von höchstens 86 Vol.-% zusetzt.

Breton Synonym für →Cabernet Franc.

Brettach Ortsteil von Langenbrettach. Weinort im Anbaugebiet →Württemberg, Bereich Württembergisch Unterland. Großlage: *Staufenberg*. Einzellage: *Berg*.

Bretzenheim Weinort im Anbaugebiet →Nahe, Bereich Kreuznach. Großlage: *Kronenberg*. Einzellagen: *Felsenköpfchen, Vogelsang, Hofgut, Pastorei, Schloßgarten*.

Bretzfeld Weinbaugemeinde im Anbaugebiet →Württemberg, Bereich Württembergisch Unterland, mit den Ortsteilen →Adolzfurt, →Dimbach, →Geddelsbach, →Schwabbach, →Siebeneich, →Unterheimbach, →Waldbach. Großlage: *Lindelberg*. Einzellage: *Goldberg*.

Breuningsweiler Ortsteil von Winnenden. Weinort im Anbaugebiet →Württemberg, Bereich Remstal-Stuttgart. Großlagen: *Kopf, Wartbühl*. Einzellagen: *Holzenberg, Haselstein*.

Brey Weinort im Anbaugebiet →Mittelrhein, Bereich Rheinburgengau. Großlage: *Gedeonseck*. Einzellage: *Hämmchen*.

Briedel Weinort im Anbaugebiet →Mosel-Saar-Ruwer, Bereich Bernkastel. Großlage: *Vom Heißen Stein*. Einzellagen: *Weißerberg, Schäferlay, Herzchen, Nonnengarten, Schelm*.

Briedern Weinort im Anbaugebiet →Mosel-Saar-Ruwer, Bereich Zell/Mosel. Großlagen: *Goldbäumchen, Rosenberg*. Einzellagen: *Rüberberger Domherrenberg, Herrenberg, Kapellenberg, Servatiusberg, Römergarten*.

Brillanz Positives Kriterium für Weinqualität. Etwa gleichbedeutend mit →glanzhell.

Brindisi Italienischer DOC-Wein aus →Apulien aus der Umgebung der gleichnamigen Stadt. Wird als Rosso (Rotwein) oder Rosato (Rosee) gekeltert. Der Rotwein kann nach 2 Jahren Lagerung das Prädikat Riserva erhalten.

Bristol →Sherry.

Britzingen Ortsteil von Müllheim. Weinort im Anbaugebiet →Baden, Bereich Markgräflerland. Großlage: *Burg Neuenfels*. Einzellagen: *Altenberg, Sonnhole, Rosenberg*.

Brix →Balling.

Brodenbach Weinort im Anbaugebiet →Mosel-Saar-Ruwer, Bereich Zell/Mosel. Großlage: *Weinhex*. Einzellage: *Neuwingert*.

Broggingen Ortsteil von Herbolzheim. Weinort im Anbaugebiet →Baden, Bereich: Breisgau. Großlage: *Burg Lichteneck*. Einzellage: *Kaiserberg*.

Brolio Schloß und Sitz des Baron Ricasoli im Zentrum des DOCG-Gebietes für →*Chianti Classico*. Seit 900 Jahren im Besitz der Familie.

Bronnbach Ortsteil von Wertheim. Weinort im Anbaugebiet →Baden, Bereich Tauberfrankenland. Großlage: *Tauberklinge*. Einzellagen: *Josefsberg, Kemelrain*.

Brotgeschmack Ein in der Weinansprache (Weinfachsprache) nur selten gebrauchter Ausdruck für Weine, die im Geruch, besonders aber im Geschmack einen etwas →breiten Ton haben, der an frisches (Roggen)brot erinnert (Brotton). Er kann am ehesten noch mit →Luftgeschmack verwechselt werden und ist bisweilen in billigen, stark strapazierten Sektgrundweinen oder den daraus gewonnenen Sekten wahrzunehmen. Durch entsprechende →Restsüße wird er weitgehend überdeckt.

Brouillis (frz.) das »Trübe«. Bei der Herstellung von →Weinbrand das Ergebnis der ersten →Destillation.

Brouilly Eine der Gemeinden des →Beaujolais, die ihren Namen auf dem Etikett führen dürfen (Premier Cru).

Bruch Weinfehler, Weintrübung.
1. *Weißer oder grauer Bruch.* Ausscheidung einer Eisen-Phosphorsäure-Verbindung. Zu Beginn zeigt sich in den Weinen ein weißer Schleier, der dann einen bläulichen Schimmer annimmt. Allmählich tritt eine Zusammenballung ein, und es setzt sich ein weiß bis grauviolett gefärbter →Niederschlag ab. Der weiße oder graue Bruch tritt hauptsächlich bei gerbstoff- und säurearmen, aber eisenreichen Weißweinen mit sehr hohem Phosphorsäuregehalt auf.
2. *Schwarzer Bruch.* Beruht auf einer Eisen-Gerbstoff-Abscheidung. Diese Art von Bruch tritt vornehmlich bei säurearmen, aber gerbstoff- und eisenreichen Weinen auf. Der Wein färbt sich zuerst dunkelbraun, dann dunkelblau bis schwarz. Dem grauen oder weißen und dem schwarzen Bruch kann durch sachgemäß durchgeführte →Blauschönung vor der Abfüllung vorgebeugt werden.
3. *Brauner Bruch.* Läßt man einen richtig behandelten Wein im offenen Glas an der Luft stehen, so soll sich seine Farbe und Klarheit im Verlauf von 1–2 Tagen nicht ändern. Eine braune Verfärbung deutet darauf hin, daß der Wein nicht genügend geschwefelt wurde. Sie kann schon sehr bald eintreten und schreitet von der Oberfläche langsam nach unten fort, bis der ganze Wein braun ist. Zugleich tritt eine Trübung ein. An der Oberfläche bildet sich ein schillerndes dünnes Häutchen, das vom ausgeschiedenen Farbstoff herrührt. Auch Geruch und Geschmack braun gewordener Weine sind verändert, Bukett und Frische gehen verloren. Der Geruch erinnert an gedörrtes Obst oder an Brotrinde; der Geschmack wird sherryartig, aber zugleich trocken und unangenehm. Bei Rotwein ist mit dem »braunen Bruch« eine Zerstörung des roten Farbstoffes verbunden, die so weit fortschreiten kann, daß dieser als schmutzig-brauner Niederschlag ausfällt. Eine Neigung zum Braunwerden zeigen in unterschiedlichen Graden fast alle Weine. Die sich braun färbenden Stoffe sind schon in den Trauben vorgebildet. Bleibt Traubenmaische einige Zeit offen stehen, verfärbt sie sich an der Oberfläche. Bestimmte Enzyme (Oxidasen) übertragen den Luftsauerstoff auf die phenolischen Verbindungen in den Früchten, worauf Oxidation und weitere Reaktionen erfolgen, so daß es zu braun gefärbten Kondensationsprodukten kommt. Durch Fernhaltung von Luft oder durch angemessene Schwefelung kann die Braunfärbung weitgehend vermieden werden. Die Lagerbehälter müssen spundvoll gefüllt sein.

Bruchsal Weinort im Anbaugebiet →Baden, Bereich Badische Bergstraße/Kraichgau. Großlage: *Mannaberg.* Einzellagen: *Weinhecke, Klosterberg.*

Brück Ortsteil von Dettelbach. Weinort im Anbaugebiet →Franken, Bereich Maindreieck. Großlage: *Honigberg.* Einzellage: *Sonnenleite.*

Brunello di Montalcino Italienischer DOCG-Rotwein, aus der →Sangiovese gewonnen und in der Gemeinde Montalcino, südlich von Siena in der →Toskana gewachsen. Der Wein ist rubinrot, in der Jugend kernig und trocken, im Alter weicher, elegant und rassig. Er muß eine mindestens dreijährige, bei Riserva eine mindestens fünfjährige Lagerung im Holzfaß hinter sich haben.
Dieser Wein erhielt 1980 als einer der ersten italienischen Qualitätsweine die kontrollierte und garantierte Ursprungsbezeichnung DOCG.

Brüsseler Kennzeichnungsrecht Seit dem 1. September 1977 Gemeinschaftsrecht für die Bezeichnung und Aufmachung der in der EG gewachsenen Weine in der Etikettierung, in den Ein- und Ausgangsbüchern sowie Begleitdokumenten, in den Geschäftspapieren (zum Beispiel Rechnungen und Lieferscheinen) und zum Teil in der Werbung. Die darin enthaltenen Bezeichnungsvorschriften bringen eine Aufzählung aller vorgeschriebenen (obligatorischen) und aller wahlweisen (fakultativen) Angaben. Damit ist zur Kennzeichnung der Weine alles verboten, was nicht ausdrücklich in den neuen Kennzeichnungsbestimmungen aufgeführt und damit erlaubt ist.
Eine nationale Regelungskompetenz für die Kennzeichnung von Weinen ist dort erhalten geblieben, wo der Brüsseler Verordnungsgeber die Mitgliedstaaten ausdrücklich zu ergänzenden Regelungen ermächtigt hat und generell im Bereich der wahlweisen (fakultativen) Bezeichnungen.

brut (frz.) herb; trockener Schaumwein mit einer Restsüße von weniger als 15 g/l (→Abstimmung).

Bruttig-Fankel Doppelgemeinde im Anbaugebiet →Mosel-Saar-Ruwer, Bereich Zell/Mosel. Großlagen: *Goldbäumchen* (Bruttig), *Rosenhang.* Einzellagen: *Götterlay, Pfarrgarten, Rathausberg, Kapellenberg, Martinsborn, Layenberg, Rosenberg.*

Bual (Boal) Relativ süßer, feiner, goldfarbener →Madeira, benannt nach seiner Rebsorte.

Bubenheim 1. Weinort im Anbaugebiet →Rheinpfalz, Bereich Mittelhaardt/Deutsche Weinstraße. Großlage: *Schnepfenflug vom Zellertal*. Einzellage: *Hahnenkamm*.
2. Weinort im Anbaugebiet →Rheinhessen, Bereich Bingen. Großlage: *Kaiserpfalz*. Einzellagen: *Kallenberg, Honigberg*.

Bucelas 1911 abgegrenztes portugiesisches Ursprungsgebiet, 25 km nördlich von Lissabon am rechten Ufer des Tejo. Hier wird ein trockener Weißwein gleichen Namens (11,5 Vol.-% Alkohol) erzeugt, der je nach Rebsorte unterschiedliche Geschmacksnuancierungen aufweist. Der Wein aus der Orinto-Rebe soll der fruchtigste sein. Man nennt ihn gern den »portugiesischen Rheinwein«.

Buchbrunn Weinort im Anbaugebiet →Franken, Bereich Maindreieck. Großlage: *Hofrat*. Einzellage: *Heißer Stein*.

Buchheim Ortsteil von March. Weinort im Anbaugebiet →Baden, Bereich Kaiserstuhl. Großlage: *Vulkanfelsen*. Einzellage: *Rebstuhl*.

Buchholz Ortsteil von Waldkirch. Weinort im Anbaugebiet →Baden, Bereich Breisgau. Großlage: *Burg Zähringen*. Einzellage: *Sonnhalde*.

Büdesheim Ortsteil von Bingen. Weinort im Anbaugebiet →Rheinhessen, Bereich Bingen. Großlage: *Sankt Rochuskapelle*. Einzellagen: *Schloßberg-Schwätzerchen, Bubenstück, Osterberg, Rosengarten, Scharlachberg, Schelmenstück, Schwarzenberg*.

Bugey Gebiet zwischen →Beaujolais und →Savoyen, aus dem Rot-, Weiß- und Roseeweine mit der Marke VDQS stammen. Weißweine aus Altesse und →Chardonnay haben ein Recht auf den Namen *Roussette du Bugey*, Lagennamen dürfen hinzugesetzt werden, die besten sind *Montagnieu* und *Virieu*. Neben dem einfachen *Vin du Bugey* gibt es noch den *Mousseux du Bugey* und den *Pétillant du Bugey*.

Buggingen Weinbaugemeinde im Anbaugebiet →Baden, Bereich Markgräflerland, mit Ortsteil Seefelden. Großlage: *Lorettoberg*. Einzellagen: *Maltesergarten, Höllberg*.

Bühlertal Weinort im Anbaugebiet →Baden, Bereich Ortenau. Großlage: *Schloß Rodeck*. Einzellagen: *Engelsfelsen, Klotzberg*.

Bukett, Bukettstoffe Gesamtheit der charakteristischen Geschmacks-, besonders aber Geruchsstoffe eines Weines, die man auch als →Aroma(stoffe) bezeichnet. Typische Bukettsorten wie →Traminer, →Gewürztraminer, →Muskat-Ottonel, →Muskateller, →Morio-Muskat, →Scheurebe entwickeln ein ausgeprägtes →Sortenbukett, während andere Sorten wie →Silvaner, →Weißburgunder, →Portugieser, →Elbling nur ein schwaches Bukett aufweisen. Je nach dem Grad der Duftstoffentwicklung spricht man von bukettierten, bukettreichen, parfümierten oder sogar aufdringlichen Weinen. Daß die Ausbildung des Buketts auch vom Grad der Reife abhängt, zeigt sich besonders deutlich beim →Riesling, der in unreifem Zustand nur wenig Bukett erkennen läßt, während vollreife Rieslingtrauben dem späteren Wein eine Fülle von Bukettstoffen verleihen. Die →Aromastoffe, die chemisch sehr verschieden zusammengesetzt sein können (zum Beispiel Ester, Aldehyde, Alkohole, Carbonsäuren) entstehen zum größten Teil erst bei der →Gärung. Obwohl sie teilweise nur in äußerst geringen Mengen im Wein vorhanden sind (oft weniger als 1 Millionstel Gramm pro Liter!), kann man heute mit modernsten Methoden etwa 400 verschiedene im Wein nachweisen. Bei einem harmonischen, abgerundeten Bukett müssen alle diese Stoffe in einem natürlichen, ausgewogenen Verhältnis zueinander stehen, was sorgfältige Pflege und einen fachgerechten Ausbau der Weine erfordert. Die Aromastoffe sind besonders anfällig gegenüber Luft (Sauerstoff), da sie leicht oxidieren. Das →Altern der Weine, das mit einer Veränderung des Buketts einhergeht, beruht größtenteils auf dieser Erscheinung.

Bukettweine Weine aus bukettreichen Rebsorten (→Bukett). Bukettschaumweine werden in der EG aromatische Schaumweine genannt (zum Beispiel →*Asti spumante*).

Bükkalja Kleines, selbständiges Weinbaugebiet am Fuße des Bükk-Gebirges im Nordosten Ungarns mit den Ortschaften Sáj, Bogács und Gesztely. Es werden süffige Weißweine erzeugt, die nur selten als Flaschenweine auf den Markt kommen.

Bulgarien 140.000 ha Rebfläche; 3,5 Millionen hl Wein, davon 1,8 Millionen hl Export; 8 Millionen dz Tafeltrauben, davon 0,6 Millionen dz Export; jährlicher Pro-Kopf-Verbrauch 22 l.
Der Weinbau in Bulgarien geht schon auf die Thraker zurück, wovon heute noch archäologische Funde im Museum von Plovdiv zeugen. Zur Zeit der Türkenherrschaft beschränkte er sich auf die wenigen christlich-orthodoxen Gemeinden. Von der Unabhängigkeitserklärung 1908 bis nach dem Zweiten

Weltkrieg wurde er kaum gefördert. Seit 1949 ist die Weinwirtschaft staatlicher Regie (Vinprom) unterstellt. Die Rebfläche wurde seitdem mehr als verdoppelt, die Anbau- und Behandlungsmethoden modernisiert. Die Bewirtschaftung erfolgt ausschließlich in Großbetrieben. Die Arbeit des Weinbau-Forschungsinstituts in Pleven und des Lehrstuhls für Weinbau an den Hochschulen in Plovdiv und Sofia hat international anerkanntes Niveau. Das Klima ist vorwiegend kontinental, einem schneereichen kalten Winter folgt ein heißer, sonnenreicher Sommer. Mit einem spektakulären Exporterfolg von mehr als der Hälfte der Weinproduktion ist der Weinbau ein beträchtlicher Devisenbringer. Der gesamte Export wird über eine staatliche Stelle abgewickelt (Vinimpex). Der Weinbau ist über das ganze Land verteilt. Im Norden sowie im Schwarzmeergebiet werden leichtere, trockene und im Süden und Westen extraktreiche, schwere Weine bis zum Dessertweintyp hergestellt. Die Weine werden hauptsächlich nach Rebsorten, manchmal zusätzlich auch mit Angabe des Produktionsortes, selten mit der des Anbaugebietes bezeichnet. Eine gesetzliche Abgrenzung von Anbaugebieten mit kontrollierter Herkunftsbezeichnung gibt es noch nicht. Folgende Weinlandschaften mit ihren charakteristischen Weinen können unterschieden werden: Im Donautal und an den südlichen Nebenflüssen bis zum Balkangebirge mit den Zentren Vidin im Westen an der Donau, Pleven zwischen den Flüssen Vit und Osum, Pavlikem zwischen Osum und Jantra, Veliko in einem Seitental der Jantra, Kramolin westlich von Belike und Tirnovo wird ein gefälliger Rotwein von dunkler Farbe und angenehmem Bukett, der *Gamza*, aus der gleichnamigen Rebsorte gekeltert.

In Ostbulgarien zwischen Ruse an der Donau und Schwarzmeergebiet werden fast nur Weißweine hergestellt, deren Namen die Sorte bestimmt, die bekanntesten sind: *Dimiat* (alkohol- und säurereiche Weine), *Misket* (mild, Muskataroma) aus der Gegend von Songulare, südlich von Sliven und Karlowo, zwischen Sofia und Sliven, und *Vinenka*, auch *Proslava* genannt (herzhaft fruchtige Weine). Für den deutschen Markt werden Markenweine ohne Ortsangaben als Gebietsverschnitte mit Phantasienamen wie *Sonnenstrand, Klosterkeller, Donauperle, Bulgarische Sonne* hergestellt. Aus Süd- und Südwestbulgarien stammen schwere extraktreiche Rotweine. Die Rebsorte Mavrud liefert alkoholreiche, aromatische Weine von fast schwarzer Farbe. Vor allem bei Plovdiv, südöstlich von Sofia im Marica-Tal, und Asenovgrad, südöstlich von Plovdiv am Gebirgsrand, werden Trauben als Rosinen geerntet und zu einem süßen oder halbsüßen Dessertwein, dem *Stanimaschka Malaga*, verarbeitet. Der *Pamid* ist ein aus der gleichnamigen Traube gewonnener heller, süffiger, etwas leichterer Rotwein. Aus Verschnitten mit *Pamid* erhält man die Markenweine *Trakia* (40% Mavrud), *Balkan* (40% Gamza) und *Karabunar* (10% Mavrud). Der in der äußersten südwestlichen Ecke des Landes angebaute *Melnik* ist ein alkoholreicher, süßlicher Rotwein. Neben den einheimischen Rebsorten werden auch zunehmend westeuropäische Sorten angebaut.

Bulk-Verfahren Amerikanisches Tankgärverfahren zur Herstellung von →Schaumweinen.

Bullay Weinort im Anbaugebiet →Mosel-Saar-Ruwer, Bereich Zell/Mosel. Großlage: *Grafschaft*. Einzellagen: *Graf Beyssel-Herrenberg, Brautrock, Kronenberg, Kirchweingarten, Sonneck*. Weinbauschule, Beratungs- und Weiterbildungsstelle.

Bullenheim Ortsteil von Ippesheim. Weinort im Anbaugebiet →Franken, Bereich Steigerwald. Großlage: *Frankenberger Schloßstück*. Einzellage: *Paradies*.

Bundesrepublik Deutschland →Deutschland.

Bundesweinprämierung →Prämierungen.

Bündner Herrschaft →Graubünden.

Buon Vino →Bombino.

Burg Layen →Rümmelsheim.

Burg Weinort im Anbaugebiet →Mosel-Saar-Ruwer, Bereich Bernkastel. Großlage: *Schwarzlay*. Einzellagen: *Wendelstück, Hahnenschrittchen, Thomasberg, Falklay, Schloßberg*.

Bürg Ortsteil von Winnenden. Weinort im Anbaugebiet →Württemberg, Bereich Remstal-Stuttgart. Großlage: *Kopf*. Einzellage: *Schloßberg*.

Burgen 1. Weinort im Anbaugebiet →Mosel-Saar-Ruwer, Bereich Bernkastel. Großlage: *Kurfürstlay*. Einzellagen: *Römerberg, Kirchberg, Hasenläufer*.
2. Weinort im Anbaugebiet →Mosel-Saar-Ruwer, Bereich Zell/Mosel. Großlage: *Weinhex*. Einzellage: *Bischofstein*.

Burgengau Untergebiet des Tafelweinbaugebietes Oberrhein; umfaßt den Regierungsbezirk Nordbaden (→Tafelwein).

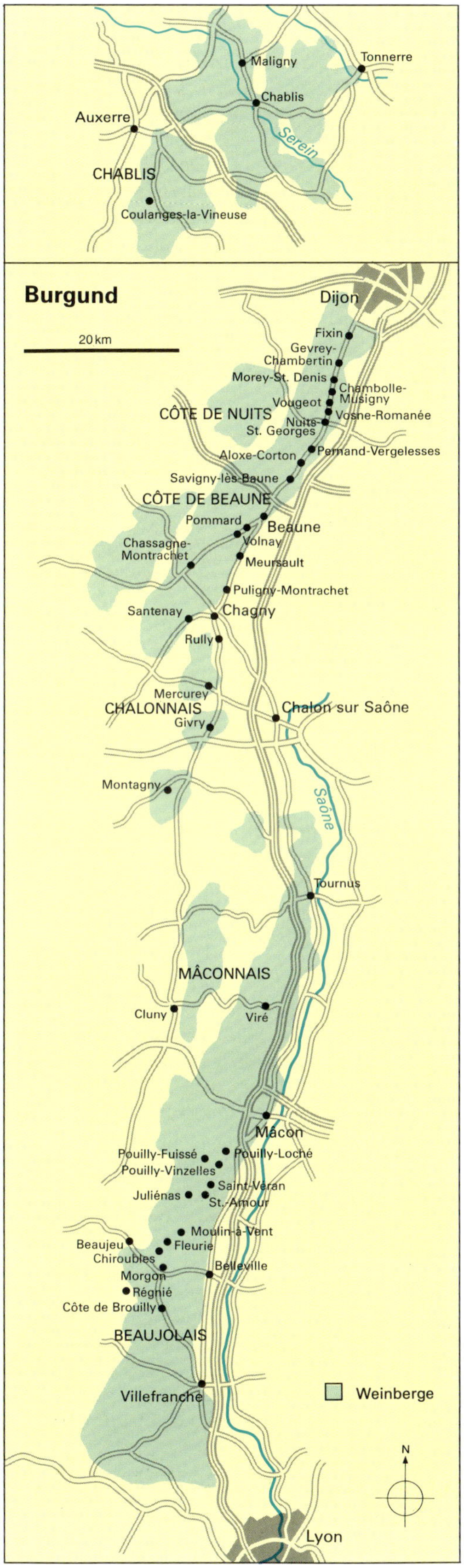

Burgenland Zweitgrößte österreichische Weinbauregion (21.000 ha) mit den Anbaugebieten →Neusiedlersee, →Neusiedlersee-Hügelland, →Mittelburgenland und →Südburgenland. Es werden jährlich etwa 900.000 hl Wein erzeugt, davon 78% Weißweine. Pannonisches Klima in bezug auf Wärme und Feuchtigkeit mit günstigen Voraussetzungen für die Ernte von →Auslese- und →Ausbruchweinen. Weiße Rebsorten sind Grüner →Veltliner, →Welschriesling, →Muskat-Ottonel, Weißburgunder (Weißer →Burgunder), →Neuburger, →Traminer, →Müller-Thurgau, →Rheinriesling und andere. Die wichtigsten Rotweinsorten: Blaufränkischer (→Limberger), Blauburgunder (Blauer →Spätburgunder). Alljährlich werden die burgenländischen Kammermedaillen in Gold, Silber und Bronze nach dem 20-Punkte-System verliehen. Die Weine, die in den Sortengruppen Welschriesling und Blaufränkisch sowie in den Gruppen Spätlese/Auslese und Beerenauslese/Trockenbeerenauslese die höchste Punktezahl erreichen, werden zum Landessieger erklärt. Außerdem nehmen die 70 besten Weine am →»Salon österreichischer Wein« teil.

Bürgerspital →Würzburg.

Burgscheidungen Weinort im Anbaugebiet →Saale-Unstrut mit der Lage *Herrenberg*.

Burgsponheim Weinort im Anbaugebiet →Nahe, Bereich Schloß Böckelheim. Großlage: *Rosengarten*. Einzellagen: *Schloßberg, Höllenpfad, Pfaffenberg*.

Bürgstadt Weinort im Anbaugebiet →Franken, Bereich Mainviereck. Einzellagen: *Mainhölle, Centgrafenberg*.

Burgund Französisches Weinbaugebiet im Osten des Landes. Die Weinbaugebiete von Nord nach Süd heißen: →Chablis; →Côte d'Or mit →Côte de Nuits und →Côte de Beaune; →Côte Chalonnaise; →Mâconnais und →Beaujolais. Im ganzen gibt es 113 kontrollierte Herkunftsbezeichnungen, teils allgemeiner oder regionaler, teils kommunaler Art, zum Teil aber auch auf einzelne Lagen bezogen. Das ehemalige Herzogtum Burgund, das im ausgehenden Mittelalter eine bedeutende Rolle in der europäischen Geschichte spielte, erstreckt sich vom Rhônetal bis nach Flandern. Heute umfaßt die Rebfläche von Burgund mit Beaujolais rund 50.000 ha, davon unterliegen rund 45.000 ha der Appellation contrôlée. Die jährliche Durchschnittsproduktion beträgt etwa 2,5 Millionen hl AC-Weine (etwa 3% der gesamten französischen Weinproduktion). Mit Ausnahme des weißen →*Chablis*, der am

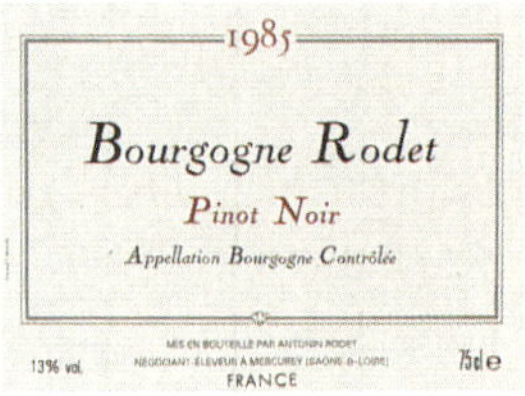

weitesten nördlich im Departement Yonne gedeiht, dem →*Pouilly-Fuissé* und den Beaujolaisweinen wachsen die Spitzenweine Burgunds auf den kahlen Hängen der Côte d'Or, die sich wiederum in die Côte de Nuits und Côte de Beaune gliedert. Man lasse sich aber durch klangvolle Namen allein nicht täuschen. Nicht jeder Wein, der zum Beispiel unter dem Namen →*Pommard* verkauft wird, ist ein Spitzengewächs. Weine aus weniger begünstigten Lagen (Climats) haben sich die Namen von erstklassigen Lagen als Doppelnamen zugelegt, zum Beispiel Chassagne den Zunamen Montrachet oder Chambolle den Zunamen Musigny. Wirkliche Spitzenweine nennen den Ortsnamen nicht. Nur Kenner der Burgunderweine wissen, daß *Montrachet* und *Musigny* erstklassige Lagen sind, *Chassagne* und *Chambolle* sind keine Lagen, sondern Ortsnamen. Hinzu kommt, daß weltberühmte Lagen wie →*Clos de Vougeot* mit 50,2 ha im Besitz von 65 verschiedenen Winzern sind, die verständlicherweise ihren Wein nicht alle auf gleiche Weise ausbauen.

Das burgundische Weinbaugebiet ist seit der Aufteilung der Adels- und Kirchengüter Ende des 18. Jahrhunderts das Land der Kleinwinzer und Familienbetriebe. Abgefüllt wird der Wein meist von Händlern. Auch diese Weine dürfen die Bezeichnung »Mise en bouteilles au (oder du) domaine« tragen, wenn die Abfüllung im Erzeugerbetrieb stattfindet. Klassifizierungssysteme, die bis zu 100 Jahre alt sind, teilen die Weinbergslagen in 4 Gütestufen ein:

1. *Grand Cru:* ungefähr 30, jede Lage mit eigener Appellation; oft wird nur die Lage ohne Ortsbezeichnung angegeben.
2. *Premier Cru:* nennt Ortsnamen und danach die Lagenbezeichnung, falls Verschnitt, nur Ortsnamen.
3. *Appellation communale:* Sie führt den Namen der Gemeinde. Lagennamen werden selten angegeben, in jedem Fall jedoch in kleinerem Schriftgrad als die Gemeinde.
4. *Appellation Bourgogne:* Hier gibt es 4 AC-Klassen für Roseeweine und ähnliche, die auf dem ganzen Gebiet von Burgund geerntet werden dürfen:

a) *Bourgogne Clairet* oder *Bourgogne Rosé;*
b) *Bourgogne Passe-tout-grain,* ein Rotweinverschnitt aus $^{2}/_{3}$ Gamay noir und $^{1}/_{3}$ Pinot noir;
c) *Bourgogne Aligoté,* Weißweine aus den Rebsorten Aligoté und Chardonnay;
d) *Bourgogne Ordinaire* oder *Bourgogne Grand Ordinaire,* Rot-, Weiß- oder Roseeweine aus neun verschiedenen in Burgund angebauten Rebsorten. Etwa 25% der in Burgund erzeugten Weine sind trockene, kernige Weißweine, die als Begleiter von Austern, Krustentieren und Fischen geschätzt werden. Die Rotweine sind vollmundig, extrakt- und körperreich und in ihren Spitzen von höchster Eleganz.

Burgundac Crni (jug.) Blauer →Spätburgunder.

Burgunder, Grauer Synonym für →Ruländer.

Weinberge in der Côte de Nuits.

Burgunder, Weißer Mit einiger Wahrscheinlichkeit können die Burgunder (Pinot)-Arten auf den Blauen →Spätburgunder zurückverfolgt werden. Der →Ruländer ist direkt aus dem Blauen Spätburgunder mutiert und der Weiße Burgunder aus dem Ruländer. Die ersten Nachweise der Rebsorte Weißer Burgunder stammen aus dem 14. Jahrhundert. Als Heimat kann mit einiger Sicherheit Burgund angesehen werden. Er ist nicht identisch mit Pinot →Chardonnay und →Auxerrois. Der Name ist von der Heimat Burgund abgeleitet. Er hat wie alle älteren Rebsorten zahlreiche Synonyme: Weißer Klevner, Weißer Ruländer, Weißer Arbst, Clävner (Deutschland); Pinot Blanc, Blanc de Champagne, Auvernet, Arnaison Blanc (Frankreich); Fehér-burgundi (Ungarn); Biela Klevanjka (Jugoslawien).
Das Blatt ist mittelgroß, kaum gebuchtet und gelappt, mit leicht blasiger Oberfläche (kann nur durch die Traube vom Ruländer oder Blauen Spätburgunder unterschieden werden). Die Traube ist mittelgroß, dichtbeerig mit länglichen bis runden grüngelben, dünnschaligen Beeren; Wuchs mittelstark, Holz graubraun bis rötlichbraun, gut ausreifend und daher auch von ausreichender Frosthärte; die Reife erfolgt mittelspät. Die Sorte stellt relativ hohe Ansprüche an Lage und Boden, da die Moste in jedem Fall die Mostgewichtsgrenze von 80° Oe überschreiten sollen. Unter dieser Schwelle erreichen die Weine nicht die für die Qualität notwendige Fülle. Weißer Burgunder benötigt daher tiefgründige, nährstoffreiche, frische Böden und gute, warme Lagen. Bestockte Rebfläche in Deutschland: 1.000 ha. Die Weine geraten ab der Mostgewichtsgrenze von 80° Oe gehaltvoll, mild, neutral. Sie wirken in normalen Jahren nicht so kräftig wie Ruländer und erreichen nicht das Bukett von Ruländer und Auxerrois. In guten Jahrgängen werden Weine höchster Güte erzielt.

Burgundi Nagyszemü Ungarische Bezeichnung für →Gamay Noir.

Burgundské (tschech.) Blauer →Spätburgunder.

»**Burgundy**« Tiefroter, körperreicher Typenwein aus den →Vereinigten Staaten von Nordamerika.

Burgwerben Weinort im Anbaugebiet →Saale-Unstrut mit der Lage *Herzogsberg*.

Burkheim Ortsteil von Vogtsheim im Kaiserstuhl. Weinort im Anbaugebiet →Baden, Bereich Kaiserstuhl. Großlage: *Vulkanfelsen*. Einzellagen: *Feuerberg, Schloßgarten, Schloßberg*.

Burrweiler Weinort im Anbaugebiet → Rheinpfalz, Bereich Südliche Weinstraße. Großlage: *Bischofskreuz*. Einzellagen: *Altenforst, St. Annaberg, Schäwer, Schloßgarten*.

Buschenschenke Ländliche Weinstube, häufig auch nur Trinkstube von Winzern in Österreich, vor allem Niederösterreich und in der Umgebung von Wien. Der Ausschank wird durch Anbringung eines »Buschen«, eines Kiefern- oder Fichtenzweiges, angezeigt (→Heuriger).

Butte (auch **Legel, Logel, Hotte, Beschoff**) 1. Gefäß zum Transport der gelesenen Trauben. Heute meist aus Kunststoff, waren die Butten früher aus Holz, wogen aber leer 10–12 kg. Die Kunststoffbutte dagegen wiegt nur noch etwa 4 kg, was für den Buttenträger eine wesentliche Arbeitserleichterung darstellt. Man rechnet auf 6–9 Leserinnen einen Buttenträger, je nach Neigung des Weinbergs.
2. →Aszú.

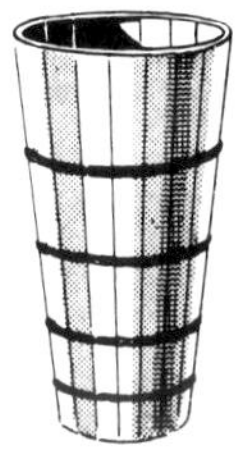
Holzbutte für die Weinlese.

Butzen Mark der →Beere.

Buzet Kleines Weingebiet im Südwesten Frankreichs, dessen Weine seit 1973 der →Appellation contrôlée unterliegen. Es werden hauptsächlich angenehme, bukettreiche Rotweine aus →Merlot, →Cabernet Franc und →Cabernet-Sauvignon erzeugt.

C

Blatt vom Cabernet Franc.

Cabernet Franc Französische Rotweinrebe, verwandt mit dem →Cabernet-Sauvignon, ohne dessen Bedeutung zu erlangen. Synonyme: Gros Cabernet, Grosse Vidure, Gros Bouchet, Breton. Cabernet Franc hat kleine Trauben mit schwarzblauen Beeren. Häufig eine der Verschnittkomponenten in Bordeaux-Weinen. Unverschnitten wird sie für →*Chinon*, →*Bourgueil* und andere Loire-Weine verwendet.

Cabernet-Sauvignon Französische Rotweinsorte, deren Ursprung nicht bekannt ist. Seit Einführung des Weinbaues wird sie im Bordeaux-Gebiet angebaut. Synonyme: Petit Cabernet, Petite Vidure, Bouchet-Sauvignon. Das Blatt ist mittelgroß, fünflappig, tief gebuchtet, das Holz haselnußbraun, die Rebe mittelgroß, dichtbeerig mit kleinen, runden, dickschaligen Beeren von blauschwarzer Farbe. Der Wuchs ist kräftig, die Reife erfolgt mittelfrüh. Die Rebe verlangt mittlere bis gute Lagen, ist aber anspruchslos gegenüber Böden. Gegenwärtig die weitestverbreitete rote Qualitätssorte der Welt. Hauptanbaugebiete in Frankreich sind Médoc und Graves. Weiterer Anbau in Italien, Jugoslawien, Rumänien, der Sowjetunion, Südafrika, Kalifornien, Argentinien, Chile, Australien, Israel und anderen. Cabernet-Sauvignon ergibt vornehme, gut gedeckte, bukettreiche, harmonische Weine von erlesener Qualität und großer Haltbarkeit. Aufgrund des hohen Gerbstoffgehaltes erreichen sie erst nach längerer Lagerzeit ihre bestechende Art. Der Cabernet-Sauvignon-Anteil bei Bordeaux-Weinen liegt zwischen 30 und 85%.

Reife Cabernet-Sauvignon-Traube.

Cabinet-Keller In der ehemaligen Zisterzienserabtei Kloster →Eberbach im Rheingau wird heute noch die 1245 erbaute, seit dem 16. Jahrhundert als Lagerkeller benutzte ehemalige Fraternei der Mönche »Cabinet-Keller« genannt. Urkundlich kann diese Bezeichnung des Kellers erstmals mit einer Rechnung des Hattenheimer Zimmermeisters Ferdinand Ritter an den Abt von Eberbach für das Jahr 1730 belegt werden. Dort heißt es »Item Keller Lager beschlagen in dem Cabinet-Keller…« Als das Kloster Eberbach 1803 im Zuge der Säkularisation dem Herzog von Nassau zufiel, richtete er den Cabinet-Keller am 20. April 1812 neu ein. Auf Flaschenetiketten taucht das Wort »Cabinet« erstmals bei einer *1811er Steinberger Auslese Originalabfüllung* aus dem Herzoglich Nassauischen Cabinets-Keller auf. Fürst Metternich auf Schloß Johannisberg im Rheingau hat dann, beginnend mit einem *1822er F. M. Schloß Johannisberger Cabinets Wein,* diese Bezeichnung regelmäßig auf Etiketten verwendet, nachdem die Bezeichnung »Cabinet« aber vorher schon in den Kellerbüchern aufgetaucht war. Seit der Mitte des vorigen Jahrhunderts erschien auch auf den Etiketten der Nassauischen Domäne die Bezeichnung »Cabinet-Wein«.

Cabinetwein Bis zum Jahre 1971 war das Wort »Cabinet« auf Weinetiketten als Besonderheit zu finden. Es erschien oft kombiniert als »Spätlese Cabinet« oder »Auslese Cabinet«. Damit war ein Wein gemeint, der mit Abstand über dem Durchschnitt lag und der es wert war, länger in der Schatzkammer oder dem »Cabinet« gelagert zu werden. Meist wurden Originalabfüllungen gehobener Qualität von Domänen, Adelsgütern oder anderen größeren Weinbaubetrieben mit dem Zusatz »Cabinet«

oder »Cabinetwein« versehen. In der Ausführungsverordnung vom 16. 7. 1932 wird in Artikel 5 lediglich aufgeführt: »Als Bezeichnungen, die auf Reinheit des Weines oder auf besondere Sorgfalt bei der Gewinnung der Trauben deuten und somit für gezuckerte Weine nicht verwendet werden dürfen, kommen insbesondere in Betracht ... Edelgewächs, Edelwein, Edelauslese, Cabinetwein.« Die systematische Entwicklung des Begriffes »Cabinet« für Weine geht auf den historischen →Cabinet-Keller im ehemaligen Zisterzienserkloster →Eberbach zurück.

Zum Bild links: Etikett der 1893er Steinberger Cabinet Auslese.

Cabrières Südfranzösischer Weinort, dessen Roseeweine, die schon Ludwig XIV. kannte und schätzte, zur AC *Coteaux du Languedoc* gehören.

Cacc'e mmitte di Lucera Italienischer DOC-Rotwein aus →Apulien, Provinz Foggia. Der intensiv rubinrote Wein stammt aus →Malvasia Nera, Montepulciano und →Uva di Troia; er schmeckt angenehm trocken.

Cadillac Französischer Weinort an der Garonne mit eigener AC innerhalb des AC-Gebietes →Premières Côtes de Bordeaux, aus dem hauptsächlich süße Weißweine stammen.

Cagnina di Romagna Italienischer DOC-Rotwein aus der →Emilia-Romagna, der erst kürzlich die kontrollierte Herkunftsbezeichnung erhielt.

Cahors 1. Stadt und AC-Gebiet westlich von Toulouse in Südwestfrankreich. Der aus der →Malbec-Traube gewonnene Rotwein ist kernig, herb und von außerordentlich dunkler Farbe (daher auch »schwarzer« Wein genannt). 2. Kostspieliger →Likörwein von außerordentlich dunklem Rot aus der →Sowjetunion mit 16 Vol.-% Alkohol, hergestellt aus den gleichen Trauben wie sein französisches Pendant.

Caldaro →Kalterer See.

Camérier Hellroter Wein aus dem Schweizer Kanton →Genf, hergestellt aus Pinot Noir (Blauer →Spätburgunder).

Campari Bittersüßer italienischer →Aperitif-Wein, der eiskalt mit Sodawasser oder als Mixgetränk mit Sekt getrunken wird.

Campidano di Terralba →Terralba.

Canaiolo nero Uralte toskanische Rotweinrebe, die erstmals in Urkunden aus der Zeit um 300 n. Chr. erwähnt ist. Sie ist mit 5–10% am Verschnitt von *Chianti* beteiligt.

Candia dei Colli Apuani Italienische DOC-Weißweine aus der →Toskana; aromatisch, trocken oder lieblich.

Cannellino →Frascati.

Cannonau Italienische Rotweinrebe, die hauptsächlich auf →Sardinien angebaut wird und trockene, kräftig rote Weine mit leichtem Erdbeeraroma liefert.

Cannonau di Sardegna Rubinroter DOC-Wein, zu 90–100% aus der gleichnamigen Rebe, aus →Sardinien. Der trockene bis halbsüße Wein muß mindestens 13,5 Vol.-% Alkohol enthalten. Es ist erlaubt, die Beeren am Stock oder in Rahmen leicht trocknen zu lassen. Ab 3 Jahren Lagerzeit darf das Prädikat Riserva hinzugesetzt werden, bei höheren Alkoholgraden und bestimmten Zuckergehalten das Prädikat Superiore naturalmente secco, amabile oder dolce.

Cannstatt, Bad →Stuttgart.

Cantina (it.) Weinkellerei.

Cantina sociale (it.) Winzergenossenschaft.

Cape Riesling Weißweinsorte aus Frankreich, die in Südafrika säurebetonte, neutrale Weine hervorbringt. Synonyme: Crouchen Blanc, Paarl-Riesling.

Capri Italienische DOC-Weiß- und -Rotweine von der gleichnamigen Insel in der Region →Kampanien. *Capri Bianco* stammt aus Falanghina und →Greco sowie aus →Biancolella. Der hell strohgelbe Wein ist trocken und frisch. *Capri Rosso* wird aus Piedirosso und anderen Sorten gewonnen, ist mehr oder weniger intensiv rubinrot und schmeckt voll und trocken.

Capriano del Colle Italienische DOC-Rot- und -Weißweine (*Rosso* beziehungsweise *Treb-*

biano) aus der →Lombardei, Provinz Brescia. Der leichte, trockene Rotwein stammt hauptsächlich aus →Sangiovese und →Marzemino, der helle trockene Weißwein ausschließlich aus →Trebbiano.

Carcavelos Das kleine portugiesische Herkunftsgebiet liegt am rechten Ufer der Tejo-Mündung. Der Weinbau wird von dem vornehmen Badeort Estoril bei Lissabon allmählich verdrängt. Es wird ein süßer bernsteinfarbener Weißwein mit durchschnittlich 19 Vol. % Alkoholgehalt erzeugt, der, meist als Aperitif, gekühlt serviert wird. Das Gebiet wurde 1908 abgegrenzt.

Carema Trockener, granatroter, aus der →Nebbiolo-Traube gewonnener DOC-Wein aus der Gemeinde Carema nördlich von Turin im →Piemont. Der Wein muß mindestens 12 Vol.-% Alkohol enthalten und 4 Jahre gelagert sein, 2 davon in Eichen- oder Kastanienholzfässern mit einem Inhalt von nicht mehr als 40 hl.

Carignan Französische Rotweinrebe, die hohe Erträge bringt, jedoch Weine von nur mittlerer Qualität ergibt. Der Hauptanbau liegt in der Provence, an der Rhône, in Algerien sowie in Kalifornien.

Carignano del Sulcis Italienischer DOC-Rot- und -Roseewein aus →Sardinien, Provinz Cagliari. Die Weine stammen aus der namengebenden Rebsorte, höchstens 15% Monica, Pascale und Alicante Bouschet dürfen zugesetzt werden. Sie schmecken trocken, voll und harmonisch. Der Zusatz Invecchiato darf auf dem Etikett stehen, wenn der Wein nicht vor dem 1. Dezember des auf die Lese folgenden Jahres verkauft wird.

Cariñena Spanisches DO-Weinbaugebiet mit 22.000 ha Rebfläche in der Provinz Aragón mit Zentrum Zaragoza; es werden Rot-, Weiß- und Roseeweine von trocken bis süß erzeugt. Sie sind extraktreich und herzhaft und haben einen hohen Alkoholgehalt.

Carmenère Französische Rotweinrebe, Spielart des →Cabernet Franc, die zwar qualitativ höherwertige Weine bringt, aber ertragsmäßig nicht ganz befriedigt.

Carmignano Italienischer DOCG-Rotwein aus der →Toskana, nordwestlich von Florenz. Der rubinrote, trockene, samtige Wein wird aus den Rebsorten →Sangiovese (45–65%), →Canaiolo (10–20%), →Cabernet (6–10%), →Trebbiano, →Malvasia del Chianti und anderen hergestellt. Darf erst im 2. Jahr nach der Lese in den Handel kommen und erhält nach 3 Jahren den Zusatz Riserva. Wird auch als Rosee und Vin Santo angeboten.

Carso Italienische DOC-Rot- und -Weißweine aus der Region →Friaul–Julisch Venetien. Der rote *Carso* stammt zu 70% aus →Terrano, der rote *Carso-Terrano* zu 85% aus dieser Rebsorte sowie Piccola Nera und →Pinot Nero. Letzterer kann einen typischen Himbeerduft aufweisen. Der weiße *Carso Malvasia* stammt zu 85% aus Malvasia Istriana, duftet aromatisch und fruchtig und ist trocken und harmonisch im Geschmack.

Cartaxo Herkunftsgebiet für milde, alkoholreiche Tischweine in →Portugal.

Carteddaro →Catarrato.

Cartizze →*Prosecco di Conegliano-Valdobbiadene.*

Cassis AC-Gebiet in der →Provence, wo schon unter Henri IV Wein gebaut wurde. Bekannt ist vor allem der sehr trockene Weißwein aus verschiedenen Rebsorten, es wird jedoch auch Rosee- und Rotwein erzeugt. Der Weißwein aus Cassis *(Blanc de Cassis)* darf nicht verwechselt werden mit *Blanc Cassis,* einem Getränk aus Weißwein und schwarzem Johannisbeersirup.

Castel del Monte DOC-Rot-, -Rosee- und -Weißweine aus der Provinz Bari in →Apulien. Der Rotwein wird zu mindestens 65% aus →Uva di Troia hergestellt, der Weißwein zu mindestens 65% aus Pampanuto, der Rosee aus →Bombino Nero (mindestens 65%). Rot- und Roseewein sind weinig und harmonisch, der Weißwein trocken und frisch.

Castell Weinort im Anbaugebiet →Franken, Bereich Steigerwald.
Großlage: *Herrenberg.* Einzellagen: *Bausch, Hohnart, Kirchberg, Feuerbach, Kugelspiel, Reitsteig, Schloßberg, Trautberg.*

Casteller Leichter, heller DOC-Rotwein aus der italienischen Region →Trentino-Südtirol (Trentino-Alto Adige), Provinz Trient, in den Geschmacksrichtungen trocken bis leicht süß. Der Wein stammt zu mindestens 30% aus verschiedenen →Schiava-Sorten, zu höchstens 40% aus →Lambrusco und zu höchstens 20% aus →Merlot.

Catarratto Alte sizilianische weiße Rebsorte. Synonyme: Bianco Latino, Catarratto Bianco Nostrale, Bertolar, Carteddaro. Bringt gute

Erträge und dient zusammen mit den Sorten →Grillo und Inzollia zur Erzeugung von →Marsala.

Catawba Einheimische nordamerikanische Rebsorte.

Cava Spanischer weißer oder auch roseefarbener Schaumwein in allen Geschmacksrichtungen von brut bis dulce (süß). Es handelt sich eigentlich um keine geographische Herkunftsbezeichnung, obwohl Cava eine DO ist. Cavas sind nach der Méthode champenoise hergestellte Schaumweine aus unterschiedlich gelegenen Betrieben, die sich jedoch zum größten Teil in Katalonien befinden. Um dem europäischen Weinrecht zu genügen, wurden die herstellenden Betriebe zum Ursprungsgebiet erklärt.

Cave (frz.) Keller oder Lagerraum für Wein (→Chai).

Celine, Frühe →Madeleine Celine.

Cellatica Trockener, rubinroter italienischer DOC-Rotwein mit einem leichten Bitternachgeschmack aus der Provinz Brescia in der →Lombardei. Er wird aus 35–45% →Schiava Gentile, 30% →Barbera, 20–30% →Marzemino und 15% Incrocio Terzi Nr. 1 gewonnen. (Kreuzung aus Barbera x Cabernet Franc). Der Wein ist ein guter Begleiter zu leichten Gerichten.

Cencibel →Tempranillo.

Central Valley Weinregion in →Kalifornien, abseits der Küste zwischen dem Gebirge und der Sierra Nevada gelegen. Es ist das heißeste und trockenste Weinbaugebiet, die Reben stehen auf flachen Feldern. 80% der kalifornischen Weine stammen von hier, die Spitzenweine kommen jedoch aus den Küstenregionen. In den achtziger Jahren wurden 4 →AVAs ausgewiesen.

Cépage (frz.) Rebsorte.

Cerasuolo di Vittoria Stark alkoholhaltiger italienischer DOC-Rotwein aus →Sizilien, der zu mindestens 40% aus Frappato und zu höchstens 60% aus Calabrese stammt. Der kirschrote Tafelwein schmeckt warm, voll und harmonisch.

Cérons AC-Weißweingebiet in →Bordeaux, nördlich von Barsac und südlich und östlich von Graves. Die Weine, die aus den gleichen Reben hergestellt werden wie *Sauternes*, schmecken leichter und fruchtiger als diese.

Cerveteri Italienische DOC-Weiß- und -Rotweine aus der Gegend von Rom in →Latium. Der Weißwein stammt aus 50% →Trebbiano-Sorten, zu 35% aus →Malvasia und zu höchstens 15% aus →Verdicchio, →Tocai und →Bombino, der Rotwein zu mindestens 60% aus →Sangiovese und Montepulciano, zu 25% aus →Cesanese und höchstens 15% aus →Canaiolo, →Carignano und →Barbera. Der strohgelbe Weißwein ist trocken bis halbsüß mit leicht bitterem Nachgeschmack, der rubinfarbene Rotwein hat ebenfalls einen leicht bitteren Nachgeschmack.

Cesanese Italienische Rotweinrebe, die in verschiedenen Arten hauptsächlich in Mittelitalien angebaut wird.

Cesanese del Piglio (oder **Piglio**), **Cesanese di Affile** (oder **Affile**), **Cesanese di Olevano Romano** (oder **Olevano Romano**) Italienische DOC-Rotweine aus →Latium, aus 5 Gemeinden südöstlich von Rom, in den Versionen secco, amabile und dolce. Allen gemeinsam ist der bittere Nachgeschmack, der von der namengebenden Rebsorte herrührt, die zu mindestens 90% enthalten sein muß. Alle drei Weine gibt es auch als Schaumweine.

Chablais Schweizer Weinbaugebiet im Kanton →Waadt, das sich von Villeneuve am Ostufer des Genfer Sees bis Bex im Rhône-Tal erstreckt. Rassige, spritzige Weißweine aus →Aigle, →Yvorne, Ollon und →Bex wachsen auf kiesigen Böden und haben sogenannten »Feuerstein-Geschmack« (Pierre à fusil).

Chablis Französischer Weintyp, Weinort und AC-Gebiet in Nordburgund. Aus der →Chardonnay-Traube werden hier sehr trockene, kernige Weißweine mit zartem Bukett gewonnen. Ihre Farbe schillert zwischen gelb und leicht grünlich. Sie werden gerne zu Fischspeisen, vor allem aber Austern getrunken. Nach der AC-Klassifizierung gibt es folgende Herkünfte:

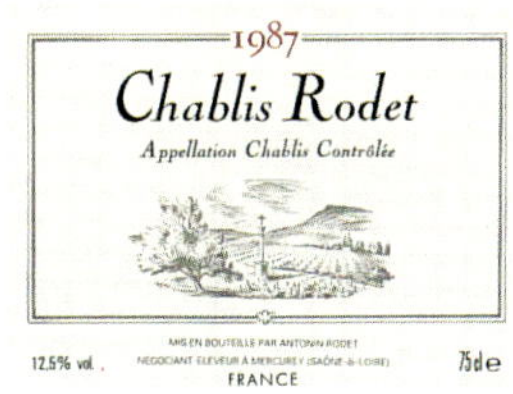

Chablis Grand Cru und die Lage oder nur die Lage allein, die diesen Namen tragen darf, wie *Blanchot, Bougros, Grenouilles, Les Clos, Les Preuses, Valmur* und *Vaudésir* auf dem rechten Ufer des Flüßchens Serein; fast alle Grands Crus liegen auf einem Hügel im Bereich des Ortes Chablis. *Premier Cru* oder der Name der in diese Gruppe fallenden Lage. Alle Grands Crus führen auf dem Etikett auch den Namen der Lage, was bei den Premiers Crus nur zum Teil der Fall ist.

Chablis und *Petit Chablis* sind Bezeichnungen für die leichtesten Weine dieser Gegend, die auch am ehesten getrunken werden sollten. Die Kenntnis des Jahrgangs beim *Chablis* ist wichtig, da geringe Jahre einen recht harten Wein liefern (→Jahrgangsbewertung). Freunde milder, blumiger Weine müssen dem *Chablis,* der auf etwa 10–12°C temperiert sein sollte, erst Geschmack abgewinnen, da er ausgesprochen trocken wirkt.

Chalonnais →Côte Chalonnaise.

Chai (frz.) Oberirdisches Weinlager und Raum für die Weinbereitung (→Cave).

Chambertin →Gevrey-Chambertin.

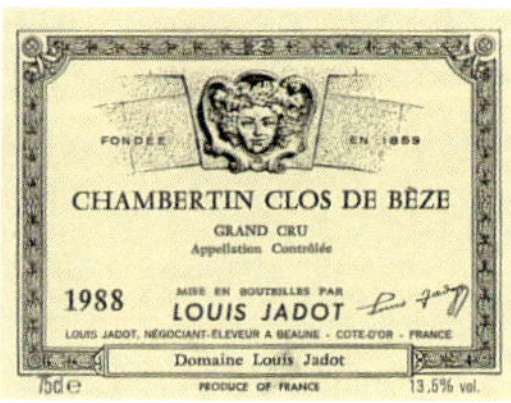

Chambertin Clos de Bèze →Gevrey-Chambertin.

Chambolle-Musigny Französischer Weinort in der burgundischen →Côte de Nuits, wo hauptsächlich Rotwein, aber auch etwas Weißwein erzeugt wird. Die beiden Grands Crus kommen unter den Namen *Musigny* und *Bonnes Mares* zum Verkauf, während bei den nur roten Premiers Crus dem Ortsnamen Chambolle-Musigny ein Zusatz wie *Les Charmes* oder *Les Amoureuses* hinzugefügt wird. *Chambolle-Musigny* ist ein Verschnittwein aus verschiedenen Lagen des Ortes. Verglichen mit *Chambertin* ist *Musigny* etwas weiblicher, delikater.

Chambrieren Das Wort, vom Französischen chambre (Zimmer) abgeleitet, bedeutet, einen Wein auf Zimmertemperatur bringen. Das Chambrieren darf nie zu schnell erfolgen. Daher ist es ratsam, einen Rotwein rechtzeitig in ein geheiztes Zimmer zu stellen (→Temperatur).

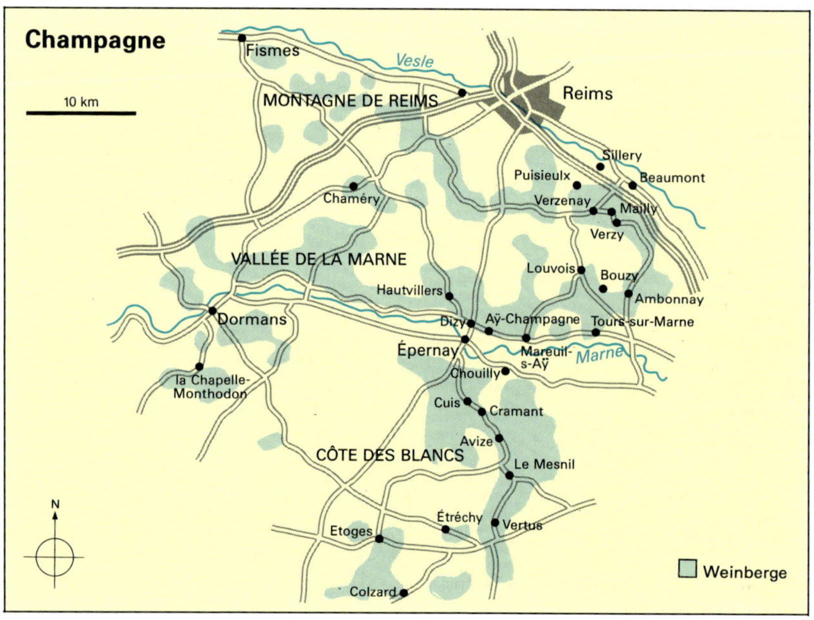

Chamoson Weinort im Schweizer Kanton →Wallis, der auf seinen kiesigen Böden von den Schuttkegeln Leytron-Chamoson einen besonders feinen, blumigen →*Johannisberg* hervorbringt.

Champagne 1. Französisches AC-Gebiet östlich von Paris, das nördlichste Anbaugebiet Frankreichs. Schon im Mittelalter gehörten seine →Stillweine zu den beliebtesten Weinen Europas. Herstellungs- und Handelszentren mit jahrhundertealter Tradition sind →Reims und →Épernay.
Die Rebfläche ist seit 1927 auf 34.000 ha gesetzlich begrenzt, wovon etwa 27.500 ha ertragfähig sind (2,9% der gesamten Rebfläche Frankreichs). Der Weinbau der Champagne ist in 3 große Zonen eingeteilt, deren unterschiedliche Produkte für den klassischen Champagner-Verschnitt notwendig sind: Montage de Reims im Norden des Gebiets, in unmittelbarer Nähe der Stadt Reims, ist vorwiegend mit Pinot-Noir-Reben (Blauer →Spätburgunder) bepflanzt, die den zukünftigen →Cuvées Rückgrat und Kern verleihen. Das Vallée de la Marne mit seinen sonnigen Süd- und Südost-Hanglagen ergibt die reifsten Weine mit viel Bukett, ebenfalls aus der Pinot-Noir-Rebe. Südlich von Épernay liegt die Côte des Blancs mit den weißen →Chardonnay-Reben, die der zukünftigen Cuvée Frische und Finesse verleihen. Von hier stammen die →Blancs de Blancs. Die 3 Herkunftsbezeichnungen (AC) der Champagne lauten: *Champagne* (Champagner), *Coteaux Champenois* (Stillwein) und *Rosé des Riceys.* (→Route du Champagne).
2. Anbaugebiet für →Cognac-Grundweine (→Grande Champagne, →Petite Champagne, →Fine Champagne), nicht identisch mit (1).

Champagner Die AC-Bezeichnung *Champagne* gilt für einen französischen Schaumwein, der in dem AC-Gebiet →Champagne nach einem bestimmten →Flaschengär- und →Rüttelverfahren hergestellt wird. Stillwein aus dem AC-Gebiet Champagne, der nicht die Bedeutung der Schaumweine erreicht, wird seit 1974 mit *Coteaux Champenois* (weiß, rosee oder rot) bezeichnet. Erst durch den Mönch →Dom Pérignon wurde der Champagner, also der Schaumwein, zu dem Getränk, das wir heute kennen. Der Name *Champagner,* im 19. Jahrhundert als Gattungsname für Schaumwein und Sekt beliebiger Herkunft gebraucht, wurde am 17. 12. 1908 in Frankreich auf ein umgrenztes geographisches Gebiet festgelegt und darf seit 1919 nicht mehr als Bezeichnung für deutsche Schaumweine und Sekte verwendet werden. (Folge aus dem Versailler Vertrag § 275.) Heute ist der

Ursprungsschutz international anerkannt. Allerdings geht man in den Vereinigten Staaten mit diesem Begriff wie mit anderen berühmten europäischen Weinnamen sehr großzügig um. Im AC-Gebiet Champagne wachsen 75% blaue (→Pinot Noir und →Pinot Meunier) und rund 25% weiße (→Chardonnay) Trauben. Die meisten Champagner haben diesen Verschnittanteil in ihren Grundweinen. Der Champagner ist um so kräftiger, je mehr blaue Trauben der →Cuvée zugesetzt wurden. Der leichteste Champagner, der sogenannte *Blanc de Blancs*, wird aus 100% weißen Trauben gewonnen. Die Trauben werden reif, jedoch nicht überreif geerntet, was dem →Bukett schaden würde. Der Preßvorgang muß sorgfältig vorgenommen werden, um reinen, weißen Saft aus den blauschaligen Trauben des Pinot Noir gewinnen zu können. Die Keltern sind breit und niedrig und erlauben ein rasches Abfließen des Saftes ohne starke Berührung mit den →Trestern. Die Gärung erfolgt wie bei allen anderen Weinen auch. Im Frühjahr trennt man den Most vom →Depot und verschneidet die einzelnen Grundweine zu einer Cuvée. Jede Champagnermarke hat ihr eigenes Verschnittrezept. Jahrgangs-Champagner wird nur in guten Jahren hergestellt, wobei ein solcher Champagner mindestens 3 Jahre alt sein muß, bevor er auf den Markt gelangt. Normalerweise sind die Firmen bestrebt, ihren Kunden über Jahre hinaus gleichbleibende Produkte zu liefern, was nur durch Verschnitt verschiedener Jahrgänge erreicht werden kann.
In der Champagne herrscht der Kleinbesitz vor. Die rund 100 Champagner-Häuser sind für die Verarbeitung und auch für die Zusammenstellung der Cuvées verantwortlich. Das 1952 amtlich eingeführte Klassifizierungssystem dient gleichzeitig der Preisfestsetzung für das Lesegut im Herbst. Die besten Gemeinden oder Grands Crus erlösen dann 100%, also den vollen Preis. Premiers Crus erzielen zwischen 90–99%, und so fällt der Preis, je nach Einstufung der Gemeinde, weiter ab. Mit wenigen Ausnahmen ist es ratsam, auch einen Originalchampagner nicht länger als 5–10 Jahre lagern zu lassen. Besser hält er sich in den großen Flaschen, wie zum Beispiel in der Magnumflasche (1,5 l) oder gar im sogenannten »Nebukadnezar« (16 l). Der klassische Champagner schmeckt kräftig, nachhaltig und ist meist trocken. Angestrebt wird nicht die jugendliche Frische und Frucht, sondern ein kerniger, stoffiger Alterungston. Die Champagnererzeugung erreichte in den letzten Jahren rund 250 Millionen Flaschen. Exportiert werden rund 95 Millionen Flaschen Champagner.

Chaptalisieren Französische Bezeichnung für Trockenzuckerung, so genannt nach ihrem Erfinder J. A. Chaptal (1756–1837); (→Anreichern, →Zuckerung).

Charakter Kann als Steigerung des Begriffes →Art angesehen werden und beschreibt eigentlich die Summe aller Geruchs- und Geschmackseigenschaften eines Weines. Der Charakter wird maßgeblich geprägt durch die geographische Herkunft der betreffenden Trauben, die Traubensorte und die Witterungsbedingungen des jeweiligen Jahres. Man spricht daher auch von Gebiets-, →Sorten- oder Jahrgangscharakter. Der Charakter eines Weines ist im allgemeinen unabhängig von seiner Qualität.

Chardonnay Französische Weißweinrebe, benannt nach der gleichnamigen Gemeinde im →Mâconnais; liefert gehaltvollere Weine als der Weiße Burgunder. Die besten Gewächse des →Chablis, von →Montrachet, →Meursault und →Pouilly stammen von dieser Rebe; als Grundwein zur Champagnerherstellung (*Blanc de Blancs*) werden ebenfalls Weine von ihr verwendet. Weltweit starke Zunahme des Anbaues.

Charlemagne Berühmte burgundische Lage (Grand Cru), die sich über die Gemeinden →Aloxe-Corton und →Pernand-Vergelesses in der →Côte de Beaune erstreckt und Spitzen-Weißweine hervorbringt.

Charmes, Les Premier Cru aus dem burgundischen Weinort →Chambolle-Musigny.

Charta-Wein Deutscher →Typenwein aus dem Rheingau, der folgenden Anforderungen genügen muß: 100% Riesling, weniger als 7,5 g/l Säure und 3° Oechsle mehr als die entsprechende Qualitätsstufe, 1 Jahr Lagerung (größere Langlebigkeit), Kernlagen des Rheingaues. Abgefüllt wird der Charta-Wein in langhalsige Schlegelflaschen, das Symbol ist der romanische Doppelbogen.

Chassagne-Montrachet Französische Weinstadt an den südlichen Ausläufern der burgundischen →Côte de Beaune. Es werden berühmte Weißweine aus Chardonnay erzeugt, die unter den Namen der einzelnen Gemarkungen verkauft werden. Grands Crus sind *Montrachet, Bâtard-Montrachet* und *Criots-Bâtard-Montrachet*. Die Lagen gehören teilweise zum benachbarten Ort →Puligny-Montrachet. Die Weine von Chassagne-Montrachet sind robuster, die von Puligny zarter. Die Rotweine des Gebiets erinnern an die Weine der →Côte de Nuits.

Chasselas Blanc Französische Bezeichnung für Weißer →Gutedel.

Chasselas de Fontainebleau Französische Bezeichnung für Weißer →Gutedel.

Chasselas Noir Schweizer Bezeichnung für Roter Gutedel (→Gutedel, Weißer).

Chasselas Tompa Mihaly →Gutedel Tompa.

Château (frz.) Schloß, im weitesten Sinne ein Weingut. Zwar tritt die Bezeichnung Château in Bordeaux am häufigsten auf (etwa 3000), doch gibt es sie in ganz Frankreich. Sie darf nur für AC- oder VDQS-Weine verwendet werden. Das Schloß (oft auch nur ein mittelgroßer Gutshof) muß tatsächlich vorhanden und im Besitz von Rebland und Keltereinrichtungen sein. Neuerdings kommen auch von Genossenschaftskellereien abgefüllte Weine unter Château-Namen in den Handel.

Château Ausone →Saint-Émilion.

Château Balestard-la-Tonelle →Saint-Émilion.

Château Batailley →Médoc.

Château Beausejour →Saint-Émilion.

Château Beauséjour-Duffau-Lagarosse →Saint-Émilion.

Château Bélair →Saint-Émilion.

Château Belgrave →Médoc.

Château Bellevue →Saint-Émilion.

Château Bergat →Saint-Émilion.

Château Berliquet →Saint-Émilion.

Château Beychevelle →Médoc.

Château Bouscout →Graves.

Château Boyd-Cantenac →Médoc.

Château Branaire-Ducru →Médoc.

Château Brane-Cantenac →Médoc.

Château Broustet →Sauternes.

Château Cadet-Piolat →Saint-Émilion.

Château Caillou →Sauternes.

Château Calon-Ségur →Médoc.

Château Camensac →Médoc.

Château Canon-la-Gaffelière →Saint-Émilion.

Château Cantemerle →Médoc.

Château Cantenac-Brown →Médoc.

Château Cap-de-Mourlin →Saint-Émilion.

Château Carbonnieux →Graves.

Château-Chalon Spezialwein aus dem französischen →Jura, der unter der Appellation *Château-Chalon* aus der Savagnin-Traube hergestellt wird. Die Ernte der Traube, die möglicherweise mit dem →Traminer verwandt ist, erfolgt erst zwischen 1. und 15. November. Der Wein wird als →Vin jaune ausgebaut und in schlechten Jahren zu →*Côtes du Jura* deklassiert.

Château Chauvin →Saint-Émilion.

Château Cheval-Blanc →Saint-Émilion.

Château Clerc-Milon →Médoc.

Château Climens →Sauternes.

Château Clos de l'Oratoire →Saint-Émilion.

Château Clos-Haut Peyraguey →Sauternes.

Château Clos Fourtet →Saint-Émilion.

Château Corbin →Saint-Émilion.

Château Corbin-Michotte →Saint-Émilion.

Château Cos-Labory →Médoc.

Château Couhins →Graves.

Château Croizet-Bages →Médoc.

Château Croque-Michotte →Saint-Émilion.

Château Curé Bon-La Madeleine →Saint-Émilion.

Château Dassault →Saint-Émilion.

Château Dauzac →Médoc.

Château de l'Oratoire →Saint-Émilion.

Château des Jacobins →Saint-Émilion.

Château Desmirail →Médoc.

Château d'Issan →Médoc.

Château Doisy-Daëne →Sauternes.

Château Doisy-Dubroca →Sauternes.

Château Doisy-Védrines →Sauternes.

Château Ducru-Beaucaillou →Médoc.

Château Duhart-Milon →Médoc.

Château Durfort-Vivens →Médoc.

Château du Tertre →Médoc.

Château d'Yquem →Sauternes, →Yquem.

Château Faurie-de-Souchard →Saint-Émilion.

Château Ferrière →Médoc.

Château Fieuzal →Graves.

Château Figeac →Saint-Émilion.

Château Filhot →Sauternes.

Château Fonplégade →Saint-Émilion.

Château Fonroque →Saint-Émilion.

Château Franc-Mayne →Saint-Émilion.

Château Gazin →Pomerol.

Château Giscours →Médoc.

Château Gran-Barrail-Lamarzelle-Figeac →Saint-Émilion.

Château Grand-Corbin →Saint-Émilion.

Château Grand-Corbin Despagne →Saint-Émilion.

Château Grand-Mayne →Saint-Émilion.

Château Grand-Pontet →Saint-Émilion.

Château Grand-Puy-Ducasse →Médoc.

Château Grand-Puy-Lacoste →Médoc.

Château-Grillet Seltener weißer AC-Wein von den →Côtes du Rhône (90 hl Jahreserzeugung). Der feurige, nach Veilchen duftende Wein wird jung getrunken und stammt wie sein Nachbar, der →*Condrieu*, aus der Viognier-Rebe.

Château Gruaud-Larose →Médoc.

Château Guadet-Saint-Julien →Saint-Émilion.

Château Guiraud →Sauternes.

Château Haut-Bages-Libéral →Médoc.

Château Haut-Bailly →Graves.

Château Haut-Batailley →Médoc.

Château Haut-Brion →Graves.

Château Haut-Corbin →Saint-Émilion.

Château Haut-Sarpe →Saint-Émilion.

Château Kirwan →Médoc.

Château La Clotte →Saint-Émilion.

Château La Cluzière →Saint-Émilion.

Weinlese in Château Latour bei Saint-Julien im Médoc.

Château La Conseillante →Pomerol.

Château Lafaurie-Peyraguey →Sauternes.

Château Lafite-Rothschild →Médoc.

Château Lafleur →Pomerol.

Château Lafleur-Petrus →Pomerol.

Château Lafon-Rochet →Médoc.

Château La Gaffelière →Saint-Émilion.

Château Lagrange →Médoc.

Château La Lagune →Médoc.

Château La Madeleine →Saint-Émilion.

Château Lamarzelle →Saint-Émilion.

Château La-Mission-Haut-Brion →Graves.

Château Lamothe →Sauternes.

Château Lamothe-Guignar →Sauternes.

Château l'Angélus →Saint-Émilion.

Château Langoa-Barton →Médoc.

Château Laniote →Saint-Émilion.

Château la Pointe →Pomerol.

Château Larcis-Ducasse →Saint-Émilion.

Château Larmande →Saint-Émilion.

Château Laroze →Saint-Émilion.

Château l'Arrosée →Saint-Émilion.

Château Lascombes →Médoc.

Château La Serre →Saint-Émilion.

Château Latour →Médoc.

Château La Tour-Blanche →Sauternes.

Château La Tour-Carnet →Médoc.

Château La Tour-Figeac →Saint-Émilion.

Château La-Tour-Haut-Brion →Graves.

Château Latour-Martillac →Graves.

Château Laville-Haut-Brion →Graves.

Château Le Châtelet →Saint-Émilion.

Château Léoville-Barton →Médoc.

Château Léoville-Las-Cases →Médoc.

Château Léoville-Poyferré →Médoc.

Château Le Prieuré →Saint-Émilion.

Château l'Evangile →Pomerol.

Château Lynch-Bages →Médoc.

Château Lynch-Moussas →Médoc.

Château Magdelaine →Saint-Émilion.

Château Malartic-Lagravière →Graves.

Château Malescot-Saint-Exupéry →Médoc.

Château Malle →Sauternes.

Château Margaux →Médoc.

Château Marquis-d'Alesme-Becker →Médoc.

Château Marquis-de-Terme →Médoc.

Château Matras →Saint-Émilion.

Château Mauvezin →Saint-Émilion.

Château Montrose →Médoc.

Château Moulin-du-Cadet →Saint-Émilion.

Château Mouton-Baron Philippe →Médoc.

Château Mouton-Rothschild →Médoc.

Château Myrat →Sauternes.

Château Nairac →Sauternes.

Château Nénin →Pomerol.

Châteauneuf-du-Pape AC-Gebiet im Tal der Rhône, nördlich von Avignon und gleichnamiger Ort, wo sich einst der Sommersitz der in Avignon residierenden Päpste befand. Die 13 Rebsorten, die mehr oder weniger alle in den Weinen enthalten sein können, wachsen auf einer Hochfläche von Kiesel- und Flußgestein und liefern einen erstaunlich gehaltvollen und relativ alkoholreichen Rotwein, der milder ist als andere →Côtes-du-Rhône-Weine wie →*Hermitage* oder →*Côte-Rôtie*. Die besseren Weine werden original abgefüllt.

Château Olivier →Graves.

Château Palmer →Médoc.

Château Pape-Clément →Graves.

Château Pavie →Saint-Émilion.

Château Pavie-Décesse →Saint-Émilion.

Château Pavie-Macquin →Saint-Émilion.

Château Pavillon-Cadet →Saint-Émilion.

Château Pédesclaux →Médoc.

Château Petit-Faurie-de-Soutard →Saint-Émilion.

Château Petit-Village →Pomerol.

Château Pétrus →Pomerol.

Château Pichon-Longueville →Médoc.

Château Pichon-Longueville-Lalande →Médoc.

Château Pontet-Canet →Médoc.

Château Pouget →Médoc.

Château Prieuré-Lichine →Médoc.

Château Promis-Rabaud →Sauternes.

Château Rausan-Ségla →Médoc.

Château Rauzan-Gassies →Médoc.

Château Rayne-Vigneau →Sauternes.

Château Rieussec →Sauternes.

Château Ripeau →Saint-Émilion.

Château Romer-du-Hayot →Sauternes.

Château Saint-Georges-Côte-Pavie →Saint-Émilion.

Château Saint-Martin →Saint-Émilion.

Château Saint-Pierre-Sevaistre →Médoc.

Château Sansonnet →Saint-Émilion.

Château Sigalas-Rabaud →Sauternes.

Château Smith-Haut-Lafitte →Graves.

Château Soutard →Saint-Émilion.

Château Suau →Sauternes.

Château Suduiraut →Sauternes.

Château Talbot →Médoc.

Château Terte-Daugay →Saint-Émilion.

Château Tour-du-Pin-Figeac →Saint-Émilion.

Château Trimoulet →Saint-Émilion.

Château Troplong-Mondot →Saint-Émilion.

Château Trotanoy →Pomerol.

Château Trottevieille →Saint-Émilion.

Château Villemaurine →Saint-Émilion.

Château Yon-Figeac →Saint-Émilion.

Châtillon-en-Diois Kleines AC-Gebiet in den →Côtes-du-Rhône nahe Die für Rot-, Rosee- und Weißweine. Die feinen Rotweine stammen zum Großteil aus →Gamay, die wenigen Weißweine aus →Chardonnay und →Aligoté.

Chénas Einer der 10 Orte im →Beaujolais, die ihren Namen mit der Bezeichnung »Cru« auf dem Etikett führen dürfen. Er bringt besonders duftige Weine hervor.

Chenin Blanc Bedeutende, alte französische Weißweinrebe, die vor allem im Loire-Gebiet in der →Touraine, um →Vouvray, um →Saumur und in →Anjou angebaut und dort auch Pineau de la Loire genannt wird. Sie liefert geschmeidige, frische und blumige Weine.

Cheyres Weinort im Schweizer Kanton →Freiburg, am Südufer des Neuenburger Sees, dessen leichte Weißweine sich von denen des Kantons →Neuenburg deutlich unterscheiden.

Chianti Bekannter italienischer DOCG-Rotwein. Er wird in der →Toskana, im Gebiet zwischen Florenz, Arezzo, Pisa und Siena erzeugt. Nähere Herkunftsbezeichnungen tragen der Classico und 6 weitere in bestimmten, bevorzugten Distrikten gewachsene Weine. Zur Herstellung des *Chianti* dienen die Rebsorten →Sangiovese (75–90%), →Canaiolo (5–10%), →Trebbiano und →Malvasia (5–10%). *Chianti* muß mindestens 11,5 Vol.-%, die höhere Stufe Riserva 12 Vol.-% Alkohol

aufweisen. Der *Chianti Classico* stammt aus einem engeren Gebiet in den Provinzen Siena und Florenz. Nach mindestens dreijähriger Lagerung darf der Wein das Prädikat Riserva führen. Die Lagerungszeit ist bei diesen Weinen wichtig, da sie kräftig und herb sind und wegen des hohen Tanningehalts erst mit dem Alter weich und gefällig werden. *Chianti Classico* kommt meist in Bordeauxflaschen in den Handel.

Chiaretto (it.) Roseewein.

Chile 120.000 ha Rebfläche; 4.3 Millionen hl Wein, davon 140.000 hl Export; 4 Millionen dz Tafeltrauben; jährlicher Pro-Kopf-Verbrauch 35 l.
Der Weinbau ist etwa 100 Jahre alt. Die Hauptzone liegt in Zentralchile und erstreckt sich zwischen den Küstenbergen im Westen und den Kordilleren im Osten. Aus der spanischen Zeit hat sich der Großbesitz erhalten. Die Weinberge sind in Talmulden angelegt, um sie besser bewässern zu können. Die Jahrgangsunterschiede sind gering, da gleichmäßiges Klima vorherrscht. 60% der Ernte entfallen auf Rotwein, der Rest auf Weißwein. Die Hauptrebsorten für Rotweine sind →Cabernet-Sauvignon, →Merlot und →Pinot Noir, für Weißweine →Sémillon, →Sauvignon Blanc, →Muskateller, →Trebbiano, →Riesling, →Traminer und örtliche chilenische Sorten. Die Weine sind kräftig, säure- und alkoholreich. Es werden auch aufgespritete Weintypen wie »Port« und »Sherry« sowie Dessertweine mit über 20 Vol.-% Alkohol erzeugt. Der chilenische Schaumwein ist sehr süß und außerhalb des Landes wenig bekannt. Der chilenische Weinbau gilt als einer der fortschrittlichsten in ganz Südamerika.

China 100.000 ha Rebfläche; 1,6 Millionen dz Trauben, davon 100.000 dz Rosinen.
Die Angaben über den heutigen Weinbau Chinas sind ungenau. Verschiedenen Quellen zufolge sollen Weinkellereien in Peking, Tsingtao, Tinghsu und Tunghua in den letzten Jahrzehnten erheblich vergrößert worden sein, und die älteste noch stehende Kellerei von Schaching (erbaut 1664) soll wieder in Betrieb sein. Angebaut werden neben einheimischen Sorten wie Lun-San (Drachenauge), Hoi-tsi-sin (schwarzes Hühnerherz) und Aromat Rose, auch eingeführte europäische Sorten aus Frankreich, Spanien und anderen Mittelmeerländern.
Der Weinbau ist zwischen dem 32. und 44. Grad nördlicher Breite über verschiedene Provinzen verstreut. Die Erziehung der Reben geschieht mittels besonderer Gerüste, 2 m hohen Beton- oder Steinsäulen mit Querverbindungen aus Drähten oder Bambusstangen. Da in den meisten Gebieten mit Temperaturen bis zu -30° C gerechnet werden muß, werden die oberirdischen Teile des Rebstockes im Herbst von den Gerüsten geholt, auf den Boden gelegt und mit Stroh und Erde bedeckt. Die meisten Trauben werden frisch verzehrt und nur ein Teil zur Weinbereitung verwendet. Die Qualitätsanforderungen entsprechen noch nicht den internationalen Marktvorstellungen.
China ist im Grunde ein sehr altes Weinland. Bereits im Jahr 2140 v. Chr. wird von Weinbau berichtet. Seidenkarawanen brachten aus dem Mittelmeerraum und aus Persien Wein mit. Unter der Chou-Dynastie (1066) soll am Hofe regelmäßig Wein gereicht worden sein. 1322 wurden die meisten Weinberge aufgrund eines kaiserlichen Befehls ausgehauen, um Getreidefeldern Platz zu machen. Marco Polo fand größere Weinplantagen in Tai-Yuan, und Sven Hedin gelang es, bei Ausgrabungen in der von Wüstensand bedeckten Stadt Loulan in Nordwest-China versteinerte Reben aus der Hunnenzeit zu bergen. Obwohl heute alle nur erdenklichen Weinsorten wie Rot- und Weißwein, süß und trocken, Schaumweine und Wermut hergestellt werden, spielt aus Trauben hergestellter Wein neben anderen, aus Früchten und Reis gewonnenen Weinen nur eine untergeordnete Rolle.

Chinon Französischer AC-Rotwein aus der gleichnamigen Stadt an der Vienne und einigen Gemeinden in der →Touraine. Der tiefrote Wein stammt wie der benachbarte →*Bourgueil* aus der →Cabernet Franc, ist leichter als dieser und ist nicht so lange lagerfähig.

Chiroubles Eine der 10 Gemeinden im →Beaujolais, die ihren Namen auf den Etiketten führen dürfen (Cru).

Chläfner Schweizer Name für Blauer →Spätburgunder, der heute noch im Gebiet um den Zürichsee verwendet wird.

Chlorophyll Photosynthetisch aktives Pigment der Chloroplasten, die in den Pflanzenzellen für die →Photosynthese verantwortlich sind. Das Chlorophyll besteht aus einem hochmolekularen Ringsystem, das als Zentralatom →Magnesium enthält. Chlorophyll ist sichtbar durch die grüne Farbe des Blattes, es nimmt mit dem Sonnenlicht die nötige Energie zur Bildung und Einlagerung der →Speicherstoffe (Kohlenhydrate, Zucker) auf. Bei →Chlorose wird es zerstört, und das Blatt verliert seine Farbe.

Chlorose (auch **Gelbsucht der Rebe**) Diese Krankheit äußert sich – wie der Name sagt – in einer Gelbfärbung des Laubes; jüngere Blätter bleiben klein und zitronengelb, ältere verlieren ihre grüne Farbe und bleichen aus, nur die Adern bleiben verschont. So erkrankte Reben →verrieseln leichter und haben eine schlechte Holz- und Traubenreife. Die Ursachen für Chlorose können verschiedener Natur sein und sind noch nicht völlig erforscht. Oft hängt ihr Auftreten mit zu hohem Kalziumgehalt des Bodens zusammen, wobei nur der durch Kohlensäure gelöste Kalk wirksam wird. Auch Ansammlungen von abgeschiedenem Schwefelwasserstoff können Chlorose bewirken, ebenso wie Mangel an Eisen in der Pflanze. Phosphatüberschuß führt zu dem gleichen Erscheinungsbild der Gelbsucht wie auch eine ungenügende Durchlüftung des Bodens und Staunässe (→Dränage). In kühlen, nassen Jahren tritt die Chlorose daher häufiger in Erscheinung als in trockenen.
Die Bekämpfung der Chlorose muß vielseitig sein wie ihre Ursachen. Bei Kalk- und Eisenmangelchlorose kann durch Zufuhr von Eisenpräparaten (Eisenvitriol, Fetriolon) zu Boden oder Laub eine vorübergehende Besserung erreicht werden. Die anderen möglichen Ursachen müssen durch geeignete Vorbeugemaßnahmen ausgeschlossen werden: Beseitigung der Staunässe, eventuell durch Dränage; Lockerung und Durchlüftung des Bodens; Senkung des pH-Werts und des Kalkgehalts im Boden, indem man nur physiologisch saure →Dünger verwendet, um einen Phospatüberschuß zu verhindern; Vermeidung von organischer Düngung, bei der Kohlensäure freigesetzt wird (Stallmist), und Anwendung von Torf, Kompost oder →Gründüngung; ausschließliche Anpflanzung von →Pfropfreben mit für Gelbsucht unempfindlichen →Unterlagsreben (Berlandieri).

Chouilly Weinort in der →Champagne, dessen weiße Gewächse für die Champagnerherstellung als Grands Crus eingestuft sind, das heißt mit 100% bewertet werden.

Chromosomen Träger der Erbeigenschaften (Gene). In der Körperzelle entsprechen sich jeweils zwei homologe Chromosomen in Größe und Gestalt. Jede Art von Lebewesen hat eine konstante Anzahl von Chromosomen (Rebe 2n = 38). Bei der Kernteilung (Mitose) verdoppeln sich die Chromosomen durch Längsspaltung, und die Spalthälften werden gleichmäßig auf die beiden Tochterkerne verteilt. Dies ist wichtig bei der →vegetativen Vermehrung der Reben (Setzlinge, →Pfropfreben), weil dadurch im großen und ganzen die Eigenschaften der Basisrebstöcke von den Nachkömmlingen übernommen werden. Auch das →Wachstum beruht auf dieser Art der Kernteilung. Anders ist es bei der geschlechtlichen Fortpflanzung. Durch die Befruchtung in der →Blüte verschmelzen zwei haploide Keimzellen, die jeweils nur einen Chromosomensatz enthalten. Dadurch wird das elterliche Erbgut durchmischt, und die Tochterorganismen sind gegenüber den Eltern verändert. Darauf beruht die →Rebenzüchtung.

Cidre →Apfelmost, Apfelwein.

Cinque Terre Italienischer DOC-Weißwein aus →Ligurien, südöstlich von Genua. Einige Weinberge sind nur vom Meer aus mit dem Boot zu erreichen. Der strohgelbe Wein schmeckt trocken und angenehm, er stammt zu mindestens 60% aus Bosco und zu höchstens 40% aus Albarola und/oder Vermentino. Eine Spezialität ist der extraktreiche →*Cinque Terre Sciacchetrà* aus angetrockneten Trauben, der süß bis fast trocken sein kann.

Die Rolle der Chromosomen bei der Zellteilung.
1. Die männliche Samenzelle dringt in die Eizelle ein.
2. Es bildet sich das Zentrosom.
3. Das Zentrosom hat sich verdoppelt, die Kerne nähern sich einander.
4. Die Zentrosomen wandern zu den Polen.
5. Die Kerne verschmelzen, die Chromosomen ordnen sich in schmale Bänder.
6. Die Chromosomen ordnen sich in der Äquatorebene an.
7. Längsspaltung der Chromosomen.
8. Bildung zweier neuer Kerne und Einschnürung der Zelle.

Die steilen Rebhänge von Cinque Terre.

Cinsault Reichtragende Rotweinrebe, die in Frankreich von den Pyrenäen bis zu den Alpen verbreitet ist und vollmundige, dunkle Rotweine liefert, die häufig zum Verschnitt herangezogen werden.

Cirò Italienischer DOC-Rot-, -Weiß- und -Roseewein aus den Gemeinden von Cirò,

Crucoli und Melissa in →Kalabrien. Der weiße *Cirò Bianco* wird aus →Greco Bianco und bis 10% →Trebbiano Toscano gewonnen, ist strohgelb und aromatisch mit charakteristischer Blume und delikatem Geschmack. *Cirò Rosso* und *Rosato* werden aus Gaglioppo und bis 5% Trebbiano Toscano oder Greco Bianco hergestellt und sind vollmundig und schwer. Das Prädikat Classico setzt voraus, daß der Wein aus dem Gebiet von Cirò oder Cirò Marina stammt. Riserva darf der Wein nach mindestens dreijähriger Lagerung heißen.

Cladiosporium cellare (lat.) →Kellerschimmel.

Clairet Französische Bezeichnung für einen leichten, hellen Rotweintyp, der wenig Gerbstoff enthält, nicht lange lagern muß und bei Kellertemperatur serviert wird.

Clairette Blanche Weißweintraube, die in Südfrankreich (Rhônetal, Nîmes, Languedoc) und in Australien, Südafrika und Kalifornien angebaut wird. Sie liefert liebliche, harmonische Weine.

Clairette de Bellegarde Weißwein aus dem gleichnamigen AC-Gebiet mit Zentrum Bellegarde im Languedoc, 20 km von Nîmes entfernt. Leichter, hellgelber, aus der →Clairette Blanche hergestellter Wein.

Clairette de Die Goldgelber, aromatischer, weißer AC-Schaum- und -Stillwein aus 25 Gemeinden um den Ort Die an der Drôme, einem Nebenfluß der Rhône in Südostfrankreich. Der Schaumwein wird aus →Clairette Blanche und →Muscat de Frontignan gewonnen und nach der →Méthode champenoise oder der →Méthode rurale bereitet.

Clairette du Languedoc Französischer AC-Weißwein aus dem Languedoc, der ausschließlich aus der →Clairette Blanche hergestellt sein muß. Der fruchtige, vollmundige Wein ähnelt stark dem →*Clairette de Bellegarde*. Spät gelesene Trauben haben →Ranciogeschmack (AC *Clairette du Languedoc Rancio*).

Clape, La Rot-, Rosee- und Weißweine aus den →Coteaux du Languedoc, südlich von Narbonne, von etwa 50.000 ha Rebfläche.

Clare Riesling Irreführende Bezeichnung für die Rebsorte Crouchen in Australien.

Claret In England und neuerdings auch in den USA gebräuchliche Bezeichnung für alle roten Bordeaux-Weine. Entspricht der Bezeichnung »Hock« für deutsche Rheinweine. Claret soll etymologisch von der lateinischen Bezeichnung vinum claratum (der eben sich zu klären beginnende Jungwein) abzuleiten sein, denn früher wurden die Bordeaux-Weine mit ausklingender Gärung bereits als Jungweine nach England exportiert. Als diese Weine im 13. Jahrhundert in steigendem Maße nach England versandt wurden, müssen sie leichter und heller, ähnlich einem Rosee, gewesen sein.

Classico Italienische →DOC (DOCG)-Prädikatsbezeichnung für einen meist höhergrädigen Wein aus dem Zentrum beziehungsweise aus der besten Gegend des betreffenden Gebietes.

Clavelin Niedrige, bauchige Flasche, in die der →*Château-Chalon* abgefüllt wird.

Clavendier Bezeichnung für Grünen →Silvaner im Kanton →Genf.

Clävner Synonym für Weißer →Burgunder.

Cleebronn Weinort im Anbaugebiet →Württemberg, Bereich Württembergisch Unterland. Großlage: *Heuchelberg*. Einzellage: *Michaelsberg*.

Cleversulzbach Ortsteil von Neuenstadt am Kocher. Weinort im Anbaugebiet →Württemberg, Bereich Württembergisch Unterland. Großlage: *Sulzberg*. Einzellage: *Eberfürst*.

Clevner In der badischen Ortenau Synonym für Roter →Traminer; im Elsaß Bezeichnung für Weißen →Burgunder; im Schweizer Kanton Zürich wird der Blaue →Spätburgunder so genannt; *Clevner Frühburgunder* heißen Tafelweine aus dem Anbaugebiet Neckar und Qualitätsweine aus dem bestimmten Anbaugebiet Württemberg, die aus dem Blauen →Frühburgunder stammen.

Climat (frz.) Weinberg, Lage.

Clos (frz.) Weinberg, der von einer Mauer umgeben war, heute in bestimmten Gebieten Weinberg überhaupt. Am häufigsten in Burgund gebräuchlich.

Clos de Bèze Weinberg in der burgundischen →Côte de Nuits, gehört zur Gemeinde →Chambertin. Seine Rotweine kommen unter dem Namen *Chambertin-Clos de Bèze* in den Handel.

Clos des Langres Beste Rotweinlage von Corgoloin in der →Côte de Nuits.

Clos de la Roche Weinberg in der burgundischen →Côte de Nuits in →Morey-Saint-Denis, der hervorragende, dem berühmten →*Chambertin* fast ebenbürtige Rotweine liefert (Grand Cru).

Clos de Tart Weinberg in der burgundischen →Côte de Nuits in der Gemeinde →Morey-Saint-Denis, dessen Rotweine als Grands Crus klassifiziert sind.

Clos de Vougeot Berühmter Grand Cru (50,2 ha) in der burgundischen →Côte de Nuits, im 12. Jahrhundert von Zisterziensermönchen aus dem 10 km entfernt gelegenen Stammkloster Cîteaux angelegt. In seinen Besitz teilen sich heute 65 Winzer. Mitten im Weinberg liegt das alte Schloß Vougeot, seit Mitte der dreißiger Jahre Sitz der Confrérie des Chevaliers du Tastevin, der bedeutendsten französischen Weinbruderschaft.

Cochem Weinort im Anbaugebiet →Mosel-Saar-Ruwer, Bereich Zell/Mosel mit Ortsteilen Sehl, →Cond.
Großlagen: *Goldbäumchen, Rosenhang* (Sehl). Einzellagen Cochem: *Herrenberg, Pinnerkreuzberg, Schloßberg*. Einzellagen Sehl: *Hochlay, Klostergarten* (Ebernach), *Sonnenberg* (Ebernach), *Bischofstuhl* (Ebernach).

Coda di Volpe Weiße Rebsorte, die im Süden Italiens angebaut wird und als Verschnittkomponente zur Herstellung von Weißweinen Verwendung findet. Der Name stammt von der fuchsschwanzförmigen Form der Traube.

Cognac Französisches AC-Weinanbaugebiet, nördlich des Bordelais, mit gleichnamiger Hauptstadt, berühmt für seine Weinbrandherstellung. Der Name *Cognac*, Destillat der Weine des Departements Charente, Charente-Maritime und Teilen der Departements Dordogne und Deux-Sèvres, gebrannt in der traditionellen einfachen Brennblase, ausgereift in Fässern aus der Limousin-Eiche, ist patentrechtlich geschützt. Alle Weinbrände der Appellation contrôlée Cognac werden vom »Bureau National Interprofessionnel du Cognac« kontrolliert. Das Anbaugebiet ist in 6 Untergebiete eingeteilt. Das feinste Lesegut kommt aus der Grande Champagne – nicht zu verwechseln mit der →Champagne östlich von Paris – rings um Ségonzac. Die übrigen Zonen sind in absteigender Reihenfolge: Petite Champagne, Borderies, Fins Bois und Bons Bois und Bois Ordinaires. Fine Champagne ist ein Verschnitt aus Grande Champagne und Petite Champagne. Den Brennwein liefern hauptsächlich die Traubensorten →Folle Blanche, →Ugni Blanc und Colombard. Das Reifen in Fässern wird behördlich überwacht. Das junge Destillat wird ins Register 0 aufgenommen, um jedes Jahr in der Klassifizierung um eine Nummer aufzurücken. Es gibt also 6 Jahresregister für Cognac von 0 bis 5 Jahren. Drei-Sterne-Cognac muß mindestens 1 Jahr, VSOP mindestens 4 1/2 Jahre gelagert sein.

Colares Kleines portugiesisches Ursprungsgebiet (Região Demarcada), direkt an der Küste des Atlantik. In sandigem Boden, »chao de areia« genannt, stehen zum Großteil noch wurzelechte Reben. Aus ihnen wird ein tiefroter, fast schwarzer, kräftig voller Rotwein gewonnen, der wegen seines hohen Gerbstoffgehaltes erst nach längerer Lagerung sein optimales Geschmacksbild erreicht. Er gilt als portugiesischer Spitzenrotwein.

Mitglied der Confrérie des Chevaliers du Tastevin.

Colheita (port.) Jahrgang.

Colli Albani Italienischer DOC-Weißwein aus →Latium, aus der Gegend um den Albaner See, südlich von Rom. Der strohgelbe Wein ist trocken oder leicht süß und stammt bis zu 60% aus →Malvasia, zu 25–50% aus →Trebbiano und anderen Weißweinsorten. Er paßt gut zu Fischspeisen. Der Schaumwein gleichen Namens unterliegt denselben Bedingungen.

Colli Altotiberini Italienischer DOC-Weißsowie -Rot- und Roseewein aus →Umbrien, aus der Gegend um Perugia. Der strohgelbe Weißwein →*(Bianco)* ist trocken und harmonisch und stammt zu 75–90% aus →Trebbiano Toscano, zu höchstens 10% aus →Malvasia del Chianti und zu höchstens 15% aus anderen Weißweinsorten. Der rubinrote, fruchtige Rotwein *(Rosso)* wird zu 55–70% aus →Sangiovese, zu 10–20% aus →Merlot sowie bis zu höchstens 10% aus den weißen Sorten Trebbiano Toscano und Malvasia del Chianti gekeltert. Höchstens 15% andere empfohlene Rotweinsorten dürfen als Ergänzung hinzugefügt werden. Der gleichnamige Rosee *(Rosato)* muß die gleichen Bedingungen erfüllen.

Colli Berici Italienische DOC-Rot- und -Weißweine aus →Venetien, von den Hügeln südlich Vicenza. Die Weine werden mit dem Zusatz ihrer Hauptrebsorte auf den Markt gebracht: *Garganega* (blaßgelb, leicht bitter), *Tocai Bianco* (strohgelb, frisch, harmonisch), *Sauvignon* (strohgelb, sortentypisch aromatisch), *Pinot Bianco* (hellgelb, voll), *Merlot* (rubinrot, weich), *Tocai Rosso* (hellrubinrot, leicht bitter), *Cabernet Franc* (rubin- bis leicht orangerot, trocken, kräftig).

Colli Bolognesi Italienische DOC-Rot- und -Weißweine aus der →Emilia-Romagna, auch *Colli Bolognesi Monte San Pietro* und *Colli Bolognesi dei Castelli Medioevali* genannt. *Colli Bolognesi Bianco* stammt zu 60–80% aus →Albana. Die anderen 7 Weine sind mit ihrer Hauptrebsorte gekennzeichnet, wenn mindestens 85% darin enthalten sind. *Barbera* (dunkelrot, körperreich), *Cabernet-Sauvignon* (rubinrot, duftig), *Merlot* (rubinrot, trocken bis leicht süß), *Sauvignon* (strohgelb, trocken bis leicht süß, aromatisch), *Pinot Bianco* (grünlichgelb, charakteristisches Bukett), *Riesling Italico* (strohgelb, trocken bis halbsüß), *Pignoletto* (gelb, leicht aromatisch).

Colli del Trasimeno Italienischer DOC-Weiß- und -Rotwein aus →Umbrien, aus 5 Gemeinden um den Trasimeno-See. Der Weißwein stammt zu 60–80% aus →Trebbiano und bis 40% aus verschiedenen Weißweinsorten. Der Rotwein stammt zu 60–80% aus →Sangiovese und bis zu 40% aus verschiedenen Sorten. Der Weißwein ist strohgelb und angenehm, der Rotwein granat- bis ziegelrot, trocken und mit leichtem Veilchenduft.

Colli di Bolzano →Bozner Leiten.

Colli di Parma Italienischer DOC-Rot- und -Weißwein aus der →Emilia-Romagna, von den Hügeln der Provinz Parma. Der Rotwein, der unter der obigen Bezeichnung verkauft wird, enthält zu 60–75% →Barbera, ist leicht perlend und schmeckt harmonisch und trocken. Der Weißwein kommt mit dem Zusatz *Malvasia* oder *Sauvignon* auf den Markt und wird ausschließlich aus diesen Rebsorten gekeltert. Der *Malvasia* ist trocken oder leicht süß und schmeckt nach der namengebenden Rebsorte.

Colli Euganei Italienische DOC-Weine aus →Venetien, von den Euganeischen Hügeln südwestlich von Padua. Der Weißwein *(Bianco)* stammt zu 30–50% aus →Garganega, zu 10–30% aus Serprina und zu 20–40% aus →Tocai und/oder →Sauvignon. Bis zu 20% dürfen noch andere Sorten enthalten sein. Der Rotwein *(Rosso)* stammt zu 60–80% aus →Merlot und zu 20–40% aus →Cabernet Franc, →Cabernet-Sauvignon, →Barbera und →Raboso. Der *Moscato* stammt zu 95% aus →Moscato Bianco. Der *Tocai Italico* stammt zu mindestens 90% aus der namengebenden Rebsorte, als Ergänzung sind nur in der Produktionszone empfohlene Rebsorten erlaubt. Die Rotweine *Cabernet* und *Merlot* müssen ebenfalls zu mindestens 90% aus den gleichnamigen Rebsorten gekeltert werden, wobei *Cabernet* aus Cabernet Franc und/oder Cabernet-Sauvignon stammen darf. Die wichtigsten Charakteristika: *Bianco* strohgelb, weich, fein; *Rosso* rubinrot, körperreich, weich; *Pinot Bianco* delikat, trocken bis lieblich; *Moscato* goldgelb, süß, aromatisch, still oder leicht perlend. *Riesling Italico* strohfarben, trocken oder mild; *Cabernet* intensiv rubinrot, würzig; *Merlot* rubinrot, trocken bis mild.

Colli Lanuvini Italienischer DOC-Weißwein, ähnlich dem →*Colli Albani* aus →Latium. Der strohgelbe, trockene bis leicht süße Wein stammt bis zu 70% aus →Malvasia Bianca und Malvasia Puntinata und zu mindestens 30% aus →Trebbiano und bis 10% aus →Bonvino und Bellone.

Colli Martani Neue DOC-Rot- und -Weißweine aus →Umbrien.

Colli Morenici Mantovani del Garda Italienische DOC-Weiß-, -Rot- und -Roseeweine aus der →Lombardei, südöstlich des Gardasees. Der Weißwein *(Bianco)* stammt zu 20–50% aus →Garganega, 10–35% →Trebbiano, bis zu 15% Ergänzungssorten. Die Rot- und Roseeweine (*Rosso* und *Rosato*) stammen zu 20–50% aus →Rossanella, zu 20–40% aus →Merlot und zu 20–30% Ergänzungssorten.

Colline Lucchesi Italienische DOC-Rot- und -Weißweine aus der →Toskana, Provinz Lucca. Der strohfarbene Weißwein (*Bianco*) wird zu 50–70% aus →Trebbiano Toscano, 5–15% →Greco und/oder Grecchetto und 5% →Malvasia del Chianti gekeltert und schmeckt trokken und harmonisch. Der rubinrote Rotwein (*Rosso*) stammt zu 45–60% aus →Sangiovese sowie aus weiteren 5 Rebsorten. Er ist trocken, kräftig und ausgewogen im Geschmack.

Collio Goriziano (oder **Collio**) Weißer oder roter italienischer DOC-Wein aus der Region →Friaul-Julisch Venetien an der jugoslawischen Grenze. Er ist meist trocken. Ist keine Rebsorte angegeben, stammt der Wein zu 45–55% aus Ribolla, zu 20–30% aus →Malvasia und zu 12–15% aus →Tocai. Ist ein Wein zu 100% aus einer Rebsorte hergestellt worden, so muß diese auf dem Etikett angegeben werden: *Riesling Italico* (blaßgelb, harmonisch), *Tocai* (zitronengelb, leicht bitter, Mandelgeschmack), *Malvasia* (strohfarben, voll, ausgeglichen), *Pinot Bianco* (strohgelb, trocken, voll), *Pinot Grigio* (goldgelb, voll, trocken), *Sauvignon* (dunkelgelb, frisch), *Traminer* (dunkelgelb, voll, sortentypisch), *Merlot* (hellrot, leicht bitter), *Cabernet Franc* (hellrubinrot, rund), *Pinot Nero* (hellrubinrot, aromatisch, leicht bitter).

Colli Orientali del Friuli Italienische DOC-Rot- und Weißweine aus der Region →Friaul – Julisch Venetien von den Hügeln östlich von Udine. Zu Anfang des vorigen Jahrhunderts war der *Picolit*, ein Dessertwein, über die Grenzen hinaus bekannt. Krankheiten haben die meisten Weinberge zerstört.
Heute gibt es wieder *Picolit*, nachdem Kreuzungszüchtungen gelungen sind, die sich unanfälliger zeigen. Der *Picolit* ist ein dunkel strohfarbener halbsüßer bis süßer Wein mit delikatem Aroma und mindestens 15 Vol.-% Alkohol. Die übrigen sind Tischweine: *Tocai* (hellgoldgelb, bitterer Nachgeschmack), *Verduzzo* (goldgelb, fruchtig), *Ribolla* (grünlichgelb, frisch, weinig), *Pinot Bianco* (hellstrohgelb, weich), *Pinot Grigio* (goldgelb, trocken, sortentypisch), *Sauvignon* (hellgoldgelb, samtig), *Riesling Renano* (hellgoldgelb, trocken), *Merlot* (rubinrot, saftig), *Cabernet* (tiefrot, fein, weich), *Pinot Nero* (hellrubinrot, leicht bitter, samtig), *Refosco* (violett, warm, leicht bitter).

Colli Perugini Italienischer DOC-Rot- und -Weißwein aus →Umbrien, Provinz Perugia. Der Weißwein stammt zu 65–85% aus →Trebbiano, ist strohgelb und schmeckt frisch und fruchtig. Der Rotwein stammt zu 65–85% aus →Sangiovese, ist rubinrot und schmeckt vollmundig und trocken.

Colli Piacentini Italienische DOC-Rot- und -Weißweine aus der →Emilia-Romagna, aus der Provinz Piacenza. 8 Rot- und Weißweine sind teilweise nach den Rebsorten benannt, die zu mindestens 85% an ihrer Herstellung beteiligt sind: *Malvasia*, strohfarben, trocken oder lieblich, frisch; *Ortrugo* strohfarben, Mandelgeschmack; *Sauvignon*, strohfarben, trocken, harmonisch; *Pinot Grigio*, trocken, frisch, fein; *Barbera*, rubinrot, schmackhaft, voll; *Bonarda*, rubinrot, trocken, tanninbetont; *Pinot Nero*, rubinrot, trocken, ausgewogen, typisch.
3 Weißweine und 1 Rotwein tragen Gebietsnamen auf dem Etikett: *Montorosso Val d'Arda*, zu 30–50% aus →Malvasia, 10–30% Moscato, höchstens 20% →Sauvignon und/oder Beverdino sowie 20–35% →Trebbiano und Ortrugo, strohfarben, trocken oder lieblich, fein; *Trebbianino Val Trebbia* aus 35–50% Ortrugo, 10–30% Malvasia und/oder Moscato und 15–30% Trebbiano und/oder Sauvignon, strohfarben, trocken oder lieblich, subtil; *Val Nure*, 30–50% Malvasia, 20–35% Ortrugo, 20–35% Trebbiano sowie höchstens 15% Ergänzungssorten, hell strohfarben, trocken oder lieblich, frisch. Von den letzten 3 Versionen gibt es auch Schaumweine. *Gutturnio* aus 55–70% →Barbera und 30–45% →Bonarda, rubinrot, trocken oder lieblich, anregend.

Colli Tortonesi Italienischer DOC-Weiß- und -Rotwein aus dem →Piemont. *Colli Tortonesi Barbera* ist ein rubinroter, frischer, saftiger Rotwein bis zu 100% aus →Barbera-Trauben. Der *Cortese* stammt ausschließlich aus →Cortese-Trauben, ist strohgelb, trocken, frisch und leicht.

Colombard Französische Weißweinrebe mit sehr hoher Ertragfähigkeit, die vor allem im →Cognac- und im →Armagnac-Gebiet angebaut wird.

Colombier Weinort im Schweizer Kanton →Neuenburg, wo spritzige, prickelnde Weine aus →Chasselas erzeugt werden.

Colorino Kleinbeerige, italienische →Färbertraube, die in der →Toskana angebaut und zur Herstellung der *Chianti da Pasto fino* mitverwendet wird.

Commandaria Dem Sherry ähnlicher, süßer Wein von der Insel →Zypern.

Comtessa Weißweinrebe; Neuzüchtung der Bundesforschungsanstalt für Rebenzüchtung, Geilweilerhof, Zuchtnummer Gf 35–26–139. Kreuzung aus Madeleine Angevine x Traminer F_2. Eintragung in die Sortenliste zurückgezogen. Anbaufläche in Deutschland: 7 ha.

Coñac →Spanish Brandy.

Concord Kleinbeerige, tiefdunkle Rebe aus der →Vitis Labrusca, die im Osten der USA verbreitet ist. Die Weine sind von geringer Qualität – sie müssen stets verbessert werden – und haben ein fuchsiges Aroma (→Fuchsgeschmack).

Cond Ortsteil von Cochem. Weinort im Anbaugebiet →Mosel-Saar-Ruwer, Bereich Zell/Mosel.
Großlage: *Rosenhang*. Einzellagen: *Arzlay, Rosenberg, Nikolausberg*.

Condado de Huelva Spanisches DO-Gebiet, nordwestlich von Jerez gelegen. Es werden vor allem aufgespritete Weißweine erzeugt, die entweder jung oder nach dem →Solerasystem gereift auf den Markt kommen. Neuerdings werden auch einige leichte weiße Tischweine bereitet.

Condrieu Seltener, traditionsreicher AC-Weißwein von den →Côtes-du-Rhône (400 hl Durchschnittserzeugung), der aus der Viognier-Rebe gewonnen wird. Er ist trocken, besticht durch seinen Duft und sollte jung getrunken werden.

Conegliano Weinstadt nördlich von Venedig mit der größten italienischen Lehr- und Forschungsanstalt für Wein- und Obstbau. Der aus der Prosecco-Rebe gewonnene →*Prosecco di Conegliano/Valdobbiadene* unterliegt trocken oder süß als Still–, Perl- oder Schaumwein den DOC-Bestimmungen.

Confrérie des Chevaliers du Tastevin →Clos de Vougeot.

Constantia Südafrikanischer Dessertwein, der zur Zeit Napoleons und Bismarcks auch auf dem europäischen Markt eine Rolle spielte. Groot Constantia war eines der ersten Weingüter am Kap und ist heute Weinbau-Versuchsstation und Farmmuseum, im Stadtgebiet von Kapstadt gelegen.

Coonawarra Rotwein-Anbaugebiet in →Australien.

Copertino Italienischer DOC-Rot- und -Roseewein aus →Apulien, westlich von Lecce. Der Wein wird zu 70–100% aus der →Negroamaro gekeltert, bis zu 30% Ergänzungssorten sind zugelassen. Der Rotwein ist trocken und wohlschmeckend mit leicht bitterem Nachgeschmack.

Copita Spanisches Glas, speziell für *Sherry Fino*.

Corbières Die 1985 in der Liste der AC aufgenommenen Weiß-, Rosee- und Rotweine stammen aus dem Gebiet südöstlich von Carcassonne in →Languedoc-Roussillon in Südfrankreich. Rund 600.000 hl werden hier auf einer Fläche von 23.000 ha erzeugt. Die Weißweine stammen aus der →Clairette Blanche, Bourboulenc und →Macabeo. Die Rotweine aus →Carignan, →Grenache, →Cinsault und anderen, wobei die Rotweine mit 90% den überwiegenden Teil der Produktion ausmachen. Die vorerst etwas rauhen Weine gewinnen mit dem Alter.

Cori Italienischer DOC-Rot- und -Weißwein aus →Latium, südöstlich von Rom. Der strohgelbe, weiche Weißwein stammt aus →Malvasia (maximal 70%), Bellone (maximal 30%), →Trebbiano (maximal 40%). Der rubinrote, samtige, frische Rotwein stammt aus →Montepulciano (40–60%), Nero Buono di Cori (20–40%) und →Cesanese (10–30%).

Cornas Kräftiger, angenehmer AC-Rotwein von den Côtes du Rhône, gegenüber von Valence, aus der →Syrah-Rebe. Er reicht zwar an den benachbarten →*Hermitage* nicht heran, ist aber dennoch kräftig und im Alter geschmeidig.

Cortese Italienische Weißweinrebe, die vor allem in Norditalien verbreitet ist und unter

Die berühmten Corton-Lagen in der Côte de Beaune in Burgund.

anderem die vorzüglichen, jedoch nicht sehr haltbaren →Gavi-Weine liefert.

Cortese dell'Alto Monferrato Italienischer DOC-Weißwein aus dem →Piemont, zu 85–100% aus der namengebenden Rebsorte gekeltert. Der strohfarbene Wein schmeckt frisch und harmonisch mit einem leicht bitteren Ton. Es gibt diesen Wein auch in schäumender und perlender Version.

Cortese di Gavi →Gavi.

Corton Spitzenlage der Gemeinden →Aloxe-Corton, →Pernand-Vergelesses und Ladoix-Serrigny in der burgundischen →Côte de Beaune, die Rot- und Weißweine hervorbringt. *Corton-Charlemagne* ist der Name eines großen Weißweines. Er erinnert daran, daß →Karl der Große hier schon Weinbergsbesitz hatte (→Charlemagne).

Corvina Veronese Italienische Rotweinrebe, die hauptsächlich am Gardasee um Verona und in der →Lombardei angebaut wird. Stellt den Hauptanteil beim Verschnitt der →*Bardolino*- und der →*Valpolicella*-Weine.

Corvo Bekannter sizilianischer Rotwein, der keinen DOC-Schutz genießt.

COS Abkürzung der lateinischen Worte color-odor-sapor; sie erinnert daran, daß Auge, Nase und Mund die Farbe, den Geruch und den Geschmack des Weines prüfen müssen. Diese Weinbeurteilungsformel hat sich in der frühmittelalterlichen Medizin aus antiken Erfahrungen herauskristallisiert. Horaz (65–8 v. Chr.) gebraucht in seiner Feinschmeckersatire II.4., auf die Weinbehandlung eingehend, bereits die beiden Ausdrücke odor und sapor, und die Begriffsdreiheit color–odor–sapor wird schon von Lucretius (um 55 v. Chr.) und Plinius (um 50 n. Chr.) in der epikuräischen Popularphilosophie verwendet. Zusammengeschmolzen finden sich die drei Sinneseindrücke dann erst im Mittelalter wieder, sie werden heute noch bei Weinproben oft zitiert (→Bewertungssysteme).

Cos d'Estournel →Médoc.

Cos du Rocher Grand Permier Cru aus →Yvorne im Schweizer Kanton →Waadt.

Cosecha (span.) Ernte. Steht vor der Jahrgangsbezeichnung auf spanischen Etiketten.

Cossebaude Weinort im Anbaugebiet →Elbe, mit der Lage *Bauernberge*.

Costières du Gard Rot- und Weißweine aus dem südfranzösischen Gebiet →Languedoc-Roussillon, die seit 1986 die AC führen dürfen. Es werden hauptsächlich Rotweine (95%) produziert, wobei die →Carignan-Rebe zugunsten der →Grenache zurückgedrängt wird. Es handelt sich um typisch südfranzösische fruchtige, süffige Weine.

Cot Synonym für →Malbec.

Côte, La Schweizer Weinbauregion am Genfer See zwischen Coppet bei Genf und Lausanne im Kanton →Waadt. Sie wird untergliedert in Grande Côte, Petite Côte, Region de Morges. Es werden hauptsächlich Weißweine aus der Chasselas-Rebe produziert, die hier *Dorin* heißen. Bekannte Orte sind Mont-sur-Rolle, Tartegnin, Féchy, Luins, Vinzel und Morges. Um Nyon gedeihen gute Rotweine.

Coteau, Côte (frz.) Abhang, Hügel. Bezeichnung für hängige, geschützte, warme Weinbergslagen. Etymologisch sind es althergebrachte Wortverbindungen, die heute in der →AC- und →VDQS-Gesetzgebung genau fixiert sind. Ihre Wertung ist völlig unterschiedlich. Während die *Côte de Nuits* zum Beispiel qualitativ das Herzstück Burgunds darstellt, stehen Weine mit der Bezeichnung *Côte de Bordeaux* am unteren Ende der Qualitätsklassifizierung von Bordeaux.

Coteaux Champenois AC-Bezeichnung für weiße Stillweine aus der →Champagne.

Coteaux d'Aix-en-Provence, Coteaux d'Aix-en-Provence Les Beaux de Provence Rot-, Weiß- und Roseeweine aus Südfrankreich, die seit 1985 die AC führen. Auf rund 3.000 ha werden jährlich rund 120 hl Wein erzeugt, wobei die Rotweine aus →Mourvèdre, →Syrah und →Cabernet-Sauvignon überwiegen. Es handelt sich um geschmeidige Weine, die nach ein paar Jahren harmonisch und ausgeglichen werden.

Coteaux d'Ajaccio →Vin de Corse.

Coteaux d'Ancenis VDQS-Weine von der Mündung der Loire, die hinter der Herkunftsbezeichnung den Namen der Rebsorte (hauptsächlich →Pineau de la Loire, →Chenin Blanc, →Gamay, →Cabernet, →Malvoisie) auf dem Etikett führen.

Coteaux de la Loire Untergebiet des Anbaugebietes →Anjou, aus dem rassige Weißweine stammen, die mit der AC *Anjou-Coteaux de la Loire* bezeichnet werden. Die Coteaux de la

Loire sind außerdem eines der drei Produktionsgebiete für →*Muscadet.*

Coteaux-de-la-Méjanelle AC-Rot- und -Weißweine, die in vier Gemeinden bei Montpellier gedeihen. Die Rebsorten entsprechen denen der →Coteaux du Languedoc.

Coteaux de l'Aubance AC-Gebiet im →Anjou, aus dem hauptsächlich feine, halbtrockene Weißweine aus der →Chenin Blanc und Roseeweine aus →Cabernet Franc stammen.

Coteaux de Lully Feiner, frischer Weißwein aus der Chasselas-Rebe aus dem Schweizer Kanton →Genf.

Coteaux de Pierrevert Rot-, Weiß- und Roseeweine mit dem Gütezeichen VDQS aus der →Provence.

Coteaux-de-Saint-Christol AC-Rot- und -Roseeweine aus der gleichnamigen Gemeinde in den →Coteaux du Languedoc. Die Rot- und Roseeweine sind fruchtig und sehr geschmeidig. Die Rebsorten entsprechen denen des Obergebiets. Die Lage geht auf die Zeit Ludwigs des Heiligen zurück.

Coteaux de Saumur AC-Gebiet im →Anjou, an der Loire, aus dem Weißweine mit kräftigem Geschmack stammen.

Coteaux-de-Vérargues AC-Weiß-, Rot- und Roseeweine aus den →Coteaux du Languedoc aus 9 Gemeinden um den namengebenden Ort. Die Weine sind harmonisch.

Coteaux du Jura Untergebiet des Schweizer Kantons →Waadt am Neuenburger See. Die →*Dorins* und Pinot-Noir-Weine gleichen den Chasselas- und Rotweinen aus dem Kanton →Neuenburg. Hauptorte sind Arnex, Bonvillars, Corcelles, Grandson, Orbe.

Coteaux du Languedoc Neues AC-Gebiet (seit 1985) in Südfrankreich, das 50.000 ha, verteilt über 121 Gemeinden in den Departements Aude, Gard und Hérault, umfaßt. Jahresproduktion durchschnittlich 400.000 hl. Die Weine werden entweder unter der AC des Gebietes oder unter den Lagenbezeichnungen →*Clairette du Languedoc,* →*Faugères* oder →*Saint-Chinian* verkauft. Weitere Unterbezeichnungen sind: →*Cabrières, La* →*Clape,* →*Coteaux-de-la-Méjanelle,* →*Coteaux-de-Saint-Christol,* →*Coteaux-de-Vérargues,* →*Montpeyroux,* →*Picpoul-de-Pinet,* →*Pic Saint-Loup,* →*Quatourze,* →*Saint-Drézery,* →*Saint-Georges-d'Orques* und →*Saint Saturnin.* Diese Namen werden auf dem Etikett zusammen mit dem Gebietsnamen genannt. Die Weinberge des Languedoc gehören zu den ältesten Frankreichs, ihr Ursprung geht auf die Römer zurück.

Coteaux du Layon AC-Gebiet in →Anjou an einem Nebenfluß der Loire. Die halbtrockenen bis süßen Weißweine werden aus Pineau de la Loire (→Chenin Blanc) gewonnen, die oft in Edelfäule (→Botrytis cinerea) übergeht. Die besten Herkünfte führen zusätzlich den Namen der Gemeinde auf dem Etikett. →Bonnezeaux und →Quarts-de-Chaume haben ihre eigene Herkunftsbezeichnung.

Coteaux du Loir AC-Gebiet nördlich von Tours am Loir, einem Nebenfluß der Loire. Die gefälligen Weißweine stammen hauptsächlich aus →Pineau de la Loire, die vollmundigen, oft würzigen Rotweine und die Roseeweine aus Pineau d'Aunis, →Cabernet, →Gamay und →Cot. Der beste, →*Jasnières,* hat eine eigene Ursprungsbezeichnung.

Coteaux du Tricastin Rot-, Rosee- und Weißweine aus einem Randgebiet der →Côtes du Rhone tragen seit 1973 diese Appellation. Innerhalb des AC-Gebiets befindet sich die Université du Vin in Suze-la-Rousse.

Coteaux du Zaccar Herkunftsgebiet eines der besten Rotweine aus →Algerien. Die Weine tragen die Bezeichnung VAOG und werden aus Pinot Noir (Blauem →Spätburgunder), →Syrah und →Grenache gekeltert.

Coteaux Varois Diese erst seit 1984 bestehende VDQS erstreckt sich über knapp 30 Gemeinden in der →Provence. Die fruchtigen Rot- und die frischen, leichten Roseeweine ähneln denen der →Côtes de Provence. Die zugelassenen Rebsorten sind typisch für die Region, wobei auf Qualität geachtet wird.

Côte Chalonnaise (auch **Chalonnais**) Kleines AC-Weinbaugebiet in Burgund zwischen der →Côte de Beaune im Norden und dem →Mâconnais im Süden. Die weißen und roten Weine, vor allem aus den Gemarkungen →Rully, →Mercurey, →Givry und →Montagny, stehen ihren berühmten Vettern von der →Côte d'Or kaum nach. Es gibt nur wenige Lagenbezeichnungen, meistens wird allein der Ort angegeben.

Côte de Beaune Teil der Côte d'Or in →Burgund, südlich der Côte de Nuits; reicht von Ladoix bis Chagny. Edelste Rotweine aus Pinot Noir und Weißweine aus der Chardonnay-Rebe, gewachsen auf ähnlich unterschiedlichen Böden wie in der →Côte de Nuits. Hauptvertriebszentrum ist →Beaune mit seiner Stadtmauer und den berühmten →Hospices de Beaune. →Meursault und →Puligny-Montrachet sind Zentren für kräftigen, nachhaltigen, trockenen weißen Burgunder. (→Aloxe-Corton, →Chassagne-Montrachet, →Pernand-Vergelesses, →Pommard, →Saint-Aubin, →Savigny-lès-Beaune, →Volnay.). *Côte de Beaune-Villages* ist die AC-Bezeichnung für Weine aus bestimmten Randgemeinden des Gebiets. Unter der AC *Bourgogne Hautes Côte de Beaune* kommen Weine aus einem westlich parallel verlaufenden Gebiet auf den Markt.

Côte de Brouilly Eine der 10 näheren Herkunftsbezeichnungen (AC) von →Beaujolais (Premier Cru).

Côte de Nuits Teil der Côte d'Or in →Burgund, nördlich der Côte de Beaune gelegen. Auf verschiedenartigen, einander abwechselnden Kalkgesteinsböden, häufig auch auf Mergelunterböden mit Auflagen aus Schwemmkalk oder Kalkschotter, gedeiht hauptsächlich Pinot Noir (Blauer →Spätburgunder), der samtige, feurige Spitzen-Rotweine hervorbringt. Zentren des Anbaues sind →Chambolle-Musigny (auch Weißweine), →Gevrey-Chambertin, →Morey-Saint-Denis, →Vosne-Romanée und →Vougeot (auch Weißweine). Weine mit der Bezeichnung *Côte de Nuits-Villages* stammen aus den 5 Randgemeinden Brochon, Comblanchien, Corgoloin, Fixin und Prissey. Die AC *Bourgogne Hautes Côtes de Nuits* bezieht sich auf ein westlich parallel verlaufendes Gebiet.

Côte d'Or Herzstück des Burgunder AC-Weinbaugebietes. Der etwa 50 km lange, unregelmäßige Steilabbruch einer bewaldeten Hochfläche zu der Talebene der Saône, erstreckt sich von Dijon bis Santenay. Die Côte d'Or wird (von Norden nach Süden) unterteilt in →Côte de Nuits und →Côte de Beaune.

Côte-Rôtie AC-Gebiet am nördlichsten Ende der →Côtes du Rhône. Die dunklen, nachhaltigen Rotweine, hauptsächlich aus der →Syrah-Traube, haben ein sehr feines Bukett und viel Körper. Die besten Lagen sind *Côte-Brune* und *Côte-Blonde*. Côte-Rôtie-Weine sollten lange gelagert werden.

Côtes-de Bergerac →Bergerac.

Côte de Blaye →Blayais.

Côtes de Bordeaux-Saint-Macaire AC-Weißweingebiet südöstlich von →Entre-Deux-Mers.

Côtes de Bourg →Bourg.

Côtes de Provence Seit 1977 AC-Gebiet für Weiß-, Rosee- und Rotweine aus 3 Anbaugebieten in Südfrankreich: la Côte (bei Saint-Tropez), der Nordseite des Massif des Maures und dem Argens-Tal. Am bekanntesten sind die frischen, fruchtigen Roseeweine. Die besten Rotweine stammen aus Taradeau und Pierrefeu. Die hellgelben Weißweine sind trocken, kräftig und fruchtig.

Côtes de Toul Kleines Weinbaugebiet in →Lothringen, dessen Weiß-, Rot- und Roseeweine das Gütesiegel VDQS tragen.

Côtes du Buzet →Buzet.

Côtes du Jura AC-Gebiet im Osten Frankreichs an der Schweizer Grenze. Unter dieser allgemeinen Bezeichnung kommen hauptsächlich Weiß-, Rosee- und Rotweine, aber auch →Strohweine und Schaumweine aus 12 Gemeinden auf den Markt. Am besten sind die Rotweine aus →Poulsard und →Trousseau. Das Weinbau- und Weinhandelszentrum →Arbois hat eine eigene AC, ebenso →Étoile, →Château-Chalon.

Côtes du Lubéron Neues AC-Gebiet in den →Côtes du Rhône, dessen milde Rot- und Roseeweine bis 1988 als Provence-Weine und vor 1953 unter der allgemeinen Bezeichnung *Côtes-du-Rhône* verkauft wurden. Geringe Produktion von Weißweinen.

Côtes du Rhône 60.000 ha große französische AC-Region, die über 200 km Länge von Lyon bis Avignon an der Rhône entlang verläuft. Die Rotweine sind tiefdunkel, geschmacksintensiv, die Weißweine von sattgoldener Farbe und kräftiger Art. Höhere Qualitäten benötigen eine längere Lagerungszeit, bevor sie ihr optimales Geschmacksbild erreichen. Schoppenweine sollen als »Vins de Primeur« jung getrunken werden. Die Rhôneweine aus dem südlichen Teil des Gebiets werden im Gegensatz zu Burgunder meist aus mehreren (bis zu einem Dutzend) verschiedenen Sorten wie →Grenache, →Clairette, →Mourvèdre, →Picpoul, Terret Noir, Counoise, Muscadin, Bourboulenc, →Carignan, →Ugni Blanc, Roussanne, Marsanne, Viognier und →Syrah hergestellt, die aus dem nördlichen Teil aus Syrah. Die Klassifizierung der AC-Rhôneweine unterscheidet drei Qualitätsstufen: Mit der Appellation *Côtes-du-Rhône* dürfen Rot-, Weiß- und Roseeweine aus rund 130 Gemeinden entlang der Rhône bezeichnet werden. Ein Dutzend ausgesuchte Orte im

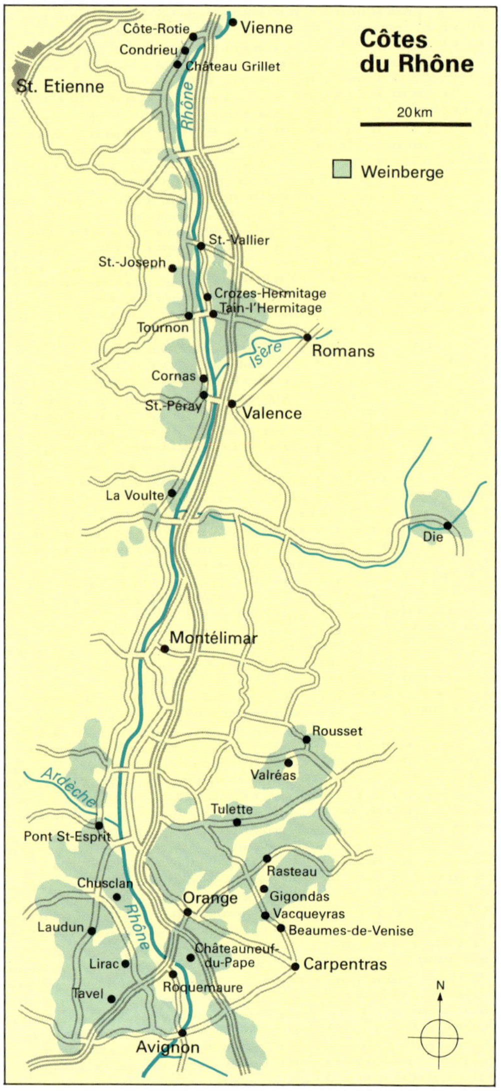

südlichen Abschnitt darf seine Weine *Côtes du Rhône-Villages* nennen. Die Appellationen →*Château-Grillet*, →*Châteauneuf-du-Pape*, →*Châtillon-en-Diois*, →*Clairette de Die*, →*Condrieu*, →*Cornas*, →*Coteaux du Tricastin*, →*Côtes du Lubéron*, →*Côte-Rôtie*, →*Côtes du Ventoux*, →*Crozes-Hermitage*, →*Gigondas*, →*Hermitage*, →*Lirac*, →*Saint-Joseph*, →*Saint-Péray*, →*Tavel* beziehen sich auf engere Gebiete oder Gemeinden. Spezialitäten des Gebiets sind die natürlichen Süßweine →*Rasteau* und *Muscat de* →*Beaumes-de-Venise*, die unter der AC *Côtes du Rhône* mit Angabe des Gemeindenamens verkauft werden.

Côtes du Ventoux Als AC eingestufte Rot-, Rosee- und auch Weißweine aus den →Côtes du Rhône.

Cotnari Ein im Mittelalter bereits berühmtes Spitzenweinbaugebiet Rumäniens. Der Name geht angeblich auf den deutschen Weinbauern Gutner zurück, der die ersten Weinberge hier angelegt haben soll.
Berühmte Lagen mit Spitzen-Ausbruchweinen sind *Catalina, Paraclis, Dealul lui Voda* (Fürstenberg), *Dealul Episcopului* (Bischofsberg) und andere. Die Cotnariweine sind ölige, natursüße Weißweine mit einem Honigton und einer harmonischen Säure aus den Rebsorten Grasă (Dicktraube) und Feteascǎ (Mädchentraube).

Coulée de Serrant →Savennières.

Coupage (frz.) Verschnitt. Der Begriff wird vor allem in der →Schaumweinherstellung gebraucht, bei der man Moste und Weine verschiedener Jahrgänge und Herkünfte mischt.

Cramant Weinort in der →Champagne, dessen Gewächse für die Champagnerherstellung als Grands Crus eingestuft sind, das heißt mit 100% bewertet werden.

Crémant 1. Bezeichnung für einen →Champagner mit geringem Kohlensäuredruck und besonders feinem Mousseux.
2. Französische AC-Schaumweine höherer Qualität außerhalb der Champagne führen ebenfalls diese Bezeichnung: zum Beispiel *Crémant d'Alsace, Crémant de Bourgogne, Crémant de Loire.*
Nicht zu verwechseln mit →Cramant, einem Weinort in der Champagne, der besonders gute Weißweine hervorbringt.

Crépy Stadt und AC-Gebiet am französischen Ufer des Genfer Sees in →Savoyen, Herkunft der bekanntesten Weißweine dieser Gegend. Er wird, wie die Schweizer Weine vom anderen Ufer, aus der →Chasselas-Rebe gekeltert und erinnert auch im Geschmack an seine Nachbarn.

Cressier Einer der größten Weinorte des Schweizer Kantons →Neuenburg, aus dem spritzige →Chasselas-Weine stammen.

Criadera (span.) Kinderstube. Lagerraum für jungen →Sherry, bevor dieser in das →Solera-System eingefügt wird.

Criesbach Ortsteil von Ingelfingen. Weinort im Anbaugebiet →Württemberg, Bereich Kocher-Jagst-Tauber. Großlage: *Kocherberg.* Einzellagen: *Burgstall, Hoher Berg.*

Criots-Bâtard-Montrachet Große Weißweinlage von →Chassagne-Montrachet.

Crouchen Blanc →Clare Riesling.

Crozes-Hermitage AC-Gebiet der →Côtes du Rhône. Die Weißweine aus →Roussanne und →Marsanne und die Rotweine aus der →Syrah sind dem →*Hermitage* ähnlich, erreichen jedoch nicht ganz dessen Qualität.

Cru (frz.) Gewächs. Französische Prädikatsbezeichnung für höher klassifizierte Standorte und deren Weine. Je nach Güte der Lage werden die Weine in verschiedene Crus classés eingeteilt. Im →Médoc gibt es unter den im Jahre 1855 eingestuften Crus classés (1er–5ème) Cru Exceptionnel, Cru Bourgeois supérieur und Cru Bourgeois. In →Sauternes-Barsac folgen auf den Premier Grand Cru *Château d'Yquem* die Premiers Crus und die Deuxièmes Crus. In →Saint-Émilion beginnt die Reihe mit Premier Grand Cru classé, es folgen Grand Cru classé und Grand Cru.

Cules la Măturitatea de Innobilare (Cules Selectionat) Rumänische Bezeichnung für →Auslese.

Cules la Măturitatea Deplina (oder **Tirzin**) Rumänische Bezeichnung für →Spätlese.

Cules la Stăfidirea Boabelor Rumänische Bezeichnung für Ausbruch oder →Trockenbeerenauslese.

Cuve close →Tankgärung.

Cuvée (frz.). Durch Verschnitt (Coupage) hergestelltes Ausgangsprodukt für die Erzeugung eines immer gleichartigen →Schaumweines. Der Fachmann, der eine Cuvée zusammenstellt, hat ein verantwortungsvolles Amt, denn der schäumende Wein muß dem entsprechen, was der Kenner von seiner Marke kontinuierlich erwartet. Alle Qualitätsschwankungen müssen daher ausgeglichen werden. Auch Sekt mit Lagenbezeichnung (Lagensekt), dessen Grundwein aus einer einzigen →Lage stammt, wird häufig auf einer Cuvée aufgebaut, die verschiedene Jahrgänge enthält, um die Jahrgangsunterschiede auszugleichen. Es gibt jedoch auch Sekt, der auf einem einzigen Wein aufgebaut ist: der Lagensekt. Die EG definiert Cuvée als Most oder Wein oder die Mischung von Mosten oder Weinen mit verschiedenen Merkmalen zur Herstellung von Schaumwein.

D

Dackenheim Weinort im Anbaugebiet →Rheinpfalz, Bereich Mittelhaardt/Deutsche Weinstraße. Großlage: *Kobnert*. Einzellagen: *Mandelröth, Kapellengarten, Liebesbrunnen.*

Dainbach Ortsteil von Bad Mergentheim. Weinort im Anbaugebiet →Baden, Bereich Tauberfranken. Großlage: *Tauberklinge.* Einzellage: *Alte Burg.*

Dalberg Weinort im Anbaugebiet →Nahe, Bereich Kreuznach. Großlage: *Pfarrgarten.* Einzellagen: *Schloßberg, Ritterhölle, Sonnenberg.*

Dalheim Weinort im Anbaugebiet →Rheinhessen, Bereich Nierstein. Großlage: *Gutes Domtal.* Einzellagen: *Steinberg, Kranzberg, Altdörr.*

Dalkauer Weiße Neuzüchtung unter der Zuchtnummer GB I von Dalkowski, Bad Kreuznach. 1982 Eintragung in die Sortenliste. Kreuzung aus Riesling x Veltliner. Anbaufläche in Deutschland: 16 ha.

Dalmatien Jugoslawische Küsten- und Insellandschaft an der Adria. Mildes Mittelmeerklima und Kalkgestein bringen ausdrucksvolle Weine, vom einfachen Tischwein bis zum vollsüßen, sirpupähnlichen, nicht →aufgespriteten Dessertwein hervor. Spezialitäten sind *Grk* aus Korcula, *Bogdanusa* aus Hvar, *Vugava* aus Vis, →*Dingač* aus Peljesac, der →*Plavac* aus der gleichnamigen Rebe sowie *Postup* und →*Prošek,* zwei wuchtige, fast sirupähnliche Süßweine von der wildzerklüfteten Küste.

Dalsheim →Flörsheim-Dalsheim.

Dammheim Ortsteil von Landau. Weinort im Anbaugebiet →Rheinpfalz, Bereich Südliche Weinstraße. Großlage: *Bischofskreuz.* Einzellage: *Höhe.*

Damscheid Weinort im Anbaugebiet →Mittelrhein, Bereich Rheinburgengau. Großlage: *Schloß Schönburg.* Einzellagen: *Frankenhell, Sonnenstock, Goldemund.*

Weinberge bei Primosten in Dalmatinen.

Dão Portugiesische Provinz, Rotweingebiet in 350–750 m Höhe südlich des Douro, monumentale Granitgebirgslandschaft mit trockenem, heißem Klima. Die Hauptrebsorte ist der Tourigo. Der rote *Dão* ist kräftig, tanninreich und meist trocken mit 12 Vol.-% Alkohol und mehr; der weiße oft breit und klotzig, kann aber auch fein sein. Das Genossenschaftswesen ist gut entwickelt. Für die in dem bereits 1912 abgregrenzten Ursprungsgebiet gewachsenen und abgefüllten Weine gibt es ein »Selo de garantia Dão«.

Dardagny Zweitgrößter Weinort des Schweizer Kantons →Genf mit 150 ha Rebfläche.

Dattenberg Weinort im Anbaugebiet →Mittelrhein, Bereich Rheinburgengau. Großlage: *Burg Hammerstein*. Einzellage: *Gertrudenberg*.

Dattier de Beyrouth Synonym für →Regina.

Dausenau Weinort im Anbaugebiet →Mittelrhein, Bereich Rheinburgengau. Großlage: *Lahntal*. Einzellage: *Hasenberg*.

Dautenheim Ortsteil von Alzey. Weinort im Anbaugebiet →Rheinhessen, Bereich Wonnegau. Großlage: *Sybillenstein*. Einzellage: *Himmelacker*.

Dealul Mare (Großberg) Im Karpatenbogen längs der Landstraße Ploeşti-Buzau-Rimnicul-Sărat gelegenes rumänisches Weinbaugebiet. Neben natursüßen Weißweinen findet man hier hervorragende körper- und bukettreiche Rotweine aus den Rebsorten Merlot und Pinot Noir (Blauer →Spätburgunder). Am bekanntesten ist Valea Călugărească (Mönchtal) mit Weingut und Kellerei des Forschungsinstitutes, erwähnenswert weiterhin Pietroasele (vor 100 Jahren gegründete Forschungsstation für Weinbau und Kellertechnik) vor allem wegen der körperreichen, natursüßen Weißweine aus den einheimischen Rebsorten Tămîioăsă (Weihrauchtraube) und Grasă. Auf den Etiketten ist oft eine goldene Henne mit Küken dargestellt – Teil eines Goldschatzes, der bei Pietroasele ausgegraben wurde.

Debröi Hárslevelü →Hárslevelü.

Deckrot Rotweinsorte; Neuzüchtung des Staatlichen Weinbauinstituts, Freiburg/Breisgau, von Dr. J. Zimmermann. Im Jahre 1938 gekreuzt aus Ruländer x Färbertraube (Teinturier). Zuchtnummer Fr. 119–39. Bestockte Rebfläche in Deutschland: 17 ha. Liefert Weine von hoher Farbintensität, die aber nicht eigenständig ausgebaut werden können; nur als Deckrotwein empfehlenswert.

Deckrotweinzusatz Bis 30. 6. 1989 erlaubter Verschnitt von deutschem Tafel- und QbA-Rotweinen ohne Prädikat und ohne Erzeugerabfüllung mit ausländischem Deckrotwein zur Verbesserung des Farbstoffgehaltes.

Degerloch →Stuttgart.

Degorgieren (dégorger frz. reinigen) Alte Bezeichnung für →Enthefen.

Degustation Im allgemeinen Fachausdruck für das Verkosten (Probieren) von Nahrungsmitteln; speziell: →Weinkostprobe oder Weinprobe, die meist mit einer →Weinbeurteilung einhergeht. Die Verkoster, die den Wein in eigens dafür ausgestatteten →Probierräumen beurteilen, nennt man Degustatoren.

Deidesheim Malerisches Weinstädtchen im Anbaugebiet →Rheinpfalz, Bereich Mittelhaardt/Deutsche Weinstraße. Großlagen: *Schnepfenflug an der Weinstraße, Mariengarten, Hofstück*. Einzellagen: *Letten, Herrgottsacker, Mäushöhle, Kieselberg, Kalkofen, Grainhübel, Hohenmorgen, Leinhöhle, Langenmorgen, Paradiesgarten, Nonnenstück*.
Weinhandelszentrum und Sitz größerer pfälzischer Weingüter wie Bassermann-Jordan, Reichsrat von Buhl, Carl Josef Hoch, Hahnhof. Das Fremdenverkehrsamt veranstaltet verschiedene Weinseminare.

Deidesheimer Resolution Gemeinsame Satzung der deutschsprachigen →Weinbruderschaften von 1974.

Dekantieren (décanter frz. abklären) Abgießen einer klaren Flüssigkeit von einem festen Bodensatz. In der Weinfachsprache versteht man darunter das vorsichtige Abtrennen eines klaren Weines von einem →Niederschlag (Depot) am Boden der Flasche, der bei Weißweinen meist aus unschädlichen, farb- und geschmacklosen →Weinkristallen, bei Rotweinen zusätzlich aus ausgeflockten Gerb- und Farbstoffen besteht. Die Abtrennung erreicht man am einfachsten, indem man den Wein aus der Originalflasche vorsichtig in einen anderen Behälter (Karaffe, Krug, Flasche) umgießt. Bei älteren französischen Rotweinen (etwa ab 5 Jahren Flaschenlagerung), die bisweilen zur Depotbildung neigen, sollte man das Dekantieren etwa 2 Stunden vor dem Servieren vornehmen. Das Dekantierkörbchen, in dem die Weinflasche schräg liegt, erfüllt einen ähnlichen Zweck.

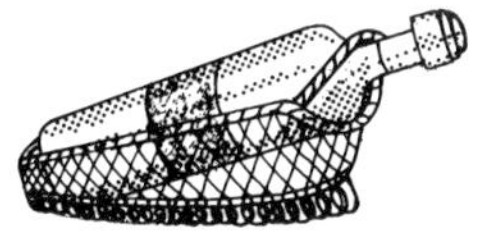

Körbchen, in das die Weinflasche zum Dekantieren gelegt wird.

Delaware Blaßrote amerikanische Traube von guter Qualität und bedeutendem Anbau. Geringer →Fuchsgeschmack und gute Ausreife erlauben selbständige Weine. Auch zum Frischverzehr geeignet.

Delight Weiße Tafeltraube; amerikanische Neuzüchtung 1936 aus Szölöskertek Kiralynöje x Sultania Marble. Trägt große Trauben, hat kernlose, gelbe Beeren und ist im Geschmack neutral.

Delizia di Vaprio Weiße Tafeltraube; italienische Neuzüchtung von J. Piovano aus Forster's White Seedling x Zibibbo. Synonym: I.P. 46 A.; spät reifend; mittelgroße Trauben, gelbe Beeren; Muskataroma.

Dellhofen Ortsteil von Oberwesel. Weinort im Anbaugebiet →Mittelrhein, Bereich Rheinburgengau. Großlage: *Schloß Schönburg*. Einzellagen: *Römerkrug, St. Werner-Berg*.

Demijohn Englische Bezeichnung für überdimensional große, bauchige Flaschen, die bis 30 l fassen können und meist korbumflochten sind. Die Franzosen haben daraus den Namen »Dame Jeanne« gemacht, bezeichnen besonders große Flaschen aber auch als Bonbonne.

demi-sec (frz.) halbtrocken. Bezeichnung für einen Schaumwein mit 33–50 g/l Restzucker (→Abstimmung).

Denominacão de Origem Portugiesische Herkunftsbezeichnung, entspricht der französischen →Appellation d'Origine contrôlée. Gilt für 10 Gebiete (→Portugal).

Denominación de Origen Spanische Herkunftsbezeichnung, entspricht der französischen →Appellation d'Origine contrôlée. Gilt für 33 Gebiete (→Spanien).

Denominazione di Origine Controllata – DOC Italienische kontrollierte Ursprungsbezeichnung. Darunter fallen nach den →VQPRD-Bestimmungen Weine, die aus einem genau umgrenzten Anbaugebiet stammen und nach festgelegten Produktionsverfahren hergestellt werden. Traubensorten, Art des jeweiligen Weines, sein Mindestalkohol- und Säuregehalt und die unter bestimmten Voraussetzungen zulässigen zusätzlichen Prädikate wie Classico (bestimmten Gemeinden im Herzstück des Gebietes vorbehalten), Superiore (Mindestlagerzeit vorgeschrieben, meist ein Jahr, und/oder höherer Alkoholgehalt) sowie Riserva (längere Mindestlagerzeit), sind vorgeschrieben.
Die »Gazetta Ufficiale« veröffentlicht seit Mai 1966 die DOC-Namen mit den jeweiligen amtlichen Herstellungsbedingungen. Der Anteil der DOC-Weine an der Gesamtproduktion beträgt 13%, davon der Großteil in Norditalien. Rund 3 Millionen hl DOC-Weine wurden exportiert. Nach Deutschland ging ein Drittel davon.

Denominazione di Origine Controllata e Garantita – DOCG Italienische kontrollierte und garantierte Ursprungsbezeichnung für Weine, die höchsten Qualitätsansprüchen genügen müssen und ein staatliches Garantiesiegel erhalten. Bis 1991 erhielten die DOCG-Bezeichnung 8 Rotweine, davon 3 aus dem Piemont (→*Barolo,* →*Barbaresco,* →*Gattinara*), 4 aus der Toskana (→*Brunello di Montalcino,* →*Vino Nobile di Montepulciano,* →*Chianti,* →*Carmignano*) und 1 aus Umbrien (→*Torgiano Riserva*) sowie 1 Weißwein aus der Emilia-Romagna (→*Albana di Romagna*).

Denominazione di Origine Semplice – DOS Italienische einfache Herkunftsbezeichnung von 1963. Seit dem 21.12.1973 ist sie in die EG-Bezeichnung →Tafelwein (Vino da Tavola) übergegangen.

Denzlingen Weinort im Anbaugebiet →Baden, Bereich Breisgau. Großlage: *Burg Zähringen*. Einzellagen: *Sonnhalde, Eichberg*.

Depot (frz.) Niederschlag, Ablagerung. In Flaschenweinen sich bildender →Niederschlag (Bodensatz), von dem der klare Wein durch →Dekantieren abgetrennt wird.

Dernau Weinort im Anbaugebiet →Ahr, Bereich Walporzheim/Ahrtal. Großlage: *Klosterberg*. Einzellagen: *Hardtberg, Pfarrwingert, Schieferlay, Burggarten, Goldkaul*.

Dertingen Ortsteil von Wertheim. Weinort im Anbaugebiet →Baden, Bereich Tauberfranken. Großlage: *Tauberklinge*. Einzellagen: *Mandelberg, Sonnenberg*.

Desinfektion Abtötung von →Mikroorganismen in und an Keller-Betriebseinrichtungen, Lager- und Versandbehältern wie Pumpen, Pressen, Filtern, Tanks, Leitungen, Flaschen, Fußböden mittels Desinfektionsmitteln. Sie wird meistens mit Reinigungsvorgängen kombiniert und dient einer einwandfreien Sauberkeit (Hygiene) im Kellerbetrieb.

Desloch Weinort im Anbaugebiet →Nahe, Bereich Schloß Böckelheim. Großlage: *Paradiesgarten*. Einzellagen: *Vor der Hölle, Hengstberg*.

Dessertweine Gängiger Ausdruck für laut EG-Regelung »Likörweine«. Neben den Weinen, die durch alkoholische Gärung aus dem

Saft frischer Weintrauben bereitet werden, gibt es auch solche, die einen nicht durch Gärung erreichbaren hohen Gehalt an Alkohol und meist auch an Zucker besitzen. Ihnen werden Trockenbeeren, eingedickter Traubensaft oder Alkohol zugesetzt. Das Aroma dieser Weine wird nicht selten durch künstlich geförderte →Oxidationsvorgänge hervorgerufen oder verstärkt. Die Bezeichnung Süd- oder →Süßweine für Dessertweine ist mißverständlich, weil zu Südweinen auch die in südlichen Ländern gewonnenen nichtsüßen Weine gehören und zu den Süßweinen auch Trockenbeerenauslesen und weinhaltige Getränke, zum Beispiel Wermutwein, gerechnet werden. Man unterscheidet zwei grundsätzlich verschiedene Verfahren der Herstellung von Dessertweinen, die in den verschiedenen Ländern auch abgewandelt oder miteinander kombiniert werden.

1. Vergärung konzentrierter, sehr zuckerreicher Traubensäfte aus Trockenbeeren oder Zusatz von konzentriertem Traubenmost zu normalem Wein (konzentrierte Dessertweine);
2. Zusatz von Alkohol oder von →aufgespritetem, eingedicktem Most zu teilweise vergorenem Traubenmost (aufgespritete Dessertweine).

Die Trockenbeeren für konzentrierte Dessertweine erhält man, indem man entweder die Trauben länger am Stock hängen läßt, sie in luftigen Räumen aufhängt oder auf Stroh, Schilf oder ähnlichem lagert. Zur Herstellung konzentrierter Dessertweine werden auch durch Erhitzung im Vakuum eingedickte Traubensäfte verwendet. Zur Bereitung aufgespriteter Dessertweine setzt man dem vergorenen oder noch unvergorenen Most von frischen Weintrauben oder Trockenbeeren so viel Alkohol oder aufgespriteten eingedickten Most zu, daß die Gärung zum Stillstand kommt und der Zucker im Wein erhalten bleibt.

Zu den bekanntesten Dessertweinen zählen →Málaga und →Sherry (Spanien), →Portwein und →Madeira (Portugal), →Marsala (Italien), →Samos (Griechenland). Neben den erwähnten Dessertweinen werden ähnliche erzeugt in Frankreich (→*Muscat de Frontignan*), in Italien (Recioto und Vin Santo), in Ungarn (→*Tokajer*), in Südtirol und in der Steiermark, in Dalmatien, in Rumänien, auf der Krim, in Kleinasien, in Syrien und Palästina, auf Zypern, in Algier, in Kalifornien und in Nordkarolina. Die bevorzugte Traubensorte zur Herstellung süßer Dessertweine ist die →Muskatellertraube. →Trockenbeerenauslesen gelten nicht als Dessertweine. Sie unterscheiden sich von diesen durch ihren Seltenheitswert und dadurch, daß sie keinerlei Zusätze von Alkohol und eingedicktem Traubensaft erhalten.

Destiladis Destillate zur Herstellung von spanischem Coñac oder →Spanish Brandy.

Destillation Verfahren zur Trennung zweier flüssiger Stoffe, im Fall der Weinbrandherstellung von Alkohol und Wasser, deren unterschiedliche Siedepunkte man sich zunutze macht. Der Wein wird in einer Brennblase (Alambic) langsam erhitzt, der Alkohol siedet und verdampft. Die Dämpfe werden in einem anderen Gefäß abgekühlt. Nach dieser 1. Destillation ist der Rohbrand oder Raubrand mit etwa 40 Vol.-% entstanden (im Französischen Brouillis, das Trübe). Nach der 2. Destillation (Bonne Chauffe) erhält man mit etwa 70 Vol.-% Alkohol die Grundlage für den späteren Brand. Vorlauf (Tête) und Nachlauf (Queue) werden abgeleitet und nur der Mittellauf Ccœur) wird zur Herstellung von Weinbrand verwendet.

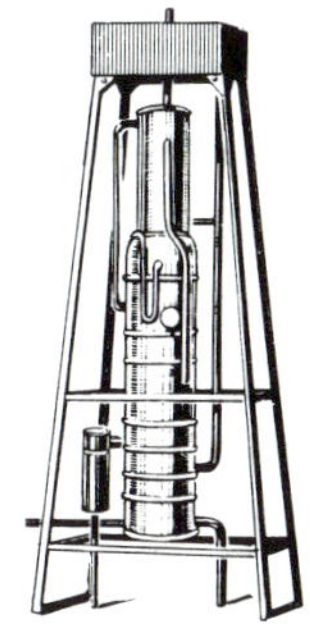

Anlage zur kontinuierlichen Destillation. Die erste und zweite Destillation finden in der gleichen Vorrichtung statt.

Dettelbach Weinort im Anbaugebiet →Franken, mit Ortsteilen →Brück, →Schnepfenbach, →Neuses am Berg, →Neusetz, Bereich Maindreieck. Großlage: *Honigberg*. Einzellagen: *Berg-Rondell, Sonnenleite*.

Detzem Weinort im Anbaugebiet →Mosel-Saar-Ruwer, Bereich Bernkastel. Großlage: *St. Michael*. Einzellagen: *Würzgarten, Maximiner Klosterlay*.

Deutsche Landwirtschafts-Gesellschaft (DLG) 1884 von Max von Eyth gegründete Vereinigung zur Förderung der Landwirtschaft und damit auch des Weinbaues, Sitz Frankfurt/Main. Sie veranstaltet die Bundesweinprämierung (→Prämierungen) und verleiht das Deutsche →Weinsiegel.

Deutscher Weinbauverband Der Deutsche Weinbauverband feierte 1974 sein 100jähriges Bestehen. Verbandszwecke sind, die beruflichen Belange der deutschen Winzerschaft zu wahren und zu fördern, die Mitgliedsverbände in Fach-, Rechts- und Steuerfragen zu beraten und zu unterstützen, ihnen neueste wissenschaftliche Erkenntnisse zu vermitteln und den Absatz des deutschen Weines nach Kräften zu fördern. Alle drei Jahre findet ein Weinbaukongreß statt, der mit einer Ausstellung für Weinbau und Kellerwirtschaft (Intervitis) verbunden ist. Lehrschauen und Vorführungen haben das Ziel, das Wissen des Winzers zu bereichern. Darüber hinaus sollen die Kongresse das Verständnis der Öffentlichkeit für die Weinbaubelange wecken und allen Interessenten die Bedeutung, aber auch die Probleme des deutschen Weinbaues vor Augen führen. Der Deutsche Weinbauverband wird zu allen einschlägigen Gesetzentwürfen

Amontillado-Sherry im typischen Glas.

von den zuständigen Bundesministerien und dem Parlament gehört. Verbandszeitschrift ist »Der Deutsche Weinbau«.

Deutsche Weinlandschaft an der Mosel mit Burgruine Metternich über dem Weinort Beilstein.

Deutsches Weininstitut GmbH (DWI) Gemeinschaftseinrichtung der deutschen Weinwirtschaft, Sitz Mainz. Satzungsmäßiger Auftrag ist die Information der Öffentlichkeit über alle Fragen, die die Weinwirtschaft betreffen, Öffentlichkeitsarbeit und Verbraucheraufklärung. Auf die Pflege der Kultur des deutschen Weines, auf fachliche Unterweisung und Erwachsenenfortbildung sowie Koordinierung von Absatzförderungsmaßnahmen wird besonderes Gewicht gelegt. Gesellschafter sind: Bundesverband des Deutschen Wein- und Spirituosenhandels e.V., →Deutscher Weinbauverband e.V. und Deutscher Weinfonds, Anstalt des öffentlichen Rechts. Das DWI schickt auf Anfrage Informations- und Display-Material, das Programm für die deutschen Weinfeste und Weinseminare sowie Kalender zu.

Deutsches Weinsiegel →Weinsiegel.

Deutsche Weinstraße Die landschaftlich, vinologisch und gastronomisch sehr reizvolle Straße durchzieht in einer Länge von 80 km das pfälzische Weinbaugebiet in Nord-Süd-Richtung von Bockenheim vor Worms bis zum Deutschen Weintor bei Schweigen an der elsässischen Grenze. 1932 entstand sie als erste Weinstraße Deutschlands. Sie ist mit einer schwarzen Traube auf gelbem Untergrund ausgeschildert und über die Autobahn Mannheim – Kaiserslautern ab Ausfahrt Grünstadt bequem zu erreichen.

Deutschkreutz Weinort im österreichischen Burgenland, Weinbaugebiet →Mittelburgenland, nahe der ungarischen Grenze. Es werden milde, gehaltvolle Weißweine, darunter Prädikats- und Eisweine, aber auch gute Rotweine erzeugt. Rebfläche: 755 ha.

Deutschland 100.000 ha Rebfläche; 9,5 Millionen hl Wein, davon 2,7 Millionen hl Export; Import 9,5 Millionen hl; jährlicher Pro-Kopf-Verbrauch 25 l.
Die Weinanbaugebiete liegen im Südwesten des Landes zwischen 48 und 51°30′ nördlicher Breite (der 50. Breitengrad führt durch den Johannisberg im Rheingau und die Innenstadt von Mainz), entlang des Rheines und seiner Nebenflüsse Neckar, Main, Nahe, Mosel und Ahr sowie an Saale, Unstrut und an der Elbe. Um Sonne und Wärme bestmöglich auszunutzen, sind nur die nach Süden, Südwesten und Südosten geneigten →Hanglagen bepflanzt oder, wie in der Pfalz und in Rheinhessen, die warmen Flachlagen der Rheinebene. Erste Nachweise für Weinbau in Deutschland stammen aus der Römerzeit, seine höchste Blüte erreichte er unter Kaiser Marcus Aurelius Probus (276–282). Viele Bezeichnungen sind römischen Ursprungs, zum Beispiel Wein (vinum), Most (mustum), Keller (cellarium), Küfer (cuparius). Im Mittelalter fand der Weinbau seine weiteste Verbreitung mit rund 350.000 ha Rebfläche und erstreckte sich in Ostdeutschland entlang der großen Flüsse nach Norden bis zur Küste der Ostsee. Er erlitt beträchtlichen Rückgang durch den Dreißigjährigen Krieg, später durch Wirtschaftskrisen und das Einschleppen von Schädlingen aus dem Ausland zu Ende des 19. Jahrhunderts. Während die Rebhänge am Mittelrhein zwischen 80 und 250 m und an der Elbe zwischen 100 und 200 m über NN liegen, reichen sie am Bodensee bis 450 m. Langjährige mittlere Klimadaten sind: 9,8° C mittlere Jahrestemperatur, 1700 Sonnenscheinstunden im Jahr, 600 mm Jahresniederschlagsmenge. Die Böden in ihrer unterschiedlichen Art tragen dazu bei, die Vielfalt der deutschen Weine mitzuformen. Aufgrund der beachtlichen Kleinklima- und Bodenunterschiede wird der Herkunft der Weine große Bedeutung geschenkt. Das gesamte Weinland ist in den alten Bundesländern in 11 →bestimmte Anbaugebiete, 35 →Bereiche, etwa 150 →Großlagen und rund 2.600 →Einzellagen eingeteilt, in den neuen in 2 Anbaugebiete mit rund 40 Einzellagen. Das 1971er →Weingesetz hat weiterhin die Klassifizierung in →Tafelweine und →Qualitätsweine bestimmter Anbaugebiete mit und ohne Prädikat genau festgelegt, sowie die Beschriftung der →Etiketten. 85% weiße und

15% rote Rebsorten befinden sich im Anbau. 3 Sorten stehen im Vordergrund: →Müller-Thurgau, →Riesling und →Silvaner, auf die zu fast gleichen Teilen drei Viertel der Anbaufläche Deutschlands entfallen. Die Verteilung der Sorten auf die 13 Weinbaugebiete zeigt die Tabelle Seite 90. Grundsätzlich gilt, daß in Deutschland nur amtlich zugelassene und/oder empfohlene Rebsorten angebaut werden dürfen, die für das Klima und die Bodenart des jeweiligen Gebietes am geeignetsten sind und beste Qualität garantieren (→Sortenschutz). Der deutsche →Rebsortenspiegel wurde nach dem Zweiten Weltkrieg durch zahlreiche Neuzüchtungen ergänzt. Einige haben das Experimentierstadium hinter sich – und sind im kommerziellen Anbau (→Neuzüchtungen). Produktion und Vermarktung (→Weinwirtschaft) sind aufgesplittert in rund 90.000 Einzelbetriebe, 335 Winzer-

Einteilung der Weinbaugebiete in Deutschland
Diese Übersicht wurde vom Deutschen Weinbauverband erstellt. Die Bezeichnungen für die Gebiete Elbe und Saale-Unstrut sind noch nicht amtlich, sondern entsprechen den Bezeichnungsentwürfen, die den zuständigen Verwaltungen zur Beschlußfassung vorliegen.

Qualitätsweine b. A.		Tafelweine		Landweine
»bestimmte Anbaugebiete«	**»Bereiche«**	**»Weinbaugebiete«**	**»Untergebiete«**	**»Gebiete«**
Ahr	Walporzheim/Ahrtal			Ahrtaler Landwein
Hessische Bergstraße	Starkenburg Umstadt			Starkenburger Landwein
Mittelrhein	Loreley Siebengebirge			Rheinburgen-Landwein
Nahe	Kreuznach Schloß Böckelheim		Rhein	Nahegauer Landwein
Rheingau	Johannisberg	Rhein-Mosel		Altrheingauer Landwein
Rheinhessen	Bingen Nierstein Wonnegau			Rheinischer Landwein
Rheinpfalz	Südliche Weinstraße Mittelhaardt-Deutsche Weinstraße			Pfälzer Landwein
Mosel–Saar–Ruwer	Zell/Mosel Bernkastel Obermosel Saar-Ruwer Moseltor		Mosel Saar	Landwein der Mosel Landwein der Ruwer Landwein der Saar
Franken	Steigerwald Maindreieck Mainviereck Bayerischer Bodensee	Bayern	Main Donau Lindau	Fränkischer Landwein Regensburger Landwein Bayerischer Bodensee-Landwein
Württemberg	Remstal–Stuttgart Württembergisches Unterland Kocher–Jagst–Tauber Oberer Neckar Württembergischer Bodensee	Neckar		Schwäbischer Landwein
Baden	Bodensee Markgräflerland Kaiserstuhl Tuniberg Breisgau Ortenau Badische Bergstraße/Kraichgau Tauberfranken	Oberrhein	Römertor Burgengau	Südbadischer Landwein Unterbadischer Landwein Taubertäler Landwein
Elbe	Elbetal Elstertal			Sächsischer Landwein
Saale–Unstrut	Seeburg Schloß Neuenburg			Anhaltiner Landwein

genossenschaften und rund 3.800 Handelsbetriebe. Da die Nachfrage größer ist als die Eigenproduktion, ist der Import ebenso hoch wie die Erzeugung. Vor 1989 verteilte sich der jährliche Pro-Kopf-Verbrauch auf 25 l in den alten, 12 l in den neuen Bundesländern.

Dexheim Weinort im Anbaugebiet →Rheinhessen, Bereich Nierstein. Großlage: *Gutes Domtal*. Einzellage: *Doktor*.

Dextrose Andere Bezeichnung für →Traubenzucker (Glucose).

Dézaley Weinort im Schweizer Kanton →Waadt, in der Region →Lavaux. Der gleichnamige rassige, dabei vollmundige und runde *Dorin* (→Chasselas) gehört zu den besten Weinen der Schweiz. Die bekanntesten Lagen sind *Clos des Abbayes* und *Clos des Moines*.

Diabetikerwein Deutscher Wein, der wegen seiner Beschaffenheit zum Genuß für Diabetiker geeignet ist. Auf dem Rückenetikett von Behältnissen, deren Verpackung, Getränkekarten sowie Preisangeboten wird er als »Für Diabetiker geeignet« unter der Hinzufügung

Bestockte Rebfläche der meistangebauten Rebsorten in Hektar

Bei Redaktionsschluß waren noch keine amtlichen Zahlen für den Rebsortenspiegel der neuen Bundesländer bekannt. Schätzungen →Saale-Unstrut, →Elbe.

	Ahr	Mittelrhein	Mosel-Saar-Ruwer	Nahe	Rheinhessen	Rheinpfalz	Rheingau	Hess. Bergstraße	Baden	Württemberg	Franken	11 Anbaugebiete
Bacchus	1	7	283	263	1956	467	-	-	42	5	550	3573
Burgunder, Weißer	2	2	10	58	133	248	0	1	546	3	6	1009
Elbling, Weißer	0	0	1169	-	0	0	-	-	7	-	0	1177
Faberrebe	-	4	9	135	1650	357	-	-	-	0	21	2176
Gutedel, Weißer	-	-	0	0	1	1	-	-	1292	1	0	1295
Kerner	6	44	870	382	2111	2555	45	14	157	877	348	7409
Morio-Muskat	0	0	4	45	833	1340	0	-	3	1	16	2242
Müller Thurgau	46	81	2856	1188	5601	5055	131	67	5360	868	2628	23881
Riesling, Weißer	57	554	7054	1063	1774	3909	2371	212	1114	2436	173	20716
Ruländer	1	4	9	112	409	504	10	30	1631	76	21	2811
Scheurebe	0	6	13	316	2272	1320	11	9	49	8	156	4159
Silvaner, Grüner	0	8	3	551	3202	1778	5	29	493	395	1099	7562
Traminer, Roter und Gewürztraminer	–	3	2	16	118	327	8	6	281	31	40	832
Sonstige weiße Rebsorten	6	19	556	276	2953	1707	102	11	313	24	247	6214
Insgesamt	119	732	12838	4405	23013	19568	2683	379	11288	4725	5306	85050
Limberger	-	-	-	-	2	0	0	-	8	601	-	611
Müllerrebe	-	-	0	4	13	86	-	-	101	1448	33	1685
Portugieser, Blauer	100	5	2	64	1013	2022	10	0	35	215	43	3508
Spätburgunder, Blauer	173	12	17	53	361	349	195	7	3448	288	100	5003
Trollinger, Blauer	-	-	-	0	2	3	-	-	2	2147	-	2154
Sonstige rote Rebsorten	36	2	2	53	467	597	16	3	118	367	41	1703
Insgesamt	309	19	21	174	1858	3057	221	10	3712	5066	217	14664
Summe	428	751	12859	4579	24871	22625	2904	389	15000	9791	5523	99720

0 = weniger als 0,5 ha

»Nur nach Befragen des Arztes« gekennzeichnet. Diabetikerwein darf höchstens 4 g/l unvergorenen Restzucker (→Restsüße), als →Invertzucker berechnet, höchstens 40 mg/l freie und 150 mg/l gesamte schweflige Säure und höchstens 12 Vol.-% vorhandenen →Alkohol aufweisen. Die DLG überprüft und garantiert die folgenden Angaben auf dem Rückenetikett: Gehalt an unvergorenem Zucker als Invertzucker berechnet, in g/l; Gehalt an Alkohol in Grad; Brennwert des Alkohols (maximal 2850 Kilojoule oder 665 Kilokalorien) und der jeweilige physiologische Gesamtbrennwert (maximal 3500 Kilojoule oder 735 Kilokalorien), jeweils auf 1 l berechnet. Es handelt sich um durchgegorene, trockene, in den meisten Fällen herbe Weine.

Verliehen im November 1989

Für Diabetiker geeignet
Nur nach Befragen des Arztes

Laut Analysenbefund enthält
1 Liter dieses Weines

Zucker unvergoren als Invertzucker ber.	1,8	Gramm
Alkohol-Brennwert	2653 619	Kilojoule Kilokalorien
Gesamt-Brennwert	3035 709	Kilojoule Kilokalorien

Alkohol in % vol steht gerundet vorne auf dem Etikett

Die Analyse dieses Weines
erfolgte im Auftrage der
Deutsche Landwirtschafts-Gesellschaft
Zimmerweg 16, 6000 Frankfurt 1

DLG

Das gelbe Deutsche Diabetiker-Weinsiegel wurde am 30. April 1970 von der DLG, in Zusammenarbeit mit dem Deutschen Diabetikerbund e.V., der Deutschen Gesellschaft zur Förderung der medizinischen Diagnostik e.V., dem Weinfachhandel und den Ministerien weinbautreibender Bundesländer, geschaffen. Mit Wirkung vom 1. März 1974 wurde es in Deutsches Weinsiegel »Trocken« umbenannt.

Diana Weißweinrebe; Neuzüchtung der Bundesforschungsanstalt für Rebenzüchtung, Geilweilerhof, Kreuzung aus Silvaner x Müller-Thurgau. Zuchtnummer Gf. 30n-8127. Anbaufläche in Deutschland: 3 ha.

Diatretglas Römisches Netzglas. Zeugnis antiker Weinkultur an der Mosel.

dick Körperreicher, voller Wein, der meist auch zuviel →Restsüße aufweist, daher etwas →plump wirkt und schnell »satt macht«.

Dick-Elbling Synonym für Weißer →Elbling.

Dickmaulrüßler Rüsselkäfer, der die Knospen und Blätter der Rebe anfrißt.

Dieblich Weinort im Anbaugebiet →Mosel-Saar-Ruwer, Bereich Zell/Mosel. Großlage: *Weinhex*. Einzellage: *Heilgraben*.

Diedesfeld an der Weinstraße Ortsteil von Neustadt/Weinstraße. Weinort im Anbaugebiet →Rheinpfalz, Bereich Mittelhaardt/Deutsche Weinstraße. Großlagen: *Rebstöckel, Pfaffengrund*. Einzellagen: *Ölgässel, Johanniskirchel, Paradies, Berg*.

Diedesheim Ortsteil von Mosbach. Weinort im Anbaugebiet →Baden, Bereich Badische Bergstraße /Kraichgau. Großlage: *Stiftsberg*. Einzellage: *Herzogsberg*.

Diefenbach Ortsteil von Sternenfels. Weinort im Anbaugebiet →Württemberg, Bereich Württembergisch Unterland. Großlage: *Stromberg*. Einzellage: *König*.

Dielheim Weinort im Anbaugebiet →Baden, Bereich Badische Bergstraße/Kraichgau, mit Ortsteil →Horrenberg. Großlage: *Mannaberg*. Einzellagen: *Teufelskopf, Rosenberg*.

Dienheim Weinort im Anbaugebiet →Rheinhessen, Bereich Nierstein. Großlagen: *Güldenmorgen, Krötenbrunnen*. Einzellagen: *Kreuz, Herrenberg, Falkenberg, Siliusbrunnen, Höhlchen, Tafelstein, Schloß, Paterhof, Herrengarten*.

Diera Weinort im Anbaugebiet →Elbe.

Dierbach Weinort im Anbaugebiet → Rheinpfalz, Bereich Südliche Weinstraße. Großlage: *Guttenberg*. Einzellage: *Kirchhöh*.

Diersburg Ortsteil von Hohberg. Weinort im Anbaugebiet →Baden, Bereich Ortenau. Großlage: *Fürsteneck*. Einzellagen: *Kinzigtäler, Schloßberg*.

Dietersheim Ortsteil von Bingen. Weinort im Anbaugebiet →Rheinhessen, Bereich Bingen. Großlage: *Sankt Rochuskapelle*. Einzellage: *Schelmenstück*.

Dietlingen Ortsteil von Keltern. Weinort im Anbaugebiet →Baden, Bereich Badische Bergstraße/Kraichgau. Großlage: *Hohenberg*. Einzellagen: *Keulebuckel, Klepberg*.

Dietzenbach Weinort im Anbaugebiet →Hessische Bergstraße, Bereich Umstadt. Einzellage: *Wingertsberg.*

Dimbach Ortsteil von Bretzfeld. Weinort im Anbaugebiet →Württemberg, Bereich Württembergisch Unterland. Großlage: *Lindelberg.* Einzellage: *Himmelreich.*

Dimiat →Bulgarien.

Dingač Kräftig schmeckender Rotwein aus der jugoslawischen Landschaft →Dalmatien.

Dingolshausen Weinort im Anbaugebiet →Franken, Bereich Steigerwald, mit Ortsteil →Bischwind. Einzellage: *Köhler.*

Dintesheim Weinort im Anbaugebiet →Rheinhessen, Bereich Wonnegau. Großlage: *Bergkloster.* Einzellage: *Felsen.*

Dionysos Griechischer Gott der Fruchtbarkeit, besonders des Weines; Sohn des Zeus. Der Mythologie nach der erste Pflanzer eines Weinstocks und Lehrer der Weinbereitung. Zum Dionysos-Kult gehörten neben Komödien- und Tragödienaufführungen auch Weinweihe und Wett-Trinken. Zahlreiche Darstellungen zeigen Dionysos mit Efeukranz und Trinkgefäß.

Direktträger →Hybriden.

Direktzug Anstelle des →Seilzuges direktes Befahren der Weinberge mit Zugmaschinen, um Arbeiten mechanisch durchzuführen. Die Methode wird angewendet bei Hangneigungen bis 40%, ausreichenden Gassenbreiten und genügendem Vorgewende. In Einsatzbreite und Wirtschaftlichkeit übertrifft sie bei weitem den Seilzug. Sehr große Flächeleistungen können im Einmann-Betrieb erzielt werden bei →Düngung, Schädlingsbekämpfung, →Bodenbearbeitung, Herbizideinsatz, →Laubarbeiten und bei der Unterstützung der →Traubenlese. Die Gefahren der Bodenverdichtung werden aufgewogen durch die große Kosteneinsparung.

Dirmstein Weinort im Anbaugebiet →Rheinpfalz, Bereich Mittelhaardt/Deutsche Weinstraße. Großlage: *Schwarzerde.* Einzellagen: *Hergottsacker, Jesuitenhofgarten, Mandelpfad.*

Dissimilation (Atmung) Innerer Verbrennungsvorgang zur Energieversorgung der Pflanze. Die bei der →Assimilation gebildeten →Speicherstoffe (Zucker) werden durch Sauerstoff aus der Luft oxidiert und verbrannt, und Kohlensäure wird an die Atmosphäre abgegeben. Durch die Atmung werden jene Energien frei, die bei der →Photosynthese (Assimilation) im Zucker gespeichert worden waren. Die so gewonnene Energie dient allen chemischen Vorgängen des →Wachstums und des →Stoffwechsels. Assimilation und Atmung erfolgen tagsüber gleichzeitig, nachts überwiegt die Atmung und die Kohlensäureabgabe. Wenn der →Vegetationszyklus zu Ende geht und die Speicherstoffe in Früchte und Holz eingelagert werden, läßt die Atmungsintensität nach. Die Pflanze begibt sich zur Winterruhe.

Distelhausen Ortsteil von Tauberbischofsheim. Weinort im Anbaugebiet →Baden, Bereich Tauberfranken. Großlage: *Tauberklinge.* Einzellage: *Kreuzberg.*

Dittelsheim-Heßloch Doppelgemeinde im Anbaugebiet →Rheinhessen, Bereich Wonnegau. Großlage: *Pilgerpfad.* Einzellagen Dittelsheim: *Leckerberg, Pfaffenmütze, Mönchhube, Kloppberg, Geisersberg.* Einzellagen Heßloch: *Liebfrauenberg, Edle Weingärten, Mondschein.*

Dittigheim Ortsteil von Tauberbischofsheim. Weinort im Anbaugebiet →Baden, Bereich Tauberfranken. Großlage: *Tauberklinge.* Einzellage: *Steinschmetzer.*

Dittwar Ortsteil von Tauberbischofsheim. Weinort im Anbaugebiet →Baden, Bereich Tauberfranken. Großlage: *Tauberklinge.* Einzellage: *Ölkuchen.*

DLG →Deutsche Landwirtschafts-Gesellschaft.

Dobrogea (Dobrudscha) Jüngstes und südlichstes Weinbaugebiet Rumäniens; es entstand in seiner jetzigen Ausdehnung erst nach dem Zweiten Weltkrieg am Schwarzen Meer mit Zentrum Murfatlar (Staatsweingut und staatliche Forschungsanstalt) sowie einer kleinen Weinbauinsel Niculitel (Staatsweingut). Gepflegte Tafeltraubenplantagen in Ovidiu, Neptun, Ostrov und Oltina. Die *Murfatlar*-Weine sind aromatisch und sehr körperreich, oft vollsüß mit hohem, natürlichem Zuckergehalt, die Rotweine mit einem typischen an Johannisbeeren erinnernden Bukett. Bekannte Lagen sind *Castelu, Valul Roman* (Römerwall), *Piatra Rosie* (Roter Stein), *Plaiul Cocosu* (Hahnfeld) und *Plaiul Ciocîrlia* (Lerchenfeld). Die Stadt Constanta, vor 2500 Jahren als Festung Tomis von den Griechen gegründet, Exil- und Sterbeort des römischen Dichters Ovid, verfügt über ein archäologisches Museum, wo aufschlußreiche Funde mit Weinmotiven aus der vorrömischen und römischen Zeit aufbewahrt werden.

dolce (it.) süß.

Dolceaqua →Rossese di Dolceaqua.

Dolcetto Italienische Rotweinrebe, Hauptanbau im →Piemont und in →Ligurien; die Weine sind rubinrot, trocken, leicht bitter und früh trinkfertig.

Dolcetto d'Acqui, Dolcetto d'Alba, Dolcetto d'Asti, Dolcetto delle Langhe Monregalesi, Dolcetto di Diano d'Alba, Dolcetto di Dogliani, Dolcetto di Ovada Italienische DOC-Rotweine aus dem →Piemont. Sie alle stammen ausschließlich von der gleichnamigen Rebsorte, ihre Farbe reicht von hellrot (Asti) bis tiefrot (Acqui und Ovada), ihr Geschmack von samtig (Asti) bis leicht säuerlich (Langhe Monregalesi) mit mehr oder weniger bitterem Nachgeschmack.

Dôle Hochwertiger Schweizer Rotwein aus dem Rhônetal im Kanton →Wallis. Er wird aus Pinot Noir (Blauem →Spätburgunder) mit oder ohne Zusatz von →Gamay, hergestellt. Jährlich wird ein Mindestmostgewicht festgelegt, das meist über 86° Oe liegt. Weine, die dieses Mostgewicht nicht erreichen, werden als *Goron* verkauft.

Dôle, Große Schweizer Bezeichnung für →Gamay Noir.

Dolgesheim Weinort im Anbaugebiet →Rheinhessen, Bereich Nierstein. Großlage: *Krötenbrunnen*. Einzellagen: *Kreuzberg, Schützenhütte.*

Domaine In Frankreich ein landwirtschaftlicher Betrieb oder eine Weingutsverwaltung. In Bordeaux und in der Provence ist Domaine gleichbedeutend mit →Château. »Mise en bouteilles au domaine« bedeutet so viel wie »Erzeugerabfüllung«.

Domaine de Chevalier →Graves.

Domaine des Moulières Weingut in der Provence, dessen Roseeweine in amphorenförmigen Flaschen verkauft werden.

Domäne In Deutschland ein staatlicher landwirtschaftlicher Betrieb. Es gibt zur Zeit 6 deutsche Weinbaudomänen: Verwaltung der Hessischen Staatsweingüter (Domänen) Kloster Eberbach in Eltville (190 ha Rebfläche); Bayerische Landesanstalt für Wein-, Obst- und Gartenbau, Hofkellerei Würzburg (163 ha); Verwaltung der staatlichen Weinbaudomänen Marienthal (20 ha); Trier (80 ha); Niederhausen-Schloß Böckelheim (40 ha); Staatsweingut Meersburg am Bodensee (52 ha). Diese zum Großteil als preußische Musterbetriebe angelegten Weingüter haben viel für den Ruf des deutschen Qualitätsweinbaues getan. Einige private Weingüter, wie zum Beispiel Schloß →Johannisberg und Schloß Schönborn im Rheingau nennen sich auch »Domänen«, da sie aufgrund ihrer herrschaftlichen Besitzverhältnisse ursprünglich staatliche Funktionen und Privilegien besaßen. In Rheinland-Pfalz werden die den Lehr- und Versuchsanstalten angeschlossenen Weinbaubetriebe zusätzlich Staatsweingüter genannt, wie zum Beispiel: »Staatsweingut Weinbaulehranstalt Bad Kreuznach«.

Der Domänenadler weist auf den preußischen Ursprung der Weinbaudomänen hin.

Domina Rotweinrebe; Neuzüchtung der Bundesforschungsanstalt für Rebenzüchtung Geilweilerhof, Kreuzung aus Blauer Portugieser x Spätburgunder; Zuchtnummer Gf IV. 257-N. Bestockte Rebfläche in Deutschland: 56 ha. Rebsorte mit hohen Lage- und geringen Bodenansprüchen; frühe Reife. Die Weine sind gut gedeckt, körperreich und von typischer, angenehmer Rotweinart.

Dom Pérignon Französischer Mönch, von 1668 bis 1715 Kellermeister in der Abtei Hautvilliers bei Épernay (heute Sitz der Firma Moët et Chandon). Er hat den Champagner nicht erfunden, wie die Legende erzählt, empfahl aber den Gebrauch des Korkens anstelle des Wergpfropfens, benutzte erstmalig dickwandige Flaschen, die einen hohen Druck aushielten, und führte die →Cuvée, das heißt, den Verschnitt aus verschiedenen Weinen ein, um so den geschmacklich besten Grundwein zu erhalten.

Donau 1. In Deutschland berührt die Donau keine bestimmten Anbaugebiete. In Österreich durchquert sie die Anbaugebiete →Kamptal-Donauland, →Wachau, →Donauland-Carnuntum, →Wien und →Weinviertel. Auch in der Tschechoslowakei (→Donauregion), Ungarn und Rumänien wird an der Donau Weinbau betrieben.
2. Untergebiet des Tafelweinbaugebiets Bayern (→Tafelwein).

Donauland-Carnuntum Weinbaugebiet in →Niederösterreich; 1985 aus dem Gebiet Klosterneuburg hervorgegangen. Die Rebfläche umfaßt 4.400 ha, auf denen hauptsächlich Grüner →Veltliner, →Müller-Thurgau, →Weißburgunder und →Blaufränkisch angebaut werden. In diesem Gebiet findet man häufig noch den →gemischten Satz (etwa 20% der Reb-

fläche). *Primus Carnuntum* ist ein Grüner →Veltliner in Primeurqualität, der am 11. 11. nach der Lese präsentiert wird. Es handelt sich um eine Winzer-Cuvée von 50 Betrieben aus Bruck/Leitha und Umgebung.

Donauregion Weinbaugebiet der →Tschechoslowakei, in gewelltem Hügelland und auf sandigen, ebenen Böden, entlang der Donau im südlichsten Zipfel der Slowakei. Zentren sind Komárno, Hurbanovo, Nové Zámky und andere. Ein bekannter Markenwein ist *Svatopetersky Rizling* (Sankt-Peter-Riesling).

Donnas →Valle d'Aosta.

Donnersdorf Weinort im Anbaugebiet →Franken, Bereich Steigerwald. Großlage: *Zabelstein*. Einzellage: *Falkenberg*.

Donnerskirchen Österreichischer Weinort im →Burgenland, Weinbaugebiet →Neusiedlersee-Hügelland, aus dem fruchtige Weißweine, darunter viele Spitzenweine, stammen. Im Herbst finden Weinseminare statt.

Donnici Italienischer DOC-Rot- und -Roseewein aus →Kalabrien. Der rubin- bis kirschrote Wein stammt zu mindestens 50% aus →Gaglioppo, zu 10–20% aus Greco Nero und zu mindestens 20% aus →Malvasia, Mantonico und/oder Pecorello. Er schmeckt trocken und harmonisch.

Doppelpfahlerziehung (auch **rheinischer Wechselschnitt**) Früher im südlichen Teil von Rheinhessen, der Nahe und dem Rheingau und im nördlichen Mosel-Saar-Ruwer-Gebiet übliche Erziehungsform, die heute vom Drahtrahmen abgelöst worden ist.

Doppelsalzfällung Da ab 1. Juli 1979 die →Naßverbesserung verboten ist, hat sich diese Methode des →Säureabbaues immer mehr eingeführt.

Dorfprozelten Weinort im Anbaugebiet →Franken, Bereich Mainviereck. Einzellage: *Predigtstuhl*.

Dorin Geschützte Bezeichnung für die →Gutedel (Chasselas)-Weine aus dem Schweizer Kanton →Waadt (Vaud), die hier zu den Spitzenweinen gehören.

Dorndorf Weinort im Anbaugebiet →Saale-Unstrut mit den Lagen *Fuchsberg* und *Rappental*.

Dorn-Dürkheim Weinort im Anbaugebiet →Rheinhessen, Bereich Nierstein. Großlage: *Rheinblick*. Einzellagen: *Hasensprung, Römerberg*.

Dornfelder Rotweinrebe; Neuzüchtung der Staatlichen Lehr- und Versuchsanstalt für Wein-, Obst- und Gartenbau, Weinsberg, Kreuzung aus Helfensteiner x Heroldrebe; Zuchtnummer We S 341. Bringt hohe Erträge, verbunden mit hohen Farbwerten aus Beerenschale und Beerensaft; interessant als Deckrotweinsorte. Anbaufläche in Deutschland: 926 ha.

Dörrenbach Weinort im Anbaugebiet → Rheinpfalz, Bereich Südliche Weinstraße. Großlage: *Guttenberg*. Einzellage: *Wonneberg*.

Dörscheid Weinort im Anbaugebiet →Mittelrhein, Bereich Rheinburgengau. Großlage: *Herrenberg*. Einzellagen: *Wolfsnack, Kupferflöz*.

Dorsheim Weinort im Anbaugebiet →Nahe, Bereich Kreuznach.
Großlage: *Schloßkapelle*. Einzellagen: *Burgberg, Honigberg, Goldloch, Pittermännchen, Klosterpfad, Laurenziweg, Jungbrunnen, Nixenberg, Trollberg*.

Dörzbach Weinort im Anbaugebiet →Württemberg, Bereich Kocher-Jagst-Tauber. Großlage: *Kocherberg*. Einzellage: *Altenberg*.

Dosage, Dosierung Bei der Schaumweinbereitung der Zusatz von in Wein aufgelöstem Zucker; zunächst als →Fülldosage zur Einleitung der zweiten Gärung; danach als →Versanddosage zur →Abstimmung des fertig vergorenen →Schaumweines. Je süßer ein Schaumwein ist, desto leichter lassen sich seine Fehler und Mängel überdecken.

Dosagelikör Mischung aus Schaumwein und Rohrzucker, die zur Dosage verwendet wird.

Dosierung →Dosage.

Dossenheim Weinort im Anbaugebiet →Baden, Bereich Badische Bergstraße/Kraichgau. Großlage: *Rittersberg*. Einzellage: *Ölberg*.

Dotzheim Ortsteil von Wiesbaden. Weinort im Anbaugebiet →Rheingau, Bereich Johannisberg. Großlage: *Steinmächer*. Einzellage: *Judenkirch*.

Douro Fluß in Portugal, an dessen Ufern die Reben für den →Portwein gedeihen.

doux (frz.) süß. Bezeichnung für Schaumweine mit über 4 g/l →Restsüße (→Abstimmung).

Dragasani Rumänisches Weinbaugebiet und Stadt am Flusse Olt (Alt) mit Sitz der Forschungsanstalt für Weinbau und Kellerwirtschaft. Es gedeihen herbe bis süße Weine aus den weißen Rebsorten Tămîioasa (Weihrauchtraube), →Sauvignon Blanc, Riesling Italian (Welschriesling) und den roten Rebsorten →Cabernet Franc und →Pinot Noir (→Spätburgunder).

Drahtrahmen Unterstützungsform für alle modernen →Erziehungsarten. Er hat den Vorteil, daß er die Rebe in ihrem Wachstum in eine bestimmte Form zwingt, so daß sie nur einen kleinen Raum einnehmen kann. Dennoch erhält sie im Drahtrahmen genügend Licht und Luft, um ihre volle Leistungsfähigkeit zu entfalten. Bei optimaler Ausnutzung ermöglicht die Erziehung im Drahtrahmen auch eine gute mechanische Bearbeitung des Weinbergs und trägt damit zu hohen Flächenerträgen bei. Kennzeichnend für den Drahtrahmen sind die →Zeilen, in die die Unterstützungspfähle und Rebstöcke eingeordnet sind und die dazwischenliegenden →Gassen, durch die mit →Direktzugmaschinen oder →Sitzpflügen gefahren werden kann. Die Pfähle, →Stickel genannt, tragen die Drähte und geben der ganzen Anlage Halt; sie können aus sehr verschiedenen Materialien bestehen und haben je nach Erziehungsart eine Länge von 1,70 m bis 2,50 m. Im Boden versenkte Anker halten die Endpfähle; die Drähte werden von einem Endstickel zum anderen gespannt und alle 4–6 m von weiteren Pfählen unterstützt. Dazu verwendet man verzinkte oder plastikummantelte Eisendrähte von 2,5 mm Stärke oder Vollkunststoffdrähte. Zu unterscheiden sind die unteren Gert- oder Biegedrähte, an denen das einjährige Fruchtholz des Rebstockes angebunden wird, und die darüberliegenden Heftdrähte, mit denen die grünen Sommertriebe gehalten werden. Zur Befestigung der Drähte dienen Krampen oder Haken, die auf der Windseite und etwas versetzt zur Faserrichtung in Holzpfähle eingeschlagen werden; Kunststoff- und Eisenpfähle haben besondere Vorrichtungen zum Einhängen der Drähte. Die Lebensdauer eines Drahtrahmens sollte der des Rebbestandes entsprechen.

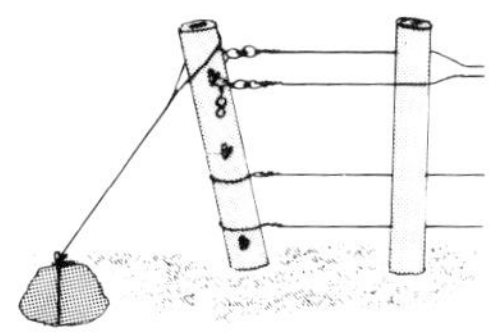

Drahtrahmen

Dränage Unterirdisches Ableiten von Wasser in Weinbergen, deren Böden von Staunässe betroffen sind, mittels Dohlen aus Schlacke, Rohren aus Ton oder Kunststoff. Die Leitung muß ein Gefälle von 0,5–10% haben und vor Verstopfen oder Unterspülung geschützt sein. Das Wasser wird von den Saugsträngen (Rohre) in einen Sammler geleitet und von dort an den Vorfluter (Bach, Fluß) abgeführt. Fehlt die notwendige Dränage, zeigt die Rebe Rückgangserscheinungen; ihre Wurzeln können in den von Wasser ausgefüllten →Bodenporen keinen Sauerstoff finden.

Dreimänner Synonym für Roter →Traminer.

Dreis Weinort im Anbaugebiet →Mosel-Saar-Ruwer, Bereich Bernkastel. Großlage: *Schwarzlay*. Einzellage: *Johannisberg*.

Driola →Bonarda.

Druck Physikalische Größe, die als Kraft pro Fläche definiert ist und in der Praxis in den Einheiten: at (= technische Atmosphäre), atü (=Atmosphärenüberdruck) oder bar angegeben wird. Bei der Weinbereitung spielt »Druck« eine wesentliche Rolle, sowohl als Unterdruck (Vakuum) als auch als Überdruck. Bereits beim →Keltern der Trauben beziehungsweise der →Maische wird Druck angewandt, um den →Most aus dem Lesegut herauszupressen. Bei der →Gärung in einem geschlossenen Gärbehälter (Drucktank aus Stahl) kann durch die Gärungs-Kohlensäure ein Überdruck von über 8 bar entstehen. Da die Aktivität der →Hefe vom Druck abhängt, kann durch Regulierung des Drucks der Gärverlauf gesteuert werden (gezügelte Gärung). Auch der Überdruck von →Schaumwein, der in der Flasche mindestens 3 bar betragen muß, stammt von der Gärungskohlensäure, gleichgültig, ob im Tank oder auf der Flasche vergoren wurde. Ein Beispiel für gleichzeitige Anwendung von Über- wie Unterdruck sind die in der Kellertechnik vielfältig angewandten →Pumpen, die alle nach dem »Saug-Druck-Prinzip« arbeiten. Bei starken Temperaturschwankungen in geschlossenen Behältern (Tanks, Flaschen) kann es zu erheblichen Druckschwankungen kommen, da Gase und Flüssigkeiten sich ausdehnen oder zusammenziehen, je nachdem, ob die Temperatur steigt oder sinkt.

Drucktank Großbehälter aus glasemailliertem oder kunststoffverkleidetem Stahl oder Edelstahl, der bis zu 10 bar Druck aushält und in der Schaumweinherstellung zur Vergärung im sogenannten →Großraumverfahren (im Unterschied zu der Flaschengärung) verwendet wird. Bei der Stillweinherstellung wird er dazu benutzt, Moste wertvoller Weine unter Druck länger vergären zu lassen, damit die Nachteile der kurzen stürmischen Gärung (Erhitzung, Beeinträchtigung der →Blume, Durchgären) vermieden werden.

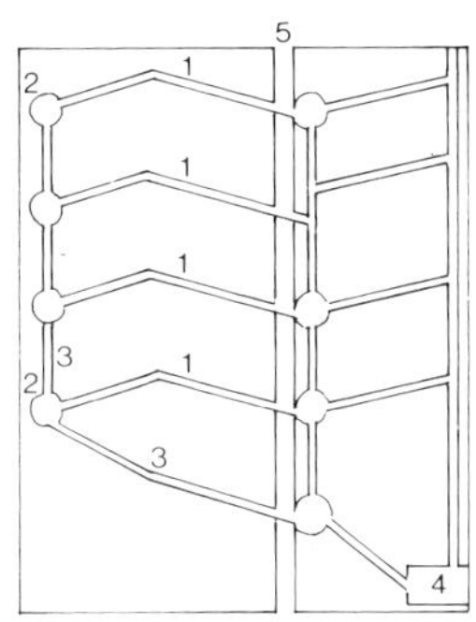

Grabensystem zur Dränage von Rebanlagen.
1. Saugstränge,
2. und 3. Sammler,
4. Vorfluter, 5. Weg.

Drusen (oder **Geläger**) Veraltete Bezeichnung für den beim ersten →Abstich anfallenden →Trub. Drusenschnäpse werden aus den hefereichen Preßrückständen gewonnen (→Weintrub-Preßwein).

Drusweiler →Kapellen-Drusweiler.

Drutscht Synonym für Weißer →Räuschling, heute kaum noch angepflanzt.

dry (engl.) trocken. Bezeichnung für einen Schaumwein mit 17–35 g/l →Restsüße (→Abstimmung).

Duchroth Weinort im Anbaugebiet →Nahe, Bereich Schloß Böckelheim. Großlage: *Burgweg*. Einzellagen: *Rothenberg, Felsenberg, Königsfels, Vogelschlag, Feuerberg.*

Duft Geruchseindruck des Weines (→Geruch).

duftig Bezeichnung für Weine, bei denen die Bukettstoffe in angenehmer, feiner Art in Erscheinung treten, deren →Blume oder Nase fein und zart ist. Bei duftigen Weinen handelt es sich entweder um Erzeugnisse, die sich im optimalen Reifezustand befinden, oder um Bukettsorten mit etwas zurückhaltendem, angenehm duftendem Charakter, wie zum Beispiel die Sorte →Müller-Thurgau.

dulce (span.) süß.

Düngung Zufuhr von →Nährstoffen über →Boden oder →Blatt. Der jährliche Nährstoffentzug muß ausgeglichen werden, um einen qualitativ und quantitativ guten →Ertrag zu erzielen und den Holzzuwachs zu fördern. Die Höhe der Düngungsgabe richtet sich nach dem jeweiligen Bedarf, das heißt nach dem Verbrauch der Rebe und dem Angebot des Bodens. Das Düngen nach Schätzwerten ist wenig kontrollierbar und nicht zu empfehlen. Durch chemische Bodenanalysen in Abständen von etwa 3 Jahren läßt sich der Gehalt und der Bedarf an einzelnen Nährstoffen genau feststellen, und die Düngung kann im richtigen Maß und kostensparend erfolgen.
Grundsätzlich unterscheidet man die mineralische und organische Düngung. Die mineralische Düngung, auch Kunstdüngung, wurde in ihren Grundzügen von Justus von Liebig im vorigen Jahrhundert erarbeitet. Im Weinbau liefert sie hauptsächlich →Stickstoff, →Phosphor, →Kalium und →Magnesium. Zu beachten ist auch der Kalkgehalt (→Kalzium) des Bodens und eine ausreichende Versorgung an →Spurenelementen (Mangan, Zink, Kupfer, →Eisen, Bor). Die Stoffe können in chlorid- oder sulfathaltiger Form ausgebracht werden. In flachen Lagen und auf schweren Böden streut man sie oft schon im Winter, während auf leichten, durchlässigen Böden und in Steillagen dies besser erst im Frühjahr geschieht, um ein Abschwemmen und Auswaschen der Dünger zu vermeiden. Stickstoff wird meist in 2–3 Gaben auf das Jahr verteilt, weil er leicht ausgewaschen wird und, vor der Blüte im Übermaß angeboten, die Gefahr des →Durchrieselns vergrößert. Das maschinelle Ausbringen mit →Zugmaschine und Düngerstreuer erspart Arbeitsstunden. Die Blattdüngung in flüssiger Form kann nur als Ergänzung der Bodendüngung und als Notbehelf bei akutem Nährstoffmangel betrachtet werden.
Die organische Düngung dient dem physikalischen und mikrobiologischen Gleichgewicht des Bodens. Die Bodenbakterien benötigen organische Substanzen als Hauptnährstoffe. Ihre Aufgaben sind: die Bildung von →Humus, die Umwandlung von gebundenem in pflanzenzugänglichen Stickstoff, das Schaffen einer guten →Bodengare und Durchlüftung des Bodens. Neben den mikrobiologischen Effekten bewirkt die organische Düngung auch eine Verminderung der →Erosion. Der älteste im Weinbau angewandte Dünger ist der Stallmist; seine bodenverbessernde Wirkung ist unumstritten, aber der Winzer setzt ihn heute nur noch selten ein, weil das Beschaffen, Einbringen und Einarbeiten die vertretbare Kostengrenze vielfach übersteigt. Komposte und Klärschlamm eignen sich ebenfalls gut als Bodenverbesserer, gelten jedoch aufgrund geringer Nährstoffgehalte nicht als Dünger, sondern als Hilfsstoffe. Zu Bodenverbesserern zählen auch Torf, Stroh, Baumrinde und Abfälle aus der Kunststoffproduktion. Sehr teuer im Einkauf, aber leicht auszubringen, sind organisch-mineralische Mischdünger auf Torf, getrocknetem Klärschlamm, Hornmehl, Hühnerdung und anderem als Basis, die mit den nötigen mineralischen Nährstoffen angereichert sind. Der Einsatz dieser Mittel erspart eine mineralische Volldüngung, erfordert jedoch meist noch eine Ergänzung einzelner fehlender Nährstoffe.

Dunkelfelder Rotweinrebe unbekannter Herkunft (Farbtraube Fröhlich), eingetragen für das Institut für Rebenzüchtung Geisenheim als freie Sorte beim Bundessortenamt. Intensive Farbwerte, weniger Säure als sonstige Färbertrauben. Bestockte Rebfläche in Deutschland: 116 ha.

dünn In der Beurteilung meist abwertende Eigenschaft eines Weines, der →Körper und →Fülle vermissen läßt. Sowohl in quantitativer als auch qualitativer Hinsicht fehlen wichtige Inhaltsstoffe (wie →Alkohol, →Extrakt- und

→Aromastoffe), wodurch der Gesamteindruck nicht genügend →weinig erscheint. Im positiven Sinne meint man damit auch leichte Weine.

Durbach Weinort im Anbaugebiet →Baden, Bereich Ortenau. Großlage: *Fürsteneck*. Einzellagen: *Plauelrain, Ölberg, Josephsberg, Steinberg, Schloßberg, Kapellenberg, Bienengarten, Kasselberg, Schloß Grohl, Kochberg.*

Durchgären Inganghalten der Gärung bis zur Umwandlung des gesamten vergärbaren Zuckers im Wein. Schaumwein und Sekt sind nach beendeter zweiter Gärung immer »durchgegoren« und gewinnen erst wieder Süße durch die →Versanddosage bei der →Abstimmung. Durchgegorene Weine enthalten kaum noch unvergorenen, nicht in →Alkohol und Kohlensäure umgewandelten Zucker (→Gärung). Sie werden als →trocken oder als →Diabetikerweine bezeichnet; das gelbe Weinsiegel weist in Deutschland auf trockene Weine hin. Qualitätsweinen höherer Prädikatsstufen (→Auslesen) steht ein zu trockener Ausbau meist weniger gut, eine gewisse →Restsüße läßt sie ausgeglichener, harmonischer erscheinen.

Durchrieseln Folge von nur teilweiser oder ganz ausgefallener →Befruchtung der →Blüten. Dabei wird das →Geschein ganz oder teilweise vom Rebstock abgestoßen. Erstes Zeichen des Durchrieselns ist, daß die Käppchen der Blütenknospe nicht abgeworfen werden, sondern als braune Haut auf dem Fruchtknoten sitzen bleiben. Die durchgerieselten Gescheine wachsen dann zu lockeren →Trauben mit wenigen →Beeren aus. Verlust kann nur ausgeglichen werden, wenn die einzelnen Früchte (Beeren) entsprechend dicker und saftreicher werden. Ursachen für das Durchrieseln sind naßkaltes Wetter während der Blüte wie auch zu kräftiges Triebwachstum, das durch übermäßiges Angebot an →Stickstoff, stark wachsende →Unterlagsreben oder durch enge Pflanzabstände wüchsiger Reben gefördert wird. Daher sind die richtige Wahl der Unterlage und das Einhalten des Pflanzabstandes wichtig.

durchsoffen Wein, der durch häufiges Probieren am Faß und wiederholtes Beifüllen, oft mit minderwertigerem Füllwein, stark an Qualität eingebüßt hat. Die Qualitätsminderung ist weniger auf den Beifüllwein als vielmehr auf das häufige →Probenziehen und Beifüllen zurückzuführen. Auch Weine besserer Qualität können also »durchsoffen« sein.

Dürkheim, Bad Weinort im Anbaugebiet → Rheinpfalz, Bereich Mittelhaardt/Deutsche Weinstraße, mit Ortsteilen →Ungstein und →Leistadt. Großlagen: *Feuerberg, Hochmeß, Schenkenböhl*. Einzellagen: *Steinberg, Nonnengarten, Michelsberg, Spielberg, Rittergarten, Hochbenn, Abtsfronhof, Fronhof, Fuchsmantel.*
Der »Dürkheimer Wurstmarkt«, das größte Weinfest der Welt, wird seit 1417 im September gefeiert. Auf der 45.000 m² großen Wurstmarktwiese werden von mehr als 500.000 Besuchern 230.000 l Wein getrunken und 200.000 kg Wurstspezialitäten verzehrt. Das Dürkheimer Faß mit einem Inhalt von 1,7 Millionen l dient als Restaurant und hat ein »Fassungsvermögen« von 500 Personen.

Durlach Ortsteil von Karlsruhe. Weinort im Anbaugebiet →Baden, Bereich Badische Bergstraße/Kraichgau. Großlage: *Hohenberg*. Einzellage: *Turmberg*.

Dürnstein Berühmter niederösterreichischer Weinort im Weinbaugebiet →Wachau, aus dem blumige Weißweine stammen. Eine bekannte Riede ist zum Beispiel *Flohhaxn*.

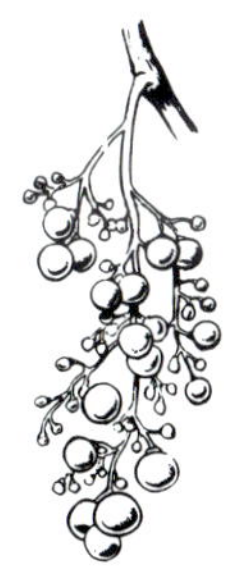
Durchrieselte Traube

Dürrenzimmern Ortsteil von Brackenheim. Weinort im Anbaugebiet →Württemberg, Bereich Württembergisch Unterland. Großlage: *Heuchelberg*. Einzellage: *Mönchsberg*.

Dürrn Ortsteil von Ölbronn-Dürrn. Weinort im Anbaugebiet →Baden, Bereich Badische Bergstraße/Kraichgau. Großlage: *Hohenberg*. Einzellage: *Eichelberg*.

Duttenberg Ortsteil von Bad Friedrichshall. Weinort im Anbaugebiet →Württemberg, Bereich Württembergisch Unterland. Großlage: *Staufenberg*. Einzellage: *Schön*.

Duttweiler Ortsteil von Neustadt/Weinstraße. Weinort im Anbaugebiet → Rheinpfalz, Bereich Mittelhaardt/Deutsche Weinstraße. Großlage: *Pfaffengrund*. Einzellagen: *Kreuzberg, Mandelberg, Kalkberg*.

E

e Der Buchstabe auf dem Flaschenetikett besagt, daß es sich um eine geeichte Flasche nach EG-Richtlinien handelt. Die Angabe ist seit dem 1.9.1977 für die EG-Länder verpflichtend. Die Zahl nach dem Buchstaben gibt das →Nennvolumen in Liter (Flascheninhalt) an, zum Beispiel 0,25, 0,75, 1,0.

East India Sherry →Sherry.

Eau-de-vie (frz.) →Branntwein, aber auch Obstbrannt, →Tresterschnaps.

Eberbach 1. Ehemaliges Kloster im →Rheingau, unweit von →Eltville, 1136 von Zisterziensermönchen aus Clairvaux (Burgund) gegründet. Im Mittelalter bedeutendes Weinbau- und Weinhandelsunternehmen mit rund 200 Wirtschaftshöfen, Kellereien, Weinumschlagplätzen, eigenen Schiffen. Der Rheingauer Weinbergsbesitz des Klosters wurde nach der Säkularisation 1803 zunächst herzoglich-nassauische, 1866 preußische und 1945 hessische Weinbaudomäne (→Domäne). 1735 Einrichtung des historischen →Cabinet-Kellers (→Kabinettwein) in den Räumen der ehemaligen Fraternei durch die Zisterzienser. Heute ist Kloster Eberbach Staatsweinkellerei und Veranstaltungsort von →Versteigerungen und der →Eberbacher Weinverkaufsmesse. Hier finden Gebiets- und Bundesweinprämierungen, das Erntedankfest der Rheingauer Winzerschaft sowie Veranstaltungen des Rheingauer →Weinseminars, Weinkonvents der »German Wine Academy« und des »Rheingauer Musikfestivals« statt. Ein Demonstrationsweinberg ist als historischer Weinberg angelegt.
2. Weinort im Anbaugebiet →Baden, Bereich Badische Bergstraße/Kraichgau. Großlage: *Stiftsberg*. Einzellage: *Schollerbuckel*.

Eberbacher Weinverkaufsmesse Wird seit 1971 im April jeden Jahres abgehalten. Rheingauer Weingüter, zusammen rund 350 ha Rebfläche, bieten das gesamte in dem betreffenden Jahr zum Verkauf vorgesehene Sortiment (rund 3 Millionen Flaschen), ausgenommen die Versteigerungsweine, zu feststehenden, im Katalog ausgedruckten Preisen auf der Messe an. Zielgruppe ist der Handel. Am zweiten Messetag erhält der Weinfreund ebenfalls Zugang. Neben Preisklarheit und Angebotstransparenz sollen die konjunkturellen Fluktuationen durch eine konstante und stabile Preishaltung ersetzt werden.

Ebernach →Cochem.

Ebernburg Ortsteil von Bad Münster am Stein–Ebernburg. Weinort im Anbaugebiet →Nahe mit Burgruine, einst Hauptburg von Franz von Sickingen und Zufluchtsstätte von Ulrich von Hutten. Bereich Schloß Böckelheim. Großlage: *Burgweg*. Einzellagen: *Schloßberg, Erzgrube, Köhler-Köpfchen, Stephansberg, Feuerberg, Luisengarten, Götzenfels, Königsgarten*.

Ebersheim Ortsteil von Mainz. Weinort im Anbaugebiet →Rheinhessen, Bereich Nierstein. Großlage: *Sankt Alban*. Einzellagen: *Sand, Hüttberg, Weinkeller*.

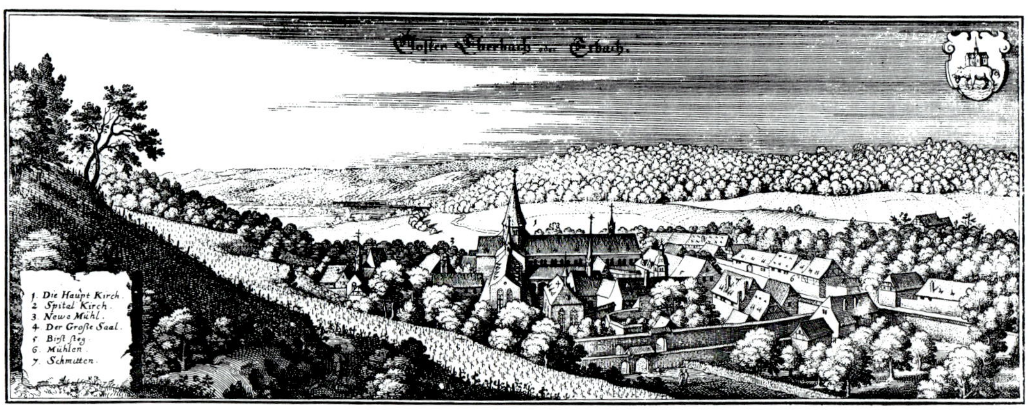

Kloster Eberbach. Merianstich von 1640.

Eberstadt Weinort im Anbaugebiet →Württemberg. Bereich Württembergisch Unterland. Großlagen: *Staufenberg, Salzberg.* Einzellagen: *Dezberg, Eberfürst, Sommerhalde.*

Ebringen Weinort im Anbaugebiet →Baden. Bereich Markgräflerland. Großlage: *Lorettoberg.* Einzellage: *Sommerberg.*

Ebullioskop Altes Gerät zur Bestimmung des Alkoholgehaltes im Wein, das heute wegen seiner Ungenauigkeit nicht mehr benützt wird.

Echezeaux und **Grands Echezeaux** Höchst klassifizierte, berühmte Rotweinlagen innerhalb der Gemeinde-Appellation Vosne-Romanée in der burgundischen →Côte de Nuits.

Eckelsheim Weinort im Anbaugebiet →Rheinhessen, Bereich Bingen. Großlage: *Rheingrafenstein.* Einzellagen: *Kirchberg, Eselstreiber, Sonnenköpfchen.*

Eckenroth Weinort im Anbaugebiet →Nahe, Bereich Kreuznach. Großlage: *Schloßkapelle.* Einzellagen: *Felsenberg, Hölle.*

eckig (auch **kantig**) Unharmonischer Wein, bei dem einzelne Geschmacksstoffe wie →Säure, →Alkohol oder →Gerbstoffe zu sehr hervortreten, während andere wie →Glycerin, →Aroma- und →Bukettstoffe im Hintergrund bleiben. Eine solch unausgeglichene Zusammensetzung kann von Natur aus vorhanden sein, ist aber meistens bedingt durch die Behandlung.

edel Hochwertiges Prädikat für Spitzenweine von großer Art und Reife. Steht allein wie auch in Wortverbindungen wie hochedel, →Edelfirne, Edelreife, Edelsüße, Edelgewächs.

Edelfäule (auch **Edelreife**) Wird durch einen besonderen Grauschimmel, den Edelfäulepilz (→Botrytis cinerea) hervorgerufen, der sich bei feuchtem, warmem Herbstwetter auf den reifen Trauben entwickeln kann. Der Pilz bewirkt das Absterben (oder die Zerstörung) der Zellen in der Beerenhaut, wodurch die Verdunstung gefördert wird. Der Pilz entzieht zu seiner Ernährung den Trauben neben Stickstoffverbindungen und Mineralstoffen auch Zucker und Säuren. Da er jedoch relativ mehr Säuren als Zucker »verzehrt«, konzentriert sich der Zucker in den Beeren. Außerdem werden an den Beerensaft Stoffwechselprodukte abgegeben, die dem späteren Wein ein eigentümliches, sehr geschätztes Edelfäulebukett oder -aroma (auch Botrytiston genannt) verleihen. Durch Botrytisbefall nimmt zwar der Traubenertrag stark ab, doch die hervorragende Qualität der botrytisbetonten Weine gleicht diese Mengenminderung mehr als aus. Befällt jedoch der Botrytis-Pilz Trauben, die noch nicht voll ausgereift sind, so tritt bei nasser Witterung die gefürchtete →Roh- oder Sauerfäule ein.

Edelfäulepilz →Botrytis cinerea.

Edelfirne Noch positiver Geschmackseindruck bei einem alten Wein, im Gegensatz zur →Firne.

Der Rotenfels über den Weinlagen von Bad Münster am Stein.

Edelklevner Synonym für →Ruländer.

Edelreife →Edelfäule.

Edelreiflese In deutschsprachigen Gebieten Rumäniens Bezeichnung für →Auslese.

Edelreis Teilstück einer →Pfropfrebe, ein Ein-Augen-Segment, etwa 3 cm lang, das aus einer einjährigen verholzten Rute der →Europäerrebe herausgeschnitten und auf eine amerikanische →Unterlagsrebe aufgepfropft wird. Aus der Knospe des Edelreises entwickelt sich der neue traubentragende Rebstock, der von der →Reblaus nicht angegriffen werden kann. Er zeigt alle typischen Merkmale der Europäerrebe.

Edelstahl Legierungen aus Stahl, Chrom, Nickel, Molybdän und Titan. Aus Edelstahl hergestellte Gerätschaften verhalten sich völlig geruchs- und geschmacksneutral gegenüber dem Wein. Die geringen Wartungskosten, die starke Widerstandsfähigkeit des Materials, die glatten Oberflächen der daraus hergestellten Gerätschaften, die gut zu reinigen sind und damit allen hygienischen Ansprüchen gerecht werden, haben dem Edelstahl einen festen Platz in der Kellerwirtschaft eingeräumt. Aus Edelstahl hergestellt werden zum Beispiel Traubenpressen, Weinleitungen, Weinpumpen, Lagertanks, Füllmaschinen, Korkmaschinen, Anstichhähne, Stutzen.

Edelsteiner Weißweinrebe; Neuzüchtung von Weiß, Müllheim (Baden), Kreuzung aus Smederevka x Bouvier.

Edelvernatsch Synonym für Blauer →Trollinger in Südtirol.

Edelzwicker Weißweinspezialität des →Elsaß, hergestellt aus einem Verschnitt mehrerer Rebsorten. Der Wein probiert sich kräftig und herb und weist einen verhältnismäßig hohen Alkoholgehalt auf.

Edenkoben Weinort im Anbaugebiet →Rheinpfalz, Bereich Südliche Weinstraße. Großlage: *Schloß Ludwigshöhe.* Einzellagen: *Bergel, Heilig Kreuz, Klostergarten, Heidegarten, Kirchberg, Blücherhöhe, Mühlberg, Schwarzer Letten, Kastaniengarten.*

edes (ung.) süß.

Edesheim Weinort im Anbaugebiet →Rheinpfalz, Bereich Südliche Weinstraße. Großlage: *Ordensgut.* Einzellagen: *Forst, Mandelhang, Schloß, Rosengarten.*

Ediger-Eller Doppelgemeinde im Anbaugebiet →Mosel-Saar-Ruwer, Bereich Zell/Mosel. Großlagen: *Rosenhang, Grafschaft.* Einzellagen: *Stubener Klostersegen, Pfirsichgarten, Kapplay, Bienenlay, Höll* (Ediger), *Engelströpfchen, Schützenlay, Calmont* (Eller), *Osterlämmchen, Hasensprung, Elzhofberg, Pfaffenberg, Feuerberg.*

Efringen-Kirchen Weinbaugemeinde im Anbaugebiet →Baden, Bereich Markgräflerland, mit Ortsteilen →Blansingen, →Egringen, →Huttingen, →Istein, →Kleinkems, →Welmlingen, →Wintersweiler. Großlage: *Vogtei Rötteln.* Einzellagen: *Steingäßle, Kirchberg, Oelberg, Sonnhohle.*

Eger deutsch **Erlau**) Ungarisches Barockstädtchen zwischen Budapest und Tokaj, an den Südausläufern des Bükk-Gebirges gelegen. Herkunftsort des bekannten *Egri Bikavér* oder *Erlauer Stierblut*, eines aromatischen, kräftigen, tiefroten Weines, hauptsächlich aus →Kadarka; →Médoc Noir und →Cabernet Franc werden je nach Jahrgangsanforderung beigegeben. Dieses »Stierblut« soll den tapferen Verteidigern der Burg Erlau unter ihrem Führer István Dobó im Jahre 1552 die Kraft verliehen haben, dem Ansturm der Türken trotz monatelanger Belagerung standzuhalten. Es war der Sieg des Kreuzes und damit des Weines über Halbmond und Mokka. Nicht so bekannt ist der Weißwein aus der Erlauer Mädchentraube, der *Egri Leányka.*

Egringen Ortsteil von Efringen-Kirchen. Weinort im Anbaugebiet →Baden, Bereich Markgräflerland. Großlage: *Vogtei Rötteln.* Einzellage: *Sonnhohle.*

Eguisheim Weinort im →Elsaß, nahe Colmar, mit den bekannten Lagen *Pfersigberg* und *Eichberg.*

Eherieder Mühle Ortsteil von Kitzingen. Weinort im Anbaugebiet →Franken, Bereich Maindreieck. Großlage: *Hofrat.* Einzellage: *Kaiser Karl.*

Ehlingen Ortsteil von Bad Neuenahr-Ahrweiler. Weinort im Anbaugebiet →Ahr, Bereich Walporzheim/Ahrtal. Großlage: *Klosterberg.* Einzellage: *Kapellenberg.*

Ehrenbreitstein Ortsteil von Koblenz. Weinort im Anbaugebiet →Mittelrhein, Bereich Rheinburgengau. Großlage: *Marksburg.* Einzellage: *Kreuzberg.*

Ehrenfelser Weißweinrebe; Neuzüchtung der Lehr- und Forschungsanstalt, Geisenheim/Rheingau, durch Prof. Dr. Birk. Zuchtnummer Gm 9–93; Sortenschutz 1969. Der Name stammt von der Ruine Ehrenfels oberhalb Rüdesheim im Rüdesheimer Berg. Das Blatt ist fünflappig, die Traube kegelförmig mit gelbgrünen Beeren, der Wuchs rieslingähnlich. Die Reife erfolgt spät, jedoch etwas eher als beim Riesling. Die Sorte bevorzugt mittlere bis gute Lagen und verträgt auch trockene, grob skelettierte Böden. Bestockte Rebfläche in Deutschland: 523 ha.
Der Ertrag entspricht mengenmäßig dem →Riesling, die Mostgewichte liegen etwas höher, Säure wie Riesling, oft auch darunter. Die Weine sind rieslingähnlich, frisch und fruchtig mit interessantem Säurespiel.

Ehrenpreis des Bundesministers Auszeichnung bei der Bundesweinprämierung, jedoch nicht für einen Wein, sondern einen Betrieb (→Prämierungen).

Ehrental Ortsteil von Sankt Goarshausen. Weinort im Anbaugebiet →Mittelrhein, Bereich Bacharach. Großlage: *Loreleyfelsen*. Einzellage: *Burg Maus*.

Ehrentrudis Herkunfts-Typenwein, der laut Lagenverordnung die genaue Bezeichnung *Ehrentrudis Spätburgunder Weißherbst* tragen muß und für Qualitätsweine ohne und mit Prädikat, die im Bereich →Tuniberg gewachsen sind, verwendet werden darf. Der Name stammt von einer kleinen Kapelle der heiligen Ehrentrudis auf dem Tuniberg.

ehrlich Einfacher, unverfälschter Wein.

Eibelstadt Weinort im Anbaugebit →Franken, Bereich Maindreieck. Großlagen: *Teufelstor, Ölspiel*. Einzellagen: *Kapellenberg, Mönchsleite, Steinbach*.

Eibensbach Ortsteil von Güglingen. Weinort im Anbaugebiet →Württemberg, Bereich Württembergisch Unterland. Großlage: *Heuchelberg*. Einzellage: *Michaelsberg*.

Eich Weinort im Anbaugebiet →Rheinhessen, Bereich Nierstein. Großlage: *Krötenbrunnen*. Einzellage: *Goldberg*.

Eichelberg 1. Ortsteil von Östringen. Weinort im Anbaugebiet →Baden, Bereich Badische Bergstraße/Kraichgau. Großlage: *Stiftsberg*. Einzellage: *Kapellenberg*.
2. Ortsteil von Obersulm. Weinort im Anbaugebiet →Württemberg, Bereich Württembergisch Unterland. Großlage: *Salzberg*. Einzellage: *Hundsberg*.

Eichen (Eichgesetz) Nach dem Deutschen Maß- und Gewichtsgesetz aus dem Jahr 1935 mit seinen verschiedenen Änderungen und der Neufassung der Eichordnung von 1965 dürfen Wein und andere Getränke nur in amtlich geeichten Behältern gehandelt werden. Diese müssen eichfähig sein und mit Eichplatte (auf der Liter-, Jahreszahl, Eichstempel und Plombe angebracht sind), Standrohr mit Skala oder Peilrohr und Peilstab versehen sein. Auch Herbstgefäße und Maischebottiche, in denen Trauben, →Maische oder →Most gehandelt werden, unterliegen dem Eichgesetz. Weinfässer (→Faß) müssen alle 3 Jahre nachgeeicht werden, da der Faßinhalt kleinen Schwankungen unterworfen ist, wie zum Beispiel durch Veränderungen im Holz (Quellen, Austrocknen), festeres Anziehen der Faßreifen oder Bildung einer Weinsteinkruste an der Innenwand. Vom Eichgesetz nicht erfaßt werden Lagerfässer, in denen kein Wein verkauft wird. In Betrieben, wo nur Flaschenweine vermarktet werden, sind die Faßeichen oft sehr alt und haben nur noch symbolischen Wert. Ebenso sind Fässer mit importierten Auslandsweinen vom Eichzwang befreit. Auch →Flaschen, die sowohl als Lager- als auch Transportgefäße gelten, müssen geeicht sein. Das neue Eichgesetz von 1969 mit seiner Durchführungsverordnung von 1972 regelt den Flascheninhalt für Wein und sonstige alkoholhaltige Getränke.

Eichenbühl Weinort im Anbaugebiet →Franken. Einzellage: *Hoher Berg*.

Eichenholz Wichtigstes Holz für →Fässer. Es muß insbesondere langfaserig, fest und engporig sein. In Frankreich bevorzugt man das Holz der Limousin-Eiche, in Spanien und Kalifornien das der Tennessee-Eiche. In Italien gehört die Lagerung in Fässern aus Eichenholz in vielen Fällen zu den DOC- und DOCG-Bestimmungen.

Eichstetten Weinort im Anbaugebiet →Baden, Bereich Kaiserstuhl. Großlage: *Vulkanfelsen*. Einzellagen: *Herrenbuck, Lerchenberg*.

Eichtersheim Ortsteil von Angelbachtal. Weinort im Anbaugebiet →Baden, Bereich Badische Bergstraße/Kraichgau. Großlage: *Stiftsberg*. Einzellagen: *Sonnenberg, Kletterberg*.

Eimeldingen Weinort im Anbaugebiet →Baden, Bereich Markgräflerland. Großlage: *Vogtei Rötteln*. Einzellage: *Sonnhohle*.

Eimsheim Weinort im Anbaugebiet →Rheinhessen, Bereich Nierstein. Großlage: *Krötenbrunnen*. Einzellagen: *Hexelberg, Sonnenhang, Römerschanze*.

Einbrand Desinfektion eines leeren Weinfasses durch Verbrennen von Schwefel. Das Einbrennen erfolgt über Brenndrähte, an denen Asbeststreifen mit Schwefel befestigt sind. Sie werden angezündet und ins leere Faß gehängt. Beim Verbrennen des Schwefels entsteht Schwefeldioxid. Je nach Einfülltechnik und Einfüllgeschwindigkeit des Mostes oder Weines in das Faß wird ein Teil des Schwefeldioxids von der Flüssigkeit aufgenommen, während der Rest über das Spundloch entweicht. Die bedeutendste Rolle spielt der Einbrand beim Konservieren leerer Holzfässer (→Trockenkonservierung).

Brenndraht mit Schwefelschnitte.

Einmaischen →Mahlen.

Einschulen Pflanzen der vorgetriebenen →Pfropfreben in die Rebschule Mitte Mai.

Einselthum Weinort im Anbaugebiet →Rheinpfalz, Bereich Mittelhaardt/Deutsche

Weinstraße. Großlage: *Schnepfenflug vom Zellertal*. Einzellagen: *Klosterstück, Kreuzberg*.

Einwegflaschen Flaschen, die vom Verkäufer nicht mehr als Leergut zurückgenommen, sondern zusammen mit dem Wein verkauft werden (auch Wegwerfflaschen). Sie stellen zwar eine gewisse Umweltbelastung dar, ermöglichen aber dem flaschenabfüllenden Betrieb und dem Handel ein rationelleres Arbeiten. Rücklaufflaschen (Altglas) müssen, bevor sie wieder gefüllt werden können, sortiert, gereinigt und desinfiziert werden, was meist teurer ist als die Verwendung von Neuglas. Neuglasflaschen sind außerdem genormt und keimfrei (hüttensteril, kühlofenverpackt). Während kleinere Winzerbetriebe oft noch Leergut zurücknehmen, verwenden größere Kellereien fast ausschließlich die wirtschaftlicheren Einwegflaschen.

Einzellage →Lage.

Einzelpfahlunterstützung Heute nur noch in extremen Steillagen angewandte Form der →Erziehung von Reben.

Eisacktaler (it. Valle Isarco) Italienische DOC-Weißweine aus der Region →Trentino-Südtirol, aus dem Gebiet nordöstlich von Bozen. Die Rebsorte, aus der der Wein gekeltert wurde, steht entweder in deutscher oder italienischer Sprache hinter dem Weinnamen: *Ruländer (Pinot Grigio*; strohgelb, sortentypisch), *Gewürztraminer (Traminer Aromatico*; hellgelb,aromatisch), *Sylvaner* (trocken, frisch), *Veltliner* (blaßgelb bis grünlich, fruchtig), *Müller-Thurgau* (strohgelb, delikates Bukett).

Eisen Nährstoff der Rebe, der in Form von →Spurenelementen aufgenommen wird. Akuter Eisenmangel führt zur →Chloroseerkrankung. Als äußere Anlässe für Eisenmangelerkrankungen kennt man: hohe Bodenfeuchtigkeit mit schlechter Durchlüftung; Phosphat-, Kalk- und Kalziumüberschuß bei hohem pH-Wert; geringer Humusgehalt. Eine heilende Eisendüngung erfolgt kurzfristig über das Blatt oder langfristig über den Boden.

Eisenstadt Hauptstadt der Weinbauregion Burgenland, im Weinbaugebiet →Neusiedlersee-Hügelland gelegen. Es werden hauptsächlich fruchtige, bukettreiche Weißweine auf rund 800 ha Rebfläche erzeugt. Im Spätsommer findet jedes Jahr das »Fest der 1000 Weine« mit Weinverkostung und -verkauf statt.
Aus Eisenstadt stammt ein weißer oder roter Qualitätswein aus →Weißburgunder, →Chardonnay oder →Blaufränkisch, der unter dem Namen *Die Schöpfung* von 18 engagierten Winzern des Gebiets erzeugt wird.

Eisental Ortsteil von Bühl. Weinort im Anbaugebiet →Baden, Bereich Ortenau. Großlage: *Schloß Rodeck*. Einzellage: *Betschgräbler*.

Eisentrübung Feine, weiße bis grauweiße →Metalltrübung, die als weißer oder grauer →Bruch bekannt ist, seit der Einführung der →Blauschönung jedoch kaum noch auftritt, zumindest aber verhindert werden kann.

Eisheilige (früher »Eismänner« oder »Gestrenge Herren«) Namenstage der drei Heiligen vom 12. bis 14. Mai (St. Pankratius, St. Servatius und St. Bonifatius), mancherorts noch der 11. und 15. Mai (St. Mamertus und St. Sophia, im Volksmund »kalte« oder »böse Sophie« genannt). An diesen Tagen besteht in Mitteleuropa die Gefahr von Kälterückschlägen (Maifröste), die bei den Winzern gefürchtet sind.

Eisingen Weinort im Anbaugebiet →Baden, Bereich Badische Bergstraße/Kraichgau. Großlage: *Hohenberg*. Einzellagen: *Steig, Klepberg*.

Eispfropfen Fachausdruck für die Rohsektmenge, die beim →Rüttelverfahren mit der auf den Korken gerüttelten Hefe eingefroren wird.

Eiswein Aus am Stock gefrorenen Trauben hergestellter Wein. Die Temperaturen müssen bei der Lese unter –8 °C liegen und die Beeren hartgefroren sein, damit es zu einer Konzentration der Extraktstoffe kommt. Eisweine verkosten sich edelsüß und aromatisch, da auch die Duftstoffe durch das Ausfrieren des Wassers konzentriert werden.
In Deutschland dürfen Eisweine nur als →Beerenauslesen geerntet werden. Da Frost selten schon während der Lesezeit (Oktober) auftritt, packt man die Rebzeilen in Plastikfolien und schützt so die Trauben bis Dezember/Januar. Ein Kuriosum: Am 6. Januar 1971 wurden in verschiedenen Teilen Deutschlands »Heilige-Drei-Königs-Eiswein-Auslesen« eingebracht, die dann zwei Jahreszahlen auf dem Etikett aufwiesen: 1970/71.

Eitelsbach Ortsteil von Trier. Weinort im Anbaugebiet →Mosel-Saar-Ruwer, Bereich Saar-Ruwer. Großlage: *Römerlay*. Einzellagen: *Marienholz, Karthäuserhofberg*.

Eiweiß »Wein-Eiweiß« ist ein Sammelbegriff für im Wein enthaltene Stickstoffsubstanzen.

reich Bacharach. Großlage: *Loreleyfelsen*. Einzellage: *Burg Maus*.

Ehrentrudis Herkunfts-Typenwein, der laut Lagenverordnung die genaue Bezeichnung *Ehrentrudis Spätburgunder Weißherbst* tragen muß und für Qualitätsweine ohne und mit Prädikat, die im Bereich →Tuniberg gewachsen sind, verwendet werden darf. Der Name stammt von einer kleinen Kapelle der heiligen Ehrentrudis auf dem Tuniberg.

ehrlich Einfacher, unverfälschter Wein.

Eibelstadt Weinort im Anbaugebit →Franken, Bereich Maindreieck. Großlagen: *Teufelstor, Ölspiel*. Einzellagen: *Kapellenberg, Mönchsleite, Steinbach*.

Eibensbach Ortsteil von Güglingen. Weinort im Anbaugebiet →Württemberg, Bereich Württembergisch Unterland. Großlage: *Heuchelberg*. Einzellage: *Michaelsberg*.

Eich Weinort im Anbaugebiet →Rheinhessen, Bereich Nierstein. Großlage: *Krötenbrunnen*. Einzellage: *Goldberg*.

Eichelberg 1. Ortsteil von Östringen. Weinort im Anbaugebiet →Baden, Bereich Badische Bergstraße/Kraichgau. Großlage: *Stiftsberg*. Einzellage: *Kapellenberg*.
2. Ortsteil von Obersulm. Weinort im Anbaugebiet →Württemberg, Bereich Württembergisch Unterland. Großlage: *Salzberg*. Einzellage: *Hundsberg*.

Eichen (Eichgesetz) Nach dem Deutschen Maß- und Gewichtsgesetz aus dem Jahr 1935 mit seinen verschiedenen Änderungen und der Neufassung der Eichordnung von 1965 dürfen Wein und andere Getränke nur in amtlich geeichten Behältern gehandelt werden. Diese müssen eichfähig sein und mit Eichplatte (auf der Liter-, Jahreszahl, Eichstempel und Plombe angebracht sind), Standrohr mit Skala oder Peilrohr und Peilstab versehen sein. Auch Herbstgefäße und Maischebottiche, in denen Trauben, →Maische oder →Most gehandelt werden, unterliegen dem Eichgesetz. Weinfässer (→Faß) müssen alle 3 Jahre nachgeeicht werden, da der Faßinhalt kleinen Schwankungen unterworfen ist, wie zum Beispiel durch Veränderungen im Holz (Quellen, Austrocknen), festeres Anziehen der Faßreifen oder Bildung einer Weinsteinkruste an der Innenwand. Vom Eichgesetz nicht erfaßt werden Lagerfässer, in denen kein Wein verkauft wird. In Betrieben, wo nur Flaschenweine vermarktet werden, sind die Faßeichen oft sehr alt und haben nur noch symbolischen Wert. Ebenso sind Fässer mit importierten Auslandsweinen vom Eichzwang befreit. Auch →Flaschen, die sowohl als Lager- als auch Transportgefäße gelten, müssen geeicht sein. Das neue Eichgesetz von 1969 mit seiner Durchführungsverordnung von 1972 regelt den Flascheninhalt für Wein und sonstige alkoholhaltige Getränke.

Eichenbühl Weinort im Anbaugebiet →Franken. Einzellage: *Hoher Berg*.

Eichenholz Wichtigstes Holz für →Fässer. Es muß insbesondere langfaserig, fest und engporig sein. In Frankreich bevorzugt man das Holz der Limousin-Eiche, in Spanien und Kalifornien das der Tennessee-Eiche. In Italien gehört die Lagerung in Fässern aus Eichenholz in vielen Fällen zu den DOC- und DOCG-Bestimmungen.

Eichstetten Weinort im Anbaugebiet →Baden, Bereich Kaiserstuhl. Großlage: *Vulkanfelsen*. Einzellagen: *Herrenbuck, Lerchenberg*.

Eichtersheim Ortsteil von Angelbachtal. Weinort im Anbaugebiet →Baden, Bereich Badische Bergstraße/Kraichgau. Großlage: *Stiftsberg*. Einzellagen: *Sonnenberg, Kletterberg*.

Eimeldingen Weinort im Anbaugebiet →Baden, Bereich Markgräflerland. Großlage: *Vogtei Rötteln*. Einzellage: *Sonnhohle*.

Eimsheim Weinort im Anbaugebiet →Rheinhessen, Bereich Nierstein. Großlage: *Krötenbrunnen*. Einzellagen: *Hexelberg, Sonnenhang, Römerschanze*.

Einbrand Desinfektion eines leeren Weinfasses durch Verbrennen von Schwefel. Das Einbrennen erfolgt über Brenndrähte, an denen Asbeststreifen mit Schwefel befestigt sind. Sie werden angezündet und ins leere Faß gehängt. Beim Verbrennen des Schwefels entsteht Schwefeldioxid. Je nach Einfülltechnik und Einfüllgeschwindigkeit des Mostes oder Weines in das Faß wird ein Teil des Schwefeldioxids von der Flüssigkeit aufgenommen, während der Rest über das Spundloch entweicht. Die bedeutendste Rolle spielt der Einbrand beim Konservieren leerer Holzfässer (→Trockenkonservierung).

Brenndraht mit Schwefelschnitte.

Einmaischen →Mahlen.

Einschulen Pflanzen der vorgetriebenen →Pfropfreben in die Rebschule Mitte Mai.

Einselthum Weinort im Anbaugebiet →Rheinpfalz, Bereich Mittelhaardt/Deutsche

Weinstraße. Großlage: *Schnepfenflug vom Zellertal*. Einzellagen: *Klosterstück, Kreuzberg*.

Einwegflaschen Flaschen, die vom Verkäufer nicht mehr als Leergut zurückgenommen, sondern zusammen mit dem Wein verkauft werden (auch Wegwerfflaschen). Sie stellen zwar eine gewisse Umweltbelastung dar, ermöglichen aber dem flaschenabfüllenden Betrieb und dem Handel ein rationelleres Arbeiten. Rücklaufflaschen (Altglas) müssen, bevor sie wieder gefüllt werden können, sortiert, gereinigt und desinfiziert werden, was meist teurer ist als die Verwendung von Neuglas. Neuglasflaschen sind außerdem genormt und keimfrei (hüttensteril, kühlofenverpackt). Während kleinere Winzerbetriebe oft noch Leergut zurücknehmen, verwenden größere Kellereien fast ausschließlich die wirtschaftlicheren Einwegflaschen.

Einzellage →Lage.

Einzelpfahlunterstützung Heute nur noch in extremen Steillagen angewandte Form der →Erziehung von Reben.

Eisacktaler (it. Valle Isarco) Italienische DOC-Weißweine aus der Region →Trentino-Südtirol, aus dem Gebiet nordöstlich von Bozen. Die Rebsorte, aus der der Wein gekeltert wurde, steht entweder in deutscher oder italienischer Sprache hinter dem Weinnamen: *Ruländer (Pinot Grigio*; strohgelb, sortentypisch), *Gewürztraminer (Traminer Aromatico*; hellgelb,aromatisch), *Sylvaner* (trocken, frisch), *Veltliner* (blaßgelb bis grünlich, fruchtig), *Müller-Thurgau* (strohgelb, delikates Bukett).

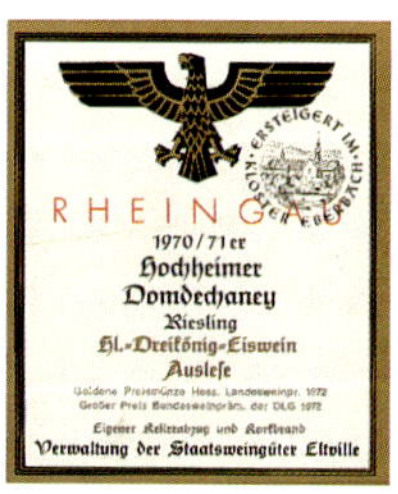

Eisen Nährstoff der Rebe, der in Form von →Spurenelementen aufgenommen wird. Akuter Eisenmangel führt zur →Chloroseerkrankung. Als äußere Anlässe für Eisenmangelerkrankungen kennt man: hohe Bodenfeuchtigkeit mit schlechter Durchlüftung; Phosphat-, Kalk- und Kalziumüberschuß bei hohem pH-Wert; geringer Humusgehalt. Eine heilende Eisendüngung erfolgt kurzfristig über das Blatt oder langfristig über den Boden.

Eisenstadt Hauptstadt der Weinbauregion Burgenland, im Weinbaugebiet →Neusiedlersee-Hügelland gelegen. Es werden hauptsächlich fruchtige, bukettreiche Weißweine auf rund 800 ha Rebfläche erzeugt. Im Spätsommer findet jedes Jahr das »Fest der 1000 Weine« mit Weinverkostung und -verkauf statt.
Aus Eisenstadt stammt ein weißer oder roter Qualitätswein aus →Weißburgunder, →Chardonnay oder →Blaufränkisch, der unter dem Namen *Die Schöpfung* von 18 engagierten Winzern des Gebiets erzeugt wird.

Eisental Ortsteil von Bühl. Weinort im Anbaugebiet →Baden, Bereich Ortenau. Großlage: *Schloß Rodeck*. Einzellage: *Betschgräbler*.

Eisentrübung Feine, weiße bis grauweiße →Metalltrübung, die als weißer oder grauer →Bruch bekannt ist, seit der Einführung der →Blauschönung jedoch kaum noch auftritt, zumindest aber verhindert werden kann.

Eisheilige (früher »Eismänner« oder »Gestrenge Herren«) Namenstage der drei Heiligen vom 12. bis 14. Mai (St. Pankratius, St. Servatius und St. Bonifatius), mancherorts noch der 11. und 15. Mai (St. Mamertus und St. Sophia, im Volksmund »kalte« oder »böse Sophie« genannt). An diesen Tagen besteht in Mitteleuropa die Gefahr von Kälterückschlägen (Maifröste), die bei den Winzern gefürchtet sind.

Eisingen Weinort im Anbaugebiet →Baden, Bereich Badische Bergstraße/Kraichgau. Großlage: *Hohenberg*. Einzellagen: *Steig, Klepberg*.

Eispfropfen Fachausdruck für die Rohsektmenge, die beim →Rüttelverfahren mit der auf den Korken gerüttelten Hefe eingefroren wird.

Eiswein Aus am Stock gefrorenen Trauben hergestellter Wein. Die Temperaturen müssen bei der Lese unter –8 °C liegen und die Beeren hartgefroren sein, damit es zu einer Konzentration der Extraktstoffe kommt. Eisweine verkosten sich edelsüß und aromatisch, da auch die Duftstoffe durch das Ausfrieren des Wassers konzentriert werden.
In Deutschland dürfen Eisweine nur als →Beerenauslesen geerntet werden. Da Frost selten schon während der Lesezeit (Oktober) auftritt, packt man die Rebzeilen in Plastikfolien und schützt so die Trauben bis Dezember/Januar. Ein Kuriosum: Am 6. Januar 1971 wurden in verschiedenen Teilen Deutschlands »Heilige-Drei-Königs-Eiswein-Auslesen« eingebracht, die dann zwei Jahreszahlen auf dem Etikett aufwiesen: 1970/71.

Eitelsbach Ortsteil von Trier. Weinort im Anbaugebiet →Mosel-Saar-Ruwer, Bereich Saar-Ruwer. Großlage: *Römerlay*. Einzellagen: *Marienholz, Karthäuserhofberg*.

Eiweiß »Wein-Eiweiß« ist ein Sammelbegriff für im Wein enthaltene Stickstoffsubstanzen.

Es sind lösliche Proteine, die im Flaschenwein zu unerwünschten Nachtrübungen führen können, denen durch eine →Bentonitschönung vorzubeugen ist. Die Proteine können jahrgangsmäßig unterschiedlich zusammengesetzt sein. Thermolabile Eiweißverbindungen können auch durch →Kurzzeiterhitzung ausgefällt werden.

Elba Insel im Tyrrhenischen Meer, zur →Toskana gehörig. Die gleichnamigen DOC-Rot- und -Weißweine sind trocken, harmonisch und leicht aromatisch. Der blaßgelbe Weißwein stammt aus →Trebbiano, der dunkelrubinfarbene Rotwein hauptsächlich aus →Sangiovese.

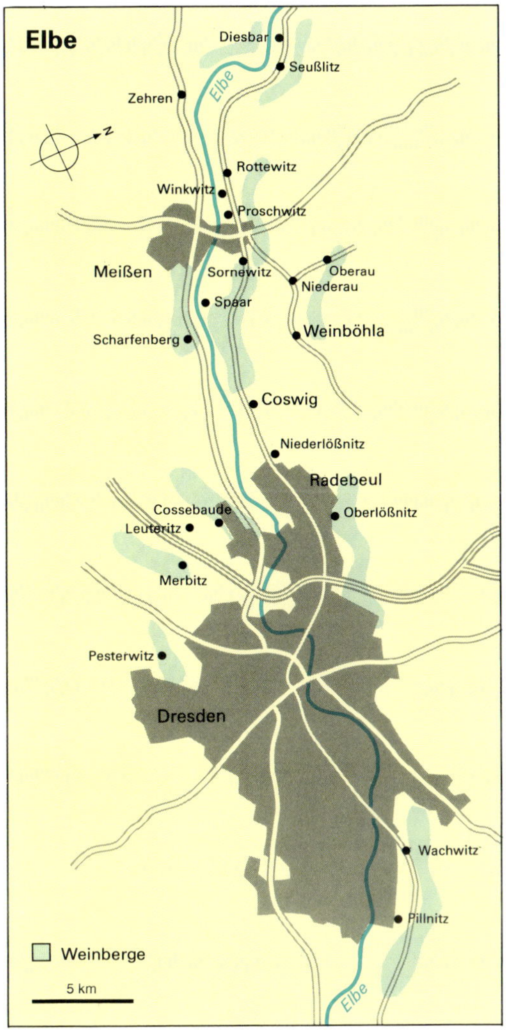

Elbe Seit 19.5.1990 bestimmtes deutsches Anbaugebiet. Bisher gilt noch diese Bezeichnung; endgültiger Name eventuell Elbtal oder Sachsen. Vorgesehene Bereiche: Elbetal und Elstertal, für den Landweinnamen *Sächsischer Landwein.* Das am weitesten östlich gelegene Weinbaugebiet Deutschlands umfaßt rund 400 ha Rebfläche. Wo am Rhein die Weinberge am 51. Breitengrad enden, beginnen sie an der Elbe bei Pillnitz, 10 km südlich von Dresden. Das Gebiet erstreckt sich dann 50 km elbabwärts bis Seußlitz, einem alten Weinbauort. Außerdem gibt es noch kleine Parzellen in Jessen bei Wittenberg und Ostritz an der Neiße.

Die Reben stehen meist auf tief verwitterten, archaischen Gesteinen – Syenit, Granit und Granitporphyr –, die an manchen Stellen mit diluvialem Lehm oder Sand durchsetzt sind. Die mittlere Jahrestemperatur beträgt 9,1°C bei 500 mm Jahresniederschlag und etwa 1600 Sonnenscheinstunden. Der Weinbau ist trotz der geringen Seehöhe – 100 bis 200 m über NN – durch Fröste gefährdet. Bevorzugt werden frühreifende Weißwein-Rebsorten ähnlich wie im Westen Deutschlands. Die Sorte →Müller-Thurgau (50 %) ist wegen ihrer Frühreife heute die wichtigste Sorte. An ihrer Stelle stand früher der →Silvaner, der nun aber auf 5% der Gesamtanbaufläche zurückgegangen ist. Weißer →Burgunder (15%) →Traminer (10%) nehmen in jüngerer Zeit wieder zu. Wegen seiner späten Reife wird →Riesling nur zu 5% angebaut. Mit einigen Neuzüchtungen aus Ungarn und aus Westdeutschland werden Versuche unternommen. Der Anbau roter Sorten ist mit 1,5% →Portugieser unbedeutend, die Weine aber hervorragend. Die vorherrschenden Erziehungsformen sind →Weitraumanlagen mit Gassenbreiten bis 3,5 m, Stockabstand 1,2 m und Drahtrahmenhöhe 2 m sowie Normalanlagen mit Gassenbreite 1,5 m, Stockabstand 1,2 m und Drahtrahmenhöhe 1,7 m. Die Weine sind herzhaft, kernig, trocken und sortenecht. Auf die Erhaltung der Säure wird geachtet und daher frühzeitig auf Flaschen gefüllt. Vor 1989 wurden in großen Mengen »Standardmarkenweine« mit ausländischen Süßweinen aus Verschnitten hergestellt, um den Publikumswünschen nach restsüßen Weinen nachzukommen.

Die erste Erwähnung des sächsischen Weinbaus geht auf eine Schenkungsurkunde Markgraf Ottos aus dem Jahr 1161 zurück. 1195 erwarben Zisterzienser das Dorf Zadel, um Weinberge anzulegen. 1250 stand der Weinbau in voller Blüte. Handwerker in Dresden und Meißen verdienten durch den Ausschank des eigenen Weines mehr als durch ihr Handwerk. Im 14. Jahrhundert eroberte die Rebe alle klimatisch begünstigten Stellen des oberen Elbtales, das hauptsächlich im Besitz der Kirche war. Mit der Säkularisation wurde dieser Besitz von Adel und Bürgertum übernommen. 1799 wurde in Meißen die »Sächsische Weinbaugesellschaft« gegründet.

Weinberge im Elbegebiet.

Ihr größtes Verdienst war die Einrichtung der ersten europäischen Winzerschule im Jahre 1811. Zu diesem Zeitpunkt betrug die Weinbaufläche Sachsens noch 1636 ha. 8.000 Beschäftigte in 159 Ortschaften waren in der Weinwirtschaft tätig. 1945 betrug die Rebfläche im Elbtal nur noch 67 ha. Vom Staat geförderte landwirtschaftliche Produktionsgenossenschaften, das Staatsweingut Radebeul, vor allem aber rund 600 Feierabendwinzer erweiterten die Anbaufläche auf den gegenwärtigen Umfang. Heute liefern sie ihre Trauben an die Winzergenossenschaft Meißen. Das Staatsweingut Schloß Wackerbarth stellt bemerkenswerte Erzeugerabfüllungen und Sekte her. Beide Betriebe bieten Besuchern Probier- und Einkaufsmöglichkeit.
Die →Weinbergsrolle wird neu erstellt. Die Lagennamen sind bei den Weinorten zu finden (→Cossebaude, →Diera, →Golk, →Gröbern, →Meißen, →Merbitz, →Niederau, →Nieschütz, →Pesterwitz, →Proschwitz, →Radebeul, →Seußlitz, →Sörnewitz, →Wachwitz-Pillnitz, →Weinböhla).

Probierstube der Sächsischen Winzergenossenschaft

Elben Fehér Ungarische Bezeichnung für Weißer →Elbling.

Elbling, Roter Wenig verbreitete Rebsorte mit roten Beeren (→Elbling, Weißer).

Elbling, Weißer Weißweinrebe, die mit einiger Sicherheit aus Gallien stammt. Von dort soll diese Rebe durch die Römer an die Mosel gekommen sein. Im Mittelalter, der Zeit der Zehntweine, hatte sie als ertragreiche Rebe die größte Verbreitung. Nach Abschaffung des Zehnten wurde sie immer mehr von qualitativ besseren Sorten verdrängt. Heute hat sie nur noch an der Obermosel und in Luxemburg eine gewisse Bedeutung; die dort erzeugten Weine werden fast ausschließlich als säurebetonte Sektgrundweine verwendet. Der Name kann von dem Synonym Alben beziehungsweise von lat. »albus« stammen. Synonyme: Kleinburger, Alben, Weißalbe, Weißer Silvaner (Deutschland); Allemand, Bourgeois, Mouillet, Gros Blanc (Frankreich); Pezhech, Morawska, Biela Srebrnina (Jugoslawien); Elben Fehér (Ungarn); Albana (Italien); Welsche (Südtirol).
Das Blatt ist groß, dreilappig mit großen Mittellappen und blasig rauher Oberfläche, die Traube groß, dichtbeerig mit großen, länglichen, grünen Beeren von wenig ausdrucksvollem Geschmack, Holz gelbbraun, nur mittelmäßig ausreifend und daher auch nicht sehr resistent gegen Winterfröste. Der Wuchs ist sehr stark, die Reife erfolgt mittelspät bis spät. Die Rebe stellt keine sehr hohen Ansprüche an die Lage und den Boden. Bestockte Rebfläche in Deutschland: 1177 ha.
Weißer Elbling bringt außergewöhnlich hohe Mengenerträge, die Mostgewichte liegen niedrig und die Säurewerte hoch. Die Sorte ergibt leichte, dünne Weine ohne Aroma; nur in besonders guten Jahrgängen werden selbständige Weine erzielt. Aufgrund der Neutralität, der hohen Säure und der großen Ertragsleistung lohnt sich der Anbau für die Winzer, denn diese Weine sind für die Schaumweinindustrie von besonderer Bedeutung.

elegant Bezeichnung für einen saftigen, rassigen, feinblumigen Wein mit mittlerem oder etwas erhöhtem Alkoholgehalt und angenehm betonter Säure. Innerhalb der Gesamtsäure sollte vor allem die →Weinsäure einen großen Anteil haben. Insbesondere Weine der Sorte →Riesling bringen von ihrem Charakter her diese qualitativ sehr ins Gewicht fallende Eigenschaft mit. Die Steigerung von elegant ist →vornehm.

Ellenz-Poltersdorf Doppelgemeinde im Anbaugebiet →Mosel-Saar-Ruwer, Bereich Zell/Mosel. Großlagen: *Goldbäumchen, Rosenhang.* Einzellagen: *Kurfürst, Altarberg, Rüberberger Domherrenberg, Woogberg, Silberberg.*

Eller →Ediger-Eller.

Ellerstadt Weinort im Anbaugebiet →Rheinpfalz, Bereich Mittelhaardt/Deutsche Weinstraße. Großlagen: *Feuerberg, Hofstück.* Einzellagen: *Sonnenberg, Dickkopp, Bubeneck, Kirchenstück.*

Ellhofen Weinort im Anbaugebiet →Württemberg, Bereich Württembergisch Unterland. Großlagen: *Kirchenweinberg, Salzberg.* Einzellagen: *Ranzenberg, Altenberg, Althälde.*

Ellmendingen Ortsteil von Keltern. Weinort im Anbaugebiet →Baden, Bereich Badische Bergstraße/Kraichgau. Großlage: *Hohenberg.* Einzellage: *Keulebuckel.*

Elpersheim Ortsteil von Weikersheim. Weinort im Anbaugebiet →Württemberg, Bereich Kocher-Jagst-Tauber. Großlage: *Tauberberg.* Einzellagen: *Mönchsberg, Probstberg.*

Elsaß Die Appellation contrôlée Alsace umfaßt rund 13.000 ha. Sie bezieht sich nicht auf Ortsnamen, sondern meistens auf die Rebsorten. Bedeutende Orte, wie zum Beispiel Barr,

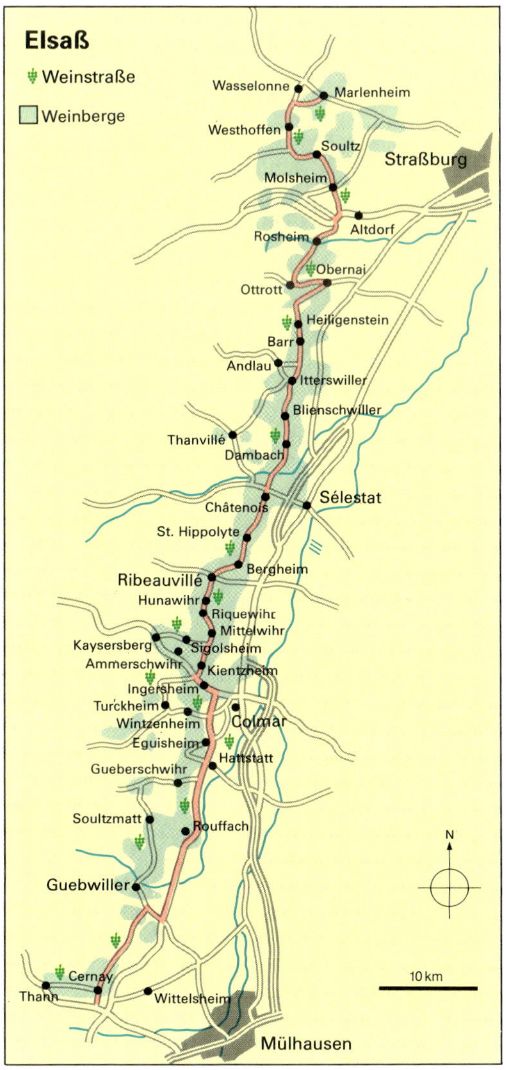

Riquewihr, Guebwiller, geben auch Ortsnamen und sogar Lagennamen an, deren es etwa 100 im Elsaß gibt. Der Chasselas (→Gutedel) wird hauptsächlich zu offenen, leichten Ausschankweinen verarbeitet. Als feinere Weine gelten →Sylvaner und →Pinot Blanc (Klevner, Weißburgunder). Zu den qualitativ höher bewerteten Sorten gehören →Riesling, →Gewürztraminer oder →Traminer, Muskat und Tokay d'Alsace–Pinot Gris (→Ruländer) und Pinot Noir (als Rotwein und Rosee). Der *Edelzwicker* ist ein Verschnitt meist aus Sylvaner und Pinot Blanc, aber auch aus mehr Sorten. Die AC-Weine müssen einen Mindestalkoholgehalt von 8 Vol.-% aufweisen. Seit 1975 gibt es die Zusatzbezeichnung Grand Cru für bestimmte Lagen (bisher 50). Ein Grand Cru darf nur aus Muscat, Riesling, Gewürztraminer oder Pinot Gris gekeltert werden. Eine weitere neue AC ist *Crémant d'Alsace* (seit 1976), die sich auf Schaumweine (weiß und rosee) nach der →Méthode champenoise bezieht. Die elsässischen Weinflaschen sind aus grünem Glas, schlanker und höher als die deutschen. Man nennt sie »flûtes« (Flöten). Die Weine sind meist trocken, herb, durchgegoren und haben einen verhältnismäßig hohen Alkoholgehalt.
Nach dem Zweiten Weltkrieg hat der Weinbau einen großen Aufschwung genommen. Das Weinbauinstitut Oberlin und die Weinbauschule in Colmar sorgen für eine Verbesserung und Modernisierung der Anbau- und Herstellungsmethoden. Die Elsässer Weinstraße (→Route du Vin d'Alsace) durchzieht in einer Länge von 110 km das ganze Weinbaugebiet in Nord-Süd-Richtung.

Elsenz Ortsteil von Eppingen. Weinort im Anbaugebiet →Baden, Bereich Badische Bergstraße/Kraichgau. Großlage: *Stiftsberg.* Einzellage: *Spiegelberg.*

Eltmann Weinort im Anbaugebiet →Franken, Bereich Steigerwald. Einzellage: *Schloßleite.*

Eltville Altes Weinstädtchen im Anbaugebiet →Rheingau, Bereich Johannisberg, mit den Ortsteilen →Hattenheim, →Erbach, →Rauenthal, →Martinsthal. Großlage: *Steinmächer.* Einzellagen: *Sandgrub, Taubenberg, Langenstück, Sonnenberg, Rheinberg, Kalbspflicht.* Weinbauschule, bedeutende Weingüter wie Langwerth von Simmern, Verwaltung der Staatsweingüter und Sektkellereien Matheus Müller, Schloß Vaux und Mumm.

Emerald Riesling Irreführende Bezeichnung in den →USA und in Südafrika für Riesling x Muscadel.

Emilia-Romagna Italienische Weinregion, südlich des Po vom Apennin bis zur Adria mit Mittelpunkt und gastronomischem Zentrum Bologna. Der größte Teil der Rebfläche ist flach, nur bei San Marino gedeihen Reben auch auf steilen Hängen. Kleinparzellenanbau herrscht vor. Die Weine sind weder herausragend noch besonders vielfältig, doch passen sie gut zur deftigen einheimischen Küche. DOCG-Wein ist: →*Albana di Romagna*. Die DOC-Weine heißen: →*Bianco di Scandiano*, →*Bosco Eliceo*, →*Cagnina di Romagna*, →*Colli Bolognesi*, →*Colli di Parma*, →*Colli Piacentini*, verschiedene Sorten →*Lambrusco*, →*Pagadebit di Romagna*, →*Sangiovese di Romagna* und →*Trebbiano di Romagna*.

Ems, Bad Weinbaugemeinde im Anbaugebiet →Mittelrhein, Bereich Rheinburgengau. Großlage: *Lahntal*. Einzellage: *Hasenberg*.

Endersbach Ortsteil von Weinstadt. Weinort im Anbaugebiet →Württemberg, Bereich Remstal-Stuttgart. Großlagen: *Sonnenbühl, Wartbühl*. Einzellagen: *Hintere Klinge, Happenhalde, Wetzstein*.

Endingen Weinbaugemeinde im Anbaugebiet →Baden, Bereich Kaiserstuhl, mit Ortsteilen →Amoltern, →Königschaffhausen, →Kiechlinsbergen.
Großlage: *Vulkanfelsen*. Einzellagen: *Engelsberg, Steingrube, Tannacker*.

Enfer d'Arvier →Valle d'Aosta.

Engehöll Ortsteil von Oberwesel. Weinort im Anbaugebiet →Mittelrhein, Bereich Rheinburgengau. Großlage: *Schloß Schönburg*. Einzellage: *Bernstein*.

Engelsberg Ortsteil von Großheubach. Weinort im Anbaugebiet →Franken, Bereich Mainviereck. Einzellage: *Klostergarten*.

Engelstadt Weinort im Anbaugebiet →Rheinhessen, Bereich Bingen. Großlage: *Kaiserpfalz*. Einzellagen: *Adelpfad, Römerberg*.

England →Großbritannien.

Enkirch Weinort im Anbaugebiet →Mosel-Saar-Ruwer, Bereich Bernkastel. Großlage: *Schwarzlay*. Einzellagen: *Edelberg, Monteneubel, Steffensberg, Weinkammer, Herrenberg, Zeppwingert, Batterieberg, Ellergrub*.

Ensch Weinort im Anbaugebiet →Mosel-Saar-Ruwer, Bereich Bernkastel. Großlage: *St. Michael*. Einzellagen: *Mühlenberg, St. Martin, Sonnenlay*.

Ensheim Weinort im Anbaugebiet →Rheinhessen, Bereich Bingen. Großlage: *Adelberg*. Einzellage: *Kachelberg*.

Ensingen Ortsteil von Vaihingen. Weinort im Anbaugebiet →Württemberg, Bereich Württembergisch Unterland. Großlage: *Stromberg*. Einzellage: *Schanzreiter*.

Enthefen (Enthefung) Entfernen der Hefe aus dem Schaumwein oder Sekt. Es gibt zwei Verfahren:
1. Das Rüttelenthefen, auch Degorgieren genannt: Die Hefe, die sich an der Flaschenwand abgesetzt hat, wird auf den Korken der kopfstehenden Flasche »gerüttelt« und das Hefedepot über dem Flaschenhals bei Temperaturen bis –18°C eingefroren. Nach dem Öffnen schießt die Kohlensäure den Eispfropfen mit der Hefe hinaus.
2. Filtrationsenthefung: Die Hefe wird nach der zweiten Gärung und dem Reifelager, das auf der Hefe durchgeführt wird, mittels Gegendruckfilter entfernt. Bei Flaschengärung wird der Flascheninhalt zum Enthefen – sofern nicht nach dem →Rüttelverfahren (→Rüttelpult) gearbeitet wird – unter Gegendruck in einen Großbehälter entleert (Transvasionsverfahren). Bei Großraumgärung befindet sich der Schaumwein bereits in einem solchen Behälter.

Entkeimungsfilter Filter mit engporigen Schichten, die Hefen und Bakterien zurückhalten. Für Weine, die mit einem Zuckerrest auf die Flasche gebracht werden, ist der Entkeimungsfilter bei der Abfüllung unentbehrlich und Grundlage der Sterilfüllung, die spätere Nachgärungen mit Sicherheit verhindern soll.

Entrappen →Abbeeren.

Entre-Deux-Mers (und **Entre-Deux-Mers Haut-Benauge**) AC-Gebiet in →Bordeaux, das nicht zwischen zwei Meeren, wohl aber zwischen zwei Flüssen, Garonne und Dordogne, gelegen ist. Geschätzt sind seine trockenen Weißweine, die zu Fisch und Austern passen. Daher die Redensart: »Entre deux huîtres – Entre-Deux-Mers« (Zwischen zwei Austern – Entre-Deux-Mers).

Entringen Ortsteil von Ammerbuch. Weinort im Anbaugebiet →Württemberg, Bereich Oberer Neckar. Einzellage: *Pfaffenberg*.

Entsäuerung Verringern des Säuregehaltes mittels kellertechnischer Maßnahmen. Nicht jeder Jahrgang und jede Rebsorte bringt in den nördlich gelegenen Weinbaugebieten die

Voraussetzungen für die Harmonie aller Inhaltsstoffe. Aus diesem Grund hat der Gesetzgeber das teilweise Entsäuern von Traubenmost auf chemischem Wege erlaubt. →Weinsäure und →Apfelsäure sind die beiden Hauptkomponenten unter den Säuren in Most und Wein. Bei der Entsäuerung mit kohlensaurem Kalk wird nur die Weinsäure teilweise ausgefällt. Die Doppelsalzentsäuerung ermöglicht nicht nur das Ausfällen der Weinsäure, sondern auch das der Äpfelsäure. Dieses Verfahren wird vor allem in weniger guten Jahren angewandt, wenn der Gesamtsäuregehalt zum großen Teil auf Äpfelsäure zurückzuführen ist. Die Entsäuerung darf nur einmal vorgenommen werden. Sie muß an die zuständigen Behörden gemeldet werden (→Säureabbau, biologischer).

Enzweihingen Ortsteil von Vaihingen. Weinort im Anbaugebiet →Württemberg, Bereich Württembergisch Unterland. Großlage: *Schalkstein*. Einzellage: *Sankt Johännser*.

Enzyme →Fermente.

Épernay Französische Stadt an der Marne. Neben Reims Haupthandelszentrum für →*Champagner* und Sitz großer Kellereien. Unter der Stadt befinden sich Keller mit einer Gesamtlänge von rund 300 km.

Epesses Weinort im Schweizer Kanton →Waadt, Region →Lavaux, aus dem duftige, süffige →*Dorins* stammen.

Eppelsheim Weinort im Anbaugebiet →Rheinhessen, Bereich Wonnegau. Großlage: *Bergkloster*. Einzellage: *Felsen*.

Eppingen Weinort im Anbaugebiet →Baden, Bereich Badische Bergstraße/Kraichgau, mit den Ortsteilen →Elsenz, →Rohrbach, →Mühlbach. Großlage: *Stiftsberg*. Einzellage: *Lerchenberg*.

Erbach 1. Ortsteil von Eltville. Weinort im Anbaugebiet →Rheingau, Bereich Johannisberg. Großlagen: *Honigberg, Steinmächer, Deutelsberg*. Einzellagen: *Marcobrunn, Siegelsberg, Schloßberg, Steinmorgen, Rheinhell, Michelmark, Hohenrain*.
2. →Heppenheim.

Erbaluce Italienische Weißweinrebe, vornehmlich im →Piemont angebaut.

Erbaluce di Caluso (und **Caluso Passito**) Italienischer DOC-Wein aus dem →Piemont, Provinzen Turin und Vercelli, gewonnen aus der gleichnamigen Rebe. Der strohgelbe Wein schmeckt frisch und charakteristisch für die Sorte. *Caluso Passito* darf erst nach 5 Jahren Reifezeit in den Handel gebracht werden. *Caluso Passito* aus ausgelesenen, angetrockneten Beeren ist dunkelgelb, süß, voll und samtig. Er darf mit anderen Jahrgängen verschnitten werden, auf dem Etikett ist der jüngste Jahrgang angegeben. Er muß 5 Jahre gelagert haben. Aus dem für Passito geeigneten Traubengut wird unter Verstärkung mit Alkohol ein *Caluso Passito Liquoroso* hergestellt.

Erbes-Büdesheim Weinort im Anbaugebiet →Rheinhessen, Bereich Bingen. Großlage: *Adelberg*. Einzellagen: *Geisterberg, Vogelsang, Bingerberg*.

Erden Weinort im Anbaugebiet →Mosel-Saar-Ruwer, Bereich Bernkastel. Großlage: *Schwarzlay*. Einzellagen: *Busslay, Herrenberg, Treppchen, Prälat*.

erdig Fehlerhafter, dumpfer Geschmackston, an Erde erinnernd, kann durch Mitverarbeiten von →Erdtrauben verursacht werden. Hat nichts mit dem →Bodengeschmack (-ton) zu tun.

Erdmannshausen Weinort im Anbaugebiet →Württemberg, Bereich Württembergisch Unterland. Großlage: *Schalkstein*. Einzellage: *Neckarhälde*.

Erdtrauben (auch **Bodentrauben**) Fallen bereits vor der Reife vom Rebstock und müssen vom Boden aufgelesen werden. Als Hauptursachen hierfür kommen in Betracht: →Stielfäule (Grau- oder Sauerfäule), die durch natürliche Infektion mit dem Pilz →Botrytis cinerea hervorgerufen wird, und →Stiellähme, die bei falscher Rebenernährung (zum Beispiel Überdüngung, ungünstige Witterungsverhältnisse) auftritt.
In schlecht gepflegten, verunkrauteten Weinbergen findet man seltener Stiellähme, weshalb Dauerbegrünung als Schutzmaßnahme gilt. Erdtrauben muß man nach Möglichkeit vom übrigen Lesegut getrennt verarbeiten, da sie zu einer merklichen Qualitätsminderung des Weines führen und ihm einen Boden- oder Erdgeschmack verleihen können.

Ergersheim Weinort im Anbaugebiet →Franken, Bereich Steigerwald. Großlage: *Frankenberger Schloßstück*. Einzellage: *Altenberg*.

Erhaltungszüchtung Verbesserung und Erhaltung des Klonenmaterials durch Selektion (→Klonenselektion).

Erlabrunn Weinort im Anbaugebiet →Franken, Bereich Maindreieck. Großlage: *Ravensburg*. Einzellage: *Weinsteige*.

Erlach Ortsteil von Renchen. Weinort im Anbaugebiet →Baden, Bereich Ortenau. Großlage: *Fürsteneck*. Einzellage: *Schloßberg*.

Erlau, Erlauer Stierblut →Eger.

Erlenbach Weinort im Anbaugebiet →Württemberg, Bereich Württembergisch Unterland, mit Ortsteil →Binswangen. Großlage: *Staufenberg*. Einzellage: *Kayberg*.

Erlenbach bei Marktheidenfeld Weinort im Anbaugebiet →Franken, Bereich Maindreieck. Einzellage: *Krähenschnabel*.

Erlenbach/Main Weinort im Anbaugebiet →Franken, Bereich Mainviereck. Einzellage: *Hochberg*.

Erligheim Weinort im Anbaugebiet →Württemberg, Bereich Württembergisch Unterland. Großlage: *Stromberg*. Einzellage: *Lerchenberg*.

Ermitage 1. Weißweinspezialität aus dem Schweizer Kanton →Wallis, hergestellt aus →Marsanne Blanche, mit 12–13 Vol.-% Alkohol. Der weiche, geschmeidige Wein wird hauptsächlich als Aperitif- und Dessertwein getrunken.
2. →Hermitage.

Ernährung der Rebe Der Ertrag und seine Qualität hängen vor allem von dem richtigen Verhältnis der Nährstoffe zueinander ab. Neben den Kernnährstoffen →Stickstoff, →Phosphor, →Kalium, →Kalzium und →Magnesium und den Nebennährstoffen →Schwefel und →Eisen sind →Spurenelemente wie Bor, Mangan, Zink, Kupfer und andere unentbehrlich. Kein Nährstoff kann durch einen anderen ersetzt werden.
Stickstoff wird von der Rebe während der ganzen Vegetationszeit benötigt. Phosphorsäure ist vor allem zu Beginn des Wachstums und während der Blüte von Wichtigkeit. Kalium wird am intensivsten vor der Blüte bis Mitte Sommer aufgenommen.
Die Wurzelhaare nehmen mit dem Wasser aus dem Boden die Nahrungselemente selektiv auf. Ein Zuviel an Nährstoffen kann in gewissen Grenzen von der Aufnahme ausgeschlossen bleiben. Diese Fähigkeit der Rebe ist für die harmonische Versorgung mit Nährstoffen von großer Bedeutung. Die Nährstoffe gelangen mit dem Wasserstrom über die Leitbündel der →Triebe bis in die Blätter und Trauben.

Ernsbach Ortsteil von Forchtenberg. Weinort im Anbaugebiet →Württemberg, Bereich Kocher-Jagst-Tauber. Großlage: *Kocherberg*. Einzellage: *Flatterberg*.

Ernst Weinort im Anbaugebiet →Mosel-Saar-Ruwer, Bereich Zell/Mosel. Großlage: *Goldbäumchen*. Einzellagen: *Feuerberg, Kirchlay*.

Erosion Verarmung des Bodens an Feinerde und Nährstoffen und Rückgang der →Bodengare durch Witterungseinflüsse. Im Weinbau spielt die Erosionsgefahr eine ausschlaggebende Rolle. Bei Gewitterregen reißt das abfließende Wasser kostbares Erdreich zu Tal; anhaltender starker Wind trocknet den Boden aus und verweht die Feinerde. Der Weinberg verliert letzten Endes seine Fruchtbarkeit. Die Erosion läßt sich mit →Gründüngung oder Bodenabdeckung (zum Beispiel Stroh) eindämmen. Bei extremen Steillagen helfen →Terrassen, das Gefälle zu mindern.

Erpolzheim Weinort im Anbaugebiet →Rheinpfalz, Bereich Mittelhaardt/Deutsche Weinstraße. Großlagen: *Rosenbühl, Kobnert*. Einzellagen: *Kieselberg, Kirschgarten*.

Ersingen Ortsteil von Kämpfelbach. Weinort im Anbaugebiet →Baden, Bereich Badische Bergstraße/Kraichgau. Großlage: *Hohenberg*. Einzellage: *Klepberg*.

Ertrag Gesamtleistung in Menge und Güte einer landwirtschaftlich genutzten Kulturpflanze. Er ist vor allem bei der Rebe abhängig von →Klima, →Boden, →Rebsorte, →Alter und Pflegezustand des Weinbergs. Die Ertragshöhe findet einen begrenzenden Faktor in der →Güte-Menge-Regelung. Gesetzliche Bestimmungen sind in Vorbereitung.

Ertragssorten Im Gegensatz zu Unterlagensorten die Rebsorten, die zur Erzeugung von Wein zugelassen sind.

Erzeugerabfüllung →Abfüllerangabe.

Erzeugergemeinschaft Deutsches Eck zur Förderung des Qualitätsweinbaus an Mittelrhein und Untermosel e.V. Der Zusammenschluß von Winzern aus den obengenannten Gebieten hat sich die Förderung der Rieslingrebe in den Steillagen von Rhein und Mosel zum Ziel gesetzt. Die Weine bestehen alle zu 100% aus Riesling, müssen höhere Mindestmostgewichte aufweisen als gesetzlich vorgeschrieben, dürfen erst im Mai des auf die Ernte folgenden Jahres auf Flaschen gefüllt werden und nach Prüfung durch die Weinsiegelkommission das Gütezeichen der

Erzeugergemeinschaft tragen. Eine spezielle Halsschleife und eine Kapsel machen diese Weine für den Verbraucher kenntlich.

Erziehung Gezielte Anordnung und Wuchslenkung der oberirdischen Teile eines Rebstockes. Die Reberziehung wird bestimmt durch den Zwang, alle Arbeiten im Weinberg möglichst rationell und zeitsparend durchzuführen. Die modernen →Drahtrahmen haben weitgehend die alten Kopf-, →Pfahl- oder Mehrschenkel-Erziehungen abgelöst. Die moderne Rebenerziehung muß für ein ausgewogenes Verhältnis zwischen Laubmasse und Traubenbehang, Qualität und Menge des →Ertrages und kosten- und arbeitssparende Bewirtschaftung sorgen. Die Form der Fruchtruten charakterisiert die verschiedenen Erziehungsarten:
Beim *Flachbogen* zieht man die Bogenreben auf einem einzigen Biegedraht flach aus; dies erleichtert →Pflanzenschutz und →Traubenlese und begünstigt das Längenwachstum der →Triebe, dies hat aber den Nachteil, daß beim Biegen die Fruchtruten leichter brechen und bei Zeilenbreiten über 1,8 m die nötige Augenzahl nicht mehr untergebracht werden kann.
Die *Halbbogen-Erziehung* ist einfacher in der Handhabung (weniger Bruch) und bietet einen besseren Halt (2 Biegedrähte) für den Stock; sie eignet sich auch für Weitraumanlagen. Die Nachteile (geringere Übersichtlichkeit, ungleichmäßige Trieblängen) fallen kaum ins Gewicht.
Zur Überbrückung von Fehlstellen in älteren Anlagen und von großen Abständen bei Hof- oder Gartenreben wird gerne die *Kordonerziehung* gewählt. Hier werden nur zweiäugige Zapfen in jeweils etwa 20 cm langen Abständen angeschnitten. Weitraumanlagen fördern weitgehend die Mechanisierung der Weinbergsarbeiten und senken Arbeitsaufwand und Produktionskosten. In Österreich haben sich vor allem die *Lenz-Moser-Weitraumanlagen* durchgesetzt, sind aber in Deutschland selten zu finden, da der Raumbedarf zu hoch ist. Die Stockzahl pro Fläche ist dabei so gering, daß Ertragseinbußen eintreten, weiterhin wird die Traubenentwicklung ungünstig beeinflußt durch zu dichte Laubmasse (wenig Licht und Luft). In den letzten Jahren haben sich die *Silvozerziehung* und die *Pendelbogenerziehung* durchgesetzt. Sie haben die gleichen Vor- und Nachteile wie der Halbbogen, bieten aber im Vergleich dazu mehr Platz und erleichtern Arbeiten wie →Ausheben, Gipfeln, Heften (→Aufbinden) und die →Traubenlese.

Erzingen Ortsteil von Klettgau. Weinort im Anbaugebiet →Baden, Bereich Bodensee. Einzellage: *Kapellenberg*.

Eschbach 1. Weinort im Anbaugebiet →Rheinpfalz, Bereich Südliche Weinstraße. Großlage: *Herrlich*. Einzellage: *Hasen*.
2. Weinort im Anbaugebiet →Baden, Bereich Markgräflerland. Großlage: *Lorettoberg*. Einzellage: *Maltesergarten*.

Eschelbach Ortsteil von Sinsheim. Weinort im Anbaugebiet →Baden, Bereich Badische Bergstraße/Kraichgau. Großlage: *Stiftsberg*. Einzellage: *Sonnenberg*.

Eschenau Ortsteil von Obersulm. Weinort im Anbaugebiet →Württemberg, Bereich Württembergisch Unterland. Großlage: *Salzberg*. Einzellage: *Paradies*.

Escherndorf Ortsteil von Volkach. Weinort im Anbaugebiet →Franken, Bereich Maindreieck. Großlage: *Kirchberg*. Einzellagen: *Fürstenberg, Berg, Lump*.

Esingen →Helfant.

Esselborn Weinort im Anbaugebiet →Rheinhessen, Bereich Wonnegau. Großlage: *Bergkloster*. Einzellage: *Goldberg*.

Essenheim Weinort im Anbaugebiet →Rhein hessen, Bereich Nierstein. Großlage: *Domherr*. Einzellagen: *Teufelspfad, Römerberg*.

Essigsäure Von den flüchtigen Säuren, die bei normaler Gärung gebildet werden, interessiert beim Wein nur die Essigsäure (CH_3COOH). Sie kann nicht nur durch Bakterien bei der Oxidation des →Äthylalkohols entstehen, sondern auch während der Gärung als Folge der normalen Hefetätigkeit. Gesunde Weißweine enthalten 0,3–0,5 g/l flüchtige Säure (berechnet als Essigsäure). Von etwa 0,8 g/l Essigsäure an aufwärts kann sie durch einen scharfen Geruch und kratzigen Geschmack wahrnehmbar werden. Bei Rotweinen wird sie nicht so störend empfunden wie bei Weißweinen, im Gegenteil, sie verleiht ihnen oft Herzhaftigkeit. Bei Auslesen, Beerenauslesen und Trockenbeerenauslesen wirkt sie sich ebenfalls positiv aus.

Essigstich Besonders in südlichen Ländern und im Norden in warmen Herbsten auftretende gefährliche Erkrankung der Weine. Sie wird durch Essigsäurebakterien hervorgerufen, die sich schon im Spätsommer auf verletzten oder aufgesprungenen Beeren entwickeln und beim Keltern mit in den Most gelangen können. Bei Zutritt von Luft wandeln sie den Alkohol des Weines in →Essigsäure um. Wird ihnen durch rechtzeitiges Auffüllen der Fässer die Luft entzogen,

Die wichtigsten Erziehungsarten:

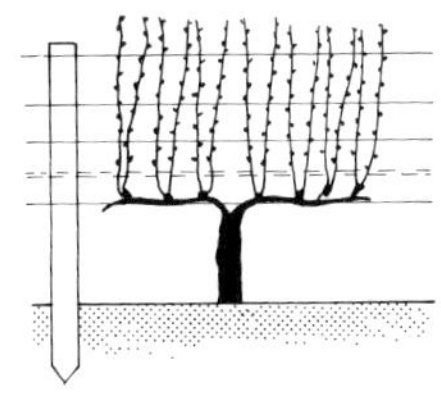

Flachbogen

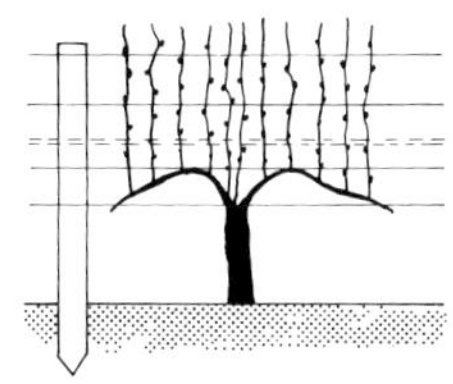

Halbbogen

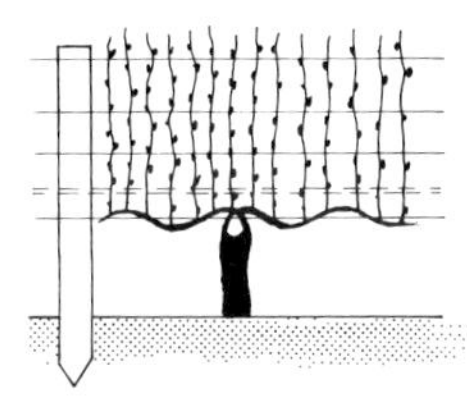

Kordon

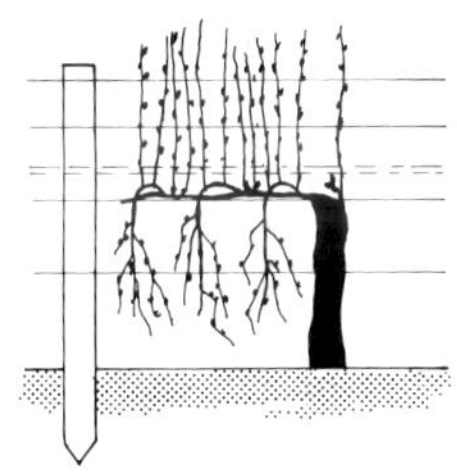

Silvozerziehung

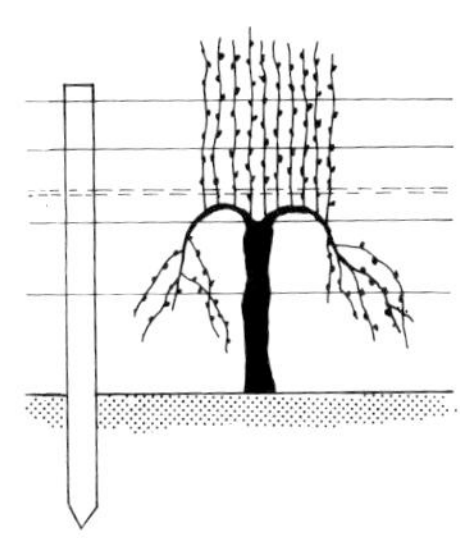

Pendelbogen

so vermehren sich die Bakterien nicht und die Essigbildung wird vermieden. In Weinen mit hohem Säuregehalt ist die Vermehrung der Essigsäurebakterien stark gehemmt. Durch angemessene →Schwefelung kann den Essigsäurebakterien entgegengewirkt werden, ebenso durch Erhitzung oder →Entkeimungsfiltration. Während der gesamten Lagerdauer des Weines muß der Kellerwirt durch peinliche Sauberkeit im Weinkeller die Bildung von Infektionsherden verhindern, damit es nicht zum Essigstich kommt. Essigstichige Weine sind verdorben und können nicht mehr geheilt werden. Der Gesetzgeber hat Obergrenzen für den Gehalt an flüchtiger Säure für Wein und teilweise gegorenen Most festgesetzt. Sie betragen 1,08 g/l bei teilweise gegorenem Most und Weißwein, 1,2 g/l bei Rotwein. Weine, die die angegebenen Werte überschreiten, gelangen in die Essigfabrik.

Essingen Weinort im Anbaugebiet →Rheinpfalz, Bereich Südliche Weinstraße. Großlage: *Trappenberg*. Einzellagen: *Roßberg, Sonnenberg, Osterberg*.

Esslingen Stadt und Weinbaugemeinde im Anbaugebiet →Württemberg, Bereich Remstal-Stuttgart, mit Ortsteil →Mettingen. Großlage: *Weinsteige*. Einzellagen: *Ailenberg, Kirchberg, Lerchenberg, Schenkenberg, Burg*.

Est! Est!! Est!!! di Montefiascone Italienischer DOC-Weißwein aus der Provinz Viterbo in →Latium. Der Name heißt übersetzt: Ist! Ist!! Ist!!!. Der Überlieferung nach soll im Mittelalter ein deutscher Bischof auf seinem Weg nach Rom einen Kammerdiener vorausgeschickt und beauftragt haben, bei allen Gasthöfen mit gutem Wein das Wort »Est« an das Tor zu schreiben. Dem Kammerdiener schmeckte in Montefiascone der Wein so gut, daß er gleich dreimal »Est« anschrieb. Der Wein wird aus 65% →Trebbiano, 20% →Malvasia und 15% Rossetto oder Trebbiano Giallo gewonnen, ist trocken oder halbsüß, von strohgelber Farbe und hat eine delikate Blume.

Estufa (port.) Ofen. Bezeichnung für ein Warmhaus, in dem →Madeiraweine bei 50°C Hitze karamelisiert werden, um ihnen den typischen Nußgeschmack zu verleihen.

Etikett Nach dem Französischen »étiquette«, was »Aufschrift« oder »Zettel« bedeutet. Als sich im 19. Jahrhundert die Glasflasche als das ideale Aufbewahrungsgefäß für Wein durchsetzte, brachte man auf ihr die ersten »Etiketten« für Wein an. Heute bestimmen Weingesetze alle schriftlichen Einzelheiten, die auf einem Etikett aufgeführt werden müssen und die zu einer Art »Geburtsurkunde« des Weines werden. Sogar die Größe der Buchstaben für die einzelnen Angaben ist vorgeschrieben. Für die Etikettenbeschriftung der EG-Länder (zwingendes Brüsseler Recht seit 1.9.77), gibt es vorgeschriebene (obligatorische) und zulässige (fakultative) Angaben, denen sich auch Drittländer anpassen. Die deutsche Aufmachungsvorschrift lautet zum Beispiel wie folgt:

Manuelles Etikettieren in einem Kleinbetrieb.

A) Vorgeschriebene Angaben

1. *Tafelwein, Landwein*

a) bei ausländischen Grundweinen nur »Tafelwein«, bei ausschließlich deutschen »Deutscher Tafelwein« und/oder »Landwein«. Als Herkunftsangabe darf nur das Tafelweinbaugebiet beziehungsweise einer der 17 Landweinnamen auf dem Etikett stehen. Bei Landweinen ist zusätzlich als engere Bezeichnung die Angabe des Bereichs gestattet, mit Ausnahme von Franken, das sich noch nicht zur Verwendung einer Landweinbezeichnung entschlossen hat, ebenso Saale-Unstrut und Elbe.

b) Das EG-Fertigpackungszeichen »e« in Verbindung mit dem Flascheninhalt.

Etikett eines deutschen Tafelweines aus dem Untergebiet Rhein.

c) Name und Sitz des Abfüllers.
d) Innerhalb der EG muß beim importierten oder exportierten Wein das Land angegeben sein, aus dem die Trauben stammen,
e) handelt es sich um einen Verschnitt von Erzeugnissen aus mehreren Mitgliedsstaaten, dann »Wein aus mehreren Mitgliedsstaaten der Europäischen Gemeinschaft«.

2. *Qualitätswein mit und ohne Prädikat*
a) Das bestimmt Anbaugebiet, zum Beispiel »Rheinhessen«.
b) »Qualitätswein« beziehungsweise »Qualitätswein mit Prädikat« – in Verbindung mit einem Prädikat (zum Beispiel Kabinett).
c) Das EG-Fertigpackungszeichen »e« in Verbindung mit dem Flascheninhalt.
d) Name und Sitz des Abfüllers.
e) Wein, der in einen anderen Mitgliedsstaat exportiert wird: Name des Mitgliedsstaates, zu dem das bestimmte Anbaugebiet gehört.
f) Die amtliche Prüfungsnummer.

3. *Drittlandsweine*
a) Die Angabe »Wein«.
b) Das EG-Fertigpackungszeichen »e« in Verbindung mit dem Nennvolumen.
c) Bei Abfüllung des Weines innerhalb der EG: Name (Firma) des Abfüllers sowie Gemeinde oder Ortsteil seines Hauptsitzes.
d) Bei Abfüllung außerhalb der EG: Name (Firma) des Importeurs sowie Gemeinde oder Ortsteil seines Hauptsitzes. (Diese Angabe ist auch auf einem Zusatzetikett möglich).

e) Ursprungsdrittland (zum Beispiel»Ungarn«).

B) Zulässige Angaben (falls zutreffend)

Sie sind auf dem gleichen Etikett oder auf Zusatzetiketten möglich, zum Beispiel Halsschleife:
1. Jahrgang (wenn der Wein zu 85% aus dem angegebenen Jahrgang stammt).
2. Eine Rebsorte (mindestens 85%, außerdem arttypisch) oder höchstens zwei Rebsorten. Die Mengenanteile müssen in absteigender Reihenfolge angegeben sein. Eine Angabe von mehr als zwei Rebsorten ist nicht mehr erlaubt.

Etikett mit Geschmacksangabe »Trocken«.

3. »Rotwein« oder »Weißwein« (wenn nicht wie bei A. 1a vorgeschrieben).
4. Erzeugerabfüllung. Bedingungen:
a) Traube n ausschließlich aus eigenen oder angepachteten Rebflächen;

Rechtliche Möglichkeiten für den Gebrauch von geographischen Herkunftsbezeichnungen auf Etiketten in Verbindung mit unterschiedlichen Qualitätsstufen

	Tafelwein	Landwein	Qualitätswein b.A.	Qualitätswein mit Prädikat	Beispiel
Einzellage			■	■	Oppenheimer Herrenberg
Großlage			■	■	Niersteiner Gutes Domtal
Gemeinde			■	■	Johannisberger
Bereich		■	■	■	Bereich Bernkastel
Bestimmtes Anbaugebiet			■	1 ■	Qualitätswein – Nahe
Landweingebiet		■			Pfälzer Landwein
Tafelweingebiet	■				Tafelwein – Neckar
Deutsch	■	2 ■			Deutscher Tafelwein

1) Obwohl der Prädikatswein aus einem Bereich stammen muß, ist die Angabe des bestimmten Weinbaugebietes obligatorisch.

2) Obwohl der Landwein aus einer definierten Landweinregion stammen muß, ist die Bezeichnung »D.T.« auf dem Etikett obligatorisch.

b) eigene Süßreserve;
c) Weinbereitung im eigenen Betrieb;
d) Abfüllung im eigenen Betrieb.
5. Empfehlungen an den Verbraucher, zum Beispiel über Verwendung oder Aufbewahrung des Weines.
6. Kurzangaben zur Geschichte des Unternehmens, zum Beispiel »Weinbau in der Familie seit...« (umfassendere Angaben sind auf dem Zusatzetikett möglich).
7. Geschmacksangaben
a) →trocken; Restzuckergehalt höchstens 4 g/l (bei für Diabetiker geeigneten Weinen), oder höchstens 9 g/l, wobei der Gesamtsäuregehalt um 2 g/l unter dem Restzuckergehalt liegen darf;

Etikett mit Weinartbezeichnung »Schillerwein«.

b) halbtrocken; Restzuckergehalt bis höchstens 18 g/l und der in g/l ausgedrückte Gesamtsäuregehalt höchstens 10 g/l niedriger als der Restzuckergehalt;
c) lieblich und süß; zugelassen ohne Grenzwert. Subjektive Bewertung durch den Hersteller.
8. Nummer des Behältnisses (Faßnummer). Nur dann, wenn keine Verwechslungsmöglichkeit mit der amtlichen Prüfungsnum- mer besteht. Sie muß durch eine Zusatzangabe als Behältnisnummer gekennzeichnet sein.
9. Hinweise auf ausdrücklich zugelassene Auszeichnungen, zum Beispiel: Landes- und Bundesweinprämierungen, Deutsches und Diabetiker-Weinsiegel sowie Badisches Gütezeichen.

Etikett eines deutschen Qualitätsweines.

10. Traditionelle spezifische Begriffe, wie »Eiswein«, »Weißherbst«, »Schillerwein«, »Rotling«, »Ehrentrudis«, »Affentaler«, »Liebfrauenmilch« oder »Liebfraumilch« sowie (neu) »Badisch Rotgold«.

(Zur weitest- und engstmöglichen Kennzeichnung von Etiketten →Qualitätswein).

Etna Italienische →DOC Rot-, -Weiß- und Roseeweine aus 20 Gemeinden von den Hängen des Ätna in →Sizilien. *Etna Bianco* wird aus 60% Carricante, bis 40% →Catarrato Bianco und höchstens 15% →Trebbiano und Minella gewonnen und ist strohgelb, trocken und aromatisch. Er darf Superiore genannt werden, wenn er in der Gemeinde Milo gewachsen ist, mindestens 12 Vol.-% Alkohol hat und aus mindestens 80% Carricante-Trauben hergestellt ist. *Etna Rosso* und *Rosato* werden aus 80% Nerello Mascalese und bis 20% Nerello Mantellato oder Nerello Cappuccio gewonnen. Beide sind trocken und kräftig.

Étoile Französischer weißer AC-Stillwein und Schaumwein aus den Côtes du Jura.

Etschtaler (it. *Valdadige*) DOC-Bezeichnung für Rot-, Rosee- und Weißweine aus den Provinzen Trient, Bozen und Verona in der Region →Trentino-Südtirol und Venetien. *Bianco, Rosato* und *Rosso* werden aus allen zugelassenen Rebsorten gekeltert oder als sortenreiner *Pinot Grigio* oder *Schiava* (jeweils mindestens 85%)

Etsdorf-Haitzendorf Niederösterreichischer Weinort mit den Ortsteilen Engabrunn und Walkersdorf im Weinbaugebiet →Kamptal-Donauland. Spritzige Weiß- und Rotweine. Rebfläche 650 ha. Sehenswert ist die alte Weinpresse aus dem 16. Jahrhundert.

Ettenheim Weinbaugemeinde im Anbaugebiet →Baden, Bereich Breisgau, mit den Ortsteilen →Altdorf, →Münchweier, →Wallburg. Großlage: *Burg Lichteneck*. Einzellage: *Kaiserberg*.

Eulau Weinort im Anbaugebiet →Saale-Unstrut mit der Lage *Heideberg*.

Europa Nicht nur der klassische, sondern auch der bedeutendste Weinbaukontinent der Welt. Europa hatte im Jahre 1990 mit 6,1 Millionen ha einen Anteil von 70% an der Weltweinfläche (8,8 Millionen ha). Die Entwicklungstendenzen von Rebfläche und Weinproduktion verschiedener Ländergruppen Europas innerhalb von 40 Jahren sind in der folgenden Tabelle dargestellt.
Danach haben die westeuropäischen Länder einen Rückgang der Rebfläche um 12% zu verzeichnen; er entstand hauptsächlich deshalb, weil im Zuge der Förderung des Qualitätsweinbaues (→VQPRD-Bestimmungen) ge-

Rebflächen und Weinernten in Europa

Länder	Rebfläche in 1.000 ha Ø 1949–1953	Ø 1981–1988	Weinernte in Millionen hl Ø 1949–1953	Ø 1981–1988
Deutschland	61	101	2,881	9,875
Frankreich	1206	1064	55,295	68,628
Italien	1688	1137	46,199	73,070
Luxemburg	1	1	0,005	0,156
Spanien	1588	1527	18,178	33,912
Portugal	276	382	9,057	8,295
Griechenland	222	171	3,953	4,747
Österreich	34	58	0,862	2,629
Schweiz	13	14	0,778	1,248
Summe westeuropäische Länder	5089	4455	137,208	202,560
UdSSR	445	1218	1,917	30,311
Jugoslawien	255	234	3,990	6,612
Ungarn	228	150	3,919	4,703
Rumänien	206	293	4,136	8,783
Bulgarien	145	151	0,425	3,822
CSFR	17	46	0,379	1,134
Albanien	3	12	0,035	0,228
Summe osteuropäische Länder	1299	2104	14,801	55,593
andere Länder		38		2
Summe Europa	6388	6577	162,009	258,155

ringe Weinbergslagen nicht wieder bepflanzt wurden. Die Sowjetunion und Rumänien zeigen eine starke Ausdehnungstendenz als Folge der staatlichen Bestrebungen, den Schnapsverbrauch zugunsten des Weinverbrauchs einzudämmen. Von den rund 2,1 Millionen ha Weinanbaufläche sind in den osteuropäischen Ländern mehr als 800.000 ha in den letzten 40 Jahren hinzugekommen.
Die Weinproduktion konnte als Folge der Modernisierung und Intensivierung der Bewirtschaftungsmethoden in allen Ländern gesteigert werden. Entwicklung der Touristik, steigender Lebensstandard und Qualitätsverbesserung der Weine mit Einführung von Gütesiegeln, Kontrollmarken und Garantiezeichen haben dazu geführt, daß Weinimporte und -exporte überall in Europa zugenommen haben.

Europäerreben Zur Gruppe →Vitis Vinifera Sativa gehörende Rebsorten. Sie sind anfällig gegen die →Reblaus und können daher nicht →wurzelecht angepflanzt werden.

Eußenheim Weinort im Anbaugebiet →Franken, Bereich Maindreieck. Großlage: *Roßtal*. Einzellage: *First*.

Euvitis Untergattung der Familie Vitaceae, zu denen die Species →Vitis Vinifera gehört (→Rebe).

Export Ausfuhr von Wein spielte seit Menschengedenken eine wichtige Rolle in den Außenhandelsbeziehungen der Völker. Griechische Spezialschiffe mit Amphoren befuhren bereits die Weltmeere. Eine Urkunde des Hafens Bordeaux besagt, daß 1.308.700.000 hl Wein nach England verschifft wurden. Heute beträgt der Gesamtexport von Wein auf der Welt rund 45 Millionen hl, woran Italien, Frankreich und Spanien den Hauptanteil haben. Die Mittelmeerländer und osteuropäischen Staaten bemühen sich, ihre Außenhandelsbilanz mittels Weinexporten auszugleichen. Bemerkenswert ist die Exportsteigerung deutscher Weine von 34.000 hl im Jahre 1952 auf 2,6 Millionen hl (30% der deutschen Ernte) im Jahre 1989. Nach Ländern aufgeteilt, gehen deutsche Weine nach:USA, Großbritannien, Niederlande, Dänemark, Kanada, Schweden, Belgien-Luxemburg, Japan, Australien und die Schweiz.

extra dry Bezeichnung für Schaumwein mit 12–20 g/l Restsüße (→Abstimmung).

Weinstock, Holzschnitt um 1500.

Extrakt (Extraktstoffe) Gesamtheit der Stoffe, die beim Verdampfen eines Weines zurückbleiben: →Zucker (Kohlenhydrate), →Säuren, →Mineral-, →Gerb- und →Farbstoffe sowie höhere Alkohole (zum Beispiel →Glycerin) und Stickstoffverbindungen (zum Beispiel Eiweiße). Der Extraktgehalt schwankt je nach Traubensorte, Reifegrad und Jahrgang; Rotweine sind gewöhnlich extraktreicher. Unter dem »zuckerfreien Extrakt« versteht man die Extraktmenge, die man nach Abzug des vergärbaren Zuckers (Gesamtzucker – 1 g/l nicht vergärbarer Zucker) erhält. Diese Angabe ist insofern von Bedeutung, als sie unabhängig vom Zuckergehalt eines Weines ist. Bei deutschen und österreichischen Weinen liegt der zuckerfreie Extrakt zum Beispiel zwischen 20 und 25 g/l, bei Spitzenweinen meist noch etwas höher.

extraktstoffreich Weine, die aufgrund eines hohen Gehaltes an →Extraktstoffen viel →Fülle, →Körper und Ausdruck haben. Extraktstoffarme Weine sind →dünn und ausdruckslos.

extra sec (frz.) sehr trocken. Bezeichnung für Schaumwein mit 12–20 g/l Restsüße (→Abstimmung).

Ezerjó Tschechische und ungarische Bezeichnung für die Rebsorte →Tausendgut.

F

Faberrebe Weißweinrebe; Neuzüchtung der Landesanstalt für Rebenzüchtung Alzey. Kreuzung durch Georg Scheu im Jahr 1929 aus Weißer Burgunder x Müller-Thurgau; Zuchtnummer Az 10 375; Sortenschutz 1967. Der Name stammt vom lateinischen Wort Faber (Schmied); steht hier für den Versuchsansteller Schmitt aus Wollmesheim bei Landau/Pfalz.
Das Blatt ist mittelgroß, drei- bis fünflappig, die Trauben sind walzenförmig, von mittlerer Größe, mit grünen Beeren; Wuchs mittelstark. Die Reife erfolgt früh bis mittelfrüh, Anfälligkeit für →Botrytis. Die Rebe stellt mittlere Ansprüche an Lage und Boden, die bestockte Rebfläche in Deutschland beträgt etwa 2176 ha. Die Faberrebe erreicht Müller-Thurgau-Erträge mengenmäßig nicht; die Mostgewichte und Säurewerte liegen über denen von →Müller-Thurgau und →Silvaner. Die Weine sind frisch, fruchtig bis rassig, mit leichtem Muskataroma. Mit dieser Rebsorte sind häufig →Spätlesen und auch →Auslesen zu erzielen.

fad Ausdrucks- und lebloser kleiner Wein, der im Geruchs- und Geschmacksausdruck nichts Interessantes zu bieten hat und meistens säurearm ist. Die Eigenschaft kann sorten-, lagen- und reifebedingt sein, meist ist sie jedoch durch unsachgemäße Behandlung verursacht. Auch Luftzutritt (in angebrochenen Fässern oder Flaschen) kann einen Wein fade und →flach werden lassen.

Fahr Ortsteil von Volkach. Weinort im Anbaugebiet →Franken, Bereich Maindreieck. Großlage: *Kirchberg*, Einzellage: *Ratsherr*.

Falerio dei Colli Ascolani Italienischer DOC-Weißwein aus der Region →Marken. Der hellgelbe, trockene, harmonische Wein stammt hauptsächlich aus →Trebbiano.

Falerno Der *Falerner* war ein Lieblingswein der Römer und wurde schon von Horaz und Plinius hoch gepriesen. Heute ein roter und ein weißer DOC-Wein aus der Umgebung von Caserta. Der weiße *Falerno* wird aus Falanghina-Trauben gewonnen, ist halbtrocken, und vollmundig. Der rote stammt hauptsächlich aus Aglianico-Trauben und ist trocken und schwer.

Falkenstein 1. Ortsteil von Konz. Weinort im Anbaugebiet →Mosel-Saar-Ruwer, Bereich Saar-Ruwer. Großlage: *Scharzberg*. Einzellagen: *Hofberg, Herrenberg*.
2. Bis 1985 Weinbaugebiet in →Niederösterreich. Bildet heute zusammen mit Retz das Weinbaugebiet →Weinviertel.
3. 900 Jahre alter Weinort im Weinbaugebiet →Weinviertel mit rund 210 ha Rebfläche. Seit 1987 gibt es den Vinothekenkeller, in den die besten Weinsorten (etwa 10) jährlich eingelagert werden. Alle 5 Jahre wird der Keller geöffnet und die Weine werden zur Verkostung und zum Verkauf freigegeben. Ein besonders streng kontrollierter weißer Markenwein ist der trockene, säurebetonte *Falkensteiner Berggericht*, erzeugt von einer Gruppe von 13 Winzern des Gebiets.

Falkensteiner Weinstraße Ausgehend von Wien führt sie über Wolkersdorf, Staatz, Falkenstein, Herrnbaumgarten, Poysdorf, Zistersdorf, Mannersdorf nach Wien zurück.

Fara Italienischer DOC-Rotwein aus dem →Piemont, Provinz Novara. Der tiefrote, saftige, leicht nach Veilchen duftende Wein stammt zu 30–50% aus →Nebbiolo, zu 10–30% aus Vespolina und zu höchstens 40% aus →Bonarda oder →Uva Rara. Der Wein darf erst nach 3 Jahren Lagerzeit, davon mindestens 2 in Eichen- oder Kastanienholzfässern, verkauft werden.

Farbe Typisches äußeres Merkmal eines Weines, das zusammen mit anderen sensorisch wahrnehmbaren Eigenschaften bei der →Weinbeurteilung (→Bewertung) eine Rolle spielt. Zur Beurteilung der Weinfarbe wird das →Probierglas gegen das Licht gehalten, zweckmäßig ist ein weißer Hintergrund. Einige wichtige Weinsorten und ihre charakteristischen Farben: →Riesling – hell gelblichgrün; →Silvaner – lichtgrün bis goldgelb; →Müller-Thurgau – lichtgelb bis gold; →Traminer – goldgelb mit rötlichem Schimmer; →Ruländer – satt goldgelb, bisweilen mit Kupferschimmer; Blauer →Spätburgunder – rubinrot, purpur; →Portugieser – bläulich hellrot bis farbstoffreich; →Trollinger – hell ziegel- bis feuerrot; →Lim-

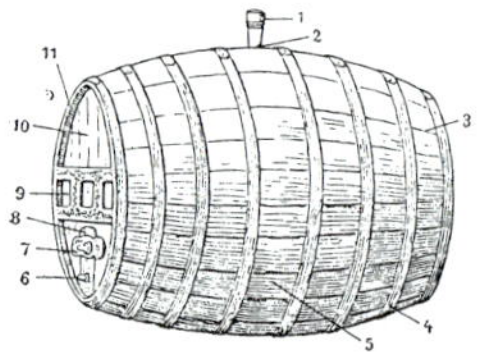

Faß:
1. Spund, 2. Spundloch, 3. Faßfugen, 4. Faßreifen, 5. Faßbauch, 6. Zapfenloch mit Zapfen, 7. Faßriegel, 8. Türchen, 9. Faßsprießen, 10. Faßboden, 11. Kopf.

berger – tief- bis bläulichrot; Bordeaux – leuchtend- bis bräunlichrot. Weitere Farbnuancen sind möglich, vor allem bedingt durch den Reifezustand der Trauben. Mit zunehmender Traubenreife verschieben sich die helleren, grünlich bis gelblichgrünen Farbtöne in kräftigere, goldgelbe, honiggelbe oder bernsteinfarbene. Auch beim Altern der Weine wird deren Farbe intensiver, im Extremfall sogar bräunlich (→Bruch).

Färbersorten Bezeichnung für farbstoffintensive Rotweinsorten, wie zum Beispiel →Deckrot, →Kolor, →Färbertraube. Oft werden sie zu →Deckrotweinen verarbeitet.

Färbertraube Alte, aus Frankreich stammende Rotweinrebe, die sowohl in der Beerenschale als auch im Fleisch reichlich Farbstoffe besitzt. Wegen ihrer hohen Säurewerte eignet sie sich sortenecht nicht zur Rotweinbereitung. Synonyme: Farbtraube, Colorino, Teinturier. Bestockte Rebfläche in Deutschland: 15 ha.

Fargues Eine der 5 Gemeinden, aus denen höher klassifizierte, den →*Sauternes* ähnliche Weißweine stammen.

Faro Italienischer DOC-Rotwein aus →Sizilien. Der rubin- bis ziegelrote Wein stammt hauptsächlich aus Nerello-Trauben und darf erst 1 Jahr nach der Ernte in den Handel kommen.

Küfer bei der Arbeit.

Faß Holzfässer sind altes Kulturgut. Während die Griechen und Römer für die Aufbewahrung ihrer Weine noch Gefäße aus Stein oder Ton verwendeten, benutzte man in Gallien schon das Holzfaß, das sich von da aus allmählich im europäischen Weinbau durchsetzte. Aus Abbildungen geht hervor, daß bereifte Holzfässer bis übers Mittelalter hinaus oftmals Kunstwerke darstellten. Die neuere Zeit beschränkte sich auf reine Zweckformen für die Lagerung der Weine. Die häufigsten Faßgrößen sind in Deutschland: Ohm 150 l; Viertelstück 300 l; Halbfuder (Mosel) 500 l; Halbstück (Rheingau) 600 l; Fuder (Mosel) 1.000 l; Stückfaß 1.200 l; Doppelstück 2.400 l; im Ausland: Feuillette (Chablis) 136 l; Pièce (Champagne) 200 l; Pièce (Beaujolais) 212 l; Barrique (Bordeaux) 225 l; Pièce (Burgund) 228 l; Bota (Sherry) 574 l; Pipe (Portwein) 574 l; Puncheon (Kalifornien) 605 l; Foudre (Elsaß) 1.000 l.
Im Mittelalter galt das im Jahr 1500 zum erstenmal mit Steinberger Wein vollgefüllte Riesenfaß zu Kloster →Eberbach im Rheingau mit etwa 60.000 l Inhalt als das größte Faß der Welt. Das größte heute noch erhaltene Faß steht im Heidelberger Schloß, das etwa 230.000 l fassende Faß wurde 1750 gebaut. Weitere große Fässer können im Schloßkeller Tübingen, im Schloßkeller Ludwigsburg, in der Hofkellerei der Würzburger Residenz und anderswo besichtigt werden. Das Bad Dürkheimer Faß mit einem Inhalt von 1,7 Millionen l wurde nie mit Wein gefüllt, es dient als Restaurant und hat ein »Fassungsvermögen« von 500 Personen. Die Faßform ist rund oder oval. Am besten eignet sich Eichenholz für die Weinlagerung, woraus die Holzfässer in Deutschland auch hergestellt werden. Im übrigen Europa werden vereinzelt Fässer aus Kastanienholz und in den Vereinigten Staaten von Amerika Fässer aus Rotholz (Sequoia sempervirens) angefertigt.
Das Faß ist schon wegen seines Werkstoffs einer der empfindlichsten und pflegebedürftigsten Behälter in der Kellerwirtschaft. Die dauernde Reinigung, Pflege und Konservierung (→Trockenkonservierung, →Naßkonservierung) der Leerfässer ist mit relativ großem Arbeitsaufwand verbunden. Trotz all dieser technischen Nachteile ist das Holzfaß gerade für den Ausbau qualitativ hochstehender Weine unentbehrlich. In ihm reift der Wein schneller heran, weil über die Oberfläche des Holzfasses Luftsauerstoff an den Wein gelangt. Die anderen Behälterarten sind gasdicht und eignen sich vor allem für die längere Lagerung der Weine. In den Metall-, Kunststoff- und Betontanks lagert der Wein wie in einer großen Flasche, er wird darin viel besser konserviert und bleibt dabei wesentlich länger frisch und spritzig als im Holzfaß.

Faßgeschmack Leere Holzgebinde, die in schlecht gelüfteten, muffigen Kellern lagern, nehmen leicht unsaubere, flüchtige Stoffe aus der Kellerluft auf und geben sie später an den

Wein ab. Der Geschmackston ist dumpf und erinnert an modriges Holz; nicht gleichzusetzen mit →Holzgeschmack.

Faßlager Die Reifung des Weines auf dem Faß ist unumgänglich, ist jedoch heute gegenüber der →Flaschenreife verkürzt. Rotweine bleiben im allgemeinen länger auf dem Faß als Weißweine. In kleinen Fässern altert der Wein schneller als in größeren. In Deutschland werden große Gebinde benutzt, um die Frische des Weines zu erhalten. In Frankreich und Italien zum Beispiel ist längeres Faßlager in kleineren Gebinden üblich, wodurch →Tannin- und →Holzgeschmack in den Wein übergehen.

Faugères Seit 1982 AC-Gebiet im Languedoc, das rund 5.500 ha Rebfläche umfaßt. Die fruchtigen Rot- und Roseeweine werden aus den gleichen Rebsorten gewonnen wie die der AC →Coteaux du Languedoc und werden auch teilweise unter dieser Herkunftsbezeichnung verkauft.

faul (faulig) Unangenehmer Geruch nach faulen Eiern, der typisch ist für Weine mit einem →Böckser. Tritt vorwiegend bei →Jungweinen und während der →Gärung auf, verflüchtigt sich dann aber meist von selbst wieder.

Favineux Noir Französische Bezeichnung für →Müllerrebe.

Féchy Weinort im Schweizer Kanton →Waadt im Gebiet La →Côte, aus dem hervorragende →*Dorins* stammen.

Federweißer Auf dem Höhepunkt oder auch schon in abklingender →Gärung befindlicher Most, dessen Zucker schon weitgehend in Alkohol und Kohlensäure aufgespalten ist. Der durch die →Hefen milchtrübe, vitaminreiche Saft wird gerne in diesem Stadium getrunken, da er durch seine Spritzigkeit erfrischend, durch seine leichte Restsüße angenehm und seinen Alkoholgehalt beschwingend wirkt. Je nach Weinbaugegend trinkt man ihn – von der Gärung noch leicht erwärmt – zu frischem Zwiebel- oder Speckkuchen, zu gerösteten Eßkastanien, gegrilltem Spanferkel oder Leberwurst mit heißen Pellkartoffeln. Aus dem Federweißen, der auch als Sauser, Suser, Süßkrätzer, →Bitzler oder Rauscher bezeichnet wird, entsteht alsbald der noch unruhige, spritzige →Jungwein.

Féherburgundi (ung.) Weißer →Burgunder.

Fehler Weinfehler werden durch biochemische und physikalische Vorgänge verursacht, welche sich in unerwünschten Veränderungen des Aussehens (→Farbe, →Klarheit), des →Geruchs und →Geschmacks der betroffenen Weine äußern. Hierzu zählen beispielsweise verschiedene Arten von →Trübungen (Eiweiß-, Kork-, Metalltrübungen) sowie →Geruchs- und →Geschmacksfehler wie zum Beispiel →Böckser, →Firne, →Luft-, →Kamm-, →Metallgeschmack. Als Fehler bezeichnet man auch Qualitätseinbußen, die der Wein durch Aufnahme weinfremder Stoffe erfährt, zum Beispiel durch Lösungsmittel oder Kunststoff. Nicht als Weinfehler bezeichnet man dagegen →Mängel oder →Krankheiten, wenngleich sie ebenfalls zu Schädigungen eines Weines führen.

Faßlager

Fehlgärung Unerwünschter Gärungsverlauf bei spontaner Gärung. Um sie zu verhindern, werden dem Most Reinzuchthefen zugesetzt (→Hefen).

Fehlgeruch →Geruchsfehler.

Fehlgeschmack →Geschmacksfehler.

Feigentraube Österreichische Bezeichnung für →Sauvignon Blanc.

Feilbingert Weinort im Anbaugebiet →Nahe, Bereich Schloß Böckelheim. Großlage: *Paradiesgarten*. Einzellagen: *Feuerberg, Königsgarten, Bocksberg, Kahlenberg, Höchstes Kreuz*.

fein Weine, deren Inhaltsstoffe in quantitativer und qualitativer Hinsicht optimal entwickelt sind. Die Steigerung ist hochfein.

Feinbrand Endprodukt der →Destillation bei →Weinbrand. Er wird in Fässern aus Eichenholz gelagert, bis er trinkfertig ist.

Feldberg Ortsteil von Müllheim. Weinort im Anbaugebiet →Baden, Bereich Markgräflerland. Großlage: *Burg Neuenfels*. Einzellage: *Paradies*.

Fell Weinort im Anbaugebiet →Mosel-Saar-Ruwer, Bereich Bernkastel. Großlage: *Probstberg*. Einzellage: *Maximiner Burgberg*.

Fellbach Weinort im Anbaugebiet →Württemberg, Bereich Remstal-Stuttgart. Großlage: *Weinsteige*. Einzellagen: *Gips, Goldberg, Herzogenberg, Hinterer Berg, Lämmler, Mönchberg, Wetzstein*.

Fellerich Ortsteil von Tawern. Weinort im Anbaugebiet →Mosel-Saar-Ruwer, Bereich Obermosel. Großlage: *Gipfel*. Einzellage: *Schleidberg*.

Fels am Wagram Niederösterreichischer Weinort im Weinbaugebiet →Donauland-Carnuntum, der größte Ort des Gebiets. Charakteristische Grüne →Veltliner. Rebfläche: 550 ha.

Fendant Geschützter Name für den im Schweizer Kanton →Wallis als Hauptsorte angebauten Chasselas (→Gutedel). Es sind vollmundige, robuste bis sehr feine, weiße Weine besonderer Prägung mit 10,5–11,5 Vol.-% Alkohol. *Fendant courant*: offene Literqualitäten; *Fendant de Choix*: bessere Qualitäten, namentlich im Mittelwallis; Fendant-Spitzenweine kommen mit Gemeinde- und Lagenbezeichnungen auf den Markt (zum Beispiel *Fendant de Sion*). Weitere Anbauzentren sind Martigny, Fully, Saillon, Leytron, Ardon, Vétroz, Contey und Saint-Léonard.

Fer Französische Rotweinrebe, im Vorland der Pyrenäen, in Bordeaux und der Charente verbreitet.

Fermentation Andere Bezeichnung für →Gärung.

Chianti-Fiasco

Fermente (fermentum lat. Sauerteig, Gärstoffe) Beim Gärprozeß werden die chemischen Reaktionen durch Fermente (Enzyme) bewirkt und gesteuert. Fermente sind komplizierte Eiweißverbindungen, die größtenteils von den →Hefen produziert werden. Ein System von etwa 20 hefeeigenen Einzelenzymen, auch Zymase genannt, ist an den Vorgängen der alkoholischen Gärung, der Umwandlung von Zucker in Alkohol und Kohlensäure, beteiligt. Die Gärung wird also nicht durch die Hefen selbst, sondern durch die von ihnen gebildeten Fermente bewerkstelligt. Daneben spielen Enzyme, die bereits im →Traubensaft enthalten sind, bei der Gärung eine Rolle. Zu diesen fruchteigenen Enzymen gehören zum Beispiel die Pektinasen (oder pektolytischen Enzyme). Sie bewirken die Zersetzung der Pektinstoffe, pflanzlicher Baustoffe, die neben den Zuckern für die Zähflüssigkeit (Viskosität) des Mostes verantwortlich sind und auch als Schleimstoffe bezeichnet werden.

Fessenbach Ortsteil von Offenburg, Weinort im Anbaugebiet →Baden, Bereich Ortenau. Großlage: *Fürsteneck*. Einzellagen: *Bergle, Franzensberger*.

fest Wein mit kräftiger, aber nicht unangenehmer Säure. Steigerung: hart.

Fetească Rumänische Bezeichnung für Mädchentraube (→Leányka).

Feuerbach 1. Ortsteil von Kandern. Weinort im Anbaugebiet →Baden, Bereich Markgräflerland. Großlage: *Vogtei Rötteln*. Einzellage: *Steingässle*.
2. →Stuttgart.

Feuersteingeschmack →Pierre à Fusil.

Feuerthal Ortsteil von Hammelburg. Weinort im Anbaugebiet →Franken, Bereich Mainviereck. Großlage: *Burg*. Einzellagen: *Altenberg, Kreuz*.

Feuillette →Faß.

feurig Der Ausdruck kann sich auf die rubinrote, feurig leuchtende Farbe von Rotweinen beziehen, aber auch auf sehr alkoholreiche, →wuchtige Weine mit →Körper und →Fülle, die sich beim Trinken schnell im Blutkreislauf bemerkbar machen.

Fiano di Avellino Italienischer DOC-Weißwein aus →Kampanien. Der Wein wird aus der namengebenden Rebsorte sowie →Greco, →Coda di Volpe und →Trebbiano gekeltert, ist zartgelb und duftet nach gerösteten Nüssen. Der Geschmack ist eigenwillig, ein leichter Bittermandelton ist typisch für diesen Wein aus dem Süden Italiens.

Fiasco Bauchige, häufig zum Schutz gegen Bruch mit Bast umwickelte Flasche für →*Chianti*; heute kaum noch verwendet.

Fillette Im Loiretal gebräuchliche Bezeichnung für eine halbe Flasche (0,35 l) Wein.

Filsch Ortsteil von Trier. Weinort im Anbaugebiet →Mosel-Saar-Ruwer, Bereich Saar-Ruwer. Großlage: *Römerlay*. Einzellage: *Leikaul*.

Filsen Weinort im Anbaugebiet →Mittelrhein, Bereich Rheinburgengau. Großlage: *Marksburg*. Einzellage: *Pfarrgarten*.

Filter Durchlaufapparate zur Klärung des Weines. Heute werden fast alle Weine, vor allem Flaschenweine, einer vorherigen Filtration unterworfen, um ein Höchstmaß an Klarheit zu erreichen. Dabei darf der Wein in keiner Weise in seiner Zusammensetzung verändert oder in seiner Güte beeinträchtigt werden. Die heutigen Filter werden dieser Forderung absolut gerecht. Filter wirken durch ihre Filterporen als Siebe und je nach Material verschieden stark adsorptiv. Die früher gebräuchlichen *Sack-* oder *Holländerfilter* werden höchstens noch zur Filtration von Hefe oder Schönungstrub benutzt. Auch die früher vielfach gebräuchlichen *Massefilter* mit Zellu-

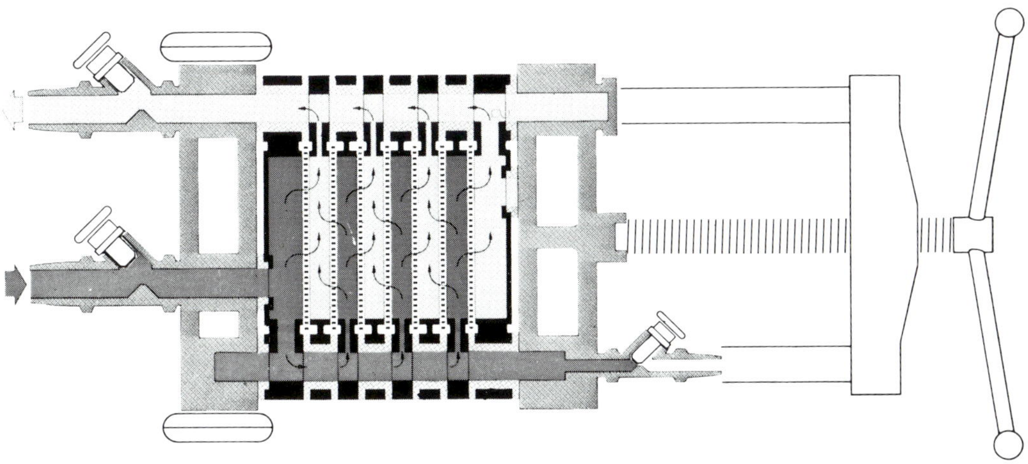

Schnitt durch einen Schichtenfilter.

lose als Filterschicht werden für Wein nicht mehr benutzt. Eine wesentlich höhere Leistung erbrachten die Anschwemmfilter, bei denen das aus Asbest oder Asbest-Zellulose-Gemisch bestehende Filtermaterial in dünner Schicht auf verzinnten oder versilberten Drahtgeflechten angeschwemmt wurde. Heute sind auch sie von den *Schichtenfiltern* oder *Membranfiltern* verdrängt worden. Bei den Schichtenfiltern werden vorfabrizierte Filterschichten verschiedener Durchlässigkeitsgrade, die zwischen Filterplatten fest eingespannt werden, benutzt. Die Filterplatten bestehen aus absolut säurefestem Material. Je nach Anzahl der Filterschichten kann die Mengenleistung beliebig gesteigert werden. Mit Hilfe von eingebauten Umleitkammern ist es zudem möglich, den Wein in einem Arbeitsgang vorzufiltrieren und anschließend →glanzhell oder entkeimend zu filtrieren. Besonderer Vorteil dieser Apparate ist die Vermeidung jeglicher Luftberührung und die Schonung der Bukettstoffe sowie Vermeidung von Kohlensäureverlusten. Infolge der wachsenden Erzeugung von Weinen mit →Restsüße haben die Filter noch an Bedeutung gewonnen und gewährleisten weitgehend die Haltbarkeit auf der Flasche (→Entkeimungsfilter).

Filterenthefung →Enthefen.

Filtration Physikalische Trennung echt gelöster Stoffe von ungelösten oder nur scheinbar gelösten Stoffen ohne chemische Veränderung. Die echt gelösten Stoffe haben eine Größe von unter 1 µm (Millionstel mm), die ungelösten Stoffe von über 100 µm (1 Zehntausendstel mm). Die scheinbar gelösten Stoffe liegen mit ihrer Teilchengröße zwischen den beiden Werten und werden beim Wein meist als Kolloide bezeichnet. Sie halten die ungelösten Stoffe in der Schwebe und erschweren dadurch die Filtration. Die Weine werden meist beim zweiten Abstich blank filtriert, vorher werden sie oftmals mit →Bentonit und eventuell mit einer →Blauschönung behandelt. Kurz vor der Abfüllung werden die Weine nochmals vorfiltriert, damit die bei der Abfüllung verwendeten Entkeimungsschichten oder Filtermembranen sich nicht erschöpfen und die Abfüllung reibungslos vonstatten gehen kann. Bei der Abfüllung restzuckerhaltiger Weine müssen →Entkeimungsfilter verwendet werden.

Filzen 1. Ortsteil von Konz. Weinort im Anbaugebiet →Mosel-Saar-Ruwer, Bereich Saar-Ruwer. Großlage: *Scharzberg*. Einzellagen: *Urbelt, Pulchen, Unterberg, Herrenberg, Steinberger, Altenberg*.
2. Ortsteil von Brauneberg. Weinort im Anbaugebiet →Mosel-Saar-Ruwer, Bereich Bernkastel. Großlage: *Kurfürstlay*. Einzellagen: *Mandelgraben, Klostergarten*.

Finage Zu einer Gemeinde gehörige (Reb) fläche.

Findling Weißweinrebe; Mutation der →Müller-Thurgau-Rebe. Der Name leitet sich davon ab, daß diese Rebe vom Züchter Franz Kimmig, Tiergarten in Baden, in einem Müller-Thurgau-Bestand gefunden und selektioniert wurde. Bestockte Rebfläche in Deutschland:

Zum Bild links: Schichtenfilter

46 ha. Bringt niedrigere Erträge als Müller-Thurgau, Mostgewichte und Säurewerte liegen aber höher. Die Weine präsentieren sich angenehm, harmonisch, aber weniger bukettreich als die aus Müller-Thurgau.

Fine Champagne Verschnitt aus Weinen der Grande Champagne und der Petite Champagne zur Herstellung von →Cognac.

Finesse Bezeichnung für raffinierten Nuancenreichtum edler Weine, besonders im Geruchs- und Geschmacksausdruck; kann auch die Kunst des Kellermeisters hervorheben, da Können und Gefühl für die individuellen Pflegemaßnahmen solcher Weine mit viel →Spiel erforderlich sind.

Finger Lakes Seit 1982 als →AVA anerkanntes Weinbaugebiet an der Ostküste der USA, das sich grundsätzlich vom kalifornischen Weinbaugebiet unterscheidet. Es liegt im Staat New York unweit der kanadischen Grenze und hat ein rauhes, kontinentales Klima mit kurzen, heißen Sommern und auf –20°C absinkenden Wintertemperaturen, das durch die Wasserflächen etwas ausgeglichen wird. Es werden vorwiegend frostharte einheimische Rebsorten angebaut. In hügeliger Landschaft werden etwa 10% der USA-Gesamtweinerzeugung hergestellt. Das Weinzentrum ist Hammondsport. Im Unterschied zu Kalifornien werden hier kaum europäische Rebsorten (Vitis Vinifera) angebaut, sondern sogenannte →Hybriden, Kreuzungen mit oder von Wildreben wie Vitis Labrusca, Vitis Rotundifolia und Vitis Riparia. Die Weine weisen einen oft unangenehmen Foxton (→Fuchsgeschmack) auf, der sogar abstoßend wirken kann. Die Hauptsorten sind →Concord (dunkelroter Wein mit ausgeprägtem Foxgeschmack), Catawka (Weiß-, Rot- und Roseeweine), →Delaware (blaßrote Weine), Niagara (Weißweine mit starkem Foxton), Seyve-Villard (säurearme Weißweine), Baco Noir (dunkle, säurebetonte Rotweine). Ein Großteil wird zu Traubensäften, Sherrys und Schaumwein (zum Beispiel aus Delaware) verarbeitet. Bei der Veredelung verliert sich der Foxton weitgehend. Versuche, Europäerreben wie Riesling, Pinot Chardonnay, Pinot Noir und Cabernet-Sauvignon anzubauen, sind erfolgreich.

Fino Spanischer Spitzensherry; trocken, von heller fahlgoldener Farbe und feinem, delikatem, leicht bitterem Geschmack mit 15–17 Vol.-% Alkohol. Es ist der teuerste →Sherry.

Fins Bois Bereich des Erzeugergebietes für →Cognac (häufig Drei-Sterne-Cognacs).

Finthen →Mainz.

Firne Diesen schwer zu beschreibenden Alterston zeigen Weine, die nicht mehr jugendlich, frisch und spritzig, sondern kurz hinter dem Höhepunkt ihres Reifeprozesses stehen, worauf sie dann allmählich altern und schließlich sogar abbauen. Nachdem ein Wein seine Frische und sein typisches →Sortenbukett verloren hat, tritt ein Altersbukett auf, das man auch Lagerbukett nennt. Die Ursachen der Firne sind wahrscheinlich in zunehmender →Oxidation des Weines zu sehen, die sich auch in einer Vertiefung der →Farbe ausdrückt. Bei Spitzenweinen ist eine beginnende, leichte Firne, die Edelfirne, auch heute noch sehr geschätzt. Mit fortschreitendem Altern entwickelt sich dann aber ein Oxidations- oder Sherryton.

Fisch Weinort im Anbaugebiet →Mosel-Saar-Ruwer, Bereich Obermosel. Großlage: *Gipfel.*

Fischingen Weinort im Anbaugebiet →Baden, Bereich Markgräflerland. Großlage: *Vogtei Rötteln.* Einzellagen: *Sonnhohle, Weingarten.*

Fischlingen Weinort im Anbaugebiet →Rheinpfalz, Bereich Südliche Weinstraße. Großlage: *Trappenberg.* Einzellage: *Kirchberg.*

Fitou Älteste AC für Rotwein im →Languedoc. Der hauptsächlich aus →Carignan und →Grenache Noir hergestellte dunkelrote, kräftige Wein aus dem gleichnamigen Ort und einigen umliegenden Gemeinden innerhalb der AC →Corbières muß 1½–2 Jahre in Fässern gelagert haben, bevor er in den Handel kommt. Am besten schmeckt er nach 5–6 Jahren.

flach Anderer Ausdruck für →fade.

Flachbogenerziehung →Erziehung.

Fläsch Weinort im Schweizer Kanton →Graubünden, aus dem hauptsächlich Rotwein aus Blauem →Spätburgunder stammt.

Flaschen Behälter oder Gefäße aus Glas, die in der Weinkellerwirtschaft in Form von Korb- und Ballonflaschen, Wein- und Schaumweinflaschen Verwendung finden. Gehandelt werden praktisch nur Wein- und Schaumweinflaschen, letztere dienen auch als Gärgefäße (→Flaschengärverfahren). Form, Größe, Inhalt und Glasfarbe sind verschieden, oft für ein Weinbaugebiet typisch. Für Moselweine wurden früher (um 1920) stahlblaue, später grüne Flaschen bevorzugt, für Rheinweine braune, für Pfalz- und Rheinhessenweine

braune und vereinzelt grüne, für Frankenweine dunkelgrüne, in Baden für bestimmte Sorten wie Weißherbst und Ruländer zum Teil auch farblose (»weiße«). Auch Sauternes, Ungarwein, Tokajer, Chianti und andere Weine werden in Weißglas, Rotweine vorwiegend in Braun- oder Dunkelgrünglas abgefüllt.
Die gängigsten Größen für Weinflaschen sind 0,75 l und 0,375 l Inhalt. Daneben gibt es Magnumflaschen, die dem Inhalt von 2, 4, 6, 8 oder sogar 20 Normalflaschen entsprechen und Magnum, Doppelmagnum, Jeroboam (Rehoboam), Imperial und Nebukadnezar genannt werden; überdimensional groß ist →Demijohn (Bonbonne) mit bis zu 30 l Inhalt. In Deutschland werden höhere Qualitäten vorwiegend in 0,75-Liter-Flaschen (ganze Flaschen, 1/1 Flaschen), Ausschankweine in 1-, 2- oder 3-Liter-Flaschen angeboten. In Frankreich werden Spitzenweine oft in Magnumflaschen abgefüllt, da ein Wein um so rascher altert, je kleiner die Flasche ist, in der er lagert. Die in Deutschland am weitesten verbreitete Flaschenform ist die Schlegelflasche mit 0,35, 0,75 und 1 l Inhalt; der →Bocksbeutel, eine rundliche, dickbauchige, zweiseitig abgeplattete Flasche von 0,35 oder 0,75 l Inhalt darf – mit einer Ausnahme – nur für fränkische Qualitätsweine benutzt werden. Die braune oder olivgrüne, etwas gestauchte Burgunderflasche (0,75 l) ist die Rotweinflasche der deutschen Rotweingegenden (Ahr, Baden, Württemberg) und die offizielle Flasche für Burgunderweine. Mehr walzenförmig, mit kurz abgesetztem Hals sind die meist dunkelgrünen bis bräunlichen 0,75-Liter-Bordeauxflaschen, typisch für Rotweine aus dem gleichnamigen Gebiet.
Weitere Formen findet man zum Beispiel bei den Tokajer-, Portwein-, Wermut- und anderen Flaschen (→Clavelin, →Fiasco, →Flûte).

Flaschenbruch Entsteht durch unvermeidbare Unregelmäßigkeiten und Spannungen im Material. In der Sektbranche spielte das Zerspringen der Flaschen bei der →zweiten Gärung (noch im 19. Jahrhundert bis zu 80% einer Füllung), hervorgerufen durch ein Übermaß an Zucker, das zu einem Überdruck an Kohlensäure führte, eine große Rolle und war eine Gefahrenquelle. Erst die von François 1836 veröffentlichte Methode zur Messung des Zuckergehaltes ermöglichte die Bestimmung des Zuckers, der für die zweite Gärung zugesetzt werden mußte (→Fülldosage).

Flascheneinstich, -einzug Vertiefung im Boden von Schaumweinflaschen. Sie ermöglichte das Stapeln von auf dem Kopf stehenden Flaschen mit hellgerütteltem Sekt in spitzstehenden →Flaschenstößen.

Flaschengärverfahren (Flaschengärung) Zweite Gärung zur Herstellung von Schaumwein in der Flasche. Die Angabe eines Gärverfahrens ist nur bei Qualitätsschaumwein (Sekt, Champagner) erlaubt. Der Hinweis auf eine Vergärung in Flaschen setzt ferner voraus, daß der »Flaschengärsekt« mindestens 9 Monate lagern muß, davon 2 Monate auf der Hefe. Die Flaschengärung war bis etwa 1890 das einzige Verfahren der Schaumweinbereitung. Heute gibt es das in Frankreich als →»Méthode champenoise« bezeichnete Rüttelverfahren (Gärung, Reifelager, →Rütteln, →Enthefung und Dosierung [→Dosage] auf der Flasche) und die in Deutschland entwickelte Filterenthefung oder →Transvasionsenthefung (Gärung und Reifelager auf der Flasche, dann Enthefung über Großbehälter und Filter). In Deutschland setzt sich die Erkenntnis durch, daß das Gärverfahren für den Sekt nicht die Bedeutung hat, die ihm aus werbemäßigen Gründen (von der Champagne ausgehend) zugewiesen wird. Bei verdeckter Probe von Sekt, der in einem der drei Verfahren (Rütteln, Filterenthefung oder Großraumgärung) hergestellt wurde, haben sich bei gleichwertigen Weinen keine Unterschiede in Bukett, Geschmack, Perlfähigkeit und Haltbarkeit feststellen lassen.

Flaschenhals Der enge Teil der Flasche unmittelbar unter der →Flaschenmündung.

flaschenkrank Zustand des Weines nach der →Filtration und →Abfüllung in Flaschen. Er schmeckt dann gestört, verschlossen und ausdrucksfos und entfaltet seine Geschmacks- und Bukettstoffe erst wieder nach einigen Wochen.

Flaschenlager →Flaschenreife.

Flaschenmündung Ringförmig verstärkter oberster Teil des →Flaschenhalses.

Flaschenreife Reifen eines Weines, der bereits auf Flaschen gezogen (das heißt abgefüllt), eine weitere Entwicklung durchmacht. Ausbildung und Entwicklung sind also keinesfalls zum Zeitpunkt der Flaschenfüllung beendet. Gehaltvolle Weine wie Riesling, Traminer, Ruländer entwickeln ihre volle Reife, ihre →Art und ihr →Bukett oft erst nach etwa dreijähriger Flaschenlagerung, manche Prädikatsweine, große Burgunder- und Bordeaux-Weine oft noch später. Leichte Weine altern schneller, alkohol- und säurereiche erreichen höhere Lebensalter. Die früher vorgezogene Faßreife ist nicht mehr in dem Maße üblich; in der Regel werden Weine nach drei- bis neunmonatiger Faßlagerung ab-

Die häufigsten Flaschenformen:

Schlegelflasche

Burgunderflasche

Bordeauxflasche

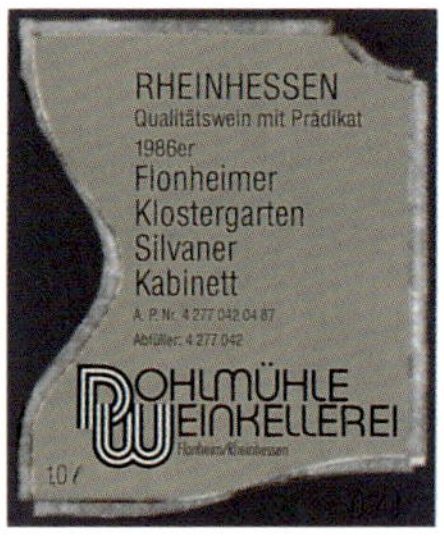

gefüllt, Rotweine im allgemeinen später als Weißweine. Da bei Sekt die entscheidende Reifung bereits in der Kellerei erfolgt ist, besteht bei zu langer weiterer Lagerung die Gefahr, daß er dadurch seine Frische und Lebendigkeit einbüßt.

Flaschenstoß Flaschenstapel, bei dem die unverpackten Flaschen in Reihen übereinander liegen. In der Sektbranche versteht man unter einem »Spitzstoß« einen Flaschenstapel mit hellgerütteltem Rohsekt, bei dem jede Flasche der höherliegenden Reihe mit dem Hals in den eingezogenen Boden (Flaschenstich) der darunter stehenden eingreift.

Flaschenverschlüsse Weinflaschen werden von alters her mit →Korken verschlossen, da diese hochelastisch, gas- und wasserdicht, relativ lange haltbar und geschmackfrei sind. Daneben werden in neuerer Zeit auch andere brauchbare Verschlüsse wie zum Beispiel Kronkorken, Preßkorken, Kunststoffstopfen, Abreiß- und Anrollverschlüsse für Weinflaschen verwendet. Letztere haben zur Zeit noch die besten Aussichten, sich beim Weinliebhaber durchzusetzen, werden aber hauptsächlich zum Verschließen von Weinen geringerer Qualitäten verwendet.

Flehingen Ortsteil von Oberderdingen. Weinort im Anbaugebiet →Baden, Bereich Badische Bergstraße/Kraichgau. Großlage: *Stiftsberg*. Einzellage: *Lerchenberg*.

Flein Weinort im Anbaugebiet →Württemberg, Bereich Württembergisch Unterland. Großlage: *Kirchenweinberg*. Einzellagen: *Altenberg, Eselsberg, Sonnenberg*.

Fleischtraube Synonym für Blauer →Trollinger.

Flemlingen Weinort im Anbaugebiet →Rheinpfalz, Bereich Südliche Weinstraße. Großlage: *Bischofskreuz*. Einzellagen: *Herrenbuckel, Vogelsprung, Zechpeter*.

Flétri Schweizer Weinspezialität aus dem Kanton →Wallis, die etwa einer →Spätlese entspricht.

Fleurie Eine der 10 Gemeinden des →Beaujolais mit eigener AC.

Fliegentraubl Österreichische Bezeichnung für Grüner →Silvaner.

Flomborn Weinort im Anbaugebiet →Rheinhessen, Bereich Wonnegau. Großlage: *Bergkloster*. Einzellagen: *Feuerberg, Goldberg*.

Flonheim Weinort im Anbaugebiet →Rheinhessen, Bereich Bingen, mit Ortsteil →Uffhofen.
Großlage: *Adelberg*. Einzellagen: *Bingerberg, Rotenpfad, Klostergarten, Geisterberg*.

Flor Bezeichnung für Sherry-Hefe, die sich nach abgeschlossener Gärung und →Aufspriten auf der Oberfläche des Flor-Sherry bildet. Da die Fässer nur zu zwei Dritteln gefüllt sind, überdeckt der Flor die Weinoberfläche mit einer geschlossenen Kahmhaut, wodurch der Sherry das für diese Weinart charakteristische Florbukett erhält.

Flörsheim Weinort im Anbaugebiet →Rheingau, Bereich Johannnisberg. Großlage: *Daubhaus*. Einzellagen: *Herrnberg, St. Anna Kapelle*.

Flörsheim-Dalsheim Doppelgemeinde im Anbaugebiet →Rheinhessen, Bereich Wonnegau. Großlage: *Burg Rodenstein*. Einzellagen Dalsheim: *Hubacker, Sauloch, Steig, Bürgel*. Einzellagen Niederflörsheim: *Steig, Goldberg, Frauenberg*.

Flötenglas Schmales hohes Sektglas (→Schaumweinglas).

flüchtig Bezeichnung für Weine, deren →Bukettstoffe angenehm in Erscheinung treten, aber nicht lange anhalten, sich schnell im Glas verflüchtigen.

flüchtige Säure →Essigsäure, →Essigstich.

Flurbereinigung (auch **Umlegung**) Staatlich geförderte Maßnahme, um die Zersplitterung der Flur in Kleinparzellen zu beseitigen. Wichtigste Voraussetzung für den modernen Weinbau, da die Bewirtschaftung größerer Parzellen ermöglicht, die Rebflächen durch Wege erschlossen und die Wasserführung so geregelt wird, daß es bei Starkregen keine katastrophalen Abschwemmschäden mehr gibt. Der Arbeitsbedarf wird durch den Einsatz von Maschinen gesenkt. In Steillagen, wo vor der Umlegung bei Handarbeit etwa 2.500 Stunden jährlich für die Pflege von 1 ha Reben aufgewendet wurden, konnte der Arbeitsaufwand bis auf 1.000–1.200 Stunden pro Hektar Rebfläche gesenkt werden. In →Direktzuglagen beträgt er pro Hektar nur noch etwa 700 Stunden.
Den rechtlichen Rahmen bildet das Flurbereinigungsgesetz von 1953.

Flußbach Weinort im Anbaugebiet →Mosel-Saar-Ruwer, Bereich Bernkastel. Großlage: *Schwarzlay*. Einzellage: *Reichelberg*.

Flûte Flöte. Bezeichnung für schlanke Flaschen, wie man sie im →Elsaß verwendet, aber auch für schlanke Champagner- oder Sektgläser (→Schaumweingläser) mit oder ohne Stiel.

Folle Blanche Französische Weißweinrebe, die im Gebiet von Cognac und Armagnac als Lieferant für Brennwein angebaut wird; im Loiretal werden daraus einfache Weißweine erzeugt (→Gros Plant).

Fontanara Weißweinrebe; Neuzüchtung der Bayerischen Landesanstalt für Wein-, Obst- und Gartenbau, Würzburg, aus Rieslaner x Müller-Thurgau durch Professor Breider; Zuchtnummer Wü B 51-4-10. 1980 Eintragung in die Sortenliste; bestockte Rebfläche in Deutschland: 5 ha.

Forchtenberg Weinbaugemeinde im Anbaugebiet →Württemberg, Bereich Kocher-Jagst-Tauber, mit Ortsteil →Ernsbach. Großlage: *Kocherberg*. Einzellage: *Flatterberg*.

Forschungsring des Deutschen Weinbaues (FDW) Der Deutschen Landwirtschafts-Gesellschaft angegliedertes Gremium von Wissenschaftlern, das die Forschungsaufträge auf dem Gebiet des Weinbaues vergibt.

Forst/Weinstraße Weinort im Anbaugebiet →Rheinpfalz, Bereich Mittelhaardt/Deutsche Weinstraße. Großlagen: *Schnepfenflug an der Weinstraße*, *Mariengarten*. Einzellagen: *Bischofsgarten, Stift, Musenhang, Pechstein, Jesuitengarten, Kirchenstück, Freundstück, Ungeheuer, Elster*.

Forta Weißweinrebe; Neuzüchtung der Bundesforschungsanstalt für Rebenzüchtung, Geilweilerhof, aus der Kreuzung Madeleine Angevine x Silvaner; Zuchtnummer Gf 31-15-100. Reife mittelfrüh, schwankende Erträge. Der Charakter der Weine ist rieslingartig, jedoch etwas reifer.

Foxton →Fuchsgeschmack.

Framersheim Weinort im Anbaugebiet →Rheinhessen, Bereich Nierstein. Großlage: *Petersberg*. Einzellagen: *Zechberg, Kreuzweg, Hornberg*.

Franciacorta Italienischer DOC-Rot, -Roseeund -Weißwein aus der →Lombardei, Provinz Brescia. Der rubin- bis granatrote Rotwein *(Rosso)* wird zu 40–50% aus →Cabernet Franc, zu 20–30% aus →Barbera, zu 15–25% aus →Nebbiolo und zu 10–15% aus →Merlot hergestellt. Er hat ein typisches Bukett. Der gelbgrüne Weißwein *(Pinot)* stammt aus Pinot Bianco (Weißer →Burgunder) und/oder Chardonnay und schmeckt saftig und weich. *Franciacorta* wird auch als Schaumwein bereitet.

Franc Noirien Französische Bezeichnung für Blauer →Spätburgunder.

Franconia Synonym für Blauer →Limberger.

Franken 1. Deutsches bestimmtes Anbaugebiet mit rund 5.500 ha bestocker Rebfläche, davon stehen auf 210 ha rote Rebsorten. Durchschnittliche Weinmosternte 400.000 hl. Das stark aufgesplitterte Weinbaugebiet erstreckt sich über die günstigsten Südlagen in den Tälern des Mains und seiner Nebenflüsse und über Ausläufer des westlichen Steigerwaldes. Es reicht von Haßfurt im Osten bis nach Aschaffenburg im Westen. Der erste schriftliche Nachweis fränkischen Weinbaues geht auf die Schenkungsurkunde eines Weinberges in Hammelburg an die Abtei Fulda durch Karl den Großen im Jahre 777 zurück. Durch Klöster und Stifte erfuhr der fränkische Weinbau eine enorme Ausdehnung, so daß Franken im Mittelalter zum größten Weinbaugebiet Deutschlands zählte. Heute beschränkt sich der fränkische Weinbau auf die klimatisch geschützten Lagen in den Flußtälern von 150–250 m über NN und steigt nur im Steigerwald auf 400 m über NN an.
Drei Hauptbodentypen herrschen vor: an den Hängen des Spessarts in Unterfranken im Bereich Mainviereck Buntsandstein, im Bereich Maindreieck zwischen Homburg und Schweinfurt Muschelkalk und im Bereich Steigerwald Keuperformationen. Den unterschiedlichen Bodentypen gemäß reicht die Art der fränkischen Weine von leichten, spritzigen über kernige, säurebetonte bis zu erdig würzigen. Die klassische Rebsorte Frankens, der →Silvaner, wurde in den letzten Jahren vom →Müller-Thurgau überrundet. Mit Abstand folgen der →Riesling und eine ganze Palette neuer Rebsorten wie →Perle, →Scheurebe, →Kerner, →Rieslaner, →Bacchus und andere.
Der Kleinbetrieb herrscht neben einigen großen Weingütern vor. 50% der Weinproduktion Frankens werden von neuen, modern eingerichteten Winzergenossenschaften verarbeitet. Die →Flurbereinigung wurde in den letzten beiden Jahrzehnten vorbildlich durchgeführt. Mit einer einzigen Ausnahme (badische Weine der nördlichen Ortenau) dürfen nur Frankenweine in den dickbauchigen →Bocksbeutelflaschen abgefüllt werden. Frankenweine sollen besonders bekömmlich und gesundheitsfördernd sein (Franken-

wein–Krankenwein). Zentrum des fränkischen Weinbaues ist Würzburg.
2. Synonym für Grüner →Silvaner.

Frankenriesling Irreführende Bezeichnung für Grüner →Silvaner.

Frankentaler Synonym für Blauer →Trollinger.

Frankental Noir Französische Bezeichnung für Blauer →Trollinger.

Frankenwinheim Weinort im Anbaugebiet →Franken, Bereich Maindreieck. Großlage: *Kirchberg*. Einzellage: *Rosenberg*.

Frankfurt/Main Großstadt im Weinbaugebiet →Rheingau, Bereich Johannisberg. Einzellage: *Lohrberger Hang*.

Frankovka Jugoslawische und tschechische Bezeichnung für Blauer →Limberger.

Frankreich Rund 1 Million ha Rebfläche; 60 Millionen hl Wein, davon 12 Millionen hl Export; Import 5 Millionen hl; jährlicher Pro-Kopf-Verbrauch 74 l.
Von der Größe seiner Weinproduktion, der Mannigfaltigkeit seiner Weintypen, der Güte seiner Spitzenweine und von seiner Weinkultur und -tradition her gilt Frankreich als das bedeutendste Weinbauland der Welt. Mit Ausnahme der →Champagne und des →Elsaß verläuft im Norden die Weinbaugrenze etwa auf der Linie Nantes, Tours, Dijon. Vielfach werden die französischen Weine als oberste Spitzenweine der ganzen Welt angesehen. Das trifft aber nur auf die großen Bordeaux und Burgunder, einige Côtes-du-Rhône-Weine und wenige Loire- und Elsässer Weine zu. Die übrigen sind meist gut trinkbare Tischweine und lokale Spezialitäten. Da die Preisspanne vom geringsten französischen Wein bis zum Spitzenwein sehr groß sein kann, ist es notwendig, sich mit dem traditionsreichen, komplizierten Klassifizierungssystem vertraut zu machen.
Oft wagen sich Weinliebhaber nicht an französische Qualitätsweine heran, weil sie von der verwirrenden Vielzahl der Klassifizierungen abgeschreckt werden. Die gesetzliche Herkunfts- und Qualitätsnomenklatur ist kaum mit der deutschen oder österreichischen vergleichbar. In Deutschland und Österreich kann im Unterschied zu Frankreich jeder Winzer in guten Jahren Qualitäts- und Prädikatsweine erzeugen, sobald seine Weine die gesetzlich festgelegten Qualitätsvoraussetzungen erfüllen. Dagegen werden in Frankreich die Gütebewertungen →AC und →VDQS nur an solche Weine vergeben, die aus einer bestimmten, geographisch abgegrenzten Fläche stammen (AC rund 50%, VDQS rund 1,3% der französischen Gesamtrebfläche und rund 35% beziehungsweise 1% der Weinernte insgesamt). Weiterhin ist zu beachten, daß in Frankreich die Zuckerung der Moste, die

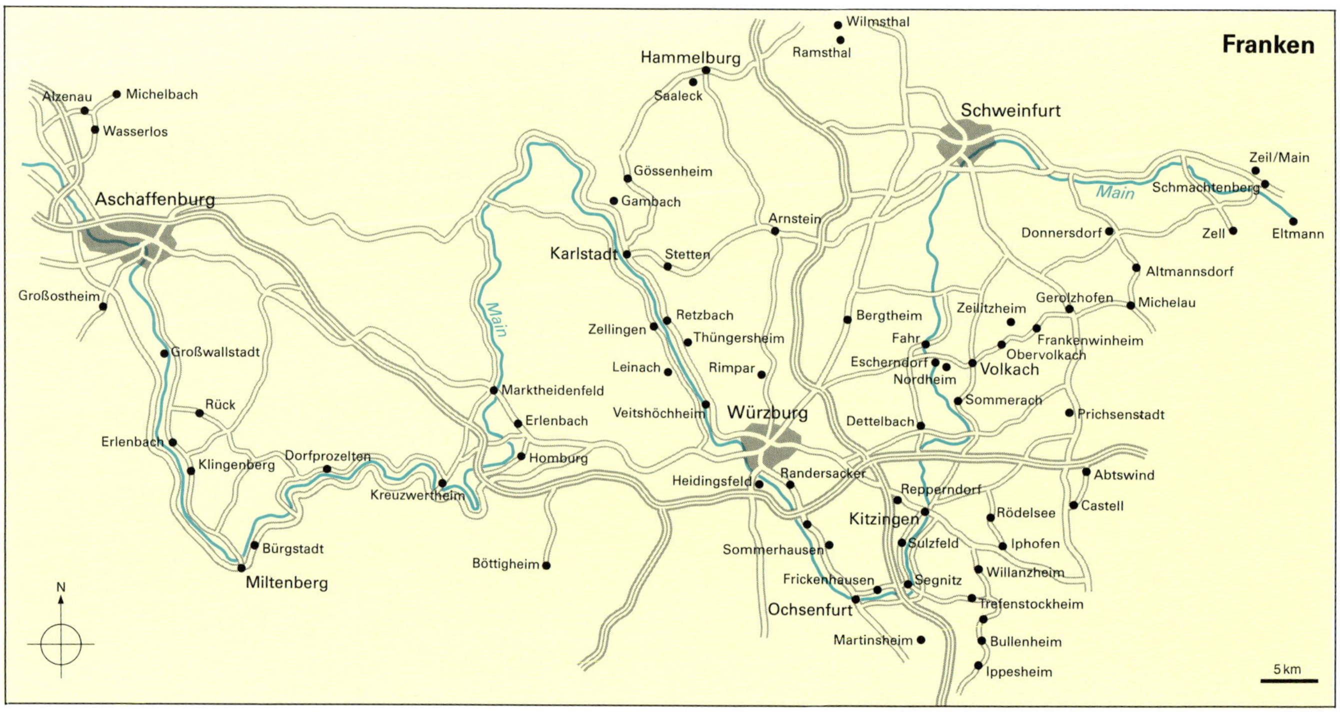

»Chaptalisation« (in einigen Departements nur in unreifen Jahren), bis zu den Spitzenweinen hin ohne nähere Angabe auf dem Etikett erlaubt ist.
Die Hauptanbaugebiete sind in alphabetischer Reihenfolge: →Bordeaux, →Burgund →Champagne, →Côtes du Rhône, →Elsaß, →Jura, →Languedoc-Roussillon, das →Loiretal mit seinen Nebentälern, die →Provence mit →Korsika und Südwestfrankreich. In den Landschaften →Armagnac und →Cognac wird fast ausschließlich Weinbrand hergestellt, während in der Champagne neben Schaumweinen auch Stillweine produziert werden. Frankreich muß trotz einer Ernte von durchschnittlich 60 Millionen hl für den eigenen Bedarf Wein importieren, früher in erster Linie aus Nordafrika, heute hauptsächlich aus Italien. Für die französische Volkswirtschaft spielt die Ausfuhr von insgesamt rund 13 Millionen hl Wein eine nicht unbeträchtliche Rolle.

Frankweiler Weinort im Anbaugebiet →Rheinpfalz, Bereich Südliche Weinstraße. Großlagen: *Königsgarten*. Einzellagen: *Kalkgrube, Biengarten*.

Fransdruif Dem Palomino ähnliche Rebsorte, die in →Südafrika angebaut wird.

Franzenheim Weinort im Anbaugebiet →Mosel-Saar-Ruwer, Bereich Saar-Ruwer. Großlage: *Römerlay*. Einzellage: *Johannisberg*.

Franzose Synonym für Früher Gelber →Ortlieber.

frappiert (frz. frappé) schlagartig heruntergekühlt. Frappierter Sekt schmeckt verschlossen, seine Blume ist erfroren.

Frascati Italienischer →DOC-Weißwein aus Frascati und 5 weiteren Gemeinden südlich von Rom, Region →Latium. Er wird aus →Malvasia Bianca di Candia, Malvasia del Lazio, →Greco und →Trebbiano Toscano gewonnen, ist hell- bis strohgelb und hat eine delikate Blume. Mit bis 1% Restzucker wird er secco (trocken), mit 1–3% amabile (halbtrocken) und mit 3–6% cannellino oder dolce (süß) genannt. Der *Cannellino* wird aus Trauben, die von der →Edelfäule befallen waren, gekeltert.

Fräse →Bodenbearbeitung.

Frauenkirchen Weinort im Burgenland, Anbaugebiet →Neusiedlersee. Bukettreiche Weiß- und Rotweine, Rebfläche 120 ha. In Frühjahr und Sommer Feste mit Weinverkostung.

Frauenstein Ortsteil von Wiesbaden. Weinort im Anbaugebiet →Rheingau, Bereich Johannisberg. Großlage: *Steinmächer*. Einzellagen: *Herrnberg, Homberg, Marschall*.

Frauenzimmern Ortsteil von Güglingen. Weinort im Anbaugebiet →Württemberg, Bereich Württembergisch Unterland. Großlage: *Heuchelberg*. Einzellagen: *Kaiserberg, Michaelsberg*.

Freiburg 1. Stadt im Anbaugebiet →Baden, Bereiche Breisgau und Markgräflerland, mit den Ortsteilen →Lehen, →Munzingen, →Opfingen, →St. Georgen, →Tiengen und →Waltershofen. Großlagen: *Zähringen, Lorettoberg*. Einzellagen: *Schloßberg, Jesuitenschloß*. Freiburg ist Sitz des Badischen Weininstitutes. Bis 1973 gab es den Freiburger Weinmarkt, der in Konkurrenz zum →Offenburger Markt stand. Er wurde in die »Freiburger Weintage« umgewandelt. Die Oberbadische Weinreise e.V. veranstaltet alljährlich 6tägige Weinseminare in verschiedenen Orten Badens.
2. (Fribourg) Schweizer Kanton mit rund 100 ha Weinanbau am Steilhang über dem Murtensee (Region Vully) mit den Zentren Praz und Sugiez. Der Weinort →Cheyres liegt am Neuenburger See. Hauptsächlich werden Chasselas (→Gutedel) und etwas Pinot Noir (Blauer →Spätburgunder) angebaut. Die Weine sind leicht und süffig, die Weißweine leicht perlend wie die vom Kanton →Neuenburg. Zu Freiburg gehört außerdem Rebbesitz in Saint-Saphorin, ein Weingut, das durch Erbschaft dem Kanton übereignet wurde.

Freilaubersheim Weinort im Anbaugebiet →Rheinhessen, Bereich Bingen. Großlage: *Rheingrafenstein*. Einzellagen: *Alte Römerstraße, Kirchberg, Fels, Rheingrafenberg, Reichskeller*.

Freimersheim 1. Weinort im Anbaugebiet →Rheinhessen, Bereich Wonnegau. Großlage: *Sybillenstein*. Einzellage: *Frankenstein*.
2. Weinort im Anbaugebiet →Rheinpfalz, Bereich Südliche Weinstraße. Großlage: *Trappenberg*. Einzellage: *Bildberg*.

Freinsheim Weinort im Anbaugebiet →Rheinpfalz, Bereich Mittelhaardt/Deutsche Weinstraße. Großlagen: *Rosenbühl, Kobnert*. Einzellagen: *Goldberg, Musikantenbuckel, Oschelskopf, Schwarzes Kreuz*.

Freisa Italienische Rotweinrebe, die in erster Linie um Asti und Chieri im →Piemont angebaut wird. Die Weine sind hellrubinrot, im Alter nehmen sie orangefarbene Tönungen an. Sie schmecken angenehm trocken und fruchtig, zuweilen mit Geschmacksan-

deutungen von Himbeeren, Rosen oder Veilchen.

Freisa d'Asti Italienischer DOC-Rotwein aus der →Freisa-Rebe aus dem →Piemont, um Asti. Der hellkirschrote, trockene bis leicht liebliche Wein zeichnet sich durch an Rosen und Himbeeren erinnernden Duft aus. Unter der gleichen DOC existiert ein natürlicher Schaumwein (Spumante naturale) und ein ebensolcher Perlwein (Frizzante naturale).

Freisa di Chieri Italienischer DOC-Rotwein aus dem →Piemont, aus dem Gebiet südlich von Turin. Der nicht sehr dunkel rubinrote Wein stammt ausschließlich aus der →Freisa-Rebe, schmeckt in seiner trockenen Version (secco) leicht säuerlich und wird im Alter delikater, in seiner halbsüßen Version (amabile) erinnert er im Aroma leicht an Johannisbeeren. Vom »amabile« gibt es natürliche Schaum- und Perlweine.

Freisamer Weißweinrebe; Neuzüchtung des Staatlichen Weinbauinstitutes Freiburg im Breisgau durch Prof. Dr. K. Müller, aus einer Kreuzung des Jahres 1916 mit den Partnern Silvaner x Ruländer. Der Name ist eine Ableitung aus dem Stadtnamen: Frei(burg an der Drei)sam. Die Rebe stellt mittlere Ansprüche an die Lage; sie eignet sich für alle Böden, mittelspäte Reife, Erträge gut, etwa wie Ruländer, und hohe Mostgewichte. Die Weine sind frisch, kräftig, neutral, extrakt- und alkoholreich. Bestockte Rebfläche in Deutschland: 56 ha.

Frettenheim Weinort im Anbaugebiet →Rheinhessen, Bereich Wonnegau. Großlage: *Pilgerpfad*. Einzellage: *Heil*.

Freudenstein Ortsteil von Knittlingen. Weinort im Anbaugebiet →Württemberg, Bereich Württembergisch Unterland. Großlage: *Stromberg*. Einzellage: *Reichshalde*.

Freyburg/Unstrut Weinort im →Saale-Unstrut-Gebiet mit den Lagen *Haineberg, Schlüfterberg, Schweigenberg, Mühlberg, Galgenberg*.

Friaul-Julisch Venetien (it. Friuli-Venezia Giulia) Nordostitalienische Weinregion beiderseits des Tagliamento am Fuß der Venezianischen und Julischen Alpen an der jugoslawischen Grenze mit Zentrum Udine. Das meist gebirgige kleine Gebiet hat ein mildes Klima, doch bringt die Bora, oft empfindlich kalte Temperaturen. DOC-Weine sind: →*Aquileia*, →*Carso*, →*Collio Goriziano*, →*Colli Orientali del Friuli*, →*Grave del Friuli*, →*Isonzo*, →*Latisana*, →*Lison-Pramaggiore*.

Fribourg →Freiburg (2).

Frickenhausen 1. Weinort im Anbaugebiet →Württemberg, Bereich Remstal-Stuttgart, mit Ortsteil →Linsenhofen. Großlage: *Hohenneuffen*. Einzellage: *Schloßsteige*.
2. Weinort im Anbaugebiet →Franken, Bereich Maindreieck. Großlage: *Markgraf Babenberg*. Einzellagen: *Fischer, Kapellenberg*.

Friedelsheim Weinort im Anbaugebiet →Rheinpfalz, Bereich Mittelhaardt/Deutsche Weinstraße. Großlagen: *Schnepfenflug an der Weinstraße, Hofstück*. Einzellagen: *Kreuz, Schloßgarten, Bischofsgarten, Rosengarten, Gerümpel*.

Friesenheim 1. Weinbaugemeinde im Anbaugebiet →Baden, Bereich Breisgau, mit den Ortsteilen →Heiligenzell, →Oberschopfheim, →Oberweier. Großlage: *Schutterlindenberg*. Einzellage: *Kronenbühl*.
2. Weinort im Anbaugebiet →Rheinhessen, Bereich Nierstein. Großlage: *Gutes Domtal*. Einzellagen: *Bergpfad, Knopf, Altdörr*.

frisch Bei jungen, lebendigen Weinen erwartet man diese Eigenschaft, bei älteren Weinen, die sich noch erstaunlich jung präsentieren, kann es ein Kompliment sein. Frische kann durch einen entsprechenden Säuregehalt, vor allem aber durch Erhaltung der natürlichen →Kohlensäure erreicht werden.

frizzante Italienische Bezeichnung für leicht moussierende Weine, deren Kohlensäuredruck laut Bestimmung des OIV bei 20°C 2 Atmosphären nicht überschreiten darf. Es wird keine Kohlensäure zugesetzt, sondern es findet eine leichte zweite Gärung auf der Flasche statt, die sich bei einigen Weinen nur im Geschmack, bei anderen durch ein leichtes, vorübergehendes Schäumen beim Einschenken bemerkbar macht.

Fronsac, Canon-Fronsac Mittelalterliche Stadt und gleichnamiges AC-Rotweingebiet an der Dordogne 20 km östlich von →Bordeaux. Mit Canon-Fronsac wird ein kleines Gebiet um Château Canon bezeichnet, aus dem besonders feine, elegante Rotweine stammen.

Frontignan →Muscat de Frontignan.

Frost Die Rebe ist frostempfindlich. Je nach Jahreszeit ist der Schaden unterschiedlich. Der Spätfrost im Mai (–1 bis –2°C) bringt die jungen grünen Triebe zum Absterben. Im Herbst fällt bei Temperaturen von –3 bis –4°C das Laub frühzeitig ab, so daß Trauben und

Holz nicht weiter reifen können. Frostgeschädigte Trauben verleihen dem Wein einen unangenehmen, bitteren →Frostgeschmack. Winterfröste von mehr –20°C verfärben die Knospen schwarz und lassen sie vertrocknen. Der Frost läßt das Wasser in den Zellen gefrieren und blockiert damit alle Lebensvorgänge. Gut ausgereiftes Rebholz verträgt im Winter Kältegrade von –10°C bis –20°C, denn es ist in der Lage, mit seinen →Speicherstoffen auf Temperaturschwankungen zu reagieren. So wird bei sinkenden Temperaturen die osmotisch unwirksame Stärke im Holz in osmotisch wirksamen Zucker umgewandelt. Dadurch erhöht sich die Konzentration des Zellsaftes, und sein Gefrierpunkt sinkt ab. Relativ frostfest sind →Riesling, →Gewürztraminer und →Kerner; empfindlich zum Beispiel →Müller-Thurgau, →Silvaner und →Huxelrebe. Frosttemperaturen von mindestens –8°C werden zur Gewinnung von →Eiswein ausgenutzt.

Frostgeschmack Bitterer, manchmal firner, an schwarze Brotrinde erinnernder →Geschmacksfehler von Weinen, die aus noch nicht reifen, frostgeschädigten Trauben gewonnen wurden. Je unreifer die Trauben zum Zeitpunkt der Frosteinwirkung waren, desto stärker ist das Fruchtfleisch geschädigt und um so intensiver braun bis rotbraun ist die →Farbe des Mostes und des Weines.

Frostschutz In nördlichen Weinbaugebieten kommt dem Schutz, insbesondere gegen Maifrost, einige Bedeutung zu. Entweder man bedeckt die jungen Reben mit Strohmatten oder Plastikfolie, oder man beheizt die Weinberge mit Öfen oder durch Warmluft. Nicht so verbreitet ist die Methode der Lufttrübung durch künstliche Nebel, die sich nur auf großen Flächen anwenden läßt. Eine weitere Möglichkeit ist die Beregnung, die auf der Wirkung der Verdunstungswärme beruht. Herbst- und Winterfröste lassen sich kaum wirksam bekämpfen.

Frosttrauben Von Frosteinbrüchen betroffene, noch nicht geerntete Trauben. Werden sie in unreifem Zustand von Frühfrösten befallen, ist ein weiteres Reifen nicht mehr möglich, da die Blätter welken und abfallen und die unverholzten Beerenstiele absterben. Gleichzeitig werden die Beerenhaut und zum Teil auch das Beerenfleisch zerstört, es verdunstet Wasser, die Beeren werden braun, und die Weine bekommen einen →Frostgeschmack. Anders ist es, wenn reife bis edelreife Trauben vom Frost befallen werden. Zwar sterben auch sie ab und bräunen leicht, die bei Frost herrschende trockene Luft jedoch trägt zu einer natürlichen Konzentration des Beerensaftes bei, so daß hochwertige Weine gewonnen werden können, die keinen Frostgeschmack aufweisen. Gefriert in solchen vollreifen Beeren gar das Wasser zu Eis, hat man die seltene Gelegenheit, →Eisweine zu erzeugen.

Gefrorene Rieslingtrauben, aus denen Eiswein gewonnen wird.

fruchtig (Frucht) Weine, die bei der Geschmacks- und teils auch bei der Geruchsprobe einen fruchtigen Ausdruck zeigen. Der angenehme, erfrischende Geschmacksausdruck kann sich sowohl auf die Traubensorte als auch auf eine andere Frucht beziehen (Obstton). Die Sorte →Riesling zum Beispiel besticht bisweilen durch ein zartes Pfirsichbukett, während die →Scheurebe oft einen Anklang an einen Johannisbeerton zeigt.

Fruchtzucker ($C_6H_{12}O_6$) In Weintrauben und anderen Früchten vorkommender →Zukker, auch Fructose oder Lävulose genannt. Schmeckt etwas süßer als →Rohrzucker (Saccharose) und etwa doppelt so süß wie →Traubenzucker (Glucose, Dextrose), der ebenfalls, wie der Name schon andeutet, in der Traubenbeere vorkommt. Er wird bei der alkoholischen →Gärung in →Alkohol und →Kohlensäure umgewandelt, jedoch nicht so schnell wie der Traubenzucker, so daß in der Gärung unterbrochene (gestoppte) Weine mehr Frucht- als Traubenzucker enthalten. Sie weisen daher eine etwas ausgeprägtere Süße auf als Weine, denen nach vollständiger Gärung die entsprechende Menge →Süßreserve zugesetzt wurde.

Fructose →Fruchtzucker (Lävulose).

Frühburgunder, Blauer Wahrscheinlich Mutation aus Blauem →Spätburgunder, mit schwächerem Wuchs und dunkelblauen Beeren; Synonym: August-Klevner; die Sorte verlangt zumindest mittlere Lagen und tiefgründige Böden. Die Erträge sind niedriger als die des Blauen Spätburgunders. Aufgrund der frühen Reife, der körperreichen, gut gedeckten und auch fruchtigen Rotweine von insgesamt hoher Qualität bietet er interessante Aspekte für die Anbauwürdigkeit. Bestockte Rebfläche in Deutschland: 38 ha.

Frühe Celine →Madeleine Celine.

Frühlese →Traubenlese, →Vorlese.

frühreif Bezeichnung für Traubensorten, die in kühleren Klimazonen angebaut werden können und selbst dort vor den normalen Rebsorten ausreifen wie →Perle von Czaba, →Queen of the Vineyard, →Optima, →Siegerrebe, →Kanzler, →Huxel, →Ortega und andere.

Tokajer – Wein der Könige, König der Weine.

Fuchsgeschmack Eigentümlicher, fremdartiger Geschmack bei Weinen von amerikanischen Wildreben und deren Kreuzungen, Steigerung: Wanzengeschmack.

Fuchsstadt Weinort im Anbaugebiet →Franken, Bereich Maindreieck. Großlage: *Burg.* Einzellage: *Rübenhöll.*

Fuder Eichenholzfaß von etwa 1.000 l Inhalt, vornehmlich an der Mosel. Wegen der unvorteilhaften Raumausnutzung und des hohen Pflegeaufwandes wird es immer mehr durch größere Fässer und vor allem auch durch →Behälter aus anderen Werkstoffen verdrängt.

Fülldosage Flüssigkeit, die bei der Schaumweinherstellung die zweite Gärung in Gang bringt. Sie besteht aus in Wein gelöstem Zucker, dessen Menge sich nach dem unvergorenen Zucker und dem Alkoholgehalt des →Grundweines richtet. Für die vom Gesetz vorgeschriebene Druckentwicklung werden etwa 25 g Zucker pro Liter benötigt. Die Fülldosage wird bisweilen auch noch als Tiragelikör bezeichnet (frz.: liqueur de tirage), wobei das Wort »Likör« einen falschen Eindruck erwecken kann. In früheren Jahren wurde dem Tiragelikör in Frankreich allerdings teilweise Cognac zugesetzt.

Fülle Bezeichnung für →extraktstoffreiche Weine mit viel →Körper. Oft mit normalem oder sogar etwas niedrigerem Säuregehalt. Füllige Weine trifft man zum Beispiel oft bei den Sorten →Ruländer, →Traminer, →Burgunder.

füllreif Bezeichnung für einen Wein, der im →Faß so weit ausgebaut ist, daß er auf Flaschen abgefüllt werden kann.

Fungizide Pflanzenschutzmittel für die Bekämpfung von →Pilzkrankheiten. Sie werden vorbeugend eingesetzt und sollen verhindern, daß die Pilze in die Organe der Rebe eindringen können. Die Mittel müssen gut auf den Pflanzenteilen haften und regenbeständig sein. Die vorgeschriebenen Aufwandmengen und Karenzzeiten, die den letztmöglichen Einsatz vor der Lese (30–50 Tage) vorschreiben, müssen strikt eingehalten werden. Da die Wirkstoffe nur eine kurze Lebensdauer haben und schnell zerfallen (6–10 Tage), besteht keine Gefahr, daß sie in Most und Wein gelangen können.

Fürfeld Weinort im Anbaugebiet →Rheinhessen, Bereich Bingen. Großlage: *Rheingrafenstein.* Einzellagen: *Kapellenberg, Eichelberg, Steige.*

Furmint, Gelber Wichtige ungarische Weißweinrebe; Hauptbestandteil des berühmten, auf der ganzen Welt geschätzten *Tokajer.* Herkunft nicht genau bekannt, man vermutet den Ursprung in den Balkanländern. Synonym: Gelber Mosler, Luttenberger, Weißlaber, Shipo, Malnik, Zapfner, Tokauer, Schmiegertraube, Bieli Moslavac. Das Blatt ist großlappig, unterseits weißfilzig, die Traube groß, lockerbeerig mit gelbgrünen bis gelben Beeren. Der Wuchs ist sehr kräftig, die Reife erfolgt spät bei hohen Erträgen. Die Sorte verlangt allerbeste Lagen; die Ansprüche an den Boden sind sehr gering. Die Moste aus den besten Lagen sind hoch im Mostgewicht bei beachtlichen Säurewerten und ergeben alkoholreiche, feurige, rassige Weine mit feinem →Bukett und großer Haltbarkeit.

Fuselöle Höhere Alkohole, die bei der Vergärung von Zucker entstehen und die für das Bukett des Weines mitverantwortlich sind. In zu hohem Maße im Wein enthalten, führen sie zu Unverträglichkeitserscheinungen.

G

Gabiano Italienischer DOC-Rotwein aus der gleichnamigen Gemeinde im →Piemont. Der rubinrote, trockene bis herb harmonisch schmeckende Wein stammt zu 90–95% aus →Barbera, 5–10% →Freisa und/oder →Grignolino dürfen enthalten sein. Nach einer Lagerzeit von mindestens 2 Jahren und mit 12,5 Vol.-% Alkohol darf das Prädikat Riserva hinzugefügt werden.

Gabsheim Weinort im Anbaugebiet →Rheinhessen, Bereich Nierstein. Großlage: →*Domherr.* Einzellagen: →*Dornpfad, Kirchberg, Rosengarten.*

Gaglioppo Italienische Rotweinrebe, die in →Kalabrien beheimatet ist. Wichtigste Rebe zur Herstellung von →*Cirò Rosso* und *Rosato.*

Gaibach Ortsteil von Volkach. Weinort im Anbaugebiet →Franken, Bereich Maindreieck. Großlagen: *Kirchberg, Engelsberg.* Einzellagen: *Schloßpark, Kapellenberg.*

Gailingen Weinort im Anbaugebiet →Baden, Bereich Bodensee. Einzellagen: *Ritterhalde, Schloß Rheinburg.*

Gaillac Stadt und gleichnamiges AC-Gebiet für Weiß-, Rot- und Roseewein, außerdem für Schaum- und Süßwein, im Südwesten Frankreichs. Der Weinbau reicht bis in vorchristliche Zeit zurück. Weißer *Gaillac* wird jung getrunken, ist trocken bis halbsüß und wird aus 80–100% Mauzac mit Len de l'El, Ondenc, →Sémillon, →Sauvignon Blanc und →Muscadelle gewonnen. *Gaillac Rouge* und *Rosé* werden aus Duras, Fer, →Gamay, →Syrah, auch →Cabernet-Sauvignon, →Cabernet Franc und Merlot gekeltert. Die Weine mit der AC-Bezeichnung *Gaillac* müssen mindestens 10,5 Vol.-%, die AC *Gaillac Premières Côtes* 12 Vol.-% Alkohol aufweisen. Die Schaumweine werden hauptsächlich nach der Méthode gaillacoise hergestellt, also ohne Zusatz von Zucker, was dem Wein ein delikates, natürliches Aroma verleiht. Für *Gaillac Perlé* läßt man den Most fast durchgären, so daß nur wenig Zucker übrig bleibt. Dann läßt man ihn bis zum Beginn der Äpfelmilchsäuregärung ruhen. Erst dann wird er auf Flaschen gefüllt.

Gaisburg →Stuttgart.

Galicien Regenreiche Provinz im Nordwesten Spaniens mit den DO-Gebieten Rias Baixas, Ribeiro und Valdeorras. Es werden verhältnismäßig leichte und spritzige, den portugiesischen »Vinhos verdes« ähnliche Weißweine erzeugt.

Gallenweiler Ortsteil von Heitersheim. Weinort im Anbaugebiet →Baden, Bereich Markgräflerland. Großlage: *Lorettoberg.* Einzellage: *Maltesergarten.*

Gallisieren Nach L. Gall benanntes Verfahren der →Naßzuckerung.

Gallon Englisches (4,545 l) und amerikanisches (3,785 l) Hohlmaß.

Gallo Nero (it.) schwarzer Hahn. Schutzmarke für →*Chianti Classico;* verliehen vom gleichnamigen »Consorzio«.

Gamay Blanc Französische Bezeichnung für Grüner →Silvaner.

Gamay Noir Wichtige französische Rotweinrebe, die vor allem im Beaujolais, aber auch an der Loire, im Lyonnais und Südfrankreich sowie in Kalifornien und der Westschweiz angebaut wird. Ihr Ursprung kann nicht eindeutig belegt werden, die Rebe soll schon zur Zeit der Römer bekannt gewesen sein. Ihr Name könnte jedoch mit dem kleinen Ortsteil Gamay der Gemeinde Saint-Aubin südwestlich von Beaune zusammenhängen. Synonyme: Petit Bourguignon, Plant Limagne, Plant de Montlambert (Frankreich); Große Dôle, Salvagnin (Schweiz); Carcaironne (Italien); Burgundi Nagyszemü (Ungarn).

Blatt vom Gamay Noir.

Das Blatt ist groß, eher glatt und dünn, die Traube kompakt mit rundlichen, kleinen dünnhäutigen Beeren, Wuchs mittel bis schwach, doch sehr robust. Die Reife erfolgt spät, bei sehr hohen und regelmäßigen Erträgen. Die Weine liegen qualitativ unter denen aus Burgundertrauben; sie sind leicht fruchtig, frisch und angenehm mit lebhaftem Bukett und von violettroter Farbe. In letzter Zeit ist →Beaujolais Nouveau oder Primeur sehr in

Gärbehälter für Rotwein.

Mode gekommen. Gamay Noir ist zu einem Drittel im *Bourgogne Passe-tout-grain* enthalten (→Burgund). Die in Kalifornien hergestellten Weine werden als *Gamay du Beaujolais* verkauft.

Gambach Ortsteil von Karlstadt. Weinort im Anbaugebiet →Franken, Bereich Maindreieck. Großlage: *Roßtal*. Einzellage: *Kalbenstein*.

Gambellara Italienische Stadt in →Venetien zwischen Verona und Vicenza und Herkunftsort gleichnamiger DOC-Weißweine, die in drei Versionen in den Handel gelangen: *Gambellara* mit mindestens 10,5 Vol.-% Alkohol (Superiore 11,5 Vol.-%), stroh- bis goldgelb, trocken und leicht bitter im Geschmack; *Recioto di Gambellara,* mindestens 12 Vol.-% Alkohol, goldgelb, halbsüß, mehr oder weniger perlend, mit leicht bitterem Nachgeschmack, auch als Schaumwein erhältlich; *Vin Santo di Gambellara,* mindestens 14 Vol.-% Alkohol, dunkelgelb, süß, harmonisch, mindestens 2 Jahre Lagerzeit. *Gambellara* stammt zu mindestens 80% aus →Garganega und eventuell 20% aus →Trebbiano. Für Recioto und Vin Santo werden die Beeren auf Strohmatten leicht angetrocknet.

Gamlitz Der größte Weinort in der österreichischen →Steiermark, Weinbaugebiet →Südsteiermark. Fruchtige, süffige Weißweine, Rebfläche: 30 ha. Im Herbst Winzerfest.

Gamza →Bulgarien.

Gänsefußschar →Bodenbearbeitung.

Gärbehälter Bei der Weißweinbereitung geschlossene, bei der Rotweinbereitung offene Fässer oder Tanks. In der Schaumweinbereitung verwendet man doppelwandige Druckgefäße aus Stahl beim Großraumverfahren (→Enthefen), beim Flaschengärverfahren dickwandige Spezialflaschen.

Most in stürmischer Gärung.

Gärbukett Wird während der →Gärung durch die →Hefen gebildet, indem bestimmte Stoffe des Mostes in Bukettstoffe umgewandelt werden. Art und Intensität des Gärbuketts ändern sich während des Gärens fortlaufend. Die speziellen Gärbukette sind leicht flüchtig und entweichen während und nach der Gärung aus dem Wein. Auf die Flasche gezogene Weine dürfen kein Gärbukett mehr enthalten. Bevor ein Wein sein Lagerbukett (→Bukett) erreicht, hat er noch Jungweinbukett.

Gärführung Methoden der behutsamen Lenkung der Gärung, um ein optimales Geschmacksbild zu erzielen, wie zum Beispiel gekühlte Gärung oder gezügelte Gärung.

Garganega Italienische Weißweinrebe, die hauptsächlich in Venetien angebaut wird. Ihre Weine, der bekannteste ist der *Soave,* sind durch einen leicht bitteren Nachgeschmack gekennzeichnet.

Gärkeller Raum, in dem sich die Gärbehälter, in Sektkellereien die Flaschen befinden, in denen die Vergärung erfolgt. Er muß in Weinkellern besonders gut belüftbar sein, da die den Behältern entweichende Gärungskohlensäure für den Menschen lebensgefährlich werden kann.

Garnacha Spanische Bezeichnung für →Grenache.

Garrafeira 1. Portugiesische Bezeichnung für Weine, die einige Jahre auf der Flasche gelagert haben; das Wort stammt von »Garaffa«. 2. In Portugal Raum, in dem Sektflaschen gelagert werden (im Unterschied zum Faßkeller).

Gärtrichter (auch **Gärspunde**) Sie haben die Aufgabe, die →Gärbehälter während der →Gärung nach außen hin luftdicht abzuschließen, um das Eindringen von schädlichen →Mikroorganismen zu verhindern, ohne jedoch das Entweichen der Gärungskohlensäure zu unterbinden. Unterschiedliche Formen solcher Spunde sind im Gebrauch. Gut bewährt hat sich ein schüsselförmiger Trichter aus Steingut mit einer beiderseits offenen Röhre. Der untere Teil wird mittels einer Gummimanschette in das Spundloch eingesetzt, die »Schüssel« mit Wasser gefüllt und ein Tonbecher über den oberen Teil gestülpt. Dabei ist darauf zu achten, daß der Gärspund nicht in den Wein eintaucht, da sonst die →Kohlensäure, die bei der alkoholischen →Gärung in großen Mengen gebildet wird, keinen Abgang findet und das Faß platzen könnte. Die entweichende Kohlensäure ruft ein glucksendes Geräusch hervor, so daß man den Gärverlauf sehr gut über das Gehör kontrollieren kann. Bei kleineren Fässern oder Korbflaschen leisten auch die Neßlersche Gärröhre und ähnliche Vorrichtungen aus Glas, gefüllt mit Wasser oder Glycerin als Absperrflüssigkeit, gute Dienste. Seit einigen Jahren haben sich auch Gärspunde aus durchsichtigem Kunststoff in der Kellerwirtschaft recht gut eingeführt.

Gärung Im Sanskrit kommt das Wort »yastas« vor, das mit dem althochdeutschen »jerian« (gären) verwandt ist, ebenso wie mit dem englischen »yeast« (Hefe) und dem süddeutschen »jätschen«, »jäsen«, »jären« (für gären). Die Kunst, aus Fruchtsäften durch Gärung alkoholische Getränke zu erzeugen, war schon in vorgeschichtlicher Zeit bekannt. Liebig war 1839 noch der Ansicht, daß die Gärung ein rein chemischer Prozeß sei, an dem die →Hefen keinen entscheidenden Anteil hätten. 1860 konnte Leeuwenhoek mit seinen noch primitiven Mikroskopen erstmals Hefezellen im gärenden Most sichtbar machen. Im gleichen Jahr brachte L. Pasteur den klaren Beweis dafür, daß die Gärung unterbleibt, wenn die Hefen im Most durch Erhitzen abgetötet (Pasteurisation) werden und keine neuen Gärungsorganismen in den Most gelangen können. Durch die Einwirkung der Hefen und ihrer Fermente (Enzyme) wird der im →Traubensaft enthaltene →Zucker in →Alkohol (Äthylalkohol) und →Kohlensäure (Kohlendioxid) aufgespalten. Man spricht von alkoholischer Gärung oder gebraucht den veralteten Begriff Fermentation. Als Nebenprodukte werden, wenn auch nur in kleinen Mengen, →Glycerin, Bernsteinsäure, →flüchtige Säuren und Acetaldehyd gebildet. Unter normalen Bedingungen verläuft die Gärung in jedem frischen Trauben- und Fruchtsaft ohne künstliches Zutun, da die erforderlichen Hefen bereits auf den Traubenbeeren sitzen und in den →Most gelangen (→Spontangärung). Werden Moste besonders aus faulem Lesegut →pasteurisiert (um unerwünschte Bakterien abzutöten), setzt man zur Einleitung der Gärung Weinhefe (→Reinzuchthefe) zu. Während der Gärung wird Wärme freigesetzt, bei stürmischer, unkontrollierter Gärung kann sich das Gärgut – besonders in kleinen Gebinden – auf über 40° C erhitzen. In der modernen Kellerwirtschaft zügelt man daher den Gärungsverlauf durch Kälte- oder Druckanwendung (→Druck). Dem späteren Wein bleibt ein feineres, delikateres →Bukett erhalten, und er probiert sich spritziger und lebendiger, da mehr Gärungskohlensäure erhalten bleibt. Die Menge der gebildeten Gärungskohlensäure, die gasförmig durch den →Gärtrichter entweicht, beträgt etwa das Vierzigfache vom Volumen des Gärgutes. Man führt aus diesem Grund beim Betreten eines Gärkellers sicherheitshalber eine brennende Kerze mit sich. Most auf dem Höhepunkt oder in der abklingenden Phase der Gärung nennt man →Federweißer, danach spricht man von →Jungwein.

Gasse Zwischenraum, der zwei Reihen des Drahtrahmens im Weinberg trennt. Die Gasse ist unerläßlich für die Arbeiten am Rebstock; ihre Breite bestimmt, welche Maschinen eingesetzt werden können. Für die normale Anlage gilt heute allgemein die Gassenbreite 1,40–1,80 m. Gassen der sogenannten erweiterten Normalanlagen haben eine Breite von 1,80–2,40 m, Weitraumanlagen sind noch breiter. Alte Weinberge haben meist nur Gassen mit einer Breite von 1–1,20 m und können daher mit modernen Schmalspurschleppern nicht im →Direktzug befahren werden. Gassenbreite und Stockabstand ergeben den Standraum des einzelnen Stockes. Sein Grenzwert liegt bei 3 m² (→Güte-Menge-Gesetz). Auch die Gassenbreite ist begrenzt. Die geringere Wüchsigkeit einiger Rebsorten kann in Steillagen zur Anlage von schmäleren Gassen zwingen.

Gattinara Italienischer trockener DOCG-Rotwein aus der gleichnamigen Gemeinde im →Piemont, der hauptsächlich aus →Nebbiolo (hier Spanna genannt) und etwa 10% Bonarda hergestellt wird. Der herbe Wein zeigt einen leichten Bittergeschmack, vom Nebbiolo hat er eine feine Veilchenblume. DOC-Bestimmungen: Mindestalkoholgehalt 12 Vol.-% und vierjährige Lagerung, davon zwei Jahre im Holzfaß. *Gattinara* gehört zu den besten Weinen Italiens, seine Produktion ist jedoch sehr gering.

Gau-Algesheim Weinort im Anbaugebiet →Rheinhessen, Bereich Bingen, mit Ortsteil →Laurenziberg. Großlage: *Abtey.* Einzellagen: *Steinert, Johannisberg, Goldberg, Rothenberg.*

Gau-Bickelheim Weinort im Anbaugebiet →Rheinhessen, Bereich Bingen. Großlage: *Kurfürstenstück.* Einzellagen: *Bockshaut, Saukopf, Kapelle.*

Gau-Bischofsheim Weinort im Anbaugebiet →Rheinhessen, Bereich Nierstein. Großlage: *Sankt Alban.* Einzellagen: *Glockenberg, Pfaffenweg, Kellersberg, Herrnberg.*

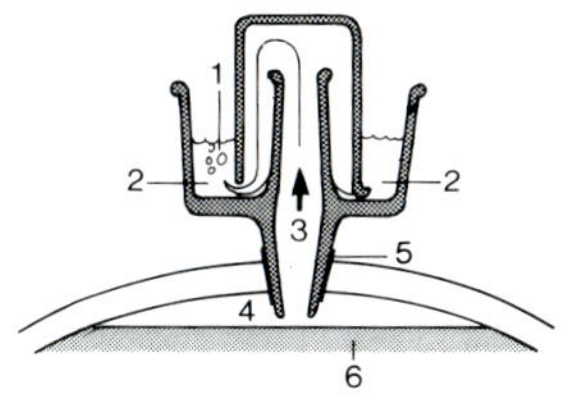

Gärspund.
1. aufsteigende Kohlensäure,
2. Wasser,
3. Kohlensäure aus dem Faß,
4. Gärraum,
5. Gummimanschette,
6. Wein.

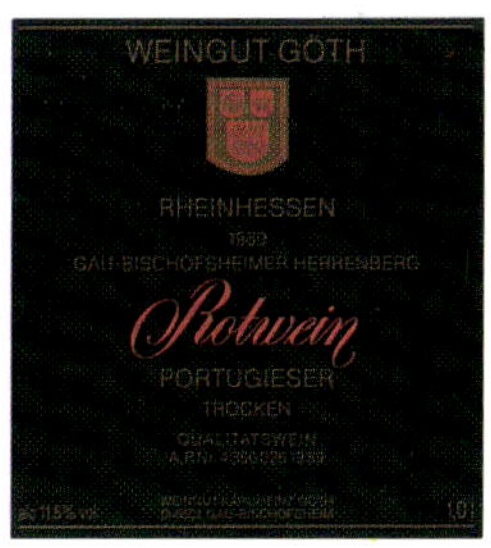

Gauerheim Weinort im Anbaugebiet →Rheinpfalz, Bereich Mittelhaardt/Deutsche Weinstraße. Großlage: *Schnepfenflug vom Zellertal.* Einzellage: *Goldloch.*

Gaugrehweiler Weinort im Anbaugebiet →Nahe, Bereich Schloß Böckelheim. Großlage: *Paradiesgarten.* Einzellage: *Graukatz.*

Gau-Heppenheim Weinort im Anbaugebiet →Rheinhessen, Bereich Nierstein. Großlage: *Petersberg.* Einzellagen: *Schloßberg, Pfarrgarten.*

Gaulsheim Ortsteil von Bingen. Weinort im Anbaugebiet →Rheinhessen, Bereich Bingen. Großlage: *Sankt Rochuskapelle.* Einzellage: *Pfarrgarten.*

Gau-Odernheim Weinort im Anbaugebiet →Rheinhessen, Bereich Nierstein. Großlage: *Petersberg.* Einzellagen: *Herrgottspfad, Ölberg, Fuchsloch, Vogelsang.*

Gau-Weinheim Weinort im Anbaugebiet →Rheinhessen, Bereich Bingen. Großlage: *Kurfürstenstück.* Einzellagen: *Wißberg, Kaisergarten, Geyersberg.*

Gavi (oder **Cortese di Gavi**) Italienischer DOC-Weißwein aus dem →Piemont aus dem gleichnamigen Ort und weiteren 4 der Umgebung. Der trockene, strohgelbe Wein aus der Sorte →Cortese schmeckt am besten jung zu hellem Fleisch und Fisch. Unter dem gleichen Namen gibt es auch einen Schaumwein und einen natürlichen Perlwein.

Gebietscharakter →Charakter.

Gebietseinteilung →Herkunftsbezeichnung.

Gebietsweinprämierung →Prämierungen.

Geddelsbach Ortsteil von Bretzfeld. Weinort im Anbaugebiet →Württemberg, Bereich Württembergisch Unterland. Großlage: *Lindenberg.* Einzellage: *Schneckenhof.*

gefällig Bezeichnung für kleine bis mittlere Weine, die in sich ausgeglichen sind und nicht durch besondere Qualität oder Spezialität hervortreten.

Gegendruckfüller In der Sektindustrie verwendeter automatisch arbeitender Flaschenfüllapparat zur Vermeidung von Kohlensäure-Verlusten.

Geheimrat »J« Deutscher →Typenwein, Spitzenwein für die gehobene Gastronomie als Château-Wein vermarktet, mit Betonung auf dem Weingut. Der zu 100% aus Riesling bester Lagen gekelterte Weißwein enthält weniger als 9 ‰ Säure, die Süße ist nicht schmeckbar, er ist trocken, ausgewogen, harmonisch, hat Rasse und Eleganz. Spätlese in Auslesequalität. Es wird in dunkle historische Rheingauer Schlegelflaschen abgefüllt und trägt einen Anhänger mit dem Porträt des Geheimrats Julius Wegeler.

gehaltvoll Bezeichnung für einen Wein, der reich an Inhaltsstoffen wie →Zucker, →Glyce-

Die 1872 gegründete Geisenheimer Anstalt, wie sie im Jahre 1883 aussah. Heute umfaßt sie vierzehn Institute, die in Forschung und Lehre (Fachhochschule) tätig sind.

rin, →Gerb- und →Farbstoffen ist. Auch →voll, vollmundig oder →körperreich.

Geinsheim Ortsteil von Neustadt/Weinstraße. Weinort im Anbaugebiet →Rheinpfalz, Bereich Mittelhaardt/Deutsche Weinstraße. Großlage: *Pfaffengrund.* Einzellage: *Gässel.*

Geisenheim Weinstädtchen im Anbaugebiet →Rheingau, Bereich Johannisberg, mit Ortsteil →Johannisberg. Großlagen: *Burgweg, Erntebringer.* Einzellagen: *Schloßgarten, Fuchsberg, Mäuerchen, Mönchspfad, Rothenberg, Kläuserweg, Kilzberg, Klaus.*
Sitz der Forschungsanstalt für Weinbau, Gartenbau, Getränketechnologie und Landespflege, die 1872 als »Königliche Lehranstalt für Obst- und Weinbau« gegründet wurde. Die Anstalt, die über rund 80 ha Freilandversuchsfläche (davon etwa 36 ha Weinbau) vefügt, gliedert sich in die 5 Fachgruppen: Weinbau und Rebenzüchtung, Önologie und Getränkeforschung, Gartenbau und Landespflege, Biologie sowie Wirtschaft und Technik. Ihre insgesamt vierzehn Institute arbeiten eng zusammen mit der Fachhochschule Wiesbaden. In vier verschiedenen Studiengängen (Weinbau, Getränketechnik, Gartenbau, Landespflege) werden dort in einem achtsemestrigen Studium Diplom-Ingenieure ausgebildet.

Geisenheimer Erde →Bentonit.

Geiztrieb (oder **Geize**) Im Spätsommer wachsende Nebentriebe, die sich normalerweise schwach entwickeln und im Winter absterben, ohne verholzt zu sein. Wird der Hauptsproß aber frühzeitig seiner Triebspitze beraubt (Schaden durch →Wind, zu frühes Gipfeln), so können die Geize voll auswachsen und die Funktionen des Sommertriebes übernehmen, das heißt →Gescheine und →Ranken bilden. Die Spitzen der Geize werden bei der →Laubarbeit abgeschnitten, damit dem Stock nicht zuviel Kraft entzogen wird. Die älteren Blätter des Nebentriebes beläßt man, weil sie durch →Assimilation für eine zusätzliche Versorgung der Trauben und des Holzes mit Zucker und Stärke sorgen.
Auch bei heranwachsenden Rebstöcken im ersten bis dritten Standjahr trägt das Einkürzen der Geize auf zwei oder drei Blätter zu einer wesentlich besseren Holzreife und Winterfestigkeit bei.

Geläger →Trub.

Geländeklima Kleinklima, das sich aus dem Großklima und den Geländeeigenschaften (Steilhang, Ebene) ergibt.

Gelatine Zur →Schönung des Weines wird speziell aufbereitete Speisegelatine als bewährtes Klärmittel verwendet. Die Gelatine verbindet sich mit dem →Gerbstoff des Weines zu unlöslichen Flocken, umschließt die Trübungsteilchen und sinkt mit ihnen zu Boden. Nach etwa acht Tagen wird der Schönungstrub dann vom blank gewordenen Wein mittels →Abstich getrennt. Zu gerbstoffreiche Rotweine werden durch eine Gelatineschönung →glatter und geschliffener.

Gelbsucht der Rebe →Chlorose.

Gellmersbach Ortsteil von Weinsberg. Weinort im Anbaugebiet →Württemberg, Bereich Württembergisch Unterland. Großlage: *Staufenberg.* Einzellage: *Dezberg.*

Gemarkung Die zu einer bestimmten Gemeinde gehörende Acker- oder Weinbergsflur.

gemischter Satz Anbau verschiedener Rebsorten auf einem Weinberg. Wird heute, außer stellenweise in Österreich und einigen südlichen Ländern, im Weinbau nicht mehr praktiziert.

Gemmingen 1. Weinort im Anbaugebiet →Baden, Bereich Badische Bergstraße/Kraichgau. Großlage: *Stiftsberg.* Einzellage: *Vogelsang.*
2. Weinort im Anbaugebiet →Württemberg, Bereich Württembergisch Unterland. Großlage: *Heuchelberg.* Einzellage: *Sonnenberg.*

Gemmrigheim Weinort im Anbaugebiet →Württemberg, Bereich Württembergisch Unterland. Großlage: *Schalkstein.* Einzellage: *Felsengarten, Wurmberg.*

Genf Schweizer Kanton, Stadt und Weinbaugebiet beiderseits der Rhône. Sonnige Lagen mit relativ geringem Niederschlag. Die etwa rund 1.500 ha Rebfläche verteilen sich auf 3 Gebiete: →Mandement, die Stadt Genf und das linke Rhôneufer (→Route du Vignoble genevois). Satigny ist mit 326 ha Rebfläche die größte Weinbaugemeinde der Schweiz. Im Anbau befinden sich hauptsächlich Chasselas, etwas Riesling x Sylvaner, Gamay, Sylvaner und Pinot Noir (→Oeil de Perdrix). Die Weine sind süffig, oft perlend (→Perlan). In der Vin Union sind die Winzergenossenschaften zusammengeschlossen. Alljährlich findet eine Weinmesse statt (Arche de Noé).

Geiztrieb der Rebe.

Gengenbach Weinort im Anbaugebiet →Baden, Bereich Ortenau, mit Ortsteilen →Bermersbach, →Reichenbach. Großlage: *Fürsteneck.* Einzellagen: *Nollenköpfle, Kinzigtäler.*

Genheim Ortsteil von Waldalgesheim. Weinort im Anbaugebiet →Nahe, Bereich Kreuznach. Großlage: *Schloßkapelle.* Einzellage: *Rossel.*

Genossenschaften →Winzergenossenschaften.

Gensingen Weinort im Anbaugebiet →Rheinhessen, Bereich Bingen. Großlage: *Sankt Rochuskapelle.* Einzellage: *Goldberg.*

Gentil →Edelzwicker.

Gentil Aromatique Synonym für Weißer →Riesling.

Gentil-Duret Rouge Französische Bezeichnung für Roter →Traminer.

Gentil Vert Französische Bezeichnung für Grüner →Silvaner.

Georgien →Grusinien.

Geradstetten Ortsteil von Remshalden. Weinort im Anbaugebiet →Württemberg, Bereich Remstal-Stuttgart. Großlage: *Wartbühl.* Einzellagen: *Lichtenberg, Sonnenberg.*

Geranienton →Geruchs- und →Geschmacksfehler; er entsteht, wenn das Konservierungsmittel Sorbinsäure ungenügend geschwefeltem Wein zugesetzt wird. Die verbliebenen Milchsäurebakterien reagieren mit der Säure und rufen diese unerwünschte Wirkung hervor.

Gerbsäure Veraltete Bezeichnung für →Gerbstoffe, da diese zum Teil aus organischen Säuren bestehen.

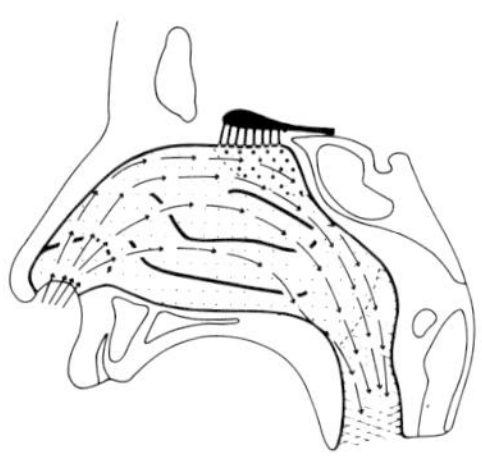

Nasen-Rachen-Raum. Die Pfeile zeigen den Verlauf des Luftstromes.

Gerbstoffe (auch **Önotannine**) Natürliche Inhaltsstoffe des →Traubensaftes und somit des Weines, mit zusammenziehendem (→ adstringierendem) Geschmack. Sie kommen hauptsächlich in den →Kämmen (Rappen) sowie Kernen (Samen) und Schalen (Hülsen) der Traubenbeeren (→Beere) vor, so daß ihr Gehalt im Wein nicht nur von der Traubensorte, sondern vor allem von der Art der Trauben- und Maischebehandlung abhängt. Je länger der →Most auf der →Maische stehen bleibt, oder je kräftiger die Maische gepreßt (gekeltert) wird, desto höher wird der Gerbstoffgehalt (bei Weißweinen bis zu 1 g/l). Auch durch →Abbeeren von Trauben mit →Stiellähme nimmt er stark zu. Weißweine haben normalerweise Gerbstoffgehalte unter 0,3 g/l; Rotweine können – besonders wenn sie zur besseren Farbausbeute durch →Maischegärung gewonnen werden – bis zu 2,5 g/l enthalten. Da zumindest bei Weißweinen hohe Gerbstoffgehalte nicht erwünscht sind, muß durch entsprechende kellertechnische Maßnahmen schon beim Keltern darauf Rücksicht genommen werden; sind zuviel Gerbstoffe vorhanden, werden sie durch →Schönungen entfernt. Erhöhte Gerbstoffgehalte können bei gleichzeitig erhöhtem Eisengehalt zu einer Trübung, dem Schwarzen →Bruch, führen.

gerbstoffreich Zusammenziehender (→adstringierender), lange anhaltender, abstumpfender Geschmackston, den man bei Weinen mir erhöhtem Gehalt an →Gerbstoffen antrifft. Wird bei Weißweinen noch störender empfunden als bei Rotweinen.

Gerlachsheim Ortsteil von Lauda-Königshofen. Weinort im Anbaugebiet →Baden, Bereich Badisches Frankenland. Großlage: *Tauberklinge.* Einzellage: *Herrenberg.*

Gerlingen Weinort im Anbaugebiet →Württemberg, Bereich Remstal-Stuttgart. Großlage: *Weinsteige.* Einzellage: *Bopser.*

Gernsbach →Obertsrot.

Gerolsheim Weinort im Anbaugebiet →Rheinpfalz, Bereich Mittelhaardt/Deutsche Weinstraße. Großlage: *Schwarzerde.* Einzellagen: *Lerchenspiel, Klosterweg.*

Gerolzhofen Weinort im Anbaugebiet →Franken, Bereich Steigerwald. Einzellagen: *Arlesgarten, Köhler.*

Gerten →Biegen.

Geruch, Geruchsstoffe (auch **Blume** oder **Nase**) Durch den Geruchssinn erfaßbare Inhaltsstoffe des Weines, bei den einzelnen Sorten und Jahrgängen sowie je nach Reife- und Gesundheitszustand der Trauben sehr unterschiedlich. Wenn kein →Geruchsfehler vorliegt, soll er fein, reintönig und sortencharakteristisch sein. Sorten wie →Riesling, →Müller-Thurgau, →Traminer, →Muskateller, →Scheurebe soll man schon geruchlich unterscheiden können. Bei über- oder gar edelreifen Trauben können die typischen, sorteneigenen Duftstoffe durch Stoffwechselprodukte des Edelfäulepilzes (→Botrytis, →Edelfäule) überdeckt werden, weshalb es außerordentlich schwierig ist, bei botrytisbetonten Spitzenweinen, aber auch bei älteren Weinen die Traubensorte noch klar zu erkennen. Je nach Bildungszeitpunkt der Geruchsstoffe unterscheidet man →Traubenbukett, →Gär- und Jungweinbukett,

Lagerbukett und Altersbukett. Bei Weißweinen ist der Geruch meist intensiver, fruchtiger und feiner ausgebildet als bei Rotweinen. Der Geruch stellt bei der →Weinbeurteilung ein wichtiges Kriterium dar (→Bewertungssysteme).

Geruchsfehler →Fehler, →Krankheiten oder auch →Mängel eines Weines äußern sich oft schon im →Geruch, können sehr verschiedenartig sein und mehr oder weniger ausgeprägt in Erscheinung treten. Typische Geruchsfehler sind zum Beispiel →Böckser, →Mäuselton, →Muffton, →Essigstich, →Milchsäurestich und →Schwefelblume. Oft sind Geruchsfehler gleichzeitig auch →Geschmacksfehler und umgekehrt. Das Auftreten dieser Fehler wird teilweise durch Mikroorganismen (insbesondere →Bakterien), meistens jedoch durch falsche Behandlung im Keller verursacht. Geruchsfehler können durch →Schönungen, vor allem mit →Kohle oder durch Verschneiden mit fehlerfreien Weinen entfernt oder zumindet abgeschwächt werden. Besser ist jedoch, sie zu vermeiden.

Zum Bild links: Probe am Faß; der Geruchseindruck wird festgestellt.

Geschein Blütenstand der Rebe, botanisch eine zusammengesetzte Rispe. Gescheine bilden sich statt →Ranken am 3. bis 6. →Knoten und stehen somit einem Blatt gegenüber. Normalerweise werden 2, bei guten →Klonen 3 und mehr Gescheine pro →Lotte gebildet. Pro Blütenstand entstehen 100–250 →Blüten, von denen sich nach der →Befruchtung durchschnittlich die Hälfte zu Beeren entwickelt.

Geschmack In der →Weinbeurteilung neben →Klarheit, →Farbe und →Geruch am deutlichsten erfaßbares sensorisches Merkmal eines Weines, meistens verbunden mit dem Geruchseindruck. Die Geschmacksempfindung spricht auf alle Bestandteile des Weines wie →Alkohol, →Zucker, →Säuren, →Gerbstoffe, →Glycerin und →Bukettstoffe gleichermaßen an und erfaßt vor allem ihr harmonisches Verhältnis zueinander. Unser wichtigstes Geschmack wahrnehmendes Organ, die Zunge, unterscheidet nur 4 Geschmacksqualitäten: süß, sauer, bitter und salzig.
Ganz bestimmte Stellen der Zunge, und zwar die Spitze, die seitlichen Ränder und das Gaumensegel (Zungenwurzel) sind die eigentlichen »Schmeckorte«. Neben der Zunge enthält auch die Gaumenwand vereinzelt sogenannte Geschmackspapillen; daher muß man den Wein beim Verkosten durch Schlürfen und Kaubewegungen im Mund hin und her bewegen. Durch Kombinieren der 4 Geschmacksqualitäten, was in der Gehirnzentrale stattfindet, ergeben sich die vielfältigen Geschmacksnuancen.

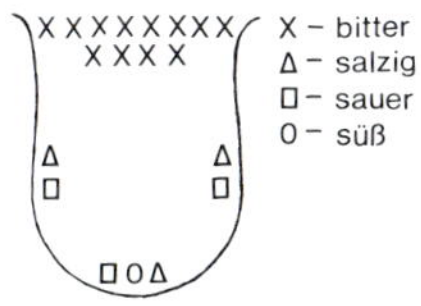

Die Zunge und ihre Geschmackszonen.

Geschmackangaben In Deutschland dürfen die Begriffe →trocken, →halbtrocken, →lieblich und →süß auf Etiketten verwendet werden. In Italien sind die Angaben →secco, →amabile und →dolce üblich und unterliegen den →DOC-Bestimmungen.

Geschmacksfehler Da Geschmacks- und Geruchseindrücke fast immer miteinander verbunden sind, lassen sich auch Geschmacks- und →Geruchsfehler oft nicht deutlich voneinander unterscheiden. Die Ursachen solcher →Fehler, →Mängel oder →Krankheiten können verschieden sein: falsche Maßnahmen bei der Behandlung und beim Ausbau der Weine sowie Verwendung unsauberer Fässer und Geräte. Typische Geschmacksfehler sind zum Beispiel der →Böckser, die →Firne, der →Luftton, der →Kork-, →Holz-, →Metall-, →Kamm-, Bitter- und →Schimmelgeschmack, der Grau- und →Muffton, der →Essigstich, der →Mäuselton sowie das Rahnwerden. In leichten Fällen lassen sich die Fehler durch Behandlung mit →Kohle und Verschneiden mit fehlerfreien Weinen wieder beseitigen.

Geschmacksstoffe Neben den →Bukett- und →Aromastoffen sind für Gesamtgeschmack und Geschmacksharmonie eines Weines noch weitere Inhaltsstoffe ausschlaggebend: vor allem der →Alkohol (Äthylalkohol), der unvergorene oder in Form von →Süßreserve zugesetzte →Zucker und die →Säuren, von denen die →Wein- und die →Äpfelsäure die wichtigsten sind.
Daneben spielen die →Gerbstoffe, die →Kohlensäure, das →Glycerin, die →Mineralstoffe, die →flüchtigen Säuren und die →Extraktstoffe noch eine wesentliche Rolle. Auch der →schwefligen Säure (Schwefeldioxid), die dem Wein mehrmals in genau berechneten Mengen zugesetzt werden muß, kommt hier eine gewisse Bedeutung zu.

Emblem der Gesellschaft für die Geschichte des Weines.

geschmeidig Bezeichnung für einen angenehmen, glatten, harmonischen Wein von eleganter Art mit ausgeglichener Säure.

Gesellschaft für Geschichte des Weines e.V. Veranstaltet Vorträge zur Geschichte der Weinkultur und gibt die »Schriften zur Weingeschichte« heraus.

gespritet →aufgespritet.

Gespritzter Besonders in Österreich gebräuchlicher Ausdruck für Wein mit Mineralwasser (→Schorle).

gestoppt →Abstoppen.

gesund Gesamteindruck, den ordnungsgemäß ausgebaute Weine vermitteln, die keine →Mängel oder →Fehler aufweisen, aber keine besonderen Qualitäten besitzen müssen. Oft gebraucht beim regelmäßigen Probieren der →Jungweine, bei denen das möglichst frühzeitige Erkennen von Fehlern besonders wichtig ist.

Gevrey-Chambertin Weinort in der burgundischen →Côte de Nuits. Führte ursprünglich nur den Namen Gevrey und verband ihn später mit dem Namen seines berühmten Weinbergs, Chambertin. Bei den besten Lagen wird das »Gevrey« weggelassen. *Chambertin* und *Chambertin-Clos de Bèze* sind Spitzenweine (Grands Crus), ebenso wie *Mazoyères-Chambertin* und *Charmes-Chambertin*.
Die Erzeugung ist nicht groß, daher zählt der *Chambertin* zu den teuersten, aber auch zu den langlebigsten und vollmundigsten Burgunderweinen.

Gewürztraminer Synonym für Roter →Traminer.

Ghemme Traditionsreicher italienischer DOC-Rotwein aus dem →Piemont aus dem gleichnamigen Ort. Der granatrote, trockene Wein hat einen leichten Veilchengeruch und stammt zu 60–85% aus →Nebbiolo (Spanna), zu 10–30% aus Vespolina und zu 15% aus →Bonarda oder Uva Rara. Um die DOC zu erhalten, muß er neben dem Mindestalkoholgehalt eine Lagerzeit von mindestens 4 Jahren, davon 3 Jahre in Eichen- oder Kastanienholzfässern, aufweisen.

Gigondas Weinort im Gebiet →Côtes du Rhône, der unter eigener Herkunftsbezeichnung vor allem aus →Grenache, aber auch aus →Syrah, →Mourvèdre und anderen vor allem einen guten, lagerfähigen Rotwein und etwas Rosee hervorbringt.

Gimbsheim Weinort im Anbaugebiet →Rheinhessen, Bereich Nierstein. Großlage: *Krötenbrunnen*. Einzellagen: *Sonnenweg, Liebfrauenthal*.

Gimmeldingen Ortsteil von Neustadt/Weinstraße, Weinort im Anbaugebiet →Rheinpfalz, Bereich Mittelhaardt/Deutsche Weinstraße. Großlage: *Meerspinne*. Einzellagen: *Biengarten, Kapellenberg, Mandelgarten, Schlössel*.

Gipfeln →Laubarbeit.

Girò Sardische Rotweinrebe von ausgezeichneter Qualität; liefert trockene, aber auch süße Weine von hellrubinroter Farbe, aromatisch im Geschmack und mit einer feinen, ausgeprägten Säure.

Girò di Cagliari Italienischer DOC-Rotwein aus →Sardinien, Provinz Cagliari. Der Wein kommt außer in der Normalversion in den 3 Versionen Riserva, Liquoroso dolce naturale und Liquoroso secco auf den Markt. Nur die Liquoroso-Typen dürfen mit konzentriertem Most versetzt werden. Der Wein stammt zu 100% aus der →Girò-Rebe. Die Farbe ist rubinrot, der Geschmack samtig, mit leichtem Traubenbukett, das beim Liquoroso verstärkt auftritt.

Gissigheim Ortsteil von Königsheim. Weinort im Anbaugebiet →Baden, Bereich Tauberfranken. Großlage: *Tauberklinge*. Einzellage: *Gützenberg*.

Givry Weinort in der →Côte Chalonnaise in →Burgund, mit eigener AC. Die Rotweine ähneln denen von →Mercurey.

glanzhell Bezeichnung für die →Klarheit eines Weines, Steigerung von →blank, Gegenteil von →blind oder →trüb. Die Weine müssen nicht nur äußerlich glänzen, sondern auch in der Durchsicht blitzblank und durchsichtig sein.

Glas Neben Holz und Metall wichtiger Werkstoff, der auch bei der Weinbereitung mannigfaltige Verwendung findet. Wegen seiner Geschmacks- und Geruchsneutralität, Säurebeständigkeit, glatten Oberfläche, Durchsichtigkeit, Temperaturunempfindlichkeit und anderer Vorteile ist Glas als Behältnis (→Flaschen), als →Wein- und Probierglas sowie zur Auskleidung von →Betonbehältern bestens geeignet. Glas war bereits im alten Ägypten bekannt, schon bei den Phönizieren gab es luxuriöse gläserne Trinkgefäße. Der bedeutendste Sitz der Glasherstellung im Mittelalter

(16. Jahrhundert) war Venedig (venezianisches Kristallglas). Das böhmische Bleikristallglas war im 17. Jahrhundert sehr gefragt; bald nahm auch die technische Fertigung von Glasflaschen ihren Aufschwung.

glatt Harmonischer, eleganter, süffiger Wein mit ein wenig →Fülle und milder Säure, ähnlich wie →rund.

Gleichgepreßter Österreichische Bezeichnung für →Roseewein.

Gleishorbach →Gleiszellen-Gleishorbach.

Gleisweiler Weinort im Anbaugebiet →Rheinpfalz, Bereich Südliche Weinstraße. Großlage: *Bischofskreuz.* Einzellage: *Hölle.*

Gleiszellen-Gleishorbach Doppelgemeinde im Anbaugebiet →Rheinpfalz, Bereich Südliche Weinstraße. Großlage: *Kloster Liebfrauenberg.* Einzellagen: *Kirchberg, Frühmess.*

Gleukometer Apparat zur Feststellung des →Mostgewichtes bei Weinen (→Mostwaage).

Gloria Weißweinrebe; Neuzüchtung der Bundesforschungsanstalt für Rebenzüchtung, Geilweilerhof, Kreuzung aus Silvaner x Müller-Thurgau; Zuchtnummer Gf 30n–9–130. Bestockte Rebfläche in Deutschland: 6 ha. Die Sorte entspricht hinsichtlich Eigenschaften und Weincharakter den Merkmalen des →Silvaner, erreicht aber höhere Mostgewichte.

Glottertal Weinort im Anbaugebiet →Baden, Bereich Breisgau. Großlage: *Burg Zähringen.* Einzellagen: *Eichberg, Roter Bur.*

Glucose →Traubenzucker.

Glühwein Meist roter Wein, mit Zucker, nach Wunsch auch mit Zimt, Nelken und Eigelb verssetzt. Er wird bis zum Sieden erhitzt, aber nicht zum Kochen gebracht, und heiß getrunken.

Glycerin Dreiwertiger Alkohol (Propan – 1.2.3.-triol) mit der Formel $CH_2OH \cdot CHOH \cdot CH_2OH$; Baustein fast aller tierischen Fette und pflanzlichen Öle. Glycerin ist ungiftig und in reinem Zustand eine farblose, sirupähnliche süßliche Flüssigkeit, die sich mit Wasser und Alkohol in jedem Verhältnis mischt. Im Wein ist Glycerin als Nebenprodukt der alkoholischen →Gärung in Mengen von etwa 6–10 Gramm pro Liter enthalten. Der Glycerin-Gehalt hängt von der Heferasse, der →Gärführung und der Gärtemperatur ab. In Traubenmosten aus faulem und edelfaulem Lesegut kann Glycerin als Stoffwechselprodukt einiger Schimmelpilze (→Botrytis cinerea) vorkommen. Es zählt mit zu den wichtigsten Inhaltsstoffen des Weines, da es diesem Vollmundigkeit und →Körper verleiht. Auch die ölige Konsistenz (Dickflüssigkeit) mancher Auslesen geht unter anderem auf einen hohen Glyceringehalt zurück. In kranken Weinen kann Glycerin durch Bakterien zersetzt werden (→Umschlagen).

Gneis Metamorphes Gestein, auf dem zum Beispiel im Rheingau und in Baden Reben gut gedeihen.

Gobelet-Erziehung Buschartiges Wachstum der Reben ohne jegliche Unterstützung. Wird heute noch in südlichen Ländern praktiziert.

Gobelet-Schnitt

Gobelsburg Niederösterreichischer Weinort im Weinbaugebiet →Kamptal-Donauland mit 315 ha Rebfläche. Gute Weißweine von den Rieden *Heiligenstein, Gebling* und *Haid.*

Gochsheim Ortsteil von Kraichtal. Weinort im Anbaugebiet →Baden, Bereich Badische Bergstraße/Kraichgau. Großlage: *Stiftsberg.* Einzellage: *Lerchenberg.*

Göcklingen Weinort im Anbaugebiet →Rheinpfalz, Bereich Südliche Weinstraße. Großlage: *Herrlich.* Einzellage: *Kaiserberg.*

Godramstein Ortsteil von Landau. Weinort im Anbaugebiet →Rheinpfalz, Bereich Südliche Weinstraße. Großlage: *Königsgarten.* Einzellage: *Klostergarten.*

Goldburger Österreichische Weißweinrebe; Neuzüchtung der Höheren Bundeslehr- und Versuchsanstalt für Wein- und Obstbau Klosterneuburg aus Welschriesling x Orangetraube. Die Rebe dient als Welschriesling-Ersatz, sie reift früher als dieser und stellt keine besonderen Ansprüche an Standort und Lage. Die Weine sind blaßgelb, fruchtig, verkosten sich aber eher neutral. Sie können alle Qualitäten bis hinauf zu Trockenbeerenauslese erreichen. Anbaufläche in Österreich: 500 ha.

Goldmuskateller Synonym für →Muskateller aus den norditalienischen Provinzen Bozen und Trient.

Goldtraube Synonym für →Mézes Fehér.

Golk Weinort im Anbaugebiet →Elbe mit der Lage *Heinrichsburg.*

Gols Zweitgrößte Weinbaugemeinde Österreichs, im →Burgenland, Weinbaugebiet →Neusiedlersee. Rassige, fruchtige Weiß- und Rotweine, auch Prädikatsweine. Rebfläche: 800ha.

Gonci Ungarische Bezeichnung für das 136 l große Gönczer-Faß, in dem der →*Tokajer* ausgebaut wird.

Gondorf →Kobern-Gondorf.

Gönnheim Weinort im Anbaugebiet →Rheinpfalz, Bereich Mittelhaardt/Deutsche Weinstraße. Großlagen: *Feuerberg, Hofstück.* Einzellagen: *Martinshöhe, Sonnenberg, Mandelgarten, Klostergarten.*

Goron Im Schweizer Kanton →Wallis aus Pinot Noir (Blauer →Spätburgunder) und →Gamay gekelterter Rotwein, der das in dem Jahr vorgeschriebene →Mostgewicht nicht erreicht hat und daher nicht als →*Dôle* bezeichnet werden darf.

Goseck Weinort im Anbaugebiet →Saale-Unstrut mit der Lage *Dechantenberg.*

Gössenheim Weinort im Anbaugebiet →Franken, Bereich Maindreieck. Großlage: *Roßtal.* Einzellage: *Homburg.*

Gottenheim Weinort im Anbaugebiet →Baden, Bereich Tuniberg. Großlage: *Attilafelsen.* Einzellage: *Kirchberg.*

Göttlesbrunn-Arbesthal Niederösterreichischer Weinort im Weinbaugebiet →Donauland-Carnuntum. Die fruchtigen Weißweine stammen aus Weißem →Burgunder, Grünem →Veltliner und →Welschriesling. Rebfläche rund 150 ha.

Governo Spezialverfahren hauptsächlich zur Herstellung von →*Chianti*, bei dem man dem Wein Most von leicht getrockneten Weinbeeren zusetzt, um eine leichte Nachgärung und damit höhere CO_2-Gehalte zu erreichen. Wird heute nur noch selten angewandt.

Graach Weinort im Anbaugebiet →Mosel-Saar-Ruwer, Bereich Bernkastel. Großlage: *Münzlay.* Einzellagen: *Domprobst, Himmelreich, Abtsberg, Josephshöfer.*

Grad Alkohol Konzentrationsangabe für →Alkohol in Getränken; identisch mit der Angabe Volumenprozent (Vol.-%). Umrechnung in die häufig gebrauchte Angabe Gramm pro Liter (g/l): Vol.-% (=°) x 7,89 = g/l.

Gräfenberger Synonym für Weißer →Riesling.

Grand Cru Französische Prädikatsbezeichnung für eine überdurchschnittliche Lage, die laut Erlaß von 1965 nur auf →Beaujolais, →Côte d'Or, →Chablis und →Saint-Émilion angewendet werden darf. Die Bedeutung ist aber unterschiedlich. So ist ein *Chablis Grand Cru* der beste seiner Appellation, ein *Saint-Émilion Grand Cru* dagegen ein guter Wein, der unter den klassifizierten, jedoch über der einfachen Appellation *Saint-Émilion* steht (→Cru).
Grand Cru Classé als Prädikatsbezeichnung ist nur den Spitzen-Châteaux von Médoc, Sauternes und Barsac (seit 1855), Graves (1953) und Saint-Émilion (1955) in Bordeaux vorbehalten.

Grande Champagne Herzstück des AC-Gebietes →Cognac, in dem die besten Grundweine für die Herstellung von Cognac wachsen.

Grando Weißweinrebe; Neuzüchtung der Bayerischen Landesanstalt für Wein-, Obst- und Gartenbau, 8700 Würzburg, Kreuzung aus (Riesling x Silvaner) x Müller-Thurgau; Zuchtnummer Wü B 55-8-59.

Grands Echezeaux →Echezeaux.

Grandvaux Weinort im Schweizer Kanton →Waadt, der dem →*Dézaley* fast ebenbürtige →*Dorins* hervorbringt.

Grand Vin Französische Weinbezeichnung ohne gesetzlichen Hintergrund, daher keine echte Qualitätsangabe.

Granges Rotweinort im Schweizer Kanton →Wallis, nahe Sierre (Siders). Es wird hauptsächlich Pinot Noir (Blauer →Spätburgunder) angebaut.

Granit Vulkanisches Gestein, auf dem zum Beispiel in Franken Reben gedeihen.

Grantschen Ortsteil von Weinsberg. Weinort im Anbaugebiet →Württemberg, Bereich Württembergisch Unterland. Großlage: *Salzberg.* Einzellage: *Wildenberg.*

Grape Brandy Südafrikanischer →Tresterbranntwein.

Grappa Italienischer →Tresterbranntwein.

Grasica Jugoslawische Bezeichnung für →Welschriesling.

grasig Unangenehmer, an grüne Pflanzenteile erinnernder Geschmack, besonders bei Weinen aus unreifen Trauben (auch →Erdtrauben). Der grasige Ausdruck wird durch hohen Gehalt an →Gerbstoffen oft noch verstärkt.

Auch die Säure unreifer Jahrgänge kann als grasig bezeichnet werden.

Grassevina Jugoslawische Bezeichnung für →Welschriesling.

Graubünden Schweizer Kanton mit Weinbergen im Rheintal flußabwärts der Kantonshauptstadt →Chur. Die Reben wachsen hier auf Geröllschiefer und Schutthalden der Wildbäche. Kräftige, kernige Rotweine, deren Ausreifen durch den Föhn begünstigt wird. Begehrt sind auch die →Süßdrucke (Rosees). Das Hauptanbaugebiet ist die Bündner »Herrschaft« (Fläsch, Maienfeld, Jenins, Malans). Rebfläche: rund 300 ha.

Grauer Bruch →Bruch.

Grauer Burgunder →Ruländer.

Graufäule →Botrytis cinerea.

Grauklevner Synonym für →Ruländer.

Graumönch Ungarische Bezeichnung für →Ruländer.

Grauschimmel →Botrytis cinerea.

Grauvernatsch Synonym für →Schiava Grigia in den Provinzen Bozen und Trient.

Grauwacke Trümmersediment aus verschiedenen Elementen, das an Ahr, Mosel und Rhein vorkommt und trockene Böden ergibt.

Grave del Friuli DOC-Rot-, -Weiß- und -Roseeweine aus der Region →Friaul-Julisch Venetien. Auf dem Etikett steht die Rebsorte, Cabernet, (wenn Cabernet Franc und Cabernet Sauvignon enthalten), Cabernet Franc, Cabernet-Sauvignon, Merlot, Pinot Nero, Refosco für die Rotweine, oder Chardonnay, Pinot Bianco, Pinot Grigio, Riesling Renano, Sauvignon, Tocai Friulano, Traminer Aromatico, Verduzzo Friulano für die Weißweine, wenn die Sorte zu mindestens 85% darin enthalten ist. Die hell- bis dunkelrubinfarbenen Rotweine verkosten sich ausdrucksvoll (*Cabernet*), fruchtig (*Cabernet Franc*), feinwürzig (*Cabernet-Sauvignon*), aromatisch, weich (*Merlot*), sortentypisch (*Pinot Nero*), weinig mit pikanter Herbe (*Refosco*), geschmeidig, rund (*Chardonnay*), fein, weich (*Pinot Bianco*), füllig, harmonisch (*Pinot Grigio*), trocken, fruchtig (*Riesling Renano*), frisch, harmonisch (*Sauvignon*), leicht bitter im Nachgeschmack (*Tocai Friulano*), körperreich, aromatisch (*Traminer Aromatico*), oder voll, leicht tanninbetont (*Verduzzo Friulano*). Aus 70–80% Merlot sowie Cabernet Franc, Cabernet-Sauvignon, Pinot Nero und Refosco wird ein frischer, fruchtiger Rosee gekeltert.

Graves AC-Gebiet von →Bordeaux mit 2.500 ha Rebfläche, südlich des Médoc gelegen. Es schließt die Altstadt von Bordeaux ein. Mit dem Wachsen der Vororte werden die Weinberge zurückgedrängt. Der Name *Graves* bezieht sich auf den an das Médoc anschließenden Kiesboden, auf dem die Rotweinsorten →Cabernet-Sauvignon, →Cabernet Franc, →Merlot, →Verdot und Malbec gedeihen, die robuste, feine und buketteiche Weine ergeben. Die Weißweinsorten überwiegen in Graves. Sie werden vor allem im südlichen Teil des Gebietes, vorwiegend auf Sandböden angebaut. →Sémillon, →Sauvignon Blanc und →Muscadelle ergeben hier trockene und halbsüße bukettreiche Weißweine. Die Châteaux von Graves sind im Jahre 1855 nicht klassifiziert worden, mit Ausnahme des →Château Haut-Brion, das man zusammen mit den Weinen des →Médoc als Premier Cru classé einstufte. Die Klassifizierung der qualitativ hervorstechenden Châteaux mit der AC *Graves* fand erst 1959 statt. Sie gilt als unvollständig.

Rotweine:
Cadaujac: *Bouscaut;* Léognan: *Haut-Bailly, Carbonnieux, Domaine de Chevalier, Malartic-Lagravière, Olivier, Fieuzal;* Martillac: *La-Tour-Martillac, Smith-Haut-Lafitte;* Pessac: *Haut-Brion, Pape Clément;* Talence: *La Mission Haut Brion, La Tour Haut-Brion.*
Weißweine:
Cadaujac: *Bouscaut;* Léognan: *Carbonnieux, Domaine de Chevalier, Malartic-Lagravière;* Talence: *Laville-Haut Brion;* Villenave-d'Ornon: *Couhin;* Martillac: *Latour-Martillac.*
Die AC *Graves Supérieures* bezieht sich auf Weißweine mit mindestens 12 Vol.-% Alkohol.

Graves de Vayres AC-Gebiet von →Bordeaux, gegenüber Libourne an der Dordogne, mit Zentrum Vayres. Es herrscht Kiesboden (Graves) vor. Die Rotweine reifen verhältnismäßig rasch, sind geschmeidig und angenehm und gleichen etwa denen von →Pomerol und →Saint-Émilion, die vorherrschenden Weißweine denen von →Graves. Allerdings hat sich in den letzten Jahren die Rotweinmenge auf Kosten des Weißweines erhöht. Die süßen Weißweine werden immer seltener hergestellt, man gibt den fruchtigen, trockenen Kreszenzen den Vorzug.

Gravina Italienischer DOC-Weißwein aus →Apulien, Provinz Bari. Der trockene bis liebliche strohfarbene Wein (secco/asciutto oder amabile sind auf dem Etikett angegeben) stammt hauptsächlich aus der →Malvasia del Chianti (40–65%) und →Greco di Tufo und/ oder Bianco d'Alessano (35–60%).

Grechetto Weißweinrebe mit bedeutendem Anbau in Mittelitalien. Verleiht vor allem dem *Orvieto* seinen ausgeprägten Duft.

Greco Sehr alte Weißweinrebe, von allem in Süditalien verbreitet. Liefert meist feinfruchtige und ausgewogene Weine.

Greco di Bianco Italienischer DOC-Weißwein aus →Kalabrien, Provinz Reggio di Calabria. Der strohgelbe Wein hat einen an Orangenblüten erinnernden Duft, ist süß und wird mit der Reife etwas trockener. Er stammt zu 95–100% aus der namengebenden Rebsorte. Die Trauben müssen vor der Verarbeitung angetrocknet werden. Der Wein darf erst ab dem 1. November des auf die Lese folgenden Jahres in den Handel gelangen.

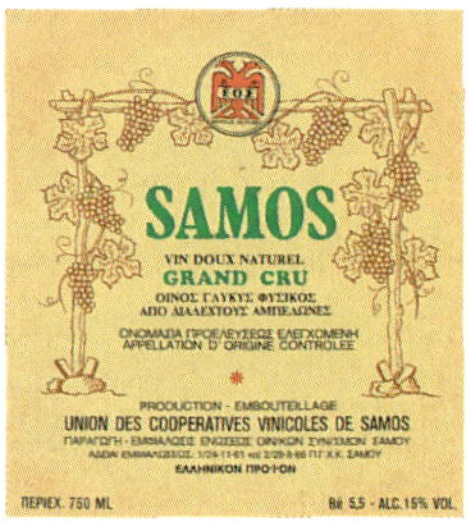

Greco di Tufo Italienischer DOC-Weißwein aus der gleichnamigen Gemeinde und acht weiteren in →Kampanien, Provinz Avellino, der zu 80–100% aus der gleichnamigen Traube, verschnitten mit 20% Coda di Volpe Bianca, gewonnen wird. Er ist trocken, stroh- bis goldgelb und weist eine betonte Blume auf.

Grenache Blanc und **Grenache Gris** Französische Weißweinreben, Spielarten des Grenache Noir; beide werden vornehmlich in Südfrankreich angebaut.

Grenache Noir Wichtige französische Rotweinrebe, die im gesamten Süden Frankreichs angebaut wird, außerdem in Spanien (Garnacha), in Nordafrika und in den USA (Kalifornien).

Grenzach Ortsteil von Grenzach-Wyhlen. Weinort im Anbaugebiet →Baden, Bereich Markgräflerland. Großlage: *Vogtei Rötteln.* Einzellage: *Hornfelsen.*

Greuth Ortsteil von Castell. Weinort im Anbaugebiet →Franken, Bereich Steigerwald. Großlage: *Schild.* Einzellage: *Bastel.*

Grey Riesling Irreführende Bezeichnung für den Chauché Gris in den Vereinigten Staaten.

Griechenland 170.000 ha Rebfläche; 4,5 Millionen hl Wein, davon 700.000 hl

Export; 2,8 Millionen dz Tafeltrauben, davon 1 Million dz Export; 1,5 Millionen dz Rosinen, davon 1 Million dz Export; jährlicher Pro-Kopf-Verbrauch 30 l.
Griechenland ist das älteste Weinbauland Europas. Bereits 600 v. Chr. brachten griechische Schiffe über Marseille (Massilia) Wein nach Südfrankreich. Selbst die Jahrhunderte andauernde Herrschaft der Türken konnte den Weinbau nicht ausrotten. Das Klima ist mediterran heiß. Das trockene Herbstwetter fördert das Ausreifen der Trauben bis zur Vollsüße und ermöglicht die Gewinnung von körperreichen Dessertweinen und Rosinen. Eine griechische Spezialität ist der →Retsina (Rezinato, Rezine = Harz). Da die meisten Weine alkoholreich sind, werden sie von den Griechen meist zum Essen und mit Wasser vermischt getrunken. Griechenland exportiert erhebliche Mengen seines Weines, hauptsächlich →aufgespritete →Dessertweine. Die rebenreichsten Landschaften sind der Peloponnes, das Festland mit den Landschaften Attika, Thessalien und Epirus, die Ionischen und die Ägäischen Inseln. Der Weinbau wird meist noch in Kleinbetrieben extensiv betrieben und der Wein in kleinen »Tavernas« (Kellern) in Kleingebinden ausgebaut. Technisch gut ausgestattete Winzergenossenschaften und private Großbetriebe gewinnen an Bedeutung. Auf etwa 20.000 ha (etwa 10% der Gesamtrebfläche) werden in bestimmten Anbaugebieten Weine mit geprüfter Qualiät erzeugt. Diese Weine erfüllen die Normen der EG-Klassifizierung Vins de qualité produits dans des régions déterminées (→VQPRD). Die griechische »Appelasion dorichin« wurde 1969 vom Landwirtschaftsministerium nach dem Muster des französischen AC-Systems in Leben gerufen, mit dem Unterschied, daß teilweise die zugelassenen Rebsorten in der Bezeichnung selbst verankert werden (zum Beispiel *Mavrodaphne* von Patras). Im Februar 1974 gab das griechische Landwirtschaftsministerium 17 AO-Gebiete bekannt. Nur die Weine, die aus bestimmten gesetzlich zugelassenen Rebsorten hergestellt sind und verschiedenen Herstellungsvorschriften entsprechen, dürfen die Namen des AO-Gebietes tragen. Es sind die folgenden: →Nemea, →Mantinia und →Patras auf dem Peloponnes und den Ionischen Inseln; →Attika und →Kantza in Zentralgriechenland; Sitia, →Archánes, Dafnes und Peza auf →Kreta; →Amyntheon, →Naoussa, →Rapsani und →Zitsa in Nordgriechenland; →Samos, →Limnos, →Santorin und →Rhodos auf den Ägäischen Inseln, um nur einige zu nennen. Neben den als AO eingestuften Weinen mit geschützter Herkunftsbezeichnung sind Markenweine (Vins de Marque) im innergriechischen und im Exporthandel stark verbreitet. Selbst Genossenschaften und größere Weingüter stellen Markenverschnittweine von gleichbleibender Art und Qualität her, wie zum Beispiel *Contessa, Hymittos, Pallini, Santa Helena, Castel Danielis, Chevalier de Rhodes, Morea, Santa Marina, Kissamos.* Eine dritte Gruppe, die sogenannten →Landweine (Vins de Pays), stellen süffige, meist durchgegorene, aus einer langen traditionellen Entwicklung hervorgegangene Weintypen dar, die sich während großer Zeiträume kaum geändert haben. Sie werden fast ausschließlich aus einheimischen Rebsorten gewonnen und sind an bestimmte Landschaften gebunden, zum Beispiel *Paros, Santa Maura, Verdea, Insel Euböa, Berg Athos* und andere.

Weinreben vor steilen Felsen in Griechenland.

Grignolino Italienische Rotweinrebe mit verbreitetem Anbau im Piemont, ergibt rubinrote, trockene oder auch leicht süße Weine mit zarter Blume und leicht bitterem Geschmack.

Grignolino d'Asti, Grignolino del Monferrato Casalese Italienische DOC-Rotweine aus dem →Piemont, Provinz Asti und Alessandria. Die rubinroten Weine stammen zu 90%–100% aus der gleichnamigen Rebsorte, bis zu 10% aus →Freisa. Sie haben einen nachhaltigen, angenehm bitteren Nachgeschmack, gerbstoffbetont.

Grillo Weiße Rebsorte aus →Apulien, die verbreitet in Westsizilien angebaut wird. Geringe Erträge, doch wegen ihrer reichlichen Inhaltsstoffe unentbehrlich für die Herstellung von Marsala.

Grimisuat Einer der Hauptanbauorte für →*Fendant* im Schweizer Kanton →Wallis.

Grinzing Einst ein ländlicher Vorort von →Wien, heute Teil des 19. Bezirks. Der dort angebaute spritzige Wein aus verschiedenen Rebsorten wird meist schoppenweise in →Heurigen- und →Buschenschenken ausgeschenkt. Grinzing ist ein beliebter Ausflugsort für Touristen und Einheimische.

Gris Rouge Französische Bezeichnung für Roter →Traminer.

Gröbern Weinort im Anbaugebiet →Elbe mit der Lage *Gellertberg*.

Groendruif Südafrikanische Rebsorte verwandt mit →Sémillon Blanc.

Grolleau Synonym für →Groslot.

Grolsheim Weinort im Anbaugebiet →Rheinhessen, Bereich Bingen. Großlage: *Sankt Rochuskapelle*. Einzellage: *Ölberg*.

Gronau 1. Ortsteil von Oberstenfeld. Weinort im Anbaugebiet →Württemberg, Bereich Württembergisch Unterland. Großlage: *Wunnenstein*. Einzellage: *Forstberg*.
2. Ortsteil von Bensheim. Weinort im Anbaugebiet →Hessische Bergstraße, Bereich Starkenburg. Großlage: *Wolfsmagen*. Einzellage: *Hemsberg*.

Groppello Italienische Rotweinrebe, die am Gardasee angebaut wird; bedeutend für die Erzeugung der Rotweine mit DOC → *Riviera del Garda*.

Gros Blanc Französische Bezeichnung für Weißer →Elbling.

Gros Bleu Belgische Bezeichnung für Blauer →Trollinger.

Groslot Französische Rotweinrebe, eine der Komponenten im *Rosé d'Anjou* (→Anjou).

Gros Plant (oder **Gros Plant du Pays Nantais**) Sehr trockener Weißwein aus dem →Loire-Tal, nahe Nantes, der das Gütezeichen VDQS trägt. Gros Plant ist ein Synonym für →Folle Blanche. Er wird jung getrunken, hat aber nicht die feine Frische des →*Muscadet*.

Gros Rhin Schweizer Bezeichnung für Grüner →Silvaner.

groß Spitzenweine, in denen alle edlen Eigenschaften harmonisch vereint sind, in Deutschland meist →Beeren- oder →Trockenbeerenauslesen.

Großberg →Dealul Mare.

Großbottwar Weinbaugemeinde im Anbaugebiet →Württemberg, Bereich Württembergisch Unterland, mit Ortsteilen →Hof, →Lembach, →Winzerhausen. Großlage: *Wunnenstein*. Einzellagen: *Harzberg, Lichtenberg*.

Großbritannien 450 ha Rebfläche; etwa 20.000 hl Wein; Import 5 Millionen hl; jährlicher Pro-Kopf-Verbrauch 11 l.
Der Weinbau Englands, Ende des 3. Jahrhunderts erstmals erwähnt, entwickelte sich im Mittelalter dank der Arbeit der Klöster stetig und hätte seine Bedeutung beibehalten, wenn England 1152 das Bordeaux-Gebiet mit der günstigeren Weinbezugsquelle nicht besetzt hätte und wenn die Klöster im 16. Jahrhundert nicht alle säkularisiert worden wären. Heute feiert er ein erstaunliches Comeback, seit Major General Sir Guy Salisbury Jones in Hambledon bei Portsmouth sich 1952 wieder mit Erwerbsweinbau zu beschäftigen begann.
Portsmouth liegt auf demselben Breitengrad wie das Ahrtal in Deutschland. Das Klima ist durch den Einfluß des Atlantik windig, aber mild. Heute gibt es Weinbaubetriebe mit eigener Kellerei in: Hambledon und Beaulieu (Grafschaft Hampshire), Horam bei Heathfield (Sussex), Adgestone bei Sandown (Isle of Wight) und Pilton bei Shepton Mallet (Somersetshire). Einzelne Weinberge liegen in Hascambe bei Godalming (Surrey); Singleton, Brede, Scaynes Hell, Westfield (Sussex); Waterinbury, Biddenden, Lamberhurst (Kent); Chelmsford (Essex); Saxmundham (Suffolk); Cranmore (Isle of Wight) und Jersey (Channel Islands). 1967 wurde die »English Vineyards Association« gegründet, die auch ein Gütezeichen verleiht.
Es werden ausschließlich leichte, frische, spritzige Weißweine aus den Rebsorten →Müller-Thurgau und Seyval B (eine Hybride) hergestellt und sowohl unter dem Namen des Herkunftsortes als auch unter Markennamen wie *Anderida* oder *Felstar* verkauft. Die Moste werden meistens →angereichert.
Mitte September eines jeden Jahres wird ein »English Wine Festival« in Beaulieu veranstaltet. Unter »British Wines« versteht man Verschnitte von Obstweinen mit importierten Traubenweinen (Jahresproduktion etwa 0,5 Millionen hl), nicht die originalen Inselgewächse.

Gütezeichen der English Vineyards Association.

Großfischlingen und **Kleinfischlingen** Weinorte im Anbaugebiet →Rheinpfalz, Bereich Südliche Weinstraße. Großlage: *Trappenberg*. Einzellage: *Kirchberg*.

Großgartach Ortsteil von Leingarten. Weinort im Anbaugebiet →Württemberg, Bereich Württembergisch Unterland. Großlage: *Heuchelberg*. Einzellage: *Grafenberg*.

Großheppach Ortsteil von Weinstadt. Weinort im Anbaugebiet →Württemberg, Bereich Remstal-Stuttgart. Großlagen: *Kopf, Wartbühl.* Einzellagen: *Wanne, Steingrüble, Zügernberg.*

Großheringen Weinort im Anbaugebiet →Saale-Unstrut mit der Lage *Sonnenberg.*

Großheubach Weinbaugemeinde im Anbaugebiet →Franken, Bereich Mainviereck, mit Ortsteil →Engelsberg. Einzellage: *Bischofsberg.*

Großingersheim Ortsteil von Ingersheim. Weinort im Anbaugebiet →Württemberg. Bereich Württembergisch Unterland. Großlage: *Schalkstein.* Einzellage: *Schloßberg.*

Großjena Weinort im Anbaugebiet →Saale-Unstrut mit der Lage *Blütengrund.*

Großkarlbach Weinort im Anbaugebiet →Rheinpfalz, Bereich Mittelhaardt/Deutsche Weinstraße. Großlage: *Schwarzerde.* Einzellagen: *Burgweg, Osterberg.*

Großlage →Lage.

Großlangheim Weinort im Anbaugebiet →Franken, Bereich Steigerwald. Großlage: *Schloßberg.* Einzellage: *Kiliansberg.*

Großniedesheim Weinort im Anbaugebiet →Rheinpfalz, Bereich Mittelhaardt/Deutsche Weinstraße. Großlage: *Schwarzerde.* Einzellage: *Schafberg.*

Großostheim Weinort im Anbaugebiet →Franken, Bereich Mainviereck. Großlage: *Heiligenthal.* Einzellagen: *Reischklingeberg, Harstell.*

Großraumgärverfahren Schaumweinbereitung durch zweite Gärung in großen Behältern und nicht in Flaschen (→Enthefen).

Großrinderfeld Weinort im Anbaugebiet →Baden, Bereich Badisches Frankenland. Großlage: *Tauberklinge.* Einzellage: *Beilberg.*

Großsachsen Ortsteil von Hirschberg. Weinort im Anbaugebiet →Baden, Bereich Badische Bergstraße/Kraichgau. Großlage: *Rittersberg.* Einzellage: *Sandrocken.*

Groß-Umstadt Weinort im Anbaugebiet →Hessische Bergstraße, Bereich Umstadt. Einzellagen: *Steingerück, Herrnberg.*

Groß-Vernatsch Südtiroler Bezeichnung für Blauer →Trollinger.

Großwallstadt Weinort im Anbaugebiet →Franken, Bereich Mainviereck. Einzellage: *Lützeltalerberg.*

Groß-Winternheim →Ingelheim.

Grotta Italienische Bezeichnung für Weinkeller, in denen auch Wein ausgeschenkt wird.

Grötzingen Ortsteil von Karlsruhe, Weinort im Anbaugebiet →Baden, Bereich Badische Bergstraße/Kraichgau. Großlage: *Hohenberg.* Einzellagen: *Lichtenberg, Turmberg.*

Grubber →Bodenbearbeitung.

grün Bezieht sich weniger auf die →Farbe als auf den Geruchs- und Geschmacksausdruck eines Weines. Meist unreife, saure Erzeugnisse, die auch in einer hartgrünen Farbe in Erscheinung treten. Dies trifft jedoch nicht auf den »grünen« Wein, den portugiesischen →Vinho verde zu, bei dem das Wort »grün« sich auf den nicht vollreifen Zustand der Trauben bezieht und der leicht, frisch und spritzig ist.

Grunbach Ortsteil von Remshalden. Weinort im Anbaugebiet →Württemberg, Bereich Remstal-Stuttgart. Großlagen: *Kopf, Wartbühl.* Einzellagen: *Berghalde, Klingle.*

Begrünung in einer Weitraumanlage.

Gründüngung Kostensparende Art, Weinberge mit Humus anzureichern. Im Frühjahr oder Herbst werden geeignete Pflanzen wie Raps, Blatterbsen, Wicken, Lupinen, Roggen oder ein Saatgemisch ausgesät. Man läßt sie wachsen, bis sie eine dichte Blattmasse gebildet haben. Wird die Grünmasse nun gemäht (→Mulchen) oder leicht in den Boden eingearbeitet, verrottet sie und gibt →Humus und →Nährstoffe schrittweise frei. Weitere Vorteile der Gründüngung: Das dichte Blatt- und Wurzelwerk fängt das Gewicht der →Zugmaschinen ab, verhindert Bodenverdichtung und →Erosion und hält den Boden ständig locker. Das Holz der Rebe reift besser aus, und Erscheinungen wie →Chlorose, →Stiellähme und →Durchrieseln werden seltener. Die »Monokultur Rebe« wird durch andere Pflanzen ergänzt, und die nützlichen Kleinlebewesen im Boden vermehren sich gut. Zur Konkurrenz der Rebe wird die Gründüngungspflanze, wenn dem Weinberg →Wasser und →Nährstoffe fehlen. Wo nicht mindestens 500 mm Niederschlag jährlich fallen, muß die künstliche →Beregnung eingesetzt werden, wenn mit der Gründüngung gearbeitet werden soll.

Grundwein Stillwein, der für die Schaumweinherstellung vorgesehen ist. Der Alkoholsowie der Schwefelgehalt müssen gering sein, und er soll eine möglichst rassige Säure aufweisen.

Grunern Ortsteil von Staufen/Breisgau. Weinort im Anbaugebiet →Baden, Bereich Markgräflerland. Großlage: *Lorettoberg*. Einzellagen: *Schloßberg, Altenberg*.

Grünfäule (auch **Grünschimmel**) Wird durch den Schimmelpilz Penicillium glaucum (Grünschimmel) verursacht, der besonders Traubenbeeren befällt, die durch Vögel oder Wespen verletzt wurden. Sie ist sehr gefürchtet, da durch sie schon binnen kurzer Zeit ganze Trauben in mißfarbige, unangenehm riechende Klumpen verwandelt werden. Den Weinen aus diesen Trauben fehlt es an Reintönigkeit, sie neigen zur →Hochfarbigkeit und manchmal auch zum →Essigstich.

Grün-Muskateller Synonym für Grüner →Veltliner.

Grünschimmel →Grünfäule.

Grünstadt Weinort im Anbaugebiet →Rheinpfalz, Bereich Mittelhaardt/Deutsche Weinstraße, mit Ortsteilen →Asselheim →Sausenheim und →Heuchelheim. Großlage: *Höllenpfad*. Einzellagen: *Bergel, Röth*.

Grusinien Mit 110.000 ha Rebfläche bedeutendes Weinbaugebiet der →Sowjetunion. Tbilisi (Tiflis), wo 1962 der alle drei Jahre in einem anderen Weinbauland stattfindende Internationale Weinbaukongreß des →OIV abgehalten wurde, gilt als das Schaumweinzentrum der Union. Das Klima ist gemäßigt, am Schwarzen Meer fast subtropisch. Aus lokalen Rebsorten werden kernige Tafelweine und volle, süße Dessertweine hergestellt.

Güglingen Weinbaugemeinde im Anbaugebiet →Württemberg, Bereich Württembergisch Unterland, mit Ortsteilen →Eibensbach, →Frauenzimmern. Großlage: *Heuchelberg*. Einzellagen: *Kaiserberg, Michaelsberg*.

Guldental Weinort im Anbaugebiet →Nahe, Bereich Kreuznach, mit Ortsteilen →Heddesheim und →Waldhilbersheim. Großlage: *Schloßkapelle*. Einzellagen: *Apostelberg, Honigberg, St. Martin, Sonnenberg, Teufelsküche, Hölle, Hipperich, Rosenteich*.

Güls Ortsteil von Koblenz. Weinort im Anbaugebiet →Mosel-Saar-Ruwer, Bereich Zell/Mosel. Großlage: *Weinhex*. Einzellagen: *Marienberg, Bienengarten, Königsfels, Im Röttgen*.

Gumbsheim Weinort im Anbaugebiet →Rheinhessen, Bereich Bingen.
Großlage: *Kurfürstenstück*. Einzellage: *Schloßhölle*.

Gumpoldskirchen Weinstädtchen im niederösterreichischen Weinbaugebiet →Thermenregion. Bereits unter seinem Gründer, Bischof Gumpold, wurden vor tausend Jahren die ersten Reben gepflanzt. Heute ist der Ort mit seinen vielen →Buschenschenken und einem Weinwanderweg ein beliebtes Ausflugsziel. Wein- und Obstbauschule. Zum Ort gehören 420 ha Rebfläche.
Es werden kraftvolle, extrakt- und körperreiche Weißweine erzeugt. Eine Garantie für Wein aus Gumpoldskirchen aus →Zierfandler und →Neuburger und seit 1988 auch für den trockenen oder halbtrockenen →Welschriesling und →Rheinriesling bietet das geschützte Etikett »Gumpoldskirchener Königswein«, das nach Verkostung verliehen wird.

Gündelbach Ortsteil von Vaihingen, Weinort im Anbaugebiet →Württemberg, Bereich Württembergisch Unterland.
Großlage: *Stromberg*. Einzellagen: *Steinbachhof, Wachtkopf*.

Gundelsheim Weinort im Anbaugebiet →Württemberg, Bereich Württembergisch Unterland. Großlage: *Staufenberg*. Einzellage: *Himmelreich*.

Gundersheim Weinort im Anbaugebiet →Rheinhessen, Bereich Wonnegau. Großlage: *Bergkloster*. Einzellagen: *Höllenbrand, Königstuhl*.

Gundheim Weinort im Anbaugebiet →Rheinhessen, Bereich Wonnegau. Großlage: *Bergkloster*. Einzellagen: *Sonnenberg, Mandelbrunnen, Hungerbiene*.

Guntersblum Weinort im Anbaugebiet →Rheinhessen, Bereich Nierstein, Großlagen: *Krötenbrunnen, Vogelsgärten*. Einzellagen: *Steinberg, Sonnenhang, Sonnenberg, Eiserne Hand, Sankt Julianenbrunnen, Kreuzkapelle, Steig-Terrassen, Bornpfad, Authental, Himmelthal*.

Güntersleben Weinort im Anbaugebiet →Franken, Bereich Maindreieck. Großlage: *Ravensburg*. Einzellage: *Sommerstuhl*.

Guntramsdorf Niederösterreichischer Weinort im Weinbaugebiet →Thermenregion, südlich von Wien. Kräftige, volle Weißweine.

Gutedel, Roter Mutation vom Weißen →Gutedel.

Gutedel Tompa Weiße Tafeltraube, Kreuzung aus Queen Viktoria White x Chasselas Jalabert.

Gutedel trocken Markgräfler →Typenwein, ein Zechwein für viele Gelegenheiten. Qualitätswein b.A. in 1-Liter-Flaschen.

Gutedel, Weißer Weißweinrebe; eine der ältesten Rebsorten, die aus dem Genzentrum Kleinasien stammen könnte; sie wird seit 2.800 Jahren in der Oase El Fayum (70 km südwestlich Kairo) angebaut; die Römer haben den Anbau dieser Rebe in Europa gefördert. Ein französischer Diplomat soll sie im Jahre 1523 aus der Türkei nach Burgund gebracht haben. Die Anbaufläche hat sich dort und im gesamten Rhône-Tal schnell ausgedehnt. Der Markgraf Karl-Friedrich von Baden hat den Weißen Gutedel 1780 in das Markgräflerland eingeführt. Die artgleiche Sorte Roter Gutedel ist eine farbliche Mutation; sie wird besonders in Balkanländern als Chasselas Noir und als Médoc Noir angebaut, außerdem ist sie als Tafeltraube sehr geschätzt. Der Name Gutedel weist auf die qualitative Einstufung hin; das französische und schweizerische Synonym Chasselas könnte von der gleichnamigen Ortschaft bei Mâcon abgeleitet sein; weitere Synonyme: Moster (Markgrafschaft und Österreich); Junker (Taubertal); Schönedel (Sachsen); Fendant, Rosmarintraube (Wallis); Chasselas Blanc (Welschschweiz und Frankreich); Chasselas de Fontainebleau (Frankreich); Marzemina Nianoa, Tribiano Tedesco (Italien). Das Blatt ist mittelgroß, fünflappig, tief gebuchtet, rotgeadert, die Trauben sind groß, lockerbeerig mit großen, runden, grünen bis hellgelben, an der Sonnenseite gebräunten Beeren von süßem, ausgeglichenem Geschmack. Das Holz ist rötlichbraun, auffällig gestreift, reift gut aus und ist einigermaßen winterhart. Der Wuchs ist kräftig, die Reife erfolgt mittelfrüh, zwischen →Müller-Thurgau und →Silvaner. Die Sorte gedeiht am besten in windgeschützten, mittleren Lagen, da die Blüte etwas empfindlich gegen Kälte ist, und auf fruchtbaren, tiefgründen, humusreichen, frischen Böden. Bestockte Rebfläche in Deutschland: 1295 ha; in der Schweiz: etwa 8.000 ha. Die Erträge sind leicht schwankend, im Durchschnitt jedoch hoch (100–150 hl/ha); das Mostgewicht schwankt um 65–75° Oe, die Säure liegt sehr niedrig, meist bei 5–6°/₀₀.
Die Weine sind süffig, mild, erdig, von zartem Bukett, mäßigem Alkoholgehalt und außerordentlich gut bekömmlich; ideale Tisch- und Kneipweine. Sehr bekannt und geschätzt sind die →Fendantweine aus dem →Wallis, der →Dorin aus dem Kanton →Waadt und der Chasselas aus →Neuenburg. Der Weiße Gutedel wird zur Tafeltraubengewinnung in vielen Ländern verbreitet angebaut. Es gibt neben dem Roten Gutedel noch zahlreiche Spielarten wie Königs-Gutedel, Geschlitzter (Petersilien)-Gutedel, Muskat-Gutedel.

Güteklassen Die EG-Länder haben die Güteklassen →Tafelwein, →Qualitätswein bestimmter Anbaugebiete und als Zusatz verschiedene Prädikate eingeführt. Dabei wurden die in Deutschland bereits existierenden Prädikatsstufen in das Drei-Stufen-System der EG eingebaut. Drittländer passen ihre Weingesetzgebung immer mehr den EG-Normen an.
Deutschland: Das Weingesetz von 1971 teilt den deutschen Wein in 3 Güteklassen ein und verlangt zusätzlich die Kontrolle der beiden höheren Klassen durch die amtlichen Prüfungsbehörden (→amtliche Prüfung). Es diente hierin anderen Ländern als Grundlage für deren Weingesetzgebung. An jede Güteklasse stellt das Gesetz bestimmte Mindestanforderungen.
Der Konsument, der diese Anforderungen kennt, vermag durch einen Blick auf das Etikett den Qualitätsgrad eines Weines zuverlässig zu erkennen (→Qualitätswein mit Prädikat).

Frankreich: Die erste systematische Klassifikation erfolgte 1855 anläßlich der Pariser Weltausstellung, wobei Rotweine des →Médoc in 5 und Weißweine aus →Sauternes in 2 Güteklassen eingeteilt wurden (→Bordeaux). Da diese Klassifikation rein standortbedingt und marktorientiert ist und starkes Prestigedenken voraussetzt, fand es keine weitere Verbreitung, gilt aber bis heute. Im übrigen Frankreich wurden mit Einführung der →Appellation d'Origine contrôlée (AOC oder AC) ab 1919 und 1936 auch in den übrigen Gebieten Güteklassen nach →Climats, →Crus oder →Châteaux vorgenommen, die heute von dem INAO kontrolliert werden. Neben der AC existiert die Be-

Italienischer Tafelwein

Österreichischer Qualitätswein

Deutscher Prädikatswein

zeichnung →VDQS, die sich ebenfalls auf bestimmte Gebiete bezieht.
Italien: Hier wird in dem Gesetz vom 15. Juli 1963 mit dem Titel »Norme per la tutela delle denominazione di origine dei mosti e dei vini« (Schutz der Herkunftsbezeichnungen für Moste und Weine) ebenfalls zwischen 3 Qualitätskategorien unterschieden, wobei die Herkunft eine wichtige Rolle spielt und feste Vorschriften für die Prädikatisierung bestehen. (→Denominazione di Origine Controllata, →Denominazione di Origine Controllata e Garantita).
Österreich schloß sich dem Drei-Stufen-System in dem Weingesetz mit den Novellen von 1985/86 von 1971/72 an (→Qualitätsweine besonderer Reife und Leseart)
Die *Schweiz* hat ähnliche Bestimmungen wie die französische AC.
Die übrigen weinbautreibenden Länder der Welt haben mehr oder weniger genau die EG-Bestimmungen übernommen. Die jeweiligen Güteklassen-Einteilungen sind bei den einzelnen Ländern aufgeführt.

Güte-Menge-Gesetz Landwirtschaftliche (empirische) Regel, nach der jenseits einer gewissen Grenze der Mengensteigerung die Güte des landwirtschaftlichen Produktes nachläßt. Im Weinbau bedeutet dies, daß eine zu große Traubenmenge pro Stock die Qualität der Ernte beeinträchtigt. Die Grenze, von der ab diese Relation gültig ist, läßt sich nicht allgemein festlegen, sie hängt von der Traubensorte sowie Standort, Pflege- und Entwicklungszustand des Weinberges ab. Verringert man die Zahl der Weintrauben eines Stockes, erzielt man unterhalb des kritischen Punktes nicht unbedingt eine Steigerung der Qualität. Der Stockertrag wird mittels Schnitt- und →Erziehungsart gelenkt.

Gutenberg Weinort im Anbaugebiet →Nahe, Bereich Kreuznach. Großlage: *Pfarrgarten*. Ein-

Nach dem **Weingesetz von 1971** (Neufassung 1982), das den Grundregeln des EG-Rechts folgt, werden deutsche Weine in **drei Güteklassen** eingeteilt:

Güteklasse	Gesetzliche Mindestanforderungen	Einstufung
1. Deutscher Tafelwein	nur aus geeigneten Rebsorten, von genehmigten Weinbergen, Wein mit mindestens 8,5 Vol.-% Alkohol; ab 1983 auch Deutscher Landwein	leichte, bekömmliche Weine für den großen Durst landschaftstypischer, gehobener Tafelwein
2. Qualitätswein bestimmter Anbaugebiete (QbA)	amtliche Prüfung, typischer Geschmack, frei von Fehlern; Prüfungsnummer; mindestens 57° Oechsle*	gehaltvollere, für das Gebiet typische Weine mit geprüfter Qualität für den täglichen Genuß
3. Qualitätswein mit Prädikat	Prüfungsnummer vorgeschrieben	obere Güteklasse, reicht bis zur Spitzenqualität
Kabinett	behördliche Lesekontrolle, amtliche Prüfung von Analyse und Geschmack, keine Anreicherung des Mostes mit Zucker; mindestens 73° Oechsle*	elegante, ausgereifte Weine der gehobenen Klasse
Spätlese	späte Lese der Weintrauben in vollreifem Zustand, mindestens 85° Oechsle*	reiche Geschmacksfülle
Auslese	Auswahl und getrennte Kelterung nur vollreifer Trauben, mindestens 95° Oechsle*	edle Gewächse für besondere Gelegenheiten
Beerenauslese	Auswahl nur edelfauler oder überreifer Beeren, mindestens 125° Oechsle*	
Trockenbeerenauslese	Auswahl nur eingeschrumpfter, edelfauler Beeren von höchster Geschmackskonzentration, mindestens 150° Oechsle*	
Eiswein	Weintrauben bei Lese und Kelterung zu Eis gefroren	Rarität in allen Prädikatsstufen, ab 1983 nur noch zum Prädikat Beerenauslese

* beim Riesling im Rheingau

zellagen: *St. Ruppertsberg, Römerberg, Schloßberg, Schloß Gutenburg, Sonnenlauf, Felseneck.*

Gutenborner Weißweinrebe: Neuzüchtung der Lehr- und Forschungsanstalt Geisenheim. Kreuzung aus Müller-Thurgau x Chasselas Napoléon; Zuchtnummer Gm 17-52. Bestockte Rebfläche in Deutschland: 13 ha. Ergibt dem →Müller-Thurgau ähnliche, jedoch im Ganzen etwas neutralere Weine.

Gütesiegel Qualitätszeichen für Weine, die neben der amtlichen einer weiteren freiwilligen Kontrolle unterzogen wurden: Deutsches →Weinsiegel, →Gütezeichen für badischen Qualitätswein, Bundesweinprämierung (→Prämierungen), Weingütesiegel →Österreich, →Attestierter Winzer-Wy.

Gütezeichen für badischen Qualitätswein des badischen Weinbauverbandes Kann Qualitätsweinen verliehen werden, die bei der →amtlichen Prüfung höhere Punktezahlen erreichten. Die Anforderungen sind auch höher als beim Deutschen →Weinsiegel. Das Badische Gütezeichen existiert seit 1949 und wird vom RAL (Ausschuß für Lieferbedingungen und Gütezeichen beim Deutschen Normenausschuß) anerkannt. Es wird nur an sortenreine und gebietstypische Weine (0,75-Liter- und kleinere Flaschen) verliehen und ist Zulassungsvoraussetzung für die Gebietsweinprämierung (→Prämierungen). Das Gütezeichen zeigt eine von drei Ringen umgebene Traube und das badische Wappen. Dieses Zeichen ist gleichzeitig Symbol für die →Badische Weinstraße.

H

Haagen Ortsteil von Weikersheim, Weinort im Anbaugebiet →Württemberg, Bereich Kocher-Jagst-Tauber. Großlage: *Tauberberg.* Einzellage: *Schafsteige.*

Haardt 1. Vorberge des Pfälzer Waldes, an deren Ostflanke das Weinbaugebiet Rheinpfalz liegt und sich die Deutsche →Weinstraße entlangzieht (→Mittelhaardt/Deutsche Weinstraße).
2. Ortsteil von Neustadt/Weinstraße. Weinort im Anbaugebiet →Rheinpfalz, Bereich Mittelhaardt/Deutsche Weinstraße. Großlage: *Meerspinne.* Einzellagen: *Mandelring, Herzog, Herrenletten, Bürgergarten.*

Haberschlacht Ortsteil von Brackenheim. Weinort im Anbaugebiet →Württemberg, Bereich Württembergisch Unterland. Großlage: *Heuchelberg.* Einzellage: *Dachsberg.*

Habzó (ung.) schäumender Wein.

Hackenheim Weinort im Anbaugebiet →Rheinhessen, Bereich Bingen. Großlage: *Rheingrafenstein.* Einzellagen: *Klostergarten, Sonnenberg, Galgenberg, Gewürzgarten, Kirchberg.*

Hacker, Häcker In Baden und Württemberg gebräuchliche Bezeichnung für →Winzer.

Hadres Niederösterreichischer Weinort im Anbaugebiet →Weinviertel mit einer Rebfläche von 800 ha. Angenehme, gehaltvolle Weißweine.

Häfnerhaslach Ortsteil von Sachsenheim. Weinort im Anbaugebiet →Württemberg, Bereich Württembergisch Unterland. Großlage: *Stromberg.* Einzellage: *Heiligenberg.*

Hagelschaden Der Hagel ist im Weinbau sehr gefürchtet. Nicht nur die →Blätter des Rebstocks werden durch Hagelkörner durchlöchert und zerfetzt, sondern auch →Triebe und →Trauben können verletzt werden. Dabei wird die →Assimilation der Blätter gestört, Beeren platzen auf, verlieren ihren Saft und bieten Raum für Infektionsherde. Eine nach dem Hagelschlag sofort einsetzende Schädlingsbekämpfung kann Folgeschäden mindern.

Hagnau Weinort im Anbaugebiet →Baden, Bereich Bodensee. Großlage: *Sonnenufer.* Einzellage: *Burgstall.*

Zum Bild rechts: Hagnau am Bodensee.

Hahnheim Weinort im Anbaugebiet →Rheinhessen, Bereich Nierstein. Großlage: *Gutes Domtal.* Einzellagen: *Knopf, Moosberg.*

Hainfeld Weinort im Anbaugebiet →Rheinpfalz, Bereich Südliche Weinstraße. Großlage: *Ordensgut.* Einzellagen: *Letten, Kapelle, Kirchenstück.*

Halbbogen-Erziehung →Erziehung.

Halbstück 600-Liter-Faß, in dem vor allem die Weine aus dem Rheingau früher zum überwiegenden Teil gelagert und ausgebaut wurden.
Aus Gründen der günstigeren Raumausnutzung und wegen des hohen Pflegeaufwandes wird das Halbstückfaß immer mehr durch das Stückfaß (1.200 l), das Doppelstückfaß (2.400 l) und durch →Behälter aus anderen Werkstoffen verdrängt (→Faß).

halbtrocken Nach den weinrechtlichen EG-Bestimmungen von 1977 darf die Geschmacksangabe »halbtrocken« für einen Wein nur dann verwendet werden, wenn dessen Zuckergehalt nicht mehr als 10 g/l höher liegt als sein in g/l ausgedrückter Gesamtsäuregehalt oder maximal 18 g/l nicht übersteigt. Ein halbtrockener Wein mit 5,5 g/l Säure darf also maximal 15,5 g/l Zucker enthalten, einer von 11 g/l Säure jedoch maximal 18 g/l. Damit trägt man der Tatsache Rechnung, daß Weine mit höherem Säuregehalt etwas mehr Restsüße »vertragen« können als säurearme, ohne daß dies geschmacklich besonders auffällt (→Weinsiegel halbtrocken). Mit halbtrocken, medium dry, demi-sec oder abboccato wird ein Schaumwein bezeichnet, der 33–50 g/l Restsüße aufweist. Die Werte liegen bedeutend höher als beim Stillwein, da die Kohlensäure im Sekt die Süße weniger hervortreten läßt (→Abstimmung).

Halbturn Österreichischer Weinort im →Burgenland, Weinbaugebiet →Neusiedlersee mit berühmtem Barockschloß. Gehaltvolle Weißweine. Rebfläche: 530 ha.

Hallburg Ortsteil von Volkach. Weinort im Anbaugebiet →Franken, Bereich Maindreieck. Großlage: *Kirchberg.* Einzellagen: *Schloßberg, Kreuzberg, Rosenberg.*

Hallgarten Ortsteil von Oestrich-Winkel. Weinort im Anbaugebiet →Rheingau, Bereich Johannisberg. Großlagen: *Mehrhölzchen, Deutelsberg.* Einzellagen: *Jungfer, Schönhell, Würzgarten, Hendelberg.*

Halsheim →Arnstein.

Halsschleife Auf den Halsschleifen stehen oft die Jahrgangs- und Prädikatsangaben, aber auch die verschiedenen →Prämierungen.

Haltbarkeit der Weine →Alter der Weine.

Haltingen Ortsteil von Weil/Rhein. Weinort im Anbaugebiet →Baden, Bereich Markgräflerland. Großlage: *Vogtei Rötteln.* Einzellage: *Stiege.*

Hambach 1. Ortsteil von Neustadt/Weinstraße. Weinort im Anbaugebiet →Rheinpfalz, Bereich Mittelhardt/Deutsche Weinstraße. Großlagen: *Rebstöckel, Pfaffengrund.* Einzellagen: *Kaiserstuhl, Kirchberg, Feuer, Schloßberg, Römerbrunnen.*
2. →Heppenheim.

Hamm Ortsteil von Konz. Weinort im Anbaugebiet →Mosel-Saar-Ruwer, Bereich Saar-Ruwer. Großlage: *Scharzberg.* Einzellagen: *Altenberg, Liebfrauenberg.*

Hammelburg Weinort im Anbaugebiet →Franken, Bereich Maindreieck, mit Ortsteilen →Saaleck, →Feuerthal. Großlage: *Burg.* Einzellagen: *Heroldsberg, Trautlestal.*

Hammelhoden Synonym für Blauer →Trollinger.

Hammerstein Weinort im Anbaugebiet →Mittelrhein, Bereich Rheinburgengau. Großlage: *Burg Hammerstein.* Einzellagen: *In den Layfelsen, Hölle, Schloßberg.*

Handrefraktometer →Refraktometer.

Handthal Ortsteil von Oberschwarzach. Weinort im Anbaugebiet →Franken, Bereich Steigerwald. Großlage: *Steige.* Einzellage: *Stollberg.*

Transport von Butten mit Aufzug im Steilhang an der Mosel.

Hang In den nördlichen Weinbauzonen ist der Hang der günstigste Standort für die Rebe. Hangrichtung und -neigung bestimmen die Wärmemenge, die eine Rebfläche aus der Sonneneinstrahlung aufnehmen kann. Die intensivste Einstrahlung empfängt der um 40° geneigte Südhang. An Südwest- und Westhängen trifft kurz nach Mittag die höchste Tagestemperatur mit der intensivsten Sonnenstrahlung zusammen; daher werden hier höhere Temperatur-Maxima gemessen und bessere klimatische Bedingungen vorgefunden als an Südost- oder Osthängen.
Die Weinberge in Hanglagen sind gut vor →Frost geschützt, weil die Kaltluft in tiefere Täler und Mulden abfließt. Die Vorteile des Hanges erlauben es, überhaupt in den kühleren Klimazonen, Ertragsweinbau zu betreiben. Die erschwerte Weinbergsarbeit in Hanglagen kann jedoch die Wirtschaftlichkeit in Frage stellen. Kostensparender →Direktzug ist möglich in Hängen bis etwa 30% (Kettenfahrzeuge bis 45%) Steigung. In noch steileren Lagen

muß der arbeitsaufwendige →Seilzug eingesetzt werden. Hier muß mit enormer Arbeitserschwernis und steigender Erosionsgefahr gerechnet werden.

Hangen-Weisheim Weinort im Anbaugebiet →Rheinhessen, Bereich Wonnegau. Großlage: *Bergkloster.* Einzellage: *Sommerwende.*

Hängling, Blauer Ältere Rotweinrebe unbekannter Herkunft, die in Württemberg in geringem Maß angebaut wird (auch Tauberschwarz genannt).

Hanweiler Ortsteil von Winnenden, Weinort im Anbaugebiet →Württemberg, Bereich Remstal-Stuttgart. Großlagen: *Kopf, Wartbühl.* Einzellagen: *Berg, Maien.*

Hargesheim Weinort im Anbaugebiet →Nahe, Bereich Kreuznach. Großlage: *Kronenberg.* Einzellagen: *Straußberg, Mollenbrunnen.*

Harsberg Ortsteil von Pfedelbach. Weinort im Anbaugebiet →Württemberg, Bereich Württembergisch Unterland. Großlage: *Lindelberg.* Einzellage: *Dachsteiger.*

harmonisch Bezeichnung für Weine, deren Geschmackskomponenten optimal aufeinander abgestimmt sind. Sowohl →kleine als auch →große Weine sollen harmonisch sein.

Haro Zentrum des Anbaugebietes von →Rioja.

Hárslevelü Ungarische Weißweinrebe von starkem Wuchs, trägt große, geschulterte Trauben mit weißgelben, fäulnisgefährdeten Beeren. Synonym: Lindenblättriger, benannt nach der Blattform. Wird zusammen mit Gelbem →Furmint und →Muskateller zur *Tokajer*-Herstellung verwendet. Eigenständig ausgebaut, ergibt er harmonische, milde, aromatische Weine am Plattensee und im Gebiet von Debrö (am bekanntesten ist der *Debröi Hárslevelü).*

hart Unangenehmer Geschmackston, der sich durch eine leicht zusammenziehende Wirkung auf die Schleimhäute und das Gaumensegel zu erkennen gibt. Bei Weinen aus unreifem Lesegut tritt er am häufigsten auf. Kann zum Beispiel verursacht weden durch Nichtentrappen von Trauben, Zerschlagen und Zerquetschen von Kernen und →Kämmen, langes Stehenlassen auf der →Maische, Lagerung in nicht ausreichend →»weingrün« gemachten Fässern. Auch ein zu hoher Säuregehalt kann diesen Geschmackseindruck vermitteln.

Harxheim 1. Weinort im Anbaugebiet →Rheinhessen, Bereich Nierstein. Großlage: *Sankt Alban.* Einzellagen: *Börnchen, Schloßberg, Lieth.*
2. Ortsteil von Zellertal. Weinort im Anbaugebiet →Rheinpfalz, Bereich Mittelhaardt/Deutsche Weinstraße. Großlage: *Schnepfenflug vom Zellertal.* Einzellage: *Herrgottsblick.*

Harzen von Wein Uraltes Verfahren zur Konservierung des Weines. Wird heute noch in →Griechenland angewendet (→Retsina).

Harzwein →Retsina, →Kokkineli.

Haslach Stadtteil von Oberkirch. Weinort im Anbaugebiet →Baden, Bereich Ortenau. Großlage: *Fürsteneck.* Einzellage: *Schloßberg.*

Haßmersheim Weinort im Anbaugebiet →Baden, Bereich Badische Bergstraße/Kraichgau. Großlage: *Stiftsberg.* Einzellage. *Kirchweinberg.*

Hattenheim Ortsteil von Eltville. Weinort im Anbaugebiet →Rheingau, Bereich Johannisberg. Großlage: *Deutelsberg.* Einzellagen: *Pfaffenberg, Schützenhaus, Heiligenberg, Mannberg, Nußbrunnen, Hassel, Engelmannsberg, Wisselbrunnen, Steinberg* (Ortsteil), *Rheingarten.*

Hatzenport Ortsteil von Löf. Weinort im Anbaugebiet →Mosel-Saar-Ruwer, Bereich Zell/Mosel. Großlage: *Weinhex.* Einzellagen: *Stolzenberg, Kirchberg, Burg Bischofstein.*

Hauer Österreichische Bezeichnung für →Winzer.

Haugsdorf Niederösterreichischer Weinort im Weinbaugebiet →Weinviertel. Hauptsächlich kräftige, farbintensive Rotweine, ein kleiner Anteil Weißweine. Rebfläche zusammen mit Jetzelsdorf: 596 ha.

Hauptlese →Traubenlese.

Hausen Ortsteil von Brackenheim. Weinort im Anbaugebiet →Württemberg, Bereich Württembergisch Unterland. Großlage: *Heuchelberg.* Einzellage: *Jupiterberg.*

Hausenblase Altes Schönungsmittel für Wein. Das Weingesetz gestattet zur →Schönung technisch reine Hausen-, Stör- oder Welsblase, Schwimmblasen von Fischen, die in Form von farb- und geruchlosen opalisierenden Blättern in den Handel gebracht werden. Früher war die Hausenblase das wichtigste Schönungsmittel für Weißweine. Ihre Wirkung beruht darauf, daß sie mit dem →Gerbstoff des Weines unlösliche Flocken bildet, die die trübenden Bestandteile umschließen und mit zu Boden nehmen (→Gelatine). Die Hausenblase kommt vorwiegend für hochwertige Weine in Betracht, die bereits eine weitgehende Selbstklärung erfahren haben. Bei einer normalen Schönung benötigt man nur 2–3 g pro Hektoliter Wein. Mechanische Kläreinrichtungen und anwendungstechnisch bessere Schönung haben die Hausenblase weitgehend verdrängt.

Hausmarken In der Sektbranche übliche Sonderfüllung für Hotels, Clubs oder Handelsbetriebe. Der Hersteller des Schaumweines muß zum Schutz des Verbrauchers jederzeit feststellbar sein. Die Bedeutung dieser Bestimmung ergibt sich daraus, daß es in Deutschland rund 20.000 Hausmarken gibt. Andererseits trägt die Bestimmung der Tradition Rechnung, daß namhafte Gastronomiebetriebe seit alters mit eigenen Marken in Erscheinung treten.

Haustrunk Aus →Trestern hergestellter Wein, der nur für Erzeugerbetriebe zur Selbstversorgung der Familie des Winzers zulässig ist. Die Behältnisse mit Haustrunk sind deutlich mit dem Wort »Haustrunk« zu beschriften und die erzeugten Mengen in die Kellerbücher einzutragen. Haustrunk schmeckt vor allem gerbstoffreich und eignet sich daher gut als Durstlöscher.

Haut-Médoc Der südliche Teil des Weinbaugebietes →Médoc in →Bordeaux, aus dem die roten Spitzengewächse stammen.

Hebsack Ortsteil von Remshalden. Weinort im Anbaugebiet →Württemberg, Bereich Remstal-Stuttgart. Großlage: *Wartbühl*. Einzellage: *Lichtenberg*.

Hechtsheim Ortsteil von Mainz. Weinort im Anbaugebiet →Rheinhessen, Bereich Nierstein. Großlage: *Sankt Alban*. Einzellage: *Kirchenstück*.

Heckenwirtschaft →Straußwirtschaft.

Hecklingen Stadtteil von Kenzingen. Weinort im Anbaugebiet →Baden, Bereich Breisgau. Großlage: *Burg Lichteneck*. Einzellage: *Schloßberg*.

Hedelfingen →Stuttgart.

Hefeböckser Fortgeschrittenes Stadium des →Böcksers. Kann auftreten, wenn ein Schwefelwasserstoffböckser nicht rechtzeitig beseitigt wurde. Auch Lager- oder →Mercaptanböckser genannt.

Hefebranntwein, -schnaps Erzeugnis aus destilliertem, noch weinhaltigem Hefetrub (→Destillation). Ein beliebter Branntwein, noch aromatischer als →Tresterbranntwein, der durch längere Lagerung an Farbe, Wert und Wohlgeschmack gewinnt. Er unterscheidet sich von Weinbrand oder Tresterbranntwein durch einen höheren Gehalt an Weinöl (→Fuselöl), weshalb er sich beim Verdünnen mit Wasser in vielen Fällen im Glas milchig trübt.

Hefedepot Die abgelagerte Hefe nach Beendigung der zweiten Gärung bei der Schaumweinerzeugung, auch Geläger genannt (→Trub).

Hefen Einzellige →Mikroorganismen, die zu den Pilzen (lat: fungi; griech.: mycetes) gehören. Die für die Weinbereitung wichtigsten Hefen gehören zur Gattung Saccharomyces (Zuckerpilze), und zwar sind es im wesentlichen verschiedene Arten von Saccharomyces cerevisiae, hauptsächlich var. ellipsoideus und pastorianus. Die beiden letzten Arten bezeichnet man auch als »echte Weinhefen«, sie unterscheiden sich von den mehr runden »Bierhefen« durch ihre ellipsenförmige bis längliche Gestalt. Ihr Durchmesser beträgt nur etwa 0,004–0,014 mm. Durch ihre Lebenstätigkeit (Stoffwechsel) wird der im →Traubensaft (Most) enthaltene →Zucker in →Alkohol, →Kohlensäure, →Bukettstoffe und andere Nebenprodukte umgewandelt. Diesen Vorgang, bei dem aus Most schließlich Wein entsteht, bezeichnet man alkoholische →Gärung.
Neben den »echten« sind jedoch noch andere Hefen im Most vorhanden, die für die Weinbereitung schädlich sind und die man als »wilde« Hefen bezeichnet. Hierzu gehören zum Beispiel die →Apiculatushefen, die man ihrer zitronenförmigen Gestalt wegen auch »Spitzpilze« nennt, die →Kahmhefen, die sich bei Luftzutritt an der Oberfläche eines Weines anhäufen, oder die Schleimhefen. Sowohl die echten als auch die wilden Hefen sowie einige Schimmelpilze und →Bakterien sitzen bereits von Natur aus auf den Beerenschalen, gelangen somit in den Most, und die Gärung leitet sich in der Regel von selbst ein (→Spontangärung). Möchte man jedoch verhindern, daß sich wilde Hefen und andere unerwünschte Mikroorganismen rascher vermehren als die Weinhefen, was zu Fehlgärungen führen kann, setzt man dem Most →Reinzuchthefen zu. Ein →Pasteurisieren des Mostes vor dem Hefezusatz ist dabei vorteilhaft, da zunächst *alle* Mikroorganismen abgetötet werden und sich während der Gärung nur noch die zugesetzten Weinhefen vermehren können.

Hefeschönung Zur Behandlung →hochfarbiger oder braun gewordener Weine eignet sich frische, dickflüssige Weinhefe, die in einer Menge bis zu 5 % dem Wein zugesetzt werden darf. Die zahllosen Hefezellen, welche in ihrer Gesamtheit eine sehr große Oberfläche bilden, adsorbieren den braunen Farbstoff und beseitigen in einem gewissen Maß auch unerwünschte Geruchs- und Geschmacksstoffe. Ein besonderer Vorteil dieses Verfahrens ist, daß dem Wein keine wesensfremden Stoffe zugesetzt werden. Zur →Schönung wird frische, hellfarbige Hefe von gesunden Weinen verwendet.

Hefetrübungen Weinfehler. Weine mit →Restsüße müssen keimfrei abgefüllt werden, weil sich sonst Hefe auf Kosten des Restzuckers vermehrt, es zu einer →Nachgärung kommt und der Wein in der Flasche eingetrübt wird. Infolge der sich bildenden →Kohlensäure schmecken die Weine gärig und →scharf.

Hefewein Aus dem Hefetrub früher zur Herstellung von →Haustrunk gewonnener »Nachwein«, der stets dünn und leer schmeckte. Er war säurearm und neigte aufgrund seines Bakterienreichtums leicht zum Verderben. Da er vielfach zur Verfälschung und Streckung von Wein benutzt wurde, ist seine Herstellung nach dem →Weingesetz verboten.

hefig Besonders →Jungwein oder Weine, die vor dem ersten Abstich zu lange auf der →Hefe gelegen haben, können einen hefigen Geruch und Geschmack annehmen.

Heften →Aufbinden.

Heidelberg Universitätsstadt und Weinort im Anbaugebiet →Baden, Bereich Badische Bergstraße/Kraichgau. Großlagen: *Rittersberg, Mannaberg.* Einzellagen: *Heiligenberg, Sonnenseite ob der Bruck, Burg, Dachsbuckel, Herrenberg, Dormenacker.*

Heidelsheim Ortsteil von Bruchsal. Weinort im Anbaugebiet →Baden, Bereich Bergstraße/Kraichgau. Großlage: *Mannaberg.* Einzellage: *Altenberg.*

Heidenwein (Heida) →Paien.

Heidesheim Weinort im Anbaugebiet →Rheinhessen, Bereich Bingen. Großlage: *Kaiserpfalz.* Einzellagen: *Geißberg, Steinacker, Höllenberg.*

Heidingsfeld Ortsteil von Würzburg. Weinort im Anbaugebiet →Franken, Bereich Maindreieck. Großlage: *Marienberg.* Einzellage: *Kirchberg.*

Heilbronn Bedeutende Weinbau- und Weinhandelsgemeinde im Anbaugebiet →Württemberg, Bereich Württembergisch Unterland, mit Ortsteilen →Horkheim, →Klingenberg. Großlagen: *Kirchenweinberg, Staufenberg.* Einzellagen: *Sonnenberg, Stahlbühl, Stiftsberg, Wartberg, Altenberg.* Der beste Wein des Jahres erhält den Namen *Käthchenwein* nach Kleists Drama »Das Käthchen von Heilbronn«.

Heiligenstadt Weinort innerhalb der Stadtgrenze von →Wien.

Heiligenstein Ortsteil von Römerberg. Weinort im Anbaugebiet →Rheinpfalz, Bereich Südliche Weinstraße. Großlage: *Trappenberg.* Einzellagen: *Alter Berg, Narrenberg* (Römerberg).

Heiligenzell Ortsteil von Friesenheim. Weinort im Anbaugebiet →Baden, Bereich Breisgau. Großlage: *Schutterlindenberg.* Einzellage: *Kronenbühl.*

Heimbach Ortsteil von Teningen. Weinort im Anbaugebiet →Baden, Bereich Breisgau. Großlage: *Burg Lichteneck.* Einzellage: *Bienenberg.*

Heimersheim 1. Ortsteil von Bad Neuenahr-Ahrweiler. Weinort im Anbaugebiet →Ahr, Bereich Walporzheim/Ahrtal. Großlage: *Klosterberg.* Einzellagen: *Landskrone, Burggarten.*
2. Ortsteil von Alzey. Weinort im Anbaugebiet →Rheinhessen, Bereich Wonnegau. Großlage: *Sybillenstein.* Einzellagen: *Sonnenberg, Rotenfels.*

Heinsheim Ortsteil von Bad Rappenau. Weinort im Anbaugebiet →Baden, Bereich Badische Bergstraße/Kraichgau. Großlage: *Stiftsberg.* Einzellage: *Burg Ehrenberg.*

Hektar Amtliches Flächenmaß in Ländern mit metrischem System. 1 Hektar (ha) = 100 Ar (a) = 10.000 Quadratmeter (m^2). In Europa wird die Weinbergsfläche normalerweise in Hektar, der Ertrag in →Hektoliter oder →Liter pro Hektar ausgedrückt.

Hektoliter Amtliches Großhohlraummaß in Ländern mit metrischem System. 1 Hektoliter (hl) = 100 Liter (l). Entspricht 26,42 US-Gallonen oder 22,03 englischen Gallonen.

Helfant und **Esingen** Ortsteile von Palzem. Doppelgemeinde im Anbaugebiet →Mosel-Saar-Ruwer, Bereich Obermosel. Großlage: *Gipfel.* Einzellage: *Kapellenberg.*

Helfensteiner Rotweinrebe; Neuzüchtung der Staatlichen Lehr- und Versuchsanstalt für Wein-, Obst- und Gartenbau, Weinsberg; von

August Herold durchgeführte Kreuzung aus Blauem Frühburgunder x Blauem Trollinger; Zuchtnummer We S 53-32, benannt nach einer Burg bei Geislingen/Steige. Die Reife erfolgt früh; die Sorte bringt infolge großer Blütenempfindlichkeit unsichere, schwankende Erträge mit hohen Mostgewichten. Die Weine präsentieren sich neutral und gefällig, sind im allgemeinen aber von mittlerer Qualität. Bestockte Rebfläche in Deutschland: 41 ha.

Helmsheim Ortsteil von Bruchsal. Weinort im Anbaugebeit →Baden, Bereich Badische Bergstraße/Kraichgau. Großlage: *Mannaberg.* Einzellage: *Burgwingert.*

Hemsbach Weinort im Anbaugebiet →Baden, Bereich Badische Bergstraße/Kraichgau. Großlage: *Rittersberg.* Einzellage: *Herrnwingert.*

Heppenheim 1. Weinort im Anbaugebiet →Hessische Bergstraße, Bereich Starkenburg, mit den Ortsteilen Erbach und Hambach. Großlage: *Schloßberg.* Einzellagen: *Stemmler, Centgericht, Steinkopf, Maiberg, Guldenzoll, Eckweg.*
2. Ortsteil von Worms. Weinort im Anbaugebiet →Rheinhessen, Bereich Wonnegau. Großlage: *Liebfrauenmorgen.* Einzellagen: *Affenberg, Schneckenberg.*

Heppingen Ortsteil von Bad Neuenahr-Ahrweiler. Weinort im Anbaugebiet →Ahr, Bereich Walporzheim/Ahrtal. Großlage: *Klosterberg.* Einzellagen: *Berg, Burggarten.*

herb Weine, die sich →gerbstoffreich probieren und einen eher zusammenziehenden (→astringierenden) als →harten oder →sauren Geschmackseindruck hinterlassen. Im Gastronomie-Jargon meint man damit auch säurebetonte Weine mit wenig →Restsüße.

Herbizide Chemische Mittel zur Bekämpfung von Unkraut. Da Handarbeit immer teurer wird und Spezialpflüge, die das Unkraut mechanisch entfernen, die Gefahr der Stockverletzung mit sich bringen, werden immer mehr Herbizide eingesetzt. Ziel der chemischen Unkrautbekämpfung ist es, das Unkraut im Boden zunächst wachsen zu lassen, wodurch der Boden durchwurzelt und gegen Erosion geschützt wird. Es gibt chemische Mittel, die auf das keimende Unkraut wirken (Vorauflaufmittel) und solche, die über die Blätter der Unkräuter wirksam werden (Nachauflaufmittel). Letztere haben in der Praxis größere Bedeutung erlangt. Im Weinbau wird im allgemeinen nur das Unkraut unter den Stockreihen mit chemischen Mitteln bekämpft (Unterstockbehandlung), während in der →Gasse die mechanische Bearbeitung beibehalten wird. Chemische Mittel werden nur freigegeben, wenn sie nicht in den Wurzelbereich der Reben gelangen, so daß bei richtiger Anwendung Schäden an den Reben ausgeschlossen sind. Langjährige Untersuchungen haben ergeben, daß durch den Einsatz von Herbiziden der Boden nicht vergiftet wird; die Gesamtzahl der →Mikroorganismen im Boden geht durch Herbizide nicht zurück.

Herbolzheim 1. Weinbaugemeinde im Anbaugebiet →Baden, Bereich Breisgau, mit Ortsteilen →Bleichheim, →Broggingen, →Tutschfelden, →Wagenstadt. Großlage: *Burg Lichteneck.* Einzellage: *Kaiserberg.*
2. Ortsteil von Neudenau. Weinort im Anbaugebiet →Baden, Bereich Kocher-Jagst-Tauber. Großlage: *Kocher.* Einzellage: *Hofberg.*

Herbst (oder **Herbsten**) Bei der Landbevölkerung, besonders in Süddeutschland, übliche Bezeichnung für das Einbringen der Traubenernte (→Traubenlese).

Herbstausschuß In Deutschland wird dieser Ausschuß in den Weinbaugemeinden aus dem Bürgermeister, dem Ortslandwirt und bis zu 5 weinbautreibenden Mitgliedern gebildet. Er beschließt über die Schließung der Weinberge und setzt – getrennt nach Rebsorten und Lagen – Zeitpunkt, Dauer und Durchführung der Vorlese, Hauptlese und Spätlese fest. Der Beginn der Hauptlese soll bei den einzelnen Traubensorten erst zum Zeitpunkt ihrer optimalen Reife festgelegt werden. Hierbei ist die noch mögliche Mostgewichtszunahme und die Säureminderung je nach Sorte zu berücksichtigen. Ist das Lesegut infolge unabwendbarer Naturereignisse gefährdet, wird eine Vorlese genehmigt. Der Beginn der Spätlese darf frühestens 1 Tag nach Beendigung der Hauptlese festgesetzt werden (→Traubenlese).

Herbstbann →Herbstordnung.

Herbstordnung Teil des deutschen Weingesetzes. Sie wird von den einzelnen Bundesländern geregelt und enthält die Bestimmungen über die Abhaltung der →Traubenlese, wie zum Beispiel die Schließung der Weinberge. Vom Beginn der Traubenreife bis zur Beendigung der Traubenernte dürfen Weinberge, Wirtschaftswege und Fußpfade in den Weinbergsgemarkungen nur mit Erlaubnis des Gemeindevorstandes betreten werden. Arbeiten, die das Lesegut beeinträchtigen, sind untersagt. Die Schließung der Weinberge ist von dem Gemeindevorstand durch Aufstellung deutlich beschrifteter Schilder kenntlich zu machen

Herbst. Allegorie, Schloß Weißenstein, Pommersfelden.

(Herbstbann). Unter die Bußgeldbestimmungen fällt auch, wer außerhalb der durch den →Herbstausschuß festgesetzten Lesezeit Weintrauben erntet.
Auch in anderen europäischen Ländern bestehen entsprechende Verordnungen, die sich nur unwesentlich von den deutschen unterscheiden.

Hergenfeld Weinort im Anbaugebiet →Nahe, Bereich Kreuznach. Großlage: *Pfarrgarten.* Einzellagen: *Mönchberg, Sonnenberg, Herrschaftsgarten.*

Hergersweiler Weinort im Anbaugebiet →Rheinpfalz, Bereich Südliche Weinstraße. Großlage: *Kloster Liebfrauenberg.* Einzellage: *Narrenberg.*

Herkunftsbezeichnung (Ursprungsrecht) Der Standort eines Weines ist wesentlich für die Bildung seines Charakters. Je nördlicher der Geburtsort liegt, um so prägender wirkt sich der Einfluß von →Mikroklima, →Boden und →Lage aus. In wärmeren Gegenden hat der Überfluß an Sonnenschein eine egalisierende Wirkung. In jedem Falle kann man aus der Angabe des Standortes auf die Eigenart eines Weines schließen. In Deutschland geht die Entstehung der Lagenbezeichnungen vermutlich auf die Römerzeit zurück. Ihre ersten urkundlichen Erwähnungen fanden um die Jahrtausendwende statt. 1756 grenzte man in →Portugal erstmalig in der Welt gesetzlich ein Herkunftsgebiet für eine bestimmte Weinart (Portwein) ab. In Frankreich wurden die ältesten Lagen für die Cru-Classé-Produkte der Médoc-Weingüter festgelegt. Heute ist in den einzelnen Weinbauländern die Herkunftsbezeichnung unterschiedlich geregelt, in manchen gar nicht. EG- wie auch Drittländer sind damit beschäftigt, ihre Weingesetze einander anzugleichen. Im westlichen Block wird angestrebt, Althergebrachtes zu bewahren und den individuellen, herkunftsbezogenen Weinan- und -ausbau zu pflegen. Die osteuropäischen Ländern haben ihre Rebanbauflächen spektakulär vergrößert und bieten ihre Weine in standardisierten Großfüllungen unter Markennamen an. Die Sowjetunion (das viertgrößte Weinbauland der Welt) hat bei einer Rebfläche von 1,1 Millionen ha schätzungsweise weniger als 200 verschiedene Weintypen (Markennamen) aufzuweisen. Die Zentralisation der Weinproduktion erbrachte zwar eine Hebung des Gesamtniveaus, doch einen weitgehenden Verlust an Besonderheiten. Ähnlich den Bestimmungen der EG über die »Qualitätsweine bestimmter Anbaugebiete« (→VQPRD) zeichnen sich neuerdings aber auch in östlichen Weinbauländern Tendenzen zur Individualisierung ab (Rayonisierung der Weinbaugebiete, Klassifizierung der Erzeugnisse).

Herkunfts-Typenwein Besondere Bezeichnung, genehmigt zur Förderung des Absatzes typischer Weine (→Typenwein). In Baden verwendet man die Namen →*Affentaler Spätburgunder Rotwein* zur Angabe der Herkunft eines Rotweines der Rebsorte Spätburgunder aus dem Gebiet um Eisental; und →*Ehrentrudis Spätburgunder Weißherbst* zur Angabe der Herkunft eines Roseeweines der Rebsorte Spätburgunder aus dem Bereich Kaiserstuhl-Tuniberg. Beide Namen sind nur zugelassen für Qualitätswein und Qualitätswein mit Prädikat, nicht für Tafelwein (→Liebfraumilch).

Hermitage (auch **Ermitage**) Französischer Rot- und Weißwein aus dem Gebiet →Côtes du Rhône mit eigener AC. Der kräftige, körperreiche Rotwein stammt aus der →Syrah; er sollte nicht zu jung getrunken werden. Der goldgelbe Weißwein aus Roussanne und Marsanne hat ein typisches Aroma. Es gibt ihn auch als →Strohwein mit 15 Vol.-% Alkohol.

Heroldrebe Rotweinsorte; Neuzüchtung der Staatlichen Lehr- und Forschungsanstalt Weinsberg; von August Herold durchgeführte Kreuzung aus Portugieser x Limberger; Zuchtnummer We S 130. Trägt den Namen des Züchters. Reift ähnlich spät wie Blauer →Spätburgunder, ist von starkem Wuchs, bringt sehr hohe, sichere Erträge. Die Weine sind rassig und gerbstoffbetont. Möglicherweise in manchen Lagen Ersatzsorte für →Portugieser. Bestockte Rebfläche in Deutschland: 220 ha.

Herrnbaumgarten Niederösterreichischer Weinort im Weinbaugebiet →Weinviertel. Spritzige, bukettreiche Weißweine, einige Rotweine. Rebfläche: rund 700 ha.

Herrnsheim Ortsteil von Worms. Weinort im Anbaugebiet →Rheinhessen, Bereich Wonnegau. Großlage: *Liebfrauenmorgen.* Einzellagen: *Rheinberg, Lerchelsberg, Sankt Annaberg, Hochberg, Römersteg.*

Herrschäftler Weine aus der Bündner Herrschaft im Schweizer Kanton →Graubünden.

Herten Stadtteil von Rheinfelden. Weinort im Anbaugebiet →Baden, Bereich Markgräflerland. Großlage: *Vogtei Rötteln.* Einzellage: *Steinacker.*

Hertingen Ortsteil von Bad Bellingen. Weinort im Anbaugebiet →Baden, Bereich Markgräflerland. Großlage: *Vogtei Rötteln.* Einzellage: *Sonnhohle.*

Hertmannsweiler Ortsteil von Winnenden. Weinort im Anbaugebiet →Württemberg, Bereich Remstal-Stuttgart. Großlage: *Wartbühl.* Einzellage: *Himmelreich.*

Herxheim am Berg Weinort im Anbaugebiet →Rheinpfalz, Bereich Mittelhaardt/Deutsche Weinstraße. Großlage: *Kobnert.* Einzellagen: *Kirchenstück, Himmelreich, Honigsack.*

Herxheim bei Landau/Pfalz Weinort im Anbaugebiet →Rheinpfalz, Bereich Südliche Weinstraße. Großlage: *Herrlich.* Einzellage: *Engelsberg.*

Herxheimweyher Weinort im Anbaugebiet →Rheinpfalz, Bereich Südliche Weinstraße. Großlage: *Herrlich.* Einzellage: *Am Gaisberg.*

Herzegowina Weinbauregion in Jugoslawien. Der →*Zilavka*-Weißwein und der *Blatina*-Rotwein haben überregionale Bedeutung.

herzhaft Bezeichnung für einen →kräftigen, →kernigen und festen Wein, bei dem die Säure zwar betont ist, durch die Verbindung mit anderen Weininhaltsstoffen aber angenehm in Erscheinung tritt. Meist zutreffend für Weine von mittlerer bis guter Qualität.

Herzschar →Bodenbearbeitung.

Heßheim Weinort im Anbaugebiet →Rheinpfalz, Bereich Mittelhaardt/Deutsche Weinstraße. Großlage: *Schwarzerde.* Einzellage: *Lange Els.*

Hessigheim Weinort im Anbaugebiet →Württemberg. Bereich Württembergisch Unterland. Großlage: *Schalkstein.* Einzellagen: *Felsengarten, Käsberg, Wurmberg.*

Hessische Bergstraße Deutsches bestimmtes Anbaugebiet mit 389 ha bestockter Rebfläche, davon nur 10 ha rote Rebsorten. Durchschnittliche Weinmosternte rund 30.000 hl.
Die Rebflächen erstrecken sich am Westhang des in die Rheinische Ebene steil abfallenden Odenwaldes und reichen in die Südhänge der Seitentäler hinein. Mittelpunkt sind die Städte Heppenheim, Bensheim und Zwingenberg sowie Groß-Umstadt im Nordosten von Darmstadt. Zwischen den Weinbergen eingestreut liegen Obstgärten, die vor allem während der Baumblüte im Frühjahr der Bergstraße ein besonderes Gepräge geben. Der Beginn des Rebbaues geht möglicherweise auf die Römer zurück; bei Ausgrabungen eines römischen Gutshofes in Groß-Umstadt wurde ein Sandsteinrelief mit Traubendarstellung gefunden. Die ersten urkundlichen Erwähnungen des Weinbaues in Bensheim finden sich im Lorscher Codex (765). Die Böden an der Bergstraße selbst werden zum Großteil von tiefgründigen, kalkhaltigen Löß- oder Hochflutlehmen gebildet. Reine Buntsandsteineinschläge finden sich in einigen Lagen von Heppenheim. Im Bereich Groß-Umstadt sind ausschließlich Verwitterungsböden aus Quarz und Porphyr anzutreffen. Die durchschnittliche Jahrestemperatur liegt bei 9,5°C. Dank der vielen Südhänge und der windgeschützten Lagen reifen die Trauben im Herbst gut aus. Die Reben sind nicht frostgefährdet.
Der Anbau von →Riesling hat in den letzten Jahrzehnten stark zugenommen. Seine Weine sind feingliedrig und zart und weisen eine dezente, fruchtige Säure auf. Der →Silvaner, einstmals die führende Rebsorte, tritt immer mehr zurück, während der →Müller-Thurgau seinen Platz weiter behauptet. Nebenerwerbsbetriebe mit einer Größe um 0,25 ha herrschen hier vor. Der Anteil an hauptberuflichen, selbstmarktenden Winzern ist gering. Die Genossenschaften in Heppenheim und Groß-Umstadt nehmen den Hauptteil der Ernte ab. Die Weine werden zum Großteil innerhalb des Gebietes getrunken. Das Staatsweingut Bergstraße mit 32 ha Rebfläche und die Gebietswinzergenossenschaft streben den überregionalen Absatz an. Die Bergstraße bietet zahlreiche Ausflugsziele. In den Gasthäusern wird der Bergsträßer Schoppen, hier als »Halber«

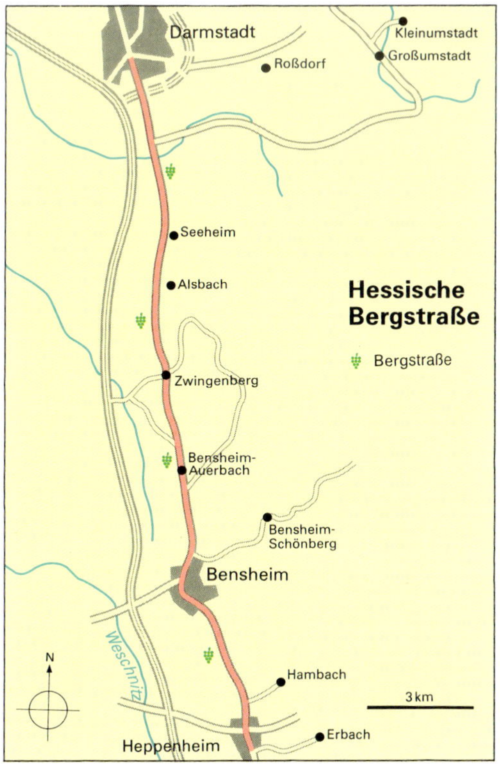

bezeichnet, von Einheimischen und Besuchern gerne getrunken.

Heßloch →Dittelsheim-Heßloch.

Heuchelheim bei Frankenthal Ortsteil von Grünstadt Land. Weinort im Anbaugebiet →Rheinpfalz, Bereich Mittelhaardt/Deutsche Weinstraße. Großlage: *Schwarzerde.* Einzellage: *Steinkopf.*

Heuchelheim-Klingen Doppelgemeinde im Anbaugebiet →Rheinpfalz, Bereich Südliche Weinstraße. Großlage: *Kloster Liebfrauenberg.* Einzellage: *Herrenpfad.*

Heugrumbach →Arnstein.

Heuholz Ortsteil von Pfedelbach. Weinort im Anbaugebiet →Württemberg, Bereich Württembergisch Unterland. Großlage: *Lindelberg.* Einzellage: *Dachsteiger.*

Heunisch Im 19. Jahrhundert wichtige deutsche Rebsorte von minderer Qualität, heute aus dem Sortiment verschwunden.

Heuriger 1. Österreichische Bezeichnung für einen frischen, jungen, weniger als ein Jahr alten Schoppenwein aus inländischen, meist verschiedenen Trauben. Ein Wein gilt als Heuriger vom 11. November (Martini) eines Jahres bis zum Ende des folgenden. Er wird in kleinen Gartenwirtschaften und Weinstuben »im Buschenschank verleutgebt«. Die Schänken sind durch einen Busch (Besen, Strauß) gekennzeichnet (→Straußwirtschaft).
2. Als Heuriger bezeichnet man auch die Lokale, in denen der junge Wein, aber auch der »Alte« vom Jahr zuvor ausgeschenkt wird.

Heuweiler Weinort im Anbaugebiet →Baden, Bereich Breisgau. Großlage: *Burg Zähringen.* Einzellage: *Eichberg.*

Heuwurm →Traubenwickler.

Hildegardistraube (Tamara) Rote Tafeltraube; Neuzüchtung der Bayerischen Landesanstalt für Wein-, Obst- und Gartenbau, Würzburg, aus der Kreuzung von Müller-Thurgau x Siegerrebe. Zuchtnummer Wü B 48-21-9.
Die Reife erfolgt sehr früh; der Wuchs ist gut; die Trauben sind mittelgroß, kompakt mit rötlichen Beeren und von angenehmem und aromatischem Geschmack.

Hillesheim Weinort im Anbaugebiet →Rheinhessen, Bereich Nierstein. Großlage: *Krötenbrunnen.* Einzellagen: *Altenberg, Sonnheil.*

Hilsbach Ortsteil von Sinsheim. Weinort im Anbaugebiet →Baden, Bereich Badische Bergstraße/Kraichgau. Großlage: *Stiftsberg.* Einzellage: *Eichelberg.*

Hilzingen Weinort im Anbaugebiet →Baden, Bereich Bodensee. Großlage: *Sonnenufer.* Einzellage: *Elisabethenberg.*

Himmelstadt Weinort im Anbaugebiet →Franken, Bereich Maindreieck. Großlage: *Roßtal.* Einzellage: *Kelter.*

Hippe Messer mit gebogener Klinge, mit dem der Winzer die Reben früher schnitt. Heute ist sie durch die Weinbergsschere ersetzt worden.

Hirschau Ortsteil von Tübingen. Weinort im Anbaugebiet →Württemberg, Bereich Oberer Neckar. Einzellage: *Sonnenhalden.*

Hirschberg →Großsachsen, →Leutershausen.

Hirzenach Ortsteil von Boppard. Weinort im Anbaugebiet →Mittelrhein, Bereich Rheinburgengau. Einzellage: *Probsteiberg.*

Hlohovec-Trnava (Freistadt-Tyrnau) Slowakische Weinbauregion mit hauptsächlich weißen und roten Sortenweinen, die aufgrund des kontinentalen Klimaeinflusses eine frische, fruchtige Säure aufweisen (→Tschechoslowakei).

Hochburg Ortsteil von Emmendingen. Weinort im Anbaugebiet →Baden, Bereich Breisgau. Großlage: *Burg Zähringen.* Einzellage: *Halde.*

Hochdorf-Assenheim Weinort im Anbaugebiet →Rheinpfalz, Bereich Mittelhaardt/Deutsche Weinstraße. Großlage: *Hofstück.* Einzellage: *Fuchsloch.*

Hochfarbigkeit Weine, die zu wenig Schwefel und zuviel Luft bekommen haben, werden gelb bis gelbbraun und verlieren auch meist an Frische. Fachausdruck für fehlerhafte →Farbe von Weißweinen (→Schwefeln).

Hochheim 1. Wein- und Sektstadt im Anbaugebiet →Rheingau, Bereich Johannisberg. Großlage: *Daubhaus.* Einzellagen: *Berg, Reichestal, Stielweg, Domdechaney, Kirchenstück, Hofmeister, Königin Victoriaberg, Stein, Herrnberg, Hölle.* Hochheimer war der Lieblingswein der Königin Victoria von England und ihres Gemahls, des Prinzen Albert von Sachsen-Coburg-Gotha. Da man am englischen Königshof diese Weine bevorzugte, wurde der

→Hock, wie man Hochheimer Wein kurz nannte, zum Sammelbegriff für deutsche Rheinweine überhaupt. Ein Denkmal in der Weinbergslage *Königin Victoriaberg* erinnert daran, daß die Königin den Weinberg persönlich besucht hat.
2. Ortsteil von Worms. Weinort im Anbaugebiet →Rheinhessen, Bereich Wonnegau. Großlage: *Liebfrauenmorgen*. Einzellage: *Nonnenwingert*.

Hochheimer Synonym für Weißer →Riesling.

Hochkultur Österreichische Bezeichnung für Lenz-Moser-Weitraumanlagen (→Erziehung).

Hochstadt Weinort im Anbaugebiet →Rheinpfalz, Bereich Südliche Weinstraße. Großlage: *Trappenberg*. Einzellage: *Roter Berg*.

Hochstätten Weinort im Anbaugebiet →Nahe, Bereich Schloß Böckelheim. Großlage: *Paradiesgarten*. Einzellage: *Liebesbrunnen*.

Hock Englische Bezeichnung, ursprünglich für Wein aus →Hochheim, später für Rheinwein überhaupt. Ein Sprichtwort sagt: »Good Hock keeps off the doc« – ein guter Hochheimer Wein macht den Doktor überflüssig.

Hof Ortsteil von Großbottwar. Weinort im Anbaugebiet →Württemberg, Bereich Württembergisch Unterland. Großlage: *Wunnenstein*. Einzellagen: *Lichtenberg, Harzberg*.

Hofen 1. Ortsteil von Bönnigheim. Weinort im Anbaugebiet →Württemberg. Bereich Württembergisch Unterland. Großlage: *Stromberg*. Einzellage: *Lerchenberg*.
2. →Stuttgart.

Höflein Niederösterreichischer Weinort im Weinanbaugebiet →Donauland-Carnuntum. Spritzige, leichte, auch gehaltvolle Weißweine und gute Rotweine. Rebfläche: 190 ha.

Hofweier Ortsteil von Hohberg. Weinort im Anbaugebiet →Baden, Bereich Ortenau. Großlage: *Fürsteneck*. Einzellage: *Kinzigtäler*.

Höhefeld Ortsteil von Wertheim. Weinort im Anbaugebiet →Baden, Bereich Badisches Frankenland. Großlage: *Tauberklinge*. Einzellage: *Kemelrain*.

Hohenbeilstein Ortsteil von Beilstein. Weinort im Anbaugebiet →Württemberg, Bereich Württembergisch Unterland. Großlage: *Wunnenstein*. Einzellage: *Schloßwengert*.

Hoheneck Ortsteil von Ludwigsburg. Weinort im Anbaugebiet →Württemberg, Bereich Württembergisch Unterland. Großlagen: *Schalkstein, Wunnenstein*. Einzellagen: *Neckarhälde, Oberer Berg*.

Hohenhaslach Ortsteil von Sachsenheim. Weinort im Anbaugebiet →Württemberg, Bereich Württembergisch Unterland. Großlage: *Stromberg*. Einzellagen: *Kirchberg, Klosterberg*.

Hohenheim →Stuttgart.

Höhenlage Standort, gemessen an der Meereshöhe oder NN. Da die mittlere Jahrestempereratur mit steigender Höhe alle 100 m etwa 0,5–0,6° C sinkt, werden hochgelegene Weinberge am Tage weniger erwärmt als tiefer gelegene, kühlen jedoch nachts langsamer ab. Sie sind daher durch Strahlungsfröste nicht so sehr gefährdet, aber durch die tieferen →Temperaturen und die höhere →Windbelastung wird das Ausreifen der Trauben hinausgezögert. Während die Weinbauflächen des Mosel- und Rheintales zwischen 80 und 300 m über NN liegen, stehen die Reben Südbadens zwischen 180 und 400 m über NN; in der Schweiz (Wallis) und in Südtirol gibt es Weinbau bis zu Höhen von 1.000 m über NN, noch höher gelegene Rebanlagen im Kaukasus, in →Peru und →Bolivien.

Hohensachsen Ortsteil von Weinheim. Weinort im Anbaugebiet →Baden, Bereich Badische Bergstraße/Kraichgau. Großlage: *Rittersberg*. Einzellage: *Stephansberg*.

Hohenstein Ortsteil von Bönnigheim. Weinort im Anbaugebiet →Württemberg, Bereich Württembergisch Unterland. Großlage: *Stromberg*. Einzellage: *Kirchberg*.

Hohen-Sülzen Weinort im Anbaugebiet →Rheinhessen, Bereich Wonnegau. Großlage: *Domblick*. Einzellagen: *Sonnenberg, Kirchenstück*.

Hohentengen Weinort im Anbaugebiet →Baden, Bereich Bodensee. Einzellage: *Ölberg*.

Hohenwarth Niederösterreichischer Weinort im Weinanbaugebiet →Weinviertel. Zentrum des Ravelsbacher Gebiets. Hauptsächlich Weißweine, ein kleiner Teil Rotweine, die unter einem eigenen Etikett als Markenwein in den Handel gebracht werden. Rebfläche: 384 ha.

Hohenwettersbach Ortsteil von Karlsruhe. Weinort im Anbaugebiet →Baden, Bereich

Badische Bergstraße/Kraichgau. Großlage: *Hohenberg*. Einzellage: *Rosengarten*.

Höhnstedt Weinort im Weinbaugebiet →Saale-Unstrut, mit den Lagen *Kelterberg* und *Kreisberg*.

Holandas Destillat zur Herstellung von spanischem Coñac, auch →Spanish Brandy genannt.

Hölder Weißweinrebe; Neuzüchtung der Staatlichen Lehr- und Forschungsanstalt Weinsberg. Kreuzung aus Riesling x Ruländer; Zuchtnummer We S 397. Zur Eintragung in die Sortenliste angemeldet. Anbaufläche in Deutschland: 13 ha.

Hollabrunn Niederösterreichischer Weinort im Weinbaugebiet →Weinviertel mit Weinbauschule. Große Weinverkostung im August. Frische Weißweine. Rebfläche: 220 ha.

Holland →Niederlande.

Höllenwein Charakteristischer, gehaltvoller Rotwein aus Pinot Noir (Blauer →Spätburgunder) aus Salgesch im Schweizer Kanton →Wallis.

Holz Bei der Rebe unterscheidet man zwischen einjährigem und mehrjährigem Holz (→Rute).

Holzen Ortsteil von Kandern. Weinort im Anbaugebiet →Baden, Bereich Markgräflerland. Großlage: *Vogtei Rötteln*. Einzellage: *Steingäßle*.

Holzfaß →Faß, →Eichenholz.

Holzgeschmack, holzig Weine, die in nicht ausreichend →»weingrün« gemachten Holzfässern gelagert wurden, können →Gerb- und andere Stoffe aus dem →Eichenholz aufnehmen und schmecken dann oft fremdartig →hart und holzig. Holzgeschmack wird oft mit →Faßgeschmack verwechselt, der jedoch von schlecht gereinigten, alten Holzfässern herrührt.

Homburg Ortsteil von Triefenstein. Weinort im Anbaugebiet →Franken, Bereich Maindreieck. Einzellagen: *Kallmuth, Edelfrau*.

Honigler, Weißer Synonym für →Mézes Fehér.

Hönningen, Bad Weinort im Anbaugebiet →Mittelrhein, Bereich Rheinburgengau. Großlage: *Burg Hammerstein*. Einzellage: *Schloßberg*.

Höpfigheim Ortsteil von Steinheim. Weinort im Anbaugebiet →Württemberg, Bereich Württembergisch Unterland. Großlage: *Schalkstein*. Einzellage: *Königsberg*.

Horchheim Ortsteil von Worms. Weinort im Anbaugebiet →Rheinhessen, Bereich Wonnegau. Großlage: *Liebfrauenmorgen*. Einzellage: *Goldberg*.

Horitschon Weinort im österreichischen →Burgenland, Weinbaugebiet →Mittelburgenland. Samtige Rotweine. Rebfläche: 420 ha.

Horizontalpressen →Keltern.

Horkheim Ortsteil von Heilbronn. Weinort im Anbaugebiet →Württemberg, Bereich Württembergisch Unterland. Großlage: *Staufenberg*. Einzellage: *Stiftsberg*.

Horrenberg Ortsteil von Dielheim. Weinort im Anbaugebiet →Baden, Bereich Badische Bergstraße/Kraichgau. Großlage: *Mannaberg*. Einzellage: *Osterberg*.

Horrheim Ortsteil von Vaihingen. Weinort im Anbaugebiet →Württemberg, Bereich Württembergisch Unterland. Großlage: *Stromberg*. Einzellage: *Klosterberg*.

Horrweiler Weinort im Anbaugebiet →Rheinhessen, Bereich Bingen. Großlage: *Sankt Rochuskapelle*. Einzellagen: *Goldberg, Gewürzgärtchen*.

Hörstein Ortsteil von Alzenau. Weinort im Anbaugebiet →Franken, Bereich Mainviereck. Großlage: *Reuschberg*. Einzellage: *Abtsberg*.

Hospice de Beaujeu Weinbezeichnung für einen →Beaujolais, der aus der gleichnamigen Krankenhausstiftung stammt. Hinzugesetzt wird jeweils der Herkunftsort der Reben (zum Beispiel *Fleurie*).

Hospices de Beaune 1443 vom Kanzler von Burgund im Zentrum von →Beaune gegründetes Hospital, auch Hôtel-Dieu genannt, das die Jahrhunderte unverändert überdauert hat. An jedem 3. Sonntag im November findet hier, in der Hauptstadt der Burgunderweine, eine Versteigerung zahlreicher weltberühmter Weine statt.

Hößlinsülz Ortsteil von Löwenstein. Weinort im Anbaugebiet →Württemberg, Bereich Württembergisch Unterland. Großlage: *Salzberg*. Einzellage: *Dieblesberg*.

Hotte →Butte.

Hubenverbund Zusammenschluß von Winzern im frühen Mittelalter in Deutschland, Vorläufer der späteren →Winzergenossenschaften.

hübsch Anerkennende Beurteilung für kleinere oder mittlere leichte, gefällige Weine, bei denen alle Inhaltsstoffe sowohl einen harmonischen Geruchs- als auch Geschmacksausdruck zeigen.

Hubschraubereinsatz Erfolgt im Weinbau zur Durchführung des →Pflanzenschutzes. Große Flächen können in kürzester Zeit unabhängig von den Bodenverhältnissen (Nässe, Steilheit) behandelt werden, und der Winzer hat zugleich die Möglichkeit, die gewonnene Zeit für andere wichtige Arbeit zu nützen. Nachteilig bei der Hubschrauberspritzung ist, daß die Benetzung der Trauben nicht immer befriedigt.

Hubschwenklockerer →Bodenbearbeitung.

Hüffelsheim Weinort im Anbaubebiet →Nahe, Bereich Schloß Böckelheim. Großlage: *Rosengarten*. Einzellagen: *Mönchberg, Steyer, Gutenhölle*.

Hügelheim Ortsteil von Müllheim. Weinort im Anbaugebiet →Baden, Bereich Markgräflerland. Großlage: *Burg Neuenfels*. Einzellagen: *Höllberg, Gottesacker, Schloßgarten*.

Hugsweier Ortsteil von Lahr. Weinort im Anbaugebiet →Baden, Bereich Breisgau. Großlage: *Schutterlindenberg*. Einzellage: *Kronenbühl*.

Humagne Alte, spätreifende, selten gewordene Rebsorte im Schweizer Kanton →Wallis. Sie liefert einen milden, zarten Wein, mit dem nach alter Sitte der erste Kirchgang der Wöchnerinnen gefeiert wurde.

Humus Abbauprodukt der →organischen Substanz, zusammengesetzt aus verschiedenen Huminsäuren. Humus verbessert den Boden und fördert das Gedeihen der Pflanzen, also auch der Rebe, in Form von Dauerhumus und Nährhumus. Der erste besteht aus zersetzbaren organischen Massen und bleibt dem Boden lange erhalten; er wirkt physikalisch und chemisch. Die Dauerhumusteilchen können ein Mehrfaches ihres Eigengewichtes an Wasser aufnehmen und festhalten. Sie verbinden sich mit Tonmineralien zu Ton-Humus-Komplexen, die mit Hilfe von schleimigen Ausscheidungen der Bodenbakterien stabile Krümel bilden; der Boden erhält eine gute Gare (→Bodengare). Torfprodukte und zerkleinertes Rebholz sind die wichtigsten Lieferanten von Dauerhumus. Nährhumus dient den kleinsten Bodenlebewesen als Nahrungs- und Energiequelle. Bei seiner mikrobiologischen Umwandlung werden Stickstoff, Antibiotika und Vitamine frei, die von der Rebe über die Wurzel aufgenommen werden können. Nährhumus gelangt in den Weinberg durch abfallende Blätter, absterbendes →Unkraut, →Gründüngung sowie durch organische Dünger (Stallmist, Stroh, Kompost). Bei Humusmangel verliert der Boden die Fähigkeit, Regenwasser zu halten; er verdichtet sich, verschlämmt, leidet an Luftmangel und verliert →Nährstoffe durch Auswaschung und →Erosion.

Hunter Riesling Irreführende Bezeichnung für →Sémillon Blanc.

Hunter River und **Hunter Valley** Weinbaugebiet in →Australien nördlich von Sydney mit zum Teil bemerkenswerten Weiß- und Rotweinen.

Hupperath Weinort im Anbaugebiet →Mosel-Saar-Ruwer, Bereich Bernkastel. Großlage: *Schwarzlay*. Einzellage: *Klosterweg*.

Hustopec-Hodonin (Göding) →Mähren.

Hüttenheim Ortsteil von Willanzheim. Weinort im Anbaugebiet →Franken, Bereich Steigerwald. Großlage: *Frankenberger Schloßstück*. Einzellage: *Tannenberg*.

Huttingen Ortsteil von Efringen-Kirchen. Weinort im Anbaugebiet →Baden, Bereich Markgräflerland. Großlage: *Vogtei Rötteln*. Einzellage: *Kirchberg*.

Huxelrebe Weißweinrebe; Neuzüchtung der Landesanstalt für Rebenzüchtung Alzey. Georg Scheu kreuzte 1927 Weißen Gutedel x Courtillier Musqué. Zuchtnummer Az 3962. Der Name stammt von dem Winzer Fritz Huxel

Zum Bild links:
Buttenträger im badischen Markgräflerland.

aus Westhofen bei Worms, der den eigentlichen Anbauwert als erster erkannte.
Das Blatt ist groß, rundlich, bis schwach dreilappig; die Trauben sind sehr groß, lockerbeerig mit großen, etwas flachen, gelbgrauen Beeren, Wuchs stark bis sehr stark. Das Holz ist gelb bis leicht rötlich, schlecht ausreifend, die Reife erfolgt früh, geringe Frosthärte. Die Rebe ist nur für mittlere bis gute Lagen und lockere, gute Böden geeignet. Gesamte Rebfläche in Deutschland: 1684 ha. Der Ertrag ist hoch bis sehr hoch, stark schwankend. Die Sorte ist häufig jungfernfrüchtig, bringt hohe Mostgewichte und gute Säurewerte. Sie ergibt interessante, reife Weine mit rassiger Säure und dezent vornehmem Muskatbukett; bei Ertragsbegrenzung geeignet zur Erzeugung von hochgrädigen Ausleseweinen. Auch zum Anbau als Tafeltraube gut geeignet.

Hybriden Natürliche oder durch den Züchter herbeigeführte Kreuzungen (Bastardierung) von →Europäerreben und →Amerikanerreben. Derartige Kreuzungen hatten das Ziel, bei den Amerikanerreben vorhandene Resistenzeigenschaften gegenüber Krankheiten und Schädlingen auf die bewährten Europäerreben zu übertragen, ohne deren Qualität zu beeinträchtigen. Diese beiden Ziele konnten nicht erreicht werden. Bei Hydriden sind Pflanzenschutzmaßnahmen weiterhin notwendig, und die Weine haben häufig den unangenehmen →»Fuchsgeschmack«! Da Hybriden außerdem zu Brutstätten der Reblaus werden können, ist ihr Anbau in Deutschland untersagt. Synonyme: interspezifische Sorten (neue amtliche Bezeichnung in der EG), Direktträger. In neuerer Zeit durchgeführte interspezifische Kreuzungen haben zu aussichtsreicheren Sorten geführt, die nach dem gegenwärtigen Stand der Prüfung bessere Ergebnisse erwarten lassen. Nach dem deutschen →Weingesetz darf Hybridenwein nicht in den Handel gebracht oder zu Schaumwein verwendet werden.

I

Iași (ausgesprochen Jasch) Hauptstadt und Weinbauzentrum der rumänischen Provinz →Moldau mit Weinbauforschungsanstalt. Aufgrund des kontinentalen Klimas werden hauptsächlich kernige, kräftige Weißweine erzeugt.

Igel Weinort im Anbaugebiet →Mosel-Saar-Ruwer mit Ortsteil →Liersberg, Bereich Obermosel. Großlage: *Königsberg.* Einzellage: *Dullgärten.*

Ihringen Weinort im Anbaugebiet →Baden, Bereich Kaiserstuhl, mit Ortsteilen →Wasenweiler, →Blankenhornsberg. Großlage: *Vulkanfelsen.* Einzellagen: *Kreuzhalde, Fohrenberg, Winklerberg, Schloßberg, Castellberg, Steinfelsen.*

Ilbesheim Weinort im Anbaugebiet →Rheinpfalz, Bereich Südliche Weinstraße.
Großlage: *Herrlich.* Einzellagen: *Sonnenberg, Rittersberg.*

Illingen Weinbaugemeinde im Anbaugebiet →Württemberg, Bereich Württembergisch Unterland mit Ortsteil →Schützingen. Großlage: *Stromberg.* Einzellagen: *Forstgrube, Halde, Schanzreiter.*

Ilsfeld Weinbaugemeinde im Anbaugebiet →Württemberg, Bereich Württembergisch Unterland, mit Ortsteilen →Auenstein, →Schozach.
Großlagen: *Wunnenstein, Schozachtal.* Einzellagen: *Lichtenberg, Rappen.*

Imbottigliato all'Origine (it.) Originalabfüllung.

Immenstaad Weinort im Anbaugebiet →Baden, Bereich Bodensee. Großlage: *Sonnenufer.* Einzellage: *Burgstall.*

Immesheim Weinort im Anbaugebiet →Rheinpfalz, Bereich Mittelhaardt/Deutsche Weinstraße. Großlage: *Schnepfenflug vom Zellertal.* Einzellage: *Sonnenstück.*

Impfingen Ortsteil von Tauberbischofsheim. Weinort im Anbaugebiet →Baden, Bereich Tauberfranken. Großlage: *Tauberklinge.* Einzellage: *Silberquell.*

Impflingen Weinort im Anbaugebiet →Rheinpfalz, Bereich Südliche Weinstraße. Großlage: *Herrlich.* Einzellage: *Abtsberg.*

Imprägnieren Zusatz von →Kohlensäure zu Wein und anderen Getränken unter Anwendung von Druck. Perlweine enthalten 4–5 g/l Kohlensäure, Schaumweine 8–12 g/l. Beruht der Kohlensäuregehalt eines →Perlweines oder →Schaumweines ganz oder nur zum Teil auf einem Kohlensäurezusatz, so ist dieses laut →Weingesetz deklarierungspflichtig, zum Beispiel: »mit zugesetzter Kohlensäure«.

INAO Abkürzung für das französische Institut National des Appellations d'Origine, in dem Vertreter staatlicher Behörden und Fachleute der Weinwirtschaft vertreten sind. Ihr obliegt die Überwachung der Bestimmungen der →Appellation d'Origine contrôlée.

Indien 95.000 ha Rebfläche; 2,5 Millionen dz Tafeltrauben, davon 1.000 dz Export; 90.000 dz Import von Tafeltrauben, 100.000 dz Import von Rosinen.
In Indien dient der Rebanbau fast ausschließlich der Gewinnung von Tafeltrauben und Rosinen. Erst neuerdings beginnt man mit geringfügiger Produktion von Wein und Traubensaft. Die Anbaufläche hat sich in den letzten Jahren verdreifacht. Sie liegt verteilt auf zwei Zonen Süd- und Mittelindiens in den Staaten Adra Pradesh, Maharashtra, Gujarat, Karnataka, Tamil Nadu, Rajasthan, Punjab und Haryana in Höhen zwischen 500 und 1000 m über NN. Bis zu 2 Ernten im Jahr werden erzielt, ein Problem bilden die häufigen Pilzerkrankungen. Die Reben werden in geschlossenen Dachlauben an 2 m hohen Drahtnetzen erzogen. Das Sortiment setzt sich aus einheimischen wie europäischen Sorten zusammen.

Ingelfingen Weinbaugemeinde im Anbaugebiet →Württemberg, Bereich Kocher-Jagst-Tauber, mit Ortsteil →Criesbach. Großlage: *Kocherberg.* Einzellage: *Hoher Berg.*

Ingelheim Rotwein- und Industriestädtchen im Anbaugebiet →Rheinhessen, Bereich Bingen, mit Groß-Winternheim. Großlage: *Kaiserpfalz.* Einzellagen Ingelheim: *Schloß Westerhaus,*

Sonnenberg. Einzellagen Großwinternheim: *Schloßberg, Sonnenhang, Rheinhöhe, Sonnenberg, Burgberg, Kirchenstück, Täuscherspfad, Horn, Pares, Steinacker, Höllenweg, Rotes Kreuz, Lottenstück, Rabenkopf, Klosterbruder, Bockstein, Heilighäuschen, Schloß Westerhaus*. In Niederingelheim sind noch Reste der Pfalz Karls des Großen erhalten, der sich hier besonders gern weinwirtschaftlichen Fragen gewidmet haben soll.

Ingenheim →Billigheim-Ingenheim.

Insektenfraß Schädigung frühreifer Beeren durch Bienen und Wespen, wobei letztere in der Lage sind, die Beerenhaut zu durchlöchern, so daß Beerensaft austritt. Die Bienen werden durch den Saft angelockt und richten großen Schaden an. Die beste Abhilfe ist →Frühlese.

Insheim Weinort im Anbaugebiet →Rheinpfalz, Bereich Südliche Weinstraße. Großlage: *Herrlich*. Einzellage: *Schäfergarten*.

interspezifische Sorten EG-Bezeichnung für →Hybriden.

Intervitis →Deutscher Weinbauverband.

Invertzucker Gemisch aus genau gleichen Gewichtsteilen →Frucht- und →Traubenzucker, wie beispielsweise im Bienenhonig. Auch wenn →Rohrzucker der Traube beim Gären durch bestimmte Enzyme (Fermente) der →Hefen oder auf chemische Weise gespalten (invertiert) wird, erhält man Invertzucker. Der Name (invertere lat. umdrehen) ist darauf zurückzuführen, daß durch die Drehung die Ebene des polarisierten Lichtes von rechts (Rohrzucker) nach links (Invertzucker) wechselt.

Iphofen Weinort im Anbaugebiet →Franken, Bereich Steigerwald. Großlage: *Burgweg*. Einzellagen: *Julius-Echter-Berg, Kronsberg, Kalb, Domherr*.

Ippesheim 1. Weinort im Anbaugebiet →Franken, Bereich Steigerwald. Großlage: *Frankenberger Schloßstück*. Einzellage: *Herrschaftsberg*.
2. Ortsteil von Bad Kreuznach. Weinort im Anbaugebiet →Nahe, Bereich Kreuznach. Großlage: *Kronenberg*. Einzellagen: *Himmelgarten, Junker*.

Ipsheim Weinort im Anbaugebiet →Franken, Bereich Steigerwald, mit Ortsteilen →Weimersheim, →Kaubenheim. Großlage: *Ipsheimer Burgberg*. Einzellage: *Burg Hoheneck*.

Irak 55.000 ha Rebfläche; 760.000 dz Tafeltrauben.
Obwohl das alte Mesopotamien als Kernland der sich entwickelnden Weinkultur in der Antike gilt, ist der Irak als islamisches Land als Weinproduzent bedeutungslos. Es ist anzunehmen, daß ausschließlich Tafeltrauben und Rosinen erzeugt werden.

Iran 175.000 ha Rebfläche; 300.000 dz Tafeltrauben, davon 20.000 dz Export; 650.000 dz Rosinen, davon 400.000 dz Export.
Persien war im Altertum ein Weinland, in dessen Literatur Wein und Weingenuß eine große Rolle spielten. Weinzentrum war Shiras, wo noch alte Reben an Bäumen ranken. Heute findet Rebanbau in den Provinzen Kohrasan, Fars, Ost-Aserbeidschan, Teheran und Mazandaran statt. Das Sortiment setzt sich fast ausschließlich aus einheimischen Sorten zusammen. Wein wird heute in dem streng islamischen Land nicht bereitet.

Irancy Kleines AC-Gebiet für Rotwein im Departement Yonne in →Burgund.

Irouléguy Französischer Weiß-, Rosee- und Rotwein, seit 1970 mit AC-Bezeichnung, aus Südwestfrankreich, Provinz →Béarn. Der Weißwein stammt aus Courbu und Manseng, der Rosee und der Rotwein aus →Tannat, →Cabernet-Sauvignon und Cabernet Franc.

Irsch Ortsteil von Trier. Weinort im Anbaugebiet →Mosel-Saar-Ruwer, Bereich Saar-Ruwer. Großlage: *Römerlay*. Einzellagen: *St. Martiner Hofberg, St. Martiner Klosterberg*.

Isabella Dunkelrote amerikanische Rebsorte, die auch in Europa, vor allem im Tessin und in Norditalien eine gewisse Bedeutung hatte. Wegen des starken →Fuchsgeschmacks galt sie jedoch als minderwertig.

Ischia Italienische DOC-Weine von der gleichnamigen Insel vor Neapel (→Kampanien). Der Weißwein (*Ischia Bianco*) wird aus 65% Forastera, 20% Biancolella und anderen lokalen Rebsorten gewonnen. Er ist trocken, kräftig, strohgelb und hat eine aromatische Blume. In bestimmten Gemeinden der Insel wird der DOC *Ischia Bianco Superiore* aus 50% Forastera, 40% Biancolella und 10% San Lunardo gewonnen. Der rote *Ischia Rosso* wird aus 50% Guarnaccia, 40% Piedirosso und 10% anderen Sorten gewonnen, ist intensiv rubinrot und gerbsäurebetont.

Isonzo Italienische DOC-Rot- und -Weißweine aus der Region →Friaul–Julisch Venetien. Die Weine tragen die Bezeichnungen *Rosso* oder *Bianco* oder aber den Namen der Traubensorte, aus der sie zu mindestens 90% stammen.

Die Weißweine sind: *Tocai* (strohgelb, aromatischer Nachgeschmack), *Riesling Italico* (strohfarben, delikat), *Chardonnay* (strohgelb, weich, harmonisch), *Sauvignon* (hellgoldgelb, harmonisch), *Malvasia Istriana* (strohgelb, reizvoller Duft), *Pinot Bianco* (hellstrohgelb, weich), *Pinot Grigio* (gelb mit rosa Reflexen, voll), *Verduzzo Friulano* (goldgelb, leicht bitter, fruchtig), *Traminer Aromatico* (dunkelgelb, leicht aromatisch), *Riesling Renano* (strohgelb, süffig). Die Rotweine: *Merlot* (rubinrot, würzig), *Cabernet, Cabernet-Sauvignon* oder *Cabernet Franc* (dunkelrot, gehaltvoll), *Francania* (rubinrot, fruchtig), *Pinot Nero* (trocken, leichter Bitterton), *Refosco dal Peduncolo Rosso* (violettrot, delikat).

Israel 8.000 ha Rebfläche; 250.000 hl Wein, davon 30.000 hl Export; 250.000 dz Tafeltrauben; jährlicher Pro-Kopf-Verbrauch 4 l.
Weinbau und Weingesetz aus dem Gebiet des heutigen Israel weden bereits im Alten Testament erwähnt. Unter arabischer und später türkischer Herrschaft kam der Weinbau zum Erliegen. 1870 wurde die erste Landwirtschaftsschule in Palästina gegründet, die auch einen Weinberg in Mikveh mit Rebsorten wie Alicante, Bordeleau, Carignan, Petit Bouchet und anderen unterhielt. 1886 ließ Baron Edmond de Rothschild die ersten Rebplantagen errichten. 1890 waren bereits 3.500 ha mit Rebsorten bepflanzt.
Als die →Reblaus auftrat, führte Rothschild den →Pfropfrebenanbau ein. 1957 wurden bei Tel Aviv eine Lehr- und Versuchsanstalt für Weinbau und Kellerwirtschaft und eine Prüfstelle für Exportweine eingerichtet. Am bekanntesten sind die vollen, süßen Dessertweine, besonders *Muscatel Vered* (früher Portwein), *Topaz, Savion* (früher Tokai), *Almog, Nalagenia* (früher Malaga), *Sharir* (früher Sherry), *Yashan Noshan* und andere. Trockene und halbtrockene Weine gewinnen an Beliebtheit. Rotweine: *Adom Atic Primor* (früher Pommard), *Château Windsor, Carmelith* und *Mont Rouge*. Weißweine: *Camel Hock, Mont Blem, Château Montagne* und *Levanan*. Die Hauptanbaugebiete liegen in der Nähe von Tel Aviv, mit den beiden Winzergenossenschaften Richon-Le-Zion und Zikhron-Yaacov, die 20% des gesamten Weines verarbeiten. Größere Kellereien sind Eliaz, Friedman-Tnuvah und Carmel Zion.

Istein Ortsteil von Efringen-Kirchen. Weinort im Anbaugebiet →Baden, Bereich Markgräflerland. Großlage: *Vogtei Rötteln*. Einzellage: *Kirchberg*.

Italianski(y) Rizling Jugoslawische beziehungsweise bulgarische Bezeichnung für →Welschriesling.

Italien 1,1 Millionen ha Rebfläche; 70 Millionen hl Wein, davon 12 Millionen hl Export; Import 300.000 hl; 14 Millionen dz Tafeltrauben, davon 4 Millionen dz Export; jährlicher Pro-Kopf-Verbrauch 70 l.
Der italienische Weinbau kann auf eine klassische Vergangenheit zurückblicken. Bereits die Griechen bezeichneten den südlichen Teil der Halbinsel als Weinland »Oïnotria«. In der Antike spielten Wein und Weinbau eine bedeutende wirtschaftliche und vor allem kulturelle Rolle. Römische Dichter wie Horaz und Ovid haben den Wein besungen. Von den Römern lernten auch andere Völker den Weinbau. Heute ist Italien zusammen mit Frankreich das größte Weinbauland der Welt. Der Wein gehört in Maßen und fast nur zum Essen getrunken zum Alltag wie Brot und Teigwaren. Ein Drittel aller Rebstöcke stehen in Mischkultur zusammen mit Feldfrüchten und Obstbäumen. Die amtliche Statistik gibt die Monokulturfläche mit 800.000 ha und die der

Kellerei in der Nähe von Haifa.

Mischkultur mit 1,2 Millionen ha an, wobei letztere für die statistischen Angaben durch 4 geteilt und der Monokulturfläche zugerechnet wird. Daraus ergibt sich eine Gesamtrebfläche von 1,1 Millionen ha. Von den Alpen bis Sizilien, von Meereshöhe bis zu 1.000 m (Ätna und Südtirol) wird in ganz Italien Weinbau betrieben. 75% der Produktion sind Rotweine. Bei der Beurteilung eines italienischen Weines ist es wichtig, ihn im Zusammenhang mit der vielseitigen Küche zu sehen.

Die Rebsorten wechseln von Anbaugebiet zu Anbaugebiet, manchmal von Weinberg zu Weinberg. Die Weine kommen entweder unter dem Namen der Traubensorte oder dem des Anbaugebietes in den Handel. Die Angabe des Alkoholgehalts ist obligatorisch. Mit wenigen Ausnahmen, wie →*Barbaresco,* →*Barolo,* →*Gattinara,* →*Ghemme,* →*Chianti Classico,* →*Valpolicella Superiore* und anderen gewinnen die italienischen Weine nicht durch das Altern. Man sollte sie jung und nicht temperiert trinken.

Die Anbauregionen Italiens heißen (von Norden nach Süden): →Trentino-Südtirol, →Aostatal, →Piemont, →Lombardei, →Friaul–Julisch Venetien, →Venetien, →Emilia-Romagna, →Ligurien, →Toskana, →Marken, →Umbrien, →Latium, →Abruzzen, →Kampanien, →Apulien, →Basilikata, →Kalabrien, →Sardinien und →Sizilien.

Nach Abänderung des 1963 in Kraft getretenen Gesetzes zum Schutz der Herkunftsbezeichnungen wird heute zwischen folgenden drei Qualitätskategorien unterschieden: →Vino da Tavola (VT), →Denominazione di Origine Controllata (DOC), und →Denominazione di Origine Controllata e Garantita (DOCG).

J

Jahrgang Je wärmer, sonniger und ausgeglichener die Klimazone ist, um so geringer sind die Jahrgangsunterschiede beim Wein. Gleichbleibende Sonne und Wärme machen es überflüssig, den Wein eines bestimmten Jahrganges selbständig auszubauen und sein Geburtsjahr auf dem Etikett anzugeben. →Sherry, →Port und die süßen →Dessertweine sind daher im allgemeinen Jahrgangsverschnitte.

Nicht überflüssig ist dagegen das Alter des Verschnittes. Je nach Lagerungs- und Reifezeit führt es zu unterschiedlichen Klassifizierungen. Nur aus der Gleichmäßigkeit hervortretende Jahrgänge werden zum Beispiel beim Port unter der Jahrgangsbezeichnung »Novidade« oder »Vintage Port« als Besonderheit auf den Markt gebracht. Anders in kühleren Weinbauländern. Jeder Jahrgang zeigt seine Eigenheit und spezifische Note. Die Einstufung der Jahrgänge wird vom Reifegrad des Lesegutes her bestimmt, wie folgende Tabelle der letzten Jahrgänge in Deutschland zeigt.

Erntemengen und Durchschnitts-Mostgewichte der deutschen Weinernten 1980–1990

Jahr	Ertragsfläche in 1.000 ha	Mosternte in 1.000 hl	hl/ha	Ø °Oe
1980	89,5	4.635	52	71
1981	89,0	7.159	80	74
1982	89,0	15.402	173	70
1983	90,4	13.041	144	75
1984	92,2	7.993	87	63
1985	93,0	5.402	58	76
1986	93,1	10.062	108	69
1987	93,3	8.942	96	69
1988	93,3	9.314	99	76
1989	93,9	13.226	140	76
1990	94,8	8.513	90	78

Jahr	Tafelwein		Qualitätswein		Qualitätswein mit Prädikat	
	%	°Oe	%	°Oe	%	°Oe
1980	3,0	53	65,0	67	32,0	80
1981	1,0	56	55,0	69	44,0	81
1982	8,0	56	69,0	67	23,0	80
1983	2,0	56	51,0	68	47,0	83
1984	13,0	54	80,0	64	7,0	79
1985	0,1	54	40,0	68	59,0	82
1986	4,7	57	75,0	67	19,0	81
1987	2,0	54	77,0	67	21,0	80
1988	0,2	59	46,4	70	53,4	82
1989	0,6	58	52,0	69	47,0	83
1990	0,2	55	39,1	69	60,3	83

Die letzten 20 deutschen Jahrgänge geordnet in abfallender Folge nach ihrer Publikumsgunst (eigene Wertung):

1976 – 1971 – 1990 – 1989 – 1988 – 1975 – 1985 – 1979 – 1983 – 1973 – 1981 – 1980 – 1986 – 1982 – 1974 – 1972 – 1977 – 1978 – 1987 – 1984 (→Jahrhundertwein).

Diese Aufstellung zeigt eine weitgehende Übereinstimmung mit der Einstufung nach der →Witterung. Die »Académie du Vin de Bordeaux« veröffentlicht jedes Jahr einen »Code de Millésimes«, der nicht nur die Jahrgänge charakterisiert, sondern auch den gegenwärtigen Entwicklungsstand des Weines der letzten Jahrgänge bekanntgibt. Im April jeden Jahres erscheint beim Statistischen Bundesamt ein Heft mit dem Titel »Weinmosternte 19..«.

Zum Bild links: Wetterbüchlein des Leonhard Reynman, um 1520.

Das Ernteergebnis der Bundesrepublik ist hier aufgeschlüsselt nach Mostgewicht, Menge, Güteklasse, Gebiet und Rebsorte.

Jahrgangscharakter →Charakter.

Jahrgangsschaumweine Die große Menge der Schaumweine und Sekte basiert auf →Cuvées verschiedener Jahrgänge. Im allgemeinen liegt es in der Kunst der Kellereien, Jahr für Jahr nach Art, Stil und Geschmacksrichtung die gleiche Marke zu liefern. Die Angabe eines Jahrgangs auf der Flasche ist bei deutschem Schaumwein nur erlaubt, wenn ihm die Bezeichnung →Qualitätsschaumwein zusteht und mindestens 85% der verwendeten Weine aus Trauben des betreffenden Jahrgangs stammen. Jahrgangs-Champagner wird nur in guten Jahren hergestellt und muß mindestens 3 Jahre Lagerzeit hinter sich haben, ehe er auf den Markt kommt. Es dürfen höchstens 80% einer Lese als Jahrgangs-Champagner in den Handel gebracht werden, die restlichen 20% bleiben für den Verschnitt von Champagner ohne Jahrgang reserviert.

Jahrgangston Eine Art →Schimmelgeschmack, der bereits im →Most vorhanden ist und meist von faulem Lesegut herrührt. Der etwas bittere Fremdton, der hauptsächlich durch Schimmelpilze der Gattungen Penicillium und Trichothecium verursacht wird, kann in manchen Jahrgängen gebietsweise überdurchschnittlich stark auftreten.

Jahrhundertwein Bezeichnung für einen außergewöhnlichen Jahrgang, wobei die Definition nicht eindeutig ist, je nachdem ob man alle Weine eines Landes betrachtet, oder nur den Anteil an Auslesen. Spitzenjahrgänge des 20. Jahrhunderts sind für Deutschland: 1911, 1920, 1921, 1937, 1945, 1949, 1953, 1959, 1971, 1976 und 1990. Spitzen des 19. Jahrhunderts waren: 1858 und 1899 für Bordeaux (rot) und 1811, 1965 und 1893 für deutsche Weine.

Japan 30.000 ha Rebfläche: 500.000 hl Wein; 2,8 Millionen dz Tafeltrauben; Import 700.000 hl Wein; jährlicher Pro-Kopf-Verbrauch 1,0 l.
Von Kyushu im Süden bis Hokkaido im Norden werden in Japan hauptsächlich Tafeltrauben angebaut. Die Zentren sind Yamanashi, Osaka, Yamagata und Nagano, alle vier auf der Hauptinsel Honshu gelegen. Die hohe Luftfeuchtigkeit erschwert den Weinbau. Rebsorten, die vor den strömenden Septemberregen reifen, werden bevorzugt. Japan ist eines der wenigen weinbautreibenden Länder, wo europäische, amerikanische und asiatische Rebsorten angebaut werden. Zur Weinerzeugung dienen die amerikanischen →Vitis Labrusca und einige →Hybriden, die japanische Koshu-Rebe, Delaware, Campbell's Early, →Sémillon Blanc und →Merlot. Die Art der Weine ist recht unterschiedlich. Dank der sich rasch modernisierenden Kellertechnik sind sie meist sauber und fehlerfrei, erreichen aber nur selten die Feinheit und Eleganz ihrer klassischen europäischen Vorbilder. Obwohl der Beginn des japanischen Weinbaues auf das 12. Jahrhundert zurückgeht, hat die Weinbereitung sich erst im 19. Jahrhundert entwickelt. Früher wurde Wein hauptsächlich als Trägerstoff für Arzneimittel verwendet. Im 20. Jahrhundert und vor allem nach dem 2. Weltkrieg hat die Weinindustrie dann schlagartig an Bedeutung zugenommen, und heute kann von einem Weinboom gesprochen werden. Einfuhr vor allem europäischer Weine und Ausbau der einheimischen Weinwirtschaft steigen sprunghaft.

Jechtingen Ortsteil von Sasbach. Weinort im Anbaugebiet →Baden, Bereich Kaiserstuhl. Großlage: *Vulkanfelsen*. Einzellagen: *Steingrube, Enselberg, Hochberg, Eichert, Gestühl.*

Jenins Bekannter Weinort im Schweizer Kanton →Graubünden, in der sogenannten Bündner Herrschaft gelegen.

Zum Bild rechts: Weinberge bei Jerez.

Jerez (Xérès) Berühmtes und nach Rioja zweitältestes, anerkanntes DO-Weinbaugebiet Spaniens mit etwa 12.000 ha Rebfläche zwischen Guadalete und Guadalquivir. Auf Kreideböden gedeihen hier die Reben bei sehr trockenem Klima. In Jerez de la Frontera wird der bekannteste spanische Wein, der →Sherry (span. Jerez), hergestellt.

Jeroboam Riesenflasche, die den Inhalt von 4 (Champagne) oder 6 (Bordeaux) 0,75-Liter-Flaschen aufnehmen kann.

Johannisberg 1. Einziger Bereich des bestimmten Anbaugebietes →Rheingau.
2. Ortsteil von Geisenheim. Weinort im Anbaugebiet →Rheingau, Bereich Johannisberg. Großlage: *Erntebringer*. Einzellagen: *Klaus, Hölle, Mittelhölle, Hansenberg, Goldatzel, Vogelsang, Schwarzenstein, Schloß Johannisberg* (Ortsteil).

3. Schloß: Ursprünglich 1100 gegründete Benediktinerabtei auf beherrschender Hügellage mitten im →Rheingau, zwischen Winkel und Geisenheim gelegen. Nach der Säkularisierung im Jahre 1803 fiel das Schloß an den Prinzen von Oranien, auf dem Wiener Kongreß (1815) an den Kaiser Franz I. von Österreich, der es seinem genialen Staatskanzler Fürst Clemens Metternich schenkte, dessen Geschlecht aus dem Rheinland stammte. Das Denkmal des →Spätlesereiters vor dem Schloß erinnert an die Entdeckung der Spätlese 1755. Nach dem Weinbergslagenrecht gilt das 35 ha große Weingut heute als Ortsteil. Auf dem Etikett steht ohne Nennung eines Ortes allein Schloß Johannisberg. In der Bibliotheca subterranea lagern Weine guter Jahrgänge bis zurück zum 1748er.

4. Bezeichnung für Weißwein aus Grünem →Silvaner, der im Schweizer Kanton →Wallis zum Beispiel um Leytron-Chamoson gewonnen wird. *Johannisberg* ist ein »Austernwein«, körper- und bukettreich und mit einer feinen Blume.

Johannisberg Riesling In den USA und in Australien Bezeichnung für Weißer →Riesling.

Jöhlingen Ortsteil von Walzbachtal. Weinort im Anbaugebiet →Baden, Bereich Badische Bergstraße/Kraichgau. Großlage: *Hohenberg*. Einzellage: *Hasensprung*.

Jois Weinbaugemeinde im österreichischen →Burgenland, Weinbaugebiet →Neusiedlersee, wo vollmundige Weißweine, darunter Prädikatsweine, und einige Rotweine erzeugt werden. Rebfläche: 535 ha.

Jordanien 6.000 ha Rebfläche; 5.000 hl Wein; 180.000 dz Tafeltrauben, davon 9.000 dz Export.Weinbau findet lediglich in der Nähe von Hebron (El Kalhil) statt, sonst überwiegt die Tafeltrauben-Produktion

Jubiläumsrebe Weißweinrebe; Neuzüchtung der Österreichischen Höheren Bundeslehr- und Versuchsanstalt für Wein- und Obstbau Klosterneuburg aus der Kreuzung Blauer Portugieser x Blauer Limberger. Trotz der rötlich gefärbten Beeren wird diese Sorte zur Weißweinerzeugung verwendet. Sie reift sehr früh und erzielt durch zeitiges Schrumpfen hohe Mostgewichte. Häufig können Weine mit Auslesecharakter gewonnen werden. Bestockte Rebfläche in Deutschland: 5 ha.

Jugenheim Weinort im Anbaugebiet →Rheinhessen, Bereich Bingen. Großlage: *Kaiserpfalz*. Einzellagen: *St. Georgenberg, Goldberg, Hasensprung, Heiligenhäuschen*.

Jugoslawien 225.000 ha Rebfläche: 6 Millionen hl Wein, davon 1 Million hl Export; 1,8 Millionen dz Tafeltrauben, davon 60.000 dz Export; Import 50.000 hl Wein; jährlicher Pro-Kopf-Verbrauch: 26 l.
Der Ursprung des jugoslawischen Weinbaues geht auf die Griechen und Phönizier zurück. Heute herrschen die genossenschaftlich organisierten, der Arbeiterselbstverwaltung unterstellten Großweinbauplantagen und Kellereien vor. Im Privatbesitz befinden sich nur noch von Feierabendwinzern bewirtschaftete Kleinparzellen. Überraschend groß ist die Zahl der Weininstitute und Forschungsanstalten, zum Beispiel in Sremski Karlovci, Radmilovac, Péc, Zagreb, Split, Ljubljana und Maribor. Die Weine zeigen ein breites Spektrum von herzhaft spritzigen, den österreichischen ähnlichen Weißweinen im Norden bis zu schweren, körperreichen Süßweinen im Süden und auf den Adria-Inseln. Angepflanzt werden Italianski Rizling (Grassevina- oder Welschriesling) und etwas Rajnski Rizling (Rheinriesling) sowie die bodenständigen Rebsorten Cvicek und Sipon an Save und Donau, in →Serbien und →Makedonien. Der rote bodenständige Prokupac wird von Privatwinzern angebaut, während die Genossenschaften hauptsächlich für Exportzwecke französische Rotweinsorten wie Burgundac (Blauer →Spätburgunder), →Merlot, →Cabernet Franc und →Gamay Noir anpflanzen. In der Herzegowina haben der *Zilavka*-Weißwein und der *Blatina*-Rotwein überregionale Bedeutung. In Montenegro und →Dalmatien werden aus den Sorten Vranac und Kratosija kräftige, farbstarke Rotweine erzeugt. Auf den Etiketten müssen Rebsorte, Ort, Gebiet und Abfüller angegeben werden.

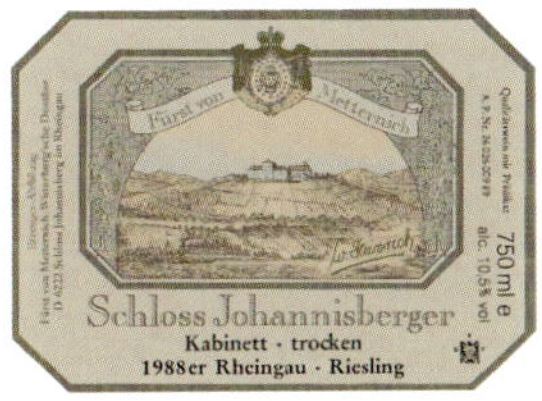

Juliénas Eine der 10 Gemeinden des →Beaujolais, die ihren Namen unter dem Qualitätshinweis »Cru« auf das Etikett setzen dürfen. *Juliénas* ist frisch und fruchtig, jedoch körperreicher und dunkler als seine Nachbarn.

Juliusspital →Würzburg.

Jumilla DO-Weinanbaugebiet in Südostspanien mit etwa 38.000 ha Rebfläche. In dem kontinentalen Klima gedeiht hauptsächlich die rote Rebsorte Monarielle, aus der kräftige Rotweine gewonnen werden.

Jungfeld Bezeichnung für einen Weinberg, der neu gepflanzt wurde und noch nicht trägt. Nach 4 Jahren Standzeit wird mit dem ersten vollen Ertrag gerechnet. Das Jungfeld erfordert besonders sorgfältige Pflege, vor allem im Jahr der →Pflanzung. Ein gesunder, leistungsfähiger Stamm muß aufgebaut werden. Zunächst entwickeln sich mehrere Triebe gleichzeitig, von

denen alle bis auf den stärksten entfernt werden. Zum Schutz gegen Windbruch wird er am Pflanzenpfählchen angebunden.
Der Boden muß stetig gut gelockert und Unkraut entfernt werden. Wichtig ist ein sorgfältiger →Pflanzenschutz. Hasen und Kaninchen fressen gerne die jungen Triebe an, weswegen Schutzvorrichtungen getroffen werden müssen. Im 2. Standjahr wird der Stock durch fachgerechten →Rebschnitt weiter aufgebaut. Das dritte Standjahr bringt normalerweise den Abschluß des Stockaufbaues. In gut gewachsenen Junganlagen kann im 3. Jahr die halbe Ernte gewonnen werden.

Jungfeld in der Champagne.

Jungfernfrucht →Befruchtung.

Jungfernwein Wein aus der ersten Lese von neugepflanzten Reben; meist im 3. Jahr nach der Pflanzung.

Jungrebe →Jungfeld.

Jungwein Nach der →Gärung entsteht aus dem →Federweißen der noch unruhige, spritzige Jungwein mit seinem typischen →Gär- oder Jungweinbukett. Er ist noch nicht von den →Hefen abgetrennt und enthält noch viel gelöste Gärungskohlensäure. Da Fehler in der Jungweinbehandlung zu Beeinträchtigungen der späteren Weinqualität führen, gehört die Kontrolle und Überwachung der Jungweine zu den wichtigsten Maßnahmen der Weinbereitung.

Junker Bezeichnung für Weißen →Gutedel im Taubertal.

Jupiterschnitt →Rebveredelung.

Jura →Côtes du Jura, →Neuenburg.

Jurançon Französischer AC-Weißwein aus der Umgebung von Pau in Südwest-Frankreich. Die Reben gedeihen auf steilen Hängen, die oft unzugänglich für Zugtiere und Traktoren sind, auf einer Rebfläche von 500 ha.
Es werden intensiv goldgelbe, süße Weißweine mit einem eigenartigen blumigen Bukett aus lokalen Rebsorten wie Camaralet und Lauzet, Gros-Manseng, Petit-Manseng und Courbu hergestellt.

Juwel Weißweinrebe; Neuzüchtung 1971 der Staatlichen Lehr- und Forschungsanstalt Weinsberg von A. Herold aus Kerner x Silvaner. 1977 zum Sortenschutz angemeldet. Gleicht in Blattform und Stockaufbau der Kreuzungsmutter →Kerner, ohne dessen Nachteile der starken →Geizbildung. Die Weine sind fruchtig und elegant. Anbaufläche in Deutschland: rund 50 ha.

K

Kaatschen Weinort im Weinbaugebiet →Saale-Unstrut mit der Lage *Boxberg.*

Kabinettwein *Deutschland:* Genaue Bezeichnung: Qualitätswein mit Prädikat Kabinett; löste 1971 die Bezeichnung →Cabinet ab. Wein der gehobenen Güteklasse, der eine →amtliche Prüfungsnummer tragen und bestimmte gesetzliche Anforderungen erfüllen muß.
Vom Kabinettwein wird erwartet, daß man die höhere Qualität deutlich schmeckt. Er soll elegant und geschliffen sein. Er hat noch nicht den Extrakt und die vollmundige Süße der →Spätlese, wirkt dafür aber fein und delikat. Man findet oft die trockenen Weine in dieser Klasse vertreten. Gegen einen Qualitätswein ohne Prädikat wirkt er oft zarter, schlanker, da er ja nicht →angereichert werden darf und daher weniger Alkohol und weniger Wucht aufweist. Die Mindestanforderungen an einen Kabinettwein sind gesetzlich genau festgelegt (→Qualitätswein mit Prädikat Kabinett).
Österreich: Die Kabinettweine müssen außer den für →Qualitätsweine geltenden Kriterien ein Mindestmostgewicht von 84° Oe aufweisen, ihr Alkoholgehalt darf 12,7 Vol.-% nicht übersteigen und ihre Restsüße darf höchstens 9 g/l betragen. Sie dürfen nicht angereichert werden. Kabinettweine gehören in Österreich nicht zu den Prädikatsweinen.

Kadarka Rotweinrebe, die hauptsächlich in Südosteuropa angebaut wird. Die Sorte ist außerordentlich fruchtbar, recht robust und wenig krankheitsanfällig. Ihr Anbau ist in Ungarn sehr weit verbreitet; sie wird dort neben Cabernet-Sauvignon, Médoc Noir, Blauem Limberger und Blauem Portugieser als Hauptbestandteil (etwa zu zwei Drittel) zur Bereitung des →*Erlauer Stierblutes* verwendet.

Kahmgeschmack, kahmig →Geruchs- und Geschmacksfehler bei Wein, in dem sich infolge der Vermehrung unerwünschter →Kahmhefen auf der Oberfläche eine dichte, runzelige, grauweiße Kahmdecke gebildet hat. Die Weine probieren sich kahmig, das heißt →schal, →matt, manchmal →muffig; das charakteristische →Sortenbukett wird durch Bildung unerwünschter Stoffe überdeckt.

Kahmhefen Unerwünschte Hefen von meist länglicher Zellengestalt, die zur Vermehrung Sauerstoff benötigen. Sie wachsen daher auf der Oberfläche von Wein, und zwar besonders dann, wenn die Gebinde nicht spundvoll gefüllt sind und die Weine alkoholarm und nicht genügend geschwefelt sind. Sie bilden eine dichte, grauweiße Kahmdecke oder Kahmhaut und erzeugen im Wein einen →Kahmgeschmack. Außerdem verringern sie den Alkohol- und Extraktgehalt eines Weines. Mit den ebenfalls auf der Weinoberfläche wachsenden Sherry-Hefen haben sie jedoch nichts zutun.

Kaimt Ortsteil von Zell. Weinort im Anbaugebiet →Mosel-Saar-Ruwer, Bereich Zell/Mosel. Großlage: *Schwarze Katz.* Einzellagen: *Marienburger, Rosenborn, Römerquelle.*

Kaiserstuhl Bereich des bestimmten Anbaugebietes →Baden, mit extrem warmem, trockenem Klima. Neuerdings trockener und säurebetonter ausgebaute →Ruländer, Gewürztraminer (→Traminer, Roter) und →Spätburgunder.

Kalabrien (it. Calabria) Weinregion im Süden Italiens, an der Stiefelspitze gelegen. Das Land ist hügelig bis gebirgig. Dank des warmen Klimas gedeihen Obst, Oliven, Mandeln und Wein vorzüglich. Der bekannteste DOC-Wein ist der →*Cirò,* ferner erhielten →*Donnici,* →*Greco di Bianco,* →*Lamezia,* →*Melissa,* →*Pollino,* →*Sant'Anna di Isola Capo Rizzuto* und →*Savuto* Ursprungsschutz.

Kalifornien Bundesstaat der USA mit idealem Weinklima – hohe Sonnenscheindauer, in Küstennähe kühle Nächte und ausreichende Niederschläge in den Wintermonaten. Die Anbaufläche von rund 140.000 ha für Wein ist nach Wärmezahlen in 5 Zonen von kühl bis heiß eingeteilt, wobei die Gebiete an der Küste zur gemäßigten, die im Landesinneren zur wärmsten Zone gehören.
Das mengenmäßige Verhältnis Rot : Weiß hat sich in neuerer Zeit zugunsten der weißen Rebsorten verschoben (57%). Den Hauptanteil unter den weißen Sorten hat der French →Colombard, gefolgt von →Chenin Blanc und →Chardonnay. Bei den roten Sorten sind 5 Rebsorten in ähnlicher Größenordnung am Rebsorti-

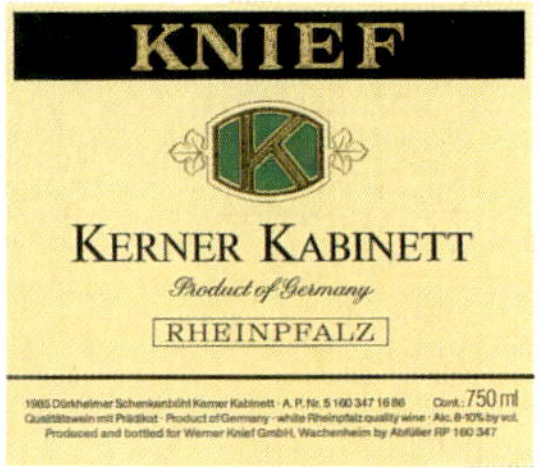

Weinplantage in Kalifornien.

ment beteiligt: →Zinfandel (17%), →Cabernet-Sauvignon (15%), →Carignan, →Barbera und →Grenache (11 beziehungsweise 10%).
Die Weinregionen von Nord nach Süd heißen: →North Coast mit den Untergebieten →Mendocino County, →Sonoma County, →Napa County, →Central Valley, →Sierra Foothills, →North-Central Coast, →South-Central Coast und Southern California.
Die allgemeine Ursprungsbezeichnung *California* umfaßt alle Weine, die zu mindestens 75% innerhalb der Staatsgrenzen gewachsen sind. Eine genauere Herkunftsangabe bieten die →AVAs North Coast, Central Coast und South Coast, die alle in den achtziger Jahren anerkannt wurden. Kalifornien gilt in seinen höheren und nördlichen Lagen als Weingebiet der Zukunft. Spitzenerzeugnisse unter den Rotweinen sind europäischen ebenbürtig, den Weißweinen mangelt es oft an Rasse und Frische.

Kalium Chemisches Element und Pflanzennährstoff. In der Rebpflanze dient es der Bildung neuer Zellen und der Steuerung von wichtigen Lebensvorgängen. Es beeinflußt das Blatt- und Triebwachstum, den Wasserhaushalt und die Wurzelbildung, ermöglicht eine gute Holzausreife mit entsprechender Frostfestigkeit und sichert hohe Erträge. Vor allem in den wachsenden, vegetativen Organen (→Blatt, →Trieb) ist Kalium zu finden und erhöht dort in den Zellen die Saftkonzentration, was die Verdunstung vermindert und die Ausnutzung des →Bodenwassers erhöht; dies führt zu einer besseren Dürreresistenz der Rebe. Bei Kaliummangel gehen alle diese günstigen Einflüsse verloren. Ein starker Überschuß legt das →Magnesium fest und zeigt daher die Symptome des Magnesiummangels. Kalium kommt in vielen Böden reichlich vor; dennoch genügen diese Mengen meist nicht, um den Bedarf der Kulturpflanzen zu decken. Dieser ist noch höher als der →Stickstoffbedarf und liegt bei 100–150 kg Reinkalium pro Hektar. Die Kalidüngung erfolgt in Chlorid- oder Sulfatform meist schon im Herbst oder Winter mit Ausnahme von Böden mit großer Auswaschungsgefahr.

Kaliumferrocyanid →Blauschönung.

Kalkofen Weinort im Anbaugebiet →Nahe, Bereich Schloß Böckelheim. Großlage: *Paradiesgarten*. Einzellage: *Graukatz*.

Kallstadt Weinort im Anbaugebiet →Rheinpfalz, Bereich Mittelhaardt/Deutsche Weinstraße. Großlagen: *Kobnert, Feuerberg*. Einzellagen: *Kronenberg, Steinacker, Saumagen, Annaberg, Kreidkeller*.

Kallus Erste Gewebsverbindung zwischen →Unterlagsrebe und →Edelreis.

Kalokhorion Weinort auf →Zypern, Herkunftsort des berühmten *Commandaria*.

Kälte Die Kulturrebe ist eine kälteempfindliche Pflanze, weshalb ihre Anbaugrenzen in erster Linie durch die Temperaturverhältnisse bestimmt werden (→Frost).

Grüne Rebtriebe erfrieren leicht; sie vertragen keine Eisbildung in den Geweben. Verholzte Organe dagegen widerstehen während der Vegetationsruhe Kältegraden bis unter –20° C. Naßkaltes Wetter während der Sommermonate beeinträchtigt die Entwicklung der Rebe. Temperaturen unter 15° C während der Blütezeit führen zu mangelhafter Befruchtung. Dies hat zur Folge, daß die →Gescheine abgestoßen werden (→Durchrieseln). Bei länger anhaltender Kälte und Nässe wird die →Chlorophyllbildung gestört. Die Blätter werden gelblich bis blaßgrün (Schlechtwetter, →Chlorose). Sinkt im Herbst die Temperatur unter 20° C, wird der Säureabbau in der Beere verzögert und hauptsächlich Zucker veratmet. Die Folge davon sind säurereiche →Moste mit geringen →Oechsle-Graden. In besonderen Fällen haben tiefe Temperaturen einen positiven Einfluß auf die Entwicklung der Rebe: Die →Austriebsbereitschaft der →Knospen wird durch Wintertemperaturen von etwa 5° C angeregt; die Entwicklung der Beeren nach der Blüte wird ebenfalls durch eine vorübergehende kühle Witterung günstig beeinflußt.

Kalte Ente Wein mit →Perlwein oder →Schaumwein gemischt und mit Zitronensaft versetzt. Nach gesetzlicher Vorschrift muß bei dem in den Handel gebrachten Getränk der Anteil an Schaumwein mindestens 25% betragen; für den Hausgebrauch bemißt man ihn nach eigenem Geschmack. Am besten läßt man dünne Zitronenschalen 15 Minuten im Wein ziehen und füllt mit Schaumwein auf. Der Name kommt wahrscheinlich vom »Kalten Ende« zum Beispiel einer Mahlzeit.

Kalterer See Italienischer DOC-Rotwein aus der Region →Trentino-Südtirol. Der rubin- bis granatrote, leicht nach Mandeln schmeckende Wein darf aus 12 Gemeinden der Provinz Bozen und 7 Gemeinden der Provinz Trient stammen. Er wird zu 85–100% aus verschiedenen →Schiava-Varietäten erzeugt. Classico darf nur in 9 Gemeinden im Herzen des Gebietes hergestellt sein. Superiore ist ein Classico mit 0,5 Vol.-% mehr natürlichem Alkohol. Auslesen (selezionato oder scelto) müssen zusätzlich aus ausgewähltem Lesegut stammen.

kaltsterile Abfüllung Weine mit Süßreserve können nach →Entkeimungsfiltration kaltsteril (ohne Erwärmung) abgefüllt werden (→Abfüllen).

Kalzium Chemisches Element und Pflanzennährstoff, der von der Pflanze für die Regulierung des →Stoffwechsels, des Wasserhaushaltes, für das Ausfällen giftiger organischer Säuren und für das →Wachstum benötigt wird. Auf den Weinbergboden hat das Kalzium einen günstigen Einfluß, weil es Säuren abbindet und somit den pH-Wert anhebt, die Krümelstruktur verbessert und das mikrobiologische Bodenleben fördert. Es ist im Boden meist in genügender Menge vorhanden und findet sich dort als Baustein basischer Gesteine. Aus diesen bilden sich durch Verwitterung schwere, bindige Böden mit hohem pH-Wert, während kalkarmes Gestein (Gneis, Schiefer) eher zu leichten Böden verwittert, die wenig Kalk, dafür aber mehr Säuren enthalten. In diesen Standorten muß der Kalkhaushalt ständig überwacht werden. Kalkmangel führt schnell zu einer Übersäuerung, die das Wachstum der Rebe hemmt, ihre Nährstoffaufnahme stört und den gesamten Reifeverlauf verzögert. Ein Überangebot an Kalk blockiert ebenfalls die Aufnahme verschiedener Nährstoffe, vor allem des →Eisens (→Chlorose). Der Kalkgehalt läßt sich an Hand des pH-Wertes des Bodens bestimmen, wobei Werte über 6 für die Rebe gut sind. Gedüngt wird Kalzium in Form von Branntkalk, Magnesiumbranntkalk oder kohlensaurem Kalk.

Kamm (auch **Rappen**) Sehr gerbstoffreiches Stielgerüst der →Traube. Es trägt und ernährt die Früchte des Rebstockes, die →Beeren. Zu Störungen dieser Ernährung kann es durch →Stiellähme und →Stielfäule kommen, was zu schlechter →Reife oder zum Abfallen der Trauben führt. Bei der Rotweinbereitung trennt man die Kämme wegen ihres Gerbstoffgehalts durch Entrappungsmaschinen von den Beeren ab, da anschließend zur besseren Farbausbeute häufig die →Maische vergoren wird. Auch bei der Bereitung guter Weißweine empfiehlt sich das Abtrennen der Kämme vor dem Pressen (→Abbeeren). Nach dem Auspressen (→Keltern) können die Stiele als Viehfutter oder organischer Dünger für den Weinberg verwendet werden.

Kammererziehung Vorläufer der Drahterziehung, seit dem 16. Jahrhundert nachgewiesen. Statt Draht wurden Querbalken verwendet.

Kammerforst Ortsteil von Oberschwarzach. Weinort im Anbaugebiet →Franken, Bereich Steigerwald. Großlage: *Steige*. Einzellage: *Teufel*.

Kammgeschmack (auch **Rappen-**, **Hülsen-** oder →**Trestergeschmack**) →Grasiger, →bitterer, →gerbiger, oft an grüne Pflanzenteile erinnernder, unangenehmer Geschmack, der sich auf den Wein qualitätsmindernd auswirkt. Tritt praktisch nur bei unsachgemäßer Behandlung der Trauben und der Maische auf, wie zum Beispiel zu langes Stehenlassen auf der Maische, zu starkes Abpressen (→Keltern), besonders bei nicht entrappten (→abgebeerten) Trauben, Zerquetschen von Kernen beim →Mahlen. Kann durch →Schönen des Mostes weitgehend beseitigt werden.

Kampanien (it. Campania) Italienische Weinregion bei Neapel. Das Gros der Weine ist preiswert und mundet zur gebietstypischen Küche, deren bekanntestes Produkt die Pizza ist. DOC-Weine sind: →*Capri*, →*Fiano di Avellino*, →*Greco di Tufo*, →*Ischia*, →*Solopaca*, →*Taburno*, →*Taurasi*, →*Vesuvio*.

Kamp-Bornhofen Weinort im Anbaugebiet →Mittelrhein, Bereich Rheinburgengau. Großlage: *Loreleyfelsen*. Einzellagen: *Pilgerpfad*, *Liebenstein-Sterrenberg*.

Kamptal-Donauland Weinbaugebiet in Niederösterreich, 1985 aus den Weinbaugebieten Krems und Langenlois entstanden. Rebfläche: rund 6.500 ha. Er werden hauptsächlich Weißweine aus Grünen →Veltliner, →Müller-Thurgau und →Riesling erzeugt.

Kanada 20.000 ha Rebfläche; 550.000 hl Wein; 90.000 dz Tafeltrauben; Import 1,3 Millionen hl Wein; jährlicher Pro-Kopf-Verbrauch 10 l.
Die kanadischen Weinbaugebiete liegen zu 90% auf den alluvialen Böden der Niagara-Halbinsel von Süd-Ontario und die restlichen 10% im Okanagan-Tal von Britisch-Kolumbien. Obwohl das Klima kalt und hart ist, hat das Niagara-Gebiet eine Wachstumszeit von über 170 Tagen, dank der großen wärmespeichernden Wasserfläche von Erie- und Ontariosee und Niagarafluß. Im Winter fallen die Temperaturen selten unter –10° C und liegen im Durchschnitt um –5 bis –1° C. Die Sommer können heiß werden. Verschnitte von verschiedenen Jahrgängen und Weinbergen herrschen vor. Lizenzverteilung für den Weinhandel und -ausschank werden vom Liquor Control Board streng überwacht. Die kanadische Weinindustrie hat sich in den letzten Jahren stark entwickelt und die Qualität der Weine, dank des Rückganges des →Hybridenanbaues und der Modernisierung der Kellerwirtschaft, merklich erhöht.

Kanarische Inseln Spanische Besitzung im Atlantik vor der afrikanischen Küste. Der Weinbau ist gegen früher, als der kanarische Wein in England viel getrunken wurde, zurückgegangen. Die heute etwa 50.000 hl umfassende Jahresproduktion wird größtenteils auf den Inseln konsumiert. Die bekanntesten sind *Malvasia de Lanzarote y Tenerife*, *Tacoronte* und *Blanco de Tenerife*.

Kandel Weinort im Anbaugebiet →Rheinpfalz, Bereich Südliche Weinstraße. Großlage: *Guttenberg*. Einzellage: *Galgenberg*.

Kantza AO-Gebiet in →Griechenland, nahe Athen, aus dem ein angenehmer, säurereicher weißer Qualitätswein stammt.

Kanzem Weinort im Anbaugebiet →Mosel-Saar-Ruwer, Bereich Saar-Ruwer. Großlage: *Schwarzberg*. Einzellagen: *Altenberg*, *Hörecker*, *Schloßberg*, *Sonnenberg*, *Ritterpfad*.

Kanzler Weißweinrebe; Neuzüchtung der Landesanstalt für Rebenzüchtung Alzey; Kreuzung aus dem Jahre 1927 durch Georg Scheu aus Müller-Thurgau x Silvaner; Zuchtnummer AZ 3983; Sortenschutz wurde 1967 erteilt. Der Name weist auf den Rang des Amtes eines Kanzlers hin, somit auch auf die rangmäßige

Weinqualität dieser Sorte. Das Blatt ist mittel bis groß, mehr rundlich, drei- bis fünflappig; die Trauben sind klein bis mittelgroß, locker- bis dichtbeerig mit grünen, mittelgroßen, etwas abgeflachten Beeren; der Wuchs ist sehr stark. Das Holz ist gelbbraun bis rotbraun, schlecht ausreifend, die Reife erfolgt früh, etwa wie →Müller-Thurgau. Wegen der schlechten Holzausreife und der aus diesem Grunde hohen Frostgefährdung sind kalte Lagen nicht geeignet. Bevorzugt werden mittlere Böden. Bestockte Rebfläche in Deutschland: 93 ha. Der Ertrag ist mengenmäßig niedrig, die Sorte bringt jedoch hohe Mostgewichte und mittlere Säurewerte. Die Weine präsentieren sich gehaltvoll, fruchtig und sind von überwiegend neutraler Art, reifen Silvanerweinen ähnlich; Auslesen und gute Spätlesen sind leicht zu erreichen.

Kapellen-Drusweiler Doppelgemeinde im Anbaugebiet →Rheinpfalz, Bereich Südliche Weinstraße. Großlage: *Kloster Liebfrauenberg*. Einzellage: *Rosengarten*.

Käppchen →Blüte.

Kappelrodeck Weinort im Anbaugebiet →Baden, Bereich Ortenau. Großlage: *Schloß Rodeck*. Einzellage: *Hex vom Dasenstein*.

Kappishäusern Ortsteil von Neuffen. Weinort im Anbaugebiet →Württemberg, Bereich Remstal-Stuttgart. Großlage: *Hohenneuffen*. Einzellage: *Schloßsteige*.

Kapsel Schutz des Flaschenverschlusses, oft aus Plastik, bei höheren Qualitäten aus Stanniol, das allerdings wegen Umweltschädlichkeit ab 1993 in der EG verboten werden soll. Die meisten Kapseln in Deutschland bestehen aus PVC (70%), 15% aus Aluminium und 10% aus Polyethylen. Letzteres gilt als umweltverträglichster Stoff. Kapseln sind häufig farbig, manchmal mit Firmendruck versehen. Zum Öffnen wird die Kapsel, wenn sie keine Lasche besitzt, über der Verdickung am Flaschenhals sauber abgeschnitten. Der Wein soll beim Ausschenken nicht über das Metall laufen.

Kapsweyer Weinort im Anbaugebiet →Rheinpfalz, Bereich Südliche Weinstraße. Großlage: *Guttenberg*. Einzellage: *Lerchenberg*.

Kapwein →Südafrika.

Karaffe Gläsernes Gefäß, oft aus reich geschliffenem Kristall, in das man Wein von der Flasche umfüllt. Das geschieht entweder beim →Dekantieren von Rot- oder Südwein oder beim Servieren von kleineren Mengen einfacher Weine in Gaststätten. Ein solcher Wein wird in Frankreich als Vin de Carafe bezeichnet. Kleinere Karaffen nennt man Carafon.

Karden Ortsteil von Treis-Karden. Weinort im Anbaugebiet →Mosel-Saar-Ruwer, Bereich Zell/Mosel. Großlage: *Goldbäumchen*. Einzellagen: *Dechantsberg, Münsterberg, Juffermauer*.

Karl der Große (742–814) König der Franken und römischer Kaiser (frz. Charlemagne). Ihm verdankt der Weinbau in Deutschland sein Wiederaufleben nach der Völkerwanderung. Er führte die →Straußwirtschaften ein, ließ auf dem →Johannisberg den ersten Weinberg anlegen, nachdem er von seiner Pfalz in →Ingelheim beobachtet hatte, daß auf diesem Berg der Schnee zuerst schmolz. Er soll auch einen Weinberg bei →Aloxe-Corton in Burgund besessen haben (→Charlemagne).

Karlstadt Weinbaugemeinde im Anbaugebiet →Franken, Bereich Maindreieck, mit Ortsteil →Gambach. Großlage: *Roßtal*. Einzellage: *Im Stein*.

Kärnten Bundesland von →Österreich; gehört nicht zu den abgegrenzten Weinbauregionen des Landes. Jedoch geht der Weinbau schon auf die Römer zurück und wurde bis ins 19. Jahrhundert betrieben. Obwohl es in Kärnten keine Reblausinvasion gab, mußte der Weinbau aus Qualitätsgründen dem Obstbau weichen. Seit 1974 erscheint kein Weinbau mehr in den Statistiken. Jedoch gibt es in jüngster Zeit wieder Versuche, ihn in bescheidenem Maße, vor allem mit den Sorten Blauburgunder (Blauer →Spätburgunder) und →Zweigelt neu zu beleben.

Karsdorf Weinort im Weinbaugebiet →Saale-Unstrut mit der Lage *Hohe Gräte*.

Kartonagereben In Kartonagehüllen eingetopfte Pfropflinge. Sie werden im Treibhaus vorgetrieben und im Frühsommer in der Kartonage direkt in den Weinberg gepflanzt. Dadurch spart man das Jahr Rebschule ein. Kartonagereben sind wesentlich teurer als in der Rebschule gewachsene →Pfropfreben. Man verwendet dieses Verfahren, um wertvolles Elitepflanzgut rascher und mit höheren Anwuchsprozenten zu vermehren.

Kasbach Ortsteil von Kasbach-Ohlenberg. Weinort im Anbaugebiet →Mittelrhein, Bereich Rheinburgengau. Großlage: *Burg Hammerstein*. Einzellage: *Stehlerberg*.

Kasel Weinort im Anbaugebiet →Mosel-Saar-Ruwer, Bereich Saar-Ruwer. Großlage: *Römer-*

lay. Einzellagen: *Herrenberg, Dominikanerberg, Kehrnagel, Hitzlay, Nies'chen, Paulinsberg, Timpert.*

Kaspisches Meer →Aserbeidschan.

Kastel-Staadt Weinort im Anbaugebiet →Mosel-Saar-Ruwer, Bereich Saar-Ruwer. Großlage: *Scharzberg.* Einzellagen: *König Johann Berg, Maximiner Prälat.*

Katalonien Spanische Region, in der 9 Herkunftsbezeichnungen als DO anerkannt sind: →Alella, →Ampurdán-Costa Brava, →Penedés, →Priorato, →Tarragona, →Terra Alta, Costers del Segre, die →Cava-Denominación und als neuestes DO-Gebiet Conca de Barbera. Die küstennahen Anbaugebiete profitieren von dem milden Mittelmeerklima. Erzeugt werden vor allem Weißweine, Cavas und Dessertweine aus den traditionellen Rebsorten →Macabeo, →Xarello und Parellada.

Kattenes Ortsteil von Löf. Weinort im Anbaugebiet →Mosel-Saar-Ruwer, Bereich Zell/Mosel. Großlage: *Weinhex.* Einzellagen: *Fahrberg, Steinchen.*

Katzendreckler Österreichische Bezeichnung für Gelber →Muskateller.

Keltern des Weines, Holzschnitt um 1500.

Kaub Weinort im Anbaugebiet →Mittelrhein, Bereich Rheinburgengau. Großlage: *Herrenberg.* Einzellagen: *Roßstein, Backofen, Rauschelay, Blüchertal, Burg Gutenfels, Pfalzgrafenstein.*

Kaubenheim Ortsteil von Ipsheim. Weinort im Anbaugebiet →Franken, Bereich Steigerwald. Großlage: *Ipsheimer Burgberg.* Einzellage: *Burg Hoheneck.*

Kecskemét Stadt in der ungarischen Tiefebene, südlich von Budapest. In ihrer Umgebung wachsen die sogenannten Sandweine. *Kecskeméti Cirfandli* ist ein grünlichgelber, würziger Weißwein, der gut zu Pilzgerichten paßt.

Kékfrankos Ungarische Bezeichnung für Blauer →Limberger.

Kék Kisburgundi Ungarische Bezeichnung für Blauer →Spätburgunder.

Keknyelü →Blaustengler.

Keller (lat. cellar) Bewährter Ort zur Aufbewahrung von Wein. In nördlichen Weinbauländern fast durchweg unterirdisch, in südlichen meist ebenerdig. Letzteres hat beträchtliche Temperaturerhöhungen mit verstärkter Oxidationsgefahr zur Folge. Zu warm gelagerte Weißweine verlieren rasch an Frische. Rotweine und Dessertweine benötigen keine kühlen Keller. Ein guter Weinkeller ist trocken und dunkel. Die günstigste →Temperatur liegt etwa bei 10–15° C.

Kellerei Ursprünglich nur das Gebäude, wo die Weine bereitet wurden, später auch Verkaufsraum für Wein.

Kellereigenossenschaft →Winzergenossenschaft.

Kellermeister →Weinküfermeister.

Kellerschimmel (lat. Cladiosporium cellare) In Weinkellern wachsender Schimmelpilz, der an den Wänden, auf Flaschen und Faßlagern graugrüne, fast schwarze Rasen bildet. Ernährt sich von in der Kellerluft enthaltenen flüchtigen Stoffen des Weines wie Alkohol, Essigsäure und gewissen Estern. Im Gegensatz zu anderen Schimmelpilzen bildet er keine unangenehmen Geruchsstoffe (→Schimmelgeschmack, →Mufften). Man schätzt ihn, da er regulierend auf die Luftfeuchtigkeit wirkt, was besonders für die Lagerung von Holzfässern wichtig ist. Jedoch soll er nicht überhandnehmen und nicht auf Fässern oder Holzgefäßen wachsen.

Keltern Trennen des Traubensaftes von den festen Bestandteilen der →Maische mittels Druck. Die älteste Form der Mostgewinnung war das Austreten der Trauben mit den Füßen. Die unvollkommene Ausbeute und die hygienische Fragwürdigkeit mögen Karl den Großen veranlaßt haben, in seinem »Capitulare de villis« dieses Verfahren zu verbieten: »Niemand unterstehe sich, die Trauben mit den Füßen zu pressen!« Die Griechen und Römer verwendeten bereits mächtige Baumkeltern, Trotten oder Torkeln, in denen die Traubenmaische dem Druck eines 12–14 m langen, schweren Eichenstammes ausgesetzt war. Solche Trotten sind vereinzelt noch als Schaustücke erhalten, werden aber nicht mehr benutzt. Die heute allgemein verwendeten mechanischen Keltern nehmen weniger Raum ein und sind leistungsfähiger. Sie werden nach der Art ihrer Druckwerke als Schneckenpressen, Spindelpressen, hydraulische Pressen und pneumatische Pressen bezeichnet und sind so konstruiert, daß man mit mäßigem Kraftaufwand eine möglichst hohe, gleichmäßige Leistung erzielt. Vereinzelt sind noch hydraulische Unterdruckkeltern mit zwei ausfahrbaren oder ausschwenkbaren Körben in Gebrauch. Während in einem Korb die Maische schon gepreßt wird, füllt man in den anderen Korb neue Maische ein, so daß kein Zeitverlust entsteht.

Flache, großflächige Korbpresse in der Champagne.

Um den Ablauf des Traubensaftes zu erleichtern, legt man zwischen das Keltergut mehrere Zwischenböden aus dünnen Latten oder Weidengeflecht. Beim Keltern entrappter Maischen ist diese Maßnahme unerläßlich (→Abbeeren). Man beginnt das Auspressen der Trauben- oder Obstmaischen mit geringem Druck und steigert ihn erst dann, wenn die Leistung nachläßt. Hört nach Erreichen des höchsten Druckes (9–12 kg/cm²) der Ablauf des Saftes auf, so unterbricht man die Kelterarbeit und »scheitert« den Tresterkuchen um. Der noch Flüssigkeit enthaltende Tresterkuchen wird dabei aufgelockert und erneut gepreßt. Die Preßdauer beträgt bei älteren Preßsystemen mehrere Stunden, und auch der Arbeitsaufwand ist bei den sogenannten Vertikalpressen (aufrechtstehender Preßkorb) groß. Bei den horizontalen Pressen (waagrecht liegender Preßkorb) ist die Preßdauer wesentlich kürzer. Ein neues Keltersystem wurde in Deutschland 1951/52 mit einer kolbenlosen pneumatischen Presse eingeführt. In der Presse wird ein dickwandiger Gummibalg mit Preßluft gefüllt, so daß die Maische mit einem Druck von 6 atü an die mit vielen Schlitzen versehene Wandung des Stahlzylinders gepreßt wird. Der Saftablauf geht hier besonders rasch vor sich. Schon beim Einfüllen der Maische wirkt der große, mit vielen Öffnungen versehene Zylinder wie ein Sieb, so daß sich ein vorheriges Entsaften der Maische erübrigt. Für Großbetriebe eignen sich automatisch arbeitende Pressen, da ein Mann mehrere Pressen gleichzeitig bedienen kann. Gegenüber den vertikalen Pressen haben die horizontalen Pressen den Nachteil, daß der Most stärker mit Luft in Berührung kommt und daß der Trubanteil des Saftes größer ist.

In südfranzösischen und überseeischen Gebieten mit großer Weinerzeugung haben sich kontinuierlich arbeitende Pressen eingeführt, deren Leistung bei bis zu 50 t pro Stunde liegt. Die Maische wird hier mit einer horizontalen Schnecke (Archimedesschraube) zugeführt, die sich in einem mit feinen Schlitzen versehenen Zylinder dreht und das Keltergut gegen die beschwerte Abschlußplatte der vorderen Zylinderwand preßt. Der oft recht gerbstoffreiche Saft fließt durch die Schlitze ab, die Trester werden von Zeit zu Zeit durch die sich selbsttätig öffnende Abschlußplatte ausgeworfen. Die kontinuierlichen Pressen zeichnen sich durch einfache Bedienung und hohe Leistung aus. Die beim Keltern gewonnene Mostmenge schwankt je nach Traubensorte, Jahrgang und Reifegrad zwischen etwa 65 und 80 l, bezogen auf 100 kg Trauben.

Keltertrauben Für die Weingewinnung zugelassene Traubensorten.

Kembach Ortsteil von Wertheim. Weinort im Anbaugebiet →Baden, Bereich Tauberfranken. Großlage: *Tauberklinge*. Einzellage: *Sonnenberg*.

Kempten Ortsteil von Bingen. Weinort im Anbaugebiet →Rheinhessen, Bereich Bingen. Großlage: *Sankt Rochuskapelle*. Einzellagen: *Schloßberg-Schwätzerchen, Kirchberg, Kapellenberg, Pfarrgarten*.

Kenn Weinort im Anbaugebiet →Mosel-Saar-Ruwer, Bereich Bernkastel. Großlage: *Probstberg*. Einzellagen: *Held, Maximiner Hofgarten.*

Kenzingen Weinbaugemeinde im Anbaugebiet →Baden, Bereich Breisgau, mit den Ortsteilen →Bombach. →Hecklingen, →Nordweil. Großlage: *Burg Lichteneck.* Einzellagen: *Hummelberg, Roter Berg.*

Kerner Weißweinrebe; Neuzüchtung der Staatlichen Lehr- und Versuchsanstalt für Wein-, Obst- und Gartenbau, Weinsberg, Kreuzung aus Trollinger x Riesling durch August Herold; Zuchtnummer We S 25-30; Sortenschutz seit 1969. Der Name stammt von dem schwäbischen Arzt und Dichter Justinus Kerner (1786-1862), der lange in Weinsberg lebte.
Das Blatt ist mittelgroß, fünflappig, die Trauben sind mittel bis groß, geschultert, lockerbeerig mit grünen, runden, dickschaligen Beeren. Der Wuchs ist mittel bis stark, das Holz gelb bis leicht rotbraun mit sehr guter Holzausreife und daher sehr winterhart. Die Reife erfolgt mittelspät, etwa wie →Silvaner; Neigung zu starker Geiztriebbildung. Die Sorte stellt mittlere Ansprüche an die Lage, sie gedeiht auf allen Böden. Bestockte Rebfläche in Deutschland: 7.409 ha. Gute Ertragsleistung von durchschnittlich 100–120 hl/ha mit hohen Mostgewichten und mittleren Säurewerten. Der Wein ist gehaltvoll, fruchtig, rassig, ähnelt etwas dem →Riesling, bei eigenem, leichtem Muskatbukett. Die Sorte ist sicher eine der wertvollsten Neuzüchtungen, die an Silvaner-Standorten rassigere Weine hervorbringt. Der Anbauwert wird durch die jährlich sehr hohen Flächenzunahmen unterstrichen.

kernig →Kräftiger, →stahliger Wein mit leicht betonter Säure und mittlerem Gerbstoffgehalt. Zeigt seine Eigenart mehr im Nachgeschmack als im →Bukett.

Kernling Knospenmutation aus →Kerner.

Kernscheid Ortsteil von Trier. Weinort im Anbaugebiet →Mosel-Saar-Ruwer, Bereich Saar-Ruwer. Großlage: *Römerlay.* Einzellage: *St. Petrusberg.*

Kerzenheim Weinort im Anbaugebiet →Rheinpfalz, Bereich Mittelhaardt/Deutsche Weinstraße. Großlage: *Schnepfenflug vom Zellertal.* Einzellage: *Esper.*

Kesselfeld Ortsteil von Neuenstein. Weinort im Anbaugebiet →Württemberg, Bereich Württembergisch Unterland. Großlage: *Lindelberg.* Einzellage: *Schwobajörgle.*

Kesten Weinort im Anbaugebiet →Mosel-Saar-Ruwer, Bereich Bernkastel. Großlage: *Kurfürstlay.* Einzellagen: *Paulinshofberger, Herrenberg, Paulinsberg.*

Kestert Weinort im Anbaugebiet →Mittelrhein, Bereich Rheinburgengau. Großlage: *Loreleyfelsen.* Einzellage: *Liebenstein-Sterrenberg.*

Kiechlinsbergen Ortsteil von Endingen. Weinort im Anbaugebiet →Baden, Bereich Kaiserstuhl. Großlage: *Vulkanfelsen.* Einzellagen: *Teufelsberg, Ölberg.*

Kiedrich Weinort im Anbaugebiet →Rheingau, Bereich Johannisberg. Großlage: *Heiligenstock.* Einzellagen: *Sandgrub, Wasseros, Gräfenberg, Klosterberg.*

Kieselgur Filterhilfsstoff, der beim →Filtrieren von Jungweinen oder anderen stark trüben Weinen verhindert, daß die Filterschichten zu rasch zugeschwemmt werden und den Durchfluß des Weines hemmen. Kieselgur besteht aus verkieselten Schalen und Gehäusen der Kieselalge, deren Gerüstsubstanz sich aus Kieselsäure zusammensetzt. In den feingemahlenen Bruchstücken des Algengerüstes fangen sich die Trubstoffe, ohne die Poren der Filterschicht vorzeitig zu verstopfen. Kieselgur ist geschmacksneutral und im Wein beständig, das heißt, es löst sich nicht darin auf.

Kieselsol Kolloidale Form der Kieselsäure (SiO_2). Schönungsmittel, das in dem zu klärenden Wein Eiweiß-, Gerb- und Bitterstoffe in schonender Weise bindet und ausfällt. Es wird seit 1940 zunehmend als Tanninersatz zusammen mit dem Schönungsmittel →Gelatine zur Klärung der Jungweine verwendet.

Kindenheim Weinort im Anbaugebiet →Rheinpfalz, Bereich Mittelhaardt/Deutsche Weinstraße. Großlage: *Grafenstück.* Einzellagen: *Vogelsang, Sonnenberg, Katzenstein, Burgweg.*

Kinheim Weinort im Anbaugebiet →Mosel-Saar-Ruwer, Bereich Bernkastel. Großlage: *Scharzlay.* Einzellagen: *Rosenberg, Hubertuslay, Römerberg.*

Kippenhausen Ortsteil von Immenstaad. Weinort im Anbaugebiet →Baden, Bereich Bodensee. Großlage: *Sonnenufer.* Einzellage: *Burgstall.*

Kippenheim Weinort im Anbaugebiet →Baden, Bereich Breisgau, mit Ortsteil →Schmieheim. Großlage: *Schutterlindenberg.* Einzellage: *Haselstaude.*

Kippscharlockerer →Bodenbearbeitung.

Kir Erfrischendes Getränk aus 1 Teil Cassis (schwarzer Johannisbeerlikör) und 4 Teilen trockenem Weißwein (*Bourgogne Aligoté, Fendant* oder ähnlichem).

Kirchberg 1. Weinort im Anbaugebiet →Württemberg, Bereich Württembergisch Unterland. Großlage: *Schalkstein.* Einzellage: *Kelterberg.*
2. Ortsteil von Salem. Weinort im Anbaugebiet →Baden, Bereich Bodensee. Großlage: *Sonnenufer.* Einzellage: *Schloßberg.*

Kirchenfenster Glycerinreiche, leicht dickflüssige Weine bilden an den Wänden von Trinkgläsern Schlieren, die an Kirchenfenster erinnern.

Kirchheim 1. Weinort im Anbaugebiet →Württemberg, Bereich Württembergisch Unterland. Großlage: *Stromberg.* Einzellage: *Kirchberg.*
2. Weinort im Anbaugebiet →Rheinpfalz, Bereich Mittelhaardt/Deutsche Weinstraße. Großlage: *Schwarzerde.* Einzellagen: *Kreuz, Römerstraße, Steinacker, Geißkopf.*

Kirchheimbolanden Weinort im Anbaugebiet →Rheinpfalz, Bereich Mittelhaardt/Deutsche Weinstraße. Großlage: *Schnepfenflug vom Zellertal.* Einzellage: *Schloßgarten.*

Kirchschönbach Ortsteil von Prichsenstadt. Weinort im Anbaugebiet →Franken, Bereich Steigerwald. Großlage: *Schild.* Einzellage: *Mariengarten.*

Kirrweiler Weinort im Anbaugebiet →Rheinpfalz, Bereich Südliche Weinstraße. Großlage: *Mandelhöhe.* Einzellagen: *Römerberg, Mandelberg, Oberschloß.*

Kirschroth Weinort im Anbaugebiet →Nahe, Bereich Schloß Böckelheim. Großlage: *Paradiesgarten.* Einzellagen: *Wildgrafenberg, Lump.*

Kistenpaß Weinstraße im Schweizer Kanton →Graubünden, die die Orte →Malans, →Jenins, →Maienfeld und →Fläsch miteinander verbindet.

Kitzeck Alter österreichischer Weinort in der →Steiermark, Weinbaugebiet →Südsteiermark, auf 564 m über NN gelegen. Fruchtige, gehaltvolle Weißweine. Rebfläche: 110 ha. Weinmuseum.

Kitzingen Weinort im Anbaugebiet →Franken, Bereich Maindreieck, mit Ortsteilen →Sickershausen, →Eherieder Mühle, →Repperndorf. Großlage: *Hofrat.* Einzellagen: *Wilhelmsberg, Eselsberg.*

Klarettwein Nicht mehr gebräuchliche Bezeichnung für →Roseewein.

Klarheit Neben →Farbe, →Geruch und →Geschmack ein wichtiger Bewertungsfaktor bei der Weinbeurteilung. Sauber und sachgemäß behandelte Weine klären sich nach der →Gärung weitgehend von selbst. Die Ansprüche an die Klarheit eines Weines sind jedoch heute so groß, daß schon allerfeinste, kaum sichtbare →Trübungen oder »Schleier« beanstandet werden. Durch geeignete →Filter ist es der modernen Kellerwirtschaft jedoch möglich, den Wein →glanzhell in den Verkehr zu bringen (→trüb, →Trübung).

Klärung Beseitigung von →Trübungen. In Anpassung an die heutige Geschmacksrichtung nach unbedingt glanzhellen, jugendlichen und frischen Weinen sind die Möglichkeiten der Weinklärung wesentlich erhöht und vervollkommnet worden, so daß man heute den Wein schon verhältnismäßig jung luftbeständig, glanzhell und haltbar auf die Flasche bringen kann. Eine allzu frühzeitige, forcierte Klärung ist nicht in jedem Fall angebracht; Jahrgang, Reife und Traubensorte sind hierbei mit zu berücksichtigen. Neben der »Selbstklärung« stehen zwei Methoden zur Klärung zur Verfügung, die →Schönung und die →Filtration. Beide Verfahren bringen bei richtiger und zeitgerechter Anwendung vollen Erfolg, meistens werden beide miteinander kombiniert.

Klassifizierung von 1855 Erstmalig in Frankreich vorgenommene Qualitätseinstufung der Weine des →Médoc und des →Sauternes (→Bordeaux) sowie eines Weines von →Graves (Château Haut-Brion) anläßlich der Pariser Weltausstellung im Jahre 1855. Von dieser Klassifizierung wurden nur 63 Châteaux erfaßt, die abhängig von den erzielten Weinpreisen vorhergegangener Jahre unterschiedliche Qualitätsstufen (→Cru) erhielten. Die Bewertung gilt mit wenigen Veränderungen noch heute.

Klävner 1. Synonym für Blauer →Spätburgunder.
2. Synonym für Roter →Traminer.

Klebrot(er) Synonym für Blauer →Spätburgunder.

klein Extraktarmer, anspruchsloser Wein, meist aus klimatisch weniger guten Jahren;

auch Massenträger aus geringen Lagen und schlecht gedüngten Böden, denen es an vollem →Geschmack, →Aroma und →Charakter mangelt.

Kleinaspach Ortsteil von Aspach. Weinort im Anbaugebiet →Württemberg, Bereich Württembergisch Unterland. Großlage: *Schalkstein.* Einzellage: *Kelterberg.*

Kleinberger Synonym für Weißer →Elbling.

Kleinbottwar Ortsteil von Steinheim. Weinort im Anbaugebiet →Württemberg, Bereich Württembergisch Unterland. Großlage: *Wunnenstein.* Einzellagen: *Götzenberg, Lichtenberg, Oberer Berg, Süßmund.*

Kleine Karpaten Slowakische Qualitätsweinregion an den südöstlichen Hängen und dem vorgelagerten Hügelland der Kleinen Karpaten. Zentren sind Bratislava (Preßburg), Pezinok (Bösing) und Modra (Modrau).
Neben weißen und roten Sortenweinen werden auch bekannte Markenweine wie zum Beispiel *Malorkarpatské Zlato* (Kleinkarpaten-Gold) und *Bratislavské Hrozno* (Preßburger Traube) hergestellt.

Kleinfränkisch Im Mittelalter am Rhein und in Brandenburg verbreitete Rebsorte, heute aus dem Anbau verschwunden.

Kleingartach Ortsteil von Eppingen. Weinort im Anbaugebiet →Württemberg, Bereich Württembergisch Unterland. Großlage: *Heuchelberg.* Einzellage: *Grafenberg.*

Kleinheppach Ortsteil von Korb. Weinort im Anbaugebiet →Württemberg, Bereich Remstal-Stuttgart. Großlagen: *Kopf, Wartbühl.* Einzellagen: *Greiner, Sonnenberg, Steingrüble.*

Kleiningersheim Ortsteil von Ingersheim. Weinort im Anbaugebiet →Württemberg. Bereich Württembergisch Unterland. Großlage: *Schalkstein.* Einzellage: *Schloßberg.*

Kleinkarlbach Weinort im Anbaugebiet →Rheinpfalz, Bereich Mittelhaardt/Deutsche Weinstraße. Großlage: *Höllenpfad.* Einzellagen: *Herrgottsacker, Herrenberg, Senn, Frauenländchen, Kieselberg.*

Kleinkems Ortsteil von Efringen-Kirchen. Weinort im Anbaugebiet →Baden, Bereich Markgräflerland. Großlage: *Vogtei Rötteln.* Einzellage: *Wolfer.*

Kleinklima →Mikroklima.

Kleinlangheim Weinort im Anbaugebiet →Franken, Bereich Steigerwald. Großlage: *Schloßberg.* Einzellage: *Wutschenberg.*

Kleinniedesheim Weinort im Anbaugebiet →Rheinpfalz, Bereich Mittelhaardt/Deutsche Weinstraße. Großlage: *Schwarzerde.* Einzellagen: *Schloßgarten, Vorderberg.*

Kleinochsenfurt Ortsteil von Ochsenfurt. Weinort im Anbaugebiet →Franken, Bereich Mainviereck. Einzellage: *Herrenberg.*

Kleinräuschling Synonym für Früher Gelber →Ortlieber.

Kleinriesling Synonym für Weißer →Riesling.

Kleinsachsenheim Ortsteil von Sachsenheim. Weinort im Anbaugebiet →Württemberg, Bereich Württembergisch Unterland. Großlage: *Stromberg.* Einzellage: *Kirchberg.*

Klein-Winternheim Weinort im Anbaugebiet →Rheinhessen, Bereich Nierstein. Großlage: *Domherr.* Einzellagen: *Geiershöll, Villenkeller, Herrgottshaus, Kapellenberg.*

Klepsau Ortsteil von Krautheim. Weinort im Anbaugebiet →Baden, Bereich Tauberfranken. Großlage: *Tauberklinge.* Einzellage: *Heiligenberg.*

Klevner (oder **Clevner**) Bezeichnung für Blauer →Spätburgunder in der Schweiz.

Klevner, Weißer Synonym für Weißer →Burgunder.

Klima →Sonneneinstrahlung, →Temperatur, →Niederschlagsmenge und Niederschlagszei-

Zum Bild rechts: Der 50. Breitengrad verläuft durch den Rheingau.

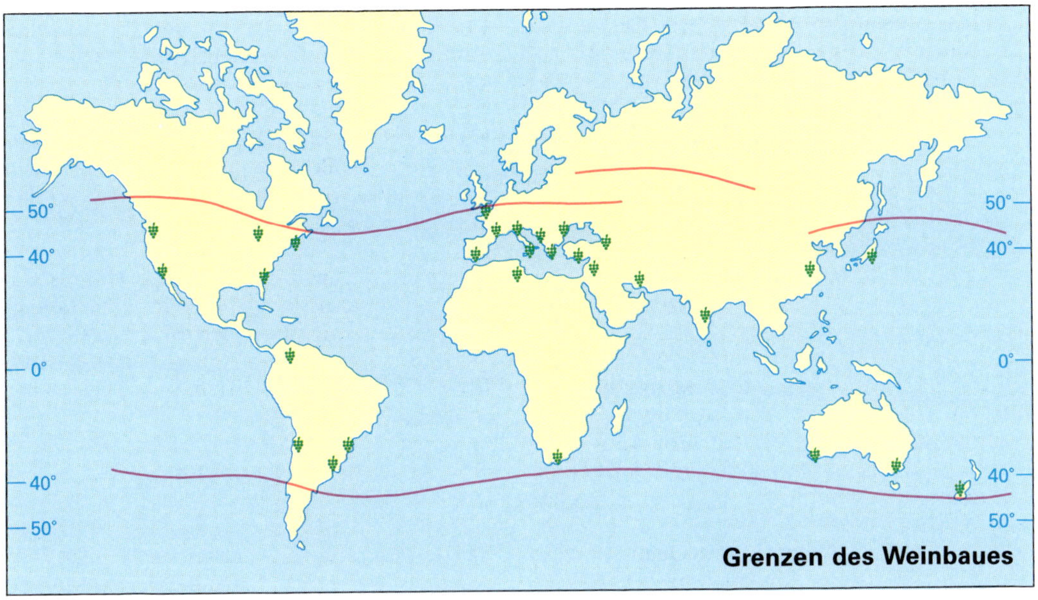

Das Klima bestimmt die Grenzen des Weinbaues auf der Erde.

ten sind die klimatischen Einflüsse, die Qualität und Geschmack eines Weines prägen. Weine aus nördlichen Weinbaugebieten entwickeln in einem ausgeglichen-gemäßigten Klima besonders feine Geschmacksnuancen. Viel Sonne ergibt wuchtige, süße und alkoholreiche Weine, wie wir sie aus den südlichen Ländern kennen. Bei den →Weinbauzonen der EG ist diese Tatsache berücksichtigt. Wein wird keinesfalls überall angebaut. Er beschränkt sich – läßt man geringe Überschreitungen unberücksichtigt – auf die Zonen zwischen dem 30. und 50. Grad nördlicher und dem 30. und 40. Grad südlicher Breite. Der 50. Grad nördlicher Breite läuft durch Mainz und Winnipeg. Einer der heißesten und als Ausnahme weit außerhalb der südlichen Anbauzone liegende Weinberg gehört der katholischen Missionsstation in Windhoeck am 23. südlichen Breitengrad mit 20° C Jahres-Durchschnittstemperatur (Rheingau 9,5° C). Der kälteste Weinberg dürfte in den turkmenischen oder kirgisischen Steppengebieten der →Sowjetunion zu finden sein. Die Rebstöcke können dort wegen der Frosteinbrüche von –30° C und tiefer nur umgebogen und mit Erde bedeckt überwintern. Dies wird übrigens in allen östlichen Weinbauländern mit pannonisch-kontinentalem Klima (trocken, heiß und kalt) noch so gehandhabt.

Klingelberger In Baden Synonym für Weißer →Riesling.

Klingenberg 1. Weinort im Anbaugebiet →Franken, Bereich Mainviereck. Einzellagen: *Hochberg, Schloßberg, Einsiedel.*
2. Ortsteil von Heilbronn. Weinort im Anbaugebiet →Württemberg, Bereich Württembergisch Unterland. Großlage: *Heuchelberg.* Einzellagen: *Schloßberg, Sonntagsberg.*

Klingenmünster Weinort im Anbaugebiet →Rheinpfalz, Bereich Südliche Weinstraße. Großlage: *Kloster Liebfrauenberg.* Einzellage: *Maria Magdalena.*

Klöch Weinbauort im österreichischen Bundesland →Steiermark, Weinbaugebiet →Süd-Oststeiermark. Auf 75 ha Rebfläche werden halbsüße bis trockene Weißweine, darunter viele Spätlesen, erzeugt.

Klöcher Weinstraße Ausgehend von Radkersburg, führt sie über Klöch, Sankt Anna, Kapfenstein nach Fehring.

Klon (griech. Zweig) Durch vegetative, also ungeschlechtliche Vermehrung entstandene Nachkommenschaft einer Pflanze. Kleinste Vermehrungseinheit für den Aufbau eines Klones ist bei der Rebe das →Auge. Aus ihm bildet sich eine Mutterpflanze, aus der sich, vergleichbar mit dem Ast eines Baumes, der sich immer weiter verzweigt, die Nachkommenschaft ableitet. Ein Klon bleibt konstant und kann auf eine erbgleiche, unbegrenzt große Individuenzahl erweitert werden, solange keine →Mutation (lat. Veränderung) eintritt. Der Vermehrung des Klones muß eine →Selektion des Mutterstockes vorausgehen. Die Klonenzüchtung ist also eine →Auslese-Züchtung, die sich zum Ziel setzt, gesunde, leistungsstarke Reben mit guter Anpassung an Boden und Klima zu vermehren.

Klonenselektion Individualauslese von Mutterstöcken und deren Nachkommenschaftsprüfung zum Zwecke der Leistungsfähigkeit von Kulturreben. Auffallende Einzelstöcke werden getrennt vermehrt und an einem Standort als A-Klone geprüft. Von diesen werden die besten als B-Klone weiter vermehrt. Diejenigen mit der höchsten Leistung gelangen in die C-Prüfung. Die Prüfung eines Klones dauert mindestens 15 Jahre. Durch die Klonenzüchtung konnten Ertrag und Qualität erheblich gesteigert werden.

Kloster Eberbach →Eberbach.

Klosterneuburg Weinstadt unmittelbar vor den Toren Wiens am rechten Donauufer, im Weinbaugebiet →Donauland-Carnuntum gelegen. Sitz der Höheren Bundeslehr- und Versuchsanstalt für Wein- und Obstbau, an der im vorigen Jahrhundert Freiherr von →Babo mit bahnbrechenden Methoden für den Weinbau tätig war. Im Ort werden süffige Weiß- und Rotweine auf einer Rebfläche von 198 ha erzeugt. Sehenswert das Augustiner-Chorherrenstift, zu dem heute noch eine Reihe namhafter Weingüter gehören. Eine Spezialität ist der Klosterneuburger Ausstich, ein im Weingesetz nicht erwähnter Begriff, der sich auf die besten Fässer von St.-Laurent-Weinen aus dem Kloster bezieht.

Klosterneuburger Mostwaage (KMW) Senkspindel zum Messen des Zuckergehaltes von →Most. Im österreichischen Weinbau wurde sie vom ersten Direktor des k.u.k. Önologisch-Pomologischen Institutes in →Klosterneuburg, August Wilhelm Freiherr von →Babo 1861 eingeführt und später vom italienischen Weinbau übernommen (Babo-Grade). Die Skala zeigt direkt den Zuckergehalt des Mostes in Prozenten (g/100 g) an. Der mutmaßliche zuckerfreie Extraktgehalt ist von vornherein abgezogen. Die Werte stimmen daher nur bei einem Zuckergehalt von etwa 20% und einem zuckerfreien Extraktgehalt von 3%. Bei höherem Zuckergehalt zeigt die Waage zu niedrige, bei geringerem zu hohe Werte an. 1° KMW entspricht 4,86° Oechsle. Alkohol g/l = KMW x 4,7 (→Mostgewichts-Meßsysteme, Vergleichstabelle).

Titelkupfer eines französichen Kochbuches aus dem 18. Jahrhundert.

Klotten Weinort im Anbaugebiet →Mosel-Saar-Ruwer, Bereich Zell/Mosel. Großlage: *Goldbäumchen.* Einzellagen: *Rosenberg, Burg Coreidelsteiner, Sonnengold, Brauneberg.*

Klüsserath Weinort im Anbaugebiet →Mosel-Saar-Ruwer, Bereich Bernkastel. Großlage: *St. Michael.* Einzellage: *Bruderschaft.*

Kneipwein Volkstümliche Bezeichnung für einfache, saubere, nicht zu schwere Weine, von denen man ohne schädliche Nachwirkungen größere Mengen trinken kann, an die man jedoch keine höheren Qualitätsansprüche stellt.

Knipperlé 1. Elsässischer einfacher Weißwein aus →Räuschling oder →Ortlieber.
2. Elsässische Bezeichnung für Früher gelber →Ortlieber.

Knittlingen Weinbaugemeinde im Anbaugebiet →Württemberg, Bereich Württembergisch Unterland, mit Ortsteil →Freudenstein. Großlage: *Stromberg.* Einzellage: *Reichshalde.*

knochig →Kräftiger Wein mit unangenehmer, jedoch nicht →spitzer Säure; wird auch als »harter Knochen« bezeichnet.

Knöringen Weinort im Anbaugebiet →Rheinpfalz, Bereich Südliche Weinstraße. Großlage: *Bischofskreuz.* Einzellage: *Hohenrain.*

Knospe →Auge.

Knoten (Nodium) Verdickung des Stammes bei →Unterlagenrebe und →Edelreis am Blattansatz.

Kober 5 BB, Kober 125 AA Freie →Unterlagensorten aus der Kreuzung Vitis Berlandieri x Vitis Riparia. Kober 5 BB ist in Österreich die am meisten verbreitete Unterlagenrebe.

Kobern-Gondorf Doppelgemeinde im Anbaugebiet →Mosel-Saar-Ruwer, Bereich Zell/Mosel. Großlage: *Weinhex.* Einzellagen Kobern: *Uhlen, Fahrberg, Weißenberg, Schloßberg.* Einzellagen Gondorf: *Schloßberg, Gäns, Fuchshöhle, Kehrberg.*

Koblenz Stadt im Anbaugebiet →Mittelrhein, Bereich Rheinburgengau, mit Ortsteil →Ehrenbreitstein. Großlage: *Marksburg.* Einzellage: *Schnorbach Brückstück.*
Die Ortsteile →Moselweiß, →Güls, →Lay und →Metternich befinden sich im Anbaugebiet →Mosel-Saar-Ruwer.

Kochen mit Wein Suppen, Saucen, Fleisch- und Fischgerichte, Salate, Marinaden und Süßspeisen schmecken mit Wein ein bißchen pikanter, sonntäglicher. Der simple Hering wird zur Delikatesse, wenn man ihn gebraten oder gedünstet in Weißweinsauce mit frischen Kräutern anrichtet. Fleisch und Fisch werden zarter, wenn man sie vor der Zubereitung in eine Weinmarinade legt. Fertiggerichte aus Dosen, Suppen und Saucen aus Päckchen und Tüten bekommen mit Wein abgeschmeckt einen besonderen Pfiff.
Für den Kochtopf genügen gute Tischweine.

Helle Suppen und Saucen, helles Fleisch und Fisch werden mit Weißwein zubereitet, dunkles Fleisch mit Rotwein. Wird der Wein in den Speisen erhitzt, verflüchtigt sich ein Großteil des Alkohols. Bei warmen Fruchtsuppen oder Obstkaltschalen darf die Hälfte der Flüssigkeit aus Wein bestehen. Bei Fischsuppen ist ein Drittel Wein auf die gesamte Flüssigkeitsmenge angebracht. Fleisch- und Wildsuppen werden meist nur mit einem Schuß Wein gewürzt.

Kocher-Jagst-Tauber Bereich des bestimmten Anbaugebietes →Württemberg.

Kochersteinsfeld Ortsteil von Hardthausen. Weinort im Anbaugebiet →Württemberg, Bereich Kocher-Jagst-Tauber. Großlage: *Kocherberg*. Einzellage: *Rosenberg*.

Kognak →Cognac.

Kohlberg Weinort im Anbaugebiet →Württemberg, Bereich Remstal-Stuttgart. Großlage: *Hohenneuffen*. Einzellage: *Schloßsteige*.

Kohle →Moste und Weine weisen zuweilen Fehler (→Frostgeschmack, →Faßgeschmack, →Schimmelgeschmack) auf, die sich durch Kohle beseitigen lassen. Früher verwendete man zur →Schönung gekörnte Holz- und Tierkohle. Heute verwendet man nur noch Aktivkohle. Ihre Wirkung beruht auf der Adsorption unerwünschter Farb-, Geruchs- und Geschmacksstoffe. Der Wirkungsgrad der Kohle ist um so größer, je feiner sie gemahlen ist. Da Kohle den Wein auch in seinen wertvollen Bestandteilen angreift, soll von ihr nur vorsichtig Gebrauch gemacht werden.

Kohlensäure (CO_2) In vielen Sparten der Getränkebranche spielt Kohlensäure eine wichtige Rolle, insbesondere bei Perl- und Schaumwein, Mineral- und Tafelwässern, Limonaden und Bier. CO_2 ist nicht nur ein natürlicher oder zugesetzter Getränkebestandteil, sondern dient auch als Inertgas (Schutzgas) in Drucktanks und Füllmaschinen und in fester Form als Trockeneis zum Kühlen. CO_2 entsteht auch in großen Mengen bei der alkoholischen →Gärung aus dem Zucker. Es ist erheblich schwerer als Luft und füllt den Keller allmählich von unten her. Da es Erstickung hervorrufen kann, ist für Ableitung aus dem Keller zu sorgen. Gärkeller sollten im Herbst nur mit brennender Kerze betreten werden. Beim Verlöschen ist der Raum sofort zu verlassen. Auch beim biologischen →Säureabbau entsteht CO_2. Normale Weine enthalten 0,2–0,7 g/l CO_2, spritzige Weißweine wie Mosel und einige Schweizer Weine 1 g/l (→Schaumwein, →Perlwein). Wie lange ein Wein frisch bleibt, hängt nicht unwesentlich von seinem Gehalt an Kohlensäure ab. Man ist daher bestrebt, dem Wein einen Kohlensäurerest zu erhalten. Auch ist der CO_2-Gehalt für den anregenden, belebenden Weingeschmack bestimmender als man gewöhnlich annimmt. Dies gilt in besonderem Maße für →Tafelweine, →Landweine, →Qualitätsweine und in Grenzen für →Qualitätsweine mit Prädikat. Selbst breite, volle, süße und schwere Weine lockern sich geschmacklich auf, wenn sie noch einen gewissen, mit den Sinnen kaum wahrnehmbaren CO_2-Gehalt aufweisen.

Köhler Ortsteil von Volkach. Weinort im Anbaugebiet →Franken, Bereich Maindreieck. Großlage: *Kirchberg*. Einzellage: *Fürstenberg*.

Kokkineli Geharzter Rotwein aus →Griechenland (→Retsina).

Köllig Ortsteil von Nittel. Weinort im Anbaugebiet →Mosel-Saar-Ruwer, Bereich Obermosel. Großlage: *Gipfel*. Einzellage: *Rochusfels*.

Kolor Rotweinrebe; Neuzüchtung des Staatlichen Weinbauinstitutes Freiburg von 1938. Kreuzung aus Blauer Spätburgunder x Färbertraube von Dr. J. Zimmermann. Zuchtnummer Fr. 71-39, Sortenschutz seit 1974. Die Namengebung (color lat. Farbe) deutet auf das Zuchtziel dieser Sorte hin. Die Erträge sind mittelmäßig bis niedrig; die Weine lediglich als →Deckrotweine interessant. Anbaufläche in Deutschland: 1 ha.

Kometenwein Früher glaubte man an das Zusammentreffen guter Weinjahrgänge mit Kometen. Das traf zu 1811, 1858, 1861 und 1911. Statistisch hat sich diese These als unhaltbar erwiesen.

Kommlingen Ortsteil von Konz. Weinort im Anbaugebiet →Mosel-Saar-Ruwer, Bereich Saar-Ruwer. Großlage: *Scharzberg*. Einzellage: *Auf der Wiltingerkupp*.

Köndringen Ortsteil von Teningen. Weinort im Anbaugebiet →Baden, Bereich Breisgau. Großlage: *Burg Lichteneck*. Einzellage: *Alte Burg*.

Könen Ortsteil von Konz. Weinort im Anbaugebiet →Mosel-Saar-Ruwer, Bereich Saar-Ruwer. Großlage: *Scharzberg*. Einzellagen: *Fels, Kirchberg*.

Köngernheim Ortsteil von Gau-Odernheim. Weinort im Anbaugebiet →Rheinhessen, Bereich Nierstein. Großlage: *Gutes Domtal*. Einzellage: *Goldgrube*.

Königheim Weinbaugemeinde im Anbaugebiet →Baden, Bereich Tauberfranken, mit Ortsteil →Gissigheim. Großlage: *Tauberklinge.* Einzellage: *Kirchberg.*

Königin der Weingärten Weiße Tafeltraubensorte, ursprünglich aus Ungarn aus Königin Elisabeth x Perle von Csaba mit feinem Muskataroma. Synonyme: Szöloskertek királynöie, Reine des Vignes.

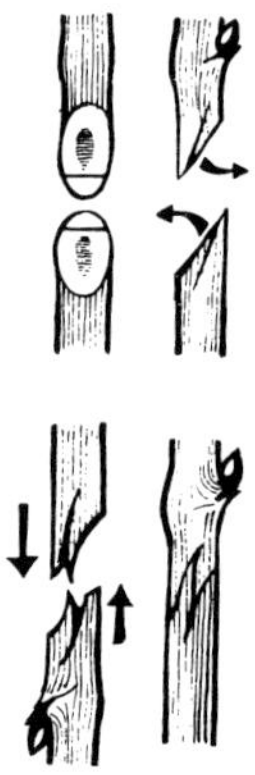

Englischer Kopulationsschnitt.

Königliche Mädchentraube →Leányka.

Königliche Magdalenentraube Synonym für →Madeleine Royale.

Königsast Bedeutende rumänische Weißweinrebe, Spielart der →Leányka, die meist goldgelbe, fruchtige und körperreiche Weine liefert. Synonym: Feteascǎ Regalǎ (Königliche Mädchentraube).

Königsbach/Weinstraße Ortsteil von Neustadt/Weinstraße. Weinort im Anbaugebiet →Rheinpfalz, Bereich Mittelhaardt/Deutsche Weinstraße. Großlage: *Meerspinne.* Einzellagen: *Ölberg, Idig, Jesuitengarten, Reiterpfad.*

Königsbrunn am Wagram Niederösterreichischer Weinort, Weinbaugebiet →Donauland-Carnuntum. Leichte, süffige Weißweine. Rebfläche: 130 ha.

Königschaffhausen Ortsteil von Endingen. Weinort im Anbaugebiet →Baden, Bereich Kaiserstuhl. Großlage: *Vulkanfelsen.* Einzellagen: *Hasenberg, Steingrüble.*

Königshofen Ortsteil von Lauda-Königshofen, Weinort im Anbaugebiet →Baden, Bereich Tauberfranken. Großlage: *Tauberklinge.* Einzellagen: *Kirchberg, Walterstal, Turmberg.*

Königswinter Weinbaugemeinde im Anbaugebiet →Mittelrhein, Bereich Siebengebirge, mit den Ortsteilen →Niederdollendorf, →Oberdollendorf. Großlage: *Petersberg.* Einzellage: *Drachenfels.*

Konstanz Stadt im Anbaugebiet →Baden, Bereich Bodensee, Großlage: *Sonnenufer.* Einzellage: *Sonnenhalde.*

Konsumwein In den deutschsprachigen Ländern versteht man darunter einen für den Massenverbrauch bestimmten Wein. Gesetzlich gibt es die Formulierung nicht. In Frankreich heißt Konsumwein →Vin ordinaire, gesetzlich →Vin de Consommation Courante (VCC).

Konz Weinort im Anbaugebiet →Mosel-Saar-Ruwer, Bereich Saar-Ruwer, mit Ortsteilen →Kommlingen, →Falkenstein, →Könen, →Filzen, →Hamm, →Niedermennig, →Obermennig, →Krettnach, →Oberemmel. Großlage: *Scharzberg.* Einzellagen: *Klosterberg, Brauneberg, Sprung, Hofberg, Euchariusberg, Auf der Wiltingerkupp.*

Kopfschnitt →Stamm.

Kopulationsschnitt Schnittart beim Aufpfropfen von →Edelreisern auf ihre Unterlage. Wird bei der Handveredelung angewandt.

Korb Weinbaugemeinde im Anbaugebiet →Württemberg, Bereich Remstal-Stuttgart, mit Ortsteil →Kleinheppach. Großlagen: *Kopf, Wartbühl.* Einzellagen: *Berg, Hörnle, Sommerhalde, Steingrüble.*

Korbpresse →Keltern.

Kordonerziehung →Erziehung.

Korinthen In der Sonne getrocknete kleine blaue Weinbeeren. Kommen hauptsächlich aus der →Türkei und aus →Griechenland (→Rosinen).

Kork (cortex lat. Rinde) Bei vielen Pflanzen ausgebildetes Abschlußgewebe, das besonders in älteren Pflanzenteilen die Funktion der Oberhaut (Epidermis) übernimmt und die inneren Gewebe gegen Wasserverlust, mechanische Verletzungen und Schädigung durch Parasiten schützt, da es aus toten, luftgefüllten, lückenlos zusammenschließenden Zellen aufgebaut ist. Bei der Korkeiche (Quercus suber oder Quercus occidentalis), die vor allem in Portugal, Spanien, Südfrankreich, Korsika und Nordafrika wächst, ist die Korkschicht außergewöhnlich stark ausgebildet, so daß sie zur Herstellung von Korkstopfen (Korken) verwendet wird. Von 5–8 Jahre alten Bäumen wird bei der ersten Ernte der »männliche« oder »Jungfernkork« entfernt, der als Zierkorken Verwendung findet. Dann werden die Bäume etwa alle 8–10 Jahre geschält, wobei mit einer Ernte von etwa 600 kg pro Baum gerechnet werden kann. Die Korkeiche liefert etwa 200 Jahre lang Kork, die beste Qualität erhält man von 50–100jährigen Bäumen. Der Hauptbestandteil des Korkes ist das Suberin, das für die Elastizität von ausschlaggebender Bedeutung ist. In das Suberin eingelagert ist das Korkwachs, das die weitgehende Undurchlässigkeit für Gas und Flüssigkeit bedingt.

Korkbrand Firmenbrand, der mit einem Korkstempel auf der Längsseite des →Korkens aufgebracht wird. Früher brachte man den Brand auf dem inneren →Korkspiegel an, kam jedoch davon ab, da die Fläche zu klein ist und der Wein nicht mit dem verkohlten Spiegel in Berührung kommen sollte. Korkbrand sagt nichts über die Qualität eines Weines aus. Vor dem Inkrafttreten des deutschen →Weingesetzes 1971 bürgte der Korkbrand mit dem Namen der Weinfirma für die Naturreinheit. Heute muß er den Namen des Abfüllers oder seine Betriebsnummer (→AP-Nummer) aufweisen.

Korken (Stopfen, Pfropfen, in der Schweiz **Zapfen)** Zylindrischer oder kegelförmiger Flaschenverschluß. Als Flaschenverschluß werden Korken erst seit Ende des 17. Jahrhunderts (mit Aufschwung der Glasindustrie) verwendet, obwohl schon Cato, Plinius und Horaz Rindenstücke als Amphorenverschluß kannten. Vorher verschloß man vornehmlich in den Mittelmeerländern enghalsige Weinkrüge mit einer Schicht Olivenöl oder mit Hanffaserstopfen. Daher soll die Sitte stammen, daß der Gastgeber sich zuerst einschenkt das Öl mußte abgegossen werden. Ein guter Flaschenkorken muß langsam gewachsen, kernig und elastisch sein, soll wenig Poren besitzen, mindestens einen einwandfreien, glatten Spiegel (→Korkspiegel) haben und mehr als 6 Jahresringe aufweisen. Die Korkenlänge ist handelsüblich festgelegt, und zwar unterscheidet man: sehr lange Korken (Milongs) von 53–60 mm, lange Korken (Modelos) von etwa 44 mm, dreiviertel lange Korken (Modelos) von etwa 39 mm und halblange Korken (Regulieres) von etwa 33 mm Länge. Die Länge richtet sich in erster Linie nach der Güte des Weines; während die meisten deutschen →Qualitätsweine mit dreiviertel langen Korken verschlossen werden, verwendet man für wertvolle Hochgewächse die längsten Stopfen. Normalerweise haben selbst die besten Korken keine längere Lebensdauer als 20 Jahre. Sitzt ein Korken lose in der Flasche, so kann meist daraus geschlossen werden, daß der betreffende Wein vertikal statt horizontal gelagert wurde. Der Korken trocknet aus, wenn er nicht ständig mit Wein benetzt wird. In letzter Zeit treten andere →Flaschenverschlüsse immer stärker in Konkurrenz zu den Naturkorken. Obwohl einige davon, insbesondere Schraubverschlüsse, zum Teil bessere Verschlußeigenschaften zeigen, steht ihrer Verbreitung beim Wein, besonders beim Qualitätswein, die Traditionsgebundenheit vieler Weinliebhaber gegenüber. Dieses Vorurteil ist rein gefühlsmäßig bedingt und sachlich oft nicht zu rechtfertigen. Beim →Schaumwein werden die Kunststoffverschlüsse (aus Polyäthylen) akzeptiert.

Korkenzieher Gerät zum Herausziehen des →Korkens aus der Weinflasche, in einfachster Form eine Metall(Draht)spirale mit einem geeigneten Griff. Wichtig ist, daß die Spirale eine »Seele« (oder Seelenachse) hat, das heißt offen ist, damit der Korkenzieher beim Herausziehen den Korken nicht ausreißt. Durch die Seele eines guten Korkenziehers sollte man ein Streichholz stecken können. Die Spirale sollte etwa 6 cm lang sein und einen Außendurchmesser von etwa 8 mm haben. Die Flaschen sollen langsam, ohne Knall entkorkt werden, da ansonsten durch den Ruck im Flaschenhals ein Unterdruck entsteht, der dem Weinbukett schadet. Entkorker, die den Korken mit einer Hohlnadel durchbohren und durch eingeblasenes CO_2-Gas herausdrücken, haben sich nicht durchgesetzt.

Reich verzierter alter Korkenzieher.

Korkgeschmack Obwohl sich Kork dem Wein gegenüber geschmacks- und geruchsneutral verhält, zeigen Flaschenweine vereinzelt einen sogenannten Kork- oder Stopfengeschmack (Korkschmecker), sie schmecken »korkig«. Dieser unangenehme Fehler wird wahrscheinlich durch Pilze (Aspergillus, Penicillium) verursacht, die den Kork bereits am Baum geschädigt haben. Neben dem »echten« unterscheidet man noch einen »falschen Korkgeschmack«, einen dumpfen, muffigen, fauligen Fehlton, der jedoch in Wirklichkeit ein →Schimmelgeschmack ist und auftritt, wenn unsaubere, unsachgemäß aufbewahrte schimmelige Korken verwendet wurden.

Korkmotten Kleinschmetterlinge (Mikrolepidopteren), die ihre Eier in Ritzen und Spalten von Holz und an Korken ablegen. Aus diesen Eiern entwickeln sich Räupchen, die sich in den Kork einfressen, so daß nach einiger Zeit Wein ausfließen und Luft in die Flasche eintreten kann. Es sind mindestens 6 verschiedene Mottenarten als Schädlinge bekannt, die man je nach bevorzugtem Vorkommen als Korkmotte, Kornmotte, Weinmotte, Kellermotte, Samenmotte oder Leistenmotte bezeichnet. Für die Bekämpfung ist die Kenntnis der Zeit des Mottenfluges und der damit verbundenen Eiablage wichtig. Die Hauptflugzeiten sind die Monate Juni, Juli und August. Die Vermehrung erfolgt nach einem Zyklus, der mit dem Mottenflug beginnt und mit dem eventuellen Anstich des Korkens und der Eiablage endet. Nach etwa 10 Tagen frißt der Wurm Gänge in den Korken und hat dazu genügend Zeit (4 bis 5 Monate). Man erkennt das zerstörerische Werk an feinem Korkstaub und zentimeterlangen »Bärten«, die von der Flaschenmündung herabhängen. Der Befall ist neuerdings zunehmend auch in Privatkellern mit Holzregalen oder -gestellen festzustellen.

Die Bekämpfung der Schädlinge erfolgt durch Vernichtung der Motten und durch Vernichtung der Eier oder Raupen. Die günstigste Bekämpfungszeit liegt während des Mottenfluges Juli bis August. Zur Bekämpfung verwendet man Räuchertabletten (Jakutin, Lindan), die angezündet werden. Bei starkem Befall sollte man nach 14 Tagen die Behandlung wiederholen. Einfacher ist das Aufhängen von Strips. Die Bekämpfungsmittel sind in allen Drogerien erhältlich.

Korkspiegel Runde Außenflächen des zylindrischen Korkstopfens. Man unterscheidet einen inneren, der mit dem Wein in Berührung kommt, und einen äußeren. Besonders der innere soll glatt und ohne Risse sein und durch horizontale Lagerung der Flaschen immer feucht gehalten werden (→Kork).

Korlingen Weinort im Anbaugebiet →Mosel-Saar-Ruwer, Bereich Saar-Ruwer. Großlage: *Römerlay*. Einzellage: *Laykaul*.

Körper, körperreich Ein Wein hat Körper, wenn er reichlich →Extraktstoffe, →Alkohol und eine angenehm betonte Säure aufweist. Ein solcher Wein wird auch als →rund, vollmundig oder gar voluminös angesprochen.

Korsika (frz. Corse) Seit 1768 französische Mittelmeerinsel mit aufstrebender Weinwirtschaft. Die Rebfläche ist heute rund 12.000 ha groß. Weinbauern aus Algerien modernisierten hier den Weinbau. Heute liefert Korsika nicht mehr nur Verschnittrotweine für den französischen Markt, sondern die folgenden AC-Rot-, Weiß- und Roseeweine:
Vin de Corse (regionale Appellation), ferner die Gemeindeappellationen *Vin de Corse* mit den Zusätzen: *Sartène, Calvi, Coteaux du Cap Corse, Figari, Porto-Vecchio*. Zwei engere Herkunftsbezeichnungen gelten für die Weine aus Patrimonio und Ajaccio.
Folgende Rebsorten, meist italienischer Herkunft, werden angebaut: →Vermentino und →Ugni Blanc (weiß), Nielluccio und Sciaccarello sowie einige Rhône-Sorten (rot). Die Weine sind vollmundig, kräftig, alkohol- und bukettreich und ähneln denen der →Côtes du Rhône und →Côtes de Provence.

Kosovo Autonome Provinz im Süden Serbiens, wo auf 7.000 ha Rebfläche hauptsächlich der in Deutschland bekannte →*Amselfelder* (Kosovsko Vino) hergestellt wird.

Kostheim Ortsteil von Mainz. Weinort im Anbaugebiet →Rheingau, Bereich Johannisberg. Einzellagen: *Reichestal, Weiß Erd, Steig, St. Kiliansberg, Berg*.

Kövenig Ortsteil von Kröv. Weinort im Anbaugebiet →Mosel-Saar-Ruwer, Bereich Bernkastel. Großlage: *Nacktarsch*. Einzellagen: *Burglay, Herrenbrg*.

Kövidanka →Steinschiller.

Köwerich Weinort im Anbaugebiet →Mosel-Saar-Ruwer, Bereich Bernkastel. Großlage: *St. Michael*. Einzellagen: *Laurentiuslay, Held*.

Kracher, Blauer Synonym für Blauer →Wildbacher.

kräftig Bezeichnung für alkohol- und →extraktreiche, säurebetonte Weine; auch →herzhaft, →voll oder →kernig genannt.

Kraichgau Weinlandschaft zwischen Heidelberg und Karlsruhe, im Osten bis Steinfurt reichend. Gehört nach dem Weingesetz von 1971 zum Bereich Badische Bergstraße/Kraichgau im Anbaugebiet →Baden.

Kraljevina Jugoslawische Bezeichnung für Blauer →Portugieser.

Krankheiten der Rebe Die Kulturrebe hat ihre ursprüngliche Widerstandskraft gegen Krankheiten weitgehend eingebüßt. Ohne →Pflanzenschutz kann daher kein Weinbau betrieben werden.
Die Krankheiten der Rebe werden hervorgerufen durch Umweltfaktoren und durch Organismen. Die schädigenden Umweltfaktoren sind meistens Witterungseinflüsse wie →Hagel, →Wind, →Sturm, Hitze, →Kälte, →Frost, Bodeneinflüsse wie Säureschäden, Verdichtungen und →Chlorose. Auch →Nährstoffmängel (→Stickstoff, →Phosphorsäure, →Kalium, →Magnesium) und die sogenannte →Stiellähme, die auf physiologischen Erscheinungen beruht, sind als umweltbedingte Krankheiten aufzufassen.
Für die durch Organismen hervorgerufenen Krankheiten sind tierische →Schädlinge (→Reblaus und andere), →Pilze (→Peronospora, →Oidium, Roter →Brenner), →Viren und Bakterien (Mauke, Grind) verantwortlich. Meist vergeht nach der →Infektion eine gewisse Zeit (Inkubationszeit), bis die ersten Symptome an der ganzen Pflanze oder an einzelnen Organen auftreten. Eine Krankheit wird entweder nach ihrem auffälligsten Merkmal (zum Beispiel Blattfall-, Kräusel-, Rollkrankheit) oder nach dem auslösenden Erreger (Peronospora, Oidium, Phomopsis) benannt.

Krankheiten des Weines Von Weinkrankheiten spricht man, wenn durch im Wein lebende →Mikroorganismen bestimmte Weinbestandteile zersetzt und dadurch neue, unerwünschte Stoffe gebildet werden. Der betroffene Wein erfährt dann nachteilige Veränderungen, die sich im →Geruch, →Geschmack, in der →Farbe, der →Klarheit oder der Konsistenz bemerkbar machen. Infolge der Vermehrung der Mikroorganismen kommt es dabei häufig zu schleierartigen, opaleszierenden →Trübungen, die sich meist schlecht oder überhaupt nicht absetzen. Typische Krankheiten sind beispielsweise →Essigstich, →Kahmgeschmack, →Mäuseln, →Milchsäurestich oder das →Zähwerden. Diese Veränderungen können, was besonders kennzeichnend ist, im Wein fortschreiten und ihn schließlich völlig verderben. Auch besteht die Gefahr, daß die Krankheitserreger auf gesunde Weine übertragen werden und sich darin vermehren, falls dort günstige Lebensbedingungen für sie bestehen. Das Auftreten von Krankheiten, die nicht mit Fehlern eines Weines gleichgesetzt werden dürfen, wird häufig begünstigt durch bestimmte →Mängel, zum Beispiel zu geringen Alkohol- oder Säuregehalt. Durch rechtzeitiges Beheben solcher Mängel und große Sauberkeit im Keller können Krankheiten am besten verhindert werden.

Krater Rotwein aus →Makedonien.

kratzig →Krankheiten wie →Essig- oder →Milchsäurestich können allein oder in Verbindung mit anderen Stoffen einen Wein geschmacklich so beeinträchtigen, daß er im Hals »kratzt«. Die Ursache kann auch zuviel freie schwefelige Säure oder die Aufnahme von Fremdstoffen wie Schimmel oder Metall sein.

Kräuselmilbenkrankheit Besonders an Jungreben auftretende Rebenkrankheit, hervorgerufen durch Milben, die sich an jungen Blättern festsetzen.

Kräuterwein Aromatisierter Traubenwein, der unter Verwendung von würzenden Kräutern mit Ausnahme von Wermutkraut (→Wermutwein) hergestellt wird und in 1 l höchstens 140 g Alkohol (17,7 Vol.-%) und mindestens 750 ml Wein enthalten soll. Auch die →Bitterweine, für deren Herstellung ausgesprochen bittere Kräuter und Drogen Verwendung finden, gehören dazu. Ebenso ein Rhabarberwein, der durch Ausziehen von Rhabarberwurzeln und Gewürzen, wie zum Beispiel Cardamom, sowie Jerezwein gewonnen wird. Kräuterweine sind appetitanregende und die Bekömmlichkeit von Speisen fördernde Getränke (→Aperitifs).

Krautheim 1. Weinbaugemeinde im Anbaugebiet →Baden, Bereich Tauberfranken, mit Ortsteil →Klepsau. Großlage: *Tauberklinge*. Einzellage: *Heiligenberg*.
2. Ortsteil von Volkach. Weinort im Anbaugebiet →Franken, Bereich Maindreieck. Großlage: *Kirchberg*. Einzellage: *Sonnenleite*.

Kräutler, Blauer Synonym für Blauer →Wildbacher.

Kreidefelsen in der Champagne.

Kreide Erdiger, weißer Kalksteinboden, meist mit Tonteilen vermischt, in den meisten Fällen kein geeigneter Boden für das Gedeihen guter Weine, mit Ausnahme der →Champagne und des Gebietes um →Jerez de la Frontera.
In manchen Mittelmeerländern setzt man der Rotweinmaische zur Erhöhung des Gehaltes an freier →Weinsäure und zur Erzielung einer intensiven Farbe Kreide zu. Bei dieser Kreide handelt es sich um Kalziumsulfat (Gips), aus dem heute die zum Schreiben verwendete Kreide hergestellt wird. In Deutschland ist dieses als »Gipsen« der Weine bezeichnete Verfahren nicht gestattet.

Krems Alte Weinstadt in →Niederösterreich an der Donau, Weinbaugebiet →Kamptal-Donauland. Weinbaumuseum, Weinbauschule. Auf rund 820 ha Rebfläche werden hauptsächlich Weißweinsorten angebaut, die bukettreiche, spritzige Weine ergeben. Einige →Riede bringen Spitzenweine hervor. Die zahlreichen Riede wurden 1974 zu 10 zusammengeschlossen. Für kontrollierte Weine der Stadt ist das »Kremser Siegel« geschaffen worden, das nach einer zusätzlichen Verkostung vergeben wird, wenn der Wein im Guts- oder Erzeugerbetrieb abgefüllt wurde und gebietstypisch ist.

Kreßbronn am Bodensee Weinort im Anbaugebiet →Württemberg, Bereich Württembergischer Bodensee. Einzellage: *Berghalde*.

Kreta Die größte der griechischen Inseln im Mittelmeer mit ausgedehntem Obst- und Weinbau. Bukettreiche, kernige, rote Likörweine werden unter den AO-Namen, →*Archánes, Sitia* und *Peza* sowie unter dem Namen *Dafnes* in der Umgebung der Ruinen von Knossos, Gortys und Phaistos, der Wiege der europäischen Zivilisation, hergestellt. Bedeutung hat auch die Sultaninenerzeugung sowie der Export von Rasaki-Tafeltrauben.

Krettnach Ortsteil von Konz. Weinort im Anbaugebiet →Mosel-Saar-Ruwer, Bereich Saar-Ruwer. Großlage: *Scharzberg.* Einzellage: *Euchariusberg.*

Kretzer Roseeweine (→Lagrein, →Liechtenstein).

Kreuzberg Ortsteil von Altenahr. Weinort im Anbaugebiet →Ahr; Bereich Walporzheim/Ahrtal. Großlage: *Klosterberg.* Einzellage: *Übigberg.*

Kreuznach Bereich des bestimmten Anbaugebietes →Nahe.

Kreuznach, Bad Kur- und Weinstadt im Anbaugebiet →Nahe, Bereich Kreuznach, mit Ortsteilen →Winzenheim, →Bosenheim, →Ippesheim, →Planig. Großlage: *Kronenberg.* Einzellagen: *Höllenbrand, Galgenberg, Tilgesbrunnen, Rosenberg, Kauzenberg-Oranienberg, Kauzenberg-Rosenhügel, Kauzenberg in den Mauern, Osterhöll, Hofgarten, Kahlenberg, Steinberg, Mollenbrunnen, Hinkelstein, Forst, Vogelsang, Kapellenpfad, Krötenpfuhl, Brückes, St. Martin, Gutental, Mönchberg, Narrenkappe, Steinberg, Hungriger Wolf.* Kauzenburg, Nahebrücke (1300) mit Brückenhäusern, altrömischer Mosaikboden, Heimatmuseum, bedeutende Weingüter und Handelskellereien sowie Landes-Lehr- und Versuchsanstalt für Landwirtschaft, Weinbau und Gartenbau.

Kreuzung Züchtungsmethode, um mittels Bestäubung und Befruchtung zweier verschiedenartiger Rebsorten Nachkommen mit neuen Eigenschaften zu erhalten. Eine Rebe wird als Mutter, eine andere als Vater verwendet. Zwittrige Sorten müssen vorher kastriert, das heißt, die männlichen Teile der Blüte (Staubblätter mit Staubbeuteln) entfernt werden. Dadurch wird eine Selbstbefruchtung verhindert. Die →Gescheine werden eingebeutelt, damit keine Fremdbefruchtung erfolgt. Sind die Narben der Blüten der als Muttersorte vorgesehenen Rebe empfängnisbereit, wird der Pollen einer als Vater ausgewählten Sorte auf die Narbe aufgebracht. Die nach dieser künstlichen Befruchtung heranwachsenden Beeren enthalten Kerne mit Embryonen, welche die Erbmasse der Mutter- und der Vatersorte in sich vereinigen. Sie ähneln dem einen oder anderen Elternteil oder nehmen eine Mittelstellung zwischen beiden ein. Der Formenreichtum dieser Nachkommen ist enorm. Die so gezüchteten Rebsorten müssen mehrere Jahrzehnte auf ihre Eignung für den praktischen Weinbau überprüft weden.

Kreuzweiler Ortsteil von Palzem. Weinort im Anbaugebiet →Mosel-Saar-Ruwer, Bereich Obermosel. Großlage: *Gipfel.* Einzellage: *Schloß Thorner Kupp.*

Kreuzwertheim Weinort im Anbaugebiet →Franken, Bereich Mainviereck. Einzellage: *Kaffelstein.*

Kriegsheim Ortsteil von Wachenheim. Weinort im Anbaugebiet →Rheinhessen, Bereich Wonnegau. Großlage: *Domblick.* Einzellage: *Rosengarten.*

Krim Sowjetische Halbinsel am Schwarzen Meer (→Sowjetunion). An der Südküste subtropische Vegetation mit Wein- und Obstbau, großen Sektkellereien und dem 1828 in Magaratsch bei Jalta auf der Krim gegründeten Forschungsinstitut für Weinbau und Kellerwirtschaft mit besonders umfangreichem Rebsortiment.
Krim-Sekt und -Rotwein sind vollmundig, schwer und meist sehr süß.

Kroatien Bundesstaat von →Jugoslawien mit etwa 90.000 ha Rebfläche. Hauptanbaugebiete sind die Küste, die Inseln von →Dalmatien und im Osten Slavonien.

Kronkorken Flaschenverschluß mit einem Helm aus verzinktem und lackiertem Blech und einer Einlage aus Preßkork oder Kunststoff.

Kröv Weinort im Anbaugebiet →Mosel-Saar-Ruwer, Bereich Bernkastel, mit Ortsteil →Kövenig. Großlage: *Nacktarsch.* Einzellagen: *Steffensberg, Letterlay, Kirchlay, Paradies.*
Früher reichsunmittelbares Städtchen an der Mittelmosel, bekannt durch seinen *Kröver Nacktarsch.* Für die Herkunft des Namens gibt es unterschiedliche Deutungen. Etwas weit hergeholt erscheint die Ableitung von »Nektar«. Die Geschichte vom Winzerjungen, der von seinem Vater zum Weinholen in den Keller geschickt, das beste Faß austrank, dem Vater vom weniger guten zapfte und dabei erwischt, den Hintern versohlt bekam, findet man auf vielen Etiketten drastisch dargestellt.

Krozingen, Bad Weinbaugemeinde im Anbaugebiet →Baden, Bereich Markgräflerland, mit Ortsteilen →Biengen, →Schlatt, →Tunsel. Großlage: *Lorettoberg*. Einzellage: *Steingrüble*.

Krum Ortsteil von Zeil/Main. Weinort im Anbaugebiet →Franken, Bereich Steigerwald. Einzellage: *Himmelreich*.

Kues Ortsteil von Bernkastel-Kues. Weinort im Anbaugebiet →Mosel-Saar-Ruwer, Bereich Bernkastel. Großlage: *Kurfürstlay*. Einzellagen: *Rosenberg, Kardinalsberg, Weisenstein*.

Különleges Minöségibor Ungarischer Spezial-Qualitätswein, etwa entsprechend dem →Qualitätswein mit Prädikat.

Külsheim Weinort im Anbaugebiet →Baden, Bereich Tauberfranken, mit dem Ortsteil →Uissigheim. Großlage: *Tauberklinge*. Einzellage: *Hoher Herrgott*.

Kunststoffbehälter Seit den fünfziger Jahren werden in der Weinkellerwirtschaft zur Lagerung von Wein Behälter aus glasfaserverstärkten Polyesterharz-Kunststoffen eingesetzt. Sie zeigen keine Rostbildung und können in feuchten Kellern gelagert werden, der Werkstoff gibt an den Wein keine Geruchs- und Geschmacksstoffe ab, und Weine halten sich in ihnen länger frisch als im Holzfaß, da der Kunststofftank weniger Luftsauerstoff an den Wein heranläßt. Durch die gegenüber dem Holzfaß stark erhöhte Gasdichte zeigt sich bei ihnen weniger Schwund und Kohlensäuregasverlust. Durch ihre glatten Oberflächen lassen sie sich gut reinigen. Sie sind jederzeit zur Aufnahme von Wein bereit, was bei einem Holzfaß, wenn es länger leer gelegen hat, nicht der Fall ist. Es kann in ihnen abwechselnd Weiß- und Rotwein gelagert werden, weil sich das Material dem Wein gegenüber völlig indifferent verhält. Vom Anschaffungspreis her günstiger als jedes andere Behältnis.

Kunstwein Im Mittelalter bis ins 19. Jahrhundert verbreitete Weinimitation, die nicht auf der Basis von Trauben hergestellt wurde. In Deutschland verboten. In Österreich versteht man darunter auch →Tresterwein und Malzwein.

Künzelsau Ortsteil von Criesbach. Weinbaugemeinde im Anbaugebiet →Württemberg, Bereich Kocher-Jagst-Tauber, mit Ortsteil →Belsenberg. Großlage: *Kocherberg*. Einzellage: *Hoher Berg*.

Kupfertrübung Grobstaubige →Metalltrübung bei Wein, der im Verlauf seiner Erzeugung, also auch bereits als →Most, zuviel Kupfer von kupferhaltigen Kellereigeräten, zum Beispiel aus Messing, aufgenommen hat. Erhöhte Temperaturen und hoher Säuregehalt begünstigen die Kupferaufnahme. Typisch für diese Trübung ist, daß sie sich im Licht rascher bildet als im Dunkeln und bei Luftzutritt meist von selbst wieder verschwindet, so daß man sie dadurch relativ einfach von einer →Eisentrübung unterscheiden kann. Sie besteht aus Kupfer(I)-Sulfid (CuS), Kupfer-Eiweiß und anderen anorganischen und organischen Kupferverbindungen mit stark bitterem Geschmack. Daher sind kupfergetrübte Weine auch geschmacklich negativ beeinflußt. Durch Verwendung von Kellereigerät aus Edelstahl, modernen Kunststoffen oder durch Streichen von Metallteilen mit speziellen Schutzlacken kann das Auftreten von Kupfertrübungen vermieden werden. Durch →Blauschönung kann gelöstes Kupfer aus dem Wein entfernt werden.

Kuppa Kelch des →Weinglases.

Kürenz Ortsteil von Trier. Weinort im Anbaugebiet →Mosel-Saar-Ruwer, Bereich Saar-Ruwer. Großlage: *Römerlay*. Einzellagen: *Domherrenberg, Altenberg, Herrenberg, Kupp, Hammerstein* (Avelsbach), *Rotlei, St. Maximiner Kreuzberg*.

Kürnbach Weinort im Anbaugebiet →Baden, Bereich Badische Bergstraße/Kraichgau. Großlage: *Stiftsberg*. Einzellage: *Lerchenberg*.

kurz Bezeichnung für einen →kleinen Wein ohne →»Schwanz«, »Abgang« oder nachhaltigen Geschmackseindruck. Auch im Geruch bemerkbar. Sogar größere Erzeugnisse können kurz sein, wenn sie unsachgemäß behandelt wurden.

Kurzknotigkeit Symptom der →Reisigkrankheit.

Kurzzeiterhitzung Verfahren zur sterilen →Abfüllung von Wein, bei dem Wärmeschäden vermieden werden.

L

Labrusca (Vitis Labrusca) Nordamerikanische Rebsorte.

Lachen/Speyerdorf Ortsteil von Neustadt/Weinstraße. Weinort im Anbaugebiet →Rheinpfalz, Bereich Mittelhaardt/Deutsche Weinstraße. Großlage: *Pfaffengrund.* Einzellagen: *Langenstein, Lerchenböhl, Kroatenpfad.*

Lacrima di Morro (auch **Lacrima di Morro d'Alba**) Italienischer DOC-Rotwein aus der Region →Marken. Der hell rubinrote Wein wird aus bis zu 100% Lacrima gekeltert, ist trocken oder lieblich und ausgeglichen im Geschmack.

Die deutschen Lagennamen müssen, mit 5 Ausnahmen, zusammen mit den Ortsnamen angegeben werden.

Lacryma Christi →Vesuvio.

Lactat →Milchsäure.

Lage Bezeichnung eines Weinberges, dessen Name und Umgrenzung gesetzlich erfaßt und geschützt sind. Es gibt Lagen in Österreich, wo sie Riede genannt werden, in Luxemburg, der Schweiz und in Frankreich, wo sie in Burgund Climats oder Clos heißen. In Bordeaux tragen die »Lagen« den gleichen Namen wie das Château, zu dem sie gehören.
In der Bundesrepublik Deutschland ist laut 1971er →Weingesetz eine Lage eine bestimmte Rebfläche (Einzellage) oder die Zusammenfassung solcher Flächen (Großlage), aus deren Erträgen gleichwertige Weine gleichartiger Geschmacksrichtung hergestellt werden können. Als →Lagenname wird nur eine herkömmliche und in die →Weinbergsrolle eingetragene Bezeichnung verwendet. Bei →Qualitätsweinen mit und ohne Prädikat müssen 85% des Flascheninhaltes aus der Lage stammen, die auf dem Etikett angegeben ist (namengebender Anteil). Bei Qualitätsweinen b.A. müssen die restlichen 15% aus dem betreffenden →bestimmten Anbaugebiet und bei Qualitätswein mit Prädikat aus dem →Bereich, zu dem die Einzellage beziehungweise Großlage gehört, stammen. Die Einzellage umfaßt mindestens 8, im Durchschnitt 40 ha und ist oft durch natürliche Umgrenzungen wie Hecken, Gräben, Wege oder Bergrücken auch optisch bestimmt. Ist der Besitz eines Winzers in kleine Parzellen verschiedener Lagen aufgesplittert, so kann er auf die Großlage ausweichen. Eine Großlage erstreckt sich über durchschnittlich 600 ha und umfaßt im Durchschnitt 15 sich gleichende Einzellagen. Mehrere Großlagen bilden dann wieder einen Bereich. In den neuen Bundesländern sind Lagenangaben wegen der geringen Erntemengen nicht allgemein üblich. In Österreich und der Schweiz ist bei höheren Qualitäten die Angabe der Einzellage üblich, offizielle Lagenverzeichnisse gibt es nicht.

Eine der Ausnahmen: Schloß Reichartshausener.

Lagennamen in Deutschland (in der allgemeinen Landwirtschaft Flurnamen) Meist mehrere Jahrhunderte alte und etymologisch, wein- wie kulturgeschichtlich sehr aufschlußreiche Bezeichnungen, die nicht künstlich geschaffen wurden, sondern lebendig sind und mit ihren praxisnahen Aussagen zur engsten Lebenswelt des Winzers gehören. Die amtliche Festlegung der Lagennamen und -grenzen erfolgte Mitte des vorigen Jahrhunderts. Seit der Zeit wurde es zunehmend üblich, den Lagennamen auf →Etiketten anzugeben. Der Gebrauch der Lagennamen steht im Zusammenhang mit der erst vom Qualitätsweinbau eingeführten individuellen Lese der Lage. Nach der Entdeckung der Spät- und Auslesen ergab sich zudem die Notwendigkeit, Weine in Flaschen – Bouteillen – zu füllen und diese Flaschen genau zu bezeichnen. Das betraf jedoch damals nur die großen Adels- und Kirchengüter. Der durchschnittliche Winzer betrieb bis in die jüngste Zeit den lagennamenlosen Faßweinverkauf. Das Weingesetz von 1971 wertet die Herkunftsbezeichnung so stark auf, daß aus Wettbewerbsgründen in Zukunft Qualitätsweine sicher nur noch mit der Lagenbezeichnung auf dem Markt zu finden sein werden. Dieses Gesetz schreibt vor, daß der Name der Einzellage und der Großlage zusammen mit dem des Ortes, in dessen Gemarkung der Weinberg liegt, genannt werden. Ausgenommen davon sind, um historisch gewordene Traditionen zu respektieren, Schloß Johannisberg, Schloß Vollrads, Schloß Reichartshausen, der Steinberger im Rheingau und der Scharzhofberger an der Mosel.

Lagensekte Nach dem deutschen →Weingesetz müssen sie zu 85% aus Weinen der angegebenen →Lage hergestellt sein. Sie unterliegen den für Lagennamen geltenden weingesetzlichen Bestimmungen für →Stillwein.

Lagerböckser Dasselbe wie →Hefeböckser (→Böckser).

Lagerung Das Aufbewahren von Wein soll sowohl im Gebinde (→Faß, →Tank) als auch auf der →Flasche kühl, erschütterungsfrei, möglichst dunkel und unter Luftabschluß in sauberer, hygienischer Umgebung erfolgen. Nach dem Transport soll der Wein einige Tage liegen bleiben, bevor er getrunken wird. Unmittelbar nach Erschütterungen verkostet sich ein Wein gestört, verschlossen. Flaschen sollen flach liegen, damit der Wein den →Korken umspült und feucht hält und keine Luft durch den Korken dringen kann. Bei längerer Lagerung von Weißweinen empfiehlt es sich, die →Temperatur des Lagerraumes nicht über 17°C ansteigen zu lassen.

Lagerungsfähigkeit →Alter der Weine.

Lago di Caldaro →Kalterer See.

Lagrein Italienische Rotweinrebe, die in Südtirol und im Trentino angebaut wird. Auf den Trestern vergoren, ergibt die tiefdunkle Traube einen ebenso dunklen wie schweren Wein. Viel bekannter dagegen ist der *Lagrein-Kretzer*, der nach Weißweinart gewonnen wird. Er ist rosa bis hellrubinfarben und hat einen frischen, leicht prickelnden Geschmack.

Lahnstein Weinort im Anbaugebiet →Mittelrhein, Bereich Rheinburgengau. Großlage: *Marksburg*. Einzellage: *Koppelstein*.

Lahr Weinort im Anbaugebiet →Baden, Bereich Breisgau mit den Ortsteilen →Hugsweier, →Mietersheim und →Sulz. Großlage: *Schutterlindenberg*. Einzellagen: *Kronenbühl, Herrentisch*.

Lalande de Pomerol AC-Rotwein-Gebiet nordöstlich von →Pomerol, dessen Weine nicht ganz so fein sind wie die des Nachbarn.

Lambrusco Rotweinrebe und roter, manchmal leicht schäumender (→frizzante) italienischer DOC-Wein aus der →Emilia-Romagna und der →Lombardei, der gerne zum deftigen Bologneser Essen genossen wird. Der bekannteste, der *Lambrusco di Sorbara*, stammt aus der Provinz Modena und wird aus mindestens 60% Lambrusco di Sorbara und etwas Lambrusco Salamino gewonnen. Er ist rubinrot, trocken oder halbtrocken und erinnert im Duft an Veilchen. In weiteren abgegrenzten DOC-Gebieten wachsen: *Lambrusco Salamino di S. Croce* (aus Lambrusco Salamino, rubinrot, fruchtig, trokken bis halbsüß), *Lambrusco Reggiano* (rosa bis rubinrot, schäumend, frisch), *Lambrusco Grasparossa di Castelvetro* (rubinrot bis violett, aromatisch, trocken bis halbsüß) sowie *Lambrusco Mantovano*. Künstlicher Kohlensäurezusatz ist bei allen verboten.

Lambsheim Weinort im Anbaugebiet → Rheinpfalz, Bereich Mittelhaardt/Deutsche Weinstraße. Großlage: *Rosenbühl*. Einzellage: *Burgweg*.

Lamellenschnitt →Rebveredelung.

Lamezia Italienischer DOC-Rotwein aus →Kalabrien. Der trockene, weiche Wein wird aus 30–50% Nerello Mascalese und Nerello Cappuccio, 25–35% Gaglioppo und 24–25% Greco Nero gekeltert.

Landau/Pfalz Weinort im Anbaugebiet → Rheinpfalz, Bereich Südliche Weinstraße, mit den Ortsteilen →Arzheim, →Dammheim, →Godramstein, →Mörzheim, →Nußdorf, →Wollmesheim. Großlage: *Königsgarten*. Einzellage: *Altes Löhl*.

Landeron, Le Weinort im Schweizer Kanton →Neuenburg, wo spritziger Weißwein hergestellt wird.

Landesweinprämierung →Prämierungen.

Landhausen Ortsteil von Kraichtal. Weinort im Anbaugebiet →Baden, Bereich Badische Bergstraße/Kraichgau. Großlage: *Stiftsberg*. Einzellagen: *Spiegelberg*.

Landwein Aufgrund des EG-Weinrechts haben die Mitgliedsstaaten die Möglichkeit, im Bereich des →Tafelweins den Begriff des Landweines zuzulassen. Seit 1982 gibt es in Deutschland Landwein, einen gebietstypischen trockenen oder halbtrockenen Tafelwein höherer Qualität. Die Namen entsprechen den Landschaften, aus denen die Weine stammen. Deutscher Landwein muß ausschließlich aus Trauben des entsprechenden Gebiets gekeltert werden, sein Mindestalkoholgehalt liegt um 0,5 Vol.-% höher als bei Tafelwein, und der Restzuckergehalt darf 18 g/l nicht übersteigen (→Deutschland). Weiterhin werden neben dem Begriff »deutsch« und den Landweingebietsnamen die Bereichs-, Gemeinde- und Ortsteilnamen zur Kennzeichnung der Weine zugelassen (→Vin de Pays, →Tischwein).

Langenbeutingen Ortsteil von Langenbrettach. Weinort im Anbaugebiet →Württem-

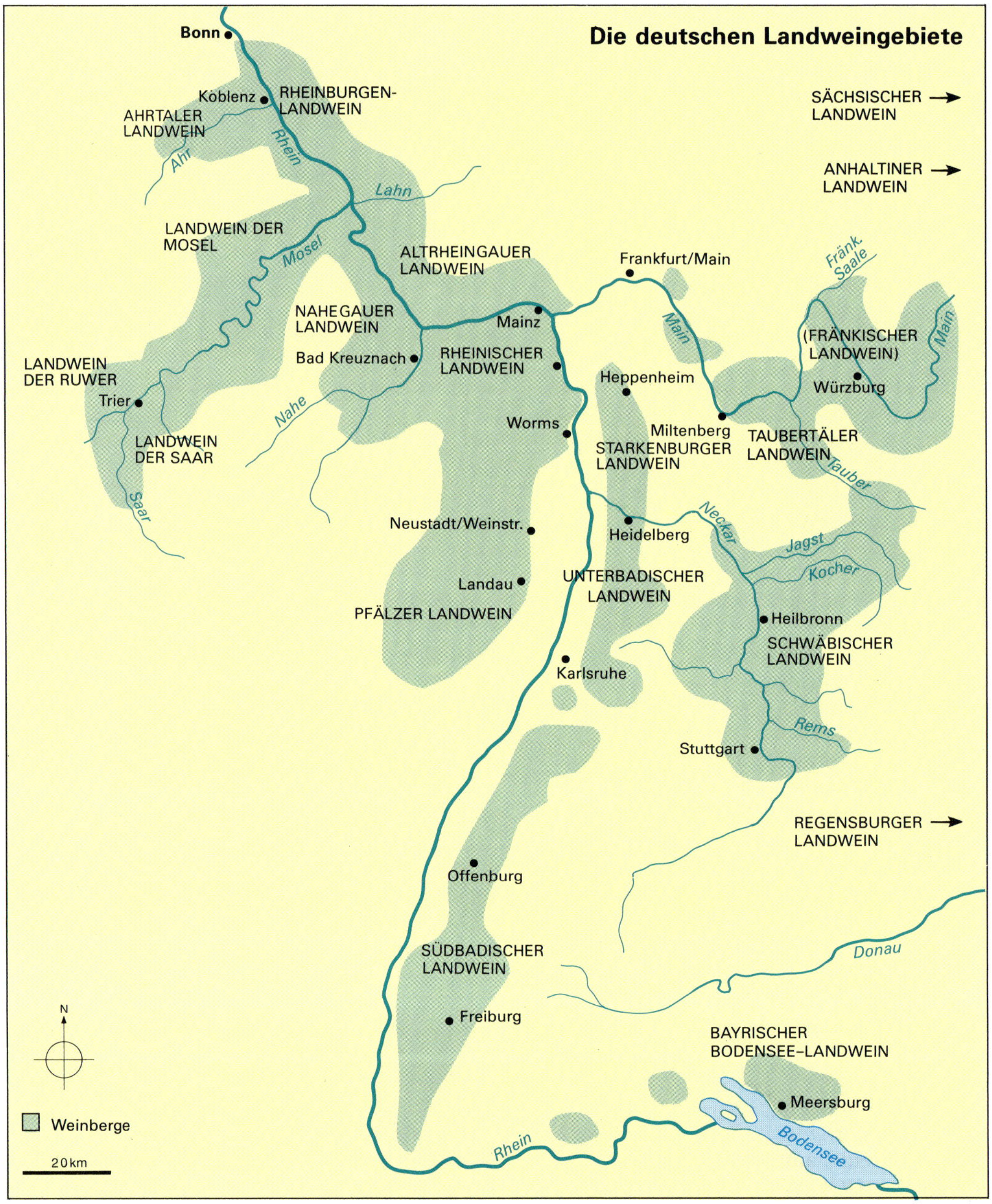

berg, Bereich Württembergisch Unterland. Großlage: *Lindelberg*. Einzellage: *Himmelreich*.

Langenbrücken Ortsteil von Bad Schönborn. Weinort im Anbaugebiet →Baden, Bereich Badische Bergstraße/Kraichgau. Großlage: *Mannaberg*. Einzellage: *Goldberg*.

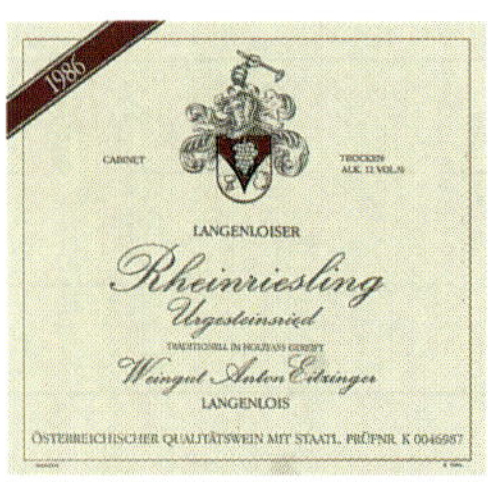

Langenlois Weinort im niederösterreichischen Weinbaugebiet →Kamptal-Donauland, oberhalb der Donau gelegen. Größte Weinbaugemeinde Österreichs. Rebfläche: 1.863 ha. Erzeugt werden leichte, blumige Weißweine, häufig Spätlesen und Auslesen, vereinzelt auch Beeren- und Trockenbeerenauslesen.

Langenlonsheim Weinort im Anbaugebiet →Nahe, Bereich Kreuznach. Großlage: *Sonnenborn*. Einzellagen: *Löhrer Berg, Bergborn, Lauerweg, Königsschild, Rothenberg, Steinchen, St. Antoniusweg*.

Langscheid Ortsteil von Oberwesel. Weinort im Anbaugebiet →Mittelrhein, Bereich Rheinburgengau. Großlage: *Schloß Schönburg*. Einzellage: *Hundert*.

Langsur Weinort im Anbaugebiet →Mosel-Saar-Ruwer, Bereich Obermosel, mit Ortsteil →Mesenich. Großlage: *Königsberg*. Einzellage: *Brüderberg*.

Languedoc Teil des Weinbaugebietes Languedoc-Roussillon. Die große Ebene von Languedoc in Südfrankreich erstreckt sich von Arles an der Rhône bis zur spanischen Grenze hin und liefert beinahe die Hälfte der französischen Vins ordinaires. AC-Weine sind: →*Clairette de Bellegarde,* →*Clairette du Languedoc,* →*Corbières, Costières du Gard,* →*Coteaux du Languedoc* auch in Verbindung mit Ortsnamen, →*Fitou,* →*Faugères,* →*Blanquette de Limoux,* →*Minervois,* →*Muscat de Frontignan* und *Muscat de Lunel, de Mireval* →*Saint-Chinian* und *Saint-Jean-de-Minervois.* Das VDQS-Siegel tragen *Cabardès, Côtes de la Malpère* und *Côtes du Cabardès et de l'Orbiel.*

Lanzarote →Kanarische Inseln.

Laski Rizling (Lasky Rizling) Jugoslawische Bezeichnung für →Welschriesling.

Latisana Name mehrerer italienischer DOC-Weiß-, -Rosee- und -Rotweine aus der Region →Friaul–Julisch Venetien, Provinz Udine. Die Rebsorte, aus der jeder Wein zu mindestens 90% hergestellt sein muß, ist, außer beim Rosee, hinter dem Namen angegeben. Die Weißweine: *Tocai Friulano* (strohgelb, typisch), *Pinot Bianco* (strohgelb, mild), *Pinot Grigio* (goldgelb, voll), *Traminer Aromatico* (strohgelb, typisch), *Chardonnay* (grünlich, leicht), *Verduzzo Friulano* (goldgelb, leicht gerbstoffhaltig). Die Rotweine: *Merlot* (rubinrot, weich), *Cabernet* (tiefrot, kernig), *Refosco* (tiefviolett, herb).

Latium (it. Lazio) Italienische Weinregion am Tyrrhenischen Meer mit Zentrum Rom. Es gibt 4 Hauptanbaugebiete in Latium, die Castelli Romani im Südosten der Stadt, die Umgebung des Bolsenasees, den Küstenstreifen bei Cerveteri und die Hügel um Olevano und Piglio. In den fruchtbaren Tälern gedeihen Obst und Getreide, auf den Hügeln Reben und Olivenbäume. DOC-Weine sind: →*Aleatico di Gradoli,* →*Aprilia,* →*Bianco Capena,* →*Cerveteri,* →*Cesanese del Piglio,* →*Cesanese di Affile,* →*Cesanese di Olevano Romano,* →*Colli Albani,* →*Colli Lanuvini,* →*Cori,* →*Est!, Est!!, Est!!! di Montefiascone,* →*Frascati,* →*Marino,* →*Montecompatri–Colonna,* →*Velletri,* →*Zagarolo.*

Laubarbeit Bei allen →Erziehungssystemen der Rebe muß das Triebwachstum gesteuert, geordnet und eingeschränkt werden, um ein harmonisches Verhältnis zwischen Wuchskraft der Rebe und Entwicklung der Traube zu erzielen. Die Ausnutzung von →Licht, →Wärme, →Wasser und →Luft wird gefördert und die Entwicklung von →Krankheiten und →Schädlingen eingeschränkt. Die wichtigsten Laubarbeiten sind das →Ausbrechen (Entfernen der Wasserschosse am Stamm), →Heften (Einstecken oder Anbinden der jungen Triebe), das Ausgeizen (Einkürzen der →Geiztriebe) und das Gipfeln (Abschneiden der Triebspitzen nach der Blüte). In Weinbergslagen, in denen der Botrytispilz sich stark verbreitet, ist ein Entfernen der Blätter in der Traubenzone ratsam. Entblättern ist auch notwendig, wenn Erntemaschinen eingesetzt werden sollen.

Laubenheim 1. Weinort im Anbaugebiet →Nahe, Bereich Kreuznach. Großlage: *Schloßkapelle.* Einzellagen: *Vogelsang, Karthäuser, St. Remigiusberg, Fuchsen, Junker, Hörnchen, Krone.*
2. Ortsteil von Mainz. Weinort im Anbaugebiet →Rheinhessen, Bereich Nierstein. Großlage: *Sankt Alban.* Einzellagen: *Johannisberg, Edelmann, Klosterberg.*

Lauda Ortsteil von Lauda-Königshofen, Weinort im Anbaugebiet →Baden, Bereich Tauberfranken. Großlage: *Tauberklinge.* Einzellagen: *Altenberg, Frankenberg, Nonnenberg.*

Laudenbach 1. Weinort im Anbaugebiet →Baden, Bereich Badische Bergstraße/Kraichgau. Großlage: *Rittersberg.* Einzellage: *Sonnberg.*
2. Weinort im Anbaugebiet →Franken, Bereich Maindreieck. Großlage: *Roßtal.* Einzellage: *Schloß.*
3. Ortsteil von Weikersheim. Weinort im Anbaugebiet →Württemberg, Bereich Kocher-Jagst-Tauber. Großlage: *Tauberberg.* Einzellage: *Schafsteige.*

Lauer →Trester.

Lauf Ortsteil von Sulzberg. Weinort im Anbaugebiet →Baden, Bereich Ortenau. Großlage: *Schloß Rodeck.* Einzellagen: *Gut Alsenhof, Alde Gott.*

Laufen Weinort im Anbaugebiet →Baden, Bereich Markgräflerland. Großlage: *Burg Neuenfels.* Einzellage: *Altenberg.*

Lauffen Weinort im Anbaugebiet →Württemberg, Bereich Württembergisch Unterland. Großlage: *Kirchenweinberg.* Einzellagen: *Jungfer, Katzenbeißer, Riedersbückele.*

Laumersheim Weinort im Anbaugebiet → Rheinpfalz, Bereich Mittelhaardt/Deutsche Weinstraße. Großlage: *Schwarzerde.* Einzellagen: *Kapellenberg, Mandelberg, Kirschgarten.*

Laurenziberg Ortsteil von Gau-Algesheim. Weinort im Anbaugebiet →Rheinhessen, Bereich Bingen. Großlage: *Abtey.* Einzellage: *St. Laurenzikapelle.*

Lauschied Weinort im Anbaugebiet →Nahe, Bereich Schloß Böckelheim. Großlage: *Paradiesgarten*. Einzellage: *Edelberg*.

Lautenbach Weinort im Anbaugebiet →Baden, Bereich Ortenau. Großlage: *Fürsteneck*. Einzellage: *Renchtäler*.

Lavaux Weinbaugebiet im Schweizer Kanton →Waadt, am Nordufer des Genfer Sees, aus dem hervorragende Weißweine stammen. Der beste ist der →*Dézaley*, fast ebenbürtig ist der Wein von Riex, doch auch Grandvaux, →Epesses, Villette und →Saint-Saphorin bringen beachtliche Qualitäten hervor.

Lävulose Andere Bezeichnung für →Fruchtzucker oder Fructose. Der Name leitet sich von laevus (lat.) links ab, weil wäßrige Lösungen dieses Zuckers die Ebene des polarisierten Lichtes nach links drehen.

Lay (griech. Laios) 1. Tritt als Wortbestandteil in →Lagennamen auf und bedeutet »Felsen«. Die weitaus meisten sind an der Mosel zu finden, zum Beispiel in Layenberg und Laykaul, in Gold-, Falk-, Buss-, Bienenlay. Am Mittelrhein gibt es Wortzusammensetzungen wie Garten-, Elfen- und Rauschelay und, nicht zu vergessen, die Lage Loreley-Edel. An der Ahr gibt es eine Dom- und Alte Lay und im Rheingau eine Klosterlay.
2. Ortsteil von Koblenz. Weinort im Anbaugebiet →Mosel-Saar-Ruwer, Bereich Zell/Mosel. Großlage: *Weinhex*. Einzellagen: *Hamm, Hubertusborn*.

Layen, Burg →Rümmelsheim

Layon →Coteaux du Layon.

Leányka Weißweinrebe, die in Ungarn, Bulgarien und Rumänien große Verbreitung gefunden hat. Die Weine sind grünlich, duften nach Weinblüten, haben ein leichtes Honigaroma und schmecken etwas weich, aber fein und elegant. Synonyme: Fetească, Fetjaska, Mädchentraube. Spielarten: Schwarze Mädchentraube (rum. Fetească Neagră); →Königsast/Königliche Mädchentraube (rum. Fetească Regală).

lebendig Bezeichnung für einen ausdrucksvollen, meist jugendlichen Wein mit fruchtiger Säure und etwas Kohlensäure.

Lebenslauf des Weines Wein ist ein biologisches Produkt, das sich im Laufe der Zeit wandelt. Nach seiner Geburt, der stürmisch verlaufenden Gärung, verliert er seine jugendlichen Unarten, seine Charaktereigenschaften treten je nach individueller Veranlagung mehr und mehr hervor, er erlangt stetig reifend seine beste Zeit. Die Entwicklung schreitet fort, er verliert langsam an Körper, bis schließlich die Greisenkrankheit, das Firn- und Hochfarbigwerden, ihn allmählich absterben läßt.
In der Weinansprache bezeichnet man diese Lebensabschnitte in chronologischer Reihenfolge mit: mostig – gärig – unfertig – unentwickelt – verschlossen – jung – frisch – entwickelt – ausgebaut – ausdrucksvoll – auf der Höhe – reif – abgelagert – gealtert – alt – edelfirn – firn – stumpf – schal – müde – matt – passé – tot.

Lederbeeren Folge der →Peronospora.

leer Bezeichnung für einen →dünnen, →armen, gehaltlosen Wein, der im Geruchs- und Geschmacksausdruck wenig zu bieten hat.

Legel →Butte.

Lehen Stadtteil von Freiburg. Weinort im Anbaugebiet →Baden, Bereich Breisgau. Großlage: *Burg Zähringen*. Einzellage: *Bergle*.

Lehm Aus Lehm und Ton bestehende Böden sind gut für den Weinbau geeignet, da sie viele →Nährstoffe enthalten. Sie ergeben kräftige Weine, die Zeit zu ihrer Entwicklung brauchen.

Lehmen Weinort im Anbaugebiet →Mosel-Saar-Ruwer, Bereich Zell/Mosel. Großlage: *Weinhex*. Einzellagen: *Lay, Klosterberg, Würzlay, Ausoniusstein*.

Lehrensteinsfeld Weinort im Anbaugebiet →Württemberg, Bereich Württembergisch Unterland. Großlage: *Salzberg*. Einzellage: *Steinacker*.

Leibnitz Hauptort des österreichischen Weinbaugebietes →Südsteiermark im österreichischen Bundesland →Steiermark. Ausgangspunkt der Sausaler Weinstraße, die über Kitzeck nach St. Andrä führt. Rebfläche: 13 ha.

leicht Bezeichnung für eine alkohol- und extraktstoffarmen, →kleinen Wein, der sich jedoch durchaus →harmonisch probiert, bekömmlich ist und daher gerne getrunken wird.

Leimen Weinort im Anbaugebiet →Baden, Bereich Badische Bergstraße/Kraichgau. Großlage: *Mannaberg*. Einzellagen: *Herrenberg, Kreuzweg*.

Leinsweiler Weinort im Anbaugebiet → Rheinpfalz, Bereich Südliche Weinstraße. Großlage: *Herrlich*. Einzellage: *Sonnenberg*.

Leipziger, Frühe Synonym für Gelbe →Seidentraube.

Leiselheim 1. Ortsteil von Sasbach. Weinort im Anbaugebiet →Baden, Bereich Kaiserstuhl. Großlage: *Vulkanfelsen*. Einzellage: *Gestühl*.
2. Ortsteil von Worms. Weinort im Anbaugebiet →Rheinhessen, Bereich Wonnegau. Großlage: *Liebfrauenmorgen*. Einzellage: *Nonnenwingert*.

Leistadt Ortsteil von Bad Dürkheim. Weinort im Anbaugebiet →Rheinpfalz, Bereich Mittelhaardt/Deutsche Weinstraße. Großlage: *Kobnert*. Einzellagen: *Kalkofen, Kirchenstück, Herzfeld*.

Leitrebsorte Für ein bestimmtes Gebiet in Deutschland amtlich festgelegte Rebsorte, die im Jahresmittel von 10 Jahren ein Mindestmostgewicht erreichen muß, wenn die Fläche für den Weinbau zugelassen werden soll.

Leiwen Weinort im Anbaugebiet →Mosel-Saar-Ruwer, Bereich Bernkastel. Großlage: *St. Michael*. Einzellagen: *Klostergarten, Laurentiuslay*.

Lembach Ortsteil von Großbottwar. Weinort im Anbaugebiet →Württemberg, Bereich Württembergisch Unterland. Großlage: *Wunnenstein*. Einzellagen: *Lichtenberg, Harzberg*.

Lemberger →Limberger, Blauer.

Lengfurt Ortsteil von Triefenstein. Weinort im Anbaugebiet →Franken, Bereich Maindreieck. Einzellagen: *Alter Berg, Oberrot*.

Leonberg Weinort im Anbaugebiet →Württemberg, Bereich Remstal-Stuttgart. Großlage: *Weinsteige*. Einzellage: *Ehrenberg*.

Leonbronn Ortsteil von Zaberfeld. Weinort im Anbaugebiet →Württemberg, Bereich Württembergisch Unterland. Großlage: *Heuchelberg*, Einzellage: *Hahnenberg*.

Lese →Traubenlese.

Leseprüfung →amtliche Prüfung.

Lessini-Durello Italienischer DOC-Weißwein aus →Venetien, aus dem Gebiet zwischen Verona und Vicenza, aus Durello-Reben gekeltert; schmeckt trocken und frisch.

Lessona Italienischer DOC-Rotwein aus dem →Piemont aus der gleichnamigen Gemeinde. Der granatrote, nach Veilchen duftende Wein stammt zu 75–100% aus der →Nebbiolo-Rebe. Er darf erst nach 2 Jahren Lagerzeit, davon 1 Jahr im Faß, verkauft werden.

Lettweiler Weinort im Anbaugebiet →Nahe, Bereich Schloß Böckelheim. Großlage: *Paradiesgarten*. Einzellagen: *Rheingasse, Inkelhöll*.

Leubsdorf Weinort im Anbaugebiet →Mittelrhein, Bereich Rheinburgengau. Großlage: *Burg Hammerstein*. Einzellage: *Weißes Kreuz*.

Leutershausen Ortsteil von Hirschberg. Weinort im Anbaugebiet →Baden, Bereich Badische Bergstraße/Kraichgau. Großlage: *Rittersberg*. Einzellagen: *Kahlberg, Staudenberg*.

Leutesdorf Weinort im Anbaugebiet →Mittelrhein, Bereich Rheinburgengau. Großlage: *Burg Hammerstein*. Einzellagen: *Forstberg, Gartenlay, Rosenberg*.

Leverano Italienischer DOC-Rot-, -Roseeoder -Weißwein aus →Apulien, aus der gleichnamigen Gemeinde in der Provinz Lecce. Der strohgelbe, leichte, weiche Weißwein *(Bianco)* wird aus 65–100% →Malvasia Bianca und bis 35% →Bombino und →Trebbiano Toscano bereitet. Der Rotwein *(Rosso)* ist relativ hell (rosarot bis kirschrot), hat einen leicht bitteren Nachgeschmack und ist vollmundig und trocken. Er stammt zu 65–100% aus →Negroamaro und bis zu 35% aus Malvasia Nera di Lecce, →Montepulciano, →Sangiovese und Malvasia Bianca. Er erhält den Zusatz Riserva, wenn er mindestens 2 Jahre Lagerzeit hinter sich und einen höheren Alkoholgehalt hat. Aus den gleichen Trauben wird auch der *Rosato* bereitet.

Leytron Weinort im Schweizer Kanton →Wallis. Angebaut werden Johannisberg (→Silvaner) und Malvoisie (→Ruländer) in guten Qualitäten.

Libanon 22.000 ha Rebfläche; 50.000 hl Wein, 800.000 dz Tafeltrauben, davon 150.000 dz Export.
Hauptanbaugebiet ist Ksara auf der Hochfläche zwischen Libanon und Antilibanon, wo Rotwein aus französischen Trauben (Cinsault, Carignan und Aramon) gewonnen wird. An der Küste vorwiegend Anbau von Tafeltrauben.

Licht Neben den Umweltfaktoren →Temperatur und →Wasser ist das Licht für das Wachstum der Rebe von größter Bedeutung. Es beeinflußt die Photoperiode, das heißt die tägliche Lichtdauer im Verhältnis zur Länge der Nacht und damit die Wachstumsgeschwindigkeit der →Triebe. Wenn das Tageslicht im Frühjahr länger als 13 Stunden auf die Rebpflanze einwirkt,

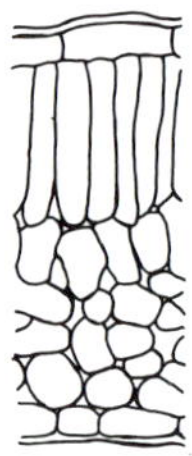

Sonnenblatt

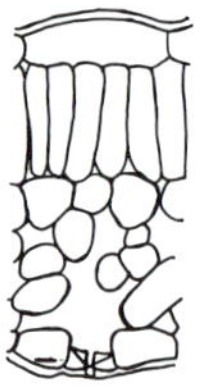

Schattenblatt

wird das Triebwachstum wesentlich beschleunigt und erreicht seine höchste Intensität im Juni und Juli, wenn täglich mehr als 16 Stunden Helligkeit herrschen. Die im Spätsommer abnehmende Dauer des Tageslichts beendet das →Wachstum in unseren Breiten. Ein Mindestangebot an Lichthelligkeit ist außerdem Voraussetzung für die →Photosynthese der Blätter (→Assimilation). Ein Rebblatt kann bereits bei einem Angebot von 20.000 Lux gut assimilieren und erfährt bei einer Steigerung bis 60.000 Lux noch eine Verbesserung der Assimilationsrate. Für eine maximale Zuckerbildung im Blatt muß auch ein ausgewogenes Verhältnis zwischen Lichtintensität und Blatttemperatur vorhanden sein. Der dritte Wirkungsfaktor des Sonnenlichts ist die →Wärme. Die Sonnenstrahlung wird an der Oberfläche des Bodens und vor allem der Rebblätter in Wärme umgewandelt, so daß die Bestandstemperatur im Weinberg an sonnigen Tagen höher liegt als in der Umgebung. Das Lichtklima eines →Standortes hängt ab von der geographischen Breite mit ihrem typischen →Klima, der mittleren Sonnenscheindauer während eines Jahres (Riesling benötigt zur Reife 1.325 Sonnenstunden im →Vegetationszyklus), der →Höhenlage, der →Hangrichtung und Hangneigung (40% Südhang hat die höchste Einstrahlung), der eventuellen Reflexion an großen Wasserflächen oder hellen Mauer- oder Felswänden. Der violette und blaue Anteil der Lichtstrahlung bewirkt Wachstums- und Entwicklungsreize, der rote und gelbe Anteil fördert die Assimilation, das ultrarote Licht ergibt die Wärmemenge.

Liebfrauenmilch (auch **Liebfraumilch**) Nach Inkrafttreten des deutschen →Weingesetzes von 1971 haben die Bundesländer Rheinland-Pfalz und Hessen, gestützt auf das Weingesetz zur Förderung des Absatzes typischer Weine eines bestimmten Raumes einen Herkunftsraum für *Liebfrauenmilch* abgegrenzt. Dieser Raum umfaßt die →bestimmten Anbaugebiete Rheinhessen, Rheinpfalz, Nahe und Rheingau. Nach der gleichen Vorschrift muß der als *Liebfrauenmilch* gekennzeichnete Wein den Anforderungen eines →Qualitätsweines b.A. entsprechen, von lieblicher Art (mehr als 18 g/l Restsüße), zu 70% aus Trauben der Rebsorten →Riesling, →Silvaner, →Kerner oder →Müller-Thurgau hergestellt und von der Geschmacksart dieser Rebsorten bestimmt sein. Schließlich darf der Wein mit der Bezeichnung *Liebfrauenmilch* keine Rebsortenangabe tragen. Der vier Anbaugebiete umfassende Raum ist rechtlich nicht als selbständiges bestimmtes Anbaugebiet aufzufassen, der Name des Anbaugebiets, aus dem der Wein zu 100% stammt, muß auf dem Etikett angegeben sein. *Liebfrauenmilch* erfreut sich in Amerika und England besonderer Nachfrage und wird fast vollständig exportiert. Der Name stammt von »Liebfrau Mönch«, den Stiftsherren des Liebfrauenstiftes zu Worms. Auch heute noch gibt es in der Gemarkung Worms den →Lagennamen *Liebfrauenstift-Kirchenstück* in unmittelbarer Nähe der Kirche. Urkundlich wird der Name erstmals im Jahr 1744 im »Rheinischen Antiquarius« (Frankfurt) erwähnt: »Die berühmte Lieben Frauen Milch zu Worms«. Die beiden Großlagen *Liebfrauenmorgen* (Leitgemeinde →Worms) und *Kloster Liebfrauenberg* (Leitgemeinde Bad →Bergzabern) sind Lagennamen und haben nichts mit der *Liebfrauenmilch* zu tun.

Liebfrauenstraße Nicht speziell ausgeschilderte Kreisstraße im Anbaugebiet →Rheinhessen. Sie führt auf der B 9 bei Guntersblum über Alsheim, Mettenheim und Osthofen nach Worms.

Liebfraumilch →*Liebfrauenmilch.*

lieblich Bezeichnung für milde, nicht zu säurereiche Weine mit angenehmem →Bukett- und Geschmackseindruck und einer harmonischen Süße.

Liechtenstein 15 ha Rebfläche; rund 600 hl Wein; Import 4.500 hl; jährlicher Pro-Kopf-Verbrauch 22 l.
Die Weine des kleinen Fürstentums zwischen dem Schweizer Kanton Sankt Gallen und dem österreichischen Bundesland Vorarlberg gleichen denen der Ostschweiz. Sie sind eine ausgesprochene Rarität, die außerhalb des Landes kaum zu erhalten ist. Das Achtfache der Eigenproduktion muß zusätzlich zur Weinbedarfsdeckung der 25.000 Einwohner und der Besucher des seit 1719 bestehenden Fürstentums eingeführt werden. Die weingesetzlichen Bestimmungen sind, wie auch Wirtschaft und Währung, aufgrund des Zollanschlusses von 1924 den in der Schweiz üblichen Gesetzen angepaßt. Der Weinbau geht auf die Römerzeit zurück. Klimatisch gehört dieser Abschnitt des Rheintals zu den Föhntälern, in denen Mais und Wein zur Reife gelangen. Auf steinigem Rüfeschutt und Dolomitkalk wächst auf Südhängen der bekannteste Wein des Landes, der *Vaduzer Beerli* (Rotwein) und *Vaduzer Süßdruck* (Rosee), beide aus Blauem →Spätburgunder gekeltert. Die Rotweine sind kräftig, meist trokken, während der Süßdruck, auch Kretzer genannt, herzhaft spritzig ist. Die Weine des Vaduzer Bock-Wingerts, des Weinbergs der fürstlichen Domäne (4 ha, voll arrondiert), können im Restaurant »Torkel« der Hofkellerei, das inmitten des Weinbergs liegt, verkostet werden.

Liel Ortsteil von Schliengen. Weinort im Anbaugebiet →Baden, Bereich Markgräflerland. Großlage: *Burg Neuenfels*. Einzellage: *Sonnenstück*.

Lienzingen Ortsteil von Mühlacker. Weinort im Anbaugebiet →Württemberg, Bereich Württembergisch Unterland. Großlage: *Stromberg*. Einzellagen: *Eichelberg, Schanzreiter*.

Liersberg Ortsteil von Igel. Weinort im Anbaugebiet →Mosel-Saar-Ruwer, Bereich Obermosel. Großlage: *Königsberg*. Einzellage: *Pilgerberg*.

Lieser Weinort im Anbaugebiet →Mosel-Saar-Ruwer, Bereich Bernkastel. Großlage: *Kurfürstlay*. Einzellagen: *Süßenberg, Niederberg-Helden, Rosenlay, Schloßberg*.

Ligerz (frz. Gléresse) Weinbauort im Schweizer Kanton →Bern.

Ligurien Italienische Küstenlandschaft und Weinregion an der Riviera mit Zentrum Genua. DOC-Weine sind →*Cinque Terre* im Süden und →*Rossese di Dolceacqua* im Westen. Bekannt sind ferner der *Coronata* aus dem Hinterland von Genua, *Pigato* aus den Provinzen Savona und Imperia und der weiße *Vermentino* aus beiden Provinzen. Der einfache Tischwein kommt unter dem Namen *Nostralino* in den Handel.

Likör 1. Im allgemeinen Bezeichnung für eine süße, mehr oder weniger stark alkoholhaltige Spirituose.
2. Zuckerlösung, die bei der Schaumweinbereitung die zweite Gärung in Gang bringt (Tiragelikör) und der in Wein gelöste Zucker, mit dem der Schaumwein nach vollendeter zweiter Gärung geschmacklich abgestimmt wird (Dosagelikör, Liqueur d'expédition) (→Abstimmung, →Dosage). Der Ausdruck kommt vom lateinischen liquor »Flüssigkeit«.
3. Als Liqueur bezeichnet man in Frankreich auch den Restzucker im Wein. Ein Vin de Liqueur ist stets ein →aufgespriteter →Dessertwein.

Likörweine →Süßweine, →Dessertweine.

Limberger, Blauer Rotweinrebe, die mit hoher Wahrscheinlichkeit aus den Donauländern stammt, wo sie heute noch verbreitet angebaut wird. Der Name ist vermutlich von Lemberg/Kroatien abgeleitet. Viele Synonyme: Lemberger (Deutschland), Blaufränkisch (Österreich), Kékfrankos (Ungarn), Frankovka, Moravka (Jugoslawien), Franconia (Friaul).
Das Blatt ist groß, breit, dreilappig; die Trauben sind mittel bis groß, lockerbeerig, die Beeren rund und mittelgroß, mit dicker Schale von intensiv blauer Färbung. Der Wuchs ist rund und mittelgroß. Die Rebe stellt mittlere Ansprüche an Boden und Lage, gedeiht am besten auf tiefgründigen Lößböden und eignet sich auch für den Anbau auf schweren Kalkböden. Bestockte Anbaufläche in Deutschland: 611 ha. Die Erträge sind mittel, sowohl hinsichtlich Menge als auch Qualität. Die Weine sind rassig, gerbstoffhaltig und gut gedeckt, von neutraler Art.

Limnos Griechische Insel in der Ägäis. Sie ist aus der Mythologie als Aufenthaltsort des Hephaistos, des Gottes des Feuers und der Schmiede, bekannt. Auf den weitausgebreiteten Hängen wachsen verschiedene DO-Weine, wie der nach der gleichnamigen Rebsorte benannte *Limnio* (von Aristoteles bereits als »Limnia« zitiert), ein feurigroter, an die Farbe von glühendem Metall erinnernder Dessertwein. Aus der Sorte →Muscat d'Alexandrie keltert man einen trockenen Wein sowie einen Likörwein *(Muscat von Limnos)* mit angenehmem Muskatbukett und goldgelber Farbe.

Lindau Untergebiet des Tafelweinbaugebiets Bayern (→Tafelwein).

Lindelbach Ortsteil von Wertheim. Weinort im Anbaugebiet →Baden, Bereich Tauberfranken. Großlage: *Tauberklinge*. Einzellage: *Ebenrain*.

Lindenblättriger Synonym für →Hárslevelü.

Lindwerden (auch **Zähwerden**) Krankheit des Weines. Sie äußert sich darin, daß der Wein eine dickflüssige, zähe Beschaffenheit annimmt und beim Eingießen ins Glas nicht mehr perlt. Es kann zu ausgesprochenem Fädenziehen kommen. Geschmacklich wirken die Weine fade, ohne daß das Bukett wesentlich in Mitleidenschaft gezogen wird. Anfällig sind junge, vor allem säure- und zu gerbstoffarme Weißweine, insbesondere Obstweine. Das Lindwerden wird von schleimbildenden Kokken und Schleimhefen verursacht. Seitdem die Weine vor der Abfüllung filtriert werden, tritt es beim Flaschenwein nicht mehr auf.

Linsenhofen Ortsteil von Frickenhausen. Weinort im Anbaugebiet →Württemberg, Bereich Remstal-Stuttgart. Großlage: *Hohenneuffen*. Einzellage: *Schloßsteige*.

Linz Weinort im Anbaugebiet →Mittelrhein, Bereich Rheinburgengau. Großlage: *Burg Hammerstein*. Einzellage: *Rheinhöller*.

Lipburg Ortsteil von Badenweiler. Weinort im Anbaugebiet →Baden, Bereich Markgräflerland. Großlage: *Burg Neuenfels*. Einzellage: *Kirchberg*.

Liqueur d'Expédition Dasselbe wie →Dosagelikör (→Likör).

Liquoroso (it.) →aufgespriteter Wein.

Lirac AC-Gebiet der →Côtes du Rhône, nördlich von →Tavel, das einen ähnlichen, jedoch nicht ganz so feinen Roseewein wie sein Nachbar hervorbringt.

Lison Pramaggiore Italienische DOC-Rot-, -Rosee- und -Weißweine aus den Provinzen Pordenone (→Friaul – Julisch Venetien), Treviso und Venezia (→Venetien). Die Weine tragen die Namen der Rebsorten, aus denen sie zu mindestens 90% stammen. Die Rotweine: *Cabernet, Cabernet Franc, Cabernet Sauvignon* (intensiv rot, füllig, körperreich, Riserva nach 3 Jahren Lagerung), *Merlot* (rubinrot, füllig, harmonisch), *Refosco dal Peduncolo Rosso* (tiefrot, trocken, füllig). Die Weißweine: *Chardonnay* (trocken, fein), *Pinot Bianco* (hell, trocken, weich), *Pinot Grigio* (hell- bis bernsteingelb, harmonisch, typisch), *Riesling Italico* (hell, trocken, leicht, spritzig), *Sauvignon* (strohgelb), *Tocai Italico* (lichtes Strohgelb, trocken), *Verduzzo* (stroh- bis goldgelb, weich).

Listan Synonym für →Palomino.

Listrac Gemeinde im →Médoc im Anbaugebiet →Bordeaux, deren Rotweine harmonisch und angenehm sind und unter dem Namen des Ortes verkauft werden. Keine klassifizierten Châteaux oder Crus bourgeois. Die Weine brauchen 7 bis 10 Jahre Lagerzeit, bevor sie ihre Qualitäten entfalten.

Liter Metrisches Hohlmaß, das 1000 cm^3 enthält. 1 l destilliertes Wasser bei einer Temperatur von +4°C wiegt 1 kg, was für die Berechnung des spezifischen Gewichts und bei der Feststellung des →Mostgewichts von Bedeutung ist.

Litomerice (Leitmeritz) →Böhmen.

Little Karoo Weinbaugebiet in →Südafrika.

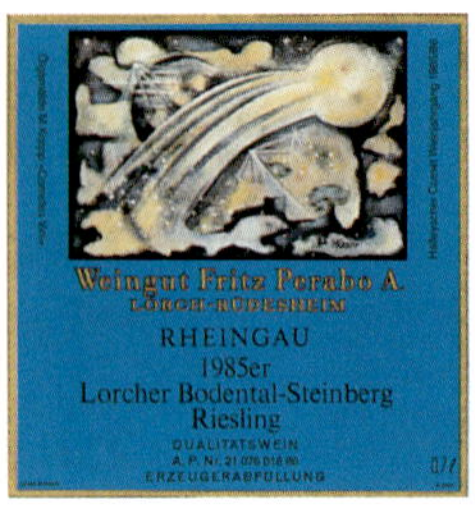

Lizzano Italienische DOC-Weiß-, -Rosee- und -Rotweine aus →Apulien, Provinz Taranto.

Löchgau Weinort im Anbaugebiet →Württemberg, Bereich Württembergisch Unterland. Großlage: *Schalkstein*. Einzellage: *Felsengarten*.

Locorotondo Italienischer DOC-Weißwein aus den Gemeinden Locorotondo, Cisternino und Umgebung in →Apulien. Er wird aus 50–65% Verdeca, 35–50% Bianco d'Alessano und 5% anderen Traubensorten gewonnen, ist trocken, elegant und schimmert leicht grünlich.

Löf Weinort im Anbaugebiet →Mosel-Saar-Ruwer, Bereich Zell/Mosel mit Ortsteilen →Hatzenport und →Kattenes. Großlage: *Weinhex*. Einzellagen: *Goldblume, Sonnenring*.

Logel →Butte.

Loiben Niederösterreichischer Weinort im Weinbaugebiet →Wachau. Bekannt sind die Weißweine des Dinstlgutes, heute im Besitz der Winzergenossenschaft (Loibener Kaiserwein).

Loire-Tal An der Loire und ihren Nebenflüssen liegen auf einer Strecke von über 300 km die alten Provinzen →Touraine, →Anjou und das Gebiet von Nantes mit zahlreichen AC- und VDQS-Gebieten. Weinstraßen, Schlösser, Museen, Kellereien und Weinfeste geben dem Besucher Gelegenheit, die alte Weinkultur dieses Landes kennenzulernen. Trotz unterschiedlicher Klima- und Bodenverhältnisse, Traubensorten und Weintypen haben die Loire-Weine eines gemeinsam: Sie sind geschmeidig, fast weich und haben gerade so viel Säure, daß sie lebendig und frisch schmecken.

Lombardei Norditalienische Weinregion mit Zentrum Mailand. Das kontinentale Klima variiert je nach der Höhe und der Größe der Wasserfläche der norditalienischen Seen. DOC-Weine sind: →*Botticino*, →*Capriano del Colle*, →*Cellatica*, →*Colli Morenici Mantovani del Garda*, →*Franciacorta*, →*Lambrusco Mantovano*, →*Lugana*, →*Oltrepò Pavese*, →*Riviera del Garda Bresciano*, →*San Colombano al Lambro*, →*Tocai di San Martino della Battaglia*, →*Valcalepio*, →*Valtellina*.

Longen Weinort im Anbaugebiet →Mosel-Saar-Ruwer, Bereich Bernkastel. Großlage: *St. Michael*. Einzellage: *Zellerberg*.

Longuich Weinort im Anbaugebiet →Mosel-Saar-Ruwer, Bereich Bernkastel. Großlage: *Probstberg*. Einzellagen: *Hirschlay, Maximiner Herrenberg, Herrenberg*.

Lonsheim Weinort im Anbaugebiet →Rheinhessen, Bereich Bingen. Großlage: *Adelberg*. Einzellagen: *Schönberg, Mandelberg, Kachelberg*.

Lorch Weinort im Anbaugebiet →Rheingau mit Ortsteil →Lorchhausen, Bereich Johannisberg. Großlage: *Burgweg*. Einzellagen: *Schloßberg, Kapellenberg, Krone, Pfaffenwies, Bodental-Steinberg*.

Lorchhausen Ortsteil von Lorch. Weinort im Anbaugebiet →Rheingau, Bereich Johannisberg. Großlage: *Burgweg*. Einzellagen: *Rosenberg, Seligmacher*.

Loreley-Burgenstraße Rechtsrheinische, etwa 20 km lange Höhenstraße, die am Rhein in Kamp-Bornhofen mit der Kreisstraße 103 beginnt und vorbei an den Burgen Liebenstein und Sternberg zu den Orten Dalheim, Kestert, Sankt Goarshausen, Patersberg zum Loreleyfelsen führt. Von der Spitze des Felsens und der nahe gelegenen Freilichtbühne Ausblicke in das Rheintal sowie zu Taunus und Hunsrück. Die Straße berührt weiter die Ortschaften Bornich und Dörscheid und endet in Kaub.

Lörrach Weinort im Anbaugebiet →Baden, Bereich Markgräflerland. Großlage: *Vogtei Rötteln*. Einzellage: *Sonnenbrunnen*.

Lörsch Ortsteil von Mehring. Weinort im Anbaugebiet →Mosel-Saar-Ruwer, Bereich Bernkastel. Großlage: *St. Michael*. Einzellage: *Zellerberg*.

Lörzweiler Weinort im Anbaugebiet →Rheinhessen, Bereich Nierstein. Großlagen: *Sankt Alban, Gutes Domtal*. Einzellagen: *Ölgild, Hohberg, Königsstuhl*.

Lösnich Weinort im Anbaugebiet →Mosel-Saar-Ruwer, Bereich Bernkastel. Großlage: *Schwarzlay*. Einzellagen: *Försterlay, Burgberg*.

Löß Lockerer, mergeliger Sand, vermischt mit Kalk, Lehm und Splittern von Silikatmineralien. Fruchtbarer Weinbergsboden.

Lothringen (frz. Lorraine) Der einst bedeutende Weinbau ist zugunsten des Anbaues von Obst erheblich zurückgegangen und beschränkt sich auf die VDQS-Gebiete Moseltal *(Vin de Moselle)* und von Toul *(Côtes-de-Toul)*. Geschätzt sind die →Rosees von Toulois, Brulwy und Vigneulles, und die besonders hellen Rosees (Vis Gris) aus der Umgebung von Metz. Die leichten Rotweine (Clairettes) dienen meist der Schaumweinbereitung.

Lotte Sommertrieb der Rebe, der aus dem →Auge hervorgeht (→Trieb).

Loupiac Ort und gleichnamiges AC-Gebiet am rechten Ufer der Garonne gegenüber von Barsac im Anbaugebiet →Bordeaux. Die Art der natursüßen Weißweine ist mit denen von →Sainte-Croix-du-Mont zu vergleichen. Sie sind nach dem Vorbild der →*Sauternes* hergestellt, mit angenehmer Blume, aber schwerer als letztere.

Blick auf den Weinort Loupiac im Bordeaux-Gebiet.

Louvois Weinort in der →Champagne, dessen Gewächse für die Champagnerherstellung als Grands Crus eingestuft sind, das heißt mit 100% bewertet werden.

Löwenstein Weinbaugemeinde im Anbaugebiet →Württemberg, Bereich Württembergisch Unterland, mit Ortsteil →Hößlinsülz. Großlagen: *Schozachtal, Salzberg*. Einzellagen: *Sommerberg, Altenberg, Wohlfahrtsberg*.

Ludwigshöhe Weinort im Anbaugebiet →Rheinhessen, Bereich Nierstein. Großlagen: *Krötenbrunnen, Vogelsgärten*. Einzellagen: *Honigberg, Teufelskopf*.

Luftkammer Freier Raum unter dem Verschluß von Weinflaschen. Er soll bei Stillwein möglichst klein sein. Bei Schaumweinflaschen beträgt er etwa 15 cm^3, damit die Kohlensäure sich bei Erwärmung ausdehnen kann, ohne die Flaschen zu sprengen.

Luftton, -geschmack Kommt ein Wein im Verlauf seines Ausbaues oder seiner Lagerung zuviel mit Luft in Berührung, zum Beispiel in angebrochenen Fässern oder auch Flaschen, verliert er an Frische und →Bukett, wird →leer, →matt und →schal und nimmt einen eigenartigen, breiten Geschmack und Geruch an. Der Fremdton beruht offenbar auf einer allmählichen Oxidation von Bukettstoffen und von Alkohol zu Acetaldehyd. Besonders säurearme und nicht ausreichend geschwefelte Weine neigen zu diesem Fehlton. Er kann durch eine stets »spundvolle« Lagerung, ausreichende

Ein Faß wird »spundvoll« gemacht, um die Berührung des Weines mit Luft zu verhindern.

Schwefelung (→Schwefeln) und rechtzeitige Flaschenfüllung weitgehend vermieden werden. Ein stärkerer Luftgeschmack kann durch Einleiten der Kohlensäure oder →Verschnitt mit jungem, spritzigem Wein gemildert werden. Bei fortschreitender Oxidation, die bei ungenügend geschwefelten Weinen auftreten kann, kommt es zum Rahnwerden (Brauner →Bruch, Braunwerden).

Lugana Italienischer DOC-Weißwein aus der Region →Lombardei, südlich des Gardasees. Der strohgelbe, grünlich schimmernde Wein besteht zu mindestens 90% aus →Trebbiano di Lugana und schmeckt frisch und angenehm.

Luglienca Bianca Synonym für Grüne →Seidentraube.

Lussac Weinort und AC-Gebiet am Nordrand von →Saint-Émilion im Anbaugebiet →Bordeaux, in dem jährlich rund 30.000 hl guter Rotwein erzeugt werden, die unter dem Namen *Lussac-Saint-Émilion* in den Handel kommen.

Lustadt Weinort im Anbaugebiet →Rheinpfalz, Bereich Südliche Weinstraße. Großlage: *Trappenberg*. Einzellage: *Klostergarten*.

Luttenberger Synonym für Gelber →Furmint.

Lützelsachsen Ortsteil von Weinheim. Weinort im Anbaugebiet →Baden, Bereich Badische Bergstraße/Kraichgau. Großlage: *Rittersberg*. Einzellage: *Stephansberg*.

Lutzmannsburg Alter Weinort im österreichischen Burgenland. Weinbaugebiet →Mittelburgenland. Rebfläche 160 ha. Kräftige Rotweine, hauptsächlich Blaufränkisch.

Luxemburg 1.000 ha Rebfläche; 140.000 hl Wein, davon 85.000 hl Export; Import 150.000 hl; jährlicher Pro-Kopf-Verbrauch 55 l. Das Weinbaugebiet Luxemburgs, die Luxemburger Mosel (La Moselle luxembourgeoise), gleicht klimatisch, geologisch und wirtschaftlich der deutschen Obermosel.
Der Kleinbetrieb, meist Mischbetrieb, herrscht vor: unter den rund 1.500 Betrieben mit Weinbau gibt es nur 150 mit mehr als 2 ha und nur 4 mit mehr als 5 ha Rebfläche. Weinausbau und Vermarktung liegen zu etwa 70% in den Händen der Genossenschaften, nur etwa 50 Winzer füllen auf Flaschen und vermarkten selbst. Man unterscheidet zwei Regionen: Der südliche Teil, der Kanton von Remich, weist Keuper-Mergel-Böden auf, die Landschaft ist hügelig, gewellt mit breiten Tälern. Die Sorten Rivaner (→Müller-Thurgau), →Weißburgunder und →Ruländer herrschen vor. Der nördliche Teil, der Kanton von Grevenmacher, besteht aus Dolomit-Kalk-Böden und hat steile, an die deutsche Mosellandschaft erinnernde Hänge mit Terassenbau. Hier gedeihen bei höherem Rieslinganteil rassige, herzhafte Weine. Vor dem Ersten Weltkrieg waren 95% der Weinberge mit der Sorte →Elbling (heute 25%) bepflanzt, wovon ein Großteil als Sektgrundwein nach Deutschland exportiert wurde. Die Luxemburger Weine sind trocken und meist völlig durchgegoren. Die Marque Nationale wurde 1935 eingeführt, die Bewerbung ist freiwillig und wurde durch die großherzogliche Verordnung vom 14.7.71 den EG-Bestimmungen über Behandlung und Kontrolle der Weine angepaßt. Je nach der bei der Sinnenprüfung erreichten Punktzahl (mindestens 12, maximal 20 Punkte) können folgende Prädikate verliehen werden:
Marque Nationale: (entspricht deutschem Qualitätswein): MN Vin Classé, MN Premier Cru, MN Grand Premier Cru: entsprechen den deutschen →Qualitätsweinen mit Prädikat. Die MN wird durch eine Halsschleife (Colerette) mit Prüfnummer sichtbar gemacht. Tafelweine und die Sorte Elbling sind von dieser Auszeichnung ausgeschlossen. Die Zuckerung der Moste ist bis zum Grand-Premier-Cru-Produkt hinauf erlaubt. Auf den Etiketten werden fast immer die Rebsorte und die Ortschaft angegeben, häufig auch die Lage. Es gibt schätzungsweise 100 davon, sie haben meist deutsche Namen.

Lynifal Bezeichnung für Grüner →Silvaner in der Tschechoslowakei.

M

Macabeo Bedeutende weiße Rebsorte in Katalonien und im →Rioja-Gebiet, wo sie Viura genannt wird. Liefert hellfarbene, fruchtige und harmonische Weine mit guter Resistenz gegen Oxidation. Synonym: Viura.

Machtilshausen Ortsteil von Elfershausen. Weinort im Anbaugebiet → Franken, Bereich Maindreieck. Großlage: *Burg*. Einzellage: *Sommerleite*.

Mâconnais Rund 4.500 ha großes AC-Weinbaugebiet nördlich des →Beaujolais. Hier gibt es keine geschlossene »Rebfront« mehr, die Landschaft ist hügelig, wellig, von einzelnen gigantischen Felsen überragt (Solutré). Die Weine sind nach folgender AC-Klassifizierung eingestuft:
Mâcon, Rot- und Roseeweine (9 Vol.-% Alkohol) aus →Gamay Noir, →Pinot Noir und →Pinot Gris sowie Weißweine (10 Vol.-%) aus →Pinot Blanc und Chardonnay von der allgemeinen AC-Fläche;
Mâcon supérieur, Rot-, Rosee- und Weißweine mit höherem Alkoholgehalt und geringerem Hektarertrag der Rebflächen, Rot und Rosee tragen Gemeindebezeichnungen;
Mâcon-Villages, mit Gemeindenamen, nur Weißweine (11 Vol.-%) aus bestimmten ausgesuchten Gemeinden.

Mädchentraube →Leányka.

Madeira Nach der portugiesischen Gesetzgebung dürfen als *Madeira* nur die auf der portugiesischen Insel Madeira nach althergebrachter Weise erzeugten →Dessertweine über den Hafen Funchal zur Ausfuhr gelangen. Im Jahre 1419 entdeckt, ist diese, 600 km vom Mutterland entfernt gelegene Vulkaninsel mit ihren bis auf 1.000 m über NN ansteigenden Weinbergsterassen eines der eindrucksvollsten

Kellermeister entnimmt mit einem Spezialheber, der Venencia, eine Faßprobe Madeira-Wein.

Weinbaugebiete Portugals. Der Madeira ist ein bis 20 Vol.-% →aufgespriteter Dessertwein, dessen einzelne Jahrgänge in einem →Solera-System, ähnlich wie Sherry, miteinander verschnitten und mehrere Jahre veraltert werden, nachdem der Jungwein in sogenannten «Estufas» (Öfen) mehrere Monate bei 50°C karamelisiert wurde. Madeira ist keineswegs immer ein süßer Dessertwein, sondern er weist wie der Portwein alle Geschmacks- und Farbskalen von trocken bis süß, von hellgelb bis dunkelbraun auf. Auf den Etiketten ist häufig außer dem Firmennamen (meist britische Firmen, die in der Madeira Wine Association Ltd. zusammengeschlossen sind) auch die Rebsorte angegeben: Sercial, Verdelho, Bual und Malmsey (Malvasier). Die erste ergibt den trockensten, die letzte den süßesten Weintyp. *Rainwater* ist ein heller Madeira, ein Verschnitt aus Sercial und Verdelho.

Madeleine Angevine Weiße Tafeltraube, aus dem Anjou stammend; häufig als Kreuzungspartner für Neuzüchtungen verwendet.

Madeleine Blanche de Malingre Synonym für Früher Gelber →Malingre.

Madeleine Céline Weiße Tafeltraube unbekannter Herkunft; sehr früh reifend. Die Trauben sind groß und locker, die Beeren gelb und von neutralem, sehr süßem Geschmack. Synonym: Frühe Celine.

Madeleine Royale Weiße Tafeltraube aus Frankreich; 1845 von Robert Moreau, Angers, als Sämling herangezogen. Von sehr früher Reife mit mittelgroßen, langgestielten, lockeren Trauben. Die Beeren sind von grünlichgelber Farbe und haben einen zarten Muskatgeschmack. Synonym: Königliche Magdalenentraube.

Maderisation Dasselbe wie Brauner →Bruch.

Madiran Robuster, körperreicher, dunkler AC-Rotwein von den Hängen der Pyrenäen aus dem Südwesten Frankreichs. Er wird aus Tannat, Bouchy und Pinenc gewonnen.

mager Bezeichnung für einen ausdruckslosen, →dünnen Wein, dem →Extrakt, →Mineralstoffe und teilweise auch →Alkohol fehlen. Oft ein Erzeugnis aus leichten, nährstoffarmen Böden, aber auch Folge von zu großen Flächenerträgen.

Magnesium In der Form von Mg_2O_5 Nährstoff für die Rebe. Nahezu ein Viertel des Magnesiumbedarfs der Pflanze wird als zentraler Baustein für das Chlorophyll benötigt. Daher seine Bedeutung für die →Assimilation und die →Photosynthese. Davon hängt wiederum der Zuckergehalt der Trauben und die Qualität der Ernte ab. Mangelerscheinungen zeigen sich bei der Rebe durch Vergilben der Blätter. Die Anfälligkeit gegen →Stiellähme wird außerdem erhöht. Die verschiedenen Weinbergsböden haben unterschiedliche Gehalte an Magnesium. Aufgrund seiner leichten Löslichkeit und Austauschbarkeit wird es stark ausgewaschen und kann schnell im Boden verarmen. Der Entzug durch den Weinstock liegt jährlich etwa bei 15–20 kg Magnesiumoxid pro ha Rebfläche.

Magnum Doppelflasche (meist 1,5 l), die ursprünglich in Burgund Verwendung fand. Rotwein entwickelt sich um so langsamer und hält sich deshalb um so länger, je größer die Flasche ist. Das gilt in ähnlicher Weise auch für Weißweine und Schaumweine.

Mahlberg Weinort im Anbaugebiet →Baden, Bereich Breisgau. Großlage: *Schutterlindenberg*. Einzellage: *Haselstaude*.

Mahlen (auch **Maischen** oder **Einmaischen**) Die Traubenbeeren werden aufgerissen und gequetscht, damit der Saft beim →Keltern schneller und in höherer Ausbeute abfließen kann. Außerdem ist es so möglich, einen Teil des Saftes schon vorher abzuzweigen (Vorentsaftung) und den eigentlichen Preßvorgang mengenmäßig zu entlasten. Im alten Ägypten schlug man die zerdrückten Trauben in Säcke und Tücher ein und preßte den Saft durch Zusammenwinden aus. Auch das Austreten der Traubenmaische mit den nackten Füßen in schräg gestellten Holzbottichen war früher üblich. In beiden Fällen war das Einmaischen mit dem Entsaften (Keltern) verbunden. Heute verwendet man →Traubenmühlen, die so arbeiten, daß die Traubenkerne nicht zerquetscht werden (→Gerbstoffe). In kleineren Winzerbetrieben mahlt man aus Transportgründen meist schon im Weinberg, wobei meist die ganzen Trauben (mit den →Kämmen) in die Mühle gegeben werden. Die Walzen der Mühlen dürfen die Kämme (Rappen) nicht zerquetschen, damit die Weine später keinen →Kamm- oder →Bittergeschmack bekommen.
In größeren Betrieben und in Genossenschaften mahlt man dagegen meist im Kelterhaus unmittelbar vor dem Pressen. Bei der Rotweinbereitung war es schon länger üblich (→Maischegärung), die Kämme durch →Abbeeren vor dem Mahlen zu entfernen, heute geschieht das zur Gewinnung reintöniger Weine in zunehmendem Maße auch bei Weißweintrauben.

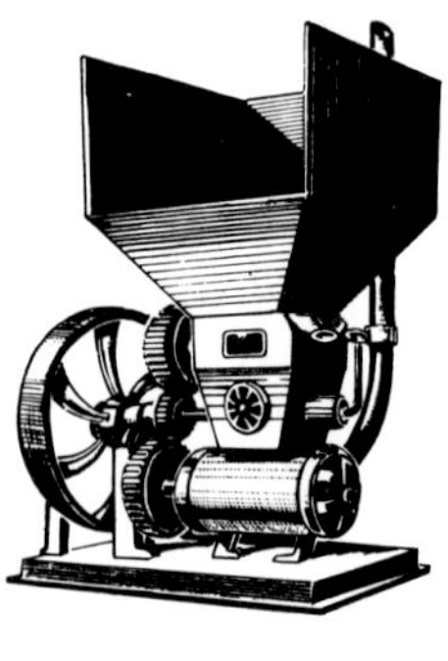

Traubenmühle mit Pumpe, die die gewonnene Maische in die Gärbehälter befördert.

Mähren Landschaft in der Tschechoslowakei mit Hauptstadt Brünn (Brno) und 3 Weinbauregionen mit zusammen rund 13.000 ha Rebfläche:
Die Region Znojmo-Mikulov (Znaim-Nikolsburg) führt hochwertige Rebsorten, vor allem im südlichen Teil. Unter den Markenweinen sind bekannt: *Znojemské Radnični (Znaimer Ratsherrenwein), Starohorské.*
Die Region Hustopec-Hodonín (Göding) ist klimatisch begünstigt, mit hohen Qualitäten sowohl bei Sorten- als auch Markenweinen, zum Beispiel: *Primáš* (Primatorwein), *Jihomaravský hrozeň* (Südmährische Traube).
Die Region Bzenec-Stráznice gleicht der vorigen Region mit Markenweinen wie *Bzenecká lipka* (Bsenetzer Linde) und *Silvena*.

Maibowle, Maiwein Erfrischendes Getränk aus Wein mit oder ohne Schaumwein mit einem Zusatz von frischem Waldmeister (→Bowle).

Maienfels Ortsteil von Wüstenrot. Weinort im Anbaugebiet →Württemberg, Bereich Württembergisch Unterland.
Großlage: *Lindelberg*. Einzellage: *Schneckenhof.*

Maikammer Weinort im Anbaugebiet → Rheinpfalz, Bereich Südliche Weinstraße. Großlage: *Mandelhöhe*. Einzellagen: *Alsterweiler Kapellenberg, Kirchenstück, Immengarten, Heiligenberg.*

Mailberg Niederösterreichischer Weinort im Weinbaugebiet →Weinviertel in klimatisch künstiger Lage. Fruchtige Grüne →Veltliner mit feinem Bukett, etwas Rotwein. Rebfläche 240 ha.

Mailly-Champagne Weinort in der Champagne, dessen Gewächse für die Champagnerherstellung als Grands Crus eingestuft sind, das heißt mit 100% bewertet werden.

Main 1. Nebenfluß des Rheins. Steigerwald und Spessart zwingen ihn zu großen Schleifen und engen Flußtälern, wodurch die Weinberge an seinen Ufern sich in Teilstücken auf die besten Sonnenlagen beschränken.
2. Untergebiet des Tafelweinbaugebiets Bayern (→Tafelwein).

Mainberg Ortsteil von Schonungen. Weinort im Anbaugebiet → Franken, Bereich Maindreieck. Einzellage: *Schloß.*

Maindreieck Bereich des bestimmten Anbaugebietes →Franken.

Mainriesling Veralteter Name für →Rieslaner.

Mainstockheim Weinort im Anbaugebiet → Franken, Bereich Maindreieck. Großlage: *Hofrat*. Einzellage: *Hofstück.*

Mainviereck Bereich des bestimmten Anbaugebietes →Franken.

Mainz Alte Weinhandelsstadt und Hauptstadt des Bundeslandes Rheinland-Pfalz im Anbaugebiet →Rheinhessen, Bereich Nierstein, mit Hechtsheim, Laubenheim, Ebersheim, Finthen und Drais. Großlagen: *Sankt Alban, Domherr*. Einzellagen Laubenheim: *Johannisberg, Edelmann, Klosterberg*. Einzellagen Ebersheim: *Sand, Hüttberg, Weinkeller.*
Mainz ist Zentrum des rheinhessischen Weinbaues, Sitz des →Deutschen Weinfonds und des →Deutschen Weininstitutes. Die Rheinhessische Weinbörse fand erstmals im Mai 1974 im Kurfürstlichen Schloß zu Mainz statt, wurde 1976 in Mainzer Weinbörse umbenannt und von VDP-Weingütern (→Verband Deutscher Prädikatsweingüter) aus verschiedenen Weinbaugebieten beschickt. Die Konditionen sind ähnlich wie bei der Kloster →Eberbacher Weinverkaufsmesse, die Börse gewährt nur Wiederverkäufern Zutritt. Das Angebot beläuft sich auf rund 500.000 Flaschen.

Mainz-Kostheim Weinort im Anbaugebiet →Rheingau, Bereich Johannisberg. Großlage: *Daubhaus*. Einzellagen: *Weiß Erd, Steig, Berg, Reichestal, St. Kiliansberg.*

Maische Unter Traubenmaische versteht man zerquetschte, in der Regel gemahlene Trauben vor der Kelterung. Wird vor dem →Mahlen nicht →abgebeert, befinden sich in der Maische neben den geplatzten, aufgerissenen →Beeren auch noch die →Kämme (Rappen). Bei der Rotweinbereitung mittels →Maischegärung sollten die Rappen auf jeden Fall vor dem Mahlen (Einmaischen) entfernt werden, da sie sonst →Gerbstoffe und andere unerwünschte Substanzen an den Wein abgeben, ihm eine bräunliche Farbe und einen gerbigen Geschmack verleihen (→Kammgeschmack). Der sich während der →Gärung bildende Alkohol und warme Herbsttemperaturen verstärken diese unerwünschte Extraktion noch. Auch bei der Bereitung reintöniger Weißweine sollte man die Zeit zwischen dem Mahlen und dem →Pressen möglichst kurz halten. Ein zu langes »Stehenlassen auf der Maische« kann nämlich auch hier zu verstärkter Aufnahme von Gerbstoffen und →Hochfarbigkeit führen. Die

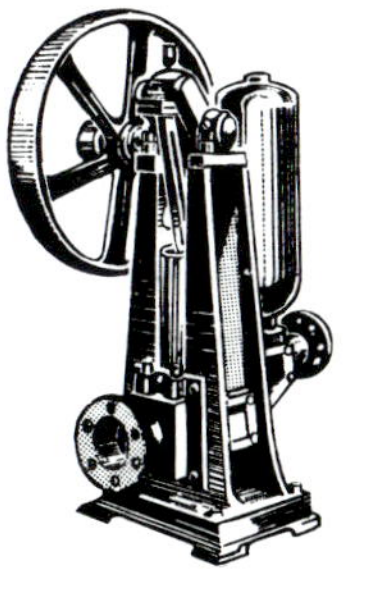
Alte Maischepumpe.

Standzeiten richten sich nach der Beschaffenheit und Qualität des Lesegutes und der jeweiligen Temperatur. Maischen aus hochwertigen, edelfaulen Trauben läßt man gerne über Nacht etwas »ziehen«, damit der in manchen geschrumpften Beeren bereits auskristallisierende Zucker durch den Saft anderer Beeren wieder gelöst wird. Eine Maische ohne Kämme bringt im Hinblick auf Gerbstoffaufnahme gewiß Vorteile, oft läßt sie sich aber schlechter abpressen, da die Kämme ein natürliches »Dränagesystem« darstellen, das für einen besseren Saftablauf sorgt. 1 hl Maische ergibt im Durchschnitt 75 l Wein.

Maischeerhitzung Verfahren, nach dem man ohne →Maischegärung Rotweine gewinnen kann. Der rote Farbstoff wird in diesem Fall durch die Wärme entzogen. Das Verfahren wird in deutschen Rotweinkellereien immer beliebter.

Maischegärung Ziel der Maischegärung ist, bei der Rotweinbereitung den vorwiegend in den Beerenschalen sitzenden Farbstoff möglichst vollständig herauszulösen, was mit rein mechanischen Mitteln praktisch nicht gelingt. Dabei zerstört der bei der →Gärung entstehende Alkohol die Zellen der Beerenschalen und zieht den Farbstoff heraus. Es werden in erhöhtem Maße →Gerbstoffe aus den Schalen und Kernen gelöst, weshalb so gewonnene Rotweine einen höheren Gerbstoffgehalt aufweisen als Weißweine, die durch Vergären von →Most gewonnen werden. Damit sich die Gerbstoffaufnahme in Grenzen hält, werden die →Kämme vor der Maischegärung entfernt. Vergärt man jedoch rote Trauben nicht «auf der Maische», sondern als Most, erhält man hellrote bis gelblichrote →Roseeweine (→Weißherbst, Bleichert, Klarettwein). Zur Maischegärung sollte man nur gesunde Rotweintrauben verwenden. In der Praxis sind verschiedene Maischegärverfahren üblich, die teils diskontinuierlich, teils kontinuierlich, in offenen oder geschlossenen Behältern, oft unter Ausnutzung von Temperatur und Druck arbeiten.

Blatt vom Frühen Gelben Malingre.

Maischen →Mahlen.

Makedonien Landschaft im Südosten Europas, teils zu Griechenland, teils zu Jugoslawien, teils zu Bulgarien gehörig. In Jugoslawien gedeihen auf 12.000 ha Rebfläche würzige Weine. Die bekanntesten sind *Krater* und *Prokupac*.

Málaga Stadt und DO-Gebiet an der südlichen Mittelmeerküste Spaniens mit etwa 5.000 ha Rebfläche. Der gleichnamige, auf 20 Vol.-% Alkohol →aufgespritete, süße →Dessertwein wird aus vollreifen Trauben gewonnen, die nach der Ernte noch auf Strohmatten an der Sonne honigsüß »gebacken« werden.

Malat →Äpfelsäure.

Malban →Traubensaft-Konzentrat aus →Syrien.

Zum Bild rechts: Malbec-Traube.

Malbec Wichtige Rotweinrebe Frankreichs; bringt farbintensive, feine, weiche und finessenreiche Rotweine hervor, die früh altern. Sie wird hauptsächlich im Bordeaux-Gebiet angebaut und ist eine beliebte Ergänzungssorte beim Verschnitt der Bordeaux-Weine. Synonyme: Cot (Frankreich), Médoc Noir (Ungarn). In Argentinien und Chile wird diese Rebsorte auch allein zu interessanten sortentypischen Weinen ausgebaut.

Malenga Synonym für Früher Gelber →Malingre.

Malingre, Früher Gelber Weiße Tafeltraube aus Frankreich, die Mitte des 19. Jahrhunderts von einem Gärtner namens Malingre aus Samen gezogen worden sein soll. Synonyme: Malinger, Malenga, Précoce de Malingre, Madeleine Blanche de Malingre, Early Malingre. Hauptsächlich Tafelweinrebe, doch hat sie noch eine gewisse Bedeutung in der Oberhaardt, wo sie wegen der außerordentlich frühen Reife den ersten Most für die Bereitung von →Federweißem liefert; die Trinkweine sind von geringer Qualität. Bestockte Rebfläche in Deutschland: 4 ha.

Malmsey (engl.) →Malvasier, →Madeira.

Malnik Synonym für Gelber →Furmint.

Malsch Weinort im Anbaugebiet →Baden, Bereich Badische Bergstraße/Kraichgau. Großlage: *Mannaberg*. Einzellagen: *Ölbaum, Rotsteig*.

Malschenberg Ortsteil von Rauenberg. Weinort im Anbaugebiet →Baden, Bereich Badische Bergstraße/Kraichgau. Großlage: *Mannaberg*. Einzellage: *Ölbaum*.

Malta 1.000 ha Rebfläche; 20.000 hl Wein; jährlicher Pro-Kopf-Verbrauch 12 l.
Abgesehen von einem geringfügigen Export nach England, hat der Weinbau nur lokale Bedeutung. Angeboten sind ein trockener Tafelwein und in geringen Mengen ein süßer Weißwein.

Malterdingen Weinort im Anbaugebiet →Baden, Bereich Breisgau. Großlage: *Burg Lichteneck*. Einzellage: *Bienenberg*.

Malvasia Italienische Bezeichnung für →Malvasier.

Malvasia delle Lipari Italienischer DOC-Dessertwein aus der Region →Sizilien von den Liparischen und Äolischen Inseln. Einer der besten Malvasiaweine Italiens. Der dunkelgoldgelbe aromatische Wein ist zu 95% aus Malvasia-Trauben hergestellt. Der Passito wird aus angetrockneten Trauben bereitet, er hat mindestens 18 Vol.-% Alkohol und 6% Restzucker. Für den →Liquoroso wurden die Trauben ebenfalls angetrocknet, doch der Wein wird anschließend noch auf 20 Vol.-% Alkohol →aufgespritet.

Malvasia di Bosa Italienischer DOC-Dessertwein aus →Sardinien, zu 100% aus Malvasia di Sardegna gekeltert. Der hell- bis goldgelbe trockene (Secco) oder süße (Dolce) Wein ist leicht bitter im Nachgeschmack. Es gibt zwei weitere Versionen: Liquoroso dolce naturale und Liquoroso dry, die einen höheren Alkoholgehalt haben als die Grundversionen. Die Weine müssen 2–2 1/2 Jahre lagern, bevor sie in den Handel kommen.

Malvasia di Cagliari Italienischer DOC-Dessertwein aus →Sardinien, aus mindestens 95% Malvasia di Sardegna gekeltert. Trocken oder süß im Geschmack, leicht bitterer Nachgeschmack. Der Liquoroso dry und der Liquoroso dolce haben einen höheren Alkoholgehalt. Nach einer Lagerzeit von 2 Jahren, davon 1 Jahr im Holzfaß, darf bei den Liquoroso-Typen die Bezeichnung Riserva hinzugefügt werden.

Malvasia di Casorzo d'Asti, Malvasia di Castelnuovo Don Bosco Italienische DOC-Rotweine aus dem →Piemont, hergestellt aus Malvasia Vera di Casorzo d'Asti bzw. Malvasia di Schierano. Die kirsch- bis rubinroten Weine sind süß und stark aromatisch. Von beiden Weinen gibt es Schaumwein-Versionen aus natürlicher Gärung.

Malvasier Rebsorte, die von den Ägäischen Inseln stammt und die es in vielen Spielarten (weißen wie roten) in Italien, auf →Madeira und in anderen östlichen Mittelmeerländern gibt. In Deutschland wird der Frühe Rote Malvasier lediglich auf 20 ha angebaut. In Österreich wird der Malvasier Frühroter Veltliner genannt. Er wird auf 820 ha angebaut und ergibt milde Weine ohne ausgeprägten Sortencharakter.
In Frankreich, wo die Sorte Malvoisie heißt, wird sie verbreitet im →Roussillon angepflanzt, doch nennt man auch →aufgespritete Dessertweine (zum Beispiel den →*Banyuls*) Malvoisie, obwohl sie von der →Grenache stammen.

Malvasier, Blauer In der Rheinpfalz Synonym für Blauer →Trollinger.

Malvazija Jugoslawische Bezeichnung für →Malvasier.

Malvoisie 1. Französische Bezeichnung für →Malvasier.
2. Im →Wallis Bezeichnung für den →Ruländer und die aus ihm bereiteten Weine, die dort gern sehr kühl als Dessertweine getrunken werden. Der Wein enthält mit 12–13 Vol.-% relativ viel Alkohol. Die Ruländerrebe gedeiht im Wallis auf kargen Böden bei Siders (Sierre) und Leytron.

Mancha Spanische Landschaft und DO-Gebiet von rund 480.000 ha Rebfläche, das Land Don Quijotes, südöstlich von Madrid gelegen, überwiegend flach, den Winden ausgesetzt. Hauptsächlich rote und weiße Konsumweine (Vinos corrientes) und Brennweine werden erzeugt (→Valdepeñas).

Mandel Weinort im Anbaugebiet →Nahe, Bereich Schloß Böckelheim. Großlage: *Rosengarten*. Einzellagen: *Alte Römerstraße, Schloßberg, Dellchen, Palmengarten, Becherbrunnen*.

Mandement Weinbauregion im Schweizer Kanton →Genf, rechts der Rhône; auch Regionalbezeichnung für die Weine aus diesem Gebiet, zum Beispiel *Perle du Mandement*, ein kräftiger, fruchtiger Chasselas (→Gutedel).

Mandrolisai Italienischer DOC-Rotwein aus →Sardinien. Der rubinrote Wein aus 35%

Bovale Sardo, 20–35% →Cannonau, 20–35% →Monica und anderen zugelassenen Rebsorten schmeckt trocken und leicht bitter im Abgang. Nach 2 Jahren Lagerung im Holzfaß und bei höherem Alkoholgehalt darf das Prädikat Riserva hinzugefügt werden. Aus den gleichen Rebsorten wird auch ein Roseewein gekeltert.

Mängel Neben →Krankheiten und →Fehlern von Weinen unterscheidet man noch Weinmängel, die – wie der Fachausdruck schon andeutet – in einer Geringwertigkeit des Erzeugnisses in Erscheinung treten. Die kann naturbedingt sein, zum Beispiel bei Weinen aus unreifem Lesegut, minderwertigen Traubensorten oder sehr kleinen Jahrgängen. Aber auch falsche Behandlungsmaßnahmen, wie zum Beispiel eine zu starke →Entsäuerung, können Mängel zur Folge haben. Ein zu geringer Gehalt an →Alkohol, →Säuren, →Farb- und →Bukettstoffen sind typische Weinmängel, die dann häufig mit die Ursachen für noch hinzutretende Weinkrankheiten sind. Mit Mängeln behaftete Weine können jedoch durchaus gesund und fehlerfrei sein, auch wenn sie von minderwertiger Qualität sind.

Mannhardsrebe Synonym für Grüner →Veltliner.

Mannitgärung →Milchsäurestich.

Mannloch, Türchen mit Riegel.

Mannloch Damit für die Weinlagerung geeignete Behälter von innen gereinigt werden können, sind sie mit Öffnungen versehen, durch die ein Mann in das Innere gelangen kann. Daher der Name Mannloch und Mannlochverschluß für das Türchen an der Öffnung.

Mannweiler-Cölln Doppelgemeinde im Anbaugebiet →Nahe, Bereich Schloß Böckelheim. Großlage: *Paradiesgarten*. Einzellagen: *Weißenstein, Schloß Randeck, Seidenberg, Rosenberg*.

Mantinia Im Zentrum des Peloponnes bei den Ruinen des alten Mantinia gelegenes griechisches AO-Gebiet. Bis zu Höhen von 600 m über NN werden feine, trockene, nicht zu schwere Weißweine mit einem angenehmen Muskatbukett aus der Rebsorte Moschofilero erzeugt.

Manubach Weinort im Anbaugebiet →Mittelrhein, Bereich Bacharach. Großlage: *Schloß Stahleck*. Einzellagen: *Langgarten, St. Oswald, Mönchswingert, Heilgarten*.

Manzanilla Dem →Sherry zugerechneter feiner weicher →Fino. Hauptanbaugebiet ist die Umgebung der kleinen Hafenstadt Sanlúcar de Barrameda am Atlantik. Seine Farbe ist hellgelb, der Alkoholgehalt für einen Sherry relativ niedrig (14 Vol.-%).

Marbach 1. Ortsteil von Lauda-Königshofen. Weinort im Anbaugebiet →Baden, Bereich Tauberfranken. Großlage: *Tauberklinge*. Einzellage: *Frankenberg*.
2. Stadt im Anbaugebiet →Württemberg, Bereich Württembergisch Unterland mit Ortsteil →Rielingshausen. Großlage: *Schalkstein*. Einzellage: *Neckarhälde*.

Marc Französischer →Tresterbranntwein, der auch in der Welschschweiz hergestellt wird. Es gibt Marcs von hervorragender Güte, die aus Rückständen von edlen Rotweintrauben gebrannt sind wie *Marc de Bourgogne* (Burgund) und *Marc de Dôle* (Schweizer Wallis). Sein italienisches Pendant ist der Grappa.

March →Neuershausen.

Marcobrunn Bekannte Weinbergslage im Rheingau zwischen Erbach und Hattenheim, symbolisiert durch einen in Abbildungen häufig dargestellten Brunnen. Der Flurname wird anno 1200 erstmals erwähnt und etymologisch von »markeburne« (Brunnen an der Gemarkungsgrenze) abgeleitet.

Marengo Weiße Tafeltraube aus Italien, 1925 durch Kreuzung aus (Sciambiese x Bicane) x Delizia di Vaprio entstanden. Züchter J. Pirovano. Die Sorte reift spät, trägt außergewöhnlich große Trauben mit gelben Beeren von leichtem Muskatgeschmack. Synonym: J.P.205.

Margaux Weinort in →Bordeaux und wohl die berühmteste der sechs kommunalen AC-Benennungen des →Médoc, die ihren Ruf hauptsächlich dem Premier Cru classé *Château Margaux* verdankt. Weine mit den Namen *Margaux* dürfen auch aus den 4 umliegenden Gemeinden, Arsac, Cantenac, Labarde und Soussens stammen. Zur Margaux gehören außerdem noch 5 Seconds Crus, 10 Troisièmes Crus, 3 Quatrièmes Crus und 2 Cinquièmes Crus.

Mariensteiner Weißweinrebe; Neuzüchtung der Bayerischen Landesanstalt für Wein-, Obst- und Gartenbau, Würzburg. Kreuzung aus Silvaner x Rieslaner; Zuchtnummer Wü B 517-3. Sortenschutz seit 1971. Die Sorte bringt hohe und sichere Erträge mit höheren Mostgewichten als Silvaner und mittlere Säurewerte, die Weine sind rassig, körperreicher als Silvaner, fruchtig und von markanter Säure. Bestockte Rebfläche in Deutschland: 27 ha.

Marienthal Ortsteil von Bad Neuenahr-Ahrweiler. Weinort im Anbaugebiet →Ahr, Bereich Walporzheim/Ahrtal. Großlage: *Klosterberg*. Einzellagen: *Rosenberg, Jesuitengarten, Trotzenberg, Klostergarten, Stiftsberg.*

Maring-Noviand Doppelgemeinde im Anbaugebiet →Mosel-Saar-Ruwer, Bereich Bernkastel. Großlage: *Kurfürstlay*. Einzellagen: *Honigberg, Klosterberg, Römerpfad, Kirchberg, Sonnenuhr.*

Marino Italienischer DOC-Weißwein aus →Latium, der schon von dem Leibarzt des Papstes Sixtus V. im 16. Jahrhundert erwähnt wurde. Der strohgelbe, trockene bis halbsüße fruchtige Wein wird bis zu 60% aus →Malvasia Bianca di Candia, zu 25–55% aus Trebbianosorten und zu 15–45% aus Malvasia del Lazio hergestellt. Unter der gleichen Benennung gibt es auch einen Schaumwein. *Marino* sollte jung getrunken werden.

markant Ausdrucksvoller, meist →kräftiger Wein mit typischem →Charakter.

Markdorf Weinort im Anbaugebiet →Baden, Bereich Bodensee. Großlage: *Sonnenufer*. Einzellagen: *Sängerhalde, Burgstall.*

Markelsheim Ortsteil von Bad Mergentheim. Weinort im Anbaugebiet →Württemberg, Bereich Kocher-Jagst-Tauber. Großlage: *Tauberberg*. Einzellagen: *Mönchsberg, Probstberg.*

Marken (it. Marche) Weinregion in Mittelitalien an der Adria, mit hügeligem bis bergigem Hinterland, Zentrum Ancona. DOC-Weine sind →*Bianchello del Metauro*, →*Bianco dei Colli Maceratesi*, →*Falerio dei Colli Ascolani*, →*Lacrima di Morro*, →*Rosso Cònero*, →*Rosso Piceno*, →*Sangiovese dei Colli Pesaresi*, →*Verdicchio dei Castelli di Jesi*, →*Verdicchio di Matelica*, →*Vernaccia di Serrapetrona.*

Markensekt 98% der deutschen Sektproduktion sind Markensekte, die durch Verschnitt (→Cuvée) gleichbleibende Qualität garantieren (→Champagner).

Markenwein In Deutschland Verschnitte der →Tafelwein- und →Qualitätsweinklasse. Gleichbleibende Art und Güte sind angestrebt. Sie werden meist in Großkellereien hergestellt. Die Namen sind oft Phantasiebezeichnungen. Sie unterliegen aber dem Irreführungsverbot des Weinrechtes. So dürfen keine Angaben verwendet werden, die falsche Vorstellungen über die geographische Herkunft erwecken können. Geographische Hinweise *(Moseltröpfchen, Rheingold)* dürfen nur verwendet werden, wenn dafür die Voraussetzungen nach dem Gesetz (Herkunft des Lesegutes) erfüllt sind (→Typenwein).
In der *Schweiz* sind Markenweine →Tafelweine, die einen Phantasienamen in Verbindung mit einer Rebsorte oder einer Herkunftsangabe tragen.
In *Frankreich* wird ein Vin de Marque nur unter dem Namen, jedoch nie mit der Nennung des Weingutes oder einer Herkunft verkauft. AC oder VDQS gibt es für solche Weine nicht.
In der *Tschechoslowakei* stellen Markenweine die untere, Sortenweine die obere Kategorie dar. Die Markenweine sind allerdings nicht ganz anonym, sondern sie sind von der Art und vom Sortenverschnitt her typisch für eine Region.

Markgräflerland Bereich des bestimmten Anbaugebietes →Baden zwischen Basel und Freiburg. Auf warmen Lehmböden wachsen überwiegend angenehm milde →Gutedel-Weine.

Markgröningen Weinort im Anbaugebiet →Württemberg, Bereich Württembergisch Unterland. Großlage: *Schalkstein*. Einzellagen: *Berg, St. Johännser.*

Marktbreit Weinort im Anbaugebiet →Franken, Bereich Maindreieck. Großlage: *Hofrat*. Einzellage: *Sonnenberg.*

Markt Einersheim Weinort im Anbaugebiet →Franken, Bereich Steigerwald. Großlage: *Burgweg*. Einzellagen: *Vogelsang, Stüblein.*

Marktheidenfeld Weinort im Anbaugebiet →Franken, Bereich Maindreieck. Einzellage: *Kreuzberg.*

Marktsteft Weinort im Anbaugebiet →Franken, Bereich Maindreieck. Großlage: *Hofrat*. Einzellage: *Sonnenberg.*

Marokko 50.000 ha Rebfläche, 400.000 hl Wein; davon 50.000 hl Export; 1,5 Millionen dz Tafeltrauben; 50.000 dz Rosinen; jährlicher Pro-Kopf-Verbrauch 1,6 l.
Der Weinbau Marokkos florierte bereits zur Zeit der Römer und ging dann unter den Moslems ganz zurück, um 1912 (die Rebfläche umfaßte nur noch 190 ha) durch die Franzosen wieder neu ins Leben gerufen zu werden. Er erstreckt sich an den Südhängen des Rif-Gebirges bis in die Gegend von Fes, im Hochatlas östlich von Marrakesch, sowie im Küstengebiet bei Casablanca, Rabat, Kenitra und Ozda. Durch die Gebirge geschützt, herrscht an der Meeresküste ideales Klima für das Wachstum der Reben. Eine Gefahr sind die

Markenweine aus Deutschland.

vom Osten kommenden heißen Winde. Die Reben werden weit voneinander gepflanzt, um dem einzelnen Stock genügend Raum für die Aufnahme der Bodenfeuchtigkeit zu geben. Eine Appellation d'Origine gibt es nicht, so auch kein allgemeines Herkunftsrecht. Das Weinrecht bezieht sich in der Hauptsache auf die Herstellung und Kontrolle von sauberen, fehlerlosen Weinen. Die Hälfte der Ernte wird zu Wein verarbeitet. Hergestellt werden vor allem Rot- und Roseeweine aus den Rebsorten →Cinsault, →Carignan, →Grenache Noir, Alicante-Bouschet und ein geringer Teil Weißwein aus den Rebsorten →Clairette Blanche, →Macabeo und Ximénez. In der Bevölkerung genießt der Rosee Beliebtheit. Der Großteil der Weinernte wird exportiert. Die alkoholreichen, schweren, oft klotzigen Rotweine werden im Ausland meist zu Verschnittweinen verwendet.
Die Großkellerei mit Betonlagertanks von teils riesigen Ausmaßen herrscht vor. Die Keller liegen alle oberirdisch und sind während der Sommermonate hohen Temperaturen ausgesetzt. Es werden auch süße →Dessertweine und Traubenkonzentrate hergestellt: der →Mistelle, der ohne Gärung durch Zusatz von Reinalkohol zu Traubensaft gewonnen wird und etwa 30% Zucker enthält, sowie der Muté, wobei der Traubensaft mit Schwefel konserviert wird. Letzterer wird hauptsächlich ausgeführt und im Bestimmungsland mit Dampf entschwefelt, mit anderen Weinen verschnitten und dann vergoren. Zunehmende Bedeutung erfährt der Anbau von Tafeltrauben (Rebsorten Alexandria, Muscat, Chasselas Doré). Sie werden hauptsächlich frisch verzehrt sowie zur Rosinenbereitung verwendet. Hauptabnehmer ist Frankreich, das rund 50% des marokkanischen Exportes abnimmt.

Marque Nationale →Luxemburg.

Marsala Italienischer DOC-Dessertwein aus der Provinz Trapani, benannt nach der westsizilianischen Hafenstadt Marsala, wo die Produktion Ende des 18. Jahrhunderts von Engländern eingeführt wurde. Die weißen *Marsalas* werden aus den Rebsorten Catarratto und Grillo mit bis zu 15% Inzollia gewonnen. Seit 1984 gibt es eine neue Marsala-Sorte, den *Rubino* oder *Ruby*, aus Perricone, Calabrese und Nerello. Die bernsteingelbe Version wird mit *Ambra*, die goldgelbe mit *Oro* bezeichnet. Nach dem Zuckergehalt unterscheidet man secco, semisecco und dolce.
Marsala wird in folgenden Qualitäten hergestellt: 1. *Marsala Fine* (17 Vol.-% Alkohol, 1 Jahr Lagerzeit), dazu gehört auch Marsala I.P.; 2. *Marsala Superiore* (18 Vol.-% Alkohol, 2 Jahre Lagerzeit), zu dieser Kategorie gehört auch SOM (Superior Old Marsala) und LP (London Particular) sowie Vecchio; 3. *Marsala Riserva* (18 Vol.-% Alkohol, 4 Jahre Lagerzeit); 4. *Marsala Vergine* oder *Soleras* (18 Vol.-% Alkohol, 5 Jahre Lagerzeit); 5. *Marsala Stravecchio* oder *Marsala Vergine Riserva* (18 Vol.-% Alkohol, 10 Jahre Lagerzeit). Gekochter Most darf allen Versionen außer *Marsala Superiore Oro* und *Rubino* zugesetzt werden. *Marsala Vergine* oder *Marsala Soleras* darf nicht mit gekochtem konzentriertem Most (→Mistella) versetzt werden.

Marsanne Blanche Französische Weißweinrebe, nach dem Ort Marsanne bei Montélimar benannt. Die Sorte hat ein stark blasiges Blatt, große, geschulterte Trauben mit kleinen grünen, an der Sonnenseite rostbraunen Beeren; sie liefert sehr samtige, blumige Weine. Berühmt sind die Weine von →Hermitage, südlich Lyon. Synonym: →Ermitage (Schweiz).

Martigny Von hohen Alpenbergen umgebene Stadt an der Rhône im Schweizer Kanton →Wallis mit bedeutendem Weinbau in der Umgebung. In der Hauptsache wird Fendant (→Gutedel) angebaut.

Martina Franca (oder **Martina**) Italienischer DOC-Weißwein aus →Apulien, hergestellt in den Provinzen Bari, Brindisi und Taranto. Der grünliche bis strohgelbe, trockene Wein stammt zu 50–65% aus Verdeca, zu 35–50% aus Bianco d'Allessano und bis zu 5% aus anderen Sorten. Unter dem gleichen Namen gibt es auch einen natürlichen Schaumwein.

Martini Bekannteste italienische Wermutmarke. Den gleichen Namen trägt auch ein beliebter Cocktail, eine Mischung aus trokkenem Wermut, Gin und einem Schuß Angostura.

Martin Schongauer Deutscher →Typenwein aus →Ruländer, →Spätburgunder oder Rotgold (→Badisch Rotgold). Der Wein in der Qualitätsstufe QbA schmeckt trocken, fruchtig und säurebetont und kommt in Burgunderflaschen in den Handel.

Martinsheim Weinort im Anbaugebiet →Franken, Bereich Steigerwald. Einzellage: *Langenstein*.

Martinstein Weinort im Anbaugebiet →Nahe, Bereich Schloß Böckelheim. Großlage: *Paradiesgarten*. Einzellage: *Schloßberg*.

Martinsthal Ortsteil von Eltville. Weinort im Anbaugebiet →Rheingau, Bereich Johannisberg. Großlage: *Steinmächer*. Einzellagen: *Langenberg, Wildsau, Rödchen*.

Marzemina Nianoa Italienische Bezeichnung für Weißer →Gutedel.

Marzemino Italienische Rotweinrebe, die besonders im Norden Italiens verbreitet ist; sie liefert gute Rotweine.

Mascara Das größte Anbaugebiet von →Algerien, heute zur Anbauzone 1 gehörig.

Maske Ausdruck der Sektbranche für unerwünschte Ablagerung von Hefe an der inneren Bauchwand von Schaumweinflaschen, die meist infolge ungeeigneter Hefestämme beim →Rütteln nicht hinabgleitet.

Massenbachhausen Weinort im Anbaugebiet →Württemberg, Bereich Württembergisch Unterland. Großlage: *Heuchelberg*. Einzellage: *Krähenberg*.

Massenträger Rebsorten, die zwar hohe Erträge, aber mindere Qualitäten liefern. Sie verschwinden allmählich aus dem Anbau.

Mataró Spanische Rotweinrebe, die auch in Frankreich angebaut wird; liefert einfache und elegante Weine. Synonym: Mourvèdre.

Mateus Der bekannteste Rosee aus dem Norden von →Portugal, von dem jährlich etwa 40 Millionen Flaschen verkauft werden. Der ähnlich wie der Vinho verde ungemein erfrischende und fruchtige Wein wird in Bocksbeutelflaschen in den Handel gebracht.

Matino Italienischer DOC-Rot- und -Roseewein aus dem Gebiet von Lecce in →Apulien. Der Wein stammt hauptsächlich aus Negroamaro, höchstens 30% Zusatz von →Sangiovese und/oder →Malvasia Nero ist erlaubt. Ein leichter Rosee wird aus den gleichen Rebsorten erzeugt.

Mátraalja Um die Stadt Gyöngyös, im Schutze des fast 1.000 m hohen, waldreichen Mátra-Gebirges gelegenes ungarisches Weinbaugebiet. Angebaut werden Rebsorten für körperreiche Weißweine (→Leányka, →Olaszriesling) sowie Tafeltrauben (→Gutedel), mit denen die Markthallen von Budapest, Wien und München beliefert werden.

matt Müder, schal schmeckender Wein ohne Ausdruck und Frische. Meist Folge von falscher Behandlung wie zu starker Luftaufnahme (→Luftton) in nicht »spundvollen« Fässern oder zu später Flaschenfüllung.

Matthias Ortsteil von Trier. Weinort im Anbaugebiet →Mosel-Saar-Ruwer, Bereich Saar-Ruwer. Großlage: *Römerlay*. Einzellage: *St. Matheiser*.

Matuschka-Greiffenclau, Graf Alte Adels- und Weingutsbesitzerfamilie aus dem →Rheingau, die seit dem 14. Jahrhundert auf Schloß →Vollrads zwischen Winkel und Oestrich lebt. Der 1975 verstorbene Graf Richard war 15 Jahre lang Präsident des Deutschen Weinbauverbandes und im Vorstand verschiedener internationaler Weinwirtschaftsgremien. Sein Sohn, Erwein Matuschka-Greiffenclau, ist Vorstand des Rheingauer Weinbauverbandes.

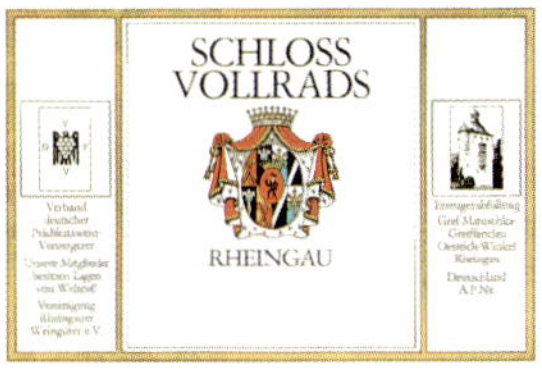

Matzen Niederösterreichischer Weinort im Weinbaugebiet →Weinviertel, wo auf 250 ha Rebfläche spritzige Weißweine erzeugt werden.

Mauchen Ortsteil von Schliengen. Weinort im Anbaugebiet →Baden, Bereich Markgräflerland. Großlage: *Burg Neuenfels*. Einzellagen: *Frauenberg, Sonnenstück*.

Mauchenheim Weinort im Anbaugebiet →Rheinhessen, Bereich Wonnegau. Großlage: *Sybillenstein*. Einzellage: *Sioner Klosterberg*.

Mauerwein In →Bocksbeutel abgefüllter Weißwein aus →Neuweier in Baden. Das Recht, den Wein in Bocksbeutelflaschen abzufüllen, übertrug der Fürstbischof von Würzburg, der einst dem Neuweirer Kloster vorstand.

Maulbronn Weinort im Anbaugebiet →Württemberg, Bereich Württembergisch Unterland. Großlage: *Stromberg*. Einzellagen: *Eilfingerberg, Eilfingerberg Klosterstück, Reichshalde*.

Mäuseln, Mäuselton Schwere →Krankheit bei Weinen, die sich an einem üblen, im Extremfall an Mäuseharn erinnernden Geruch und →Geschmack äußert. Der unangenehme Fremdton, der sich besonders auf dem rückwärtigen Teil der Zunge nachhaltig einprägt, ist bei Traubenweinen relativ selten, bei säurearmen Obst- und Beerenweinen etwas häufiger anzutreffen. Tritt er dennoch in Traubenweinen auf, sind die Ursachen hierfür meist in geringem Säuregehalt, zu warmer Lagerung und zu langem Liegenlassen auf der Hefe zu suchen. Als eigentlicher Krankheitserreger gilt das Bakterium mannitopeum, jedoch scheinen auch rein physikalische Veränderungen (des Redox-Potentials) im Wein zu seiner Entstehung bezutragen. Mäuselnde Weine weisen meist einen erhöhten Gehalt an →flüchtigen Säuren auf und sind oft stichig, auch wenn die Entwicklung von Essigbakterien ausgeschlossen war. Durch sauberes Arbeiten im Keller, rechtzeitiges Abstechen der Weine von der Hefe und vorschriftsmäßige Schwefelung wird das Mäuseln unterbunden.

Mäuserl Synonym für Blauer →Wildbacher.

Mautern Ältester Weinort im niederösterreichischen Weinbaugebiet →Wachau. Von 170 ha Rebfläche werden spritzige, rassige Weißweine gewonnen.

Mauzac Blanc Französische Weißweinrebe, die im Südwesten Frankreichs verbreitet angebaut wird; früher wurde sie irrtümlich als eine Spielart des →Silvaners angesehen.

Mavrodaphne Griechische dunkle Rotweinrebe, von der ein gleichnamiger Dessertwein hergestellt wird (→Patras). Synonyme: Schwarzlorbeer-Traube, →Mavrud (→Bulgarien).

Mavrud Bulgarische Bezeichnung für →Mavrodaphne. Die Rebe liefert dunkle, kräftige, alkoholreiche Weine. Aus eingeschrumpften Beeren wird mitunter ein leichter Dessertwein hergestellt.

Maximin Grünhaus Ortsteil von Mertesdorf. Weinort im Anbaugebiet →Mosel-Saar-Ruwer, Bereich Saar-Ruwer. Großlage: *Römerlay*. Einzellagen: *Bruderberg, Abtsberg, Herrenberg*.

Mayschoß Weinort im Anbaugebiet →Ahr, Bereich Walporzheim/Ahrtal.
Großlage: *Klosterberg*. Einzellagen: *Mönchberg, Schieferlay, Burgberg, Silberberg, Laacherberg, Lochmühlerlay*.

Mazuelo Spanische Rotweinrebe, die im →Rioja-Gebiet verbreitet als Verschnittsorte zur *Rioja*-Weinbereitung angebaut wird; sie liefert vor allem die angenehme Säure in diesen Weinen; sie bildet die Basis für Weine, die lange Zeit in Holzfässern reifen.

Mechtersheim Ortsteil von Römerberg. Weinort im Anbaugebiet →Rheinpfalz, Bereich Südliche Weinstraße.
Großlage: *Trappenberg*. Einzellagen: *Schlittberg, Alter Berg* (Römerberg).

Meckenheim Weinort im Anbaugebiet →Rheinpfalz, Bereich Mittelhaardt/Deutsche Weinstraße. Großlage: *Hofstück. Einzellagen: Spielberg, Neuberg*.

Mecsek Um die Stadt Pécs (Fünfkirchen) an den Hängen des Mecsek-Gebirges gelegenes ungarisches Weinbaugebiet. Sehr warmes Klima (Jahresmittel 11,5°C). Trockene, kernige Weißweine mit goldener Farbe und einer milden Säure. Der →Furmint ist besonders markant, der →Zierfandler aus Pécs ein aromatischer Wein mit angenehmer Säure.

Meddersheim Weinort im Anbaugebiet →Nahe, Bereich Schloß Böckelheim. Großlage: *Paradiesgarten*. Einzellagen: *Rheingrafenberg, Altenberg, Edelberg*.

Medenscheid Ortsteil von Bacharach. Weinort im Anbaugebiet →Mittelrhein, Bereich Bacharach. Großlage: *Schloß Stahleck*. Einzellagen: *Mathias Weingarten, Kloster Fürstental*.

medium dry (engl.) halbtrocken. Bezeichnung für einen Schaumwein mit 33–50g/l Restsüße (→Abstimmung).

Médoc 130 km lange Halbinsel mit kiesigem, sandigem Boden, selten mehr als 15 km breit, zwischen Atlantischem Ozean und Gironde/Garonne im AC-Gebiet →Bordeaux gelegen. Die Weinanbauzone ist noch enger, kaum 10 km breit auf der Girondeseite. Der Name soll aus dem Lateinischen kommen »in medio aquae« (in der Mitte des Wassers). Auf einer AC-Rebfläche von rund 6.000 ha mit einem durchschnittlichen Ertrag von 400.000 hl werden die Spitzen-Rotweine Frankreichs hauptsächlich aus →Cabernet-Sauvignon mit kleineren Anteilen von →Cabernet Franc, →Merlot, →Verdot und →Malbec hergestellt. Je höher der Cabernet-Sauvignon-Anteil ist, um so härter und tanninreicher sind die Jungweine und um so schöner sind sie im Alter. Der Merlot gibt dem Wein Abrundung und Geschmei-

Zum Bild rechts: Château Margaux im Médoc.

digkeit. Die Médoc-Weine haben eine rubinrote Farbe, kernig-herbe Eleganz und eine ausgeprägte Blume. Die Einteilung der Médoc-Gewächse in Qualitätsklassen gleicht einem Gotha des Weinadels. 1855 wurden anläßlich der »Exposition Universelle de Paris« die 62 größten Gewächse (Châteaux) des Médoc in 5 Cru-Klassen qualitativ eingestuft, basierend auf den Preisen, die die Weine in den vorangegangenen Jahren erzielt hatten. Die damalige Einteilung gilt, bis auf eine Aktualisierung 1973, im wesentlichen noch heute und umfaßt die im folgenden aufgezählten Châteaux (in Klammern die AC, wenn sie vom Gemeindenamen abweicht).

Offizielle Klassifizierung der Médoc-Weingüter:

Premiers Crus	*Gemeinde*
Lafite-Rothschild	Pauillac
Margaux	Margaux
Mouton-Rothschild	Pauillac
Latour	Pauillac
Seconds Crus	
Rausan-Ségla	Margaux
Rauzan-Gassies	Margaux
Léoville-Las-Cases	Saint-Julien
Léoville-Poyferré	Saint-Julien
Léoville-Barton	Saint-Julien
Durfort-Vivens	Margaux
Lascombes	Margaux
Gruaud-Larose	Saint-Julien
Brane-Cantenac	Cantenac (Margaux)
Pichon-Longueville	Pauillac
Pichon Longueville-Lalande	Pauillac
Ducru-Beaucaillou	Saint-Julien
Cos d'Estournel	Saint-Estèphe
Montrose	Saint-Estèphe
Troisièmes Crus	
Kirwan	Cantenac
d'Issan	Cantenac
Lagrange	Saint-Julien
Langoa-Barton	Saint-Julien
Giscours	Labarde (Margaux)
Malescot-Saint-Exupéry	Margaux
Cantenac-Brown	Cantenac (Margaux)
Palmer	Cantenac (Margaux)
La Lagune	Ludon (Haut-Médoc)
Desmirail	Margaux
Calon-Ségur	Saint-Estèphe
Ferrière	Margaux
Marquis-d'Alesme-Becker	Margaux
Boyd-Cantenac	Margaux
Quatrièmes Crus	
Saint-Pierre-Sevaistre	Saint-Julien
Branaire-Ducru	Saint-Julien
Talbot	Saint-Julien
Duhart-Milon-Rothschild	Pauillac
Pouget	Cantenac (Margaux)
La Tour-Carnet	Saint-Laurent (Haut-Médoc)
Lafon-Rochet	Saint-Estèphe
Beychevelle	Saint-Julien
Prieuré-Lichine	Cantenac (Margaux)
Marquis-de-Terme	Margaux
Cinquièmes Crus	
Pontet-Canet	Pauillac
Batailley	Pauillac
Haut-Batailley	Pauillac
Grand-Puy-Lacoste	Pauillac
Grand-Puy-Ducasse	Pauillac
Lynch-Bages	Pauillac
Lynch-Moussas	Pauillac
Dauzac	Labarde (Margaux)
du Tertre	Arsac (Margaux)
Haut-Bages-Libéral	Pauillac
Pédesclaux	Pauillac
Belgrave	Saint-Laurent (Haut-Médoc)
Camensac	Saint-Laurent (Haut-Médoc)
Cos-Labory	Saint-Estèphe
Clerc-Milon	Pauillac
Croizet-Bages	Pauillac
Cantemerle	Macau (Haut-Médoc)
Mouton-Baron Philippe	Pauillac

Weitere Châteaux fallen unter die Bezeichnungen Cru exceptionnel, Cru Bourgeois supérieur und Cru bourgeois. Sie liegen unter den Cru-Classé-Weinen. Im Médoc-Gebiet gibt es weiterhin zwei regionale Appellationen, *Médoc* und *Haut-Médoc*, und 6 Gemeinde Appellationen, nämlich →Listrac, →Margaux, →Moulis, →Saint-Estèphe, →Saint-Julien und →Pauillac.

Médoc Noir Ehemalige ungarische Bezeichnung für →Malbec.

Meersburg Weinort im Anbaugebiet →Baden, Bereich Bodensee. Großlage: *Sonnenufer*. Einzellagen: *Chorherrenhalde, Fohrenberg, Rieschen, Jungfernstieg, Bengel, Haltnau, Lerchenberg, Sängerhalde*. Zentrum des Weinbaugebietes am Bodensee. Der →Weißherbst des dortigen Staatsweingutes, eines 30 ha großen Musterbetriebes, ist besonders markant.

Mehltau, echter →Oidium.

Mehltau, falscher →Peronospora.

Mehring Weinort im Anbaugebiet →Mosel-Saar-Ruwer, Bereich Bernkastel, mit Ortsteil →Lörsch. Großlage: *St. Michael*. Einzellagen: *Blattenberg, Goldkupp, Zellerberg*.

Meimsheim Ortsteil von Brackenheim. Weinort im Anbaugebiet →Württemberg, Bereich Württembergisch Unterland. Großlage: *Heuchelberg*. Einzellage: *Katzenöhrle*.

Meisenheim Weinort im Anbaugebiet →Nahe, Bereich Schloß Böckelheim. Großlage: *Paradiesgarten*. Einzellage: *Obere Heimbach*.

Terassen-Weinberge bei Meißen.

Meißen Stadt in Sachsen mit Weinbau; gehört zum Anbaugebiet →Elbe. Lagennamen sind *Kapitelberg, Rosengründchen*.

Emblem der Sächsischen Winzergenossenschaft Meißen e. G.

Melnik Bulgarische Rotweinrebe, aus der ein alkohol- und extraktreicher, leicht süßer, dunkler Rotwein gewonnen wird. (→Bulgarien)

Melioration Verbessern von landwirtschaftlich genutzten Flächen durch →Bodenbearbeitung.

Melissa Italienischer DOC-Rot- oder -Weißwein aus →Kalabrien. Der hellfarbene Rotwein *(Rosso)* wird aus 75–95% →Gaglioppo gekeltert, schmeckt trocken und harmonisch und darf nach 2 Jahren Lagerung und bei höherem Alkoholgehalt die Zusatzbezeichnung Superiore tragen. Der hell strohgelbe Weißwein *(Bianco)* stammt zu 80–95% aus →Greco Bianco und schmeckt trocken und weich.

Melnik →Böhmen.

Melon Blanc Französische Weißweinrebe, die in erster Linie im Loiregebiet angebaut wird. Aus dieser Rebe werden dort die bekannten leichten, frischen *Muscadet*-Weine hergestellt. Synonym: Muscadet.

Mendocino County Weinregion in →Kalifornien, in der nördlichen Küstenregion (North Coast) gelegen. Das Klima ist in Teilen des Gebiets ausgeglichen, kühle Sommer und warme Winter begünstigen die Weinqualität. Angebaut werden hauptsächlich →Cabernet-Sauvignon, →Carignan, →Chardonnay, →Sauvignon Blanc. Die →AVAs lauten *Anderson Valley, Cole Ranch, Mendocino, Potter Valley*. Die allgemeine Bezeichnung *Mendocino County* gilt für alle Weine aus dem Gebiet.

Mendoza →Argentinien.

Ménetou-Salon AC-Gebiet südöstlich von →Sancerre im Loiregebiet. Die Weißweine aus →Sauvignon Blanc sind nicht so fein wie die aus dem Nachbargebiet.

Menge-Güte-Verhältnis →Güte-Menge-Gesetz.

Mengen Ortsteil von Schallstadt. Weinort im Anbaugebiet →Baden, Bereich Markgräflerland. Großlage: *Lorettoberg*. Einzellage: *Alemannenbuck*.

Méntrida Spanisches DO-Gebiet südlich von Madrid mit etwa 21.000 ha Rebfläche.

Meran Luftkurort in →Südtirol am Zusammenfluß von Etsch und Passeier. Das 250 ha große DOC-Weinbaugebiet liegt in seiner unmittelbaren Umgebung, so an den Hängen von Schloß Tirol, Schloß Ramitz am Küchelberg und in Marling. Die Groß-Vernatsch-Traube (Synonym von →Trollinger) ist als Meraner Kurtraube bekannt. Der DOC-Wein *Meraner Hügel* oder *Meraner (Meranese di Collina* oder *Meranese)* ist ein rubin- bis granatroter trockener Rotwein aus Groß-Vernatsch, Mittelvernatsch, Kleinvernatsch, Grauvernatsch und Tschaggelevernatsch. Der Wein des ehemaligen Burggrafenamtes darf den Zusatz *Burggräfler (Burgravio)* tragen.

Merbitz Weinort im Anbaugebiet →Elbe mit der Lage *Bauernberge*.

Mercaptanböckser Bestimmte Erscheinungsform eines →Böcksers, der entsteht, wenn ein harmloser Schwefelwasserstoffböckser nicht rechtzeitig erkannt und beseitigt wird und in einen Lager- oder →Hefeböckser übergeht. Der Geruch erinnert an Mercaptane.

Mercurey AC-Weinbaugemeinde in →Burgund südlich der Côte de Beaune und Zentrum der →Côte Chalonnaise mit vorzüglichen Rot- und Weißweinen.

Merdingen Weinort im Anbaugebiet →Baden, Bereich Tuniberg. Großlage: *Attilafelsen*. Einzellage: *Bühl*.

Mergel Gemenge aus Kalk und Ton. Auf diesen Böden gedeihen füllige Weine.

Merl Ortsteil von Zell. Weinort im Anbaugebiet →Mosel-Saar-Ruwer, Bereich Zell/Mosel. Großlage: *Schwarze Katz*. Einzellagen: *Sonneck, Adler, Königslay-Terrassen, Stephansberg, Fettgarten, Klosterberg*.

Merlot Wertvolle französische Rotweinrebe, verbreiteter Anbau im Bordeaux-Gebiet, bedeutender Verschnittanteil bei der Bordeaux-Weinbereitung. Anbau ebenfalls in →Südtirol, im →Friaul, im →Tessin, in →Jugoslawien, →Argentinien und →Chile. Der Name ist von dem Wort Merle (frz. Amsel) abgeleitet, da diese Vögel die frühreifende Rebe bevorzugen. Der Merlot trägt mittelgroße, lange, konische Trauben mit mittelgroßen, festschaligen Beeren. Die kraftvollen, leicht herben Weine benötigen eine mehrjährige Lagerung und erhalten dadurch erst den typischen Charakter. Synonyme: Bigney, Plant Medre, Plant Médoc.

Merlot Blanc Französische Weißweinrebe; Spielart des Merlot Noir; wird an der Loire und der Marne angebaut.

Merlot VITI →Schweiz, →VITI.

Mertesdorf Weinort im Anbaugebiet →Mosel-Saar-Ruwer, mit Ortsteil →Maximin Grünhaus. Großlage: *Römerlay*. Einzellagen: *Johannisberg, Herrenberg*.

Mertesheim Weinort im Anbaugebiet → Rheinpfalz, Bereich Mittelhaardt/Deutsche Weinstraße. Großlage: *Höllenpfad*. Einzellage: *St. Martinskreuz*.

Merxheim Weinort im Anbaugebiet →Nahe, Bereich Schloß Böckelheim. Großlage: *Paradiesgarten*. Einzellagen: *Vogelsang, Römerberg, Hunolsteiner*.

Merzhausen Weinort im Anbaugebiet →Baden, Bereich Markgräflerland. Großlage: *Lorettoberg*. Einzellage: *Jesuitenschloß*.

Mesenich 1. Weinort im Anbaugebiet →Mosel-Saar-Ruwer, Bereich Zell/Mosel. Großlage: *Rosenhang*. Einzellagen: *Abteiberg, Goldgrübchen, Deuslay*.
2. Ortsteil von Langsur. Weinort im Anbaugebiet →Mosel-Saar-Ruwer, Bereich Obermosel. Großlage: *Königsberg*. Einzellage: *Held*.

Mesnil-sur-Oger, Le Weinort in der Champagne, dessen Gewächse für die Champagnerherstellung als Grands Crus eingestuft sind, das heißt mit 100% bewertet werden.

Meßwein Zur Feier der heiligen Messe dürfen ab 1972 alle deutschen →Qualitätsweine mit und ohne Prädikat verwendet werden. Das Meßweinstatut vom 31.8.1963, nach dem nur →naturreine Weine von anerkannten Meßweinherstellern bezogen werden durften, ist aufgehoben. Schärfere Bestimmungen gelten für ausländische Meßweine (zum Beispiel Leumundszeugen, Prüfungsergebnis einer amtlichen Untersuchungsstelle im Inland). Das Kennzeichnungsrecht schreibt vor, daß Empfehlungen über die Zulassung des Weines zu religiösen Zwecken wie Abendmahlswein, Meßwein, koscherer Wein, koscherer Passah-Wein nur im geschäftlichen Verkehr mit religiösen Einrichtungen angegeben werden dürfen. Diese Begriffe sind nur gestattet, wenn eine schriftliche Zulassung zu religiösen Zwecken durch die betreffende religiöse Einrichtung vorliegt.

Blatt vom Merlot.

Metallbehälter Seit den fünfziger Jahren dank ihrer Vorteile gegenüber dem Holzfaß in der Kellerwirtschaft verbreitet. Aus Stahl gebaut, sind sie innen mit Glasemaille oder mit einer Kunststoffmasse ausgekleidet. Bei Edelstahltanks erübrigt sich die Auskleidung. Sie finden als Druck- und drucklose Behälter Verwendung. Ihre Vorteile liegen in der leichten und einfachen Reinigung und der damit verbundenen Hygiene.
Es können abwechselnd die verschiedensten Weinarten eingelagert werden (was beim Holzfaß nicht möglich ist), weil die metallenen Innenwandflächen porenfrei dicht sind und sich dem Wein gegenüber indifferent verhalten. Mit Metallbehältern sind Schwund und Gasverlust (→Kohlensäure) so gut wie ausgeschlossen. In ihnen lagert der Wein wie in einer Flasche und läßt sich viel länger frisch halten als in einem Holzfaß. Sie können in jeder Größe und Form hergestellt werden. Behältervolumen von über 100.000 l sind heute keine Seltenheit mehr.

Metallgeschmack Stumpfer, eigenartig bitterer, rauher, die übrigen Geschmackskomponenten überlagernder →Geschmacksfehler, der sich zudem in einer →adstringierenden (zusammenziehenden) Wirkung auf der Zunge und an der vorderen Gaumenpartie bemerkbar macht. Kann auftreten, wenn bei

Traubenlese und Weinbehandlung Gefäße und Geräte aus Metall, insbesondere verzinkte Eisenbleche, mit dem Most oder Wein in Berührung kommen und dadurch relativ hohe Gehalte an Eisen, Zink, Kupfer und Zinn in den Wein gelangen. Der Fehlgeschmack wird häufig von einer →Metalltrübung begleitet. Durch Verwendung moderner Kunststoffe und Edelstahl tritt er heute nur noch selten auf.

Metallplättchen Deckplättchen oder Blechplättchen über dem Sekt-Naturkorken, auf dem der Drahtkorb (→Agraffe) aufliegt. Es verhindert das Einschneiden des Drahtes in den Kork und trägt häufig den Namen der Kellerei.

Metalltrübung Grobstaubige →Trübung, die sich als →Depot am Flaschenboden absetzt, aber durch leichtes Schütteln wieder aufgewirbelt wird. Rührt von überdurchschnittlich hohen Gehalten an Eisen, Zink, Kupfer, Zinn und anderen Metallen her. Diese Metalle, die vor allem durch Berührung des Mostes und Weines mit metallischen, insbesondere schadhaften Kellergeräten in den Wein gelangen können, bilden mit anderen Weinbestandteilen (→Säuren, →Gerbstoffen) die Trübung, die meist auch mit einem rauhen →Metallgeschmack des betreffenden Weines verbunden ist.
Trübungen solcher Art treten oft erst während der Flaschenlagerung auf, sind jedoch heute nur noch selten zu finden. Durch →Blauschönung können die Metalle auf einfache und gesundheitsunschädliche Weise aus dem Wein entfernt werden (→Eisentrübung, →Kupfertrübung, Grauer →Bruch, Schwarzer →Bruch).

Rüttelpult

Méthode champenoise Auf einer zweiten Gärung des Weines beruhendes Herstellungsverfahren für Schaumwein mit →Flaschengärung, →Rütteln (→Rüttelpult) und →Enthefen der einzelnen Flasche. In Deutschland bis 31.8.1994 mit Zusatzbezeichnung »traditionelles klassisches Verfahren« erlaubt. Gleichwertige Herstellungsmethoden sind das →Großraumgärverfahren und das Transvasionsverfahren. Prinzipiell verschieden davon ist das Asti-Verfahren oder die →Méthode rurale, bei der das →Mousseux bei der ersten Gärung entsteht.

Méthode rurale (auch **Asti-Methode**) In Frankreich außerhalb der Champagne und in Italien häufig angewandtes Verfahren der Schaumweinbereitung, bei dem durch wiederholtes Filtrieren der Schaumwein schon bei der ersten Gärung gewonnen wird (→Asti Spumante).

Methusalem Riesen-Champagnerflasche, mit dem Inhalt von 8 normalen Flaschen.

Mettenheim Weinort im Anbaugebiet →Rheinhessen, Bereich Nierstein. Großlagen: *Krötenbrunnen, Rheinblick*. Einzellagen: *Goldberg, Michelsberg, Schloßberg*.

Metternich Ortsteil von Koblenz. Weinort im Anbaugebiet →Mosel-Saar-Ruwer, Bereich Zell/Mosel. Großlage: *Weinhex*. Einzellage: *Marienberg*.

Mettingen Ortsteil von Esslingen. Weinort im Anbaugebiet →Württemberg, Bereich Remstal-Stuttgart. Großlage: *Weinsteige*. Einzellagen: *Kirchberg* (Esslingen), *Ailenberg* (Esslingen), *Lerchenberg*.

Metzingen Weinort im Anbaugebiet →Württemberg, Bereich Remstal-Stuttgart. Großlage: *Hohenneuffen*. Einzellagen: *Schloßsteige, Hofsteige*.

Meursault AC-Weinort in der burgundischen →Côte d'Or (→Côte de Beaune). Aus →Chardonnay, zum kleineren Teil auch aus →Pinot Blanc werden hauptsächlich kernige Weißweine mit feiner Herbe und grünlicher Farbe (mindestens 11 Vol.-% Alkohol) gewonnen. Gute Lagen sind: *Perrières, Les Narvaux*. Die weniger bekannten Rotweine, die in geringer Menge erzeugt werden, tragen die AC →*Volnay-Santenots*.

Mexiko 65.000 ha Rebfläche; 147.000 hl Wein; 820.000 dz Tafeltrauben; 40.000 dz Rosinen; Import 20.000 hl Wein; jährlicher Pro-Kopf-Verbrauch 0,2 l.
Wein wird im Norden des Landes an der Grenze zu Kalifornien angebaut. Der erste Weinberg wurde von Don Francisco de Urdinola in Parras 1593 als einer der ersten Weinberge in Amerika angepflanzt. Parras, zwischen Monterrey und Torreón gelegen, ist immer noch das Weinbau-Zentrum des Landes. Größere Kellereien produzieren alle auf der Welt bekannten Weintypen wie Sherry, Port, Sautern, Mosel, Rhein. Eine eigene Herkunftsbezeichnung gibt es nicht. Auf den Etiketten erscheinen meist nur der Weintyp und die Art des Weines wie *Vino de Fruta, Vino Dolce, Vermouth, Vino Blanco*. Die Mexikaner sind keine großen Weintrinker; obwohl der Weinbau gefördert wird, um den Genuß von Agavenwein (Pulque fuerte) einzuschränken, hat er sich in den letzten Jahren kaum ausgeweitet.

Mézes Fehér Ungarische Weißweinrebe, die hauptsächlich im Gebiet um Eger (Erlau) angebaut wird; sehr fruchtbare Rebe mit großen Trauben und leicht faulenden Beeren. Synonyme: Weißer Honigler, Goldtraube, Zandler, Saraga Margit.

Michelau Weinort im Anbaugebiet →Franken, Bereich Steigerwald, mit Ortsteil →Altmannsdorf. Großlage: *Zabelstein*. Einzellage: *Vollburg*.

Michelbach 1. Ortsteil von Alzenau, Weinort im Anbaugebiet →Franken, Bereich Mainviereck. Einzellagen: *Steinberg, Apostelgarten, Aloisengarten*.
2. Ortsteil von Öhringen. Weinort im Anbaugebiet →Württemberg, Bereich Württembergisch Unterland. Großlage: *Lindelberg*. Einzellagen: *Dachsteiger, Margarete*.
3. Ortsteil von Zaberfeld. Weinort im Anbaugebiet →Württemberg, Bereich Württembergisch Unterland. Großlage: *Heuchelberg*. Einzellage: *Hohenberg*.

Michelfeld Ortsteil von Angelbachtal. Weinort im Anbaugebiet →Baden, Bereich Badische Bergstraße/Kraichgau. Großlage: *Stiftsberg*. Einzellagen: *Sonnenberg, Himmelberg*.

Michelsrebe Weiße Tafeltraube; Neuzüchtung aus einer im Jahr 1939 durchgeführten Kreuzung des Instituts für Rebenzüchtung, Geisenheim, aus Riesling Klon 88 Gm x Riesling Klon 64 Gm; spät reifend, trägt große Trauben von gelben, großen, runden Beeren, hat ein neutrales Aroma.

Mietersheim Ortsteil von Lahr. Weinort im Anbaugebiet →Baden, Bereich Breisgau. Großlage: *Schutterlindenberg*. Einzellage: *Kronenbühl*.

Mikroben →Mikroorganismen.

Mikroklima (auch **Kleinklima**) Bezeichnung für die individuellen Klimaverhältnisse in einer bestimmten Gemarkung oder Weinbergslage. Es ist innerhalb des Großklimas abhängig von den lokalen Standortverhältnissen, wie Bodenart, Gefälle, Himmelsrichtung.

Mikroorganismen (auch **Mikroben**; griech.: mikros klein, bios leben) Kleinlebewesen, die man nur unter dem Mikroskop sehen kann. Zu ihnen gehören die Bakterien, einige Pilze und Algen. Sie spielen auch bei der Weinbereitung eine ganz wesentliche Rolle, sowohl als Nützlinge als auch als Schädlinge. Während zum Beispiel die →Hefen (Pilze) den im →Traubensaft vorhandenen →Zucker in →Alkohol, →Kohlensäure und →Bukettstoffe umzuwandeln vermögen und damit überhaupt erst die Grundlage für die Weinbereitung schaffen, gibt es eine Reihe von →Bakterien und Pilzen (vor allem Schimmelpilze), welche sowohl im Weinberg als auch im Keller beachtliche Schäden verursachen können (→Gärung, →Fehler, →Krankheiten, →Edelfäule).

Milchsäure ($CH_3 \cdot CHOH \cdot COOH$) Nicht im Most, jedoch im Wein regelmäßig vorkommende organische Säure. Sie entsteht hauptsächlich durch Umwandlung der →Äpfelsäure beim biologischen →Säureabbau; ihr Gehalt im Wein schwankt zwischen 1,5 und 3,5 g/l und übersteigt nur in seltenen Fällen 4 g/l. In Weinen guter Jahrgänge, die nur wenig Äpfelsäure enthalten, ist auch der Milchsäuregehalt entsprechend kleiner als in Weinen geringerer Jahrgänge. Milchsäure schmeckt weniger sauer, daher weicher als Äpfelsäure und →Weinsäure.

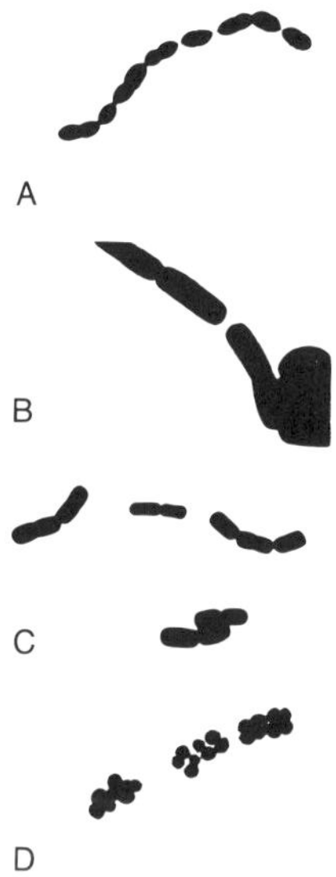

Milchsäurebakterien unter dem Elektronenmikroskop.
A: Leuconostoc oenus;
B: Lactobacillus casei;
C: Lactobacillus brevis;
D: Pediococcus cerevisiae.

Milchsäurestich Im äußeren Erscheinungsbild dem →Essigstich ähnliche →Krankheit, die sich durch einen süßlich-sauren, kratzigen Fehlgeschmack und einen eigenartigen, an frisches Sauerkraut erinnernden Fehlgeruch zu erkennen gibt. Die betroffenen Weine sind meist stark milchig getrübt. Als Krankheitserreger gelten das Bacterium mannitopoeum und das Bacterium gracile. Ersteres bildet aus →Traubenzucker hauptsächlich →Milchsäure, Essigsäure und Mannit (einen höheren Alkohol), weshalb man auch von einer Mannitgärung spricht. Die Vermehrung der Bakterien und damit die Ausbreitung der Krankheit wird begünstigt durch säurearme Weine, hohe Temperatur des Lesegutes und des angärenden Mostes und zu geringe Schwefelung (→Schwefeln). Auch ein zu weit fortgeschrittener biologischer →Säureabbau kann dieser Krankheit Vorschub leisten. Durch Vermeiden dieser Bedingungen begegnet man dem Zustandekommen eines Milchsäurestiches am wirkungsvollsten. In unseren nördlichen Weinbaugebieten trifft man ihn ohnehin seltener als in den wärmeren südlichen.

Miltenberg Weinort im Anbaugebiet →Franken, Bereich Mainviereck. Einzellage: *Steingrübler*.

Mindestmostgewicht Für die einzelnen Qualitätsstufen sind in Deutschland durch Länderverordnung je nach Rebsorte und Anbaugebiet unterschiedliche Mindestmostgewichte vorgeschrieben (→Mostgewicht).

Mineralstoffe Natürliche Inhaltsstoffe von →Most und Wein, die nach Eindampfen und anschließendem Glühen des braunen, verkohlten Rückstandes (bei etwa 550°C) als grauweiße Asche zurückbleiben. Sie setzen sich hauptsächlich aus Phosphaten des Kaliums, des Kalziums und des Magnesiums sowie kleineren Mengen von Sulfaten, Chloriden, Silikaten und Spurenelementen zusammen. Sie gelangen als Nähr-, Aufbau- und Regulatorstoffe mit dem Bodenwasser über die Wurzeln in den Rebstock und verteilen sich in allen Pflanzenorganen, also auch in den Traubenbeeren. Nach dem →Keltern findet man einen Teil davon im Most und später im Wein wieder. Rotwein, der durch →Maischegärung gewonnen wurde, und →Tresterwein enthalten etwas mehr Mineralstoffe als normale Weißweine. Der Gehalt, der eigenartigerweise nur gering schwankt, beträgt im Most etwa 3–4 g/l, im Wein etwa 1,5–3 g/l. Dies erklärt sich so, daß die →Hefen während der →Gärung einen Teil dieser Mineralstoffe zum Aufbau ihrer Körpersubstanz benötigen. Auch durch das Auskristallisieren von →Weinstein und anderen →Weinkristallen verringert sich der Gehalt an Kalium und Kalzium. Für das Geschmacksbild eines Weines sind die Mineralstoffe von großer Bedeutung. So probieren sich beispielsweise Weine mit zu niedrigem Mineralstoffgehalt →leer und →dünn, man sagt, es fehlt ihnen das »Gerüst«.

Minervois Weinbauregion im →Languedoc an den Ausläufen des Montagne Noir. Die Rot-, Rosee und Weißweine sind seit 1985 als AC-Weine anerkannt, wobei die Rotweine überwiegen. Sie werden aus →Cinsault und →Carignan gekeltert, sind weich und saftig.

Minfeld Weinort im Anbaugebiet →Rheinpfalz, Bereich Südliche Weinstraße. Großlage: *Guttenberg*. Einzellage: *Herrenberg*.

Mingolsheim, Bad Ortsteil von Bad Schönborn. Weinort im Anbaugebiet →Baden, Bereich Badische Bergstraße/Kraichgau. Großlage: *Mannaberg*. Einzellage: *Goldberg*.

Minheim Weinort im Anbaugebiet →Mosel-Saar-Ruwer, Bereich Bernkastel. Großlage: *Michelsberg*. Einzellagen: *Burglay, Kapellchen, Rosenberg, Günterslay*.

Minösegi bor (ung.) Qualitätswein.

Misbağ Süßer türkischer Rotwein aus dem Weinbaugebiet Ägäis.

Mischsatz →gemischter Satz.

Mise en bouteilles (frz.) Abfüllung (→Abfüllerangabe).

Misket Bulgarische Weißweinrebe; bringt milde Weine mit Muskatgeschmack hervor, die an elsässischen →Muscat-Wein erinnern; sie haben jedoch nicht deren Eleganz (→Bulgarien).

Misox Südschweizer Landschaft, zum Kanton →Graubünden gehörig. Es wird wie im →Tessin, hauptsächlich →Merlot angebaut. Rebfläche: 280 ha.

Missouri Riesling Irreführende Bezeichnung der amerikanischen →Hybride Riparia x Labrusca.

Mistella, Mistelle Italienische beziehungsweise französische Bezeichnung für einen Traubensaft, den man durch Zusatz von Alkohol an der Gärung gehindert hat (→Marokko). In Italien nur regional von Bedeutung, in Frankreich Grundlage von →Aperitifs. In Spanien werden bestimmte Dessertweine *Mistelas* genannt.

Mittelburgenland Durch das neue österreichische Weingesetz von 1985 entstandenes Weinbaugebiet im Burgenland, früher zum Gebiet Rust-Neusiedlersee gehörig. Es handelt sich um ein Rotweingebiet, mehr als zwei Drittel der Rebfläche von rund 2.100 ha sind mit den Sorten →Blaufränkisch und →Zweigelt bestanden. Bei den Weißweinen dominieren Grüner →Veltliner, →Müller-Thurgau und →Welschriesling. →Deutschkreutz, →Horitschon und →Neckenmarkt sind die größten Weinbaugemeinden. Alljährlich werden 20 Weine der Sorte Blaufränkisch ausgewählt und mit einen Sonderetikett mit einem »B« versehen. Dieses Zeichen steht für sortenreine, geprüfte Rotweine mit kontrollierter Herkunft.

Mittelheim Ortsteil von Oestrich-Winkel. Weinort im Anbaugebiet →Rheingau, Bereich Johannisberg. Großlagen: *Erntebringer, Honigberg*. Einzellagen: *St. Nikolaus, Edelmann, Goldberg*.

Mittelhaardt/Deutsche Weinstraße Bereich des bestimmten Anbaugebietes →Rheinpfalz.

Mittelrhein Deutsches bestimmtes Weinbaugebiet mit 750 ha bestockter Rebfläche, davon 19 ha Rotweinreben. Durchschnittliche Weinmosternte 75.000 hl. Dieses Weinbaugebiet erstreckt sich über 100 km längs des Rheines, linksrheinisch von Trechtingshausen bis Koblenz, rechtsrheinisch von Kaub bis Niederdollendorf, erreicht hier die nördlichste Spitze des derzeitigen Rebanbaues in der Bundesrepublik, und entlang der Lahn. Stark terrassiert schmiegen sich die Weinberge im

Engtal des Rheines an den Süd-, Südwest- und Westhängen an und dringen in den kleinen Nebentälern bis zu 5 km talaufwärts in Südlagen vor. Größere zusammenhängende Flächen überschreiten kaum 100 ha. Die frühesten urkundlichen Erwähnungen von Weinbau finden sich für Boppard aus dem Jahre 643, für Rhens 874 und Braubach 1119. Im Weinmarktbuch der Stadt Kaub sind Aufzeichnungen über Weinarten und -preise bis zurück ins Jahr 1544 enthalten. Während um 1900 noch 2.200 ha im Ertrag standen, gibt es heute nur noch ein Drittel davon. Der starke Rückgang in den letzten 15 Jahren ist auf die schwere Bearbeitung mit hohem Kostenaufwand in den Steillagen zurückzuführen. 80% der Rebfläche sind Steillagen, 15% Hanglagen, 5% Flachlagen. Die Rebflächen liegen zwischen 80 und 300 m über NN. Der typische Terrassenbau des Mittelrheingebietes ist auch nach der Flurbereinigung erhalten geblieben, da die ständig unterbrochenen Kleinterrassen durch Großflächenterrassen ersetzt werden. Die hier vorherrschenden Böden sind ein Produkt der Schiefer- und Grauwackenverwitterung des Devons. Im nördlichsten Teil, zum Siebengebirge hin, finden sich auch Böden vulkanischen Ursprungs. Lößablagerungen kommen in kleinen, über das ganze Gebiet verteilten Inseln vor. Die steilen Terrassenlagen haben ein günstiges →Kleinklima. Nicht die trockenen, heißen Sommer, sondern warme Sommer mit ausreichenden Niederschlägen bringen die großen Jahrgänge. Frostlagen sind selten, da die Wasserfläche des Rheines als Wärmespeicher für Temperaturausgleich sorgt.
Die Spezialität des Weinbaugebietes ist der rassige, kräftige, langlebige →Riesling mit einem gebietstypischen Bukett. In den Hanglehmböden und Lößablagerungen der unteren Rheinterassen hat sich der →Müller-Thurgau immer mehr ausgebreitet. Seine Weine präsentieren sich hier eleganter und spritziger als in anderen Weinbaugebieten. Von →Neuzüchtungen erlangen die dem Rieslingtyp ähnlichen Sorten Bedeutung. Die Reben wurden bis vor der Weinbergsumlegung hauptsächlich an Einzel- und Doppelpfählen hochgezogen. Heute herrscht der →Drahtrahmen vor. Nur in den Steilstlagen kann immer noch nicht von der Einzelpfahlerziehung abgegangen werden. Der Riesling präsentiert sich hier kerniger, blumiger als in den Nachbargebieten und ist von nachhaltiger Art. Die Weine verlangen eine entsprechende Lagerzeit, damit die Säure glatter und abgerundeter wird und Feinheit und Würze zur Geltung kommen. Als Sektgrundweine sehr gefragt sind die Rieslingweine aus dem Raum Bacharach–Oberwesel.
80% der Rebfläche werden von Neben- und Zuerwerbsbetrieben bewirtschaftet. Aber auch die Vollerwerbsbetriebe haben selten mehr als 3 ha Rebfläche. Der Arbeitsaufwand je ha liegt mit durchschnittlich 2.000 Stunden sehr hoch. Um diese Kosten zu decken, wird der Wein zum Großteil (rund 75%) vom Erzeuger direkt an den Konsumenten verkauft. 25% der Ernte gehen als Faßwein vor allem an die Sektindustrie. Die 17 Winzergenossenschaften haben mehr lokale Bedeutung. Der Mittelrhein ist das typische Selbstvermarktergebiet. Der starke Fremdenverkehr ermöglicht den direkten Kontakt vom Erzeuger zum Verbraucher. →Straußwirtschaften, Gutsschänken und mit dem Weinberg eng verbundene Gastronomie bieten den Gästen die Gewächse des Gebietes in ihrer Vielfalt an. Mit der linksrheinischen →Rheingoldstraße und der rechtsrheinischen →Loreley-Burgenstraße kann man Burgen, Rebhänge und schroffe Felsen mit reizvollem Ausblick abseits vom Strom erreichen.

Möckmühl Weinort im Anbaugebiet →Württemberg, Bereich Kocher-Jagst-Tauber. Großlage: *Kocherberg*. Einzellagen: *Hofberg, Ammerlanden*.

Modifikation Veränderung des äußeren Erscheinungsbildes (Phänotypus) der Pflanze

durch Umwelteinflüsse. Beispiel: Die Rebstöcke am Rande eines Weinberges, die mehr Bodenraum und →Sonnenstrahlung genießen als im Innern, entwickeln sich kräftiger und bringen einen höheren Ertrag. Reben des gleichen genetischen Ursprungs (Genotypus) zeigen also eine unterschiedliche Entwicklung. Bei der →Klonenselektion kommt es darauf an, genetisch fixierte besondere Eigenschaften unabhängig von ihrer Modifikation herauszuerkennen. Dies wird mit Hilfe der Nachkommenschaftsprüfung erreicht. Das heißt, erst die Töchter zeigen, ob die besonderen Eigenschaften der Mütter erblich fixiert oder durch die Umwelt beeinflußt sind.

Modra Klevanyka Jugoslawische Bezeichnung für Blauer →Spätburgunder.

Modri Tirolan (jug.) Blauer →Trollinger.

Modrý Kamen Tschechische Weinbauregion an den Südhängen der Slovenské Rudohorie (Slowakisches Erzgebirge), entlang der tschechoslowakisch-ungarischen Grenze von Krupina über Modrý Kamen bis nach Safarikovo. Bekannter Markenwein ist *Modrokaménský Kryštál*. Stürmischer Aufschwung in den letzten Jahren.

Moldau 1. Fluß von 435 km Länge, der bei Melnik in der Tschechoslowakei in die Elbe mündet. An seinen Ufern wird in der Nähe von Prag etwas Wein angebaut.
2. Rumänischer Gebirgsfluß, der in den Siret mündet. Die Provinz Moldau liegt zwischen den Ostkarpaten und dem Fluß Prut (seit 1945 die Grenze zur Sowjetunion), mit den drei Weinbaugebieten Odobesti, →Iaşi und →Cotnari. Im Karpatenbogen um die Stadt Odobesti befindet sich das größte geschlossene Weinbauareal Rumäniens.
3. Moldauische Sowjetrepublik, östlich von Prut gelegen, mit 240.000 ha Rebfläche. Aus dieser Gegend stammt etwa ein Viertel der Gesamt-Weinproduktion der Sowjetunion. Das Hauptanbaugebiet liegt in dem 1945 zur UdSSR gekommenen, früher rumänischen Bessarabien. Neben hochprozentigen, meist roten Tafel- und Dessertweinen werden Grundweine für die Sekt- und Weinbrandherstellung erzeugt. Auf den Etiketten ist oft ein Storch mit einer Traube im Schnabel abgebildet: Er erinnert an eine Legende, nach der die in der Burg Gorodesti eingeschlossenen und fast verschmachteten Verteidiger dadurch gerettet wurden, daß ein Storch ihnen reife Trauben brachte.

Molinara Italienische Rotweinrebe, die im Raum um Verona und am Gardasee angebaut wird. Sie ist im →*Bardolino*- und →*Valpolicella*-Wein mit einem Anteil von etwa 15% enthalten.

Molketon Schwere Form von Abbauton, hervorgerufen durch biologischen →Säureabbau bei bukettreichen Weißweinen, auch Sauerkrautton genannt.

mollig Begriff, der vorwiegend zur Charakterisierung von Rotweinen gebraucht wird; auch vollmundig, →rund oder →samtig.

Mölsheim Weinort im Anbaugebiet →Rheinhessen, Bereich Wonnegau. Großlage: *Domblick*. Einzellagen: *Zellerweg am schwarzen Herrgott, Silberberg*.

Mommenheim Weinort im Anbaugebiet →Rheinhessen, Bereich Nierstein. Großlage: *Gutes Domtal*. Einzellagen: *Osterberg, Silbergrube, Kloppenberg*.

Monastrell Spanische Rotweinrebe, die vor allem in der Mitte und im Osten des Landes angebaut wird. Die Erträge sind gering, die Farbe sehr dunkel, Körper und Eleganz beeindruckend. Die Weine können sehr gut nachreifen.

Monbazillac Das AC-Gebiet im Südwesten Frankreichs schließt auf 2.500 ha Rebfläche die Gemeinden Monbazillac, Pomport, Rouffignac, Colombier und einen Teil von Saint-Laurent-des-Vignes an der Südseite der Dordogne ein. Erzeugt wird ein natursüßer, an →*Sauternes* erinnernder, vollmundiger, bukettreicher Weißwein mit mindestens 12 Vol.-% Alkohol (in guten Jahren erreicht er 15–16 Vol.-%). Er wird aus →Sémillon, →Sauvignon und →Muscadelle gewonnen.

Mönch, Grauer Ungarische Bezeichnung für →Ruländer.

Mönchhof Große Weinbaugemeinde im österreichischen →Burgenland, Weinbaugebiet →Neusiedlersee. Vor allem werden vollmundige, aromatische Weißweine (82%) auf rund 860 ha Rebfläche gewonnen.

Monica Italienische Rotweintraube, die in Sardinien angebaut wird. Sie dient zur Herstellung von portweinähnlichen Weinen. DOC-Weine, die zum Großteil aus dieser Rebe gewonnen werden, sind *Monica di Cagliari* und *Monica di Sardegna*. Der erste darf nur in Höhen bis 400 m über NN angepflanzt werden, beim *Liquoroso* und *Liquoroso dry* ist ein Zusatz von Weingeist erlaubt. Der Liquoroso darf Riserva genannt werden, wenn er 2 Jahre gelagert hat, davon 1 Jahr in Eichen- oder Kastanienholzfässern. *Monica di Sardegna* ist der bekanntere von beiden. Er ist blaßrubinrot und wird im Alter purpurn. Er ähnelt etwas dem spanischen *Málaga*. Superiore darf er nach 1 Jahr Lagerzeit im Holzfaß und bei höherem Alkoholgehalt genannt werden.

Monsheim Weinort im Anbaugebiet →Rheinhessen, Bereich Wonnegau. Großlage: *Domblick*. Einzellage: *Silberberg*.

Montagna Weißweinrebe; Neuzüchtung der Bayerischen Landesanstalt für Wein-, Obst- und Gartenbau, Würzburg, aus der Kreuzung Rieslaner x Müller-Thurgau; Zuchtnummer Wü B 51-4-5. Anbaufläche in Deutschland: 2 ha.

Montagne Weinort am Nordrand von →Saint-Émilion, der seinen Namen dem Gebietsnamen hinzufügen darf. Seit 1972 ist die AC Parsac in dieser Herkunftsbezeichnung aufgegangen. Rebfläche: rund 1.400 ha. Zwei verschiedene Rotweinarten gedeihen hier: auf dem Kalkboden der Hügel ein kräftiger, robuster, farbintensiver Wein, auf den Schiefer-Kiesel-Böden ein weicher, leichter Wein, ähnlich dem →*Pomerol*.

Montagny AC-Weißwein aus dem gleichnamigen Weinort an der →Côte Chalonnaise in →Burgund, der ausschließlich aus der →Chardonnay gekeltert werden muß. *Montagny* ist frisch und fruchtig und hat ein angenehmes Bukett.

Montecarlo Italienischer DOC-Weiß- und -Rotwein aus der →Toskana aus dem gleichnamigen Ort unweit von Lucca. Der strohgelbe Weißwein schmeckt gut zu Fisch, er sollte jung getrunken werden. Rebsorten: 60–70% →Trebbiano, 30–40% verschiedene Weißweinsorten. Der Rotwein ist trocken und wohlschmeckend, er stammt hauptsächlich aus →Sangiovese (50–75%).

Montecompatri-Colonna Italienischer DOC-Weißwein aus →Latium, südöstlich von Rom. Der strohgelbe Weißwein stammt zu höchstens 70% aus →Malvasia und zu mindestens 30% aus →Trebbiano. Er schmeckt trocken bis halbsüß. Der Superiore hat einen höheren Alkoholgehalt.

Montefalco und **Sagrantino di Montefalco** Italienische DOC-Rotweine aus →Umbrien. Der rubinrote *Montefalco* schmeckt trocken und charaktervoll und stammt zum überwiegenden Teil aus →Sangiovese (65–75%) sowie aus Sagrantino (5–10%) und anderen roten Rebsorten. Der rubinrote *Sagrantino di Montefalco* stammt zum überwiegenden Teil (95%) aus der namengebenden Rebsorte, erinnert im Geruch an Brombeeren und schmeckt trocken und harmonisch. Aus letzterem Wein wird auch ein süßer →Passito hergestellt.

Blick auf Montagne-Saint-Émilion.

Montello e Colli Asolani Italienischer DOC-Rot- und -Weißwein aus →Venetien, die den Namen der Rebsorte tragen. Der Weißwein stammt aus →Prosecco, ist strohgelb, schmeckt trocken und abgerundet, als frizzante leicht nach bitteren Mandeln. Es gibt ihn auch als Schaumwein. Der rote →*Merlot*, ist rubinrot mit Neigung zu granatrot im Alter. Er hat einen trockenen, vollen Geschmack, ist leicht gerbstoffhaltig und harmonisch. Der rote →*Cabernet* ist ebenfalls rubinrot und schmeckt voll und harmonisch.

Montenegro Jugoslawischer Staat, dessen Weinbau lokalen Charakter hat. Aus den Sorten Vranac und Kratosija werden kräftige, farbstarke Rotweine erzeugt.

Montepulciano 1. Wichtige italienische Rotweinrebe; gedeiht vor allem in Mittel- und Süditalien.
2. Weinort in Italien (→Vino nobile di Montepulciano).

Montepulciano d'Abruzzo Italienischer DOC-Rotwein aus den →Abruzzen. Der Wein ist intensiv rot, trocken, weich und geschmeidig. Er wird hergestellt aus der Rebsorte →Montepulciano und bis 15% →Sangiovese. Ein mehr als 2 Jahre alter *Montepulciano* darf als Vecchio bezeichnet werden. Er kann gut 8–10 Jahre alt werden. *Cerasuolo* ist ein hell kirschroter Wein, der eine kurze →Maischegärung durchgemacht hat.

Montescudaio Italienischer DOC-Rot- und -Weißwein aus der →Toskana, Provinz Pisa. Der Weißwein stammt zu 70–85% aus →Trebbiano Toscano und zu 15–30% aus →Malvasia del Chianti und →Vermentino, ist strohgelb und hat eine delikate Blume. Der Rotwein stammt zu 65–85% aus →Sangiovese und zu 15–25% aus Trebbiano Toscano und Malvasia del Chianti, ist von kräftig rubinroter Farbe und schmeckt harmonisch. Der gleichnamige Vin Santo (Süßwein) wird aus denselben Trauben gekeltert wie der Weißwein. Die Trauben werden vor der Gärung an der Luft getrocknet.

Monthélie AC-Weinort in der →Côte de Beaune in →Burgund, aus dem robuste Rotweine stammen.

Montilla-Moriles Spanisches DO-Gebiet südlich Córdoba von etwa 16.000 ha Rebfläche, wo nicht →aufgespritete sherryähnliche Weißweine sowie *Muscatel* und *Mistelas* (Dessertweine) hergestellt werden. Die Sherrysorte *Amontillado* soll nach dem Ort Montilla benannt sein (→Sherry).

Montlouis AC-Ort zwischen Amboise und Tours, gegenüber von →Vouvray gelegen. Früher erschienen die Weine unter dem berühmteren Namen, heute haben sie eine eigene Bezeichnung. *Montlouis* gibt es als Stillwein, als Perlwein und als Schaumwein. Er stammt aus →Pineau de la Loire und ist dem *Vouvray* sehr ähnlich.

Montpeyroux Rotweine aus den →Coteaux du Languedoc, nördlich von Montpellier gewachsen. Sie sind dunkel in der Farbe, kräftig und lange lagerfähig.

Montrachet Spitzen-Weinweinlage in der →Côte d'Or in →Burgund. Der Weinberg gehört teils zu →Chassagne-Montrachet, teils zu →Puligny-Montrachet. Dieser teuerste aller Burgunder Weißweine wird aus der →Chardonnay-Rebe gekeltert, er ist hellgolden mit einem grünlichen Schimmer, alkoholreich (selten unter 13 Vol.-%), trocken, aber dennoch weich.

Montravel, Haut-Montravel, Côtes-de-Montravel 15 Gemeinden mit einer Rebfläche von 100 ha stromabwärts von →Bergerac in Südwestfrankreich. Es werden aromatische, trockene oder halbsüße Weißweine aus →Sémillon, →Sauvignon und →Muscadelle hergestellt. *Montravel* enthält mindestens 10,5 Vol.-% Alkohol, *Haut-Montravel* und *Côtes-de-Montravel* 11 Vol.-%, oft jedoch noch mehr.

Mont-sur-Rolle Weinort im Schweizer Kanton →Waadt, Region La Côte, aus dem hervorragende →*Dorins* stammen.

Monzel →Osann-Monzel.

Monzernheim Weinort im Anbaugebiet →Rheinhessen, Bereich Wonnegau. Großlage: *Pilgerpfad*. Einzellagen: *Goldberg, Steinhöhl*.

Monzingen Weinort im Anbaugebiet →Nahe, Bereich Schloß Böckelheim. Großlage: *Paradiesgarten*. Einzellagen: *Frühlingsplätzchen, Rosenberg, Halenberg*.

Moore's Diamond Amerikanische Weißweinrebe, die im Osten der USA angebaut wird; liefert trockene, ziemlich neutrale Weine.

Moravka Jugoslawische Bezeichnung für Blauer →Limberger.

Morawska Jugoslawische Bezeichnung für Weißer →Elbling.

Mörbisch am See Bekannter österreichischer Weinort im Burgenland. Weinbaugebiet →Neusiedlersee-Hügelland. Auf rund 700 ha Rebfläche werden vollmundige Weiß- und Rotweine erzeugt. Aus Mörbisch stammen 3 →Typenweine: *Opernballwein*, ein fruchtig-spritziger junger Welschriesling, *Falstaff*, ein kerniger Weißburgunder, und *Ochs auf Lerchenau*, ein trockener Blaufränkisch.

Mór-Császár Ungarisches Weinbaugebiet und gleichnamige Stadt nordöstlich des Plattensees an den Südhängen des Vértes-Gebirges. Aus der altungarischen Rebsorte Ezerjó (Tausendgut, in Österreich Kolmreifer genannt) werden herzhafte, dem westeuropäischen Geschmack besonders angepaßte Weine mit feinem Aroma und einer in Ungarn seltenen fruchtigen Säure gewonnen *(Móri Ezerjó)*.

Morellino di Scansano Italienischer DOC-Rotwein aus der →Toskana. Der dunkel rubinrote Wein aus 80–100% →Sangiovese ist trocken, elegant und leicht. Nach 2 Jahren Lagerzeit und bei höherem Alkoholgehalt darf er den Zusatz Riserva tragen.

Morey-Saint-Denis Weinort in der →Côte de Nuits in →Burgund. Seine beste Lage, die er mit →Chambolle-Musigny teilt, ist *Bonnes-Mares*. Doch auch *Clos de Tart, Clos de la Roche, Clos Saint-Denis* und *Clos des Lambreys* bringen Rotweine mit reichem Bukett und leichtem Veilchen- oder Erdbeergeschmack hervor.

Morgon Eine der 10 Gemeinden des →Beaujolais, die ihren Namen auf das Etikett setzen dürfen (Premier Cru). Der *Morgon* ist »burgundischer« als die anderen *Beaujolais*, das heißt vor allem, daß er im Gegensatz zu anderen Weinen des Gebiets gut altert.

Morillon Österreichisches Synonym für →Chardonnay. Wird noch in der Steiermark angebaut und liefert dort langlebige Weine von →Art und Charakter.

Morio-Muskat Weißweinrebe; Neuzüchtung der Bundesforschungsanstalt für Rebenzüchtung, Geilweilerhof. Züchter Peter Morio, Leiter der Bayerischen Nebenstelle für Rebenzüchtung in Neustadt; Kreuzung aus Silvaner x Weißer Burgunder; Zuchtnummer Gf I 28–30; Sortenschutz seit 1956. Der Name ist zusammengezogen aus dem Namen des Züchters und dem mitunter aufdringlichen Muskatbukett der Beeren und des Weines.
Das Blatt ist mittelgroß, rundlich, hat eine glatte Oberfläche und ist meist dreilappig, die Trauben sind mittelgroß, dichtbeerig, walzenförmig, mit grünen, großen, dünnhäutigen, intensiv nach Muskat schmeckenden Beeren. Der Wuchs ist mittelstark, das Holz gelbbraun von mittelmäßiger Ausreife; die Reife erfolgt mittelfrüh zwischen Müller-Thurgau und Silvaner; Frosthärte mittelmäßig, die Sorte ist anfällig für Fäulnis. Morio-Muskat stellt mittlere Ansprüche an die Lage, er bevorzugt feinerdereiche, tiefgründige, nicht trockene Böden; bestockte Rebfläche in Deutschland: 2.242 ha. Der Ertrag ist sehr hoch und sicher, im Durchschnitt 150 hl/ha, mit mittleren Mostgewichten und Säuregehalten. Die Weine haben einen sehr intensiven typischen Muskatton, der mitunter sehr aufdringlich sein kann, vor allem wenn das Lesegut nicht ausgereift war. Weine von hochgrädigen Mostgewichten sind ausgeglichener. Die Weine werden gern als Verschnitt zu →Silvaner verwendet.

Mornag Mit 23.000 ha Rebfläche größtes Weinbaugebiet von →Tunesien.

Morscheid Weinort des bestimmten Anbaugebietes →Mosel-Saar-Ruwer, Bereich Saar-Ruwer. Großlage: *Römerlay*. Einzellagen: *Dominikanerberg, Heiligenhäuschen*.

Morschheim Weinort im Anbaugebiet →Rheinpfalz, Bereich Mittelhaardt/Deutsche Weinstraße. Großlage: *Schnepfenflug vom Zellertal*. Einzellage: *Im Heubusch*.

Mörstadt Weinort im Anbaugebiet →Rheinhessen, Bereich Wonnegau. Großlage: *Burg Rodenstein*. Einzellagen: *Nonnengarten, Katzenbuckel*.

Mörzheim Ortsteil von Landau. Weinort im Anbaugebiet →Rheinpfalz, Bereich Südliche Weinstraße. Großlage: *Herrlich*. Einzellage: *Pfaffenberg*.

Mosaikkrankheit Durch →Viren hervorgerufene →Krankheit der Rebe, bei der sich die Blätter mosaikartig verfärben.

Mösbach Ortsteil von Achern. Weinort im Anbaugebiet →Baden, Bereich Ortenau. Großlage: *Schloß Rodeck*. Einzellage: *Kreuzberg*.

Moscadello di Montalcino Italienischer DOC-Weißwein aus der →Toskana. Der strohgelbe, süße Wein mit typischem Muskatgeschmack wird zu 85% aus →Moscato Bianco gekeltert. Unter der gleichen Bezeichnung gibt es einen perlenden Wein (Frizzante) und einen →aufgespriteten Dessertwein mit 19 Vol.-% Alkohol (Liquoroso).

Moscatel Spanische und portugiesische Bezeichnung für die Rebsorte Gelber →Muskateller.

Moscatel de Setúbal Portugiesischer bernsteinfarbener Dessertwein aus der 1907 abgegrenzten Região Demarcada, die südlich von Lissabon liegt. Der aus verschiedenen Muskatellersorten hergestellte Wein wirkt trotz der Süße delikat und fein und gilt als der beste seiner Art.

Moscatello Bianco Italienische Bezeichnung für Gelber →Muskateller.

Moscato Bianco Italienische Bezeichnung für Gelber →Muskateller.

Moscato d'Asti Italienischer DOC-Weißwein aus dem →Piemont, Provinzen Asti, Cuneo und Alessandria. Der Wein wird aus der namengebenden Rebsorte, →Moscato Bianco, gekeltert (→Asti-Spumante).

Moscato di Cagliari, Moscato di Sorso-Sennori Italienische DOC-Weißweine aus →Sardinien, wobei der erste aus der ganzen Provinz Cagliari, der zweite aus 2 Orten im Norden Sardiniens stammt. Hergestellt aus →Moscato Bianco, dürfen beide Weine nicht mit Wein- oder Mostkonzentraten versetzt werden. Von beiden gibt es eine mit Alkohol versetzte →Liquoroso-Version (15 Vol.-% Alkohol). *Moscato di Cagliari Liquoroso* kann nach 1 Jahr Lagerzeit die Bezeichnung Riserva tragen.

Moscato di Noto, Moscato di Pantelleria, Moscato di Siracusa Italienische DOC-Weißweine aus →Sizilien, hergestellt aus →Moscato Bianco beziehungsweise Moscatellone. *Moscato di Noto* stammt von der Südspitze der Insel. Er wird in 3 Versionen hergestellt: Naturale (Stillwein), Spumante (Schaumwein) und Liquoroso (→aufgespriteter Dessertwein). *Moscato di Pantelleria* gibt es in den obengenannten Versionen, außerdem als →Passito, das heißt die Trauben wurden vor der Weinbereitung angetrocknet. Nach 1 Jahr Lagerzeit dürfen der *Passito* und der *Passito Liquoroso* die Bezeichnung Extra tragen. Der Wein stammt aus dem westlichen Sizilien. *Moscato di Siracusa* stammt vom südöstlichen Teil der Insel, es gibt ihn nur als Stillwein. Allen gemeinsam ist die Süße und ein mehr oder weniger starkes Muskataroma.

Moscato di Sardegna Spumante Italienischer DOC-Schaumwein aus →Sardinien, aus →Moscato Bianco hergestellt. Er ist hellgelb, vollmundig und aromatisch. Zwei geographische Ursprungsbezeichnungen: *Tempio Pausania* und *Tempio Gallura*.

Moscato di Trani Italienischer DOC-Weißwein aus →Apulien, aus verschiedenen Muskateller-Sorten hergestellt. Es gibt diesen Wein als Stillwein (Naturale) und als →aufgespriteten Dessertwein (Liquoroso). Beiden gemeinsam ist das starke Muskataroma.

Moscato Rosso Italienische Bezeichnung für Roter →Muskateller.

Mosel Untergebiet des Tafelweinbaugebiets *Rhein-Mosel* (→Tafelwein).

Moselerziehung Durch die Steillagen an der Mosel bedingte →Pfahlerziehung.

Moselkern Weinort im Anbaugebiet →Mosel-Saar-Ruwer, Bereich Zell/Mosel. Großlage: *Goldbäumchen*. Einzellagen: *Rosenberg, Kirchberg, Übereltzer*.

Moselriesling Synonym für Weißer →Riesling.

Mosel-Saar-Ruwer Deutsches bestimmtes Anbaugebiet mit 12.859 ha bestockter Rebfläche, davon nur 2% rote Rebsorten. Durchschnittliche Weinmosternte 1,5 Millionen hl. Auf einer Länge von 245 km (Luftlinie Perl bis Koblenz 140 km) durchläuft der Fluß mit seinen zahlreichen Mäandern ein landschaftlich einzigartiges Weinland. An Saar und Ruwer ist nur die letzte Strecke vor der Mündung in die Mosel dem Weinbau

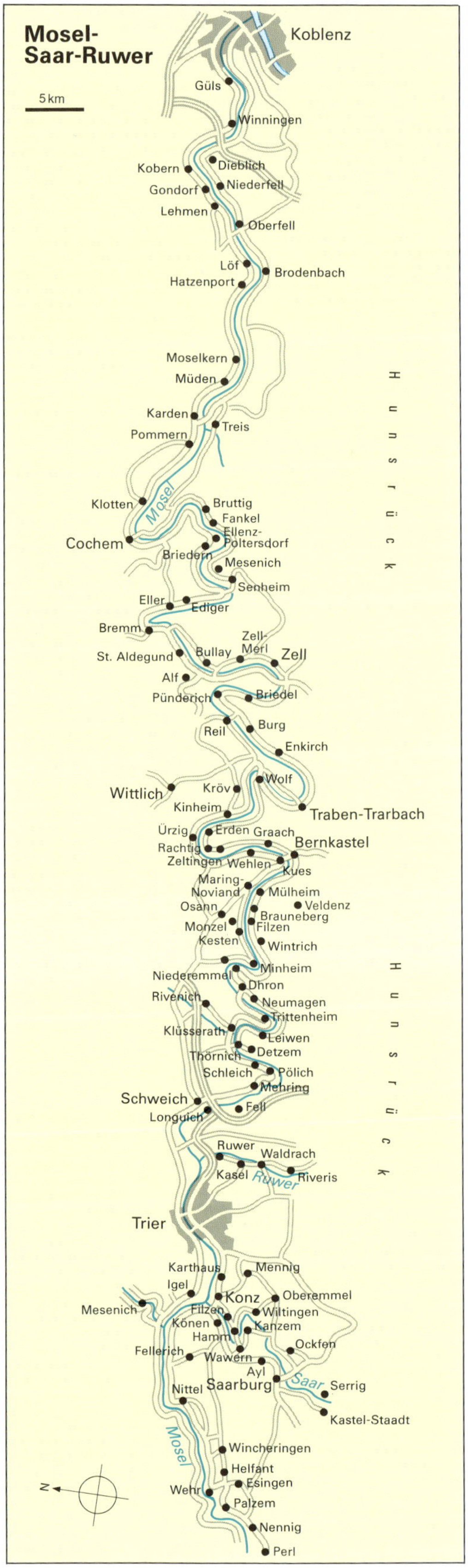

gewidmet. Die Moselhänge sind von der Talsohle bis zum Berghang mit Reben bestanden. Im Talgrund wurden die flachen Lagen früher als Wiesen, Obstgärten oder Äcker genutzt, weichen jedoch heute ebenfalls dem Rebanbau. Am Bergkamm schützen Waldungen die Weinberge vor dem Kaltlufteinbruch von den Eifel- oder Hunsrückbergen. Erste Spuren von Weinbau gehen auf die Römer zurück. Kaiser Probus (276–282) setzte seine Soldaten zur Rodung von Weinbergsgelände ein. Dezimus Magnus Ausonius schrieb um 370 seine »Mosella« und wies darin auf die Bedeutung des Weinbaues hin. Später übernahmen die Klöster (erste Erwähnung von St. Maximin von Trier Anno 633) die führende Rolle im Moselweinbau. Erzbischof Clemens Wenzeslaus trat 1786 für den verstärkten Rieslinganbau zuungunsten der damals noch vorherrschenden →Massenträgerrebsorten ein. Die →Reblaus wurde 1912 zum erstenmal in Nennig an der Obermosel festgestellt. Sie konnte sich aber im Schieferboden nicht so rasch wie in anderen Gebieten ausbreiten. Auch heute gibt es an der mittleren und unteren Mosel noch unverseuchte Weinbaugemeinden, die wurzelechte Weinberge besitzen. Der Steillagenanteil ist an der Mosel sehr hoch. Terrassierung ist nicht häufig, da durch den felsigen Untergrund der Boden selbst bei Steigungen von 60–70% hält. Der geologische Aufbau der Mosel geht hauptsächlich auf Tonschiefer zurück. Von der französischen Grenze bis zur Saarmündung treten Muschelkalk und Keuper auf, während die Umgebung von Trier Kalksedimente und die Wittlicher Senke Rotliegendes und Buntsandstein aufweisen. Das bei Schweich beginnende Erosionstal der Mosel mit seinen vielen Windungen zeigt Tonschiefer verschiedener Härten als führendes Gestein. Schotter-, Kies- und Sandablagerungen überdecken mancherorts die unteren Terrassen. Für den Qualitätsanbau sind die steinigen und meist dunkel gefärbten Böden am geeignetsten, da sie sich bei Sonneneinstrahlung rasch erwärmen und nachts die Wärme nur langsam abgeben. Als westlichstes Weinbaugebiet Deutschlands liegt das Moseltal im Einflußbereich des Atlantischen Ozeans. Die Jahresdurchschnittstemperatur beträgt in Trier 9,8°C. Die vorherrschenden Westwinde bringen nach Menge und jahreszeitlicher Verteilung mit durchschnittlich 750 mm Niederschlägen genügend Regen. Die Weinberge liegen zwischen der Talsohle der Mosel (80–140 m) und den Bergkämmen (300 m über NN). In den Steillagen herrscht fast ausschließlich die traditionelle →Pfahlerziehung vor. Größe und Form der einzelnen Grundstücke kommen dieser Erziehungsart entgegen. Auf einem 60–80 cm hohen Stamm werden 23 Bogen angeschnitten. In Hang- und Flachlagen führt sich der →Drahtrahmen immer mehr ein.

Der →Riesling ist die Hauptsorte im Mosel-Saar-Ruwer-Gebiet. Die Weine sind hier von grüngelber bis grüngoldener Farbe. Sie altern gut. Da der Riesling zu den spätreifen und säurebetonten Sorten zählt, ist die Säure je nach Reifeentwicklung der Trauben unterschiedlich von stark betont und grasig bis duftig-fruchtig bei großen Edelweinen. Der Alkoholgehalt der Moselweine ist niedrig. Sie verkosten sich leicht, spritzig und elegant, in ihren Spitzenprodukten feinrassig und fruchtig. Der durchgegorene, harte, trockene und säurebetonte »Knochen« ist in den letzten Jahrzehnten durch einen bekömmlicheren, harmonischeren, oft Restsüße aufweisenden Weintyp zurückgedrängt worden. Die Saar- und Ruwerweine bestechen durch ihre lebhafte, fruchtige Säure. In großen Jahrgängen macht die höhere Säure dieses Untergebietes die besondere Eleganz der Weine aus. Saarweine werden wegen ihres höheren Säuregehaltes auch gerne zu Riesling-Spitzensekten von der Schaumwein-Industrie aufgekauft. Auch der →Müller-Thurgau hat in diesem Gebiet eine lebendigere, spritzigere Art als sonstwo. Frühreifende →Neuzüchtungen als Rieslingsergänzungssorten werden zunehmend angebaut. Von den rund 13.000 Winzerbetrieben dieses Weinbaugebietes sind zwei Drittel kleinere Nebenerwerbsbetriebe mit weniger als 1 ha Rebfläche. Nur 900 Winzer besitzen mehr als 2 ha und nur 110 über 5 ha. Seit der Säkularisation der Klöster gibt es auch eine höhere Anzahl von größeren Weingütern, die sich vor allem im Raum um Trier und an der Mittelmosel Weltruf verschafft haben. Der Weinhandel ist an der Mosel mit 35% der Gesamternte stark vertreten, während 40% von →Selbstmarktern und 25% von den Winzergenossenschaften vermarktet werden. Die Entwicklung des Tourismus begünstigt die Selbstvermarktung, die heute aber auch von mittleren und kleinen Betrieben praktiziert wird. Das Genossenschaftswesen entwickelte sich in den letzten Jahren stark; die Gebietswinzergenossenschaften schlossen sich 1970 zur Zentralkellerei zusammen, um die Marktstellung zu verbessern. Von übergebietlicher Bedeutung sind die Weinversteigerungen in Trier und Bernkastel (→Versteigerungen). Gastronomie, Weinprobierstände und Gutsschänken bieten mannigfache Möglichkeiten, Moselwein zu probieren.

Moselsürsch Ortsteil von Lehmen. Weinort im Anbaugebiet →Mosel-Saar-Ruwer, Bereich

Zell/Mosel. Großlage: *Weinhex*. Einzellage: *Fahrberg*.

Moseltaler Deutscher →Typenwein aus →Riesling, →Müller-Thurgau, →Kerner oder →Elbling, ein Alltagswein von gleichbleibender Qualität, der in grünen Schlegelflaschen verkauft wird

Moseltor Neu geschaffener Bereich des bestimmten Anbaugebietes →Mosel-Saar-Ruwer.

Moselweiß Ortsteil von Koblenz. Weinort im Anbaugebiet →Mosel-Saar-Ruwer, Bereich Zell/Mosel. Großlage: *Weinhex*. Einzellage: *Hamm*.

Mosler, Gelber Synonym für Gelber →Furmint.

Möslingerschönung Nach ihrem Erfinder benannte →Blauschönung.

Most (musteus lat. jung, frisch) Unvergorener Frucht- beziehungsweise →Traubensaft (auch Traubenmost); in Süddeutschland und der Schweiz Bezeichnung für →Obstwein.

Moster In Österreich und der Markgrafschaft Bezeichnung für Weißer →Gutedel.

Mostgewicht →Spezifisches Gewicht (Dichte) des Mostes. Wegen seines Gehaltes an Zucker (Traubenzucker und Fruchtzucker) und anderen Inhaltsstoffen liegt das spezifische Gewicht eines Mostes immer über dem Wert 1 des Wassers. In Deutschland wird das Mostgewicht in →Oechslegrad ausgedrückt. Da es weitgehend abhängig ist vom Zuckergehalt, wird es zu dessen Berechnung sowie auch zur Gütebeurteilung herangezogen. Der Zuckergehalt eines Mostes läßt sich nach folgender Formel berechnen: $Z = M \times 2{,}63 - E$, wobei Z den Zuckergehalt in g/l, M das Mostgewicht in Grad Oechsle (°Oe) und E den →zuckerfreien Extrakt (Nichtzuckerstoffe) in g/l angibt. (Ein Most von 90° Oechsle mit einem Gehalt von 26 g/l zuckerfreiem Extrakt würde demnach etwa 210 g Zucker/l enthalten.) Nach dem Mostgewicht erfolgt die Einteilung der deutschen Weine in verschiedene Güteklassen, wofür vom Gesetzgeber bestimmte Mindestmostgewichte festgelegt worden sind (→Qualitätswein b.A., →Qualitätswein mit Prädikat). Auch in Österreich und der Schweiz ist das Mostgewicht Ausgangspunkt für die Güteklassifizierung (Qualitätsweine besonderer Reife und Leseart).

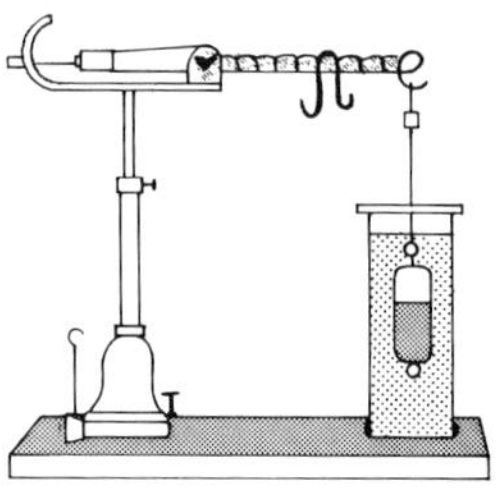

Mohr-Westphal'sche Mostwaage. Ein Glasschwimmer, der an einem zehnfach unterteilten Waagebalken hängt, wird in die zu messende Flüssigkeit getaucht. Das Mostgewicht läßt sich durch Verschiebung des Reiters auf dem Waagebalken ermitteln und ablesen.

Mostgewichts-Meßsysteme Methoden zur Bestimmung des →Mostgewichts, das heißt des →spezifischen Gewichtes (der Dichte) eines Mostes. Sie können auf verschiedenen physikalischen Grundlagen beruhen, zum Beispiel der Messung des Auftriebes mittels Senkspindel (→Aräometer) oder hydrostatischer →Waage, der Wägung von Masse pro Volumen mittels →Pyknometer, der Messung der Lichtbrechung mittels →Refraktometer. Die verschiedenen Meßsysteme im Vergleich:

Dichte	Oe[1]	KMW[2] Babo	Brix[3] Balling	Baumé[4]
1051	51	10,5	12,5	7,0
2	52	10,7	12,8	7,1
3	53	10,9	13,0	7,3
4	54	11,1	13,3	7,4
5	55	11,3	13,5	7,5
6	56	11,5	13,7	7,6
7	57	11,7	14,0	7,8
8	58	12,0	14,2	7,9
9	59	12,2	14,4	8,0
1060	60	12,4	14,7	8,2

1. Deutschland, Luxemburg, Schweiz
2. Österreich und Italien
3. englischsprachige Länder
4. Frankreich, Spanien

mostig Weine, die zur Erhaltung einer natürlichen Süße in der →Gärung unterbrochen (→abgestoppt) wurden und demnach noch viel unvergorenen →Zucker, aber wenig Alkohol enthalten, zeigen bisweilen einen Mostgeschmack. (Ein Gärstopp wird jedoch heute kaum noch durchgeführt.) Auch →kleine Weine, denen vor der Flaschenfüllung zuviel →Most oder →Süßreserve zugesetzt wurde, können diesen nicht weintypischen Fremdton aufweisen. Er verschwindet meistens im Laufe der Lagerung von selbst.

Mostwaage Senkspindel (→Aräometer), die zur Ermittlung des →Mostgewichtes dient. Sie besteht aus einem mit Quecksilber oder Bleischrot beschwertem zylindrischen Glaskörper, der in einen langen, runden oder abgeplatteten, die Skala enthaltenden Hals ausläuft. Je kleiner das Mostgewicht ist, desto tiefer taucht sie ein (archimedisches Prinzip). Normalerweise ist sie auf 20°C geeicht, ältere Modelle oft auf 15 oder 17,5°C. Wichtig ist, daß der zu messende Most durch →Filtration oder Absitzenlassen von Trubstoffen befreit ist, da sonst ein zu hohes Mostgewicht vorgetäuscht wird. Die Bestimmung wird in einem Glaszylinder vorgenommen, der so groß sein muß, daß die Spindel frei im Most schwimmen kann. In Österreich und Italien wird die von →Babo entwickelte →Klosterneuburger Mostwaage, in Deutschland, in der Schweiz und in Luxemburg die Oechsle-Mostwaage, in Frankreich die Wage von →Baumé und in den englischsprachigen Ländern die →Balling-Waage verwendet (→Mostgewichts-Meßsysteme).

Mouillet Französische Bezeichnung für Weißer →Elbling.

Moulin-à-Vent Eine von den 10 mit Grand Cru ausgezeichneten Gemeinden, die den wohl am höchsten bewerteten →*Beaujolais*-Rotwein hervorbringt.

Moulis (oder **Moulis-en-Médoc**) Kleines AC-Gebiet im →Médoc, südlich von Listrac. Die Weine sind durch den kalkhaltigen Boden geprägt, farbintensiv, kräftig und robust. Keine klassifizierten Châteaux, jedoch einige Crus Bourgeois supérieurs.

Mourvèdre Synonym für →Mataró.

Mousseux Fachausdruck für das Perlen des Schaumweines. Der Schaum (frz. mousse) hat dem Schaumwein seinen Namen gegeben. Der Charakter des Schaumes erlaubt Rückschlüsse auf die Güte der verwendeten Weine und auf die Herstellung. Je feiner die Perlen sind und je ruhiger das Schäumen beginnt, desto edler ist der Sekt, und je länger das Perlen anhält, desto inniger war die Kohlensäure mit dem Wein verbunden. Das deutsche Punktschema der amtlichen sensorischen Prüfung für die Verleihung der amtlichen Prüfungsnummer stellt daher dem grobperligen und nur kurz dauernden Mousseux das feinperlige und lang dauernde als Qualitätsbeweis gegenüber (→Bewertungssysteme). Imprägnierte Schaumweine erkennt man am unruhigen, flüchtigen Mousseux.

Moussieren Stillweine haben normalerweise einen natürlichen →Kohlensäuregehalt von etwa 0,3–0,6 g/l, Weißweine in der Regel etwas mehr als Rotweine. Liegt der Gehalt darüber, probiert sich ein Wein →spritzig oder sogar etwas scharf und zeigt – besonders wenn eine Flasche ruckartig entkorkt wird – ein leichtes Schäumen. Ein erhöhter Kohlensäuregehalt liegt oft vor, wenn Weine nach der →Gärung, also dem Zeitpunkt der Kohlensäurebildung, zu kalt gelagert und zu früh abgefüllt werden. Er verschwindet dann aber im Verlauf der Flaschenlagerung von selbst, und der Wein bleibt sogar länger als üblich frisch und jung. Andere Gründe können ein nachträglicher biologischer →Säureabbau oder eine →Nachgärung auf der Flasche sein, was oft mit einer geschmacklichen Veränderung und einer Trübung verbunden ist. Während bei ausdruckslosen, kleineren Weinen ein etwas erhöhter Kohlensäuregehalt oftmals eine Verbesserung bewirken kann, beeinträchtigt er bei guten Weinen die besonderen Feinheiten und stört im Geschmacksausdruck. →Perlwein, der zwischen →Still- und Schaumwein einzuordnen ist, enthält über 2 g/l Kohlensäure.

Moussierpunkt Rauhstelle in Schaumweingläsern, die eingeschliffen wird, damit die Schaumperlen gleichmäßig aufsteigen.

Müden Weinort im Anbaugebiet →Mosel-Saar-Ruwer, Bereich Zell/Mosel. Großlage: *Goldbäumchen*. Einzellagen: *Funkenberg, Leckmauer, Sonnenring, St. Castorhöhle, Großlay*.

Müdesheim →Arnstein.

muffig, Muffton Unsauberer, an verschimmeltes, modriges Holz oder schlechte, stickige Kellerluft erinnernder →Geruchs- und →Geschmacksfehler. Wird auch als Grau- oder Lederton bezeichnet. Seine Ursachen sind nicht ganz eindeutig, doch tragen sicherlich alte, morsche Holzfässer, Betontanks, deren Auskleidung (Glasplatten) rissig geworden sind, schlecht gelüftete Keller, unsaubere und ungepflegte Kellereiartikel und -geräte wesentlich zu seiner Entstehung bei. Er ist durch →Schönung oft nicht mehr oder nur unvollständig zu entfernen.

Mühlbach Ortsteil von Eppingen. Weinort im Anbaugebiet →Baden, Bereich Badische Bergstraße/Kraichgau. Großlage: *Stiftsberg*. Einzellage: *Lerchenberg*.

Mühlhausen 1. Weinort im Anbaugebiet →Baden, Bereich Badische Bergstraße/Kraichgau, mit Ortsteilen →Tairnbach, →Rettigheim. Großlage: *Mannaberg*. Einzellage: *Heiligenstein*.
2. Ortsteil von Mühlacker. Weinort im Anbaugebiet →Württemberg, Bereich Württembergisch Unterland. Großlage: *Stromberg*. Einzellagen: *Halde*.
3. →Stuttgart.

Mühlheim Ortsteil von Obrigheim. Weinort im Anbaugebiet →Rheinpfalz, Bereich Mittelhaardt/Deutsche Weinstraße. Großlage: *Grafenstück*. Einzellagen: *Sonnenberg, Hochgericht*.

Mulchen Mähen, Liegenlassen beziehungsweise leichtes Einarbeiten von Unkraut oder Gründüngung im Weinberg. Die Mulchdecke soll so dicht sein, daß sie als feuchtigkeitshaltender Teppich, der das Erdreich locker hält, wirken kann. Durch das Wurzelwerk wird der Boden zusätzlich aufgeschlossen, und die sich unter der Mulchdecke entwickelnden

→Mikroorganismen fördern die Fruchtbarkeit. Natürlichster und bester Schutz gegen →Erosion.

Mülheim Weinort im Anbaugebiet →Mosel-Saar-Ruwer, Bereich Bernkastel. Großlage: *Kurfürstlay*. Einzellagen: *Elisenberg, Sonnenlay, Helenenkloster, Amtsgarten*.

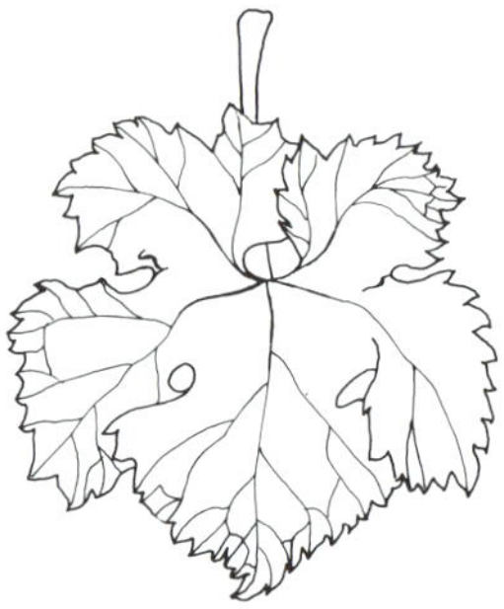

Blatt vom Müller-Thurgau.

Müllerrebe Rotweinrebe; allgemein als Mutation des Blauen →Spätburgunders betrachtet; seit einigen Jahrhunderten in Burgund bekannt. Der Name ist eine Übersetzung des französischen Synonyms Pinot Meunier oder aber Hinweis auf die weißwolligen, dichtfilzigen Triebspitzen und Blattunterseiten. Synonyme: Schwarzriesling (Württemberg und Nordbaden), Pinot Meunier, Blanc Meunier, Favineux Noir (Frankreich), Blaue Postitschtraube (Steiermark).
Das Blatt ist mittelgroß, fünflappig, sehr rauh und blasig, unterseits weiß, dichtwollig; die Trauben sind mittelgroß, dichtbeerig mit länglichen, schwarzblauen Beeren. Der Wuchs ist mittelstark bis kräftig, das Holz graubraun, engknotig, gut ausreifend; die Reife erfolgt früh bis mittelfrüh. Die Rebe stellt mittlere Ansprüche an Boden und Lage, insgesamt geringere als der Blaue →Spätburgunder. Der Ertrag ist mittel, entspricht etwa dem des Blauen Spätburgunders. Die Sorte ergibt farbintensive, körperreiche Weine, die die Qualität des Blauen Spätburgunders nicht erreichen; sie sind oft etwas säurearm. Die Müllerrebe wird häufig zum Verschnitt von Trollinger-Weinen verwendet. Bestockte Rebfläche in Deutschland: 1.685 ha. In der →Champagne hat sie einen wichtigen Anteil bei der Bereitung von Champagner-Grundweinen.

Zum Bild rechts: Prof. Dr. H. Müller-Thurgau.

Müller-Thurgau Weißweinrebe; von Professor Müller-Thurgau aus Tägerwilen im Kanton Thurgau im Jahre 1882 in Geisenheim aus der Kreuzung von Riesling x Silvaner geschaffen. Dieser nahm 150 Sämlinge zur weiteren züchterischen Bearbeitung an die Eidgenössische Versuchs- und Lehranstalt nach Wädenswiel mit. Dort hat Schellenberg den Sämling Nr. 58 als besonders wertvoll ausgelesen. Im Jahre 1913 wurde Pflanzgut von Dr. Dern, einem Schüler von Professor Müller-Thurgau, nach Deutschland zurückgebracht. Seit 1921 erfuhr der Sämling 58 von Dr. Ziegler eine intensive züchterische Weiterbearbeitung. Seit dieser Zeit wurde die in den Aufzeichnungen von Müller-Thurgau nachgewiesene Abstammung immer stärker angezweifelt. Im Jahre 1957 konnte Eichelsbacher das Fehlen von Silvaner-Erbgut nachweisen, so daß man heute annimmt, die Neuzüchtung sei aus einer Selbstung Riesling x Riesling entstanden. Die Rebe wurde nach dem Züchter Müller-Thurgau benannt. Die Bezeichnung Riesling x Silvaner ist in Deutschland nicht mehr erlaubt, wird als Synonym in der Schweiz jedoch noch verwandt; in Luxemburg ist der offizielle Name Rivaner.
Das Blatt ist mittelgroß, meist siebenlappig, tief gebuchtet, die Trauben sind mittelgroß, locker- bis dichtbeerig mit großen ovalen, gelblichgrünen, dünnschaligen Beeren von leichtem Muskataroma. Der Wuchs ist kräftig, das Holz hellbraun, dunkelbraun gestreift, mittel bis schlecht ausreifend. Die Reife erfolgt früh. Die Rebe stellt geringe Ansprüche an die Lage, aber höhere an den Boden, sie liebt tiefgründige, frische, nicht zu trockene Böden.

Aufgrund der mittelmäßigen Winterfrostfestigkeit sollten stark frostgefährdete Lagen nicht mit dieser Sorte angelegt werden. Bestockte Rebfläche in Deutschland: 23.881 ha; Müller-Thurgau steht damit an 1. Stelle des Sortiments. Er liefert hohe Erträge, die zum Beispiel in Neuseeland 250 hl/ha erreichen können. Die durchschnittlichen Mostgewichte schwanken zwischen 65° und 80° Oe, die Säurewerte liegen im mittleren Bereich (7–8%). Die Sorte liefert harmonische, weiche Weine mit schönem, nicht breitem Muskatton; der Wein sollte jung getrunken werden, da das sortentypische Bukett sich mit zunehmender Reife verlieren kann. Der Müller-Thurgau ist eine wertvolle Standardsorte, die sich auch aufgrund der abgerundeten Weine zum Verschnitt eignet; er eignet sich auch für →Tafelwein.

Müllheim Bedeutende Weinbaugemeinde im Anbaugebiet →Baden, Bereich Markgräflerland, mit den Ortsteilen →Britzingen, →Dattingen, →Feldberg, →Hügelheim, →Niederweiler, →Vögisheim, →Zunzingen. Großlage: *Burg Neuenfels*. Einzellagen: *Sonnhalde, Reggenhag, Pfaffenstück*. Der Müllheimer Weinmarkt, wie der →Offenburger Weinmarkt, im Jahre 1872 zum ersten Mal abgehalten, ist ein Regionalmarkt für den Bereich Markgräflerland, das heißt für den Weinbau zwischen Freiburg und Basel. Angeboten werden rund eine halbe Million Flaschen. Das Hauptkontingent bildet der Gutedel, gefolgt vom Müller-Thurgau, Ruländer, Gewürztraminer und anderen Sorten.

Multaner Weißweinrebe; Neuzüchtung des Institutes für Rebenzüchtung Geisenheim; Kreuzung von Professor Dr. Birk aus Riesling x Silvaner; Zuchtnummer Gm 10–54; seit 1969 in die Sortenschutzrolle eingetragen. Die Weine erreichen nur bei Vollreife rieslingähnlichen Charakter. Der Anbauwert ist noch nicht übersehbar. Bestockte Rebfläche in Deutschland: 2 ha.

Mumm - trocken Deutscher →Typenwein aus dem Rheingau für gehobene Ansprüche aus →Riesling oder →Spätburgunder; trocken. Wird in Burgunderflaschen verkauft. Der Name G.H.v. Mumm steht mit oder ohne Lagenbezeichnung auf dem Etikett.

Münchweier Ortsteil von Ettenheim. Weinort im Anbaugebiet →Rheinpfalz, Bereich Breisgau. Großlage: *Schutterlindenberg*. Einzellage: *Kirchberg*.

Mundelsheim Weinort im Anbaugebiet →Württemberg, Bereich Württembergisch Unterland. Großlage: *Schalkstein*. Einzellagen: *Käsberg, Mühlbächer, Rozenberg*.

Mundingen Ortsteil von Emmendingen, Weinort im Anbaugebiet →Baden, Bereich Breisgau. Großlage: *Burg Lichteneck*. Einzellage: *Alte Burg*.

Munot Von Festungsmauern eingeschlossener Weinberg in →Schaffhausen in der Schweiz. Die Weine werden *Munötler* genannt.

Münster →Stuttgart.

Münsterappel Weinort im Anbaugebiet →Nahe, Bereich Schloß Böckelheim. Großlage: *Paradiesgarten*. Einzellage: *Graukatz*.

Münster, Bad Ortsteil von Bad Münster am Stein-Ebernburg. Weinort im Anbaugebiet →Nahe, Bereich Schloß Böckelheim. Großlage: *Burgweg*. Einzellagen: *Steigerdell, Höll, Rotenfelser im Winkel, Felseneck*.

Münster-Sarmsheim Weinort im Anbaugebiet →Nahe, Bereich Kreuznach. Großlage: *Schloßkapelle*. Einzellagen: *Römerberg, Rheinberg, Kapellenberg, Dautenpflänzer, Trollberg, Pittersberg, Liebehöll, Steinkopf, Königsschloß*.

Münzesheim Ortsteil von Kraichtal. Weinort im Anbaugebiet →Baden, Bereich Badische Bergstraße/Kraichgau. Großlage: *Stiftsberg*. Einzellage: *Silberberg*.

Munzingen Stadteil von Freiburg. Weinort im Anbaugebiet →Baden, Bereich Tuniberg. Großlage: *Attilafelsen*. Einzellage: *Kapellenberg*.

Murfatlar Qualitätsweingebiet in →Rumänien, am Schwarzen Meer. Der gleichnamige Wein ist alkoholreich und süß.

Murr Weinort im Anbaugebiet →Württemberg, Bereich Württembergisch Unterland. Großlage: *Schalkstein*. Einzellage: *Neckarhälde*.

Muscabona Weißweinrebe, die als Tafeltraube gut geeignet ist; Neuzüchtung der Bayerischen Landesanstalt für Wein-, Obst- und Gartenbau, Würzburg, aus der Kreuzung Siegerrebe x Müller-Thurgau; Zuchtnummer Wü B 40–10–2; bringt große Trauben mit gelblichgrünen, nach Muskat schmeckenden Beeren hervor, die sehr früh reifen. Bestockte Rebfläche in Deutschland: 1 ha.

Muscadel, Roter Rebsorte in →Südafrika.

Muscadelle Französische →Muskateller-Sorte, die hauptsächlich in Bordeaux angebaut und als Verschnittanteil in →*Sauternes* und →*Barsac* verwendet wird. Außerdem ist sie im →*Monbazillac* enthalten.

Muscadet Französische Weißweine aus dem Loiregebiet, hergestellt aus der gleichnamigen Rebsorte, die im Elsaß und in Burgund unter dem Namen Melon angebaut wird. Allen gemeinsam ist die blaßgelbe Farbe, das feine Bukett und die delikate Säure sowie ein feines Perlen, das der →Sur-lie-Abfüllung zu verdanken ist. Es gibt drei Herkunftsbezeichnungen (AC): *Muscadet* enthält 9,5 Vol.-% Alkohol. *Muscadet des Coteaux de la Loire* wird bei Ancenis hergestellt, er ist im allgemeinen der kräftigere, trockenere und fruchtigere. *Muscadet de Sèvre-et-Maine* stammt aus der Gegend von Nantes. Es ist der bekannteste der drei (75% der Gesamtproduktion). Er ist fein, leicht und weich.

Muscadinien Rebfamilie mit von Vitis Vinifera abweichender Chromosomenzahl und abweichenden morphologischen Merkmalen. Wird lediglich in den Vereinigten Staaten und Mexiko angebaut.

Muscat d'Alexandrie Weiße Rebsorte, die unter dem Namen Hanepoot in →Südafrika angebaut wird.

Muscat d'Alsace Elsässer AC-Muskatellerwein, der einzige trockene unter den französischen Muskatellern.

Muscat de Beaumes de Venise AC-Süßwein aus dem gleichnamigen Weinort der →Côtes du Rhône, hergestellt aus der Sorte →Muscat de Frontignan.

Muscat de Frontignan 1. Kleinbeerige Muskateller-Rebsorte, auch Muscat Doré genannt.
2. AC-Gebiet mit Zentrum Frontignan an der Mittelmeerküste im Weingebiet des Languedoc. Aus der gleichnamigen Rebsorte hergestellt, gibt es diesen aromatischen Dessertwein als halbsüßen Vin doux naturel (natürlichen Süßwein) oder Vin de Liqueur (vollsüßen Likörwein) mit mindestens 15 Vol.-% Alkohol. Er gilt als der beste *Muscat* Frankreichs.

Muscat de Lunel, Muscat de Mireval, Muscat de Rivesaltes, Muscat de Saint-Jean-de-Minervois Süße weiße AC-Dessertweine aus →Languedoc-Roussillon, hergestellt aus Muskatellerreben.

Muschelkalk Vor allem in Franken und an der Obermosel vertretene Bodenart, die Weine mit eigenem Charakter hervorbringt.

Musigny Grand Cru (rot) aus dem burgundischen Weinort →Chambolle-Musigny in der →Côte de Nuits. Neben *Bonnes-Mares* die beste Lage des Ortes.

Muskataly, Weißer Ungarische Bezeichnung für Gelber →Muskateller.

Muskat Beli Ungarische Bezeichnung für Gelber →Muskateller.

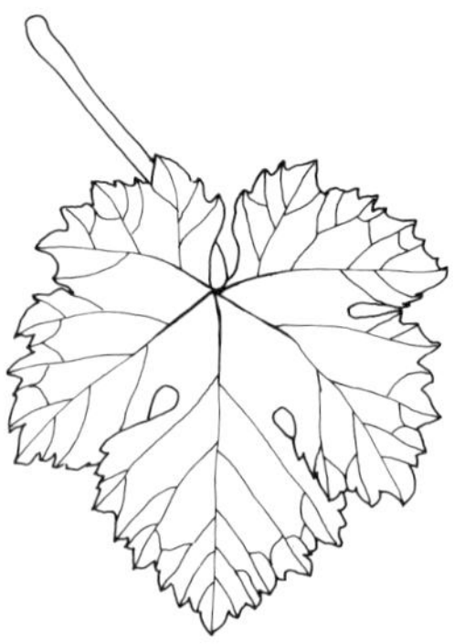
Blatt vom Gelben Muskateller.

Muskateller, Gelber Weltweit, vor allem in den Mittelmeerländern verbreitete bedeutende Weißweinrebe, die in Deutschland mit einer bestockten Rebfläche von insgesamt 45 ha nur eine untergeordnete Rolle spielt. Man meint, in dieser Rebsorte die von den Römern gerühmte Vitis Apiana, die Traube, die die Bienen anzieht, wiederzuerkennen. Sie ist im ehemaligen Gallien früh heimisch geworden; Frontignan in Languedoc, von wo Karl der Große sich Muskateller kommen ließ, wird als die Heimat der Muskatrebe angesehen. Synonyme: Weiße Muskattraube (Deutschland); Schmeckende, Gelber Weihrauch, Katzendreckler (Österreich); Weißer Muskataly, Bela Dinka, Muskat Beli (Ungarn); Muscat Blanc, Muscat de Frontignan, Blanc Doux (Frankreich); Moscato Bianco, Moscatello Bianco (Italien); Moscatel Menudo Bianco, Zoruna (Spanien). Es existieren außerdem noch viele Spielarten dieser Rebsorte; so ist in Deutschland noch der Rote Muskateller bekannt, der sich vom Gelben nur durch rötlich gefärbten Trauben unterscheidet. Die Rebsorte verlangt sehr warme Standorte und ist eigentlich für alle Böden geeignet, außer für bindige Kalkböden. Unsichere, nicht sehr hohe Erträge und relativ späte Reife dürften die Gründe sein, die eine größere Verbreitung in Deutschland verhindern. Die Weine sind rassig und haben ein deutliches, sehr feines Muskatbukett. Idealer Verschnittwein. Auch als Tafeltraube geeignet. (→Moscato, →Moscatel, →Muscadet, →Muscat).

Muskatni Silvanac (jug.) Muskat-Sylvaner (→Sauvignon Blanc).

Muskat-Ottonel Weißweinrebe, die wahrscheinlich im 19. Jahrhundert von Robert Moreau in Angers aus Samen gezogen wurde. Gewisse Ähnlichkeit mit →Gutedel hat manche Ampelographen zur Annahme einer diesbezüglichen Verwandtschaft bewogen. Der Muskat-Ottonel wird in Deutschland, Österreich und im Elsaß angebaut. Bestockte Rebfläche in Deutschland: 21 ha. Die Sorte liefert milde, füllige, säurearme Weine mit ausgeprägtem, feinem, würzigem Muskataroma. Besitzt gute Eignung als Tafeltraube.

Muskat-Sylvaner Österreichische Bezeichnung für →Sauvignon Blanc.

Muskattraube, Weiße Synonym für Gelber →Muskateller.

Muškát Žluty (tschech.) Gelber →Muskateller.

Mußbach/Weinstraße Ortsteil von Neustadt/Weinstraße. Weinort im Anbaugebiet →Rheinpfalz, Bereich Mittelhaardt/Deutsche Weinstraße. Großlage: *Meerspinne*. Einzellagen: *Eselshaut, Glockenzehnt, Kurfürst, Spiegel, Bischofsweg, Johannitergarten.*

Mutation Veränderung der Erbeigenschaften eines Lebewesens. Spontane Mutationen sind bei der Rebe häufig. Sie können äußerlich unerkannt bleiben, aber physiologische Änderungen bewirken. Sichtbare Mutationen sind zum Beispiel sprunghaft auftretende Farbänderungen der Trauben; manchmal findet sich an einem Stock ein Trieb mit anderer Traubenfarbe. Durch getrennte Vermehrung entsteht so ein neuer →Klon oder eine neue Sorte.

N

Nachgärung Nach Abschluß der stürmischen Hauptgärung setzt sich die →Gärung in schwächerer Form noch weiter fort, bis die letzten Zuckerreste vergoren sind. Zuckerreiche Moste gären oft sehr lange und bleiben über Monate im Zustand der Nachgärung. Die im Frühjahr auftretende Kohlensäureentwicklung wird ebenfalls als Nachgärung bezeichnet. Bei noch zuckerhaltigen Weinen kann es sich um eine nachträgliche Hefeentwicklung wie auch um biologischen →Säureabbau handeln. Gelangen bei der Abfüllung von Weinen mit einem Anteil an unvergorenem Zucker →Hefen mit in die Flasche, so können diese sich vermehren, den Wein eintrüben und den unvergorenen Zucker in Alkohol und Kohlensäure aufspalten. Man nennt das Nachgärung auf der Flasche. Der Wein muß dann neu abgefüllt werden.

Nachgeschmack Lang anhaltender, manchmal nachwirkender Geschmackseindruck, den man beim Verkosten eines Weines wahrnimmt. Auch ein →Geschmack, der besonders in den hinteren Mundpartien registriert wird; als zeitlicher und/oder örtlicher Sinneseindruck zu verstehen. Man spricht auch vom →Abgang oder im Französischen von »persistance« (Beständigkeit).

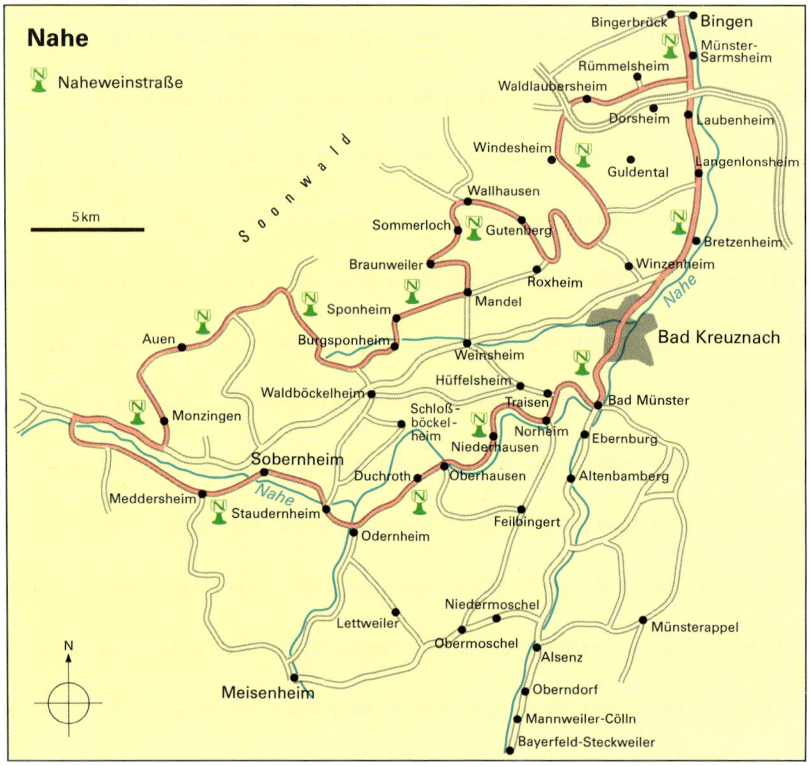

Nachwein →Tresterwein.

Nack 1. Weinort im Anbaugebiet →Rheinhessen, Bereich Bingen. Großlage: *Adelberg*. Einzellage: *Ahrenberg*.
2. Ortsteil von Lottstetten. Weinort im Anbaugebiet →Baden, Bereich Bodensee. Einzellage: *Steinler*.

Nackenheim Weinort im Anbaugebiet →Rheinhessen, Bereich Nierstein. Großlagen: *Gutes Domtal, Spiegelberg*. Einzellagen: *Schmittskapellchen, Engelsberg, Rothenberg*.

Nahe Deutsches bestimmtes Anbaugebiet mit 4.579 ha Rebfläche, davon 3% mit roten Rebsorten bestockt. Durchschnittliche Weinmosternte rund 400.000 hl.
Die Weinberge erstrecken sich, bei Bingerbrück am Rhein beginnend, naheaufwärts über Bad Kreuznach bis zum Soonwald sowie in den Seitentälern der Alsenz, des Glan, des Gräfen- und Guldenbachs sowie auf die angrenzenden etwas höher gelegenen Flächen. Die Weinberge befinden sich vorwiegend an Süd- und Südwesthängen zwischen Obstgärten, Wiesen und Äckern, im Hauptanbaugebiet geschlossen, in den Nebengebieten verstreut. Funde aus der Römerzeit, die im Museum in Bad Kreuznach besichtigt werden können, zeigen, daß der Weinbau auf die Römer zurückgeht. Erste schriftliche Zeugen des Naheweinbaues sind in den Urkunden des Klosters Lorsch aus dem 8. Jahrhundert nachweisbar. Bis zum 18. Jahrhundert lag der größere Teil des Rebgeländes in den Händen der Kirche und des Adels. Im 19. Jahrhundert erfuhr der Weinbau nach der Förderung durch den preußischen Staat einen beträchtlichen Aufschwung. 1900 wurde in Bad Kreuznach die Provinzial-Weinbaulehranstalt gegründet und Ende der 20er Jahre bereits mit der Flurbereinigung begonnen. Verschiedene geologische Ursprünge

beeinflussen die Weinbergsböden. Im Norden erhebt sich das Rheinische Schiefergebirge mit seinen devonischen Gesteinen, im Süden greifen die Ausläufer des Nordpfälzer Berglandes mit seinen vielfältigen Sediment- und Erstarrungsgesteinen des Rotliegenden bis zur Nahe über. Im Osten machen sich die Ablagerungen des Tertiärmeeres des Mainzer Beckens bemerkbar. Löß- und Terrassenschotter sind dazwischen eingestreut. Flach- und mäßige Hanglagen herrschen vor, während nur 25% der Weinberge in Steillagen liegen. Terrassierte Steillagen findet man nur noch im Trollbachtal, am Rotenfels und in kleinerem Umfang an der Obernahe. Die bis 600 m hohe Bergkette des Hunsrücks schützt das Nahebecken, hält aber auch einen Großteil der Westwinde und damit der Regenwolken ab, so daß die durchschnittliche Regenmenge pro Jahr nur 520 mm beträgt. Dank der geschützten Lage und der geringen Höhe des Rebanbaugebietes (100–250 m über NN), herrschen günstige Temperaturverhältnisse vor.

Naheweine gelangten früher oft als Rheinweine auf den Markt. Heute erfreut sich die gebietstypische Geschmacksnote der Naheweine im In- und Ausland zunehmender Beliebtheit. Naheweine werden oft als »Weine zwischen Mosel und Rheingau« angesprochen, wobei darauf angespielt wird, daß sie eine feine Frucht und Frische wie Moselweine, dabei aber größere Fülle und Abrundung als die Rheingauer haben. Die Weine der oberen und mittleren Nahe zeigen Einflüsse der Mosel, während die der unteren Nahe im allgemeinen den Weinen des Rheingaues ähnlicher sind. Der Einfluß des Bodens spielt hier die Hauptrolle, wobei Schiefer und Porphyr dem Wein eine rassige, nervige Art mitteilen, während die tiefgründigen, mehr alkalischen Böden mit ihrem höheren Lehmanteil mildere und gefälligere Weine wachsen lassen. →Müller-Thurgau, →Silvaner und →Riesling machen über 60% des Rebsortenspiegels aus, während die Vielzahl der anderen Sorten, darunter hauptsächlich →Neuzüchtungen von Rieslingsergänzungssorten, je Sorte nicht mehr als einen Anteil von maximal 10% an der Gesamtfläche erreichen. Hoher Einsatz von Maschinen und starke Verbreitung des →Drahtrahmens erlauben es, den Arbeitsstundenaufwand je Hektar und Jahr mit 600–800 Stunden verhältnismäßig niedrig zu halten.

Der landwirtschaftlich-weinbauliche Gemischtbetrieb herrscht vor, der als weinbaulicher Vollerwerbsbetrieb von der Familie bewirtschaftet wird. Von den rund 4.000 landwirtschaftlichen Betrieben im Kreis Kreuznach zum Beispiel, betreiben 2.300 Weinbau. 35% des Naheweines werden von den Weingütern und Winzern als Flaschenweine direkt vermarktet, 25% über Winzergenossenschaften, und der Rest wird durch den hier gut etablierten Weinhandel aufgenommen. Der Weinhandel ist eng mit dem Weinbau verbunden, und fast alle Weinhandelsbetriebe bewirtschaften auch eigenes Rebgelände. Der Export nach Übersee hat in den letzten Jahren stark zugenommen (→Naheweinstraße).

Nahesteiner Deutscher →Typenwein aus dem Anbaugebiet →Nahe, ein eleganter, säurebetonter, halbtrockener Qualitätswein in Weinsiegelqualität (+ 3° Oe) aus →Silvaner, →Riesling und →Müller-Thurgau. Wird in schlanken grünen Flaschen verkauft. Symbol: ein Edelstein.

Naheweinstraße 1971 neu geschaffen, erschließt sie ein ländlich idyllisches, vom Tourismus noch wenig berührtes Erholungsgebiet mit preiswerten Unterkünften, deftiger Kost, einheimischen Weinen und stillen Wanderwegen. Zu erreichen von Bingen aus über die B 48 in Richtung Bad Kreuznach. Am Eingang zum Trollbachtal steht eine Übersichtstafel, mit deren Hilfe man sich über den Verlauf der Naheweinstraße informieren kann. Im Umkreis des 130 km langen Rundkurses sind 56 Wanderparkplätze für Autofahrer geschaffen worden. 530 km Wanderwege sind markiert. Die Straße ist mit einem Pokalemblem ausgeschildert. Der Geburtstag der Naheweinstraße wird alljährlich im September von den anliegenden Weinbaugemeinden gemeinsam gefeiert.

Nährstoffe Elemente, die für das →Wachstum der Pflanze notwendig sind. Ein Nährstoff kann nicht durch ein anderes Element ersetzt werden und führt bei Mangel zu Störungen in der Rebentwicklung. Die Nährstoffe werden je nach der benötigten Menge in Haupt- und Spurennährstoffe unterteilt. Zur ersten Gruppe gehören →Stickstoff, →Phosphor, →Kalium, →Kalzium, →Magnesium, →Schwefel, Kohlenstoff, Sauerstoff und Wasserstoff, wobei die letzten vier in Luft und →Boden so reichlich vorkommen, daß sie für die →Düngung des Weinstockes nicht benötigt werden. Als →Spurenelemente gelten →Eisen, Zink, Mangan, Bor, Kupfer, Molybdän und Chlor. Die Pflanze kann zum geringen Teil ihren Nährstoffbedarf über das →Blatt aufnehmen; entscheidend ist jedoch die Aufnahme über die →Wurzeln. Dabei dient der Boden als Nährstoffträger und das →Bodenwasser als Lösungsmittel. Große Trockenheit behindert deshalb die Versorgung der Pflanze. Wichtig ist auch die Fähigkeit des Bodens, die lebensnotwendigen Elemente zu

halten und der Rebe zur Verfügung zu stellen. Leichte, sandige Böden können durch Auswaschung Nährstoffe verlieren, steile Weinbergslagen durch →Erosion; auch der Entzug dieser Stoffe durch die Ernährung des Weinstockes sowie durch mikrobiologische Umwandlung von organischen Substanzen (→Gründüngung, abgeschnittenes Rebholz) muß bei der Bemessung der richtigen Düngermenge berücksichtigt werden.

Naoussa In Nordgriechenland gelegenes AO-Gebiet mit kernigen Rotweinen aus der Rebsorte Xynomavron (→Griechenland).

Weinkeller im Napa Valley.

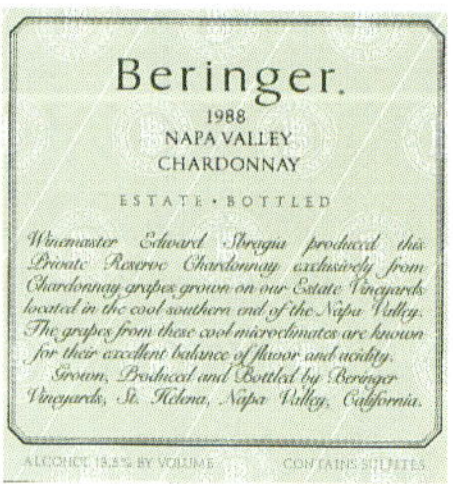

Napa County Weinregion in →Kalifornien, mit dem berühmten Napa Valley. Zentrum des kalifornischen Weinbaues, aus dem die meisten Qualitätsweine stammen. Die allgemeine Herkunfsbezeichnung *Napa County* gilt für alle Weine der Region. Die →AVA *Napa Valley* wurde 1981 anerkannt, Unterbezeichnungen sind die AVAs *Howell Mountain* und *Stag's Leap*. Angebaut werden hauptsächlich →Cabernet-Sauvignon, →Chardonnay, →Chenin Blanc, →Merlot, →Sauvignon Blanc, →Pinot Noir und →Zinfandel.

Nardò Italienische DOC-Rot- und -Roseeweine aus →Apulien, Provinz Lecce, gekeltert aus →Negroamaro und anderen Sorten.

Nasco di Cagliari Italienischer DOC-Weißwein aus →Sardinien. Der Wein aus der gleichnamigen Rebsorte wird in 4 Versionen hergestellt: dolce (natürlich süß), secco (trocken) und in den entsprechenden Liquoroso-Typen (→aufgespriteter Dessertwein). Die Trauben dürfen auf Rahmen angetrocknet werden. Die Grundversionen haben einen leicht bitteren Geschmack, die →Liquorosos sind feiner. Riserva ist ein Liquoroso, der mindestens 2 Jahre, davon 1 Jahr in Eichen- oder Kastanienholzfässern, gelagert hat.

Nase Auch →Geruch. Umschreibung von →Blume, Duft eines Weines; umfaßt die Summe aller Geruchsstoffe, auch solcher, die →Geruchsfehler verursachen.

Nassau Weinort im Anbaugebiet →Mittelrhein, Bereich Rheinburgengau. Großlage: *Lahntal*. Einzellage: *Schloßberg*.

Naßkonservierung Holzfässer müssen nach der Entleerung gereinigt und konserviert werden. Während man in feuchten Kellerräumen mit einer →Trockenkonservierung auskommt, müssen sie in trockenen Kellerräumen, damit sie nicht austrocknen und undicht werden, naßkonserviert werden. Dazu werden sie mit Wasser gefüllt, dem man 250 mg/l schweflige Säure zugibt. Durch die schweflige Säure wird eine Fäulnis des Wassers verhindert. Vor einem erneuten Befüllen mit Most oder Wein muß das →Faß geleert und nochmals mit Wasser gefüllt werden. Dieses Wasser wird nach 2–3 Tagen wieder aus dem Faß entfernt. Nach gründlicher Reinigung ist das Faß wieder zur Aufnahme von Most oder Wein bereit.

Naßzuckerung, Naßverbesserung Frühere Methode, die →Anreicherung von zuckerarmen Mosten mittels in Wasser gelöstem Rohrzucker vorzunehmen. Sie wurde Mitte des 19. Jahrhunderts von Dr. Gall entwickelt und daher auch Gallisierung genannt. Die Naßzuckerung ist heute verboten.

Natur, naturrein Früher gültige Bezeichnung für Weine, die nicht verbessert (→angereichert) waren. Die gleiche Bedeutung hatten die auf Etiketten aufgeführten Zusätze: Originalabfüllung, Kellerabfüllung, Kellerabzug, Schloßabzug, Wachstum, Kreszenz und Gewächs. Nach dem neuen deutschen Weingesetz von 1971 wird die Angabe »natur« durch die Prädikatsbezeichnungen (→Qualitätswein mit Prädikat) ersetzt.

Naumburg Weinort im Anbaugebiet →Saale- Unstrut. Sitz eines Staatsweingutes mit 120 ha Rebfläche. Erzeugt werden kräftige, frische, sortenreine, trockene Weißweine. Das

Weingut geht auf Zisterziensermönche zurück. Die Lagen heißen *Holländer* und *Sonneneck*.

Navarra In regenreichen Gebirgstälern Nordspaniens gelegenes DO-Gebiet von rund 6.000 ha Rebfläche mit herzhaften Rot- und Roseeweinen und spritzigen Vinos verdes (Weißweinen).

Néac AC-Gebiet zwischen Montagne-Saint-Émilion und Pomerol. Die Weine liegen im Geschmack zwischen den beiden und werden unter der AC →Lalande de Pomerol verkauft.

Nebbiolo Vorzügliche italienische Rotweinrebe, die vor allem im →Piemont und der →Lombardei angebaut wird. Aus dieser Sorte werden gleichnamige Weine, aber auch die italienischen Spitzenweine →*Barolo* und →*Barbaresco* gekeltert. Synonym: Spanna. Die Weine sind rubinrot, kernig, körperreich; sie gewinnen allgemein durch längere Lagerung; der Farbstoff ist allerdings etwas lichtempfindlich, so daß die Weine im Alter leicht bräunliche Töne annehmen.

Nebbiolo d'Alba Italienischer DOC-Rotwein aus dem →Piemont. Der rubinrote, trockene bis halbtrockene Rotwein aus der gleichnamigen Rebsorte hat einen leichten Veilchenduft und wird im Alter weich und harmonisch. Mindestalkoholgehalt: 12 Vol.-%. Der gleichnamige Schaumwein unterliegt denselben Bestimmungen.

Nebel Sie vermindern einerseits die →Sonneneinstrahlung und verzögern dadurch den Reifeverlauf der Beeren. Andererseits fördern sie durch ihren hohen Feuchtigskeitsgehalt das Auftreten des →Botrytispilzes und damit der Edelfäule, was die Ernte von hochwertigen →Beeren- und →Trockenbeerenauslesen ermöglicht. Herbstliche Nebelbildungen sind typisch für die Weinbaugebiete →Rheingau und Mittelhaardt (→Rheinpfalz) und treten verstärkt in der Nähe von größeren Wasserflächen und in tieferen Weinbergslagen auf.

Nebukadnezar Riesen-Champagnerflasche mit einem Fassungsvermögen von 20 normalen Flaschen.

Neckar 1. Rechter Nebenfluß des Oberrheins, der den Weinbau →Württembergs bestimmt. Er entspringt bei Schwenningen und mündet nach 367 km bei Mannheim in den Rhein. Von Rottenburg bei Tübingen bis Heidelberg wird in seinem Tal und in den Tälern seiner Nebenflüsse Rems, Murr, Enz, Kocher und Jagst Weinbau betrieben.
2. Tafelweinbaugebiet, geographisch identisch mit dem bestimmten Anbaugebiet →Württemberg (→Tafelwein).

Neckarmühlbach Ortsteil von Haßmersheim. Weinort im Anbaugebiet →Baden, Bereich Badische Bergstraße/Kraichgau. Großlage: *Stiftsberg*. Einzellage: *Hohberg*.

Neckarsulm Stadt im Anbaugebiet →Württemberg, Bereich Württembergisch Unterland. Großlage: *Staufenberg*. Einzellage: *Scheuerberg*.

Neckarweihingen Ortsteil von Ludwigsburg. Weinort im Anbaugebiet →Württemberg, Bereich Württembergisch Unterland. Großlage: *Schalkstein*. Einzellage: *Neckarhälde*.

Neckarwestheim Weinort im Anbaugebiet →Württemberg, Bereich Württembergisch Unterland. Großlage: *Kirchenweinberg*. Einzellage: *Herrlesberg*.

Neckarzimmern Weinort im Anbaugebiet →Württemberg, Bereich Württembergisch Unterland. Großlage: *Staufenberg*. Einzellagen: *Wallmauer, Götzhalde, Kirchweinberg*.

Neckenmarkt Weinort im österreichischen →Burgenland. Weinbaugebiet →Mittelburgenland. Auf rund 510 ha Rebfläche werden vor allem milde, gehaltvolle Rot- und einige Weißweine erzeugt.

Neef Weinort im Anbaugebiet →Mosel-Saar-Ruwer, Bereich Zell/Mosel. Großlage: *Grafschaft*. Einzellagen: *Frauenberg, Petersberg, Rosenberg*.

Négociant-Eleveur Bezeichnung für einen Weinkaufmann in →Bordeaux, der Jungweine aufkauft und in seinem Keller weiter ausbaut.

Negrara Italienische Rotweinrebe, die hauptsächlich am Gardasee angebaut wird. Sie ist im →*Bardolino* mit einem Anteil von 10% enthalten.

Negroamaro Wichtige Rotweinsorte, die hauptsächlich in →Apulien zur Herstellung von Rot- und Roseeweinen dient.

Nehren Weinort im Anbaugebiet →Mosel-Saar-Ruwer, Bereich Zell/Mosel. Großlage: *Grafschaft*. Einzellage: *Römerberg*.

neidischer Herbst Auf Jahre, in denen das Wetter gebietsweise sehr verschieden war, folgt ein neidischer Herbst, das heißt Güte und Menge des Weines können von Tal zu Tal, von Weinberg zu Weinberg stark voneinander abweichen.

Neipperg Ortsteil von Brackenheim. Weinort im Anbaugebiet →Württemberg, Bereich Württembergisch Unterland. Großlage: *Heuchelberg*. Einzellagen: *Grafenberg, Steingrube, Schloßberg*.

Nemea Peloponnes Griechisches AO-Gebiet auf dem Peloponnes in der Umgebung von Korinth. Die Weinberge beginnen auf Meereshöhe und steigen im Landesinnern bis auf 800 m über NN. Von der roten Rebsorte Agiorgitiko (St. Georg) werden trockene bis süße, kräftige, farbstarke Rotweine gekeltert (Beinamen *Herkulesblut*), die mit fortschreitender Alterung an Geschmacksstoffen und Bukett gewinnen.

Nennig Ortsteil von Perl. Weinort im Anbaugebiet →Mosel-Saar-Ruwer, Bereich Moseltor. Großlage: *Schloß Bübinger*. Einzellagen: *Schloßberg, Römerberg*.

Nennvolumen Die Angabe des Flascheninhalts auf Etiketten in Liter oder Zentiliter in Verbindung mit dem Buchstaben e (für Europa) ist obligatorisch. Die USA und Kanada führten ab 1. 1. 1979 für Wein im Zuge der Umstellung auf das metrische System die 0,75-Liter-Flasche ein, die heute auch im gesamten europäischen Raum die 0,7-Liter-Flasche abgelöst hat.

nervig Ein Wein hat Nerv, wenn er ausdrucksvoll ist und doch etwas →Finesse aufweist. Meist kräftige, säurebetonte Weißweine, die zwischen →rassig und →kernig liegen.

Nesselried Ortsteil von Appenweier. Weinort im Anbaugebiet →Baden, Bereich Ortenau. Großlage: *Fürsteneck*. Einzellagen: *Renchtäler, Schloßberg*.

nett Bezeichnung für einen →kleinen, sauberen Wein ohne weitere Besonderheiten.

Neuanlage Vorbereitung und Pflanzung eines neuen Weinberges. Nach durchschnittlich 25 Jahren schlägt man die alten Stöcke und Unterstützungsrahmen aus und bereitet das Gelände so vor, daß es später mit →Zugmaschinen bearbeitet werden kann. Vor dem Pflanzen der jungen Reben wird der Boden noch einmal tief →rigolt und dabei mit einer ausreichenden Menge an →Nährstoffen in seinen tieferen Schichten versorgt. In einem sorgfältig ausgearbeiteten Pflanzplan sind Stockabstand, Zeilenbreite und -richtung, Vorgewende und Grenzabstand berücksichtigt. Erst dann wird mit dem Auszeilen begonnen, wobei im Gelände genau die Stellen gekennzeichnet werden, wo die einzelnen Rebstöcke und →Stickel stehen sollen. Nun kann man die Pflanzlöcher ausheben und mit dem Setzen der →Pfropfreben beginnen (→Pflanzung, →Jungfeld).

Neu-Bamberg Weinort im Anbaugebiet →Rheinhessen, Bereich Bingen. Großlage: *Rheingrafenstein*. Einzellagen: *Eichelberg, Kletterberg, Kirschwingert, Heerkretz*.

Neuburger Österreichische Weißweinrebe, deren Herkunft nicht bekannt ist. Man vermutet, daß sie einer Kreuzung aus Weißem Burgunder x Silvaner entstammt. Aus dieser Sorte werden milde, volle und kräftige Weine mit feiner, dezenter Blume und angenehmer Säure, ähnlich den →Silvanern gewonnen.

Neuburgské Tschechische Bezeichnung für →Neuburger.

Neudenau Weinbaugemeinde im Anbaugebiet →Baden, Bereich Kocher-Jagst-Tauber, mit Ortsteilen →Herbolzheim, →Siglingen. Großlage: *Kocherberg*. Einzellage: *Hofberg*.

Neuenahr Ortsteil von Bad Neuenahr-Ahrweiler. Weinort im Anbaugebiet →Ahr, Bereich Walporzheim/Ahrtal. Großlage: *Klosterberg*. Einzellagen: *Sonnenberg, Schieferley, Kirchtürmchen*.

Neuenburg (frz. Neuchâtel) Schweizer Kanton mit etwa 600 ha Weinbau. Der Jura kennzeichnet die Landschaft. Es werden angenehme, frische, kohlensäurereiche Weißweine aus der Rebsorte Chasselas (→Gutedel) erzeugt. Infolge der frühen →Flaschenfüllung direkt von der Hefe (Sur-Lie-Abzug) bilden die Weine im Glas an der Oberfläche kurzfristig einen Stern (Sternwein) aus aufperlender →Kohlensäure. Spezialitäten unter den Neuenburger Weißweinen sind *Auvernier, Bevaix, Boudry, Cortaillod* und *Cressier*, alle fruchtig, feinblumig und spritzig. Der rote Pinot Noir (Blauer →Spätburgunder) und der Rosee, aus derselben Rebsorte →Oeil de Perdrix (Rebhuhnauge), zählen zu den markantesten der Schweiz.

Neuenbürg Ortsteil von Kraichtal. Weinort im Anbaugebiet →Baden, Bereich Badische Bergstraße/Kraichgau. Großlage: *Stiftsberg*. Einzellage: *Silberberg*.

Neuershausen Ortsteil von March. Weinort im Anbaugebiet →Baden, Bereich Kaiserstuhl. Großlage: *Vulkanfelsen*. Einzellage: *Steingrube*.

Neuffen Weinort im Anbaugebiet →Württemberg, Bereich Remstal-Stuttgart, mit Ortsteil →Kappishäusern. Großlage: *Hohenneuffen*. Einzellage: *Schloßsteige*.

Neuleiningen Weinort im Anbaugebiet →Rheinpfalz, Bereich Mittelhaardt/Deutsche Weinstraße. Großlage: *Höllenpfad*. Einzellagen: *Feuermännchen, Sonnenberg, Schloßberg*.

Neumagen-Dhron Doppelgemeinde im Anbaugebiet →Mosel-Saar-Ruwer, Bereich Bernkastel. Großlage: *Michelsberg*. Einzellagen: *Goldtröpfchen, Grafenberg, Hofberger, Roterd, Großer Hengelberg, Häs'chen, Nußwingert, Engelgrube, Laudamusberg, Rosengärtchen, Sonnenuhr*.

Neurath Ortsteil von Bacharach. Weinort im Anbaugebiet →Mittelrhein, Bereich Bacharach. Großlage: *Schloß Stahleck*. Einzellagen: *Mathias Weingarten, Kloster Fürstental*.

Neusatz Ortsteil von Bühl. Weinort im Anbaugebiet →Baden, Bereich Ortenau. Großlage: *Schloß Rodeck*. Einzellagen: *Sternenberg, Wolfhag, Burg Windeck Kastanienhalde*.

Neuseeland 5.000 ha Rebfläche; 500.000 hl Wein; davon 20.000 hl Export; 400.000 dz Tafeltrauben; Import 40.000 hl Wein; jährlicher Pro-Kopf-Verbrauch 12 l.
1833 brachte James Busby die ersten Reben von Australien nach Neuseeland. Heute werden Weine unter den Namen *Madeira, Portwein, Sauternes, Burgunder, Bordeaux* hergestellt, ohne daß sie diesen klassichen europäischen Weinarten gleichen. →Hybriden sind noch stark im Anbau, weil sie im feuchten Wetter besser gedeihen als die →Vitis-Vinifera-Sorten. Weinbau wird auf der Nordinsel in der Umgebung von Auckland, Northland, Gisborne und Hawkebai, um den 37. Breitengrad (das entspricht Lissabon und Athen) und auf der Südinsel bei Christchurch und Blenheim sowie beim Lake Wanaka betrieben. Das Klima ist hier feuchter und kühler. Im allgemeinen sind die Weißweine den roten vorzuziehen, da letztere zu säure- und tanninreich sind.

Neuses am Berg Ortsteil von Dettelbach. Weinort im Anbaugebiet →Franken, Bereich Maindreieck. Großlage: *Kirchberg*. Einzellage: *Glatzen*.

Neusetz Ortsteil von Dettelbach. Weinort im Anbaugebiet → Franken, Bereich Maindreieck. Großlage: *Kirchberg*. Einzellage: *Fürstenberg*.

Neusiedl am See Weinort im österreichischen →Burgenland, Weinbaugebiet →Neusiedlersee. Sortenreine Weißweine. Rebfläche: 820 ha.

Neusiedlersee Durch das Weingesetz von 1985 neu geschaffenes Weinbaugebiet im österreichischen →Burgenland am flachen Ostufer des gleichnamigen Sees (vorher Teil des Gebietes Rust-Neusiedlersee). Die Rebfläche des zweitgrößten österreichischen Weinbaugebietes beträgt rund 11.250 ha. In dem warmen pannonischen Klima gedeihen vor allem weiße Rebsorten. Viele Prädikatsweine. In diesem Gebiet haben sich 120 Winzer zum Verband der großen Weine zusammengeschlossen und vermarkten unter der Marke *Pannonischer Reigen* gemeinsam folgende Weintypen: Welschriesling Kabinett trocken, Weißburgunder Spätlese trocken, »Altweibersommer« Spätlese süß, Beerenauslese süß und Blauer Zweigelt Spätlese trocken. Die Mitglieder des Verbandes unterwerfen sich strengen Qualitätskontrollen.

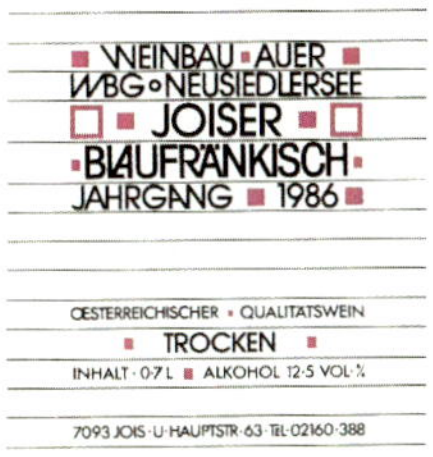

Neusiedlersee-Hügelland Durch das Weingesetz von 1985 neu geschaffenes Weinbaugebiet im österreichischen →Burgenland am hügeligen Westufer des Sees. Zentrum und älteste Weinstadt ist Rust, das vor allem durch seine →Prädikatsweine (Ruster Ausbruch) bekannt wurde. Seit 1991 Sitz der Weinakademie Österreich. Zentren des Rotweinanbaues sind Pöttelsdorf und Oggau. Die Rebfläche beträgt rund 7.200 ha.

Neustadt Ortsteil von Waiblingen. Weinort im Anbaugebiet →Württemberg, Bereich Remstal-Stuttgart. Großlage: *Kopf*. Einzellage: *Söhrenberg*.

Neustadt/Weinstraße Weinort im Anbaugebiet →Rheinpfalz, Bereich Mittelhaardt/ Deutsche Weinstraße, mit Ortsteilen →Diedesfeld, →Duttweiler, →Geinsheim, →Gimmeldingen, →Haardt, →Hambach, →Königsbach, →Lachen-Speyerdorf, →Mußbach. Großlagen: *Meerspinne, Rebstöckel*. Einzellagen: *Mönchsgarten, Grain, Erkenbrecht*.

Neuweier Ortsteil von Baden-Baden. Weinort im Anbaugebiet →Baden, Bereich Ortenau. Großlage: *Schloß Rodeck*. Einzellagen: *Altenberg, Schloßberg, Mauerberg, Gänsberg, Heiligenstein* (→Mauerwein).

Neuzüchtungen Neben den klassischen Rebsorten, wie zum Beispiel →Riesling, →Silvaner, Blauer →Spätburgunder, wurden vor allem in Deutschland in den letzten Jahrzehnten neue Sorten durch Kreuzungen hervorgebracht. Dabei wurde besonderer Wert auf höhere Mostgewichte, frühere Reife und Bukettreichtum gelegt. Die wichtigsten Neuzüchtungen sind zur Zeit (nach Geschmacksgruppen geordnet):

Fruchtig, rassig: Ehrenfelser, Osteiner, Kerner, Rieslaner, Mariensteiner, Osiris, Albalonga, Forta.
Neutral: Reichensteiner, Rabaner, Gutenborner, Faber, Gloria, Nobling, Freisamer.
Betontes Bukett: Schönburger, Huxel, Bacchus, Perle.
Bukettreich: Sieger, Scheurebe, Regner, Würzer, Septimer, Morio-Muskat, Ortega.
Edle Spätlesen oder Auslesen: Kanzler, Oraniensteiner, Noblessa, Optima.

Niagara Amerikanische Weißweinsorte, die hauptsächlich im Osten der →Vereinigten Staaten angebaut wird; liefert meist süße Weine mit unangenehm starkem →Fuchsgeschmack.

Niederau Weinort im Anbaugebiet →Elbe mit der Lage *Gellertberg*.

Niederburg Weinort im Anbaugebiet →Mittelrhein, Bereich Rheinburgengau. Großlage: *Schloß Schönburg*. Einzellagen: *Rheingoldberg, Bienenberg*.

Niederdollendorf Ortsteil von Königswinter. Weinort im Anbaugebiet →Mittelrhein, Bereich Siebengebirge. Großlage: *Petersberg*. Einzellagen: *Goldenfüßchen, Longenburgerberg, Heisterberg*.

Niederreggenen Ortsteil von Schliengen. Weinort im Anbaugebiet →Baden, Bereich Markgräflerland. Großlage: *Burg Neuenfels*. Einzellagen: *Sonnenstück, Röthen*.

Niederfell Weinort im Anbaugebiet →Mosel-Saar-Ruwer, Bereich Zell/Mosel. Großlage: *Weinhex*. Einzellagen: *Fächern, Kahllay, Goldlay*.

Niederhausen Weinort im Anbaugebiet →Nahe, Bereich Schloß Böckelheim. Großlage: *Burgweg*. Einzellagen: *Pfingstweide, Felsensteyer, Rosenberg, Rosenheck, Pfaffenstein, Steinwingert, Stollenberg, Kertz, Klamm, Hermannshöhle, Hermannsberg, Steinberg*.

Niederhausen an der Appel Weinort im Anbaugebiet →Nahe, Bereich Schloß Böckelheim. Großlage: *Paradiesgarten*. Einzellage: *Graukatz*.

Niederheimbach Weinort im Anbaugebiet →Mittelrhein, Bereich Bacharach. Großlage: *Schloß Reichenstein*. Einzellagen: *Froher Weingarten, Schloß Hohneck, Reifersley, Soonecker Schloßberg*.

Nieder-Hilbersheim Weinort im Anbaugebiet →Rheinhessen, Bereich Bingen. Großlage: *Abtey*. Einzellagen: *Mönchspforte, Honigberg, Steinacker*.

Niederhofen Ortsteil von Schwaigern. Weinort im Anbaugebiet →Württemberg, Bereich Württembergisch Unterland. Großlage: *Heuchelberg*. Einzellage: *Grafenberg*.

Niederhorbach Weinort im Anbaugebiet →Rheinpfalz, Bereich Südliche Weinstraße. Großlage: *Kloster Liebfrauenberg*. Einzellage: *Silberberg*.

Niederkirchen Weinort im Anbaugebiet →Rheinpfalz, Bereich Mittelhaardt/Deutsche Weinstraße. Großlage: *Hofstück*. Einzellagen: *Osterbrunnen, Klostergarten, Schloßberg*.

Niederlande 130 ha Rebfläche unter Glas, 3 ha Freiland; Ernte 150 hl Freilandwein; 10.000 dz Tafeltrauben, davon 300.000 dz Export; Import 2 Millionen hl Wein; jährlicher Pro-Kopf-Verbrauch 14 l.
Namen von Orten, Straßen und Hügeln erinnern daran, daß von den Römern bis zu Napoleon in Holland überall Freilandweinbau betrieben wurde, der aus handelspolitischen Gründen völlig verschwand. Holland besitzt aber seit 1967 wieder Freilandweinberge »Apostelhoeve« auf der Schloßterrasse Slavante an der Maas bei Maastricht und bei Eijs. Angebaut werden →Müller-Thurgau, Rheinriesling, →Pinot Noir und →Auxerrois. Der Anbau von Tafeltrauben in Unterglaskulturen ist rückläufig, da sie den preiswerten Tafeltrauben, die aus den südlichen Ländern Europas in Mengen importiert werden, nur schwer Konkurrenz bieten können. Die stark gestiegenen Exportzahlen für Tafeltrauben resultieren aus Handelsware (Kaptrauben) und nicht aus eigener Produktion.

Niedermennig Ortsteil von Konz. Weinort im Anbaugebiet →Mosel-Saar-Ruwer, Bereich Saar-Ruwer. Großlage: *Scharzberg*. Einzellagen: *Herrenberg, Sonnenberg, Euchariusberg*.

Niedermoschel Weinort im Anbaugebiet →Nahe, Bereich Schloß Böckelheim. Großlage: *Paradiesgarten*. Einzellagen: *Geißenkopf, Silberberg, Hahnhölle, Layenberg*.

Niedernhall Weinort im Anbaugebiet →Württemberg, Bereich Kocher-Jagst-Tauber. Großlage: *Kocherberg*. Einzellagen: *Burgstall, Engweg, Hoher Berg, Altenberg*.

Nieder-Olm Weinort im Anbaugebiet →Rheinhessen, Bereich Nierstein. Großlage: *Gutes Domtal*. Einzellagen: *Klosterberg, Sonnenberg, Goldberg*.

Niederösterreich Österreichisches Bundesland und Weinbauregion mit einer Rebfläche von 33.650 ha. Rund 60% der gesamten Weinernte Österreichs stammen aus diesem Gebiet (1,5 Millionen hl, davon 90% Weißwein und 10% Rotwein). Nach dem neuen österreichischen Weingesetz von 1985 gibt es 5 Weinbaugebiete: →Wachau, →Kamptal-Donauland, →Donauland-Carnuntum, →Weinviertel und →Thermenregion. Wien und seine Vororte bilden ein eigenes Gebiet. Hauptrebsorte ist der Grüne →Veltliner (48%), gefolgt von →Müller-Thurgau, →Welschriesling, Weißem →Burgunder, →Rheinriesling, →Neuburger, →Zierfandler und anderen. Unter den Rotweinreben führen Blauer →Portugieser und →Zweigelt. Das Niederösterreichische Weinsiegel wird alljährlich auf der Niederösterreichischen Landesweinmesse in Krems den besten Weinen, Sekten und Weinbränden des Landes verliehen. Die 115 höchstprämierten Weine nehmen am →»Salon österreichischer Wein« teil. Ein weiteres Qualitätszeichen ist das Siegel »Direkt vom Weinbau- und Kellermeister«, das von einer Qualitätsgemeinschaft niederösterreichischer Winzer für trockene Weine geschaffen wurde. Der gleiche Verband macht durch einen Anhänger mit dem Namen »Meisterstück« auf besonders geprüfte Weine aufmerksam.

Niederotterbach Weinort im Anbaugebiet →Rheinpfalz, Bereich Südliche Weinstraße. Großlage: *Guttenberg*. Einzellage: *Eselsbuckel*.

Niederrimsingen Ortsteil von Breisach. Weinort im Anbaugebiet →Baden, Bereich Tuniberg. Großlage: *Attilafelsen*. Einzellage: *Rotgrund*.

Reizvolle Landschaft in Niederösterreich: die Wachau bei Dürnstein.

Niederschlag 1. Das Niederschlagsminimum für den Ertragsweinbau liegt bei etwa 450 mm, das Maximum bei 1.000 mm, das Optimum bei 600 mm im Jahr, beziehungsweise bei etwa 50 mm pro Monat während der Vegetationszeit. Dabei ist auch die Form der Niederschläge wichtig; denn bei leichtem Nieselregen kann der Boden mehr Wasser aufnehmen als bei starken Gewittern (→Erosion). In den mitteleuropäischen Weinbaugebieten fallen die Hauptniederschläge im Sommer, also während der Zeit, wenn die Reben sie am meisten brauchen. Ein Mangel

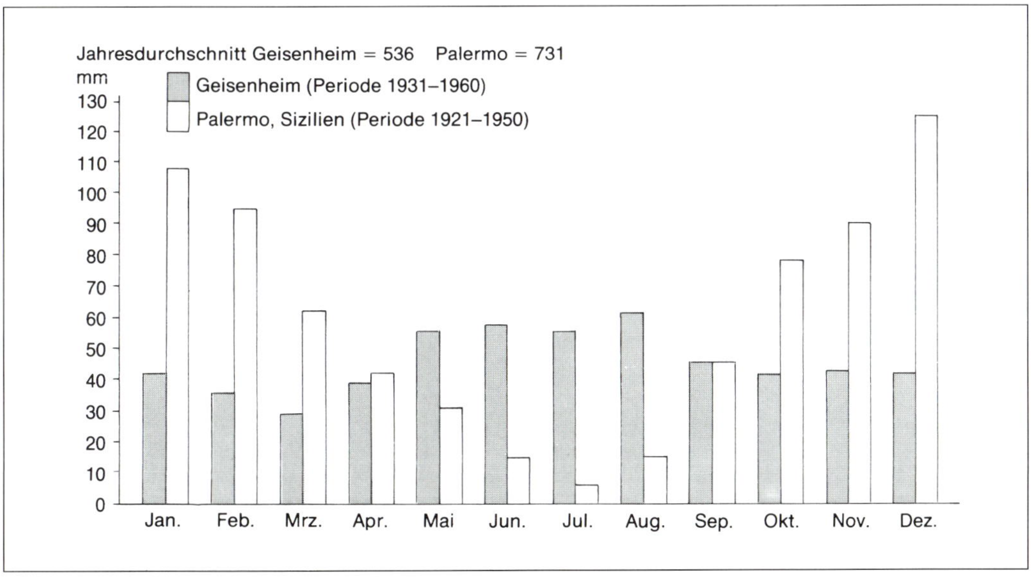

Monatssummen des Niederschlags in mm (=l/m²)

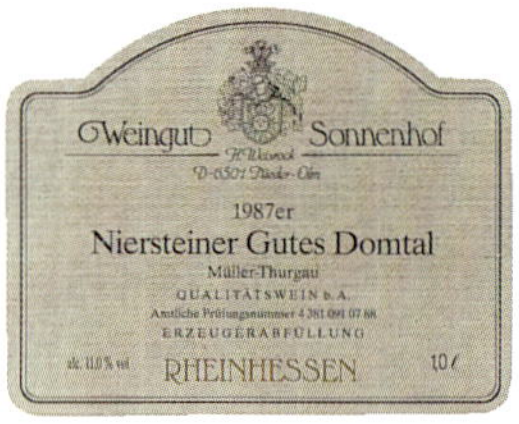

an Sommerregen ist für die meisten Weinbaugebiete des Mittelmeerraumes charakteristisch. Die in Trockenheit und Hitze gereiften Trauben haben viel Alkohol und Farbe, sind aber arm an Säure und lassen feine Frucht und Eleganz vermissen.
2. (auch **Depot**, Bodensatz) in der →Flasche bei liegender Lagerung auch als länglicher Streifen an der Flaschenseite erkennbar. Die Ursachen einer Depotbildung können verschiedener Art sein, müssen jedoch nicht immer, wie zum Beispiel beim Ausfallen von →Weinstein oder anderen →Weinkristallen Grund zu Beanstandungen geben. Sie entstehen, wenn zum Beispiel infolge einer →Nachgärung auf der Flasche sich →Hefen oder in nicht exakt geschönten Flaschenweinen →Trübungen langsam absetzen. Auch kranke Weine, in denen sich →Bakterien vermehrt haben, können zur Trübung neigen und dann, meist nach etwas längerer Lagerung, einen Bodensatz bilden (→Krankheiten). Bei älteren, meist französischen Rotweinen, beobachtet man bisweilen einen rötlichbraunen Niederschlag, der in der Hauptsache aus ausgeflockten →Gerb- und →Farbstoffen besteht und den man durch vorsichtiges →Dekantieren (Abgießen) von dem klaren Wein abtrennt.

Niederschopfheim Ortsteil von Hohberg. Weinort im Anbaugebiet →Baden, Bereich Ortenau. Großlage: *Fürsteneck*. Einzellage: *Kinzigtäler*.

Niederstetten Weinbaugemeinde im Anbaugebiet →Württemberg, Bereich Kocher-Jagst-Tauber, mit den Ortsteilen →Oberstetten, →Vorbachzimmern, →Wermutshausen. Großlage: *Tauberberg*. Einzellage: *Schafsteige*.

Niederwalluf Ortsteil von Walluf. Weinort im Anbaugebiet →Rheingau, Bereich Johannisberg. Großlage: *Steinmächer*. Einzellagen: *Walkenberg, Berg-Bildstock, Oberberg, Gottesacker*.

Niederweiler Ortsteil von Müllheim. Weinort im Anbaugebiet →Baden, Bereich Markgräflerland. Großlage: *Burg Neuenfels*. Einzellage: *Römerberg*.

Nieder-Wiesen Weinort im Anbaugebiet →Rheinhessen, Bereich Bingen. Großlage: *Adelberg*. Einzellage: *Wingertsberg*.

Nielluccio Rotweinrebe, die im Norden Korsikas angebaut wird und dort die bekannten →*Patrimonio*-Weine liefert.

Nierstein 1. Bereich des bestimmten Anbaugebietes →Rheinhessen.
2. Weinort im Anbaugebiet →Rheinhessen, Bereich Nierstein mit Schwabsburg. Großlagen: *Gutes Domtal, Spiegelberg, Rehbach, Auflangen*. Einzellagen Nierstein: *Rosenberg, Klostergarten, Findling, Kirchplatte, Schloß Hohenrechen, Bildstock, Brückchen, Paterberg, Hölle, Pettenthal, Brudersberg, Hipping, Goldene Luft, Kranzberg, Zehnmorgen, Bergkirche, Glöck, Ölberg, Heiligenbaum, Orbel, Schloß Schwabsburg*. Einzellagen Schwabsburg: *Pfaffenkappe, Orbel, Schloß Schwabsburg*.

Nieschütz Weinort im Anbaugebiet →Elbe mit der Lage *Heinrichsburg*.

Nikolauswein →Eiswein, der am 6. Dezember, am Tag des heiligen Nikolaus, geerntet wurde.

Nimburg Ortsteil von Teningen. Weinort im Anbaugebiet →Baden, Bereich Kaiserstuhl. Großlage: *Vulkanfelsen*. Einzellage: *Steingrube*.

Nitra (Neutra) Fluß und slowakische Weinbauregion mit alter Tradition. Produziert Markenweine ausgeglichener Art wie *Pribinovo Hrozno* (Pribin-Traube), *Nitrianské Hradné* (Nitraer Schloßwein), *Južnoslovenský Výbér* (Südslowakische Auswahl), *Slenčný Lúč* (Sonnenstrahl) und andere mehr.

Nittel Weinort im Anbaugebiet →Mosel-Saar-Ruwer, Bereich Obermosel, mit Ortsteil →Rehlingen. Großlage: *Gipfel*. Einzellagen: *Leiterchen, Blümchen, Rochusfels, Hubertusberg*.

Noble Joue Im Loiretal Bezeichnung für Blauer →Spätburgunder.

Noblessa Weißweinrebe; Neuzüchtung der Bundesforschungsanstalt für Rebenzüchtung, Geilweilerhof; Kreuzung aus Madeleine Angevine x Silvaner; Zuchtnummer Gf 32-16-74; reift sehr früh, bringt geringe Erträge, aber hohe Mostgewichte, so daß meistens Auslesen erzielt werden können.

Nobling Weißweinrebe; Neuzüchtung des Staatlichen Weinbauinstitutes Freiburg; im Jahre 1939 hat Dr. J. Zimmermann die Kreuzung aus Silvaner x Gutedel durchgeführt. Zuchtnummer Fr 128-40, Sortenschutz 1967. Mit der Namengebung soll auf den edlen, noblen Charakter der Weine hingewiesen werden. Die Sorte reift früh bis mittelfrüh zwischen →Müller-Thurgau und →Silvaner. Mostgewicht, Säuregehalt und Ertrag liegen meistens über denen der Kreuzungspartner. Die Weine sind fruchtig, körperreich und haben ein feines, sorteneigenes Bukett; sehr gut zur Gewinnung von Spät- und Auslesen geeignet. Bestockte Rebfläche in Deutschland: 145 ha.

Nochern Weinort im Anbaugebiet →Mittelrhein, Bereich Rheinburgengau. Großlage: *Loreleyfelsen*. Einzellage: *Brünnchen*.

Nodien Knoten am Sommertrieb der Rebe.

Nonnenhorn Weinort im Anbaugebiet →Württemberg, Bereich Bayerischer Bodensee. Großlage: *Lindauer Seegarten*. Einzellagen: *Seehalde, Sonnenbüchel*.

Nordhausen Ortsteil von Nordheim. Weinort im Anbaugebiet →Württemberg, Bereich Württembergisch Unterland. Großlage: *Heuchelberg*. Einzellage: *Sonntagsberg*.

Nordheim 1. Weinbaugemeinde im Anbaugebiet →Württemberg, Bereich Württembergisch Unterland, mit Ortsteil →Nordhausen. Großlage: *Heuchelberg*. Einzellagen: *Grafenberg, Gräfenberg, Ruthe, Sonntagsberg*.
2. Weinort im Anbaugebiet →Franken, Bereich Maindreieck. Großlage: *Kirchberg*. Einzellagen: *Vögelein, Kreuzberg*.

Nordweil Ortsteil von Kenzingen. Weinort im Anbaugebiet →Baden, Bereich Breisgau. Großlage: *Burg Lichteneck*. Einzellage: *Herrenberg*.

Norheim Weinort im Anbaugebiet →Nahe, Bereich Schloß Böckelheim. Großlage: *Burgweg*. Einzellagen: *Götzenfels, Sonnenberg, Onkelchen, Oberberg, Kirschheck, Dellchen, Klosterberg, Kafels*.

Normalerziehung →Erziehung.

Norsingen Ortsteil von Ehrenkirchen, Weinort im Anbaugebiet →Baden, Bereich Markgräflerland. Großlage: *Lorettoberg*. Einzellage: *Batzenberg*.

North Central Coast Weinbaugebiet in →Kalifornien, südlich von San Francisco gelegen. Ursprünglich ein Gebiet der großen Quantitäten, neuerdingst gibt es jedoch auch höherwertige Weine in kleineren Mengen. Neben einigen allgemeinen Ursprungsbezeichnungen gibt es 12 →AVAs, die in den achtziger Jahren anerkannt wurden. Die Rebfläche beträgt etwa 14.000 ha.

North Coast Weinbaugebiet an der Nordküste →Kaliforniens, in dem die besten Qualitätsweinbaugebiete des Landes liegen. Die allgemeine Herkunftsbezeichnung wurde 1983 anerkannt (→Mendocino County, →Napa County, →Sonoma County).

Nostrano 1. In der italienischen Schweiz (→Tessin) Bezeichnung für Europäerreben. Diese →wurzelechten Rebsorten werden allmählich durch Pfropfreben verdrängt.
2. In Norditalien Bezeichnung für einheimische Rebsorten wie →Freisa, →Bondola, →Merlot und →Nebbiolo.

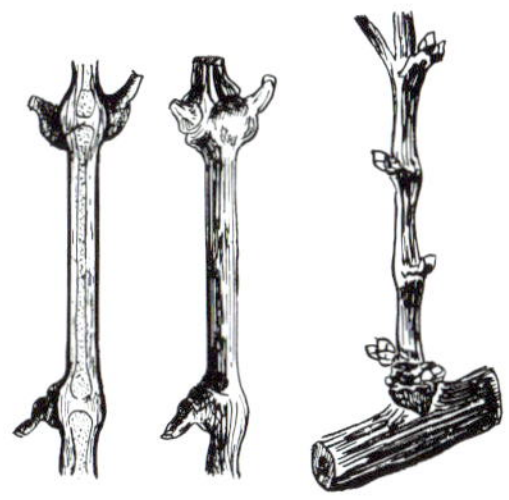

Nodien am Rebtrieb.

Novidade Jahrgangs-Port (→Portwein).

Nuits-Saint-Georges Von der Rebfläche her größter Weinort am Ende der →Côte de Nuits. Seine Rotweine brauchen nicht so lange zu lagern wie die von →Chambolle-Musigny. Der Ort hat auch eine kleine Weißweinproduktion.

Nuragus di Cagliari Italienischer DOC-Weißwein aus →Sardinien. Der strohgelbe Wein mit grünlichen Reflexen aus der gleichnamigen Rebsorte (mindestens 85%) schmeckt herzhaft und trocken.

Nürnberger, Blauer Österreichische Bezeichnung für Blauer →Spätburgunder.

Nußbach Stadtteil von Oberkirch. Weinort im Anbaugebiet →Baden, Bereich Ortenau. Großlage: *Fürsteneck*. Einzellagen: *Renchtäler*.

Nußbaum Weinort im Anbaugebiet →Nahe, Bereich Schloß Böckelheim. Großlage: *Paradiesgarten*. Einzellagen: *Sonnenberg, Höllenberg, Rotfeld*.

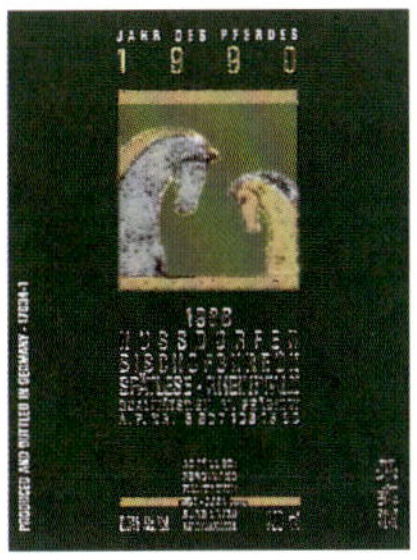

Nußdorf 1. Ortsteil von Landau. Weinort im Anbaugebiet →Rheinpfalz, Bereich Südliche Weinstraße. Großlage: *Bischofskreuz*. Einzellagen: *Herrenberg, Kaiserberg, Kirchenstück*.
2. Einer der Heurigenorte im Stadtgebiet von →Wien.

Nußloch Weinort im Anbaugebiet →Baden, Bereich Badische Bergstraße/Kraichgau. Großlage: *Mannaberg*. Einzellage: *Wilhelmsberg*.

Nyon Weinort im Schweizer Kanton →Waadt, Weinbauregion La →Côte, aus dem gute Rotweine stammen.

O

Oberachern Ortsteil von Achern. Weinort im Anbaugebiet →Baden, Bereich Ortenau. Großlage: *Schloß Rodeck*. Einzellagen: *Alde Gott, Bienengott*.

Oberacker Ortsteil von Kraichtal. Weinort im Anbaugebiet →Baden, Bereich Badische Bergstraße/Kraichgau. Großlage: *Stiftsberg*. Einzellage: *Lerchenberg*.

Oberbalbach Ortsteil von Lauda-Königshofen. Weinort im Anbaugebiet →Baden, Bereich Tauberfranken. Großlage: *Tauberklinge*. Einzellage: *Mühlberg*.

Oberbergen Ortsteil von Vogtsburg im Kaiserstuhl. Weinort im Anbaugebiet →Baden, Bereich Kaiserstuhl. Großlage: *Vulkanfelsen*. Einzellagen: *Pulverbuck, Baßgeige*.

Oberbillig Weinort im Anbaugebiet →Mosel-Saar-Ruwer, Bereich Obermosel. Großlage: *Gipfel*. Einzellagen: *Hirtengarten, Römerberg*.

Oberderdingen Weinbaugemeinde im Anbaugebiet →Württemberg, Bereich Württembergisch Unterland, mit Ortsteil →Flehingen (Baden). Großlage: *Stromberg*. Einzellage: *Kupferhalde*.

Oberdiebach Weinort im Anbaugebiet →Mittelrhein, Bereich Bacharach. Großlage: *Schloß Stahleck*. Einzellagen: *Bischofshub, Fürstenberg, Kräuterberg*.

Oberdollendorf Ortsteil von Königswinter. Weinort im Anbaugebiet →Mittelrhein, Bereich Siebengebirge. Großlage: *Petersberg*. Einzellagen: *Rosenhügel, Laurentiusberg, Sülzenberg*.

Obereggenen Ortsteil von Schliengen. Weinort im Anbaugebiet →Baden, Bereich Markgräflerland. Großlage: *Burg Neuenfels*. Einzellage: *Röthen*.

Obereisenheim Ortsteil von Markt Eisenheim. Weinort im Anbaugebiet →Franken. Großlage: *Kirchberg*. Einzellage: *Höll*.

Oberemmel Ortsteil von Konz. Weinort im Anbaugebiet →Mosel-Saar-Ruwer, Bereich Saar-Ruwer. Großlage: *Scharzberg*. Einzellagen: *Karlsberg, Altenberg, Hütte, Raul, Agritiusberg, Rosenberg*.

Oberer Neckar Bereich des bestimmten Anbaugebietes →Württemberg.

Oberfell Weinort im Anbaugebiet →Mosel-Saar-Ruwer, Bereich Zell/Mosel. Großlage: *Weinhex*. Einzellagen: *Goldlay, Brauneberg, Rosenberg*.

Ober-Flörsheim Weinort im Anbaugebiet →Rheinhessen, Bereich Wonnegau. Großlage: *Burg Rodenstein*. Einzellagen: *Blücherpfad, Deutschherrenberg*.

Obergrombach Ortsteil von Bruchsal. Weinort im Anbaugebiet →Baden, Bereich Badische Bergstraße/Kraichgau. Großlage: *Mannaberg*. Einzellage: *Burgwingert*.

Oberhausen 1. Weinort im Anbaugebiet →Nahe, Bereich Schloß Böckelheim. Großlage: *Burgweg*.
Einzellagen: *Felsenberg, Kieselberg, Brücke, Leistenberg, Rotenberg*.
2. Weinort im Anbaugebiet →Rheinpfalz, Bereich Südliche Weinstraße.
Großlage: *Kloster Liebfrauenberg*. Einzellage: *Frohnwingert*.
3. Weinort im Anbaugebiet →Nahe, Bereich Schloß Böckelheim. Großlage: *Paradiesgarten*. Einzellage: *Graukatz*.

Oberheimbach Weinort im Anbaugebiet →Mittelrhein, Bereich Bacharach. Großlage: *Schloß Reichenstein*. Einzellagen: *Römerberg, Klosterberg, Wahrheit, Sonne*.

Ober-Hilbersheim Weinort im Anbaugebiet →Rheinhessen, Bereich Bingen. Großlage: *Abtey*. Einzellagen: *Mönchspforte, Honigberg, Steinacker*.

Oberkirch Weinort im Anbaugebiet →Baden, Bereich Ortenau, mit den Ortsteilen →Bottenau, →Haslach, →Nußbach, →Ödsbach, →Ringelbach, →Stadelhofen, →Tiergarten. Großlage: *Fürsteneck*. Einzellagen: *Renchtäler, Schloßberg*.

Oberlauda Ortsteil von Lauda-Königshofen. Weinort im Anbaugebiet →Baden, Bereich Tauberfranken. Großlage: *Tauberklinge*. Einzellagen: *Steinklinge, Altenberg*.

Oberleinach Ortsteil von Leinach. Weinort im Anbaugebiet →Franken, Bereich Maindreieck. Großlage: *Ravensburg*. Einzellagen: *Weinsteig, Himmelberg*.

Oberlin, Christian Französischer Rebenzüchter, der sich besonders mit Kreuzungen von →Hybriden befaßte.

Obermarkersdorf Niederösterreichischer Weinort, Weinbaugebiet →Weinviertel, mit blumigen, furchtigen Weißweinen.

Obermennig Ortsteil von Konz. Weinort im Anbaugebiet →Mosel-Saar-Ruwer, Bereich Saar-Ruwer. Großlage: *Scharzberg*. Einzellage: *Euchariusberg*.

Obermoschel Weinort im Anbaugebiet →Nahe, Bereich Schloß Böckelheim. Großlage: *Paradiesgarten*. Einzellagen: *Sonnenplätzchen, Schloßberg, Langhölle, Geißenkopf, Silberberg*.

Obermosel Bereich des bestimmten Anbaugebietes →Mosel-Saar-Ruwer.

Obernau Ortsteil von Aschaffenburg. Weinort im Anbaugebiet →Franken, Bereich Mainviereck. Einzellagen: *Sanderberg*.

Obernbreit Weinort im Anbaugebiet →Franken, Bereich Maindreieck. Großlage: *Hofrat*. Einzellage: *Kanzel*.

Oberndorf Weinort im Anbaugebiet →Nahe, Bereich Schloß Böckelheim. Großlage: *Paradiesgarten*. Einzellagen: *Weißenstein, Feuersteinrossel, Aspenberg, Beutelstein*.

Obernhof Weinort im Anbaugebiet →Mittelrhein, Bereich Rheinburgengau. Großlage: *Lahntal*. Einzellage: *Goetheberg*.

Ober-Olm Weinort im Anbaugebiet →Rheinhessen, Bereich Nierstein. Großlage: *Domherr*. Einzellage: *Kapellenberg*.

Oberotterbach Weinort im Anbaugebiet →Rheinpfalz, Bereich Südliche Weinstraße. Großlage: *Guttenberg*. Einzellage: *Sonnenberg*.

Oberöwisheim und **Unteröwisheim** Ortsteile von Kraichtal. Weinorte im Anbaugebiet →Baden, Bereich Badische Bergstraße/ Kraichgau. Großlage: *Mannaberg*. Einzellage: *Kirchberg*.

Oberrhein Tafelweinbaugebiet mit den Untergebieten Römertor und Burgengau. Umfaßt geographisch das bestimmte Anbaugebiet Baden (→Tafelwein).

Oberrimsingen Ortsteil von Breisach. Weinort im Anbaugebiet →Baden, Bereich Tuniberg. Großlage: *Attilafelsen*. Einzellage: *Franziskaner*.

Oberrotweil Ortsteil von Vogtsburg. Weinort im Anbaugebiet →Baden, Bereich Kaiserstuhl. Großlage: *Vulkanfelsen*. Einzellagen: *Schloßberg, Käsleberg, Eichberg, Henkenberg, Kirchberg*.

Obersasbach Ortsteil von Sasbach. Weinort im Anbaugebiet →Baden, Bereich Ortenau. Großlage: *Schloß Rodeck*. Einzellagen: *Alde Gott, Eichwäldele*.

Oberschopfheim Ortsteil von Friesenheim. Weinort im Anbaugebiet →Baden, Bereich Breisgau. Großlage: *Schutterlindenberg*. Einzellage: *Kronenbühl*.

Oberschüpf Ortsteil von Boxberg. Weinort im Anbaugebiet →Baden, Bereich Tauberfranken.
Großlage: *Tauberklinge*. Einzellagen: *Altenberg, Herrenberg*.

Oberschwappach Ortsteil von Knetzgau. Weinort im Anbaugebiet →Franken, Bereich Steigerwald. Großlage: *Kapellenberg*. Einzellage: *Sommertal*.

Oberschwarzach Weinort im Anbaugebiet → Franken, Bereich Steigerwald, mit Ortsteilen →Wiebelsberg, →Handthal, →Kammerforst. Großlage: *Steige*. Einzellage: *Herrenberg*.

Obersöllbach. Ortsteil von Neuenstein. Weinort im Anbaugebiet →Württemberg, Bereich Württembergisch Unterland. Großlage: *Lindelberg*. Einzellage: *Margarete*.

Oberstenfeld Weinbaugemeinde im Anbaugebiet →Württemberg, Bereich Württembergisch Unterland, mit Ortsteil →Gronau. Großlage: *Wunnenstein*. Einzellagen: *Forstberg, Harzberg, Lichtenberg*.

Oberstreit Weinort im Anbaugebiet →Nahe, Bereich Schloß Böckelheim.
Großlage: *Paradiesgarten*. Einzellage: *Auf dem Zimmerberg*.

Obersülzen Weinort im Anbaugebiet →Rheinpfalz, Bereich Mittelhaardt/Deutsche Weinstraße. Großlage: *Schwarzerde*. Einzellage: *Schnepp*.

Obertsrot Stadtteil von Gernsbach. Weinort im Anbaugebiet →Baden, Bereich Ortenau. Großlage: *Schloß Rodeck*. Einzellage: *Grafensprung*.

Obertürkheim →Stuttgart.

Oberuhldingen Ortsteil von Uhldingen-Mühlhof. Weinort im Anbaugebiet →Baden, Bereich Bodensee. Großlage: *Sonnenufer*. Einzellage: *Kirchhalde*.

Obervolkach Ortsteil von Volkach. Weinort im Anbaugebiet →Franken, Bereich Maindreieck. Großlage: *Kirchberg*. Einzellage: *Landsknecht*.

Oberwalluf Ortsteil von Walluf. Weinort im Anbaugebiet →Rheingau, Bereich Johannisberg. Großlage: *Steinmächer*. Einzellagen: *Vitusberg, Langenstück*.

Oberweier Ortsteil von Friesenheim. Weinort im Anbaugebiet →Baden, Bereich Breisgau. Großlage: *Schutterlindenberg*. Einzellage: *Kronenbühl*.

Oberwesel Weinort im Anbaugebiet →Mittelrhein, Bereich Rheinburgengau, mit Ortsteil →Engehöll. Großlage: *Schloß Schönburg*. Einzellagen: *Sieben Jungfrauen, Ölsberg, Bienenberg, St. Martinsberg, Goldemund, Römerkrug*.

Obrigheim Weinort im Anbaugebiet →Rheinpfalz, Bereich Mittelhaardt/Deutsche Weinstraße, mit Ortsteilen →Colgenstein, →Mühlheim. Großlage: *Grafenstück*. Einzellagen: *Benn, Rosengarten, Mandelpfad*.

Obstbaum-Spinnmilbe (auch **Rote Spinne**) Rebenschädling, dessen Larven an den Blättern saugen und so die →Assimilation stark beeinträchtigen. Die Bekämpfung muß möglichst früh im Jahr erfolgen.

Obstwein →weinähnliche Getränke.

Ochsenbach Ortsteil von Sachsenheim. Weinort im Anbaugebiet →Württemberg, Bereich Württembergisch Unterland. Großlage: *Stromberg*. Einzellage: *Liebenberg*.

Ochsenburg Ortsteil von Zaberfeld. Weinort im Anbaugebiet →Württemberg, Bereich Württembergisch Unterland. Großlage: *Heuchelberg*. Einzellage: *Hohenberg*.

Oechsle, Christian Ferdinand (*26. 12. 1774 bei Baiersbronn, † 17.3.1852 in Pforzheim), Sohn des Bleiglasers Israel Oechsle. Zeigte bereits in seiner frühen Jugend Begabung für Naturwissenschaften und Musik, wurde Goldschmied in Pforzheim, unterhielt eine mechanische Werkstätte und machte eine Reihe von interessanten Erfindungen. Er errichtete die erste Spiritusbrennerei Pforzheims, stellte ein Harmonium und eine Mundharmonika her, erfand die Rotfärbung des Glases und das sogenannte »Lebensrad«, einen Vorläufer des Kinematographen. Am bekanntesten wurde er durch die von ihm und seinem Sohn Christian Ludwig konstruierte und verbreitete →Mostwaage, mit der noch heute im deutschen, luxemburgischen und schweizerischen Weinbau das →Mostgewicht in Oechslegraden (oder vereinfacht: Oechsle), abgekürzt °Oe, gemessen wird.

Zum Bild rechts: Christian Ferdinand Oechsle.

Oechslewaage Von Christian Ferdinand →Oechsle entwickeltes →Aräometer (Senkspindel), auf dem man das →spezifische Gewicht unmittelbar in gekürzter Form ablesen kann. Das spezifische Gewicht von 1080 zum Beispiel entspricht 80°Oe. Aus dem Mostgewicht kann man nach der Formel (°Oe : 4) – 3 die Zuckerprozente und nach der Formel (°Oe x 2,5) – 30 die g/l Zucker ermitteln. In guten Jahren werden die Werte für den zuckerfreien Extrakt von 3 beziehungsweise 30 auf 2 beziehungsweise 20 herabgesetzt. Die Oechsle-Grade entsprechen bei mittleren Weinen etwa dem potentiellen →Alkoholgehalt (g/l). Alkoholgehalt g/l : 8 ergibt bei mittleren Weinen annähernd den Alkoholgehalt in Vol.-%.

Ockenheim Weinort im Anbaugebiet →Rheinhessen, Bereich Bingen. Großlage: *Sankt Rochuskapelle*. Einzellagen: *Laberstall, Hockenmühle, St. Jakobsberg, Klosterweg, Kreuz, Schönhölle*.

Ockfen Weinort im Anbaugebiet →Mosel-Saar-Ruwer, Bereich Saar-Ruwer. Großlage: *Scharzberg*. Einzellagen: *Bockstein, Geisberg*.

Odenheim Ortsteil von Östringen. Weinort im Anbaugebiet →Baden, Bereich Badische Bergstraße/Kraichgau. Großlage: *Stiftsberg*. Einzellage: *Königsbecher*.

Odernheim Weinort im Anbaugebiet →Nahe, Bereich Schloß Böckelheim. Großlage: *Paradiesgarten*. Einzellagen: *Kloster Disibodenberg, Heßweg, Montfort, Weinsack, Kapellenberg, Langenberg*.

Oedheim Weinort im Anbaugebiet →Württemberg, Bereich Württembergisch Unterland. Großlage: *Staufenberg*. Einzellage: *Kayberg*.

Ödsbach Ortsteil von Oberkirch. Weinort im Anbaugebiet →Baden, Bereich Ortenau. Großlage: *Fürsteneck*. Einzellage: *Renchtäler*.

Oeil de Perdrix (frz. Rebhuhnauge) Bezeichnung für Schweizer →Roseeweine, die aus dem Blauen →Spätburgunder (Pinot Noir) hell gekeltert wurden und deren Farbe an das hellrote Auge des Rebhuhns erinnern soll. Sie kommen aus den Kantonen →Genf und →Neuenburg. In Frankreich wendet man diese Bezeichnung ebenfalls auf Roseeweine und Champagner an.

Oestrich Ortsteil von Oestrich-Winkel. Weinort im Anbaugebiet →Rheingau, Bereich Johannisberg. Großlagen: *Gottesthal, Mehrhölzchen*. Einzellagen: *Klosterberg, Lenchen, Doosberg, Schloß Reichartshausen* (Ortsteil).

Offenau Ortsteil von Bad Friedrichshall. Weinort im Anbaugebiet →Württemberg, Bereich Württembergisch Unterland. Großlage: *Staufenberg*. Einzellage: *Schön*.

Offenburger Weinmarkt Gesamtbadischer Markt, der jeweils am 1. Dienstag nach dem 15. Mai eines jeden Jahres in der Oberrhein-Halle abgehalten wird. 1872 ins Leben gerufen, stellen heute rund 45 Winzergenossenschaften und 30 Weingüter über 500 verschiedene Weine zum Verkauf an (Gesamtvolumen fast 2 Millionen Flaschen). Meist kommen die 3–4 letzten Jahrgänge mit 20 und mehr Rebsorten ins Angebot.

Offenburger Synonym für →Räuschling.

Offenheim Weinort im Anbaugebiet →Rheinhessen, Bereich Wonnegau. Großlage: *Sybillenstein*. Einzellage: *Mandelberg*.

Offstein Weinort im Anbaugebiet →Rheinhessen, Bereich Wonnegau. Großlage: *Domblick*. Einzellagen: *Engelsberg, Schloßgarten*.

Oger Weinort in der →Champagne, dessen Gewächse für die Champagnerbereitung als Grands Crus eingestuft sind, das heißt mit 100% bewertet werden.

Oggau Weinstädtchen im österreichischen →Burgenland, Weinbaugebiet →Neusiedlersee-Hügelland. Vor allem bekannt für seine Rotweine, gilt als die älteste Rotweingemeinde des Gebiets. Dennoch sind rund 80% der 470 ha großen Rebfläche mit Weißweinreben bestockt. Bekannt ist *Andreaswein–Grand Prix*, benannt nach dem Gastronomen Andreas Kern, der anläßlich der Weltausstellungen von Paris und London große Preise erzielte. Heute stellen 20 Winzer unter strengsten Qualitätskontrollen eine sogenannte Winzer-Cuvée her, das heißt, die Moste der Winzer werden miteinander verschnitten und wieder auf die Winzer aufgeteilt.

Ohlsbach Weinort im Anbaugebiet →Baden, Bereich Ortenau. Großlage: *Fürsteneck*. Einzellage: *Kinzigtäler*.

Oidium tuckeri Echter Mehltaupilz, auch Äscherich genannt, ist ein gefährlicher Feind der Rebe. Er überzieht →Blatt, →Geschein und →Traube mit seinem grauweißen, wie Staub aussehenden Mycel und treibt seine Saugorgane in die Zellen, bis diese absterben. Bei reifenden Beeren läßt der Pilz die Beerenhaut aufplatzen; Fruchtfleisch und Kerne werden

Von Oidium befallene Trauben.

dadurch sichtbar. Der Winzer nennt dies Samenbruch. Befallene Trauben müssen bei der Lese ausgesondert werden, weil sie dem Most einen Schimmelgeschmack verleihen können. Wachstumsschäden des Weinstockes und Ernteverluste sind die Folge größerer Infektionen. Eine regelmäßige vorbeugende Bekämpfung mit Schwefel ist für den Weinbau unumgänglich.

Oiry Weinort in der →Champagne, dessen Gewächse für die Champagnerbereitung als Grands Crus eingestuft sind, das heißt mit 100% bewertet werden.

OIV Internationales Amt für Rebe und Wein mit Sitz in Paris.

Ökologischer Weinbau Unter Verzicht auf chemische Dünge- und Spritzmittel wird die Erhaltung und Steigerung der natürlichen Fruchtbarkeit des Bodens angestrebt. Heute stehen in Deutschland etwa 500 ha (etwa 0,5%) Rebfläche im Ertrag. Die ökologisch arbeitenden Winzerbetriebe haben sich im »Bundesverband Ökologischer Weinbau« zusammengeschlossen, der heute etwa 100 Betriebe umfaßt. Die Weine der Mitglieder tragen ein Emblem (Eco Vin) und eine Betriebsnummer.

Okanagan Riesling Irreführende Bezeichnung für eine amerikanische →Hybride in Kanada.

Olaszriesling Ungarische Bezeichnung für →Welschriesling.

Olevano Romano →Cesanese die Olevano Romano.

Olewig Ortsteil von Trier. Weinort im Anbaugebiet →Mosel-Saar-Ruwer, Bereich Saar-Ruwer. Großlage: *Römerlay*. Einzellagen: *Burgberg, Jesuitenwingert, Deutschherrenköpfchen* (Trier), *Deutschherrenberg, Thiergarten Unterm Kreuz, Thiergarten Felsköpfchen, Kurfürstenhofberg, Benediktinerberg*.

Öligwerden →Lindwerden.

Oloroso →Sherry.

Oltrepò Pavese Italienische DOC-Weiß-, -Rosee- und -Rotweine aus der →Lombardei, Provinz Pavia. Die Weine tragen als Zusatz zu dem Namen entweder die Rebsorte, aus der sie hauptsächlich stammen, eine Ortsbezeichnung oder den Typennamen *Buttafuoco*. *Oltrepò Pavese* (rot) ohne Zusatz stammt aus 65% →Barbera, 25% Croatina und bis 45% aus →Uva Rara und/oder Ughetta. Er ist dunkelrot, voll, leicht tanninhaltig. *Barbarcarlo* stammt aus dem gleichnamigen Ort, ist aus Croatina, Uva Rara, Ughetta und Barbera gekeltert, dunkelrot, Mandelaroma, körperreich, charaktervoll. *Buttafuoco* stammt aus 7 Gemeinden, ist aus Barbera, Croatina und Ughetta gekeltert, purpurn, körperreich und schäumt perlend. *Sangue di Giuda* stammt aus Croatina, Uva Rara, Ughetta und Barbera, ist dunkel rubinrot, warm, charaktervoll und perlt mitunter leicht. Die übrigen sind: *Bonarda* (dunkelrot, weich aromatisch), *Barbera* (leuchtendrot, trocken, leicht herb), *Cortese* (hellgelb, frisch), *Moscato* (strohgelb, süß, aromatisch), *Pinot Nero* (rosee oder rot, fein), *Pinot Grigio* (fruchtig, süffig), *Riesling Italico* (trocken, spritzig), *Riesling Renano* (hell, trocken, frisch). Aus Pinot Nero, Riesling, Cortese und Moscato werden auch Schaumweine hergestellt.

Omega-Schnitt →Rebveredelung.

Önologie Wissenschaft vom Wein (oinos griech. Wein; logos griech. Wissenschaft, Kunde). Umfaßt alle wissenschaftlichen Aspekte der Weinbereitung vom Weinbau bis zur Weinbehandlung. Die Weinwissenschaftler nennt man Önologen.

Önotannine →Gerbstoffe.

Önothek Weinsammlung.

Önsbach Ortsteil von Achern. Weinort im Anbaugebiet →Baden, Bereich Ortenau. Großlage: *Schloß Rodeck*. Einzellage: *Pulverberg*.

Onsdorf Weinort im Anbaugebiet →Mosel-Saar-Ruwer, Bereich Obermosel. Großlage: *Gipfel*. Einzellage: *Hubertusberg*.

Opfingen Ortsteil von Freiburg. Weinort im Anbaugebiet →Baden, Bereich Tuniberg. Großlage: *Attilafelsen*. Einzellage: *Sonnenberg*.

Oporto, Porto Zweitgrößte Stadt Portugals, an der Mündung des Douro gelegen. Alleiniger Ausfuhrhafen für →Portwein, der in der gegenüberliegenden Stadt →Vila Nova de Gaia in gewaltigen kellerartigen Hallen lagert.

Oportó Österreichische und ungarische Bezeichnung für Blauer →Portugieser.

Oppenheim Weinort im Anbaugebiet →Rheinhessen, Bereich Nierstein. Großlagen: *Güldenmorgen, Krötenbrunnen*. Einzellagen: *Daubhaus, Zuckerberg, Herrenberg, Sackträger, Schützenhütte, Kreuz, Gutleuthaus, Schloßberg, Schloß, Paterhof, Herrengarten*.

Neben Mainz und Worms Mittelpunkt des rheinhessischen Weinhandels und Sitz der Landes-Lehr- und Versuchsanstalt für Wein- und Gartenbau.

Optima Weißweinrebe; Neuzüchtung der Bundesforschungsanstalt für Rebenzüchtung, Geilweilerhof; Kreuzung von Professor Dr. Husfeld aus (Silvaner x Riesling) x Müller-Thurgau; Zuchtnummer Gf 33–13–133; 1971 Eintragung in die Sortenliste. Der Name Optima kommt aus den Lateinischen (die Beste).
Das Blatt ist mittelgroß, drei- bis fünflappig, blasig, die Trauben sind klein, dicht gepackt mit runden, dickschaligen, gelben bis grüngelben Beeren; der Wuchs ist mittel bis stark, das Holz gelbbraun, rotbraun gestreift, gut ausreifend, die Reife erfolgt sehr früh. Die Sorte stellt geringe Ansprüche an Lage und Boden. Bestockte Rebfläche in Deutschland: 471 ha. Durchschnittliche Ernte im mittleren Bereich von 60–70 hl/ha, Mostgewicht 10–25° Oe über →Riesling; die Säurewerte schwanken um 8‰. Die Weine sind rieslingähnlich elegant, rassig mit duftigem Bukett, sortentypisch. Aufgrund der frühen Reife und der hohen Mostgewichte sind in jedem Jahr selbständige Qualitäten zu gewinnen, die wegen der Botrytisanfälligkeit häufig edelfaul sind und den entsprechenden Botrytiston besitzen. Die Sorte gehört damit zu den für Rieslinggebiete besonders beachtenswerten Neuzüchtungen.

Orangeriesling Synonym für →Goldburger.

Oraniensteiner Weißweinrebe; Neuzüchtung des Instituts für Rebenzüchtung, Geisenheim, aus der Kreuzung Riesling x Silvaner; Zuchtnummer Gm 11–34; die Sorte ist zur Eintragung in die Sortenliste angemeldet. Bestockte Rebfläche in Deutschland: 3 ha.

organische Substanz Begriff für alle abgestorbenen pflanzlichen und tierischen Stoffe, die in oder auf dem Boden zu finden sind. Sie zerfallen mit der Zeit in mineralische und organische Verbindungen und werden dann von kleinsten Bodenlebewesen als Nahrung aufgenommen und verarbeitet. Solche Lebewesen vermehren sich bei ausreichendem Angebot an organischer Substanz schnell und nützen der Rebpflanze, weil sie organische Eiweißverbindungen und Luftstickstoff (N_2) in pflanzengeeignete Formen (NH_3) umwandeln können.
Da die Rebe in Mitteleuropa in Monokultur angebaut wird, verarmt der Weinbergsboden langsam an organischen Substanzen. Diese können nur über organische →Düngung ersetzt werden.

Organoleptik →Weinkostprobe, →Sinnenprüfung, →Degustation.

Originalabfüllung Nicht mehr zulässige Bezeichnung. Früher verstand man darunter Naturweine (ungezuckerte, nicht →angereicherte Weine), die im Keller des Erzeugers ausgebaut und abgefüllt werden mußten. Als Erzeuger galten einzelne Winzer oder Weingutsbesitzer sowie auch Winzergenossenschaften. Darüber hinaus durften die Weine hinsichtlich Lage, Jahrgang und Traubensorte keine Verschnitte sein. Die Bezeichnung Originalabfüllung ist wahrscheinlich auf Schloß Johannisberg im Rheingau zurückzuführen, wo seit 1822 der Verkauf von »Cabinetswein« in Flaschen mit Originaletiketten, Korkbrand und Siegel erfolgte. Heute ist nur noch der Begriff Erzeugerabfüllung zulässig (→Abfüllerangabe).

Orinto Portugiesische Weißweinrebe, die nördlich von Lissabon im Weinbaugebiet Bucelas angebaut wird; sie liefert angenehme, harmonische, an →Riesling erinnernde Weine.

Orta Nova Italienischer DOC-Rotwein aus →Apulien. Der rubinrote, trockene Wein stammt zu 60–100% aus →Sangiovese. Aus den gleichen Trauben wird auch ein Rosato erzeugt.

Ortega Weißweinrebe; Neuzüchtung der Bayerischen Landesanstalt für Wein-, Obst- und Gartenbau, Würzburg; Kreuzung aus Müller-Thurgau x Siegerrebe; Zuchtnummer Wü B 48–21–4; seit 1971 in die Sortenliste eingetragen. Bezeichnung nach dem spanischen Philosophen José Ortega y Gasset.
Das Blatt ist mittelgroß, dreilappig, die Trauben sind pyramidenförmig, mittelgroß, locker- bis dichtbeerig mit großen, runden, gelben, festschaligen, kräftig nach Muskat schmeckenden Beeren; der Wuchs ist kräftig blattreich, die Holzausreife gut, daher auch gute Winterfrostfestigkeit. Die Reife erfolgt sehr früh. Die Sorte stellt keine besonderen Ansprüche an Boden und Lagen, die Lagen sollten allerdings windgeschützt sein, da diese Sorte etwas blüteempfindlich ist und zur Jungfernfrüchtigkeit (→Befruchtung) neigt; bestockte Rebfläche in Deutschland: 1.266 ha. Ortega bringt mittlere bis hohe Erträge, leicht schwankend, mit hohen Mostgewichten (80–100° Oe) und mittleren bis geringen Säurewerten (6–9‰). Die Weine sind feinfruchtig, voll, harmonisch mit ausgeprägtem Muskatbukett, sie ähneln etwas den Weinen der →Siegerrebe und sind lange lagerfähig. Diese Sorte ist als Tafeltraube hervorragend geeignet. Gefährdung durch Wespenfraß.

Ortenau Bereich des bestimmten Anbaugebietes →Baden. Von Baden-Baden bis Offenburg wachsen auf den Hängen der in den Schwarzwald eingreifenden geschützten Seitentäler, meist auf Urgesteinsverwitterungsböden, herzhafte →Rieslingweine (Klingelberger), würzige →Traminer (Clevner) sowie vollmundige Spätburgunder-Weißherbste.

Ortenberg Weinort im Anbaugebiet →Baden, Bereich Ortenau. Großlage: *Fürsteneck*. Einzellagen: *Franzensberger, Freudental, Andreasberg, Schloßberg.*

Ortlieber, Früher Gelber Ältere Weißweinrebe; soll im 18. Jahrhundert von einem Weingärtner namens Ortlieb in Reichenweiher/Elsaß vermehrt worden sein. Synonyme: Knipperlé (Elsaß); Bockenauer Riesling, Franzose (Nahe) und Kleinräuschling (Baden). Die Weine sind gehaltlos und selten mehr als einfache Tischweine. Ortlieber ist aus dem Rebsortiment fast verschwunden.

Orvieto Italienische Stadt und DOC-Weißwein aus →Umbrien. Der strohgelbe Wein wird aus 50–65% →Trebbiano (Procanico), 15–25% Verdello, 20–30% →Malvasia, Grechetto und Dupreggio gewonnen, wobei es einen leicht bitteren secco (trocken) und einen feinen, delikaten abbocato (halbsüß) gibt. Den Zusatz Classico erhalten Weine, die innerhalb eines enger begrenzten Gebietes gewachsen sind.

Osann-Monzel Weinort im Anbaugebiet →Mosel-Saar-Ruwer, Bereich Bernkastel. Großlage: *Kurfürstlay*. Einzellagen: *Paulinslay, Kätzchen, Kirchlay, Rosenberg.*

Osiris Weißweinrebe; Neuzüchtung der Bayerischen Landesanstalt für Wein-, Obst- und Gartenbau, Würzburg, aus der Kreuzung Riesling x Rieslaner; Zuchtnummer B 51–82–8. Die Weine sind rieslingähnlich und weisen ein feines Bukett auf; die Sorte ist von der Eintragung in die Sortenliste zurückgezogen worden. Bestockte Rebfläche in Deutschland: 1 ha.

Oslip Weinort im österreichischen →Burgenland, Weinbaugebiet →Neusiedlersee-Hügelland. Leichte, spritzige Weißweine. Die Winzer von Oslip stellen einen Markenwein unter dem Namen *Osliper Silverius-Wein* her, der erhöhten Qualitätsmaßstäben genügen muß. Es handelt sich um Weißweine aus →Welschriesling, →Weißburgunder und →Chardonnay sowie Rotweine.

Osmose Die Pflanzenzelle stellt ein osmotisches System dar; ihr Zellsaft enthält verschiedene organische und mineralische Stoffe und steht unter osmotischem Druck. Ist dieser Druck höher als der des umgebenden Mediums (zum Beispiel Wurzelzelle: Bodenwasser), wird durch die halbdurchlässige Zellwand Wasser angesaugt, bis die Zellwand einen so hohen Wanddruck aufweist, daß einer weiteren Wasseraufnahme Widerstand entgegengesetzt wird. Auf diesem osmotischen Prinzip beruht nicht nur die Aufnahme von Wasser und Nährstoffen, sondern auch ihre Weitergabe von Zelle zu Zelle.

Osteiner Weißweinrebe; Neuzüchtung des Instituts für Rebenzüchtung, Geisenheim; Kreuzung aus Riesling x Silvaner; Zuchtnummer Gm 9–97. Bestockte Rebfläche in Deutschland: 4 ha.

Österreich 58.000 ha Rebfläche; 2,8 Millionen hl Wein, davon 50.000 hl Export; Import 300.000 hl; jährlicher Pro-Kopf-Verbrauch 35 l. Das österreichische Weinbaugebiet liegt im Osten am Rande des warmen, trockenen zentraleuropäisch-pannonischen Raumes. Weinstraßen und Weinwanderwege durchziehen idyllische Landschaften, rund 6.000 Buschenschenken (Straußwirtschaften) und die Heurigen Wiens sowie die Probierkeller in den Kellertriften (Weinkellergassen außerhalb der Ortschaft) laden zum Verweilen ein. Die Weine sind zum Großteil spritzig, frisch, insgesamt gesehen ziemlich trocken, mit einer angenehmen, abgerundeten Säure. Angebaut werden: Grüner →Veltliner auf 36% der Gesamtrebfläche, →Müller-Thurgau (9%), →Welschriesling (8%), →Neuburger (2,5%), Weißer →Burgunder, →Muskat-Ottonel, →Rheinriesling und Frühroter →Veltliner (je 2–3%), Traminer, Zierfandler (oder Spätrot-Rotgipfler) und Ruländer nehmen unter 1% der Gesamtrebfläche ein. Von den Rotweinsorten haben Blauer →Portugieser, →Zweigelt und →Blaufränkisch einen Anteil von etwa je 5%, St.-Laurent 1% und Blauer →Wildbacher (Schilcher) 0,4%. Mit »resch« bezeichnet man in Österreich einen säurereichen Wein und mit »pfeffrig« den dem Grünen Veltliner eigenen sortentypischen Geschmack. Insgesamt dienen 83% der Rebfläche zur Weiß- und 17% zur Rotweinbereitung. Immer noch fast 20% sind im →gemischten Satz angebaut. Das österreichische Weingesetz von 1961 ist durch Weingesetznovellen 1971 und 1972 weitgehend den EG-Bestimmungen angepaßt und 1985 novelliert worden. Nach dem neuen Gesetz unterscheidet man in den unteren Qualitätsstufen Tafelwein und Landwein. Der erste muß aus Trauben mit mindestens 13° KMW (63° Oe) hergestellt sein und darf nicht in 0,75-Liter-Flaschen abgefüllt werden. Der zweite darf zusätzlich höchstens 11,5 Vol.-%

Alkohol und 6 g/l →Restsüße enthalten. Er muß aus einer einzigen Weinregion stammen. Strengeren Vorschriften unterliegen die →Qualitätsweine, die →Kabinettweine und die →Prädikatsweine. Jeder österreichische Wein muß die Bezeichnung »österreichischer Wein«, »Wein aus Österreich« oder »Österreich« tragen. Die genauere Herkunft muß bei Qualitäts- und Prädikatsweinen angegeben werden, das heißt der Name der Weinbauregion, des Weinbaugebiets, der Großlage, der Gemeinde oder der Riede (Lage) in Verbindung mit der Gemeinde, in der diese liegt, sofern dies zu 100% zutrifft. Qualitätsweine sind außerdem mit einer staatlichen →Prüfnummer versehen. Die Sorten- und die Jahrgangsbezeichnung müssen zu 85% zutreffen. Neben der Qualitätsstufe, dem Abfüller, dem Volumen und dem Alkoholgehalt wird auch der Restzuckergehalt in Form einer Geschmacksbezeichnung angegeben (trocken für weniger als 4 g/l, halbtrocken bei 4–9 g/l, halbsüß oder lieblich bei 9–18 g/l, süß bei höherem Restzuckergehalt). Das neue österreichische Weingesetz sieht außerdem eine Mengenkontrolle der Weine vor. Sie wird mit Hilfe einer fortlaufenden Nummer, aus der die Verwaltungsbehörde und der Abfüller hervorgehen, gewährleistet. Diese Nummer steht auf einer gesonderten Banderole, kann aber auch auf die Kapsel oder die Halsschleife gedruckt sein. Das Ursprungsbezeichnungsrecht wurde 1985 endgültig den →VQPRD-Bestimmungen angepaßt. Danach gibt es 4 Weinbauregionen mit 13 Weinbaugebieten:

Weinbauregion →Niederösterreich mit →Wachau, →Kamptal-Donauland, →Donauland-Carnuntum, →Weinviertel, →Thermenregion.

Weinbauregion →Burgenland mit →Neusiedlersee, →Neusiedlersee-Hügelland, →Mittelburgenland, →Südburgenland.

Weinbauregion →Steiermark mit →Südsteiermark, →Weststeiermark, →Süd-Oststeiermark.

Weinbauregion →Wien.

Winzige Weinbauinseln gibt es außerdem in Oberösterreich (0,5 ha in Rappersdorf), in Tirol (1,5 ha bei Zirl), Vorarlberg (6 ha bei Bregenz, Feldkirch, Röthis und Klaus).

In Österreich gibt es eine Reihe von Prämierungen und Weinmarken. Sie sind bei den betreffenden Orten beziehungsweise Weinbaugebieten erwähnt (→Salon österreichischer Wein).

Österreicher Synonym für Grüner →Silvaner.

Osterspai Weinort im Anbaugebiet →Mittelrhein, Bereich Rheinburgengau. Großlage: *Marksburg*. Einzellage: *Liebeneck-Sonnenlay*.

Osthofen Weinort im Anbaugebiet →Rheinhessen, Bereich Wonnegau. Großlagen: *Pilgerpfad, Gotteshilfe*. Einzellagen: *Rheinberg, Klosterberg, Liebenberg, Kirchberg, Hasenbiß, Neuberg, Leckzapfen, Goldberg*.

Östringen Weinort im Anbaugebiet →Baden, Bereich Badische Bergstraße/Kraichgau, mit Ortsteilen →Eichelberg, →Odenheim, →Tiefenbach. Großlage: *Mannaberg*.
Einzellagen: *Ulrichsberg, Hummelberg, Rosenkranzweg*.

Ostschweiz Der Ostschweizer Rebbau erstreckt sich über die Kantone →Zürich, →Schaffhausen, →Thurgau, →Sankt Gallen, →Graubünden, →Aargau und →Basel. Auf 2.277 ha wird überwiegend Rotwein (78%) angebaut. Die Hauptrebsorte ist Blauer →Spätburgunder. Bei den Weißweinen führt Riesling x Sylvaner (→Müller-Thurgau). Frische, wenig Gerbstoff und niedrige Alkoholgehalte führen zu angenehmen, mundigen Produkten.

Ostslowakei Weinbauregion in der →Tschechoslowakei mit den Orten Moldava, Sečovce und Sobrance. Starke Ausbreitung des Weinbaues in den letzten Jahren und hoher Anteil an sortenechten Qualitätsweinen. Bekannte Markenweine sind *Slnečný lúč (Sonnenstrahl)* und *Solranecká Sluava (Sonnige Träne).*

Ostuni Italienischer DOC-Rot- und -Weißwein aus →Apulien, Provinz Brindisi. Der Weißwein (auch *Bianco di Ostuni* genannt) stammt zu 50–85% aus Impigno, zu 15–50% aus Francavilla und bis 10% aus anderen Rebsorten. Der sehr blaß gelbe Wein schmeckt trocken und reintönig. Der Rotwein (auch *Ostuni Ottavianello*) ist kirsch- bis blaßrot, trocken und harmonisch.

Ötisheim Weinort im Anbaugebiet →Württemberg, Bereich Württembergisch Unterland. Großlage: *Stromberg.* Einzellage: *Sauberg.*

Ötlingen Ortsteil von Weil. Weinort im Anbaugebiet →Baden, Bereich Markgräflerland. Großlage: *Vogtei Rötteln.* Einzellagen: *Sonnhohle, Stiege.*

Ottenberger Guter Schweizer Rotwein aus dem Kanton →Thurgau.

Ottersheim Weinort im Anbaugebiet →Rheinpfalz, Bereich Südliche Weinstraße. Großlage: *Trappenberg.* Einzellage: *Kahlenberg.*

Ottersheim/Zellertal Weinort im Anbaugebiet →Rheinpfalz, Bereich Mittelhaardt/Deutsche Weinstraße. Großlage: *Schnepfenflug vom Zellertal.* Einzellage: *Bräunersberg.*

Oxidation Reaktion eines Stoffes mit Sauerstoff. Da Luft etwa 20% Sauerstoff enthält, können auch →Most und Wein Reaktionen mit Sauerstoff eingehen. Bei solchen Oxidationsreaktionen werden vor allem →Farb-, →Gerb-, und →Bukett- sowie andere Inhaltsstoffe angegriffen.
Je nach Intensität und Zeitpunkt der Oxidation kommt es zu meist unerwünschten Veränderungen, die sich beispielsweise in →Hochfarbigkeit (Braun- oder Rahnwerden, Brauner →Bruch), →Luftgeschmack, einem Sherryton, →Brotgeschmack, →Firne zeigen. Es muß daher Ziel der Kellertechnik sein, bei der Weinbereitung Sauerstoff (Luft) weitgehend fernzuhalten. Aus diesem Grund dürfen Behälter (Fässer, Flaschen) mit Wein niemals im Anbruch liegen bleiben; →Flaschenverschlüsse sollten möglichst luftdicht sein. Eine gewisse Menge Sauerstoff ist für das Reifen eines Weines unbedingt erforderlich (wie L. Pasteur es in seinem Zitat »C'est l'oxygène, qui fait le vin« zum Ausdruck brachte), jedoch führt ein Zuviel zu vorzeitigem →Altern und zu den genannten Schädigungen.
Bei →Sherryweinen führt dagegen ein »oxidativer« Ausbau zu dem erwünschten Geschmacksbild.

P

Paarl Südafrikanisches Weinbaugebiet und Städtchen 70 km östlich von Kapstadt mit großen Kellereien und Sitz der Mammut-Genossenschaft »Kooperatieve Wijnbouwers Vereniging« (→Südafrika). Es werden kräftige Rot- und Weißweine erzeugt.

Paarl-Riesling →Cape Riesling.

Pacherenc du Vic-Bilh Süßer oder trockener AC-Weißwein aus Südwestfrankreich, das weiße Pendant zum →*Madiran*, hergestellt aus Arruffiac, Manseng, Courbu, Lauzet und Camaralet. Es handelt sich um einen aromatisch schmeckenden, frischen Wein mit einem zarten Mandel- oder Nußton. Der Name stammt von Pachet-en-renc (Stöcke in einer Linie), was sich auf die ersten systematisch bepflanzten Weinberge bezieht.

Pagadebit di Romagna Italienischer DOC-Weißwein aus der →Emilia-Romagna, der erst kürzlich die kontrollierte Herkunftsbezeichnung erhielt. Er schmeckt trocken oder halbsüß.

Païen Alte schweizerische Weißweinrebe, die ausschließlich im Visper Tal (Kanton →Wallis) verbreitet ist. Es handelt sich um die Rebsorte Savagnin Blanc, eine Traminer-Art (Roter →Traminer); sie soll aus Ungarn stammen und ist bereits im 14. Jahrhundert in Arbois nachgewiesen. Païen gedeiht in dem sonnigen, schneenahen Klima des höchsten Weinberges von Europa (1200 m über NN) besonders gut. Die gleichnamigen Weine haben eine gelbgoldene Farbe, würziges Aroma und angenehme Frische. Synonyme: *Heida, Heidenwein.*

Palette AC-Rot-, -Rosee- und -Weißweine aus der →Provence in Südfrankreich bei Aix-en-Provence. Die bukettreichen Roseeweine und die Rotweine stammen aus →Grenache Noir, →Cinsault, →Mourvèdre und anderen Sorten, die weißen hauptsächlich aus verschiedenen →Clairette-Sorten. Bekannte Lage: *Château Simone.*

Palo Cortado →Sherry zwischen Fino und Oloroso.

Palomino Spanische Weißweinrebe, die bis zu 80% am →Sherry-Grundwein beteiligt ist. Synonym: Listan.

Palzem Weinort im Anbaugebiet →Mosel-Saar-Ruwer, Bereich Obermosel, mit Ortsteilen →Wehr, →Kreuzweiler, →Helfant-Esingen. Großlage: *Gipfel.* Einzellagen: *Carlsfelsen, Lay.*

Pamhagen Weinort im österreichischen →Burgenland, Weinbaugebiet →Neusiedlersee. Südlichster Ort im Seewinkel. Auf etwa 585 ha Rebfläche werden vor allem bukettreiche, harmonische Weißweine erzeugt.

Pamid Bulgarische alte Rotweinrebe; anspruchslos und ertragreich, liefert einfache, hellrote, frische Rotweine von Konsumqualität (→Bulgarien).

Panschen Strafbare Manipulation am Wein durch unerlaubten Zusatz von Zucker, Wasser oder anderen verbotenen Stoffen.

Pans Précoce Weiße Tafeltraube von sehr früher Reife mit großen, kugelförmigen Trauben; Beeren goldgelb, sehr saftig und neutral im Geschmack.

Parellada Wichtige Weißweinrebe in →Penedés, die Moste mit geringem Alkoholgehalt, aber mit einem guten Säureanteil liefert. Sie wird daher gern für die Schaumweinproduktion eingesetzt, verleiht aber auch den Stillweinen der Region Frische und ein fruchtiges Bukett.

parfümiert Bezeichnung für einen Wein mit aufdringlichem →Bukett.

Parrina Italienischer DOC-Rot-, -Rosee- und -Weißwein aus der →Toskana. Der Rotwein *(Parrina Rosso)* und der Rosee stammen zu mindestens 80% aus →Sangiovese und zu höchstens 20% aus einer oder mehreren anderen Sorten. Er ist rubinrot, samtig und trocken. Der Weißwein *(Parrina Bianco)* stammt zu mindestens 80% aus →Trebbiano Toscano und zu 20% aus einer oder mehreren anderen Sorten. Der hellgoldgelbe Wein hat einen leicht bitteren Nachgeschmack.

Parsac Nördlich von →Saint-Émilion gelegener Weinort, der seinem Namen bis 1972 die Bezeichnung *Saint-Émilion* hinzusetzen durfte. Heute ist die Bezeichnung in die AC →*Montagne Saint-Émilion* übergegangen.

Partenheim Weinort im Anbaugebiet →Rheinhessen, Bereich Bingen. Großlage: *Abtey*. Einzellagen: *Sankt Georgien, Steinberg*.

Parthenocissus (lat.) Wilder Wein.

passé (frz.) →abgelebt, abgebaut.

Passetoutgrain Einfacher, preiswerter roter Burgunder aus Pinot Noir (Blauer →Spätburgunder) und →Gamay, wobei der Pinot-Noir-Anteil mindestens ein Drittel ausmachen muß. Mindestalkoholgehalt: 9,5 Vol.-%. Die AC-Bezeichnung lautet: *Bourgogne Passetoutgrain*.

Passito Italienische Bezeichnung für einen Wein, der aus angetrockneten Trauben hergestellt wurde.

Pasteurisierung Nach dem französischen Wissenschaftler Louis Pasteur benanntes Verfahren, nach dem man Most, Wein und andere Getränke durch Erhitzung keimfrei macht. Dabei werden die in Most und Wein enthaltenen →Mikroorganismen (Hefen, Bakterien und Schimmelpilze) zerstört. Die Mosterhitzung (87°C) findet Anwendung bei der Vergärung mit →Reinzuchthefe, um damit alle anderen Hefen auszuschalten. Ferner können Getränke vor der →Abfüllung durch Erhitzen keimfrei gemacht werden.

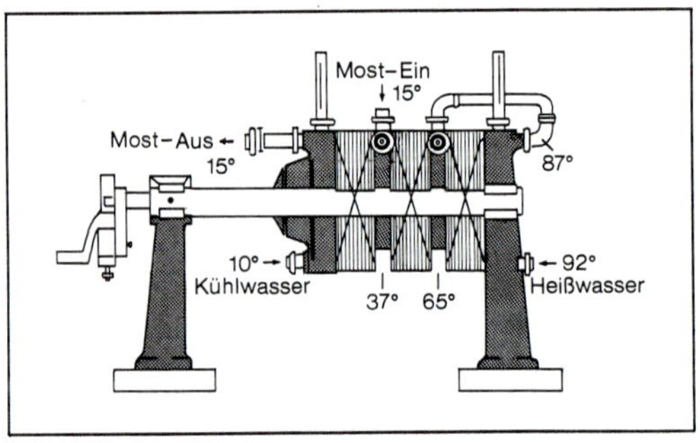

Plattenerhitzer zur Pasteurisierung von Most.

Pasto (it.) Mahlzeit. Unter einem Vino da Pasto oder einfach Pasto versteht man in Italien einen einfachen Wein, der vor allem zum Essen getrunken wird.

Patersberg Weinort im Anbaugebiet →Mittelrhein, Bereich Rheinburgengau. Großlage: *Loreleyfelsen*. Einzellage: *Teufelstein*.

Patras Griechisches AO-Gebiet, im Südosten der Stadt Patras am Golf von Korinth. Die Weine dürfen unter folgenden AO-Namen erscheinen: der rote, schwere, aus der alten einheimischen, gleichnamigen Rebsorte gekelterte Likörwein als *Mavrodaphne*; der aus dem Muscat Blanc gekelterte topasfarbige, süße Dessertwein unter dem Namen *Muscat* und *Muscat Rion* sowie der aus der hellroten Traubensorte Rhodicis gekelterte leichte, frische, ziemlich trockene Weiß- oder Roseewein mit dem Namen *Patras Cephalonia*.

Patrimonio (Vin de Corse Patrimonio) Französischer AC-Wein in Weiß, Rot und Rosee von der Nordwestküste →Korsikas, der in Marseille, an der Riviera und in korsischen Restaurants in Paris erhältlich ist. Der beste *Patrimonio* ist ein Rosee, alkoholreich mit delikater Blume, gewonnen aus der →Nielluccio-Traube. Der Weißwein ist frisch und aromatisch, der Rotwein voll und samtig.

Pauillac Berühmtes Weinstädtchen im →Médoc im Weinbaugebiet →Bordeaux. Innerhalb der Gemeindegrenzen liegen 3 Premiers Crus classés *(Château Lafite-Rothschild, Château Latour, Château Mouton-Rothschild)*, außerdem 2 Seconds Crus, 1 Quatrième Cru und 12 Cinquièmes Crus.
Pauillac-Weine sind die wahren Repräsentanten des Médoc: voll, körperreich, mit feinem Bukett und hoher Alterungsfähigkeit. Die Gemeinde-Appellation bezieht sich ausschließlich auf Rotweine.

Pécharmant Die AC gehört zum besten roten →*Bergerac*, der verhältnismäßig leicht ist, an →*St.-Émilion* erinnert und aus vier Gemeinden nördlich und östlich von Bergerac in Südwestfrankreich stammt.

Pecsenye Bor (ung.) →Tafelwein.

Pedro Ximénez Spanische Weißweinrebe, deren Trauben sehr hohe Zuckerwerte erreichen; mit ihr wird der Cream Sherry geschmacklich abgerundet (→Sherry).

Pekmez →Traubensaft-Konzentrat aus der →Türkei.

Pellingen Weinort im Anbaugebiet →Mosel-Saar-Ruwer, Bereich Saar-Ruwer. Großlage: *Scharzberg*. Einzellagen: *Jesuitengarten, Herrgottsrock*.

Pendelbogenerziehung →Erziehung.

Penedés 17.000 ha großes spanisches →DO-Gebiet in Katalonien, dessen Weißweine größtenteils zu →Schaumwein verarbeitet werden. Penedés soll die größte Schaumweinkellerei der Welt haben. Die Spumosos sind verhältnismäßig trocken und herzhaft. Der Stillwein von Penedés kann trocken oder süß sein, ist ziemlich alkoholhaltig und ähnelt im Charakter dem Wein von →Alella.

Pentro di Isernia Italienischer DOC-Weiß-, -Rosee- und -Rotwein aus der Region →Abruzzen/Molise. Der strohfarbene Weißwein *(Bianco)* stammt zu 60–70% aus →Trebbiano und zu 30–40% aus →Bombino und schmeckt trocken und frisch. Der dunkle Rotwein *(Rosso)* und der Rosee *(Rosato)* werden zu 45–55% aus →Montpulciano und zu 45–55% aus →Sangiovese gekeltert; er schmeckt samtig und harmonisch.

Perchtoldsdorf Alter niederösterreichischer Weinort im Weinbaugebiet →Thermenregion. Auf einer Rebfläche von 180 ha werden hauptsächlich resche, süffige Weiß- und auch einige Rotweine angebaut.

Pergel (it. Pergola) Dachartiges Erziehungs- und Unterstützungssystem der Rebe, vor allem in Südtirol, Oberitalien, Südwestfrankreich und Nordspanien anzutreffen.

Pergola →Pergel.

Perl Weinort im Anbaugebiet →Mosel-Saar-Ruwer, Bereich Obermosel. Großlage: *Schloß Bubinger.* Einzellagen: *Quirinusberg, Hasenberg.*

Perlan Geschützte Bezeichnung für die leicht perlenden Weine des Schweizer Kantons →Genf aus der →Chasselas-Rebe.

Perle Weißweinrebe; Neuzüchtung der Landesanstalt für Rebenzüchtung Alzey; Kreuzung von Georg Scheu aus Gewürztraminer x Müller-Thurgau; von ihm war der Name »Perle von Alzey« vorgesehen. Zuchtnummer Az 39–51; in der Bayerischen Landesanstalt wurde ein Klon selektioniert, mit erheblich weniger Stielfäule; er erhielt den Namen Perle. Die Vorteile dieser Rebsorte liegen in ihrer Frosthärte, in der Spätfrostresistenz und in der Rieselfestigkeit. Sie ist deshalb besonders für ungünstige früh- und spätfrostgefährdete Lagen geeignet. Bestockte Rebfläche in Deutschland: 150 ha.

Perle du Mandement Fruchtiger Chasselas-Wein aus dem Schweizer Kanton →Genf.

Perle Impériale Blanche Weiße Tafeltraube von sehr später Reife: trägt lange und kegelförmige Trauben mit gelben, harmonisch-neutral schmeckenden Beeren; sie ist sehr frosthart.

Perlette Weiße Tafeltraube aus Kalifornien; 1936 von Olmo an der Universität Davis aus der Kreuzung von Szölöskertek Királynöie 26 x Sultania Marble gezogen.
Sie reift mittelfrüh, trägt große Trauben mit kernlosen, gelben, neutral schmeckenden Beeren.

Perle von Csaba Weiße Tafeltraube aus Ungarn; sie wurde 1904 in Katonatelep von I. Mathiasz v. Stark aus einer Kreuzung von Bronnerstraube x Muskat-Ottonel gezüchtet. Sie reift sehr früh, hat große lockere Trauben und gelbliche, festschalige, nach Muskat schmeckende Beeren.

Perlwein Wein, der bei 20°C einen Kohlensäuredruck von 1,0 bis 2,5 Atmosphären aufweist und erkennbar perlt (OIV-Festsetzung). Die Bezeichnung Perlwein muß angegeben werden. Perlweine sind weder Stillweine noch Schaumweine, sondern bilden eine Sondergruppe von Getränken, die wie Stillwein dem Weingesetz unterliegen. Die Weinart (Weißwein) und die Güteklasse (Tafel- oder Qualitätswein) müssen angegeben sein. Perlwein darf nicht wie Schaumwein ausgestattet und nicht in Schaumweinflaschen in Verkehr gebracht werden. Grundsätzlich kann man zwischen folgenden Verfahren zur Bereitung des Perlweins unterscheiden:
1. Zufuhr von Kohlensäure zu einem Stillwein durch das →Imprägnierverfahren,
2. Vergären von Most in Drucktanks und Erhaltung genügender CO_2-Mengen,
3. Vergären von Wein nach Zuckerzusatz zur Erreichung des gewünschten Kohlensäuregehaltes.
Wird Perlwein nach dem ersten Verfahren hergestellt, muß dies auch durch einen entsprechenden Vermerk kenntlich gemacht werden, wenn der Kohlensäuregehalt des Perlweins nur zum Teil diesem Zusatz entstammt. Perlweine zeichnen sich durch eine gewisse Süße aus, die vorhanden sein muß als geschmacklicher Ausgleich der »Schärfe«, die durch die Kohlensäure zustande kommt.
In Frankreich bezeichnet man diese Weine mit →pétillant, in Italien mit →frizzante.

Pernand-Vergelesses Kleines Weindorf in der Côte de Beaune in →Burgund. Einige Weißwein-Parzellen gehören zu den Grands Crus →*Corton,* →*Charlemagne* und *Corton-Charlemagne.* Die Rotweine sind feurig, langlebig und haben einen leichten Himbeergeschmack. Die besten stammen von der Lage *Île des Vergelesses.*

Peronospora (Plasmopara viticola) Gefürchtete →Pilzkrankheit der Rebe, auch Falscher Mehltau, Blattfall- oder Lederbeeren-Krankheit genannt. 1878 von Nordamerika nach Frank-

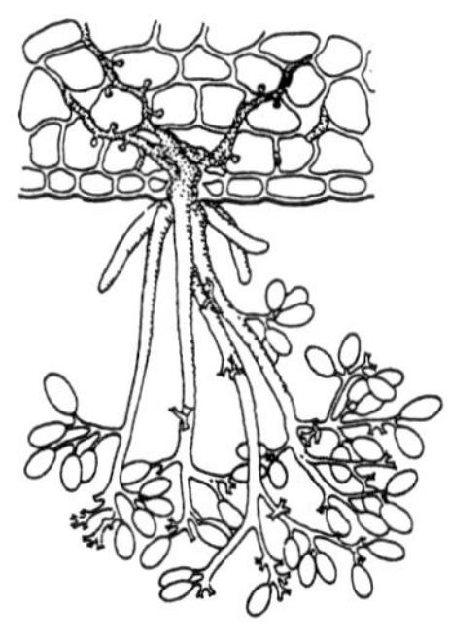

Peronospora-Pilz an einer Blattunterseite.

reich eingeschleppt, verbreitete sie sich über alle europäischen Weinbaugebiete und richtete verheerende Schäden an. Sie macht sich zunächst durch helle Stellen auf den Blättern bemerkbar, die wie Ölflecke aussehen. Auf der Blattunterseite wachsen bald glänzende weiße Pilzrasen aus. Später sterben diese Blätter ab, angesteckte Triebspitzen verdorren. Befallene Beeren verfärben sich braun und schrumpfen ein (Lederbeeren).
Der Pilz benötigt zur Verbreitung meßbaren Niederschlag und Temperaturen von über 13°C. Bei trockenem, heißem Wetter kann er sich nicht ausbreiten. Zur Bekämpfung benutzte man lange Jahre Kupferpräparate (Kupfervitriol-Kalk-Brühe, auch »Bordelaiser Brühe« genannt), die inzwischen von den weniger aggressiven organischen →Fungiziden abgelöst wurden.

Perscheid Weinort im Anbaugebiet →Mittelrhein, Bereich Rheinburgengau. Großlage: *Schloß Schönburg*. Einzellage: *Rosental*.

Persien →Iran.

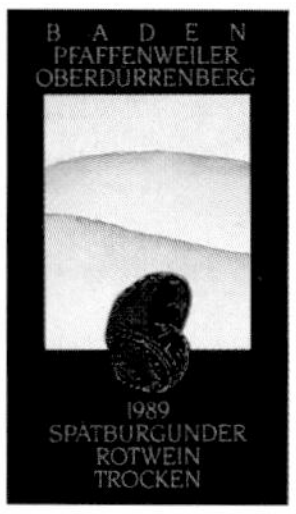

Peru 10.000 ha Rebfläche, 100.000 hl Wein; 200.000 dz Tafeltrauben; jährlicher Pro-Kopf-Verbrauch 0,6 l.
Eines der ältesten südamerikanischen Weinbauländer, denn bereits 1566 wurden von Francesco de Carabantes in Ica, südlich von Lima, Weinberge errichtet. Trotz Äquatornähe ist das Klima in diesem Gebirgsland ungünstig, hauptsächlich wegen der Kaltlufteinbrüche von den schneebedeckten Bergen und wegen der Höhe.
Neben trockenen Weiß- und Rotweinen werden Sherry, Port und Madeiratypen, die hauptsächlich an die Weine Spaniens erinnern, aus Rebsorten meist europäischen Ursprungs hergestellt. Heute findet man Weinberge um Ica, Lima und die alte Inkastadt Cuzco und in der Umgebung von Arequipa. Peruanische Weine sind außerhalb des Landes so gut wie unbekannt.

Pfahlerziehung

Pessac-Léognan Neue Gemeinde-AC in →Graves, hervorgegangen aus den allgemeineren Bezeichnungen *Graves* mit Zusatz *Léognan* oder *Pessac*. Es werden hauptsächlich Rotweine, aber auch auf etwa 100 ha Weißweine erzeugt.

Pesterwitz Weinort im Anbaugebiet →Elbe mit der Lage *Bauernberge*.

Petit Bourguignon Synonym für →Gamay Noir.

Petit Chablis →Chablis.

Petite Champagne An zweiter Stelle hinter der →Grande Champagne stehende Anbauzone des AC-Gebietes →Cognac.

Petite Syrah In den USA verbreitet angebaute Rebsorte für Rotweine.

Petit Rhin Schweizer Bezeichnung für Weißer →Riesling.

Petit Riesling Französische Bezeichnung für Weißer →Riesling.

Peza AO-Gebiet auf der griechischen Insel →Kreta.

Pezhech Jugoslawische Bezeichnung für Weißer →Elbling.

Pfäfers Weinbaugemeinde im Schweizer Kanton →Sankt Gallen, aus dem vom höchsten Weinberg der Ostschweiz ein süffiger Rotwein aus Blauburgunder (Blauer →Spätburgunder) mit dem Namen *Portaser* stammt.

Pfaffenhofen Weinort im Anbaugebiet →Württemberg, Bereich Württembergisch Unterland. Großlage: *Heuchelberg*. Einzellage: *Hohenberg*.

Pfaffen-Schwabenheim Weinort im Anbaugebiet →Rheinhessen, Bereich Bingen. Großlage: *Sankt Rochuskapelle*. Einzellagen: *Hölle, Mandelbaum, Sonnenberg*.

Pfaffenweiler Weinort im Anbaugebiet →Baden, Bereich Markgräflerland. Großlage: *Lorettoberg*. Einzellage: *Batzenberg, Oberdürrenberg*.

Pfaffstätten Niederösterreichischer Weinort im Weinbaugebiet →Thermenregion. Auf rund 320 ha Rebfläche gedeihen spritzige Weiß-, aber auch einige Rotweine.

Pfahlerziehung Alte →Erziehungsart, die nur noch an der Mosel und im Schweizer Weinbau, vereinzelt auch in Österreich in Steillagen verwendet wird. An etwa 2 m langen, 3–5 cm dicken Holzpfählen werden Bogrebe und Sommertriebe jeweils eines Weinstockes angebunden. Die Arbeiten in diesen Anlagen erfordern viel Zeit, eine Mechanisierung ist nicht möglich; daher setzt man sich auch in Steillagen die →Drahtrahmenerziehung immer weiter durch.

Pfälzer Löwe Deutscher →Typenwein; gemeinsames Erzeugnis der pfälzischen Winzergenossenschaften, ohne Jahrgangs-, Lagen- oder Rebsortenangabe. Der ansprechende, süffige Wein kommt in braunen Schlegelflaschen auf den Markt. Das einheitliche Etikett zeigt den Pfälzer Löwen.

Pfeddersheim Ortsteil von Worms. Weinort im Anbaugebiet →Rheinhessen, Bereich Wonnegau. Großlage: *Liebfrauenmorgen*. Einzellagen: *Hochberg, St. Georgenberg, Kreuzblick, Nonnenwingert.*

Pfedelbach Weinort im Anbaugebiet →Württemberg, Bereich Württembergisch Unterland, mit den Ortsteilen →Harsberg, →Heuholz, →Oberohrn, →Untersteinbach, →Windischenbach. Großlage: *Lindelberg*. Einzellage: *Goldberg.*

Pfiffligheim Ortsteil von Worms. Weinort im Anbaugebiet →Rheinhessen, Bereich Wonnegau. Großlage: *Liebfrauenmorgen*. Einzellage: *Nonnenwingert.*

Pflanzenschutz Behandlung des Weinstockes gegen →Schädlinge, →Pilz-, →Virus- und physiologische Erkrankungen mittels chemischer Mittel. In Steillagen werden vorwiegend noch Spritzpistolen verwendet, die über lange Schlauchleitungen und starke Pumpen mit Spritzbrühe beschickt werden. Der Arbeits- und Zeitaufwand ist hoch, weil die Schläuche oft weite Wege gezogen werden müssen und ein großer Brühebedarf besteht. In Hang- und Flachlagen bringt man die Spritzbrühe in 2–4facher Konzentration über Aufsattelgeräte aus, die an →Zugmaschinen angebaut werden. Die Sprühnebel sind dabei wesentlich feiner, und deshalb kommt man mit der Hälfte bis zu einem Viertel der Wassermenge aus. Andere Formen des Pflanzenschutzes sind selbstfahrende Sprühgeräte, Großraumsprüher und →Hubschrauber. Ohne Pflanzenschutzmaßnahmen ist ein wirtschaftlicher Ertragsweinbau nicht denkbar.

Pflanzung Setzen von jungen Reben in den Monaten März bis Mai. Mit wenigen Ausnahmen pflanzt man heute nur noch einjährige →Pfropfreben,→Kartonage- und Topfreben nur in besonderen Fällen. Vor dem Einpflanzen kürzt man die Wurzeln der Pfropfreben auf etwa 2–5 cm Länge und schneidet den Trieb des →Edelreises über dem ersten sichtbaren →Auge ab. Mit Spaten, Erdbohrer oder Wasserlanze wird das Pflanzloch ausgehoben. Damit die Wurzel dicht und fest im Boden sitzt, drückt man ein Torf-Erde- oder Torf-Sand-Gemisch (Pflanzerde) fest um die Wurzel und Rebstämmchen herum an. Die Veredelungsstelle der gepflanzten Pfropfrebe soll etwa 5 cm über dem Boden stehen, damit das Edelreis keine Wurzeln bilden kann. Ist es während der Pflanzzeit trocken, kann man die Reben mit 35 l Wasser je Pflanzstelle versorgen. Die Pflanzpfählchen werden unmittelbar oberhalb der Rebe in den Boden gesteckt. Zum Einsatz kommen Wellstäbe, imprägnierte Holzpfähle, Tonkinstäbe oder Kunststoff-Pfählchen. An ihnen wird der Trieb, der später zum Stamm wird, angebunden (→Neuanlage).

Fahrbare Pflanzenschutzspritze.

Pfläumchentraube Synonym für →Sangiovese.

Pfropfen →Korken.

Pfropfrebe Ergebnis einer künstlichen Verbindung von zwei Holzteilen verschiedener Rebarten. Dabei pfropft man das →Edelreis mit Hilfe besonderer Schnittformen (→Rebveredelung) auf ein etwa 20 cm langes, einjähriges Holzstück der →Unterlagsrebe auf und läßt die beiden Teile miteinander verwachsen. Aus einem →Auge (Knospe) des Edelreises entwickelt sich der oberirdische Teil, aus der Unterlage die Wurzeln des Rebstockes.

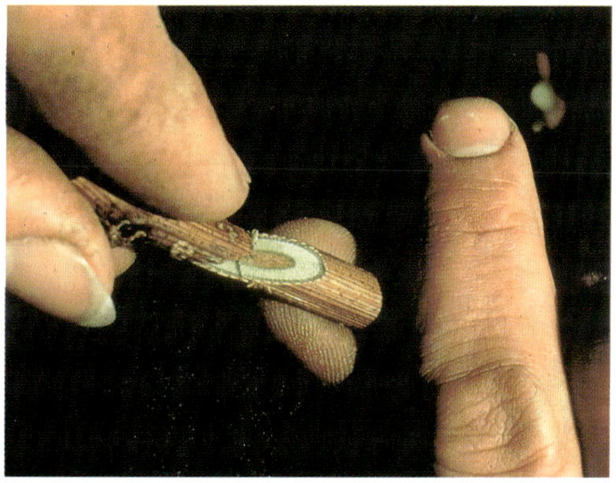

Zusammenfügen von Edelreis und Unterlagsrebe.

Anlaß zur Herstellung von Pfropfreben waren die vernichtenden Schäden, die die →Reblaus in den europäischen Weinbaugebieten anrichtete. Die schlechten Erfolge bei ihrer Bekämpfung zwangen dem Weinbau neue Wege auf, die auf der Erkenntnis beruhten, daß die amerikanischen Reben an ihrer Wurzel gegen die Reblaus unempfindlich sind, die Europäerreben wiederum an den oberirdischen Teilen kaum geschädigt werden können. Daher pfropft man Edelreiser der Europäer- auf Unterlagen von Amerikanerreben. Die dabei auftretenden Probleme der Affinität (Verträglichkeit der beiden Pfropfpartner zueinander) und der Adaption (Bodenverträglichkeit der Unterlagenrebe) konnten durch umfangreiche Versuche gelöst werden. Der Pfropfrebenanbau brachte durch die Auswahl von selektioniertem Pflanzgut eine Ertragssteigerung im Weinbau mit sich. Der Charakter des Weines wird durch das Pfropfen nicht beeinflußt.

Pfropfrebengenossenschaft →Winzergenossenschaft.

Phantasienamen Nach dem deutschen Weingesetz dürfen Phantasiebezeichnungen und Markennamen nicht den Eindruck einer Qualitäts- oder Herkunftsbezeichnung erwecken.

Phospor Wird in Ionenform (PO_4) oder als Orthophosphorsäure (H_2PO_6) und in geringem Maße als Metaphosphorsäure (HPO_4) von der Rebwurzel aufgenommen und schnell in organischer Phosphatform in den →Stoffwechsel übergeführt. Phosphat ist Baustein der Nukleinsäuren und damit wichtig für den Eiweißstoffwechsel und die Neubildung von →Zellen; dies beeinflußt das Wachstum und die Vermehrung der Pflanze. Beim Wein bedeutet die ausreichende Versorgung des Rebstockes mit Phosphat eine bessere Entwicklung der sortentypischen Inhalts- und →Bukettstoffe. Der jährliche Bedarf an Phosphor durch die Rebe liegt bei etwa 100–120 kg/ha Reinphosphorsäure; dabei ist die Auswaschung aus dem Boden sehr gering und bei reichlichen Düngergaben die Gefahr der Überdüngung größer als die des Mangels. Wegen der schlechten Wanderfähigkeit in tiefere Schichten darf bei →Neuanlagen eine gute Versorgung dieser Bereiche nicht versäumt werden.

Photosynthese Die Rebe ist autotroph, das heißt, sie kann wie andere grüne Pflanzen mit Hilfe des Blattgrüns (Chlorophylls) das Kohlendioxid der Luft assimilieren und Kohlenhydrate bilden, wobei die elektromagnetische Energie des Sonnenlichtes in chemische Energie umgewandelt wird. Die Photosynthese wird dargestellt mit der Formel
$6\ CO_2 + 6\ H_2O + 674\ kcal \rightarrow C_6H_{12}O_6 + 6\ O_2$
oder in Worten:
Kohlendioxid + Wasser + Lichtenergie ergibt Zucker + Sauerstoff. 100 m^2 Rebenblattfläche können täglich etwa 223 g Zucker erzeugen, 450 m^2 Blattfläche bilden somit pro Tag 1 kg Zucker. Die Assimilationsleistung der Rebe ist bei 30 000 – 40 000 Lux und 25° – 30°C am höchsten.

Phylloxera →Reblaus.

Piave Italienische DOC-Rot- und -Weißweine aus →Venetien. *Piave* trägt als Zusatz die bestimmende Rebsorte auf dem Etikett. *Merlot* ist rubinrot, gerbstoffreich, körperreich, altert gut. Bei 12,5 Vol.-% und nach 2 Jahren Lagerung Bezeichnung Vecchio. *Cabernet* ist ebenfalls rubinrot, körperreich und leicht herb. Bei 12,5 Vol.-% und nach 3 Jahren Lagerung darf er Riserva genannt werden. Der rubinrote *Pinot Nero* ist trocken, kaum gerbstoffbetont und darf nach 2 Jahren Lagerzeit sowie bei 12,5 Vol.-% Alkohol den Zusatz Riserva führen. Der *Raboso* aus der gleichnamigen Rebsorte schmeckt leicht streng; er darf erst nach 3 Jahren Lagerung in den Handel gebracht werden. *Pinot Bianco* ist ein delikater hellgelber Weißwein, *Pinot Grigio*, je nach Kelterung hellrosa oder weiß, trocken und gefällig.
Tocai und *Verduzzo* sind hellgelbe Weißweine, trocken und frisch, der *Tocai* aromatisch.

Pichet Französische Bezeichnung für ein Gefäß (Krug, Kanne) aus Steingut oder auch Holz zum Ausschank von offenen Weinen.

Picpoul →Folle Blanche.

Picpoul de Pinet Trockener, frischer, fruchtiger AC-Weißwein aus den →Coteaux du Languedoc. Ein idealer Begleiter zu Austern.

Pic-Saint-Loup AC-Rotwein aus den →Coteaux du Languedoc aus 13 Gemeinden nordöstlich von Montpellier. Die Weine sind hellfarbig, frisch und süffig.

Piemont (Piemonte it. Fuß des Berges) Voralpenlandschaft im Nordwesten Italiens und bedeutende Weinregion mit einer hohen Anzahl hoch qualifizierter Gewächse. 80% der Weinberge und die qualitativ besten liegen im südlichen Teil des Gebietes in den Hügeln von Monferrato und Langhe, die an das Beaujolais in Frankreich erinnern. Zentren des Weinbaues sind Asti, Alessandria, →Alba, Novara und Vercelli. Strade del Vino, ausgeschilderte Weinstraßen, führen den Touristen durch das Gebiet von Langhe. Die Enoteca permanente in der Burg Grinzano bei Alba zeigt alle Weine der Region. Die beste Rebsorte von Piemont ist →Nebbiolo, andere wichtige Sorten sind →Barbera, →Bonarda, →Freisa, →Moscato, →Brachetto, →Cortese, →Dolcetto, →Malvasia, →Grignolino und andere.
3 Weine aus dem Piemont haben bereits die DOCG erhalten: →*Barbaresco*, →*Barolo* und *Gattinara*.
Die DOC-Weine heißen: →*Asti Spumante*, →*Barbera d'Alba*, →*Barbera d'Asti*, →*Barbera del Monferrato*, →*Boca*, →*Brachetto d'Acqui*, →*Bramaterra*, →*Carema*, →*Colli Tortonesi*, →*Cortese dell'Alto Monferrato, Cortese di* →*Gavi*, →*Dolcetto d'Acqui, d'Alba, d'Asti, delle Langhe Monregalesi, di Diano d'Alba, di Ovada*, →*Erbaluce di Caluso*, →*Fara*, →*Freisa d'Asti*, →*Freisa di Chieri*, →*Gabiano*, →*Ghemme*, →*Grignolino d'Asti, Grignolino del Monferrato Casalese*, →*Lessona*, →*Malvasia di Casorzo d'Asti, Malvasia di Castelnuovo Don Bosco*, →*Nebbiolo d'Alba*, →*Roero*, →*Rubino di Cantavenna*, →*Sizzano*.

Pierre à Fusil (frz.) Feuerstein. Den auf leichten, kiesigen Böden im oberen Rhônetal im Schweizer Weinbaugebiet →Chablais (Kanton →Waadt) gewachsenen Weinen ebenso wie Weißweinen aus dem →Chablis, dem →Elsaß und dem Loire-Gebiet wird nachgesagt, sie hätten einen Geschmack nach »Feuersteinen«.

Piesport Weinort im Anbaugebiet →Mosel-Saar-Ruwer, Bereich Bernkastel. Großlage: *Michelsberg.* Einzellagen: *Treppchen, Falkenberg, Goldtröpfchen, Günterslay, Domherr, Schubertslay, Grafenberg.*

Piffche Glas mit 0,1 l Inhalt im Rheingau.

Piglio →*Cesanese del Piglio.*

Pignol(a) Italienische Bezeichnung für Blauer →Spätburgunder.

pikant Bezeichnung für einen →eleganten, lebendigen Wein mittlerer und guter Qualität mit besonders feinfruchtiger Säure.

Pikkolo Markenrechtlich für bestimmte deutsche Sektkellereien geschütztes Wort- und Bildzeichen für die Viertelflasche Sekt (0,2 l).

Pikolit, Weißer Synonym für →Blaustengler.

Pilzkrankheiten Die häufigsten und sich am schnellsten verbreitenden Krankheiten der Reben werden durch Pilze hervorgerufen. Pilze können selbst nicht →assimilieren und keine eigenen organischen Substanzen aufbauen, sondern sind auf bereits vorgebildete Nahrung angewiesen, die sie den Wirtsorganismen mit ihren Saugorganen entnehmen. Die Pilze wachsen auf der Oberfläche oder im Innern der befallenen Pflanze und bilden dabei ein Geflecht (Myzel), das aus feinen Fäden (Hyphen) besteht. Vermehrung und Verbreitung erfolgt durch Sporen. Die häufigsten Pilzkrankheiten sind →Peronospora, →Oidium, Roter →Brenner und →Schwarzfleckenkrankheit. Bekämpfung mit →Fungiziden.

Pineau de la Loire Synonym für →Chenin Blanc.

Pineau des Charentes oder **Pineau Charentais** Süßer Aperitifwein aus dem Anbaugebiet für Cognac in Frankreich.

Pinkataler Weinstraße Burgenländische Weinstraße, die von Rechnitz über Eisenberg/Kohdifisch nach Heiligenbrunn führt.

Pinotage Südafrikanische Rotweinrebe; Kreuzung aus Blauer Spätburgunder x Hermitage (Cinsault); bringt weiche, abgerundete, füllige und blumige Weine.

Pinot Blanc Französische Bezeichnung für Weißer →Burgunder.

Pinot Chardonnay Irreführende Bezeichnung für die Sorte Chardonnay, die nicht zur Familie der Pinots gehört. Sie ergibt unter diesem Namen einen guten Weißwein in →Kalifornien.

Pinot Gris Französische Bezeichnung für →Ruländer.

Pinot Meunier Französische Bezeichnung für →Müllerrebe.

Pinot Noir Französische Bezeichnung für Blauer →Spätburgunder.

Piquette (frz.) →Tresterwein.

Pirovano 15 Blaue Tafeltraube aus Italien; Kreuzung von G. Pirovano aus Bellino x Madeleine Angevine. Sie reift sehr früh, bringt mittelgroße Trauben mit dunkelblauen Beeren von süßem, wohlschmeckendem Aroma.

Pirovano 315 Weiße Tafeltraube aus Italien; Kreuzung von J. Pirovano aus Madeleine Royale x Pirovano 46a (Forster's White Seedling x Zibibbo). Von sehr früher Reife, trägt mittelgroße Trauben mit gelben Beeren von zartem Muskatgeschmack.

Planig Ortsteil von Bad Kreuznach. Weinort im Anbaugebiet →Nahe. Großlage: *Kronenberg.* Einzellagen: *Höllenbrand, Römerhalde, Katzenhölle, Nonnengarten.*

Plant de Montlambert Synonym für →Gamay Noir.

Plant Limagne Synonym für →Gamay Noir.

Plant Médoc Synonym für →Merlot.

Plant Medre Synonym für →Merlot.

Plasmopara viticola →Peronospora.

Platten Weinort im Anbaugebiet →Mosel-Saar-Ruwer, Bereich Bernkastel. Großlage: *Schwarzlay.* Einzellagen: *Klosterberg, Rotlay.*

Plattensee (ung. Balaton) 591 km² großer See in Ungarn mit Obst- und Weinbau an seinen Ufern und den Ursprungsgebieten →Balatonfüred-Csopak, →Badacsony, der nördlichen Uferregion und den Weinbaugebieten südlich

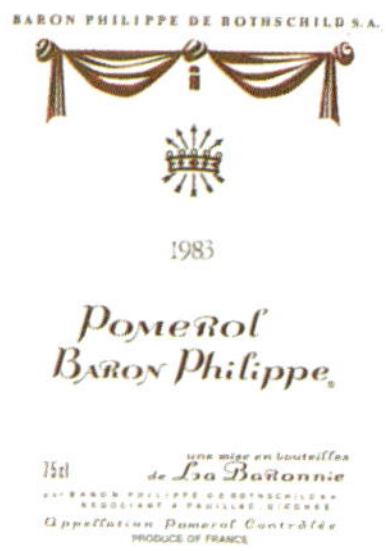

des Sees. In der Uferregion wächst hauptsächlich →Welschriesling, der hier milder und leichter gerät als in Badacsony und Balatonfüred. Die Weingegend südlich des Plattensees um Balatonboglár wurde in den fünfziger Jahren neu organisiert. Heute findet man hauptsächlich reduktiv ausgebaute, süße oder halbsüße Weißweine mit niedrigem Alkoholgehalt aus den bekannten ungarischen Rebsorten und Rotweine, die zum Teil ebenfalls süß sind.

Plavac Jugoslawische Rotweinrebe, die hauptsächlich in →Dalmatien und auf den Adria-Inseln Vis und Hvar angebaut wird. Liefert gleichnamige milde, füllige, säurearme Weine, die jung getrunken werden sollen.

Pleisweiler-Oberhofen Doppelgemeinde im Anbaugebiet →Rheinpfalz, Bereich Südliche Weinstraße. Großlage: *Kloster Liebfrauenberg*. Einzellage: *Schloßberg*.

Pleitersheim Weinort im Anbaugebiet →Rheinhessen, Bereich Bingen. Großlage: *Rheingrafenstein*. Einzellage: *Sternberg*.

Plochingen Weinort im Anbaugebiet →Württemberg, Bereich Remstal-Stuttgart. Großlage: *Weinsteige*. Einzellage: *Hansen*.

plump Bezeichnung für einen schweren, alkohol- und →extraktstoffreichen Wein mit wenig →Säure und →Charakter. Besonders gute Jahrgänge, die als Most viel Zucker und wenig Säure besitzen, neigen zu diesem geschmacklichen →Mangel, der sich auch in schnellerer Reifung und →Alterung der Weine ausdrückt.

Pockenmilbe Dasselbe wie Blattgallmilbe, die an Gallen an der Blattunterseite zu erkennen ist (→Schädlinge der Rebe).

Polen Etwa 100 ha Rebfläche; Import 1 Million hl; jährlicher Pro-Kopf-Verbrauch 6 l.
Der Weinbau war auf dem Gebiet des heutigen Polen im Mittelalter, wie man aus Ortsnamen noch entnehmen kann, hauptsächlich in der Nähe der Klöster viel weiter verbreitet gewesen als heute. Ende des 19. Jahrhunderts gab es bei Zielona Gora noch 750 ha Rebland, heute nur noch 50 ha. Mehr Bedeutung hat die Herstellung von Obst- und Honigwein. Der Import von Traubenwein steigt stetig.

Pölich Weinort im Anbaugebiet →Mosel-Saar-Ruwer, Bereich Bernkastel. Großlage: *St. Michael*. Einzellagen: *Held, Südlay*..

Pollino Italienischer DOC-Rotwein aus →Kalabrien. Der rubin- bis kirschrote Wein aus mindestens 60% →Gaglioppo und mindestens 20% anderen Rebsorten mit charakteristischem Duft ist vollmundig und trocken. Mit 12,5 Vol.-% Alkohol und 2 Jahren Lagerzeit darf er sich Superiore nennen.

Poltersdorf →Ellenz-Poltersdorf.

Pomerol AC-Gebiet von →Bordeaux mit einer Rebfläche von 750 ha auf einem Plateau hinter der Flußstadt Libourne am östlichen Ufer der Dordogne gelegen. Gelände und Bodenart variieren von sandig-kiesig bis tonig-lehmig. Die ausschließlich roten Weine vereinen Fülle und Schmelz des →*Saint-Émilion* mit der Feinheit und Eleganz eines →*Médoc*. Sie werden aus →Merlot, →Cabernet Franc, aber auch aus →Cabernet-Sauvignon, →Verdot und →Malbec gewonnen. Die Châteaux von Pomerol wurden bis jetzt nicht offiziell klassifiziert. Im allgemeinen werden die folgenden Châteaux als die hervorragendsten betrachtet: Pétrus (stellt eine Klasse für sich dar), l'Evangile, Gazin, La Conseillante, Lafleur, Lafleur-Pétrus, La Pointe, Nénin, Petit-Village, Trotanoy, Vieux-Château Certan.
Nordöstlich des Gebietes schließt sich →Lalande de Pomerol an.

Pomino Italienischer DOC-Rot- und -Weißwein aus der →Toskana. Der Weißwein stammt aus →Pinot Bianco, →Chardonnay und →Trebbiano, der Rotwein aus →Sangiovese, →Cabernet und anderen. Aus denselben Sorten wird auch →Vin Santo aus angetrockneten Trauben hergestellt.

Pommard Weinort an der →Côte de Beaune in →Burgund mit der höchsten Produktionsmenge des Gebiets (10.000 hl). Daher ist er auch, zumindest im Ausland, der bekannteste Burgunder. Die einfacheren *Pommards* tragen nur den Namen des Ortes, die besseren erscheinen mit dem Lagennamen auf dem Markt. *Les Argillières* sind leichtere Weine, *Les Rugiens* körperreich und *Les Epenots* fein und rassig. Eine Klassifizierung von 1861 und 1936 nennt 28 Premiers Crus.

Pommern Weinort im Anbaugebiet →Mosel-Saar-Ruwer, Bereich Zell/Mosel. Großlage: *Goldbäumchen*. Einzellagen: *Zeisel, Goldberg, Sonnenuhr, Rosenberg*.

Poppenweiler Ortsteil von Ludwigsburg. Weinort im Anbaugebiet →Württemberg, Bereich Württembergisch Unterland. Großlage: *Schalkstein*. Einzellage: *Neckarhälde*.

Portaser →Pfäfers.

Porto →Oporto.

Portugal 370.000 ha Rebfläche; 9 Millionen hl Wein, davon 1,5 Millionen hl Export; 1 Million dz Tafeltrauben; jährlicher Pro-Kopf-Verbrauch 60 l.
Kein anderes Weinbauland der Welt hat einen so hohen Exportanteil an Wein (15% der Ernte) wie Portugal. Dank seiner strengen Anbaubestimmungen (1756 wurde erstmalig in der Welt ein Herkunftsgebiet – für Portwein – gesetzlich abgegrenzt) genießen portugiesische Weine weltweit Vertrauen. Die Weinbaugebiete weisen unterschiedliche Weintypen auf, bedingt durch die Verschiedenartigkeit der Böden, der gebietscharakteristischen Rebsorten und der Weinbereitungsmethoden. Rund 20% der Rebfläche fallen unter die gesetzlich festgelegte Ursprungsbezeichnung. Zur Zeit unterstehen 9 Herkunftsgebiete (Regiãos Demarcadas) mit ihren Produkten (Vinhos de Origem) einer Kontrolle, die durch ein gebietseigenes Flaschensiegel (Selo de Origem oder Selo de Garantia) bestätigt wird: →Portwein (Douro), →Vinho verde, →Dão, →Colares, →Carcavelhos, →Bucelas, →Setúbal und →Madeira, →Bairrada, →Algarve. Inzwischen bemühen sich weitere Gebiete um die Anerkennung als Região Demarcada, wie Lafões-Lamego (zwischen Dão und Vinho verde), Pinhel (östlich von Dão), Alcobaca und Torres Vedras (nördlich von Lissabon). Der Weinbau wird in manchen Landesteilen noch recht konservativ betrieben, und die Erträge sind im Verlgleich zur Bundesrepublik Deutschland (gleiche Erntemenge auf nur 100.000 ha) infolge der Trockenheit (Dão), Terrassierung (Douro) und der Mischkultur (Minho) gering. Außerhalb der Regiãos Demarcadas erzeugt man Konsumweine (Vinhos de consumo), die meist als Markenweine von größeren Kellereien ohne Garantiesiegel auf den Markt gebracht werden. Die frischen portugiesischen Roseeweine (Rosados), die gekühlt serviert werden sollen, werden in bocksbeutelähnliche Flaschen abgefüllt *(→Mateus).*

Portugalské Modré (tschech.) Blauer →Portugieser.

Portugieser, Blauer Rotweinrebe; stammt aus den Donauländern und wurde um 1800 in der Gegend von Bad Dürkheim erstmals angebaut. Eine Abstammung von Portugal ist nicht nachzuweisen. Synonyme: Oportorebe, Vöslauer, Badener (Österreich); Oportó (Ungarn); Portugalské Modré (Tschechoslowakei); Autrichien (Frankreich); Kraljevina (Jugoslawien).
Das Blatt ist groß, glänzend grün, drei- bis fünflappig, das Holz gelb- bis leicht rotbraun mit feinen Streifen und dunkel gepunktet. Die Traube ist mittelgroß, dichtbeerig mit runden bis ovalen, pflaumenblauen, hellgrau bedufteten Beeren, der Wuchs sehr kräftig. Die Reife erfolgt früh bis mittelfrüh. Die Rebe eignet sich für alle Böden und Lagen; gewisse Empfindlichkeit gegenüber Staunässe. Bestockte Rebfläche in Deutschland: 3.506 ha. Sehr hohe, sichere Erträge über 100 hl/ha bei durchschnittlichem Mostgewicht von 70° Oe und 8‰ Säure. Die Sorte liefert hellrote, milde, bukettarme, fast neutrale Weine, die schnell altern, daher gute Schoppenweine. In guten Jahren werden auch farbintensive Weine mit etwas Burgunderart erzeugt. Als Tafelweintraube ist sie ebenfalls gut geeignet.

Portwein →Aperitif- oder →Dessertwein mit bis 25 Vol.-% Alkohol, je nach Typ süß oder trocken, rot oder weiß, alt oder jung. Portwein ist ein Verschnitt aus mehreren Rebsorten, mehreren Weinbergen und mehreren Jahrgängen (mit Ausnahme des Vintage Port) mit dem Ziel, den Typ konstant zu halten. Unverschnittene Erzeugerabfüllungen von Gutskellereien, wie zum Beispiel *Quinta da Noval,* sind Ausnahmen. Portwein hat seinen Namen nach der

an der Mündung des Douro gelegenen Stadt →Oporto (Porto), dem ausschließlichen Versandort für diesen Wein. Das Anbaugebiet entlang des Douro und seiner Nebenflüsse wurde bereits 1756 erstmalig abgegrenzt und ist eine wildromantische, von Schluchten durchzogene Landschaft im Regenschatten der 1.400 m hohen Serra do Marão. Mitten in den terrassierten Steilhängen (bis 100 übereinander) liegen rebenumrankt die leuchtend weiß angestrichenen Kelterhallen der Firma, die den Jungwein unmittelbar nach der Vergärung talabwärts in ihre Lodges (Lagerkeller) nach Vila Nova de Gaia, dem Hafenvorort von Oporto, bringen. Die Angaben auf dem Etikett sind gesetzlich festgelegt, meist in englischer Sprache (traditionelles Importland). Man unterscheidet folgende Weintypen:

Vintage Port (Novidade, Jahrgangsport). Qualitativ überdurchschnittlicher Wein eines guten Jahrgangs wird nach 2 Jahren Faßausbau unter staatlicher Aufsicht auf Flaschen gefüllt, in denen er weitere 5 Jahre bis zum Verkauf lagern muß. Jahrgang und Fülldatum sind auf dem Etikett vermerkt. Dieser Wein schmeckt verhältnismäßig süß und vollmundig, die Farbe ist dunkel. Da sich der Wein erst auf der Flasche ausbaut, bildet sich darin ein Lager, eine Kruste, die beim unvorsichtigen Ausgießen bricht und ins Glas gelangt. Daher ist es notwendig, Jahrgangsport vor dem Servieren zu →dekantieren.

Port Wine (Vinho de Porto, Portwein) unterscheidet sich vom Jahrgangsport dadurch, daß er als Folge des Ausbaues im Faß meist kein Depot auf der Flasche bildet und daß der Geschmackstyp dank der Verschnittmöglichkeit konstant gehalten werden kann. Er wird zu folgenden Typen verschnitten: extra dry (very dry, extra seco, extra trocken); dry finish (medium dry, meio seco, halbtrocken); medium sweet (medium rich, meio doce, halbsüß); rich (sweet, doce, süß); very sweet (muito doce, sehr süß).

Roter Port wird heller, je älter er ist, weißer Port dagegen mit zunehmendem Alter dunkler. Die farbliche Abstimmung wird wie folgt benannt: full (retinto, dunkelrot); red (medium full, tinto, rot); ruby (medium tinto aloirado, rubinrot); tawny (aloirado, lohfarben); light tawny (aloirado claro, hellfarben); pale white (branco pálido, mattweiß); straw coloured (branco palha, strohfarben); golden white (branco doirado, goldfarben).

Portwein kann sehr alt werden, 50 oder 100 Jahre sind keine Seltenheit. Die jährliche Portweinproduktion (etwa 0,5 Millionen hl) wird zu 90% exportiert. Originalabfüllungen müssen am Flaschenhals über dem Korken das Selo de Garantia tragen.

Possenheim Ortsteil von Iphofen. Weinort im Anbaugebiet →Franken, Bereich Steigerwald. Großlage: *Burgweg.* Einzellage: *Vogelsang.*

Malerische Boote brachten früher den Grundwein für Port nach Vila Nova de Gaia.

Postitschtraube, Blaue Bezeichnung für die →Müllerrebe in der Steiermark.

Pouilly-Fuissé Französischer AC-Weißwein aus →Mâcon, hergestellt aus der →Chardonnay-Rebe. Er ist elegant, hell und frisch. Der Wein altert gut, 20 Jahre auf der Flasche können ihm nichts anhaben.

Pouilly Fumé (oder **Blanc Fumé de Pouilly**) Trockener französischer AC-Weißwein aus Pouilly-sur-Loire im Osten des Loire-Gebiets, gekeltert aus →Sauvignon Blanc (hier Blanc Fumé genannt). Er kann jung und verhältnismäßig kalt getrunken werden. Man sagt ihm einen Feuersteingeschmack (→Pierre à Fusil) nach.

Pouilly-Loché AC-Weißwein aus Loché, in →Mâcon, der im Geschmack dem *Pouilly-Fuissé* ähnelt.

Pouilly-sur-Loire Die AC des Ortes an der Loire bezieht sich auf Weißweine aus →Chasselas, während →*Pouilly Fumé* nur aus Sauvignon gekeltert sein darf. Die Chasselas-Weine sind hell und leicht, kommen aber in Charakter und Eleganz nicht an *Pouilly Fumé* heran.

Pouilly-Vinzelles AC-Weißwein aus dem →Mâconnais, ähnlich dem *Pouilly-Fuissé*.

Pourriture noble (frz.) →Edelfäule (→Botrytis cinerea).

Pousa Blanca →Xarel-lo.

Poysdorf Weinstädtchen in →Niederösterreich, Weinbaugebiet →Weinviertel. Auf 1.475 ha Rebfläche wird hauptsächlich Grüner →Veltliner angebaut. Ein neuer Markenwein heißt *Poysdorfer Schwedenperle* – der Name bezieht sich auf ein Ereignis im 30jährigen Krieg. Es handelt sich um einen trockenen, fruchtigen Grünen →Veltliner, der von 6 Weinbaubetrieben nach strengsten Vorschriften hergestellt wird. Ein weiterer Markenwein ist *Freiherr von Reichenstein*, ein Welschriesling. Bei der Poysdorfer Weinparade werden alljährlich die besten Weine des Gebiets mit Gold- und Silbermedaillen ausgezeichnet.

Prädikatswein 1. →Qualitätswein mit Prädikat.
2. Nach dem österreichischen Weingesetz gehören zu den Prädikatsweinen folgende Untergruppen: →Spätlese, →Auslese, →Eiswein, →Beerenauslese, →Ausbruch, →Trockenbeerenauslese. Sie alle dürfen nicht verbessert werden, müssen aus einem Weinbaugebiet stammen, ihre Restsüße darf nur aus Gärungsunterbrechung, nicht aus Süßreserve resultieren, sie müssen amtlich geprüft sein und eine Prüfnummer tragen; die Jahrgangsbezeichnung ist obligatorisch. Die Trauben für Prädikatsweine dürfen, mit Ausnahme von Eisweinen und Spätlesen, nicht mit Lesemaschinen geerntet werden.

Prämierungen 1. *Gebiets- und Landesweinprämierungen in Deutschland.* Der DLG-Bundesweinprämierung sind für deutsche Qualitätsweine 5 Regionalprämierungen vorgeschaltet. Die Regionalprämierung basiert auf der EG-Verordnung 1608/1976 sowie auf § 6 der Bundesweinverordnung von 1971 und den entsprechenden Gesetzen beziehungsweise Verordnungen der einzelnen Bundesländer aus dem Jahre 1971. Zweck und Ziel sind wie bei der DLG-Bundesweinprämierung die Förderung der Erzeugung von qualitativ hochwertigen Weinen und deren Absatz. Jeder Veranstalter hat seine eigenen Prüfbestimmungen ausgearbeitet, die unterschiedlich als Richtlinien (Hessen, Franken), als Bestimmungen (Baden-Rheinland-Pfalz) oder als Grundsätze (Württemberg) bezeichnet werden. Folgende Mindestpunktzahlen sind für die Vergabe von Preismünzen mit Ausnahme des Badischen →Gütezeichens einheitlich festgelegt:

Gold	Silber	Bronze
4,5	4,0	3,5

Für besonders gute Gesamtleistungen kann ein Betrieb mit der Staatsehrenplakette in Bronze, Silber oder Gold ausgezeichnet werden. Sie entspricht einem Ehrenpreis bei der DLG-Bundesweinprämierung und wird auch nach den gleichen Bedingungen vergeben. Die Auszeichnungen werden entweder auf das Etikett gedruckt oder als bronzene, silberne oder goldene Schleife neben oder über dem Etikett angebracht. Die erreichte Punktzahl wird nicht angegeben. Die Auszeichnungen beziehen sich immer nur auf eine bestimmte Füllung. Die mit einer Preismünze ausgezeichneten Weine dürfen daraufhin zu der DLG-Bundesweinprämierung angemeldet werden.
2. *DLG-Bundesweinprämierung.* Höchste (freiwillige) Weinqualitätsprüfung für deutsche Weine; sie wird jährlich von der Deutschen Landwirtschafts-Gesellschaft (DLG) durchgeführt. Zugelassen sind Weine, die bei der Gebiets- oder Landesweinprämierung bereits ausgezeichnet wurden:
1. Bronzener Preis der DLG ab 3,5 Punkte;
2. Silberner Preis der DLG ab 4 Punkte;
3. Großer Preis der DLG ab 4,5 Punkte;
4. Ehrenpreis des Bundesministers für Ernährung, Landwirtschaft und Forsten für die her-

vorragende Gesamtleistung eines Betriebes. Dieser Preis wird in Bronze, in Silber (wenn der Ehrenpreis zum viertenmal zuerkannt wird) und in Gold (beim achtenmal) verliehen. Die Auszeichnungen 1–3 werden entweder auf dem Etikett oder auf einer Schleife am Flaschenhals neben dem Etikett vermerkt. Der Ehrenpreis darf auf Flaschen nicht erwähnt werden, denn diese Auszeichnung betrifft nicht den einzelnen Wein, sondern den Erzeugerbetrieb.
3. *Prämierungen im Ausland* sind bei den einzelnen Ländern behandelt.

Preignac Eine der Gemeinden, aus denen einige höher klassifizierte →*Sauternes* stammen.

Premières Côtes de Blaye →Blayais.

Premières Côtes de Bordeaux AC-Gebiet für Rot- und Weißweine am rechten Ufer der Garonne in →Bordeaux. Es erstreckt sich von der Altstadt von Bordeaux stromaufwärts über 40 km und ist niemals mehr als 4 km breit. Die Süßweingebiete von →Loupiac, →Cadillac und →Sainte-Croix-du Mont, die innerhalb dieses Gebietes liegen, haben eine eigene Herkunftsbezeichnung. Die farbintensiven, in der Jugend etwas harten Rotweine aus dem nördlichen Teil werden aus →Cabernet-Sauvignon, →Cabernet Franc, →Merlot, →Malbec und →Verdot, die trockenen, halbsüßen oder süßen Weißweine aus dem südlichen Teil aus →Sémillon, →Sauvignon Blanc und →Muscadelle gewonnen.

Pressen →Keltern.

Preuses Eine der besten Lagen von →Chablis (Grand Cru).

Prichsenstadt Weinort im Anbaugebiet → Franken, Bereich Steigerwald, mit Ortsteil →Kirchschönbach. Einzellage: *Krone*.

Prie Alte italienische Weißweinrebe mit den Synonymen: Rèze (Resi) im Wallis, Bernada im Aostatal. Sie gelangte über den Großen Sankt Bernhard ins Wallis. In den zwanziger Jahren nahm sie noch drei Viertel der Rebfläche des Bezirks Siders ein, ist heute aber am Verschwinden. Die Sorte wird zur Bereitung der Gletscherweine im Val d'Anniviers verwendet. Rèze-Wein ist nervig und hat hohe Säurewerte.

Primeur Junger Wein, der im allgemeinen ab 15. Dezember nach der Ernte auf den Markt gelangt. Der →*Beaujolais Primeur* wird schon 6 Wochen nach der Lese (etwa Mitte November) verkauft. Inzwischen gibt es eine ganze Reihe von Primeur-Weinen aus Frankreich, Italien und anderen Ländern.

Primitivo Wichtige rote Rebsorte in →Apulien, die allein oder im Verschnitt mit anderen hochwertige Rotweine ergibt. In Kalifornien wird sie →Zinfandel genannt.

Primitivo di Manduria Italienischer DOC-Rotwein aus →Apulien, gekeltert aus der gleichnamigen Rebsorte. Der alkoholreiche samtige Wein wird außerdem in drei Versionen angeboten: Dolce naturale, Liquoroso dolce naturale und Liquoroso secco. Die Liquoroso-Tpen dürfen erst 2 Jahre nach ihrer Verstärkung in den Handel gebracht werden.

Weinberge in den Premières Côtes de Bordeaux.

Priorato Kräftig tiefdunkler, meist trockener, manchmal →aufgespriteter Rotwein, der den höchsten natürlichen Alkoholgehalt aller Weine Spaniens haben soll, aus dem gleichnamigen 3.500 ha großen DO-Gebiet nördlich von Tarragona, in Katalonien. Er wird oft zur →Sangria verwendet.

Probenziehen Eine Probe aus einem Weinbehälter muß den Durchschnitt des Weines wiedergeben, sie muß »repräsentativ« für den Wein sein. Dies erreicht man durch Probennahme aus der Mitte des Fasses oder durch vorheriges Vermischen (Rühren) des Weines. Zum Probenziehen verwendet man entweder einen sauberen Schlauch aus Paragummi oder Kunststoff oder einen sogenannten →Stechheber (Weinheber) aus Glas. An größeren Behältern (Stahl- oder Betontanks) befinden sich Probierhähne, meistens aus Metall, aus denen die Proben entnommen werden. Hierbei ist es wichtig, vor der Probennahme Wein vorlaufen zu lassen, damit die Probe keinen →Metallgeschmack bekommt.

Probierglas Der Einfluß des Probierglases auf die Beurteilung bei einer →Weinprobe ist wesentlich größer, als gemeinhin angenommen wird. Dabei kommt der Form des Glases mindestens die gleiche Bedeutung zu wie seiner Farbe. Ein geeignetes Wein- oder Probeglas soll aus absolut farblosem, dünnwandigem, reinem und glattem Glas bestehen, das frei ist von Trübungen, Luftbläschen, Schliffen, Ätzungen und Gravuren. Gläser aus dickem Preßglas, wie Trinkwassergläser mit Muschelschliff, wertvolle, geschliffene Bleikristallgläser, formschöne Kelche mit Facettenschliff sind für fachliche Proben ungeeignet, da sie zu sehr vom Wein ablenken. Für Kellerproben, wie beim Abstechen, Füllen hat sich das sogenannte Kellerglas, ein einfaches, billiges nach oben etwas erweitertes, becherförmiges Probierglas eingeführt. Als zweckmäßiger für alle Formen der Weinkost haben sich Stiel- oder Stengelgläser bewährt, die in den meisten Weinanbaugebieten bestimmte, typische Formen haben. Der Apfelkelch, der zum Beispiel in der Rheingauer und der rheinhessischen Form bekannt ist, wird für Proben häufig verwandt, da er durch seine oben eingezogene Form das Weinbukett besser hält und das Kreiseln (Schwenken) erleichtert. Rotweine probiert man meist aus Stielgläsern mit etwas ausladendem Kelch, da hierin die Farbfeinheiten besser zu erkennen sind als in den schmäleren Apfelkelchen. In Frankreich benutzt man zur Farbprüfung von Rotweinen silberne oder aus versilbertem Metall oder Zinn hergestellte, muschelförmige Probierschalen (→Tastevin). Sie erlauben dem Kenner, auch die feinsten Farbnuancen zu unterscheiden. Grundsätzlich sollten bei einer Weinprobe, bei der mehrere Weine miteinander zu vergleichen sind, in Form, Stärke und Größe nur gleiche Gläser verwendet werden. Da Glas die unangenehme Eigenschaft besitzt, auch bei trockener Oberfläche Fremdgerüche anzunehmen, sollte man ein Probierglas vor der Probe mit einem sauberen Tuch oder Seidenpapier ausreiben und mit dem zu probierenden Wein ausspülen (→Römer, →Weinglas).

Probierraum Ein für fachmännische Proben geeigneter Raum sollte wohltemperiert, gut durchlüftet und beleuchtet sein, wobei Tageslicht am geeignetsten erscheint. Als Lichtquellen eignen sich aber auch Tageslichtröhren (Neonlicht), wenn sie den Raum gleichmäßig ausleuchten. Wände und Tapeten sollten am zweckmäßigsten weiß sein; auch die übrigen Einrichtungen sollten möglichst in hellen, ruhigen Farben gehalten sein, da diese nüchterne Atmosphäre wenig ablenkt und der bei einer Probe erforderlichen Konzentration dienlich ist. Das Rauchen ist in einem Probierraum unbedingt zu unterlassen (auch zwischen den Weinproben), da sich der Rauch festsetzt und bei der geruchlichen Beurteilung der Weine erheblich stört. Für eine etwas gemütlichere, ungezwungene Probe kann der Raum entsprechend aufgelockert oder sogar stilvoll eingerichtet sein.
Größere Betriebe haben meistens mindestens zwei Probierräume, einen zum betrieblichen Gebrauch für die laufenden Entwicklungs- und Behandlungsproben der noch unfertigen Weine und einen für repräsentative Proben (Verkaufsproben) größeren Stils.

Prokupac Jugoslawische Rotweinrebe, die im Süden Serbiens und in Mittel-Dalmatien angebaut wird; bringt leichte, frische, jung zu trinkende Weine hervor, die unter dem Namen der Rebsorte verkauft werden.

Proschwitz Weinort im Anbaugebiet →Elbe mit der Lage *Katzensprung*.

Prosecco Italienische Weißweinrebe, die vor allem in →Venetien und Friaul angebaut wird und fruchtige Weine mit leichtem Birnenduft liefert.

Prosecco di Conegliano-Valdobbiadene Italienischer DOC-Weißwein aus →Venetien, hergestellt aus der gleichnamigen Rebsorte. Die Weine aus einem bestimmten Gebiet innerhalb der Gemeinde von Valdobbiadene heißen zusätzlich *Superiore di Cartizze*. Beiden gemeinsam ist die strohgelbe Farbe, der angenehm bittere Geschmack und die Fruchtigkeit

in allen Versionen (trocken, halbsüß und süß). Von *Prosecco di Conegliano* und *Superiore di Cartizze* gibt es Perlwein und Schaumwein, die etwa den gleichen Bestimmungen unterliegen.

Prosek Jugoslawischer süßer Weißwein aus →Dalmatien mit einem Alkoholgehalt von 15,5 Vol.-%, der aus an der Luft getrockneten überreifen Trauben hergestellt wird.

Proslava →Bulgarien.

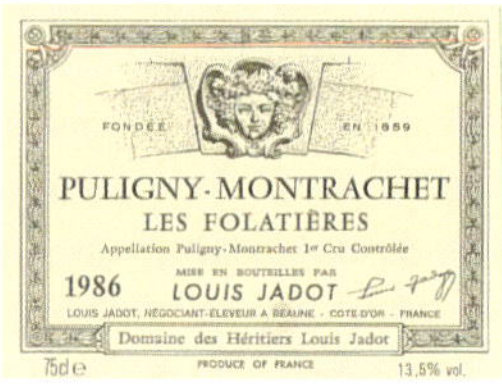

Provence Südfranzösische ehemalige Provinz und Weinbauregion, aus der viele angenehme Tischweine stammen. Die Rebfläche ist heute viel kleiner als in früheren Zeiten. Der Rebanbau der Provence ist wesentlich älter als im übrigen Frankreich, denn schon 60 Jahre vor Christi Geburt pflanzten die Griechen bei Marseille die ersten Rebstöcke. Die Hauptrebsorten heute sind →Grenache, →Cinsault, →Mourvèdre, →Carignan, →Clairette, →Ugni Blanc und →Bourboulenc. Nach einigen Neuklassifizierungen gibt es nur noch 2 VDQS-Weine →*Coteaux de Pierrevert,* →*Coteaux-Varois.* Die Zahl der AC-Weine hat sich auf 7 erhöht: →*Bandol,* →*Bellet,* →*Cassis,* →*Coteaux d'Aix-en-Provence,* →*Coteaux d'Aix-en-Provence Les Baux-de-Provence,* →*Côtes de Provence,* →*Palette.*

Prüfstellen Die 9 deutschen Prüfstellen für Wein befinden sich in Alzey, Bernkastel-Kues, Eltville, Freiburg, Koblenz, Neustadt, Stuttgart, Trier und Würzburg. Ihnen obliegt die Erteilung der →amtlichen Prüfungsnummer und die Erteilung der Prädikate (→Bewertungssysteme, →Qualitätsweine).

Prüfungsnummer, Prüfnummer Original im Anbaugebiet abgefüllte Spitzenprodukte wie →Sherry, →Portwein, →Tokajer, →VDQS-Weine und →südafrikanische »Wines of Origin« sind durch eine Prüfungsnummer, die entweder auf einer →Banderole oder auf dem →Etikett eingedruckt ist, geschützt.
In Österreich muß die staatliche Prüfnummer bei allen Qualitätsweinen und Prädikatsweinen in das Etikett eingedruckt werden.
In der Bundesrepublik muß ab Jahrgang 1971 jeder →Qualitätswein b.A. und →Qualitätswein mit Prädikat eine Prüfungsnummer tragen (→amtliche Prüfungsnummer).

Prugnolo Synonym für →Sangiovese.

Pseudopeziza tracheiphila Roter →Brenner.

Puisieulx Weinort in der →Champagne, dessen Gewächse für die Champagnerbereitung als Grands Crus eingestuft sind, das heißt mit 100% bewertet werden.

Puisseguin Kleine AC-Weinbaugemeinde nördlich des Gebietes von →Saint-Émilion, die ihrem Gemeinden Namen die Bezeichnung *Saint-Émilion* anhängen darf. Die Rotweine sind farbintensiv und kräftig, die besten Lagen haben eine gewisse Finesse.

Pulcianella Kleine, gedrungene, mit Bast umwickelte Flasche, in der früher Weine aus →Orvieto exportiert wurden.

Puligny-Montrachet Berühmter Weinort in der →Côte de Nuits in →Burgund, auf dessen Gebiet sich zusammen mit →Chassagne-Montrachet die besten Weißweinlagen von Burgund befinden. Die größte Lage →*Montrachet* gehört zu den beiden Gemeinden. Die Lagen *Chevalier-Montrachet* und *Bienvenues-Bâtard-Montrachet* liegen allein auf dem Gebiet von Puligny. Die erste reicht fast an die Spitzenlage heran, die zweite ist etwas leichter und fruchtiger. Während diese Weine nur mit dem Lagennamen bezeichnet werden, erscheinen alle anderen mit dem Zusatz des Ortsnamens auf dem Markt.

Pumpe In der Kellerwirtschaft wichtige und häufig benutzte Maschine. Ihr Einsatz reicht vom Transport der gemahlenen Trauben über die →Abstiche bis zur Flaschenfüllung. Während der Weinbereitung ist es nicht selten, daß ein Wein 10–12mal durch Pumpen gefördert wird. Teilweise zu ersetzen wären Pumpen lediglich durch natürliches Gefälle, Druckluft oder Druckgas. Neben den eigentlichen Maischepumpen (Kolbenpumpen, Schieberpumpen, Exzenterschneckenpumpen), Mostpumpen (Impellerpumpen, Kolbenpumpen) und den Weimpumpen (Kreiselpumpen) findet man in den Kellereien noch Hydraulikpumpen, Abwasserpumpen und Injektoren. Die Forderungen an Maische-, Most- und Weinpumpen sind hoch und nicht von einem Pumpentyp oder einer Universalpumpe zu erfüllen. Allgemein wird verlangt: schonende Förderung von Maische, Most und Wein, Trübungsunempfindlichkeit, die Fähigkeit, selbst anzusaugen, Trockenlaufunempfindlichkeit, gute Reinigungsmöglichkeit und korrosionsfestes Material.

Pünderich Weinort im Anbaugebiet →Mosel-Saar-Ruwer, Bereich Bernkastel. Großlage: *Vom Heißen Stein.* Einzellagen: *Goldlay, Rosenberg, Nonnengarten, Marienburg.*

Punsch Heißer Wein für kühle Tage. Bei den zahlreichen Rezepten ist allgemein zu beachten: Mittelschwere Weine von guter Qualität verwenden und nur erhitzen, aber nicht kochen lassen, denn sonst verflüchtigt sich der

Alkohol; Apfelsinen- und Zitronensaft durchsieben, damit der Punsch nicht trüb aussieht; Gewürze rechtzeitig herausnehmen, weil der Geschmack sonst zu intensiv wird; vor dem Eingießen in jedes Glas einen Löffel stecken, damit das Glas nicht springt; Punsch in einem Steinzeugbehälter (Topf oder Kanne) auftischen, weil er darin am besten die Hitze hält, besonders wenn er auf ein Stövchen gestellt wird.

Purbach Traditionsreicher Weinort im österreichischen →Burgenland, Weinbaugebiet →Neusiedlersee-Hügelland mit einer Rebfläche von 640 ha auf überwiegend weißen Rebsorten angebaut werden.

Puttonyos (ung.) Butten, in denen die Trockenbeeren für die Bereitung der →*Tokajer* →*Aszú* eingemaischt werden.

Pützfeld Ortsteil von Ahrbrück. Weinort im Anbaugebiet →Ahr, Bereich Walporzheim/Ahrtal. Großlage: *Klosterberg*. Einzellage: *Übigberg*.

Pyknometer Ein auf einen bestimmten Inhalt (meistens 50 oder 100 cm³) geeichtes Glasgefäß mit engem, ausgezogenen Hals zur genauen Bestimmung der Dichte (→spezifisches Gewicht) von Flüssigkeiten. Wird im Weinlabor zur exakten Ermittlung des →Mostgewichtes, der Dichte und des Alkoholgehaltes im Wein eingesetzt.

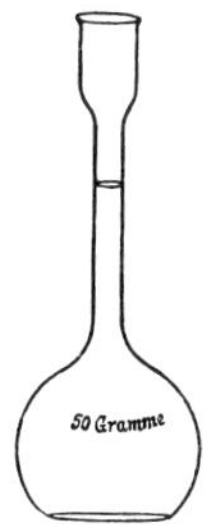

Pyknometer

Q

Q In Österreich neues Qualitätssymbol für Weine vom Qualitätswein aufwärts. Der rot gedruckte Buchstabe soll zusätzlich zur Etikettaufschrift auf höhere Qualität aufmerksam machen.

Qualitätswein Internationale Bezeichnung für Weine einer höheren Güteklasse, die bestimmten gesetzlichen Mindestanforderungen unterliegen. Man ist bestrebt, die Qualitätsklassifizierungen der Weinbauländer zu harmonisieren und damit vergleichbar zu machen. Sie völlig einander anzugleichen, ist bis jetzt, bedingt durch die unterschiedliche historische Entwicklung in den einzelnen Ländern, nicht gelungen.

Etikett mit engstmöglicher Kennzeichnung.

Deutschland: Qualitätswein bestimmter Anbaugebiete, abgekürzt Qualitätswein b.A. oder QbA. Die Weine dieser Güteklasse sind gehaltvolle, gebietstypische Weine, für den täglichen Genuß bestimmt. Die höheren Anforderungen bei QbA-Weinen richten sich besonders an den Reifegrad des Lesegutes. Die Vorschriften über die Herkunftsangaben sind wesentlich enger gefaßt. Wein darf nur als Qualitätswein b.A. gekennzeichnet werden, wenn ihm eine →amtliche Prüfungsnummer zugeteilt worden ist. Die verwendeten Weintrauben müssen ausschließlich von empfohlenen oder zugelassenen Rebsorten der Art Vitis Vinifera stammen und in einem einzigen →»bestimmten Anbaugebiet« geerntet worden sein. Der vorhandene Alkoholgehalt muß mindestens 7 Vol.-% betragen und der Wein einen Mindestalkoholgehalt von 9 Vol.-% aufweisen. Der Wein muß in Aussehen, Geruch und Geschmack frei von Fehlern und bei Angabe einer Rebsorte für diese Rebsorte typisch sein.

Die folgenden Beispiele zeigen, welche Informationen der Käufer von Qualitätswein dem Etikett einer Weinflasche entnehmen kann.

Beispiel für weitestmögliche Kennzeichnung:

Qualitätswein Rheinhessen
Amtliche Prüfungsnummer 4 23 110 202 91
Rebenblut
Abfüller: Weinkellerei A in B-Stadt

Etikett mit weitestmöglicher Kennzeichnung.

Das Etikett enthält den Namen des bestimmten Anbaugebietes (Rheinhessen), die Bezeichnung »Qualitätswein« sowie die Prüfungsnummer. Das gewählte Beispiel zeigt, daß dieser Wein verschiedene Anteile aus dem bestimmten Anbaugebiet Rheinhessen enthält, daß aber kein Anteil mindestens 85% ausmacht. Deshalb darf keine engere geographische Bezeichnung als der Name des bestimmten Anbaugebietes gewählt werden. Neben der Pflicht zur geographischen Bezeichnung ist das Hinzusetzen von →Phantasienamen bei allen Weingruppen gestattet. Da Angaben über Rebsorte und Jahrgang fehlen, dürfte es sich um einen Jahrgangs- und Sortenverschnitt handeln.

Beispiel für engstmögliche Kennzeichnung:

Mosel-Saar-Ruwer
Qualitätswein
Riesling
Amtliche Prüfungsnummer 3 561 024 5 91
1990er Graacher Himmelreich
Erzeugerabfüllung Weingut A in B-Dorf

Wird als engste geographische Bezeichnung der Name einer Einzellage gewählt, dann müssen die verwendeten Weintrauben zu mindestens 85% in der betreffenden Einzellage gewachsen sein. Der Rest muß aus demselben Anbaugebiet stammen. Bei der Wahl einer Lagenbezeichnung ist die Gemeinde oder der Ortsteil anzugeben.

Österreich: Qualitätsweine müssen mindestens 15° →Klosterneuburger Mostwaage (73° Oe) aufweisen, aus einem Weinbaugebiet stammen und aus einer Qualitätsrebsorte hergestellt sein. Der Most dieser Weine darf →angereichert werden. Ferner muß der Wein fehlerfrei und sortentypisch sein, einen geographischen Herkunftsvermerk tragen und gewisse Mindestwerte bei den Inhaltsstoffen aufweisen. Ab 17° (83° Oe) dürfen Qualitätsweine den Vermerk Kabinett tragen, wenn sie nicht angereichert sind.

Schweiz: Hier gibt es besondere Weinspezialitäten, deren Namen geschützt sind und die ständig kontrolliert werden. Sie sind daher mit deutschen Qualitätsweinen mit und ohne Prädikat vergleichbar (→Dôle, →Fendant, →Dorin, →Salvagnin, →Terravin). In der deutschsprachigen Schweiz gibt es Qualitätsweine mit den

Prädikaten →Auslese, →Spätlese und →Beerenauslese.
Luxemburg: Die →Marque Nationale entspricht der QbA-Klasse.
Frankreich: Hier entsprechen die Weine der →Appellation contrôlée und die →Vins Délimités de Qualité Supérieure den deutschen Qualitätsweinen bestimmter Anbaugebiete. Bei den geringsten AC-Weinen wird nur das Herkunftsgebiet genannt, bei den höheren stehen die Untergebiete, einzelne Lagen oder Châteaux mit auf dem Etikett oder sie fallen unter die Cru-Bewertung wie Premier, Second, Grand Cru.
Italien: Die DOC- und DOCG-Weine ohne zusätzliche Prädikate sind mit den deutschen QbA-Weinen zu vergleichen (→Denominazione di Origine Controllata, →Denominazione di Origine Controllata e Garantita).
Tschechoslowakei: Die Weine mit Sortenbezeichnung sind meist gehobener Qualität.
Ungarn: Gemäß dem Weingesetz von 1970 heißt in Ungarn ein Qualitätswein Minöségi Bor und muß mindestens 12 Vol.-% Alkohol enthalten. Ort und Zeit der Abfüllung, Abfüller, Rebsorte, Jahrgang, Herkunft, Alkoholgrad und Ladenpreis müssen auf dem Etikett angegeben werden.
Rumänien: Das Gesetz unterscheidet folgende Qualitätsweinstufen:
Vin de Călitate Superioăra-VS (hochwertiger Qualitätsweinswein);
Vin de Călitate Superioăra cu Denumire de Origine -VSO (hochwertiger Qualitätswein mit Herkunftsbezeichnung);
Vin de Călitate Superioăra cu Denumire de Origine şi Trepte de Călitate - VSOV (hochwertiger Qualitätswein mit Herkunftsbezeichnung und Qualitätsstufe).

Qualitätswein besonderer Reife und Leseart →Prädikatsweine (2).

Qualitätswein mit Prädikat Höchste Qualitätsstufe bei deutschen Weinen. Die Prädikate lauten →Kabinett, →Spätlese, →Auslese, →Beerenauslese, →Trockenbeerenauslese, →Eiswein. Die gesetzlichen Mindestanforderungen lauten:

Qualitätswein mit Prädikat (a-e)	behördliche Lesekontrolle, amtliche Analyse und Sinnenprüfung, Prüfungsnummer; Anreicherung des Mostes mit Zucker nicht erlaubt
a) Kabinett	mindestens 73° Oechsle
b) Spätlese	späte Lese der Weintrauben in vollreifem Zustand; mindestens 85° Oechsle
c) Auslese	Auswahl und getrennte Kelterung nur vollreifer Trauben; mindestens 95° Oechsle
d) Beerenauslese	Auswahl nur edelfauler oder überreifer Beeren; mindestens 125° Oechsle
e) Trockenbeerenauslese	Auswahl nur eingeschrumpfter,edelfauler Beeren; mindestens 150° Oechsle
Eiswein	Weintrauben bei Lese und Kelterung zu Eis gefroren; mindestens 125° Oechsle

Da die gesetzlichen Mindestanforderungen für Oechslegrade (die die natürliche Süße des Lesegutes anzeigen) je nach Weinart (Rot- oder Weißwein), Rebsorte (früh- oder spätreif) und Weinbaugebiet unterschiedlich sind, wurden hier als Beispiel die Werte für den Rheingauer Riesling angeführt.

Qualité Exceptionnelle (QE) Kontrollierter Wein mit Prüfungsnummer aus →Tunesien.

Quart Britisches und amerikanisches Hohlmaß, wobei in Großbritannien 1 Quart 1,139 l und in den USA 0,946 l entspricht. In Frankreich, Deutschland und Italien (Quarto) bedeutet Quart 1/4 (0,25) l.

Quarts-de-Chaume AC-Weißwein aus dem →Anjou (→Coteaux du Layon). Der süße, aromatische Wein mit leicht bitterem Nachgeschmack stammt aus Pineau de la Loire (→Chenin Blanc), der hier oft in Edelfäule (→Botrytis cinerea) übergeht.

Quatourze Untergebiet der →Coteaux du Languedoc. Auf rund 500 ha werden kräftige, samtige Rotweine und leichtere Roseeweine gewonnen. Die wenigen Weißweine sind frisch und fruchtig.

Queue (frz.) Nachlauf (→Destillation).

Quincy Etwa 200 ha großes AC-Gebiet am Cher, einem Nebenfluß der Loire, wo ein trockener, würziger Weißwein aus →Sauvignon Blanc gekeltert wird, der jung getrunken werden sollte.

Quinechon Synonym für →Sauvignon Blanc.

Etikett für österreichischen Qualitätswein.

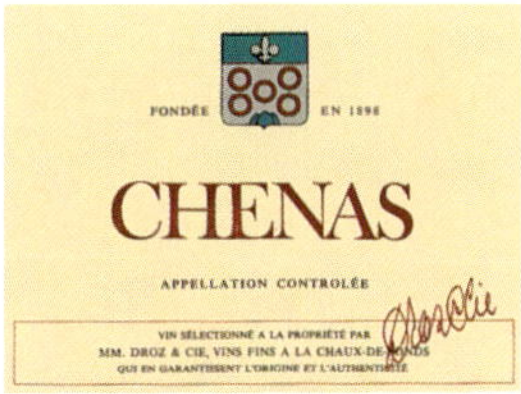

Etikett für französischen Qualitätswein.

Etikett für italienischen Qualitätswein.

R

Rabaner Weißweinrebe; Neuzüchtung des Instituts für Rebenzüchtung der Fachhochschule Geisenheim aus der Kreuzung von Riesling Klon 88 Gm x Riesling Klon 64 Gm; Zuchtnummer Gm 22–73. Die Bezeichnung Rabaner geht auf den Gelehrten und Erzbischof Rabanus Maurus zurück, der 856 in Winkel im Rheingau starb. Die Sorte liefert rieslingähnliche Weine von milder Art und säureärmer als Riesling. Bestockte Rebfläche in Deutschland: 9 ha.

Raboso Italienische Rotweinrebe; wird in →Venetien, besonders im Raum Padua angebaut. Die Weine sind leicht tanninhaltig und haben ein feines Weichselkirschenbukett.

Racemat →Traubensäure.

Die Lage »Alter Schloßberg« bei Radebeul.

Radebeul Weinort im Anbaugebiet →Elbe mit den Lagen *Goldener Wagen, Steinrücken, Johannesberg*. Sitz des Landesweinguts Schloß Wackerbarth.

Rahnprobe Um festzustellen, ob ein Wein, besonders ein →Jungwein, ausreichend geschwefelt ist, läßt man ihn in einem →Probierglas einige Stunden lang offen stehen. Wird der Wein →hochfarbig oder gar braun (rahn), bedeutet dies, daß er stark luftempfindlich ist (→Oxidation), der Gehalt an Schwefeldioxid also noch nicht ausreicht. Durch →Schwefeln wird der Wein gegen Sauerstoff geschützt.

Rahnwerden Andere Bezeichnung für Braunwerden, brauner →Bruch (→Luftgeschmack, →Oxidation).

Rainwater →Madeira.

Raisin Bleu de Frankental Französische Bezeichnung für Blauer →Trollinger.

Rajnai Rizling (ung.) Weißer →Riesling.

Rajnski Rizling (ung.) Weißer →Riesling.

Ramisco Portugiesische Rotweinrebe, die im Gebiet von Colares angebaut wird. Sie liefert gute Rotweine.

Rammersweier Ortsteil von Offenburg. Weinort im Anbaugebiet →Baden, Bereich Ortenau. Großlage: *Fürsteneck*. Einzellage: *Kreuzberg*.

Ramsthal Weinort im Anbaugebiet → Franken, Bereich Maindreieck. Großlage: *Burg*. Einzellage: *St. Klausen*.

Rancio Nicht gesetzlich fixierte Bezeichnung für Weine, die durch lange Lagerung in Fässern an der Sonne einen bestimmten Geschmack angenommen haben. Betrifft →Málaga, →Madeira und alte französische →aufgespritete →Dessertweine.

Randersacker Weinort im Anbaugebiet → Franken, Bereich Maindreieck. Großlagen: *Ewig Leben, Teufelstor*. Einzellagen: *Teufelskeller, Sonnenstuhl, Pfülben, Marsberg, Lämmerberg, Dabug*.

Ranful Synonym für →Blaustengler.

Ranken Haftorgane der Rebe, die als ungeformte →Sprosse anzusehen sind; sie entwickeln sich an den oberen →Augen des →Triebes und bilden sich mit ein bis drei Gabelungen aus. Die Rebe kann mit ihrer Hilfe an Sträuchern, Bäumen und Häusern hochwachsen oder sich an Drähten und Pfählen festranken. Dabei krümmt sich die Spitze der Ranke ein, wenn sie einen festen Gegenstand berührt und umschlingt diese Stütze. Dann dreht sich der untere Rankenteil zweimal schraubenförmig gegenläufig zusammen und zieht damit den Trieb des Rebstockes näher an die Stütze heran, wodurch die Verbindung auch elastisch wird.

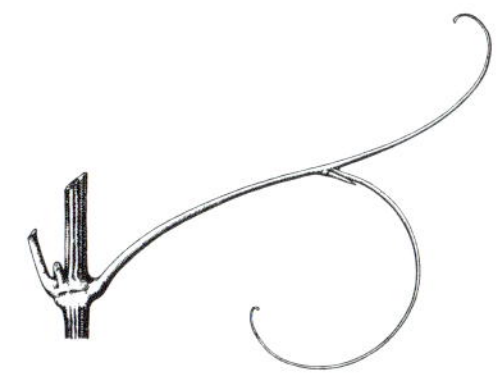
Ranke

Ranschbach Weinort im Anbaugebiet →Rheinpfalz, Bereich Südliche Weinstraße. Großlage: *Königsgarten*. Einzellage: *Seligmacher*.

Rappen →Kamm.

Rappengeschmack →Kammgeschmack.

Rapsani Griechisches AO-Gebiet an den Hängen des Olymp. Aus den Sorten Xynomavron, Krassato und Stavroton wird ein nerviger, hellfarbener Rotwein mit einem delikaten, interessanten Bukett hergestellt. Die Weine von Epirus wurden bereits in der Antike von Appollodor unter dem Namen *Ambracia* als Medizin empfohlen.

rassig Bezeichnung für einen herzhaften, lebendigen Wein mit ausgeprägter, erfrischender Säure. Eine für viele Rieslingweine charakteristische Eigenschaft.

Rasteau Süßer, →aufgespriteter AC-Weißwein aus 3 Gemeinden im südfranzösischen Departement Vaucluse, →Côtes du Rhône, etwa vergleichbar mit weißem Portwein.

Ratafia de Champagne Mit Alkohol versetzter →Traubensaft, ähnlich dem →*Pineau des Charentes*, der als Aperitif getrunken wird.

rauchig, Rauchgeschmack Ein an Rauch erinnernder Geruch und Geschmack, der zum Beispiel bei Weinen aus kesselartigen Lagen auftreten kann, wo die Trauben starkem Rauch und anderen Abgasen (aus Haushalten oder Fabriken) ausgesetzt waren. Der selten auftretende →Fehler kann durch →Schönen des Mostes rechtzeitig und ohne Qualitätsminderung beseitigt werden.

Rauenberg Weinort im Anbaugebiet →Baden, Bereich Badische Bergstraße/Kraichgau, mit Ortsteilen →Rotenberg, →Malschenberg. Großlage: *Mannaberg*. Einzellage: *Burggraf*.

Rauenthal Ortsteil von Eltville. Weinort im Anbaugebiet →Rheingau, Bereich Johannisberg. Großlage: *Steinmächer*. Einzellagen: *Baiken, Gehrn, Wülfen, Langenstück, Rothenberg, Nonnenberg*.

rauh →Gerbstoffreicher, ungepflegter Wein. Die Ursachen dieses Geschmackseindruckes können unreife Trauben, unsachgemäße Behandlung oder auch Fremdstoffe (nicht genügend →weingrün gemachte Holzfässer) sein. Die Steigerung ist →kratzig.

Rauhbrand Erzeugnis der ersten →Destillation in der Branntweinherstellung.

Raumbach Weinort im Anbaugebiet →Nahe, Bereich Schloß Böckelheim. Großlage: *Paradiesgarten*. Einzellagen: *Schwalbennest, Schloßberg, Allenberg*.

Rauscher In manchen Weinbaugebieten übliche Bezeichnung für →Federweißer; so genannt, weil während der Gärung durch die austretende →Kohlensäure ein leichtes Rauschen hörbar wird.

Räuschling Alte Weißweinrebe, die am Zürichsee noch eine gewisse Bedeutung hat; sie ist spätreif, sehr frosthart und liefert neutrale Weine mit dezenter Frucht, eleganter Säure und langer Haltbarkeit; erhebliche Nachteile durch große Blüteempfindlichkeit. Ertragsschwankungen und Aufspringen der Beeren nach Niederschlägen. Synonym: Zürichrebe, Thunerrebe, Offenburger, Welsche. Bestockte Rebfläche in Deutschland: 2 ha.

Ravensburg Weinort im Anbaugebiet →Württemberg, Bereich Württembergischer Bodensee. Einzellage: *Rauenegg*.

Rayawein Niedrigste Qualitätsstufe bei Sherry-Grundwein. Wird oft zu Essig verarbeitet, manchmal jedoch auch mit altem Sherry verschnitten.

Rebe Im botanischen System gehört die Rebe zur Ordnung Rhamnales, Familie Vitaceae, Gattung Vitis, Untergattung Euvitis, Species Vitis Vinifera Linné, subspecies sativa. Bei Vitis Vinifera werden wiederum mehrere Sortengruppen unterschieden. Die meisten Rebsorten für den Weinbau gehören zur Vitis Occidentalis. In Amerika sind 16 Arten der Gattung Vitis bekannt, die teils als →Unterlagsreben in Europa, teils als →Ertragsreben (mit →Fuchsgeschmack) in Amerika angebaut werden.

Rebenmüdigkeit Wachstumsstörung eines ganzen Rebbestandes durch einseitige Ausnützung von →Nährstoffen unter Ansammlung von Hemmstoffen und/oder Virosen, die durch im Boden lebende Wurmarten (Nematoden) auf die Rebe übertragen werden. Ausreichenden Schutz bieten Bodenentseuchung und →Brache.

Rebenselektion Auslese von Rebstöcken, die besondere Eigenschaften für Weinbau und

Weingewinnung aufweisen. Selektion kann durch äußere Einflüsse wie →Krankheiten und Parasitenbefall oder lang anhaltende Klimaänderungen auf natürlichem Wege erfolgen. Es überleben dann nur die unempfindlichen Pflanzen und vererben ihre Resistenz an die Nachkommen weiter (negative Selektion). In der modernen Rebenzüchtung greift der Mensch in diese Vorgänge ein, indem er geeignete Rebstöcke aussucht (positive Selektion) und vegetativ weiter vermehrt (→Klonenselektion).

Rebenzüchtung Steigert die Wirtschaftlichkeit des Weinbaues und macht sich dabei die unerschöpflichen Reserven in den Erbmassen der Reben zunutze. Durch →vegetative Vermehrung von gezielt ausgelesenen →Klonen wird erreicht, daß überdurchschnittliche sortentypische Eigenarten erhalten und gesteigert werden. Mittels →Kreuzung werden neue Rebsorten geschaffen, die den wirtschaftlichen und klimatischen Anforderungen besser genügen als die alten Sorten. Kräftiger, aufrechter Wuchs, gute Holzreife, sicherer Austrieb, Frosthärte, gesundes, robustes Laub, gute, sichere Ausreife und festes Stielgerüst der Trauben, Botrytisresistenz und Harmonie der Geschmacksstoffe im Wein werden angestrebt. Diese Ziele werden, je nach Weinbaugebiet, regional verfolgt. Die Erprobung von →Neuzüchtungen ist daher langwierig und schwer; so haben sich bisher nur wenige durchgesetzt (→Müller-Thurgau, →Scheurebe, →Kerner). Neueste Neuzüchtungen befinden sich noch in der gesetzlich festgelegten Erprobung.

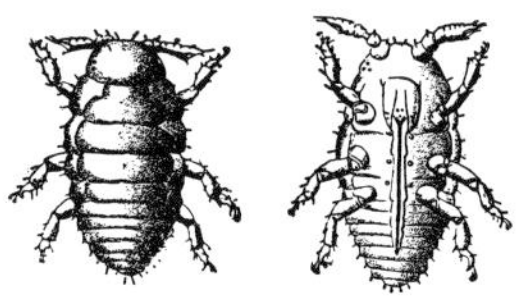

Junge Reblaus

Reber Winzermesser.

Reberziehung →Erziehung.

Rebgelände Standort einer Rebkultur. In den nördlichen Anbaugebieten wird Weinbau meist an Hängen betrieben. Der Gürtel der Weinberge zieht sich im mittleren Bereich an den Berghängen entlang. Die obere Grenze wird bestimmt durch die absinkenden →Temperaturen der →Höhenlage, wobei sie aufgrund kleinklimatischer Faktoren (→Hangrichtung und -neigung, →Windeinfluß, Bodenwärme) etwas schwanken kann. Die untere Grenze des Rebengürtels ergibt sich aus der →Frostgefährdung und der weniger intensiven →Sonneneinstrahlung.

Rebholz Bezeichnung für einjährige Triebe, deren Ruten gegen Ende der Vegetationsperiode verholzt sind. Dabei entwickelt sich statt des grünen Hautgewebes eine braune Schicht aus Korkzellen. Diese umschließen wie ein nahezu wasser- und luftdichter Mantel den Trieb und sein Inneres. Nur vereinzelt eingeschlossene Atemporen (Lentizellen) lassen Luft in das Innere des Gewebes dringen. Die äußere erste Korkschicht stirbt ab und wird von innen her durch neue Schichten ersetzt. So bildet sich bei älteren Holzteilen (→Stamm) Borke, die den Rebstock nach außen schützt und ihm festen Halt verleiht. Gut verholzte Sommertriebe können den Winter überstehen; Reservestoffe werden in ihnen eingelagert, zugleich verhindert die neugebildete Korkschicht Wasserverluste während der Vegetationsruhe. Reifes Holz von gut ausgereiften Ruten enthält reichlich Stärke als Reservestoff; Knospen, Knoten, Diaphragma und Korkmantel sind gleichmäßig und kräftig ausgebildet. Es ist gleichmäßig braun gefärbt und eher dünn. Der umsichtige Winzer beachtet diese Tatsache beim →Rebschnitt, wenn er das anzuschneidende Fruchtholz auswählt.

Rebkern →Traubenkern.

Reblaus (lat. Viteus Vitifolii; Synonym: Phylloxera Vastatrix) Mitte des 19. Jahrhunderts wurde die Reblaus aus Nordamerika nach Frankreich verschleppt. Mit größter Schnelligkeit hat sich diese Pflanzlaus von dort aus über sämtliche europäischen Weinbaugebiete verbreitet. 1874 wurde sie in Deutschland zum ersten Mal festgestellt. An den wurzelechten →Europäerreben hat sie verheerende Schäden angerichtet. Erst mit der Pflanzung von →Pfropfreben konnte die Gefahr gebannt werden.
Der Lebenszyklus der Reblaus ist äußerst kompliziert. Es gibt Formen, die ausschließlich unterirdisch oder oberirdisch leben und solche, die den Übergang zwischen beiden herstellen. Neben dem einfachen, sich jährlich mehrmals wiederholenden Lebenskreislauf unter der Erde, in dem Wurzellaus auf Wurzellaus folgt, gibt es auch einen großen zweijährigen Zyklus, bei dem geflügelte Zwischenformen (Nymphen) den Boden verlassen, sich oberirdisch über geflügelte Reblaus, Geschlechtstier, Winter-Ei, Mai-Gallenlaus zur Blattreblaus entwickeln und über die blattgeborene Wurzellaus wieder in den Boden zurückkommen. Dieser Schädling verbreitet sich zum Teil durch aktive Fortbewegung, doch die passive Verschleppung durch Regen, Wind und vor allem durch den Menschen spielt eine größere Rolle. Der Schaden, den die Reblaus anrichtet, beruht darauf, daß sie die →Wurzeln anbohrt und ansaugt und der Rebe so ihre Nährstoffe entzieht. Die Blattreblaus schwächt das Wachstum, den Frucht- und Holzertrag und verzögert die Holzreife.
Für die Bekämpfung ist die staatliche Organisation des Reblausdienstes unter Aufsicht von

Reblauskommissaren verantwortlich. Eine direkte Bekämpfung des Tieres ist mit Schwefelkohlenstoff möglich. Man begast verseuchte Weinberge, was in Ertragsweinbergen jedoch große Probleme aufwirft und nur wenig Erfolg bringt. Eine amtlich angeordnete Schutzmaßnahme schreibt vor, daß alle für Versand, Ein- und Ausfuhr bestimmten Reben gründlich entseucht sein müssen. Die wirksamste Bekämpfung der Reblaus beruht allerdings auf der Verwendung von Pfropfreben. Die →Rebveredelung bietet dazu die notwendigen Voraussetzungen, weil hier →Edelreiser aus Europäerreben auf →Unterlagen aus Amerikaner-Kreuzungen oder →Hybriden aufgepfropft werden; die Amerikaner-Unterlagen sind nämlich an der Wurzel, die Europäer-Edelreiser am Blatt unempfindlich gegen die Reblaus.

Rebschnitt Die Rebe ist eine Schlingpflanze, die sich in ihrer wild wachsenden Form an Bäumen und Sträuchern emporrankt. Dabei bilden sich jedes Jahr viele neue →Triebe und →Trauben, die sich im Streben nach →Licht, →Luft und →Nährstoffen gegenseitig behindern. Durch den Rebschnitt bringt der Winzer die wilde Form in einen kultivierten Rahmen. Alle einjährigen →Ruten werden entfernt bis auf 1–2 Fruchtruten, deren Knospen im nächsten Frühjahr austreiben sollen. Auf jahrhundertealter Erfahrung und auf wissenschaftlichen Versuchen beruht die Erkenntnis, daß der Rebstock je nach Sorte auf etwa 8–12 →Augen (Knospen) pro m^2 Standfläche zurückgeschnitten werden muß. Bei stärkerem Rückschnitt verbessert man die Qualität der Ernte keineswegs, sondern fördert übermäßig das Wachstum des Stockes und hemmt seinen Fruchtansatz. Werden zu viele Knospen belassen, verschlechtert sich die Qualität der Trauben. Der Rebschnitt erfordert einige Übung vom Winzer, weil der Stock dem →Drahtrahmen angepaßt werden muß. Dabei soll nur gesundes, gut ausgereiftes Holz zur Fruchtrute gewählt werden, damit alle angeschnittenen Augen im Frühjahr austreiben können.

Rebschule Einrichtung zur Aufzucht der jungen →Pfropfreben, ihrer Vorbereitung auf Freilandbedingungen und Überprüfung ihrer Veredelungsstellen. Das Rebschulgelände erfordert eine frostfreie, warme Lage und lockeren Boden mit gutem Wasser- und Wärmehaushalt. Die Pfropfreben werden in langen Reihen eng nebeneinander in den Boden gesetzt. Etwa 150.000–250.000 Pfropflinge können pro Hektar eingeschult werden. Mit sorgfältiger Nährstoffversorgung und →Schädlingsbekämpfung werden sie im Laufe des Sommers aufgezogen und im November wieder ausgeschult. Nach Sorten getrennt, gebündelt und nach Qualität überprüft (die Ausbeute liegt bei 50%), lagern sie dann in kühlen Einschlagräumen bis zur →Pflanzung in den endgültigen Standort im Spätherbst oder Frühjahr.

Rebsorten Spielarten der Gattung Vitis mit erblich fixierten Eigenschaften, die auf dem Wege der Züchtung und Selektion entstanden sind. Das Rebsortiment der einzelnen Weinbauländer unterscheidet sich erheblich voneinander. Vegetationszeit, Sonnenscheindauer, Niederschläge, Wintertemperaturen und Trinkgewohnheiten bedingen die unterschiedlichen Anforderungen an die Rebsorten. Am Anfang des Weinbaues dürften von dem damals verbreiteten Wildreben jene in Kultur genommen worden sein, die von den ersten Winzern als besonders geeignet angesehen wurden. Vermutlich entstanden die ersten Weingärten sowohl aus →Sämlingen wie auch aus →vegetativ vermehrten Stöcken. Mensch und Tier verbreiteten Kerne der Rebe. Ein buntes Gemisch der ohnehin heterozygoten Reben wird sich schon in den ersten Weingärten zur Selektion angeboten haben. Diese Selektion muß permanent über sehr lange Zeiträume hin erfolgt sein. Später kam zusätzlich ein Austausch zwischen Gebieten zustande. Zur Zeit der Römer war die erste Phase der Sortenentstehung bereits abgeschlossen. Auch bei der Einführung der Rebkultur in Germanien ist das Prinzip von Versuch und Irrtum wirksam gewesen. Nur geeignete Sorten setzten sich durch und verblieben im Anbau. Woher diese geeigneten Sorten kamen und wie sie wanderten, weiß niemand zu sagen. Zu allen Zeiten hat sich die Zusammensetzung des Rebsortimentes langsam verändert und wird sich auch in Zukunft verändern.

Scheren für den Rebschnitt.

Von der Rebe sind heute rund 10.000 verschiedene Sorten bekannt, davon sind ungefähr 1.000 zum Anbau geeignet; die meisten für die Weinbereitung, einige wenige für die Gewinnung von Tafeltrauben und Rosinen. Boden, Klima, Rebsorte und Kellertechnik formen bekanntlich den Wein und geben ihm seine Art. Den Grundcharakter bestimmt jedoch die Rebsorte. In allen fortschrittlichen Weinbauländern wird der Rebsortenspiegel wissenschaftlich bearbeitet und gesetzlich kontrolliert. Laut EG-Bestimmungen dürfen nur zugelassene und/oder empfohlene Sorten für die Weinbereitung angebaut werden.

Rebstichler Rüsselkäfer, der junge Blätter und Knospen auffrißt. Muß mit →Insektiziden bekämpft werden.

Rebschule

Rebveredelung Das Pfropfen europäischer →Edelreiser, die sich für Trauben- und Weingewinnung eignen, auf reblausresistente Ameri-

kaner-Unterlagenreben. Das etwa 3 cm lange Edelreis mit 1 →Auge kann durch verschiedene Veredelungssysteme (Standort- oder Tischveredelung) oder Schnittformen (englische Kopulation, Jupiter-, Lamellen und Omega-Schnitt) mit der Unterlage (etwa 20 cm lang) verbunden werden. Die veredelte Pfropfrebe darf nicht gleich in den Weinberg gesetzt werden, weil unter den dort herrschenden Bedingungen die Schnittstelle häufig nicht zusammenwächst. Daher fördert man die verbindende Kallusbildung im Treibhaus und härtet anschließend die junge Pflanze durch langsam sinkende Temperaturen ab. Um den Erfolg der Veredelung zu überprüfen und die Reben endgültig auf Freilandbedingungen einzustellen, werden sie dann für ein Jahr in die →Rebschule gebracht.

Rech Weinort im Anbaugebiet →Ahr, Bereich Walporzheim/Ahrtal. Großlage: *Klosterberg*. Einzellagen: *Hardtberg, Blume, Herrenberg*.

Rechberg Ortsteil von Klettgau. Weinort im Anbaugebiet →Baden, Bereich Bodensee. Einzellage: *Kapellenberg*.

Rechnitz Größter Weinbauort des südlichen →Burgenlandes, Weinbaugebiet →Südburgenland. Von den 125 ha sind etwa 80% mit Weißweinsorten bepflanzt.

Rechtenbach →Schweigen-Rechtenbach.

Recioto (it.) Wein aus angetrockneten Trauben. Spezialität von →Venetien. DOC-Weine sind *Recioto della Valpolicella* (→Valpolicella), *Recioto di Gambellara* (→Gambellara), *Recioto di Soave* (→Soave).

reduktiv Gegenteil von oxidativ. Ausbaumethode für Weine, die jung und frisch bleiben sollen und die man daher vor →Oxidation bewahrt.

Refosco dal Peduncolo Rosso oder **Refosco Nostrano** Italienische Rotweinrebe, die hauptsächlich in Friaul–Julisch Venetien angebaut wird.

Refraktometer Optisches Meßgerät, mit dem der Zuckergehalt von →Traubensaft (Most) auf einfache und schnelle Weise bestimmt werden kann. Das Meßprinzip beruht auf der unterschiedlichen Lichtbrechung (fractus lat. gebrochen) von Lösungen, die durch Art und Konzentration der gelösten Stoffe (zum Beispiel Zucker) verursacht wird. Im Weinbau und in der Kellerwirtschaft werden sie meist als kleine Handrefraktometer zur Bestimmung des →Mostgewichtes eingesetzt und sind in Oechslegraden geeicht. Sie arbeiten nicht so genau wie zum Beispiel →Pyknometer oder →Mostwaagen (Spindeln), gestatten aber bereits die Messung eines einzelnen Tropfens, wodurch man den Reifezustand einzelner Beeren ermitteln kann.

Região Demarcada Gesetzlich abgegrenztes portugiesisches Ursprungsgebiet, dessen Produkte (Vinho de Origem) einer Kontrolle unterzogen werden und die jeweils mit einem gebietsindividuellen Flaschensiegel (Selo de Origem oder Selo de Garantia) ausgestattet sind (→Portugal).

Regina Ältere weiße Tafeltraube von später Reife; die Trauben sind groß, lockerbeerig, gut geformt, mit goldgelben, knackigen, saftigen Beeren von zartem Muskatgeschmack. Synonym: Dattier de Beyrouth.

Regner Weißweinrebe; Neuzüchtung der Landesanstalt für Rebenzüchtung, Alzey, Kreuzung aus Luglienca Bianca x Gamay Früh, im Jahre 1929 von Georg Scheu durchgeführt; Zuchtnummer Az 10 378; nach einer langjährigen Mitarbeiterin der Anstalt, Regner, benannt. Die Weine sind denen des →Müller-Thurgau ähnlich, meistens in der Qualität höher. Die Rebsorte bringt etwa gleich hohe Erträge wie Müller-Thurgau, höhere Mostgewichte und etwas niedrigere Säuregehalte. Bestockte Rebfläche in Deutschland: 170 ha.

Régnier Gemeinde im →Beaujolais, die seit 1988 ihren Namen als Premier Cru auf die Etiketten der AC-Beaujolais-Weine setzen darf.

Rehborn Weinort im Anbaugebiet →Nahe, Bereich Schloß Böckelheim. Großlage: *Paradiesgarten*. Einzellagen: *Herrenberg, Schikanenbuckel, Hahn*.

Rehlingen Ortsteil von Nittel. Weinort im Anbaugebiet →Mosel-Saar-Ruwer, Bereich Obermosel. Großlage: *Gipfel*. Einzellage: *Kapellenberg*.

Reichartshausen, Schloß →Oestrich.

Reichenau Weinort im Anbaugebiet →Baden, Bereich Bodensee. Großlage: *Sonnenufer*. Einzellage: *Hochwart*.

Reichenbach Ortsteil von Gengenbach. Weinort im Anbaugebiet →Baden, Bereich Ortenau. Großlage: *Fürsteneck*. Einzellagen: *Kinzigtäler, Amselberg*.

Reichensteiner Weißweinrebe; Neuzüchtung des Instituts für Rebenzüchtung der Fachhochschule Geisenheim. Kreuzung aus Müller-Thurgau x (Madeleine Angevine x Calabreser Fröhlich). Zuchtnummer Gm CD 18–92. Der Name ist von Burg Reichenstein bei Trechtingshausen abgeleitet. Die Sorte bevorzugt tiefgründige, nicht trockene Böden und nicht frostgefährdete, windgeschützte Lagen. Die Erträge erreichen die des →Müller-Thurgau, bringen aber etwas höhere Mostgewichte und Säurewerte. Die Weine sind neutral und zum Verschnitt geeignet; die Moste können gut zur Süßreserveherstellung eingelagert werden. Aufgrund der großen, lockerbeerigen Trauben und der frühen Reife auch zum Anbau als Tafeltraube empfehlenswert. Bestockte Rebfläche in Deutschland: 334 ha.

Reicholzheim Ortsteil von Wertheim. Weinort im Anbaugebiet →Baden, Bereich Tauberfranken. Großlage: *Tauberklinge*. Einzellagen: *First, Satzenberg, Kemelrain.*

reif Voll entwickelter Wein. Die Reife kann vom Lesegut herrühren und daher durchaus schon bei →Jungweinen zum Ausdruck kommen. Sie kann jedoch auch erst auf der Flasche entstehen. Wortverbindungen: abstichreif, schönungsreif, abfüllreif, →Flaschenreife.

Reife Entwicklung der Weinbeeren nach der Befruchtung des Fruchtknotens. Die zunächst harten, grünen Gebilde von der Größe eines Stecknadelknopfes werden weicher, wenn sie zu Erbsengröße heranwachsen. Die sortentypische Verfärbung beginnt, wenn sie so dick sind, daß sich die Beeren einer Traube gegenseitig berühren und die Traube »sich schließt«. Bald schmecken die Früchte saftig und süß und sind reif zur Ernte. Im Beereninneren bilden sich bei der Reifung Safträume (Vakuolen), wo Wasser und Zucker eingelagert wird, die die anfangs stark konzentrierten Säuren immer mehr verdünnen. Da der Zucker hauptsächlich aus der momentanen →Assimilation der →Blätter und nur zum kleineren Teil aus Reserven des →Rebholzes und umgewandelter →Äpfelsäure stammt, ist eine sonnige und warme Herbstwitterung für Zuckereinlagerung und Säureabbau förderlich. Die hohe Lichtintensität eines »goldenen« Herbstes läßt die Beeren roter Traubensorten reichlich Farbstoff bilden. Freilich erfüllt in den nördlichen Grenzbereichen des Weinbaues der Herbst nicht alle Wetterwünsche des Winzers; daher die prägnanten Unterschiede im Jahrgangston, der in südlichen Breitengraden mit raschem und gleichartigem Reifeverlauf nicht so stark hervortritt. Ausgeprägtes Fruchtaroma und pikante Säure zeichnen die Weine dort aus, wo die Beeren langsam reifen.

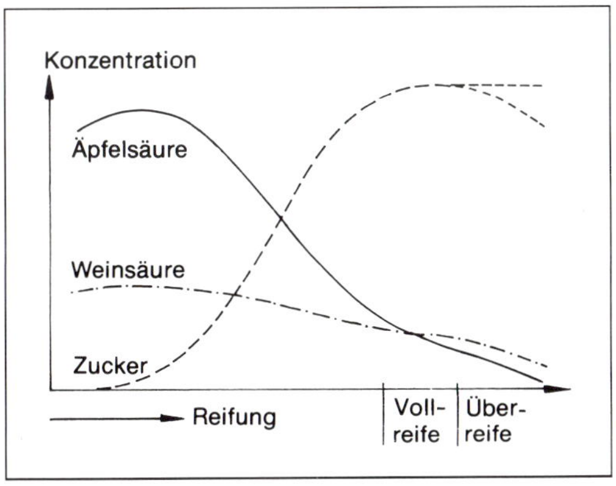

Zur Abbildung links: Zunahme des Zuckers und Abnahme der Säuren mit fortschreitender Reife der Trauben.

Reil Weinort im Anbaugebiet →Mosel-Saar-Ruwer, Bereich Bernkastel. Großlage: *Vom Heißen Stein*. Einzellagen: *Goldlay, Falklay, Moullay-Hofberg, Sorentberg.*

Reims Einstige Krönungsstadt und neben →Épernay Mittelpunkt der →Champagner-Industrie. Unter ihren Straßen und Plätzen befindet sich ein viele Kilometer langes Netzwerk von Kellern, in denen Champagner lagert. Die Lagen um Reims heißen *Montagne de Reims, Petite Montagne de Reims* und *Côte de Bouzy.*

rein, reintönig Absolut sauber, ohne Nebengeschmack oder -geruch.

Reine des Vignes (frz.) →Königin der Weingärten.

reiner Satz Gegenteil von →gemischter Satz. Es wird jeweils nur eine Rebsorte auf einem Rebareal angebaut. Heute die häufigste Form des Rebanbaues.

Reinhartshausen, Schloß Hotel und Weingut, bis 1990 im Besitz des Prinzen Friedrich von Preußen (Hohenzollern) im →Rheingau zwischen Erbach und Hattenheim mit 40 ha Rebfläche.

Reinzuchthefen Hefestämme, die sich für die Weinbereitung besonders bewährt haben und sich durch gezielte Gäreigenschaften auszeichnen. Sie werden in Reinhefezuchtstationen (meist Weinbauversuchsanstalten) vermehrt und den Kellereien kommerziell angeboten. Möchte man vermeiden, daß sich bei der →Gärung unerwünschte →Mikroorganismen (wilde →Hefen, →Bakterien, Schimmelpilze, Schleimhefen) vermehren und es dann möglicherweise zu Fehlgärungen kommt, setzt man vor Gärbeginn Reinzuchthefen zu. Sie sollen wenig empfindlich gegenüber Temperaturveränderungen sein und möglichst viel →Alkohol und →Glycerin, aber wenig →flüchtige Säuren bilden. Die Schaumweinhersteller verlangen Spezialhefen, die einen dichten, körnigen Hefetrub bilden, der sich durch Degorgieren (→Enthefen) oder →Filtrieren leicht entfernen läßt. Die Vorteile der Reinzuchthefe wirken sich noch stärker aus, wenn die Moste vor dem Hefezusatz gut geklärt und →pasteurisiert wurden. Reinzuchthefen werden sowohl als flüssige Kulturen als auch als trockenes Granulat (gefriergetrocknet) gehandelt.

Reisigkrankheit Viruserkrankung der Rebe, bei der viele dünne Triebe gebildet werden (Besenwuchs). Blätter und Beeren verkümmern, der Ertrag geht zurück.

Reißrohr

Reißrohr Etwa 30 cm langes, am Ende geschlossenes Rohr aus Kupfer oder verzinntem Kupfer, das allseitig siebartig durchlöchert ist. Es dient zum Lüften des Weines und wird nur im äußersten Fall bei zähen, schleimigen oder böcksernden Weinen verwendet (→Lindwerden, →Böckser).

Remischen Becherförmiges Glas mit 0,2 l Inhalt, typisch für das Gebiet der Nahe.

Remstal-Stuttgart Bereich des bestimmten Anbaugebietes →Württemberg. Spitzenweine sind über die Grenzen Württembergs bekannt. In →Beutelsbach lagern in der genossenschaftlichen Remstalkellerei 10 Millionen l Wein aus 21 Orten des Remstales.

Remuage (frz.) →Rütteln.

Renchen Weinort im Anbaugebiet →Baden, Bereich Ortenau, mit Ortsteilen →Erlach, →Ulm. Großlage: *Schloß Rodeck*. Einzellage: *Kreuzberg*.

Reno Italienische Bezeichnung für Weißer →Riesling.

Renski Rizling (jug.) Weißer →Riesling.

Repperndorf Weinort im Anbaugebiet → Franken, Bereich Maindreieck. Großlage: *Hofrat*. Einzellage: *Kaiser Karl*.

resch Österreichische Bezeichnung für einen spritzigen Wein.

Reserva In Portugal gebräuchliche Bezeichnung für Weine, die qualitativ über dem Durchschnitt liegen.

Réserve Vom französischen Weinhandel auf den Etiketten angegebene Bezeichnung, die reinen Werbecharakter hat und keiner amtlich festgelegten Qualitätsbezeichnung entspricht. Das gleiche gilt für Grande Réserve. Réserve exceptionnelle im Elsaß deutet darauf hin, daß der Wein mindestens 11 Vol.-% Alkohol enthält.

Restsüße (auch **Restzucker**) Der Zuckeranteil, der nach abgeschlossener oder auch künstlich unterbrochener →Gärung im Wein verbleibt. Die Bezeichnung ist etwas unglücklich gewählt, denn ein späterer Zusatz von →Süßreserve (steriler Traubenmost) zum Wein bestimmt dessen Restzuckergehalt mit. Auch ein völlig durchgegorener Wein hat also »Restzucker«, wenn er nach der Gärung mit Süßreserve versetzt wird. Die Menge der Restsüße, insbesondere das Alkohol-Restzucker-Verhältnis, ist nicht willkürlich, sondern durch die Restzuckerregelung gesetzlich geregelt. Dabei werden die Rebsorten der Qualitätsstufen und die Anbaugebiete berücksichtigt. Durch ein Zuviel an Restsüße, auch wenn sie im gesetzlichen Rahmen bleibt, wird oft die Eigenart eines Weines verwischt und die Geschmacksharmonie zerstört. Säurereiche Weine können dann sogar disharmonisch →sauersüß schmecken.

Restzucker →Restsüße.

Retsina Geharzter, herber, trockener griechischer Landwein, dessen Ursprung auf die Antike zurückgeht, als man den Wein in Amphoren aufbewahrte und mittels Harz der Seestrandkiefer konservierte. Der bittere Retsina-Geschmack wirkt zunächst fremdartig, doch paßt er gut zu den deftigen griechischen Spezialitäten.

Rettigheim Ortsteil von Mühlhausen. Weinort im Anbaugebiet →Baden, Bereich Badische Bergstraße/Kraichgau. Großlage: *Mannaberg*. Einzellage: *Ölbaum*.

Retz 1. Traditionsreiche Weinstadt im niederösterreichischen Weinbaugebiet →Weinviertel. Unter der Stadt verlaufen 16 km lange Kellergänge (größter Weinkeller Österreichs). Rebfläche: 1.100 ha, Weiß- und Rotweine. Weinbauschule. Alljährlich werden auf der Retzer Weinwoche Gold-, Silber- und Bronzemedaillen nach einem eigens für diese Veranstaltung geschaffenen System verliehen. Zusätzlich gibt es noch Sonderpreise für besondere Weine wie zum Beispiel den besten Leichtwein, den besten Faßwein, den besten Wein aus alten Sorten und andere mehr.
2. Bis 1985 Weinbaugebiet. Bildet heute zusammen mit Falkenstein das Weinbaugebiet →Weinviertel.

Retzbach Ortsteil von Zellingen. Weinort im Anbaugebiet → Franken, Bereich Maindreieck.

Großlage: *Ravensburg*. Einzellage: *Benediktusberg*.

Retzstadt Weinort im Anbaugebiet →Franken, Bereich Maindreieck. Großlage: *Roßtal*. Einzellage: *Langenberg*.

Reuilly AC-Gebiet an der →Loire, wo nur noch wenig trockener Wein aus →Sauvignon und Pinot Noir (Rot und Rosee) hergestellt wird (Rebfläche 30 ha).

Reutlingen Weinort im Anbaugebiet →Württemberg, Bereich Oberer Neckar. Einzellage: *Sommerhalde*.

Rèze (Resi) Bezeichnung für die Rebsorte →Prie im Wallis.

Rézlink (tschech.) Weißer →Riesling.

Rhein (renos kelt. Fließendes, Fluß) 1. Wichtigste Binnenwasserstraße Europas von 1.320 km Länge, entspringt in der Schweiz am St. Gotthard und berührt Liechtenstein, Österreich, die Bundesrepublik Deutschland, Frankreich und die Niederlande. Der Weinbau beginnt oberhalb der Hauptstadt des Kantons Graubünden, Chur, und begleitet diesen so viel besungenen Fluß bis zum Siebengebirge.
2. Untergebiet des Tafelweinbaugebietes →Rhein-Mosel (→Tafelwein).

Rheinbrohl Weinort im Anbaugebiet →Mittelrhein, Bereich Rheinburgengau. Großlage: *Burg Hammerstein*. Einzellagen: *Monte Jup*, *Römerberg*.

Rheinburgengau Bereich des bestimmten Anbaugebietes →Mittelrhein.

Rheinburgenstraße Straße von Kaub nach Lahnstein, von der aus die rechtsrheinischen Orte des Gebietes →Mittelrhein zu erreichen sind.

Rheindiebach Ortsteil von Oberdiebach, Weinort im Anbaugebiet →Mittelrhein, Bereich Bacharach. Großlage: *Schloß Stahleck*. Einzellagen: *Fürstenberg*, *Rheinberg*.

Rheinfront Bezeichnung für die Gemarkungen, die in →Rheinhessen zwischen Bingen und →Worms nahe am Rheinufer liegen.

Rheingau Deutsches bestimmtes Anbaugebiet mit 2.904 ha bestockter Rebfläche, davon 221 ha rote Rebsorten. Durchschnittliche Weinmosternte 250.000 hl.
Im Süden begrenzt vom Rheinstrom zwischen Bingen und Mainz, von den Taunusbergen im Norden, mit überwiegend südwärts gerichteten Hanglagen, gilt der Rheingau als Herzstück der deutschen Weinlande. Ein bis zu 5 km breites Rebband erstreckt sich in fast geschlossenem Bestand von Flörsheim bei Hochheim in einer Länge von nur 40 km bis Lorchhausen an der Grenze zum Mittelrhein. 28 Winzergemeinden, renommierte Weinschlösser und -klöster sowie eine Menge größerer Weingutshöfe charakterisieren dieses vor allem in Ausland bekannte deutsche Weinbaugebiet. Während an der Mainmündung die Landschaft sich noch weitflächig in nur leicht ansteigenden Hanglagen präsentiert, werden die Rebhänge bis Rüdesheim immer steiler, um dann bis Lorchhausen in die dramatische Landschaft der mittelrheinischen Wein- und Burgenromantik überzugehen. Römischer Weinanbau wird hier nur vermutet. Spärliche Funde zeugen von kleinen Anfängen, denen die Völkerwanderung ein Ende setzte. Erst in der karolingischen Epoche (779) werden Weinberge in Walluf und 817 bei Johannisberg urkundlich erwähnt. Starker Einfluß der Kirche von Mainz und der 12 im Lande gegründeten Klöster, vor allem das um 1100 von Mainzer Benediktinern erbaute Kloster Johannisberg und das von Zisterziensern 1135 gegründete Kloster Eberbach, beeinflußten den Weinbau des Rheingaues. Die 1872 in Geisenheim begonnene Lehre und Forschung ist heute zu einer der bekanntesten wissenschaftlichen Weinstätten ausgebaut worden. Die Weinbergsböden zwischen 80 und 220 m über NN gehen in ihrem geologischen Ursprung auf ein tertiäres Meer zurück, dessen nördliches Ufer der Rheingau bildet. So findet man im oberen Rheingau Kies, Sand sowie lehmige bis tonige Böden, durchsetzt mit Mergel und Löß, und im unteren Rheingau Quarzit- und Schieferverwitterungsböden. Die in Ost-West-Richtung verlaufenden Taunushöhen schützen vor kalten Witterungseinflüssen. Die Durchschnittstemperatur, gemessen in Geisenheim, liegt bei 9,5°C, die durchschnittliche Niederschlagsmenge bei 550 mm jährlich. Der 50. Breitengrad, theore-

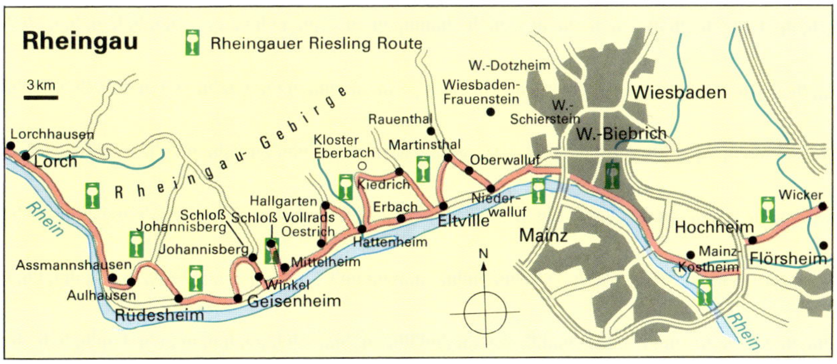

tisch als Nordgrenze des in Europa möglichen Weinanbaues angenommen, führt sichtbar markiert durch den Schloßberg von →Johannisberg. Der bis zu 1 km seenartig verbreiterte Rhein wirkt vor allem im Herbst kältemindernd und erzeugt die für das Auftreten der Edelfäule wichtige hohe Luftfeuchtigkeit mit Nebelbildung.

Der Rheingau ist von der Rebsorte →Riesling geprägt, die 82% der Fläche einnimmt. Sie wurde 1435 erstmalig urkundlich erwähnt, und es wird von Ampelographen angenommen, daß sie aus diesem Gebiet stammt. 1716 wurden in Johannisberg die ersten sortenreinen Rieslinganlagen gepflanzt. Gebietstypisch sind die eleganten, stoffigen, oft herzhaft rassigen Rieslingweine. Spitzengewächse werden auf →Weinversteigerungen sowie auf der Kloster Eberbacher →Weinverkaufsmesse angeboten. Schloß Johannisberg erhebt den Anspruch, mit dem Weinjahrgang 1775 die Bezeichnung →Spätlese eingeführt zu haben, und in den Archiven von Kloster Eberbach wurde 1736 zum erstenmal das Wort →Cabinetkeller erwähnt, woraus sich heute die Qualitätsbezeichnung →Kabinettwein entwickelt hat. Neben dem Riesling haben →Müller-Thurgau und rieslingähnliche Neuzüchtungen weniger Bedeutung. Auf 80 ha wachsen in der Gemarkung Assmannshausen auf Phyllitschiefer →Spätburgunder-Spitzenweine. Die bis in die 20er Jahre vorherrschenden →Pfahlerziehungen sind durch Drahtanlagen völlig ersetzt worden. Von den rund 1.800 Winzerbetrieben des Rheingaues sind rund 1.000 Flaschenfüllbetriebe mit Selbstvermarktung. Die übrigen liefern ihre Trauben oder den Most an die 8 mittelgroßen Winzergenossenschaften oder die Gebietswinzergenossenschaft bei Eltville ab. Der Handel übernimmt ungefähr ein Drittel der Ernte. 1973 wurde die →Rheingauer Riesling Route geschaffen.

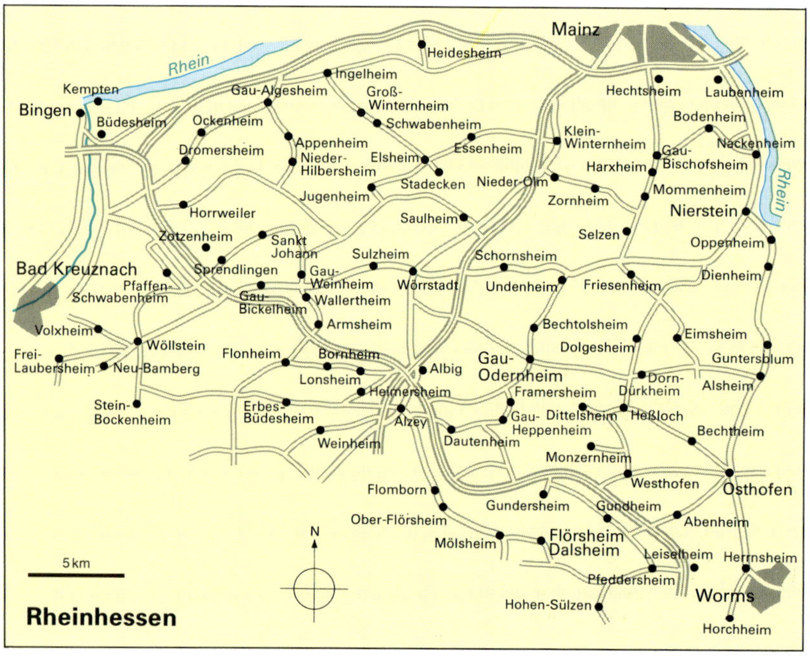

Rheingauer Synonym für Weißer →Riesling.

Rheingauer Riesling Route Da die Rebsorte →Riesling im Rheingau eine besondere Rolle spielt, wurde am 6. Mai 1973 diese Weinstraße ins Leben gerufen. Sie durchzieht den Rheingau in einer Länge von 70 km von Lorchhausen über die Landeshauptstadt Wiesbaden bis Wicker bei Hochheim/Main und führt den Besucher zu den weinbaulichen und kulturellen Kostbarkeiten dieser Landschaft. Grün-weiße Schilder mit dem Römeremblem kennzeichnen alle zur Route gehörenden Straßen. Jede Weinbaugemeinde hat eine Ortstafel mit dem Ortsnamen, einem gekrönten Rheingauer →Römer und der Inschrift Rheingauer Riesling Route. Vier große Übersichtstafeln zeigen in Hochheim, Wiesbaden, am Niederwalddenkmal bei Rüdesheim und in Lorchhausen den Verlauf der Weinstraße an.

Rheingoldstraße Linksrheinische Touristenstraße, die über die Rheinhöhen führt und in regelmäßigen Abständen Aussichtspunkte über die Rheintallandschaft berührt. Die Straße beginnt bei Rhens, südlich von Koblenz, und endet in Rheindiebach, südlich von Bacharach. Von der Autobahn A 14 und der B 9 im Rheintal ist sie über zahlreiche Zufahrten bequem zu erreichen. Entlang der Straße sind Rast- und Parkplätze mit Rundwanderwegen angelegt.

Rheinhessen Deutsches bestimmtes Anbaugebiet mit 24.817 ha bestockter Rebfläche, davon 1.858 ha rote Rebsorten, das größte der Bundesrepublik. Durchschnittliche Weinmosternte 2,3 Millionen hl.

Das rheinhessische Hügelland liegt linksrheinisch zwischen Worms – Mainz – Bingen – Alzey, wobei die Weinberge die Südhänge der leicht gewellten Landschaft einnehmen. Entlang der sogenannten Rheinfront von Worms bis Mainz erstrecken sich im auffallenden Rotliegenden Steillagen mit weltberühmten Namen. Eine Fülle von Funden weisen den Weinbau im 2. Jahrhundert unter der Römerherrschaft in diesem Gebiet nach. Der älteste schriftliche Nachweis des Weinbaues stammt aus dem Jahre 753. Auf Karl den Großen gehen teilweise heute noch gültige Verordnungen über die Förderung des heimischen Weinbaues zurück. In weiter Runde umschließen und schützen Taunus (700 m), Soonwald (658 m) und Donnersberg (687 m) die hügelige Senke des unter 300 m über NN liegenden Weinbaugebietes. Steillagen gibt es nur an der Rheinfront (Nierstein, Nackenheim, Bingen), während im rheinhessischen Hügelland meist die nach Süden geneigten Hänge im →Direktzug bewirtschaftet werden können. Die Niederschläge sind normal bis gering, da die Weinbauzone sich im Regenschatten der Erhebungen im Westen erstreckt. Äolische Sedimente wie Löß machen den Hauptanteil der Böden aus. Das Mainzer Becken, einstmals eine Meeresbucht, weist im Tertiär abgelagerte Tone, Mergel und Kalksteine auf. Quarzit- und Porphyr-Verwitterungsböden beschränken sich auf den Westen, während Rotliegendes am östlichen Rand Rheinhessens zutage tritt. Die meistverbreitete Rebsorte ist der →Müller-Thurgau, gefolgt von →Silvaner, →Morio-Muskat, →Riesling und anderen Rebsorten, darunter viele Neuzüchtungen, die in der Rebenzüchtungsanstalt Alzey zum Großteil gekreuzt werden. Rotweine spielen eine untergeordnete Rolle, übergebietlich bekannt sind die →Ingelheimer →Spätburgunder. Der bäuerliche Gemischtbetrieb herrscht neben einer Anzahl größerer Weingüter vor. Bedeutende Handelskellereien mit hohem Exportanteil sowie Winzergenossenschaften nehmen Trauben und Wein von den Kleinbetrieben an. Die Weinart ist je nach Rebsorte und Boden kräftig-kernig bis blumig, süffig, mild. Die den rheinhessischen Weinen oft nachgesagte neutrale Art ist durch die starke Verbreitung von bukettreichen Neuzüchtungen weitgehend dem blumig-fruchtigen Weintyp gewichen. Die fruchtbaren Böden bringen hohe Erträge. Von den rund 11.200 Winzerbetrieben bauen 7.050 den Wein selbst aus, und rund 2.800 Betriebe füllen ihre Ernte auf Flaschen. In Stadtnähe und an Durchgangsstraßen nimmt die Zahl der →Selbstmarkter zu.

Rheinhess' Deutscher Typenwein (QbA), halbtrocken, ohne Rebsortenbezeichnung, von jährlich gleichbleibender Qualität. Kontrollierte Herstellung und Vertrieb durch Lizenzinhaber und durch die »Winzerservice Rheinhessen GmbH«.

rheinischer Wechselschnitt →Doppelpfahlerziehung.

Rheinland-Pfalz Deutsches Bundesland, nicht identisch mit dem bestimmten Anbaugebiet →Rheinpfalz.

Rheinpfalz Bestimmtes deutsches Anbaugebiet mit 22.625 ha bestockter Rebfläche, davon 3.057 ha rote Rebsorten. Durchschnittliche Weinmosternte rund 2 Millionen hl.

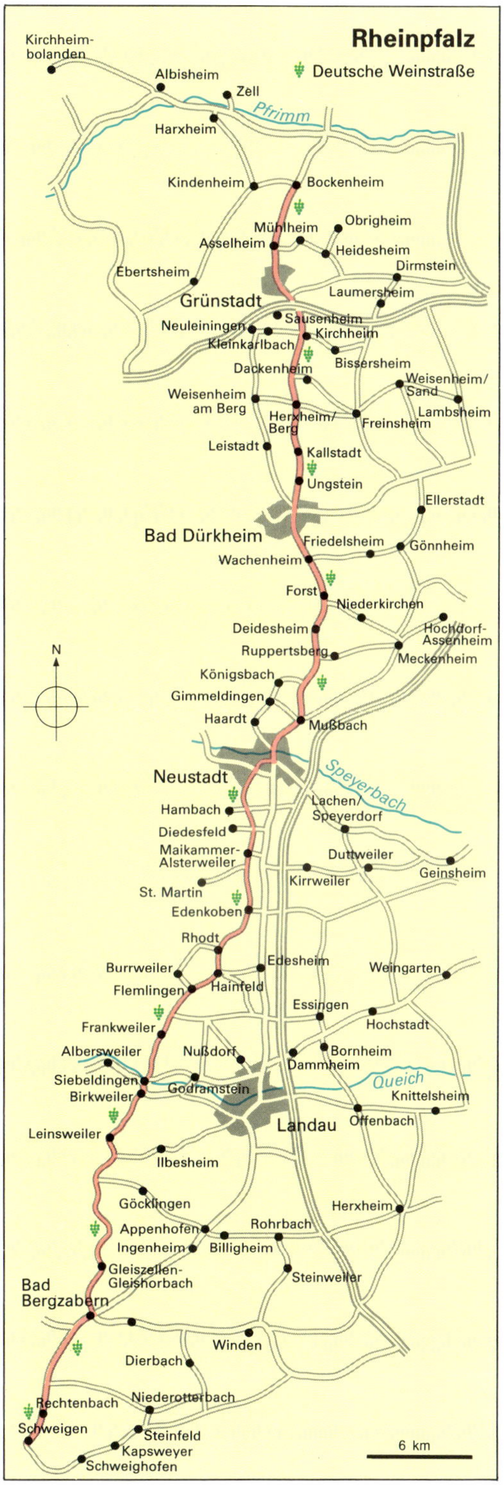

Das 80 km lange und 6 bis 10 km breite, fast vollständig geschlossene Rebland zieht sich am Westrand des Oberrheingrabens hin, wird im Süden begrenzt von der französischen Grenze, im Westen durch die Wassergauberge, das Haardtgebirge und das Donnersbergmas-

siv, im Norden durch das Flüßchen Pfrimm, das bei Worms in den Rhein mündet. Im Osten laufen die Weinberge in die Rheinebene aus, ohne den Fluß zu erreichen. Die wellige Hügellandschaft läßt den Eindruck eines Rebenmeeres entstehen. Erste Spuren des Weinbaues gehen auf die Römer zurück (Museum in Speyer). Erster schriftlicher Nachweis des Weinbaues: 653 bestätigt König Siegebert III. der Kirche zu Speyer den Weinzehnten aus dem Speyergau. Hauptsächlich durch die Tätigkeit der Klöster erlangt der Weinbau im Spätmittelalter seine höchste Blüte. Die Vereinigung mit Bayern 1777 erschließt neue bayerische Absatzgebiete und läßt den im 30jährigen Krieg stark zurückgegangenen Weinbau wieder neu erblühen. Der Weinbau wird vorwiegend in Hang- und Flachlagen betrieben; nur etwa 5% der Fläche liegen in Steillagen. Terrassen kommen kaum vor. Die Bergrücken des Pfälzer Waldes bestehen hauptsächlich aus Verwitterungsprodukten des Buntsandsteins, eingestreut sind Muschelkalk-, Granit-, Zechstein-, Porphyr- und Schiefertoninseln. Die daraus entstandenen schweren, lehmigen Ton- und Mergelböden lassen wuchtige, nachhaltige Weine entstehen. Das Klima im Windschatten des Pfälzer Waldes ist so günstig, daß neben Trauben auch Edelkastanien, Mandeln, ja sogar Feigen und Zitrusfrüchte reifen. Der →Silvaner war bis vor kurzem die am meisten angebaute Rebsorte der Pfalz, wurde aber vom →Müller-Thurgau überrundet. Zusammen mit dem →Riesling und dem →Kerner sind heute fast 60% der Rebfläche mit diesen vier Rebsorten bestockt, →Morio-Muskat und →Scheurebe folgen den Hauptrebsorten. Unter den roten Rebsorten, die rund 8% der Rebfläche einnehmen, ist der →Portugieser im Rückgang begriffen. Die Pfälzer Weine sind nicht schwer, sondern kernig, füllig, vollmundig und ausdrucksvoll, was hauptsächlich auf die fruchtbaren Böden und das günstige Klima zurückzuführen ist. In den unzähligen Weinstuben entlang der →Deutschen Weinstraße werden dem Besucher kernige, süffige Schoppenweine angeboten. Die Rebmonokultur herrscht vor, zwei Drittel der Betriebe werden im Nebenerwerb und Kleinanbau bewirtschaftet. Die Vollerwerbsbetriebe haben vorwiegend familienbäuerliche Struktur. Vermarktung durch die Genossenschaften und die selbstmarktenden Winzer nimmt zu, hauptsächlich als Folge der zunehmenden Beliebtheit der Pfalz als Weinreiseland.

Rheinpfalz Riesling trocken Deutscher →Typenwein (QbA), sortenrein, Erzeugerabfüllung, mit Qualitäts- und Weinsiegelprüfung. Ein Wein für gehobene Ansprüche, der auf die hervorragenden Rieslinge und den wachsenden Anteil trockener Weine in diesem Gebiet aufmerksam machen soll.

Rheinriesling Österreichische und Südtiroler Bezeichnung für Weißer →Riesling.

Rhein-Mosel Eines der 4 deutschen Tafelweinbaugebiete, mit 2 Untergebieten (Rhein und Mosel). Geographisch identisch mit den Anbaugebieten →Ahr, →Hessische Bergstraße, →Mittelrhein, →Mosel-Saar-Ruwer, →Nahe, →Rheingau, →Rheinhessen und →Rheinpfalz (→Tafelwein).

Rheinweiler Ortsteil von Bad Bellingen. Weinort im Anbaugebiet →Baden, Bereich Markgräflerland. Großlage: *Vogtei Rötteln*. Einzellage: *Kapellenberg*.

»**Rheinwein**« Durch seine Popularität im Ausland ist der deutsche Wein vom Rhein zum Begriff für leichte, fruchtige Weine geworden. Daher bezeichnet man einheimische Weine dieser Art in den USA, Australien und Südafrika gern als *Rhine Wine*.

Rhens Weinort im Anbaugebiet →Mittelrhein, Bereich Rheinburgengau. Großlage: *Gedeonseck*. Einzellagen: *König Wenzel, Sonnenlay*.

Rhodos Die Weinbautradition dieser im östlichen Mittelmeer gelegenen griechischen Insel läßt sich bis zur Antike zurückverfolgen. Als AO-Wein wird heute aus der Rebsorte Muscat Blanc ein natürlicher Süßwein hergestellt, aus der Sorte Athiri ein trockener, charaktervoller Weißwein und aus der Sorte Amorgiano ein voller, runder Rotwein.

Rhodt Weinort im Anbaugebiet →Rheinpfalz, Bereich Südliche Weinstraße. Großlage: *Ordensgut*. Einzellagen: *Klosterpfad, Schloßberg, Rosengarten*.

Rhöndorf Ortsteil von Bad Honnef. Weinort im Anbaugebiet →Mittelrhein, Bereich Siebengebirge. Großlage: *Petersberg*. Einzellage: *Drachenfels*.

Rhône 812 km langer Fluß, der im Rhônegletscher im Gotthard-Massiv entspringt. Der Weinbau begleitet den Strom von seinem Ursprung im →Wallis über →Waadt, →Genf und die →Côtes-du-Rhône bis zum Mittelmeer.

Ribeiro Spanisches Weinbaugebiet in der regenreichen Provinz Galicien im Norden des Landes mit etwa 5.600 ha Rebfläche. Die vornehmlich weißen Weine sind leicht und spritzig. Der *Orense* hat zum Beispiel nur zwischen 8 und 10 Vol.-% Alkohol.

Riede (auch **Ried**) Österreichische Bezeichnung für →Lage. Der Flurname einer Riede darf nur verwendet werden, wenn die Trauben ausschließlich in dieser Riede geerntet wurden.

Riedlingen Ortsteil von Kandern. Weinort im Anbaugebiet →Baden, Bereich Markgräflerland. Großlage: *Vogtei Rötteln*. Einzellage: *Steingäßle*.

Riegel Weinort im Anbaugebiet →Baden, Bereich Kaiserstuhl. Großlage: *Vulkanfelsen*. Einzellage: *St. Michaelsberg*.

Rielingshausen Ortsteil von Marbach. Weinort im Anbaugebiet →Württemberg, Bereich Württembergisch Unterland. Großlage: *Schalkstein*. Einzellage: *Kelterberg*.

Rieslaner Weißweinrebe; Neuzüchtung der Bayerischen Landesanstalt für Wein-, Obst- und Gartenbau, Würzburg, im Jahr 1921 von Dr. August Ziegler. Kreuzung aus Silvaner x Riesling; Zuchtnummer Wz NI 11–17. Seit 1957 in der Sortenliste eingetragen. Die Bezeichnung ist eine Zusammenziehung aus den Namen des Kreuzungspaares. Die Sorte verlangt gute bis sehr gute Lagen und begnügt sich mit mittleren bis geringen Böden. Ihre Vorteile liegen vor allem in der Fähigkeit, hohe Mostgewichte und harmonische, rassige, lagerfähige Weine zu erreichen, die Nachteile im etwas unsicheren Ertrag und in der teilweise etwas spitzen Säure. Bestockte Rebfläche in Deutschland: 44 ha.

Riesling, Grauer Irreführende Bezeichnung für →Ruländer.

Riesling-Hochgewächs Seit 1987 darf dieser Begriff in allen Anbaugebieten Deutschlands auf dem Etikett stehen, wenn das Lesegut bereits bei der Lese durch ein Kontrollverfahren erfaßt wurde und mindestens 7° Oechsle mehr aufweist als allgemein vorgeschrieben und bei der →amtlichen Prüfung 3,0 Punkte (statt 1,5) erhalten hat. Zweck dieser Regelung ist die Förderung des Riesling-Anbaues. Ein Großteil der Riesling-Hochgewächse stammt aus dem Anbaugebiet →Mosel-Saar-Ruwer .

Riesling, Weißer Weißweinrebe; ein exakter Beweis der Herkunft liegt nicht vor. Es häufen sich jedoch in jüngster Zeit wissenschaftliche Verlautbarungen, nach denen die Sorte von einer rheinischen Wildrebe, Vitis Vinifera ssp Silvestris, aus einem Gen-Zentrum am Oberrhein stammen soll. Ältere Vermutungen, der Weiße Riesling stamme von der von Plinius (23–79 n.Chr.) beschriebenen amineischen Rebe oder von den von Ludwig dem Deutschen (843–876) an den Rhein gebrachten französischen Rebe ab, werden immer stärker angezweifelt. Der Name kann entweder auf »Rußling« (Hinweis auf dunkles Holz), einer urkundlichen Erwähnung aus dem Jahr 1402 in Worms, oder aber auf »Rißling« (Hinweis auf die rassige bis reißende Säure), aus urkundlichen Anbaubelegen des Jahres 1435 in Rüsselheim/Main und des Jahres 1511 in Pfeddersheim zurückgeführt werden. Der Weiße Riesling hat zahlreiche echte Synonyme: Moselriesling, Rheingauer, Hochheimer, Gräfenberger, Klingelberger (Deutschland); Rheinriesling (Österreich, Südtirol); Petit Riesling, Petit Rhin, Riesling Blanc, Gentil Aromatique (Westschweiz, Frankreich); White Riesling, Johannisberg Riesling (USA, Australien); Rajnski Rizling (Jugoslawien), Riesling Renano, Reno (Italien). Falsche Synonyme (in Klammern die richtige Bezeichnung): Breisgauer Riesling (Ortlieber), Frankenriesling (Grüner Silvaner), Grauer Riesling (Ruländer), Schwarzriesling (Müllerrebe), Banater Riesling (Zackelweiß), Missouri Riesling (Hybride Riparia x Labrusca), Hunter Riesling (Sémillon), Welschriesling (Wälschriesling oder Riesling Italico).

Blatt vom Weißen Riesling.

Weißer Riesling

Das Blatt ist mittelgroß, stumpf gezähnt, fünflappig mit meist kahler Oberseite und rauher, wolliger Unterseite; die Trauben sind mittelgroß, dichtbeerig, kompakt mit kleinen, runden, im reifen Zustand goldgelben, schwarz gepunkteten Beeren. Die Beeren sind außerdem grünlich geadert, häufig rosabräunlich berostet und haben ein sehr aromatisches,

würziges Fruchtfleisch. Das Holz ist hellbraun, dunkel gepunktet mit leichten Riefen und sehr guter Ausreife, der Wuchs kräftig. Die Reife erfolgt spät, die warmen und sonnigen Herbsttage können voll ausgenutzt werden. Die Sorte stellt hohe Ansprüche an Klima und Lage; gehört in warme, trockene Süd- und Steillagen, vor allem auf durchlässige Tonschiefer- und Urgesteinsböden. Mit einer bestockten Rebfläche von 20.716 ha in Deutschland steht sie an zweiter Stelle des Rebsortenspiegels. Bevorzugter und günstigster Standort im Mosel- und Rheintal. Anbauversuche in wärmeren Klimazonen haben zu unbefriedigenden Ergebnissen geführt. Die durchschnittlichen Erträge schwanken im Bereich von 80–100 hl/ha; die durchschnittlichen Mostgewichte liegen zwischen 60 und 80° Oe; die Säuregehalte zwischen 10 und 15‰. Aufgrund der ausgewogenen Verhältnisse von Alkohol und Säure werden in den gemäßigten Klimazonen häufig hocharomatische Fruchtester gebildet. Weißer Riesling liefert edelste, rassige Spitzenweine; sie sind als beste Weine der Erde aus den nördlichen Randzonen des Weinbaues allgemein anerkannt.
Die Weine zeichnen sich durch kaum zu übertreffende Geschmacksnuancen, durch kräftige harmonische Säure, anhaltendes, nobles Bukett und große Lagerfähigkeit aus. Weltberühmt sind die Auslesen, Beerenauslesen und Trockenbeerenauslesen.

Riesling Italianski, Riesling Italico, Riesling Italien →Welschriesling.

Riesling Renano Bianco Italienische Bezeichnung für Weißer →Riesling.

Rieslingsekt Rassiger Qualitätsschaumwein mit einer fruchtigen Rieslingsäure und -blume. Die ersten Riesling-Sektmarken sind kurz nach 1900 geschaffen worden und belebten den deutschen Sekt-Export merklich. Die Angabe einer Rebsorte ist bei inländischem Sekt nur erlaubt, wenn mindestens 75% der Ausgangsstoffe aus Weintrauben dieser Rebsorte stammen und sie die Art des Sektes bestimmt.

Weinberge im Gebiet von Rioja.

Riesling x Sylvaner In der Schweiz Bezeichnung für →Müller-Thurgau.

Riet Ortsteil von Vaihingen. Weinort im Anbaugebiet →Württemberg, Bereich Württembergisch Unterland. Großlage: *Stromberg*. Einzellage: *Kirchberg*.

Rietenau Ortsteil von Aspach. Weinort im Anbaugebiet →Württemberg, Bereich Württembergisch Unterland. Großlage: *Schalkstein*. Einzellage: *Güldenkern*.

Riex Weinort im Schweizer Kanton →Waadt, Region →Lavaux, der hervorragende Weißweine (→*Dorins*) erzeugt.

Rigolen (auch **Roden**) 40–80 cm tiefes Umpflügen eines Brachfeldes, auf dem ein neuer Weinberg angelegt werden soll. Bezweckt werden tiefe Lockerung des Bodens, Beseitigung von verdichteten Stellen und Einmischen von →Nährstoffen in tiefe Schichten. Außerdem können große Steine und Wurzelrückstände, die Schimmel und Fäulnis auf junge Reben übertragen, ausgesondert werden. Die günstigste Zeit liegt vor Beginn des Winters.

Rimbach Ortsteil von Volkach. Weinort im Anbaugebiet →Franken, Bereich Maindreieck. Großlage: *Kirchberg*. Einzellage: *Landsknecht*.

Rimpar Weinort im Anbaugebiet → Franken, Bereich Maindreieck.. Einzellage: *Kobersberg*.

Ringelbach Ortsteil von Oberkirch. Weinort im Anbaugebiet →Baden, Bereich Ortenau. Großlage: *Fürsteneck*. Einzellage: *Schloßberg*.

Ringsheim Weinort im Anbaugebiet →Baden, Bereich Breisgau. Großlage: *Burg Lichteneck*. Einzellage: *Kaiserberg*.

Rioja Spanisches DO-Gebiet mit rund 45.000 ha Rebfläche im Hochland des Ebro auf 400–100 m über NN. Zentren sind Haro und Logroño. Hier gedeiht ein eleganter, feiner, nicht zu schwerer Rotwein (auch etwas Weißwein und Rosee), der in seinen obersten Qualitäten von etwa 50 als DO-Bodegas qualifizierten Großkellereien hergestellt wird. Die Rebsorten sind →Tempranillo, die nur hier bekannt ist, Garnacho (→Grenache), Mazuelo und Graciano. Der Alkoholgehalt liegt bei 11,5–13 Vol.-%. Meistens handelt es sich um Verschnitte, selten um Einzellagen. Das Gebiet Rioja Alta (hochgelegen, kühl, feucht) bringt die zartesten und fruchtigsten Weine hervor, Rioja Alvesa etwas kräftigere und Rioja Baja (trocken, warm) schwere und alkoholreiche. Die Rioja-Spitzenweine verlangen eine längere Lagerungszeit in Eichenholzfässern.

Riol Weinort im Anbaugebiet →Mosel-Saar-Ruwer, Bereich Bernkastel. Großlage: *Probstberg*. Einzellage: *Römerberg*.

Riserva, Vecchia Riserva Italienische →DOC-Prädikatsbezeichnung für besondere Weine, die erst nach einer gesetzlich bestimmten Mindestlagerzeit und/oder mit höherem Alkoholgehalt auf den Markt kommen dürfen (→Superiore, →Classico).

Risling Italianski →Welschriesling.

Risser Gerät zur Bodenbearbeitung.

Rittersheim Weinort im Anbaugebiet →Rheinpfalz, Bereich Mittelhaardt/Deutsche Weinstraße. Großlage: *Schnepfenflug vom Zellertal*. Einzellage: *Am hohen Stein*.

Rivaner Luxemburgische Bezeichnung für →Müller-Thurgau.

Rivaz Weinort im Schweizer Kanton →Waadt, Region →Lavaux, aus dessen Umgebung der berühmte →*Dézaley* stammt.

Rivenich Weinort im Anbaugebiet →Mosel-Saar-Ruwer, Bereich Bernkastel. Großlage: *Michelsberg*. Einzellagen: *Niederberg, Geisberg, Rosenberg, Brauneberg*.

Riveris Weinort im Anbaugebiet →Mosel-Saar-Ruwer, Bereich Saar-Ruwer. Großlage: *Römerlay*. Einzellagen: *Kuhnchen, Heiligenhäuschen*.

Rivesaltes AC-Weinbaugebiet im →Roussillon, wo →aufgespritete →Dessertweine unter den Bezeichnungen *Rivesaltes* (aus →Grenache, →Muscat, →Malvoisie und Macabéo) und *Muscat de Rivesaltes* (aus →Muscat Doré und →Muscat d'Alexandrie) gewonnen werden. Unter der Bezeichnung *Rivesaltes Rancio* gibt es Weine mit madeiraähnlichem Geschmack.

Riviera del Garda Bresciano Italienische DOC-Rot- und -Roseeweine aus 30 Gemeinden am Gardasee in der →Lombardei aus bis 60% Groppello, 10–25% →Sangiovese, 10–20% →Barbera und 5–30% →Marzemino gewonnen. Der *Chiaretto* ist ein dunkler Rosee mit leichtem Bitternachgeschmack. Der *Rosso* ist dunkelrot, hat eine charakteristische Blume und ebenfalls einen angenehm bitteren Nachgeschmack.

Riviera Ligure di Ponente Italienische DOC-Rot-, -Rosee- und -Weißweine aus →Ligurien, vom westlichen Teil der Riviera. Unter dieser neuen Bezeichnung gibt es *Ormeasco*, einen hellen Rotwein mit typischem Dolcetto-Aroma, *Pigato*, einen leichten Rotwein mit feinem Aroma, *Rossese*, einen kräftigen Rotwein, und *Vermentino*, einen angenehm trockenen Weißwein.

Rizling Laski Jugoslawische Bezeichnung für →Welschriesling.

Rizling Valsky Bezeichnung für →Welschriesling in der Tschechoslowakei.

Ryzlink Rynsky Bezeichnung für Weißer →Riesling in der Tschechoslowakei.

Roche aux Moines →Savennières.

Rödelsee Weinort im Anbaugebiet →Franken, Bereich Steigerwald. Großlage: *Schloßberg*. Einzellagen: *Schwanleite, Küchenmeister*.

Roden →Rigolen.

Rödersheim-Gronau Doppelgemeinde im Anbaugebiet →Rheinpfalz, Bereich Mittelhaardt/Deutsche Weinstraße. Großlage: *Hofstück*. Einzellage: *Fuchsloch*.

Roero Italienischer DOC-Rot- und -Weißwein aus dem →Piemont. Der rubin-, im Alter granatrote, wohlriechende, harmonische Rotwein stammt fast ausschließlich aus →Nebbiolo, bis 5% in der Region zugelassene weiße Rebsorten dürfen hinzugefügt werden. Der Superiore hat einen höheren Alkoholgehalt und darf erst am 1. Juli des auf die Lese folgenden Jahres verkauft werden. Der weiße *Roero Arneis* wird aus der gleichnamigen Rebsorte gekeltert, ist strohgelb und schmeckt frisch und trocken; leichter Bitterton. Auch als Schaumwein.

Rohbrand →Rauhbrand.

Rohfäule Tritt auf, wenn der Schimmelpilz →Botrytis cinerea (Grauschimmel), besonders bei nasser Witterung, Traubenbeeren befällt, die noch nicht ausgereift waren oder die durch Hagelschlag, Sauerwurmfraß oder auf irgendeine andere Weise verletzt wurden. Die Beeren werden weich und faul und ergeben einen sau-

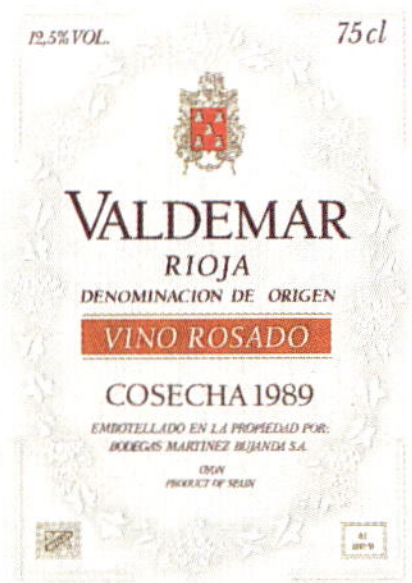

ren, unreifen, zur Hochfarbigkeit neigenden Most, weshalb man auch von Sauerfäule spricht. Bei länger anhaltendem Regenwetter werden die Beeren ausgewaschen, so daß neben großen Mengenverlusten erhebliche Qualitätseinbußen durch große Verluste an →Zucker und →Extraktstoffen zu verzeichnen sind. Werden die unreifen, noch nicht verholzten Traubenstiele befallen, fallen die Trauben vom Stock ab (→Erd- oder Bodentrauben). Während der Botrytisbefall um oder unter 60° Oe zu Rohfäule führt, entsteht bei trockenem Herbstwetter ab etwa 80° Oe die geschätzte →Edelfäule.

Rohracker →Stuttgart.

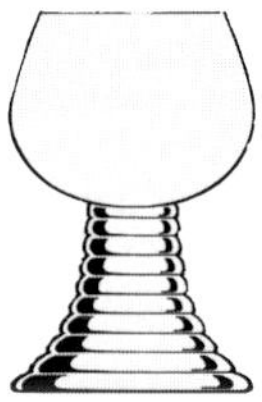
Römerglas

Rohrbach 1. Weinort im Anbaugebiet →Rheinpfalz, Bereich Südliche Weinstraße. Großlage: *Kloster Liebfrauenberg*. Einzellage: *Mandelpfad*.
2. Ortsteil von Eppingen. Weinort im Anbaugebiet →Baden, Bereich Badische Bergstraße/Kraichgau. Großlage: *Stiftsberg*. Einzellage: *Lerchenberg*.

Rohrendorf Niederösterreichischer Weinort im Weinbaugebiet →Kamptal-Donauland, bekannt als Heimatort von Lenz Moser, der die Hochkultur (→Erziehung) in Österreich einführte. Auf 385 ha werden Weißweinreben angebaut.

Rohrzucker (auch **Saccharose**, saccharon griech. Zucker) Großtechnisch aus Zuckerrohr oder Zuckerrüben gewonnener →Zucker mit der chemischen Zusammensetzung $C_{12}H_{22}O_{11}$. Im allgemeinen Sprachgebrauch das, was man unter Zucker versteht; findet sich in fast allen Früchten und in vielen Pflanzensäften, im →Traubensaft jedoch nur in geringer Konzentration (maximal 10–12 g/l). Bevor er durch die →Hefen vergoren werden kann, wird er von speziellen Enzymen (Fermenten) in gleiche Mengen →Trauben- und →Fruchtzucker aufgespalten. Das dabei entstehende Zuckergemisch, das man auch durch Erhitzen von Rohrzuckerlösungen mit verdünnten Säuren erhält, nennt man →Invertzucker, den Vorgang selbst Invertierung. Bei der Weinbereitung ist Rohrzucker zum →Anreichern (Verbessern) von Most und Wein gesetzlich erlaubt, nicht aber zur Süßung (→Zuckerung).

Rohschaumwein, Rohsekt Schaumwein oder Sekt vom Beginn der 2. Gärung bis zur →Enthefung und →Abstimmung.

Rolle Weinort im Schweizer Kanton →Waadt, Region La →Côte, wo ausgezeichnete →*Dorins* hergestellt werden.

Rollkrankheit (auch **Blattrollkrankheit**) →Viruserkrankung der Rebe, bei der die Blätter vergilben und sich einrollen.

Romanée, Romanée-Conti, Romanée-Saint-Vivant Grand-Cru-Lagen an der burgundischen →Côte de Nuits, die bei quantitativ geringer Produktion Spitzenrotweine hervorbringen (→Vosne-Romanée).

Rome Spanische Weißweinrebe, die zur →Sherryherstellung verwendet wird.

Römer (auch **Römerglas**) In Deutschland am häufigsten verwendetes Weinglas. Es besteht in der Originalform aus der apfelförmigen Kuppa, dem mit einem Knauf versehenen Stengel und einem Fuß. Der Ursprung des Römers ist das alte deutsche Nuppen- oder Warzenglas, ein meist grüner, zylindrischer Glasbecher, der sich vielfach ausbauchte und an den Wänden mit Nuppen oder Warzen besetzt war (auch als Krautstrunk bezeichnet). In der weiteren Entwicklung wurde aus dem warzenbesetzten Korpus allmählich ein Stengelknauf, auch der Fuß wurde durch Anspinnen einer Spirale vergrößert. Heute kennt man den Römer in mannigfachen Formen, die drei Charakteristika, apfelförmige Kuppa, Stengel und Fuß, oft sogar noch der Knauf, sind erhalten geblieben. Der Inhalt beträgt meist 0,25 oder 0,2 l, jedoch sind auch größere (Pokale) und kleinere Römer anzutreffen.
Die Ableitung des Namens ist unklar, jedoch hat er sicher nichts mit dem antiken Rom oder den Römern zu tun. Als Wiege des Römerglases wird das Kurmainzer Gebiet angesehen. Für fachliche →Weinkostproben sind Römer nicht geeignet (→Probierglas, →Weinglas).

Römertor Untergebiet des Tafelweinbaugebietes Oberrhein; umfaßt den Regierungsbezirk Südbaden (→Tafelwein)

Rommelshausen Ortsteil von Kernen. Weinort im Anbaugebiet →Württemberg, Bereich Remstal-Stuttgart. Großlage: *Sonnenbühl*. Einzellage: *Mönchberg*.

Rommersheim Ortsteil von Wörrstadt. Weinort im Anbaugebiet →Rheinhessen, Bereich Bingen. Großlage: *Adelberg*. Einzellage: *Kachelberg*.

Rondinella Italienische Rotweinrebe; hauptsächlich am Gardasee und im Valpolicella-Gebiet angebaut; sie wird bis zu 30% bei der Bereitung der →*Bardolino*- und →*Valpolicella*-Weine verwendet.

Rosato (it.) →Rosee.

Roschbach Weinort im Anbaugebiet →Rheinpfalz, Bereich Südliche Weinstraße. Großlage: *Bischofskreuz*. Einzellage: *Rosenkränzel*.

Röschitz Niederösterreichischer Weinort im Weinbaugebiet →Weinviertel. Auf rund 350 ha Rebfläche werden hauptsächlich Weißweinreben angebaut. Typisch für den Ort und seine Umgebung sind sehr süffige, spritzige Grüne →Veltliner.

Roseewein (oder **Roséwein**) Hellrot bis honiggelb aussehender Wein, der aus hellgekeltertem Most von Rotweintrauben hergestellt wird, das heißt, es wird nicht wie bei der →Rotweinbereitung zur besseren Farbausbeute eine →Maischegärung durchgeführt, sondern die farbstoffhaltigen Beerenschalen werden vor oder kurz nach der eingetretenen →Gärung durch Pressen (→Keltern) vom Saft getrennt.
Deutschland: Der Saft der meisten in Deutschland angebauten roten Traubensorten ist fast so hell wie der von Weißweintrauben. Ein →Qualitätswein b.A. darf statt Roseewein auch →Weißherbst genannt werden, wenn er ausschließlich aus Trauben einer einzigen Rebsorte stammt und diese Trauben in den Anbaugebieten Ahr, Franken, Rheingau, Rheinhessen, Rheinpfalz und Württemberg geerntet wurden. Dabei muß die Rebsorte in Verbindung mit der Bezeichnung »Weißherbst« in gleicher Schrift, Größe und Farbe auf dem Etikett angegeben sein. Im Gegensatz zu Rotweinen trinkt man Roseewein gut gekühlt. (→Rotling, →Schillerwein)
Österreich: In Österreich wird der Rosee Gleichgepreßter genannt.
Schweiz: Der allgemeine Ausdruck in der deutschsprachigen Schweiz ist Süßdruck, in der Welschschweiz (→Neuenburg, →Genf) bezeichnet man einen Rosee aus Blauburgundertrauben als →Oeil de Perdrix.
Frankreich: Die Roseeweine werden hauptsächlich im Süden des Landes erzeugt, und zwar aus Pinot Noir (Blauem →Spätburgunder), →Cabernet, →Gamay und →Grenache. Einer der besten ist der →*Tavel*, bekannt sind auch die Rosees aus der →Provence, dem →Anjou und dem →Beaujolais, ebenso aus der Gegend um →Arbois.
Italien: Bekannt ist der *Bardolino Chiaretto*, ebenso der *Lagreinkretzer*, außerdem gibt es örtliche Spezialitäten, wie zum Beispiel *Rosa del Golfo* aus →Apulien.
Portugal: Der Markenwein →*Mateus* wird in die ganze Welt exportiert.

Rosette Kleines AC-Gebiet in →Bergerac, wo in 6 Gemeinden halbsüße, fruchtige Weißweine aus →Sémillon, →Muscadelle und →Sauvignon Blanc hergestellt werden.

Rosinen Getrocknete Weinbeeren, die lange aufbewahrt werden können. Man unterscheidet Korinthen aus kleinbeerigen, roten Trauben und Sultaninen (Zibeben) aus großfruchtigen, oft auch kernlosen weißen Trauben. Die Rosinenerzeugung beschränkt sich vorwiegend auf die südlichen Weinbauländer wie →Griechenland,→Türkei, →Kalifornien, →Australien. Das Trocknen erfolgt entweder am Stock durch Abknicken der Traubenstiele oder nach Abernten der Beeren in der Sonne. 100 kg frische Trauben ergeben 20–30 kg Rosinen. Die Welterzeugung an Rosinen wird auf etwa 650–750.000 t geschätzt, die auf rund 600.000 ha Rebfläche produziert werden. Die Muselmanen erzeugen und verzehren den Hauptanteil.

Rosinenwein Zur Herstellung von Rosinenwein werden →Rosinen, meist Sultaninen, in Wasser oder Wein eingeweicht (2–5 Tage), gemahlen und dann gepreßt (gekeltert). Der stark zuckerhaltige Preßsaft wird dann am besten mit einer gärkräftigen →Reinzuchthefe zu Rosinenwein vergoren, der einen dessertweinähnlichen Charakter hat. Oft werden nach der →Gärung noch →Zucker und →Alkohol zugesetzt, um die Weine länger haltbar zu machen. Die Herstellung solcher Süßweine ist nur in wenigen , hauptsächlich südosteuropäischen Weinbauländern erlaubt. In Deutschland und in der Schweiz dürfen Rosinenweine weder hergestellt noch in Verkehr gebracht werden.

Rosmarintraube Bezeichnung für Weißer →Gutedel im Wallis.

Rossara Italienische Rotweinrebe, die in Südtirol vereinzelt angebaut wird.

Roßdorf Weinort im Anbaugebiet →Hessische Bergstraße, Bereich Umstadt. Einzellage: *Roßberg*.

Rossese di Dolceacqua Italienischer DOC-Rotwein, einer der besten von →Ligurien, hergestellt aus der gleichnamigen Rebsorte. Der rubinrote, warme, weiche Wein mit leicht bitterem Nachgeschmack altert gut.

Rosso (it.) rot, auch Rotwein.

Rosso Barletta Italienischer DOC-Rotwein aus →Apulien. Der intensiv rubinrote Wein stammt zu 80–100% aus der →Troia-Rebe, bis zu 30% →Montepulciano oder →Sangiovese und bis zu 10% →Malbec. Er schmeckt trocken und harmonisch. Nach 2 Jahren Lagerzeit darf er als Invecchiato bezeichnet werden.

Rosso Canosa Italienischer DOC-Rotwein aus →Apulien. Der rubinrote trockene, kraftvolle Wein mit leicht herbem Nachgeschmack stammt zu mindestens 65% aus der →Troia-Rebe, aus →Montepulciano und →Sangiovese sowie zu kleinen Teilen aus anderen zugelassenen Rotweinsorten. Die Bezeichnung Riserva erhält der Wein nach 2 Jahren Lagerung, davon 1 Jahr im Holzfaß, und bei einem Alkoholgehalt von 13 Vol.-%.

Rosso Cònero Italienischer DOC-Rotwein aus den →Marken, hergestellt aus →Montepulciano und bis zu 15% →Sangiovese. Zur Herstellung wendet man oft das →Governo-Verfahren an. Der rubinrote Wein ist saftig, harmonisch und körperreich.

Rosso di Cerignola Italienischer DOC-Rotwein aus →Apulien zwischen Bari und Foggia, zu 55% aus Uva di →Troia gekeltert. Der rubinrote, im Alter ziegelrote Wein hat einen angenehm bitteren Nachgeschmack, er ist trocken und körperreich. Nach 2 Jahren Lagerzeit in Holzfässern und bei einem Alkoholgehalt von 13 Vol.-% darf er sich Riserva nennen.

Rosso di Montalcino Italienischer DOC-Rotwein aus der →Toskana. Der trockene, warme, leicht tanninbetonte Wein stammt aus →Sangiovese-Trauben.

Rosso Piceno Italienischer rubinroter, trokkener DOC-Wein aus der Umgebung von Ascoli Piceno in den →Marken. Er wird aus 60% →Sangiovese, höchstens 40% →Montepulciano und bis 15% →Trebbiano und →Passerina gewonnen. Die Prädikatsbezeichnung Superiore setzt die Herkunft aus dem südlichen Teil des Gebiets, mindestens 12 Vol.-% Alkohol und eine mindestens einjährige Lagerung voraus.

Roßwag Ortsteil von Vaihingen. Weinort im Anbaugebiet →Württemberg, Bereich Württembergisch Unterland. Großlage: *Stromberg*. Einzellagen: *Forstgrube, Halde.*

Rotberger Rotweinrebe; Neuzüchtung des Instituts für Rebenzüchtung der Fachhochschule Geisenheim aus der Kreuzung Trollinger x Riesling; Zuchtnummer Gm 3–37, Eintragung in die Sortenliste 1971. Die Sorte ist im ganzen trollingerartig, von starkem Wuchs, großem Blatt, später Reife und mit großen, blauen Trauben. Verlangt tiefgründige, feinerdereiche, frische Böden und mittlere Lagen. Vorzüge gegenüber →Trollinger: höheres Mostgewicht, etwas weniger Säure und bessere Frosthärte. Nachteilig wirken sich die späte Reife und geringe Farbausbeute aus. Die Rebsorte ist zum Anbau als Tafeltraube geeignet. Bestockte Reflâche in Deutschland: 25 ha.

Rotenberg 1. Ortsteil von Rauenberg. Weinort im Anbaugebiet →Baden, Bereich Badische Bergstraße/Kraichgau. Großlage: *Mannaberg*. Einzellage: *Schloßberg*.
2. →Stuttgart.

Rote Spinne →Obstbaum-Spinnmilbe.

Rotgipfler Österreichische alte, wenig ertragreiche Spezialsorte, die zusammen mit dem →Zierfandler die berühmten →Gumpoldskirchner Weine liefert (Spätrot-Rotgipfler). Den Namen hat sie von den roten Spitzen der Triebe. Die Sorte vermittelt durch ihren höheren Gehalt an Fruchtsäuren in der Vereinigung mit dem schwereren, voluminösen Zierfandler dem Gumpoldskirchner Wein das Rückgrat, den Nerv und die Haltbarkeit. Sie nimmt in Österreich zusammen mit dem Zierfandler nur 0,5% der Anbaufläche ein.

Rotling Blaß- bis hellroter Wein, der durch →Verschnitt von Weiß- und Rotweintrauben oder deren →Maische hergestellt wurde. Das fertige Produkt Weiß- und Rotwein darf dem deutschen Weingesetz nach nicht miteinander verschnitten werden (→Schillerwein).

Rottenberg Ortsteil von Hösbach. Weinort im Anbaugebiet →Franken, Bereich Mainviereck. Einzellage: *Gräfenstein*.

Röttingen Weinort im Anbaugebiet →Franken, Bereich Maindreieck.. Einzellage: *Feuerstein*.

Rotwein Wein aus dunklen Trauben, deren Schalen, die den Farbstoff enthalten, mitvergoren werden. Der Farbton schwankt zwischen hell granatrot bis tiefblau-violett. Hauptanbaugebiete für Rotwein sind die warmen und heißen Weinbauländer entlang des Mittelmeeres, in Nord- und Südamerika, in Südafrika und in Australien. Blaue Rebsorten beanspruchen wärmeres →Klima als weiße. Als täglicher Konsumwein ist Rotwein in diesen Ländern verbreiteter und beliebter als Weißwein. Rotweine sollen mild und samtig sein, nicht hart oder säurereich. Die südländischen sind körperreicher, haben mehr →Alkohol, sind farbstärker und wuchtiger. Rotweine aus kühleren Anbaugebieten sind, verglichen mit jenen südlicher Herkünfte, milder, delikater, zeigen mehr Duft und wirken frischer, lebendiger. Da sie weniger Alkohol enthalten, sind sie zarter und leichter. Auch sind Rotweinsorten hier weniger tanninreich (→gerbstoffreich) als die südländischen. Rotweine müssen ein Gefühl der Wärme vermitteln. Deshalb ist es in vielen Jahren nicht nur nördlich der Alpen erforderlich, die Rotweine →anzureichern und

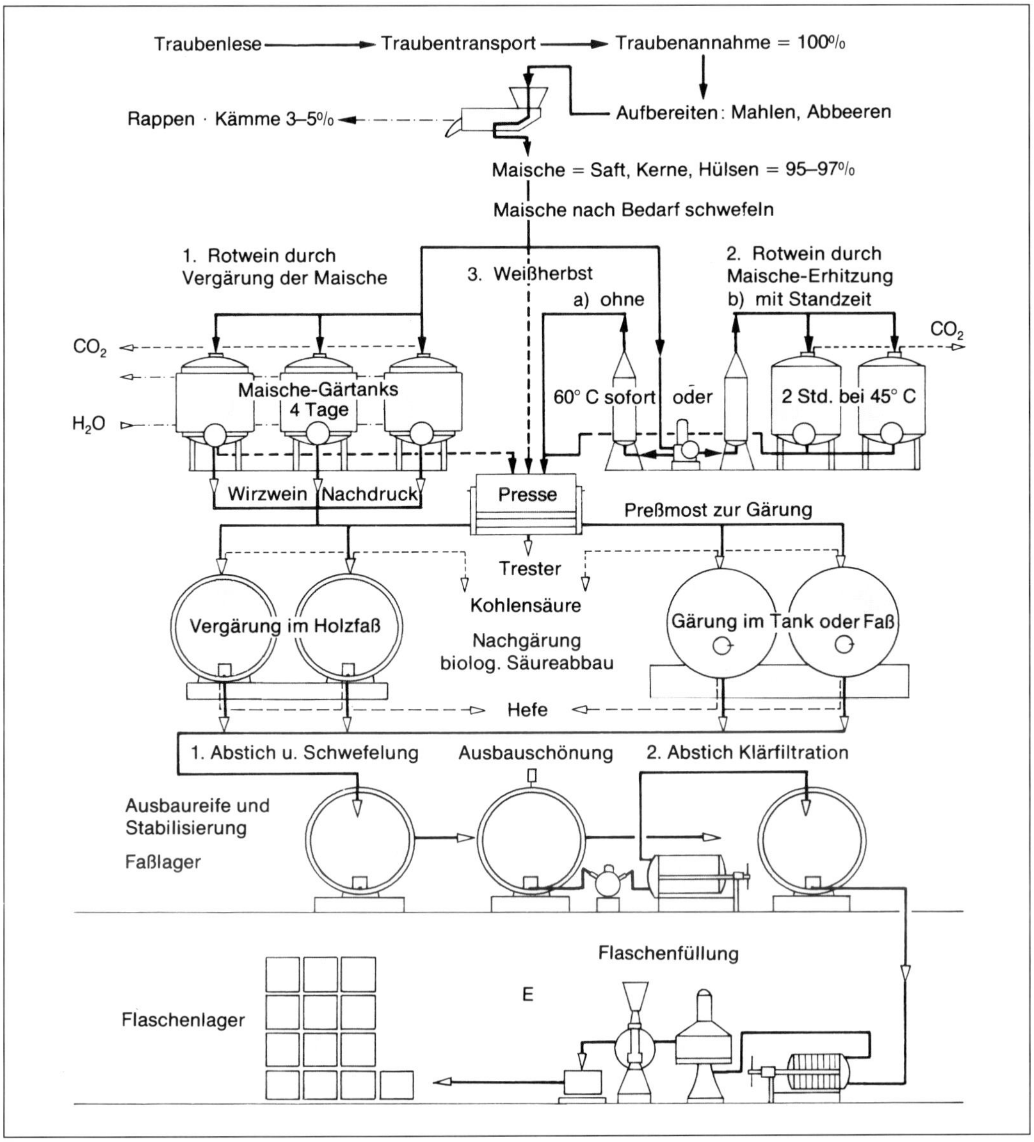

Schema zur Rotweinbereitung (nach Troost).

damit im Alkoholgehalt auf 11,5 bis 13 Vol.-% einzustellen. →Kabinettweine und →Spätlesen sind deshalb bei Rotweinen seltener als bei Weißweinen, und neben einem fülligen Qualitätsrotwein hat es roter Kabinettwein, ja oft sogar eine rote Spätlese schwer, zu bestehen. Französische AC-Gewächse sind bis zu den höchsten Crus Classés fast immer angereichert. Die dunkle Farbe ist bei den Rotweinsorten allein in den Beerenhäuten enthalten. Bei sofortiger Kelterung würde darum auch von Rotweinsorten Weißmost gewonnen werden. Erst durch Aufschluß der Beerenhülsen während der mehrtägigen →Maischegärung werden die eingeschlossenen Farbstoffe frei.

Mit zunehmendem Alkoholgehalt steigen auch Farb- und Gerbstoffgehalt. Mit geringfügigen Abweichungen nach oben oder nach unten ist es darum üblich, Rotweine abzulassen und abzupressen, wenn zwei Drittel des ursprünglich vorhandenen Zuckers durch die Hefe in Alkohol umgewandelt worden sind. Erwärmt man die Maische vor der Vergärung, fördert das die Farbausbeute unter kaum festzustellender Zunahme des Tanningehaltes des Weines. Als Gärgefäße dienen offene Bottiche oder offene Betontanks. Das während der Gärung entstehende Kohlendioxid treibt die in der Maische enthaltenen Tresterbestandteile an die Oberfläche, wodurch es dort zur Bildung eines »Tresterhuts« kommt. Da sich in diesem Tresterhut leicht Essigbakterien ansiedeln, muß er mehrmals am Tage untergestoßen werden. Gleichzeitig wird hierdurch der Farbstoff aus den Beerenhülsen besser herausgelöst. Die Tresterbestandteile können auch durch einen Senkboden, ein hölzernes Lattengerüst, unter der Flüssigkeitsoberfläche gehalten werden. Am sichersten ist es, die Rotweinmaische in geschlossenen Stahltanks zu vergären. Das erforderliche Durcharbeiten der Maische geschieht durch periodisches Rundpumpen. Rotweine werden im allgemeinen wärmer getrunken als Weißweine (→Temperatur) und in eigens dafür bestimmten →Weingläsern serviert (→Speisen und Wein).

Traubenannahme und Gärtanks für Rotwein.

Emblem des Rotweinwanderweges.

Rotweinwanderweg 30 km langer Wanderweg, der im Ahrtal von Altenahr durch Weinberge und bewaldete Teilstrecken bis Lohrsdorf führt. Zu jedem der 11 Weinbauorte besteht ein Verbindungsweg zum Ab- oder Aufstieg. Als Markierung dient eine rote Traube. Die Wegelänge zwischen den einzelnen Orten beträgt 1,5–4 km.

Rouci, Roucimodre Tschechische Bezeichnung für Blauer →Spätburgunder.

Rouge d'Enfer →Höllenwein.

Roussanne Blanche Französische Weißweinrebe, die hauptsächlich im Rhône-Gebiet und im Raum →Hermitage angebaut wird. Zusammen mit Marsanne Blanche werden daraus die berühmten *Hermitage (Ermitage)*-Weine erzeugt. Die Roussanne bringt niedrigere Erträge als die Marsanne Blanche, verleiht den Weinen aber Feuer und ein an Veilchen erinnerndes Bukett. Synonym: Roussette.

Roussette Synonym für →Roussanne.

Roussette de Savoie Seit 1973 AC-Gebiet, das sich über 29 Gemeinden in →Savoyen (Savoie), 22 in Haute-Savoie und 2 im Departement Isère erstreckt. Es werden fruchtige, feine Weißweine aus der namengebenden Rebsorte (auch Altesse genannt) in Verbindung mit →Chardonnay erzeugt. Seit 1986 gibt es vier Crus in diesem Gebiet: *Frangy, Marestel, Monthoux* und *Monterminod*.

Roussillon Weinbauregion in Südfrankreich, an Spanien und das Mittelmeer grenzend. In dem heißen Klima werden von dürren Böden leichte, süffige Weine von 10–11 Vol.-% Alkohol in riesigen Winzergenossenschaften ausgebaut. Eingeschlossen in diese Massenwein-Produktionsgebiete gibt es aber auch Gegenden mit →AC- und →VDQS-Benennungen, die hervorragende leichte, meist trockene Rot-, Rosee- und Weißweine aus den Sorten →Muscat, →Grenache, →Macabeo und →Malvoisie erzeugen (→Corbières). Eine Spezialität um Perpignan sind die süßen Dessertweine der Côtes d'Agly, →Rivesaltes, Côtes de Haut-Roussillon und Banyuls. Vin doux naturel, natürlicher Süßwein, und Vin de Liqueur, Likörwein, sind →aufgespritet, der zweite hat den höheren Alkoholgehalt.

Route du Champagne Weinstraße in der →Champagne mit 3 Teilen:
Blau – Straße durch den Montagne de Reims;
Rot – Straße durch das Marnetal;
Grün – Straße durch die →Côte des Blancs.

Route du Vignoble genevois Weinstraße im Schweizer Kanton →Genf mit einer Route an Arve und Rhône und einer weiteren am Mandement.

Route du Vin d'Alsace Elsässische Weinstraße, die in Nord-Süd-Richtung von Thann nach Marlenheim verläuft. Sie ist etwa 100 km lang und berührt alle wichtigen Weinbauorte.

Roxheim Weinort im Anbaugebiet →Nahe, Bereich Schloß Böckelheim. Großlage: *Rosengarten*. Einzellagen: *Berg, Hüttenberg, Sonnenberg, Höllenpfad, Mühlenberg, Birkenberg*.

Royale Muscadine Synonym in Belgien für den als Tafeltraube angebauten Weißen →Gutedel.

RS Rheinhessen Silvaner, von der »Rheinhessenwein e.V.« kontrollierter und beworbener →Typenwein (QbA), als Renaissance des trockenen, traditionellen, ehemals so beliebten Silvaners. Einheitliches Etikett auf brauner Schlegelflasche mit Schriftzug »RS«.

RTK Fachausdruck für rektifiziertes Traubenmostkonzentrat, einen Zuckersirup aus Traubenmost, der für die Anreicherung und Süßung von Wein in der EG zugelassen ist.

Rubino di Cantavenna Italienischer DOC-Rotwein aus dem →Piemont, gekeltert aus 75–90% →Barbera und bis 25% →Grignolino und/oder →Freisa. Der blaßrote, aromatische Wein darf erst zu Ende des auf die Lese folgenden Jahres in den Handel gebracht werden.

Ruby Englische Bezeichnung für rubinrote, also hellere →Portweine.

Ruché di Castagnole Monferrato Italienischer DOC-Rotwein aus dem →Piemont, aus der gleichnamigen Rebsorte gekeltert.

Rück Ortsteil von Elsenfeld. Weinort im Anbaugebiet →Franken, Bereich Mainviereck. Einzellagen: *Johannisberg, Jesuitenberg, Schalk.*

Rückenetikett Zweites Etikett auf der Rückseite der Flasche, das Angaben über Geschmack, Temperatur und historisch Interessantes über den betreffenden Wein enthalten kann. Auch die Angaben für Diabetiker stehen auf diesem Etikett.

Rückgrat →Stahliger, →wuchtiger Wein von →kerniger, →stoffiger Art hat Rückgrat. Die wichtigsten Inhaltsstoffe wie →Säuren, →Extrakt und →Glycerin treten bei entsprechendem →Alkoholgehalt angenehm und betont in Erscheinung. Es heißt, die Säure eines Weines sei sein Rückgrat, da säurereiche Weine (zum Beispiel →Rieslinge) meist länger lagerfähig sind als säurearme. Sie »kippen« nicht so schnell um.

Rüdesheim 1. Weinort im Anbaugebiet →Rheingau, Bereich Johannisberg, mit Ortsteilen →Assmannshausen, →Aulhausen. Großlage: *Burgweg.* Einzellagen: *Berg Schloßberg, Drachenstein, Berg Roseneck, Berg Rottland, Bischofsberg, Klosterberg, Kirchenpfad, Klosterlay, Magdalenenkreuz, Rosengarten.* Weinmuseum Brömserburg und »Drosselgasse«, Inbegriff deutscher Weinseligkeit. Sitz bedeutender Wein-, Branntwein- und Sektfirmen. Vom Rheingauer Weinseminar werden alljährlich fünftägige Seminare in verschiedenen Orten des Rheingaues abgehalten.
2. Weinort im Anbaugebiet →Nahe, Bereich Schloß Böckelheim. Großlage: *Rosengarten.* Einzellagen: *Wiesberg, Goldgrube.*

Rueda Spanischer, angenehmer Weißwein aus dem gleichnamigen Ort bei Valladolid.

Rulanda (rum.) →Ruländer.

Ruländer Weißweinrebe; Mutation des Blauen →Spätburgunders; der Ursprung dürfte in Burgund zu suchen sein. In Deutschland hat der Kaufmann Johann Seger Ruland aus Speyer, der die Sorte 1711 aufgrund der eigenartigen Beerenfarbe in einem ungepflegten Garten entdeckte, viel zu ihrer Verbreitung beigetragen. Er hatte den Anbauwert der Sorte rasch erkannt, daraus sortenreine Weine hergestellt und den Verkauf von Stecklingen vorangetrieben. Nach ihm wurde sie daher auch benannt. Wie bei anderen alten Sorten existieren auch hier zahlreiche Synonyme: Grauer Burgunder, Grauklevner (Deutschland); Malvoisie (Wallis); Rulanda (Rumänien); Szürkebarát, Grauer Mönch (Ungarn); Tokajer (Nord- und Ostschweiz, Elsaß); Rulendac Sivi (Jugoslawien); Pinot Gris (Frankreich); Pinot Grigio (Italien).
Mittelgroßes, kaum gebuchtetes, schwach dreifach gelapptes Burgunderblatt mit blasiger Oberfläche; die Trauben sind mittelgroß, walzenförmig, dichtbeerig mit kleinen bis mittleren, dünnhäutigen, grauroten Beeren; das Holz ist rotbraun, dünn mit guter Ausreife und daher befriedigender Frostfestigkeit, der Wuchs mittelstark. Die Reife erfolgt mittelspät. Die Sorte ist anspruchsvoll gegenüber Lagen und Böden; die Böden sollten tiefgründig, nährstoffreich und feinerdereich sein, flachgründige Gesteinsverwitterungs-, Kies- oder Sandböden sind nicht geeignet. Bestockte Rebfläche in Deutschland: 2.811 ha.
Der Ertrag liegt bei den heutigen ertragssicheren Klonen zwischen 80 und 120 hl/ha, das Mostgewicht durchschnittlich um 10° Oechsle über dem des →Rieslings, der Säurewert um 4–5‰ darunter. Sofern hohe Mostgewichte und Extraktwerte erreicht werden, können Spitzenweine mit delikatem, vollem Sortenbukett von wuchtiger, körperreicher Art gewonnen werden.

Ruländer, Weißer Synonym für Weißer →Burgunder.

Rulendac Sivi Jugoslawische Bezeichnung für →Ruländer.

Ruling Weißweinrebe; Neuzüchtung der Staatlichen Lehr- und Versuchsanstalt Weinsberg; Kreuzung aus Ruländer x Riesling; Zuchtnummer We S 385. Der Name wurde aus den beiden Kreuzungspartnern zusammengezogen. Zur Eintragung in die Sortenliste angemeldet.

Rully Kleine Stadt in →Burgund in der →Côte Chalonnaise, bekannt für ihren Burgunder-Schaumwein. Mehr als drei Viertel der erzeugten AC-Weine sind weiß, gekeltert aus der →Chardonnay-Rebe, frisch, trocken, fruchtig und süffig, die Rotweine stammen aus Pinot Noir (Blauer →Spätburgunder).

Rumänien 270.000 ha Rebfläche; 8 Millionen hl Wein, davon 700.000 hl Export; 1,7 Millionen dz Tafeltrauben, davon 500.000 dz Export; Import 20.000 hl Wein; jährlicher Pro-Kopf-Verbrauch 30 l.
Rumänien ist eines der ältesten Weinbauländer Europas. Homer (8. Jh v. Chr.) erwähnt in der »Ilias« die Weine Thrakiens, und Herodot (um 400 v. Chr.) beschreibt die Handelsbeziehungen der griechischen Kolonisten an der Schwarzmeerküste zu den Dakern. Kaiser Trajan stellte auf einer Gedenkmünze die neue Provinz »Dacia felix« in der Gestalt einer Frau mit zwei Kindern dar; ein Kind hält eine Traube, das andere eine Weizenähre in der Hand. Die Weinbaugebiete Rumäniens liegen zum Großteil an den Hängen und Ausläufern der Karpaten. Das kontinentale Klima mit warmen Sommern und langen, trockenen Herbsten garantiert reifes Lesegut mit spezifischen Bukettstoffen. Starke Impulse erhielt der Weinbau in →Siebenbürgen (Transsilvanien) durch die deutschen Siedler, die 1145–1165, ihrer bis heute bewahrten Mundart nach zu schließen, aus dem moselfränkischen Raum (heutiges Luxemburg) kamen, aber »Sachsen« genannt werden. Jenseits der Karpaten erlangte das Weinbaugebiet →Cotnari als Tokaj der Moldau im 14. Jahrhundert internationalen Ruf. Im Banat brachten die im 18. Jahrhundert von Kaiserin Maria Theresia ins Land gerufenen »Banater Schwaben« den Weinbau zum Blühen. Nach dem Zweiten Weltkrieg wurde der private Weinbergsbesitz enteignet und in staatliche Güter oder in genossenschaftliche Kombinate zusammengefaßt und die Weinbergsfläche ausgedehnt. Der früher in Siebenbürgen und dem Banat von der deutschsprachigen Bevölkerung gepflegte, dem Vorbild des Mosel- und Neckarwinzers folgende individuelle Kleinausbau der Weine im eigenen Winzerkeller mußte den Großkellereien weichen. Neben den westeuropäischen Rebsorten kennt man verschiedene einheimische. Zur Forcierung des Qualitätsweinbaues ist versucht worden, im neuen Weingesetz (Norme Tehnice Nr. 41/1972) die Abgrenzung in Ursprungsgebiete und die Einteilung in Güteklassen vorzunehmen. Zu dem Zweck sind die ehemaligen Provinzen →Banat, →Siebenbürgen, Oltenia, Muntenia, →Moldau und →Dobrogea (Dobrudscha) in bestimmte Weinbaugebiete und Untergebiete eingeteilt worden. Die Klassifizierung sieht →Tischweine, →Qualitätsweine, →Spätlesen, →Auslesen, →Trockenbeerenauslesen vor. Die deutschen Bezeichnungen sind laut Verordnung der Bundesrepublik nur für Gewächse aus deutschsprachigen Weinbaugebieten zulässig. Die Einteilung in Qualitätsstufen findet man meist nur auf für die staatliche zentrale Exportstelle Vinexport in Bukarest bestimmten Weine, im Lande selbst bis jetzt noch selten. Zu empfehlen ist an heißen Tagen der allerorts angebotene »Spritz« (Schorle), wobei vor allem die säurereichen Weine Siebenbürgens, mit dem im Lande gewonnenen, natürlichen Mineralwasser verdünnt, gute Durststiller sind.

Rümmelsheim (mit Burg Layen) Weinort im Anbaugebiet →Nahe, Bereich Kreuznach. Großlage: *Schloßkapelle*. Einzellagen: *Steinköpfchen, Schloßberg, Hölle, Rothenberg, Johannisberg*.

Rümmingen Weinort im Anbaugebiet →Baden, Bereich Markgräflerland. Großlage: *Vogtei Rötteln*. Einzellage: *Sonnhohle*.

rund →Harmonischer, ausgeglichener Wein, der eine gewisse →Fülle hat.

Ruppertsberg Weinort im Anbaugebiet →Rheinpfalz, Bereich Mittelhaardt/Deutsche Weinstraße. Großlage: *Hofstück*. Einzellagen: *Linsenbusch, Hoheburg, Gaisböhl, Reiterpfad, Spieß, Nußbien*.

Rüssingen Weinort im Anbaugebiet →Rheinpfalz, Bereich Mittelhaardt/Deutsche Weinstraße. Großlage: *Schnepfenflug vom Zellertal*. Einzellage: *Breinsberg*.

Rußland Die 200.000 ha große Rebfläche ist verstreut über weite Steppengebiete am Unterlauf der Kuma, des Terek, Don und Kuban, am Schwarzen und am Kaspischen Meer bis zum Nordhang des Kaukasus. Es sind zum Teil extreme Trockengebiete (360 mm Jahresniederschlagsmenge). Die Reben haben unter strengen Frosteinbrüchen zu leiden. Es werden robuste Tafelweine und Grundweine für die Schaumwein- und Branntweinherstellung sowie Tafeltrauben produziert.

Rust Weinstadt im österreichischen →Burgenland am Neusiedlersee. Berühmt für seine Beerenauslesen (Ruster →Ausbruch). Rust ist auch Zentrum des Weinbaugebietes →Neusiedlersee-Hügelland und seit 1991 Sitz der Weinakademie Österreich.

Rust-Neusiedlersee Bis 1985 Weinbaugebiet im Burgenland. Ist heute neu aufgeteilt in →Neusiedlersee, →Neusiedlersee-Hügelland und →Mittelburgenland.

Rute →Trieb des Rebstockes, der im Laufe eines Sommers gewachsen und im folgenden Herbst gereift und verholzt ist. Die Ruten werden im Winter beim →Rebschnitt abgetrennt und aus dem Drahtrahmen entfernt, außer denen, die im folgenden Jahr die Sommertriebe und Trauben tragen. Je nach →Erziehungsart bleiben 1–4 Ruten übrig, die beim →Biegen befestigt werden.

Rütteln (frz.: remuage) Periodisches Drehen der auf den →Rüttelpulten stehenden Rohsektflaschen mit stoßartiger Bewegung. Es dient der Vorbereitung zum →Enthefen nach der traditionellen Methode.

Rüttelpult (frz.: pupitre) Pult- oder dachförmiges Brettergestell mit Löchern, in das die Schaumweinflaschen zunächst waagerecht »aufgesteckt« werden. Beim täglichen Rütteln und Drehen, das über mehrere Wochen erfolgt, werden die Rohsektflaschen jeweils etwas steiler gestellt, bis die Hefe, die sich an der Wand der liegenden Flasche abgesetzt hatte, auf spiralförmigem Weg zum Korken der Flasche gewandert ist. Die Flasche steht nun steil auf dem Kopf (sur pointe). Dieser umständliche und aufwendige Prozeß ist erforderlich, um ein Absetzen der Hefe in der Schulter der Flasche zu vermeiden (→Maske). Nach dem Rütteln werden die »hellgerüttelten« Flaschen, ohne ihre Steillage zu verändern, auf Spitzstöße »abgesteckt«. Der Rohsekt kann fertiggerüttelt gelagert werden, bis er entheft wird. Ein guter Rüttler (Remueur) bewegt nach den am Flaschenboden markierten Rüttelzeichen bis zu 30.000 Flaschen am Tag.

Ruwer 1. Nebenflüßchen der Obermosel, das östlich von Trier beim Ort Ruwer in die Mosel mündet. Die Weine ähneln im Charakter den →Saarweinen, brauchen wie diese viel Sonne zum Ausreifen, werden dann aber in Spitzenjahren besonders zart, feingliedrig und fruchtig.
Der Bereich Saar-Ruwer gehört zum Weinbaugebiet →Mosel-Saar-Ruwer.
2. Ortsteil von Trier. Weinort im Anbaugebiet →Mosel-Saar-Ruwer, Bereich Saar-Ruwer. Großlage: *Römerlay*. Einzellagen: *Sonnenberg, Marienholz, Maximiner Domherrenberg*.

S

Saale Linker Nebenfluß der Elbe; entspringt im Fichtelgebirge und mündet bei Barby. An ihrem Mittellauf zwischen Jena und der Einmündung der Unstrut liegt das Weinbaugebiet Saale-Unstrut in Sachsen-Anhalt. An der Fränkischen Saale, die bei Gemünden in den →Main mündet und zum Weinbaugebiet von →Franken gehört, wird ebenfalls Wein angebaut.

Saaleck Ortsteil von Hammelburg. Weinort im Anbaugebiet →Franken, Bereich Maindreieck. Großlage: *Burg*. Einzellage: *Schloßberg*.

Saale-Unstrut Seit dem 19. 5. 1990 bestimmtes deutsches Anbaugebiet, mit den vorgesehenen Bereichen Seeburg und Schloß Neuenburg. Diese Namen sind jedoch noch nicht gesetzlich festgelegt. Auch für die Bezeichnung *Anhaltiner Landwein* steht die Beschlußfassung noch aus. Das Gebiet umfaßt einschließlich Höhnstedt und Umgebung in den Bezirken Halle, Erfurt und Gera rund 400 ha Rebfläche.
Einige Kilometer weiter nördlich liegt noch ein kleines, isoliertes Anbaugebiet bei Jessen an der Schwarzen Elster, dessen Umfang Anfang des Jahrhunderts noch 120 ha betrug, heute aber nur noch 1,25 ha umfaßt.

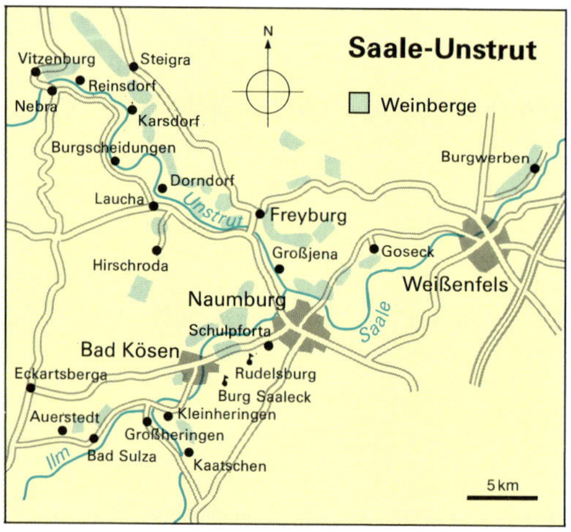

Früheste urkundliche Erwähnung des Saale-Unstrut-Weinbaues anno 998, als der Sachsen-Kaiser Otto III. dem Benediktinerkloster Memleben die Stadt Wiehe übereignete. Erste urkundliche Nachricht über Weingärten im Elbegebiet anno 1082 aus dem Kloster Pegau. Ab 12. Jahrhundert bis in die Mitte des 16. Jahrhunderts erlebte der Weinbau hier dank der Zisterzienser und anderer Mönchsorden eine unvorstellbare Blütezeit. Alle nur halbwegs geeigneten Hänge waren damals mit Reben bepflanzt, so daß der Gesamtumfang auf 10.000 ha geschätzt wird. Erfurt mit 30.000 Einwohnern im Jahre 1620 bewirtschaftete mehr als 2.000 ha Rebanlagen, von denen heute keine Spur mehr vorhanden ist.
Die Universitätsstadt Jena besaß in den Jahren 1406–1542 mehr als 700 ha Rebfläche. Stadtwappen und Grenzsteine auf der 1480 festgelegten Stadtgrenze, die eine Traube zeigen, weisen noch heute darauf hin. Nach dieser Blütezeit trat dann zur Zeit der Bauernkriege, hauptsächlich aber in und nach dem Dreißigjährigen Krieg, ein starker Rückgang ein. Den letzten und schwersten Schlag erhielt dieser Restweinbau, als die aus Amerika eingeschleppten Großschädlinge →Peronospora, →Oidium und die →Reblaus ihr zerstörerisches Werk begannen. Die Reblaus wurde 1887 zum ersten Mal in Freyburg entdeckt. Zu Beginn des Jahrhunderts hat man den niedrigsten Stand der Rebanlagen mit rund 75 ha verzeichnet. Nach dem Ersten Weltkrieg begann ein Wiederaufbau, ausschließlich mit Pfropfreben, kam aber nur stockend voran, da die Weine aus dem Westen Deutschlands vom Rhein und seinen Nebenflüssen eine starke Konkurrenz darstellten.
Nach dem Zweiten Weltkrieg nahm der Staat sich des Weinbaues an und reihte ihn in die Planwirtschaft ein. Aufgrund eines Ministerratsbeschlusses 1963 begann eine Neuanpflanzung hauptsächlich in den verstaatlichten Betrieben. Terrassierte Weinberge umfassen etwa 40%. Charakteristisch für diese Weinlandschaft, vor allem dort, wo die Terrassen vorherrschen, sind Weinbergshäuser, wie man sie an Rhein und Mosel selten findet. Sie dienen und dienten den Winzern zur Aufbewahrung der Geräte, für Beobachtungszwecke zur Zeit der Traubenreife und oft zum Keltern. Einige der älteren meist zweistöckigen Winzerhäuser stammen sicherlich noch aus der Zeit der »Halbberge«, Weinberge, die dem

Winzer gegen die Hälfte des Ertrages überlassen waren.
Die Reben stehen an Saale und Unstrut auf Muschelkalk, Buntsandstein der Triasformation, Löß, Kies und Tonschiefer.
Rund 700 Winzer liefern ihre Trauben an die Winzergenossenschaft Freyburg, zum geringeren Teil auch an die Kellerei des Staatsweingutes Naumburg in Bad Kösen. Die Rotkäppchen-Sektkellerei in Freyburg verarbeitet auch einheimische Grundweine. Die 3 Kellereien bieten Probe- und Einkaufsmöglichkeiten.
Die wichtigste Rebsorte ist der →Müller-Thurgau (37%), gefolgt vom →Silvaner (28%), alle anderen Rebsorten liegen unter 10% (Bacchus, Gutedel, Weißburgunder, Riesling, Traminer, Kerner). Rote Rebsorten werden zu 5% angebaut, wobei der →Portugieser mit 4% überwiegt. Die Erzeugerabfüllungen sind trocken, kräftig, kernig, sortenecht und einheitlich gebietstypisch in ihrer betonten, stoffigen Säure. Dank der geringen Ertragsmenge, die pro ha oft unter 40 hl liegt, haben sie einen hohen →Extraktgehalt. Die Lagennamen, die von überlieferten Flurnamen stammen, sollen in Zukunft wahrscheinlich geändert werden, auch sind Zusammenlegungen von Lagen im Gespräch. Die gegenwärtig gültigen Lagennamen stehen bei den Orten (→Almrich, →Burgscheidungen, →Burgwerben, →Dorndorf, →Eulau, →Freyburg, →Goseck, →Großheringen, →Großjena, →Höhnstedt, →Kaatschen, →Naumburg, →Saalhausen, →Schulpforta, →Steigra, →Zeuchfeld).

Saalhausen Weinort im Anbaugebiet →Saale-Unstrut mit den Lagen *Johannisberg, Tylichberg, Rektorberg, Hirschberg, Moritzberg.*

Saar 1.246 km langer Fluß, der in den Nordvogesen entspringt und bei Konz, südwestlich von →Trier, in die Mosel mündet. Der Weinbau beginnt an seinem Unterlauf bei Serrig. Wie die Weine der →Ruwer, mit der zusammen sie den Bereich Saar-Ruwer bildet, brauchen die Saarweine viel Sonne, um auszureifen, ergeben dann aber hervorragende rassige, fruchtige Rieslingweine. Saar-Sekte zählen zu den Spitzenprodukten deutscher Schaumweine.
2. Untergebiet des Tafelweinbaugebiets Rhein–Mosel (→Tafelwein).

Saarburg Weinort im Anbaugebiet →Mosel-Saar-Ruwer, Bereich Saar-Ruwer. Großlage: *Scharzberg.* Einzellagen: *Klosterberg, Fuchs, Stirn, Kupp, Schloßberg, Rausch, Antoniusbrunnen, Bergschlößchen, Laurentiusberg.*

Saar-Ruwer Bereich des bestimmten Anbaugebietes →Mosel-Saar-Ruwer.

Sables-Saint-Émilion Kleines Rotweingebiet, das an Saint-Émilion angrenzt und heute zur AC →*Saint-Émilion* gehört. Die Trauben gedeihen, wie der Name sagt, auf sandigen Böden, die Weine sind angenehm und fruchtig, jedoch keine Spitzenweine.

Saccharomyces cerevisiae →Hefen.

Saccharose →Rohrzucker.

Sachsen →Elbe.

Sachsenflur Ortsteil von Lauda-Königshofen, Weinort im Anbaugebiet →Baden, Bereich Tauberfranken. Großlage: *Tauberklinge.* Einzellagen: *Kailberg, Walterstal.*

Sack Erstmals 1532 genannt, hätte das Wort im Englischen eigentlich Seck heißen müssen, da es vom spanischen seco, trocken, herb kommt. Es wurde ursprünglich für einen herben, später meist für einen mit Honig und Zucker gesüßten spanischen Wein verwendet. Das Wort wurde um 1640 als Seck nach Deutschland entlehnt, erhielt später ein -t (→Sekt) und nahm nach 1825 zuerst in Berlin die Bedeutung von Schaumwein an.

saftig Vollmundiger, →fruchtiger Wein, der »den ganzen Mund ausfüllt« und auf der Zunge kein trockenes Gefühl hinterläßt. Oft hat er noch eine gediegene →Restsüße, die jedoch durch eine feine →Säure geschmacklich ausgeglichen wird.

Saint-Amour Eine der 10 mit Grand Cru ausgezeichneten Gemeinden im →Beaujolais.

Saint-Chinian Seit 1985 AC-Gebiet innerhalb der →Coteaux du Languedoc mit einer Rebfläche von rund 20.000 ha. Die Weine von den Kalkböden sind kräftig und robust, die von den Schieferböden samtig, weich und elegant.

Sainte-Croix-du Mont AC-Gebiet südöstlich von Bordeaux an der Garonne, gegenüber →Sauternes gelegen. Es werden natursüße, alkoholreiche (mindestens 13 Vol.-%) Weißweine nach dem Vorbild der *Sauternes* aus spät gelesenen, mit Edelfäule (→Botrytis cinerea) befallenen Trauben hergestellt. Die Rebsorten sind die gleichen wie in Sauternes.

Sainte-Foy-Bordeaux AC-Weinregion östlich von Entre-Deux-Mers, wo Weiß- und Rotweine hergestellt werden. Die Weißweine werden gern als »Sauternes des armen Mannes« bezeichnet. Neuerdings gibt es auch trockene Weißweine. Die Rotweine altern gut.

Saint-Émilion 1. Weinstadt im Osten des →Bordeaux-Gebietes. Die gleichnamige Herkunftsbezeichnung (AC) erstreckte sich ursprünglich auf die 7 Nachbargemeinden, heute wurde ein Teil von Libourne hinzugefügt (das ehemalige Gebiet Sables-Saint-Émilion). 1984 wurden die AC-Bestimmungen geändert: Es gibt nur noch zwei Herkunftsbezeichnungen: Saint-Émilion und Saint-Émilion Grand Cru, die Herkunftsbezeichnungen Grand Cru Classé und Premier Grand Cru Classé existieren nicht mehr. Sie sind Zusatzbezeichnungen für Grand-Cru-Weine nach einer offiziellen Klassifizierung. Seit 1966 ist eine Sinnenprüfung vorgeschrieben. Die Rebsorten für beide Appellationen sind: →Cabernet Franc, →Cabernet-Sauvignon, Carmenère,→Merlot und→Cot. Die Rebfläche für *Saint-Émilion* betrug 1985 rund 2.000 ha, die für *Saint-Émilion Grand Cru* rund 3.000 ha.

Die geltende offizielle Klassifizierung lautet:

Premiers Grands Crus Classés
Ausone
Cheval-Blanc
Beau-Séjour-Bécot
Beauséjour (Duffau-Lagarosse)
Belair
Canon
Clos Fourtet
Figeac
La Gaffelière
Magdelaine
Pavie
Trottevieille

Grands Crus Classés
l'Angélus
l'Arrosée
Balestard-la-Tonnelle
Bellevue
Bergat
Berliquet
Cadet-Piola
Canon-la-Gaffelière
Cap-de-Mourlin
Chauvin
Clos de l'Oratoire
Clos des Jacobins
Corbin
Corbin-Michotte
Couvent des Jacobins
Croque-Michotte
Curé-Bon-La Madeleine
Dassault
Faurie-de-Souchard
Fonplégade
Fonroque
Franc-Mayne
Grand-Barrail-Lamarzelle-Figeac
Grand-Corbin
Grand-Corbin-Despagne
Grand-Mayne
Grand-Pontet
Guadet-Saint-Julien
Haut-Corbin
Haut-Sarpe
La Clotte
la Clusière
la Dominique
La Madeleine
Lamarzelle
Laniote
Larcis-Ducasse
Larmande
Laroze
La Serre
La Tour du Pin-Figeac (Giraud-Belivier)
La Tour du Pin-Figeac (Moneix)
La Tour-Figeac
Le Châtelet
Le Prieuré
Matras
Mauvezin
Moulin-du-Cadet
Pavie-Decesse
Pavie-Macquin
Pavillon-Cadet
Petit-Faurie-de-Soutard
Ripeau
Sansonnet
Saint-Georges-Côte-Pavie
Saint-Martin
Soutard
Tertre-Daugay
Trimoulet
Troplong-Mondot
Villemaurine
Yon-Figeac

Weiterhin haben die folgenden 5 Gemeinden nördlich von Saint-Émilion und westlich von Pomerol das Recht, den Namen Saint-Émilion mit ihrem Dorfnamen zu verbinden: →Lussac, →Montagne, →Puisseguin und →Saint-Georges.
2. Synonym für →Ugni Blanc.

Saint-Estèphe AC-Rotweingebiet im nördlichen Haut-Médoc. Die guten Weine sind robust, körperreich und voll, aber mit weniger Finesse als in Margaux, Pauillac und Saint-Julien. Zu Saint-Estèphe gehören 2 Seconds Crus und je 1 Troisième Cru, Quatrième Cru und Cinquième Cru (→Médoc). Unter der einfachen AC *Saint-Estèphe* gibt es zahlreiche niedriger eingestufte Crus, die auf schwere, wuchtige Weine hinweisen.

Saint-Georges Eine der 4 Gemeinden im Norden des Kerngebietes von →Saint-Émilion, die diesen Namen ihren eigenen anfügen dürfen. Die Weine ähneln denen der Hanglagen von Saint-Émilion, ohne deren Qualität zu erreichen.

Saint-Georges-d'Orques Untergebiet der AC →Coteaux du Languedoc, in dem auf 2.200 ha Rebfläche Rot- und Roseeweine erzeugt werden. Die Herkunftsbezeichnung ist relativ neu, der Weinbau geht jedoch schon auf das Mittelalter zurück.

Saint-Joseph A.C.-Gebiet der →Côtes du Rhône, gegenüber von →Hermitage gelegen (300 ha). Es werden hauptsächlich Rotweine, aber auch Rosee- und Weißweine hergestellt. Die Rotweine stammen aus der →Syrah, sie sind gerbstoffreich, in der Jugend leicht bitter, im Alter bukettreicher.

Saint-Julien Kleiner Weinort inmitten des Haut-Médoc, der große, sehr bukettreiche Rotweine unter eigener AC erzeugt, die geschmacklich zwischen *Margaux* und *Pauillac* liegen. 5 Seconds Crus, 2 Troisièmes Crus, 4 Quatrièmes Crus (→Médoc).

Saint-Laurent, Blauer Alte französische Rotweinrebe; 1870 von Ökonomierat Bronner aus dem Elsaß nach Deutschland gebracht. Die genaue Heimat in Frankreich ist nicht feststellbar. Der Name könnte von der Gemeinde Saint-Laurent im Médoc hergeleitet sein, wahrscheinlicher ist die Beziehung zum Kalenderheiligen Sankt Laurentius (10. August), da an diesem Tag die Reife, in der Regel 10 Tage vor dem Blauen →Spätburgunder, einsetzt. Synonym: Sankt-Lorenz-Traube.
Das Blatt ist fünflappig mit behaarter Unterseite, die Traube mittel bis groß, dichtbeerig, kegelförmig mit ovalen, schwarzblauen Beeren. Die Sorte stellt mittlere Ansprüche an Lage und Boden. Bestockte Rebfläche in Deutschland: 27 ha. Die Erträge liegen mittelhoch, im Durchschnitt bei 70–80 hl/ha. Saint-Laurent ergibt tiefrote, intensivfarbige Weine mit feinem Bordeaux-Bukett.

Saint-Léonard Weinbaugemeinde im Schweizer Kanton →Wallis, aus der ein süffiger →*Fendant* stammt.

Saint-Nicolas-de-Bourgueil Nachbargemeinde von →Bourgueil in der →Touraine, die ähnliche, jedoch höher qualifizierte, kräftigere Rotweine hervorbringt.

Saint-Péray AC-Weinbaugemeinde der →Côtes du Rhône, gegenüber von Valence am rechten Rhône-Ufer gelegen. Es werden trockene Weißweine mit Veilchenaroma aus →Marsanne und →Roussanne gekeltert. Bekannter ist der *Saint-Péray Mousseux,* ein nach dem Flaschengärverfahren hergestellter goldfarbener Schaumwein.

Saint-Saphorin Weinort im Schweizer Kanton →Waadt. Region →Lavaux, aus dem ausgezeichnete trockene, helle →*Dorins* stammen.

Saint-Saturnin Kleines Untergebiet der →Coteaux du Languedoc (Rebfläche rund 750 ha), in dem aromareiche, langlebige Rotweine erzeugt werden.

Sake Aus gegorenem Reis hergestelltes weinähnliches Getränk in →Japan, das lauwarm getrunken wird.

Salice Salentino Italienischer DOC-Rotwein aus →Apulien, Provinz Lecce. Der kräftig rubinrote Wein stammt aus →Negroamaro- und →Malvasia-Reben, schmeckt trocken und geschmeidig. Auch als Roseewein gekeltert.
Für das Prädikat Riserva muß der Wein 2 Jahre, davon 1 Jahr im Holzfaß lagern. Der *Rosato* gleichen Namens wird aus den gleichen Trauben hergestellt wie der Rotwein, er schmeckt elegant und weich. Nach 1 Jahr Reife kann er die Zusatzbezeichnung Prodotto invecchiato erhalten.

Blatt vom Blauen Saint-Laurent.

Salon österreichischer Wein Seit 1988 Nachfolger der Bundesweinmesse in Krems. Ausgestellt werden die 200 besten Weine Österreichs, die bei den Landesweinprämierungen bereits hohe Bewertungen erhalten haben. Die Zahl der ausgestellten Weine wird nach der Größe der Rebfläche in den Bundesländern ermittelt. Dazu gibt es 17 Kategorien, die einerseits Rebsorten oder Gruppen von Rebsorten umfassen (zum Beispiel Weißburgunder, Chardonnay, Ruländer), andererseits Weinarten (zum Beispiel Sekt, Rosee). Aus jeder Kategorie wird ein Sieger ermittelt. Die teilnehmenden Weine erhalten ein Zusatzetikett: Salon österreichischer Wein, Mitglied der Zweihundert. Die Sieger tragen das Etikett: Salon österreichischer Wein, Österreichsieger.

Salvagnin Geschützte Bezeichnung für Rotwein aus dem Schweizer Kanton →Waadt, der aus den Sorten Blauer →Spätburgunder (Pinot Noir) und/oder →Gamay Noir hergestellt und von einer Degustationskommission kontrolliert wird. Es handelt sich um einen fruchtigen, lieblichen bis kräftigen Wein.
2. Schweizer Bezeichnung für →Gamay Noir.

Samenbruch →Oidium tuckeri.

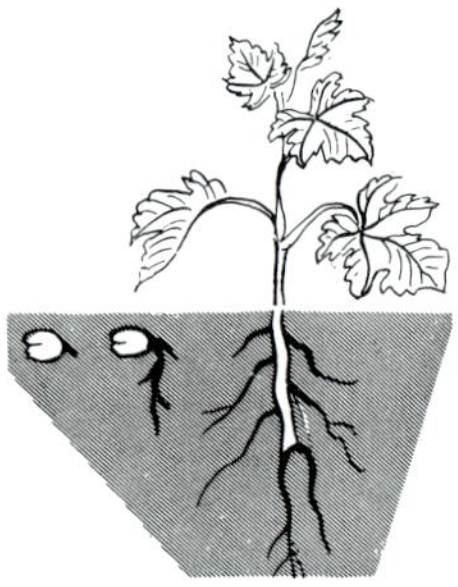

Entwicklung eines Rebsämlings.

Sämling Jungpflanze, die aus Samen gezogen wird. Da die Rebe, wenn sie durch Samen vermehrt wird, ihre Erbeigenschaften nicht beibehält, sät man im Weinbau nur bei der Züchtung von neuen Rebsorten aus. Normalerweise werden die Reben mittels →Pfropfreben, das heißt mittels Triebstücken, die Wurzeln schlagen, vermehrt (→vegetative Vermehrung).

Sämling 88 (S 88) →Synonym für Scheurebe.

Samos Griechische Insel im Ägäischen Meer, knapp vor der türkischen Küste. Ihr Name stammt wahrscheinlich vom phönizischen Wort »sama«, das Höhe bedeutet, die Bergmassive der Insel steigen bis zu 1.570 m jäh an. Aufgrund der Höhenunterschiede im Weinbaugebiet (bis 800 m) reift der Wein zu unterschiedlichen Zeiten, und die Lese zieht sich über mehrere Wochen hin. Imposante Terrassenweinberge und die Kellereien, in denen der nach der Insel benannte Nektar verarbeitet wird und heranreift, säumen die Straße von Carlovassi nach Samos. *Samos* ist einer der bekanntesten Muskat-Dessertweine der Welt. Er muß ausschließlich in dem rund 1.600 ha Rebfläche umfassenden AO-Gebiet der Insel gewachsen und aus dem weißen →Muscat Blanc hergestellt sein. Die Trauben werden nach der Lese in der Sonne angetrocknet. Nach 5 Jahren Lagerzeit in Eichenholzfässern wird der Wein auf 15% Alkohol verstärkt.

samtig Ein Attribut, das besonders →reife, füllige (→Fülle), aber dennoch →harmonische, →elegante Rotweine verdienen. Solche Rotweine zeichnen sich aus durch einen hohen Gehalt an →Extrakt- und →Farbstoffen, durch angenehm wirkende →Gerbstoffe, Farbstoffreinheit und mittleren bis eher niedrigen Säuregehalt. Während zuviel →Restsüße eher stört, steht ihnen ein höherer Alkoholgehalt gut.

Samtrot Rotweinrebe; Mutation aus der → Müllerrebe; vom Klonenzüchter Schneider aus Heilbronn im eigenen Bestand entdeckt und von A. Herold an der Weinbaulehranstalt Weinsberg weiter züchterisch bearbeitet. Der Ertrag und das Mostgewicht liegen höher als bei der Stammform Müllerrebe. Die Weine sind rubin- bis dunkelrot und, wie der Name verspricht, zart, fein, samtig und kernig im Abgang. Sie erreichen aber die Qualität des Blauen → Spätburgunders in der Regel nicht. Bestockte Rebfläche in Deutschland: 73 ha.

Sancerre AC-Gebiet von etwa 400 ha, gegenüber von →Pouilly an der Loire gelegen. Es werden in Sancerre und den umliegenden Orten vor allem bukettreiche, feine Weißweine aus →Sauvignon Blanc gekeltert, die jung getrunken werden sollten. Die Rot- und Roseeweine des Gebiets haben nur lokale Bedeutung, obwohl der Rosee zu den besten Frankreichs gehört.

San Colombano al Lambro Italienischer DOC-Rotwein aus der →Lombardei, Provinzen Mailand und Pavia. Der rubinrote Wein schmeckt trocken und voll. Er stammt vor allem aus Croatina und →Barbera sowie einer Reihe von regionalen Rebsorten.

Sand/Main Weinort im Anbaugebiet →Franken, Bereich Steigerwald. Einzellage: *Himmelsbühl.*

Sangiovese Wichtige italienische Rotweinsorte, die vor allem in der Toskana, der Emilia-Romagna, Umbrien, Latium und auf der Insel Elba angebaut wird. Sangiovese ist bis zu 70% im *Chianti* und im *Vino Nobile di Montepulciano* und zu 100% im *Brunello di Montalcino* enthalten. Synonyme: Prugnolo, Pfläumchentraube, Sangioveto.

Sangiovese dei Colli Pesaresi Italienischer DOC-Rotwein aus den →Marken. Der hellgranatrote, trockene Wein mit leicht bitterem Nachgeschmack stammt zum Großteil aus Sangiovese.

Sangiovese di Romagna Italienischer, trockener DOC-Rotwein aus der gleichnamigen Rebsorte, der um Forli, Ravenna und Bologna in der →Emilia-Romagna wächst. Er hat eine delikate Blume, die an Veilchen erinnert, ist rubinrot und weist einen leicht bitteren Nachgeschmack auf. Das Prädikat Riserva setzt eine mindestens zweijährige Lagerung voraus.

Sangioveto →Synonym für Sangiovese.

Sangria Erfrischendes spanisches Getränk, bestehend aus Rotwein und Zitrusfrüchten. Ein Zusatz von Schaumwein oder Sodawasser ist möglich.

Sankt Aldegund Weinort im Anbaugebiet →Mosel-Saar-Ruwer, Bereich Zell/Mosel. Großlage: *Grafschaft.* Einzellagen: *Himmelreich, Palmberg Terrassen, Klosterkammer.*

Sankt Gallen Schweizer Kanton mit Weinbau im Rheintal und im Sankt Galler Oberland. Der Föhn ist als »Traubenkocher« von großer Bedeutung für das Heranreifen der kernigen, süffigen Rotweine aus Blauburgunder (Blauem →Spätburgunder). Zentren sind Sargans, Berneck und Altstätten. Bei Pfäfers liegt der höchste Weinberg der Ostschweiz (720 m). In der Hauptstadt findet in jedem Jahr eine Weinmesse (OLMA) statt.

Sankt Georgen Ortsteil von Freiburg. Weinort im Anbaugebiet →Baden, Bereich Markgräflerland. Großlage: *Lorettoberg*. Einzellage: *Steinler*.

Sankt Goar Weinort im Anbaugebiet →Mittelrhein, Bereich Rheinburgengau. Großlage: *Burg Rheinfels*. Einzellagen: *Frohwingert, Ameisenberg, Kuhstall*.

Sankt Goarshausen Weinort im Anbaugebiet →Mittelrhein, Bereich Rheinburgengau, mit Ortsteilen →Ehrental, →Wellmich. Großlage: *Loreleyfelsen*. Einzellagen: *Hessern, Burg Katz, Loreley Edel*.

Sankt Johann 1. Weinort im Anbaugebiet →Rheinhessen, Bereich Bingen, Großlage: *Abtey*. Einzellagen: *Klostergarten, Steinberg, Geyersberg*.
2. →Albersweiler.

Sankt Katharinen Weinort im Anbaugebiet →Nahe, Bereich Schloß Böckelheim. Großlage: *Rosengarten*. Einzellagen: *Fels, Klostergarten, Steinkreuz*.

Sankt-Lorenz-Traube Synonym für Blauer → Saint-Laurent.

Sankt Magdalener (it. Santa Maddalena) Hervorragender italienischer DOC-Rotwein aus einem Gebiet oberhalb von →Bozen in der Region →Trentino-Südtirol. Der rubinrote, im Alter ins Ziegelrot übergehende Wein wird aus →Vernatsch erzeugt. Er hat ein charakteristisches, an Veilchen und Mandeln erinnerndes Bukett. Die Bezeichnung Classico darf er führen, wenn er aus einem gesetzlich festgelegten, engeren Bereich (4 Gemeinden) stammt.

Sankt Margarethen Weinort im österreichischen →Burgenland, Weinbaugebiet →Neusiedlersee-Hügelland mit 720 ha Rebfläche. Hauptsächlich Weißweine, etwa 15% Rotweine.

Sankt Martin Weinort im Anbaugebiet →Rheinpfalz, Bereich Südliche Weinstraße. Großlage: *Schloß Ludwigshöhe*. Einzellagen: *Kirchberg, Baron, Zitadelle*.

Sanlúcar de Barrameda Stadt in Andalusien am Atlantik und spanisches →DO-Gebiet mit etwa 300 ha Rebfläche. In ihrer Umgebung wachsen dem →Sherry verwandte Manzanillaweine in der Art reiner, weicher →Finos.

San Severo Italienischer DOC-Rot-, -Weiß- und -Roseewein aus San Severo und 7 anderen Gemeinden in →Apulien. Der *Bianco* wird aus 60% →Bombino, 60% →Trebbiano Toscano und höchstens 20% →Malvasia und Verdeca gewonnen. Er schmeckt trocken und kräftig, hat eine weiche Blume und strohgelbe Farbe. Er dient auch als Grundwein für den gleichnamigen DOC-Schaumwein. *San Severo Rosso* und *Rosato* werden aus bis 100% →Montepulciano d'Abruzzo und höchstens 30% →Sangiovese gewonnen.

Santa Maddalena → Sankt Magdalener.

Sant´Anna di Isola Capo Rizzuto Italienischer DOC-Rot- und -Roseewein aus →Kalabrien. Der leuchtend rote Wein aus 40–60% → Gaglioppo und 40–60% roten und weißen Rebsorten (der Anteil der weißen Sorten darf allerdings 35% nicht übersteigen) schmeckt leicht bitter und harzig.

Santenay AC-Weinbaugemeinde in der → Côte de Beaune in → Burgund, südlichster Ort der → Côte d'Or. Bringt größtenteils Rotweine, aber auch einige Weißweine hervor. Die Rotweine sind kräftig und gleichzeitig angenehm mild.

Santorin Griechisches AO-Gebiet und Vulkaninsel mit dem griechischen Namen Thira im Ägäischen Meer. Aus einem Verschnitt der einheimischen Rebsorten Assyrtiko und Aidani werden unter anderem sogenannte Strohweine hergestellt, das heißt, die vollreifen Trauben werden vom Stock abgeschnitten und auf Stroh gelagert, wo sie einen Schrumpfungsprozeß durchmachen und nach der Kelterung einen konzentrierten Most ergeben. Diese Dessertweine, die nur geringfügig mit Alkohol →aufgespritet werden, sind vollmundig und elegant und weisen einen dezenten Muskatton auf.

Saperawi Rotweinrebe; in der →Sowjetunion weit verbreitet. Dort liefert sie beaujolaisähnliche Weine.

Saraga Margit Synonym für → Mézes Fehér.

Sardinien Größte Insel Italiens; es gibt Weinbau bereits seit dem Altertum, als die Phönizier das Land besiedelten. Der Wein ist kräftig und ländlich wie die Küche. Zentrum des Anbaues ist die Provinz Cagliari im Süden der Insel. DOC-Weine sind: →*Arborea*, →*Cannonau di Sardegna*, →*Carignano*

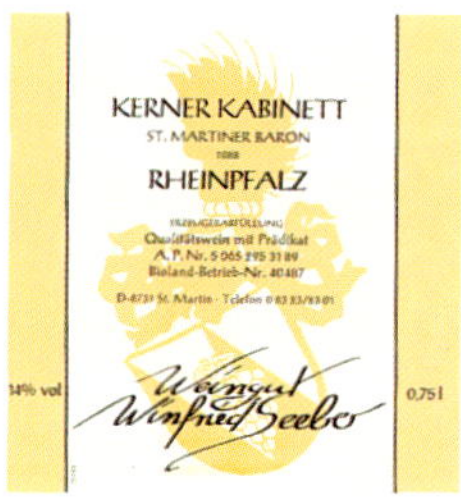

del Sulcis, →*Girò di Cagliari,* →*Malvasia di Bosa* und *di Cagliari,* →*Mandrolisai,* →*Monica di Cagliari* und *di Sardegna,* →*Moscato di Cagliari* und *di Sorso Senneri,* →*Nasco di Cagliari* →*Nuragus di Cagliari,* →*Terralba,* →*Vermentino di Gallura,* →*Vermentino di Sardegna,* →*Vernaccia di Oristano.*

Weinlandschaft an der Küste Sardiniens.

Sasbach Weinort im Anbaugebiet → Baden, Bereich Kaiserstuhl mit Ortsteilen →Jechtingen, →Leiselheim, →Obersasbach. Großlage: *Vulkanfelsen.* Einzellagen: *Scheibenbuck, Lützelberg, Rote Halde, Limburg.*

Sasbachwalden Weinort im Anbaugebiet → Baden, Bereich Ortenau. Großlage: *Schloß Rodeck.* Einzellagen: *Alde Gott, Klostergut Schelzberg.*

Satigny Größte Rebgemeinde des Schweizer Kantons →Genf mit der genossenschaftlichen Zentralkellerei Vin Union.

Satz → Depot.

sauber Bezeichnung für einen geruchlich und geschmacklich einwandfreien Wein, an dem nichts zu beanstanden, aber auch nichts zu loben ist.

sauer Eine in der →Weinfachsprache eigentlich seltene Bezeichnung. In der Umgangssprache meint man damit →säurereiche, manchmal auch →sauersüße Weine; oft werden auch →herbe Weine so genannt, da sie meist etwas säurebetont sind.

Sauerfäule → Rohfäule.

Sauerkrautton →Molketon.

sauersüß (oder **süßsauer)** Normalerweise wird der saure Geschmack eines Weines durch eine gewisse →Restsüße kompensiert. Enthält ein Wein jedoch zuviel Säure, führt auch ein erhöhter Zuckergehalt nicht zu geschmacklicher Harmonie; man nimmt in solchen Weinen den sauren und den süßen Geschmackseindruck nebeneinander wahr. Bei längerer →Flaschenreife kann die Disharmonie etwas zurückgehen.

Sauerwurm →Traubenwickler.

Saulheim Weinort im Anbaugebiet →Rheinhessen, Bereich Nierstein. Großlage: *Domherr.* Einzellagen: *Probstey, Schloßberg, Hölle, Haubenberg, Pfaffengarten, Heiligenhaus.*

Saumur Untergebiet des Weinbaugebietes →Loire in Mittelfrankreich. Unter der AC *Saumur* werden in der Umgebung der Stadt Weiß-, Rosee- und Rotweine sowie Schaum- und Perlweine gewonnen. Die Weißweine, die mehr als die Hälfte der Produktion ausmachen, stammen aus →Chenin Blanc, sind halbtrocken und werden mit dem Alter besser. Die Rosee- und Rotweine werden aus →Cabernet Franc hergestellt.

Säure Die verschiedenen Säuren zählen sowohl beim →Most als auch beim Wein zu den wesentlichsten Inhaltsstoffen. Die wichtigsten sind die →Weinsäure und die →Äpfelsäure, daneben kommen noch Zitronensäure, →Gerbsäure, Milchsäure und andere in geringen Mengen vor. Während des Wachstums der Traubenbeeren nimmt der Gehalt an Säuren zunächst zu, und zwar überwiegt die Äpfelsäure. In der Reifephase geht der Säuregehalt dann wieder langsam zurück, wobei die Apfelsäure schneller als die Weinsäure abgebaut wird. In guten Jahrgängen überwiegt deshalb die Weinsäure, in mittleren Jahrgängen ist der Gehalt an Wein- und Äpfelsäure etwa gleich. Während der →Gärung werden kleine Mengen an Bernsteinsäure und →flüchtigen Säuren gebildet, der Säuregehalt nimmt jedoch insgesamt durch das Ausfallen von →Weinstein, einem sauren Kaliumsalz der Weinsäure, ab. Die Säuremenge ist abhängig vom Jahrgang, der Traubensorte und der Lage und daher relativ großen Schwankungen unterworfen. Der Einfachheit wegen gibt man lediglich den Gehalt an Gesamtsäure oder titrierbarer Säure an. (Das Wort Säure wird daher auch meist in der Einzahl gebraucht, obwohl die Gesamtheit der

Säuren eines Mostes oder Weines gemeint ist.) Der Säuregehalt bei deutschen Weißweinen liegt im Durchschnitt etwa bei 5–10 g/l (5–10 ‰), berechnet als Weinsäure. Rotweine enthalten in der Regel weniger Säure als Weißweine. Da Frankreich und einige südeuropäische Weinbauländer die Gesamtsäure als Schwefelsäure berechnen, müssen ihre Säureangaben mit 1,53 multipliziert werden, um sie mit deutschen Werten vergleichen zu können. Bei Beerensäften berechnet man die Gesamtsäure in der Regel als Zitronensäure; die Werte müssen mit 1,17 multipliziert werden, um in Weinsäure ausgedrückt werden zu können. Moste oder Weine mit außergewöhnlich hohen Säuregehalten dürfen mit kohlesaurem Kalk entsäuert werden (→Entsäuerung).

Säureabbau, biologischer Früher konnte man sich nicht erklären, warum manche Weine, die vollkommen durchgegoren und zuckerfrei waren, im Faß oder in der Flasche noch einmal →scharf wurden. Heute weiß man, daß →Äpfelsäure durch Bakterien in Milchsäure und Kohlensäure aufgespalten werden kann. In klimatisch kühleren Weinbaugebieten, in denen säurereiche Traubenmoste anfallen, ist die bakterielle Umwandlung der zweibasischen und daher auf die menschliche Zunge sauer wirkenden Äpfelsäure in die einbasische, daher milder wirkende Milchsäure von Bedeutung. In klimatisch wärmeren Weinbauländern, in denen in der Regel säurearme Traubenmoste anfallen, betrachtet man dagegen den bakteriellen Säureabbau vielfach als unerwünscht. Auch in den kühleren Weinbauländern gibt es allerdings Jahre, in denen eine Unterdrückung des biologischen Säureabbaues angestrebt wird.

säurearm Ein Zuwenig an →Säure in einem Wein kann sowohl klimatisch als auch sortenbedingt sein. Durch Säurearmut zeichnen sich zum Beispiel Sorten wie →Traminer, →Ruländer, →Müller-Thurgau aus, während der →Riesling als ausgesprochen →säurereiche Sorte gilt. Auch durch den biologischen →Säureabbau, das heißt eine mikrobiologische Zersetzung der Äpfelsäure in →Milchsäure und Kohlensäure, kann der Säuregehalt eines Weines beträchtlich (bis zu 50%) abnehmen. Eine naturgegebene Säurearmut wirkt sich in unreifen Jahren günstiger aus als in reifen, denn bei guter Reife sind andere Inhaltsstoffe relativ gut entwickelt, und das Fehlen der nötigen Säure fällt mehr ins Gewicht. Säurearmut ist zwar nicht unbedingt als →Fehler anzusehen, aber sie kann einen Mangel darstellen, der möglicherweise – bei unsachgemäßer Behandlung im Keller – Ursache für →Fehler oder →Krankheiten wird. Säurearme Weine reifen zwar schneller, sind aus dem gleichen Grunde aber auch nicht so lange lagerfähig wie säurereiche. Rotweine sind meist säureärmer als Weißweine, durch ihren höheren Gehalt an →Farb- und →Gerbstoffen wird ihre Haltbarkeit jedoch nicht beeinträchtigt. Säurearme Weine eignen sich gut zum →Verschnitt mit säurereichen.

säurereich Weine aus unreifem Lesegut können säurereich sein, aber auch zum Beispiel die spätreife Sorte →Riesling, verursacht durch spätsommerliche und herbstliche Trockenheit. Welche Säuremengen einen Wein als säurereich qualifizieren, hängt in erheblichem Maße von der Traubensorte, aber auch von anderen Inhaltsstoffen, zum Beispiel →Zucker, →Alkohol, →Bukett- und →Extraktstoffen ab. Säurereiche Weine bedürfen zur Erreichung eines reiferen, harmonischen Geschmacksbildes einer längeren Lagerung, können aber auch in der Regel länger lagern. Säurereiche Weine haben meist mehr →Rückgrat, sie kippen nicht so schnell um wie säurearme. Im Verlauf der Lagerung wird die Säure nicht nur gemildert, sondern durch die Bildung von Estern (Verbindungen aus Säuren und Alkohol) werden neue, angenehm wirkende →Geruchs- und →Geschmacksstoffe gebildet. Säurereichtum muß daher nicht unbedingt ein Übel sein, er kann gewisse Vorteile bringen. Allzu säurereiche Moste sollte man jedoch vor dem Vergären durch →Entsäuerung auf einen für den späteren Wein optimalen Gehalt an Säure einstellen.

Sausaler Weinstraße Verbindet die Weinorte im Sausaler Weingebiet in der →Südsteiermark miteinander. Sie beginnt bei Leibnitz, führt vorbei an der Weinbauschule von Silberberg über Kitzeck, Demmer Kogel bis St. Andrä.

Sauser In manchen Gebieten übliche Bezeichnung für →Most im Stadium der stürmischen →Gärung, der zu diesem Zeitpunkt durch die Entwicklung von Gärungskohlensäure heftig braust und »saust«. Andere Ausdrücke sind: →Federweißer, Suser, Süßkrätzer, →Bitzler, Rauscher.

Sauterne Ohne Schluß-s geschrieben, bezieht sich die Bezeichnung auf Weine aus den →Vereinigten Staaten (Sweet Sauterne) und →Australien.

Sauternes Ursprünglich Name eines kleinen Dorfes am westlichen Rand des späteren, gleichnamigen, heute weltberühmten AC-Gebietes (1.400 ha Rebfläche) für natursüße Weine. Der Verschnitt besteht hauptsächlich

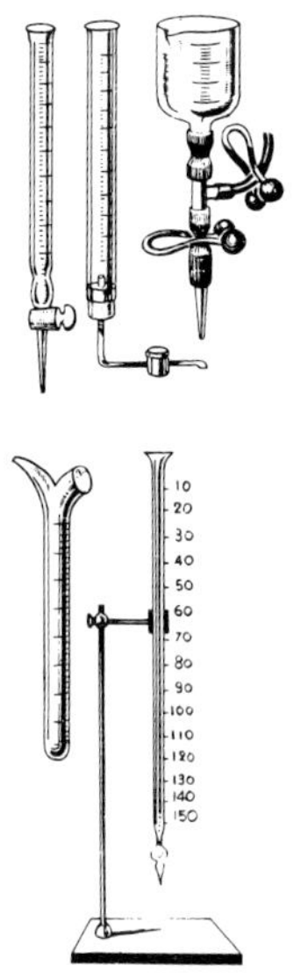

Gläserne Meßröhrchen zur Bestimmung der Gesamtsäure.

aus →Sémillon (65–95%) mit ungefähr 25–35% →Sauvignon und etwas →Muscadelle. Die Trauben werden sehr spät gelesen, nachdem die Pourriture Noble (→Botrytis cinerea) sie befallen hat. Sauterneswein ist stroh- bis goldgelb, vollmundig und edelsüß. Da er in meist neuen Eichenholzfässern ausgebaut wird, wirkt die Süße dank des hohen, dem Faß entzogenen Gerbstoffgehaltes nicht aufdringlich. Mit nur rund 30.000 hl ist die Produktion im Vergleich zu den 3 Millionen hl, die das AC-Gebiet Bordeaux auf den Markt bringt, gering. Auslesen sind eine Rarität und französische Spezialität. Château d'Yquem, als einziges mit der höchsten Prädikatsstufe Premier Grand Cru ausgezeichnet, ist das berühmteste der 1855 höchst klassifizierten Cru-Classé-Weingüter des Gebietes.

Premier Grand Cru
Château d'Yquem (Sauternes)

Premiers Crus
La Tour Blanche (Bommes)
Lafaurie-Peyraguey (Bommes)
Rayne-Vigneau (Bommes)
Suduiraut (Preignac)
Coutet (Barsac)
Climens (Barsac)
Guiraud (Sauternes)
Rieussec (Fargues)
Promis-Rabaud (Bommes)
Clos-Haut-Peyraguey (Bommes)
Sigalas-Rabaud (Bommes)

Seconds Crus
Myrat (Barsac)
Doisy (Barsac)
Peixotte (Bommes)
d`Arche (Sauternes)
Filhot (Sauternes)
Broustet (Barsac)
Caillou (Barsac)
Suau (Barsac)
de Malle (Preignac)
Romer-du-Hayot (Fargues)
Lamothe (Sauternes)
Lamothe-Guignard (Sauternes)
Nairac (Barsac)

Zur AC Sauternes gehören Sauternes, Bommes, Fargues und Preignac. Die Barsacweine dürfen entweder als AC *Barsac* oder AC *Sauternes* bezeichnet werden.

Sauvignon Blanc Wichtige, über die ganze Welt verbreitete Weißweinrebe, deren Ursprung wohl Frankreich sein dürfte, denn dort ist ihr Vorkommen durch alte Urkunden belegt. Der Anbau reicht von Chile, Argentinien, USA, Italien, Österreich, Jugoslawien bis nach Israel. Hauptanbaugebiet ist das →Bordeauxgebiet; dort liefert diese Rebsorte zusammen mit dem →Sémillon Blanc die weltberühmten Gewächse von Sauternes, Barsac und Graves. Hier wird sie häufig im Mischsatz mit Sémillon Blanc und →Muscadelle angebaut. Sie trägt kleine, dichtbeerige, zylindrische Trauben mit kleinen gelblichen Beeren, die den Weinen einen würzigen Geschmack verleihen. Die Weine haben in der Regel hohe Alkoholgehalte und sind von beachtlicher Haltbarkeit. Synonyme: Sauvignon Fumé, Blanc Fumé, Quinechon (Frankreich), Muskat-Sylvaner, Feigentraube (Österreich).

Sauvignon Fumé Synonym für →Sauvignon Blanc.

Savagnin 1. → Prie.
2. Schweizer Bezeichnung für Roter →Traminer.

Savagnin Rosé Französische Bezeichnung für Roter → Traminer.

Savatiano Griechische Weißweinrebe, die in erster Linie in Attika angebaut wird. Sie liefert dort kernige, säurehaltige Weißweine.

Savennières Kleines Dorf in den →Coteaux de la Loire mit eigener AC. Meist trockene, doch weiche, delikate Weißweine mit dem Duft von Lindenblüten. Die besten Lagen sind *Coulée de Serrant* und *La Roche aux Moines*.

Savièse Weinort im Schweizer Kanton →Wallis, wo ein ausgezeichneter →*Fendant* hergestellt wird.

Savigny-lès-Beaune (auch **Savigny**) AC-Gebiet und Kleinstadt in der →Côte de Beaune in →Burgund. Die Rotweine sind frisch, zart und fruchtig. Die besten Lagen werden als Premier Cru in Zusammenhang mit dem Namen *Savigny* auf dem Etikett genannt.

Savoyen Französisches Weinbaugebiet am Südufer des Genfer Sees am Fuß des Gebirges gelegen. Weiße Rebsorten sind Altesse und Jacquère, Savoyer Spezialitäten, und →Chardonnay und Aligoté. Die Rotweine werden aus →Gamay Noir, Pinot Noir (Blauem →Spätburgunder) und örtlichen Sorten gekeltert. Sie sind gegenüber den Weißweinen in der Minderheit. AC-Bezeichnungen sind →*Crépy*, →*Roussette de Savoie*, →*Seyssel* und *Vin de Savoie*.

Savuto Italienische DOC-Rotweine aus →Kalabrien, Provinzen Catanzaro und Cosenza. Der rubinrote bis rosafarbene, markante Wein wird zu 35–45% aus →Gaglioppo hergestellt, der Rest ist ein Verschnitt aus 5–7 Rebsorten.

Scatovavřinecké Tschechische Bezeichnung für →Saint-Laurent.

Schädlinge der Rebe Außer der →Reblaus greifen Maikäfer-Engerlinge, Rüsselkäferlarven, Drahtwürmer und Nematoden die Wurzeln an. Letztere haben als Überträger von →Viruskrankheiten eine zusätzliche Schadwirkung. Oberirdisch wirken der →Traubenwickler (Heu- oder Sauerwurm), verschiedene Milbenarten (→Spinnmilben, →Blattgallmilben, →Kräuselmilben) und einige Käferarten, die Blätter, Trauben und Triebspitzen befallen und ansaugen. Durch Zusatz von Insektiziden sind die Insekten zu bekämpfen, doch muß man darauf achten, daß Honigmilben keinen Schaden nehmen. Die Abwehr von →Vögeln und Wild ist schwierig, weil Schutz und Abschreckung teuer sind und Naturschutzgesetze beachtet werden müssen.

Schaffhausen Nördlichster Schweizer Kanton mit ausgedehntem Weinbau im Klettgau (größtes geschlossenes Rebareal der Ostschweiz), Oberklettgau, am Rhein und im Hegau (450 ha). Produziert werden hauptsächlich Rotweine aus Blauburgunder (Blauer →Spätburgunder), in zunehmendem Maße auch Weißweine aus →Müller-Thurgau (hier Riesling x Sylvaner genannt).

Schafhausen Ortsteil von Alzey. Weinort im Anbaugebiet →Rheinhessen, Bereich Wonnegau. Großlage: *Sybillenstein*. Einzellage: *Pfaffenhalde*.

Schafis (frz. Chavanne) Weinort im Schweizer Kanton →Bern, wo leichte Weiß- und kräftige Rotweine erzeugt werden.

Schäftersheim Ortsteil von Weikersheim. Weinort im Anbaugebiet →Württemberg, Bereich Kocher-Jagst-Tauber. Großlage: *Tauberberg*. Einzellage: *Klosterberg*.

schal Bezeichnung für einen →leeren, →matten Wein ohne →Frische. Kann als Folge des natürlichen →Alterns, besonders bei →kleinen Weinen auftreten, aber auch durch unsachgemäßen Ausbau bedingt sein (→Luftgeschmack).

Schallbach Weinort im Anbaugebiet →Baden, Bereich Markgräflerland, Großlage: *Vogtei Rötteln*. Einzellage: *Sonnhohle*.

Schallstadt Weinort im Anbaugebiet →Baden, Bereich Markgräflerland, mit Ortsteilen →Ebringen, →Mengen, Wolfenweiler. Großlage: *Lorettoberg*. Einzellagen: *Batzenberg, Dürrenberg*.

Netze schützen die reifen Trauben vor Vogelfraß.

scharf Bezeichnung für einen Wein, dessen Gehalt an →Kohlensäure so hoch liegt, daß diese aufdringlich im Geschmacksbild hervortritt und die Zunge unangenehm »beizt«. Meistens versteht man darunter Weine, die auf der Flasche noch einmal in →Nachgärung geraten sind oder infolge eines verspäteten biologischen →Säureabbaues noch einmal Kohlensäure entwickeln. Auch beim Auftreten eines →Essig- oder →Milchsäurestiches spricht man bisweilen von einer Bakterienschärfe. Ein durch →Hefen oder →Bakterien verursachtes Scharfwerden des Weines ist meist verbunden mit einem hefigen Ton oder anderen unangenehmen Geschmacksveränderungen.

Scharzhofberg Ortsteil von Wiltingen und Lage im Anbaugebiet →Mosel-Saar-Ruwer, Bereich Saar-Ruwer. Großlage: *Scharzberg*. Der Wein erscheint ohne Nennung eines Ortsnamens als *Scharzhofberger* auf dem Markt.

Schaumkrone Kreis der Sektperlen, der sich am Glasrand bildet; auch Schaumkränzchen genannt.

Schaumwein Im Gegensatz zu →Stillwein das durch erste oder zweite alkoholische Gärung aus →Traubenmost, →Tafelwein oder →Qualitätswein gewonnene Erzeugnis, das in geschlossenen Behältnissen bei 20°C durch Kohlensäure einen Überdruck von mindestens 3 atü aufweist. 1 hl Most setzt etwa 40 hl (rund 8 kg) gärungseigenes Kohlensäuregas frei. Der Schaumwein kann auf dreierlei verschiedene Weise seinen vorgeschriebenen Kohlensäuredruck erhalten:

1. Vergärung des Mostes in geschlossenen Behältern zu Schaumwein. Bei diesem ältesten Verfahren entsteht (ohne Zuckerzusatz) Wein zugleich als Schaumwein: es gibt nur eine erste (und einzige) Gärung.
2. Vergärung des (fertigen) Weines durch Zusatz von Zucker und Hefe zu Schaumwein. Diese zweite Gärung kann in der Flasche oder in Großbehältern erfolgen.
3. Keine Vergärung, sondern Zusatz von Kohlensäure (→Imprägnierung).

Zu den Herstellungsverfahren →Abstimmung, →Dosage, →Enthefen, →Flaschengärverfahren, →Rütteln, →Rüttelpult; →Flasche, →Korken, →Schaumweinglas.

Schaumwein wird in zahlreichen Weinbauländern hergestellt:

Deutschland: Das deutsche Weingesetz hat auch für die Schaumweinbereitung klare Begriffe zu schaffen versucht. Analog zu den stillen Weinen hat es ursprünglich 3 Güteklassen gegeben: 1. Schaumwein; 2. Qualitätsschaumwein oder Sekt; 3. Prädikatssekt. Ein Urteil des Europäischen Gerichtshofes vom 20. Februar 1975 besagt jedoch, daß der Name »Sekt« nicht nur deutschen Produkten vorbehalten ist, sondern auch von nichtdeutschen geführt werden darf. Die Bezeichnung Prädikatssekt ist seit 1976 verboten. Die neuen Güteklassen und ihre Bestimmungen lauten wie folgt:

Spitzkelch für Schaumwein

Deutscher Schaumwein muß mindestens 3 atü Druck aufweisen. Wenn die Kohlensäure künstlich zugegeben wurde, muß dies deklariert werden. (Künstlich imprägnierte Schaumweine spielen in der deutschen Erzeugung jedoch kaum noch eine Rolle.)

Deutscher Qualitätsschaumwein oder Sekt muß mindestens 9 Monate gelagert haben und nach behördlicher Qualitätsprüfung eine amtliche Prüfnummer tragen.

Deutscher Qualitätsschaumwein b.A. muß zu 100% aus Wein eines der 13 deutschen Weinanbaugebiete hergestellt sein. Qualitätsschaumwein darf auf dem Etikett Hinweise auf Rebsorte, Jahrgang und/oder Herkunft bei einem jeweiligen Mindestanteil von 75% tragen. Hinweise auf Flaschengärung nur nach sechsmonatiger Lagerung auf der Hefe. Die Angabe des Gärverfahrens ist vom Gesetz her nicht vorgeschrieben, da der Einfluß eines bestimmten Gärverfahrens auf die Qualität des Endproduktes nicht nachzuweisen ist.

Schaumweinschale

Das Wort Schaumwein hat vor 200 Jahren Johann Gottfried Herder 1779 als einfache Übersetzung des französischen Vin mousseux geschaffen.

Daß dieses doch sehr treffende Wort nie volkstümlich geworden ist, mag zu einem guten Teil daran liegen, daß es auch für schäumende Erzeugnisse aus anderen Früchten (→schaumweinähnliche Getränke) gebraucht wird. Dieser Tatsache verdankt zweifellos der Name *Sekt* den uneingeschränkten Erfolg, den er bereits lange vor dem Versailler Vertrag über die alte Gattungsbezeichnung *Champagner* erzielt hatte.

Frankreich: Nur der Schaumwein aus einem bestimmten Gebiet darf sich →*Champagner* nennen. Schaumweine aus anderen Weinbaugebieten heißen →*Vin mousseux* oder *Mousseux* (zum Beispiel Burgund, Loiregebiet) oder *Crémant* (zum Beispiel im Elsaß).

Italien: In vielen Gebieten Italiens werden Schaumweine erzeugt, der bekannteste ist der →*Asti Spumante*.

schaumweinähnliche Getränke Nach § 1 des Schaumweinsteuer-Gesetzes sind es:
1. alkohol- und kohlensäurehaltige, aus Obst- und Fruchtwein hergestellte Getränke,
2. sonstige alkohol- und kohlensäurehaltige Getränke, die nach Aussehen oder Geschmack als Ersatz für Schaumwein dienen können, sofern sie in geschlossenen Behältnissen bei + 20°C einen Kohlensäuredruck von mindestens 3 atü aufweisen und beim Öffnen des Behältnisses durch Entweichen von Kohlendioxid gekennzeichnet sind.

Diese »schaumweinähnlichen Getränke« (die also zum Beispiel auch aus weinähnlichen Getränken, aus Honig oder Malzauszügen oder aus Mischungen von Obstwein und anderen Stoffen hergestellt sein können) werden in der Bundesrepublik Deutschland mit DM -,40 je Flasche besteuert (Schaumwein mit DM 2,00 je 0,75-l-Flasche). Da sie wegen ihrer Flaschenausstattung mit echtem Schaumwein verwechselt werden können, sind sie für diese eine echte Konkurrenz. Jährlich werden in Deutschland 15 Millionen Flaschen »schaumweinähnliche Getränke« hergestellt.

Schaumweingläser Es gibt zwei Grundformen: den Spitzkelch, Sektkelch (frz. la flûte), der das Hinaufperlen der Kohlensäure schön zeigt und die Schale (frz. la coupe, it. la tazza), die die Kohlensäure weniger sichtbar entweichen läßt. In die Spitzkelche werden bei der Herstellung →Moussierpunkte eingeschliffen, winzige Rauhstellen, die die Kohlensäure veranlassen, sich immer an der gleichen Stelle zu lösen und emporzusteigen. Einige meinen, die Schaumweinschale sei unvorteilhaft, denn sie kann wegen ihrer Weite den Schaum nicht halten, sie ist zu flach, um das Spiel der Perlen zu zeigen, und das Bukett verfliegt durch die weite Öffnung. Das Trinken aus der Schale bereitet andererseits denjenigen Genuß, die gegen den Durst trinken und nicht nur am Sektglas nippen wollen, als hätten sie eine

Beerenauslese im Glas. Der *Asti Spumante* verträgt auf jeden Fall wegen seines starken Muskatellerbuketts und -geschmacks die Schale. Früher gab es Flötengläser, die so klein waren, daß sie nur einen Schluck faßten. Es gab dadurch niemals warmen Sekt, sondern nach einem Schluck goß der Diener, der hinter jedem Gast stand, aus der eisgekühlten Flasche nach. Sektgläser sollen nur mit klarem Leitungswasser, aber nicht mit wasserentspannenden Mitteln gespült werden, weil dadurch das Perlen des Schaumweins im Glas verhindert wird (→Weinglas).

Schaumweinkorken (Sektkorken, -stopfen) Natur-Schaumweinkorken sind vor dem Gebrauch 55 mm lang und haben einen Durchmesser von 32,5 mm (das ist der doppelte Durchmesser des Flaschenhalses). Sie werden beim Verkorken zusammengepreßt und mit der Hälfte ihrer Länge in den Flaschenhals getrieben. Die andere Hälfte deckt als breiter Korkhelm den Flaschenhals oben ab. Es gibt verschiedene Ausführungen: ganze Stücke Korkeichenrinde; zwei zusammengesetzte Stücke; ein Oberteil mit unten aufgeklebten Korkscheiben und zusammengeleimtes Korkmehl mit einer Korkscheibe darunter, um Wein und Leim nicht in Berührung zu bringen. Heute hat sich in Deutschland der Polyäthylen-Stopfen – weil billiger, praktischer und frei von Korkgeschmack – durchgesetzt. Man kann ihn in den Hals der angebrochenen Flasche eindrehen und die Flasche aufrecht stehend im Kühlschrank aufbewahren. Der Kohlensäuredruck fällt dank der Kälte kaum ab.

Schaumweinverbrauch in Deutschland Im Jahre 1990 wurden in Deutschland, auf Normalflaschen (0,75 l) umgerechnet, 470 Millionen Flaschen schäumender Wein abgesetzt. Rund 22 Millionen Flaschen gingen in den Export; 69 Millionen Flaschen ausländischer Schaumwein wurden nach Deutschland importiert. Die Bundesrepublik und Frankreich machen sich in der Erzeugung den ersten Platz in der Welt streitig. Im Verbrauch liegt Deutschland an der Spitze.

Scheitern → Tresterkuchen.

Schelingen Ortsteil von Vogtsburg im Kaiserstuhl. Weinort im Anbaugebiet →Baden, Bereich Kaiserstuhl. Großlage: *Vulkanfelsen.* Einzellage: *Kirchberg.*

Scherzingen Ortsteil von Ehrenkirchen. Weinort im Anbaugebiet →Baden, Bereich Markgräflerland. Großlage: *Lorettoberg.* Einzellage: *Batzenberg.*

Scheurebe Weißweinrebe; Neuzüchtung der Landesanstalt für Rebenzüchtung, Alzey, durch Georg Scheu im Jahre 1962, der die Kreuzung Silvaner x Riesling durchgeführt, den Sämling S8 ausgelesen und züchterisch weiterbearbeitet hat. Zuchtnummer Az S8, Sortenschutz besteht seit 1956. Der Name geht auf den Züchter zurück. Das Blatt ist mittelgroß, meistens stark fünffach gelappt, Traube mittelgroß, dichtbeerig mit grüngelben, runden Beeren, das Holz hellbraun mit grauem Belag, gut ausreifend, daher ausreichende Winterfestigkeit. Der Wuchs ist sehr stark. Die Reife erfolgt mittelspät. Die Rebe stellt mittlere Ansprüche an die Lage, gedeiht auch auf Chlorose-Böden. Bestockte Rebfläche in Deutschland: 4.159 ha. Scheurebeweine sind körperreich, fruchtig, rassig mit einem Aroma, das an schwarze Johannisbeeren oder Holunderblüten erinnert. Nur von ungünstigen Standorten und bei ungenügender Reife geraten die Weine sehr aufdringlich und wenig fein.

Scheuren → Unkel.

Schiava Italienische Bezeichnung für Blauer → Trollinger.

Schiavone Italienische Bezeichnung für Blauer →Trollinger.

Schierstein Ortsteil von Wiesbaden. Weinort im Anbaugebiet →Rheingau, Bereich Johannisberg. Großlage: *Steinmächer.* Einzellagen: *Dachsberg, Hölle.*

Schilcher Roseewein, hergestellt aus dem Blauen →Wildbacher, einer nur in der →Steiermark wachsenden Lokalsorte.

Schilchertraube Synonym für Blauer →Wildbacher.

Schilcher-Weinstraße Verbindet in der →Steiermark, Weinbaugebiet →Weststeiermark, Krottendorf über Stainz mit Eibiswald. Schöne alte Bauernhäuser.

Schillerwein In Deutschland bezeichnet man damit einen ausschließlich im Anbaugebiet →Württemberg hergestellten →Rotling, der mindestens als →Qualitätswein b.A. eingestuft wurde. Ob der Name vom schwäbischen Dichter Friedrich von Schiller oder von »schillern«, der Farbe dieses Weines, herrührt, ist nicht bekannt. In der Schweiz nennt man einen hellroten Wein, der aus roten und weißen Trauben vom gleichen Weinberg gekeltert wurde, ebenfalls Schiller oder Schillerwein (→Roseeweine).

Schimmelgeschmack Dumpfer, →muffiger, im Extremfall sogar brennend scharfer Fehlton im Wein, der besonders im Geschmack unangenehm in Erscheinung tritt. Als Hauptursachen gelten verschimmelte Holzfässer oder anderes, durch Schimmelpilze (insbesondere Penicillium expansum) befallenes Kellergerät. Bei Berührung wird der eigenartige Fremdton auf den Most oder Wein übertragen. Auch bei Flaschenweinen tritt unter Umständen ein Schimmelgeschmack auf, wenn diese mit schlechten, porösen Korken verschlossen wurden, durch die – besonders bei Lagerung in einem feuchten – Schimmelpilze hindurchwachsen.
Schimmelgeschmack hat nichts mit →Korkgeschmack zu tun. Er kann allerdings auch Weinen aus verschimmelten Trauben anhaften. Tritt dies während eines Jahres besonders häufig auf, spricht man von einem →Jahrgangston. Durch sachgemäßes →Schönen kann dieser typische →Geschmacksfehler weitgehend beseitigt werden.

Schimsheim Ortsteil von Armsheim. Weinort im Anbaugebiet →Rheinhessen, Bereich Bingen. Großlage: *Adelberg*. Einzellagen: *Geiersberg, Leckerberg*.

Schlagerrebe Österreichische Rotweinrebe; Neuzüchtung der Landesobst- und Weinbauschule der Steiermark, Silberberg; Kreuzung aus Portugieser x Färbertraube.

Schlatt Ortsteil von Bad Krozingen. Weinort im Anbaugebiet →Baden, Bereich Markgräflerland. Großlage: *Lorettoberg*. Einzellagen: *Maltesergarten, Steingrüble*.

Schlegelflasche → Flaschen.

Schleich Weinort im Anbaugebiet → Mosel-Saar-Ruwer, Bereich Bernkastel. Großlage: *St. Michael*. Einzellagen: *Sonnenberg, Klosterberg*.

Schleimigwerden → Lindwerden.

Schliengen Weinbaugemeinde im Anbaugebiet →Baden, Bereich Markgräflerland, mit den Ortsteilen →Liel, →Mauchen, →Niedereggenen, →Obereggenen. Großlage: *Burg Neuenfels*. Einzellage: *Sonnenstück*.

Schloß Böckelheim Bereich des bestimmten Anbaugebietes →Nahe.

Schloßböckelheim Weinort im Anbaugebiet →Nahe, Bereich Schloß Böckelheim. Großlage: *Burgweg*. Einzellagen: *Kupfergrube, Felsenberg, Mühlberg, In den Felsen, Heimberg, Königsfels*.

Schloß Johannisberg → Johannisberg (3).

Schloß Reinhartshausen →Reinhartshausen.

Schloß Vollrads → Vollrads.

Schluchtern Ortsteil von Leingarten. Weinort im Anbaugebiet →Württemberg, Bereich Württembergisch Unterland. Großlage: *Heuchelberg*. Einzellagen: *Leiersberg, Grafenberg*.

Schmachtenberg Ortsteil von Zeil. Weinort im Anbaugebiet →Franken. Bereich Steigerwald. Großlage: *Kapellenberg*. Einzellage: *Eulengrund*.

Schmeckende Österreichische Bezeichnung für Gelber → Muskateller.

Schmidhofen Ortsteil von Heitersheim. Weinort im Anbaugebiet →Baden, Bereich Markgräflerland. Großlage: *Lorettoberg*. Einzellage: *Maltesergarten*.

Schmiegertraube Synonym für Gelber →Furmint.

Schmieheim Ortsteil von Kippenheim. Weinort im Anbaugebiet →Baden, Bereich Breisgau. Großlage: *Schutterlindenberg*. Einzellage: *Kirchberg*.

Schnait Ortsteil von Weinstadt. Weinort im Anbaugebiet →Württemberg, Bereich Remstal-Stuttgart. Großlagen: *Sonnenbühl, Wartbühl*. Einzellagen: *Burghalde, Altenberg, Sonnenberg*.

schnapsig Bezeichnung für Weine, bei denen der Alkoholgehalt zu hoch ist und geschmacklich in unangenehmer Weise hervortritt.

Schneckenpresse → Keltern.

Schnepfenbach Ortsteil von Dettelbach. Weinort im Anbaugebiet →Franken, Bereich Maindreieck. Großlage: *Honigberg*. Einzellage: *Sonnenleite*.

Schoden Weinort im Anbaugebiet →Mosel-Saar-Ruwer, Bereich Saar-Ruwer. Großlage: *Scharzberg*. Einzellagen: *Saarfeilser Marienberg, Herrenberg, Geisberg*.

Schönberg 1. Ortsteil von Bensheim. Weinort im Anbaugebiet →Hessische Bergstraße, Bereich Umstadt. Großlage: *Rott*. Einzellage: *Herrnwingert*.
2. Niederösterreichischer Weinort, Weinbaugebiet →Kamptal-Donauland, mit 475 ha Rebfläche, aus dem ein spritziger Grüner →Veltli-

ner stammt. Bekannteste Riede ist der *Kalvarienberg.*

Schönburger Neuzüchtung des Instituts für Rebenzüchtung der Fachhochschule Geisenheim aus der Kreuzung Spätburgunder x IP 1 (Chasselas Rosa x Muskat Hamburg), Zuchtnummer Gm 15–114. Der Name ist nach der Schönburg bei Oberwesel/Rhein gewählt. Bringt mittelgroße Trauben mit rosa gefärbten, kräftig nach Muskat schmeckenden Beeren; hat mittelstarken Wuchs und gehört in windgeschützte Lagen. Die Sorte ist auch zum Anbau als Tafeltraube geeignet. Anbaufläche in Deutschland: 63 ha.

Schöneberg Weinort im Anbaugebiet →Nahe, Bereich Kreuznach. Großlage: *Pfarrgarten.* Einzellagen: *Schäfersley, Sonnenberg.*

Schönedel Bezeichnung für Weißer →Gutedel in Sachsen.

Schönung (auch **Schönen**) →Klärung der Weine durch Zugabe von Stoffen, die entweder durch Oberflächenanziehung die Trübungsteilchen niederreißen oder mit Weininhaltsstoffen reagieren. Die dabei entstehenden Flocken hüllen die Trubpartikel ein und nehmen sie mit zu Boden. Durch einen →Abstich werden die Weine vom Schönungstrub getrennt. Die Klärmittel beschränkten sich früher, das heißt vor 1920, vor allem auf die →Hausenblase beim Weißwein und auf Eiweiß von Hühnereiern und →Gelatine beim Rotwein. Spanische Erde wurde bei schleimigen Weinen und bei Südweinen verwendet, →Kohle diente damals schon wie auch heute noch zur Verfeinerung der Weine in Geruch und Geschmack. Heute beseitigt man die Ursachen einer möglichen späteren Trübung durch vorbeugende Ausfällung mit Hilfe der unten genannten Mittel. Diese Umstellung ermöglicht es, den Wein schon sehr frühzeitig auf den Markt zu bringen, wogegen er früher seine Flaschenreife erst nach mehreren Jahren erreichte. Es gibt also drei Gründe für die Weinschönung:
1. Die geruch- und geschmackliche Verfeinerung der Weine, zum Beispiel durch Gelatine, Kohle und Hefe. 2. Vorbeugung von Trübungen des Weines in der Flasche durch eine →Bentonit- und →Blauschönung. 3. Klärschönung zur Steigerung der Filterleistung mittels →Kieselsol oder →Gelatine. Die Behandlungsverfahren, die Höchstmengen und die Reinheitsanforderungen an die Behandlungsmittel (Schönungsmittel) sind im Weingesetz geregelt. Die eingesetzten Schönungsmittel werden nach 8–10 Tagen vollständig aus dem Wein entfernt.

Schoppen Altes deutsches und schweizerisches Flüssigkeitsmaß, das in Deutschland je nach Weinbaugegend 0,5 oder 0,4 l beträgt und in der Gastronomie – besonders beim Weinausschank – auch heute noch Verwendung findet. Während man in der Rheinpfalz häufig noch »ganze« Schoppen (0,5 l) ausschenkt, trinkt man zum Beispiel im Rheingau fast ausnahmslos »halbe« Schoppen (0,2 l), die im → Römer serviert werden. In Württemberg, Baden und Franken faßt der Römer 0,25 l und wird als »Viertel« bezeichnet. In der Schweiz ist ein Schoppen 0,375 l.

Schorle Mischgetränk aus Weißwein und Mineralwasser, das besonders in heißen Jahreszeiten wegen seiner erfrischenden, durstlöschenden Art sehr beliebt ist. Wird auch als Gespritzter oder Schorlemorle bezeichnet.

Schorndorf Weinort im Anbaugebiet →Württemberg, Bereich Remstal-Stuttgart. Großlage: *Kopf.* Einzellage: *Grafenberg.*

Schornsheim Weinort im Anbaugebiet →Rheinhessen, Bereich Nierstein. Großlage: *Domherr.* Einzellagen: *Mönchspfad, Ritterberg, Sonnenberg.*

Schozach Ortsteil von Ilsfeld. Weinort im Anbaugebiet →Württemberg, Bereich Württembergisch Unterland. Großlage: *Kirchenweinberg.* Einzellagen: *Roter Berg, Schelmenklinge.*

Schrattenberg Niederösterreichischer Weinort im Weinbaugebiet →Weinviertel mit 500 ha Rebfläche, auf der etwa zur Hälfte Rotweinreben (Blauer →Portugieser, →Zweigelt) angebaut werden. Aus dem Weißwein wird häufig Sekt hergestellt.

Schrattenthal Niederösterreichischer Weinbauort, die kleinste Weinstadt Österreichs, im Weinbaugebiet →Weinviertel mit etwa 445 ha Rebfläche, auf denen Weiß- und Rotweinreben angebaut werden.

Schriesheim Weinort im Anbaugebiet →Baden, Bereich Badische Bergstraße/Kraichgau. Großlage: *Rittersberg.* Einzellagen: *Staudenberg, Kuhberg, Madonnenberg, Schloßberg.*

Schulpforta Ehemaliges Zisterzienserkloster im Anbaugebiet →Saale-Unstrut mit der Lage *Koppelberg.*

Schützen a.G. Weinort im österreichischen →Burgenland, Weinbaugebiet →Neusiedlersee-Hügelland mit 650 ha Rebfläche. Harmonische Weißweine.

Das Schönungsmittel wird eingearbeitet. Um 1529.

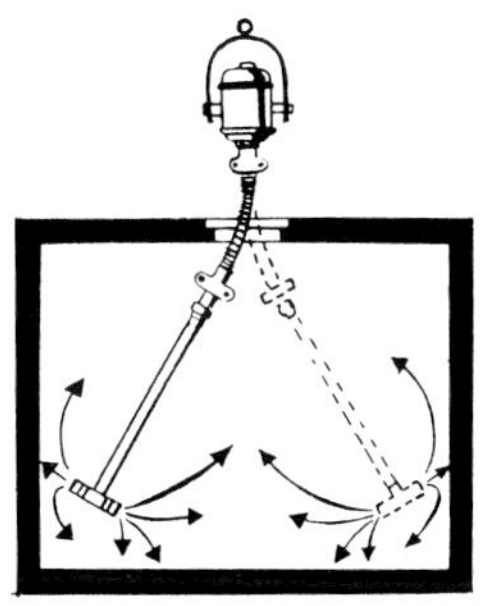
Mischgerät zur Schönung von Wein.

Tragbares Gerät zum Verstäuben von Schwefel im Weinberg.

Schützingen Ortsteil von Illingen. Weinort im Anbaugebiet →Württemberg, Bereich Württembergisch Unterland. Großlage: *Stromberg*. Einzellage: *Heiligenberg*.

Schwabbach Ortsteil von Bretzfeld. Weinort im Anbaugebiet →Württemberg, Bereich Württembergisch Unterland. Großlage: *Lindelberg*. Einzellage: *Himmelreich*.

Schwabenheim Weinort im Anbaugebiet →Rheinhessen, Bereich Bingen. Großlage: *Kaiserpfalz*. Einzellagen: *Sonnenberg, Schloßberg, Klostergarten*.

Schwäbische Weinstraße Bezeichnung für die Neckartalstraße, die zwar nicht ausgeschildert ist, aber durch reizvolle Württemberger Weinorte führt.

Schwaigern Weinort im Anbaugebiet →Württemberg, Bereich Württembergisch Unterland, mit Ortsteilen →Niederhofen, →Stetten. Großlage: *Heuchelberg*. Einzellagen: *Grafenberg, Ruthe, Sonnenberg*.

Schwanz (auch **Schweif)** Bezeichnung für die Nachhaltigkeit eines Weines; der Geschmack hält nach dem Hinunterschlucken noch an. Gegenteil: →kurz.

Schwarze Mädchentraube → Leányka.

Schwarzer Bruch → Bruch.

Schwarzflecken-Krankheit (Phomopsis viticola). In Amerika, Südafrika und Frankreich seit langem bekannte →Pilzkrankheit, die in den 60er Jahren erstmals in der Pfalz und etwas später in den übrigen deutschsprachigen Weinbaugebieten festgestellt wurde. Sie zeigt sich hauptsächlich bei der →Müller-Thurgau-Rebe durch schwarzbraune bis tiefschwarze, rundliche Pusteln an den einjährigen →Trieben. Im Winter breiten sich diese Punkte aus; der Pilz wächst in den Holzkörper ein, der dann morsch wird und abstirbt. Eine Bekämpfung des wuchernden Pilzmyzels ist mit →Fungiziden nur möglich, bevor dieses in das Holz eingedrungen ist.

Schwarzlorbeer-Traube Synonym für → Mavrodaphne.

Schwarzriesling In Württemberg und Nordbaden Bezeichnung für die →Müllerrebe.

Schwarztraube →Canaiolo Nero.

Schwefel Da er zum Aufbau von Aminosäuren, Proteinen und Enzymen dient, ist er für →Stoffwechsel und Reifeverlauf der Pflanze von Bedeutung. Pflanzen können ihn in der Form des Sulfat-Ions SO_4 aufnehmen, das von verschiedenen im Boden vorhandenen Schwefelverbindungen durch Verrottung oder mikrobiologische Umsetzung abgegeben wird. In sehr industriereichen Ländern, vor allem in Mitteleuropa, ist die Luft mit dem Anhydrid der schwefligen Säure (SO_2) angereichert, so daß mit dem Regen größere Mengen Schwefel in den Boden gelangen. Außerdem wird der →Oidium-Pilz mit elementarem Schwefel bekämpft, was auch zu seiner Anreicherung auf Blatt und Boden führt. Somit besteht im Gegensatz zu anderen Ländern und Kontinenten im mitteleuropäischen Weinbau kein Bedarf an Schwefeldüngung.

Schwefelblume Weine, die zu stark geschwefelt wurden, können sich durch einen stechenden Geruch bemerkbar machen, der andere flüchtige →Aromastoffe überdeckt. Dieser →Fehler, der fast nur von geübten »Weinnasen« erkannt wird, ist heute äußerst selten, da für die Schwefelung gesetzliche Höchstmengen vorgeschrieben sind, die streng überwacht werden (→Schwefeln).

Schwefeldioxid →Schwefeln.

Schwefeln Spricht man in der Kellerwirtschaft von Schwefel, meint man damit automatisch schweflige Säure (H_2SO_3) oder deren Anhydrid, Schwefeldioxid (SO_2). Letzteres wird durch Aufnahme von Wasser in schweflige Säuren umgewandelt ($SO_2 + H_2O \rightarrow H_2SO_3$), weshalb der Unterschied praktisch nicht ins Gewicht fällt. Der Zusatz von schwefliger Säure (nicht zu verwechseln mit Schwefelsäure) zu Most, Maische oder Wein, kurz Schwefeln genannt, ist nach Cato, Plutarch und Hippokrates schon seit der Antike bekannt. Er dient dazu, den Most und Wein gesund, frisch und hellfarben zu erhalten. Ungeschwefelte Weine schmecken kratzig und rauh, werden bald schal und matt, verfärben sich rasch, →altern sehr schnell (→Oxidation) und sind für den Genuß nicht geeignet. Der Gehalt an schwefliger Säure im Wein ist nach internationalen Bestimmungen geregelt und darf die zulässigen Höchstmengen nicht übersteigen. In diesen minimalen Konzentrationen ist sie geschmacklich nicht wahrnehmbar und gesundheitlich unbedenklich. Bei der →amtlichen Prüfung müssen die Gehalte an SO_2 für jede einzelne Füllung der zuständigen Behörde, die stichprobenweise Kontrollen durchführt, vorgelegt werden. Wegen ihrer schimmelabtötenden (fungiziden) Wirkung verwendet man schweflige Säure auch zum »Einbrennen« leerer

Holzfässer, um diese hygienisch sauber zu halten (→Naßkonservierung, →Trockenkonservierung, →Einbrand). Die in Deutschland angewandten Mengen sind den EG-Werten angepaßt und liegen so niedrig, daß sie geschmacklich nicht wahrnehmbar sind und keinerlei Wirkung auf den menschlichen Organismus ausüben. Bei der →amtlichen Prüfung müssen die Schwefeldioxid-Werte jeder einzelnen Probe angegeben werden.

Maximal zulässige Schwefelmenge (SO_2 in mg/l) im Wein

	freie SO_2 BRD	Gesamte SO_2 in der BRD und in der EG	
		bis 5g/l Restsüße	mehr als 5g/l Restsüße
Tafelwein Qualitätswein Q.m.P.-Kabinett Q.m.P.-Rotwein	(50)	160	210
Q.m.P.-Weißwein/ Rosee	(50)	210	260
Spätlese	(50)	300	300
Auslese	(60)	350	350
Beeren-/Trockenbeerenauslesen	(75)	400	400
Diabetikerwein	40	150	—

schwefelfreier Wein Einen solchen Wein gibt es nicht, denn jeder Wein enthält als Nebenprodukt der Gärung 15–30 mg/l Schwefeldioxid. Schwefelarme Weine werden vom Konsumenten abgelehnt, da sie nach längerem Lagern deutliche Geschmacksveränderungen aufweisen. Diese Weine sind leicht verderblich. Der Hinweis »ohne Zusatz von Schwefel« ist nur auf dem Rückenetikett erlaubt. Das Interesse an dieser Art von Weinen hat in den letzten Jahren wieder nachgelassen, nachdem erwiesen war, daß die gesetzlich erlaubte Schwefelung keinerlei gesundheitliche Folgen nach sich zieht. Hinzu kommt, daß jeder Mensch mit der täglichen Nahrung wesentlich mehr Schwefel zu sich nimmt als mit einer Flasche Wein.

Schwefelwasserstoffböckser →Böckser, →Geruchsfehler, → Geschmacksfehler.

schweflige Säure → Schwefeln.

Schwegenheim Weinort im Anbaugebiet →Rheinpfalz, Bereich Südliche Weinstraße. Großlage: *Trappenberg*. Einzellage: *Bründelsberg*.

Schweich Weinort im Anbaugebiet →Mosel-Saar-Ruwer, Bereich Bernkastel. Großlage: *Probstberg*. Einzellagen: *Herrenberg, Annaberg, Burgmauer*.

Schweif →Schwanz.

Schweigen-Rechtenbach Doppelgemeinde im Anbaugebiet →Rheinpfalz, Bereich Südliche Weinstraße. Großlage: *Guttenberg*. Einzellage: *Sonnenberg*. Ältester, sehr weitläufiger Weinlehrpfad am Deutschen Weintor.

Schweighofen Weinort im Anbaugebiet →Rheinpfalz, Bereich Südliche Weinstraße. Großlage: *Guttenberg*. Einzellage: *Wolfsberg*.

Schweinfurt Weinort im Anbaugebiet →Franken. Bereich Maindreieck. Einzellagen: *Peterstirn, Mainleite*.

Schweiz 14.750 ha Rebfläche: 1,2 Millionen hl Wein, davon 12.000 hl Export; Import 1,9 Millionen hl Wein; 7.000 dz Tafeltrauben: jährlicher Pro-Kopf-Verbrauch 48 l.
Die zum Großteil überwältigend schön gelegenen Weinbaugebiete sind über das ganze Land verteilt und klettern in Visperterminen (Wallis) auf 1.200 m über NN (Heidenwein, →Paien). Der Schweizer Weinbau wurde bereits unter Karl dem Großen gefördert, ging aber als Folge des zunehmenden Handels mit südlichen Ländern zurück. Vor dem Einschleppen der Reblaus und von Krankheiten der Rebe aus Amerika hatte er 1877 immerhin noch eine Ausdehnung von 32.900 ha. 1955 waren es nur noch 11.300 ha; heute besteht wieder Ausdehnungstendenz. Bei hohem Pro-Kopf-Verbrauch muß beinahe das Doppelte der eigenen Ernte zusätzlich eingeführt werden.

Im Weinstatut (18.12.1958 und 23.12.1971) und der Eidgenössischen Lebensmittelverordnung 1936 mit verschiedenen, den EG-Verordnungen angepaßten Ergänzungen sind die weingesetzlichen Bestimmungen verankert. Die Rebanbauzone ist auf die klimatisch geeigneten Flächen begrenzt. Empfohlene und zugelassene Rebsorten sind unter den Europäerreben: →Gutedel (Chasselas, Fendant im Wallis, Dorin in der Waadt; etwa 60% der Anbaufläche) ergibt leichte, spritzige bis kräftige, alkohol- und körperreiche Spitzenweine; Blauer →Spätburgunder (Pinot Noir, Clevner; Anbaufläche rund 30%), der Weintyp wechselt je nach Produktionszone von frischem, fruchtigem zu kraftvollem, warmem Rotwein; →Müller-Thurgau (Riesling x Sylvaner; etwa 3%, im Ausdehnen begriffen), die Weißweinsorte der Ostschweiz (hier 17% der Fläche), ergibt elegante, frische, blumige Weine mit zartem Muskatgeschmack; →Räuschling (Zürichrebe, Thuner Rebe), alte einheimische Rebsorte vom Zürichsee und Limmattal; ihr Anbau ist rückläufig.

Zur Weinbereitung örtlich zugelassen sind aus Amerika eingeführte reblausresistente Sorten

(Americani) wie Isabella, Noah, Clinton. Sie werden hauptsächlich im Tessin angebaut und für die Bereitung von alkoholfreiem Traubensaft verwendet. Der Wein ist von geringer Qualität mit oft eigenartigem →Fuchstongeschmack, im Volksmund »Chatzedräckeler« genannt. Direktträger (P.D., Producteurs directs), Ertrags-Hybriden meist französischen Ursprungs mit Namen ihrer Züchter (Seyve-Villard, Seibel, Landot, Kühlmann), dienen meist der Bereitung alkoholfreien Traubensaftes.

Die Herkünfte werden nach den Kantonen benannt, wobei die größtenteils französischsprachige Westschweiz (11.200 ha) mit den Kantonen →Wallis/Valais (5.100 ha), Waadt/Vaud (3.660 ha), →Genf (1.470 ha), →Neuenburg/Neuchâtel (600 ha), →Freiburg/Fribourg (100 ha) und Bern (240 ha) den Hauptanteil hat. In der Ostschweiz mit 2.280 ha werden in den Kantonen →Zürich, →Schaffhausen, →Thurgau, →Sankt Gallen, →Aargau und →Graubünden, vereinzelt auch in →Basel, →Schwyz und Luzern und in der Südschweiz (1.240 ha) im →Tessin zu 80% Rotwein angebaut. Weiterhin gibt es geschützte Wortmarken für Weine aus bestimmten Kantonen und Rebsorten; für sie gelten überdurchschnittliche Qualitätsanforderungen, wie zum Beispiel im Wallis →*Dôle* und →*Fendant*, in der Waadt →*Dorin*, →*Terravin* und →*Salvagnin* und im Tessin →*Merlot VITI*. Im allgemeinen ist der Wein um so kostbarer, je enger sein Ursprung beschrieben ist, zum Beispiel könnte ein Wein mit der Gebietsbezeichnung *Lavaux* (Waadt) ein Gemisch aus Weinen der gleichen Sorte des ganzen Gebietes sein, während es sich bei einem *Lavaux Dézaley Clos des Abbayes* (Gebiet, Lage, Weingut) um die Erzeugerabfüllung einer Einzellage handelt.

Ein Verzeichnis der zugelassenen Weinbergslagennamen wie in Deutschland gibt es noch nicht. Für Ostschweizer Produzentenweine ist in der deutschsprachigen Schweiz das Schutzzeichen →Attestierter Winzer-Wy als Qualitätsgarantie geschaffen worden. Im Jahre 1948 wurde für qualitativ hochstehende Merlotweine die Schutzmarke →VITI herausgebracht, die amtlicherseits für einwandfreie Qualität garantiert. Auf den Etiketten findet man noch Bezeichnungen wie →*Süßdruck (Süßabdruck, Rosé)* →*Oeil de Perdrix* (Rebhuhnauge), →*Schiller*

oder *Schillerwein*. Phantasiennamen (Markenweine) dürfen nur zusammen mit der Rebsorte verwendet werden (→Tafelwein). Wein, der einen Restzuckergehalt von mehr als 4 g/l hat, muß auf dem Etikett durch den Zusatz »leicht süß« oder »mit Restzucker« ausgewiesen werden. Als »natürlich süßer Luxuswein« (muß nicht auf dem Etikett stehen!) werden nicht →angereicherte Weine mit Restsüße bezeichnet. Die Qualitätshinweise →Auslese, →Spätlese und →Beerenauslese, wobei die Spätlesen höher als die Auslesen bewertet werden, sind nicht gesetzlich geschützt, entsprechen aber überlieferter Qualitätsnomenklatur. Weinmessen werden abgehalten in Genf (Arche de Noé), Zürich (Expovina), Lausanne (Comptoir suisse) und Sankt Gallen (OLMA), Weinversteigerungen in Lausanne, Payerne, Aigle, Lutry, Villeneuve, alle im Kanton Waadt, sowie in Cressier und Hôpital de Pourtalès bei Neuchâtel.

Schweppenhausen Weinort im Anbaugebiet → Nahe, Bereich Kreuznach, Großlage: *Schloßkapelle*. Einzellagen: *Steyerberg, Schloßgarten*.

schwer Bezeichnung für alkoholreiche Weine mit viel →Extrakt, meist auf Südweine zutreffend.

Schwund Lagert Wein in einem Holzfaß, gehen durch Verdunstung kleine Mengen verloren. Das Ausmaß dieses Schwundes (früher auch »Schwandung« genannt) hängt ab von der Art des Faßholzes, der Dicke der Dauben, der Faßgröße, der Feuchtigkeit und der Temperatur im Keller. Je dünner die Faßdauben, je kleiner die Fässer und je trockener und wärmer die Keller sind, desto größer ist der prozentuale Schwund. Insgesamt rechnet man mit einem jährlichen Gesamtverlust von etwa 35%, wobei Jungweine infolge des Entweichens von →Kohlensäure zunächst einen größeren Schwund haben als Weine nach dem →Abstich. Bei Metall-, Beton- oder Kunststofftanks ist der Verlust, bedingt durch die bessere Dichtigkeit der Materialien, entsprechend geringer. Der durch den Schwund freiwerdende Hohlraum muß immer wieder aufgefüllt werden, da sonst die Gefahr des Kahmigwerdens (→Kahmgeschmack) und der Bildung eines →Essigstiches oder →Luftgeschmackes besteht. Als Beifüllwein nimmt man zweckmäßigerweise den gleichen oder aber einen ähnlichen Wein, wobei dann jedoch die Verschnittregelungen berücksichtigt werden müssen (→Verschnitt).

Schwyz Schweizer Kanton mit 12 ha Rebfläche an der Leutschen.

Sciacchetrá →Cinque Terre.

sec (frz.) →trocken oder dry; Geschmacksbezeichnung, die auch im deutschen Sprachraum für Schaumwein mit 17–35 g/l →Abstimmung verwendet wird.

secco (it.) →trocken.

Seefeld-Kadolz Niederösterreichischer Weinort, Weinbaugebiet →Weinviertel, mit etwa 160 ha Rebfläche; hauptsächlich Grüner →Veltliner. Zu Ostern Tag der offenen Kellertür mit Weinverkostung, im September Weinlesefest.

Seefelden Ortsteil von Buggingen. Weinort im Anbaugebiet →Baden, Bereich Markgräflerland. Großlage: *Lorettoberg*. Einzellage: *Maltesergarten*.

Seeheim Weinort im Anbaugebiet →Hessische Bergstraße, Bereich Starkenburg. Einzellage: *Mundklingen*.

Seelenachse →Korkenzieher.

Seeweine In Deutschland die Weine des →Bodensees, in Österreich Wein aus den Orten am →Neusiedlersee in der Sprache der Einheimischen.

Hinweisschild an der Seewinkel-Weinstraße.

Seewinkel-Weinstraße Ausgangspunkt dieser österreichischen Weinstraße ist Neusiedl; sie führt über Podersdorf, Illmitz, Apetlon, Pamhagen, Andau, Gols in einem Rundkurs nach Neusiedl zurück.

Segnitz Weinort im Anbaugebiet →Franken. Bereich Maindreieck. Großlage: *Hofrat*. Einzellagen: *Zobelsberg, Pfaffensteig*.

Sehl Ortsteil von Cochem. Weinort im Anbaugebiet →Mosel-Saar-Ruwer, Bereich Zell/Mosel. Großlage: *Goldbäumchen*. Einzellagen: *Hochlay, Klostergarten, Sonnenberg, Bischofstuhl*.

Sehlem Weinort im Anbaugebiet →Mosel-Saar-Ruwer, Bereich Bernkastel. Großlage: *Michelsberg*. Einzellage: *Rotlay*.

Sehndorf Ortsteil von Perl. Weinort im Anbaugebiet →Mosel-Saar-Ruwer, Bereich Moseltor. Großlage: *Schloß Bübinger*. Einzellagen: *Klosterberg, Marienberg*.

Seidentraube, Gelbe Weiße Tafeltraube von sehr früher Reife. Mittelgroße, lockerbeerige Trauben mit gelblichen Beeren von aromatischem, süßem Geschmack. Synonyme: Frühe Leipziger, Weiße Zibebe.

Seidentraube, Grüne Weiße Tafeltraube von sehr früher Reife; die Trauben sind mittelgroß und lockerbeerig, aber sehr fäulnisanfällig, die Beeren grünlich. Der Geschmack ist saftig und süß.
Synonym: Luglienca Bianca.

Seilzug Maschinen-Geräte-Kombination, die in Steillagen zur Bodenbearbeitung eingesetzt wird. Sie besteht aus einer Winde, die über die Zapfwelle einer Zugmaschine angetrieben wird und aus dem 6–8 mm starken Drahtseil, an dem ein →Sitzpflug durch die Weinbergsgasse gezogen wird. Die Arbeit mit dem Seilzug erfordert den Einsatz von mindestens 2 Arbeitskräften und ermöglicht nur die →Bodenbearbeitung und – in behelfsmäßiger Form – eine mechanische Düngung und →Herbizid-Anwendung. Ein Mann zieht den Pflug leer die Gasse hinunter und läßt sich dann, den Pflug lenkend, mit der Seilwinde hochziehen. Dieses Arbeitsverfahren kommt aus wirtschaftlichen Gründen nur für Steillagen in Frage und wird in Hang- und Flachlagen durch den →Direktzug ersetzt. Da aus den Steillagen die wertvollsten Weine stammen, ist der höhere Arbeitseinsatz gerechtfertigt.

Seinsheim Weinort im Anbaugebiet →Franken, Bereich Steigerwald. Großlage: *Frankenberger Schloßstück*. Einzellage: *Hohenbühl*.

Seitz-Böhi-Verfahren Kohlensäuredruckeinlagerung von →Süßreserve. Durch Imprägnierung mit Kohlensäure wird die Vermehrung der Hefen verhindert und eine →Nachgärung vermieden.

Sekt Bezeichnung für deutschen Qualitätsschaumwein (→Schaumwein, →Sack).

Sekt-Fizz Schaumwein-Mischgetränk. Man gibt in einen Sektkelch ein wenig Eis, füllt ihn zur Hälfte mit schwarzem Johannisbeersaft, gießt eiskalten Sekt darauf und legt eine dünne Zitronenscheibe hinein.

Sekt-Flip Schaumwein-Mischgetränk, bei dem der Saft einer halben Apfelsine, ein Eigelb, ein Teelöffel Zucker und drei Spritzer Curaçao Triple Sec im Mischbecher gut auf Eis geschüttelt werden. Die Mischung wird mit eisgekühltem Sekt aufgefüllt.

Sektgläser →Schaumweingläser.

Sektkühler Gefäß, in das die Sektflasche nach dem Öffnen in eisgekühltes Wasser gestellt wird, um die Serviertemperatur zu halten. Zu kühler Sekt zeigt ein »eingefrorenes Bukett« und mundet nicht mehr.

Sektzange Nußknackerähnliches Gerät zum Lockern von Sektpfropfen, die zu fest in der Mündung stecken.

Selbstmarkter Winzer, der seinen Wein selbst an den Endverbraucher verkauft. Die Zahl steigt in Deutschland ständig.

Selektion →Klonenselektion, →Rebenselektion.

Selzen Weinort im Anbaugebiet →Rheinhessen, Bereich Nierstein. Großlage: *Gutes Domtal*. Einzellagen: *Rheinpforte, Gottesgarten, Osterberg*.

Zum Bild rechts: Sémillon-Trauben.

Sémillon Blanc Wichtige alte, auf der gesamten Welt verbreitete Weißweinrebe; der Name soll von Saint-Émilion abgeleitet sein. Die Rebsorte wird in Argentinien, USA, Australien, Südafrika, Israel, Sowjetunion und Türkei angebaut. Von besonderer Bedeutung ist jedoch der Anbau im Bordeauxgebiet; dort liefert sie zusammen mit →Sauvignon Blanc die →*Sauternes*- und →*Barsac*-Weine. Die Sorte bringt zylindrisch geformte, mittelgroße Trauben mit goldgelben, im reifen Zustand auch rötlich gefärbten, nach Muskat schmeckenden Beeren hervor, die sehr oft von Edelfäule (→Botrytis cinerea) befallen werden.

Senhals Ortsteil von Senheim. Weinort im Anbaugebiet →Mosel-Saar-Ruwer, Bereich Zell/Mosel. Großlagen: *Goldbäumchen, Grafschaft*. Einzellagen: *Rüberberger Domherrenberg, Römerberg*.

Senheim Weinort im Anbaugebiet →Mosel-Saar-Ruwer, Bereich Zell/Mosel, mit Ortsteil →Senhals. Großlage: *Rosenhang*. Einzellagen: *Wahrsager, Bienengarten, Vogteiberg, Rosenberg*.

Senkspindel →Aräometer, →Mostwaage.

Sensorik (sensus lat. Sinn, Wahrnehmung), auch sensorische Probe oder →Sinnenprüfung;

in der Weinfachsprache gleichbedeutend mit →Weinkostprobe, Weinkost, Organoleptik, →Degustation oder einfach nur Verkostung, Probe.

Separieren Entfernen von Trubteilchen in einem Wein mittels Klärschleuder. Ein Separator (Klärschleuder) ist ein sehr schnell rotierendes, zylindrisches Gefäß, in dem durch die Zentrifugalkraft feste Stoffe und Flüssigkeiten von unterschiedlicher Dichte (Most beziehungsweise Wein von Hefen oder →Schönungstrubteilchen) getrennt werden. Die in der Kellerwirtschaft üblichen Separatoren arbeiten im Durchfluß. Das Klärgut fließt in einem ununterbrochenen Strom durch das rotierende Gerät, während ständig die Trubteilchen als fester Kuchen in der Schlammkammer des Separators abgeschieden werden. Die Schleudern werden besonders zum Klären von Mosten oder stark hefetrüber Jungweine eingesetzt. Ferner dienen sie dazu, den im Schönungstrub enthaltenen Wein zurückzugewinnen (→Klärung).

Septimer Weißweinrebe; Neuzüchtung der Landesanstalt für Rebenzüchtung, Alzey; 1927 von Georg Scheu aus der Kreuzung Gewürztraminer x Müller-Thurgau geschaffen; Zuchtnummer Az 3 952; 1971 in die Sortenliste eingetragen.
Der Name ist dem Lateinischen entnommen; er bedeutet »Siebenter«. Die Rebsorte ist wuchskräftig, dichtlaubig und bringt kleine Trauben mit rosa bis rot gefärbten, mit intensivem Bukett versehene Beeren; die Erträge schwanken um 60–70 hl/ha, die Mostgewichte liegen 10–15° Oe über, die Säurewerte etwa 3 ‰ unter denen des →Müller-Thurgau. Die Weine zeigen ein dem →Traminer ähnliches Bukett; sie sind im ganzen gesehen aufgrund der niedrigen Säuregehalte mild und weich. Die Nachteile liegen in relativ niedriger Ertragsleistung und geringer Frostfestigkeit. Bestockte Rebfläche in Deutschland: 24 ha.

Serbien Republik im Osten Jugoslawiens, mit den autonomen Gebieten →Kosovo und Woiwodina. Auf ausgedehnten Weinplantagen werden herbe, stoffige Rotweine verschiedener Rebsorten produziert. Der rote bodenständige →Prokupac wird meistens von Privatwinzern angebaut, während die Genossenschaften für Exportzwecke französische Rotweinsorten wie Burgundac (Blauer →Spätburgunder), →Merlot, →Cabernet Franc und →Gamay Noir den Vorzug geben. Die Woiwodina ist ein Weißweingebiet. Rebfläche etwa 130.000 ha.

Sercial →Madeira.

Serrig Weinort im Anbaugebiet →Mosel-Saar-Ruwer, Bereich Saar-Ruwer. Großlage: *Scharzberg*. Einzellagen: *König Johann Berg, Antoniusberg, Schloß Saarsteiner, Schloß Saarfelser Schloßberg, Kupp, Vogelsang, Heiligenborn, Hoeppslei, Würtzberg, Herrenberg.*

Servieren von Wein Um einen guten Wein richtig zur Geltung zu bringen, sollte man einige Regeln beachten:
1. Die richtige Temperatur (→Temperatur).
2. Das Glas muß zum Wein passen (→Weinglas, →Probierglas).
3. Der Wein muß zum Essen passen (→Speisen und Wein).
4. Zum Öffnen der Flasche muß ein geeignetes Gerät vorhanden sein (→Korkenzieher).
5. Nach Entfernen der →Kapsel und vor dem Öffnen wird der Flaschenhals mit einem sauberen Tuch abgewischt, dann erst der Korken gezogen. Zuerst gießt der Gastgeber sich selbst einen Schluck ein, um sich vom einwandfreien Zustand und der richtigen Temperatur des Weines zu überzeugen. Dann gießt er rechtsherum, den Damen zuerst, ein. Die Gläser werden nie ganz gefüllt (Rotweingläser noch weniger als Weißweingläser), damit sich die Duft- und Bukettstoffe im oberen Teil des Glases sammeln können. Wenn möglich, nach jeder Weinsorte das Glas wechseln.

Setúbal Industriestadt südwestlich von →Lissabon und →Região Demarcada, in der der →*Moscatel de Setúbal*, ein feiner alkoholreicher Muskateller, hergestellt und mit Garantiesiegel in den Handel gebracht wird.

Seußlitz Weinort im Anbaugebiet →Elbe mit der Lage *Heinrichsburg.*

Sevène Synonym für →Syrah.

Sexau Weinort im Anbaugebiet →Baden, Bereich Breisgau. Großlage: *Burg Zähringen.* Einzellage: *Sonnhalde.*

Seyssel AC-Gebiet in →Savoyen, im Rhônetal östlich von Lyon. Es wird ein heller, frischer, leichter Weißwein aus der Roussette (→Roussanne) erzeugt. Der Schaumwein ist einer der besten Frankreichs, er wird aus Molette und Chasselas mit mindestens 10% →Roussette hergestellt.

Seyval Blanc Weißweinrebe, französische →Hybride; wird in England angebaut, reift mittelfrüh.

Seyve Villard Weißweinrebe; amerikanische →Hybride, die im Osten der USA und in

England angebaut wird und gute, säurearme Weine liefert.

Sfursat (oder **Sforzato**) →Valtellina.

Sherry Wein aus dem heutigen DO-Gebiet Jerez (17.500 ha) wurde von den Engländern in Abwandlung des Ortsnamens Sherry genannt. Es waren auch die Engländer, die ihm zu Weltruf verhalfen. Sherry ist ein auf 16 bis 22 Vol.-% Alkohol →aufgespriteter Wein, der hauptsächlich als →Aperitif getrunken wird. Seinen herben, leicht bitteren Geschmack und die feine, nach Nüssen duftende Blume erhält er durch längere Lagerung bei hohen Temperaturen im drei Viertel vollen Faß. Die spezielle →Flor-Sherryhefe bedeckt beim *Fino* die Weinoberfläche wie ein weißes Tuch und beschleunigt den Alterungsvorgang. Als Rebsorten dienen hauptsächlich Palomino und Pedro Ximénez. Die Böden sind mittel bis sehr kalkhaltig.

Sherry-Faßprobe mit Flor im linken Glas; davor liegend der silberne Heber, Venencia genannt.

Die meisten Sherrys werden im sogenannten →Solera-System ausgebaut. Die Faßreihen liegen bis fünf Stock hoch übereinander, und der zur Flaschenfüllung ausgereifte Wein wird der untersten Reihe entnommen, und zwar zu einem Drittel des Faßinhaltes. Zur Wiederauffüllung wird Wein aus der jeweils darüberliegenden Reihe verwendet, Jungwein wird nur der obersten Faßreihe zugegossen. Es gibt daher keine Jahrgangsbezeichnungen bei den im Soleraverfahren hergestellten Weinen. Man unterscheidet folgende Sherrytypen:
Fino – trocken, von heller fahlgoldener Farbe und feinem delikaten Geschmack; der wertvollste Sherry.
Manzanilla – weicher, geschmeidiger *Fino*.
Amontillado – älterer Fino, doch kerniger und kräftiger, trocken, Haselnußaroma.
Oloroso (auch *Amoroso*) – körperreich, wuchtig, schwer, dunkelbraun, oft mit ausgeprägtem Nußaroma; ohne Florhefe gereift.
Abocado – halbsüßer *Oloroso*.
Cortado – zwischen *Amontillado* und *Oloroso*.
Cream Sherry und *Old Brown Sherry (East India Sherry)* – süß bis sehr süß; sind eher als →Dessertweine anzusehen.

Shipo Synonym für Gelber →Furmint.

Shiraz (Schiraz) Synonym für →Syrah, vor allem in Australien und Südafrika gebräuchlich.

Sickershausen Ortsteil von Kitzingen. Weinort im Anbaugebiet →Franken, Bereich Steigerwald. Großlage: *Schloßberg*. Einzellage: *Storchenbrünnle*.

Siders (frz. Sierre) Weinort im Schweizer Kanton →Wallis, in dessen Umgebung aus Pinot Gris (→Ruländer) ein hervorragender →Malvoisie erzeugt wird.

Siebeldingen Weinort im Anbaugebiet →Rheinpfalz, Bereich Südliche Weinstraße. Großlage: *Königsgarten*. Einzellagen: *Mönchspfad, Im Sonnenschein, Rosenberg*.

Siebenbürgen (Transsilvanien) Hochebene im Zentrum →Rumäniens, zwischen den Ost- und Südkarpaten gelegen, auch die »Schweiz des Balkans« genannt, da Deutsche (seit 1145), Rumänen und Ungarn hier jahrhundertelang friedlich nebeneinander lebten. Das von Flüssen stark aufgegliederte Hügelland weist ideale Standortbedinungen für die Rebe auf. Vermutlich ist hier auch die Urheimat des →Silvaners zu suchen, der zusammen mit Feteascǎ Albǎ (→Mädchentraube), Feteascǎ Regalǎ (→Königsast), Pinot Gris (→Ruländer), →Muskat-Ottonel, Riesling Italian (→Welschriesling), Pinot Noir (→Spätburgunder) und →Traminer angebaut wird. Auf dem westeuropäischen Markt werden trockene bis halbsüße Weißweine von vollmundiger Art mit ausgeprägter Säure (Mosel Rumäniens) mit deutschen Herkunftsbezeichnungen verkauft. Der früher vor allem von der deutschsprachigen Bevölkerung nach dem Vorbild der Moselwinzer (Urheimat der Siebenbürgen Sachsen) gepflegte individuelle Kleinausbau der Weine im eigenen Winzerkeller mußte den unter staatlicher oder genossenschaftlicher Regie stehenden Großkellereien weichen. Siebenbürgen wird weinbaulich in folgende Untergebiete aufgeteilt:

Großwardein (Oradea) im Nordwesten Siebenbürgens. Staatliche Kellerei im Barockschloß Oradea.
Bistritz (Bistriţa) mit Heidendorf (Beşineu), Lechnitz (Lechinţa), Teckendorf (Teacă) und Mettersdorf (Dumitra).
Karlsburg (Alba Iulia) mit Kellerei und Anbaugemeinden in Großpold (Apoldul des Sus), Weingartskirchen (Vingard).
Kokeltal (Târnave) mit Großkellereien in Mediasch (Mediaş), Frauendorf (Axente Sever) und Seiden (Jidvei) und einer Forschungsstation in Blasendorf (Blaj).

Siebeneich Ortsteil von Bretzfeld. Weinort im Anbaugebiet →Württemberg, Bereich Württembergisch Unterland. Großlage: *Lindelberg*. Einzellage: *Himmelreich*.

Siebengebirge Bereich des bestimmten Anbaugebietes →Mittelrhein.

Sietersheim Weinort im Anbaugebiet →Rheinhessen, Bereich Bingen. Großlage: *Rheingrafenstein*. Einzellagen: *Heerkretz, Goldenes Horn, Höllberg, Martinsberg*.

Siegendorf Weinort im österreichischen →Burgenland, Weinbaugebiet →Neusiedlersee-Hügelland. Rebfläche: 165 ha. Hauptsächlich Rotweine.

Siegerrebe Weißweinrebe; Neuzüchtung der Landesanstalt für Rebenzüchtung, Alzey; 1929 von Georg Scheu gekreuzt aus Madeleine Angevine x Gewürztraminer; Zuchtnummer Az 7 957; Sortenschutz seit 1958. Der Name soll auf einen spontanen Ausruf von Teilnehmern an einer Neuzüchtungsprobe zurückgehen, bei der Wein dieser Zuchtnummer als »Sieger« bezeichnet wurde. Die Rebsorte ist mittel bis stark wüchsig, hat mittelgroße, gelappte Blätter mit großen Mittellappen und trägt lockerbeerige, mittelgroße Trauben mit rosafarbenen bis roten Beeren von ausgesprochen starkem Sortenbukett. Die Ansprüche an die Lage sind gering; windige, kühlere Lagen sind ungünstig, da die Rebsorte blüteempfindlich ist; die Ansprüche an den Boden sind ebenfalls nicht sehr hoch. Sie bevorzugt aufgrund der Chloroseanfälligkeit kalkfreie, durchlässigere Böden. Die Vorteile dieser Sorte liegen in der außergewöhnlich frühen Reife und in der Fähigkeit, hohe Mostgewichte zu bringen. Nachteile sind ihre Neigung zum Verrieseln, der geringe Ertrag und die durch die frühe Reife bedingte Anfälligkeit für Wespen- und Vogelfraß. Die Weine haben viel Extrakt, ein traminerähnliches, mitunter etwas aufdringliches Bukett, sie werden nicht nur selbständig ausgebaut, sondern in erster Linie zum →Verschnitt bukettarmer Weine verwandt. Bestockte Rebfläche in Deutschland: 236 ha.

Siegfriedrebe Weißweinrebe; interspezifische Kreuzung (→Aris) aus Riesling x VI 5 861 (Selbstung aus Oberlin 595-Fl) der Bundesforschungsanstalt für Rebenzüchtung, Geilweilerhof. Anbau nur für den Export zugelassen. Bestockte Rebfläche in Deutschland: 5 ha.

Sierra Foothills Kleines Weinbaugebiet im Nordosten →Kaliforniens, östlich von Sacramento. Rebfläche: rund 1.000 ha. Es werden vor allem Weine aus →Zinfandel und →Sauvignon hergestellt. Im Jahre 1983 wurden 3 →AVAs anerkannt. (*California Shenandoah Valley, El Dorado, Fiddletown*).

Sifone Italienisches Synonym für →Mistella.

Siglingen Ortsteil von Neudenau. Weinort im Anbaugebiet →Württemberg, Bereich Kocher-Jagst-Tauber. Großlage: *Kocherberg*. Einzellage: *Hofberg*.

Sillery Weinort in der →Champagne, dessen Gewächse für die Champagnerbereitung als Grands Crus eingestuft sind, das heißt mit 100% bewertet werden.

Silvain Vert Französische Bezeichnung für Grüner → Silvaner.

Silvanai Zeleni (jug.) Grüner →Silvaner.

Silvaner, Blauer Mutante des Grünen →Silvaners.

Silvaner, Grüner Weißweinrebe; stammt wahrscheinlich von der kaukasischen Wildrebe (Vitis Vinifera ssp. Caucasica V.) ab. Die Heimat wird mit einiger Wahrscheinlichkeit in Transsilvanien (→Siebenbürgen) vermutet. In Niederösterreich seit 800 Jahren bekannt; wanderte von dort donauaufwärts nach Deutschland und verdrängte hier vor allem den Weißen →Elbling. Der Name kommt von Transsilvanien beziehungsweise von Silvanus, dem römischen Gott des Waldes. Zahlreiche Synonyme: Franken, Österreicher, Frankenriesling (Deutschland); Silvania, Sylvana Bianca (Italien); Grüner Zierfandl, Fliegentraubl (Österreich); Johannisberg, Gros Rhin, Plant du Rhin (Schweiz); Silvain Vert, Gentil Vert, Gamay Blanc (Frankreich); Lynifal, Zeleny Morawka (Tschechoslowakei); Silvanai Zeleni, Zelena Smedmogradka (Jugoslawien); Zöldszilváni (Ungarn).
Das Blatt ist mittelgroß, fast rund, meist

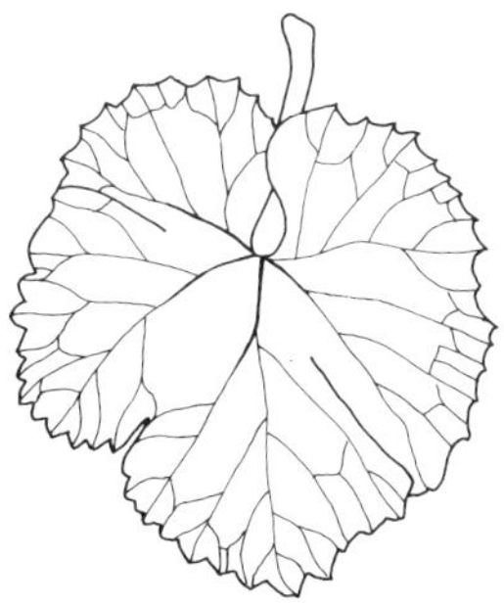

Blatt vom Grünen Silvaner.

dreilappig, das Holz hellbraun, dunkel gestreift, schlecht ausreifend. Die Trauben sind mittelgroß, walzenartig, dichtbeerig, Beeren mittelgroß, normalerweise rund, bei Überreife grün bis gelbgrün. Der Wuchs ist mittelstark, die Reife erfolgt mittelspät. Die Sorte bevorzugt mittlere Lagen und ist anspruchslos gegenüber Böden, sofern diese nicht zu skelettreich und zu trocken sind. Beste Eignung für tiefgründige Muschelkalkböden. Der Grüne Silvaner ist mit einer bestockten Rebfläche in Deutschland von 7.562 ha auf die 3. Stelle im Rebsortiment zurückgefallen, nachdem er 1964 noch an 1. Stelle stand.
Er liefert ertragstreue, mittlere bis hohe Ernten von über 100 hl/ha mit etwas geringeren Mostgewichten als →Müller-Thurgau; die Säuregehalte schwanken um 6–9 ‰. Die Weine sind normalerweise neutral, harmonisch abgerundet und feinfruchtig; in großen Jahren und besten Standorten entstehen volle, harmonische Weine mit dezentem, zartem Bukett; als Verschnittwein sehr gut geeignet.

Silvaner, Weißer Synonym für Weißer →Elbling.

Silvania Italienische Bezeichnung für Grüner →Silvaner.

Silvesterwein Am 31. Dezember gelesener →Eiswein (→Nikolauswein).

Singen Weinbaugemeinde im Anbaugebiet →Baden, Bereich Bodensee. Großlage: *Sonnenufer*. Einzellagen: *Elisabethenberg, Olgaberg*.

Sinnenprüfung Deutsche Bezeichnung für sensorische Prüfung; so genannt, weil bei einer →Weinkostprobe die Weine mit dem Auge, der Nase und dem Mund kritisch auf →Farbe, →Klarheit, →Geruch und →Geschmack geprüft und beurteilt werden. Gleichbedeutend sind organoleptische Prüfung, Degustation, Weinkost, Verkostung oder Probe. Die Sinnenprüfung gehört zur →amtlichen Prüfung.

Sinzheim Weinort im Anbaugebiet →Baden, Bereich Ortenau. Großlage: *Schloß Rodeck*. Einzellagen: *Sätzler, Frühmeßler, Sonnenberg, Klostergut Fremersberger Feigenwäldchen*.

Sion (deutsch Sitten) Hauptstadt des Schweizer Kantons →Wallis (Valais) im oberen Rhônetal, bekannt für ihren →*Dôle*, →*Fendant* und →*Johannisberg*. Sitz der Winzergenossenschaft Provins Valais.

Sitia → Kreta.

Sitten → Sion.

Sitzendorf Hauptort des Schmidatales in Niederösterreich, Weinbaugebiet →Weinviertel, mit 400 ha Rebfläche, auf denen hauptsächlich Grüner →Veltliner angebaut wird.

Sitzpflug Gerät zur →Bodenbearbeitung in →Seilzuglagen. Man zieht ihn mit der Seilwinde die Rebgasse hinauf, wobei ein Mann auf dem Pflug sitzt und ein anderer die Seilwinde bedient. Bevor der eigentliche Arbeitsgang begonnen werden kann, muß der Pflug in ausgehobener Stellung die ganze Gasse hinuntergezogen werden. Dadurch doppelte Wege im Vergleich zum →Direktzug.

Sizilien Größte Insel im Mittelmeer und Weinanbaugebiet Italiens. Außer Reben gedeihen in dem heißen, ausgeglichenen Klima Oliven, Datteln, Feigen und Granatäpfel, besonders in der Umgebung von Marsala und der »Conca d'oro« (goldene Schale) um Palermo. Bekannt sind vor allem die →Dessert- oder Südweine wie →*Marsala* und →*Malvasier*. DOC-Weine sind: →*Alcamo*, →*Cerasuolo di Vittoria*, →*Etna*, →*Faro*, →*Malvasia delle Lipari*, →*Marsala*, →*Moscato di Noto, di Pantelleria, di Siracusa*.

Sizzano Italienischer DOC-Rotwein aus dem →Piemont, zu 40–60% aus →Nebbiolo, 15–40% Vespolina und höchstens 25% →Bonarda. Der rubinrote, feine, bukettreiche Wein altert gut (10–12 Jahre), reicht jedoch nicht an die großen Rotweine des Gebiets heran. Paßt gut zu dunklem Fleisch. Vorgeschrieben ist eine Lagerzeit von 3 Jahren, davon 2 im Holzfaß.

slatko (jug.) süß.

Slowakei Teilstaat der →Tschechoslowakei mit Hauptstadt Bratislava (Preßburg), der von 27.000 ha Rebfläche zwei Drittel der in der Tschechoslowakei erzeugten Weine liefert. Die 8 Weinbauregionen erstrecken sich von Skálica, nördlich Preßburg, bis zum slowakischen →Tokajer-Gebiet an der sowjetisch-ungarischen Grenze.

Slowenien An Österreich und Ungarn angrenzende Republik mit Hauptstadt Ljubljana (Laibach). Hauptsächlich herzhafte, meist trockene bis leicht süße Weißweine. Die Lehm- und Mergelböden erlauben hohe Ernten. Vorherrschend sind die Rebsorten Italianski Rizling (Grassevina, Welschriesling) und Rajnski Rizling (Rheinriesling), die bei Maribor (Marburg an der Drau), Ormoz (Friedenau) und Ljutomer (Luttenberg) angebaut werden. Die Weine sind zum Großteil für den Export bestimmt. Auf dem inländischen Markt erscheinen dagegen Weine aus einheimischen Rebsorten, wie der rote *Cvicek*, der weiße *Sipon* und der süße *Radgonska Ranina*.

Soave Italienischer DOC-Weißwein aus dem Anbaugebiet um das gleichnamige alte italienische Städtchen nordöstlich von Verona in →Venetien. Der *Soave* wird aus 70–90% →Garganega und höchstens 30% →Trebbiano di Soave und Trebbiano Toscano gewonnen und ist ein erfrischender, leichter, strohgelber Weißwein mit feinem Mandelgeschmack. *Soave Superiore* muß mindestens 11,5 Vol.-% Alkohol aufweisen und 8 Monate Lagerung hinter sich haben.
Soave aus einem 1931 abgegrenzten Gebiet darf die Bezeichnung Classico tragen. *Recioto di Soave* ist ein halbsüßer Wein mit leicht bitterem Nachgeschmack. *Soave* gibt es auch als Schaumwein.

Sobernheim Weinort im Anbaugebiet →Nahe, Bereich Schloß Böckelheim mit Ortsteil →Steinhard. Großlage: *Paradiesgarten*. Einzellagen: *Marbach, Domberg*.

Solera-System Verschnitt- und Alterungssystem, das vor allem beim → Sherry, aber auch bei *Spanish Brandy, Madeira* und *Commandaria* angewendet wird.

Söllingen Ortsteil von Pfinztal. Weinort im Anbaugebiet →Baden, Bereich Badische Bergstraße/Kraichgau. Großlage: *Hohenberg*. Einzellage: *Rotenbusch*.

Solopaca Italienischer DOC-Rot- und Weißwein aus → Kampanien. *Solopaca Bianco* stammt hauptsächlich aus → Trebbiano, ist strohgelb, trocken und weich. *Solopaca Rosso* stammt hauptsächlich aus → Sangiovese und →Aglianico, ist rubinrot und harmonisch im Geschmack.

Somló Kleinstes ungarisches Weinbaugebiet an den Hängen der Somló- und Ság-Basaltberge im Nordwesten des →Plattensees. Rebsorten und Weintyp gleichen denen des → Badacsony-Gebietes.

Sommelier (frz.) Weinkellner.

Sommerach Weinort im Anbaugebiet →Franken. Bereich Maindreieck. Großlagen: *Kirchberg, Engelsberg*. Einzellagen: *Katzenkopf, Rosenberg*.

Sommerau Weinort im Anbaugebiet →Mosel-Saar-Ruwer, Bereich Saar-Ruwer. Großlage: *Römerlay*. Einzellage: *Schloßberg*.

Sommerhausen Weinort im Anbaugebiet →Franken, Bereich Maindreieck. Großlage: *Ölspiel*. Einzellagen: *Steinbach, Reifenstein*.

Sommerloch Weinort im Anbaugebiet → Nahe, Bereich Kreuznach. Großlage: *Pfarrgarten*. Einzellagen: *Birkenberg, Steinrossel, Sonnenberg, Ratsgrund*.

Sommertrieb (auch **Lotte**) →Sproß der Rebe.

Sonneneinstrahlung Der größte Teil der Energie, die mit der Sonnenstrahlung auf die Weinbergsfläche auftrifft, wird an der Oberfläche des Bodens und der Rebpflanze in →Wärme umgewandelt. Verwitterungsböden aus schwarzem Schiefer und andere dunkle Böden nutzen die empfangene Strahlung am stärksten aus. Helle Böden (Sand, Rohlöß) reflektieren einen größeren Anteil der Strahlung.
Die aufgenommene Wärme wird im Boden und in bodennahen Luftschichten gespeichert und nachts an den Rebbestand abgegeben. Große Wasserflächen (Seen, Flüsse) reflektieren einerseits die Sonnenstrahlung meterweit in die angrenzenden Weinbergslagen, speichern aber auch Wärme und geben sie nachts wieder ab. Dadurch werden Schwankungen zwischen Tag- und Nachttemperaturen ausgeglichen, die Licht- und Wärmeaufnahme von Rebflächen erhöht und die Frostgefahr vermindert. Die Pflanze gewinnt durch die Sonneneinstrahlung nicht nur Wärmeenergie, sondern auch chemische Energie (→Assimilation).

Faßstapel im Solera-System.

Sonoma County Qualitätsweinbaugebiet an der Nordküste von →Kalifornien. Ein klimatisch wie qualitativ äußerst uneinheitliches Gebiet. Wie überall in Kalifornien stammen die besten Weine aus der kühlen Region (→AVAs *Sonoma County Green Valley, Russian River Valley, Sonoma Coast*). Hauptrebsorten sind →Cabernet-Sauvignon, →Chardonnay, →Chenin Blanc.

Sooß Niederösterreichischer Weinort im Weinbaugebiet →Thermenregion mit 240 ha Rebfläche, einer der führenden Rotweinorte Österreichs (Blauer →Portugieser, →Zweigelt).

Sopron (deutsch Ödenburg) Westlichstes Weinanbaugebiet Ungarns, an der österreichischen Grenze im Hügelland des Fertötó (Neusiedlersee). Hauptsächlich rubinfarbene, kräftige Rotweine und etwas weichere Rosees aus der Rebsorte Kékfrankos (→Blaufränkisch), aber auch aromatische Weißweine aus dem Zöldveltelini (→Veltliner), Tramini (→Traminer) und →Leányka (Mädchentraube).

Sorbinsäure Konservierungsmittel für Wein, das vor allem gegen unerwünschte Hefen wirkt. Der Zusatz ist in Deutschland in gesetzlich beschränktem Maß erlaubt (→Geranienton), in Österreich zum Beispiel verboten.

Sörgenloch Weinort im Anbaugebiet →Rheinhessen. Bereich Nierstein. Großlage: *Gutes Domtal*. Einzellage: *Moosberg*.

Sörnewitz Weinort im Anbaugebiet →Elbe mit der Lage *Kapitelberg*.

Sorni Italienischer DOC-Weiß- und -Rotwein aus der Region →Trentino-Südtirol, aus dem gleichnamigen Ortsteil der Gemeinde Lavis. Der strohgelbe Weißwein (*Bianco*) stammt zu 70% aus Nosiola und zu 30% aus →Müller-Thurgau, →Silvaner und →Pinot Bianco. Er ist trocken spritzig, leicht säurebetont. Der Rotwein (*Rosso*) wird zu 70% aus →Schiava sowie aus →Teroldego und →Lagrein gekeltert. Er ist trocken, gehaltvoll und harmonisch.

Sortenbukett Zu den wichtigsten Inhaltsstoffen eines Weines (auch Mostes) zählen die →Bukettstoffe, die für den gesamten Geschmacks-, vor allem aber Geruchseindruck verantwortlich sind. Die Bildung und Entwicklung dieser Stoffe ist von verschiedenen Faktoren abhängig (Reife, Gesundheitszustand, Standort der Trauben, Alter, Entwicklungsstadium und Ausbaumaßnahmen beim Wein), in ganz besonderem Maße jedoch von der Traubensorte. Man spricht daher von einem für die Traubensorte typischen Bukett oder Sortenbukett. Obwohl zum Beispiel ein →Riesling aus der Rheinpfalz ein anderes Bukett entwickelt als einer aus dem →Rheingau, wird man dennoch das sortentypische Rieslingbukett beider Weine von einem →Müller-Thurgau-Bukett unterscheiden können. Besonders bei ausgesprochenen Bukettsorten ist das Sortenbukett so ausgeprägt, daß es durch andere Einflüsse kaum verwischt wird. Nur bei großen, meist etwas älteren Spitzenweinen aus edelfaulen Trauben wird es bisweilen von Duftstoffen des Edelfäulepilzes (→ Botrytis cinerea) überlagert; deshalb ist es oft schwierig, die Traubensorten älterer Weine anhand ihrer Bukette zu erkennen. Auch die →Firne alter Weine verwischt das Sortenbukett oft beträchtlich.

Sortencharakter Da der →Charakter eines Weines maßgeblich durch seine jeweilige Traubensorte geprägt wird, spricht man vom Sortencharakter. Er ist die Summe aller Geschmacks-, Geruchs- und Farbeindrücke, die spezifisch für eine Traubensorte sind. Der Ausdruck →Sortenbukett kommt dem sehr nahe, bezieht sich jedoch mehr auf die sortentypischen →Geruchsstoffe. Bei Weinen aus überreifen oder edelreifen Trauben tritt der spezifische Sortencharakter unter dem Einfluß des Edelfäulepilzes (→Botrytis cinerea) etwas zurück.

souple (frz.) geschmeidig.

South Central Coast Weinbaugebiet an der südlichen Küste von →Kalifornien mit warmem Klima im Inneren des Landes und kühlerem Klima am Meer. 2 allgemeine Appellationen, *San Luis Obispo* und *Santa Barbara* und 3 →AVAs, *Edna Valley*, *Paso Robles* und *Santa Maria Valley*. Die besten Weine stammen aus der Küstenregion, die Rebsorten entsprechen den in Kalifornien üblichen. Rebfläche: rund 6.000 ha.

Sowjetunion Rebfläche 1,1 Millionen ha; 20 Millionen hl Wein, davon 700.000 hl Export; 10 Millionen dz Tafeltrauben; 250.000 dz Rosinen; Import 1,7 Millionen hl Wein; jährlicher Pro-Kopf-Verbrauch 13 l.
Die vor der Revolution auf rund 200.000 ha bezifferte Rebfläche wuchs in den letzten Jahrzehnten durch intensive Förderungsmaßnahmen des Staates auf über 1 Million ha und nimmt jetzt den 4. Platz in der Weltrangordnung ein. Auf dem Gebiet der Züchtung frostresistenter Reben und des Frostschutzes, der Erosionsverhütung, der Mechanisierung von Kultivierungsarbeiten in den Mammutplantagen, der Automatisierung der Kellertechnik und der kontinuierlichen Sektherstellung wurden beachtliche Anstrengungen unternommen. Das wohl größte Rebsortiment der Welt befindet sich in dem 1828 in Magaratsch auf der →Krim gegründeten Forschungsinstitut für Weinbau und Kellerwirtschaft. Auf der Krim betrieben bereits die griechischen Kolonisten in der Antike Weinbau. Bis in die jüngste Zeit war der Krimwein der einzige bekannte russische Wein. Im Großverschnitt hergestellte Markenweine beherrschen den Markt. Lagenweine mit Jahrgangsangabe gibt es nicht. Die kyrillisch bedruckten Etiketten sind für viele Westeuropäer unlesbar. Man kann sich daher nur an den im Westen erhältlichen Weinen orientieren, die mit lateinisch bedruckten Etiketten versehen sind und deren Zahl unter 30 liegt.
In den folgenden 11 von 14 Sowjetrepubliken wird heute Weinbau betrieben, wobei 90% der Anbaufläche im europäischen Teil liegen (in Klammern die Rebflächen): Ukraine mit der →Krim (325.000 ha), →Moldau (238.000 ha),

→Rußland (165.000 ha), →Grusinien (106.500 ha), →Armenien (35.800 ha), →Aserbeidschan (88.500 ha). Die Weinbau treibenden Republiken im asiatischen Teil sind: Turkmenistan (9.200 ha), Usbekistan (52.600 ha), Tadschikistan (15.900 ha), Kirgisien (5.800 ha), Kasachstan (15.900 ha). Die meisten Weine sind schwer und körperreich. Die Schaumweine weisen eine hohe Restsüße auf. Es werden alle klassischen Weintypen, vom Burgunder bis zu Sherry, Port und Madeira unter Phantasie-Markennamen hergestellt.

Spabrücken Weinort im Anbaugebiet →Nahe, Bereich Kreuznach. Großlage: *Pfarrgarten*. Einzellage: *Höll*.

Spanien Rebfläche 1,5 Millionen ha; 35 Millionen hl Wein, davon 5 Millionen hl Export; 4,5 Millionen dz Tafeltrauben, davon 1 Million dz Export; 30.000 dz Rosinen, davon 5.000 dz Export; Import 50.000 hl Wein; jährlicher Pro-Kopf-Verbrauch 47 l.
Spanien ist von seiner Fläche her das größte Weinbauland der Welt. In der Produktion liegt es aber hinter Frankreich und Italien. Mit etwa 20 hl/ha sind die Erträge gering (BRD rund 80 hl/ha), was auf die teils noch in Mischkultur stehenden Reben, das trockene Klima in den meisten Landesteilen, den weiten Pflanzabstand der Reben und auf die konservative Einstellung der Landbevölkerung zurückzuführen ist. Die ersten Anfänge des spanischen Weinbaues gehen auf die Phönizier und die Griechen zurück, auch unter muselmanischer Herrschaft ist er nicht zum Erliegen gekommen. Eine Unzahl verschiedener, meist einheimischer Rebsorten sind noch im Anbau, davon rund 80% rote. Exportiert werden zum Großteil Verschnitt- oder Markenweine im Faß. Selbst bei den bekanntesten spanischen Weinen *Rioja* und *Sherry* bestehen nur rund 10% der Exporte aus Abfüllungen, die im Ursprungsgebiet auf Flaschen gebracht wurden. Bemerkenswert ist auch die spanische Schaumweinindustrie, deren Produktion mit rund 0,5 Millionen hl nicht unbedeutend ist. Der kontrollierten Ursprungsbezeichnung Denominación de Origen (DO) gehören 35 Gebiete mit zusammen1 Million ha geographisch umgrenzter Rebfläche an. Das Verbot des übergebietlichen Verschnittes, die Vorschriften über Herstellungsvorgang, Alterungstechnik und geschmackliche Festsetzung des Weintyps werden vom INDO, Instituto Nacional de Denominaciones de Origen in Madrid kontrolliert. Die wichtigsten DO-Gebiete, mit der Aufzählung im Nordosten beginnend, sind: →Ampurdán–Costa Brava, →Alella, →Penedés, →Tarragona, →Priorato, →Terra Alta, Utiel-Requena, →Valencia, →Almansa, →Alicante, →Yecla, →Jumilla, →Málaga, →Jerez, Condado de →Huelva, →Montilla und Moriles, La →Mancha, →Valdepeñas, →Rias Baixas, →Ri-

beiro, Valdeorras, →Bierzo, Toro, Rueda, Méntrida, Ribera del Duero, →Rioja, →Navarra, Campo de Borja, →Cariñena, Somontano, Costers del Segre, Conca de Barbera und als reine Schaumwein-Appellation ohne Bezug auf ein bestimmtes Gebiet →Cava. Die Spanier bestellen in den Bars und Bodegas meist den Vino corriente oder Vino de pasto, den gewöhnlichen Konsum- und Tafelwein, ohne von jenen Weinen Gebrauch zu machen, die unter der Qualitätsgarantie der DO stehen.

Weinfelder mit Sandböden auf Furteventura.

Spanish Brandy (auch **Coñac**) Spanischer Weinbrand, hauptsächlich erzeugt in →Jerez, dem Sherrygebiet, und Penedés. Teilweise ausgebaut nach dem →Soleraverfahren.

Spanna → Synonym für Nebbiolo.

Spätburgunder, Blauer Rotweinrebe. Mit einiger Sicherheit läßt sich die Heimat dieser wertvollen Rebe in Burgund vermuten. Sie könnte von der allobrogischen Rebe (die Allobroger waren ein keltischer Volksstamm im Rhônetal) stammen und soll bereits seit 881 von Nachfolgern Karls des Großen nach Bodman am Bodensee in die dortige karolingische Pfalz gebracht worden sein. Spätburgunder ist die Stammform zahlreicher Burgunder(Pinot)-Sorten.

Der Name ist vom Herkunftsland Burgund abgeleitet; zahlreiche Synonyme: Blauburgunder, Klävner, Klebrot (Deutschland); Pinot Noir, Franc Noirien, Bourguignon Noir (Frankreich); Pinot Nero (Italien); Blauer Nürnberger (Österreich); Klevner (Schweiz); Kék Kisburgundi (Ungarn); Burgundac Crni, Modra Klevanyka (Jugoslawien). Kaum gebuchtetes und gelapptes Burgunderblatt mit blasiger Oberfläche; das Holz ist graubraun, dunkel gestreift mit Flecken, die Traube mittelgroß, dichtbeerig, walzenförmig mit kleinen, rundlichen bis ovalen Beeren mit stark bedufteter, dünnhäutiger blauer bis violettblauer Schale. Austrieb und Blüte erfolgen spät, die Reife mittelspät. Die Sorte ist nur durch die Traube von den Sortenmerkmalen des →Ruländers und des Weißen →Burgunders zu unterscheiden. Sie bevorzugt gute Lagen und tiefgründige, nährstoffreiche, nicht zu trockene Böden. Bestockte Rebfläche in Deutschland: 5.003 ha.

Die Erträge sind mittel bis hoch; bei Anbau von guten Klonen sind 90 hl/ha Mostertrag zu erwarten; die Sorte erreicht durchschnittlich 80°Oe und 6–8 ‰ Säure. Spätburgunder sind rubinfarbene, vollmundige, samtige Weine mit einem feinen, an Bittermandeln erinnernden Aroma und von großer Haltbarkeit. Sie gehören zu den besten Rotweinen der Welt.

Spatenmaschine →Bodenbearbeitung.

Spätlese Gehaltvoller Wein mit reicher Geschmacksfülle und reifer Süße, in der die Vollreife des Lesegutes zum Ausdruck kommt. Spätleseweine vertragen eine längere Lagerung, da sie vom Extraktgehalt her genügend Gerüst haben, und sie zeigen ihr optimales Geschmacksbild je nach →Sorte, →Standort und →Jahrgang verschieden, ungefähr ab dem 5. Lebensjahr. Sie eignen sich zum genußvollen, langsamen Trinken in besinnlichen Stunden oder, beim Essen genossen, zu stark gewürzten oder süßen Speisen. Man sollte sie nicht zu kalt servieren, damit sie Aroma- und Geschmacksfülle ungehindert entfalten können.

Deutschland: Seit 1971 müssen in der Bundesrepublik Deutschland Qualitätsweine mit Prädikat Spätlese folgende gesetzlich festgelegte Herstellungs- und Qualitätsnormen erfüllen: Sie werden zur Leseprüfung angemeldet. Die Trauben dürfen erst nach der allgemeinen Lese, vom Spätlesetermin an, den der Herbstausschuß der jeweiligen Gemeinde festsetzt, gelesen werden. Die Trauben müssen ein Mindestmostgewicht aufweisen, das je nach Rebsorte und Weinbaugebiet verschieden hoch liegt (Mindestanforderungen →Qualitätsweine mit Prädikat Spätlese).

Die Analysenprüfung muß entsprechende Werte und die Sinnenprüfung die Mindestpunktzahl 14 ergeben (→amtliche Prüfung) →Bewertungssysteme). Die Moste dürfen nicht →angereichert werden.

Österreich: Spätlesen müssen der Güteklasse →Prädikatswein angehören. Das Lesegut muß vollreif sein und mindestens 19° KMW Mostgewicht haben (94° Oe), der Most darf nicht

angereichert werden und muß von anerkannten Rebsorten herrühren. Wie alle Prädikatsweine muß die Spätlese eine →amtliche Prüfnummer aufweisen.
Schweiz: Es werden Weine gehobener Qualität, oft sogar Auslesen, Spätlesen genannt. Man findet sie selten und nur im deutschsprachigen Raum. Genaue weinrechtliche Bestimmungen sind nicht bekannt.
Die Schweizerische Obst- und Weinfachschule Wädenswil gibt darüber folgende Auskunft: »Es hat sich eine freiwillige Usance herausgebildet bezüglich dem Begriff Spätlese. Als spätlesewürdig wird heute ein Ausgangsmaterial angesehen, das 90° Oechsle und mehr erreicht. Mit Ausnahme des Wallis sind Gradationen über 110° Oechsle in unseren Produktionsgebieten eine Seltenheit und fallen mengenmäßig kaum in Betracht.«
Rumänien: Die Bezeichnung Cules la Măturitatea Tîrziu oder Deplină, zu deutsch Spätlese oder Vollreiflese, ist seit 1972 weinrechtlich zugelassen. Die deutsche Bezeichnung ist nur für die deutschsprachigen Weinbaugebiete in →Siebenbürgen und im →Banat erlaubt. Eine Prüfungsnummer ist noch nicht eingeführt.

Spätlesereiter Standbild auf dem Fürst von Metternich-Winneburg'schen Weingut Schloß →Johannisberg im Rheingau, das die Geburt der Bezeichnung →Spätlese symbolisieren soll. Der ab 1718 nachweisbare Herbstkurier brachte 1775 verspätet die Leseerlaubnis des Fürstabtes von Fulda. Die verzweifelten Mönche – ihre überreifen Trauben waren geschrumpft und in Fäulnis übergegangen – wurden reichlich belohnt. Die erste unfreiwillige »Spätlese« machte sie mit der Edelfäule (→Botrytis cinerea) bekannt und lenkte ihr Augenmerk auf die Herstellung von Spitzenweinen durch das Hinausschieben des Lesetermins. Dieses Ereignis ist urkundlich belegt. Späte →Traubenlese und Edelfäule als qualitätsverbessernde Maßnahme lassen sich aber in der internationalen Weinliteratur bereits zu früheren Zeiten nachweisen: in Château d'Yquem jedoch erst 1847.

Spätrot Synonym für → Zierfandler.

Spay Weinort im Anbaugebiet →Mittelrhein, Bereich Rheinburgengau. Großlage: *Gedeonseck*. Einzellage: *Engelstein*.

Speicherstoffe Kohlehydrate (Zucker, Stärke), die bei der Rebe in Trauben, Holz und Wurzeln eingelagert werden. Die grünen, assimilierenden Blätter produzieren diese Stoffe und geben sie an die Organe ab. Über kurze Strecken werden sie von Zelle zu Zelle weitergereicht, längere Wege legen sie im Flüssigkeitsstrom der Leitbahnen (Siebröhren) zurück. Die unteren Blätter eines →Triebes schicken die Assimilationszucker in die Wurzel, die mittleren versorgen die Gescheine und Trauben und die obersten beliefern die Triebspitze, solange die Rebe noch wächst. Mit fortschreitender →Reife der Beeren und nachlassendem Wachstum des Stockes übernehmen immer mehr Blätter die Versorgung der Trauben mit Zucker. Der Gehalt des Beerensaftes an →Frucht- und →Traubenzucker entscheidet über die Qualität des gewonnenen Mostes und über den Alkoholgehalt des daraus bereiteten Weines. In Rebholz und Wurzel werden Kohlehydrate als Stärke eingelagert. Bei sinkenden Temperaturen verwandelt sich diese Stärke zurück in Zucker und erhöht damit die Konzentration des Zellsaftes; sein Gefrierpunkt wird herabgesetzt und die Resistenz gegen Frost erhöht.

Spätburgundertrauben.

Speisen und Wein In Frankreich, Italien und den meisten südlichen Weinbauländern wird der weitaus größte Teil der Weine zum Essen getrunken, während in nördlichen Ländern der Wein hauptsächlich dazu dient, Geselligkeit zu fördern. Nur in Weinbaugebieten oder auf der festlichen Tafel wird er regelmäßig zur Mahlzeit genossen, obwohl gerade deutscher Wein leichter und dadurch bekömmlicher als mancher südländische Wein ist und dank seiner hohen Säure und seines

Die Mahlzeit, Holzschnitt um 1500.

geringen Alkoholgehaltes für den Magen weniger beschwerend wirkt. Im folgenden einige Anhaltspunkte, welcher Wein zu welcher Speise am besten paßt:

Vorspeisen aller Art (warm oder kalt), Suppen, leichte Gerichte (zum Beispiel Pasteten), Fischgerichte, Kaviar, Austern, Muscheln, sonstige Schaltiere	herbe, nicht zu junge Weißweine
gekochter oder gedünsteter Fisch	leichte Weißweine
gebratener Fisch, Räucherfisch	leichter Rotwein
Grilladen, Wildgeflügel, Wachteln, Rebhuhn, Fasan	vollmundiger Rotwein
Hase, Reh, Hirsch, Wildschwein	kräftiger Rotwein oder Weißherbst
dunkles Fleisch (Rind, Hammel, Gans, Ente)	kräftiger, reifer Rotwein
weißes Bratenfleisch (Kalb, Schwein, Lamm, Huhn, Poularde, Pute)	kräftiger, aromatischer Weißwein
kalte Platten oder Aufschnitt	spritziger Weißwein
warme Käsegerichte, Nachspeisen verschiedener Art	Spätlesen
Frisch- und Schmelzkäse, Edamer, Butterkäse	Roseewein, leichter Rotwein
kräftige Käsesorten wie Emmentaler, Brie, Ziegenkäse, Edelpilzkäse	vollmundiger Rotwein

Zu einem Essen mit mehreren Gängen werden meist mehrere Sorten Wein serviert. Vor dem Essen serviert man gern einen →Aperitif oder einen herben →Schaumwein, zum Nachtisch einen →Dessertwein oder einen süßen Schaumwein, →Trockenbeerenauslesen, →Beerenauslesen oder →*Tokajer* trinkt man am besten um ihrer selbst willen (→Kochen mit Wein).

spezifisches Gewicht Die Dichte einer Flüssigkeit, definiert als Masse pro Volumen und angegeben in Gramm pro Milliliter (g/ml). Diese Angabe spielt bei Most und Wein eine wichtige Rolle, da sie die Grundlage für die Bestimmung des Mostgewichtes darstellt und beim Wein nicht nur als nützliche Kennzahl (für Analysen), sondern auch zur Ermittlung des Extraktgehaltes dient. Hat ein Most zum Beispiel ein spezifisches Gewicht von 1,0850 g/ml, hat er ein Mostgewicht von 85,0. Man sagt auch, er »wiegt« 85 Grad Oechsle (abgekürzt: 85° Oe). Das Mostgewicht errechnet sich also aus der Dichte nach der einfachen Fomel: Dichte minus 1 mal 1.000. Zur Ermittlung des spezifischen Gewichtes bedient man sich eines →Refraktometers, →Pyknometers oder einer Senkspindel (→ Aräometer oder →Mostwaage).

Spiegel Die mit dem Wein in Berührung stehende Fläche eines Korkens. Sie muß glatt und fehlerfrei sein.

Spiel Ein nuancenreicher, reifer Wein, dessen Inhaltsstoffe in →Geruch und →Geschmack fein aufeinander abgestimmt in Erscheinung treten, hat Spiel; würzige Weine mit pikanter Säure haben meist viel Spiel.

Spielberg Ortsteil von Sachsenheim. Weinort im Anbaugebiet →Württemberg, Bereich Württembergisch Unterland. Großlage: *Stromberg*. Einzellage: *Liebenberg*.

Spiesheim Weinort im Anbaugebiet →Rheinhessen, Bereich Nierstein. Großlage: *Petersberg*. Einzellage: *Osterberg*.

Spiez → Thuner See.

Spitz Niederösterreichischer Weinort im Weinbaugebiet →Wachau. Die Stadt ist um den »Tausendeimerberg« herum gebaut, von dem man sagt, er liefere in guten Jahren tausend Eimer (56.000 l) Wein. Rebfläche 230 ha, zum größten Teil in Terrassen. Es werden hauptsächlich Weißweinreben angebaut, die fruchtig spritzige Weine liefern.

spitz Weine mit einer aufdringlichen, →grasigen, einseitig hervortretenden →Säure werden so charakterisiert. Es sind in der Regel Erzeugnisse aus sehr unreifen Trauben. Welcher Säuregehalt Wein bereits unharmonisch erscheinen läßt, hängt von der Traubensorte und anderen Inhaltsstoffen ab. Bei einem einfachen →Qualitätswein dürfte der Säuregehalt etwa 8‰ kaum übersteigen, wenn er nicht spitz erscheinen soll. Längere Flaschenreife kann den unangenehmen Ausdruck etwas mildern (→säurereich).

Sponheim Weinort im Anbaugebiet →Nahe, Bereich Schloß Böckelheim. Großlage: *Rosengarten*. Einzellagen: *Mühlberg, Abtei, Grafenberg, Klostergarten, Schloßberg*.

Sponsheim Ortsteil von Bingen. Weinort im Anbaugebiet →Rheinhessen, Bereich Bingen. Großlage: *Sankt Rochuskapelle*. Einzellage: *Palmenstein*.

Spontangärung Da bereits im Weinberg →Hefen auf den Traubenbeeren sitzen (natürliche Mikroflora) und diese nach dem

→Keltern (Pressen) in den →Most gelangen, leitet sich die →Gärung normalerweise von selbst ein (Spontangärung). Früher war dies die übliche Form von Gärung, heute findet sie noch in vielen, besonders kleineren Kellereien, statt. Moste, die vor der Gärung durch →Pasteurisierung keimfrei gemacht wurden, enthalten keine lebenden Hefen mehr und können nur durch Zusatz einer kleinen Menge bereits gärenden Mostes oder →Reinzuchthefen vergoren werden.

Sprendlingen Weinort im Anbaugebiet →Rheinhessen, Bereich Bingen, Großlage: *Abtey*. Einzellagen: *Klostergarten, Honigberg, Hölle, Sonnenberg, Wißberg*.

Springiersbach Ortsteil von Bausendorf. Weinort im Anbaugebiet →Mosel-Saar-Ruwer, Bereich Bernkastel. Großlage: *Schwarzlay*. Einzellagen: *Herzlay, Hubertuslay*.

spritig Obwohl deutschem Traubenwein kein Sprit (reiner →Alkohol) zugesetzt werden darf, können alkoholreiche Weine einen an Sprit erinnernden Fremdgeruch und -geschmack annehmen. Der hohe Alkoholgehalt solcher Weine (oft über 14 Vol.-%) überdeckt dann andere →Bukettstoffe. Tritt der Fehler in nicht so brennender, stechender Form auf, spricht man von →brandig.

spritzig Bezeichnung für frische, meist junge Weine mit einer lebendigen Säure und oft etwas erhöhtem Gehalt an →Kohlensäure, die sich jedoch nicht wie bei →moussierenden Weinen äußerlich zeigt. Der Alkohol- und Extraktstoffgehalt spritziger Weine ist relativ niedrig. Die angenehme Frische solcher Weine wird von vielen Weinliebhabern geschätzt. Da sie sich während der Lagerung ohnedies langsam verliert, darf sie keinesfalls als qualitätsmindernde Eigenschaft betrachtet werden.

Sproß der Rebe Der einjährige Sproß (Sommertrieb oder Lotte genannt) geht aus der Winterknospe hervor und ist durch →Knoten (Nodien) gegliedert, die Blätter tragen. Die Zwischenglieder (Internodien) sind unten am Trieb kürzer und rankenlos. Dann folgen regelmäßig zwei Knoten mit Ranken und ein rankenloses Nodium. Diese diskontinuierliche Rankenfolge ist typisch für die Kulturrebe (Vitis Vinifera).

Spumante Italienische Bezeichnung für →Schaumwein. Leicht perlende Weine bezeichnet man als →frizzante.

Spurenelemente →Nährstoffe der Pflanze, die nur in sehr geringen Mengen benötigt werden. Ihre Notwendigkeit geht jedoch so weit, daß ein Mangel oder gar ein Fehlen dieser Stoffe zu schweren Schädigungen führt. Zu diesen Elementen gehören: →Eisen, Zink, Mangan, Bor, Kupfer, Molybdän und Chlor. Eisen, Zink, Mangan und Bor können des öfteren durch Festlegung oder Auswaschung im Boden für die Rebe verloren gehen, so daß diese Mangelerscheinungen erkennen läßt. Kupfer, Molybdän und Chlor machen sich eher durch übermäßiges Angebot bemerkbar und schädigen so in manchen Fällen die Kulturpflanze. Die Düngung mit Spurennährstoffen erfolgt meist in Verbindung mit den Hauptnährstoffen und nur bei akuten Mangelerscheinungen einzeln.

Squinzano Italienischer DOC-Rot- und -Roseewein aus →Apulien, Provinz Lecce. Der rubinfarbene Rotwein ist trocken und schwer und stammt hauptsächlich aus →Negroamaro, →Malvasia Nera und →Sangiovese.

Stadecken-Elsheim Doppelgemeinde im Anbaugebiet →Rheinhessen, Bereich Nierstein. Großlage: *Domherr*. Einzellagen Elsheim: *Bockstein, Tempelchen, Blume*. Einzellagen Stadecken: *Spitzberg, Lenchen*.

Stadelhofen Stadtteil von Oberkirch. Weinort im Anbaugebiet →Baden, Bereich Ortenau. Großlage: *Fürsteneck*. Einzellage: *Schloßberg*.

Stäfa Weinbaugemeinde im Schweizer Kanton →Zürich am Zürichsee, wo Winzerfestspiele stattfinden. Die beste Lage ist *Sternenhalde*, auf der Riesling x Sylvaner (→ Müller-Thurgau) und →Ruländer angebaut werden, die in guten Jahren Beerenauslesen liefern.

Staffelbach Weinort im Anbaugebiet →Franken, Bereich Steigerwald. Einzellage: *Spitzelberg*.

stahlig Steigerungsform für →nervige, → rassige Weine, die noch eine anhaltende feste und säurebetonte Art besitzen. Ursprünglich verstand man darunter Weine, die außer Rasse einen metallischen, stahligen Geschmack hatten.

Stamm Die aus dem Boden ragende Fortsetzung der Wurzel. Der Stamm hat hauptsächlich die Aufgabe der Wasser- und Nährstoffleitung und der Bevorratung von →Speicherstoffen. Aus ihm bilden sich durch Verzweigung und Verjüngung die Äste. Bei der →Erziehung der Rebe läßt man meist einen 50 bis 100 cm hohen Stamm wachsen, den man an seinem oberen Ende beim →Rebschnitt zurückschneidet und dort auf einjähri-

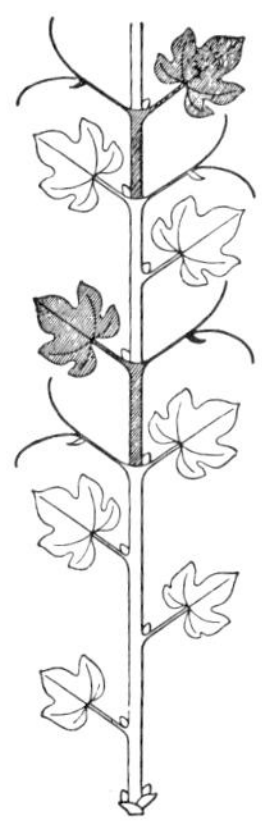

Sproß von Vitis Vinifera mit diskontinuierlicher Rankenfolge.

ges Holz (→Ruten) verjüngt. In vielen Weinbauländern läßt man den Stamm sich nicht richtig entwickeln, sondern schneidet ihn gleich über dem Boden ab und formt so einen sogenannten Kopf (Kopfschnitt), aus dem die Ruten jährlich nachwachsen. Der Stamm ist stark verholzt und bildet zu seinem Schutz eine Borke.

Stammheim Ortsteil von Kolitzheim. Weinort im Anbaugebiet →Franken, Bereich Maindreieck. Großlage: *Kirchberg*. Einzellage: *Eselsberg*.

Standort Die geographischen, klimatischen und geologischen Verhältnisse prägen das Leben des Weinstockes wie den Charakter seines Weines. In den nördlichen Randgebieten des Weinbaues entscheiden das Kleinklima besonders geschützter Fluß- oder Seengebiete, die Himmelsrichtung, die →Höhenlage des Weinbergs, die →Hangneigung, die Beeinflußung durch →Wind und →Frost über die Möglichkeit, überhaupt Weinbau betreiben zu können. Guter Wärme- und Wasserhaushalt des →Bodens begünstigt das →Wachstum der Pflanze, die Reife der Trauben und einen hohen →Ertrag. Gesteinsarten und Bodentypen prägen das Geschmacksbild eines Weines. Je mehr günstige Faktoren ein Standort in sich vereinigt, um so eher vermag er Spitzenweine hervorzubringen.

Stanimaschka Malaga →Bulgarien.

Starkenburg 1. Bereich des bestimmten Anbaugebietes →Hessische Bergstraße.
2. Weinort im Anbaugebiet →Mosel-Saar-Ruwer, Bereich Bernkastel. Großlage: *Schwarzlay*. Einzellage: *Rosengarten*.

Staubiger Österreichischer Ausdruck für einen jungen Wein mit leichter Trübung, nach dem →Sturm.

Staudernheim Weinort im Anbaugebiet →Nahe, Bereich Schloß Böckelheim. Großlage: *Paradiesgarten*. Einzellagen: *Herrenberg, Goldgrube*.

Staunässe Böden, die das Wasser nicht ableiten können, sind für den Weinbau ungeeignet, wenn man keine Maßnahmen ergreift (→Dränage).

Stechheber Auch Weinheber oder einfach Heber. Konisch zulaufendes, beiderseitig offenes, mit einem Handgriff versehenes Glasrohr, dessen obere Öffnung bequem mit dem Daumen verschlossen werden kann. Diente früher zum Entnehmen kleiner Proben aus Fässern (→Probenziehen), findet jedoch heute kaum noch Anwendung.

Steckweiler →Bayerfeld-Steckweiler.

Steeg Ortsteil von Bacharach. Weinort im Anbaugebiet →Mittelrhein, Bereich Bacharach. Großlage: *Schloß Stahleck*. Einzellagen: *Schloß Stahlberg, Lennenborn, St. Jost, Hambusch*.

Steen Südafrikanische Weißweinsorte, Abkömmling der französischen →Chenin-Blanc-Rebe; gut geeignet für süffige Trinkweine.

Steiermark Bundesland und südlichste Weinbauregion Österreichs mit rund 2.844 ha Rebfläche. Sie wird in die Weinbaugebiete →Südsteiermark, →Weststeiermark und →Süd-Oststeiermark eingeteilt. In Leibnitz, dem Weinbauzentrum, befindet sich eine Weinbauschule. Der Weinbau findet hier hauptsächlich in Steillagen statt, was häufig das Arbeiten mit →Seilzug erfordert. Die Weine sind durch die Zersplitterung des Anbaugebietes sehr unterschiedlich. Sie kommen aus dem Gebiet kaum heraus, da weniger erzeugt als verbraucht wird. Der *Schilcher*, ein aus dem Blauen →Wildbacher gewonnener Roseewein, gilt als Spezialität des Gebietes. Bei der Landesweinprämierung bekommen nur Flaschenweine eine Plakette, die nach dem internationalen 20-Punkte-Schema 18,5–20 Punkte erreicht haben.

Steigerwald Bereich des bestimmten Anbaugebietes →Franken.

Steigra Weinbauort im →Saale-Unstrut-Gebiet mit der Lage *Hahnenberg*.

Steinbach 1. Ortsteil von Ebelsbach. Weinort im Anbaugebiet →Franken, Bereich Steigerwald. Großlage: *Kapellenberg*. Einzellage: *Nonnenberg*.
2. Ortsteil von Baden-Baden. Weinort im Anbaugebiet →Baden, Bereich Ortenau. Großlage: *Schloß Rodeck*. Einzellagen: *Stich den Buben, Yburgberg*.

Steinberg Ein im 12. Jahrhundert von Zisterziensermönchen aus Kloster →Eberbach angelegter, 32 ha großer, von einer Mauer umschlossener Weinberg im →Rheingau, im Alleinbesitz der hessischen Staatsweingüter. Heute gilt der Steinberg als Ortsteil, so daß sein Wein ohne Mitangabe eines Ortes allein als *Steinberger* auf dem Etikett bezeichnet werden darf (→Hattenheim).

Stein-Bockenheim Weinort im Anbaugebiet →Rheinhessen, Bereich Bingen. Großlage: *Rheingrafenstein*. Einzellage: *Sonnenberg*.

Steinenstadt Ortsteil von Neuenburg. Weinort im Anbaugebiet →Baden, Bereich Markgräflerland. Großlage: *Burg Neuenfels*. Einzellagen: *Sonnenstück, Schäf.*

Steinfeld Weinort im Anbaugebiet →Rheinpfalz, Bereich Südliche Weinstraße. Großlage: *Guttenberg*. Einzellage: *Herrenwingert*.

Steinhard Ortsteil von Sobernheim. Weinort im Anbaugebiet →Nahe, Bereich Schloß Böckelheim. Großlage: *Paradiesgarten*. Einzellagen: *Spitalberg, Johannesberg*.

Steinheim Weinbaugemeinde im Anbaugebiet →Württemberg, Bereich Württembergisch Unterland, mit Ortsteilen →Höpfigheim, →Kleinbottwar. Großlage: *Wunnenstein*. Einzellage: *Lichtenberg*.

Steinschiller Weißweinrebe; ältere Rebsorte aus dem →Elsaß, die aber auch in Ungarn, namentlich im →Alföld angebaut wird; sie wird dort auch mit dem Synonym Kövidanka bezeichnet. Die Weine gehören zur Kategorie der Tafelweine, sind von grüngelber Farbe und von herbem Geschmack.

Steinsfurt Ortsteil von Sinsheim. Weinort im Anbaugebiet →Baden, Bereich Badische Bergstraße/Kraichgau. Großlage: *Stiftsberg*. Einzellage: *Steinsberg*.

Steinweiler Weinort im Anbaugebiet →Rheinpfalz, Bereich Südliche Weinstraße. Großlage: *Kloster Liebfrauenberg*. Einzellage: *Rosenberg*.

Stellenbosch 50 km östlich von Kapstadt gelegene südafrikanische Universitätsstadt mit Weinbauforschungsanstalt, Weinmuseum und Sitz der größten Weinhandelsfirmen des Landes.

Sternenfels Weinbaugemeinde im Anbaugebiet →Württemberg. Bereich Württembergisch Unterland, mit Ortsteil →Diefenbach. Großlage: *Stromberg*. Einzellage: *König*.

Stetten 1. Weinort im Anbaugebiet →Baden, Bereich Bodensee. Großlage: *Sonnenufer*. Einzellagen: *Fohrenberg, Lerchenberg, Sängerhalde*.
2. Ortsteil von Karlstadt. Weinort im Anbaugebiet →Franken, Bereich Maindreieck. Großlage: *Roßtal*. Einzellage: *Stein*.
3. Weinort im Anbaugebiet →Rheinpfalz, Bereich Mittelhaardt/Deutsche Weinstraße. Großlage: *Schnepfenflug vom Zellertal*. Einzellage: *Heilighäuschen*.
4. Ortsteil von Schwaigern. Weinort im Anbaugebiet →Württemberg. Bereich Württembergisch Unterland. Großlage: *Heuchelberg*. Einzellage: *Sonnenberg*.
5. Ortsteil von Kernen. Weinort im Anbaugebiet →Württemberg. Bereich Remstal-Stuttgart. Großlagen: *Sonnenbühl, Wartbühl*. Einzellagen: *Mönchberg, Brotwasser, Häder, Lindhälder, Pulvermächer*.

Stettfeld Ortsteil von Ubstadt-Weiher. Weinort im Anbaugebiet →Baden, Bereich Badische Bergstraße/Kraichgau. Großlage: *Mannaberg*. Einzellage: *Himmelreich*.

Stichigwerden Das Stichigwerden von Weinen ist eine →Krankheit, die durch verschiedene →Bakterien verursacht werden kann und am häufigsten als →Essigstich oder →Milchsäurestich (Mannitgärung) auftritt. Dabei werden aus →Alkohol und →Zucker Essigsäure beziehungsweise Milchsäure und andere, meist →flüchtige Säuren gebildet, die den Wein geschmacklich und geruchlich verderben. Oft sind stichige Weine auch getrübt (→Trübungen). Durch sauberes Arbeiten, sachgemäßes →Schwefeln und »Spundvollhalten« der Gebinde kann das Auftreten von Stichen verhindert werden.

Stickel Bezeichnung für Pfähle, die den →Drahtrahmen tragen. Vorteilhaft ist Holz durch sein geringes Gewicht, gute Bodenhaftung und den günstigen Preis. Fichten- und Tannenhölzer finden am meisten Verwendung, müssen allerdings durch Imprägnieren gegen Fäulnis, Bakterien und Insekten geschützt werden. Akazien, Edelkastanien und andere Hartholzarten sind auch ohne Imprägnierung ausreichend haltbar, erschweren jedoch das Einschlagen von Nägeln und sind teurer. Der Vorteil von Eisen- und Beton-Pfählen ist ihre lange Haltbarkeit und das Wegfallen von Wartungsarbeiten. Ihr hoher Preis (Eisen) und ihr großes Gewicht (Beton) sprechen bei den meisten Winzern gegen die Anschaffung. Kunststoffpfähle müssen ihre Bewährungsprobe erst noch bestehen, ihre Witterungsbeständigkeit und Bodenhaftung sind noch nicht ausreichend in der Praxis erprobt.

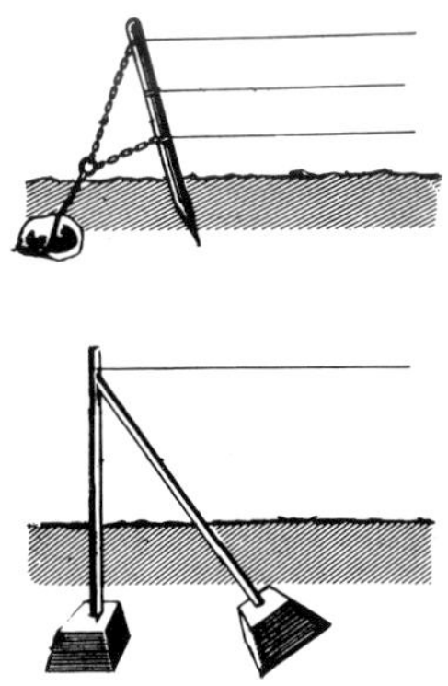

Entstickel beim Drahtrahmen.

Stickstoff (N) Element, das in einem großen Teil der pflanzlichen Substanz enthalten ist. Baustein von Eiweißen in Zellplasma, Zellkern, Enzymen, Wuchsstoffen und Vitaminen und auch am Aufbau des →Chlorophylls beteiligt; Stickstoff fördert das Holzwachstum und die Bildung von Reservestoffen. Weder der Stickstoff der Luft noch der in organischen Substanzen gebundene kann durch die Pflanze direkt aufgenommen werden. Erst Bodenbakterien wandeln ihn in die löslichen Formen Nitrat (NO_3) und Ammonium (NH_4) um, die die Rebe aufnehmen kann. Aus diesem Grund werden mineralische Stickstoffdünger in Ammonium-, Nitrat- oder deren Mischform gegeben. Der Bedarf des Rebbestandes liegt jährlich bei etwa 70–120 kg Reinstickstoff pro Hektar; seine Auswaschung kann zwischen 10 kg/ha bei tonreichen und 70 kg/ha bei sandigen Böden schwanken. Eine ausreichende Versorgung sichert nicht nur einen guten Wuchs in Zusammenhang mit hohem →Ertrag, sondern fördert auch die Zuckerbildung und somit das →Mostgewicht im Beerensaft. Zu hohe Gaben bewirken →Durchrieseln, Trauben- und →Stielfäule, mastiges, frostempfindliches Holz und vermindern die Widerstandskraft gegen →Pilzkrankheiten, Trockenheit und →Frost. Ein Mangel an Stickstoff äußert sich in einer hellgrünen bis zitronengelben Verfärbung der Blätter und einer schlechten →Assimilation, die kleine Blätter und Trauben und somit geringe Mostqualität und dünne, arme Weine zur Folge hat.

Stielfäule →Rohfäule, die besonders die noch unreifen Traubenstiele befällt und von dem Schimmelpilz →Botrytis cinerea (Grauschimmel) verursacht wird. Wie bei der →Stiellähme, die jedoch andere Ursachen hat, fallen die betroffenen Trauben oft vom Stock ab und sollten wegen ihrer Unreife als →Erd- oder Bodentrauben gesondert verarbeitet werden. Man spricht bisweilen auch von Schwundfäule, da der Ertrag an reifen Trauben durch das Auftreten der Stielfäule oft erheblich gemindert wird.

Stiellähme (-lähmung) →Krankheit der Rebe, die Ende August/Anfang September – auch bei trockener Witterung – schlagartig auftreten kann, wenn die Beeren einen Reifegrad von etwa 30–50° Oe erreicht haben. Sie zeigt sich an bräunlichen bis schwarzblauen leicht eingesunkenen Flecken an den Traubenstielen, besonders an den Verzweigungsstellen, führt zum Absterben der Stiele und schließlich zum Abfallen der Trauben vom Stock (→Erd- oder Bodentrauben). Als Ursachen gelten Ernährungsstörungen der Rebe, hervorgerufen durch ungünstige Witterungsverhältnisse oder falsche Düngungsmaßnahmen. Da sie häufig bei Überdüngung beobachtet wird, bezeichnet man sie nicht ganz zu Unrecht als eine Wohlstandskrankheit der Reben. Mit den Ursachen der →Stielfäule hat sie nichts gemeinsam.

Stifterl In Österreich eine kleine Weinflasche mit 0,35/0,375 l Inhalt.

Kranz als Zeichen einer Straußwirtschaft.

Stillwein Nach Definition des Internationalen Weinamtes ein Wein nach Beendigung der Gärung, aus dem sich keine Kohlensäure mehr entwickelt. (Gegensatz: →Schaumwein, →Perlwein.)

Stockabstand Abstand zwischen zwei Rebstöcken, abhängig vom Standort und der →Rebsorte. In Seilzuglagen, bei großen Gassenbreiten und hoher →Erziehung 1,2–1,4 m, bei Direktzuglagen 1,4–1,6 m.

Stockheim Ortsteil von Brackenheim. Weinort im Anbaugebiet →Württemberg, Bereich Württembergisch Unterland. Großlage: *Heuchelberg*. Einzellage: *Altenberg*.

stoffig (Stoff) Bezeichnung für →extraktreiche, vollmundige →kräftige Weine mit →Fülle und →Körper. Der Ausdruck »Stoff« ist hier mit Extrakt gleichbedeutend.

Stoffwechsel Aufnahme von →Nährstoffen, deren Umwandlung in pflanzeneigene Baumaterialien und das Ausscheiden überflüssiger Stoffe. Mit dem Stoffwechsel ist die Gewinnung von Energie verknüpft, die zur Aufrechterhaltung der Lebensvorgänge unentbehrlich ist. Das Wasser zählt nicht zu den eigentlichen Nährstoffen, ist aber für alle chemischen Umsetzungen unerläßlich. Eine wichtige Rolle im Stoffwechsel spielen die Kohlenstoffverbindungen wie Kohlehydrate, die die Gerüstsubstanz der Zellen bilden und bei der Energiegewinnung (→Assimilation, →Dissimilation) als →Speicherstoffe dienen. Eiweiße, Fette, Farbstoffe, Gerbstoffe und andere organische Verbindungen gehören auch zu den Stoffwechselsubstanzen. Mineralische Bodennährstoffe tragen zu Aufbau und Erhaltung des Pflanzenlebens bei. Stoffwechselstörungen äußern sich beim Weinstock durch Abstoßen der →Gescheine und der →Trauben, im schlimmsten Fall durch Absterben des ganzen Stockes.

Strass Bekannter niederösterreichischer Weinort, Weinbaugebiet →Kamptal-Donauland, mit 560 ha Rebfläche, am Heiligenstein gelegen. Weißweine, die häufig prämiert werden. Beste Lagen: *Gaisberg, Bläckerweg*.

Straußwirtschaft (auch **Straußen-, Besen-, Hecken-** oder veraltet, **Maienwirtschaft.** In Österreich **Buschenschank**, früher: **Leutgebrecht, Leutgebschank)** Seit Karl dem Großen, der nicht nur Weinberge anlegen ließ, sondern auch dafür sorgte, daß der Wein unter die Leute kam, typische Form einer Weinwirtschaft. Die von Karl dem Großen hierfür eigens erlassenen Vorschriften, wozu auch der

Kranz oder Strauß vor der Tür gehört, gelten zum Teil trotz mancher Verbote wegen »mißbräuchlicher Völlerey« heute noch. Zu den mittelalterlichen Vorschriften gehörte, daß erst beim Läuten der »Weinglocke« am Feierabend oder sonntags nach der Messe ausgeschenkt werden durfte, daß liederliche Personen »zur Aufrechterhaltung der Sittlichkeit« nicht beschäftigt, und nur der selbstgeerntete Wein in des Winzers eigenen Räumen ausgeschenkt werden durfte. 1711 wurden in einer Verordnung warme Speisen verboten. Heute werden in Straußwirtschaften kleinere, zum Wein passende meist kalte Tellergerichte, wie eingelegter Handkäse mit Zwiebeln und Butterbrot (»Handkäs' mit Musik«), Hausmacher Wurst, Schinken- und Käsebrote, »Spundekäs« und andere Spezialitäten, gereicht. Zum →Federweißen, den manche Straußwirtschaften im Herbst ausschenken, ist der Zwiebel- oder Speckkuchen besonders beliebt. Die Winzer dürfen nur vier Monate im Jahr »zapfen«, das heißt ihren eigenen Wein ausschenken. Diese Frist wird jedoch nicht selten dadurch vervielfacht, daß andere, ebenfalls weinbergbesitzende Familienmitglieder den Ausschank unter ihrem Namen weiterführen. Weinfreunde schätzen nicht nur die niedrigen Preise für Speisen und Getränke, sondern vor allem die gemütliche, fast familiäre Atmosphäre.

streng Bezeichnung für unreife, →eckige, oft →trockene Weine. Der strenge Ausdruck kann von einem kleinen Jahrgang, schweren Böden oder aber von unsachgemäßer Pflege der Weine herrühren.

Strohwein In südlichen Weinbaugebieten wie zum Beispiel Trentino-Südtirol, im Elsaß und im französischen Jura aus getrockneten Trauben hergestellte Weine, die in ihrem Ausdruck →Dessertweinen oder gar →Trockenbeerenauslesen nahe kommen. Zur Erzeugung legt man gesunde, vollreife Trauben in gut durchlüfteten, warmen Räumen auf Stroh oder Schilf aus, bis die →Beeren ähnlich wie →Rosinen zusammenschrumpfen. Dabei findet in den Beeren eine Konzentration an →Zucker, →Säuren, →Bukett- und Extraktstoffen statt. Nach dem →Keltern werden die zuckerreichen Säfte vergoren. Sie gären sehr langsam, und die Weine bleiben süß. In Frankreich heißen sie Vin de Paille. In Deutschland ist die Herstellung von Strohweinen durch das →Weingesetz von 1971 nicht mehr erlaubt.

Strümpfelbach Ortsteil von Weinstadt. Weinort im Anbaugebiet →Württemberg, Bereich Remstal-Stuttgart. Großlagen: *Sonnenbühl, Wartbühl*. Einzellagen: *Altenberg, Gastenklinge, Nonnenberg*.

Stückfaß →Halbstück, →Faß.

stumpf Bezeichnung für Weine, die auf den Geschmacksorganen einen abstumpfenden, fast →adstringierenden Eindruck hinterlassen; bei sehr →säurereichen Weinen spricht man auch von einer stumpfen Säure (weil sie die Zähne stumpf macht). Ursachen können ähnliche Behandlungsfehler sein wie bei →gerbstoffreichen Weinen, zum Beispiel nicht erfolgtes →Abbeeren, zu starkes Pressen, langes Stehenlassen auf der →Maische. Auch zu lange Lagerung in Holzfässern und damit einhergehender Verlust an →Kohlensäure sowie zu starke Luftaufnahme können einen Wein stumpf werden lassen.

Sturm Österreichische Bezeichnung für Most, der bereits weitgehend zu Wein vergoren ist.

Stuttgart Hauptstadt von Baden-Württemberg mit Weinbau in vielen Stadtteilen. Großlage: *Weinsteige*. Einzellagen Stuttgart: *Kriegsberg, Mönchshalde*. Die Einzellagen der Stadtteile: Bad Cannstatt: *Berg, Halde, Herzogenberg, Mönchshalde, Mönchberg, Steinhalde, Zuckerle*. Degerloch: *Scharrenberg*. Feuerbach: *Berg*. Gaisburg: *Abelsberg*. Hedelfingen: *Lenzenberg*. Hofen: *Zuckerle*. Hohenheim: *Schloßberg*. Mühlhausen: *Steinhalde, Zuckerle*. Münster: *Berg, Steinhalde, Zuckerle*. Obertürkheim: *Ailenberg, Kirchberg*. Rohracker: *Lenzenberg*. Rotenberg: *Schloßberg*. Uhlbach: *Götzenberg, Schloßberg, Steingrube*. Untertürkheim: *Altenberg, Gips, Herzogenberg, Mönchberg, Schloßberg, Wetzstein*. Wangen: *Berg*. Zuffenhausen: *Berg*. Auf dem Killesberg wurde in den letzten Jahren wiederholt der Deutsche Weinkongreß mit →Intervitis abgehalten.

Stützmauern Ermöglichen den Anbau von Rebanlagen in extrem steilen Hängen: durch sie wird das Gefälle vermindert, die →Erosion verringert. Außerdem erleichtern sie die Arbeit in den Steilhängen, erlauben den Einsatz mechanischer Hilfsmittel. Das Errichten von Stützmauern ist mit hohen Kosten verbunden. Es rentiert sich heute ausschließlich in besonders wertvollen Lagen und auch dort nur in Verbindung mit einer →Flurbereinigung.

Südafrikanisches Gütesiegel

Südafrika 110.000 ha Rebfläche; 8 Millionen hl Wein, davon 60.000 hl Export; 750.000 dz Tafeltrauben, davon 450.000 dz Export; 300.000 dz Rosinen, davon 225.000 dz Export; jährlicher Pro-Kopf-Verbrauch 10 l.
Während die nordafrikanischen Weinbau-

länder fast ausschließlich rote Verschnittweine liefern, werden am Kap neben Tafeltrauben, Sultaninen und Rosinen von höchster Exportqualität so gut wie alle klassischen europäischen Weintypen nach Art von Port-, Sherry-, Muskateller-, Malmsey-, Burgunder-, Clairet- und Rheinwein hergestellt. Rund 80% der Weinbaufläche liegen im Umkreis von 200 km um Kapstadt zwischen dem 33. und 34. Grad südlicher Breite. Der Gründer der Kapkolonie, Jan van Riebeeck, brachte 1652 bereits Reben mit und pflanzte sie am Fuße des Tafelberges. 1688 wurde französischen Hugenotten im Weinland eine neue Heimat angeboten, und im weiteren waren es dann vor allem deutsche Weinbauern, die dem südafrikanischen Weinbau zu seiner heutigen modernen und technisch hochentwickelten Struktur verhalfen. Der von Anfang an stark betonte Export wurde 1918 durch die Gründung der KWV (Kooperative Wijnbouwers Vereniging) in feste Bahnen gelenkt. Diese halbstaatliche, genossenschaftliche Dachorganisation kontrolliert rund 100 lokale Winzergenossenschaften und den gesamten Handel von Weingütern (etwa 50) und Weinhandelsfirmen (etwa 30). 1957 wurde das Weinbaugebiet nach Herkunftsgesetzen der EG-Staaten in 13 Ursprungsgebiete aufgeteilt. Das Siegel »Certified-Gesertifiseer« erhalten Weine, die vom Wine und Spirit Board auf Ursprungs-, Jahrgangs- und Rebsortenreinheit untersucht und kontrolliert wurden. Von Klima, Boden und Weintyp her unterscheidet man zwei Hauptregionen: das unter dem Einfluß des Meeres gemäßigtere, regenreichere sogenannte Küstengebiet mit meist trockenen Weiß- und Rotweinen, sowie das regenärmere, heißere, durch Bergketten von der Küste getrennte Klein-Karoo mit hauptsächlich alkoholreichen Dessertweinen und feinen Sherrys und Ports. Tafeltrauben und Sultaninenanbau erstreckt sich über beide Gebiete bis zu vereinzelten kleinen Oasenkulturen am Oranjefluß und in Transvaal. Über 70% der Rebfläche nehmen die vier Hauptrebsorten Steen (→Chenin Blanc, 23%), White French (Palomino, 20%), Hermitage (→Cinsault, 16%) Hanepoot (→Muscat d'Alexandrie, 11%) ein. →Cabernet-Sauvignon (2,5%), →Riesling (1%), Colombard (3%) und →Clairette Blanche (3,4%) zeigen zunehmende Tendenz. Als Tafeltrauben werden hauptsächlich angebaut: Barlinka (45%), Waltham Croors (20%), Alphonse Lavallú (12%) und Queen of the Vineyard (5%).

Weinlandschaft in Südafrika.

Südburgenland Mit 459 ha Rebfläche das kleinste Weinbaugebiet im österreichischen → Burgenland; bis 1985 Weinbaugebiet Eisenberg. In Kessellagen gedeiht hauptsächlich →Blaufränkisch, aber auch →Welschriesling, der hier hervorragende Weißweine ergibt.

Südliche Weinstraße Bereich des bestimmten Anbaugebietes →Rheinpfalz.

Süd-Oststeiermark Bis 1985 Klöch-Oststeiermark. Weinbaugebiet in der österreichischen Weinbauregion →Steiermark. Rebfläche 1.005 ha. Hauptsächlich Weißweingebiet, wo auf steilen Rebhängen hoch geschätzte →Traminer und →Gewürztraminer, aber auch zarte Weine aus →Müller-Thurgau, →Welschriesling, →Ruländer und →Weißburgunder gedeihen.

Südsteiermark Größtes Weinbaugebiet der Region →Steiermark in Österreich mit einer Rebfläche von 1.561 ha. Die Weißweine werden im Grenzland mehr aus →Welschriesling hergestellt, auch Muskat-Sylvaner (→Sauvignon Blanc) ist eine Spezialität der Gegend, ebenso der →Muskateller. Im Sausalgebiet sind die Weine etwas härter.

Hauptrebsorten sind Rheinriesling (→Riesling), →Müller-Thurgau, →Weißburgunder, →Welschriesling. (→Sausaler Weinstraße).

Südsteirische Weinstraße Verläuft an der jugoslawischen Grenze entlang über Ratsch, Glanz, Pössnitz und Leutschach. Es ist die älteste Weinstraße der Steiermark und landschaftlich besonders reizvoll.

Südtirol Autonome Republik und deutschsprachiger Teil der italienischen Anbauregion →Trentino-Südtirol.

Südtiroler (it. Alto Adige) DOC für eine Reihe von Qualitätsweinen aus →Trentino-Südtirol. Auf dem Etikett steht jeweils die deutsche oder italienische Bezeichnung, gefolgt von der Rebsorte, aus der der Wein zu 95% stammt (Ausnahme: *Vernatsch* muß zu mindestens 85% aus der namengebenden Rebsorte hergestellt sein). Alle Weine stammen aus der Provinz Bozen. Die Weißweine: *Goldmuskateller (Moscato Giallo,* strohgelb, süß), *Weißburgunder (Pinot Bianco,* strohgelb, trocken), *Ruländer (Pinot Grigio,* strohgelb, sortentypisch), *Welschriesling (Riesling Italico,* grünlich bis blaßgelb, frisch), *Rheinriesling (Riesling Renano,* strohgelb bis grünlich, angenehme Säure), *Müller-Thurgau (Riesling* x *Sylvaner,* strohgelb bis grünlich, fruchtig), *Sylvaner* (strohgelb bis grünlich, delikate Frische), *Sauvignon* (gelb bis grünlich, fruchtig), *Gewürztraminer (Traminer Aromatico,* goldgelb, leicht bitter, aromatisch), *Chardonnay* (grünlich gelb, füllig). Die Rot- und Roseeweine: *Cabernet* (tiefrubinrot, leicht gerbstoffhaltig), *Lagrein Kretzer (Lagrein Rosato,* blaßrot, leicht), *Lagrein Dunkel (Lagrein Scuro,* tiefrubinrot, samtig), *Malvasier (Malvasia,* rubinrot mit orangen Reflexen, harmonisch), *Merlot* (rubinrot, trocken), *Rosenmuskateller (Moscato Rosa,* roseefarben, süß), *Blauburgunder (Pinot Nero,* rubinrot, weich mit bitterem Nachgeschmack), *Vernatsch (Schiava,* Trollinger, granatrot, leichter Mandelgeschmack), *Lagrein Kretzer* aus der Gemeinde Bozen kann den Zusatz *Lagrein di Gries/Grieser Lagrein* tragen. *Lagrein Dunkel, Blauburgunder* und *Merlot* können nach einem Jahr Lagerung als Riserva bezeichnet werden, *Cabernet* nach 2 Jahren. Aus Pinot Bianco und Chardonnay wird ein Schaumwein bereitet.

Südtiroler Weinstraße Verläuft durch das Gebiet vom →Kalterer See.

Südwein Ausdruck ohne gesetzliche Gültigkeit für Wein aus südlichen Ländern, wie →Madeira, →Portwein, →Sherry und andere, die nicht unbedingt süß sein müssen (zum Beispiel trockener Sherry).

süffig Bezeichnung für einen Wein, der sich leicht und gefällig trinkt, der gut mundet und zum Weitertrinken anregt. Damit ist nicht eine höhere Qualität ausgedrückt, sondern in der Regel ein netter, ansprechender Konsumwein gemeint.

suho (jug.) trocken.

Sulmer Rotweinrebe; Neuzüchtung der Staatlichen Lehr- und Versuchsanstalt für Wein-, Obst- und Gartenbau, Weinsberg, Kreuzung aus Blauer Limberger x Schwarzer Elbling, Zuchtnummer We S 351; zur Eintragung in die Sortenliste angemeldet. Bestockte Rebfläche in Deutschland: 2 ha.

Sultaninen →Rosinen aus großen weißen Weinbeeren.

Sulz Ortsteil von Lahr. Weinort im Anbaugebiet →Baden, Bereich Breisgau. Großlage: *Schutterlindenberg.* Einzellage: *Haselstaude.*

Sulzbach Ortsteil von Weinheim. Weinort im Anbaugebiet →Baden, Bereich Badische Bergstraße/Kraichgau. Großlage: *Rittersberg.* Einzellage: *Herrnwingert.*

Sülzbach Ortsteil von Obersulm. Weinort im Anbaugebiet →Württemberg, Bereich Württembergisch Unterland. Großlage: *Salzberg.* Einzellage: *Altenberg.*

Sulzburg Weinbauort im Anbaugebiet → Baden, Bereich Markgräflerland, mit Ortsteil → Laufen. Großlage: *Burg Neuenfels.* Einzellage: *Altenberg.*

Sulzfeld 1. Weinort im Anbaugebiet →Baden, Bereich Badische Bergstraße/Kraichgau. Großlage: *Stiftsberg.* Einzellagen: *Lerchenberg, Burg Ravensburger Husarenkappe, Burg Ravensburger Löchle, Burg Ravensburger Dicker Franz.*
2. Weinort im Anbaugebiet →Franken, Bereich Maindreieck. Großlage: *Hofrat.* Einzellagen: *Maustal, Cyriakusberg.*

Sulzheim Weinort im Anbaugebiet →Rheinhessen, Bereich Bingen. Großlage: *Adelberg.* Einzellagen: *Greifenberg, Honigberg, Schildberg.*

Superiore Nach den italienischen DOC-Bestimmungen ein Qualitätswein, der mehr Alkohol enthält und auch länger gelagert hat als ein Wein ohne diesen Zusatz.

sur lie (frz.) auf der Hefe. Weine werden nur sur lie, direkt von der Hefe, abgefüllt, wenn sie jung getrunken werden. Nach dem in der Schweiz »Neuenburger Methode« benannten

Verfahren beläßt man die Weine länger auf der Hefe als gewöhnlich. Die Hefe verbraucht Sauerstoff, der Wein ist so vor Oxidation geschützt und bewahrt seine Frische. Hinzu kommt noch eine leichte zweite Gärung, durch die der Wein leicht prickelt. Außer in →Neuenburg wird das Verfahren im →Wallis, in der →Waadt, in Frankreich bei →*Muscadet*, in Savoyen und im Elsaß angewandt.

Suser Bezeichnung für →Federweißer, die sich entweder aus →Sauser oder »süßer« (Most) entwickelt hat.

süß Neben den Begriffen →trocken, →halbtrocken und →lieblich offiziell erlaubte Geschmacksangabe zur Charakterisierung der Süße eines Weines. Steigerung von lieblich, ebenso wie dieser Begriff jedoch nicht im Restzuckergehalt gesetzlich festgelegt.

Süßdruck Schweizer und Südtiroler Bezeichnung für →Roseeweine.

Süßkrätzer Weniger gebräuchliche Bezeichnung für →Federweißer (auch Suser, Sauser, Bitzler, Rauscher).

Süßreserve Die Süßreserve dient dazu, einem durchgegorenen Wein je nach Art, Geschmack oder Notwendigkeit eine gewisse Süße zu verleihen. In diesem Falle wird die Hauptmenge des Mostes (80–95%) vollkommen vergoren und normal bis zur Flaschenreife ausgebaut. Der kleinere Anteil des Mostes (5–20%) wird als Süßreserve bereitet. Der dazu vorgesehene Most darf wie jeder Fruchsaft nicht gären, damit seine Süße erhalten bleibt.
Die Süßreserve kann nach folgenden Verfahren bereitet werden:
1. indem man die Hefen aus dem Most herausfiltriert und diesen bis zum Verbrauch in keimfreien Behältnissen lagert. Der Most kann mit 15 g/l →Kohlensäure imprägniert werden, wodurch die Hefen an der Vergärung des in den Süßreserven enthaltenen →Trauben- und Fruchtzuckers gehindert werden. Die Einlagerung erfolgt hier in druckfesten →Metallbehältern. Vor dem Verbrauch der Süßreserve wird die Kohlensäure wieder entfernt;
2. durch Erhitzen, Rückkühlung und anschließende Einlagerung des Mostes in keimfreien Behältnissen;
3. durch Heißeinlagerung;
4. Der Most kann auch mit 1.000–1.500 mg/l schwefliger Säure versetzt werden, die dann die Hefen an ihrer Vermehrung hindert. Vor dem Verbrauch wird durch physikalische Verfahren die schweflige Säure wieder entfernt. Die Süßreserve kann dann der durchgegorenen Hauptmenge je nach Bedarf vor der Flaschenfüllung wieder zugesetzt werden. Der Wein muß keimfrei in die Flaschen gefüllt werden, damit es nicht zur →Nachgärung kommt.

Süßweine Gesetzlich nicht fixierter Oberbegriff für Weine mit erhöhtem Zuckergehalt, oft verbunden mit erhöhtem Alkoholgehalt. Dazu gehören →Málaga und →Mavrodaphne, aber auch deutsche →Trockenbeerenauslesen, →Ausbruchweine, →Sauternes oder →Strohweine, die keinen Zusatz von Alkohol oder eingedicktem Most erhalten, also natursüß sind. Die natürlich süßen Luxusweine der Schweiz enthalten ebenfalls keinen Zusatz. Sie zeichnen sich durch hohen Restzucker- und Alkoholgehalt (mindestens 13 Vol.-%) aus. Die französischen »natursüßen« Weine (Vins doux naturels) dagegen sind eigentlich →Likörweine, denn sie werden durch Zusatz von Alkohol →abgestoppt, ebenso wie die bekanntesten →Dessertweine (→Mistelle, →Liquoroso, Vins de liqueur).

Sylvaner → Silvaner.

Syrah Französische Rotweinrebe von weltweiter Bedeutung, die in verschiedenen Gebieten der nördlichen →Côte du Rhône, aber auch in Südafrika, Australien und Kalifornien angebaut wird. Synonyme: Shiraz, Schiraz, Sevène. Der Legende nach sollen Teilnehmer der Kreuzzüge die Rebsorte aus der persischen Stadt Shiraz mit nach Tain l'Hermitage gebracht haben. Weine aus dieser Sorte haben ein ausdrucksvolles →Bukett und sind körperreich.

Syrien 100.000 ha Rebfläche; 8.000 hl Wein; 2,7 Millionen dz Tafeltrauben; 80.000 dz Rosinen.
Bei Latakia, Aleppo, Homs und Damaskus werden hauptsächlich Tafeltrauben und Rosinen erzeugt. Die Weinproduktion ist unbedeutend, die Weine kaum bekannt.

Szamorodni →Tokajer.

Szekszárd Ungarisches Rotweingebiet im Süden des Landes, auf einem Lößrücken an der Donau um die Stadt Szekszárd gelegen, mit feurig würzigen →Kadarkas und →Blaufränkisch (Kékfrankos)-Rotweinen.

Szürkebarát Ungarische Bezeichnung für →Ruländer.

T

Taburno Italienischer DOC-Rotwein aus →Kampanien. Der intensiv rubinrote Wein wird zu mindestens 85% aus →Aglianico sowie anderen in der Provinz zugelassenen Rebsorten gekeltert und darf erst ab 1. Oktober des auf die Lese folgenden Jahres in den Handel gebracht werden. Er schmeckt trocken, im Alter samtig. Er erhält das Prädikat Riserva, wenn er mindestens 3 Jahre gelagert wurde. Der gleichnamige *Rosato* ist schon früher trinkfertig.

Tâche, La Grand Cru innerhalb der Gemeinde →Vosne-Romanée in der burgundischen →Côte de Nuits.

Tafeltrauben Trauben sind seit alters auch Tafelobst. Sie sind wichtige Quellen der Mineralstoff- und Vitaminversorgung. 1 kg Trauben enthält rund 2.900 Joule (700 Kalorien). Seit der Antike kennt man Traubenkuren. Heute ist der Konsum an Tafeltrauben im Ansteigen, weil die moderne Lagertechnik eine Vermarktung während vieler Monate erlaubt. Trauben werden in der ersten Jahreshälfte sogar von der südlichen Halbkugel nach Europa gebracht. Die Welterzeugung an Tafeltrauben wird auf jährlich 6,5 Millionen t geschätzt. Dies ergibt einen Durchschnitt von 1,6 kg Tafeltrauben pro Kopf der Weltbevölkerung. In Deutschland werden Tafeltrauben nur in sehr begrenztem Umfang erzeugt. Winzer und Weinfreunde pflanzen gern Tafeltrauben an Hauswänden an. In klimatisch ungünstigen Ländern werden bis Island hin, hauptsächlich aber in Holland und Belgien, Tafeltrauben auch unter Glas gezogen. Trauben aus Glashäusern gehören zu den schönsten und teuersten der Welt.

Tafelwein In diese Güteklasse gehören die leichten, im Alkoholgehalt niedrigen, preiswerten Schoppenweine sowie die →Landweine, die zusätzlich bestimmte Voraussetzungen erfüllen müssen. Die Regelungen in den Ländern sind unterschiedlich.
Deutschland: Tafelwein muß ausschließlich von empfohlenen, zugelassenen Rebsorten stammen, einen natürlichen Mindestalkoholgehalt von 5 Vol.-%, bei badischen Weinen von 6 Vol.-% aufweisen und muß nach →Anreicherung einen vorhandenen Alkoholgehalt von mindestens 8,5 Vol.-% haben. Die Tafelweinbaugebiete wurden 1971 festgesetzt, später zum Teil neu aufgeteilt und umbenannt.

Für »Qualitätsweine und »Qualitätsweine mit Prädikat« dreizehn »bestimmte Anbaugebiete«	Für »Tafelweine« vier »Weinbaugebiete« und deren »Untergebiete«	
	»Weinbaugebiete«	»Untergebiete«
Ahr Hessische Bergstraße Franken Mittelrhein Nahe Rheingau Rheinpfalz	Rhein-Mosel	Rhein
Mosel-Saar-Ruwer		Mosel Saar
Franken	Bayern	Main Donau Lindau
Württemberg	Neckar	
Baden	Oberrhein	Römertor Burgengau
Elbe	–	–
Saale-Unstrut	–	–

Die Etiketten deutscher Tafelweine geben gesetzlich geregelte Informationen. Beispiel für weitestmögliche Kennzeichnung:

> Deutscher Tafelwein
> Weißwein
> Sonniger September
> Abgefüllt in der Weinkellerei A
> in B-Stadt
> 0,75 l 9% vol

Bei diesem Wein handelt es sich um einen Verschnitt aus Trauben, die in verschiedenen deutschen Tafelweinbaugebieten geerntet wurden. Da in diesem Fall keine engere geographische Bezeichnung als das Wort »deutsch« zulässig ist, muß der Wein als »Weißwein« oder »Rotwein« bezeichnet werden. Angabepflichtig sind auch die Weinart, wie Roseewein, Perlwein, und der Alkoholgehalt.

Beispiel für engstmögliche Kennzeichnung:

Deutscher Tafelwein
Rhein
1990er
Müller-Thurgau
Erzeugerabfüllung Winzer A
in B-Dorf
0,75 l 9% vol

Deutsche Tafelweine dürfen keine Lagennamen (Einzel- und Großlage), keine Gemeinde- oder Ortsteilnamen und keine Namen von bestimmten Anbaugebieten tragen. Diese Bezeichnungen sind ausschließlich den Qualitätsweinen vorbehalten. Auch die Angabe von Bereichsnamen ist verboten, es sei denn, ein Land hat auf die Einführung des Landweines verzichtet. Dies trifft zur Zeit noch auf Franken zu (→Deutschland).

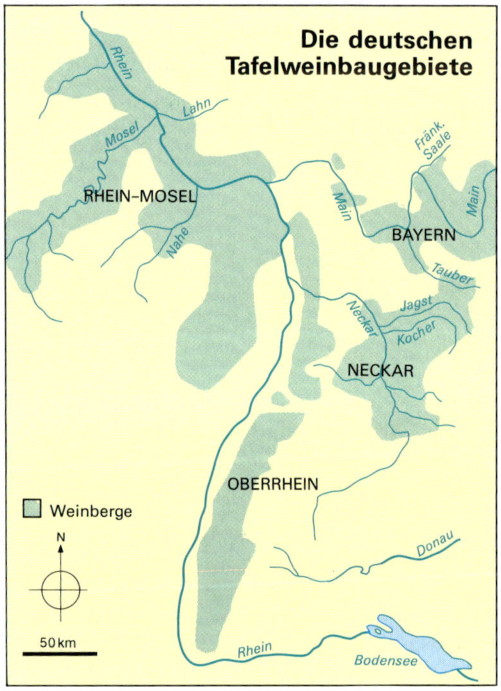

Österreich: Tafelwein oder Tischwein muß aus Trauben stammen, die mindestens 13° KMW (63° Oe) aufweisen; er darf nicht in 0,75-Liter-Flaschen abgefüllt werden (→Landwein).
Schweiz: Die Markenweine gehören hier zu den Tafelweinen. Phantasienamen dürfen nur zusammen mit der Rebsorte verwendet werden (wie zum Beispiel *Dôle »Château vieux«, Fendant »Pierrafeu«*) oder zusammen mit der Herkunftsbezeichnung (wie *Aigle »Les Murailles«, Luins »Bravade«, Hallauer »Chilcheweg«*). Diese Regelung bewahrt den Markenwein vor der Anonymität. Tischweine sind Konsumweine, die meist aus Verschnitten mit Auslandsweinen hergestellt werden.
Luxemburg: Alle Weine können als Tafelweine bezeichnet werden, die die →Marque Nationale nicht besitzen. Wein aus der Rebsorte →Elbling kann nur als Tafelwein vermarktet werden.
Frankreich: Die französischen Vins de Table, auch Vins de Consommation Courante genannt, machen etwa die Hälfte der französischen Weinproduktion aus. Sie werden fast ausschließlich im Land getrunken. Sie unterliegen keiner speziellen Klassifizierung. Um ein Minimum an Qualität zu garantieren, sind bestimmte Rebsorten, ein Mindestalkoholgehalt (8,5 oder 9 Vol.-%) und ein Mindestsäuregehalt (4,5 g/l) vorgeschrieben. Auf dem Etikett müssen die Bezeichnung »Vin de Table« und der Alkoholgehalt verzeichnet sein. Wenn sie den Namen eines Departements und den Aufdruck →Vin de Pays (Landwein oder Tafelwein bestimmter Herkunft) führen, zeigen sie oft einen bestimmten Gebietscharakter.
Italien: Tafelweine in Italien tragen seit 1973 die Bezeichnung Vino da Tavola. Man findet mitunter in dieser Klasse Weine, die den DOC- und DOCG-Weinen überlegen sind.
Tschechoslowakei: Es ist schwierig, die dortige Qualitätseinteilung auf die Einteilung in Qualitäts- und Tafelwein zu beziehen. Man unterscheidet zwei Weinkategorien, die untere sind Markenweine und die obere Weine mit Sortenbezeichnung (→Tschechoslowakei).
Ungarn: Gemäß dem Weingesetz von 1970 heißt der Tafelwein Pecsenye Bor (Bratenwein). Er muß zwischen 10,5 und 12 Vol.-% Alkohol aufweisen, Rebsorte und Herkunft müssen angegeben werden.
Rumänien: Durch die Norme Tehnice Nr. 41/1972 wurde die Einteilung in Güteklassen vorgenommen. Diese Klassifizierung unterscheidet zwei Tafelweinstufen: den Vin de Masa (Tischwein) und den Vin de Masa superior (gehobener Tischwein).

Tairnbach Ortsteil von Mühlhausen. Weinort im Anbaugebiet →Baden, Bereich Badische Bergstraße/Kraichgau. Großlage: *Mannaberg*. Einzellage: *Rosenberg*.

Talheim Weinort im Anbaugebiet →Württemberg, Bereich Württembergisch Unterland. Großlagen: *Kirchenweinberg, Staufenberg*. Einzellagen: *Hohe Eiche, Schloßberg, Sonnenberg, Stiftsberg*.

Taljanska Grassevina Jugoslawische Bezeichnung für →Welschriesling.

Tamara →Hildegardistraube.

Tank →Behälter, →Kunststoffbehälter, →Metallbehälter, → Betonbehälter.

Tankgärung Herstellungsverfahren für →Schaumwein, bei dem im Gegensatz zur →Flaschengärung die 2. Gärung in Großtanks erfolgt (→ Enthefen).

Tannat Noir Französische Rotweinrebe, die in Südfrankreich von den Alpen bis zu den Pyrenäen angebaut wird.

Tannenkirch Ortsteil von Kandern. Weinort im Anbaugebiet →Baden, Bereich Markgräflerland. Großlage: *Vogtei Rötteln*. Einzellage: *Steingäßle*.

Tannin 1. Zur Unterstützung anderer Schönungsmittel dient ein Zusatz von Tannin zum Wein, der vor allem bei gerbstoffarmen Weißweinen in Frage kommt. Die erlaubte Höchstmenge beträgt 10 g/hl. Die Beigabe von Tannin erfolgt im allgemeinen vor dem Zusatz des eigentlichen Schönungsmittels, meist →Gelatine. Die Anwendung von Tannin ist stark rückläufig, seitdem Kieselsol zur Weinbehandlung durch das Weingesetz zugelassen wurde. 8–10 Tage nach der Schönungsmittelgabe wird der Wein durch →Abstich vom Schönungstrub abgetrennt.
2. Gerbstoff.

Tanningeschmack →gerbstoffreich.

Tarforst Ortsteil von Trier. Weinort im Anbaugebiet →Mosel-Saar-Ruwer, Bereich Saar-Ruwer. Großlage: *Römerlay*. Einzellagen: *Andreasberg, St. Martiner Klosterberg*.

Tarragona Spanisches →DO-Gebiet von 33.500 ha Rebfläche mit Zentrum Tarragona in Katalonien. Übergebietlich bekannt sind Dessertweine, die hauptsächlich als Rotweine (Tintos) auf den Markt kommen.

Tartrate Salze der →Weinsäure (Acidum tartaricum). Sie können als →Weinstein oder weinsaures Kalzium im Most und vor allem im Wein ausfallen (→ Weinkristalle).

Tastevin Kleine runde silberne Schale zum Probieren von Rotweinen, in →Burgund gebräuchlich. Sie ist auch das Symbol der Confrérie des Chevaliers du Tastevin vom →Clos de Vougeot.

Tattendorf Niederösterreichischer Weinort im Weinbaugebiet →Thermenregion. Spezialität sind die im ganzen Land bekannten Tattendorfer Rotweine, hauptsächlich aus Blauem →Portugieser. Rebfläche: 200 ha.

Tauberbischofsheim Weinort im Anbaugebiet →Baden. Bereich Tauberfranken, mit den Ortsteilen →Impfingen, →Distelhausen, →Dittigheim, →Dittwar. Großlage: *Tauberklinge*. Einzellage: *Edelberg*.

Tauberfranken Bereich des bestimmten Anbaugebietes →Baden.

Tauberrettersheim Weinort im Anbaugebiet →Franken, Bereich Maindreieck. Einzellage: *Königin*.

Tauberschwarz Synonym für Blauer →Hängling.

Tauberzell Ortsteil von Adelshofen. Weinort im Anbaugebiet →Franken, Bereich Maindreieck. Großlage: *Markgraf Babenberg*. Einzellage: *Hasennestle*.

Taurasi Italienischer DOC-Rotwein aus →Kampanien, der aus mindestens 70% →Aglianico und höchstens 30% Piedirosso, →Barbera und →Sangiovese hergestellt wird. Der *Taurasi* ist intensiv rubinrot, trocken und hat eine aromatische →Blume. Prädikat Riserva bei mindestens dreijähriger Lagerung.

Tausengulden →Tausendgut.

Tausendgut (ung. Ezerjó) Alte ungarische Rebsorte, die überall in Ungarn angebaut wird, aber nur bei Mór Weine besserer Qualität mit angenehmer Säure hervorbringt (→Mór-Czászár).

Tavel Der berühmteste französische Roseewein aus dem gleichnamigen Dorf und AC-Gebiet in den →Côtes du Rhône, unweit Avignon. Er wird hauptsächlich aus →Grenache, mit einem Zusatz aus →Clairette, →Bourboulenc und →Picpoul sowie etwas →Cinsault und →Syrah gewonnen. Der Wein muß als Rosee gekeltert sein, um die AC zu bekommen, der Rotwein darf sich lediglich *Côtes-du-Rhône* nennen. *Tavel Rosé* enthält mehr Alkohol (12,5–14 Vol.-%) als andere Weine seiner Art, er ist hellrubinrot, fruchtig und leicht pfeffrig im Geschmack.

Tastevin

Tawny Englische Bezeichnung für »lohfarbenen«, also blaßroten →Portwein.

Teesdorf Niederösterreichischer Weinort im Weinbaugebiet →Thermenregion, der auf rund 100 ha hauptsächlich Rotweine aus Blauem →Portugieser hervorbringt, die häufig prämiert werden.

Teinturier Synonym für →Färbertraube.

Temmels Weinort im Anbaugebiet →Mosel-Saar-Ruwer, Bereich Obermosel. Großlage: *Gipfel*. Einzellagen: *St. Georgshof, Münsterstatt.*

Temperatur 1. *Lufttemperatur*: Wirkt anregend, steuernd oder auch hemmend auf →Wachstum und Entwicklung der Rebpflanze ein. Alle Lebensvorgänge des Weinstockes laufen in einem bestimmten Temperaturbereich besonders schnell und ausgeprägt ab (Temperatur-Optimum), werden aber nach Über- oder Unterschreiten von Grenztemperaturen verzögert oder gar beendet. Der Austrieb der Knospen im Frühjahr beginnt erst, wenn durchschnittliche Tagestemperaturen von 7–8°C erreicht werden. Diese Knospen (→Augen) waren aber bereits im Hochsommer des Vorjahres gebildet worden und mußten damals durch Wärme, lange tägliche Lichteinwirkung und hemmende Hormone am Austreiben gehindert werden. Die jungen →Triebe wachsen erst bei 10–12°C, das Optimum des →Wachstums liegt bei 25–30°C. Herrscht noch größere Hitze, bleibt das Wachstum wieder zurück. So hat jede Temperaturschwankung im Laufe des Jahres ihren ganz bestimmten Einfluß auf die einzelnen Entwicklungsphasen der Rebe.
2. *Trinktemperatur*: Temperaturen unter 7,5°C empfindet man auf der Zunge im allgemeinen als unangenehm kalt, um 8°C als kalt und von 10–12°C als angenehm kühl, während Getränke um oder über 20°C abgestanden schmecken. Die Spanne der Weinkosttemperatur reicht also von 8 bis 18°C. Zu kalte Weine sprechen nicht an, da die flüchtigen →Bukettstoffe, aber auch die →Extraktstoffe weniger zur Geltung kommen. Zuckerhaltige Weine probieren sich bei niedrigen Temperaturen süßer als sie sind. Bei zu hoher Temperatur kommen die Weine zu schnell, weil die flüchtigen Stoffe sehr rasch verdunsten. →Geschmacks- und →Geruchsstoffe, auch →Fehler und →Krankheiten treten stärker in Erscheinung. Die günstigen Kosttemperaturen liegen bei Weißweinen etwa um 11°C, →Auslesen und →Dessertweine probieren sich besser bei 13–15°C. Rotweine sollte man bei 16–18°C, →Schaum- und →Perlweine bei 8–10°C trinken. Das Temperieren muß so langsam wie möglich vorgenommen werden.
3. *Lagertemperaturen*: Weinlagertemperaturen zwischen 10 und 17°C sind ideal, und sie sollten möglichst konstant gehalten werden. Da deutsche Weine heute lagerfähiger sind als früher, vertragen sie für kürzere Zeit auch höhere Temperaturen, sollten jedoch nicht gerade neben der Heizung aufbewahrt werden. Im allgemeinen gilt: Je höher die Temperatur, desto schneller →altert ein Wein. Die Alterung des Weines ist jedoch noch von anderen Faktoren abhängig, zum Beispiel von dem Zustand, der Zusammensetzung und der Güte des Weines, dem →Flaschenverschluß und der Feuchtigkeit im Keller.

temperieren Das Temperieren von Wein muß immer behutsam vorgenommen werden. Rotwein darf nicht in heißes Wasser oder auf die Heizung. Weißwein nicht ins Tiefkühlfach oder den sehr kalten Kühlschrank gestellt werden, um schnell die richtige →Temperatur zu erreichen.

Tempranillo Spanische Rotweinrebe, die ausschließlich im →Rioja-Gebiet angebaut wird; sie stellt mit 60% den Hauptanteil beim Verschnitt der Rioja-Weine.

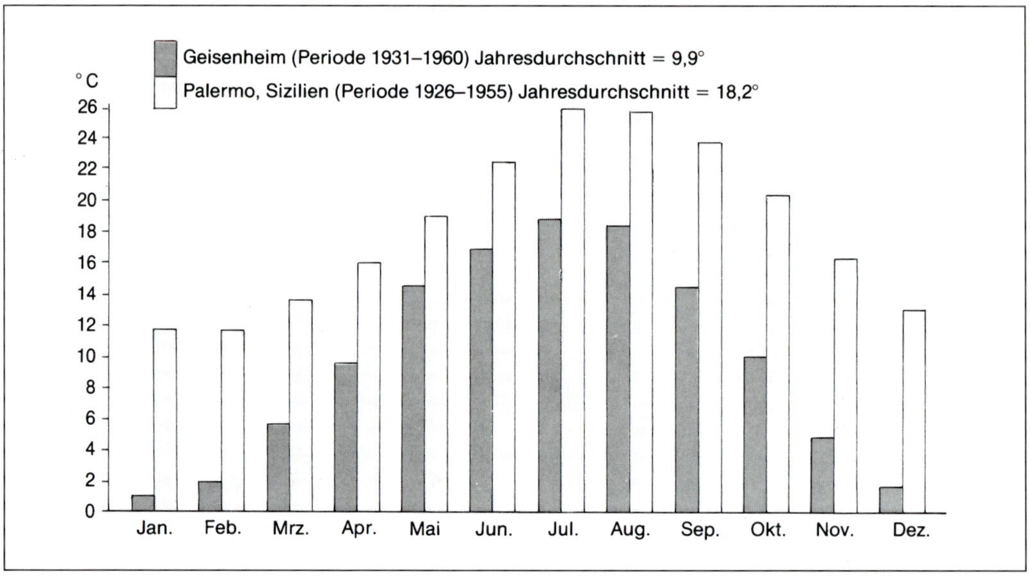

Terlaner (it. *Terlano*) Italienischer DOC-Weißwein aus →Trentino-Südtirol. Der blaßgelbe, fruchtige Wein wird zu 50% aus Weißem →Burgunder (Pinot Bianco), außerdem aus Weißem →Riesling (Riesling Renano), →Sauvignon, →Silvaner, →Müller-Thurgau und →Welschriesling (Riesling Italico) hergestellt. Terlaner Weine aus einer einzigen Rebsorte dürfen den Namen dieser Sorte an ihren Namen anhängen: *Weißburgunder* (grüngelb, trocken), *Welschriesling* (grüngelb bis goldgelb, charakteristisches Bukett), *Chardonnay* (grünlichgelb, delikat, voll), *Rheinriesling* (gelb, trocken, harmonisch), *Sauvignon* (grün- bis starkgelb, leicht aromatisch), *Sylvaner* (grüngelb, körperreich), *Müller-Thurgau* (hell strohgelb, leichter Muskatgeschmack).

Teroldego Italienische Rotweinrebe, nach der ein Rot- und Roseewein aus →Trentino-Südtirol (*Teroldego Rotaliano*) benannt ist. Die Weine sind rosa bis rubinrot, voll, leicht tanninhaltig und haben Mandelaroma. Riserva hat 2 Jahre Lagerung hinter sich.

Terralba (oder **Campidano di Terralba**) Italienischer DOC-Rotwein aus →Sardinien. Der intensiv rubinrote Wein ist trocken mit leicht bitterem Nachgeschmack. Er stammt aus →Bovale, →Greco Nero, →Monica und Pascale.

Terrassen Sie werden in Steillagen angelegt, um den Weinberg vor →Erosion zu schützen und die Bearbeitung zu erleichtern. Eine wichtige Rolle spielen dabei die →Stützmauern.

Terravin Bezeichnung für einen besonders hochwertigen →*Dorin* aus dem Schweizer Kanton →Waadt, der von 20 möglichen Punkten von einer Degustationskommission mindestens 18 bekommen hat.

Terret Noir Französische Rotweinrebe, die im →Roussillon- und →Châteauneuf-du-Pape-Gebiet verbreitet ist.

Tessin (it. Ticino) Schweizer Kanton mit überwiegend italienisch sprechender Bevölkerung und gleichnamigem Fluß. Auf rund 1.190 ha Rebfläche werden 75% europäische Rot- und 2% Weißweinsorten sowie 23% →Direktträger und →Americani angebaut. Weinbaulich unterteilt man das Tessin in das sogenannte Sottoceneri (Gebiet Luganese und Mendrisiotto) und in das nördlicher gelegene Sopraceneri um Giubiasco. Wegen der starken Niederschläge bevorzugt man Dachlaubenerziehung (→Pergola) und →Terrassenbau. Der Qualitätsruf des Weinbaues im Tessin litt nach der Reblausinvasion unter dem verstärkten Anbau amerikanischer Reben und Direktträger. Die im Bordeauxgebiet heimische Rebsorte →Merlot (gehaltvolle, kräftige Rotweine) wird seit Jahren im Anbau stark gefördert und verdrängt allmählich die einheimischen und die aus Italien stammenden Europäersorten, die sogenannten »Nostrani«. Im Jahr 1948 wurde für qualitativ hochstehende Merlotweine die Schutzmarke VITI (Vini Ticinesi) geschaffen, die für einwandfreie Qualität garantiert.

Tessiner Weinbäuerin

Tetrastigma Chandleri Wildrebe, die seit der Eiszeit ausgestorben ist.

Thallern Älteste österreichisches Weingut in der Region →Niederösterreich, Weinbaugebiet →Thermenregion gelegen. Zisterzienser des Stiftes Heiligenkreuz bewirtschaften seit dem 12. Jahrhundert das Gut nach dem Vorbild des burgundischen Weingutes Clos de Vougeot, in der Nähe ihres Mutterklosters Cîteaux. Spezialität ist der Spätrot-Rotgipfler. In Thallern finden Versammlungen der österreichischen Weinbruderschaft statt, und es werden Weinproben abgehalten.

Theilheim 1. Weinort im Anbaugebiet →Franken, Bereich Maindreieck. Großlage: *Ewig Leben*. Einzellage: *Altenberg*.
2. Ortsteil von Waigolshausen. Weinort im

Anbaugebiet →Franken, Bereich Maindreieck. Großlage: *Kirchberg*. Einzellage: *Mainleite*.

Theklatraube Weiße Tafeltraube; Neuzüchtung der Bayerischen Landesanstalt für Wein-, Obst- und Gartenbau. Würzburg; Kreuzung aus Müller-Thurgau x Siegerrebe, Zuchtnummer Wü B 48–21–3. Die Sorte reift sehr früh, trägt große Trauben mit gelben Beeren, die einen süßen, vanille-muskatartigen Geschmack haben.

Thermenregion 1985 aus den Anbaugebieten Gumpoldskirchen und Vöslau zusammengefaßtes Weinbaugebiet in →Niederösterreich. Rebfläche: rund 3.100 ha. Milde Temperaturen und schwere Kalkböden bestimmen den Charakter der Weine. Die Weißweine stammen aus →Neuburger und →Weißburgunder, die hier hervorragende Qualitäten erreichen. Die Blauen →Portugieser aus Bad Vöslau sowie →Rotgipfler und →Zierfandler gehören zu den Rotwein-Spezialitäten des Gebiets.

Thörnich Weinort im Anbaugebiet →Mosel-Saar-Ruwer, Bereich Bernkastel. Großlage: *St. Michael*. Einzellagen: *Enggaß, Ritsch, Schießlay*.

Thrakien und Marmara Türkische Weinbauregion, aus der die trockenen Weißweine *Doluca* und *Trakya beyaz sek* und der trockene Rotwein *Trakya kirmizi sek* stammen.

Thunerrebe Synonym für →Räuschling.

Thuner See Schweizer Weinbauinsel im Kanton →Bern. In Spiez und Oberhofen werden aus →Müller-Thurgau und Blauem →Spätburgunder frische, spritzige Weine erzeugt.

Thüngersheim Weinort im Anbaugebiet →Franken, Bereich Maindreieck. Großlage: *Ravensburg*. Einzellagen: *Johannisberg, Scharlachberg*.

Thurgau Schweizer Kanton mit Weinbau am Bodensee-Untersee und im Thurtal mit einer Rebfläche von rund 250 ha. Weinfelden, Ottenberg, Schlattingen und Eschenz sind die Weinbauzentren. Neben lieblichem, mildem Weiß- und fruchtigem Rotwein wird auch →Süßdruck (Rosee) hergestellt. Dem aus dem Thurgau stammenden Botaniker, Professor Müller-Thurgau, der an der staatlichen Schule für Wein-, Obst- und Gemüsebau in →Geisenheim und anschließend als Direktor der Eidgenössischen Versuchsanstalt für Obst- und Weinbau in Wädenswil am Zürichsee tätig war, verdankt die heute erfolgreich angebaute →Müller-Thurgau-Rebe ihren Namen.

Thurling Weißweinrebe; Neuzüchtung der Landesanstalt für Rebenzüchtung, Alzey; Kreuzung der Sorten Müller-Thurgau x Riesling; Zuchtnummer Az 4612. Der Name ist aus den Silben Thur(gau) und (Ries)ling gebildet. Bestockte Rebfläche in Deutschland: 9 ha.

Tiefenbach Ortsteil von Östringen. Weinort im Anbaugebiet →Baden, Bereich Badische Bergstraße/Kraichgau. Großlage: *Stiftsberg*. Einzellagen: *Schellenbrunnen, Spiegelberg*.

Tiefenstockheim Ortsteil von Seinsheim. Weinort im Anbaugebiet →Franken, Bereich Steigerwald. Einzellage: *Stiefel*.

Tiefenthal Weinort im Anbaugebiet →Rheinhessen, Bereich Bingen. Großlage: *Rheingrafenstein*. Einzellage: *Graukatz*.

Tiengen Stadtteil von Freiburg. Weinort im Anbaugebiet →Baden, Bereich Tuniberg. Großlage: *Attilafelsen*. Einzellage: *Rebtal*.

Tiergarten Ortsteil von Oberkirch. Weinort im Anbaugebiet →Baden, Bereich Ortenau. Großlage: *Fürsteneck*. Einzellage: *Schloßberg*.

Tinto de Requena →Bobal.

Tiragelikör →Fülldosage.

Tischwein →Tafelwein.

Tlemcen Altes algerisches Weinbaugebiet, aus dem gute Rotweine stammen (→Algerien).

Tocai Weißweinrebe, die vor allem in Venetien und Friaul verbreitet angebaut wird. Sie ist sehr ertragreich und liefert weiche, fruchtige Weine mit herbem Abgang. Die Rebsorte hat nichts mit den Rebsorten gemeinsam, aus denen der ungarische Tokajer bereitet wird.

Tocai di San Martino della Battaglia Italienischer DOC-Wein aus der →Lombardei; er ist hellgelb bis goldgelb, trocken und rund mit einem leicht bitteren Nachgeschmack.

Tokajer Berühmtester Wein Ungarns, der nur im geographisch abgegrenzten Anbaugebiet Tokaj-Hegyalja (Hegyalja ung. am Fuße des Berges gelegen), einem Gebiet von 4.900 ha und 28 Gemeinden, gewachsen sein darf. Der klassische Tokajer kommt unter drei Bezeichnungen in den Handel:
1. *Tokaji Aszú* (→Ausbruch, →Auslese). Ein-

getrocknete, edelfaule Beeren werden in Butten (15 kg) gelesen, unter geringem Druck zerquetscht und mit normal geerntetem Most, angegorenem Jungwein oder aus einem früheren Jahrgang stammendem Wein im ortsüblichen Gönczer-Faß (136 l) zusammen vergoren. Die Anzahl der beigefügten Butten der Trockenbeeren-Maische (Aszú-Teig, Zukkergehalt bis 60%) bestimmt die Qualität des Aszú und wird auf den Etiketten, je nach Zugabe, mit »2–6 Puttonyos« (Butten) angegeben. Der *Tokaji Aszú* ist ein delikater, an frische Brotkruste erinnernder, natürlicher, nicht aufgespriteter →Süßwein mit einem Alkoholgehalt von etwa 12% und einem Zuckergehalt von 30–60–90–120–150 g/l, der Buttenzahl entsprechend. Er wird aus den Rebsorten →Furmint und →Hárslevelü (Lindenblättriger) hergestellt. Man läßt den *Tokaji Aszú* im allgemeinen so viele Jahre im Keller reifen, wie er Butten Essenz enthält. Der *Tokaji Aszú* genoß jahrhundertelang Weltruf und wurde in kaiserlich deutschen und donaumonarchischen Apotheken sogar als Medizin feilgehalten. Heute gelingt es ihm nur schwer, diesen Ruf wieder zurückzugewinnen. Die für den Export bestimmten Tokajer werden in Ungarn original abgefüllt; ihr Etikett hat den Aufdruck »Export Monimpex Budapest-Hungary«. Über dem Flaschenhals ist ein rotweiß-grünes Papierband mit Kontrollnummer angebracht.
2. Beim *Tokaji Szamorodni* (szamorodne polnisch so wie gewachsen) wird keine Trockenbeeren-Essenz beigefügt, sondern die vollreifen Trauben werden als Spätlesen eingebracht. Der *Szamorodni Edes* (süß) ähnelt einer schweren deutschen Spätlese, während der *Szamorodni Száraz* (trocken) einem herben Appetitanreger mit Sherryton gleichkommt. Beide Tokajer-Typen werden in der langhalsigen, weißen Halbliterflasche abgefüllt.
3. Die gewöhnlichen Tokajer Trinkweine wie *Tokaji Furmint, Tokaji Hárslevelü, Tokaji Pecsenye Bor* (Tokajer Bratenwein) und *Tokaji Muskotályos* kommen in der normalen 0,75-Liter-Flasche in den Handel. Es sind markante Weine mit einer feinen Säure und leicht →oxidativem Charakter.

Tokajer-Gebiet Tschechoslowakisches Weinbaugebiet mit 412 ha Rebfläche. Es grenzt unmittelbar an das ungarische Tokajergebiet an und bringt in Aufmachung und Benennung die dem klassischen Tokajer entsprechenden Marken in den Handel: *Tokajské samorodné suché* (trocken) in der 0,7-Liter-Flasche; *Tokajské samorodné sladké* (süß) und *Tokajské vyber trojputnový* (dreibuttige Auslese), die beiden letztgenannten in der langhalsigen 0,5-Liter-Flasche.

Tokauer Synonym für Gelber →Furmint.

Tokay d'Alsace Bezeichnung für →Ruländer im Elsaß.

Tokayer Bezeichnung für →Ruländer in der Nord- und Ostschweiz.

Topfreben Frisch veredelte →Pfropfreben werden in kleine, mit Pflanzenerde gefüllte Töpfe gesetzt und im Treibhaus mit regelbaren Temperatur- und Feuchtigkeitsverhältnissen auf die Außenwelt vorbereitet. Die →Pflanzung der Topfreben im Weinberg erfolgt im Frühsommer. Topfreben und Kartonagereben helfen zwar ein Jahr der Rebenentwicklung einsparen, sind aber recht kostspielig und eignen sich daher nur zur →Rebenzüchtung, um keine wertvolle Zeit bei der Vermehrung neuer Sorten zu verlieren.

Torgiano Italienischer DOCG-Rot- und DOC-Weißwein aus →Umbrien. Das Gebiet erstreckt sich auf alluvialen Böden entlang der Flüsse Tiber und Chiascio. Der *Torgiano Rosso* wird aus 50–70% → Sangiovese, 15–30% →Canaiolo, 10% →Trebbiano Toscano, 10% Ciliegiolo und →Montepulciano gewonnen, ist rubinrot, trocken, mit einer delikaten Blume. *Torgiano Bianco* wird aus 50–70% Trebbiano Toscano, 15–35% →Grecchetto, 15% →Malvasia und Verdello gewonnen, ist strohgelb und fruchtig.

Torkel (auch **Torggel**) Bezeichnung für →Baumkeltern, die wohl ältesten bekannten Weinpressen (→Keltern).

Torres Vedras Portugiesisches Weinbaugebiet im Süden von Estremadura, das kräftige rote Tischweine erzeugt.

Toskana Geschichts- und kunstträchtige italienische Landschaft am Tyrrhenischen Meer in der nördlichen Mitte der Halbinsel mit Hauptstadt Florenz. Nach Sizilien, Apulien und Venetien die viertgrößte Weinregion Italiens. Aus der Toskana stammen 4 DOCG-Weine: →*Brunello di Montalcino*, →*Chianti* (mit *Chianti Classico*) →*Vino Nobile di Montepulciano* und *Carmignano*. DOC-Weine sind: *Bianco della Valdinievole*, →*Bianco di Pitigliano*, →*Bianco Pisano di S. Torpè*, →*Bianco Vergine Val di Chiana*, →*Bolgheri*, →*Candia dei Colli Apuani*, →*Colline Lucchesi*, →*Elba*, →*Montecarlo*, →*Montescudaio*, →*Morellino di Scansano*, →*Moscadello di Montalcino*, →*Parrina*, →*Pomino*, →*Rosso di Montalcino*, →*Val d'Arbia*.

tot Ein alter Wein, der völlig abgelebt ist, durch Zersetzung (meist → Oxidation) seiner

Inhaltsstoffe nicht mehr als →lebendiger Wein angesprochen werden kann und nicht mehr genießbar ist. Solche Weine haben die höchste Stufe der →Firne (Alterfirne) überschritten, sie sind »umgekippt«.

Touraine Ehemalige Provinz in Mittelfrankreich an der →Loire mit zahlreichen berühmten Schlössern. Bekannte AC-Gebiete sind →Vouvray, →Montlouis, →Chinon, →Bourgueil und →Saint-Nicolas-de-Bourgueil. An der Grenze von Touraine und →Anjou liegt das Gebiet der →Coteaux du Loir. Die Rotweine mit der allgemeinen AC Touraine sind hauptsächlich aus →Gamay, →Cabernet Franc und Sauvignon hergestellt, aber auch aus →Côt, →Grolleau und anderen. Die leichten, fruchtigen Roseeweine stammen aus Cabernet Franc, Cot, Gamay und Grolleau. Die trockenen bis milden Weißweine stammen hauptsächlich aus Pineau de la Loire (→Chenin Blanc), seltener aus →Sauvignon. Perlweine in Weiß (Pineau de la Loire), Rosee und Rot (aus Cabernet Franc) tragen ebenfalls die AC Touraine. Azay-le-Rideau, Amboise und Mesland dürfen ihre Gemeindenamen hinzusetzen.

Blatt vom Roten Traminer.

Tourbat →Malvoisie.

Tourigo Weißweinrebe, aus der in →Portugal der →*Vinho verde* gekeltert wird. Sie wird im Dão-Gebiet oft noch in Mischkultur angepflanzt.

Tours-sur-Marne Weinort in der →Champagne, dessen Gewächse für die Champagnerbereitung als Grands Crus klassifiziert sind, das heißt mit 100% bewertet werden.

Traben-Trarbach Weinort im Anbaugebiet →Mosel-Saar-Ruwer, Bereich Bernkastel, mit Ortsteil →Wolf.
Großlage: *Schwarzlay.* Einzellagen Traben: *Gaispfad, Zollturm, Königsberg, Kräuterhaus, Würzgarten.* Einzellagen Trarbach: *Burgberg, Schloßberg, Ungsberg, Hühnerberg, Kreuzberg, Taubenhaus.*

Träber →Trester.

Traisen Weinort im Anbaugebiet →Nahe, Bereich Schloß Böckelheim. Großlage: *Burgweg.* Einzellagen: *Bastei, Kickelskopf, Rotenfels, Nonnengarten.*

Traiskirchen Niederösterreichischer Weinort im Weinbaugebiet →Thermenregion mit rund 280 ha Rebfläche. Es werden hauptsächlich Weißweine, aber auch einige Rotweine hergestellt.

Traismauer Niederösterreichischer Weinort im Weinbaugebiet →Donauland-Carmuntum. Zentrum des Veltliner-Gebietes südlich des Ortes.

Trakia →Bulgarien.

Trakya beyaz sek, Trakya kirmizi sek →Thrakien.

Traminec (jug.) →Traminer.

Traminer, Roter (Gewürztraminer) Weißweinrebe. Die genaue Abstammung ist ungeklärt; man vermutet, daß der Traminer mit der von Plinius beschriebenen nomentanischen Rebe identisch sein könnte; selbst die Herkunft vom Weinort Tramin ist nicht bewiesen. Genauso wenig bewiesen ist die Rückführung des badischen Synonyms Clevner auf den oberitalienischen Ort Chiavenna. Trotz mangelnder Beweise haben diese Vermutungen ein gewisses Maß an Wahrscheinlichkeit. Es ist dagegen gesichert, daß die Rebsorte bereits um 1500 im Mischsatz in Deutschland angebaut wurde. Das Alter der Rebsorte wird durch zahlreiche Synonyme in In- und Ausland unterstrichen: Gewürztraminer, Clevner, Klävner, Dreimänner (Deutschland); Gentil-Duret Rouge, Gris Rouge, Savagnin Rosé, Rousselet (Frankreich); Savagnin (Schweiz). Ebenfalls ungeklärt ist die sortenmäßige Selbständigkeit von Rotem Traminer und Gewürztraminer, da sie sich ampelographisch nicht voneinander unterscheiden. Es steht jedoch fest, daß der Gewürztraminer intensivere Geschmacksnuancierungen aufweist. Der stärkere Gewürzton kann aber auch auf Klonenselektion beruhen oder auf den Einfluß von Bodenart, Lage, Klima und unterschiedlichen Ertragsverhältnissen zurückzuführen sein. Das Blatt ist klein, breit, dreilappig mit blasiger Oberfläche und stark behaarter Unterseite, die Trauben sind mittel bis klein, dichtbeerig mit kleinen, blaßroten bis dunkelroten Beeren und typischem Sortenbukett. Das Holz ist dünn, engknotig, braun mit graublauem Anflug, die Holzausreife gut, daher auch gute Frosthärte; der Wuchs ist mittelstark. Die Reife erfolgt mittelspät. Die Rebe stellt hohe Ansprüche an Lage und Boden, letzterer soll leicht erwärmbar, tiefgründig und nicht zu trocken sein. Bestockte Rebfläche in Deutschland: 832 ha.
Der Ertrag ist unsicher, eher klein, erreicht im Schnitt 50 hl/ha; die Mostgewichte sind hoch (80–100° Oe), die Säurewerte schwanken um 8‰. Bei sehr später Lese, hohen Mostgewichten (über 90° Oe) und nicht zu niedriger Säure werden würzige, körperreiche, nach Wildrosen duftende Weine gewonnen, die

mit Recht zu den Spitzenweinen gerechnet werden.

Transpiration Wasserabgabe der Pflanze an ihre Umgebung. Sie bewirkt ein Wasserdefizit an den Orten der Abgabe (Blätter), erzeugt eine Saugspannung im Kreislauf der Pflanze und ermöglicht eine erneute Wasseraufnahme in den Wurzeln. Als treibende Kraft des Pflanzenkreislaufes dient sie auch der Aufnahme von →Nährstoffen und deren Transport. Der größte Teil der Transpiration erfolgt über kleine regulierbare Spaltöffnungen (Stomata) in den Blättern, deren Öffnungsweite von Luftfeuchtigkeit, →Temperatur und →Licht der Außenwelt abhängig ist. Die Transpiration bewirkt auch eine Kühlung der transpirierenden Organe (Blätter, Beeren) und verhindert bei starker Sonneneinstrahlung →Hitzeschäden.

Transsilvanien →Siebenbürgen.

Transvasionsverfahren Bezeichnung für die Filterenthefung (→Enthefen) von Schaumwein, meist im Zusammenhang mit dem →Flaschengärverfahren benutzt, obgleich eine Transvasion, das heißt Umfüllung, auch nach der →Großraumgärung stattfindet.

Traube Fruchtstand des Weinstockes. Den Traubenstiel und seine rispenförmig verzweigten Äste nennt man →Kamm oder Rappen; er trägt die einzelnen Früchte, die →Beeren. Vor der →Befruchtung der →Blüten bezeichnet man den Fruchtstand als →Geschein. Die Form der Trauben ist je nach Rebsorte unterschiedlich: sie kann kurz, gedrungen, dichtgepackt oder lang, locker und verästelt sein; sie kann walzenförmig oder mit ein bis zwei ausgeprägten Schultern versehen sein, und sie kann lange, kurze oder fast ansatzlose Stiele besitzen.

Traubenbukett Manche Bukettstoffe werden schon in den reifenden Trauben gebildet, sie sind für die Güte des Weines besonders ausschlaggebend und werden als »primäres« Traubenbukett bezeichnet. Die Art und Intensität dieses Buketts ist in besonderem Maße von der Rebsorte abhängig, weshalb man beim Wein auch von →Sortenbukett spricht. Mit dem Reifegrad der Trauben verändert sich das Bukett ganz außerordentlich. Das »sekundäre« Traubenbukett wird während der →Gärung durch die Enzyme der →Hefen aus Bestandteilen des Traubensaftes gebildet.

Traubendrücker Herbstnebel und Tau in den nördlichen Weinbaugebieten.

Traubenernte →Traubenlese.

Traubenfäule Verursacht durch verschiedene Schimmelpilze, kann es bei ungünstiger, meist zu feuchter Witterung zur Fäulnisbildung an den noch nicht geernteten Trauben kommen. Je nach Krankheitserreger oder Zeitpunkt der Fäulnis unterscheidet man dann → Edelfäule (→Botrytis cinerea), Graufäule, →Grünfäule, →Rohfäule, Sauerfäule und →Stielfäule.

Traubenkern In der Beere findet man bei unseren Traubensorten 2–3 Kerne (Samen). Kernlose Sorten werden →Rosinen genannt. Die länglichen, grau bis braun gefärbten Kerne enthalten neben Eiweiß (6%), Kohlehydraten und Fett (15%) auch Gerbstoffe (4–5%). Preßt man entrappte Maischen zu stark aus, treten die Gerbsäuren aus den zerdrückten Kernen aus und verleihen dem Most einen strengen Bitterton. Aus frischen Kernen läßt sich ein wohlschmeckendes Öl (Traubenkernöl) gewinnen.

Maschinelle Traubenlese.

Traubenlese Übliche Bezeichnung für die Traubenernte, auch Weinlese oder einfach Lese, Herbst oder Herbsten. In den europäischen Weinbauländern ist der Lesezeitpunkt durch Gesetze geregelt. In Deutschland dürfen Weintrauben laut Verordnung erst gelesen werden, »wenn sie unter Berücksichtigung der Witterung, der Rebsorte und des Standortes die in den betreffenden Jahren erreichbare Reife erlangt haben. Dies gilt nicht, wenn eine Lese infolge ungünstiger Witterung oder sonstiger nicht zu vertretender Umstände zur Sicherung der Ernte vor der Reife zwingend notwendig ist.« Die einzelnen Bundesländer sind durch das Weingesetz ermächtigt, den Lesezeitpunkt festzulegen. In den meisten Weinbaugemeinden gibt es hierfür Lese- oder

Herbstausschüsse, die den Behörden beratend zur Seite stehen. Weintrauben, die zur Herstellung von →Qualitätswein mit Prädikat vorgesehen sind, dürfen nur nach vorheriger Leseanzeige bei der zuständigen Gemeinde geerntet werden. Frühreife Traubensorten, wie zum Beispiel →Müller-Thurgau oder einige →Neuzüchtungen, werden in einer Vorlese, spätreife (voll- und edelreife) Trauben in einer Spätlese geerntet. Dazwischen findet die Hauptlese statt. Die Gesamtdauer einer Weinlese innerhalb einer Gemeinde, besonders wenn in großen Jahren bis in den Dezember/Januar hinein noch Trauben für →Eisweine geerntet werden, kann über drei Monate dauern.

Lesegut aus maschineller Traubenlese.

Die Trauben werden mit einer Traubenschere vom Weinstock geschnitten und in kleinen Bütten aus Holz oder Kunststoff gesammelt. An den Lesebütten sind seitlich oft noch kleine Gefäße befestigt, in die edelfaule Beeren ausgelesen werden. Bei der Ernte von Rotweintrauben werden faule Beeren ausgesondert, weil sie die Farbreinheit der Rotweine beeinträchtigen. Mit großen →Butten (Logeln, Legeln, Hotten) werden die Trauben dann aus dem Weinberg getragen, meistens gleich gemahlen und dann in Maischewagen oder -fässern, offenen Holzbütten, Kunststoff- oder Stahlwannen ins Kelterhaus gefahren. Eine vollmechanisierte Traubenernte, wie sie in Kalifornien, Frankreich und seit 1977 auch in Deutschland praktiziert wird, hat den Nachteil, daß die Zeilenabstände groß sein müssen (daher kleinere Erträge pro Flächeneinheit) und kein Sortieren des Lesegutes nach Reifegrad und Gesundheitszustand möglich ist.

Traubenmaische → Maische.

Traubenmost (auch einfach **Most**) Aus frischen Weintrauben auf natürlichem Wege oder durch physikalische Verfahren gewonnenes flüssiges Erzeugnis. Wird auch – obgleich weingesetzlich nicht ganz exakt – als →Traubensaft bezeichnet.

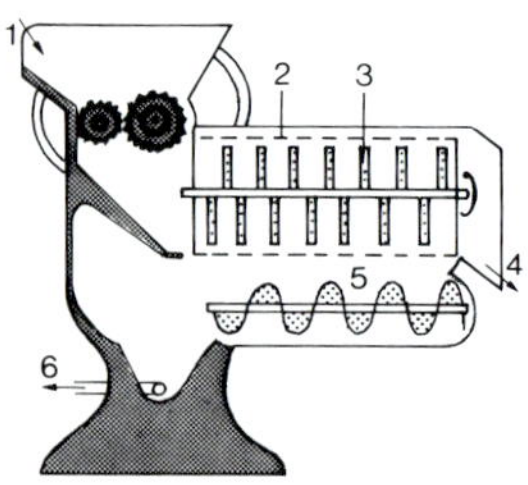

Traubenmühle:
1. Eingabe der Trauben,
2. zylindrische Trommel,
3. Abberplatten,
4. Ausgang der Rappen,
5. Schraube,
6. Mostausgang.

Traubenmühle Zum → Mahlen der Trauben stehen verschiedene Typen von Mühlen zur Verfügung, die allesamt als Quetschmühlen arbeiten müssen, damit nur die Beeren, nicht aber die Kerne (oder →Kämme) aufgerissen und gequetscht werden. Keinesfalls dürfen Reibemühlen oder Fräsen eingesetzt werden, die beim Zerkleinern von Kernobst (zum Beispiel Äpfeln) Verwendung finden. Von den verschiedenen Bauarten sind die alten Zylinderwalzen-, die Kugelwalzen- und die Flügelwalzenmühlen (Profil- oder Sternwalzenmühlen) die wichtigsten. Die Flügelwalzenmühlen, die mit Vier-, Sechs- oder Achtflügelwalzen arbeiten, sind heute am weitesten verbreitet. Der Walzenabstand beträgt bei allen Typen etwa 5 Millimeter, ist normalerweise verstellbar und richtet sich nach Traubensorte und Beschaffenheit des Lesegutes. Auch muß berücksichtigt werden, ob die Trauben vor dem Mahlen →abgebeert oder die Kämme mitgemahlen werden. Vielfach sind moderne Traubenmühlen bereits mit einer vorgeschalteten Abbeereinrichtung kombiniert. Während Zylinder- und Kegelwalzenmühlen oft noch handbetrieben werden, arbeiten Flügelwalzenmühlen durchweg mit Elektroantrieb. Die Mühlen können besonders bei kleineren Ausführungen tragbar auf Holmen oder aber in Großbetrieben im Kelterhaus fest montiert sein.

Traubensaft Laut Weingesetz der nicht gegorene, aber gärfähige Traubenmost, der so behandelt wurde, daß er in unverändertem Zustand zum Verzehr geeignet ist und einen vorhandenen Alkoholgehalt von höchstens 1 Vol.-% (8 g/l) aufweist. Im Gegensatz dazu darf Traubenmost (Most) gar keinen Alkohol enthalten. Der Saft, der beim Pressen von der →Kelter abfließt, ist eine trübe, süße – auch bei den meisten Rotweintrauben – helle, gelbliche bis rötliche Flüssigkeit. Beim Stehenlassen in der Kälte klärt er sich allmählich unter Absetzen des →Trubes, der hauptsächlich aus kleinen Fruchtfleischteilchen der Beeren, aus → Hefen und Schmutzteilchen besteht. Die Qualität eines Mostes hängt von der Traubensorte und dem Gesundheits- und Reifezustand der Trauben, der seinerseits witterungs- und lagebedingt ist, ab. Ein Maß für die Qualität eines Traubensaftes ist sein →spezifisches Gewicht (Dichte), das die Grundlage zur Berechnung des →Mostgewichtes (in Oechslegraden) ist. Die Qualität des Saftes ist um so besser, je höher sein Mostgewicht ist. Letzteres nämlich wird hauptsächlich durch den Zucker bedingt, aus dem später bei der →Gärung →Alkohol, →Kohlensäure und andere wichtige Weininhaltsstoffe entstehen. Die Hauptbestandteile eines Traubensaftes sind neben Wasser (etwa 780–850 g/l) →Zucker (etwa 120–250 g/l), →Säuren (etwa 6–20 g/l) und →Mineralstoffe (etwa 2,5–3,5 g/l). Andere Inhaltsstoffe (→Bukettstoffe, →Farbstoffe, →Vitamine, Eiweiße) sind nur in sehr kleinen Mengen vorhanden.

Traubensaft-Konzentrat Durch Verdampfen des im Traubenmost enthaltenen Wassers gewonnene Konzentrate, die zu Sirup eingedickt und karamelisiert werden können. Bei den Muselmanen sind solche Konzentrate als süße Nahrung üblich, die mit kalkhaltiger Erde entsäuert werden (Pekmez in der Türkei). Nomadenvölker mischen solche Konzentrate mit Mehl. In Syrien gibt es ein trockenes, solides Konzentrat aus Traubensaft, das Malban genannt wird. Bei der Überproduktion von billigen Trauben in verschiedenen Teilen der Erde könnte mit Traubensaft-Konzentrat der Hunger in der Welt effektiv bekämpft werden.

Traubensäure Die Traubensäure (die nichts mit der Gesamtheit der →Säuren in der Traube zu tun hat!) ist ein Gemisch aus gleichen Teilen der »linksdrehenden« und der »rechtsdrehenden« →Weinsäure, das man in der Fachsprache als Racemat bezeichnet. Weder die Traubensäure noch die rechtsdrehende (+)-Weinsäure kommen in Weintrauben noch sonstwo in der Natur vor. Sie sind nur synthetisch zugänglich, weshalb ihre Namen etwas irreführend sind.

Traubentransport Die notwendige Arbeitseinsparung im Weinbau zwingt viele Betriebe, neue Wege bei der →Traubenlese und dem Traubentransport zu finden. Üblicherweise trägt man die Trauben mit dem Legel aus dem Weinberg und kippt sie dann in Bütten, die auf Transportfahrzeugen bereitstehen. Heute gibt es Möglichkeiten, mit Schmalspur-Schleppern kleinere Transporteinheiten direkt aus dem Weinberg herauszufahren und das Lesegut mit hydraulischer Kraft in große Transportbehälter auszuleeren. Diese werden in der Kelterhalle dann mit Hilfe von Hebe-, Kipp- oder Saugsystemen entleert. Technisch noch weiter entwickelt sind die Maische-Tankwagen. Hier mahlt man die Trauben bereits im Weinberg und füllt die →Maische in den geschlossenen Tank, der dann im Kelterhaus ebenfalls über die eingebaute Maischepumpe entleert werden kann. Einen Ausblick in die Zukunft bietet die fahrbare Traubenpresse, mit der bereits in der Rebgasse die Trauben gesammelt und entsaftet werden. Der fertige →Most braucht dann nur noch in Tanks abgefahren und in den Keller eingelagert zu werden.

Traubenwickler Rebschädling, von den Winzern auch Heu- oder Sauerwurm genannt. Durch Fraß- und Spinntätigkeit kann er erheblichen Schaden anrichten. Wird mit Insektiziden bekämpft.

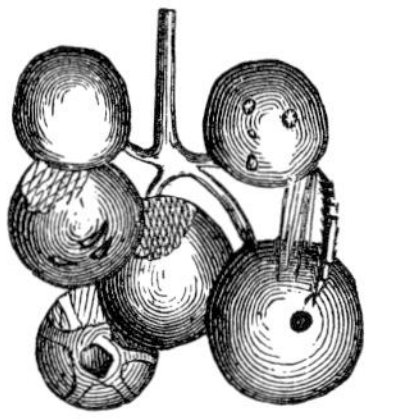

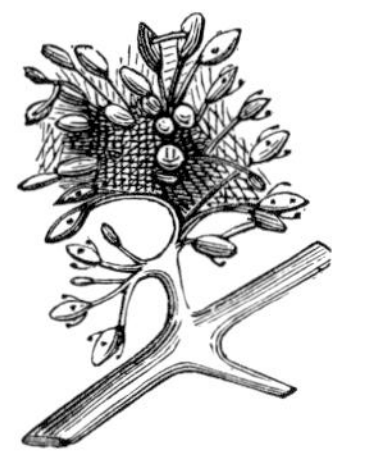

Fraß- und Spinntätigkeit des Traubenwicklers.

Traubenzucker (auch **Glucose** oder **Dextrose**) Findet sich zusammen mit dem →Fruchtzucker im Saft vieler süßer Früchte. Im →Traubensaft liegt er mit Fruchtzucker etwa im Verhältnis 1:1 vor. Er ist leicht wasserlöslich, hat die gleiche chemische Summenformel wie Fruchtzucker ($C_6H_{12}O_6$), süßt jedoch nur etwa halb so stark wie dieser oder →Rohrzucker. Durch →Hefen wird er etwas rascher als Fruchtzucker vergoren, wobei hauptsächlich →Alkohol und →Kohlensäure, etwa im gleichen Gewichtsverhältnis, entstehen. Ein Gemisch aus gleichen Teilen Trauben- und Fruchtzucker nennt man →Invertzucker; man erhält es, wenn man Rohrzucker chemisch aufspaltet.

Trebbiano Wichtige Weißweinrebe, deren Anbau sich über ganz Italien erstreckt. (Als →Ugni Blanc wird sie noch in einer Reihe anderer Länder angebaut.) Aus ihr werden so bekannte Weine wie →*Orvieto*, →*Soave*, →*Lugana* und →*Bianco di Custoza* gewonnen. Die Weine sind aufgrund der Herkünfte sehr unterschiedlich; sie decken die gesamte Skala der Weine von hellgrünlicher bis tiefgoldener Tönung sowie von leichter, harmonisch feiner, säurebetonter bis körperreicher, schwerer, alkoholreicher Art ab.

Trebbiano d'Abruzzo Italienischer DOC-Weißwein aus dem Gebiet →Abruzzen/Molise, hauptsächlich aus Trebbiano d'Abruzzo oder →Bombino und/oder Trebbiano Toscano. Der strohgelbe Wein ist trocken und weich im Geschmack.

Trebbiano di Romagna Italienischer DOC-Weißwein aus der Region →Emilia-Romagna aus der gleichnamigen →Trebbiano-Sorte. Der angenehme strohgelbe Wein schmeckt leicht säurebetont und frisch. Unter dem gleichen Namen gibt es auch einen Schaumwein.

Treber →Trester.

Trechtingshausen Weinort im Anbaugebiet →Mittelrhein, Bereich Bacharach. Großlage: *Schloß Reichenstein*. Einzellage: *Morgenbachtaler*.

Trentino Italienische DOC-Rot, -Rosee- und -Weißweine aus der Region →Trentino-Südtirol. Der *Trentino Rosso* stammt zum Großteil aus →Cabernet Franc und/oder →Cabernet-Sauvignon sowie →Merlot und

schmeckt voll und harmonisch. Der trockene, harmonische *Trentino Bianco* stammt zum Großteil aus →Chardonnay und →Pinot Bianco. Die übrigen Weine, die unter dieser Herkunftsbezeichnung in den Handel kommen, werden mit der Rebsorte bezeichnet, aus der sie zu 100% stammen. Die Rot- und Roseeweine: *Cabernet* (aus Cabernet Franc und Cabernet-Sauvignon; trocken, kernig, tanninbetont), *Cabernet Franc* (rubinrot, voll), *Cabernet-Sauvignon* (trocken, fruchtig), *Lagrein Kretzer* oder *Lagrein Rosato* (hellrot, fruchtig), *Lagrein Dunkel* oder *Lagrein Rubino* (rubinrot, mild), *Marzemino* (leicht bitter, voll), *Merlot* (würzig, elegant), *Moscato Rosa* (hellrot, süß, füllig), *Pinot Nero* (Mandelgeschmack, charaktervoll). Die Weißweine: *Chardonnay* (hell, trocken, harmonisch), *Moscato Giallo* (süß, kräftig, Muskatgeschmack), *Müller-Thurgau* (trocken, frisch), *Nosiola* (trocken, sortentypisch), *Pinot Bianco* (geschmeidig, trocken), *Pinot Grigio* (strohfarben, voll), *Riesling Italico* (feiner Duft, frisch), *Riesling Renano* (säurebetont, fruchtig), *Traminer Aromatico* (gehaltvoll, aromatisch). Der Vin Santo stammt aus Nosiola, hat ein typisches Trockenbeerenaroma, ist süß und dabei rassig. Von einigen Rotweinen gibt es Riserva-Weine, einige Weißweine werden auch als Schaumweine angeboten.

Trentino-Südtirol Italienische Weinregion im äußersten Norden des Landes. Im Tal des Eisack wurden Gegenstände gefunden, die den Weinbau in vorrömischer Zeit beweisen. Die DOC-Qualitätsweine werden in großen Mengen nach Deutschland, Österreich und in die Schweiz ausgeführt. DOC-Weine sind: →*Südtiroler*, →*Kalterer See*, →*Casteller*, →*Bozner Leiten*, →*Meraner*, →*Sankt Magdalener*, →*Sorni*, →*Terlaner*, →*Teroldego Rotaliano*, →*Trentino*, →*Etschtaler*, →*Eisacktaler*.

Trester (Träber, Treber, Lauer) Beim →Keltern (Pressen) von →Maische anfallende, mehr oder weniger feste Rückstände. Sie bestehen überwiegend aus Beerenschalen (etwa 50% der feuchten Trester), Kernen (etwa 25%) und →Kämmen (etwa 25%). Beim Pressen von unvergorener Weißweinmaische erhält man »süße« Trester, die noch etwas →Zucker enthalten. Beim Auspressen bereits vergorener Rotweinmaische (→Maischegärung) bleiben dagegen »vergorene« Trester zurück, die etwas →Alkohol enthalten. Die Menge der beim Keltern anfallenden Trester hängt nicht nur von der Leistung (dem Druck) der Pressen, sondern auch von der Beschaffenheit der Maische ab. Im Durchschnitt kann man mit etwa 25 kg Trester bei 100 l Maische rechnen. Aus Trester werden →Tresterwein oder →Tresterbranntwein sowie Düngemittel gewonnen. Die Herstellung von Traubenkernöl aus Trester, die während der Kriegsjahre üblich war, spielt heute praktisch keine Rolle mehr.

Tresterbranntwein Durch Abbrennen (→Destillation) vergorener →Trester von Rotweinmaische sowie nachträglich vergorener süßer Weißweintrester erzeugter Branntwein, auch Tresterschnaps oder in manchen Gegenden einfach Trestern genannt. Er unterscheidet sich, wie auch der →Hefebranntwein, von →Weinbrand durch einen höheren Gehalt an →Fuselöl und Önanäther, die andere Geruchsstoffe so stark überlagern, daß er nicht zur Herstellung von Likören oder »Geistern« (zum Beispiel Himbeergeist) verwendet werden kann. Aus 100 kg Trester können insgesamt etwa 7–9 l Tresterbranntwein mit 50 Vol.-% gewonnen werden. Die Güte des Branntweines hängt von der Beschaffenheit des Tresters und der Technik des Brennens ab. Damit die Trester nicht essigstichig werden, verschimmeln oder faulen, müssen sie bis zur Verarbeitung sorgfältig aufbewahrt werden. Durch längeres Lagern (2 Jahre und länger) wird die Qualität eines Tresterbranntweines erheblich gesteigert, er wird geschmacklich milder und weicher, im Geruch etwas blumiger, nimmt eine ölige Konsistenz und eine leicht gelbliche Färbung an. In Frankreich nennt man ihn Marc, in Italien Grappa.

Trestergeschmack (auch **Tresterhärte**, **Kamm**- oder **Rappengeschmack**) Tritt auf, wenn Weißweine zu lange auf der →Maische gestanden haben oder sogar schon auf der Maische angärten, oder wenn vergorene Rotweinmaische zu spät abgepreßt wurde. Kann auch die Folge von zu starkem Preßdruck (beim Keltern) oder Zerquetschen von Traubenkernen und Rappen beim →Mahlen sein. Besonders die aus dem →Trester gewonnenen →Tresterweine neigen zu diesem herben, grasigen, zusammenziehenden (→adstringierenden) Geschmack. Je unreifer das Lesegut war, desto stärker tritt der Fremdgeschmack auf. Ursache hierfür ist die erhöhte Aufnahme von Bitter- und →Gerbstoffen, die in den Kämmen, Traubenkernen und Beerenhülsen enthalten sind und durch unsachgemäße Verarbeitung in den Most oder Wein gelangen.

Tresterkuchen Früher wurden zum Auspressen der Trauben sogenannte Vertikalkeltern eingesetzt; der feste Rückstand (→Trester) hatte dann die äußere Form eines großen Kuchens, weshalb man ihn als

Tresterkuchen bezeichnete, aber auch die in den heute mehr gebräuchlichen Horizontalpressen anfallenden Trester werden noch so genannt. Das Auflockern des Tresterkuchens vor einem weiteren Preßvorgang des gleichen Kelterinhaltes (dem Nachdruck) nennt man Scheitern.

Zum Bild links: Trester werden als organischer Dünger kompostiert.

Trestern → Tresterbranntwein.

Tresterschnaps → Tresterbranntwein.

Tresterwein (Treberwein, Nachwein) Wird aus →Trester durch Auslaugen mit Wasser, unter Zugabe von Zucker, und anschließende →Gärung gewonnen; weingesetzlich nur als Haustrunk, das heißt zur Selbstversorgung der Familie des Winzers zugelassen. Man übergießt die frisch aus der →Kelter kommenden Trester mit Wasser (auf 30 kg Trester rechnet man etwa 60 bis 70 l Wasser), läßt unter mehrmaligem Durchstampfen 1–3 Tage ziehen, schwefelt und preßt noch einmal ab. Zu diesem »Nachdruck«, der dann ein →Mostgewicht von etwa 18–24°Oe hat, gibt man pro 100 l noch etwa 10–12 kg Zucker und vergärt ihn in gewohnter Weise. Trester aus säurereichen Trauben (zum Beispiel →Riesling) eignen sich zur Verarbeitung besser als Trester säurearmer Sorten. In ihrer Zusammensetzung sind Tresterweine charakterisiert durch einen niedrigen Alkohol-, Extraktstoff- und Säuregehalt, jedoch einen hohen Gehalt an →Mineralstoffen und →Gerbstoffen. Letztere verleihen ihnen bisweilen einen Trestergeschmack (Kammgeschmack). Sie sind nicht lange lagerfähig (zu wenig Alkohol und Säure) und gegenüber →Krankheiten relativ anfällig, weshalb sie rasch aufgebraucht werden müssen. In Frankreich und Italien, wo Tresterweine teilweise ohne Zuckerzusatz gewonnen werden, kennt man sie unter den Bezeichnungen Vin de Marc oder Piquette (piquer frz. stechen), in Italien als Vino piccolo oder Vinello, was etwa kleiner Wein, Weinchen bedeutet.

Trieb Aus den Knospen (→Augen) des einjährigen Holzes (→Rute) treiben im Frühjahr die Sommertriebe aus. Die Triebspitze ist der Punkt, an dem das Längenwachstum seinen Anfang hat, während in den darunterliegenden Zonen der Sproß sich streckt und später seine typischen Merkmale ausprägt. Die Sproßachse ist in gleichmäßigen Abständen durch Verdickungen (Knoten) unterteilt; hier stehen die Blätter immer abwechselnd links und rechts. Von der Triebbasis her gesehen, haben die unteren 3–5 Knoten jeweils nur ein Blatt, während bei den folgenden 2–5 Knoten dem Blatt ein Geschein gegenübersteht, das noch weiter nach der Triebspitze zu von den Ranken abgelöst wird. Dabei folgt immer auf zwei Verdickungen mit Geschein oder Ranke ein Knoten, der nur ein Blatt trägt. An diesen zentralen Stellen des Sprosses bilden sich auch noch →Geiztriebe und vor allem Knospen, die im Jahr darauf, wenn sie den Winter ohne Schaden überstanden haben, wieder zu Sommertrieben heranwachsen. Die Markröhre im Inneren des Triebes ist an den Knoten durch eine starke Zwischenwand (Diaphragma) getrennt. Diese hilft ganz entscheidend, den Sproß zu festigen, ohne zu verhindern, daß in den Leitbündeln des Marks die lebensnotwendigen Nährstoffe transportiert werden können. Sie leitet den Saftstrom in das nächste →Internodium weiter, zweigt ihn aber auch an die Blätter, Gescheine, Geiztriebe und Ranken ihres Knotens ab. Das Mark selbst wird eingeschlossen von dem Holzkörper. Dieser ist zunächst noch grün und krautig und verfärbt sich erst braun, wenn die Reife des Holzes beginnt.

Trier Weinstadt und Weinhandelszentrum im Anbaugebiet →Mosel-Saar-Ruwer, Bereich Saar-Ruwer, mit Ortsteilen →Biewer, →Eitelsbach, →Filsch, →Irsch, →Kernscheid, →Kürenz, →Matthias, →Olewig, →Ruwer, →Tarforst. Großlage: *Römerlay*. Einzellagen: *St. Maximiner Kreuzberg, Deutschherrenberg*.
Älteste Stadt Deutschlands, um 15 v. Chr. von Kaiser Augustus als Augusta Treverorum gegründet und im 4. Jahrhundert n. Chr. längere Zeit Residenz der römischen Kaiser, die sich des Weinbaues an der Mosel besonders annahmen. Sehenswert im Landesmuseum die Weinabteilung mit Funden aus der römischen Zeit.
Sitz der Lehr- und Versuchsanstalt für Weinbau und Kellerwirtschaft.

Trimberg Ortsteil von Elfershausen. Weinort im Anbaugebiet →Franken, Bereich Maindreieck. Großlage: *Burg*. Einzellage: *Schloßberg*.

Trinktemperatur → Temperatur (2).

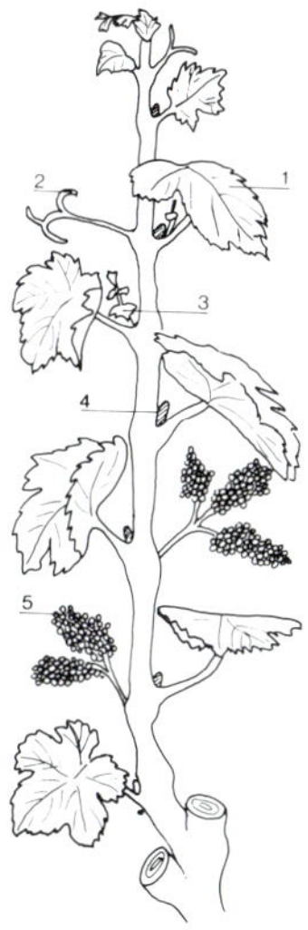

Sommertrieb der Rebe.
1. Blatt, 2. Ranke,
3. Geiztrieb, 4. Auge,
5. Traubenansatz.

Blatt vom Blauen Trollinger.

Trittenheim Weinort im Anbaugebiet →Mosel-Saar-Ruwer, Bereich Bernkastel. Großlage: *Michelsberg*. Einzellagen: *Altärchen, Apotheke, Felsenkopf, Leiterchen.*

trocken Der Begriff »trocken« zur Charakterisierung des Zuckergehaltes in einem Wein ist gesetzlich festgelegt. Ein Wein darf diese Bezeichnung nur dann tragen, wenn er höchstens 2 g/l mehr Zucker als Säure (berechnet als Weinsäure in g/l), jedoch maximal 9 g/l Zucker enthält. Ein trockener Wein mit 5,5 g/l (5,5 ‰) Säure darf also höchstens 7,5 g/l Zucker (2 g/l mehr als seine Säure in g/l) enthalten. Hat er jedoch 8 g/l Säure, darf der Zuckergehalt trotzdem nur bei 9 g/l liegen, da hier die Grenze für die Bezeichnung »trocken« liegt. Für →Diabetikerweine gelten andere Bestimmungen; trockene Weine müssen deshalb nicht unbedingt für Diabetiker geeignet sein; sie können es jedoch, wenn der Zuckergehalt höchstens 4 g/l beträgt und zusätzlich noch andere Bedingungen erfüllt sind. Trockene Weine können sich – je nach Sorte – sehr unterschiedlich probieren. Während ein fruchtiger →Riesling ohne →Restsüße nicht mehr »saftig« ist, sind andere, besonders tanninreiche, säurearme Sorten bekömmlicher, wenn sie trocken ausgebaut werden. In der Umgangssprache werden trockene Weine oft als →herb angesprochen, was jedoch nicht ganz zutrifft. Beim Konsumenten erfreuen sie sich zunehmender Beliebtheit.

Trockenbeerenauslese Wein, der aus eingeschrumpften, edelfaulen Beeren gewonnen wurde.
Deutschland: Höchste Einstufung eines Qualitätsweines mit Prädikat (Mindestanforderungen →Qualitätswein mit Prädikat Trockenbeerenauslese). Steigerung der →Beerenauslese.
Österreich: Trockenbeerenauslesen müssen die Bedingungen für →Prädikatsweine erfüllen und aus edelfaulen, rosinenartig eingeschrumpften Beeren stammen, deren Saft mindestens 30° KMW (156° Oe) aufgewiesen hat.
Rumänien: Trockenbeerenauslese oder Ausbruch heißt Cules la Stăfidirea Boabelor (CSB). Die deutsche Bezeichnung ist nur für deutschsprachige Weinbaugebiete zulässig. Bis jetzt findet man Weine mit diesen Bezeichnungen auf dem Etikett nur auf exportierten Flaschen, während sie sich im Lande selbst noch nicht eingebürgert haben.

Trockenkonservierung Holzfässer müssen nach ihrer Entleerung und gründlichen Reinigung, wenn sie über einen längeren Zeitraum leer bleiben, mittels schwefliger Säure konserviert werden. Diese Konservierung ist nötig, damit die Holzfässer nicht verschimmeln und dadurch für die Weinlagerung unbrauchbar werden. Bei anderen Behälterarten erübrigt sich die Konservierung. Während für →Holzfässer in trockenen Kellerräumen nur eine →Naßkonservierung in Frage kommt, reicht in feuchten Kellerräumen eine Trockenkonservierung aus, weil keine Gefahr einer Austrocknung besteht. Bei der Trokkenkonservierung wird pro Hektoliter Faßraum eine halbe Schwefelschnitte – Asbeststreifen mit einer Schwefelauflage – im Faßinnern verbrannt. Dieser sogenannte →Einbrand muß alle 4–6 Wochen, dann aber nur noch mit einem Schwefelspan, wiederholt werden. Durch diese Maßnahme kann das Faßinnere über Jahre hinaus konserviert werden. Die schweflige Säure wird mit Wasser aus dem Faß gespült. Nach gründlicher Reinigung ist es wieder zur Aufnahme von Most oder Wein bereit.

Trockenzuckerung (auch **Chaptalisation**) →Anreichern.

Troia →Uva di Troia.

Troller Synonym für Blauer →Trollinger.

Trollinger, Blauer Rotweinrebe. Gegenwärtig beschränkt sich der Anbau in Deutschland hauptsächlich auf Württemberg. Der Name dürfte von Tirol über Tirolinger abgeleitet sein. Zahlreiche Synonyme: Fleischtraube, Hammelhoden, Troller, Bocksbeutel (Deutschland); Groß-Vernatsch, Edel-Vernatsch, Meraner Kurtraube (Südtirol); Schiavone, Schiava Grossa, Uva Cenente (Italien). Als Gewächshaustraube in Belgien, den Niederlanden und Großbritannien als Black Hamburg bekannt. Das Blatt ist sehr groß, dunkelgrün, drei- bis fünflappig, die Traube sehr groß, pyramidenförmig, lockerbeerig mit blauen, stark duftenden, runden bis ovalen Beeren, das Holz gelbbraun, der Wuchs sehr kräftig. Die Reife erfolgt sehr spät. Die Rebe stellt hohe Ansprüche an die Lage, gedeiht aber auch auf ärmeren Böden. Beide Faktoren sollten jedoch einen Beitrag zur früheren Ausreife leisten. Bestockte Rebfläche in Deutschland: 2.154 ha. Hohe Erträge von durchschnittlich 100 hl/ha bei mittleren Mostgewichten von 70° Oe und 7–10 ‰ Säure. Die Weine sind in Württemberg von frischer, rassiger, kerniger Art, in der Regel hellrot und nur in guten Jahren blaurot; die helle Farbe wird dort nicht als nachteilig empfunden; bekömmliche Kneipweine. In Südtirol geraten die Weine intensiver in der Farbe und insgesamt körperreicher. Berühmt sind →*Kalterer See* und →*Sankt Magdalener*. Die Rebe ist auch als Tafelweintraube sowohl für den

Gewächshausanbau als auch für den Anbau im Freiland hervorragend geeignet.

Trötsch Alte Bezeichnung für Weißer →Räuschling.

Trotte →Keltern.

Trub Alle sich bei der Klärung des Weines und des Mostes am Faßboden absetzenden festen Bestandteile, die je nachdem, ob es sich um einen Weiß- oder Rotwein handelt, gelblichbraun oder rotbraun gefärbt sind. Dieser Trub, der auch als Geläger oder Drusen bezeichnet wird, besteht in der Hauptsache aus →Hefen, ferner aus →Weinstein und anderen →Weinkristallen, →Eiweiß, feinen Fruchtfleischteilchen und →Farbstoffen. Normalerweise fallen nach der Gärung etwa 3–5% Trub an. Da das Hefegeläger noch beträchtliche Mengen an Wein enthalten kann, darf es – sofern es einen Trockenstoffgehalt von 25% nicht überschreitet, also noch genügend dünnbreiig ist – zur Herstellung von Weintrub-Preßwein weiterverarbeitet werden. Das geschieht zum Beispiel durch →Filtration des flüssigen Trubes mit speziellen Filtern (Hefefilter, Kieselgurfilter). Auch die nach →Schönungen anfallenden, sich absetzenden festen Bestandteile heißen Trub.

trüb Weine, die infolge des Auftretens von →Trübungen nicht mehr →blank oder →glanzhell sind. In der Weinbeurteilung (→amtliche Prüfung) dient der Begriff zur Charakterisierung der →Klarheit eines Weines; trübe Weine nennt man →blind, sie müssen in jedem Fall beanstandet werden. →Most und →Jungwein sind naturgemäß trüb (gärtrüb).

Trübungen Auch bereits auf Flaschen gefüllte, durch →Schönung und →Filtration →blank beziehungsweise →glanzhell gemachte Weine können im Verlauf der weiteren Lagerung noch →trüb werden. Die Ursachen für das Auftreten von Trübungen können entweder durch →Mikroorganismen hervorgerufene →Krankheiten oder aber →Fehler sein, die sich im nachträglichen Ausscheiden fester Partikel zeigen. Eine mikrobiologisch verursachte Trübung ist zum Beispiel eine →Nachgärung, die auftreten kann, wenn restsüße Weine nicht keimfrei (steril) abgefüllt wurden. Die Trübung wird dann durch die sich stark vermehrenden →Hefen erzeugt (→Hefetrübung). Aber auch Schleimhefen und →Bakterien können Trübungen verursachen, zum Beispiel →Essigstich, →Milchsäurestich, biologischen →Säureabbau, Bitterwerden (bei Rotweinen), →Lindwerden; man spricht dann von Bakterientrübungen. Genau unterscheiden kann man dieser mikrobiologische Trübungen nur unter dem Mikroskop. Durch die Tätigkeit der Mikroorganismen werden die Weine nicht nur trüb, sondern gleichzeitig durch Zersetzung von Inhaltsstoffen auch geschmacklich und geruchlich stark beeinträchtigt beziehungsweise völlig verdorben. Darüber hinaus können in unsachgemäß ausgeschönten Weinen eine Reihe organischer und anorganischer Verbindungen zu Trübungen führen, die meist aus →Gerbstoffen, →Farbstoffen, →Eiweiß, →Metallen oder Gemischen aus diesen Stoffen bestehen (→Metalltrübungen, →Bruch, grauer, brauner, schwarzer). Die harmloseste Trübung, die auch nicht als Fehler angesehen werden kann, ist das Ausfallen von →Weinstein und anderen →Weinkristallen. Solche Kristalltrübungen setzen sich in der Regel schnell als →Niederschlag (Depot) ab, beeinflussen den Wein weder in →Klarheit, →Geschmack, →Geruch oder →Farbe, noch sind sie gesundheitsschädlich.

Tschechoslowakei 45.000 ha Rebfläche; 1,3 Millionen hl Wein, davon 10.000 hl Export; Import 500.000 hl; jährlicher Pro-Kopf-Verbrauch 11 l.
Im Mittelalter erlangte der auf die Römer zurückgehende Weinbau der heutigen CSFR durch Einfluß der Klöster und der reichen Handelsstädte eine hohe Blütezeit. 1435 wurden im damaligen Preßburg 477 Winzerfamilien mit über 2.000 Weingärten gezählt. Das Weinbauareal schrumpfte nach der Reblausinvasion auf 15.875 ha im Jahre 1920 zusammen. Heute wird der Weinbau staatlich gefördert. Seine Fläche wurde in den letzten 25 Jahren um mehr als das Doppelte erweitert. Es werden hauptsächlich weiße Rebsorten angebaut. Man unterscheidet zwei Weinkategorien: den Wein mit Sortenbezeichnung und den Markenwein. Die Weine mit Sortenbezeichnung sind meist gehobenerer Qualität und wegen ihrer Sorteneigenheiten interessanter. Die Rebsorten werden in die Güteklassen I–III eingestuft (Flächenanteile in % sind geschätzt):
1a) Rheinriesling (Rizlink Rýnsky, slowakisch Rizling) 3%, Sauvignon 1%, Traminer (Tramin) 4%, alle Burgunder (Burgundské) 5% und die Sorten des Tokajer-Gebietes Furmint, Lindenblütler (Lipovina) und Gelber Muskat (Muškát žluty) zusammen 5%.
1b) Welschriesling (Rizlink Vlašský) 20%, Müller-Thurgau 14%, Veltliner (Veltlinské Zelené) 16%, Mädchentraube (Leáňka) 8%, Neuburger (Neuburgské) 2%, Sémillon (Sémillon) 1%, Silvaner (Silvánské) 1%, Limberger (Frankovka) 1%, St. Laurent (Svatovavřinecké) 1%.

II) Tausendgut (Ezerjó) 2%.
III) Blauer Portugieser (Portugalské modré) 5%.
Der Anbau von →Hybriden ist in einigen Regionen noch stark verbreitet, geht aber zurück. Auf dem Markt häufiger zu finden sind die →Markenweine, die von ihrer Art und der Sortenzusammensetzung her, möglichst ohne Jahrgangsschwankungen, typisch für eine bestimmte Weinbauregion sein sollen. Die wichtigsten werden bei der Beschreibung der einzelnen Weinbaugebiete (Regionen, Rayone) erwähnt. Die Sortenweine sind zum überwiegenden Teil trocken, die Markenweine auch halbsüß und vollsüß mit Dessertweincharakter. Beide verkörpern einen kräftigen, robusten Weintyp. Die Traubenproduktion liegt in den Händen der staatlichen Weingüter, Weinbereitung und Vermarktung werden von den staatlichen Weinkellereien (Vinárské závody n.p.) besorgt, die je eine Hauptkellerei für Böhmen in Prag, für Mähren in Nikolsburg (Mikulov) und für die Slowakei in Preßburg (Bratislava) unterhalten; hier ist auch der Sitz der übergeordneten Zentrale.
Weinbaulich wird das Land in 12 Regionen (Rayone) eingeteilt, davon 8 in der →Slowakei, 3 in →Mähren und 1 in →Böhmen. Die Rayone sind weiter in Sektionen unterteilt, die je nach Rebsortenanteil (siehe Güteklasse I-III) unterschiedlich bewertet und klassifiziert worden sind. Der Wein auf der Flasche zeigt keine standortabhängigen Qualitätsklassifizierungen; außer der Angabe der Rebsorte findet man eventuell noch Hinweise auf die Alkoholgrade. Unterschiedliche Qualitätsstufen, wie Tafelwein, Qualitätswein, Spätlese gibt es nicht. Auf den Etiketten müssen laut Weinnorm CSN 567741 (1970) folgende Angaben stehen: Weinbezeichnung, Kellerei, Inhalt und Ladenpreis, Fülldatum.

Zum Bild rechts: Weinfelder im Mornag in Tunesien.

Tübingen Universitätsstadt im Anbaugebiet →Württemberg, Bereich Oberer Neckar, mit Ortsteilen →Hirschau, →Unterjesingen. Einzellage: *Sonnenhalden.*

Tunesien 30.000 ha Rebfläche; 250.000 hl Wein; 550.000 dz Tafeltrauben; jährlicher Pro-Kopf-Verbrauch 4 l.
Die ersten Spuren von Weinbau gehen auf das alte Karthago zurück. Während der arabischen und türkischen Herrschaft verschwand er, um dann erst durch französische und italienische Kolonisten Ende des 19. Jahrhunderts wieder eingeführt zu werden. Er wird heute in den fruchtbaren Niederungen um Tunis und Kap Bon in einem milden, mediterranen Klima, nur zeitweilig bedroht durch die heißen Schirokko-Winde, betrieben. Tunesien produziert alkoholreiche, farbstarke Rotweine (Rebsorten →Carignan, Alicante-Bouschet und →Cinsault), Weißweine (Rebsorten →Clairette Blanche, →Ugni Blanc) und Roseewein, wobei letztere hauptsächlich den zwar immer noch geringen, aber langsam anwachsenden inländischen Konsum bestreiten. Die Appellation d'Origine (mit 7 Herkunftsbezeichnungen) nach dem Vorbild Frankreichs ist immer noch in Kraft. Es wird auch 1 VDQS-Wein erzeugt. Die Tafeltraubenproduktion beschränkt sich auf den Frischverbrauch an Chasselas Doré und Madeleine-Sorten. Wein wird nur noch in den großen Genossenschaftskellereien ausgebaut, während die Kleinbetriebe Trauben meist nur für den Direktverzehr anbauen. Als Spezialität gelten die verstärkten Muskatweine.

Tuniberg Südlicher, mit ausgedehnten Weinbergen bepflanzter Teil des Kaiserstuhls und Bereich des Weinbaugebietes →Baden. Tiefe Löß- und Verwitterungsböden aus vulkanischen Gesteinen haben es erlaubt, bei der Flurbereinigung gewaltige Terrassen zu schaffen und so modernen, rationellen Weinbau zu betreiben. Dank der geschützten Lagen wachsen hier vollmundige, kräftige Weine.

Tunsel Ortsteil von Bad Krozingen. Weinort im Anbaugebiet →Baden, Bereich Markgräflerland. Großlage: *Lorettoberg.* Einzellage: *Maltesergarten.*

Türkei Rebfläche 600.000 ha; 380.000 hl Wein, davon 30.000 hl Export; 8 Millionen dz Tafeltrauben; 4 Millionen dz Rosinen; jährlicher Pro-Kopf-Verbrauch 0,4 l.
Der Weinbau florierte in diesem Gebiet, bevor die griechischen Kolonisten die ersten Weinberge in Gallien pflanzten. Heute werden die

Erträge der Rebfläche, die sechsmal so groß wie die deutsche ist, zu einem Drittel als Speisetrauben, zu einem Drittel als Rosinen und zu einem Drittel für die Bereitung von Dickmost und Wein verwendet. Es werden in der Regel trockene und halbtrockene Dessert- und Schaumweine hergestellt. Die süßen Weine haben meist Muskataroma, alle aber sind alkoholreich und säurearm. Die Schaumweine sind mit Kohlensäure imprägniert. Neuerdings gibt es auch leichte, ansprechende Tischweine. Die vier Hauptgebiete sind →Thrakien und Marmara, Agäis, Mittel-Anatolien sowie Süd- und Ost-Anatolien (→Anatolien). Die besten Weine sollen aus dem zentralen und südöstlichen Anatolien stammen, mittlere Qualitäten von der ägäischen Küste und aus Thrakien.
Die am meist verbreiteten Weißweinsorten sind Masandede, Narince und Emir, die Rotweinsorten Kalecik und Cubuk.

Türkenblut Früher beliebte Mischung aus Burgunder und Sekt.

Twann (frz. Douanne) Weinbauort am →Bieler See im Schweizer Kanton →Bern, wo leichte Weißweine und kräftige Rotweine erzeugt werden.

Typage →Weinbrand.

Typenwein Erzeugerabfüllung mit gleichbleibender Qualität. Im Unterschied zu →Markenweinen, die meist von Handelskellereien (→Liebfrauenmilch) hergestellt werden, können Typenweine von einzelnen Erzeugerbetrieben (→Geheimrat "J") oder von Interessengemeinschaften mehrer Weingüter (→Charta-Wein) oder von gebietsbezogenen Verbänden (→RS Rheinhessen Silvaner, →Pfälzer Löwe, →Moseltaler, →Nahesteiner) vermarktet werden.

U

Überlingen Weinort im Anbaugebiet →Baden, Bereich Bodensee. Großlage: *Sonnenufer*. Einzellage: *Felsengarten*.

überschwefelt Bezeichnung für Weine, mit zu hohem Gehalt an schwefliger Säure, die meist an einer →Schwefelblume erkannt werden (→Schwefeln).

Ubstadt Ortsteil von Ubstadt-Weiher. Weinort im Anbaugebiet →Baden, Bereich Badische Bergstraße/Kraichgau. Großlage: *Mannaberg*. Einzellage: *Weinhecke*.

Udenheim Weinort im Anbaugebiet →Rheinhessen, Bereich Nierstein. Großlage: *Domherr*. Einzellagen: *Goldberg, Sonnenberg, Kirchberg*.

Uelversheim Weinort im Anbaugebiet →Rheinhessen, Bereich Nierstein. Großlagen: *Güldenmorgen, Krötenbrunnen*. Einzellagen: *Tafelstein, Aulenberg, Schloß*.

Uffhofen Ortsteil von Flonheim. Weinort im Anbaugebiet →Rheinhessen, Bereich Bingen. Großlage: *Adelberg*. Einzellagen: *Pfaffenberg, Bingerberg, La Roche, Geisterberg*.

Ugni Blanc Französische Weißweinrebe, die in fast allen weinbautreibenden Departements, besonders aber im Rhône-, Midi-, →Armagnac- und →Cognac-Gebiet angebaut wird. Über die Grenzen Frankreichs hinaus ist sie noch in Nordafrika, Italien, Israel und Spanien verbreitet. Die Weine von dieser Rebsorte eignen sich hervorragend als Brennweine und sind daher maßgeblich an der Cognac- und Armagnac-Herstellung beteiligt. Synonyme: Saint-Émilion und →Trebbiano.

Uhlbach →Stuttgart.

Uissigheim Ortsteil von Külsheim. Weinort im Anbaugebiet →Baden, Bereich Badisches Frankenland. Großlage: *Tauberklinge*. Einzellage: *Stahlberg*.

Ukraine Mit rund 250.000 ha Rebfläche bedeutende Weinbaugebiete auf der Krim, am Unterlauf des Dnjepr, in der Karpato-Ukraine sowie um Odessa und Ismail. Das Klima ist extrem kontinental mit heißen, trockenen Sommern und kalten Wintern mit Temperaturen bis zu -30°C, so daß die Reben im Winter mit Erde bedeckt werden müssen. Es werden volle, körperreiche Weine sowie vollsüße Dessertweine hergestellt.

Ulm Stadtteil von Renchen. Weinort im Anbaugebiet →Baden, Bereich Ortenau. Großlage: *Fürsteneck*. Einzellage: *Renchtäler*.

Umbrien Italienische Weinregion in Mittelitalien. DOCG-Wein ist →*Torgiano Riserva*. DOC-Weine sind →*Colli Altotiberini*, →*Colli Martani*, →*Colli Perugini*, →*Colli del Trasimeno*, →*Montefalco*, →*Torgiano* und →*Orvieto*.

Umgären Nochmaliges Vergären eines →Jungweines, dem vorher Zucker oder Traubenmost zugesetzt wurde. Da bei dieser zweiten →Gärung wieder →Alkohol erzeugt wird, gilt das Umgären als eine →Anreicherung oder Weinverbesserung, weshalb hierfür die gleichen gesetzlichen Vorschriften beachtet werden müssen. Grundsätzlich dürfen Jungweine in Deutschland nur bis zum 15. März des auf die Weinernte folgenden Jahres umgegoren werden. In der Praxis dient die Umgärung weniger der Anreicherung als vielmehr der Beseitigung kleiner Weinfehler. Die Wirkung entspricht etwa der einer →Hefeschönung.

Umkorken Da nach etwa 20 Jahren Lagerung der Korken eines Weines brüchig wird, empfiehlt es sich, ältere Weine in einem Fachbetrieb umkorken zu lassen.

Umlegung →Flurbereinigung.

Umschlagen →Krankheiten der Weine, bei der durch bestimmte →Bakterien hauptsächlich →Weinsäure und →Glycerin zersetzt werden (in Frankreich la tourne, von tourner frz. drehen, umwenden, genannt). Rotweine werden von dieser Krankheit eher befallen als Weißweine; bei ihnen schlägt dann auch die rote Farbe in Braun um, und es bildet sich ein schmutzigbrauner Bodensatz. Umgeschlagene Weine werden →trüb und in →Geschmack und

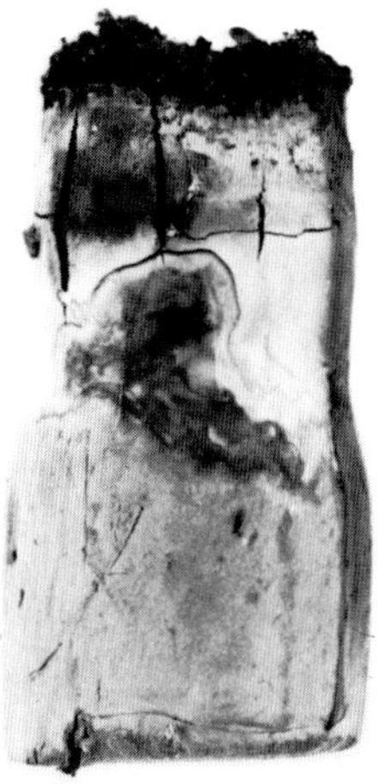

Nach langer Lagerung unbrauchbar gewordener Korken.

→Geruch stark beeinträchtigt. Die Zersetzungsprodukte sind vor allem Essigsäure und →Milchsäure, weshalb das Umschlagen der Weine oft mit einem →Essigstich verwechselt wird.

Umstadt Bereich des bestimmten Anbaugebietes →Hessische Bergstraße.

Undenheim Weinort im Anbaugebiet →Rheinhessen, Bereich Nierstein. Großlage: *Gutes Domtal*. Einzellage: *Goldberg*.

unterentwickelt Bezeichnung für einen unreifen, noch nicht ausgebauten →Jungwein.

Ungarn 140.000 ha Rebfläche; 5 Millionen hl Wein, davon 2 Millionen hl Export; Import 200.000 hl; 550.000 dz Tafeltrauben, davon 10.000 dz Export; jährlicher Pro-Kopf-Verbrauch 25 l.

In Ungarn, das einst für seine Weine, vor allem für seinen →*Tokajer* in der ganzen Welt berühmt war, untersteht der Weinbau der staatlichen Kontrolle und der Export ausschließlich dem Staatsmonopol, der Monimpex. Die ungarischen Behörden geben sich Mühe, das Vertrauen des Auslandes in die ungarischen Weinprodukte mittels Gesetzgebung, Kontrolle und Forschung wieder zu festigen. So ist der Weinexport bereits auf 40% der Gesamtproduktion gestiegen. Das Klima ist kontinental mit heißen Sommern und langen, sonnigen Herbsten, die eine maximale Zuckerspeicherung der Trauben ermöglichen. Wie häufig in alten Weinbauländern, gibt es eine Vielzahl von Rebsorten, deren ungarische Namen auf den Fremden verwirrend wirken. Ungarische Weine sind vollmundig, körper- und oft alkoholreich. Rund 60% sind Weiß-, 25% Rosee- und 15% Rotweine. Die vollsüßen, aufgespriteten werden Csemegebor (Dessertwein) genannt. Das im November 1970 erlassene Weingesetz gliedert die Weine in folgende Qualitätsgruppen:

Asztali/Kommersz (9–11 Vol.-% Alkohol) Tafelwein (Schoppenwein, Verschnitte)

Pecsenye bor (10,5–12 Vol.-% Alkohol) Bratenwein (Rebsorte und Herkunft müssen erkennbar sein)

Minöségi bor (mindestens 12 Vol.-% Alkohol) Qualitätswein (Abfüller, Ort und Zeitpunkt, Rebsorte, Jahrgang, Herkunft, Alkoholgrad und Ladenpreis müssen angegeben sein)

Különleges minöségibor (mindestens 13 Vol.-% Alkohol) Spezialqualitätswein (entspricht etwa Qualitätswein mit Prädikat)

Als Abfüller (Palackozva) mit Qualitätsgarantie gelten: Allami Gazdaság (Staatsgut), Szövetkezet (LPGs und deren Verbände), Szölészeti Borászati Kutató Intézet (Forschungsinstitut für Weinbau und Kellerwirtschaft), Magyar Allami Pincegazdaság, MAP (die ungarischen staatlichen Weinkellereien, die auch für Monimpex abfüllen) und Hungarovin (die Exportkellerei von MAP). Die 16 gesetzlich festgelegten und umgrenzten Weinbaugebiete sind: →Sopron, →Aszar-Neszenély, →Mór-Császár, →Somló, →Badacsony, →Balatonfüred-Csopak, Balaton Uferregion (→Plattensee), Balatonboglár südlich des →Plattensees, →Szekszárd, →Mecsek, →Villány-Siklós, →Mátraalja, →Bükkalja, →Eger, →Tokaj-Hegyalja, →Alföld. Qualitätsweine dürfen nicht mehr als 30% Verschnittanteil von anderen Gebieten oder Sorten enthalten.

Ungarische Briefmarke mit Weinmotiv.

Tokajer müssen 100%ig gebietsecht sein. Außer diesen gesetzlich geschützten Weinbaugebieten gibt es in Ungarn noch sogenannte »zugelassene gute Weinlagen«, die zerstreut liegen und keinem zusammenhängenden Weinbaugebiet eingegliedert werden können, wie Neszmély, Debrö und andere. Weinliebhabern sind die Csárdás-, Poharazó-, Borozó- und Borharapó-Weinstuben zu empfehlen, sowie die Weinrouten um den Plattensee und die Strecke von Erlau (→Eger) bis nach Sátoraljaujhely über das Tokaj-Gebiet.

Unfinden Ortsteil von Königsberg/Bayern. Weinort im Anbaugebiet →Franken, Bereich Steigerwald. Großlage: *Kapellenberg*. Einzellage: *Kinnleitenberg*.

Ungstein Ortsteil von Bad Dürkheim. Weinort im Anbaugebiet →Rheinpfalz, Bereich Mittelhaardt/Deutsche Weinstraße. Großlagen: *Kobnert, Honigsäckel, Hochmeß*. Einzellagen: *Osterberg, Bettelhaus, Weilberg, Herrenberg, Nußriegel, Michelsberg*.

unharmonisch Bezeichnung für Weine, deren Geschmackskomponenten wie Säure, Süße, Alkohol, Gerbstoff nicht optimal aufeinander abgestimmt sind. Ein typisches Beispiel sind → sauersüße Weine.

Unkel Weinort im Anbaugebiet →Mittelrhein, Bereich Rheinburgengau. Großlage: *Burg Hammerstein*. Einzellagen: *Berg, Sonnenberg*.

Unkenbach Weinort im Anbaugebiet →Nahe, Bereich Schloß Böckelheim. Großlage: *Paradiesgarten*. Einzellagen: *Würzhölle, Römerpfad*.

Rotawator (Fräse) mit automatischer Schwenkvorrichtung zur Unterstockbehandlung.

Unkraut Es gibt keine spezifischen Weinbergsunkräuter und-ungräser. Die meisten im Ackerbau vorkommenden Arten finden sich auch in den Weinbergen. Die Unkräuter dürfen nicht einseitig als Konkurrenten der Rebe angesehen werden, sondern auch als deren Partner in einem vielschichtigen Verband von Lebewesen. Sie fördern die Lebensbedingungen der Bodenbakterien und somit den →Humusgehalt und die Fruchtbarkeit des Bodens. Sie dienen seiner Lockerung, seinem Luft- und Wasserhaushalt und schützen vor →Erosion. Allerdings können Unkräuter auch eine erhebliche Konkurrenz für die Rebpflanze bedeuten, wenn sie zuviel Wasser und →Nährstoffe verbrauchen. Bei der chemischen →Unkrautbekämpfung kommt es oft zu einer stärkeren Vermehrung von Ackerwinde und Distel; in wenig bearbeiteten Weinbergen nehmen Quecke, Vogelmiere, Löwenzahn und Pfeilkresse überhand.

Unkrautbekämpfung Sie darf im Weinbau auf keinen Fall als die Jagd auf den letzten Halm verstanden werden. Sie soll den Unkrautwuchs im Weinberg so reduzieren, daß ein ausgewogenes Verhältnis zwischen Vor- und Nachteilen des Unkrautbestandes gefunden wird und ein wirtschaftlich tragbarer Arbeitseinsatz zur Bekämpfung ausreicht. Die Toleranz gegenüber dem Unkraut ist allerdings erst möglich geworden durch hohe →Erziehungsarten, breite →Gassen, bessere Bodenbearbeitungsgeräte und den Einsatz von →Herbiziden. Pflug, Grubber und Fräse verbinden →Bodenbearbeitung mit Beseitigung des Unkrautes, Mulcher und Abflammgeräte zerstören es auf mechanischem Wege, und ausgestreute oder gespritzte Herbizide vernichten es chemisch.

unreif Bezeichnung für Weine, die aufgrund zu kurzer Lagerung (im Faß oder auf der Flasche) noch nicht genügend entwickelt sind. Unreife braucht keine Qualitätsminderung darzustellen, da sie im Verlauf der Lagerung von allein verschwindet. Der Reifeprozeß ist von dem Entwicklungszustand und der Qualität des Weines, der Gebindegröße (beziehungsweise Flaschengröße) und den Lagerbedingungen (→Temperatur, →Flaschenverschlüsse) abhängig.

unsauber Bezeichnung für Weine mit Fehlgeruch (→Geruchsfehler) oder Fehlgeschmack (→Geschmacksfehler), meistens auf einen →Fehler oder eine →Krankheit zurückzuführen.

unselbständig Bezeichnung für einen →kleinen, geringen Wein, der meist auch zu wenig →Alkohol hat.

Unterbalbach Ortsteil von Lauda-Königshofen. Weinort im Anbaugebiet →Baden, Bereich Tauberfranken. Großlage: *Tauberklinge*. Einzellage: *Vogelsberg*.

Untereisenheim Ortsteil von Markt Eisenheim. Weinort im Anbaugebiet →Franken, Bereich Maindreieck. Großlage: *Kirchberg*. Einzellagen: *Berg, Sonnenberg*.

Untereisesheim Weinort im Anbaugebiet →Württemberg, Bereich Württembergisch Unterland. Großlage: *Staufenberg*. Einzellage: *Vogelsang*.

Untergrombach Ortsteil von Bruchsal. Weinort im Anbaugebiet →Baden, Bereich Badische Bergstraße/Kraichgau. Großlage: *Mannaberg*. Einzellage: *Michaelsberg*.

Untergruppenbach Weinbaugemeinde im Anbaugebiet →Württemberg, Bereich Württembergisch Unterland, mit Ortsteil →Unterheinriet. Großlage: *Kirchenweinberg*. Einzellage: *Schloßberg*.

Unterhaid Weinort im Anbaugebiet →Franken, Bereich Steigerwald. Großlage: *Kapellenberg*. Einzellage: *Röthla*.

Unterheimbach Ortsteil von Bretzfeld. Weinort im Anbaugebiet →Württemberg, Bereich Württembergisch Unterland. Großlage: *Lindelberg*. Einzellage: *Schneckenhof*.

Unterheinriet Ortsteil von Untergruppenbach. Weinort im Anbaugebiet →Württemberg, Bereich Württembergisch Unterland. Großlage: *Schozachtal*. Einzellage: *Sommerberg*.

Unterjesingen Ortsteil von Tübingen. Weinort im Anbaugebiet →Württemberg, Bereich Remstal-Stuttgart. Einzellage: *Sonnenhalden*.

Unterlagenreben (auch **Unterlagsreben**) Rebsorten, deren Holz bei der →Rebveredelung als Träger des →Edelreises dient. Einer etwa 20 cm langen →Rute wird das Edelreis aufgepfropft, das später die oberirdischen Teile des Weinstockes entwickelt. Die Unterlage bildet nur den Wurzelkomplex aus. Da die Reblaus die Wurzeln von Europäerreben ansticht und zerstört, nimmt man als Holz für Unterlagen widerstandsfähige Sorten. Diese stammen überwiegend aus Amerika (→Amerikanerrebe) und wurden für diese Aufgabe durch →Kreuzung und durch →Rebenselektion gezüchtet.

Unteröwisheim →Oberöwisheim.

Unterschüpf Ortsteil von Boxberg. Weinort im Anbaugebiet →Baden, Bereich Tauberfranken. Großlage: *Tauberklinge*. Einzellage: *Mühlberg*.

unterschwefelt Weine, die nicht genügend geschwefelt wurden, schmecken oxidiert und altern schnell (→Schwefeln).

Untersteinbach Ortsteil von Pfedelbach. Weinort im Anbaugebiet →Württemberg, Bereich Württembergisch Unterland. Großlage: *Lindelberg*. Einzellage: *Dachsteiger*.

Unterstützung →Erziehung.

Untertürkheim →Stuttgart.

Urbar 1. Weinort im Anbaugebiet →Mittelrhein, Bereich Rheinburgengau. Großlage: *Marksburg*. Einzellage: *Königshof*.
2. Ortsteil von Oberwesel. Weinort im Anbaugebiet →Mittelrhein, Bereich Rheinburgengau. Großlage: *Schloß Schönburg*. Einzellage: *Beulsberg*.

Ursprungsrecht →Herkunftsbezeichnung.

Uruguay 19.000 ha Rebfläche; 750.000 hl Wein: 300.000 dz Tafeltrauben: jährlicher Pro-Kopf-Verbrauch 28 l.
1890 gab es Weinbau in der Nähe von Montevideo, das auch heute noch das Zentrum ist. Das Weinbaugebiet erstreckt sich weiter am Rio Plata entlang in einem warmen, milden Klima mit Jahresdurchschnittstemperaturen von 22°C und genügenden Niederschlägen. Es werden Rot-, Weiß- und Rosee-Weine teils von beachtlicher Qualität hergestellt. Die Etikettenbeschriftungen tragen einheimische Namen, die auf Anbauorte oder Rebsorten hinweisen. Am meisten verbreitet sind die roten Sorten Harriague, die aus den französischen Pyrenäen stammen soll, und Vidiella, deren Ursprung nicht bekannt ist, sowie →Cabernet-Sauvignon. →Barbera und →Nebbiolo sollen Italiener ins Land gebracht haben. Die Weißweine werden aus →Sémillon und Weißem →Burgunder erzeugt. Im Ausland diese sind Weine erst seit kurzem erhältlich.

Ürzig Weinort im Anbaugebiet →Mosel-Saar-Ruwer, Bereich Bernkastel. Großlage: *Schwarzlay*. Einzellagen: *Würzgarten, Goldwingert*.

USA →Vereinigte Staaten von Nordamerika.

Uva Cenente Italienische Bezeichnung für Blauer →Trollinger.

Uva di Bitonto →Bombino.

Uva di Troia Italienische Rotweinrebe, die hauptsächlich in →Apulien verbreitet ist; aus ihr werden zum Beispiel →*Castel del Monte* und →*Rosso di Cerignola* bereitet.

Der heilige Urban, Schutzpatron der Winzer.

V

Vaihingen Weinbaugemeinde im Anbaugebiet →Württemberg, Bereich Württembergisch Unterland mit den Ortsteilen →Ensingen, →Enzweihingen, →Gündelbach, →Horrheim, →Riet, →Roßwag. Großlage: *Stromberg*. Einzellage: *Halde*.

Valcalepio Italienischer DOC-Rot- und -Weißwein aus der →Lombardei. Der aus Weißem →Burgunder und →Ruländer gewonnene Weißwein ist schwach gelb, hat ein zartes Aroma und schmeckt frisch und trocken. Der gleichnamige Rotwein stammt aus →Merlot und →Cabernet-Sauvignon und schmeckt trocken, voll und samtig.

Valdadige →Etschtaler.

Val d'Arbia Italienischer DOC-Weißwein aus der →Toskana. Der hell strohgelbe Wein wird zu 75–85 % aus →Trebbiano und weiteren zugelassenen Rebsorten der Provinz Siena gekeltert. Er schmeckt trocken, frisch und harmonisch. Unter dem gleichen Namen gibt es einen Vin Santo secco, semisecco und dolce.

Val-de-Loire Französische Weinbauregion (→Loire-Tal).

Valdepeñas Spanisches DO-Gebiet von rund 250.000 ha Rebfläche in der La Mancha, der Heimat Don Quijotes. Die dort erzeugten herben, rubinroten Claretes (Rosees) sollen am besten kühl getrunken werden. Sehenswert sind die riesigen, irdenen, amphorenähnlichen Weinbehälter (Tinajas) in den unzähligen Kellereien der Stadt Valdepeñas.

Valencia Spanisches DO-Gebiet von 45.700 ha Rebfläche, wo schwere, vollmundige, süße und trockene Rotweine mit hohem Extraktgehalt gewonnen werden.

Valle d'Aosta (Vallée d'Aoste) Italienische DOC-Rot-, -Rosee- und -Weißweine aus dem →Aostatal. Im Schutz der Alpen gedeihen hier Weine bis in Höhen von 1000 m. Neben den allgemeinen Bezeichnungen *Rosso* und *Bianco* gibt es sowohl Gemeinde- als auch Rebsortenbezeichnungen oder beides kombiniert. Die Weine tragen zweisprachige Namen (italienisch und französisch), da in der autonomen Provinz ein Großteil der Bevölkerung französisch spricht. Die Rotweine: *Rosso/Rouge* stammt aus den für die Produktionszone zugelassenen roten Rebsorten, ist rubinrot und im Geschmack harmonisch und feinherb. Aus den gleichen Rebsorten wird der *Rosato/Rosé* erzeugt. *Gamay* ist fruchtig, mit leichtem Bittermandelton. *Pinot Nero/Pinot Noir* schmeckt trocken und herzhaft; durch sofortiges Abpressen wird aus dieser Rebsorte auch ein Weißwein gekeltert. *Chambave Rosso/Rouge* stammt zum Großteil aus Petit Rouge, zeichnet sich durch Veilchenduft aus und ist harmonisch im Geschmack. *Nus Rosso/Rouge* stammt aus der gleichnamigen Gemeinde, die Hauptrebsorte ist Vien de Nus, der Geschmack würzig. *Arnad-Montjovet* ist ebenfalls eine Gemeindebezeichnung; der Wein stammt zum Großteil aus →Nebbiolo, ist trocken bis herb im Geschmack und duftet leicht nach Mandeln. *Torrette* stammt aus Petit Rouge und anderen Rebsorten, ist körperreich und samtig im Geschmack. Bei längerer Lagerzeit kann er das Prädikat Superiore/ Supérieur erhalten. *Donnas* ist ebenfalls eine Gemeindebezeichnung; der trockene, körperreiche Rotwein stammt zum Großteil aus →Nebbiolo. *Enfer d'Arvier* stammt aus Arvier, wird zum Großteil aus Petit Rouge gekeltert, ist delikat im Duft und körperreich im Geschmack. Die Weißweine: *Bianco/Blanc* stammt aus den für die Produktionszone zugelassenen Rebsorten, ist leicht säurebetont und trocken im Geschmack. *Müller-Thurgau* ist ein aromatischer, fruchtiger Weißwein. *Blanc de Morgex et de La Salle* stammt ausschließlich aus Blanc de Morgex, perlt leicht und ist delikat im Geschmack. *Chambave Moscato/ Muscat* stammt aus Muskateller (Muscat Blanc), schmeckt aromatisch und fein. Es gibt ihn auch als intensiv aromatischen, lieblichen →Passito/Flétri. *Nus Pinot Grigio/Nus-Malvoisie* ist ein sortenreiner Wein mit trockenem, harmonischem Geschmack; auch ihn gibt es als Passito/Flétri.

Valle Isarco →Eisacktaler.

Vallendar Weinort im Anbaugebiet →Mittelrhein, Bereich Rheinburgengau. Großlage: *Marksburg*. Einzellage: *Königshof*.

Valpolicella Italienisches DOC-Gebiet in →Venetien, Provinz Verona. Der gleichnamige Rotwein wird aus 40–70 % Corvina Veronese, 25–40 % Rondinella und 5–25 % Molinara gewonnen, ist hellrubinrot, lieblich, samtig und erfrischend. Das Prädikat Classico wird hinzugefügt, wenn die Trauben aus den »Cinque Communi« (fünf Gemeinden) Negrar, Marano, Fumane, S. Ambrogio und S. Pietro in Cariano stammen. Der halbsüße *Recioto della Valpolicella* stammt aus ausgelesenen und eingetrockneten Trauben. Der Wein erhält dadurch einen Alkoholgehalt von mindestens 14 Vol.-%. *Valpolicella* und *Recioto* erhalten den Zusatz *Valpantena*, wenn sie aus dem gleichnamigen Tal nördlich von Verona stammen.

Valtellina → Veltlin.

Valwig Weinort im Anbaugebiet →Mosel-Saar-Ruwer, Bereich Zell/Mosel. Großlage: *Rosenhang*. Einzellagen: *Schwarzenberg, Palmenberg, Herrenberg*.

Varnhalt Ortsteil von Baden-Baden. Weinort im Anbaugebiet →Baden, Bereich Ortenau. Großlage: *Schloß Rodeck*. Einzellagen: *Sonnenberg, Klosterbergfelsen, Steingrübler*.

Vaud → Waadt.

VCC (Vin de Consommation Courante frz. Konsumwein) Französische Bezeichnung für die Klasse der →Tafelweine.

VDP →Verband Deutscher Prädikatsweingüter.

VDQS (Vins Délimités de Qualité Supérieure frz. Weine höherer Qualität aus begrenztem Anbaugebiet) Sie entsprechen ungefähr den deutschen »Qualitätsweinen bestimmter Anbaugebiete«. Qualitativ sind sie den →AC-Weinen nicht nachgestellt, obwohl man sie in der Hierarchie der französischen Weine oft eine Qualitätsstufe tiefer ansetzt. Sie stellen ein separates System der garantierten Herkunftsbezeichnungen dar, das von der Fédération Nationale des VDQS kontrolliert wird, und überschneiden sich nicht mit den AC-Ursprungsgebieten. Es gibt in Frankreich noch rund 30 VDQS-Bezeichnungen mit diversen Unterbezeichnungen (Orte, Lagen, Weinarten) in →Lothringen, →Burgund, →Savoyen, →Provence, im →Loire-Tal, →Languedoc-Roussillon, in den →Côtes du Rhône, und Südwestfrankreich. Der Wein muß zu 100 % aus dem angegebenen Ursprungsgebiet stammen und den gesetzlichen Bedingungen entsprechen, die ebenso streng sind wie die für AC-Weine. Neben der Herkunftsangabe und der Bezeichnung VDQS führen diese Weine noch ein Sonderetikett. Das VDQS-System kennt keine weitere Prädikats-Klassifizierung in der Art der →Crus Classés. Das Bestreben, als AC anerkannt zu werden, ist derzeit so stark, daß die VDQS-Rebfläche von 70.000 ha im Jahre 1977 auf 15.000 ha (1989) zurückgegangen ist, bei weiter fallender Tendenz. Die Mosternten sind im gleichen Zeitraum von 4 Millionen hl auf 750.000 hl (das heißt rund 1 % der französischen Gesamternte) gefallen.

Das VDQS-Gütesiegel bürgt für gehobene Qualität.

Vegetationszyklus Die sichtbaren Lebensvorgänge der Weinrebe beginnen mit dem Austrieb der Knospen und enden mit dem Laubfall. Diese Zeit heißt Vegetationsperiode. Die Winterruhe schließt den Jahreskreislauf ab. →Licht, →Temperatur und →Wasserangebot lenken als treibende Kräfte alle Lebensäußerungen. Wenn im Frühjahr die Temperaturen auf mindestens 8°C im Tagesdurchschnitt ansteigen, tropft Saft aus dem Rebholz (→Bluten), und die Knospen (→Augen) »kommen in die Wolle«, wie es in der Winzersprache heißt; sie öffnen sich und und beginnen auszutreiben. Da bereits im Hochsommer des Vorjahres alle Anlagen für →Triebe, →Blätter, →Gescheine und →Ranken vorgeprägt waren, bedurfte es während des Sommers und Herbstes hormoneller Hemmstoffe und während des Winters kurzer Tage mit anhaltender Kälte, um den Austrieb bis zum folgenden Frühjahr zu verzögern. Angeregt vom steigenden Licht- und Wärmeangebot, wachsen die jungen Triebe sehr schnell, wenn sie nicht durch Kälteperioden in Mai und Juni gebremst werden. Warme Junitage lösen den Blütebeginn aus; bei Bestäubung und Befruchtung verhindert trockenes, warmes Wetter ein →Durchrieseln der Gescheine, und alle →Blüten können befruchtet werden und zu saftigen →Beeren ausreifen. Unmittelbar nach der Blüte (Anfang Juli) wünscht sich der Winzer eher eine gemäßigte Wärme und ausreichend Niederschlag. Jetzt nämlich wachsen die Beeren durch Zellteilung und speichern viel Wasser; die Fruchtsäuren werden schnell verdünnt. Der »goldene Herbst« mit warmen, lichtdurchfluteten Tagen regt den Weinstock nochmals an, vermehrt Zucker (→Speicherstoffe) zu bilden und in die Trauben einzulagern. Dann beginnt mit dem Laubfall die Vegetationsruhe bis zum erneuten Austrieb im nächsten Frühjahr. In dieser Zeit findet nur eine geringfügige Veratmung von Reservestoffen und eine stark reduzierte Wasserverdunstung statt. Rege dagegen sind die biochemischen Vorgänge zum Schutz gegen →Frostschäden.

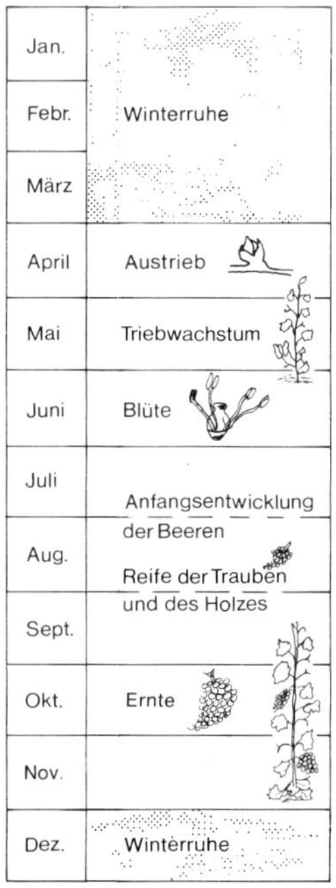

Der Vegetationszyklus der Rebe.

vegetative Vermehrung →Vermehrung durch Stecklinge oder durch Aufpfropfen auf eine andere Rebe. Bei der vegetativen Vermehrung bleiben alle Individuen gleich, solange keine →Mutationen auftreten.

Veitshöchheim Weinort im Anbaugebiet →Franken, Bereich Maindreieck. Großlage: *Ravensburg*. Einzellagen: *Wölflein, Sonnenschein*. Sitz der Landesanstalt für Wein-, Obst- und Gartenbau.

Veldenz Weinort im Anbaugebiet →Mosel-Saar-Ruwer, Bereich Bernkastel. Großlage: *Kurfürstlay*. Einzellagen: *Elisenberg, Kirchberg, Mühlberg, Grafschafter Sonnenberg, Carlsberg*.

Velletri Italienischer DOC-Weiß- und -Rotwein aus →Latium. Der Weißwein (*Bianco*) stammt aus 70% →Malvasia und 30% →Trebbiano, ist strohgelb und trocken bis halbsüß. Der rote *Velletri* (*Rosso*) wird zu 20–35% aus →Sangiovese, zu 20–35% aus →Montepulciano und zu 30 % aus Cesanese gekeltert. Er ist rubinrot und samtig.

Veltlin (it. Valtellina) Von der Adda durchflossenes Hochgebirgstal in der →Lombardei und DOC-Gebiet mit Zentrum Sondrio. Die deutsche Bezeichnung erklärt sich aus der früheren Zugehörigkeit zu Graubünden. Aus einem Verschnitt von mindestens 70% →Nebbiolo (hier Chiavennasca genannt) mit bis zu 5 anderen Rebsorten wird ein kerniger, tanninreicher Rotwein hergestellt. Die auf den Terrassen von Sassella, Inferno, Grumello und Valgella gewachsenen, zu 95% aus der Chiavennasca-Traube gekelterten Weine mit mindestens 12 Vol.-% Alkohol dürfen die Bezeichnung *Valtellina Superiore* führen und den Namen einer der Gemeinden anhängen.

Veltliner, Grüner Sehr alte Weißweinrebe, deren Herkunft – wie bei allen alten Sorten – nicht eindeutig geklärt werden kann; vermutlich wurde sie bereits zur Römerzeit angebaut. Synonyme: Weißgipfler, Grün-Muskateller sowie Mannhardsrebe. Der Grüne Veltliner ist die Hauptrebsorte →Niederösterreichs, wo wie nirgends auf der Welt optimale Standortbedingungen, Klima und Böden für sie anzutreffen sind. (35% der Weine stammen aus dieser Sorte.) Unter diesen Voraussetzungen erbringt sie dort sehr gute Ergebnisse hinsichtlich Menge und Güte der Weine. Sie sind leicht, frisch, bekömmlich, haben ein unverwechselbares Bukett, das manchmal an Muskat erinnert. Die Extraktgehalte sind nicht sehr hoch, die Alkoholgehalte mäßig, so daß die Weine bei Säurewerten von 5-7‰ spritzig und interessant schmecken. Früher Veltliner ist ziemlich winterhart und treibt früh aus, so daß er im Frühjahr häufig der →Frostgefahr ausgesetzt ist. Die Trauben sind groß, kegelförmig und geschultert, die Beeren groß, grün und dickschalig. Bei Überreife zeigen sie braune Tupfen.

Zum Bild rechts: Grüner Veltliner.

Veltlinské Zelené (tschech.) Grüner →Veltliner.

Vendersheim Weinort im Anbaugebiet →Rheinhessen, Bereich Bingen. Großlage: *Kurfürstenstück*. Einzellagen: *Sonnenberg, Goldberg*.

Venetien (it. Veneto) Italienische Weinregion, östlich von Venedig. Der nördliche Teil ist gebirgig, der südliche reicht bis in die fruchtbare Po-Ebene mit Weinplantagen, Zuckerrüben und Obstbau. DOC-Weine sind: *→Bardolino, →Bianco di Custoza, →Breganze, →Colli Berici, →Colli Euganei, →Etschtaler (Valdadige), →Gambellara, →Lessini-Durello, →Lison-Pramaggiore, →Montello e Colli Ascolani, →Piave, →Prosecco di Conegliano/Valdobbiadene, →Soave* und *→Valpolicella*.

Venningen Weinort im Anbaugebiet →Rheinpfalz, Bereich Südliche Weinstraße. Großlage: *Trappenberg*. Einzellage: *Doktor*.

Vente sur souche (frz.) Verkauf vom Stock, schon vor der Lese, wenn die Qualität noch nicht bekannt ist.

Verband Deutscher Prädikatsweingüter (VDP) Ältester Zusammenschluß deutscher Weingüter, mit dem Ziel der Qualitätsförderung. Nachdem Ende des 19. Jahrhunderts durch Einführung von Lagebezeichnungen und Neuerungen im Rebanbau ein wichtiger Schritt zur Verbesserung des Qualitätsbewußtseins im deutschen Weinbau erreicht wurde, sahen viele Güter in gemeinsamen Versteigerungen ein wesentliches Mittel der Absatzförderung und Profilierung. So schlossen sich Betriebe zu regionalen Versteigerungsringen zusammen, die durch den Oberbürgermeister von Bruchhausen in Trier 1910 zum »Verband der Deutschen Naturweinversteigerer« vereinigt wurden. Nach Einführung des 5. Deutschen Weingesetzes, 1971, mußte der Begriff »Natur« im Rahmen der Anpassung an die EG-Bestimmungen fallengelassen werden. Der Verband hat sich daraufhin in »Vereinigung Deutscher Prädikats- und Qualitätsweingüter e.V.« umbenannt und die Chance genutzt, die Anforderungen an die Mitgliedschaft noch strenger zu fassen. Durch Veranstaltungen von gemeinsamen Weinmessen und Versteigerungen stellen sich die Güter dem Qualitätsvergleich. Sie unterwerfen sich einer verbandsinternen Qualitätskontrolle, die eine Ergänzung der →amtlichen Prüfung darstellt. Das Motto der VDP-Weingüter lautet: Aus Tradition der Qualität verpflichtet.

Verbessern, Verbesserung Ehemalige Bezeichnung für →Anreichern. Auch das →Umgären kann als eine spezielle Art von Verbesserung angesehen werden.

Verdeca Italienische Weißweinrebe, die in Apulien angebaut wird. Aus dieser Rebsorte wird der → *Locorotondo* bereitet.

Verdelho Weißweinrebe, die aus Mittelitalien stammt, wo sie nur noch wenig angebaut wird; sie ist inzwischen in erheblichem Umfang auf →Madeira und in →Australien verbreitet. Die aus dieser Rebsorte hergestellten *Madeira*-Dessertweine sind trocken und milder als *Malvasier* und *Bual*, sie ähneln etwas dem *Sercial*. Der in Australien erzeugte *Verdell*-Wein ist delikat und in jungem Zustand süffig.

Verdicchio Italienische Weißweinrebe, die hauptsächlich in der Region →Marken verbreitet ist.

Verdicchio dei Castelli di Jesi, Verdicchio di Matelica DOC-Weißweine aus der gleichnamigen Traube, in 25 Gemeinden in der Umgebung von Ancona in den →Marken gewachsen. Die Weine sind strohgelb, trocken und weisen einen angenehmen Bittergeschmack und eine delikate Blume auf. Die gleiche Bezeichnung gilt auch für einen Schaumwein. *Castelli di Jesi Classico* muß aus dem Zentrum der Zona antica, eines traditionsreichen Weinbaugebietes, stammen.

Verdot Französische Rotweinrebe, die im →Bordeauxgebiet und im Pyrenäenvorland angebaut wird. Wegen großer Anfälligkeit gegenüber →Krankheiten ist der Anbau der früher sehr geschätzten Sorte rückläufig. Die Weine sind dunkelfarben, körper- und gerbstoffreich.

Verdunstung →Schwund.

Verduzzo Italienische Weißweinrebe, die im → Friaul-Gebiet angebaut wird. Aus ihr werden dem *Tokajer-Szarvaz*-ähnliche Weine hergestellt.

Veredelung →Rebveredelung.

Vereine zur Förderung der Weinqualität In diesen Vereinen schlossen sich nach den Weinskandalen im In- und Ausland Gruppen von qualitätsbewußten Winzern zusammen, die durch hohe Qualität, besondere Geschmacksrichtungen und gebietsbetonte Weintypen das Vertrauen des Konsumenten stärken sollen. Ziel der Zusammenschlüsse ist es, »durch Selbstkontrolle und Erfahrungsaustausch die Weinqualität der Mitgliederbetriebe anzuheben und ständig zu verbessern« (aus der Satzung des Verbandes Deutscher Prädikatsweingüter; →Typenweine).

Vereinigte Staaten von Amerika 300.000 ha Rebfläche; 13 Millionen hl Wein, davon 400.000 hl Export; Import 2 Millionen hl; 5 Millionen dz Tafeltrauben; 1,5 Million dz Rosinen; jährlicher Pro-Kopf-Verbrauch 9 l. Mitte des 16. Jahrhunderts wurden erste Weinberge mit einheimischen →Amerikanerreben angelegt. Der Anbau europäischer Vitis-Vinifera-Sorten geht auf spanische Missionare zurück, die ab 1770 in Kalifornien daraus Meßweine herstellten. Ein Rückschlag erfolgte 1827 nach Zerstörung der Klöster durch die mexikanische Regierung. Als Kalifornien 1848 zu den USA kam, vollzog sich ein langsamer Wiederaufbau, der durch die Prohibition (Verbot des Alkoholgenusses von 1919 bis 1933) wieder gestoppt wurde. Nach deren Aufhebung und vor allem nach dem Zweiten Weltkrieg setzte eine stürmische Entwicklung ein, die noch nicht beendet ist. In den USA werden vor allem in zwei Regionen Reben angebaut: an der Westküste in →Kalifornien und an der Ostküste im Staat New York (→Finger Lakes). Weitere kleinere Anbaugebiete befinden sich in den Bundesstaaten Oregon, Washington, Missouri, Ohio, Virginia und Maryland. Die meisten Weine

Emblem des Verbandes Deutscher Prädikats- und Qualitätsweingüter.

sind Markenweine, eine große Anzahl →aufgespritete →Dessertweine. Ihnen dürfen nach dem Gesetz Zucker, Wasser und Alkohol zugesetzt werden. Zu mehr als 51% aus einer Traubensorte gekelterte Weine dürfen die Rebsorte auf dem Etikett führen. Rund 300 technisch hervorragend ausgerüstete Kellereien verarbeiten den Großteil der Ernte. Die Weinberge haben Plantagencharakter. In den achtziger Jahren begann man im Zuge der Qualitätssteigerung, begrenzte Herkunftsgebiete auszuweisen (→AVA). Die Art des Handels mit alkoholischen Getränken ist in den einzelnen Bundesstaaten der USA unterschiedlich, aber überall noch stark lizensiert. In einigen Staaten bestehen sogar staatliche Einzelhandelsgeschäfte. Der Pro-Kopf-Verbrauch stieg in den letzten Jahren beträchtlich. Der Trend vom Whisky über stark aufgespritete Weine zu Qualitätsweinen bis zur Spitzenklasse ist deutlich zu bemerken.

Vermentino Italienische Weißweinrebe, die vor allem in →Ligurien und auf der Insel →Sardinien angebaut wird. Die Weine sind strohgelb mit leichten Grünreflexen, haben ein intensives, aber zartes Bukett und sind im Geschmack trocken, weich mit leicht bitterem Unterton. Ein typisches Beispiel dafür ist der DOC-Wein *Vermentino di Gallura* aus Sardinien.

Vernaccia Italienische Weiß- und Rotweinrebe, die in erster Linie in Mittelitalien und auf →Sardinien beheimatet ist; dort wird der bekannte →*Vernaccia di Oristano* aus dieser Rebsorte hergestellt.

Vernaccia di Oristano Italienischer DOC-Weißwein aus →Sardinien, aus der gleichnamigen Rebsorte hergestellt. Er ist goldgelb, trocken und füllig und von leicht bitterem Nachgeschmack. Sein Bukett erinnert an Mandelblüten. Nach dreijähriger Lagerung und mit 15,5 Vol.-% Alkohol darf er als Superiore bezeichnet werden. *Vernaccia di Oristano* gibt es auch als Liquoroso in einer trockenen und einer süßen Version.

Rundeindruck auf den Etiketten der Weine der Staatsweingüter, die in Kloster Eberbach ersteigert wurden.

Vernaccia di San Gimignano Italienischer DOC-Weißwein der →Toskana, hell gekeltert aus der gleichnamigen Rotweinrebe. Der Wein ist blaß goldgelb, frisch, harmonisch und leicht bitter. Riserva bedeutet 1 Jahr Lagerzeit. Unter der gleichen Bezeichnung gibt es einen Liquoroso.

Vernaccia di Serrapetrona Schäumender italienischer DOC-Rotwein aus den →Marken aus der gleichnamigen Rebsorte (eine rote Variante der Vernaccia). Der granatrote Wein ist aromatisch. Es gibt ihn auch in der Version amabile oder dolce.

Vernatsch Südtiroler Bezeichnung für Schiava (→Trollinger, Blauer).

Verrenberg Ortsteil von Öhringen. Weinort im Anbaugebiet →Württemberg. Bereich Württembergisch Unterland. Großlage: *Lindelberg*. Einzellagen: *Goldberg, Verrenberg*.

Verrieseln →Durchrieseln.

Versanddosage →Dosage.

verschlossen Bezeichnung für einen Wein, der seine Geschmacksnuancen nicht voll hergibt. Dies kann bei Weinen vorkommen, die infolge zu kurzer Lagerung noch nicht voll entwickelt sind (→unreif), oder aber bei solchen, die kurz vor der Verkostung erst auf Flaschen gefüllt wurden oder einen längeren Transport unmittelbar hinter sich haben.

Verschnitt Mischung verschiedener Grundweine, die ein höherwertiges Endprodukt zum Ziel hat. In hochwertigen deutschen Weinen (mit Lagenbezeichnung) wird kaum vom Verschnitt Gebrauch gemacht, da man die Individualität der Fässer bewahren will. Die Verschnittanteile namensgleicher Weine sind durch das deutsche Weingesetz drastisch eingeengt worden. Sie müssen im Kellerbuch mit Liter-Genauigkeit vermerkt werden. →Tokajer, →Bordeaux, →Sherry, →Port sind Verschnitte aus mehreren Sorten oder Jahrgängen. Bei der Schaumweinherstellung nennt man den Verschnitt →Cuvée und bezeichnet damit die Mischung verschiedener Grundweine. Schaumweine und Sekte mit hohen Produktionszahlen stammen häufig aus Verschnitten von einheimischen und ausländischen Grundweinen.

versetzter Wein Begriff des österreichischen Weingesetzes, der alle Weine erfaßt, die Zusätze enthalten oder besonders behandelt worden sind (→Dessertweine, →Wermutweine, →Perlweine, →Schaumweine).

Versteigerungen Bereits im 18. Jahrhundert gab es urkundlich nachweisbar Weinversteigerungen in Deutschland. Anfangs versteigerten einzelne Güter selbständig und meist in der Kelterhalle des Gutes. Der Käufer (Händler) kaufte im Faß und füllte auf Flaschen. Später schlossen sich mehrere Produzentenbetriebe in Versteigerungs- und Winzervereinen zusammen, wobei immer noch faßweise, aber abgefüllt in Flaschen, angeboten wurde. Es gibt heute entlang des

Rheines, der Mosel und der Nahe 8 Weinversteigerungsgemeinschaften. Je Versteigerung kommen durchschnittlich 30.000–60.000 Flaschen zum Ausgebot. Die Losgrößen liegen zwischen 50 und 800 Flaschen. Den Zuschlag erhalten die →Weinkommissionäre, die gemeinsam mit dem Ansteller auch die Taxation vornehmen. Sie steigern in eigenem Namen auf Rechnung ihrer Kunden, die zusammen mit dem Kommissionär an einem Tisch sitzen. Beim Bieten tritt nur der Kommissionär in Erscheinung, sein Auftraggeber ist dem Auktionator und dem Einlieferer nicht bekannt.
Die deutschen Weinversteigerungen sind »naß« (eine Probe jedes ausgerufenen Loses wird eingeschenkt), die französischen »trokken« (am Vortag wird im Keller probiert und nicht mehr bei der Versteigerung selbst). Die Versteigerungen werden im Frühjahr und/oder Herbst abgehalten. Die deutschen Veranstalter sind:
Mosel-Saar-Ruwer: Großer Ring der Prädikatswein-Versteigerer von Mosel-Saar-Ruwer e.V., Trier; Bernkasteler Ring, Prädikatswein-Versteigerungs-Gesellschaft Mittelmosel, Saar und Ruwer e.V., Bernkastel.
Nahe: Erster Versteigerungsring der Riesling-Weingüter e.V., Bad Kreuznach.
Rheingau: Erste Vereinigung Geisenheimer Weingutsbesitzer und Vereinigte Rüdesheimer Weingutsbesitzer e.V.; Staatsweingüter, Kloster Eberbach; Vereinigung Rheingauer Traditionsweingüter e.V.
Hessische Bergstraße: Staatsweingut Bergstraße, Bensheim.
Rheinhessen: Rheinterrassen-Qualitätsweinversteigerer.
Württemberg: Württembergische Weingärtner-Zentralgenossenschaft e.G.
Die übergebietliche Spitzenweinversteigerung des »Verbandes Deutscher Prädikats- und Qualitätsweingüter e.V.« findet als großes gesellschaftliches Ereignis alle 3 Jahre im Kurhaussaal zu Wiesbaden oder in Trier statt.
Frankreich: Am 3. Novembersonntag jeden Jahres wird die neue Ernte der →Hospices de Beaune in der dortigen Markthalle versteigert. Sotheby Parke Bernet & Co. und Christie, Manson & Woods, beide in London, halten in kürzeren Abständen Weinraritäten-Versteigerungen in England ab.

Vertikalpresse →Keltern.

Vertus Weinort in der →Champagne, dessen Gewächse für die Champagnerbereitung als Grands Crus eingestuft sind, das heißt mit 100 % bewertet werden.

Verzenay Weinort in der →Champagne, dessen Gewächse für die Champagnerbereitung als Grands Crus eingestuft sind, das heißt mit 100% bewertet werden.

Vesuvio Italienischer DOC-Rot-, -Rosee- und -Weißwein aus →Kampanien. Der Rotwein *(Rosso)* und Roseewein *(Rosato)* stammt zu mindestens 50% aus Piedirosso sowie Sciascinoso und →Aglianico. Er ist trocken und harmonisch im Geschmack. Der Weißwein *(Bianco)* wird zu mindestens 80% aus →Coda di Volpe und →Verdeca sowie Galanghina und →Greco gekeltert. Der strohfarbene Wein ist trocken und leicht säurebetont.

Vétroz Weinort im Schweizer Kanton →Wallis, einer der Haupt-Anbauorte für →*Fendant*.

Vidure, Grosse →Synonym für →Cabernet Franc.

Vidure, Petite Synonym für →Cabernet-Sauvignon.

Vila Nova de Gaia Portugiesische Stadt am Douro, wo die →Portweine viele Jahre gelagert werden, ehe man sie vom gegenüberliegenden Porto aus verschifft.

Villány-Siklós Das südlichste Weinbaugebiet Ungarns unweit von →Pécs, von dem es sich jedoch geographisch und klimatisch unterscheidet. Die Rotweine (der überwiegende Teil der Produktion) sind dunkelfarbig, kräftig, die Weißweine, hauptsächlich in der Umgebung von Siklós, würzig, körper- und alkoholreich.

Villette Weinort im Schweizer Kanton →Waadt, Region →Lavaux, aus dem hervorragende →*Dorins* stammen.

Vin alb (rum.) Weißwein.

Vin blanc (frz.) Weißwein.

Vin de Café oder **Vin de Comptoir** (frz.) Billiger Schankwein.

Vin de Călitate Bezeichnung für die verschiedenen rumänischen →Qualitätsweinstufen.

Vin de Consommation courante →Tafelwein.

Vin de Corse →Korsika.

Vin de Garde (frz.) Durch lange Lagerung gut ausgebauter Wein.

Vin de Liqueur (frz.) Likörwein, →aufgespriteter Dessertwein.

Vin de Marc (frz.) →Tresterwein.

Vin de Masa (rum.) Tischwein, Tafelwein.

Vin de Paille (frz.) →Strohwein.

Vin de Pays Französischer Landwein oder Tafelwein bestimmter Herkunft, der Herkunftsrecht genießt und einen Gebietscharakter zeigt. In dieser Klasse ist die ehemalige Appellation d'Origine Simple (AOS) aufgegangen. Die jährliche Produktion stieg in 15 Jahren auf rund 12 Millionen hl – 15% der gesamten französischen Weinernte. Seit 1973 wurden über 100 Zonen für Vin de Pays festgelegt, die meisten liegen in den südfranzösischen Departements. Vins de Pays dürfen nur aus bestimmten zugelassenen Rebsorten gekeltert und nicht mit Weinen aus anderen Gebieten verschnitten werden. Seit 1979 unterliegen sie auch sensorischen Prüfungen und tragen ein spezielles Siegel. Sie werden in großem Maße exportiert.

Siegel für französischen Landwein.

Vin (de) Primeur →Primeur.

Vin de Table →Tafelwein.

Vin de Tête (frz.) Spitzenwein.

Vin doux naturel (frz.) →Aufgespriteter Wein aus 4 gesetzlich festgelegten Rebsorten mit mindestens 14 Vol.-% Alkohol.

Vinello (it.) →Tresterwein.

Vin gris (frz.) Sehr heller Roseewein.

Vinhagrinho Portugiesische Bezeichnung für Duft und Aroma alter →Madeiras und →Portweine, ungefähr gleichbedeutend mit →Rancio.

Vinho de Mesa (port.) Tischwein.

Vinho de Origem (port.) Wein mit Herkunftsbezeichnung.

Vinho de Ramo (port.) Unaufgespriteter, also nicht zu Port verarbeiteter Wein aus dem Dourotal.

Vinho generoso (port.) →Aufgespriteter Wein gehobener Qualität bestimmter Herkunft.

Vinho verde Portugiesischer Weintyp aus dem Anbaugebiet (seit 1929 →Região Demarcada) im regenreichen, immergrünen Norden des Landes in den Provinzen Minho und Douro Litoral. Der Name »grüner Wein« bezieht sich nicht auf seine Farbe (25% davon kommt als Rotwein in den Handel), sondern auf die frische, spritzige, an grüne Beeren erinnernde Art dieses säurereichen, leicht moussierenden Weines. Er wirkt, kühl getrunken, äußerst erfrischend und weist einen relativ geringen Alkoholgehalt von nur 8–11 Vol.-% auf. Von Ausländern werden die weißen *Vinhos verdes* bevorzugt. Leider sind die für den Export bestimmten Weine oft leicht süß, was ihre Frische überdeckt.

Vinjak (jug.) →Weinbrand.

Vin jaune (frz.) gelber Wein, Bezeichnung für die ambrafarbenen Weine des Jura (→Arbois, →Château Chalon). Nach Abschluß der Gärung, ein Jahr nach der Lese, kommt der Wein in das »gelbe Faß«, in dem er mindestens 6 Jahre lagern muß. In dieser Zeit bedeckt sich der junge Wein mit einer dicken grauen Schicht aus einer speziell im Jura vorkommenden Hefe. Der Wein hat einen Alkoholgehalt von bis 16 Vol.-%, wird in Spezialflaschen »clavelins« abgefüllt und kann – wie guter →Portwein – unverkorkt monatelang offenstehen, ohne sich zu zersetzen. Die jährliche Produktion ist gering.

Vin liquoreux (frz.) Nicht → aufgespriteter, sehr süßer Weißwein.

Vinobilitas Vereinigung österreichischer Herrschafts- und Stiftsweingüter. Zusammenschluß traditionsreicher Weingüter, die zusammen rund 150 ha Rebfläche in allen österreichischen Weinregionen bewirtschaften. Die Mitglieder müssen über mindestens 10 ha Rebfläche verfügen, eine eigene Kellerei betreiben und nur Weine aus Eigenbau vertreiben. Die Weine mit diesem Zeichen sind einer zusätzlichen Prüfung unterzogen worden.

Vin non mousseux (frz.) →Stillwein.

Vino corriente (span.) Einfacher Konsumwein.

Vino da Arrosto (it.) Rotwein mit viel Körper, den man zum Braten (arrosto) trinkt.

Vino da Pasto (it.) Tischwein.

Vino da Taglio (it.) Alkoholreicher roter Verschnittwein.

Vino da Tavola (it.) →Tafelwein.

Vino Nobile di Montepulciano Italienischer →DOCG-Rotwein aus 50–70% Prugnolo Gentile (Sangiovese), 10–20% →Canaiolo, 20 % →Malvasia del Chianti und →Trebbiano Toscano gewonnen, in der Umgebung von Montpulciano in der →Toskana gewachsen. Er ist trocken, hat einen leichten Gerbsäuregeschmack und eine delikate Blume und wird mit dem Alter rotbraun. Mindestens zweijährige Lagerung in Holzfässern. Riserva muß eine mindestens dreijährige Lagerung aufweisen.

Vino piccolo (it.) →Tresterwein.

Vin ordinaire (frz.) Einfacher, meist verschnittener Konsumwein.

Vino Santo Italienische Rot- und Weißweine, für die man die Trauben vor der Kelterung antrocknen läßt, was entweder im Freien oder in geschlossenen Räumen erfolgt. Vino Santo ist ein meist ziemlich süßer →Dessertwein.

Vinothek Weinsammlung, Weinladen, auf die Führung gehobener Qualitäten spezialisiertes Weingeschäft, zum Beispiel die Vinothèque de Bordeaux, mit über 200 hochklassifizierten Château-Weinen, oder die Enoteca Italica Permanente in Siena. In diesem Weinmuseum, Restaurant und Weinverkaufskeller können rund 500 DOC-Weine Italiens verkostet und käuflich erworben werden.

Vins Délimités de Qualité Supérieure →VDQS.

vinum francium (fränkischer Wein) Weinbezeichnung im Mittelalter, die auf gehobene Qualität hinwies.

vinum hunicum (hunnischer Wein) Weinbezeichnung im Mittelalter, die auf gewöhnliche Qualität hinwies.

Virus Submikroskopisch kleines Wesen, das keinen eigenen Stoffwechsel hat und deshalb als biologische Zwischenform zwischen Lebewesen und Makromolekülen eingestuft wird. Viren befallen lebende Zellen und haben die Fähigkeit, sich in deren Innerem zu vermehren, wobei Zelleiweißstoffe und die zelleigenen Informationen zur Bildung von Tochterzellen krankhaft verändert werden. Die Auswirkungen auf die Rebe bestehen in einem langsamen Leistungsabfall, der im Siechtum endet und ihren Anbau unwirtschaftlich macht. Der anfangs kaum erkennbare Krankheitsverlauf ist gefährlich, weil zwischen Infektion und Auftreten der ersten sichtbaren Symptome oft Jahre vergehen, in denen die befallenen Reben als Krankheitsträger die Nachbarstöcke anstecken können. Große Schäden entstehen, wenn Schnittholz von solchen latenten Krankheitsträgern zur Weitervermehrung verwendet wird. Die häufigsten und in allen Weinbauländern verbreitetsten Viruskrankheiten: die Reisigkrankheit, die durch Besenwuchs und Verformung der Blätter zu erkennen ist; die infektiöse Panaschüre, die →Chlorophyll zerstört und die Blätter bunt färbt; die Rollkrankheit, bei der sich die Blattränder nach unten einrollen. Die Bekämpfung von Virosen ist auf chemischem Wege nicht möglich. Nur indirekte Maßnahmen, die auf eine Verhütung von Infektionen abzielen, können getroffen werden. Dazu müssen vor allem die Überträger – in den meisten Fällen Nematoden (Würmer) – vernichtet und eine Vermehrung von befallenem Rebholz vermieden werden.

Visperterminen Höhendorf im Tal der Visp, eines Nebenflüßchens der Rhône, im Schweizer Kanton →Wallis. Hundert Meter tiefer als der 1336 Meter hoch gelegene Ort liegt der höchste Weinberg Europas, auf dem der sogenannte *Heidenwein* →*(Paien)* angebaut wird.

Vitamine Neben →Mineralstoffen und → Spurenelementen enthält der Wein an lebenswichtigen Stoffen noch Vitamine. Diese stammen teilweise aus der Traubensubstanz, sind daher auch schon im →Traubensaft enthalten, und teilweise werden sie während der →Gärung von den →Hefen gebildet. Der Vitamingehalt von Wein ist im Vergleich zu anderen Lebensmitteln oder auch zu Bier zwar relativ gering, aber nicht bedeutungslos. Nachgewiesen wurden im Wein Vitamine der Gruppen A, B, C, D, und H, wovon die Vitamine der B-Gruppe mengenmäßig überwiegen. Als vitaminreichste Phase während der Weinentstehung gilt das Gärungsstadium, weshalb dem →Federweißen vom gesundheitlichen Standpunkt die größte Bedeutung beizumessen ist. Für ältere Menschen soll vor allem das im Wein vorkommende Vitamin B_6 (Pyridoxin) sehr wertvoll sein. Es ist wichtig für den Fettstoffwechsel und damit für die Verhinderung einer Arteriosklerose oder altersbedingter Leberschäden. Obwohl der Tagesbedarf an Vitaminen durch den Genuß von Wein nicht abgedeckt wird, kann Wein als wichtiger Ergänzungsnährstoff angesehen werden.

Viteus vitifolii → Reblaus.

VITI (Vini Ticinesi) →Tessiner Schutzmarke für aus →Merlot-Trauben gewonnene Qualitätsrotweine.

Vitis Pflanzengattung, die eine große Zahl von Arten (mehr als 50), wie zum Beispiel Vitis Silvestris, Vitis Rotundifolia, Vitis Labrusca, Vitis Riparia, Vitis Berlandieri und Vitis Rupestris und andere umfaßt. Die Kulturformen des Weinstocks haben die wissenschaftliche Bezeichnung Vitis Vinifera subsp. Sativa. Zu der Edelrebe gehört eine große Zahl von Sorten – man schätzt ihre Zahl auf 5.000 –, die entweder auf natürlichem Wege durch →Mutationen oder durch Kreuzung entstanden und wegen besonderer Eigenschaften von Menschen ausgelesen und vermehrt worden sind.

Vögel Amseln, Drosseln, vor allem aber Stare, fallen in die herbstlichen Weinberge ein und fressen Trauben bis zur totalen Vernichtung der Ernte ab. Eine sichere Bekämpfung der Starenplage ist kostspielig und kaum möglich. Die Vögel gewöhnen sich an Knallapparate, Knallraketen und Lichteffekte. Den sichersten Schutz bietet das Überspannen der gefährdeten Weinberge mit Netzen, was aber arbeitsaufwendig und teuer ist. Das ständige Aussenden von Todesschreien mittels akustischer Apparate ist zwar wirkungsvoll, wird aber in der Nähe von Siedlungen als Lärmbelästigung empfunden.

Vögisheim Ortsteil von Müllheim. Weinort im Anbaugebiet →Baden, Bereich Markgräflerland. Großlage: *Burg Neuenfels*. Einzellage: *Sonnhalde*.

Vogelsburg Ortsteil von Volkach. Weinort im Anbaugebiet →Franken, Bereich Maindreieck. Großlage: *Engelsberg*. Einzellage: *Pforte*.

Volkach Weinort im Anbaugebiet →Franken, Bereich Maindreieck, mit Ortsteilen →Astheim, →Escherndorf, →Gaibach, →Hallburg, →Köhler, →Krautheim, →Obervolkach, →Rimbach, →Vogelsburg. Großlage: *Kirchberg*. Einzellage: *Ratsherr*.

voll Gleichbedeutend mit →körperreich, voluminös, →rund oder vollmundig. Meist bestens gepflegte Weine guter Jahrgänge mit hohem Gehalt an →Extraktstoffen und →Alkohol. Der Gegensatz ist →leer, →dünn.

Vollmersweiler Weinort im Anbaugebiet →Rheinpfalz, Bereich Südliche Weinstraße. Großlage: *Guttenberg*. Einzellage: *Krapfenberg*.

Vollrads, Schloß Schloß im →Rheingau, dessen älteste Teile aus dem 13. Jahrhundert stammen, im Besitz der Grafen Matuschka-Greiffenclau, mit 40 ha Rebfläche. Gilt heute als eigener Ortsteil, so daß auf den Etiketten der Weine ohne Nennung eines Ortes allein *Schloß Vollrads* steht (→Winkel).

Vogelschwärme bedrohen die Weinernte.

Volnay Weinort in →Burgund, aus dem besonders feine Weine der →Côte de Beaune stammen. Volnay erzeugt nur Rotweine. Die beiden größten Lagen sind *Caillerets* und *Champans*, auf die noch 14 weitere hervorragende Lagen folgen.

Volstead Act Von dem amerikanischen Senator gleichen Namens eingebrachtes Gesetz in den USA, das von 1920 bis 1933/34 die Herstellung und den Verkauf sowie den Ausschank von alkoholischen Getränken generell verbot (Prohibition).

Volta = JP 105 Blaue Tafeltraube aus Italien, die 1919 von Pirovano aus Muskat Rosa Malaga x JP 17 gekreuzt wurde. Die Traube reift sehr früh. Die Beeren sind dunkel und haben einen deutlichen Muskatgeschmack.

Volxheim Weinort im Anbaugebiet →Rheinhessen, Bereich Bingen. Großlage: *Rheingrafenstein*. Einzellagen: *Mönchberg, Alte Römerstraße, Liebfrau.*

Vorbachzimmern Ortsteil von Niederstetten, Weinort im Anbaugebiet →Württemberg, Bereich Kocher-Jagst-Tauber. Großlage: *Tauberberg*. Einzellage: *Schafsteige.*

Vorlauf Bezeichnung für den Most, der beim ersten leichten Druck aus der Kelter läuft. Er ist am gerbstoffärmsten und wird bei fraktionierter (stufenweiser) Kelterung für die teuersten Cuvées verwendet.

Vorlese (Frühlese) Geht der allgemeinen →Traubenlese (Traubenernte) voraus und soll den Winzern Gelegenheit geben, frühreife Traubensorten (zum Beispiel →Müller-Thurgau, →Gutedel, einige →Neuzüchtungen) zu ernten, da beim längeren Hängenlassen dieser Sorte die Verluste durch Abfallen (→Bodentrauben), →Traubenfäule und Wespenfraß groß werden können. In der Bundesrepublik Deutschland muß die Vorlese amtlich genehmigt werden.

vornehm Weine, die aufgrund ihrer ausgewogenen Zusammensetzung von besonders reifer, eleganter, feiner, jedoch keinesfalls aufdringlicher Art sind; meist große Weine mit ausgeprägtem Charakter.

Vöslau 1. Bis 1985 Weinbaugebiet in →Niederösterreich, heute in das Gebiet →Thermenregion aufgegangen.
2. Niederösterreichischer Badeort in der →Thermenregion mit rund 150 ha Rebfläche. Der typische *Vöslauer* ist ein samtiger Rotwein aus Blauem →Portugieser, der fast die Hälfte der Gesamtproduktion ausmacht.

Vosne-Romanée Berühmter Weinort in der →Côte de Nuits von →Burgund, aus dem bei verhältnismäßig geringer Produktion 7 Grands Crus stammen: *La Romanée-Conti, Richebourg, La Tâche, Romanée-Saint-Vivant, La Romanée, Grands-Echezeaux* und *Echezeaux*. Sie alle zeichnen sich durch Weichheit und außerordentliche Feinheit aus. Die übrigen Lagen erscheinen mit dem Ortsnamen auf dem Etikett.

Vougeot →Clos de Vougeot.

Vouvray AC-Gebiet an der Loire in der alten Provinz Touraine, das sich über 8 Gemeinden erstreckt. Der weiße Stillwein aus Pineau de la Loire (→Chenin Blanc) muß mindestens 11 Vol.-% Alkohol enthalten, er ist frisch und fruchtig, in guten Jahren süß und aromareich. Am bekanntesten sind jedoch der Schaumwein und der Perlwein von Vouvray, die mittels →Flaschengärung gewonnen werden. *Vouvray*-Schaumweine können lange lagern und verbessern sich mit dem Alter. Sie bewahren das feine Aroma des Stillweines.

VQPRD Vins de Qualité produits dans des Régions déterminées. Von der Europäischen Gemeinschaft geschaffener Oberbegriff für Weine mit bestimmter Herkunft, der den Begriff »Qualität« mit dem des Ursprungs verbindet (→Herkunftsbezeichnung).

W

Waadt (frz. Vaud) Schweizer Kanton zwischen Genfer und Neuenburger See, Hauptstadt Lausanne. Der 3.660 ha Rebfläche umfassende Weinbau konzentriert sich auf das sehr malerische nördliche Ufer des Genfer Sees, auf die sogenannte →Côte, und reicht nach Osten bis in das Rhônetal, wo er sich an den Weinbau des Wallis anschließt. Geschützt sind die Bezeichnungen →*Dorin* (Chasselas-Weißwein), *Terravin* (Spitzen-*Dorin*, mit einer Wortmarke am Flaschenhals speziell gekennzeichnet) und *Salvagnin* (Rotwein aus den Rebsorten Pinot Noir und/oder Gamay). Die beiden letzten Weine müssen eine Degustationskommission passieren. Die Region La Côte erstreckt sich von Coppet bei Genf bis Lausanne, wobei die östliche Hälfte Petite Côte und die westliche Grande Côte genannt wird. Das Gebiet Lavaux umfaßt die Weinbaugemeinden von Lausanne bis Montreux. In den steil zum See abfallenden, von vielen Mauern gestützten, terrassierten Parzellen wird die Sonneneinwirkung durch die Rückspiegelung des Sees verstärkt. Das Herzstück von →Lavaux bilden unter anderem die Lagen von →Dézaley. Zum →Chablais zählt das Gebiet rechts der Rhône von Villeneuve bis Bex. Leichte, kiesige Böden lassen hier einen rassig herzhaften Wein mit Feuersteingeschmack (Pierre à Fusil) wachsen. Die Lagen von →Aigle und →Yvorne gehören zu den bekanntesten des Kantons. Von der Route du Vin oberhalb des Genfer Sees hat man prächtige Ausblicke auf die Landschaft.

Waage, hydrostatische Präzisionsgerät zur Messung des →spezifischen Gewichtes von Flüssigkeiten, mit dem das →Mostgewicht von →Traubensaft, die Dichte sowie der →Alkohol-

In Saint-Saphorin am Genfer See wachsen feine Dorins.

gehalt und →Extraktgehalt von Wein ermittelt werden können. Die hydrostatische Waage, deren einfachste Ausführung die sogenannte Mohr-Westphalsche Waage ist, arbeitet nach dem Prinzip des →Aräometers (Senkspindel). Im Gegensatz zu diesem wird hier jedoch der Auftrieb des Senkkörpers gewogen. Die Dichtebestimmung ist zwar sehr exakt, im Vergleich zu der ebenso genauen pyknometrischen Methode (→Pyknometer) jedoch kostspieliger, weshalb sie nur noch wenig Anwendung findet.

Wachau Landschaftlich reizvolles Weinbaugebiet →Niederösterreichs mit feinen, rassigen Weißweinen, hauptsächlich aus Grünem →Veltliner und Rheinriesling (Weißer →Riesling), sowie →Neuburger und →Müller-Thurgau, die häufig auch unter Lagennamen (Riede) auf den Markt kommen. Das Gebiet reicht auf der linken Donauseite von →Krems, →Dürnstein, →Weißenkirchen, →Spitz bis Melk. Rebfläche: 1.350 ha. Auf der rechten Donauseite sind Arndorf, Rossatz und →Mautern zu erwähnen. Das Siegel Vinea Wachau weist darauf hin, daß der Wein von einem Mitglied des gleichnamigen Verbandes stammt, der für die Herkunft aus Wachauer Rieden garantiert. Außerdem dürfen die Weine nicht →angereichert sein. *Steinfeder* ist der Name für einen leichten Wachauer Qualitätsweißwein, der nicht mehr als 10,7 Vol.-% Alkohol enthält. *Federspiel* bezeichnet einen trockenen Wachauer Weißwein Kabinett, der höchstens 11,9 Vol.-% Alkohol enthält. *Smaragd* ist eine Weißweinrarität. Die Trauben müssen mindestens 90° Oe aufgewiesen haben. Der Wein wird vollkommen durchgegoren. Er eignet sich für eine Lagerung von 25 Jahren und mehr.

Wachenheim 1. Weinort im Anbaugebiet →Rheinpfalz, Bereich Mittelhaardt/Deutsche Weinstraße. Großlagen: *Schenkenböhl, Schnepfenflug an der Weinstraße, Mariengarten.* Einzellagen: *Fuchsmantel, Königswingert, Mandelgarten, Odinstal, Schloßberg, Bischofsgarten, Luginsland, Böhlig, Belz, Rechbächel, Goldbächel, Gerümpel, Altenburg.*
2. Weinort im Anbaugebiet →Rheinhessen, Bereich Wonnegau. Großlage: *Domblick.* Einzellagen: *Rotenberg, Horn.*

Wachstum Alle Lebensvorgänge, die mit der Bildung der Keimzelle beginnen und mit der endgültigen Ausgestaltung des pflanzlichen Körpers abgeschlossen sind. Diese Entwicklung umfaßt Vermehrung und Vergrößerung der Zellen, wie auch ihre Differenzierung, die zur Arbeitsteilung und somit zur Gewebe- und Organbildung führen. Diese drei Arten des Wachstums verleihen dem Weinstock seine charakteristische Gestalt. Antrieb und Regelung des Wachstums gehen von inneren Kräften aus, die im einzelnen nur wenig bekannt sind. Aber auch äußere Einflüsse steuern das Wachstum: →Temperatur, →Licht, →Wassergehalt des Bodens und der Luft, Angebot an →Nährstoffen und andere. Bei Wachstum und Ausformung einzelner Organe spielen auch gegenseitige Wechselwirkungen eine Rolle. So treiben zum Beispiel die Nebenaugen der Knospe (→Auge) im Frühjahr nicht aus, solange der Haupttrieb nicht beschädigt wird. →Geiztriebe hemmen andererseits die Winterknospen im Austrieb, werden aber selbst zu stärkerem Wachstum angeregt, wenn der Gipfeltrieb entfernt ist. Im gleichen Maße wachsen schlafende Augen am alten Holz aus, wenn durch →Frost oder →Hagel die einjährigen Fruchtruten beschädigt wurden. Das Optimum für das Wachstum der Triebe liegt bei einer Temperatur um 25°C. Übermäßiger Wuchs der Rebe kann das Verrieseln (→Durchrieseln) fördern, weil die Blüten unterernährt bleiben.

Wachwitz-Pillnitz Weinort im Anbaugebiet → Elbe mit der Lage *Königlicher Weinberg.*

Wackernheim Weinort im Anbaugebiet →Rheinhessen, Bereich Bingen. Großlage: *Kaiserpfalz.* Einzellagen: *Rabenkopf, Schwalben, Steinberg.*

Wädenswil Weinbauort im Schweizer Kanton →Zürich mit Weinbauforschungsanstalt, wo einst Professor Müller-Thurgau wirkte, nach dem die Rebsorte →Müller-Thurgau (in der Schweiz Riesling x Sylvaner) benannt ist.

Wagenstadt Stadtteil von Herbolzheim. Weinort im Anbaugebiet →Baden, Bereich Breisgau. Großlage: *Burg Lichteneck.* Einzellage: *Hummelberg.*

Wagram Niederösterreichischer Weinort im Weinbaugebiet →Donauland-Carmuntum. Es überwiegt der Grüne →Veltliner, der hier bukettreicher und milder ist als anderswo. Wagram hat zusammen mit Traismauer 200 ha Rebfläche.

Walheim Weinort im Anbaugebiet →Rheinhessen, Bereich Wonnegau. Großlage: *Sybillenstein.* Einzellage: *Schelmen.*

Waiblingen Weinbaugemeinde im Anbaugebiet →Württemberg, Bereich Remstal-Stuttgart, mit Ortsteilen →Beinstein, →Neustadt. Großlagen: *Kopf, Wartbühl.* Einzellagen: *Hörnle, Steingrüble.*

Das Wachstum und die Entwicklung des Rebtriebes vom Knospenaustrieb bis zur Reife der Trauben.

Waldangelloch Ortsteil von Sinsheim. Weinort im Anbaugebiet →Baden, Bereich Badische Bergstraße/Kraichgau. Großlage: *Stiftsberg*. Einzellage: *Sonnenberg*.

Waldbach Ortsteil von Bretzfeld. Weinort im Anbaugebiet →Württemberg, Bereich Württembergisch Unterland. Großlage: *Lindelberg*. Einzellage: *Himmelreich*.

Waldböckelheim Weinort im Anbaugebiet →Nahe, Bereich Schloß Böckelheim. Großlagen: *Paradiesgarten, Burgweg*. Einzellagen: *Kastell, Johannesberg, Mühlberg, Muckerhölle, Kirchberg, Römerberg, Hamm, Kronenfels, Drachenbrunnen, Marienpforter Klosterberg*.

Waldlaubersheim Weinort im Anbaugebiet →Nahe, Bereich Kreuznach. Großlage: *Schloßkapelle*. Einzellagen: *Domberg, Bingerweg, Altenburg, Lieseberg, Otterberg*.

Waldrach Weinort im Anbaugebiet →Mosel-Saar-Ruwer, Bereich Saar-Ruwer. Großlage: *Römerlay*. Einzellagen: *Hubertusberg, Sonnenberg, Jungfernberg, Krone, Laurentiusberg, Ehrenberg, Doktorberg, Heiligenhäuschen, Meisenberg, Jesuitengarten, Kurfürstenberg*.

Waldulm Ortsteil von Kappelrodeck. Weinort im Anbaugebiet →Baden, Bereich Ortenau. Großlage: *Schloß Rodeck*. Einzellagen: *Pfarrberg, Kreuzberg*.

Walfard-Verfahren Kalt Degorgieren (→Enthefen) von Schaumweinflaschen durch Einfrieren des Hefedepots auf dem Verschluß und Hinausschleudern der Hefe als Eispfropfen nach dem Öffnen der →Agraffe mit einem Haken. Der Enthefer trägt eine Schutzmanschette gegen Flaschenbruch.

Walheim Weinort im Anbaugebiet →Württemberg, Bereich Württembergisch Unterland. Großlage: *Schalkstein*. Einzellagen: *Felsengarten, Wurmberg*.

Wallburg Ortsteil von Ettenheim. Weinort im Anbaugebiet →Baden, Bereich Breisgau. Großlage: *Schutterlindenberg*. Einzellage: *Kirchberg*.

Wallertheim Weinort im Anbaugebiet →Rheinhessen, Bereich Bingen. Großlage: *Kurfürstenstück*. Einzellagen: *Vogelsang, Heil, Wißberg, Kaisergarten*.

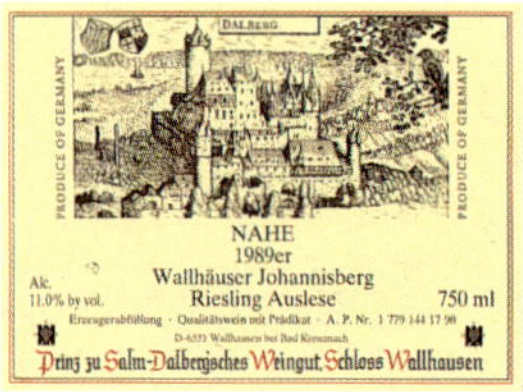

Wallhausen Weinort im Anbaugebiet →Nahe, Bereich Kreuznach. Großlage: *Pfarrgarten*. Einzellagen: *Felseneck, Hörnchen, Mühlenberg, Johannisberg, Johannisweg, Kirschheck, Höllenpfad, Hasensprung, Pastorenberg, Backöfchen, Sonnenweg, Laurentiusberg*.

Wallis (frz. Valais) Schweizer Kanton und mit 5.150 ha Rebfläche größtes Weinbaugebiet der →Schweiz, teils deutsch-, teils französischsprachig. Hauptstadt ist →Sion (Sitten). Eingesäumt von Alpenkämmen durchfließt die Rhône den sich nach Westen öffnenden, klimatisch begünstigten Talkessel. Die Weinberge an den steilen Südabfällen der Alpen, die größtenteils durch kunstvolle Stützmauern dem Fels als Kulturland abgerungen wurden, erstrecken sich über eine Länge von 100 km, beginnend bei Visp und endend bei Le Bouveret am Genfer See. Mit den terrassenartig angelegten, 1.200 m hohen Weinbergen unterhalb des Ortes →Visperterminen besitzt das Wallis den höchsten Weinberg Europas. Niederschläge von 600 mm und weniger (Landesdurchschnitt etwa 1.200 mm) machen an manchen Orten Bewässerung notwendig. Die über die Grenzen des Landes hinaus bekannte Spezialität des Wallis ist der →*Dôle*, ein gehaltvoller Rotwein voll Wärme und Harmonie, Basis Pinot Noir mit Gamayanteilen, beide über 86° Oe. Weine mit niedrigeren Ausgangsmostgewichten kommen als →*Goron* in den Handel. Der im ganzen Wallis als Hauptsorte angebaute Chasselas (→Gutedel) ergibt unter dem Namen →*Fendant* vollmundige, robuste bis sehr feine, weiße Spitzenqualitäten; *Fendant de Choix*: bessere Qualitäten, namentlich im Mittelwallis; *Fendant*-Spitzenweine mit Gemeinde- und Lagebezeichnungen. Der →*Johannisberg*, wie hier der →Silvaner genannt wird, ergibt vor allem in Leytron und Chamoson gehaltvolle, blumig-duftige Weißweine, die ihrer Restsüße wegen vielfach als »damenhaft« gelten. →*Ermitage* (→Marsanne Blanche), *Malvoisie* (→Ruländer) und der →*Amigne* (vitis aminea der alten Römer) runden mit anderen Spezialitäten die Weinkarte dieses Spitzenweingebietes ab.
1970 wurde die Weinstraße von Martigny nach Loèche auf der rechten Rhôneseite eingeweiht. Sie ist gut ausgeschildert.

Walporzheim Ortsteil von Bad Neuenahr-Ahrweiler. Weinort im Anbaugebiet →Ahr, Bereich Walporzheim/Ahrtal. Großlage: *Klosterberg*. Einzellagen: *Himmelchen, Kräuterberg, Gärkammer, Alte Lay, Pfaffenberg, Domlay*.

Walporzheim/Ahrtal Einziger Bereich des bestimmten Anbaugebietes →Ahr.

Walsheim Weinort im Anbaugebiet →Rheinpfalz, Bereich Südliche Weinstraße. Großlage: *Bischofskreuz*. Einzellage: *Silberberg*.

Waltershofen Ortsteil von Freiburg. Weinort im Anbaugebiet →Baden, Bereich Tuniberg. Großlage: *Attilafelsen*. Einzellage: *Steinmauer*.

Wangen →Stuttgart.

Wannerrebe Ältere Weißweinsorte, aus Lothringen stammend; Kreuzung aus Steinschiller x Königliche Magdalenentraube. Bestockte Rebfläche in Deutschland: etwa 1 ha.

warm Bezeichnung für gute, etwas →mollige Rotweine mit optimalem Alkoholgehalt. Bei Weißweinen ist dieser Fachausdruck der Weinansprache nicht üblich.

Wärme Die Rebe benötigt ein bestimmtes Angebot an Wärme, um zu gedeihen. Ihr Anspruch an die Jahresdurchschnittstemperatur liegt bei mindestens 9–10°C. Die Juli-Temperaturen sollten nicht unter 10°C betragen und der Frost im Januar nicht -20°C unterschreiten. 170–180 Vegetationstage im Jahr müssen mindestens 10°C erreichen, denn diese Temperatur ist die sogenannte Aktivtemperatur des Weinstocks. Bei dieser Temperatur beginnt der →Austrieb im Frühjahr, und im Herbst ist bei 10°C noch eine geringe Zunahme des →Mostgewichts möglich. Die Rebe findet die für sie richtigen Wärmeverhältnisse zwischen dem 34. und 50. Breitengrad (→Temperatur).

Wasenweiler Ortsteil von Ihringen. Weinort im Anbaugebiet →Baden, Bereich Kaiserstuhl. Großlage: *Vulkanfelsen*. Einzellagen: *Lotberg, Kreuzhalde*.

Wasser Der pflanzliche Körper besteht zu 60–90% aus Wasser. Es dient vor allem als Transportmittel. Zur Erzeugung von 1 kg Trockensubstanz müssen etwa 500 l Wasser durch die Systeme der Rebe geleitet werden. Ein Rebstock mit etwa 200 Blättern gibt pro Tag etwa 1–1,5 l Wasser ab. Daraus ergibt sich ein Wasserverbrauch von bis zu 500 l während einer Wachstumsperiode. Daher die große Bedeutung der Niederschläge während der Vegetationszeit. Die Rebe hat die erstaunliche Fähigkeit, an den trockensten Standorten zu gedeihen und ihren Wasserhaushalt sehr ökonomisch zu regulieren. Die Wasseraufnahme besorgen die Rebwurzeln mit ihren Wurzelhaaren; sie zwängen sich zwischen den Bodenteilchen hindurch und kommen so mit den kapillaren Wassersträngen des Erdreiches in Berührung. Die →Saugkraft der Pflanze und die physikalischen Gesetze der →Osmose ermöglichen es, dem Boden Wasser aus 10 m Tiefe zu entnehmen und bis an die höchsten Stellen der Rebe zu leiten. Dabei beträgt die Geschwindigkeit des Wasserstromes in den Leitbündeln (Siebzellen) 1 bis mehrere Meter in der Stunde. Die gelösten Bodennährstoffe schwimmen in diesem Strom mit und gelangen so an ihre Bestimmungsorte. Treibende Kraft des Flüssigkeitsstromes ist das Spannungsgefälle zwischen Wurzel und Blatt, das durch die ständige Wasserabgabe an Blatt und Traube aufrecht erhalten wird.

Wasserburg Weinort im Anbaugebiet →Württemberg, Bereich Bayerischer Bodensee. Großlage: *Lindauer Seegarten*. Einzellage: *Spitalhalde*.

Wasserliesch Weinort im Anbaugebiet →Mosel-Saar-Ruwer, Bereich Obermosel. Großlage: *Gipfel*. Einzellagen: *Reinig auf der Burg, Albachtaler*.

Wasserlos Ortsteil von Alzenau. Weinort im Anbaugebiet →Franken, Bereich Mainviereck. Einzellagen: *Luhmännchen, Schloßberg*.

Wasserschosse Direkt aus dem Stamm wachsende →Triebe (→Ausbrechen).

Wawern Weinort im Anbaugebiet →Mosel-Saar-Ruwer, Bereich Saar-Ruwer. Großlage: *Scharzberg*. Einzellagen: *Ritterpfad, Jesuitenberg, Herrenberger, Goldberg*.

Wege im Weinberg Nur ein gut ausgebautes Wegenetz ermöglicht die Rationalisierung der Weinbergsarbeiten. In den Steillagen, die früher meist nur zu Fuß erreicht werden konnten, ist heute eine wirtschaftliche Bebauung nur noch dann möglich, wenn moderne Geräte (Großraum-Sprüher, Kompost-Schleudern, Rodpflüge) eingesetzt werden können. In den Lagen, die im →Direktzug bearbeitet werden, sollte jeder Weinberg von zwei Wegen begrenzt sein, damit die →Zugmaschinen an beiden Enden gut ein- und ausfahren können. Auch der herbstliche Abtransport der Trauben sollte auf befestigten Bahnen zügig rollen können, damit an den arbeitsreichen Tagen der →Traubenlese keine Zeit verloren geht. Die →Flurbereinigung sorgt für asphaltierte Wege oder Betonbahnen von ausreichender Breite (etwa 4 m) und genügendem Raum für stehende Fahrzeuge. Die Wege werden auch in die Wasserführung des Geländes einbezogen. Sie sind leicht zur Bergseite hin geneigt und haben eine Wasserrinne, die das Wasser in die gesondert angelegten Flutgräben ableitet.

Wehlen Ortsteil von Bernkastel-Kues. Berühmter Weinort im Anbaugebiet →Mosel-Saar-Ruwer, Bereich Bernkastel. Großlage: *Münzlay*. Einzellagen: *Sonnenuhr, Rasenberg, Hofberg, Abtei, Klosterberg, Nonnenberg*.

Wehr Ortsteil von Palzem. Weinort im Anbaugebiet →Mosel-Saar-Ruwer, Bereich Obermosel. Großlage: *Gipfel*. Einzellage: *Rosenberg*.

weich Säurearmer, milder, wenig profilierter Wein, dem →Rasse und →Körper fehlen.

Weichwerden →Lindwerden.

Weiden am See Große Weinbaugemeinde im österreichischen Burgenland, Weinbaugebiet →Neusiedlersee mit 930 ha Rebfläche. Es werden hauptsächlich Weißweine erzeugt.

Weigenheim Weinort im Anbaugebiet →Franken, Bereich Steigerwald. Großlage: *Frankenberger Schloßstück*. Einzellage: *Hohenlandsberg*.

Weiher Ortsteil von Viereth. Weinort im Anbaugebiet →Franken, Bereich Steigerwald. Einzellage: *Weinberge*.

Weihrauch, Gelber Österreichische Bezeichnung für Gelber →Muskateller.

Weikersheim Weinbaugemeinde im Anbaugebiet →Württemberg, Bereich Kocher-Jagst-Tauber, mit den Ortsteilen →Elpersheim, →Haagen, →Laudenbach, →Schäftersheim. Großlage: *Tauberberg*. Einzellagen: *Hardt, Karlsberg, Schmecker*.

Weil Weinbaugemeinde im Anbaugebiet →Baden, Bereich Markgräflerland, mit den Ortsteilen →Haltingen, →Ötlingen. Großlage: *Vogtei Rötteln*. Einzellagen: *Stiege, Schlipf*.

Weiler 1. Ortsteil von Pfaffenhofen. Weinort im Anbaugebiet →Württemberg. Bereich Württembergisch Unterland. Großlage: *Heuchelberg*. Einzellage: *Hohenberg*.
2. Ortsteil von Obersulm. Weinort im Anbaugebiet →Württemberg, Bereich Württembergisch Unterland. Großlage: *Salzberg*. Einzellagen: *Hundsberg, Schlierbach*.
3. Ortsteil von Sinsheim. Weinort im Anbaugebiet →Baden, Bereich Badische Bergstraße/Kraichgau. Großlage: *Stiftsberg*. Einzellagen: *Steinsberg, Goldberg*.
4. Weinort im Anbaugebiet →Nahe, Bereich Schloß Böckelheim. Großlage: *Paradiesgarten*. Einzellagen: *Herrenzehntel, Heiligenberg*.
5. Weinort im Anbaugebiet →Nahe, Bereich Kreuznach. Großlage: *Schloßkapelle*. Einzellagen: *Klostergarten, Abtei Ruppertsberg, Römerberg*.

Weinkrüge, Nürnberg 1475.

Weilheim Weinort im Anbaugebiet →Württemberg, Bereich Remstal-Stuttgart. Großlage: *Hohenneuffen*. Einzellage: *Schloßsteige*.

Weimersheim Ortsteil von Ipsheim. Weinort im Anbaugebiet →Franken, Bereich Steigerwald. Großlage: *Ipsheimer Burgberg*. Einzellage: *Roter Berg*.

Wein (lat. vinum) Nach den weinrechtlichen Bestimmungen der Europäischen Gemeinschaft von 1977 ist Wein definiert als »das Erzeugnis, das ausschließlich durch vollständige oder teilweise alkoholische → Gärung der frischen, auch eingemaischten Weintrauben (→Maische) oder des Traubenmostes gewonnen wird«. Weine aus anderen Früchten, wie zum Beispiel Äpfel, Birnen, Johannisbeeren müssen nach der Frucht, aus der sie bereitet wurden, genannt sein: zum Beispiel Apfelwein. Die Hauptbestandteile von Traubenwein sind neben Wasser verschiedene →Alkohole, organische →Säuren, Kohlehydrate, →Gerb- und →Farbstoffe, Stickstoffverbindungen, →Bukett- und →Mineralstoffe. In der Art der Stoffe ist die Zusammensetzung der Weine zwar ziemlich gleich, jedoch sind ihre Mengenverhältnisse sehr unterschiedlich. Sie sind – wie auch beim Most – vor allem bedingt durch die Traubensorte, die Lage und Bodenbeschaffenheit, den Reifegrad der Trauben sowie klimatische Verhältnisse und den Ausbau der Weine. Der Gehalt an Äthylalkohol (Weingeist) schwankt bei deutschen →Qualitätsweinen je nach Sorte und Jahrgang etwa zwischen 7 und 12 Vol.-%, leichte Weine haben etwa 7,5–9 Vol.-%, mittlere 9–11 Vol.-%. Schwere (alkoholreiche) Weine aus südlichen Ländern enthalten bis zu 15 Vol.-%, →aufgespritete 20 Vol.-% und mehr. Bei →Auslesen liegt der Alkoholgehalt oft niedriger als bei einfachen Qualitätsweinen. Neben dem Äthylalkohol enthält Wein noch geringe Mengen anderer Alkohole, von denen dem →Glycerin (etwa 6–10 g/l) die größte Bedeutung zukommt, da es dem Wein eine gewisse Vollmundigkeit verleiht. Von den organischen Säuren, die in entscheidendem Maße die Haltbarkeit eines Weines beeinflussen, sind die →Wein- und →Äpfelsäure die wichtigsten, daneben kommen in kleineren Mengen noch Bernsteinsäure, Milchsäure, Essigsäure und Gerbsäuren vor. Insgesamt beträgt der Säuregehalt ausgebauter Weine etwa 4–10 ‰, in Ausnahmefällen auch mehr. Das wichtigste Kohlehydrat im Wein ist der →Zucker, der in der Regel als →Traubenzucker (Glucose) und →Fruchtzucker (Fructose) vorliegt. Während durchgegorene, →trockene Weine praktisch kaum noch Zucker enthalten, kann bei hochwertigen Auslesen der Zuckergehalt 100 g/l noch übersteigen, wobei dieser Zucker ausschließlich aus dem unvergorenen Zucker des →Traubensaftes stammt. Der →Restzucker kleinerer bis mittlerer Weine resultiert meistens aus der sogenannten →Süßreserve, die dem durchgegorenen Wein vor der Füllung zudosiert wird. Neben den »vergärbaren« Zuckern finden sich im Wein noch etwa 1 g/l »unvergärbare« Zucker, wie Arabinose, Rhamnose, Xylose und andere. Der Mineralstoffgehalt (→Asche) liegt etwa bei 1,5-3 g/l und ist bei Rotweinen geringfügig höher als bei Weißweinen (→Mineralstoffe). Der beim Erhitzen von Wein auf 100–105°C zurückbleibende Rest wird als →Extrakt bezeichnet; für die Beurteilung eines Weines ist jedoch der »zuckerfreie« Extrakt, das heißt die Extraktmenge, die nach Abzug des Zuckers verbleibt, wesentlich aussagekräftiger. In deutschen Weinen sind normalerweise etwa 18–22 g/l zuckerfreier Extrakt enthalten; er verleiht dem Wein →Körper (oder Fülle).

weinähnliche Getränke Durch alkoholische →Gärung gewonnene Getränke aus Obst- und Beerensäften (Obst- und Beerenweine) sowie aus sonstigen zuckerhaltigen Ausgangsstoffen wie Honig, Malz, Reis. Ihre Erzeugung spielt besonders dort eine wichtige Rolle, wo die Traubenweinbereitung aus klimatischen Gründen schwierig oder unmöglich ist. Neben Äpfeln und Birnen werden vor allem Johannisbeeren, Heidelbeeren, Stachelbeeren, Erdbeeren, Kirschen, Hagebutten, aber auch Rhabarberstengel, Brombeeren, Himbeeren und Preiselbeeren zur Herstellung von Obst- und Beerenweinen verwendet. Auch die süßen und alkoholreichen Likörweine, die aus stark gezuckerten Fruchtsäften (meist Beerenfrüchte) gewonnen werden und einen dessertweinartigen Charakter haben, zählen zu den weinähnlichen Getränken. Sie werden fälschlicherweise oft auch als Fruchtdessertweine bezeichnet.
Die Herstellung von weinähnlichen Getränken wird ebenfalls durch das Weingesetz geregelt (→weinhaltige Getränke).

Weinähr Weinort im Anbaugebiet →Mittelrhein, Bereich Rheinburgengau. Großlage: *Lahntal*. Einzellage: *Giebelhöll*.

Weinansprache Sie dient zur Charakterisierung (und →Bewertung) von Weinen und soll ermöglichen, die beim Verkosten eines Weines gewonnenen eigenen Sinneseindrücke anderen Personen mitzuteilen. Dies setzt jedoch voraus, daß die Sinneseindrücke auch möglichst von jedem gleich empfunden werden. Um bei der Vielzahl der Fachausdrücke Mißverständnisse zu vemeiden, muß der Sinn dieser Ausdrücke möglichst genau definiert werden. Da es abstrakte Spezialausdrücke gibt, muß ein unmittelbarer Bezug zum jeweils angesprochenen Wein hergestellt sein; das heißt, diese »Sprache« kann nur durch häufiges fachliches und sachgerechtes Probieren erlernt werden. Auch ist es erforderlich, ein gewisses »Gedächtnis« für die gewonnenen Sinneseindrücke zu entwickeln. Angesprochen werden nicht nur angenehme, positive, sondern ebenso auch geringwertige, negative oder fehlerhafte Eigenschaften.

Weinarten Nach den weinrechtlichen Bestimmungen der Europäischen Gemeinschaft (von 1977) wird bei deutschen Weinen zwischen folgenden Weinarten (neuerdings »Weinkategorien«!) unterschieden:
1. →Weißwein:
aus Weißweintrauben hergestellter Wein;
2. →Rotwein:
aus rotgekeltertem Most von Rotweintrauben hergestellter Wein (→Maischegärung);
3. →Roseewein:
aus hellgekeltertem Most von Rotweintrauben hergestellter Wein; →Weißherbst: →Qualitätswein aus einer einzigen Rotweintraubensorte von bestimmten Anbaugebieten;
4. →Rotling:
durch →Verschnitt von Weißweintrauben – auch gemaischt – mit Rotweintrauben – auch gemaischt – hergestellter Wein von blaß- bis hellroter Farbe; →Schillerwein: Rotling, →Qualitätswein b.A. aus dem bestimmten Anbaugebiet Württemberg; →Badisch Gold: durch Verschnitt von Trauben – oder Maischenmischungen – von Grauburgunder (Ruländer) und Spätburgunder ausschließlich aus dem bestimmten Anbaugebiet Baden hergestellter Wein, der zusätzlich die Bezeichnung »Spätburgunder und Grauburgunder« tragen muß und kein Weinverschnitt sein darf;
5. →Perlwein:
Wein, der unter Kohlensäuredruck steht und erkennbar perlt.
Für die einzelnen Weinkategorien gelten spezielle Verschnittregeln.

Weinasche →Asche.

Weinbaubetrieb Mit dem Anbau von Reben beschäftigtes landwirtschaftliches Unternehmen unterschiedlicher Größe. Die *Bundesrepublik Deutschland* zählt auf 99.700 ha Rebfläche 89.470 Weinbaubetriebe (Durchschnittsgröße 1,1 ha), wobei die meisten unter 1 ha Rebfläche bewirtschaften (72%), 1–2 ha 12% der Betriebe, 2–10 ha 15% der Betriebe, 10 und mehr ha nur 0,6% der Betriebe. Etwa ein Drittel der deutschen Weinbaubetriebe keltert seine Trauben selbst und verkauft den Wein meist als Faßware an den Handel. Erst bei einer Betriebsgröße von rund 2 ha wird das Abfüllen auf Flaschen rentabel. Die etwa 10.000 Selbstabfüller bewirtschaften die Hälfte der gesam-

Buttenmännchen

ten deutschen bestockten Rebfläche. Die meisten dieser Selbstabfüller sind →Selbstmarkter. Nicht alle von ihnen sind hauptberuflich Winzer. Ein Vollzeitwinzer muß heute etwa 3–4 ha Rebland (das entspricht einer jährlichen Produktion von 30.000–40.000 Flaschen, etwa 10.000 je ha) besitzen, um ohne Nebeneinkommen leben zu können. Vom Einkommen her gesehen, unterscheidet man folgende Betriebsarten:

Haupterwerbsbetriebe: Sie erwirtschaften mehr als 50% des Einkommens aus Weinbau.

Nebenerwerbsbetriebe: Sie erarbeiten ihr Einkommen aus der vollen Arbeitszeit (2.300 Stunden/Jahr) durch eine Tätigkeit außerhalb der Landwirtschaft, betreiben aber noch Weinbau nennenswerter Größe.

Zuerwerbsbetriebe: Sie beziehen ihr Einkommen überwiegend aus nichtlandwirtschaftlicher Tätigkeit, aber dort nicht voll, das heißt 8 Stunden täglich (zum Beispiel Saisonwaldarbeit, Gastronomie).

Österreich: Es gibt rund 45.000 Betriebe (davon 42% Vollerwerbsbetriebe) die 58.000 ha Rebfläche bewirtschaften. Die Betriebsarten entsprechen den deutschen. Typisch für Österreich ist der →Buschenschank.

Schweiz: Etwa 25.000 Winzer (davon 7.600 Vollerwerbsbetriebe) bewirtschaften rund 14.700 ha. Der Kleinbetrieb herrscht vor.

Frankreich: Hier sind die Unterschiede groß: In Bordeaux gibt es mehr Großbetriebe, während in Burgund Kleinbauern die Weinberge bewirtschaften. Im ganzen gibt es etwa 500.000 Winzer bei 1,1 Millionen ha Rebland.

Italien: 1,2 Millionen Winzer bewirtschaften 1,1 Millionen ha. Klein- und Kleinstbetriebe herrschen vor. In einigen Provinzen stehen die Reben zum Teil noch in Mischkulturen, weichen aber zunehmend der Reinkultur.

Extreme Betriebsgrößen findet man in *Südafrika*, wo nur 6.000 Weinfarmer 120.000 ha Weinland besitzen, was einer durchschnittlichen Größe von 20 ha entspricht.

Weinbaugebiete Gesetzlich festgelegte geographische Einheiten, deren Grenzen meist historisch bedingt sind. In Österreich bezeichnet man so die Untergebiete der Weinbauregionen, die wiederum mit den Bundesländern identisch sind (→bestimmte Anbaugebiete, →Tafelwein Deutschland).

Weinbauverband →Deutscher Weinbauverband.

Weinbauzonen in der EG Nach den klimatischen Gegebenheiten der Länder gibt es in der Europäischen Gemeinschaft 7 Weinbauzonen (A, B, CIa ,CIb, C II, C IIIa, C IIIb), beginnend bei Deutschland (außer Baden) mit A; Sizilien und Süditalien mit Korsika, Sardinien, Kreta und Teilen Griechenlands gehören zu C IIIa, zu C IIIb gehören Mittel-, Ost- und Südspanien und der Rest Griechenlands. Nach diesen Zonen sind die Mindestmostgewichte und Weinbereitungsmaßnahmen innerhalb der Gemeinschaft festgelegt, wobei zwischen →Tafelweinen und →Qualitätsweinen bestimmter Anbaugebiete unterschieden wird.

Weinbeere →Beere.

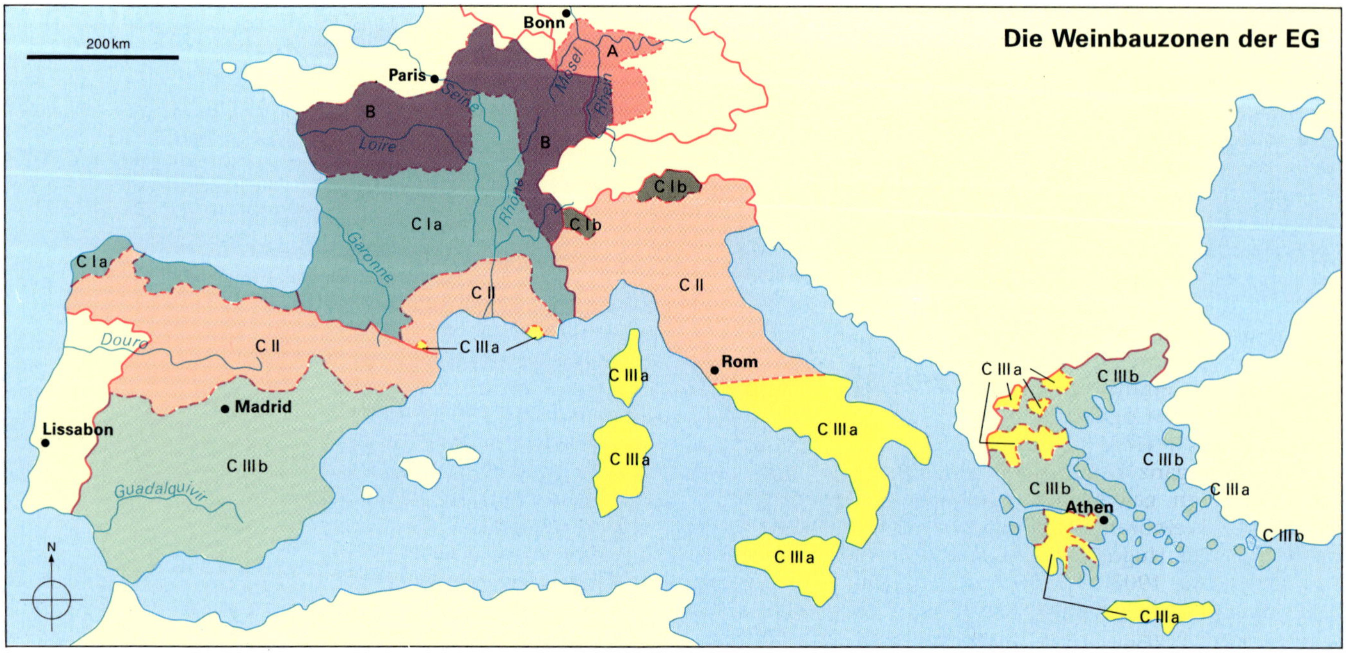

Weinberg (auch **Weingarten, Wingert**) Anbaufläche für Reben; die Neuanlage ist in zahlreichen Ländern, so auch in Deutschland, genehmigungspflichtig (→Alter der Weinberge).

Weinbergsrolle Amtliches Dokument, in das jede →Lage in Deutschland beschreibend und kartographisch eingetragen ist. Die Weinbergsrollenämter unterstehen den Landwirtschaftsämtern in den einzelnen Regierungsbezirken.

Weinbeurteilung (Weinbewertung) Während die →Weinansprache mehr dazu dient, die Eigenschaften eines Weines, ob gute oder schlechte, qualitativ zu beschreiben, stellt die Weinbeurteilung eine nach strengen Regeln bewertende Sinnenprüfung dar. Um ein möglichst objektives Prüfungsergebnis zu erhalten, müssen besondere Bedingungen an den →Probierraum, die Gestaltung der →Weinkostprobe und natürlich an die Teilnehmer derselben gestellt werden. Nur wenn geübte Fachleute mit großem Weinverständnis die Bewertung vornehmen, ist gewährleistet, daß die natürliche Subjektivität einer Geschmacksanalyse abgeschwächt und eine weitgehende Objektivität erreicht wird. Die Probenergebnisse werden dann auch bei einer Beteiligung von mehreren Sachverständnigen nicht weit auseinanderliegen. Hierzu ist erforderlich, daß die Prüfer mit den natürlichen Charaktereigenarten der Weine in den verschiedenen Weinbaugebieten sowie den Sorten-, Lagen- und Jahrgangseigenschaften vertraut sind. Ergänzt wird die sensorische Prüfung durch rein analytische Daten, die allein jedoch nicht ausreichen, um einen Wein insgesamt charakterisieren zu können. Im allgemeinen wird ein Wein beurteilt nach →Farbe, →Klarheit, →Geruch und →Geschmack, das heißt, er muß mit dem Auge, der Nase und der Zunge sorgfältig geprüft werden. Die Bewertung der Weine erfolgt am zweckmäßigsten nach einem bestimmten »Punktschema« (→Bewertungssysteme).

Weinböhla Weinort im Anbaugebiet →Elbe mit der Lage *Gellertberg*.

Weinbrand Durch →Destillation (Brennen) aus Wein gewonnenes, hochprozentig alkoholhaltiges Getränk. Die Bezeichnungen Armagnac und Cognac sind ausschließlich französischen Weinbränden vorbehalten, die aus Weinen ganz bestimmter Anbaugebiete und Rebsorten gewonnen wurden. Die Bezeichnung Weinbrand für deutsche Erzeugnisse geht auf Hugo Asbach aus Rüdesheim zurück, der sie 1907 erstmals in der Verbindung Weinbrand-Cognac verwendete. Asbach kann als der Begründer des deutschen Weinbrand-Markengedankens angesehen werden. Bei der Herstellung von Weinbrand ist in Deutschland sowohl die zweimalige (periodische) als auch die kontinuierliche Destillation erlaubt. Da deutsche Weine zum Brennen nicht nur weniger geeignet, sondern in den erforderlichen Mengen auch nicht vorhanden und zu teuer sind, müssen die »Brennweine« größtenteils importiert werden. Sie kommen vorwiegend aus Frankreich, Italien, Jugoslawien, Ungarn, Bulgarien und Griechenland und dürfen nur zur Herstellung von Weindestillat Verwendung finden. Der Alkoholgehalt der Brennweine muß mindestens 18 und darf höchstens 24 Vol.-% betragen; die →flüchtige Säure darf 2,4 g/l nicht übersteigen. Die Brennweine werden durch Destillation zunächst auf 52 bis maximal 86 Vol.-% Alkohol angereichert (Abtriebstärke) und dann in Eichenfässern gelagert, wo sie langsam reifen. Das Qualitätsoptimum ist nach etwa 5 Jahren erreicht, meist beträgt der Reifeprozeß jedoch nur 1–3 Jahre. Um eine gleichbleibende Qualität zu erhalten, sind Verschnitte einzelner Destillate erlaubt. Zur Verfeinerung des Geschmacksbildes eines Weinbrandes können vor dem Zusammenstellen einer Füllung (Cuvée) auch sogenannte Typagen zugesetzt werden. Dies sind Auszüge (Extrakte) aus Eichenholzspänen, Pflaumen, grünen Walnüssen oder getrockneten Mandelschalen, die mit Weindestillat auf kaltem Wege im eigenen Betrieb gewonnen werden müssen. Hochwertigen Qualitätsbranntweinen, die durch Lagerung und Reifung schon eine farbliche, geruchliche und geschmackliche Vollkommenheit erreicht haben, setzt man üblicherweise keine Typage mehr zu. Im Verlauf der Lagerung wird die Trinkstärke des Weinbrandes mit destilliertem Wasser allmählich herabgesetzt; im fertigen Produkt muß sie mindestens 38 Vol.-% betragen. Die Farbe von guten Weinbränden soll goldgelb bis goldbraun sein. Als *Deutscher Weinbrand* darf nur ein Erzeugnis in den Verkehr gebracht werden, dessen Weindestillat zu 90% aus deutschem Wein stammt. Enthält ein Weinbrand zusätzlich Alkohol, der nicht ausschließlich aus Weindestillat gewonnen wurde, darf der nur als *Weinbrand-Verschnitt* bezeichnet und gehandelt werden, muß aber mindestens 10 Vol.-% Alkohol aus Wein enthalten.

Weinbruderschaften Zusammenschlüsse von Menschen, die sich gemeinsam dem Wissen vom Wein und dem Verständnis des Weines in geselliger Form widmen. In Deutschland und Österreich gibt es sie erst seit kurzer Zeit, die Confrérie des Chevaliers du Tastevin (Clos de Vougeot) in Frankreich wurde 1934 gegründet. In Deutschland gibt es rund 20 Weinbruderschaften, Weinorden, Weinkonvente seit den 50er Jahren, in Österreich 2 seit Beginn der 70er Jahre.

Weinessig Entsteht durch Zutritt von Luft (Sauerstoff) und Essigbakterien, die den →Alkohol in →Essigsäure umwandeltn. Ausgangsmaterial für die Herstellung von Weinessig sind vorwiegend essigstichige oder sonstige kranke Weine, die für den Genuß nicht mehr in Frage kommen (→Essigstich). Gesetzlich ist Weinessig definiert als »Essig, der ausschließlich durch Essigsäuregärung aus Wein hergestellt wird und einen in Essigsäure ausgedrückten Säuregehalt von mindestens 60 g/l aufweist«.

Weinfachsprache Um das Typische eines Weines zu beschreiben, anderen mitzuteilen oder selbst von anderen zu erfahren, bedient man sich eines speziellen Fachvokabulars, das zum Beispiel in der →Weinansprache und →Weinbeurteilung zur Anwendung kommt. Darüber hinaus gibt es eine Reihe von Fachausdrücken, die in der Weinwissenschaft (→Önologie) als Kommunikationsmittel dienen. Bedingt durch die zunehmende Technisierung, wird die Anzahl solcher Fachausdrücke immer größer, und ihre Kenntnis bedarf eines gründlichen Studiums.

Weinfarbe →Farbe.

Weinfeste →Winzerfeste.

Weinfolge Die noch um die Jahrhundertwende geltende klassische Weinfolge Sherry, Weißwein zu Fisch, Champagner zum Zwischengericht, Rotwein zum Braten, Sekt oder Champagner zur Süßspeise und Portwein zum Käse wird kaum noch befolgt, da man immer mehr zu individueller, vom persönlichen Geschmack subjektiv bestimmter Auswahl der Weine übergeht. Gültigkeit aber haben immer noch die folgenden Regeln, die nicht nur für die Weinprobe, sondern ganz allgemein für ein Essen oder einen gemütlichen Abend üblich sind: Leichten Wein gibt es vor dem schweren; trockenen, herben Wein vor dem süßen, milden; trockenen Weißwein vor dem Rotwein, doch Rotwein wieder vor süßem Weißwein. Weine aus den nördlichen Weinlandschaften kommen vor Weinen aus südlichen Gebieten, jüngere Weinjahrgänge vor den älteren. Bei Weißweinen machen die Rebsorten →Gutedel und →Silvaner den Anfang, gefolgt von →Müller-Thurgau, →Riesling, →Ruländer und den →Bukettsorten →Traminer, →Morio-Muskat, →Scheurebe. Am Anfang stehen also die leichten Tisch- und Schoppenweine, gefolgt von den fülligeren, aromatischeren Qualitäten. Dann kommen Spätlese und Auslese, den Höhepunkt bilden Eisweine, Beeren- und Trockenbeerenauslese. Nach der Spitzenqualität kehrt man am besten zu einem leichten, herben »Abtrunk« zurück.

Weingarten 1. Weinort im Anbaugebiet →Rheinpfalz, Bereich Südliche Weinstraße. Großlage: *Trappenberg*. Einzellage: *Schloßberg*. 2. Weinort im Anbaugebiet →Baden, Bereich Badische Bergstraße/Kraichgau. Großlage: *Hohenberg*. Einzellagen: *Katzenberg, Petersberg*. 3. →Weinberg.

Weingeist →Alkohol (Äthylalkohol).

Weingesetz (deutsches) Die staatliche Zerrissenheit hat jahrhundertelang das Zustandekommen eines einheitlichen Weingesetzes in Deutschland verhindert. Erst die Errichtung des Deutschen Reiches von 1871 schuf die notwendigen Grundlagen für die fehlende Rechtseinheit. Im Vordergrund standen die Reform und Vereinheitlichung des Straf- und Lebensmittelrechtes. Am 20. April 1892 wurde das erste »Weingesetz betreffend den Verkehr mit Wein, weinhaltigen und weinähnlichen Getränken« verabschiedet, das am 24. Mai 1901 vom zweiten deutschen Weingesetz abgelöst wurde. Das dritte deutsche Weingesetz vom 7. April 1909 hat sich als Spezialgesetz vom Lebensmittelrecht gelöst. Es hat zahlreiche Mißstände im Weinverkehr beseitigt sowie technische und wirtschaftliche Entwicklungen begründet, deren Auswirkungen sich erst in den kommenden Jahren abzeichnen sollten. Das vierte deutsche Weingesetz vom 25. Juli 1930 hat einen besonderen weingeschichtlichen Rang. Als Schutz- und Wirtschaftsgesetz sollte es eine Brücke zwischen Erzeuger, Händler und Verbraucher herstellen. Nach dem Zweiten Weltkrieg hatten sich die Absatz- und Produktionsbedingungen grundlegend gewandelt. Hinzu kam das wirtschaftliche Zusammenwachsen der Mitgliedstaaten der EWG und die dadurch bedingten Verflechtungen des Handels. Das Ringen um wachsende Marktanteile führte zu harten Formen des Wettbewerbs, weshalb eine Teilreform des bestehenden Weingesetzes die drängenden Probleme kaum bewältigt hätte. Nach langjähriger, mühevoller Reformarbeit wurde schließlich am 19. Juli 1969 ein neues deutsches Weingesetz verkündet. Es konnte jedoch nicht in Kraft treten, da am 28. April 1970 Grundverordnungen der EG zur Festlegung ergänzender Vorschriften für die gemeinsame Marktorganisation für Wein und Qualitätswein b.A. wirksam wurden. Diese Verordnungen sind einschließlich ihrer Folge-Verordnungen in allen Mitgliedstaaten unmittelbar geltendes Recht. Alle entgegenstehenden nationalen weinrechtlichen Vorschriften sind nicht mehr anwendbar. Durch die Anpassung des nationalen Rechts an das EG-Recht konnte das neue Deutsche Weingesetz erst am 9. Juli 1971 in Kraft treten. Es enthält zahlreiche Ermächtigungen für Bund und Länder zum Erlaß von Rechtsverordnungen, die das Gesetz flexibel und anpassungsfähig gestalten sollten. Während der Verordnungsgeber des Bundes am 9. Juli 1971 die Weinordnung, die Schaumwein-Branntwein-Verordnung und die Überwachungsverordnung erlassen hat, haben die weinbautreibenden Länder in der Folgezeit vordringliche regionale Regelungen getroffen. Im Laufe der letzten Jahre hat die EG mit zwei Verordnungen das »Bezeichnungsrecht« geregelt. Beide Verordnungen sind formal bereits am 1.9.1976 anwendbar; infolge der am 31.8.1977 auslaufenden Übergangsfrist wurde das neue Bezeichnungsrecht jedoch erst ab 1.9.1977 wirksam. Das neue Weingesetz – unter Berücksichtigung der weinrechtlichen Bestimmungen und des EG-Bezeichnungsrechtes – soll hauptsächlich dem Verbraucher dienen, den es vor Irreführungen und Täuschungen schützen soll. Durch mehr Transparenz, Klarheit und Verständlichkeit bietet es gleichzeitig eine wertvolle Einkaufshilfe. Gleichwohl ist klarzustellen, daß das neue Weingesetz neben dem Gedanken des Verbraucherschutzes ganz besonders auch den lebenswichtigen Interessen der Winzerschaft dienen soll. Es ist daher als Wirtschaftsrecht verfaßt und entsprechend zu werten. 1977 und 1982 sind noch einmal neue Brüsseler Aufmachungs- und Bezeichnungsrechte in Kraft getreten, die bisherige nationale Bestimmungen ersetzen. (Zu den einzelnen Vorschriften siehe unter den Stichwörtern der Weinbauländer sowie Herkunftsbezeichnung, Lage, Qualitätswein, Tafelwein, Etikett und andere Einzelstichwörter.)

Weinglas Während die ersten bekannten Trinkgefäße aus Ton, Holz, Tierhorn oder Metall waren, förderte im Laufe der 3.000jährigen Weinkultur die Phantasie immer wieder den Formenreichtum der Weintrinkgefäße. Die angeblich von den Phöniziern erfundene Glastechnik führte schon im Altertum zu formenfrohem Luxus mit gläsernen Trinkgefäßen. Die oft mehrfarbigen, vielfach gravierten Gläser hatten häufig keine Standfläche, da sie von einem Sklaven gereicht und gehalten wurden. Gegen Ausgang der Römerzeit bekamen die Gläser einen größeren Umfang und ein trinkhornartiges Aussehen. Auch die merowingische und fränkische Kultur hat noch vortreffliche Trinkgefäße hervorgebracht, dann verliert sich die Kunst, bis sie im 15. Jahrhundert von den Venezianern wieder erweckt wurde. Bereits im 16. Jahrhundert rühmt man in Deutschland die Vorteile eines gläsernen gegenüber einem minder hygienischen metallenen Becher, in dem man auch →Farbe und →Geschmack nur schwer beurteilen konnte. Hervorragend waren später die Erzeugnisse der böhmischen und englischen Glasfabrikation. Bedeutende Sammlungen von Weingläsern findet man im Weinmuseum Brömserburg in Rüdesheim und in den Spezialabteilungen der Museen Trier, Speyer, Worms, Mainz und Köln. Am meisten verbreitet ist heute in Deutschland der sogenannte →Römer, ein Glas mit einem apfelförmigen Kelch und einem sich nach unten verbreiternden Stiel. Zum fachlichen Probieren eines Weines (→Weinkostprobe) eignen sich jedoch nur spezielle →Probiergläser aus dünnwandigem, farblosem, reinem und glattem Glas, das frei sein soll von Trübungen, Luftbläschen, Schliffen, Ätzungen und Gravuren. Allgemein serviert man Weißweine in schlankeren, kleineren Gläsern als Rotweine. Dessertweine gehören in kleine Gläser, Schaumweine in →Schaumweingläser.

Weingrünmachen Entlohen (Auslaugen) von neuen Holzfässern, um sie für die Erstaufnahme von Wein geeignet zu machen. Es soll damit verhindert werden, daß der Wein einen unangenehmen →Holzgeschmack annimmt. Weingrüngemachte, aber noch neue Fässer füllt man zuerst mit einem kleinen, säurereichen Wein, damit →Weinstein das Innere der Faßwandung überzieht.

Weingut Auf Weinbau spezialisiertes landwirtschaftliches Unternehmen mit eigener Hofstelle, eigenen Geräten zur Bebauung und Kelterung des Lesegutes und zum Anbau des Weines. Als Mindestgröße werden in Deutschland etwa 2 ha Rebfläche angenommen. Gemäß Brüsseler EG-Verordnung darf die Bezeichnung »Weingut« nur benutzt werden, wenn die zur Herstellung des Weines verwendeten Weintrauben ausschließlich in den Weinbergen des Weingutes geerntet worden sind. Artikel 5 der Verordnung besagt, daß statt Weingut die Bezeichnung Schloß, Domäne, Burg; Château, Domaine; Hall, Abbey, Manor; Abbazia, Castello verwendet werden dürfen. Umstritten ist die Doppelbezeichnung »Weingut und Weinkellerei«, die manche Unternehmen auch für Fremdweine benutzen und sich damit dem Vorwurf der Täuschung aussetzen, weil der Gebrauch der Doppelbezeichnung beim Verbraucher fälschlich den Eindruck erwecken kann, als ob der Wein wenigstens zu einem erheblichen Teil aus eigenen Weinbergen stamme.

weinhaltige Getränke Getränke, bei denen Wein, Likörwein oder Schaumwein (auch in Vermischung miteinander) einen wesentlichen Bestandteil, und zwar von mindestens 50%, darstellen. Sie dürfen pro Liter höchstens 18 Vol.-% Alkohol enthalten, nicht durch →Gärung hergestellt worden sein und bei 20°C 2,5 atü nicht übersteigen. Typische weinhaltige Getränke in diesem Sinne sind zum Beispiel →Wermut- und →Kräuterweine (→Bitterweine), →Bowlen, →Glühwein, →Schorle, →Kalte Ernte, Maiweine (Maibowle) und →Arzneiweine (medizinische Weine). Ihre Herstellung unterliegt ebenfalls dem →Weingesetz; Arzneiweine müssen den Vorschriften des Deutschen Arzneimittelbuches (DAB) entsprechen.

Weinhandel Kaufmännischer und teilweise technischer Wirtschaftszweig, der sich mit dem Einkauf von Trauben, Maische, Most und Wein beim Erzeuger oder bei Genossenschaften, mit der Verarbeitung und Behandlung dieser Erzeugnisse und dem Weiterverkauf von Wein in größeren Gebinden oder Flaschen bis zum Endverbraucher befaßt. Die Handels-Weinkellerei ist im privatwirtschaftlichen Bereich das Gegenstück zur Genossenschaftskellerei. Erstere verfügt gelegentlich auch über Weinbergsbesitz, ist also selbst Weinproduzent. Andere Handels-Weinkellereien unterhalten mit Erzeugergemeinschaften ein Vertragsverhältnis. Die Kellerei übernimmt die von den Winzern geernteten Trauben und verarbeitet sie zu Wein. Der deutsche Weinhandel ist traditionsreich: 5% seiner Firmen wurden vor 1800, 39% zwischen 1800 und 1900, 43% zwischen 1900 und 1945 und nur 13% nach 1945 gegründet. Im Jahre 1886 schlossen sich in Wiesbaden die deutschen Weinhändler zum Deutschen Weinhändlerverein zusammen. Während sich die in den Weinbaugebieten ansässigen Betriebe in der Regel der Herstellung und dem Vertrieb von deutschem Wein widmen, handelt es sich bei den außerhalb der Weinbaugebiete ansässigen Firmen meist um Betriebe, die neben deutschem und ausländischem Wein auch Spirituosen, Schaumweine und alkoholfreie Getränke führen. 90% der Betriebe bestehen in der Rechtsform der Einzelfirma oder der Personengesellschaft, was diesen Gewerbezweig als mittelständisch charakterisiert. Der Weinfachhandel beliefert den Lebensmittelgroßhandel, die Verbrauchermärkte, die Lebensmittelfilialbetriebe, die Kaufhäuser, den Lebensmitteleinzelhandel, die Gastronomie, Kasinos, Kantinen und andere Verbrauchsstellen außerhalb der Haushaltungen sowie Weinfachgeschäfte, von denen er 2.000 Geschäfte selbst unterhält. Der Weinfachhandel betreibt durch seine Versandkellereien nicht zuletzt auch das Geschäft unmittelbar mit dem Endverbraucher. Die vielfältigen Wünsche der Kunden verlangen vom Weinhandel meist eine umfangreiche Lagerhaltung, die vom Tafelwein bis zu den Edelgewächsen in- und ausländischer Herkunft reicht.

Wein-Handelsvertreter Das deutsche Handelsgesetzbuch definiert ihn: »Handelsvertreter ist, wer als selbständiger Gewerbetreibender ständig damit betraut ist, für einen anderen Unternehmer gegen Provision Geschäfte zu

Weinabteilung in einem Feinkostgeschäft.

vermitteln oder in dessen Namen abzuschließen«. Dazu sorgt der Wein-Handelsvertreter für die bedarfsgerechte Warenverteilung, die Führung eines Warenlagers, die Warenzustellung an die Kundschaft, die Regie und Überwachung firmeneigener Speditionslager und die damit zusammenhängenden Warendispositionen. Die rund 1.000 Wein-Handelsvertreter Deutschlands haben sich im Fachverband Deutscher Handelsvertreter für Weine und Spirituosen der Centralvereinigung Deutscher Handelsvertreter- und Handelsmakler-Verbände (CDH) zusammengeschlossen.

Weinheber →Stechheber, →Probenziehen.

Weinhefen →Hefen.

Weinheim 1. Weinort im Anbaugebiet →Baden, Bereich Badische Bergstraße/Kraichgau, mit Ortsteilen →Hohensachsen, →Lützelsachsen, →Sulzbach. Großlage: *Rittersberg*. Einzellagen: *Hubberg, Wüstberg*.
2. Ortsteil von Alzey. Weinort im Anbaugebiet → Rheinhessen, Bereich Wonnegau. Großlage: *Sybillenstein*. Einzellagen: *Mandelberg, Hölle, Kirchenstück, Kapellenberg, Heiliger Blutberg*.

weinig Bezeichnung für vollmundige, →fruchtige Weine, bei denen alle wichtigen Inhaltsstoffe in einem ausgewogenen Mengen- und Qualitätsverhältnis vorhanden und entwickelt sind. Man spricht auch von »viel Wein«; die Steigerung ist →saftig.

Weininstitut →Deutsches Weininstitut.

Weinkarten, Weinpreislisten Enthalten oft nur Preis, Weinnamen und Anbaugebiet; in speziellen Weinrestaurants sind sie mit zusätzlichen Vermerken über den Geschmack, das Weingut und eventuelle Auszeichnungen versehen. Hier ist es gut, wenn man mit den Ausdrücken der →Weinansprache vertraut ist. Unterschieden wird auf allen Weinkarten zwischen den meist preiswerteren offenen Weinen (Schoppenweinen), die glasweise ausgeschenkt werden, und den Flaschenweinen in 0,75- und 0,35-Liter-Flaschen.

Weinkategorien →Weinarten.

Weinkeller →Keller.

Weinkommissionär Geschäftsmann, der als Makler beim An- und Verkauf von Wein tätig ist. Laut Handelsgesetzbuch § 383 ist ein Kommissionär, »wer es gewerbsmäßig übernimmt, Waren oder Wertpapiere für Rechnung eines anderen in eigenem Namen zu kaufen oder zu verkaufen«, im Unterschied zum Händler, der in eigenem Namen und auf eigene Rechnung handelt. Der Weinkommissionär vermittelt Wein, Most und auch Trauben auf einer Provisionsbasis von bis 7%, die in der Regel zu 5% vom Verkäufer und 2% vom Käufer getragen werden. Weinkommissionäre haben eine jahrhundertealte Geschichte. Im Stadtarchiv von Straßburg wird eine Urkunde über die Weinsticher-Zunft aus dem Jahre 1322 aufbewahrt. Die Weinsticher hatten einen Amtseid zu leisten und waren für die Preisbildung verantwortlich. Die heute rund 370 anerkannten Weinkommissionäre in Deutschland sind über ihre Gebietsvereinigungen zusammengeschlossen im Bundesverband der Deutschen Weinkommissionäre e.V. 1962 erfolgte der Zusammenschluß der deutschen, französischen und italienischen Weinkommissionäre zur »CECAVI« (Confédération Européenne des Catégories Auxiliaires des Activités Viti-Vinicoles). Durch dieses Gremium haben die Weinkommissionäre über ihren Präsidenten Sitz und Stimme im Weinhandelsausschuß der EG in Brüssel. Seit seiner Eintragung als Schutzmarke im Jahre 1954 steht das Verbandszeichen, das einen Bischof mit großer Traube darstellt und von der Bezeichnung »Bund Deutscher Weinkommissionäre« umrahmt ist, auf ihren Briefköpfen.

Verbandszeichen des Bundesverbandes Deutscher Weinkommissionäre.

Weinkönigin Anläßlich des Deutschen Weinfestes in Neustadt/Weinstraße wird in jedem Herbst die Deutsche Weinkönigin gewählt. Sie muß aus einer Winzerfamilie stammen und Weinkenntnisse besitzen, gutes Auftreten und ein angenehmes Äußeres haben. Aus den Ortsweinköniginnen wird die Gebietsweinkönigin gewählt und aus den 13 Gebietsweinköniginnen die Deutsche Weinkönigin.

Weinkostprobe Die chemische und mikroskopische Untersuchung von Wein wird ergänzt durch eine fachmännische Sinnenprobe (organoleptische oder sensorische Probe, Degustation), bei der die Regeln der allgemeinen →Weinfolge beachtet werden. Man benutzt farblose, dünnwandige →Probiergläser mit Stiel und kelchförmiger Öffnung. Auch der →Probierraum muß dem Zweck angemessen sein. Es empfehlen sich, je nach Ziel der Probe, zwei Probenanordnungen:
1. Für jeden Wein wird nur ein Glas verwendet, aus dem alle kosten. Dabei bleibt man stehen und geht nur beim Verkosten des Weines ein Stück weiter (Stehprobe).
2. Jedem Prober werden 3–4 Gläser (manchmal mehr) mit verschiedenen Weinen eingeschenkt, die sich dann im Sitzen prüfen lassen (Sitzprobe). Die Gläser sind höchstens zu einem Drittel gefüllt; so reicht eine 0,75-Liter-Flasche für etwa 15 Gläser. Zum Ausschank

Die Weinbeurteilung erfolgt schon seit Zeiten der Römer nach drei Kriterien: color – odor – sapor (Farbe, Geruch, Geschmack).

Wappenschild der Küferzunft, Weinbaumuseum Krems.

kommen nur Weine, die drei Tage und mehr gelagert haben. Weißweine brauchen eine Kosttemperatur (→Temperatur) von 12–14°C, sie lassen sich vorher auch im Kühlschrank (Tür- oder Gemüsefach) aufbewahren. Rotweine benötigen 16–18°C (nicht ganz Zimmertemperatur). Die Weine werden »verdeckt« angeboten, das heißt, keiner darf beim Probieren die Herkunft des Weines kennen. Entweder löst man die Etiketten ab oder hüllt die Flaschen mit Papier oder einem Tuch ein. Originalkorken (→Korken) der aufgezogenen Flaschen werden gegen neutrale Spitzkorken eingetauscht, damit die Prober nicht durch den Firmeneindruck (→Korkbrand) beeinflußt werden. Zwischen den Proben werden Wasserbrötchen, Brot und ein Schluck frisches Wasser gereicht. Unter Könnern verpönt sind scharfe, gewürzte Speisen und das Rauchen.

Weinkrankheiten →Krankheiten.

Weinkristalle Bei Flaschenweinen beobachtet man bisweilen kristalline →Niederschläge verschiedenster Formen, die fälschlicherweise oft unter dem Begriff →Weinstein zusammengefaßt werden. Es handelt sich dabei um schwer lösliche Salze natürlicher, im Wein (auch Most) vorkommender →Säuren des Kaliums und des Kalziums (→Mineralstoffe). Neben dem Weinstein gibt es folgende Kristalle:
Kalziumtartrat (weinsaures Kalzium oder weinsaurer Kalk, ($Ca \cdot C_4H_4 \cdot 4H_2O$), ein Kalziumsalz der →Weinsäure. Es tritt vorwiegend in Weinen auf, die mit kohlensaurem Kalk stark entsäuert wurden (→Entsäuerung). In Verbindung mit diesem Kristall wird häufig ein Doppelsalz beobachtet, ein Kalziumsalz der (+)-Weinsäure und (-)-Äpfelsäure, das in 35 mm großen, igelförmigen Kristallen ausfällt. In Weinen besonders guter Jahrgänge, die aus teilweise oder vollständig edelfaulem Lesegut (→Botrytis cinerea) gewonnen wurden, findet man manchmal Kalziummucat (Kalziumsalz der Schleimsäure, $C_4H_8O_4(COO)_2Ca$). Man nimmt an, daß die Schleimsäure, die bereits im Most vorhanden ist und deren Salze Mucate heißen, durch den Edelfäulepilz aus Galakturonsäure gebildet wird. Das Auftreten dieser Kristalle kann daher als ein besonderes Qualitätskriterium gewertet werden.
Sehr selten scheiden Weine auch Kalziumoxalat aus, das Kalziumsalz der Oxalsäure ($Ca(OOC)_2$), das an der typischen oktaedrischen Kristallform zu erkennen ist. Meistens stellen die Weinkristalle ein Gemisch der genannten Kalium- und Kalziumsalze dar. Sie sind entweder weiß, klar durchsichtig oder zeigen die Farbe des entsprechenden Weines, was durch Einschlüsse von Weinfarbstoffen bedingt ist. Da Weinkristalle Ausscheidungen von natürlichen Wein- oder Mostinhaltsstoffen sind, stellen sie keinen Grund zur Beanstandung dar.

Weinküfermeister (früher Kellermeister) Berufsbezeichnung für einen handwerklichen Beruf. Gemäß dem Berufsbildungsgesetz muß der im Keller Auszubildende nach dreijähriger Lehrzeit bei der zuständigen Handwerkskammer (Industrie- und Handelskammer) erst die Küfergehilfenprüfung ablegen. Nach weiteren 3 Jahren Praxis kann der Küfergehilfe sich der Weinküfermeisterprüfung unterziehen.

Weinlehrpfad Demonstrationsweinberge, in denen verschiedene Rebsorten, Kultivierungsmethoden, →Erziehungsarten und Weinbergsgeräte dargestellt und erläutert werden. Sie kommen dem Bedürfnis der dem Landleben entfremdeten Stadtbevölkerung nach weinbaulicher Direktinformation entgegen. In Deutschland gibt es Weinlehrpfade in →Abtswind, →Schweigen, →Trier, →Winningen und einen Demonstrationsweinberg bei Kloster →Eberbach; in Österreich zum Beispiel in →Falkenstein, →Höflein und →Prellenkirchen.

Weinlese →Traubenlese.

Weinmakler Historische Bezeichnung für →Weinkommissionär.

Weinmarkt Strengen Weinmarktordnungen unterworfen und an bestimmte Städte, entweder innerhalb des Produktionsgebietes (wie zum Beispiel Mainz, Worms, Koblenz, Bacharach, Frankfurt) oder außerhalb des Weinbaugebietes (wie zum Beispiel München, Köln, Augsburg) gebunden, hatten sie im Mittelalter in Deutschland große Bedeutung. Der Ulmer Weinmarkt wurde zeitweise sogar wöchentlich abgehalten. Nach dem 30jährigen Krieg gingen sie zurück. Die Weinmessen in Deutschland: Mainzer Weinbörse, überregionale Handelsmesse für Wiederverkäufer; Ökoweinmesse; Internationale Wein-Messe Hamburg; Weinmesse Ostwestfalen; Kloster Eberbacher Weinverkaufsmesse; Offenburger Weinmarkt; Müllheimer Weinmarkt; Große Mittelhaardter Weinkost; Mittelrheinische Weinmesse der »Vereinigung Bacharacher und Steeger Weingüter e.V.«; Koblenzer Weinmesse; Mosel-Weinmesse in Zell/Mosel; Rheinpfälzer Weinmesse Bad Dürkheim. Neben diesen Weinmessen und Weinmärkten mit betontem Verkaufscharakter gibt es in allen deutschen Weinbaugebieten noch sogenannte Weinprobiertage. Diese werden von einzelnen Weingütern, Genossenschaften oder Vereinigungen abgehal-

ten. Sie finden meistens im Mai statt und dienen dazu, den neuen Jahrgang vorzustellen. Am besten wendet man sich in dieser Angelegenheit an die »Gebiets-Weinwerbungen«.
Die größte österreichische Weinmesse ist der →Salon österreichischer Wein.
Auf der →Bozner Weinkost stellen jedes Jahr Weingüter, Genossenschaften und Handelskellereien Südtiroler Weine aus.
Für Liebhaber trockener Weine sind Weinmärkte sowie Weinprobetage der Genossenschaften an der Luxemburger Mosel zu empfehlen.
Ähnliche Veranstaltungen gibt es auch im elsässischen Weinbaugebiet.
In der Schweiz werden Weinmessen abgehalten in Genf, Zürich, Lausanne und Sankt Gallen, Weinversteigerungen in Lausanne, Payerne, Aigle, Lutry, Villeneuve, alle im Kanton Waadt sowie in Cressier und Hôpital des Pourtalès bei Neuenburg (→Schweiz).

Weinmuseum Ausstellung zum Thema Wein, als selbständiges Museum (zum Beispiel Deutsches Weinmuseum Oppenheim, Brömserburg Rüdesheim) oder innerhalb eines allgemeinen Museums (Landesmuseen Speyer, Trier, Würzburg). Nur wenige Museen sind älteren Datums, der Großteil wurde in den letzten Jahren gegründet, was auf das zunehmende Interesse an alten Kulturgütern innerhalb einer mehr und mehr technisierten Welt zurückzuführen ist.

Weinnamen Die Benennung von Weinen ist jeweils in den Gesetzen des Weinbaulandes geregelt. Weine können benannt werden: nach ihrer Herkunft (Lage, Ort, Gebiet), nach ihrer Rebsorte, mit einem Phantasienamen (Markenweine, Tafelweine), mit dem Namen ihres Herstellers (Champagner, Sekt), nach ihrer Sorte (Sherry, Port). Generell gilt für Stillweine in den nördlichen Weinbauländern: je genauer die Bezeichnung, desto höher die Qualität.

Weinolsheim Weinort im Anbaugebiet →Rheinhessen, Bereich Nierstein. Großlage: *Gutes Domtal.* Einzellagen: *Hohberg, Kehr.*

Weinprämierung →Prämierungen.

Weinprobe →Weinkostprobe.

Weinprobiertage →Weinmarkt.

Weinprüfer →amtliche Prüfung.

Weinsäure Eine im →Traubensaft und im Saft vieler Früchte natürlich vorkommende (organische) Säure der Formel COOH · CH_2OH · CH_2OH · COOH (Dihydroxybernsteinsäure). Sie wird als (+)-Weinsäure oder »rechtsdrehende« Weinsäure bezeichnet. Die »linksdrehende« (-)-Weinsäure sowie ein aus gleichen Teilen bestehendes Gemisch (Racemat), die sogenannte →Traubensäure, kommen in der Natur nicht vor. (+)-Weinsäure ist in Wasser und Alkohol, also auch in Most und Wein gut löslich; in reinem Zustand kristallisiert sie in durchscheinenden Prismen vom Schmelzpunkt 170°C. Sie wird technisch aus den Rückständen der Weinbereitung gewonnen; in →Trestern sind etwa 3–5% enthalten, im noch feuchten Hefetrub (→Trub) bis zu 20%. Die Salze der Weinsäure heißen Tartrate; am häufigsten ist das Kaliumhydrogentartrat, bekannt als →Weinstein (Weinkristalle).

weinsaures Kalium (weinsaures Kali) →Weinstein.

weinsaures Kalzium (weinsaurer Kalk) →Weinkristalle (Kalziumtartrat).

Weinsberg Weinbaugemeinde im Anbaugebiet →Württemberg, Bereich Württembergisch Unterland, mit den Ortsteilen →Gellmersbach, →Grantschen, →Wimmental. Großlagen: *Staufenberg, Salzberg.* Einzellagen: *Ranzenberg, Schemelsberg, Steinacker.*

Emblem der Rheingauer Weinseminare

Weinseminare Zwei- bis sechstägige Kurse mit Vorlesungen und Lehrweinproben in den Erzeugergebieten. Auf Rundfahrten werden die weinbaulichen Sehenswürdigkeiten der Umgebung gezeigt und die gebietstypischen Weine am Ort ihrer Produktion vorgestellt. Im Rheingau wurden Weinseminare 1967 begonnen und mußten, der großen Nachfrage wegen, auf drei je 5 Tage dauernde Fortsetzungslehrgänge erweitert werden:Ērienseminare für Weinfreunde, Ferienseminar für Weinkenner und Schlußseminar, letzteres für diejenigen, die die ersten beiden absolviert haben. Weinseminare werden veranstaltet in →Bernkastel-Kues, →Deidesheim, Kloster →Eberbach, →Freiburg/Br., →Konz, Bad →Kreuznach, →Landau, → Mainz, Bad →Neuenahr-Ahrweiler, →Neustadt/Weinstraße, →Offenburg, →Oppenheim, →Rüdesheim, →Traben-Trarbach, →Trier, →Volkach und →Weinsberg.
In Österreich finden Weinseminare unter anderem im burgenländischen →Rust statt.
Französische Weinseminare gibt es in →Beaune und →Bordeaux.

Weinsheim 1. Weinort im Anbaugebiet → Nahe, Bereich Schloß Böckelheim. Großlage: *Rosengarten.* Einzellagen: *Katergrube, Kellerberg, Steinkaut.*
2. Ortsteil von Worms. Weinort im Anbauge-

biet →Rheinhessen, Bereich Wonnegau. Großlage: *Liebfrauenmorgen*. Einzellage: *Burgweg*.

Weinsiegel, Deutsches Gütezeichen der DLG für Weine, die nach der vorgeschriebenen →amtlichen Qualitätsprüfung noch eine zusätzliche freiwillige →Sinnenprüfung mit Erfolg bestanden haben. Die »Deutsche Weinsiegel GmbH«, eine Abteilung der DLG, brachte heraus: 1949 Deutsches Weinsiegel (rot), 1962 Deutsches Export-Weinsiegel (gold), 1974 Deutsches Weinsiegel »Trocken« (gelb); es löste das 1970 geschaffene Diabetiker-Weinsiegel ab (→Diabetikerwein); 1978 Deutsches Weinsiegel »Halbtrocken« (grün). Seit dem Jahr 1984 gilt für sämtliche Qualitätsklassen als Mindestpunktzahl für das deutsche Weinsiegel 2,5 von 5 Punkten (→Bewertungssysteme).
Zusätzlich wird der Betrieb von Fachleuten der DLG-Beratungs- und -Überwachungsstelle untersucht. Der Betrieb muß eine Gewähr für sachgemäßen Ausbau und Pflege des Weines bieten. Aufgrund dieser Tatsachen wird mit dem Weinsiegelbewerber ein Grundsatzvertrag geschlossen (derzeit sind es rund 3.000 Betriebe), der bei Verstößen gekündigt wird. Eine Weinsiegelkommission entscheidet über die Zulassung des Betriebes zum Weinsiegel, urteilt über die Qualität durch Verkosten und verleiht bei Erfolg das Siegel. Im Jahr 1990 wurden zum Beispiel 914 Millionen l amtlich geprüft, davon wurden 10% zum Weinsiegel zugelassen.

Weinstein-Ablagerung aus einem Rotweintank.

Weinstein Salz des Kaliums und der →Weinsäure (Kaliumhydrogentartrat, Kaliumbitartrat, $COOH \cdot CH_2OH \cdot CH_2OH \cdot COO \cdot K$), das in Most und Wein schwer löslich ist. Ein Teil des Weinsteins fällt daher bereits während der →Gärung in rhombischen Kristallen aus, aber auch Flaschenweine können nachträglich diesen kristallinen →Niederschlag zeigen. Weinstein ist wie andere →Weinkristalle natürlicher Bestandteil von Most und Wein. Er ist geschmacksneutral und kein Grund zur Beanstandung.

Weinsticher Historischer Ausdruck für →Weinkommissionär.

Weinstraßen Autostraßen, die durch sehenswerte Weinlandschaften und -orte führen und deren Verlauf auf Straßenkarten oder speziellen Faltprospekten dargestellt ist. Meist sind sie auch mit Symbol oder Namenszug ausgeschildert.
In Deutschland sind es: →Ahrtalstraße mit Rotweinwanderweg, Badische Weinstraße, →Bocksbeutelstraße, →Deutsche Weinstraße, →Liebfrauenstraße, →Loreley-Burgenstraße, →Nahe-Weinstraße, →Rheingauer Riesling Route, →Rheingoldstraße, →Schwäbische Weinstraße. Außerdem wurden in letzter Zeit eine Reihe →Weinlehrpfade eingerichtet.
Auch Österreich hat eine Reihe von ausgeschilderten Weinstraßen: →Burgenländische Rotweinstraße, die →Falkensteiner, →Gumpoldskirchner, →Klöcher, →Neusiedlersee-, →Pinkataler, →Retzer, →Sausaler, →Schilcher, →Seewinkel- und →Südsteirische Weinstraße. Durch die Schweizer Weingebiete führen die Weinstraßen in Genf (→Route du Vignoble genevois), in der →Waadt und im →Wallis.
Auch in Luxemburg, Frankreich, Italien, Südafrika, Neuseeland findet man zahlreiche, mehr oder weniger gut ausgeschilderte Weinstraßen, die durch die schönsten Weinlandschaften führen und die malerischen Weinorte miteinander verbinden (→Route du Champagne, →Route du Vin d'Alsace, Cape Wine-Route).

Weintrub-Preßwein (früher **Hefepreßwein)** Da das Hefegeläger (→Trub) noch beträchtliche Mengen an Wein enthält, darf es zu Hefepreßwein verarbeitet werden, wenn es weniger als 25% Trockenstoffe enthält. Man gewinnt den Wein durch →Filtration des Hefetrubes in speziellen Kammerfiltern oder durch Auspressen des in Säcken gefüllten Trubes. Er kann zum Auffüllen der Weinfässer (Spundvollhalten) verwendet werden.

Weintypen Aus internationaler Sicht läßt sich folgende Grobeinteilung machen: leichte, trockene Weißweine, hier vor allem Rheinwein (mit hauptsächlichem Geschmackseindruck fruchtig, spritzig, leicht), →*Sauternes* (natursüß, delikat, fruchtig), →*Burgunder* (vollmundig, gehaltvoll), →*Bordeaux* (kräftig, herb), →*Clairet* (leichter, weicher Bordeaux), →*Sherry* (Nußgeschmack, schwer), →*Port* (süß, schwer) und →*Madeira* (vollsüß, schwer). Bei letzteren ist das Geschmackserlebnis hauptsächlich vom Alkohol her bestimmt. Es sind →aufgespritete und dadurch geschmacklich ausdrucksvolle Weine (Alkohol intensiviert den Geschmackseindruck). Sie vermitteln beim Trinken ein

wärmendes Gefühl, da durch sie die Magen-Sekretion angeregt wird.
Bordeaux-Weine sind trotz ihres hohen Extraktgehaltes weder dick noch klotzig, sondern kräftig und flüssig mit einer leicht bitteren Spitze und einem feinen Kern. Der leichte Bitterton rührt von den tannin(gerbstoff)reichen Rebsorten her. Als *Clairet*typ kann man auch den →Beaujolais bezeichnen. Unter *Burgunder* versteht man in der internationalen Weinsprache rubin- bis dunkelrote, vollmundige, samtige Rotweine – obwohl es auch weiße Burgunder gibt. Die französischen, also geographisch »echten« *Burgunder* sind feuriger und alkoholreicher als die deutschen, die in ihrer zarteren Art feinfruchtiger und delikater wirken. Während es roten *»Burgunder«* außer in Frankreich noch in der Schweiz, Deutschland, Österreich und den Balkanstaaten gibt, findet man *Bordeaux* nur im Südwesten Frankreichs. Im Unterschied zu den deutschen *Moselweinen*, mit denen sie oft verglichen werden, sind die luxemburgischen Weine meist völlig durchgegoren. Weine mit mehr als 10 g/l Restsüße haben es bei der Prüfungskommission schwer, die »Marque Nationale« zu erhalten. Auch im Elsaß sind Weine ohne Restsüße verbreitet.
Österreich baut meist andere Rebsorten an als Deutschland, die Weine schmecken ihrer geringeren Säure wegen meist weicher und milder. Das gleiche gilt für die Weine der Schweiz, vor allem für die der im Norden des Alpenmassivs gelegenen Ostschweiz.
Der →*Kalterer See* aus Südtirol ähnelt dem *Clairet*.

Weinverkaufsmesse →Eberbacher Weinverkaufsmesse.

Weinversteigerungen →Versteigerungen.

Weinviertel Niederösterreichisches Weinbaugebiet, 1985 aus der Zusammenlegung der Weinbaugebiete Retz und Falkenstein entstanden. Es ist mit 18.243 ha das größte Weinbaugebiet Österreichs. Angebaut werden vor allem Weißweine (Grüner →Veltliner, →Müller-Thurgau, →Welschriesling) sowie einige Rotweine, vor allem Blauer →Portugieser. Das Qualitätszeichen *Feenhaube* wurde von einer Arbeitsgemeinschaft von 40 Winzern geschaffen, die frische, fruchtige Weißweine unter diesem Namen von ausgewählten Rieden des westlichen Weinviertels vertreiben.

Weinwirtschaft Alle mit der Produktion (von der Rebe bis zur Flasche) und Vermarktung von Wein beschäftigten Berufssparten und Institutionen. Am Beispiel der deutschen Weinwirtschaft läßt sich ihre Struktur wie in dem untenstehenden Schema darstellen.

Weisenbach Weinort im Anbaugebiet →Baden, Bereich Ortenau. Großlage: *Schloß Rodeck*. Einzellage: *Kestelberg*.

Weisenheim am Berg Weinort im Anbaugebiet →Rheinpfalz, Bereich Mittelhaardt/Deutsche Weinstraße. Großlagen: *Kobnert*. *Feuerberg*. Einzellagen: *Mandelgarten*, *Sonnenberg*, *Vogelsang*.

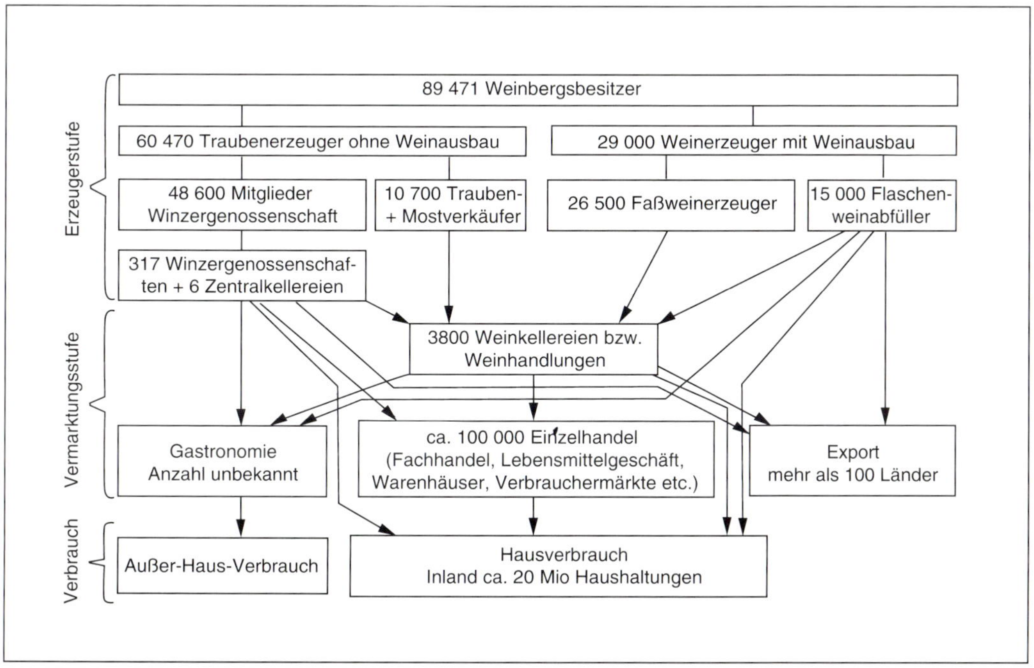

Strukturschema der deutschen Weinwirtschaft.

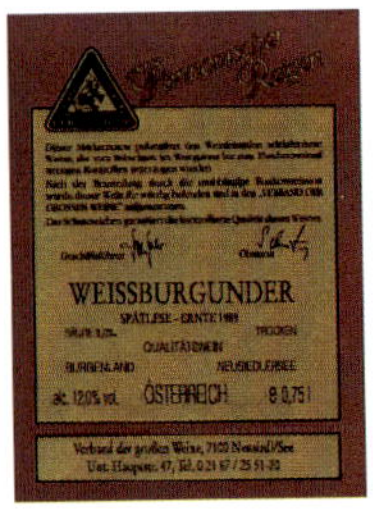

Weisenheim am Sand Weinort im Anbaugebiet →Rheinpfalz, Bereich Mittelhaardt/ Deutsche Weinstraße. Großlage: *Rosenbühl*. Einzellagen: *Burgweg, Hahnen, Halde, Hasenzeile, Altenberg, Goldberg.*

Weißalbe Synonym für Weißer →Elbling.

Weißbach Weinort im Anbaugebiet →Württemberg, Bereich Kocher-Jagst-Tauber. Großlage: *Kocherberg*. Einzellagen: *Engweg, Altenberg*.

Weißburgunder →Burgunder, Weißer.

Weißenkirchen Berühmter niederösterreichischer Weinbauort im Weinbaugebiet →Wachau. Zusammen mit den Gemeinden Joching, Wösendorf und St. Michael 460 ha Rebfläche. Es werden Weinseminare abgehalten.

Weißgipfler Synonym für Grüner →Veltliner.

Weißherbst Deutscher Roseewein, der mindestens den Anforderungen eines →Qualitätsweines b.A. entspricht und aus Trauben gewonnen wurde, die aus einer einzigen Rebsorte stammen und in den Anbaugebieten Ahr, Baden, Franken, Rheingau, Rheinhessen, Rheinpfalz und Württemberg geerntet worden sind. Die Rebsorte muß in Verbindung mit der Bezeichnung Weißherbst in gleicher Schrift, Größe und Farbe auf dem →Etikett angegeben werden. Die klassischen Weißherbste sind vorwiegend mild und vollmundig und gleichen mehr einem →Rotwein. Die Assmannshäuser Weißherbste dagegen sind herzhafter, fast rassig und ähneln somit mehr einem Weißwein. Weißherbst soll kühl serviert werden; er paßt eigentlich zu jedem Essen. →Eisweine, →Auslesen, →Beerenauslesen und →Trockenbeerenauslesen, die aus roten Trauben hergestellt werden, vor allem wenn letztere vom Edelfäulepilz (→Botrytis) befallen sind, kommen ebenfalls als Weißherbst und nicht als Rotwein auf den Markt. Der Edelfäulepilz zerstört meist den Farbstoff in der Beerenschale, so daß diese Spitzengewächse für Rotweine zu hell sind.

Weißlaber Synonym für Gelber →Furmint.

Weißwein Aus dem Saft von frischen, weißen Trauben durch alkoholische →Gärung gewonnener Wein. Die →Maische wird nach dem →Mahlen der Trauben gleich abgepreßt und der Most ohne die Schalen vergoren – im Gegensatz zum →Rotwein. In kühleren Weinbaugebieten, vor allem nördlich der Alpen, überwiegt der Anbau von Weißweinsorten. Allerdings zeigt er auch in südlichen Weinbauländern zunehmende Tendenz. Hohe, frische Säure ist die Voraussetzung für einen süffigen Weißwein. In südlichen Anbauzonen wird die fehlende Säure durch höheren Tanningehalt und höheren Alkohol ersetzt, die dem Wein mehr Ausdruck verleihen. Der Farbton von Weißweinen schwankt zwischen Grüngelb (Mosel, Vinho verde) und Goldgelb (Muskat, Marsala) oder Tiefgold (Beeren- und Trockenbeerenauslesen, Sauternes, Tokajer). Die Farbe wird auch mit dem Alter dunkler. Die →Restsüße bei Weißweinen reicht von den trockenen einfachen →Trinkweinen über die natursüßen Auslesen bis zu den vollsüßen →aufgespriteten →Dessertweinen. Weißweine werden kühler serviert als Rotweine, die einfachen Durstlöscher am besten bei 12–14°C, hochwertige Auslesen bei 14–17°C. (→Weinglas, →Temperatur, →Speisen und Wein).

Weitraumanlage Bei Zeilenbreiten von 2,4–3 m spricht man von Weitraumerziehung oder Weitraumanlagen. Sie können mit Maschinen bearbeitet werden, sind aber nur bei guter Wüchsigkeit der Rebsorte und nicht zu leichten, trockenen Böden empfehlenswert.

Welgesheim Weinort im Anbaugebiet →Rheinhessen, Bereich Bingen. Großlage: *Sankt Rochuskapelle*. Einzellage: *Kirchgärtchen*.

Wellen Weinort im Anbaugebiet →Mosel-Saar-Ruwer, Bereich Obermosel. Großlage: *Gipfel*. Einzellage: *Altenberg*.

Wellmich Ortsteil von Sankt Goarshausen. Weinort im Anbaugebiet →Mittelrhein, Bereich Rheinburgengau. Großlage: *Loreleyfelsen*. Einzellage: *Burg Maus*.

Welmlingen Ortsteil von Efringen-Kirchen. Weinort im Anbaugebiet →Baden, Bereich Markgräflerland. Großlage: *Vogtei Rötteln*. Einzellage: *Steingäßle*.

Welsche 1. Südtiroler Bezeichnung für Weißer →Elbling.
2. Synonym für →Räuschling.

Welschriesling Weißweinrebe; wichtige Rebsorte der Balkanländer, Österreichs und Norditaliens; stammt aus Frankreich und liefert als →Massenträger noch recht ansprechende Konsumweine. Die Weine sind von grüngelber Farbe, in der Regel halbtrocken, blumig weich und extraktarm, für Weine aus diesem Klimabereich noch säurebetont und haben ein charakteristisches Mandelaroma. Die Rebsorte hat keine Gemeinsamkeiten mit dem Weißen →Riesling, Synonyme: Olasz-Riesling (Ungarn);

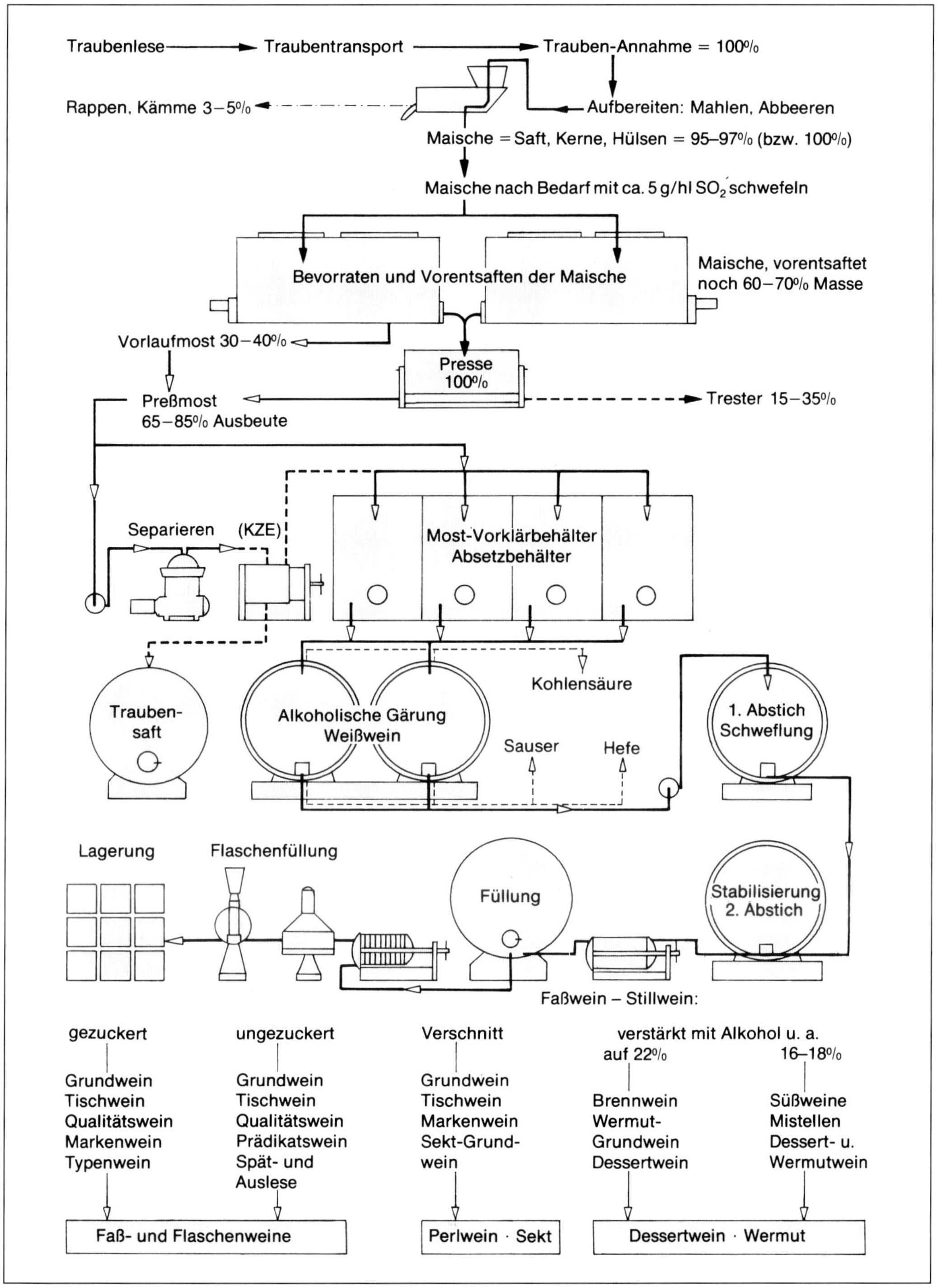

Schema zur Weißweinbereitung (nach Troost).

Riesling Italico (Italien); Wälschriesling (Österreich); Rizling Laski, Grassevina (Jugoslawien).

Wendelsheim 1. Weinort im Anbaugebiet →Rheinhessen, Bereich Bingen. Großlage: *Adelberg*. Einzellagen: *Heiligenpfad, Steigerberg*. 2. Ortsteil von Rottenburg. Weinort im Anbaugebiet →Württemberg, Bereich Oberer Neckar. Einzellage: *Kapellenberg*.

Werbach Weinort im Anbaugebiet →Baden, Bereich Tauberfranken. Großlage: *Tauberklinge*. Einzellagen: *Hirschberg, Beilberg*.

Werlau Ortsteil von Sankt Goar. Weinort im Anbaugebiet →Mittelrhein, Bereich Rheinburgengau.
Großlage: *Burg Rheinfels*. Einzellagen: *Rosenberg, Frohwingert, Ameisenberg*.

Wermutshausen Ortsteil von Niederstetten. Weinort im Anbaugebiet →Württemberg, Bereich Kocher-Jagst-Tauber. Großlage: *Tauberberg*. Einzellage: *Schafsteige*.

Wermutwein Gehört zu den →weinhaltigen Getränken, wird aus →Wein (nicht Obst- oder Beerenwein!) unter Verwendung des Wermutkrautes (Artemisia absynthium) hergestellt und enthält in 1 l mindestens 700 ml Wein sowie höchstens 145 g Alkohol. Neben dem Wermutkraut dürfen eine Reihe anderer Kräuter wie Thymian, Enzian, Chinarinde, Tausendgüldenkraut, Koriander und andere verwendet werden. Sie werden, in Leinensäckchen verpackt, in den gärenden Most beziehungsweise Wein gehängt oder in Form weiniger oder alkoholischer Extrakte dem Wein zugesetzt. Zur geschmacklichen Verbesserung dürfen Alkohol, Zucker und Zitronensäure zugesetzt werden.
Die Heimat des Wermutweines ist Italien (bei Turin), wo er 1786 zum erstenmal von Antonio Benedetto Carpano hergestellt worden ist. Echter Vermouth di Torino ist bernsteingelb, appetitanregend und besitzt einen angenehmen aromatischen Geruch. Durch längeres Lagern gewinnt er noch wesentlich an Güte. Auf dem Flaschenetikett müssen das Herstellerland und der Name des Herstellers vermerkt sein, bei deutschem Wermutwein zusätzlich der Herstellungsort. Bezeichnungen, die ihm eine besondere heilende Wirkung zuschreiben, wie Medizinal- oder Magenwermutwein, gelten als irreführend und sind daher nicht gestattet.

Wertheim Weinort im Anbaugebiet →Baden, Bereich Tauberfranken, mit den Ortsteilen →Bronnbach, →Dertingen, →Höhefeld, →Kembach, →Lindelbach, →Reichholzheim. Großlage: *Tauberklinge*. Einzellage: *Schloßberg*.

Wespenfraß →Insektenfraß.

Westheim Ortsteil von Hammelburg. Weinort im Anbaugebiet →Franken, Bereich Maindreieck. Großlage: *Burg*. Einzellagen: *Altenberg, Langberg*.

Westhofen Weinort im Anbaugebiet →Rheinhessen, Bereich Wonnegau. Großlage: *Bergkloster*. Einzellagen: *Rotenstein, Steingrube, Benn, Morstein, Brunnenhäuschen, Kirchspiel, Aulerde*.

Weststeiermark Weinbaugebiet der →Steiermark mit etwa 280 ha Rebfläche. Spezialität dieser Gegend ist der →*Schilcher*. Außerdem werden →Müller-Thurgau und Weißburgunder (→Burgunder, Weißer) angebaut. Die Marke »Klassischer Weststeirischer Schilcher« garantiert für kontrollierte Weine des Fördervereins.

Wettelbrunn Ortsteil von Staufen. Weinort im Anbaugebiet →Baden, Bereich Markgräflerland. Großlage: *Lorettoberg*. Einzellage: *Maltesergarten*.

Weyher/Pfalz Weinort im Anbaugebiet →Rheinpfalz, Bereich Südliche Weinstraße. Großlage: *Ordensgut*. Einzellagen: *Michelsberg, Heide*.

Wicker Ortsteil von Flörsheim. Weinort im Anbaugebiet →Rheingau, Bereich Johannisberg. Großlage: *Daubhaus*. Einzellagen: *Stein, Mönchsgewann, König-Wilhelmsberg, Nonnberg*.

Widdern Weinort im Anbaugebiet →Württemberg, Bereich Kocher-Jagst-Tauber. Großlage: *Kocherberg*. Einzellage: *Hofberg*.

Wiebelsberg Ortsteil von Oberschwarzach. Weinort im Anbaugebiet →Franken, Bereich Steigerwald. Großlage: *Steige*. Einzellage: *Dachs*.

Wien Hauptstadt und Bundesland →Österreichs, gilt mit den eingemeindeten Vororten Grinzing und Sievering mit rund 700 ha als eigene Weinregion Wien. Es werden jährlich im Durchschnitt 30.000 hl Wein erzeugt, davon 95% spritzige, süffige Weißweine aus Grünem →Veltliner, →Neuburger, Rheinriesling (Weißer →Riesling), →Welschriesling und →Müller-Thurgau. Selbst in den großstädtischen Bezirken Währing, Döbling, Floridsdorf, Liesing, Hernals, Ottakring und Favoriten wird noch Wein angebaut. Der Nußberg, ein dem Kahlenberg vorgelagerter Höhenrücken, liefert einen von den Wienern besonders geschätzten Wein. Weltbekannt sind die Wiener →Buschenschenken, wo der →Heurige ausgeschenkt wird. Die Wiener Kammermedaillen in Gold, Silber und Bronze werden in das Etikett eingedruckt. Die 5 besten Weine bestimmter Kategorien nehmen am →»Salon österreichischer Wein« teil. Das Wiener Weinsiegel wird nach zusätzlicher Prüfung verliehen und garantiert einen sauberen, typischen Wiener Wein.

Wiener Im Mittelalter in Deutschland angepflanzte Rebsorte, die aus dem Anbau verschwunden ist.

Wiesbaden Stadt im Anbaugebiet →Rheingau, Bereich Johannisberg, Hauptstadt des Bundeslandes Hessen, mit den Ortsteilen →Dotzheim, →Schierstein →Frauenstein. Einzellage: *Neroberg*.

Wiesenbronn Weinort im Anbaugebiet →Franken, Bereich Steigerwald. Großlage: *Schloßberg*. Einzellagen: *Wachhügel, Geißberg*.

Wiesenfeld Ortsteil von Karlstadt. Weinort im Anbaugebiet →Franken, Bereich Maindreieck. Einzellage: *Herbstthal*.

Wiesloch Weinort im Anbaugebiet →Baden, Bereich Badische Bergstraße/Kraichgau. Großlage: *Mannaberg*. Einzellagen: *Bergwäldle, Spitzenberg, Hägenich*.

Wies-Oppenheim Ortsteil von Worms. Weinort im Anbaugebiet →Rheinhessen, Bereich Wonnegau. Großlage: *Liebfrauenmorgen*. Einzellage: *Am Heiligen Häuschen*.

Wildbacher, Blauer Im Anbau stark zurückgehende österreichische Rotweinrebe, die nur noch in der →Steiermark noch lokale Bedeutung hat.
Der Name stammt von dem weststeirischen Ort Wildbach. Sie liefert einen hellroten, herben, säuerlichen Wein, den *Schilcher*. Die Sorte stellt geringe Ansprüche an Boden und Lage. Synonyme: Schilchertraube, Blauer Kracher, Mauserl, Blauer Kräutler.

Wildrebe (Vitis vinifera Linné variatio silvestris Gmelin) Heute bis auf einzelne Pflanzen ausgestorbene Wildform der Kulturrebe, eine zweihäusige Pflanze (männliche und weibliche Pflanzen) mit kleinen, runden, blauen Beeren, die meist sauer schmecken. Da sie sich durch Samen vermehrt, sind alle Pflanzen verschieden.

Wildtal Ortsteil von Gundelfingen. Weinort im Anbaugebiet →Baden, Bereich Breisgau. Großlage: *Burg Zähringen*. Einzellage: *Sonnenhof*.

Willsbach Ortsteil von Obersulm. Weinort im Anbaugebiet →Württemberg, Bereich Württembergisch Unterland. Großlage: *Salzberg*. Einzellage: *Dieblesberg*.

Wiltingen Weinort im Anbaugebiet →Mosel-Saar-Ruwer, Bereich Saar-Ruwer, mit Ortsteil →Scharzhofberg.
Großlage: *Scharzberg*. Einzellagen: *Sandberg, Hölle, Kupp, Braune Kupp, Gottesfuß, Klosterberg, Rosenberg, Braunfels, Schloßberg, Schlangengraben*.

Wimmental Ortsteil von Weinsberg. Weinort im Anbaugebiet →Württemberg, Bereich Württembergisch Unterland. Großlage: *Salzberg*. Einzellage: *Altenberg*.

Wincheringen Weinort im Anbaugebiet →Mosel-Saar-Ruwer, Bereich Obermosel. Großlage: *Gipfel*. Einzellage: *Burg Warsberg*.

Wind Die Luftbewegungen haben je nach Zeitpunkt, Dauer, Temperatur, Stärke und Richtung unterschiedliche Einwirkungen auf den Rebbestand. Nach Regen, Nebel oder Tau trocknet der Wind rasch die Blätter ab und vermindert so die Gefahr von →Pilzkrankheiten. Andererseits bläst er die angestaute warme und feuchte Luft im Weinberg weg oder vermischt sie mit kälterer Außenluft; starker Wind kann auch das →Wachstum der →Triebe hemmen.

Winden Weinort im österreichischen →Burgenland, Weinbaugebiet →Neusiedlersee mit rund 300 ha Rebfläche, auf denen vor allem weiße Rebsorten gedeihen.

Windesheim Weinort im Anbaugebiet →Nahe, Bereich Kreuznach. Großlage: *Schloßkapelle*. Einzellagen: *Saukopf, Sonnenmorgen, Rosenberg, Römerberg, Fels*.

Windischenbach Ortsteil von Pfedelbach. Weinort im Anbaugebiet →Württemberg, Bereich Württembergisch Unterland. Großlage: *Lindelberg*. Einzellage: *Goldberg*.

Wine Lodges Ebenerdige Lagerhallen für →Portwein in →Vila Nova de Gaia.

Wingert →Weinberg.

Winkel Ortsteil von Oestrich-Winkel. Weinort im Anbaugebiet →Rheingau, Bereich Johannisberg. Großlagen: *Erntebringer, Honigberg*. Einzellagen: *Klaus, Jesuitengarten, Gutenberg, Hasensprung, Dachsberg, Schloß Vollrads* (Ortsteil).

Winkwitz Weinort im Anbaugebiet →Elbe mit der Lage *Katzensprung*.

Winnenden Weinbaugemeinde im Anbaugebiet →Württemberg, Bereich Remstal-Stuttgart, mit Ortsteilen →Baach, →Breunigsweiler, →Bürg, →Hanweiler, →Hertmannsweiler. Großlagen: *Kopf, Wartbühl*. Einzellagen: *Berg, Holzenberg, Roßberg, Haselstein*.

Winningen Weinort im Anbaugebiet →Mosel-Saar-Ruwer, Bereich Zell/Mosel. Großlage: *Weinhex*. Einzellagen: *Im Röttgen, Brückstück, Domgarten, Hamm, Uhlen*.

Winterbach Weinort im Anbaugebiet →Württemberg, Bereich Remstal-Stuttgart. Großlage: *Kopf*. Einzellage: *Hungerberg*.

Winterhausen Weinort im Anbaugebiet →Franken, Bereich Maindreieck. Großlage: *Ölspiel*. Einzellage: *Kaiser Wilhelm*.

Wintersheim Weinort im Anbaugebiet →Rheinhessen, Bereich Nierstein. Großlage: *Krötenbrunnen*. Einzellage: *Frauengarten*.

Wintersweiler Ortsteil von Efringen-Kirchen. Weinort im Anbaugebiet →Baden, Bereich Markgräflerland. Großlage: *Vogtei Rötteln*. Einzellage: *Steingäßle*.

Wintrich Weinort im Anbaugebiet →Mosel-Saar-Ruwer, Bereich Bernkastel. Großlage: *Kurfürstlay*. Einzellagen: *Stefanslay, Großer Herrgott, Ohligsberg, Geierslay*.

Winzenheim Ortsteil von Bad Kreuznach. Weinort im Anbaugebiet →Nahe, Bereich Kreuznach. Großlage: *Kronenberg*. Einzellagen: *Mönchberg, Hungriger Wolf, In den siebzehn Morgen, Honigberg, Berg, Rosenheck*.

Winzer Sammelbezeichnung für die Berufsgruppe der Weinbautreibenden. Ursprünglich der Arbeiter, der den Wein liest (erntet), abgeleitet vom Lateinischen »vinitor«, mittelhochdeutsch »winzürl«. In Baden und Württemberg kennt man auch den Namen Hacker oder Häcker und in Österreich Hauer. Winzer oder Weinküfer ist die Berufsbezeichnung nach einer praktischen Ausbildung mit Gehilfenprüfung, die zur Mitarbeit in jeder Art von Weinbaubetrieb oder Kellerei befähigt.

Winzerfeste Auf Plätzen und Straßen von Winzerorten in allen Teilen Europas, meist mehrere Tage dauernde Weinfestveranstaltungen. Sie haben sich zum Teil aus Kirchweihen entwickelt.
In Deutschland überzieht ein bunter Reigen von Winzerfesten, beginnend mit Weinfrühlingsfesten über Weinblütenfeste, Wein- und Sängerfeste, Weinkirmes, Trachtentreffen, Weinmärkte, Weinlese- und Erntedankfeste von April bis Dezember das Winzerjahr mit urwüchsigen Darbietungen, Schunkelliedern und einheimischen Schoppenweinen.
In der Schweiz haben überörtliche Bedeutung: »Fête des Vendanges« in Neuchâtel (→Neuenburg) und »Fête des Vignerons« in Vevey, Lugano, Twann, Hallau und anderen.

Emblem der Badischen Winzergenossenschaft.

Winzergenossenschaft Zusammenschluß von Winzern auf genossenschaftlicher Grundlage zur gemeinsamen Verwertung ihrer Erzeugnisse (Weinbereitung, Weinverkauf) oder zur gemeinschaftlichen Herstellung und Abgabe von Pfropfreben. Es gibt sie heute in allen weinbautreibenden Ländern unter verschiedenen Namen: Kellereigenossenschaft, Pfropfrebengenossenschaft (deutsch); Coopérative, Cave viticole, Cave vinicole (französisch); Cooperativa, Cantina Sociale (italienisch); Cooperativa, Cooperativa viticola, Cooperativa vinicola (spanisch); Cooperativa vinicola, Adega cooperativa (portugiesisch); Cooperative Wine Growers Association, Co-operative Winery (englisch). Sie haben unterschiedliche Struktur von gemeinnützig-privat bis sozialistisch-staatlich. In Deutschland bestimmt die Novelle zum Genossenschaftsgesetz von 1973 in § 1, was eine Genossenschaft ist: »Eine Gesellschaft von nicht geschlossener Mitgliederzahl, welche die Förderung des Erwerbs oder der Wirtschaft ihrer Mitglieder mittels gemeinschaftlichen Geschäftsbetriebes bezweckt«. Die Winzer einer Genossenschaft geben sich ihre Satzung selbst und bestimmen darin ihre und ihrer Genossenschaft Rechte und Pflichten. Der Winzer pflegt grundsätzlich sein Rebland selbst, erntet die Trauben, liefert sie ab und überläßt die Weinbereitung seiner Genossenschaft. Dadurch kann er, von ihr fachlich beraten, sich intensiver der Traubenerzeugung widmen. Die ersten Winzergenossenschaften Deutschlands wurden 1834 in Neckarsulm und 1852 vier weitere in Reil, Kinheim, Kröv und Ürzig gegründet. 1866 veröffentlichte Friedrich Wilhelm Raiffeisen sein für die späteren Gründungen Impulse gebendes Buch »Die Darlehnskassen-Vereine als Mittel zur Abhilfe der Noth der ländlichen Bevölkerung«. Die deutschen Winzergenossenschaften verfügen heute über technisch hochentwickelte, moderne Kellereien. Rund 70.000 Winzer sind in 315 Winzergenossenschaften zusammengeschlossen, darunter 6 Zentralkellereien und insgesamt 173 Orts- und Gebietswinzergenossenschaften mit eigener Kellerwirtschaft. Die 142 übrigen sind sogenannte trockene Genossenschaften, die entweder Zentralkellereien oder Gebietswinzergenossenschaften angeschlossen sind. Die von den Mitgliedern bewirtschaftete Fläche stieg von 20.000 ha 1961 auf über 37.530 ha 1990 und die Lagerkapazität von 900.000 hl 1952 auf 12,1 Millionen hl 1990, die Umsätze im gleichen Zeitraum von 600.000 hl Wein im Wert von 80 Millionen DM auf 3,8 Millionen hl im Wert von 1,45 Milliarden DM. Neben der Bezeichnung »Winzergenossenschaft« finden sich die traditionellen Namen »Winzerverein«, »Genossenschaftskellerei« oder in Württemberg »Weingärtnergenossenschaft«. Winzergenossenschaften bieten heute alle Qualitäten, vom Tafelwein bis zur Trockenbeerenauslese an. Vielfach ermöglicht es erst der genossenschaftliche Zusammenschluß, Spitzenweine zu gewinnen. Im Absatz werden traditionell in erster Linie der Weinfach- und der Lebensmittelhandel beliefert, da diese auf große Partien Wert legen.

Winzerhausen Ortsteil von Großbottwar. Weinort im Anbaugebiet →Württemberg, Bereich Württembergisch Unterland. Großlage: *Wunnenstein*. Einzellagen: *Harzberg, Lichtenberg*.

Winzermeister Berufsbezeichnung. Gemäß dem Berufsbildungsgesetz muß der Winzer nach 2–3jähriger Lehrzeit beim zuständigen Weinbauamt erst die Winzergehilfenprüfung ablegen. Nach weiteren 3 Jahren Praxis kann der Winzergehilfe sich der Winzermeisterprüfung unterziehen.

Winzersekt Deutscher Qualitätsschaumwein oder Sekt bestimmter Anbaugebiete, dessen Grundwein aus einem Winzerbetrieb stammt. Winzersekt wird vom Winzer selbst oder in einer Erzeugergemeinschaft ohne Eigentumswechsel hergestellt. Seit 1985 ein steuerlich fixierter Begriff. In den letzten Jahren haben rund 150 Betriebe rund 10 Millionen Flaschen hergestellt. Die Tendenz ist steigend.

Winzerverein →Winzergenossenschaft.

Winzer-Wy →Attestierter Winzer-Wy, →Schweiz.

Wipfeld Weinort im Anbaugebiet →Franken. Bereich Maindreieck. Großlage: *Kirchberg*. Einzellage: *Zehntgraf*.

Wirmsthal Ortsteil von Euerdorf. Weinort im Anbaugebiet → Franken, Bereich Maindreieck. Großlage: *Burg*. Einzellage: *Scheinberg*.

Witberger Weißweinrebe; Neuzüchtung des Instituts für Rebenzüchtung der Fachhochschule Geisenheim; Kreuzung aus Trollinger x Riesling; Zuchtnummer Gm 348; Sortenschutz seit 1981. Bestockte Rebfläche in Deutschland: 2 ha.

Witterung Wetterablauf über längere Zeiträume, festgestellt durch Messungen im Vergleich mit dem →Klima. Im Weinbau wird die Güte eines →Jahrgangs weitgehend vom Witterungsverlauf in der Vegetationsperiode bestimmt. Früher →Austrieb und frühe →Blüte der Rebe, viel Sonne und möglichst gleichmäßig verteilte, nicht zu hohe Niederschläge, vor allem aber warmes Wetter während der Traubenreife schaffen die Bedingungen für gute Weinjahre. An Hand von Klimazahlen lassen sich die Voraussetzungen für ein gutes Weinjahr erfassen.

Wittlich Weinort im Anbaugebiet → Mosel-Saar-Ruwer, Bereich Bernkastel. Großlage: *Schwarzlay*. Einzellagen: *Kupp, Lay, Bottchen, Felsentreppchen, Rosenberg, Portnersberg, Klosterweg*.

Wittnau Weinort im Anbaugebiet →Baden, Bereich Markgräflerland. Großlage: *Lorettoberg*. Einzellage: *Kapuzinerbuck*.

Woiwodina →Serbien.

Wolf Ortsteil von Traben-Trarbach. Weinort im Anbaugebiet →Mosel-Saar-Ruwer, Bereich Bernkastel. Großlage: *Schwarzlay*. Einzellagen: *Schatzgarten, Sonnenlay, Klosterberg, Goldgrube, Auf der Heide*.

Wolfenweiler Ortsteil von Schallstadt. Weinort im Anbaugebiet →Baden, Bereich Markgräflerland. Großlage: *Lorettoberg*. Einzellagen: *Batzenberg, Dürrenberg*.

Wolfsheim Weinort im Anbaugebiet →Rheinhessen, Bereich Bingen. Großlage: *Abtey*. Einzellagen: *Götzenborn, Osterberg, Sankt Kathrin*.

Wolkersdorf Große niederösterreichische Weinbaugemeinde im Weinbaugebiet →Weinviertel. Auf etwa 160 ha Rebfläche werden spritzige Weißweine und in geringem Maße Rotweine erzeugt.

Wollbach Stadtteil von Kandern. Weinort im Anbaugebiet →Baden, Bereich Markgräflerland. Großlage: *Vogtei Rötteln*. Einzellage: *Steingäßle*.

Wollmesheim Ortsteil von Landau, Weinort im Anbaugebiet →Rheinpfalz, Bereich Südliche Weinstraße. Großlage: *Herrlich*. Einzellage: *Mütterle*.

Wöllstein Weinort im Anbaugebiet →Rheinhessen, Bereich Bingen. Großlagen: *Rheingrafenstein, Kurfürstenstück*. Einzellagen: *Haarberg-Katzensteg, Ölberg, Äffchen, Hölle, Schloßhölle, Bockshaut*.

Wonsheim Weinort im Anbaugebiet →Rheinhessen, Bereich Bingen. Großlage: *Rheingrafenstein*. Einzellagen: *Sonnenberg, Hölle, Martinsberg*.

Worms Alte Weinstadt im Anbaugebiet →Rheinhessen, Bereich Wonnegau, mit Ortsteilen →Abenheim, →Heppenheim, →Herrnsheim, →Hochheim, →Horchheim, →Leiselheim, →Pfeddersheim, →Pfiffligheim, →Weinsheim, →Wies-Oppenheim. Großlage: *Lieb-*

frauenmorgen. Einzellagen: *St. Cyriakusstift, Liebfrauenstift-Kirchenstück, Remeyerhof*. Mitten in der Stadt, unmittelbar an der Liebfrauenstiftskirche, befindet sich noch ein Weinberg mit dem Lagennamen *Liebfrauenstift-Kirchenstück*, aus dem sich die Bezeichnung *Liebfraumilch* als Markenname entwickelt haben soll.

Wörrstadt Weinort im Anbaugebiet →Rheinhessen, Bereich Bingen. Großlage: *Adelberg*. Einzellagen Wörrstadt: *Kachelberg, Rheingrafenberg*.

Wöschbach Ortsteil von Pfinztal. Weinort im Anbaugebiet →Baden, Bereich Badische Bergstraße/Kraichgau. Großlage: *Hohenberg*. Einzellage: *Steinwengert*.

Wuchsstoffe Hormone, die als Wachstumsregulatoren auf die →Zellen und Gewebe wirken. Durch sie wird die Wurzelbildung gefördert, der Austrieb von Seitenknospen gehemmt, sie sind beteiligt bei der Entwicklung fleischiger Früchte, in diesem Fall der Weinbeere. Man kennt zwar nicht alle diese Wachstumshormone, eine Reihe läßt sich jedoch synthetisch herstellen. Sie werden in der Praxis bei der →Rebveredelung eingesetzt, um die Wurzelbildung und damit die Anwuchsrate zu erhöhen. Auch als →Herbizide (Unkrautbekämpfungsmittel) können sie verwendet werden.

wuchtig Schwerer, →voller Wein mit viel →Körper und nachhaltigem Geschmacksausdruck. Viel Wucht besitzen zum Beispiel Weine der Sorten →Traminer oder →Ruländer, die in guten Jahren auf schweren Böden gewachsen sind.

Wurmlingen Ortsteil von Rottenburg. Weinort im Anbaugebiet →Württemberg. Bereich Remstal-Stuttgart. Einzellage: *Kapellenberg*.

Württemberg Deutsches bestimmtes Anbaugebiet mit 9.791 ha bestockter Rebfläche, davon rund die Hälfte rote Rebsorten. Durchschnittliche Weinmosternte rund 940.000 hl. Stark aufgesplittertes Weinbaugebiet, das sich auf die wärmsten Lagen des Neckartales und der Nebenflüsse Rems, Murr, Enz, Bottwar, Zaber, Kocher und Jagst verteilt. Zentrum des Anbaues ist der Landkreis Heilbronn. Die Anfänge des schwäbischen Weinbaues gehen auf die Römer zurück, die erste schriftliche Erwähnung ist eine Schenkungsurkunde für Böckingen an das Kloster Lorsch im Jahr 766. Dank der Klöster erlebte der Weinbau im Hochmittelalter eine starke Ausweitung, zu Beginn des 30jährigen Krieges wird die Gesamtrebfläche auf nahezu 50.000 ha geschätzt. Heute beschränkt sich der sehr qualitätsbewußt gewordene Weinbau auf die günstigsten Standorte. 60% davon liegen in Hang- und 25% in geschützten Steillagen, die zum Teil noch terrassiert sind. Die zum Großteil tiefgründigen Böden mit guter Wasserführung wechseln in starker Abhängigkeit von der Höhenlage von Keuperformationen bis zu Muschelkalk. Der Einfluß des kontinentalen Klimas macht sich hier bereits durch tiefere Wintertemperaturen und trockenere Sommer bemerkbar. Der Rebsortenspiegel ist betont gebietstypisch mit dem alleinigen Anbau von →Trollinger, →Limberger, →Schwarzriesling und →Samtrot, alles rote Rebsorten, aus denen kräftige, herbe bis vollfruchtige Weine erzeugt werden. Der →Riesling, die meistangebaute weiße Rebsorte, wird gefolgt von →Müller-Thurgau, dem in Weinsberg gezüchteten →Kerner und →Silvaner. Der Kleinbetrieb herrscht vor, nur 60 Betriebe haben mehr als 5 ha Rebfläche. Das Genossenschaftswesen hat sich früh entwickelt. 31 Orts- und 4 Gebietswinzergenossenschaften sowie die Landeszentralgenossenschaft WZG in Möglingen bauen 80% des württembergischen Weines aus. Selbstmarkter findet man hier weniger, außer den renommierten Weingütern in Form von Adelshöfen und ehemaligen klösterlichen Besitz. Gebietstypisch ist der aus roten und weißen Trauben gekelterte →Schillerwein. 90% der Weinerzeugung werden im Lande selbst getrunken, vor allem in der sehr gepflegten Gastronomie.

Württembergisch Unterland Bereich des bestimmten Anbaugebietes →Württemberg.

Würzburg Hauptstadt von Unterfranken und bedeutende Weinstadt im Anbaugebiet →Franken, Bereich Maindreieck, mit Ortsteil →Heidingsfeld. Großlage: *Marienberg*. Einzellagen: *Pfaffenberg, Stein, Stein/Harfe, Schloßberg, Innere Leiste, Abtsleite*. Mit einer Rebfläche von rund 300 ha die größte Weinbaugemeinde dieses Gebietes. Sitz der Landesanstalt für Wein-, Obst- und Gemüsebau mit Rebenzuchtanstalt und Meisterschule für Weinbau und Kellerwirtschaft in Veitshöchheim. Die großen Weingüter, die Bayerische Hofkellerei (Staatweingut), das von Fürstbischof Julius Echter (1545–1617) als Kranken- und Siechenhaus gegründete Juliusspital, sowie das Bürgerspital zum Heiligen Geist, ein 1321 gestiftetes Krankenhaus und Weingut, besitzen eigene Weinstuben. Auf der Marienfeste ist die Sammlung alter Keltern sehenswert.

wurzelecht Rebstock, bei dem die fruchttragenden Teile und die Wurzeln ein und derselben Pflanze entstammen (Gegenteil: →Pfropfrebe).

Wurzeln der Rebe Unterirdische Organe, die den Rebstock in einer Tiefe bis zu 10 m und mehr im Boden verankern. Sie haben die Aufgabe, →Wasser und →Nährstoffe aufzunehmen und weiterzuleiten, zugleich dienen sie als Speicherorgan für Reservestoffe. Am Wurzelstamm entwickeln sich Fuß-, Seiten- und Tau- oder Tagwurzeln. Die Fußwurzeln dringen in große Tiefen vor, die Seitenwurzeln sind imstande, sich in den oberen Schichten des Bodens bis zu 5 m weit auszudehnen. Da sich an allen Sproßteilen der Rebe Wurzeln bilden können, ist die Vermehrung durch Setzlinge möglich.

Einkürzen der Wurzeln bei einjährigen Nachpflanzreben.

Würzer Weißweinrebe; Neuzüchtung der Landesanstalt für Rebenzüchtung, Alzey. Im Jahre 1932 kreuzte Georg Scheu Gewürztraminer x Müller-Thurgau, Zuchtnummer Az 10 487. Der Name weist auf die würzige Weinart hin. Die Sorte stellt mittlere bis hohe Ansprüche an den Boden und mittlere an die Lage. Die Reife ist noch als früh zu bezeichnen, die Durchschnittserträge schwanken um 90 hl/ha. Die Mostgewichte liegen in der Regel um 85°Oe, die Säure erreicht beachtliche Werte um 10 ‰, so daß feine, frische, rassige Weine mit manchmal recht intensivem Muskatbukett erzeugt werden können. Die Sorte wird als Ersatz für den Roten →Traminer zu beachten und möglicherweise auch als Verschnittsorte geeignet sein. Bestockte Rebfläche in Deutschland: 116 ha.

würzig Steigerung von →fruchtig; charakterisiert das edle →Aroma großer Weine; oft sortenbedingt, wie zum Beispiel bei →Muskateller, →Morio-Muskat, →Traminer und manchmal →Müller-Thurgau.

XYZ

Xampán spanischer Schaumwein.

Xarel-lo Spanische Weißweinrebe aus Katalonien, im Alella-Gebiet Pousa Blanchea genannt. Die Weine haben meist mittlere Alkoholgehalte, dabei reichlich Säure. Die Sorte wird in Penedés häufig zur Herstellung von Schaumwein mitverwendet.

Xérès Alte Schreibweise für →Jerez (de la Frontera), Zentrum des Anbaues und Handels mit →Sherry.

Xynisteri Zyprische Weißweinrebe; aus ihr werden dem →Sherry ähnliche Weine bereitet.

Y (sprich: Ygrec frz. Ypsilon) Ein trockener, in Château d'Yquem aus →Sémillon und →Sauvignon Blanc hergestellter Weißwein mit AC Bordeaux Supérieur, erzeugt aus Trauben, die nicht vom Edelfäulepilz befallen wurden. Es handelt sich um einen normalen, alkoholreichen Bordeaux-Weißwein, der nicht die Feinheit und das edle Aroma des *Sauternes*-Types besitzt und auch einer niedrigeren Preisklasse angehört. Wegen der kleinen Menge und des originellen Etiketts wird er von Raritätensammlern gern erstanden.

Yecla Spanisches DO-Gebiet von rund 26.000 ha Rebfläche, südwestlich von Valencia. Es werden Rot-, Rosee- und Weißweine von besserer Qualität erzeugt.

Yquem Château d'Yquem in Bordeaux ist das mit dem Prädikat Premier Grand Cru am höchsten klassifizierte Weingut der →Sauternes, das seine Berühmtheit den vollen, aromatischen, natursüßen Weißwein-Auslesen verdankt. Späte Lese und Edelfäulebefall lassen die vollreifen Beeren von →Sémillon und →Sauvignon Blanc schrumpfen, so daß es zu einem Konzentrat kommt, aus dem dann mit Spezialhefen die bis zu 15 Vol.-% Alkohol schweren, likörähnlichen Weine vergoren werden.
Das zwischen Barsac und Sauternes mitten in seinen 100 ha Weinbergen liegende ehrwürdige Château ist seit 1787 im Besitz der Familie der Grafen Lur-Saluces, die sich auch heute intensiv um die Weiterführung der sehr kostspieligen Herstellungsmethode ihrer Weine kümmern. Im Durchschnitt werden nicht mehr als 80.000 Flaschen und auch diese nur in warmen und feuchten Jahren mit vollreifen Trauben und Edelfäulebefall geerntet.
Die Bedeutung der →Edelfäule und der →Spätlese soll 1847 (in Schloß Johannisberg im Rheingau 1775) in Yquem entdeckt worden sein. Laut Überlieferung soll der Marquis de Lur-Saluces 1847 verspätet von einem Rußlandaufenthalt zurückgekommen sein, so daß die Lese, die nur mit seiner Erlaubnis begonnen werden durfte, nur noch mit eingeschrumpften, edelfaulen Trauben durchgeführt werden konnte. Als Großfürst Konstantin, ein Bruder des damaligen Zaren, Yquem einige Jahre darauf besuchte, geriet er beim Probieren dieser Weine so sehr in Entzücken, daß er den ganzen Jahrgang zu Höchstpreisen aufkaufte. Auch heute noch übernimmt der Handel bereits im Vorgriff die gesamte Ernte zu Höchstpreisen. In Jahren ohne Edelfäulebefall wie 1951, 1952, 1964, 1972 und 1974 wurde kein *Château d`Yquem* auf den Markt gebracht (→Y).

Yvorne Weinbaugemeinde im →Chablais im Schweizer Kanton →Waadt, wo hervorragende Weißweine gleichen Namens aus Chasselas (→Gutedel) erzeugt werden. Eine der besten Lagen (Grand Premier Cru) ist *Cos du Rocher*.

Zaberfeld Weinort im Anbaugebiet →Württemberg. Bereich Württembergisch Unterland, mit Ortsteilen →Leonbronn, →Michelbach, →Ochsenburg. Großlage: *Heuchelberg*. Einzellage: *Hohenberg*.

Zagarolo Italienische Stadt südöstlich von Rom und gleichnamiger DOC-Weißwein aus →Latium, hergestellt aus 70% →Malvasia und 30% →Trebbiano. Der strohgelbe, trockene bis halbsüße Wein schmeckt trocken oder süß, harmonisch und weich.

Zagersdorf Weinort im Burgenland, Weinbaugebiet →Neusiedlersee-Hügelland mit hauptsächlich Rotweinerzeugung.
Der *Zagersdorfer Johanneswein* wird von 4 Winzern nach erhöhten Qualitätsanforderungen hergestellt.

Zähringer Weißweinrebe; Neuzüchtung des staatlichen Weinbauinstituts, Freiburg/Br., Zuchtnummer Fr. 3–39. Kreuzung aus Traminer x Riesling; nach Anmeldung beim Bundessortenamt wieder zurückgezogen.

Zähwerden →Lindwerden.

Zaisenhausen Weinort im Anbaugebiet →Baden, Bereich Badische Bergstraße/Kraichgau. Großlage: *Stiftsberg*. Einzellage: *Lerchenberg*.

Zandler Synonym für →Mézes Fehér.

Zapfen Schweizer Ausdruck für →Korken.

Zapfner Synonym für Gelber →Furmint.

zart Bezeichnung für einen feinen, delikaten Wein.

Zeil am Main Weinort im Anbaugebiet →Franken, Bereich Steigerwald, mit Ortsteilen →Schmachtenberg, →Ziegelanger. Großlage: *Kapellenberg*. Einzellagen: *Mönchshang, Pfarrerspflöckn*.

Zeile Im Weinbau gebräuchliche Bezeichnung für die in einer Reihe ausgerichteten Rebstöcke (auch Rebzeile). Dazu gehören →Stickel (Pfähle), an denen Drähte zum Stützen der Triebe gespannt sind.
Die strenge Erziehungsform der Zeile ermöglicht die mechanische Bearbeitung des Weinbergs durch Maschinen. In den nördlichen Weinbaugebieten verläuft die Zeilenrichtung mit dem Gefälle des Hanges, also in Nord-Süd-Richtung; dadurch wird eine optimale Einwirkung der Sonnenbestrahlung auf Pflanze und Boden erreicht.

Zeilitzheim Ortsteil von Kolitzheim. Weinort im Anbaugebiet →Franken, Bereich Maindreieck. Großlage: *Kirchberg*. Einzellage: *Heiligenberg*.

Zeiskam Weinort im Anbaugebiet →Rheinpfalz, Bereich Südliche Weinstraße. Großlage: *Trappenberg*. Einzellage: *Klostergarten*.

Zelena Smedmogradka Jugoslawische Bezeichnung für Grüner →Silvaner.

Zeleny Morawka Bezeichnung für Grüner →Silvaner in der Tschechoslowakei.

Zell 1. Weinort im Anbaugebiet →Mosel-Saar-Ruwer, Bereich Zell/Mosel, mit Ortsteilen →Kaimt, →Merl. Großlage: *Schwarze Katz*. Einzellagen: *Nußberg, Burglay-Felsen, Petersborn-Kabertchen, Pommerell, Kreuzlay, Domherrenberg, Geisberg*.
2. Ortsteil von Knetzgau. Weinort im Anbaugebiet →Franken, Bereich Steigerwald. Großlage: *Kapellenberg*. Einzellage: *Schloßberg*.
3. Ortsteil von Bensheim. Weinort im Anbaugebiet →Hessische Bergstraße, Bereich Starkenburg. Großlage: *Wolfsmagen*. Einzellagen: *Streichling, Hemsberg*.
4. Ortsteil von Zellertal. Weinort im Anbaugebiet →Rheinpfalz, Bereich Mittelhaardt/Deutsche Weinstraße.
Großlage: *Schnepfenflug vom Zellertal*. Einzellagen: *Klosterstück, Kreuzberg, Königsweg, Schwarzer Herrgott*.

Zelle Kleinste selbständige lebensfähige morphologische Einheit. Ausgewachsene Zellen enthalten Hohlräume (Vakuolen), die sich bei Dauerzellen meist zu einem einzigen Saftraum vereinigen und den Zellsaft enthalten. In den Zellen der reifen Traubenbeere nimmt der Zellsaft den größten Raum ein; er liefert beim Abpressen (→Keltern) den zuckerhaltigen →Traubensaft (Most). In anderen Zellen (Markzellen) füllt sich die Vakuole nicht, sondern trocknet aus und schließt nur Luft ein, wieder andere vereinigen sich zu langen, hohlen Röhren, die als Leitbahnen für gelöste Nähr- oder Reservestoffe dienen. Dort, wo die Zellwände besonders stark verfestigt werden (Lignineinlagerungen), dienen die entsprechenden Zellen der Festigung und Stützung der Pflanze. Der Aufbau der Zellen richtet sich also ganz nach der Funktion.

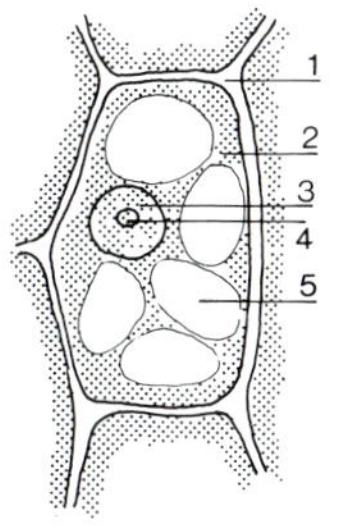

Aufbau der Zelle:
1. Zellhaut,
2. Protoplasma,
3. Kernkörperchen,
4. Zellkern,
5. Vakuole.

Zellingen Weinort im Anbaugebiet →Franken, Bereich Maindreieck, mit Ortsteil →Retzbach. Großlage: *Ravensburg*. Einzellage: *Sonnleite*.

Zell/Mosel Bereich des bestimmten Anbaugebietes →Mosel-Saar-Ruwer.

Zell-Weierbach Ortsteil von Offenburg. Weinort im Anbaugebiet →Baden, Bereich Ortenau. Großlage: *Fürsteneck*. Einzellage: *Abtsberg*.

Zeltingen-Rachtig Doppelgemeinde im Anbaugebiet →Mosel-Saar-Ruwer, Bereich Bernkastel. Großlagen: *Münzlay, Schwarzlay*. Einzellagen: *Deutschherrenberg, Himmelreich, Schloßberg, Sonnenuhr, Rotlay*.

Zeuchfeld Weinort im Anbaugebiet →Saale-Unstrut mit der Lage *Mühlberg*.

Zeutern Ortsteil von Ubstadt-Weiher. Weinort im Anbaugebiet →Baden, Bereich Badische Bergstraße/Kraichgau. Großlage: *Mannaberg*. Einzellage: *Himmelreich*.

Zibebe, Weiße Synonym für Gelbe →Seidentraube.

Zibeben Bezeichnung für am Stock getrocknete →Rosinen.

Zibibbo Synonym für →Moscato.

Ziegelanger Ortsteil von Zeil. Weinort im Anbaugebiet →Franken, Bereich Steigerwald. Großlage: *Kapellenberg*. Einzellage: *Ölschnabel*.

Ziegelroth Im Mittelalter in Deutschland verbreitete Rebsorte, heute nicht mehr im Anbau.

Zierfandl, Grüner Österreichische Bezeichnung für Grüner →Silvaner.

Zierfandler Österreichische Weißweinrebe, die im Gebiet um →Gumpoldskirchen markante Weine liefert; sie soll aus der Gegend um den Comer See stammen; auch Spätrot und Roter Zierfandler genannt, weil sich die Beeren beim Erreichen der Hochreife auf der Sonnenseite rötlich verfärben. Die Traube ist groß und walzenförmig, das Blatt fünflappig und die Rebe insgesamt sehr frostempfindlich. Die Kultur dieser Sorte ist schwierig, auf kalten, schweren Böden und ungünstigen Lagen liefert sie Weine, die unter ihrer eigentlichen Leistungsfähigkeit liegen. In geeigneten Lagen ist die Qualität überragend; dort werden Mostgewichte von 90–100°Oe und Säuren von 6–7‰ erreicht. Die Weine werden häufig mit →Rotgipfler, mit dem er auch im Mischsatz angebaut ist, und mit Weißem →Riesling verschnitten. Der Wein ist feurig, würzig, extraktreich und hat ein arteigenes Sortenbukett. Die Skala der Qualitätsstufen reicht wie beim Riesling vom einfachen Kneipwein bis zu kostbaren Trockenbeerenauslese.

Zilavka Jugoslawische Weißweinrebe, die in der →Herzegowina angebaut wird und besonders in der Gegend von Mostar berühmte Weine liefert. Die Weine sind trocken, körperreich, von gelber bis grünlicher Farbe und haben ein charakteristisches, arteigenes Bukett. Sie werden vor allem als Begleiter zu Fischgerichten geschätzt.

Zinfandel Kalifornische Rotweinrebe, die mit der italienischen Primitivo-Rebe identisch sein soll. Sie liefert einen abgerundeten, würzigen, dem →*Beaujolais* ähnlichen Wein, der mitunter ein leichtes, an Himbeeren erinnerndes Aroma hat.

Zistersdorf Niederösterreichischer Weinort im Weinbaugebiet →Weinviertel mit Winzergenossenschaft. Auf rund 433 ha Rebfläche wird hauptsächlich Grüner →Veltliner in Hochkultur angebaut.

Zitsa Das heute 6 Ortschaften umfassende griechische AO-Gebiet liegt auf rund 600 m Meereshöhe und produziert einen frischen, spritzigen Weißwein aus der Rebsorte Debina. Unter der AO-Bezeichnung Zitsa wird auch ein »natürlicher« Schaumwein hergestellt, dem zur Erlangung des Kohlensäuredruckes kein Zucker zugefügt werden darf.

Znojmo-Mitznlov (Znaim-Nikolsburg) →Mähren.

Zöldszilváni (ung.) Grüner →Silvaner.

Zornheim Weinort im Anbaugebiet →Rheinhessen, Bereich Nierstein. Großlage: *Gutes Domtal*. Einzellagen: *Vogelsang, Guldenmorgen, Mönchbäumchen, Dachgewann, Pilgerweg*.

Zoruna Spanische Bezeichnung für Gelber →Muskateller.

Zotzenheim Weinort im Anbaugebiet →Rheinhessen, Bereich Bingen. Großlage: *Sankt Rochuskapelle*. Einzellagen: *Johannisberg, Klostergarten*.

Züchtung von Reben Schaffung neuer Rebsorten durch →Kreuzung oder Selektion (→Rebenselektion) von Mutanten. Noch vor der Wiederentdeckung der Mendelschen Vererbungsregeln im Jahre 1900 setzte die wissenschaftliche Rebenzüchtung ein. Neue →Europäer- und →Unterlagsreben wurden geschaffen und erprobt. Gleichzeitig begann die →Auslesezüchtung. Von den wichtigsten Sorten wurden →Klone mit guten, sicheren Erträgen selektioniert

Zucker In der Umgangssprache versteht man darunter eigentlich nur den →Rohr- oder Rübenzucker (Saccharose), der aus Zuckerrohr oder Zuckerrüben gewonnen wird. Daneben gibt es jedoch noch eine Vielzahl der verschiedensten Zucker, die man alle unter der Bezeichnung Kohlehydrate zusammenfaßt. Im Most und Wein spielen jedoch nur der →Frucht-, der →Trauben- und der Rohrzucker eine Rolle. Diese zeichnen sich durch süßen Geschmack, gute Löslichkeit in Flüssigkeiten und die Eigenschaft, durch →Hefen in →Alkohol und →Kohlensäure umgewandelt werden zu können, aus. Auch von anderen →Mikroorganismen, besonders von vielen →Bakterien und Schimmelpilzen sowie von →Kahmhefen werden sie als Nahrungsquelle benutzt, wobei sie in andere Stoffe umgewandelt werden. Dies

Zuckerhut

ist mit ein Grund dafür, daß →restsüße Weine steril abgefüllt werden müssen. Der Süßungsgrad von Rohr-, Frucht- und Traubenzucker steht etwa im Verhältnis 1 : 1,1 : 0,6.

Zuckerung Andere Bezeichnung für →Anreichern (früher Verbessern). Gemeint ist der Zusatz von →Rohrzucker (Saccharose) zum Most, mit dem Ziel, die Alkoholausbeute bei der →Gärung zu erhöhen. Da Rohrzucker durch die im Most enthaltenen →Hefen in →Traubenzucker und →Fruchtzucker (beides natürliche Bestandteile des →Traubensaftes) aufgespalten wird, stellt die Zuckerung keinen Zusatz fremder Bestandteile dar. Sie wurde nach dem Franzosen Chaptal, der sie erstmals vorgeschlagen hatte, als →Chaptalisation bezeichnet. Ein anderer, veralteter Ausdruck für den Zusatz von in Wasser gelöstem Zucker (→Naßverbesserung) ist Gallisieren, da diese Methode auf Ludwig Gall zurückgeht. Sie wurde von ihm 1854 erstmals empfohlen und dient neben der Alkoholsteigerung gleichzeitig der Säureverminderung des Mostes. Die Menge des zugesetzten Zuckers hängt von dem →Mostgewicht ab und ist durch das →Weingesetz geregelt. →Qualitätsweine mit Prädikat dürfen in der Bundesrepublik und in Österreich (→Prädikatwein) nicht gezuckert sein. In Frankreich wiederum dürfen nur die Moste höherer Qualitäten, wie von AC- und VDQS-Weinen, nicht aber von →Tafelweinen, Zuckerzusatz erhalten. Bis zu den höchstklassifizierten Kreszenzen (Crus classés) wird gern davon Gebrauch gemacht, da ein hoher Alkoholgehalt den Wert des Weines steigert.

Zuffenhausen →Stuttgart.

Zugmaschinen Verschiedenartige Schleppertypen, die in der Landwirtschaft zum Transport, zur →Bodenbearbeitung und zum →Pflanzenschutz eingesetzt werden. Nach der Handarbeit diente in den ersten Jahrzehnten unseres Jahrhunderts das Pferd in den Direktzuglagen als Zugkraft; es wurde innerhalb der letzten 20 Jahre durch die rascher und wirtschaftlicher arbeitenden Schlepper fast völlig verdrängt. Da der Großteil der Weinberge in den nördlichen Weinbaugebieten im Hang liegt und die Rebzeilen eng sind, benötigt man Spezialanfertigungen für den Weinbau. In Flachlagen bis etwa 20% Hangneigung genügen Schmalspurschlepper mit Hinterradantrieb, und in besonders breiten Anlagen (ab etwa 2,40 m) können normale Schlepper eingesetzt werden. Bei Steilheitsgraden von 20–30% kommt man ohne Allradantrieb und höhere Motorleistung nicht mehr aus. Will man noch steilere Weinberge im →Direktzug bearbeiten, können nur noch Kettenfahrzeuge, sogenannte Weinbergsraupen, eingesetzt werden. Trotz ihrer enormen Steigfähigkeit (50–55%) und der breiten Kettenauflage, setzen sie sich nur schwer durch, weil sie beim Wenden Wege und Straßen beschädigen und mit einem Spezialtransporter zum Einsatzort gebracht werden müssen. Eine besondere Form, die im französischen Weinbau eingesetzt wird, sind die Hoch- und Stelzenschlepper. Sie übergrätschen eine →Zeile oder auch zwei. Die Zeilen dürfen allerdings nicht zu hoch sein. An allen Schleppertypen können beliebige Bearbeitungsgeräte angebaut werden.

Weinleser und Maischewagen in den ausgedehnten Weinfeldern von Château Loudenne im Bordeauxgebiet.

Zunsweier Ortsteil von Offenburg. Weinort im Anbaugebiet →Baden, Bereich Ortenau. Großlage: *Fürsteneck*. Einzellagen: *Kinzigtäler, Halde*.

Zunzingen Ortsteil von Müllheim. Weinort im Anbaugebiet →Baden, Bereich Markgräflerland. Großlage: *Burg Neuenfels*. Einzellage: *Rosenberg*.

Zürich Kanton und gleichnamige Stadt in der →Schweiz. Die Rebfläche beträgt heute nur noch 588 ha, nachdem sie in den letzten Jahren durch die Ausweitung der Städte auf ein Zehntel zusammengeschrumpft ist. Es wird hauptsächlich Blauburgunder, hier oft Clevner oder Chläfner genannt (Blauer →Spätburgunder), angebaut, ferner Riesling x Sylvaner (→Müller-Thurgau), Tokayer (→Ruländer) und Gewürztraminer (Roter →Traminer).
Das Weinbaugebiet wird unterteilt in die Untergebiete Zürichsee (mit Erlenbach, Herrliberg, →Männedorf, →Stäfa, Uetikon und nicht zuletzt →Wädenswil), Limmattal (Weiningen), Zürcher Unterland und Weinland/Kanton Zürich (→Andelfingen, Nettenbach und Wie-

sendangen). In der Kantonshauptstadt findet alljährlich eine Weinmesse statt (Expovina).

Zürichrebe Synonym für →Räuschling.

Zweigeltrebe Rotweinrebe; benannt nach ihrem Züchter Dr. Zweigelt. Neuzüchtung der höheren Bundeslehr- und Versuchsanstalt für Wein- und Obstbau, Klosterneuburg, aus Saint-Laurent x Blaufränkisch (Limberger), Zuchtnummer 71. Wird in ganz Österreich angebaut und nimmt etwa 6% der Rebfläche des Landes ein. Die Sorte befriedigt hinsichtlich Ertrag und Qualität, liefert einen farbintensiven Rotwein von angenehm herber Art und ist außerordentlich widerstandsfähig gegen Frost.

Zweite Gärung Für →Champagner und einige französische Schaumweine sowie für →Qualitätsschaumwein in Deutschland vorgeschriebenes →Gärverfahren. Andere Länder gewinnen teilweise Schaumwein aus erster Gärung (zum Beispiel →Asti).

Zwingenberg Weinort im Anbaugebiet →Hessische Bergstraße, Bereich Starkenburg. Großlage: *Rott*. Einzellagen: *Steingeröll, Alte Burg*.

Zymase Enzyme (Fermente) der lebenden Hefezellen (→Hefen), mit deren Hilfe die alkoholische →Gärung möglich ist. Es handelt sich um ein ganzes Enzymsystem aus aufeinander abgestimmten Einzelenzymen. Daß die Gärung durch diese Fermente der Hefen bewirkt wird (daher das Wort Fermentation), hat E. Buchner 1897 nachgewiesen. Tote Hefen enthalten keine funktionsfähige Zymase und sind daher zum Vergären von Zucker nicht fähig.

Zypern 30.000 ha Rebfläche; 700.000 hl Wein, davon 180.000 hl Export; 300.000 dz Tafeltrauben; 60.000 dz Rosinen; jährlicher Pro-Kopf-Verbrauch 12 l.
Der Weinbau geht auf die Zeiten des antiken Griechenland zurück und ist heute immer noch ein wichtiger Erwerbszweig auf der Insel. Von einer landwirtschaftlichen Bevölkerung von 64.000 Familien leben 30.000 vom Weinbau. Die Weinberge nehmen 8% der gesamten landwirtschaftlichen Nutzfläche ein und befinden sich hauptsächlich auf dem vulkanischen Boden der südlichen Hänge der Troodos-Berge im Gebiet von Limassol, Paphos, Nicosia und den Makherasbergen. Rund 80% der Rebsorten sind rot (Mavron), 10–15% weiß (Xynisteri) und 2–3% aromatischer Muskat. Die Rotweine sind farbintensiv, trocken, körperreich mit hohem Gerbsäuregehalt. Der Mavron wird oft mit Opthalma- und Marathefrika-Trauben verschnitten.
Ein herzhafter und ganz trockener Rosee wird aus der Mavron-Traube hergestellt. Die Weißweine sind körper- und alkoholreich, trocken bis halbtrocken und aromatisch. *Commandaria*, der bekannteste Zypern-Dessertwein, besteht aus einem Verschnitt aus Mavron und Xynisteri.

Bildquellennachweis

Nina Andres, München 185, 312
Anthony-Verlag, Starnberg 99
Jean Bottin, Paris 199
Centre de Communication du Vin de Bordeaux, Hamburg 7, 9, 17, 25, 26, 50, 52, 69, 110, 116, 119, 135, 143, 197, 198, 202, 217, 241, 258, 282, 295, 304, 331, 332, 335, 342, 368, 377, Klappe des Schutzumschlages
CIVC, Épernay, Reutlingen 38, 44, 130, 168, 175, 251, 352
dpa, Frankfurt 149
Eidgenössische Forschungsanstalt für Obst-, Wein- und Gartenbau, Wädenswil 224
Frankenwein – Frankenland e.V., Würzburg 37, 313
Leif Geiges, Staufen 159
Werner Heydenreich, Wiesbaden 178
Informationsbüro Sherry, Hamburg 47, 166, 306
Italienisches Institut für Außenhandel, Düsseldorf 73
Siegfried Lauterwasser, Überlingen 148
Manfred Mehlig, Lauf 88
Kurt L. Mayer, Oestrich 127
Werner Neumeister, München 292
Österreichische Fremdenverkehrswerbung, Wien 235, 346
Ringpress, Frankfurt 338
Roland Markenimport, Bremen 60, 78, 170, 230, 276
Toni Schneiders, Lindau 84, 256
Schweizerische Verkehrszentrale, München 354
Schweizerische Verkehrszentrale, Zürich 327
Silvestris, Kastl 141
Société Coopérative Vigneronne des Grandes Caves, Düsseldorf 163
South African Tourism Board, Frankfurt 10, 320
Sopexa, Düsseldorf 62, 381
Studio Teubner, Füssen 275, Umschlag-Rückseite
Weinbau Radebeul 104, 210, 264
Winzergenossenschaft Auggen eG, Auggen 31
Heinz Gert Woschek, Mainz 208

Das Foto auf der Umschlag-Rückseite zeigt Weißen Riesling, das Foto unter dem Klappentext Malbec.

Redaktion: Susi Piroué, München
Layout und Typografie: BuchHaus. Kraxenberger.Gigler.GmbH, München
Herstellung: Jürgen Bischoff, Augsburg
Umschlaggestaltung: Heinz Kraxenberger, München
Weinkarten: Kartographie Huber, München
Reproduktion: ORD, Gronau
Gesamtherstellung: BAWA Print & Partner, München

ISBN: 3-7742-4123-6

Auflage	6	5	4	3	2	1
Jahr	2002	2003	2001	2000	1999	1998